Politische und parlamentarische Geschichte des Landes Hessen
35

herausgegeben von

Norbert Kartmann
Präsident des Hessischen Landtags

und

Dagmar Schipanski
Präsidentin des Thüringer Landtags

Hessen und Thüringen – Wege zur Partnerschaft

Das Aktionsprogramm 1989 bis 1994

von *Karin Brandes*
in Zusammenarbeit mit
Klaus Eiler und *Theo Schiller*

SOCIETÄTS**VERLAG**

Satz: Janß GmbH, Pfungstadt
Druck und Verarbeitung: freiburger graphische betriebe GmbH & Co. KG
Umschlaggestaltung: Nicole Proba, Societäts-Verlag
Printed in Germany 2009
ISBN 978-3-7973-1172-6

Inhaltsverzeichnis

Thüringen
Hessen

Geleitwort

Von Norbert Kartmann, Präsident des Hessischen Landtags

In diesem Herbst 2009 sind es zwanzig Jahre her, seit mit dem Fall der Mauer in Berlin die deutsche Teilung zu Ende ging. Jeder, der an diese Tage, Wochen und Monate zurückdenkt, wird sich an die Gefühle des ungläubigen Staunens, der Freude, der Überraschung und an viele spontane menschliche Begegnungen erinnern. Mit den aufbrechenden politischen Möglichkeiten waren zugleich große Gestaltungsaufgaben und neue politische Herausforderungen verbunden, für Deutschland als Ganzes ebenso wie für die Lebensverhältnisse im regionalen Bereich. Dies galt insbesondere für Bundesländer wie Hessen mit seiner traditionellen Grenzlage und nachbarschaftlichen Verbindungen zu Thüringen, die für Jahrzehnte blockiert gewesen waren. Für die Bürgerinnen und Bürger Thüringens brachte der Neuaufbau ihres Bundeslandes in vielen Bereichen enorme Anforderungen mit sich. Für uns in Hessen war es eine Selbstverständlichkeit, diese Aufbauarbeit nach Kräften zu unterstützen.

In großem Konsens beschloss der Hessische Landtag am 15. Oktober 2003 die Zeit der Wende 1989/1990 und die vielfachen Hilfeleistungen Hessens gegenüber Thüringen im Prozess der Demokratisierung aufzuarbeiten. Zeitzeugen sollten befragt beziehungsweise aufgefordert werden, ihre Erlebnisse und Erfahrungen sowie ihre Tätigkeiten niederzuschreiben und der Auswertung zur Verfügung zu stellen. Anlass war zum einen der 15. Jahrestag der Öffnung der Grenze zur damaligen DDR und das anstehende Jubiläum „60 Jahre Hessen“. Es wurden hunderte Personen angeschrieben mit der Bitte, sich mit ihren Berichten an der Dokumentation dieser Zeit zu beteiligen. Diese Berichte, so die Absicht, sollten im Hessischen Hauptstaatsarchiv gesammelt und archiviert werden, damit sie für eine Auswertung aus den unterschiedlichsten Gründen für Interessierte zur Verfügung stehen.

Im Jahr 2007 konnten Frau Prof. Dr. Dagmar Schipanski, die Präsidentin des Thüringer Landtags, und ich ein erstes Buch über „Hessen und Thüringen – Umbruch und Neuanfang 1989/90“ (Societäts-Verlag, Frankfurt/M.) herausgeben, in dem einige der Protagonisten der ersten Wochen und Monate der Wende aus der Politik sowohl in Hessen wie auch in Thüringen aus ihrer Sicht diese Zeit schildern. Die Autoren riefen die politische Dramatik der damaligen Ereignisse ebenso wie die menschlich-emotionalen Erfahrungen bewegend und lebendig in Erinnerung und zeigten das große Engagement, das dieser historische Umbruch freisetzte.

Mein Dank gilt den damaligen Zeitzeugen ebenso wie den vielen Entscheidungsträgern, die seinerzeit die politischen Weichen für die hessische Aufbauhilfe und ihre Ausgestaltung gestellt haben. Die Mitglieder der Landesregierungen und die Abgeordneten des Hessischen Landtags haben sich um das Zusammenwachsen der Menschen in den beiden Ländern große Verdienste erworben.

Inzwischen konnte die Sammlung von Dokumenten und Berichten von Zeitzeugen wesentlich erweitert werden. Der Hessische Landtag stellte Mittel bereit, um die Sichtung und Auswertung der umfangreichen Quellenbestände einschließlich der von den hessischen Ministerien an das Hauptstaatsarchiv abgegebenen Akten zu ermöglichen. Dabei verschob sich nun der Schwerpunkt der Dokumentation auf die Aktivitäten des Landes Hessen, mit denen der Aufbau des Nachbarlandes Thüringen unterstützt werden konnte. Die politischen Entscheidungsprozesse für das Aktionsprogramm Hessen-Thüringen, die umfangreiche Bereitstellung von Finanzmitteln und die Konzepte und Maßnahmen der Umsetzung rücken stärker in den Vordergrund. Neben den handelnden Personen im politischen Raum treten nun auch die vielen „Aufbauhelfer“ aus der Verwaltung deutlicher hervor, die den Prozess der Unterstützung oft in jahrelangem Engagement in der praktischen Durchführung erst möglich gemacht haben. Besonders erwähnen möchte ich auch das vielfältige Engagement von gesellschaftlichen Gruppen, die in ihrem Bereich die Verbindungen mit Thüringen wieder aufgebaut und wichtige Hilfen bereitgestellt haben. Ihnen allen gebührt besonderer Dank für ihre großartige Leistung in dieser bewegten Zeit. Ich danke auch all jenen, die Dokumente und Erinnerungsberichte für dieses Vorhaben zur Verfügung gestellt haben.

Es ist mir eine große Freude, dass 20 Jahre nach dem Fall der innerdeutschen Grenze diese Aufarbeitung präsentiert werden kann. Die Projektleitung wurde von Herrn Prof. Dr. Klaus Eiler, Direktor des Hessischen Hauptstaatsarchivs Wiesbaden, und Herrn Prof. Dr. Theo Schiller vom Institut für Politikwissenschaft der Philipps-Universität Marburg wahrgenommen. Das vorliegende Werk ist vor allem das große Verdienst der Hauptautorin Frau Karin Brandes, M. A., von der Philipps-Universität Marburg, die die Interviews geführt und die Entwicklung der Aufbauhilfe des Landes Hessen von 1989 bis 1994 kenntnisreich und umfassend analysiert hat. Ein umfangreicher Dokumententeil und viele Interviews mit Zeitzeugen lassen die oft schwierigen Entwicklungen aus der Zeit heraus lebendig werden. Allen Beteiligten möchte ich für ihre Leistung herzlich danken.

Ich bin überzeugt, dass die vorliegende Studie den Bürgerinnen und Bürgern Thüringens und Hessens spannende Rückblicke auf die ereignisreiche Zeit des Zusammenwachsens unserer Regionen in Deutschland bieten wird.

Geleitwort

Von Prof. Dr.-Ing. habil. Dagmar Schipanski
Präsidentin des Thüringer Landtags

Hessen und Thüringen – noch vor weniger als 20 Jahren trennte unsere Länder eine 270 Kilometer lange Demarkationslinie. Sie war die gefährlichste Grenze der Welt. Dass sie im Herbst 1989 unter dem Druck der für Freiheit protestierenden DDR-Bürger zusammenbrach, gehört sicher zu den überraschendsten Ereignissen des an Brüchen reichen 20. Jahrhunderts.

Noch im Spätherbst 1989 startete das Land Hessen ein sehr erfolgreiches Hilfsprogramm für die Bezirke Erfurt, Gera und Suhl, die auf dem Territorium Thüringens die Verwaltungseinheiten der DDR bildeten. Das „Aktionsprogramm Hessen-Thüringen" war das Resultat einer Politik, die die Solidarität zur Handlungsmaxime erhoben hatte. Im Rahmen dieses Programms stellte die Hessische Landesregierung die Summe von 250 Millionen D-Mark zur Verfügung, mit der in den Jahren von 1990 bis 1994 die nötigsten Investitionen in Thüringen getätigt werden konnten.

Die Mittel flossen insbesondere in jene Bereiche, in denen die materiellen Defizite der DDR am sichtbarsten waren. Es waren dies die Krankenversorgung und der Umweltsektor, das Verkehrswesen, die Denkmalpflege und die Wirtschaft. In den Krankenhäusern fehlte es an Verbrauchsgütern und medizinischer Geräteausstattung. Die Bausubstanz der Innenstädte war in desolatem Zustand. Die Umweltprobleme waren dramatisch und augenfällig. Im Grenzgebiet zwischen Hessen und Thüringen mangelte es an passierbaren Straßen und Wegen.

In diese Bereiche, die eine besondere humanitäre Bedeutung aufwiesen, investierte gezielt das „Aktionsprogramm Hessen-Thüringen". In den Krankenhäusern konnten die dringendsten Anschaffungen getätigt und die ersten Sanierungsmaßnahmen durchgeführt werden. Baudenkmale wurden mit hessischen Mitteln buchstäblich in letzter Minute vor dem Verfall oder der Abrissbirne gerettet. Im Umweltschutz wurden moderne Abwasseranlagen geplant und Messgeräte angeschafft. Daneben wurden Kleinkredite für Unternehmen unbürokratisch für erste notwendige Anschaffungen ausgezahlt. Eine Hilfe, die sehr zum Aufbau einer neuen marktwirtschaftlichen Ordnung beigetragen hat.

Eine Maßnahme mit hohem symbolischem Wert war die Einrichtung von zusätzlichen Busverbindungen zwischen Hessen und Thüringen sowie die Öffnung weiterer

Grenzübergänge. Endlich konnten die Menschen wieder zueinander kommen, einander wirklich begegnen, sich austauschen, besuchen und nach vielen Jahren der Trennung von Ost nach West und von West nach Ost fahren.

Daneben hat das Land Hessen beim Aufbau einer funktionierenden, Rechtsstaat und Grundgesetz verpflichteten Verwaltung und Justiz wertvolle, vor allem personelle Hilfe geleistet. 1992/93 waren es allein rund 1000 Bedienstete, die in der Thüringer Landesverwaltung tätig waren. Diese Hilfe Hessens hat entscheidend dazu beigetragen, dass der Freistaat Thüringen ab 1997 in der Lage war, in allen Bereichen der Landesverwaltung seine Aufgaben aus eigener administrativer Kraft selbstständig zu erfüllen.

Mit dem „Aktionsprogramm Hessen-Thüringen“ hat das Land Hessen sein großes politisches Verantwortungsbewusstsein unter Beweis gestellt und dabei zugleich eigene Projekte zurückgestellt. Ohne die großzügige Starthilfe aus Hessen stünde Thüringen heute nicht so gut da, wie wir es im Vergleich mit den anderen neuen Ländern tun.

Gegenwärtig ist die „Patenschaft“, die das Land Hessen noch zu DDR-Zeiten für Thüringen übernommen hat, zu einer echten und gleichberechtigten Partnerschaft gereift. Eine Partnerschaft, die durch vielfältige Staatsverträge, Verwaltungsabkommen, gemeinsame Projekte und Kooperationen ihre Stabilität dokumentiert.

Das „Aktionsprogramm Hessen-Thüringen“ nur als Ausdruck einer großen Hilfsbereitschaft in historischer Stunde zu verstehen, greift jedoch zu kurz. Vielmehr führt es uns zugleich die Stärken des föderalen Systems Deutschlands deutlich vor Augen: die Solidarität und Verbundenheit der Bundesländer untereinander, die Flexibilität und Handlungsstärke, die aus der Eigenständigkeit der Länder resultiert.

Thüringen ist bis heute dankbar für die „Erste Hilfe“, die das Land Hessen in einer ebenso schwierigen wie verheißungsvollen Situation geleistet hat. Dieser besondere Beitrag Hessens zur Wiedervereinigung Deutschlands ist es wert, in das kollektive Gedächtnis der Bundesrepublik Deutschland einzugehen.

Genau dies will die vorliegende Publikation leisten. Die hessische Aufbauhilfe für Thüringen wird hier gut aufgearbeitet und für die Nachwelt festgehalten. Ich danke den Initiatoren und den Autoren für dieses überaus lohnende Projekt, das uns zwanzig Jahre nach der friedlichen Revolution Einblick in eine überaus spannende und bewegte Zeit gewährt. Ich wünsche dieser Publikation eine große Zahl interessierter Leser.

Einleitung

Hessen und Thüringen stehen heute in einem „normalen“ Verhältnis benachbarter Bundesländer im Rahmen der Bundesrepublik Deutschland zueinander. Während des ‚Kalten Krieges‘ und der deutschen Teilung war für Jahrzehnte an eine solche Normalität nicht zu denken gewesen. Dazu bedurfte es erst jenes denkwürdigen politischen Prozesses, der 1989/1990 zur deutschen Vereinigung führte. Dieser bedeutende Vorgang der neuesten deutschen Geschichte wurde nur möglich durch die Unterstützung der Großmächte und unserer europäischen Nachbarn in Ost und West. Dass dieser Prozess friedlich verlief und daher als „friedliche Revolution“ in die deutsche Geschichte eingehen konnte, verdanken wir dem außerordentlichen Mut der Menschen in der DDR, mit dem sie am 9. November 1989 die Öffnung der Grenze erreichten. Auch die Zeit zwischen dem Fall der Mauer und der förmlichen Vereinigung Deutschlands durch den Beitritt der DDR zur Bundesrepublik am 3. Oktober 1990 war ungewöhnlich ereignisreich. Die Wahlen zur Volkskammer im März 1990 und die Einigungsverträge der folgenden Monate stellten die Weichen für die deutsche Einheit und die Wiedererrichtung von Ländern in der ehemaligen DDR. Dies war auch die Geburtsstunde des Freistaats Thüringen als Bundesland. Nach 20 Jahren ist dieser Entwicklungsprozess freilich bereits nicht mehr unmittelbar präsent und in seinen politischen und emotionalen Dimensionen in den Bereich historischer Erinnerung gerückt. Es ist daher an der Zeit, diese Erinnerungen nicht verblassen zu lassen und den Blick auf einige Entwicklungen der damaligen Zeit zu lenken.

Wie alle neuen Bundesländer war auch Thüringen auf seine neue Rolle im föderalen und politischen System der Bundesrepublik kaum vorbereitet. 40 Jahre SED-Herrschaft hatten marode und wenig wettbewerbsfähige Betriebe, für den Massenverkehr ungeeignete Verkehrswege, unterbrochene Grenzübergänge, verfallende Innenstädte und vielfach eine verschmutzte Umwelt hinterlassen. Die alten Verbindungen zum Westen Deutschlands waren zum größten Teil unterbrochen und abgeschnitten. Die Erwartungshaltung der Menschen in der DDR auf Verbesserung ihrer Lebensverhältnisse war groß. Daher trafen der Bund und die westlichen Länder rasch grundlegende Entscheidungen über umfassende Förderungsmaßnahmen und ihre Finanzierung, die den ‚Aufbau Ost‘ möglich machen sollten.[1] Dieses einmalige gesamtstaatliche Vorhaben hätte niemals zentral bewältigt werden können, sondern musste von den alten Ländern in vielfältiger Weise mitgetragen werden.

1 Vgl. Weidenfeld, Werner; Korte, Karl-Rudolf (Hrsg.): Handbuch zur deutschen Einheit, 1999.

Für Hessen lag die Hilfestellung für das neue Nachbarland Thüringen unmittelbar auf der Hand. Dafür sprachen sowohl die lange Tradition der kulturellen und wirtschaftlichen Verbindungen als auch die geografische Nachbarschaft und die 269 km lange gemeinsame Grenze. Die überraschende Grenzöffnung machte unzählige spontane Begegnungen und Kontaktaufnahmen möglich, führte aber auch deutlich vor Augen, dass viele Probleme nur durch gemeinsames Handeln bewältigt werden konnten. Für effektive Hilfeleistungen mussten allerdings erst noch die richtigen Wege gefunden werden. Im individuellen und gesellschaftlichen Bereich konnten Kontakte relativ rasch geknüpft werden; für den Aufbau staatlicher Unterstützungsmaßnahmen gab es in dieser offenen Situation jedoch zunächst keinen vergleichbaren Partner auf Landesebene. Auf der einen Seite war man vielmehr im Verwaltungsbereich auf die Bezirksstrukturen der DDR, d. h. die Bezirke Erfurt, Gera und Suhl, und ihre offiziellen Vertreter angewiesen; auf der anderen Seite wurden Verbindungen mit den neuen politischen Kräften gesucht, soweit sie sich aus den Protestgruppen der friedlichen Revolution herausgebildet hatten. Nach vorläufigen Formen gemeinsamer Willensbildung konnten erst mit der formellen Errichtung des Landes Thüringen und seiner Organe, zunächst der Einsetzung eines Landessprechers, die Wege der offiziellen Zusammenarbeit geebnet werden. An der Hilfe für Thüringen beteiligten sich außer Hessen auch die Länder Bayern und Rheinland-Pfalz, deren Aktivitäten im Rahmen dieser Untersuchung allerdings nur am Rande angesprochen werden können.

Die Hessische Landesregierung unter Walter Wallmann und der Hessische Landtag reagierten umgehend nach Öffnung der innerdeutschen Grenze auf die politischen Umwälzungen in der DDR und setzten mit einem Hilfsprogramm, dem „Aktionsprogramm Hessen-Thüringen“, ein Signal für partnerschaftliche Hilfe. Mit den zur Verfügung gestellten Mitteln in Höhe von 50 Mio. DM für das Jahr 1990 sollte den Menschen in den drei DDR-Bezirken ganz konkret mit Sofortmaßnahmen geholfen werden, ihre Lebensbedingungen zu verbessern. Gleichzeitig zielte das Programm auf die Stärkung der politischen Opposition in der DDR. In den folgenden Jahren 1991 bis 1994 wurden die Mittel des Aktionsprogramms im Umfang weiterer 200 Mio. DM zunehmend als Verwaltungshilfe für den Aufbau demokratischer Rechts- und Verwaltungsstrukturen in Thüringen eingesetzt.

Seit Öffnung der Grenze der damaligen DDR sind inzwischen 20 Jahre vergangen und im Freistaat Thüringen wurde, wie in den anderen neuen Ländern, die Phase des Neuaufbaus längst von stabilen Verhältnissen abgelöst. Hessen und Thüringen sind heute gleichberechtigte Partner. Um gleichwohl diesen wichtigen Zeitabschnitt des Aufbaus in Erinnerung zu halten, fasste der Hessische Landtag im Oktober 2003 mit Zustimmung aller dort vertretenen Fraktionen den Beschluss, diese bedeutende Phase der jüngsten Zeitgeschichte, die hessische Unterstützung beim Wiederaufbau des Landes Thüringen im Prozess der deutschen Vereinigung ab 1989, wissenschaftlich aufzuarbeiten.[2] Ein entsprechendes Projekt wurde bei der Kommission Forschungsvorhaben

2 Vgl. Hessischer Landtag, Antrag der Fraktion der FDP, Drucksache 16/313, 1. 7. 2003. Hessischer Landtag.

„Politische und parlamentarische Geschichte des Landes Hessen" beim Hessischen Landtag eingerichtet und einer Arbeitsgruppe übertragen. Der zunächst weit gefasste Arbeitsauftrag, die historische Aufarbeitung der Leistungen des Landes Hessen und seiner Bürgerinnen und Bürger beim Aufbau des Landes Thüringen[3] bedurfte jedoch der weiteren Konkretisierung, um dem Umfang und der Quellenlage gerecht zu werden. Die Schwerpunkte lagen auf den politischen Entscheidungen des Hessischen Landtags und der Hessischen Landesregierung und auf der politischen und administrativen Umsetzung des Unterstützungsprogramms des Landes und weiterer öffentlicher Einrichtungen in Zusammenarbeit mit den verschiedenen Partnern in Thüringen. Hingegen zeigten erste Sondierungen rasch, dass es kaum möglich sein würde, die vielfältigen und umfangreichen hessischen Initiativen von Einzelpersonen, von gesellschaftlichen Verbänden und Organisationen, von Kirchen und Parteien beim Aufbau des Landes Thüringen in ihrem gesamten Ausmaß ebenfalls umfassend darzustellen und zu würdigen.

Für die gewählten Schwerpunkte konnte von einer guten Quellenlage ausgegangen werden. Dies betrifft zum einen die Beratungen des Landtags in Plenardebatten und Ausschüssen. Zum anderen geben die Aktenbestände der Hessischen Staatskanzlei und der Ministerien umfassend Aufschluss über die Strukturen des hessischen Hilfsprogramms und die Abläufe und Probleme seiner verwaltungsmäßigen Umsetzung. Erfreulicherweise bot das Projekt zahlreichen Ministerien und Behörden Anlass, einschlägige Aktenbestände an das Hessische Hauptstaatsarchiv Wiesbaden abzugeben. Darüber hinaus baten Ministerpräsident Roland Koch und Landtagspräsident Norbert Kartmann in einem Schreiben eine größere Zahl von Beteiligten im politischen und administrativen Bereich sowie in gesellschaftlichen Organisationen, dem Archiv Dokumente und ggf. Berichte über ihre Tätigkeiten und Erfahrungen im Rahmen der Aufbauhilfe für Thüringen zur Verfügung zu stellen. Eine erste Auswahl solcher Schilderungen ist der Öffentlichkeit bereits in einer Publikation zur Verfügung gestellt worden.[4] Schließlich konnten im Rahmen des Projekts mit zahlreichen Personen, die unmittelbar an Entscheidungen oder der Durchführung des Aktionsprogramms beteiligt waren, Interviews geführt werden.

Das Aktionsprogramm Hessen-Thüringen und seine Umsetzung wird in der vorliegenden Untersuchung aufgrund der Themenstellung und der Quellenlage überwiegend aus hessischer Perspektive dargestellt. Dennoch wurden, wenn möglich, Überlieferungen aus Thüringer Archivbeständen mit herangezogen, so dass im Ansatz auch Reaktionen aus thüringischer Sicht berücksichtigt sind. Die anderen Länder, die an der Aufbauhilfe für Thüringen beteiligt waren, konnten nicht oder nur am Rande in die Darstellung einbezogen werden.

Zwar findet das Aktionsprogramm Hessen-Thüringen bereits in einigen wenigen Publikationen Erwähnung, doch liegt eine detaillierte wissenschaftliche Untersuchung

3 Vgl. ebd.
4 Vgl. Kartmann, Norbert; Schipanski, Dagmar (Hrsg.): Hessen und Thüringen, 2007.

bisher nicht vor. In seinem im Juli 1990 in zweiter Auflage erschienenen Buch „Hessen und Thüringen. Stichworte einer Nachbarschaft“ stellte Axel Schneider das Aktionsprogramm in Ansätzen vor.[5] Ein Beitrag über die Anfänge des Freistaats Thüringen erwähnt die Verwaltungshilfe der Länder Bayern, Hessen und Rheinland-Pfalz gemeinsam in einem kurzen Abschnitt.[6] In weiteren Publikationen wie beispielsweise in einem Aufsatz von Elisabeth Abendroth zum Land Hessen wird das Aktionsprogramm lediglich ohne weiterführende Information benannt.[7] Im Rahmen einer aktuellen Ausstellung des Hessischen Hauptstaatsarchivs Wiesbaden wird 2009 im dazugehörigen Begleitheft an „20 Jahre friedliche Revolution und deutsche Einheit“ erinnert und darin in einem Kapitel die hessische Hilfe für Thüringen vorgestellt.[8]

Die hier vorgelegte Publikation umfasst im Wesentlichen den Zeitraum von der Entscheidung für das Aktionsprogramm 1989 bis zu seinem formellen Ende 1994 und gliedert sich in drei Hauptteile: In den Kapiteln 1 bis 4 werden die Entwicklungen und Strukturen des Aktionsprogramms für die hessische Aufbauhilfe 1989 bis 1994 im Einzelnen dargestellt. Das Kapitel 5 dokumentiert ausführliche Interviews mit und Berichte von Zeitzeugen, die an der Entstehung und Durchführung der Unterstützungsmaßnahmen unmittelbar beteiligt waren. In Kapitel 6 wird eine größere Anzahl wichtiger Dokumente zum Inhalt und Verlauf der Hilfsmaßnahmen abgedruckt, die die Darstellung erläutern und ergänzen.

Das erste Kapitel gibt einen kurzen Überblick über die Beziehung zwischen Hessen und Thüringen (seit 1952 war Thüringen in die Bezirke Erfurt, Gera und Suhl aufgeteilt) in den Jahren 1945 bis 1989 und zeigt die mühevollen Versuche einer Annäherung.

Das zweite Kapitel beleuchtet die grundlegenden Entscheidungen der Landesregierung und die Landtagsdebatten, unterschiedliche politische Positionen der Parteien und die gleichwohl gemeinsame Verabschiedung des Aktionsprogramms. Den zweiten Schwerpunkt bilden die administrative Umsetzung des Programms und die konkreten Sofortmaßnahmen in Thüringen im Jahr 1990. Dargestellt werden die Arbeitsweise und Funktion der einzelnen Gremien, die für die Abwicklung und parlamentarische Kontrolle des Aktionsprogramms entscheidend waren wie beispielsweise die Staats-

5 Vgl. Schneider, Hessen und Thüringen, 1990, S. 100–108. Wie Schneider im Vorwort der Publikation feststellt, wurde mit der Buchkonzeption vor 1989 begonnen. Die Publikation sollte dazu anregen, Hessens Nachbarn jenseits von Rhön und Werra besser kennen zu lernen. Mit Blick auf die Entwicklung in der DDR sei, so Schneider, der Inhalt in Teilen überarbeitet worden. Damit wird die Publikation selbst zu einem zeitgeschichtlichen Dokument, in dem erste Überlegungen zum Aktionsprogramm Hessen-Thüringen Berücksichtigung finden.

6 Rommelfanger, Ulrich: Das Werden des Landes Thüringen. In: Thüringen. Eine politische Landeskunde, 1996, S. 23 f.

7 Vgl. Abendroth, Elisabeth: Hessen. Drei Hessen unter einem Hut. In: Die deutschen Länder. Geschichte, Politik, Wirtschaft, hrsg. von Hans-Georg Wehling, 2004, S. 145–164, hier S. 156.

8 Vgl. Hessen und Thüringen – Nachbarn und Partner. Begleitheft. Ergänzender Beitrag zur Ausstellung „20 Jahre friedliche Revolution und deutsche Einheit“, hrsg. vom Hessischen Hauptstaatsarchiv Wiesbaden, 2009, S. 51–61.

sekretärs-Kommission und der Beirat Hessen-Thüringen des Landtags. Zahlreiche Schreiben aus der DDR von Privatpersonen sowie öffentlichen und kirchlichen Einrichtungen belegen die Bedeutung der schnellen hessischen Hilfe für „Thüringen". Zur Koordinierung dieser Hilfe und als Anlaufstelle zur Kontakt- und Informationsvermittlung wurde in Erfurt ein entsprechendes Thüringen-Büro des Landes Hessen eingerichtet. Schließlich wird in diesem zweiten Kapitel ausführlich auf die Umsetzung des Aktionsprogramms eingegangen. Die hessische Hilfe konzentrierte sich 1990 vor allem auf die Bereiche mit besonders dringlichem Bedarf wie das Gesundheits- und Verkehrswesen, den Umweltschutz, die Denkmalpflege und die Förderung privater Kleinunternehmen in den DDR-Bezirken Erfurt, Gera und Suhl. Aufgezeigt werden sowohl die Hintergründe für die Konzentration auf diese Problemfelder als auch die konkreten Maßnahmen und deren verwaltungsmäßige Abwicklung.

Im dritten Kapitel steht die veränderte Ausrichtung des Aktionsprogramms von einem Investitionsprogramm zu einem Finanzierungsprogramm für die Verwaltungs- und Justizhilfe im Mittelpunkt. Neben den politischen und administrativen Entscheidungsprozessen wird vor allem die Mitwirkung vieler hessischer „Aufbauhelfer" beim Um- und Aufbau von Justiz und Verwaltung in Thüringen untersucht. Die Arbeitsschwerpunkte Hessens entstanden dabei im Rahmen der Arbeitsteilung mit den beiden anderen Unterstützerländern Bayern und Rheinland-Pfalz, die zum Teil auch Kontroversen auslöste. Deutlich wird daher auch, dass die Verwaltungshilfe durch die alten Länder einer stärkeren Koordinierung durch den Bund im Rahmen einer Bund-Länder-Clearingstelle bedurfte. Neben dem Aufbau neuer Verwaltungsstrukturen sowohl auf Landes- als auch auf kommunaler Ebene kam insbesondere der Umgestaltung des Justizwesens eine grundlegende Bedeutung für die Etablierung rechtsstaatlicher Prinzipien zu, wobei erhebliche Widerstände überwunden und harte personelle Entscheidungen getroffen werden mussten. Gezeigt wird ebenso der Neuaufbau einer Finanzverwaltung und die organisatorischen Veränderungen und Personalentwicklungsmaßnahmen, die im Bereich der allgemeinen Innenverwaltung erforderlich waren. Einbezogen wird darüber hinaus die Hilfe beim Aufbau der kommunalen Verwaltung durch Kreise und Gemeinden und durch die kommunalen Spitzenverbände Hessens, die vom Land ebenfalls aus Mitteln des Aktionsprogramms finanziert wurde. Einige Beispiele kommunaler Partnerschaften illustrieren sowohl das materielle und personelle Engagement als auch die vielfältigen menschlichen Kontakte.

In einem Exkurs wird das hessische Engagement außerhalb der staatlichen Hilfe anhand einiger Beispiele behandelt. Gleich nach Öffnung der Grenze waren es vielfach Organisationen, Parteien und gesellschaftliche Gruppen sowie die hessischen Kirchen, die mit Fachpersonal und Fachwissen, mit Sachleistungen und Finanzmitteln in Thüringen halfen und u. a. den Aufbau verbandlicher Strukturen förderten. So entstanden auch hier zahlreiche deutsch-deutsche Partnerschaften, von denen viele bis heute weiterbestehen und zum Teil sogar zu gemeinsamen, länderübergreifenden Organisationen führten, wie z. B. im wirtschaftlichen und gewerkschaftlichen Bereich. Der Exkurs kann lediglich einen ersten Einblick in die Vielfalt dieser Unterstützungsmaßnahmen geben. Hier eröffnen sich weitere Bereiche für interessante Untersuchungen, insbesondere die Aufbauhilfe und Zusammenarbeit von Parteien und Verbänden.

Kapitel vier gibt Hinweise auf gemeinsame Projekte und die vertraglich geregelten Partnerschaftsbeziehungen der Länder Hessen und Thüringen, wie sie sich in der Zeit zwischen der Landesbildung Thüringens 1990 und dem Ende des Aktionsprogramms 1994 entwickelten.

Eine Reihe von übergreifenden Aspekten gewinnt in mehreren dieser Kapitel Bedeutung. War anfangs die Suche nach geeigneten Ansprechpartnern etwas unübersichtlich, kamen mit den Runden Tischen auf Bezirksebene und dem „Politisch-beratenden Ausschuss zur Bildung des Landes Thüringen" allmählich Klärungen in Gang, die auch mit Bildung der Landesorgane noch nicht völlig abgeschlossen waren. Ein zweiter Aspekt bezieht sich darauf, welcher Einfluss Thüringer Vorstellungen und Konzepten auf die Unterstützungsmaßnahmen Hessens und der anderen Bundesländer eingeräumt wurde. Weiterhin wird das Verhältnis der westdeutschen Unterstützerländer thematisiert, u. a. hinsichtlich auftretender Rivalitäten über die Aufteilung der Arbeitsgebiete und erforderliche Nachjustierungen. Interessant ist ebenfalls die Frage, wie weit die Regierungs- und Oppositionsparteien in Hessen trotz ihrer sonstigen Differenzen, auch der Wahl 1991 und dem resultierenden Regierungswechsel, mit Bezug auf Thüringen ihren grundsätzlichen Konsens stabilisieren konnten, und ob der Übergang von dem parteipolitischen Gleichklang der CDU-geführten Regierungen in beiden Ländern zur SPD/GRÜNEN-Mehrheit in Hessen Folgen für die Zusammenarbeit hatte. Auf einer ganz anderen Ebene, nämlich der der inhaltlichen Unterstützungskonzeption, lässt sich schließlich die Entwicklung unterschiedlicher Schwerpunkte verfolgen. Während anfangs Sachleistungen und Infrastrukturinvestitionen vordringlich erschienen, verlagerte sich die Förderung schon bald zum unmittelbaren Personaleinsatz hessischer „Aufbauhelfer". Zunehmend an Bedeutung gewannen aber auch Aus- und Fortbildungsmaßnahmen, um im Sinne nachhaltiger Entwicklung Mitarbeiterinnen und Mitarbeiter in Thüringen selbst rekrutieren und qualifizieren zu können.

In Kapitel fünf werden die wissenschaftlichen Untersuchungen durch Schilderungen in Form von Interviews und Berichten von Zeitzeugen ergänzt. Diese Erfahrungsberichte wurden dabei bewusst in einem eigenständigen Kapitel zusammengetragen, um die spezifische und individuelle Sichtweise der einzelnen Personen zum Ausdruck zu bringen. Die Aussagen der Zeitzeugen, die in unterschiedlichen Zusammenhängen unmittelbar mit dem Aktionsprogramm Hessen-Thüringen verbunden waren, besitzen eine hohe Authentizität. Ihre lebensnahen Schilderungen schaffen somit eine wertvolle Ergänzung zur behördlichen Überlieferung staatlicher und kommunaler Provenienz. Leider konnten nicht alle Personen, die an der Aufbauhilfe beteiligt waren, befragt werden. Das hat möglicherweise dazu beigetragen, dass nicht alle Bereiche, die in das Aktionsprogramm einbezogen waren, gleichgewichtig dokumentiert werden konnten. Die Interviewpartner, die bereitwillig auf unsere Fragen antworteten und ihre Erinnerungen mitteilten, haben einen wesentlichen Anteil daran, das Bild von der Wirksamkeit des hessischen Aktionsprogramms zu vervollständigen. Jeder Zeitzeugenaussage ist ein kurzer, keineswegs vollständiger biografischer Abriss der jeweiligen Person vorangestellt, um die Einordnung der Zeitzeugen in den Zusammenhang mit dem Aktionsprogramm zu erleichtern. Um Verständnis müssen wir diejenigen bitten, deren Beiträge in diesem Band nicht abgedruckt werden konnten. Ihre Dokumente und Aussagen werden in jedem Fall im Hauptstaatsarchiv archiviert und stehen für künftige Forschungen zur Verfügung.

Als Gegenstück zu den Zeitzeugenaussagen präsentiert das abschließende Kapitel sechs besonders wichtige und prägnante Dokumente, die in Abschrift abgedruckt werden. Die vorliegende Publikation strebt dabei keineswegs eine vollständige Dokumentation an. Die getroffene Auswahl soll vielmehr über die Bedeutung der einzelnen Dokumente hinaus einen Hinweis auf die Bandbreite der überlieferten Archivalien, auf die vielfältigen Dokumententypen und auf deren unterschiedliche Entstehungszusammenhänge geben. Jeder Dokumentenabschrift ist eine kurze Erläuterung vorangestellt, die neben einer Dokumentennummer zumeist Absender und Empfänger, den Entstehungszeitpunkt und Hinweise zum Inhalt des Dokuments sowie die Fundstelle enthält. Soweit der Text auf ein Dokument im Anhang Bezug nimmt, wird dort auf die jeweilige Dokumentennummer verwiesen. Die Schreibweise richtet sich nach den Vorlagen, Hervorhebungen im Text wurden nicht übernommen. Auslassungen sind mit [...] und Ergänzungen mit *[...]* gekennzeichnet. Zur leichteren Orientierung und Handhabung finden sich Hinweise auf die Dokumente und entsprechende Seitenangaben im Inhaltsverzeichnis sowie im Dokumentenverzeichnis in Kapitel sechs wieder.

Das Aktionsprogramm des Landes Hessen bildet zwar nur einen Teilaspekt in der „Aufbauhilfe Ost“ von Bund und Ländern, doch liegt seine besondere Bedeutung in der raschen Entschlusskraft des Landes Hessen und in der großen Kooperationsbereitschaft Thüringens. Es ist dies ein einmaliger historischer Vorgang, zu dessen Aufarbeitung mit dieser Dokumentation z. T. wissenschaftliches Neuland betreten wurde. Die vorliegende Publikation gewinnt schon dadurch eine besondere Bedeutung, dass vielfältige, bisher unbekannte Quellen erschlossen werden konnten. Darüber hinaus gibt es sicherlich noch andere, bisher nicht zugängliche Zeugnisse. Denn auch heute, zwanzig Jahre nach Öffnung der Grenze zur DDR, harren noch aufschlussreiche Dokumente, Fotos und viele andere Quellen der wissenschaftlichen Auswertung. Insbesondere sollten weitere Zeitzeugen befragt werden, solange dies noch möglich ist. Gerade diese Chancen sollten unbedingt genutzt werden, damit wertvolle Kenntnisse und Erfahrungen nicht unwiederbringlich verloren gehen. Die vorliegende Publikation will Entwicklungen in Erinnerung rufen und durchsichtiger machen, aber auch zu weiteren Untersuchungen zum Thema anregen.

Um diese Studie haben sich viele durch ihr Engagement und ihre Bereitschaft zur Auskunft verdient gemacht. Unser Dank gilt den zahlreichen Mitarbeiterinnen und Mitarbeitern der Hessischen Staatskanzlei, der hessischen Ministerien und anderer Landesbehörden, den Archiven in Hessen und Thüringen, hier insbesondere dem Hessischen Hauptstaatsarchiv Wiesbaden, dem Archiv des Thüringer Landtags in Erfurt und dem Thüringer Hauptstaatsarchiv Weimar. Dass beteiligte Zeitzeugen Dokumente bereitgestellt oder sich Zeit für Interviews genommen haben, war für uns außerordentlich wertvoll. Wir danken all jenen Personen, deren schriftliche Berichte wir unmittelbar in die Dokumentation aufnehmen konnten; hierzu gehören besonders die Vertreter der Evangelischen Kirche in Kurhessen-Waldeck und des katholischen Bistums Fulda.

Unser Dank geht insbesondere auch an all diejenigen Personen, die das Vorhaben auf vielfältige Weise unterstützt haben. Namentlich seien an dieser Stelle Lydia Hartleben, Dr. Ulrich Hussong, Dr. Albrecht Kirschner und Susanne Küther genannt sowie alle an der Drucklegung beteiligten Mitarbeiterinnen und Mitarbeiter des Societäts-Verlages und der Setzerei Janß.

Möglich wurde dieses Projekt nur durch das große Engagement und die Unterstützung des Präsidenten des Hessischen Landtags Norbert Kartmann, der früheren Vizepräsidentin Ruth Wagner und des Abteilungsleiters der Landtagsverwaltung Bernd Friedrich. Dafür danken wir ebenso wie für das Interesse und die Hilfestellung der Präsidentin des Thüringer Landtags Professor Dagmar Schipanski und ihrer Mitarbeiter.

Karin Brandes, M. A. Prof. Dr. Klaus Eiler Prof. Dr. Theo Schiller

1. Die hessisch-„thüringischen" Beziehungen in der Nachkriegszeit bis zur Öffnung der innerdeutschen Grenze 1989 im Überblick

Die deutsche Teilung, die mit der Öffnung der innerdeutschen Grenze am 9. November 1989 und mit der Vereinigung beider deutscher Staaten am 3. Oktober 1990 ein glückliches Ende fand, hat das Leben zwischen Ost und West nachhaltig beeinflusst. Hessen war mit seiner 269 km langen Grenze zur DDR in besonderer Weise von der Teilung betroffen. Die Grenze durchschnitt einen Raum, der durch Jahrhunderte eine wirtschaftliche und kulturelle Einheit bildete: Menschliche und familiäre Verbindungen wurden zerrissen, wirtschaftliche Beziehungen abgebrochen, kultureller Austausch verwehrt, wichtige Verkehrsverbindungen unterbrochen und Gemeinden von ihren Versorgungseinrichtungen getrennt. In dieser Zeit der Teilung gab es unterschiedliche Phasen des Umgangs miteinander, die maßgeblich von dem beherrschenden Ost-West-Konflikt beeinflusst waren. Anhand von Beispielen sollen Versuche und Probleme der Annäherung zwischen Hessen und Thüringen[1] in der Zeit zwischen 1945 und 1989 aufgezeigt werden.

Die Bemühungen um eine gemeinsame Deutschlandpolitik der Alliierten scheiterten und zeigten, dass schon 1945 Abmachungen und Vorentscheidungen getroffen wurden, die die Weichen für die weitere Zukunft Deutschlands und die Teilung des Landes stellten. Bereits vor der Kapitulation Nazi-Deutschlands vom 8. Mai 1945 zeichneten sich die ideologischen Gegensätze und machtpolitischen Bestrebungen zwischen den westlichen Siegermächten des Zweiten Weltkrieges USA, Großbritannien und Frankreich einerseits und andererseits der Sowjetunion deutlich ab. In der Konferenz von Jalta (4.–11. 2. 1945) war die Aufteilung Deutschlands in vier Besatzungszonen und Berlins in vier Sektoren von den Alliierten beschlossen worden. Die Schaffung eines Alliierten Kontrollrats, dem Repräsentanten der vier Siegermächte angehörten, sollte eine gemeinsame Behandlung Deutschlands (u. a. den Aufbau einer gesamtdeutschen Verwaltung) sicherstellen, was jedoch nie umgesetzt wurde. Am 5. Juni 1945 hatten die

1 Durch eine Verwaltungsreform in der DDR wurden 1952 die bis dahin bestehenden fünf Länder Brandenburg, Mecklenburg, Sachsen, Sachsen-Anhalt und Thüringen aufgelöst und in 14 Bezirke umgewandelt. Diese kleineren Verwaltungseinheiten waren zentral auf Berlin ausgerichtet. Thüringen wurde in die Bezirke Erfurt, Suhl und Gera aufgeteilt. Vgl. z. B. Marek, Dieter: Bezirke statt Länder: Die DDR-Verwaltungsreform 1952, 2002.

Alliierten die oberste Regierungsgewalt in Deutschland übernommen und u. a. die vier Zonen gebildet. An der Grenze zwischen Hessen[2] und Thüringen[3] trafen die amerikanische und die sowjetische Besatzungszone direkt aufeinander.

In der Konferenz von Potsdam (17. 7.–2. 8. 1945) einigten sich die Siegermächte zwar auf politische Grundsätze zur Behandlung Deutschlands wie die Demilitarisierung, Dezentralisierung und Demokratisierung; Reparations- und Grenzfragen blieben allerdings weiterhin strittig. In der Konferenz verständigten sich die Alliierten auch darauf, die wirtschaftliche Einheit Deutschlands zu bewahren, was sich de facto durch die weitestgehende Eigenständigkeit der Besatzungsmächte in ihren jeweiligen Zonen jedoch kaum mehr realisieren ließ.[4]

Dennoch gab es gerade in der unmittelbaren Nachkriegszeit zwischen 1945 und 1946 intensive Bestrebungen der damaligen von den Amerikanern eingesetzten Landesregierung unter Ministerpräsident Karl Geiler (parteilos)[5] für eine umfangreiche wirtschaftliche Zusammenarbeit zwischen Hessen und Thüringen. Ein wesentliches Ziel war es, die Zonengrenzen durchlässig zu halten und die Einheit Deutschlands zu sichern. Wenn sich eine alle vier Zonen umspannende Regelung und die Wiederherstellung der wirtschaftlichen und politischen Einheit Deutschlands nicht unmittelbar realisieren ließen, so sollte durch eine allmähliche etappenweise Zusammenführung der Zonen der Versuch unternommen werden, schließlich doch zu gesamtdeutschen Instanzen zu kommen. Karl Geiler war der erste westliche Ministerpräsident, der eine persönliche Verbindung mit Vertretern der östlichen Zone suchte und seine politische Zielsetzung auch immer wieder dahingehend formulierte: *Wir dürfen den Osten unter keinen Umständen fallen lassen, sondern müssen jede mögliche Verbindung und Brücke zu ihm aufrechterhalten.*[6]

Bereits im Oktober 1945 gab es von Thüringen ausgehende Bestrebungen, die Kontakte zwischen den Ländern zu intensivieren, worauf Geiler unmittelbar und direkt reagierte. Zunächst besuchte der Wirtschaftsbeauftragte Thüringens Hessen, um über mögliche Handelsverträge zu beraten. Nach einem weiteren Treffen in Wiesbaden

2 Am 19. 9. 1945 wurden durch die Proklamation Nr. 2 des Oberbefehlshabers der amerikanischen Streitkräfte in Europa, General Dwight D. Eisenhower, die Länder Württemberg-Baden, Bayern und Groß-Hessen gegründet. Damit hatten die Amerikaner erste Ansätze der Staatlichkeit geschaffen. Vgl. Mühlhausen, „… die Länder zu Pfeilern machen …", 1989, S. 181.

3 Im April 1945, kurz vor Ende der NS-Diktatur, besetzten amerikanische Truppen Thüringen. Aufgrund von Vereinbarungen der Alliierten am 12. 9. 1944 in London und 1945 in Jalta räumte die US-Armee das nun zur sowjetischen Besatzungsmacht gehörende Gebiet und zog sich an die hessisch-thüringische Grenze zurück. Vgl. Overesch, Manfred: Hermann Brill und die Neuanfänge deutscher Politik in Thüringen 1945. In: Vierteljahreshefte für Zeitgeschichte, Jg. 27, H. 4, 1979, S. 549.

4 Vgl. grundlegend dazu: Friedel, Von der Teilung zur Wiedervereinigung, 2006.

5 Umfassender zur Politik der ersten Hessischen Ministerpräsidenten Karl Geiler (16. 10. 1945–20. 12. 1946) und Christian Stock (20. 12. 1946–14. 12. 1950) vgl. Mühlhausen, Karl Geiler und Christian Stock, 1999.

6 Ansprache Geilers über den Süddt. Rundfunk [ohne weitere Angabe]. Zitiert nach Overesch, Gesamtdeutsche Initiativen, 1980, S. 250.

folgte Geiler einer Einladung des thüringischen Landespräsidenten Rudolf Paul.[7] Am 26. und 27. Januar 1946 war Geiler offiziell Gast der thüringischen Landesregierung in Weimar. Sichtbarer Erfolg dieser Zusammenkunft war der Abschluss eines Wirtschaftsvertrags zwischen Hessen und Thüringen, dem allerdings die amerikanische Militärregierung die Zustimmung verweigerte. Begründet wurde die Ablehnung mit dem Hinweis auf das Potsdamer Abkommen: Nach Ansicht der Amerikaner sei ein Vertrag zwischen zwei Ländern nicht mit dem Grundsatz, Deutschland als wirtschaftliche Einheit zu betrachten, vereinbar.[8] Für gemeinsame Regelungen der Alliierten gab es zu dieser Zeit jedoch kaum Anzeichen. Zwar wurde der Vertrag als gegenstandslos betrachtet, dennoch gestatteten die Amerikaner Privatgeschäfte der Wirtschaft, die in der Folge im größeren Umfang zwischen den Ländern Hessen und Thüringen stattfanden.[9] Wie erfolgreich die wirtschaftliche Zusammenarbeit verlief, zeigte sich daran, dass Wiesbaden 1946 die einzige deutsche Stadt in der Westzone war, in der es so genannte Wirtschaftspässe für Reisen von Kaufleuten in die sowjetische Zone gab.[10] Vom 25. bis zum 28. April 1946 stattete der thüringische Landespräsident Paul einen offiziellen Gegenbesuch in Wiesbaden ab und Mitte August reiste Geiler ein zweites Mal nach Weimar. Angesichts der immer deutlicher werdenden politischen Differenzen, verstärkt u. a. durch die vollzogene Vereinigung von KPD und SPD zur SED in der sowjetischen Zone und des sich abzeichnenden Zusammenschlusses der amerikanischen und britischen Zone zu einem gemeinsamen Wirtschaftsraum, sahen sich Paul und Geiler weiterhin gefordert, für die Vereinigung der vier Zonen einzutreten, mit dem Ziel, die Einheit Deutschlands voranzubringen.[11] Im Sommer 1946 litten die hessisch-thüringischen

7 Rudolf Paul wurde am 16. 7. 1945 von der sowjetischen Militärregierung zum Landespräsidenten von Thüringen ernannt, nachdem Thüringen Teil der sowjetischen Besatzungszone geworden war. Er löste damit den zuvor von den Amerikanern eingesetzten Hermann Brill (SPD) ab, den späteren Chef der hessischen Staatskanzlei in Wiesbaden (Juli 1946–1949). Auf dem Thüringer Gründungsparteitag im April 1946 trat Rudolf Paul der SED bei. Anfang September 1947 floh er aus dem Osten in den Westen Deutschlands. Vgl. Schneider, Hessen und Thüringen, 1990, S. 30 f.

8 Vgl. ausführlich zur Annäherungspolitik Geilers zwischen 1945/46: Overesch, Gesamtdeutsche Initiativen, 1980, S. 247–258. Ebenso Mühlhausen, „... die Länder zu Pfeilern machen ...", 1989, S. 59–65.

9 Nach Angaben von Mühlhausen profitierte Hessen vom intensiven Warenaustausch zwischen beiden Ländern, wobei sich Aus- und Einfuhren in etwa die Waage hielten. Vgl. Mühlhausen, „... die Länder zu Pfeilern machen ...", 1989, S. 63 f.

10 Vgl. Overesch, Gesamtdeutsche Initiativen, 1980, S. 252.

11 In einem Telegramm vom 29. 4. 1946 schrieb Paul an Geiler: *Ich bin überzeugt, dass es unseren gemeinsamen Bemühungen gelingen wird, die Verbindung zwischen Großhessen und Thüringen wirtschaftlich und auch kulturell immer enger zu gestalten. Ich weiß mich mit Ihnen einig in der damit beabsichtigten Bestrebung des großen Ziels, die Einheit Deutschlands.* Zitiert nach Overesch, Gesamtdeutsche Initiativen, 1980, S. 253. In einer gemeinsamen Erklärung Pauls und Geilers vom 13. 8. 1946 wurde, als Reaktion auf den bevorstehenden Zusammenschluss der britischen und amerikanischen Zone, abermals auf die Einheit Deutschlands verwiesen: *Die wirtschaftliche Vereinigung nur zweier Zonen vermag die zentralen wirtschaftlichen Probleme nicht zu bewältigen und könnte die Einheitsbildung im Ganzen erschweren. Alle deutschen Kräfte müssen daher jetzt eingesetzt werden, um die wirtschaftliche Vereinigung aller vier Zonen in Bälde zu erreichen.* Zitiert nach: Mühlhausen „... die Länder zu Pfeilern machen ...", 1989, Dok. 6, S. 190 f.

Beziehungen noch nicht unter den politischen Spannungen, sondern es kam zum intensiven Austausch auf verschiedenen Gebieten. So nahmen beispielsweise die rechtswissenschaftlichen Fakultäten der Universitäten von Frankfurt und Jena Verbindungen auf und der Landessportbund Groß-Hessen lud thüringische Sportler zu einem Wettkampf nach Frankfurt ein.[12] Karl Geilers Kooperationen mit Thüringen wurden auch von den Mitgliedern der hessischen Landesregierung anerkannt und durch eine personalpolitische Entscheidung noch verstärkt: Am 8. August 1946 wurde Hermann Brill, der 1945 für wenige Wochen Ministerpräsident Thüringens war, zum Staatssekretär der Wiesbadener Staatskanzlei ernannt.[13] Trotz dieser positiven Entwicklung befürchtete Geiler durch den möglichen Zusammenschluss zweier Westzonen die endgültige Trennung Deutschlands. Folgerichtig beschloss das hessische Kabinett am 14. August 1946 daher ein vierzonales Treffen zu organisieren, um der drohenden wirtschaftlichen Spaltung Deutschlands entgegenzutreten. Ähnlich äußerten sich auch andere Ministerpräsidenten, so dass die geplante Konferenz schließlich Anfang Oktober 1946 in Bremen stattfinden konnte. Allerdings nahmen daran, trotz vorheriger Zusage, keine Vertreter der sowjetischen und der französischen Zone teil, Letztere entsandte einen Beobachter.

Bis Ende des Jahres 1946 kam es noch auf fachlicher Ebene zu einzelnen Treffen zwischen hessischen und thüringischen Delegationen, ein für Dezember vorgesehener Besuch Pauls in Wiesbaden fand nicht mehr statt.[14] Ein Jahr intensiver Kontakte zwischen Hessen und Thüringen war letztendlich erfolglos geblieben und damit auch die herausragenden Bemühungen des damaligen hessischen Ministerpräsidenten Karl Geiler, in die Politik der Alliierten einzugreifen und die Teilung Deutschlands zu verhindern. Die Hoffnung Geilers, auf der Basis der Beziehungen zwischen Weimar und Wiesbaden gesamtdeutsche Regelungen voranzubringen, blieb unerfüllt.

Nach den Landtagswahlen in Hessen am 1. Dezember 1946 übernahm Christian Stock (SPD) das Amt des Ministerpräsidenten. Und auch in dieser Zeit verschärften sich die Spannungen zwischen Ost und West zunehmend. Mit dem Zusammenschluss der amerikanischen und britischen Zone am 1. Januar 1947 zum „Vereinigten Wirtschaftsgebiet" (Bizone) und der Einführung einer neuen Wirtschaftsordnung in dieser Zone wurde die endgültige Spaltung Deutschlands eingeleitet. Angesichts der katastrophalen ökonomischen Lage Hessens forderte Stock die etappenweise Zusammenführung der Zonen. Ganz pragmatisch sah er darin eine Möglichkeit, der wirtschaftlichen Misere entgegenwirken zu können. Illusionen über die Beziehung zur sowjetischen Zone machte sich Stock nicht und benannte in einer Rede im April 1947 daher als Minimalziel: *Und wenn wir den Vierzonen-Zusammenschluß nicht erreichen können, weil wir das Gefühl haben, daß er nur verlangt wird, aber nicht gewollt ist, dann erscheint uns eine Dreizonen-Verwaltung oder meinetwegen eine Zweizonen-Verwaltung immer noch*

12 Vgl. ebd., S. 255.

13 Vgl. Overesch, Manfred: Hermann Brill und die Neuanfänge deutscher Politik in Thüringen 1945. In: Vierteljahreshefte für Zeitgeschichte, Jg. 27, H. 4, 1979, S. 524–569.

14 Vgl. Overesch, Gesamtdeutsche Initiativen, 1980, S. 257.

das Bessere.[15] Mit der Münchner Ministerpräsidentenkonferenz, die vom 6. bis 8. Juni 1947 stattfand, war ein letzter Versuch unternommen worden, eine gesamtdeutsche Sitzung der Länderchefs abzuhalten. Sie scheiterte, weil in den Vorgesprächen die Forderung der ostdeutschen Ministerpräsidenten, in der Konferenz auch politische Themen zu behandeln, von den westdeutschen Regierungschefs abgelehnt worden war, da diese von den Militärregierungen nicht dazu ermächtigt waren. Die Vertreter der sowjetischen Zone reisten daraufhin am Vorabend der eigentlichen Konferenz wieder ab.[16] Damit waren alle Kontakte zwischen den Ministerpräsidenten von Ost und West endgültig abgebrochen.

Ab März 1948 boykottierte die Sowjetunion den Alliierten Kontrollrat und eine gemeinsame Politik für ganz Deutschland; die wirtschaftliche Einheit und die Zukunft Deutschlands sicherzustellen, war damit gescheitert. Mit der Währungsreform in den drei Westzonen im Juni 1948, der darauf folgenden Währungsreform in der Ostzone und der fast einjährigen Blockade Berlins durch die Sowjetunion wurde die Spaltung Deutschlands zementiert. Am 23. Mai 1949 trat das Grundgesetz der Bundesrepublik Deutschland in Kraft[17], und am 7. Oktober 1949 wurde die Deutsche Demokratische Republik gegründet. Die deutsche Frage blieb auch weiterhin ungelöst.

Dennoch kam es im Rahmen des Interzonen-Reiseverkehrs im unmittelbaren Grenzgebiet zwischen Hessen und Thüringen immer wieder zu Begegnungen zwischen der Bevölkerung Ost und West.[18] Dies änderte sich mit der Unterzeichnung des Deutschlandvertrags[19] zwischen der Bundesrepublik und den Westmächten am 26. Mai 1952, der das Ende des Besatzungsstatuts und den Weg zur Souveränität für die Bundesrepublik bedeutete. Die DDR reagierte darauf mit der Einrichtung einer Sperrzone entlang ihrer Westgrenze. In den nun folgenden Jahren waren auch zwischen Hessen und „Thüringen" direkte politische, wirtschaftliche und menschliche Kontakte kaum mehr möglich. Die Beziehung beider Länder zueinander wurde vielmehr durch die offene Eskalation des Ost-West-Konflikts und die Deutschlandpolitik der Bundesrepublik unter Konrad Adenauer durch strikte Nichtanerkennung der DDR und eine konsequente Westeinbindung bestimmt.[20] In dieser Zeit des „Kalten Krieges" wurde seitens der DDR die Demarkationslinie zur Bundesrepublik verstärkt abgeriegelt und ein Sperrgebiet eingerichtet. Seit 1960 wurde die innerdeutsche Grenze schließlich

15 Rede Stocks auf der SPD-Funktionärskonferenz in Frankfurt/Main am 28. 4. 1947. Zitiert nach: Mühlhausen, Karl Geiler und Christian Stock, 1999, S. 122.

16 Vgl. ebd., S. 123.

17 In seiner 59. Plenarsitzung debattierte der hessische Landtag über das Grundgesetz und am 20. Mai 1949 nahm das hessische Parlament das Grundgesetz mit 73 Ja- gegen acht Nein-Stimmen an. Vgl. Mühlhausen, „... die Länder zu Pfeilern machen ...", 1989, S. 108–111.

18 So gab es Begegnungen auf beiden Seiten der Grenze zwischen hessischen und thüringischen Fußballmannschaften, oder Facharbeiter pendelten zur Arbeit über die Grenze. Vgl. Schneider, Hessen und Thüringen, 1990, S. 71–74.

19 Vgl. Friedel, Von der Teilung zur Wiedervereinigung, 2006, S. 65–74, 111–114.

20 Vgl. dazu Friedel, Von der Teilung zur Wiedervereinigung, 2006. Ebenso Weber, Jürgen (Hrsg.): Die Republik der fünfziger Jahre. Adenauers Deutschlandpolitik auf dem Prüfstand, 1989.

immer undurchlässiger und nach dem Bau der Berliner Mauer am 13. August 1961 (wohl sichtbarstes Symbol der deutschen Teilung) fortwährend perfekter mit Sperranlagen, Metallgitterzäunen, Beobachtungstürmen und Selbstschussanlagen von der DDR ausgebaut. Zwischen Hessen und dem ehemaligen Thüringen (seit 1952 die Bezirke Erfurt, Suhl, Gera) gab es nunmehr lediglich zwei Grenzübergangsstellen. Der Straßenverkehr wurde bis zum 10. November 1989 über Herleshausen abgewickelt, der Schienenverkehr über Bebra. Ost-West-Reisen wurden von Seiten der DDR immer weiter eingeschränkt und nach dem Mauerbau völlig eingestellt.

Ab Anfang der 60er Jahre setzte eine vorsichtige Neuorientierung in den Ost-West-Beziehungen ein: Der „Kalte Krieg" zwischen den USA und der UdSSR wurde durch erste Ansätze einer Entspannungspolitik abgelöst. Eine konkrete Verbesserung stellte das Berliner Passierscheinabkommen vom Dezember 1963 dar, woraufhin erstmals wieder Westberliner zu Weihnachten und Neujahr Verwandtenbesuche im Ostteil der Stadt unternehmen konnten. Mit dem Regierungswechsel 1969 zur SPD/FDP-Regierung unter Bundeskanzler Willy Brandt setzte eine Neuorientierung in der Ost- und Deutschlandpolitik[21] ein. Grundlegend waren eine Politik der Verständigung mit Polen und der Sowjetunion und die Kooperation mit der DDR, die in entsprechenden Verträgen (Moskauer Vertrag, 12. 8. 1970; Warschauer Vertrag, Dezember 1970) festgeschrieben wurde. Zentral waren hierbei die Anerkennung des territorialen Status quo in Osteuropa und die faktische Existenz zweier deutscher Staaten. Damit waren die Voraussetzungen für einen „Vertrag über die Grundlagen der Beziehungen zwischen der Bundesrepublik Deutschland und der DDR" geschaffen. Am 21. Dezember 1972 wurde der Grundlagenvertrag abgeschlossen und trat am 21. Juni 1973 in Kraft. Dieser Vertrag regelte unterhalb der völkerrechtlichen Anerkennung der DDR (die Staatsbürgerschaft der DDR wurde nicht anerkannt) den formalen Rahmen für den Umgang beider deutscher Staaten miteinander. Erklärtes Ziel der Bundesregierung war es, in praktischen und humanitären Fragen zu einer Normalisierung der Beziehungen zu gelangen, um dadurch die Folgen der Teilung Deutschlands für die Menschen zu erleichtern. In Artikel sieben des Grundlagenvertrags erklärten beide Länder ihre Bereitschaft *zum beiderseitigen Vorteil die Zusammenarbeit auf dem Gebiet der Wirtschaft, der Wissenschaft und Technik, des Verkehrs, des Rechtsverkehrs, des Post- und Fernmeldewesens, des Gesundheitswesens, der Kultur, des Sports, des Umweltschutzes und auf anderen Gebieten zu entwickeln und zu fördern.*[22] Dadurch waren wichtige Voraussetzungen für konkrete Maßnahmen zur Verbesserung der Ost-West-Beziehungen gegeben. Diese Richtung wurde auch von den nachfolgenden Regierungen in den 70er und 80er Jahren fortgesetzt und durch weitere Folgeverträge ausgestaltet.[23] Trotz aller Vereinbarungen

21 Vgl. u. a. Bender, Peter: Die „Neue Ostpolitik" und ihre Folgen. Vom Mauerbau bis zur Vereinigung, 1995.

22 Grundlagenvertrag, 21. 12. 1972. In: Friedel, Von der Teilung zur Wiedervereinigung, 2008, Dok. 119, S. 227 ff.

23 Wie beispielsweise das „Abkommen über kulturelle Zusammenarbeit", das erst im Mai 1986 von beiden deutschen Staaten unterzeichnet wurde. Insgesamt wurden über 30 Folgeverträge abge-

war die Umsetzung konkreter Projekte oft recht schwierig und wurde immer wieder durch politische Vorgaben seitens der DDR bestimmt.[24]

Im Januar 1973 nahm die durch das Zusatzprotokoll zum Grundlagenvertrag eingerichtete Grenzkommission aus Beauftragten beider deutscher Staaten ihre Arbeit auf. Vertreter der Bundesregierung und der an die DDR grenzenden Bundesländer Schleswig-Holstein, Niedersachsen, Hessen und Bayern erörterten mit Regierungsvertretern der DDR in regelmäßigen Sitzungen zunächst Probleme des Grenzverlaufs. Die Regelung praktischer Fragen beispielsweise in den Bereichen Wasserwirtschaft, Luftverschmutzung, Tierseuchen oder Versorgung (Strom, Gas, Wasser) sollten durch weitere Verhandlungen und die Zusammenarbeit der Behörden der beiden deutschen Staaten gelöst werden. Dabei kam dem Regierungspräsidium Kassel, als einziger an die DDR angrenzender Regierungsbezirk Hessens, eine besondere Bedeutung zu. Folgerichtig erhielt das Kasseler Regierungspräsidium vom Hessischen Ministerpräsidenten die Aufgabe, einen Katalog der „regelungsbedürftigen Probleme" im Bereich der hessischen Grenze zur DDR auszuarbeiten. Im März 1973 war der Katalog fertig gestellt. Er *umfasst überwiegend lokale Grenzprobleme, die im beiderseitigen Einvernehmen zwischen den beteiligten Behörden der DDR und BRD gelöst werden sollten. Herausragend sind dabei insbesondere die Fragen der Wasserwirtschaft einschließlich des Umweltschutzes, des Verkehrs, der Grenzmarkierung, aber auch des Gesundheitswesens und des Brand- und Katastrophenschutzes im unmittelbaren Grenzbereich. Als ein übergeordnetes Problem stellt sich darüber hinaus die Kaliversalzung der Werra dar …*[25] Als besonders vordringlich erschien zudem die Regelung und eindeutige Markierung des Grenzverlaufs an der ehemaligen hessisch-thüringischen Grenze, da gerade dieses Problem in den vergangenen Jahren Schwierigkeiten bereitet habe und es des Öfteren zu unbeabsichtigten Grenzverstößen gekommen sei. In den folgenden Jahren konnten durch die Grenzkommission einige der aufgeführten Probleme geregelt werden, was insgesamt zur Verbesserung der vorher gegebenen Situation im hessisch-„thüringischen" Grenzbereich führte.

schlossen, die das Spektrum staatlichen Nebeneinanders abdeckten. Sie betrafen z. B. Transitabkommen, Jugendaustausch und Umweltschutz. Vgl. Friedel, Von der Teilung zur Wiedervereinigung, 2006, S. 231.

24 Vgl. dazu Die Entwicklung der Beziehungen zwischen der Bundesrepublik Deutschland und der Deutschen Demokratischen Republik, Drucksache 7/420, 28. 3. 1973, Deutscher Bundestag, 7. Wahlperiode. Hier heißt es beispielsweise für das Jahr 1972: *bei den Internationalen Mai-Festspielen in Wiesbaden trat das Landestheater Halle Saale mit der Händel-Oper „Ariodante" auf […] Gastspiele von westdeutschen Bühnen und Orchestern in der DDR hat es dagegen seit etwa fünf Jahren nicht mehr gegeben.* Ebd., S. 39. Für den Bildungs- und Wissenschaftsbereich wurde vermerkt, dass … *gemeinsame Veranstaltungen mit Ausnahme der Tagungen der Goethe-Gesellschaft in Weimar praktisch nicht zustande [kamen]. Persönliche Einladungen an bestimmte Wissenschaftler der DDR zu Veranstaltungen im Bundesgebiet blieben häufig erfolglos.* Ebd., S. 41.

25 Schreiben RP Kassel vom 9. 3. 1973. Zitiert nach: Dittrich, Marcus, Gestaltende Dienstleistungsbehörde für die Region – das Regierungspräsidium Kassel im Wandel, (Magisterarbeit, Fachbereich 05, Univ. Kassel), 2007, S. 305 f.

Im Zuge des Grundlagen- und Verkehrsvertrags wurde durch Erleichterungen im Reiseverkehr auch die innerdeutsche Grenze etwas durchlässiger: Familienzusammenführungen und Besuche von Schulklassen, Jugend- und Erwachsenengruppen, die Öffnung neuer Grenzübergänge und der „Kleine Grenzverkehr"[26] bedeuteten ganz praktische Verbesserungen. Auf kommunaler Ebene konnten partnerschaftliche Beziehungen zwischen Kreisen, Städten und Gemeinden in Ost und West entstehen. Wie schwierig der Aufbau von Partnerschaften in der Praxis selbst 1986 dennoch war, belegt die Antwort der Bundesregierung auf eine Kleine Anfrage der FDP-Fraktion des Deutschen Bundestags zu Städtepartnerschaften mit der DDR. Wie dort vermerkt wurde, lagen zu diesem Zeitpunkt 54 Anfragen hessischer Städte nach Aufbau einer innerdeutschen Städtepartnerschaft vor. Jedoch sei die Regierung der DDR nur in wenigen Ausnahmefällen überhaupt bereit, derartige Städtepartnerschaften zuzulassen.[27] Bis zur Grenzöffnung 1989 konnten lediglich vier hessische Partnerschaften (Marburg-Eisenach, 1988; Kronberg-Ballenstedt, 1988; Kassel-Arnstadt, 1989 und Reinheim-Fürstenwalde, 1989) ratifiziert werden.[28] Die Schwierigkeit bei der Realisierung deutsch-deutscher Städtepartnerschaften ergab sich, so die Erfahrungen des Deutschen Städtetags, vor allem daraus, dass sich *die Regierung der Deutschen Demokratischen Republik nicht nur vorbehält, welche Stadt in der Bundesrepublik Deutschland eine Partnerschaft in der Deutschen Demokratischen Republik erhalten wird, sondern auch welche Städte im Rahmen einer Partnerschaft zusammenkommen sollen.* Und auch daraus *[...] ob die Regierung der DDR überhaupt bereit ist, der anfragenden bundesrepublikanischen Stadt eine Partnerschaft mit einer Stadt in der DDR zu gewähren.*[29]

Mit dem Inkrafttreten des Grundlagenvertrags am 21. Juni 1973 wurden zusätzliche Vereinbarungen über die Zusammenarbeit auf zahlreichen Gebieten, darunter auch der Kultur und des Sports, in Aussicht gestellt. Gespräche über ein Kulturabkommen wurden bereits 1973 eingeleitet, nach zwölfjähriger Verhandlungszeit (mit zahlreichen Unterbrechungen) konnte das „Abkommen über kulturelle Zusammenarbeit" schließlich am 6. Mai 1986 von beiden Seiten unterzeichnet werden.[30] Durch das Abkommen

26 Nach Inkrafttreten des Grundlagenvertrags hatten die Bewohner von 56 grenznahen Stadt- und Landkreisen der Bundesrepublik die Möglichkeit, zu Tagesaufenthalten in den grenznahen Bereich der DDR einzureisen, darunter auch Bewohner hessischer Städte und Gemeinden. Seit August 1984 war der Aufenthalt von bis zu zwei Tagen in der DDR gestattet, als Reisegrund wurde nun auch touristisches Interesse anerkannt. Die Reiseerleichterungen betrafen in Hessen die Städte Fulda und Kassel sowie die Landkreise Hersfeld-Rotenburg, Kassel, Main-Kinzig, Marburg-Biedenkopf, Schwalm-Eder, Werra-Meißner und den Vogelsbergkreis. Vgl. Merkblatt: Reisen in die DDR mit Tagesaufenthalten im grenznahen Bereich und Reisen durch die DDR in andere Länder, hrsg. vom Bundesministerium für innerdeutsche Beziehungen, 16. Aufl. 1989, S. 45 f.

27 Vgl. Drucksache 10/645, Deutscher Bundestag, 10. Wahlperiode, 13. 11. 1986. Deutscher Bundestag.

28 Vgl. Aufstellung „Innerdeutsche Städtepartnerschaften", Bundesminister für innerdeutsche Beziehungen, 1. 11. 1989. Privatarchiv R. Wagner.

29 Schreiben Deutscher Städtetag an R. Wagner (FDP), 2. 10. 1987. Privatarchiv R. Wagner.

30 Strittig waren vor allem die Einbeziehung West-Berlins in das geplante Kulturabkommen und die von der DDR geforderte Rückgabe von Kulturgütern aus der „Stiftung Preußischer Kulturbesitz"

sollten die Beziehungen zwischen der Bundesrepublik Deutschland und der DDR fortgesetzt und verstärkt werden. Gerade dieser Bereich bot in besonderer Weise Chancen für persönliche Kontakte, die von der Bundesregierung ausdrücklich gewünscht waren. In einer Erklärung anlässlich der Vertragsunterzeichnung wies der damalige Bundesminister für innerdeutsche Beziehungen Heinrich Windelen (CDU) auf die Bedeutung und die Möglichkeiten des Abkommens hin: *Die sich aus dem Kulturabkommen entwickelnde Zusammenarbeit soll den Menschen in Deutschland dienen. [...] Die praktische Ausfüllung des Kulturabkommens gehört keineswegs ausschließlich in den Bereich der staatlichen Beziehungen. Im Gegenteil: Wir haben mit der DDR vereinbart, daß Austausch und Zusammenarbeit – abgesehen von den zuständigen Behörden bzw. Organen – zwischen Institutionen, Organisationen, Vereinigungen und den im kulturellen Bereich tätigen Einzelpersonen stattfinden sollen. [...] Das Kulturabkommen geht deutlich über den herkömmlichen Begriff hinaus [...] Auch die Bereiche von Bildung und Wissenschaft sind miteingeschlossen. Ebenso sind das Archiv- und Bibliothekswesen, der Bereich der Museen und der Denkmalpflege Gegenstand des Kulturabkommens. Förderabsichten bekunden die Abkommenspartner des Kulturabkommens ebenso hinsichtlich der Zusammenarbeit der Rundfunk- und Fernsehanstalten und im Hinblick auf die Beziehungen im Bereich des Sports sowie beim Jugendaustausch.*[31] Die Hessische Landesregierung hatte der Unterzeichnung des Kulturabkommens zwischen der DDR und der Bundesrepublik Deutschland am 11. März 1986 zugestimmt.[32] Mit dem Abkommen waren immerhin geeignete Voraussetzungen für eine weitere Annäherung beider deutscher Staaten geschaffen. Bis zur Grenzöffnung 1989 erfolgten der Wissenschaftler- und Expertenaustausch und der Austausch im Kulturbereich für die Bundesländer über jeweils von den Ländern mit dem Bund vereinbarte Projektlisten. Diese waren Grundlage für die Verhandlungen zwischen der Bundesrepublik Deutschland und der DDR über konkrete Vorhaben. Ein direkter Austausch zwischen hessischen und „thüringischen" Institutionen, Universitäten, Vereinen etc. war auch jetzt kaum realisierbar.[33]

Ausgeprägte hessische Kontakte zu den Bezirken Suhl, Erfurt und Gera gab es vor der Öffnung der innerdeutschen Grenze 1989 nicht, obwohl von verschiedenen Ein-

in West-Berlin. Vgl. G. Gaus (SPD) zum Stand der Verhandlungen über ein Kulturabkommen mit der DDR, ZDF, Heute vom 5. 3. 1975 (Mitschrift) sowie H. J. Wischnewski (SPD): Gute Atmosphäre bei Gesprächen in Ost-Berlin, Frankfurter Allgemeine, 14. 9. 1982. Informationen des Presse- und Informationsamt der Bundesregierung.

31 Bulletin Nr. 48, S. 405, 7. 5. 1986, Presse- und Informationsamt der Bundesregierung.

32 Vgl. Schreiben des Hessischen Ministeriums für Wissenschaft und Kunst, betr.: Thüringisch-hessische Kulturtage, 09. 12. 1987, S. 2. Privatarchiv R. Wagner.

33 Vgl. „Hessen und Thüringen sind Nachbarn", Presseerklärung, FDP-Kreisverband Darmstadt, 13. 8. 1986. Privatarchiv R. Wagner. Anlässlich des Besuchs der FDP-Landtagsfraktion vom 6. bis 8. 8. 1986 in Eisenach, Erfurt, Weimar und Leipzig wurde eine Presseerklärung verfasst. Darin wurde Ruth Wagner (FDP) zitiert, die sich kritisch über die von der DDR vorgegebenen Bedingungen äußerte und zugleich eine unkomplizierte Umsetzung des Kulturabkommens einforderte: *Die Zahl der möglichen Begegnungen werde von der Regierung entschieden. Dies sei bedauerlich, da [...] eine größere Zahl von Städten und Gemeinden sowie viele kulturelle Organisationen in der Bundesrepublik Deutschland gerne von sich aus Kontakt direkt knüpfen wollten.*

richtungen und Gruppen engere Verbindungen angestrebt und vereinzelt auch verfolgt wurden. Dezentrale Kontakte waren unerwünscht und wurden in aller Regel von der DDR-Führung verhindert. Erst im Rahmen des deutsch-deutschen Kulturabkommens entwickelte sich eine Zusammenarbeit im kulturellen, wissenschaftlichen und humanitären Bereich. Doch erwies sich die Umsetzung des Kulturabkommens immer wieder als äußerst schwierig und langwierig, wie die Bemühungen der Hessischen Landesregierung beispielhaft zeigen.

Zur Vorbereitung konkreter Maßnahmen fand im Oktober 1986 (13.–17. 10. 1986) unter Leitung der damaligen Hessischen Ministerin für Wissenschaft und Kunst, Dr. Vera Rüdiger (SPD) und in Begleitung von Angehörigen des Ministeriums und des Landesamtes für Denkmalpflege eine Informationsreise in die Bezirke Suhl, Erfurt und Halle der DDR statt. Ein intensiver, fachlicher Erfahrungsaustausch auf dem Gebiet der Denkmalpflege bot sich an, weil, so der folgende Minister für Wissenschaft und Kunst, Dr. Wolfgang Gerhardt (FDP), *Denkmalschutz auch in der DDR als hochrangige kulturpolitische Aufgabe verstanden wird. Hessen und das ehemalige, jetzt in die Bezirke Erfurt, Gera und Suhl gegliederte Thüringen sind Landschaften langer gemeinsamer Geschichte und gleichartiger kultureller Entwicklung. Kulturelle Identität wird hier wie dort durch einen reichen Bestand an Denkmälern aus gleicher Zeit und baulicher Substanz dokumentiert. Die methodischen Fragen sind für die Denkmalpflege im hessisch-thüringischen Kulturraum daher oft sehr ähnlich.*[34] Bereits im Oktober 1986 wurde im Rahmen der Informationsreise dem Rat des Bezirks Erfurt ein förmliches Angebot zur „Entwicklung der Zusammenarbeit zwischen Institutionen der Denkmalpflege des Landes Hessen und der Deutschen Demokratischen Republik" unterbreitet. Das entsprechende Konzept sah einen ständigen Erfahrungsaustausch zwischen Institutionen der Denkmalpflege in Hessen und der DDR vor. Angedacht waren regelmäßige wissenschaftliche Kolloquien, die wechselseitig im Bezirk Erfurt und in Hessen stattfinden und sich mit Themen der Restaurierung, Baugeschichte, Gartendenkmalpflege etc. befassen sollten. Von hessischer Seite wurde ein Zeit- und Themenplan erstellt, der bis zum Sommer 1991 reichte. Zugleich erging eine Einladung an eine DDR-Delegation zu einem Gegenbesuch nach Hessen. Wie weiter vermerkt wurde, bestand auf fachlicher Ebene eine große Bereitschaft zum Dialog, eine mögliche Umsetzung der Zusammenarbeit war jedoch nur mit Zustimmung der zuständigen zentralen Stellen der DDR-Regierung in Berlin, dem dortigen Kultusministerium, möglich. Die ausgearbeiteten hessischen Vorschläge wurden am 20. März 1987 der Ständigen Vertretung der DDR zur Verfügung gestellt und von dort die Weiterleitung zur Prüfung bestätigt. Anfang August 1987 erfolgte die Nachfrage in der DDR verbunden mit der erneuten Bekräftigung des hessischen Angebots. Bis zum Dezember 1987 lag keine Antwort einer DDR-Behörde vor.[35] Wie dem Schreiben des Hessischen Mi-

34 Schreiben Dr. W. Gerhardt an den Präsidenten des Hessischen Landtags, 9. 12. 1987, S. 4. Privatarchiv R. Wagner.

35 Vgl. ebd. S. 6.

nisters für Wissenschaft und Kunst weiter zu entnehmen ist, beabsichtigte dieser, das seit Mitte 1986 entwickelte Konzept einer Zusammenarbeit mit den Einrichtungen des Instituts für Denkmalpflege der DDR im Bezirk Erfurt nun auf andere Weise umzusetzen. Gerhardt verwies dabei auf die im November 1987 abgeschlossenen Verhandlungen zwischen der Bundesregierung (unter Mitwirkung der Länder) und der Regierung der DDR zur Vereinbarung eines ersten Arbeitsplans 1988/89 des Abkommens über kulturelle Zusammenarbeit. In einer Presseerklärung des Bundesministeriums für innerdeutsche Beziehungen hieß es dazu: *Die Bundesregierung und die Regierung der DDR haben sich am 9. November 1987 in Ost-Berlin auf rund 100 Vorhaben der kulturellen Zusammenarbeit in den Jahren 1988/89 verständigt. Diese Projekte betreffen die Bereiche Kunst und Kultur, Hochschule, berufliche Bildung, Schule, Verlags-, Bibliotheks- und Archivwesen. Die Einbeziehung Berlins in die Austauschprojekte ist sichergestellt.*[36] In der beigefügten Projektliste finden sich, nach Bereichen getrennt, unterschiedliche Vorhaben der einzelnen Bundesländer, darunter auch hessische Projekte wie beispielsweise der Austausch von Ausstellungen zwischen dem Städelschen Kunstinstitut in Frankfurt mit dem Museum der Bildenden Künste in Leipzig für die Jahre 1989 bis 1990. Vorgesehen war auch die Präsentation einer Ausstellung über den Dichter und Revolutionär Georg Büchner, die sowohl in Darmstadt (1987) als auch in Weimar gezeigt werden sollte. Dieses Vorhaben konnte im Frühjahr 1988 mit der Ausstellungseröffnung in Weimar mit großem Erfolg realisiert werden. An der Konzeption der Ausstellung waren auch Wissenschaftler aus der DDR beteiligt. Im Bereich Bibliotheks- und Archivwesen waren Exkursionen und Archivaufenthalte in der DDR und in Hessen vorgesehen sowie die gemeinsame Teilnahme der Archivare aus Ost und West am kommenden Archivtag 1989. Bereits im Dezember 1987 unternahm erstmals ein Kurs der Archivschule Marburg eine offiziell mit der Staatlichen Archivverwaltung der DDR vereinbarte Reise nach Thüringen, in die Archive von Weimar, Gotha und Mühlhausen. Eine weitere Exkursion von Fachhochschülern des Archivdienstes aus Marburg fand ein Jahr später statt. Im Gegenzug kamen im Herbst 1988 Direktoren der „Thüringer" Archive nach Hessen.[37] Weitere Vorhaben betrafen u. a. die Zusammenarbeit im universitären Bereich und den bereits seit 1986 geplanten fachlichen Austausch auf dem Gebiet der Denkmalpflege.

Neben der Landesregierung befassten sich auch der Hessische Landtag und insbesondere der Ausschuss für Wissenschaft und Kunst mit Fragen des deutsch-deutschen Kulturabkommens. So wurde ein Antrag der Abgeordneten Ruth Wagner (FDP), betreffend thüringisch-hessische Kulturtage im November 1987, einstimmig vom Hessischen Parlament mit der Maßgabe verabschiedet, den deutsch-deutschen Dialog auf kultureller Ebene zu fördern, da, so die Begründung, die besonderen kulturellen und historischen Beziehungen der beiden Kulturlandschaften Hessen und das ehemalige Thürin-

36 Bundesministerium für innerdeutsche Beziehungen, Pressemitteilung Nr. 50/87, 9. 11. 1987. Privatarchiv R. Wagner.
37 Vgl. Schneider, Hessen und Thüringen, S. 98 f.

gen dafür in besonderer Weise geeignet seien.[38] Wie der damalige Vorsitzende des Ausschusses für Wissenschaft und Kunst, Wolfgang Windfuhr (CDU), in einem Bericht darlegt, beschäftigte sich der Ausschuss in mehreren Sitzungen mit einer von der Landesregierung geplanten großen Ausstellung Hessen-Thüringen. Dabei sei beschlossen worden *die die innerdeutsche Grenze überschreitenden Kontakte nicht nur der Exekutive zu überlassen. Deshalb sollte eine Ausschussreise nach Thüringen geplant und durchgeführt werden. [...] Am 28. Oktober 1988 suchte ich das Bundesministerium für innerdeutsche Beziehungen in Bonn zu einem Gespräch mit dem Herrn Staatssekretär auf. Dieser beauftragte dann sein Haus, gegenüber der DDR-Regierung initiativ zu werden und Vermittler und Antragsteller für unseren Ausschuss zu sein, weil nach seiner Erfahrung das der einzige von der DDR akzeptierte und erfolgreiche Weg war.*[39] *Zusagen der DDR-Behörden verzögerten sich. Im September 1989 erfolgte dann eine Einreisegenehmigung für den Ausschuss. Als Reisetermin wurde festgelegt: 14. bis 17. Februar 1990.*[40] Ein genaues Programm mit Angabe der Gesprächspartner sollte von Seiten der DDR nachgereicht werden.

Die weiteren Reiseplanungen wurden letzten Endes von den politischen Ereignissen in der DDR überholt. Mit der Öffnung der innerdeutschen Grenze am 9. November 1989 fand die Reise des Ausschusses für Wissenschaft und Kunst in die DDR nun unter einer völlig veränderten politischen Situation zwar zum vorgesehenen Termin vom 14. bis zum 17. Februar 1990, aber mit einem eigenständigen Besuchsprogramm und mit selbst ausgewählten Gesprächspartnern statt. Planung und Organisation lagen nun ausschließlich in Wiesbaden.[41]

Die aufgeführten Beispiele zeigen, wie restriktiv die Zusammenarbeit trotz Abkommen mit der DDR verlief und wie schwierig und langwierig konkrete Abläufe waren. Sie zeigen aber auch, dass erst im Rahmen des Grundlagenvertrags zwischen der Bundesrepublik Deutschland und der DDR spürbare Erleichterungen einsetzten. Und sie belegen, mit welcher rasanten Geschwindigkeit sich die politischen Veränderungen in der DDR ereigneten. Mit dem Fall der Mauer und der Öffnung der Grenze zwischen der Bundesrepublik Deutschland und der DDR im November 1989 war der Weg zur staatlichen Einheit vorbereitet. Damit konnten auch die über Jahrzehnte von der Teilung Deutschlands bestimmten Beziehungen zwischen Hessen und Thüringen wieder intensiviert werden. Bis zur endgültigen Vereinigung Deutschlands am 3. Oktober 1990 waren bereits auf vielen Ebenen bestehende politische, kirchliche und private Kontakte erneut aufgenommen oder geknüpft worden.

38 Vgl. Drucksache 12/161, Hessischer Landtag, 12. Wahlperiode, 2. 6. 1987 und Informationen der Fraktion der FDP im Hessischen Landtag – Pressedienst, 2. 11. 1987. Hessischer Landtag.

39 Schreiben W. Windfuhr, 18. 1. 2008. HHStAW, Projekt Hessen-Thüringen.

40 Schreiben W. Windfuhr, 18. 7. 2007. HHStAW, Projekt Hessen-Thüringen.

41 Vgl. Schreiben W. Windfuhr, 18. 1. 2008. HHStAW, Projekt Hessen-Thüringen. Über die Reise des Ausschusses in die DDR liegt ein Bericht vor. Vgl. Kurzbericht, 29. Sitzung des Ausschusses für Wissenschaft und Kunst: Informationsreise nach Thüringen, 14.–17. 2. 1990, 12. Wahlperiode. Hessischer Landtag. Des Weiteren: Bemerkungen zu dem Thüringen-Besuch vom 14. bis 17. 2. 1990 von Dr. Hermann Kleinstück (damaliger Staatssekretär im Hessischen Ministerium für Wissenschaft und Kunst), 19. 2. 1990. HHStAW, Z 502 Nr. 6092.

2. Das „Aktionsprogramm Hessen-Thüringen" – ein Soforthilfeprogramm in den Jahren 1989 und 1990

2.1 Demokratischer Umbruch in der DDR und die Parlamentsdebatten im Hessischen Landtag

Im hessischen Parlament fanden in der Zeit zwischen September 1989 und Februar 1990 vier Landtagsdebatten statt, die die dramatische Entwicklung in der DDR und deren Auswirkung auf Hessen sowie die hessische Hilfe für Thüringen zum Thema hatten. Diese Debatten stellen ein wichtiges Zeitdokument dar, in dem sich die politischen Veränderungen in der DDR und zugleich die Reaktionen der Hessischen Landesregierung und der einzelnen Fraktionen des hessischen Parlaments darauf widerspiegeln. Deutlich werden die unterschiedlichen politischen Positionen der einzelnen Fraktionen, die insbesondere in der Bewertung der Deutschlandpolitik und damit verbunden in der Frage der deutschen Einheit hervortraten. Während die GRÜNEN im Hessischen Landtag noch im Dezember 1989 als politische Ausrichtung die Zweistaatlichkeit Deutschlands benannten und erst unter dem Druck der Ereignisse in der DDR davon abgingen, wurde das vornehmliche Ziel der hessischen CDU, auf eine schnelle Wiedervereinigung Deutschlands hinzuwirken, in allen Debatten hervorgehoben und ein *Bekenntnis zur deutschen Einheit*[1] ausgesprochen und gefordert. Für die hessische SPD war die Frage nach der Einheit Deutschlands zumindest im September 1989 nicht zentral, da sie für einen baldigen Zusammenschluss beider deutscher Staaten zu diesem Zeitpunkt keine Anzeichen sah. Im Vordergrund ihrer Politik stand vielmehr die Stärkung des Demokratisierungsprozesses in der DDR. Für die FDP, die gemeinsam mit der CDU zwischen 1987 und 1991 die Regierung in Hessen stellte, war die Chance für eine Aufhebung der Teilung Deutschlands nur in einem Europa ohne Grenzen erreichbar.

Die Parlamentsdebatten dieser Zeit verdeutlichen mit welcher Geschwindigkeit sich der Prozess hin zur staatlichen Einheit Deutschlands vollzog, denn dass es zu einer Vereinigung kommen würde, wurde bereits in der Haushaltsdebatte im Februar 1990 von allen Parteien anerkannt. Die Frage lautete nicht mehr ob, sondern wann Gesamt-

1 Regierungserklärung, Dr. W. Wallmann, Plenarprotokoll 12/85, Hessischer Landtag, 12. Wahlperiode, 85. Sitzung, 20. 9. 1989, S. 4654. Hessischer Landtag.

deutschland wiedererstehen würde, wie es beispielsweise der Abgeordnete Klemm für die SPD formulierte: *Wir führen in diesen Tagen ja nicht mehr die Diskussion darüber, daß im Laufe der nächsten Jahre der Prozeß der staatlichen Einheit auf den Weg gebracht wird. Wir führen in diesen Tagen die Diskussion darum, daß innerhalb der nächsten Monate, vielleicht auch innerhalb der nächsten Wochen, der Prozeß der staatlichen Einheit vorankommt.*[2] Die folgenden Debatten zeigen, wie die Hessische Landesregierung und das Parlament auf die sich ändernden Herausforderungen reagierte: auf die zunehmende Zahl der Aus- und Übersiedler aus der DDR und anderen Ostblockländern und auf den schnellen politischen Wandel[3], der durch ein hessisches Hilfsprogramm gezielt unterstützt werden sollte.

Die tief greifenden politischen Veränderungen in der DDR 1989, die sich unter anderem in einem zunehmenden Strom von Flüchtlingen aus der DDR, aber auch aus anderen Ostblockländern zeigte, führte schließlich am 20. September 1989 im Hessischen Landtag zu einer Parlamentsdebatte über die „Lage der Aus- und Übersiedler". Denn die Zahl der Antragsteller auf Ausreise aus der DDR nahm im Sommer 1989 ebenso zu wie die Zahl derjenigen, die in der bundesdeutschen Ständigen Vertretung in Ostberlin und in den Botschaften in Warschau, Budapest und Prag um Ausreise ersuchten. Am 11. September 1989 öffnete Ungarn schließlich offiziell die Grenze für DDR-Bürger, und Tausende kamen in den Westen.

Dringliche Anträge der Fraktionen der SPD und der GRÜNEN betreffend die Aus- und Übersiedlerpolitik beziehungsweise zur Lage der Aus- und Übersiedler, ein Antrag der Abgeordneten Ruth Wagner und der Fraktion der FDP zur sofortigen Bereitstellung von Mitteln für den Wohnungsbau zur Unterbringung von Aus- und Übersiedlern veranlassten den damaligen Hessischen Ministerpräsidenten Dr. Walter Wallmann (CDU) am 20. September 1989 zu einer Regierungserklärung zur „Lage der Aus- und Übersiedler".[4] Einleitend wies Wallmann auf die bewegenden Ereignisse der vergangenen Wochen hin, die gerade auch in Hessen mit seiner unmittelbaren Grenze zur DDR zu einem Ansturm von Flüchtlingen und Übersiedlern geführt habe. Denn, so Wallmann: *Auch und gerade nach 40 Jahren der Trennung wollen Deutsche zueinander. Sie wollen und sie werden die Teilung unseres Volkes und Landes nicht hinnehmen. [...] Die SED-Führer sagen die Unwahrheit, wenn sie behaupten, die deutschen Medien und die Politiker in der Bundesrepublik Deutschland provozierten diesen Flüchtlingsstrom. Nein, es ist die Hoffnungslosigkeit, die Verweigerung elementarer Menschenrechte im real exis-*

2 Plenarprotokoll 12/98, Hessischer Landtag, 12. Wahlperiode, 98. Sitzung, 7. 2. 1990, S. 5599. Hessischer Landtag. Ebenso der Abgeordnete Weist, GRÜNE. *Nur soviel zur Zweistaatlichkeit [...] Diese Frage brauche ich hier nicht erneut zu thematisieren. Ich denke, sie ist entschieden. Es geht jetzt um die Frage des Wie und um die Frage der Ausgestaltung.* Ebd. S. 5606.

3 Vgl. dazu u. a. die Überblicksdarstellung: Weidenfeld, Werner; Korte, Karl-Rudolf (Hrsg.): Handbuch zur deutschen Einheit, 1996 und 1999.

4 Vgl. Plenarprotokoll 12/85, Hessischer Landtag, 12. Wahlperiode, 85. Sitzung, 20. 9. 1989, S. 4649–4656. Hessischer Landtag. Dazu Drucksache 12/5078, 12/5095, 12/5068, 12/5143, 12/5158. Hessischer Landtag.

tierenden Sozialismus, die die Menschen zur Flucht und zur Übersiedlung bewegt.[5] In welchem Ausmaß Hessen von dem Flüchtlingsstrom betroffen war und welche Maßnahmen von der Landesregierung diesbezüglich bisher ergriffen wurden, erläuterte der Ministerpräsident im weiteren Verlauf seiner Rede, nicht ohne sich dabei ausdrücklich bei den verantwortlichen Ministerien, Regierungspräsidenten, karitativen Organisationen, Kirchengemeinden und vielen Menschen für deren große Unterstützung und Hilfsbereitschaft zu bedanken. Die Hessische Landesregierung hatte bereits seit dem 31. August 1989 damit begonnen Plätze in Notquartieren vorzuhalten, womit die augenblickliche Situation offensichtlich etwas entschärft werden konnte. Zur konkreten Lage in Hessen berichtete der Ministerpräsident: *Wie wir bis zur Stunde wissen, sind in Hessen inzwischen etwa 1700 Flüchtlinge*[6] *über Ungarn eingetroffen: Die Unterbringungssituation hat sich gegenwärtig entspannt. Niemand weiß, wie lange dies andauert. Die Lage hat sich entspannt, weil über 50 Prozent der Flüchtlinge Aufnahme bei Verwandten und bei Freunden gefunden haben. Größer als die Flüchtlingswelle aus Ungarn ist der ‚legale Zugang' per Ausreiseverfahren. Im Durchschnitt reisen pro Tag 400 bis 500 Bürger aus der DDR über Gießen in die Bundesrepublik Deutschland ein. Etwa 10 Prozent davon bleiben in Hessen. Pro Monat besteht ein Nettobedarf von 1800 bis 2000 zusätzlichen Betten für Aus- und Übersiedler. Eine besondere Situation ergibt sich für Hessen eben durch diese Zentrale Aufnahmestelle in Gießen.*[7] *Ursprünglich für 500 Personen geplant, muß die ZAH den Andrang von bis zu 2500 Personen bewältigen.*[8] Den weiteren Ausführungen zufolge wurden bis zum 14. September 1989 dort insgesamt 69.125 Übersiedler untergebracht und versorgt, allein im August des Jahres seien es gut 13.000 gewesen. *Zur Zeit halten sich in Hessen etwa 23.000 Aus- und Übersiedler in 36 Übergangswohnheimen und 284 Ausweichquartieren auf. Das sind nur diejenigen, die noch nicht zu Bekannten oder Freunden weitergereist sind oder sonst eine Unterkunft gefunden haben.*[9] Mit einem umfangreichen Wohnungsbauprogramm und weiteren Maßnahmen im Bereich der Betreuung, Eingliederung, Berufsbildung etc. reagierte die Hessische Landesregierung auf diese Herausforderung, wie der Ministerpräsident in seiner Regierungserklärung weiter ausführte: … *wir können trotzdem heute noch nicht sagen, ob damit allen Erfordernissen der Zukunft zum Beispiel in den Bereichen Schulen und Kindergärten hinreichend Rechnung getragen werden kann. Wer wollte dieses an diesem 20. September 1989 sagen, da wir*

5 Plenarprotokoll 12/85, Hessischer Landtag, 12. Wahlperiode, 85. Sitzung, 20. 9. 1989, S. 4649. Hessischer Landtag.

6 Bis zum Zeitpunkt der Landtagsdebatte im September 1989 waren insgesamt rund 17.000 Menschen über Ungarn nach Hessen in die zentrale Aufnahmestelle gekommen, von denen rund 1700 in Hessen selbst blieben.

7 Die „Zentrale Aufnahmestelle des Landes Hessen" (ZAH) wurde 1946 zunächst als Durchgangslager für Vertriebene und Flüchtlinge eingerichtet. Seit 1960 war es auch Zentrallager für ausgereiste DDR-Bürger, ab dem 1. Mai 1986 wurde dieses Bundesnotaufnahmelager zur ZAH.

8 Plenarprotokoll 12/85, Hessischer Landtag, 12. Wahlperiode, 85. Sitzung, 20. 9. 1989, S. 4651. Hessischer Landtag.

9 Ebd., S. 4652.

die Zukunft nicht kennen und nicht wissen, wie sich die Flüchtlings- und Aus- und Übersiedlerströme entwickeln werden.[10]

Trotz aller deutlich formulierten Differenzen zwischen den Regierungs- und Oppositionsparteien des Hessischen Landtags in Fragen der deutschen Einheit[11] bestand Einigkeit darüber, dass alle Aus- und Übersiedler, die in die Bundesrepublik Deutschland kommen, hier ohne Vorbehalt Aufnahme finden sollten. Auch in der Bewertung war man sich einig, dass das Ende der Fluchtbewegung nur durch grundlegende Reformen in der DDR selbst zu stoppen sein würde. Wie es Wallmann in seiner Regierungserklärung weiter darlegte: *Wir hier in der Bundesrepublik Deutschland haben kein Recht, unsere Landsleute in der DDR aufzufordern, ihre Heimat zu verlassen und hierher zu uns zu kommen. Aber es steht uns auch nicht zu, unsere Landsleute in der DDR zum Bleiben aufzufordern. [...] Wir wissen auch: die Bundesrepublik Deutschland kann die Probleme der DDR nicht lösen. So bitter es ist, es bleibt die Wahrheit: die DDR muß selbst dafür sorgen, daß dort Bedingungen entstehen, die die Menschen nicht in die Flucht treiben. Aber ich sage es noch einmal: Wer aus der DDR zu uns kommt, der hat einen Anspruch auf die gleichen Rechte, auf die gleichen Pflichten wie alle freien Deutschen. Wir weisen niemanden zurück. Wir nehmen diese Menschen auf.*[12] Auch der Fraktionsvorsitzende der SPD im Hessischen Landtag, Ernst Welteke, sprach sich eindeutig für die Aufnahme aller Aus- und Übersiedler aus: *Da die Bürger der DDR für uns Deutsche sind, ist es unsere selbstverständliche Pflicht, sie aufzunehmen.*[13] Ebenso forderte Welteke demokratische Reformen in der DDR, allerdings ohne damit zugleich die Frage nach der staatlichen Einheit Deutschlands zu verknüpfen: *Unsere Erwartungen sind ja wohl nicht auf das Ende des Staates DDR gerichtet, sondern auf Reformen. [...] Wir können allerdings einen solchen Zusammenbruch auch nicht verhindern. Die Stabilisierung durch die Einleitung überfälliger Reformen ist allein von den politischen Verantwortlichen in der DDR zu schaffen, von niemandem sonst. Ob wir uns in die inneren Angelegenheiten der DDR einmischen wollen oder nicht, ist gar nicht das Problem; aber wir wollen, daß sich die Bürgerinnen und Bürger in die inneren Angelegenheiten ihres Staates einmischen können, ohne Repressalien und Bespitzelung befürchten zu müssen.*[14]

Bis zur endgültigen Öffnung der innerdeutschen Grenze am Abend des 9. November 1989 bestand weiterhin eine permanent hohe Fluchtbewegung. Von Frühjahr 1989 bis zur Grenzöffnung waren ca. 225.000 Übersiedler, Ungarn- und Botschaftsflücht-

10 Ebd.

11 Die unterschiedlichen Positionen der einzelnen Fraktionen im Hessischen Landtag zeigten sich insbesondere in der Frage nach einer baldigen staatlichen Einheit Deutschlands (dem „Bekenntnis zur deutschen Einheit“, W. Wallmann) sowie in der politischen Bewertung der Ostpolitik seit Willy Brandt.

12 Plenarprotokoll 12/85, Hessischer Landtag, 12. Wahlperiode, 85. Sitzung, 20. 9. 1989, S. 4650–4651. Hessischer Landtag.

13 Ebd., S. 4666.

14 Ebd., S. 4668.

linge in die Bundesrepublik gekommen.[15] In Hessen war es vornehmlich das Regierungspräsidium Kassel[16] mit seinen Mitarbeiterinnen und Mitarbeitern, das durch die Grenzöffnung besondere Herausforderungen zu bewältigen hatte. Denn wie in der Sonderakte des RP „Wichtige Ereignisse" vermerkt ist, wurden allein in der Zeit vom 10.11. bis 30. 11. 1989 1.479.700 und vom 1.12. bis 31. 12. 1989 1.450.841 Einreisen von DDR-Bewohnern über die Grenzübergangsstellen im Regierungsbezirk Kassel gemeldet. Dies waren vor allem Besucher aus der DDR, aber nach wie vor auch Übersiedler, die untergebracht, verpflegt und betreut werden mussten.[17]

Rückblickend ist festzustellen, dass nicht zuletzt die Ausreisenden einen wichtigen Anteil am Zusammenbruch der DDR hatten, vor allem aber waren es die gewaltfreien Massendemonstrationen in Berlin, Leipzig und vielen anderen Städten der DDR[18], die die Öffnung der Grenze bewirkten. Auch auf dem Gebiet des späteren Thüringens kam es am 25. Oktober 1989 in Jena zu einer Protestkundgebung, an der 5000 Menschen teilnahmen. Am 26. Oktober demonstrierten in Erfurt und Gera zusammen über 20.000 Menschen und eine Woche später hatte sich dort die Zahl der Demonstrierenden, die Freiheit und Demokratie forderten, bereits verdoppelt.[19]

Angesichts der Öffnung der Grenze der DDR zur Bundesrepublik Deutschland fand am 14. November 1989 in der 90. Sitzung des Hessischen Landtags eine weitere deutschlandpolitische Debatte statt, die mit einer „Regierungserklärung zur aktuellen Entwicklung in Deutschland und ihre Auswirkungen auf Hessen" begann. Ihr lagen entsprechende Anträge aller Fraktionen des Landtags zugrunde.[20] Die anschließende engagiert geführte Debatte war dennoch von Zurückhaltung angesichts der

15 In der Zeitspanne zwischen 1962 und 1983 gab es ca. 10.000 Übersiedlungen pro Jahr. Zwischen 1984 und 1988 waren es, als Folge einer veränderten Deutschlandpolitik, zwischen 20.000 und 40.000 Übersiedler pro Jahr. Vgl. Hilmer, Richard: „Übersiedler aus der DDR" (Tabellen). In: Materialien der Enquete Kommission, Bd. VII, 1, S. 433.

16 In Hessen verläuft die 269 km lange hessisch-thüringische Grenze ausschließlich im Bereich des Regierungsbezirks Kassel. Vgl. Schneider, Hessen und Thüringen, S. 49.

17 Vgl. Dittrich, Marcus: Gestaltende Dienstleistungsbehörde für die Region – das Regierungspräsidium Kassel im Wandel, (Magisterarbeit, Univ. Kassel, Fachbereich 05), Dezember 2007, S. 308. Weitere Hinweise auf die hohe Zahl von Ausreisen aus der DDR finden sich in einem Schreiben des Rats des Bezirkes Erfurt, Abteilung Inneres vom 7. 2. 1990. Darin heißt es, dass von der Deutschen Volkspolizei der DDR (DVP) seit dem 9. 11. 1989 1.448.576 Visa für Privatreisen erteilt worden seien, davon im Monat Januar 1990 8250. Für ständige Ausreisen seien es im gleichen Zeitraum 6758 Visa gewesen, davon 576 im Monat Januar 1990. *Wieviel Personen 1990 bisher den Bezirk Erfurt in das NSW [Nichtsozialistische Wirtschaftsgebiet] verlassen haben, kann nicht exakt bestimmt werden, da die Abmeldung dem Bürger überlassen ist.* ThHStA Weimar, Bezirkstag und Rat des Bezirkes Erfurt 046246, Bl. 69a.

18 Am 2. 10. 1989 nahmen etwa 15.000 Bürger an einer Protestdemonstration in Leipzig teil. Am 7. 10. 1989 kam es am Rande der Feiern zum vierzigsten Jahrestag der DDR-Gründung in Berlin zu spontanen Protesten und bereits am 9. 10. 1989 waren bei der Montagsdemonstration in Leipzig 70.000 Teilnehmer. Diese Protestbewegung setzte sich bis zur Grenzöffnung auch in anderen Städten der DDR fort. Vgl. Materialien der Enquete Kommission, Bd. VII, 1, S. 979 ff.

19 Vgl. Schneider, Hessen und Thüringen, S. 39.

20 Vgl. Plenarprotokoll 12/90, Hessischer Landtag, 12. Wahlperiode, 90. Sitzung, 14. 11. 1989. Hessischer Landtag. Dazu Drucksache 12/5670, 12/5677, 12/5683, 12/5685, 12/5683 NEU. Hessischer Landtag.

nicht absehbaren weiteren politischen Entwicklung in der DDR geprägt. Worauf Ministerpräsident Wallmann in seiner Regierungserklärung ausdrücklich hinwies: *Freiheits- und Menschenrechte sind nicht gesichert, freie und geheime Wahlen nicht garantiert. Die SED besteht auf ihrem Monopol und alleinigem Führungsanspruch wie bisher. Wir unterstützen unsere Landsleute in der Forderung nach Demokratie und Rechtsstaat. [...] Dies ist auch unabdingbare Voraussetzung für eine Entscheidung über die staatliche Einheit. Darüber sollten wir keinen parteipolitischen Streit beginnen. Deshalb bitte ich alle Fraktionen des Hohen Hauses, sich behutsam mit diesen Fragen auseinanderzusetzen, die jetzt anstehen. Es kommt auch darauf an, welches Bild wir in dieser Zeit geben.*[21] Anschließend erläuterte Wallmann die vorgesehenen Maßnahmen der Landesregierung zur Unterstützung der Menschen in der DDR bei ihrem Streben nach demokratischer Veränderung. Als ganz konkrete Hilfe sollte u. a. unverzüglich mit dem Ausbau von Straßenverbindungen begonnen werden, die durch die Teilung Deutschlands unterbrochen waren. Die DDR-Regierung sollte aufgefordert werden, die volle Informationsfreiheit auch in „Thüringen" und die Vertiefung des kulturellen und wissenschaftlichen Austausches zu sichern.[22] In der anschließenden Parlamentsdebatte waren sich alle Fraktionen zumindest darin einig, dass freie Meinungsäußerung, Reisefreiheit und freie Wahlen erste Schritte für politische Veränderung seien und diese nur durch die Bürgerinnen und Bürger in der DDR selbst erreicht werden könnten.[23] Einigkeit bestand auch darüber, dass die Forderungen nach mehr Demokratie, Freiheit und Selbstgestaltungsmöglichkeiten durch konkrete Maßnahmen des Landes Hessen unterstützt werden sollten. Ziel der Regierungsparteien war die Verabschiedung einer gemeinsamen Entschließung aller Fraktionen des Hessischen Landtags, was jedoch an der Zustimmung der Abgeordneten der GRÜNEN scheiterte. Der damalige Fraktionsvorsitzende der GRÜNEN, Fischer, begründete das Abstimmungsverhalten seiner Fraktion: ... *wir haben es nie als unser Ziel begriffen, die Frage der staatlichen Einheit in den Vordergrund der Deutschlandpolitik zu stellen. Für uns standen immer die Menschenrechte, die Freiheitsfrage und das Selbstbestimmungsrecht der Menschen in der DDR im Vordergrund.*[24]

Nach einer kontrovers geführten Debatte, in der erneut die unterschiedlichen Positionen zur deutschen Frage deutlich wurden, einigten sich die Parteien von CDU und FDP mit der SPD schließlich auf einen gemeinsamen Antrag. Basis dieses neuen Papiers vom 14. November 1989 war der dringliche Antrag von CDU und FDP, der durch Beiträge der Fraktion der SPD ergänzt wurde.[25] Zur Deutschlandpolitik hieß es

21 Ebd., S. 5012.

22 Ebd., S. 5014.

23 Vgl. ebd., S. 5013, Ministerpräsident Wallmann (CDU); S. 5015, Abgeordneter Krollmann (SPD); S. 5019, Abgeordneter Wilke (FDP); S. 5039, Abgeordneter Fischer (GRÜNE).

24 Ebd., S. 5039.

25 Ebd., S. 5038 f. Dies betraf zum einen die ausdrückliche Nennung der Unverletzlichkeit der Grenzen, wie sie in der Anlage zum Warschauer und Moskauer Vertrag von 1970 garantiert wurde, sowie eine politische Garantieerklärung für die polnische Westgrenze, zum anderen Ergänzungen

im gemeinsamen Antrag: *Der Hessische Landtag verfolgt mit großem Respekt, wie die Ideen der Freiheit, der Menschenrechte und der Selbstbestimmung in friedlichen Demonstrationen und Aktionen durch die Menschen in der DDR von ihrer Regierung eingefordert werden. [...] Dies begründet unsere Hoffnung, daß wir dem Ziel unserer Deutschlandpolitik in diesen Tagen näher kommen, nämlich ‚auf einen Zustand des Friedens in Europa hinzuwirken, in dem das deutsche Volk in freier Selbstbestimmung seine Einheit wiedererlangt', wie es im Brief zur deutschen Einheit in der Anlage zum Warschauer und Moskauer Vertrag, die die Unverletzlichkeit der Grenzen garantieren, heißt.*[26] Es folgten Forderungen des Landtags an die Führung der DDR, freie Wahlen durchzuführen und Rechtsstaatlichkeit herzustellen, um den Menschen in der DDR damit die Möglichkeit zu geben, ihre politische, ökonomische und gesellschaftliche Zukunft selbst zu entwickeln. In Punkt drei der Entschließung wurde nochmals als Grundsatz der Deutschlandpolitik die umfassende Öffnung der Grenzen und schließlich die Überwindung der Teilung benannt. Zur Umsetzung dieses Ziels wurden im Folgenden konkrete Maßnahmen wie der Bau von Autobahnen, die Öffnung weiterer Grenzübergänge und der Aufbau eines grenzüberschreitenden Schienenverkehrs aufgeführt. Der Hessische Landtag forderte die Landesregierung auf, im Rahmen des deutsch-deutschen Kulturabkommens weitere Schritte für eine intensive Zusammenarbeit einzuleiten wie beispielsweise eine verstärkte Kooperation in den Bereichen Denkmalschutz und Archivwesen.[27] (Dok. 1)

Dem dringlichen Antrag der Fraktionen der CDU, der SPD und der FDP zur „aktuellen Entwicklung in Deutschland und ihre Auswirkungen auf Hessen" wurde mit den Stimmen dieser drei Fraktionen bei Enthaltung der Fraktion der GRÜNEN zugestimmt.

Der Reformprozess in der DDR setzte sich auch in den folgenden Wochen unvermindert fort: Ab November wurden oppositionelle Gruppierungen und neu gegründete Parteien als politische Dialogpartner anerkannt. Am 1. Dezember wurde durch die DDR-Volkskammer der Führungsanspruch der SED aus der Verfassung gestrichen. Und schließlich trafen am 7. Dezember 1989 erstmals in Ost-Berlin auf Einladung der evangelischen und der katholischen Kirche Vertreter der Regierung und der ehemaligen Blockparteien und Oppositionsgruppen am „Zentralen Runden Tisch" zusammen und vereinbarten in ihren regelmäßigen Sitzungen unter anderem die Auflösung des Amtes für Nationale Sicherheit (zuvor Ministerim für Staatssicherheit) sowie die Durchführung von freien Wahlen im März 1990. Parallel entstanden in vielen Städten, Gemeinden und Bezirken Bürgerkomitees und „Runde Tische", so auch in Gera, Erfurt und Suhl. Mit demokratischen Mitteln gelang es Bürgerinnen und Bürgern der DDR

zum bereits bestehenden Zielkatalog zur Überwindung der Teilung Deutschlands wie beispielsweise die Lösung grenzüberschreitender Umweltprobleme oder ein gemeinsames Programm zur Stadt- und Dorferneuerung hessisch-thüringischer Grenzorte.

26 Hessischer Landtag, 12. Wahlperiode, Drucksache 12/5683 NEU, S. 1. Hessischer Landtag.

27 Ebd., S. 1 f.

zunehmend die lokale, regionale und überregionale Politik mitzubestimmen.[28] Gleichzeitig wurde der Ruf nach einer Vereinigung beider deutscher Staaten bei den mittlerweile traditionellen Montagsdemonstrationen immer lauter. Während innenpolitisch die Bürgerbewegungen in der DDR um eine Beteiligung an der Macht kämpften, nahmen in der Bundesrepublik Deutschland die Bemühungen zu, den Reformprozess in der DDR zu unterstützen und Einfluss darauf zu gewinnen.[29]

Auf diese Entwicklung, die nach wie vor von einer hohen Massenabwanderung begleitet war, ebenso wie auf die im hessischen Parlament bisher geführten Debatten und Beschlüsse reagierte die Hessische Landesregierung und die sie tragende Koalition von CDU und FDP am 5. Dezember 1989 mit der Verabschiedung eines Hilfsprogramms. Über das „Aktionsprogramm Hessen-Thüringen", so die offizielle Bezeichnung, wurde in der 115. Kabinettssitzung außerhalb der Tagesordnung entschieden.[30] Danach sollten vorbehaltlich der Zustimmung des Haushaltsgesetzgebers für „humanitäre Unterstützung in Thüringen" insgesamt 250 Millionen DM zur Verfügung gestellt und davon im Doppelhaushalt 1990/91 je 50 Millionen DM ausgebracht werden. Für die Haushaltsjahre 1992, 1993 und 1994 wurden Verpflichtungsermächtigungen von je 50 Millionen DM beschlossen. Diese Gelder sollten für Infrastrukturmaßnahmen in den Bereichen Gesundheitswesen, Umweltschutz, Verkehrswege und Denkmalpflege eingesetzt werden.[31] Zur Umsetzung des Hilfsprogramms war die Einrichtung einer Arbeitsgruppe der Landesregierung vorgesehen, die mit den Entscheidungsträgern in „Thüringen" (Bezirke Erfurt, Suhl und Gera) konkrete Maßnahmen erörtern sollte. Zugleich wurde die Schaffung eines Bürgschaftsrahmens von 500 Millionen DM für die Zusammenarbeit von hessischen Firmen mit kleinen und mittleren Betrieben in „Thüringen" und Polen beschlossen.[32] (Dok. 2)

Die Entscheidung für das hessische Hilfsprogramm war der Anlass für eine weitere

28 Zur Entwicklung oppositioneller Parteien und Gruppierungen und der „Runden Tische" vgl. Lindner, Bernd: Die demokratische Revolution in der DDR 1989/90, 1998. Ebenso: Dornheim, Andreas, Demokratischer Umbruch in Thüringen. In: Thüringen. Eine politische Landeskunde, 1996, S. 3–19. Im Rahmen der vom Thüringer Landtag herausgegebenen Reihe „Schriften zur Geschichte des Parlamentarismus in Thüringen" befasst sich Band 28 (2009) mit den „Runden Tischen" der Bezirke Erfurt, Gera und Suhl – als vorparlamentarische Gremien im Prozess der friedlichen Revolution 1989/1990. Dieser Band ist während der Drucklegung erschienen und konnte daher in der vorliegenden Publikation nicht berücksichtigt werden.

29 Vgl. Lindner, Bernd: Die demokratische Revolution in der DDR 1989/90, 1998, S. 122.

30 Vgl. Auszug aus dem Beschluss-Protokoll über die 115. Sitzung des Kabinetts, 5. 12. 1989. HHStAW, Z 502 Nr. 14199.

31 Wallmann selbst sprach davon, dass die hessische Politik eingebettet bleibe *in eine verantwortungsvolle Deutschlandpolitik, wie sie Bundeskanzler Helmut Kohl in seinem Zehn-Punkte-Katalog formuliert hat.* Parlamentsprotokoll 12/95, Hessischer Landtag, 12. Wahlperiode, 95. Sitzung, 13. 12. 1989, S. 5363. Hessischer Landtag. In der Auswahl der Bereiche Verkehr, Umwelt, Gesundheit etc. zeigen sich deutliche Parallelen zum „Zehn-Punkte-Programm" Kohls vom 28. 11. 1989. Vgl. „Zehn-Punkte Programm zur Überwindung der Teilung Deutschlands und Europas". In: Bulletin des Presse- und Informationsamtes der Bundesregierung vom 29. 11. 1989.

32 Auszug aus dem Beschluss-Protokoll über die 115. Sitzung des Kabinetts, 5. 12. 1989, S. 11. HHStAW, Z 502 Nr. 14199.

Regierungserklärung mit anschließender Aussprache zur deutschlandpolitischen Situation und zur Zusammenarbeit zwischen Hessen und „Thüringen" am 13. Dezember 1989.[33] In seiner Regierungserklärung erläuterte Ministerpräsident Wallmann das „Aktionsprogramm Hessen-Thüringen" (Dok. 3) und die Ausrichtung der hessischen Hilfe auf „Thüringen" (auf die Bezirke Suhl, Erfurt und Gera), das bis dahin noch nicht in einer territorialen Verfassung existierte. Schon im November hatte Wallmann die besondere historische und kulturelle Beziehung zwischen Hessen und Thüringen hervorgehoben: *Hessen und Thüringen sind zwei Regionen, die jahrhundertelang aufs engste miteinander verbunden waren und die durch die Teilung Deutschlands abrupt voneinander getrennt wurden. Mit der Öffnung der Grenzen besteht die große Chance, die frühere Gemeinsamkeit wieder aufzunehmen ...*[34] Die Konzentration der hessischen Hilfe auf Thüringen ging durchaus mit der politischen Um- und Aufbruchstimmung in der DDR einher, denn dort wurden bereits 1989 Bestrebungen, die bestehenden Bezirksgrenzen aufzulösen und Länder einzuführen, immer deutlicher formuliert.[35]

Die Entscheidung über die inhaltliche Ausrichtung des Programms mit den Schwerpunkten in den Bereichen Gesundheitswesen, Umweltschutz, Denkmalpflege und Verkehrswesen sei, wie Wallmann in seiner Erklärung weiter erläuterte, erst nach intensiven Gesprächen mit Repräsentanten der Kirchen und der neuen Parteien in der DDR, Demokratischer Aufbruch, Neues Forum und der SDP (Sozialdemokratische Partei in der DDR), getroffen worden. Wallmann entgegnete damit auch der von den Oppositionsparteien SPD und GRÜNEN vorgebrachten Kritik, die neuen Kräfte in der DDR nicht genügend zu berücksichtigen. Gespräche zum deutsch-deutschen Verhält-

33 Vgl. Parlamentsprotokoll 12/95, Hessischer Landtag, 12. Wahlperiode, 95. Sitzung, 13. 12. 1989. Hessischer Landtag. Dazu die Drucksachen 12/5788, 12/5158, 12/5834. Hessischer Landtag. Der von den Fraktionen der CDU und der FDP eingebrachte Antrag (Drucksache 12/5834) enthielt zusätzliche Maßnahmen zur Intensivierung der Beziehung zwischen Hessen und Thüringen wie z. B. die Schaffung eines hessisch-thüringischen Sportbundes. Dieses Papier wurde von den Oppositionsparteien dahingehend kritisiert, dass weitere Maßnahmen augenblicklich nicht nötig seien, sondern zunächst einmal das beschlossene „Aktionsprogramm" umgesetzt werden solle. Der Antrag wurde an den Hauptausschuss überwiesen. Und auch von der Hessischen Staatskanzlei lag eine kritische Stellungnahme vom 15. 2. 1990 zum oben genannten Antrag vor. Vgl. HHStAW, Z 502 Nr. 6092.

34 Vgl. Plenarprotokoll 12/90, Hessischer Landtag, 12. Wahlperiode, 90. Sitzung, 14. 11. 1989, S. 5014. Auch in Redebeiträgen Abgeordneter anderer Fraktionen wurde vom Land Thüringen gesprochen.

35 Vgl. Schreiben Dr. Werner Leich, 14. 11. 2007. HHStAW, Projekt Hessen-Thüringen. In diesem Schreiben verweist Dr. Leich auf eine Aktennotiz vom Dezember 1989, in der bereits von „Thüringen" gesprochen wurde. Zwar war die Regierung Modrow noch gegen eine Länderneubildung, doch die einmal begonnene Diskussion setzte sich weiter fort. Dies zeigte sich auch bei der Gründung von Landesverbänden der Parteien, die bestehende Bezirksgrenzen ignorierten und damit die Wiederherstellung der Länder in gewisser Weise bereits vorwegnahmen. Am 22. 7. 1990 beschloss die Volkskammer der DDR (in Abkehr vom zentralistischen Einheitsstaat) ein Ländereinführungsgesetz, das die Neugründung der fünf Bundesländer auf dem Gebiet der DDR vorbereitete, die mit dem Beitritt der DDR zur Bundesrepublik am 3. 10. 1990 eingerichtet wurden. Vgl. Verfassungsgesetz zur Bildung von Ländern in der Deutschen Demokratischen Republik – Ländereinführungsgesetz. In: Gesetzblatt der Deutschen Demokratischen Republik, Teil I, 1990, S. 955.

nis wurden auch, wie Wallmann weiter ausführte, mit dem damaligen Ministerpräsidenten Dr. Modrow und anderen Vertretern der Regierung und Administration der DDR und in Thüringen geführt, da die Umsetzung des Aktionsprogramms nicht ohne entsprechende Abstimmung mit Vertretern der Regierung und den örtlichen Behörden geschehen könne. Dennoch, so unterstrich der Ministerpräsident: *Natürlich wollen wir nicht das noch bestehende SED-Regime stützen, sondern unser Engagement geschieht um der Menschen willen.*[36]

In der anschließenden Parlamentsdebatte wurde eine breite Zustimmung zu dem Hilfsprogramm deutlich. Redner aller Fraktionen des Hessischen Landtags sprachen sich für eine großzügige Unterstützung ohne Vorbedingungen aus, um den Menschen in der DDR und insbesondere in Thüringen spürbare Hilfe zur Verbesserung ihrer Situation geben zu können.[37] Denn, darüber bestand Einigkeit, nur eine schnelle wirtschaftliche Veränderung biete die Voraussetzung für die Menschen in der DDR, im Land zu bleiben. Die Unterstützung des Aktionsprogramms Hessen-Thüringen wurde durch die Zustimmung aller Fraktionen bekräftigt, wie es beispielsweise der Fraktionsvorsitzende der GRÜNEN im Hessischen Landtag, Joschka Fischer, für seine Partei darlegte: *Die Landesregierung wird jede Unterstützung der GRÜNEN für Maßnahmen haben, die den demokratischen Aufbruch, die demokratische Erneuerung in der DDR, mehr soziale Gerechtigkeit, mehr Umweltschutz, mehr Demokratie in der DDR, in Thüringen ermöglichen. [...] Das heißt, nach unserer Auffassung hat in der Tat ein vorurteilsloses, pragmatisch orientiertes materielles Hilfsprogramm oberste Priorität, wie es die Landesregierung unverzüglich umgesetzt hat. Das hessische Hilfsprogramm für Thüringen [...] hat unsere volle Unterstützung.*[38]

Der Landtag stimmte dem Aktionsprogramm Hessen-Thüringen mit dem Haushaltsbeschluss in seiner 99. Sitzung am 8. Februar 1990 endgültig zu.[39] In dem Gesetzentwurf zum Nachtragshaushalt 1990/91 der Hessischen Landesregierung war das im Dezember 1989 beschlossene Programm in wenigen Punkten erweitert worden, ohne dabei die finanzielle Ausstattung von 250 Millionen DM und die Zielrichtung zu verändern. Ergänzungen am Programm waren nötig geworden, wie der damalige Finanzminister Manfred Kanther darlegte, weil etwa inzwischen eine große Zahl von Förderwünschen privater Kleinunternehmen aus der DDR vorläge. *Angesichts dieser Situation sowie im Hinblick darauf, daß mit der Förderung solcher Kleinunternehmen spürbare ökonomische Wirkungen erzielt werden können, erscheint es*

36 Parlamentsprotokoll 12/95, Hessischer Landtag, 12. Wahlperiode, 95. Sitzung, 13. 12. 1989, S. 5362. Hessischer Landtag.

37 Vgl. ebd., S. 5366 f.

38 Ebd., S. 5374.

39 Vgl. Plenarprotokoll 12/98, Hessischer Landtag, 12. Wahlperiode, 98. Sitzung, 7. 2. 1990. Hessischer Landtag. Die erste Lesung des Gesetzentwurfs der Landesregierung zum Nachtragshaushaltsgesetz 1990/91 fand am 7. 2. 1990 statt. Der Antrag wurde von dort dem Ausschuss überwiesen und am folgenden Tag nach der zweiten und dritten Lesung entsprechend der Beschlussempfehlung des Haushaltsausschusses einstimmig vom Parlament angenommen.

angezeigt, die bisherigen Förderbereiche auch um diesen Punkt zu ergänzen.[40] Der Förderbereich „Verkehrswege“ wurde durch den Begriff „Verkehrswesen“ ersetzt, um so grenzüberschreitende Buslinien in die Förderung aufnehmen zu können. Durch einen zusätzlichen Haushaltsvermerk wurde den einzelnen Ressorts die Möglichkeit eingeräumt, auch sonstige Haushaltsmittel für Maßnahmen in Thüringen einzusetzen oder auch landeseigene Vermögensgegenstände (wie Fahrzeuge, Geräte, Sachmittel etc.) abzugeben. Neu war ebenso die Finanzierung einer Anlauf- und Kontaktstelle in Thüringen.

Gleichzeitig mit dem Nachtragshaushalt beschäftigte sich der Haushaltsauschuss mit zwei nahezu gleich lautenden Änderungsanträgen der Fraktionen der SPD und der GRÜNEN, in denen diese die Einsetzung eines zusätzlichen Ausschusses beantragten, in dem über die Abwicklung des Aktionsprogramms Hessen-Thüringen regelmäßig berichtet werden sollte.[41] Auch diese Änderung, die Einrichtung eines „Beirats Hessen-Thüringen“, wurde in die Beschlussempfehlung zum Nachtragshaushalt aufgenommen und der Gesetzentwurf in der zweiten Lesung einstimmig verabschiedet.[42] Wie Finanzminister Kanther anschließend feststellte, sei das *ein für parlamentarische Verhältnisse in der Bundesrepublik ungewöhnlicher Vorgang. Meine Erinnerung in diesem Hause reicht auch verhältnismäßig weit zurück. Nach meiner Erinnerung hat das noch nicht stattgefunden. [...] Ich denke, was der Hessische Landtag hier unternimmt, ist ein mutmachendes Zeichen in Richtung Thüringen, zu unseren Mitbürgern, die sehen sollen, daß in der Bundesrepublik Deutschland mit ihnen gedacht wird und daß dies über den üblichen Bereich von Parteien hinaus ein Parlament zusammenführen kann ...*[43]

Sowohl die Parlamentsdebatte am 7. Februar 1990 als auch die anschließende Aussprache am 8. Februar 1990 verliefen jedoch keineswegs ohne parteipolitische Auseinandersetzung, denn mit Blick auf die kommende Landtagswahl in Hessen und die Volkskammerwahl in der DDR spielten auch innenpolitische Überlegungen eine Rolle, was die damalige Vizepräsidentin des Hessischen Landtags, Ruth Wagner (FDP), gleich zu Beginn ihrer Rede kritisch anmerkte: *Es ist ein merkwürdiges Schauspiel, daß zur Begründung einer einstimmigen Abstimmung in diesem Hause, die selten genug vorkommt, eine Polemik entsteht, die beim außenstehenden Betrachter den Eindruck erweckt, als gehe es hier um eine konfliktreiche Angelegenheit, die mit zwei Stimmen Mehrheit zu entschei-*

40 Drucksache 12/6026, S. 5. Hessischer Landtag. Die Entscheidung für die Erweiterung des Hilfsprogramms wurde am 22. 1. 1990 innerhalb der Vorkonferenz zur Vorbereitung der folgenden Kabinettssitzung mit der Überlegung beraten, *ob dem Landtag im Hinblick auf die zwischenzeitlich aus Thüringen eingegangenen Hilfeersuchen eine flexiblere Ausgestaltung des Aktionsprogramms vorgeschlagen werden soll.* In der 120. Kabinettssitzung der Hessischen Landesregierung am 23. 1. 1990 wurde die Zuwendung an Klein- und Kleinstgewerbetreibende einvernehmlich in den Förderungskatalog übernommen. HHStAW, Z 502 Nr. 6091.

41 Vgl. Drucksache 12/6078, Drucksache 12/6083, Hessischer Landtag.

42 Vgl. Plenarprotokoll 12/99, Hessischer Landtag, 12. Wahlperiode, 99. Sitzung, 8. 2. 1990, S. 5617. Hessischer Landtag.

43 Ebd., S. 5617.

den wäre.[44] Kernpunkt der Kontroverse war, wie in den vorangegangenen Aussprachen, abermals die unterschiedliche Bewertung der Deutschlandpolitik und der allgemeinpolitischen Lage.[45]

Mit der Verabschiedung des Aktionsprogramms Hessen-Thüringen stimmten die Oppositionsparteien dem von der Landesregierung ausgearbeiteten Programm zwar grundsätzlich zu, doch äußerten Abgeordnete der Fraktionen von SPD und GRÜNEN in der Landtagsdebatte auch Kritik an der Programmgestaltung, sicher auch zur Schärfung der eigenen Position. Sie mahnten ein umfassenderes Konzept an, dass insgesamt stärker zur Stabilisierung der wirtschaftlichen und gesellschaftlichen Lage in der DDR beitragen könne. So sollten Gesprächspartner aus dem Bereich Wirtschaft, Gesellschaft und Gewerkschaft zur Beratung gemeinsamer Maßnahmen in Hessen an einen Tisch gebracht und in die Thüringen-Hilfe mit einbezogen werden. Zugleich warnten sie vor einer parteipolitischen Instrumentalisierung des Hilfsprogramms durch die Hessische Landesregierung.[46]

Umso bemerkenswerter ist es, dass es dem Hessischen Landtag letztlich gelungen ist, über alle Parteigrenzen hinweg, ein Hilfsprogramm für Thüringen einstimmig zu verabschieden.

2.2 Umfang und Zielsetzung des Aktionsprogramms Hessen-Thüringen

Mit dem Haushaltsbeschluss des Aktionsprogramms Hessen-Thüringen am 8. Februar 1990 wurde nicht nur der finanzielle Umfang, sondern zugleich auch der inhaltliche Rahmen für das Soforthilfeprogramm festgelegt, das eine „unmittelbare humanitäre Hilfe"[47] für die Bürgerinnen und Bürger in Thüringen ermöglichen sollte. Dafür wurden, wie dargelegt, insgesamt 250 Millionen DM für die Jahre 1990 bis 1994 bereitgestellt – verteilt auf fünf Haushaltsjahre in Höhe von jeweils 50 Millionen DM.
Die Haushaltsmittel waren vorgesehen

- schwerpunktmäßig für Investitionen und Ausstattungsmaßnahmen in den Bereichen Gesundheitswesen, Umweltschutz, Verkehrswesen und Denkmalpflege,
- zur Förderung privater Kleinunternehmen,

44 Ebd., S. 5621.

45 In den zum Teil scharf und unsachlich geführten Debatten am 7. und 8. 2. 1990 ging es weniger um die Inhalte des Aktionsprogramms Hessen-Thüringen als vielmehr um einen Schlagabtausch über parteipolitische Positionen. In diesem Zusammenhang warf beispielsweise die hessische CDU (Dr. F. J. Jung) der SPD eine gewisse Nähe zur SED und grundsätzliches Versagen im Prozess der „Wiedervereinigung" vor.

46 Vgl. u. a. Plenarprotokoll 12/98, Hessischer Landtag, 12. Wahlperiode, 98. Sitzung, 7. 2. 1990, S. 5597 f., S. 5607. Hessischer Landtag.

47 Vgl. W. Wallmann, Plenarprotokoll 12/98, Hessischer Landtag, 12. Wahlperiode, 98. Sitzung, 7. 2. 1990, S. 5591. Hessischer Landtag.

- für sonstige Zwecke wie die Förderung kleinerer Projekte durch die einzelnen Ressorts und
- die Errichtung eines „Thüringen-Büros“ in Höhe bis zu 2 Millionen DM zur Umsetzung des Programms.

Darüber hinaus war es möglich

- für Zwecke des Aktionsprogramms Mittel und Verpflichtungsermächtigungen auch aus anderen Titeln in Anspruch zu nehmen,
- landeseigene Vermögensgegenstände wie Büromaschinen, Fahrzeuge, Fachliteratur etc. im Rahmen der Zielsetzung des Programms unentgeltlich abzugeben sowie
- mit Einverständnis des Hessischen Ministeriums der Finanzen landeseigene Vermögensgegenstände auch über die Förderbereiche des Aktionsprogramms hinaus im Wert bis zu 10.000,– DM Thüringen zu überlassen.[48]

Wie in der Parlamentsdebatte zum Haushaltsbeschluss von allen Parteien betont wurde, sollte mit dem Programm ein Zeichen der Solidarität des Landes Hessen mit seinem Nachbarland gesetzt werden. Ziel war zunächst einmal die direkte Hilfe für die Menschen in Thüringen, wo die desolate Lage der Wirtschaft immer offenkundiger zutage trat und es in vielen Bereichen an grundlegenden Gütern mangelte. Die Hilfe sollte daher kurzfristig spürbar sein und bei den Menschen in Thüringen die Hoffnung verstärken, dass sie bei der Bewältigung ihrer Probleme auf solidarische Unterstützung aus Hessen rechnen können.[49]

Besonders katastrophal war die Versorgungslage im Gesundheitswesen wie beispielsweise in den Kliniken, in denen selbst einfache Arbeitsmittel fehlten. Hier sollte mit dem Aktionsprogramm direkt und unbürokratisch geholfen werden. Gezielt ausgewählt war ebenso der Bereich Verkehrswesen: Mit der unverzüglichen Öffnung weiterer Grenzübergänge und der Schaffung zahlreicher Verkehrsverbindungen (Bahn, Bus) sollten der Abbau der innerdeutschen Grenze beschleunigt und eine endgültige Grenzöffnung unumkehrbar werden. Mit der Erweiterung der Zweckbestimmung des Aktionsprogramms auf den Bereich der Förderung privater Kleinunternehmer reagierte die Landesregierung einerseits auf die große Anzahl von Hilfeersuchen Thüringer Handwerksbetriebe, andererseits wollte sie dadurch Impulse gegeben, um *zu einer anderen Gesellschaft und zu einer anderen Wirtschaft zu kommen …*[50], wie es der Abgeordnete Pfeil (FDP) darlegte. Auch mit der Förderung von Projekten im Bereich Denk-

48 Vgl. Drucksache 12/6026, Hessischer Landtag. Der im Dezember von der Hessischen Landesregierung beschlossene Bürgschaftsrahmen von 500 Millionen DM für die Zusammenarbeit von hessischen Firmen mit kleinen und mittleren Betrieben in Thüringen und Polen sollte allerdings erst in einem Nachtragshaushalt verankert werden, sobald die wirtschaftliche Entwicklung in der DDR eine Umsetzung ermögliche.

49 Vgl. u. a. W. Wallmann, Plenarprotokoll 12/98, Hessischer Landtag, 12. Wahlperiode, 98. Sitzung, 7. 2. 1990, S. 5596. Hessischer Landtag.

50 Plenarprotokoll 12/98, Hessischer Landtag, 12. Wahlperiode, 98. Sitzung, 7. 2. 1990, S. 5610. Hessischer Landtag.

malpflege sollten in Thüringen deutliche Zeichen gesetzt und historische Bausubstanz sichtbar vor dem Abriss bewahrt werden. Mit dieser Maßnahme war zugleich indirekt die Unterstützung oppositioneller Gruppen verbunden, die sich in Erfurt bereits seit 1987 für die Rettung eines mittelalterlichen Handwerkerviertels, des Andreasviertels, einsetzten.[51] Auch die Förderung konkreter Projekte zur Verbesserung der Luft- und Wasserqualität im Bereich Umweltschutz sollte der Thüringer Bevölkerung unmittelbar zugutekommen. Denn nur eine schnelle und unbürokratische Hilfe könne, so die Meinung der Abgeordneten des Hessischen Landtags, die allgemeinen und wirtschaftlichen Lebensbedingungen der Menschen in Thüringen verbessern helfen und sie zum Bleiben in ihrer Heimat veranlassen. Über eine unmittelbare Hilfe hinausgehend, zielte das Programm zugleich auf die Stärkung oppositioneller Gruppen in Thüringen, und damit auf eine schnelle demokratische Entwicklung, auf die Unterstützung des Reformprozesses und die Überwindung des politischen Systems in der DDR.

Mit dem Aktionsprogramm waren die Probleme der DDR nicht zu lösen, vielmehr war mit dem Programm eine sofortige Hilfe in Einzelfällen verknüpft, wie realistische Einschätzungen zeigten. So wurde das Sonderprogramm vor allem als *Hilfe zur Selbsthilfe* verstanden, denn, so Ruth Wagner (FDP): *Nichts anderes können diese 50 Millionen sein.*[52] Um die begrenzten Mittel möglichst effektiv zu nutzen, war vorgesehen, dass insbesondere kleinere, schnell abwickelbare Projekte ausgewählt werden sollten, in denen *eine gewisse „Zeichenhaftigkeit" der hessischen Unterstützung auch gegenüber der thüringischen Öffentlichkeit zum Ausdruck kommen soll.*[53] In Hessen sollte das Hilfsprogramm als „Initialzündung" wirken und nachgeordnete Behörden, Organisationen, Verbände und Privatpersonen dazu anregen, sich ebenfalls in Thüringen zu engagieren.[54]

2.3 Einbindung der hessischen Maßnahmen in die bundesweite Koordinierung

Wie das Land Hessen reagierten auch die anderen Bundesländer auf die veränderte politische Situation in der DDR mit der Planung individueller Maßnahmen, die zunächst

51 Vgl. Dornheim, Andreas: Demokratischer Umbruch in Thüringen 1989/90. In: Thüringen. Eine politische Landeskunde, S. 4 f.

52 Plenarprotokoll 12/99, Hessischer Landtag, 12. Wahlperiode, 99. Sitzung, 8. 2. 1990, S. 5621. Hessischer Landtag. Angesichts des Finanzierungspaketes des Bundes zur Sanierung der fünf neuen Länder in Höhe von 160,7 Milliarden DM („Fonds Deutsche Einheit" für die Jahre 1990–1994) hatte die hessische Hilfe tatsächlich eher einen symbolischen Charakter.

53 Schreiben des Hessischen Ministeriums der Finanzen, betr. Hessen-Thüringen-Programm, 7. 3. 1991. HHStAW, Z 502 Nr. 6098. Diese Äußerung bezieht sich auf die Auswahl von Projekten für das Jahr 1991. Entsprechende Hinweise auf die Außenwirkung der hessischen Hilfe finden sich auch für die Förderprojekte in 1990. Vgl. z. B. M. Kanther, Vermerk, 1. 2. 1990. HHStAW, Z 502 Nr. 6133.

54 Plenarprotokoll 12/99, Hessischer Landtag, 12. Wahlperiode, 99. Sitzung, 8. 2. 1990, S. 5621. Hessischer Landtag.

jedoch erst einmal ohne nennenswerte Koordination untereinander abliefen. Aufgrund einer Umfrage unter den Chefs der Staats- und Senatskanzleien vom 29. November 1989 wurden die geplanten Aktionen der einzelnen Bundesländer durch die Hessische Staatskanzlei zusammengefasst. Diese waren sehr unterschiedlich und reichten von Maßnahmen im Umweltschutz (Nordrhein-Westfalen, Niedersachsen) über einen verstärkten Kulturaustausch (Baden-Württemberg, Bayern) bis hin zur Entsendung von Medizinern (Berlin, Schleswig-Holstein). Für erste Kontakte sollte dabei verstärkt auf bereits bestehende Städtepartnerschaften zurückgegriffen werden (Bremen, Hamburg, Rheinland-Pfalz). So wollte Rheinland-Pfalz die Zusammenarbeit zwischen Mainz und Erfurt sowie zwischen Trier und Weimar intensivieren, da zu diesen Städten bereits Verbindungen bestanden. Zugleich gab es Überlegungen, Vorhaben gemeinsam mit Hessen durchzuführen. Auch Bayern als direktes Grenzland zu Thüringen erwog, partnerschaftliche Beziehungen mit Bezirken in Sachsen und Thüringen aufzubauen.[55] Mit der Verabschiedung einer gemeinsamen Entschließung am 14. November 1989 (Dok. 1) hatten sich auch die Hessische Landesregierung und die Fraktion der SPD für eine enge Zusammenarbeit mit „Thüringen“ (Bezirke Erfurt, Suhl und Gera) ausgesprochen. Aufgrund der besonderen Grenzsituation zwischen diesen beiden Ländern standen zunächst Maßnahmen im Verkehrswesen im Vordergrund der hessischen Überlegungen, um dadurch die Grenzregion stärker miteinander zu verbinden. Zugleich sollten Kontakte zwischen Kreisen, Städten und Gemeinden intensiviert und der Austausch im Kulturbereich gefördert werden.

Am 18. Dezember 1989 fand im Bundesministerium für innerdeutsche Beziehungen in Bonn eine erste Besprechung zwischen Vertretern der Bundesländer und Vertretern einzelner Bundesministerien statt, in der man sich ganz allgemein über Probleme im Verhältnis zur DDR austauschen wollte. Da diese häufig im Bereich der Länder entstünden, sei es notwendig *zur gegenseitigen Information über diese Fragen, zu einem Meinungs- und Erfahrungsaustausch sowie zur Abstimmung der Handhabung solcher Probleme*[56] zusammenzukommen. Neben gesamtpolitischen Fragen wie beispielsweise zur polizeilichen Zusammenarbeit mit der DDR wurden vor allem Themen der regionalen Zusammenarbeit erörtert. Dabei waren die einzelnen Bundesländer aufgefordert ihre bisherigen Maßnahmen und weiterführende Überlegungen vorzustellen, um durch gezielte Absprachen längerfristig eine flächendeckende Hilfe für das Gebiet der DDR gewährleisten zu können. Wie sich zeigte, befanden sich die einzelnen Bundesländer noch in der Sondierungsphase. So gab es viele Ansätze für mögliche Maßnahmen, aus denen sich die Bereiche Gesundheitswesen, Verkehr und Wirtschaft herauskristallisierten; die Bundesländer Baden-Württemberg und Schleswig-Holstein planten die Einrichtung von Informationsbüros in Dresden und Schwerin. *Hessen plant ein Ak-*

55 Vgl. Schreiben der Hessischen Staatskanzlei, betr. „Maßnahmen der Länder zugunsten der DDR“, 30. 11. 1989. HHStAW, Z 502 Nr. 6091.

56 Fax des Bundesministeriums für innerdeutsche Beziehungen vom 4. 12. 1989 an die Staats- und Senatskanzleien der Länder. HHStAW, Z 502 Nr. 14199.

tionsprogramm mit den drei thüringischen Bezirken. Auf fünf Jahre sollen je 50 Mio. DM zur Verfügung gestellt werden für die Bereiche Infrastrukturmaßnahmen, Umwelt, Soziales und Denkmalpflege. Bisherige Kontakte bestünden zwar vorwiegend auf kirchlicher Ebene, die staatlichen Kontakte würden jedoch ausgeweitet. Evtl. solle eine Partnerschaft mit Thüringen entwickelt werden.[57] Auch Rheinland-Pfalz und Bayern bekräftigten eine Zusammenarbeit mit Thüringen.

Um die Hilfe durch die Bundesländer zukünftig arbeitsteilig und effektiv umsetzen zu können, waren diese aufgefordert, das Bundesministerium für innerdeutsche Beziehungen regelmäßig zu informieren. Bereits zu diesem Zeitpunkt bildeten sich erste Partnerschaften heraus, die sich nach Einführung der neuen Länder verfestigten und denen im Rahmen der Koordinierung der späteren Verwaltungshilfe durch die Bundesregierung Rechnung getragen wurde. So entstanden Partnerschaften insbesondere zwischen

- Mecklenburg-Vorpommern und Schleswig-Holstein, Hamburg, Bremen,
- Brandenburg und Nordrhein-Westfalen, Saarland,
- Sachsen-Anhalt und Niedersachsen,
- Sachsen und Baden-Württemberg, Bayern und
- Thüringen und Bayern, Hessen, Rheinland-Pfalz.[58]

Zumindest für die gemeinsame Unterstützung Thüringens durch die Bundesländer Rheinland-Pfalz, Bayern und Hessen lässt sich feststellen, dass diese nicht immer problemlos verlief. Während sich die bayerische Hilfe zunächst auf die Grenzregion (Bezirk Suhl) und hier auf den Bereich der Wirtschaftsförderung erstreckte, waren von Rheinland-Pfalz und Hessen ähnliche Hilfsmaßnahmen im Bereich Denkmalpflege und Förderung privater Kleinunternehmer vorgesehen. Um einer möglichen Konkurrenz entgegenzuwirken, sollte eine gemeinsame Arbeitsgruppe die Thüringen-Hilfe beider Länder koordinieren. Dieses Vorhaben wurde jedoch nicht umgesetzt.[59] Am 12. Februar 1990 verständigten sich die Ministerpräsidenten von Hessen und Rheinland-Pfalz über die jeweiligen Thüringen-Programme und verabredeten zur Vermeidung von Doppelförderungen einzelner Projekte eine wechselseitige Unterrichtung über alle Fördermaßnahmen. Angedacht war darüber hinaus die Einrichtung eines gemeinsamen hessisch-rheinland-pfälzischen Thüringen-Büros in Erfurt als Kontakt-

57 Protokoll über die Besprechung mit den Ländern über Probleme im Verhältnis zur DDR am 18. 12. 1989, 2. 1. 1990, S. 3 f. HHStAW, Z 502 Nr. 14199.

58 Vgl. Drucksache 12/916, Deutscher Bundestag, 12. Wahlperiode, 10. 7. 1991. HHStAW, Z 502 Nr. 6104, S. 11.

59 In dem recht polemisch verfassten Artikel „Auf Thüringen abgefahren. Hessische Politiker in Euphorie/Wettlauf nach drüben" wird eine mögliche Konkurrenz angedeutet: *Im benachbarten Rheinland-Pfalz zum Beispiel hat inzwischen eine ähnliche Entwicklung begonnen. Auch dort [...] will man just demselben Thüringen helfen [...]. Die FDP in Mainz hat flugs eine rheinland-pfälzische „Patenschaft" vorgeschlagen, die SPD den hessischen „Alleingang" gerügt und der CDU-Ministerpräsident Carl-Ludwig Wagner drei Wochen nach Walter Wallmann in Erfurt Hilfe angeboten.* Frankfurter Rundschau, 23. 12. 1989.

stelle u. a. zur Umsetzung der Hilfsprogramme.[60] Wie wirksam die Absprachen zwischen den beiden Bundesländern tatsächlich waren, lässt sich anhand der Aktenlage nicht feststellen; ein gemeinsames Thüringen-Büro ist nicht entstanden.

Bis April 1990 hatten sich die einzelnen Bundesländer im Wesentlichen auf Schritte zur Zusammenarbeit mit der DDR festgelegt, entsprechende Haushaltsmittel dafür bereitgestellt und mit der Umsetzung begonnen. Mit der Bundesregierung fand darüber ein Informationsaustausch statt. Auf der Grundlage eingereichter Berichte der jeweiligen Bundesländer wurde im April 1990 eine Übersicht über die regionale Orientierung, über konkrete Projekte und vorgesehene Haushaltsansätze zusammengestellt.[61] (Dok. 4) Im Vergleich zeigt sich weiterhin eine ähnliche Ausrichtung der Maßnahmen aller Bundesländer mit Schwerpunkt in den Bereichen Gesundheitswesen, Verkehr, Umweltschutz, Städtebau und der wissenschaftlichen Zusammenarbeit. Ferner sollte durch die Vergabe von Darlehen und Krediten und durch Qualifizierungsmaßnahmen die Reorganisation der wirtschaftlichen Entwicklung in der DDR beschleunigt werden. Die Höhe der finanziellen Unterstützung durch die einzelnen Bundesländer war dabei sehr unterschiedlich. Vergleichend lässt sich für das Jahr 1990 feststellen, dass Hamburg, Berlin, Niedersachsen und Hessen die höchsten Fördersummen (Haushaltsansatz im Verhältnis zur Einwohnerzahl, ohne Bürgschaften) für die unmittelbare Hilfe veranschlagt hatten.[62]

2.4 Reaktionen aus der DDR auf das hessische Hilfsprogramm

Unmittelbar nach der Entscheidung der Hessischen Landesregierung am 5. Dezember 1989 für ein Hilfsprogramm erschienen entsprechende Meldungen in den hessischen Medien. Bereits einen Tag später war die Nachricht u. a. auch in der Tageszeitung der SED im Bezirk Erfurt zu finden. In „Das Volk“ wurde eine kurze Mitteilung des ADN (Allgemeiner Deutscher Nachrichtendienst[63]) abgedruckt, die knapp unter der Überschrift „Hessen: 250 Millionen DM für Thüringen“ auf das Programm hinwies: *Ein*

60 Vgl. Notiz über die Besprechung der Ministerpräsidenten von Hessen und Rheinland-Pfalz am 12. 2. 1990. HHStAW, Z 502 Nr. 6092.

61 Vgl. Übersicht über die „Maßnahmen der Länder der Bundesrepublik Deutschland zur Zusammenarbeit mit der DDR“, Stand April 1990. HHStAW, Z 502 Nr. 6088.

62 Nach Auskunft des Hessischen Ministeriums der Finanzen wurden 1990 aus Mitteln des Aktionsprogramms Hessen-Thüringen 37,9 Mio. DM verausgabt und bestehende Haushaltsreste in das folgende Jahr 1991 übertragen. Unberücksichtigt blieben bei der Aufstellung Ausgaben zu Zwecken des Programms aus Haushaltsmitteln einzelner Ressorts. Vgl. Schreiben des Hessischen Ministeriums der Finanzen, 11. 7. 2007. HHStAW, Projekt Hessen-Thüringen. Wie viel der vorgesehenen Mittel von den anderen Bundesländern für Maßnahmen in der DDR tatsächlich aufgewendet wurden, lässt sich ohne umfassende Recherche nicht feststellen.

63 Der Allgemeine Deutsche Nachrichtendienst (ADN) war die einzige zugelassene Nachrichten- und Bildagentur der DDR, die durch ihre Monopolstellung die Belieferung fast aller Zeitungen sowie von Funk und Fernsehen der DDR mit Nachrichten dominierte.

Soforthilfeprogramm zur Verbesserung der Situation im humanitären Bereich in den thüringischen DDR-Bezirken im Umfang von 250 Millionen DM hat die Regierung des Bundeslandes Hessen laut dpa am Dienstag beschlossen. Im Haushalt des Landes sollen dafür 1990 und 1991 jeweils 50 Millionen DM bereitgestellt werden. 150 Millionen DM sollen als sogenannte Verpflichtungsermächtigungen für die Jahre 1992 bis 1994 zur Verfügung stehen. Hessen will außerdem Bürgschaften von insgesamt 500 Millionen DM für die Zusammenarbeit mit kleineren Betrieben in Thüringen und Polen übernehmen.[64]

Nur wenige Tage später erreichte die Hessische Landesregierung eine Flut von Briefen aus den Bezirken Erfurt, Suhl und Gera, in denen insbesondere Privatpersonen, aber auch Bürgermeister, Bürgerinitiativen, kirchliche Einrichtungen, Leiter von Museen und Jugendeinrichtungen sowie Krankenhausärzte um finanzielle, materielle oder ideelle Hilfe baten.[65] Wie den Briefen, die zumeist direkt an den damaligen Ministerpräsidenten Walter Wallmann adressiert waren, zu entnehmen ist, hatten die Hilfesuchenden über Presse, Rundfunk und Fernsehen von dem hessischen Soforthilfeprogramm erfahren.[66] In den teilweise sehr persönlichen Schreiben wurden ganz unterschiedliche Anliegen vorgebracht und jeweils um konkrete Hilfe gebeten. Diese Briefe geben zugleich einen Einblick in die katastrophale Versorgungslage in der DDR vor allem im Sozial- und Umweltbereich, wie die folgenden Beispiele zeigen.

Vom 12. Dezember 1989 datiert ein Schreiben der Bürgerinitiative Mittelhausen (seit 1. 7. 1994 Stadtteil von Erfurt), die darin um finanzielle Unterstützung bei der technischen Verbesserung der nahe gelegenen Kläranlage der Stadt Erfurt bittet, denn: *Seit 1985 belastet diese Kläranlage durch ihre unvollkommene und mangelhafte Technik die Lebensqualität der Bürger in den umliegenden Gemeinden und führt zur Anreicherung von Schadstoffen im Boden und Grundwasser.*[67] Die Bitte wurde mit einem Hinweis darauf verbunden, mögliche Gelder nur nach gründlicher Prüfung und späterer Kontrolle den entsprechenden Verwaltungsbehörden der DDR zu überlassen. (Dok. 5) In einem Schreiben vom 13. Dezember 1989 schildert der Bürgermeister der Stadt Greiz die katastrophale Situation in „seiner" Stadt und nennt gleich mehrere Bereiche, in denen dringend Hilfe benötigt werde. So weise die Altbausubstanz der Innenstadt zum

64 „Hessen 250 Millionen DM für Thüringen", Das Volk, 6. 12. 1989. HHStAW, Z 502 Nr. 6102.

65 Hunderte Schreiben befinden sich unter dem Titel „Hilfeersuche" in den Unterlagen der Hessischen Staatskanzlei und füllen dort allein fünf Ordner. HHStAW, Z 502 Nr. 6102, 6103, 6104, 6105, 6106. Weitere Anfragen sind in den Ordnern „Projekte" zu finden. HHStAW, Z 502 Nr. 6135, 6136.

66 Ob auch im DDR-Rundfunk und -Fernsehen über das hessische Hilfsprogramm berichtet wurde, ist nicht bekannt. Sicher ist aber, dass Sendungen aus der Bundesrepublik bzw. aus Hessen in Thüringen (Bezirke Erfurt, Suhl, Gera) empfangen werden konnten. So findet sich in einem Schreiben aus Erfurt vom 31. 1. 1990 der Hinweis, dass das Hilfsprogramm der Hessischen Landesregierung durch Presse, Rundfunk und Fernsehen bekannt gemacht worden sei. Vgl. Schreiben V. Brückner, 31. 1. 1990. HHStAW, Z 502 Nr. 6103. Seit Ende 1989 war es DDR-Bürgerinnen und -Bürgern erlaubt, bundesdeutsche Tageszeitungen und Zeitschriften zu abonnieren. Vgl. Schneider, Hessen und Thüringen, 1990, S. 94–98.

67 Schreiben Bürgerinitiative Mittelhausen, 12. 12. 1989. HHStAW, Z 502 Nr. 6102.

Teil nicht wiedergutzumachende Schäden auf, wozu ebenso denkmalgeschützte Objekte wie das Obere und das Untere Schloss gehörten. Weiterhin wurde auf den desolaten Zustand der kommunalen Straßen hingewiesen, für deren Erneuerung bisher keine ausreichenden materiellen und finanziellen Mittel zur Verfügung stünden. Besonders besorgniserregend sei jedoch die hohe Belastung der Luft mit Schadstoffen. *Da vom Rat des Bezirkes Gera bisher keine Reaktion auf Ihr Hilfsangebot zu verzeichnen ist, wende ich mich deshalb direkt mit der Bitte an Sie, unsere Stadt in das Hilfsprogramm der Regierung des Bundeslandes Hessen einzubeziehen.*[68]

Auch in anderen Schreiben finden sich ähnliche Schilderungen: Einmal war es die LPG „Thomas Müntzer" in Nägelstedt, die um finanzielle Hilfe beim Umbau des Heizhauses bat, da während der Heizperiode ca. 4 t Rohbraunkohle verbrannt würden. Der starke Anfall von Asche und Staub führe zu einer enormen Umweltbelastung. *Zusätzlich kommen noch unzumutbare Arbeitsbedingungen für zwei Heizer [hinzu], welche dieses Heizhaus in zwei Schichten betreiben, und eine unökonomische Energieverwendung durch den sehr geringen Heizwert von unserer Braunkohle.*[69] Eine weitere Anfrage nach Unterstützung kam vom Bürgermeister der Gemeinde Dippach. Hier sei die vordringlichste Aufgabe die grundlegende Erneuerung des Kanalsystems und der damit verbundenen Kläranlage. *Das gegenwärtig bestehende Kanalsystem in unserer Gemeinde, an das verschiedene Straßenzüge noch gar nicht angeschlossen sind, ist stark überaltert und nicht mehr funktionsfähig. Somit gelangen ein Großteil der Abwässer ungeklärt direkt in die Werra bzw. versickern ins Grundwasser.*[70]

Die überlieferten Unterlagen belegen, dass alle Anfragen durch die Hessische Staatskanzlei beantwortet und sofern erforderlich Kopien der Briefe den jeweiligen Ressorts zur weiteren Bearbeitung überlassen wurden. Doch konnten bei Weitem nicht alle Ersuchen positiv entschieden werden, wie einem Schreiben der Hessischen Staatskanzlei vom 27. August 1990 zu entnehmen ist. In diesem Fall hatte ein Chefarzt des St.-Josef-Krankenhauses Küllstedt um finanzielle Unterstützung bei der Umstellung der Zentralheizung von Braunkohle auf Gas gebeten. Dieser Bitte konnte nicht entsprochen werden, da die Mittel des Programms schon weitgehend verbraucht seien. Denn, so die Mitteilung der Staatskanzlei weiter: *Im Verhältnis zu dem großen Bedarf, der überall in Thüringen herrscht, reichen die Mittel des Landes nicht aus, um in allen Bereichen die erforderliche Hilfe zu gewähren.*[71] Gleichwohl wurde das Schreiben an das

68 Schreiben des Rats der Stadt Greiz, Bürgermeister, 13. 12. 1989. HHStAW, Z 502 Nr. 6102.

69 Schreiben LPG „Thomas Müntzer" in Nägelstedt (Kreis Bad Langensalza), 14. 8. 1990. HHStAW, Z 502 Nr. 6104. In einem Schreiben des Rats der Stadt Schlotheim bat der Bürgermeister, die Restfinanzierung einer bereits begonnenen Heiztrasse zu übernehmen. Zum Bau der notwendigen Heiztrasse sei eine Investitionsgemeinschaft gegründet worden, die nun bedingt durch die gegenwärtigen wirtschaftlichen Probleme in der DDR zusammengebrochen sei. Vgl. Schreiben Rat der Stadt Schlotheim, 30. 8. 1990. HHStAW, Z 502 Nr. 6104.

70 Schreiben Gemeindeverwaltung Dippach, 29. 6. 1990. HHStAW, Z 502 Nr. 6104.

71 Schreiben Hessische Staatskanzlei an das Josef-Krankenhaus Knüllstedt, 27. 8. 1990. HHStAW, Z 502 Nr. 6104. Nach welchen Kriterien über Projekte entschieden wurde, wird in Kapitel 2.6 näher ausgeführt.

dafür zuständige Ministerium für Wirtschaft und Technik weitergeleitet. In anderen Fällen konnte geholfen werden wie beispielsweise bei der Verlegung einer Gastrasse zum Hainstein, einem kirchlichen Begegnungszentrum gegenüber der Wartburg.[72]

Viele weitere Anfragen betrafen den sozialen Bereich wie Pflege- und Behindertenheime. Entsprechende Schreiben belegen, dass die Not dort außerordentlich groß war, wie auch ein Brief vom 5. August 1990 zeigt. Im Namen einer Kinderärztin aus Erfurt wird in dem Schreiben an Ministerpräsident Wallmann und Staatsminister Trageser (Hessisches Sozialministerium) auf die menschenunwürdigen Lebensbedingungen in dem Rehabilitationszentrum für schwerstgeschädigte und mehrfach behinderte Kinder und Erwachsene in Erfurt hingewiesen. Verbunden mit der konkreten Bitte, *daß das Reha-Zentrum in Erfurt im Rahmen des hessischen Hilfsprogramms für Thüringen – oder auch aus anderen Mitteln – die erforderliche finanzielle Unterstützung erfährt, um diesen Kindern ein menschenwürdigeres Lebens- und Bildungsangebot zu gewährleisten. Sicherlich wird in der DDR an allen Enden Hilfe benötigt. Aber ich bin überzeugt, daß es kaum vergleichbare Situationen gibt, in denen so direkt das Schicksal der Betroffenen entscheidend verbessert werden kann.*[73] (Dok. 6) Am 15. August 1990 wurde das Hessische Sozialministerium um Stellungnahme gebeten. Aus einem Aktenvermerk vom 26. September 1990 geht hervor, dass die Landesbeschaffungsstelle durch Prüfung vor Ort dringenden Bedarf festgestellt habe[74], und schon Anfang Oktober 1990 wurde dem Leiter des Rehabilitationszentrums mitgeteilt, dass aus Mitteln des Aktionsprogramms 88.243,14 DM (entsprechend der beigefügten Bedarfsliste) bereitgestellt seien.[75]

Vom Juni 1990 datiert ein Schreiben der damaligen Leiterin des Feierabend- und Pflegeheimes Schmalkalden, worin die Bitte ausgesprochen wurde, der Einrichtung ein Auto („VW-Bus oder ähnliches") zur Verfügung zu stellen, da die ständig anfallenden Reparaturkosten für das vorhandene Fahrzeug, Baujahr 1973, zu hoch seien und die finanziellen Mittel für ein anderes Auto nicht zur Verfügung stünden.[76] Zweieinhalb Monate später, am 31. August, wurde dem Feierabend- und Pflegeheim ein VW-Kleinbus Baujahr 1985 übergeben.[77]

72 Vgl. Schreiben Landesbischof Dr. Werner Leich, 1. 11. 1990. HHStAW, Z 502 Nr. 6135. Ebenso wurde u. a. aus den der Staatskanzlei zugewiesenen Mitteln des Aktionsprogramms Hessen-Thüringen die „Arbeitsgruppe Artenschutz Jena" mit 40.000,– DM unterstützt, um dadurch den Erwerb der beantragten Geräte für die Arbeit des Naturschutzes in Thüringen zu ermöglichen. Die Abwicklung des Projekts erfolgte über das Ministerium für Landwirtschaft, Forsten und Naturschutz. Vgl. Schreiben Hessische Staatskanzlei an das Hessische Ministerium für Landwirtschaft, Forsten und Naturschutz, 12. 11. 1990. HHStAW, Z 502 Nr. 6135.

73 Schreiben Dr. N. K., 5. 8. 1990. HHStAW, Z 502 Nr. 6104.

74 Vgl. Handschriftlicher Aktenvermerk Dr. J. Meinck, Hessische Staatskanzlei, 26. 9. 1990. HHStAW, Z 502 Nr. 6104.

75 Vgl. Schreiben Hessische Staatskanzlei, 9. 10. 1990. HHStAW, Z 502 Nr. 6135. Wie dem Schreiben zu entnehmen ist, sollten die Kosten gemeinsam von der Hessischen Staatskanzlei und dem Hessischen Sozialministerium getragen werden. In der dem Schreiben beigefügten Bedarfsliste sind Hilfsmittel wie Physiobälle, Bodenmatten, Bettwäsche und Kinderrollstühle aufgeführt.

76 Vgl. Schreiben Feierabend- und Pflegeheim „Clara Zetkin" Schmalkalden, Leiterin, 15. 6. 1990. HHStAW, Z 502 Nr. 6135.

77 Vgl. Schreiben Hessische Staatskanzlei, 30. 8. 1990. HHStAW, Z 502 Nr. 6135.

Eine ganz ähnliche Bitte richtete der Abgeordnete des Thüringer Landtags Adalbert Bauch in einem Schreiben vom 9. November 1990 an den Hessischen Ministerpräsidenten. Nach seiner Darstellung benötigte die Schule für geistig Behinderte im Kreis Meinigen dringend ein Fahrzeug für den Transport der bis zu 55 Kinder und Jugendlichen vom Dauerheim zur Schule oder für wichtige Versorgungstransporte, da der bisher vorhandene Kleintransporter, Baujahr 1974, nicht mehr verfügbar sei und sich weder das Dezernat Gesundheitswesen noch das Dezernat Bildung in der Lage fühle, ein entsprechendes Fahrzeug zur Verfügung zu stellen.[78] (Dok. 7)

Ein weiterer großer Komplex von Ersuchen, die die Hessische Staatskanzlei erreichten, zielte auf Hilfen bei der Errichtung oder dem Ausbau kleinerer Unternehmen.[79] So bat beispielsweise der Besitzer eines Rohrreinigungsbetriebs in seinem Schreiben vom 7. Dezember 1989 um einen Kredit für die technische Aufrüstung seines Unternehmens.[80] (Dok. 8) In einem Schreiben vom 4. Januar 1990 stellten zwei Suhler Bürger ihre Idee für ein Taxiunternehmen vor und baten hierfür um Unterstützung bei der Beschaffung und Finanzierung geeigneter Fahrzeuge.[81] (Dok. 9) Die Anfrage eines Malermeisters aus dem Kreis Nordhausen zielte auf Unterstützung bei der Einrichtung eines Fernsprechanschlusses.[82] (Dok. 10) In einem anderen Brief vom 29. Dezember 1989 an die Landesregierung Hessen wurde konkret um fachliche Hilfe bei der Existenzgründung und der Vermittlung von Kontakten zwecks Erfahrungsaustauschs gebeten. *Als gelernter Physiotherapeut [...] möchte ich in der DDR bleiben. Obwohl die Verlockungen unbeschreiblich sind. Zur Zeit arbeite ich als Physiotherapeut beim Sportclub Turbine Erfurt. Ich möchte jedoch mit meiner Frau (Krankenschwester) eventuell eine eigene Existenz aufbauen.*[83] In zahlreichen Ersuchen wurde immer wieder auch die Bitte ausgesprochen, Kontakte zu bundesdeutschen Firmen und Einrichtungen herzustellen oder Praktika zu vermitteln.[84]

Weitere Anfragen betrafen u. a. die Förderung von Bildungsstätten für Jugendarbeit, die Unterstützung von Vereinen oder die Finanzierung von Restaurierungsarbeiten kunsthistorisch bedeutender Objekte.[85] Um auch in solchen Fällen im begrenzten

78 Vgl. Schreiben Adalbert Bauch vom 9. 11. 1990. HHStAW, Z 502 Nr. 6135.

79 Allein sieben Anfragen zum Aufbau kleinerer Unternehmen datieren in die Zeit vom 26. 12. 1989 bis zum 4. 1. 1990. Alle Schreiben wurden zuständigkeitshalber dem Hessischen Ministerium für Wirtschaft und Technik übermittelt. Vgl. Schreiben Hessische Staatskanzlei, 15. 1. 1990. HHStAW, Z 502 Nr. 6102. Letztendlich führten diese Anfragen dazu, *das Aktionsprogramm Hessen-Thüringen gerade auch für Hilfen zugunsten kleiner Handwerksbetriebe zu öffnen.* Schreiben Hessische Staatskanzlei, 19. 1. 1990. HHStAW, Z 502 Nr. 6102.

80 Vgl. Schreiben H.-J. L., 7. 12. 1989. HHStAW, Z 502 Nr. 6102.

81 Vgl. Schreiben W. W., D. L., 4. 1. 1990. HHStAW, Z 502 Nr. 6102.

82 Vgl. Schreiben G. H., 11. 6. 1990. HHStAW, Z 502 Nr. 6104.

83 Schreiben A. U., 29. 12. 1989. HHStAW, Z 502 Nr. 6102.

84 Vgl. z. B. Schreiben E. H., 3. 4. 1990. HHStAW, Z 502 Nr. 6104. Hier wurde der Wunsch nach einem Praktikum in einem westdeutschen Gartenbaubetrieb geäußert, um somit weiterführende Kenntnisse erwerben zu können.

85 In einem Schreiben vom 1. 3. 1990 wurde um finanzielle Hilfe bei der Restaurierung der Orgel der Dorfkirche Denstedt (bei Weimar) gebeten, da sich die ganz außergewöhnliche Orgel, auf der

Umfang unbürokratisch und schnell helfen zu können, standen der Landesregierung und den einzelnen Ressorts für „sonstige Zwecke", für außerhalb der im Aktionsprogramm Hessen-Thüringen festgelegten Förderbereiche, insgesamt bis zu 3 Millionen DM zur Verfügung.[86]

Allein die wenigen aufgeführten Beispiele vermitteln einen Eindruck von den schwierigen Lebensbedingungen in der DDR. Zugleich belegen sie, mit welch hohem Engagement unmittelbar auf die neuen Herausforderungen reagiert wurde. Mit der Vereinigung beider deutscher Staaten und dem Aufbau neuer Wirtschafts- und Verwaltungsstrukturen ebbte 1991 auch die Flut der Briefe ab, in denen um finanzielle Hilfe aus dem Aktionsprogramm Hessen-Thüringen nachgefragt wurde.

2.5 Kontakte in die DDR zur Abstimmung und Umsetzung des Aktionsprogramms Hessen-Thüringen

Wie der Hessische Ministerpräsident Walter Wallmann in seiner Regierungserklärung am 13. Dezember 1989 dem Hessischen Landtag berichtete, hatten Mitglieder der Hessischen Landesregierung und Vertreter der Koalitionsparteien seit Öffnung der innerdeutschen Grenze am 9. November 1989 bereits eine Fülle von Sondierungsgesprächen in der DDR geführt. Dafür seien sie, so Wallmann, *zusammengetroffen mit den Bischöfen Forck, Leich und Wanke sowie mit Konsistorialpräsident Stolpe, Oberkirchenrat Kirschner [Kirchner] und Kirchenrat Dr. Müller. Wir haben intensive Gespräche mit den Repräsentanten vom Demokratischen Aufbruch, Neuen Forum und der SDP geführt. Wir haben Fragen des deutsch-deutschen Verhältnisses mit Ministerpräsident Dr. Modrow, dem Kulturminister Keller und dem Vorsitzenden des Rates von Erfurt erörtert. Diese Gesprächspartner gehören der SED an. Auch mit dem der LDPD angehörenden Bürgermeister Klapzynski aus Eisenach haben wir gesprochen. Einen sehr intensiven Meinungsaustausch gab es auch mit dem Vorsitzenden der CDU in der DDR, Herrn de Maizière.*[87]

In den Gesprächen wurde nicht nur die veränderte politische Situation in der DDR erörtert, sondern es wurden insbesondere Möglichkeiten einer hessischen Hilfe für Thüringen thematisiert. Ein erstes Treffen in Thüringen fand am 25. November in Weimar zwischen dem Hessischen Ministerpräsidenten und weiteren Vertretern der hessischen CDU (Gottfried Milde, Franz Josef Jung) und Reformkräften der Ost-CDU

Franz Liszt mehrfach „Orgelkonferenzen" abgehalten habe, heute in einem bedauernswerten Zustand befinde, da es erst kürzlich gelungen sei, das Dach der Kirche einigermaßen abzudichten, um ein weiteres Hineinregnen in Kirche und Orgel zu verhindern. Vgl. HHStAW, Z 502 Nr. 6105.

86 Vgl. Hessische Staatskanzlei, Staatssekretärs-Kommission Hessen-Thüringen, Ergebnisniederschrift über die 9. Sitzung am 21. 6. 1990. HHStAW, Z 502 Nr. 6133. Ursprünglich waren im Haushaltsansatz für „sonstige Zwecke" 2 Millionen DM veranschlagt. Durch Beschluss der Staatssekretärs-Kommission wurden die Mittel auf 3 Millionen DM erhöht.

87 Plenarprotokoll 12/95, Hessischer Landtag, 12. Wahlperiode, 95. Sitzung, 13. 12. 1989, S. 5362. Hessischer Landtag.

(Martin Kirchner, Christine Lieberknecht[88]) statt.[89] Parallel zu den Begegnungen in der DDR durch Mitglieder der Regierung Wallmann nahmen auch Vertreter der anderen Parteien des Hessischen Landtags verstärkt Kontakt zur politischen Opposition in der DDR auf.[90] Am 2. Dezember 1989 kam es zu einer weiteren Reise Wallmanns nach Jena, Erfurt, Weimar und Eisenach in Begleitung der Minister Milde (Innenminister) und Trageser (Sozialminister) sowie des Generalsekretärs der hessischen CDU, Jung.[91] Diesmal fanden Gespräche u. a. auch mit offiziellen politischen Vertretern der DDR statt, wie dem Vorsitzenden des Rates des Bezirks Erfurt, Artur Swatek (SED) und dem amtierenden Oberbürgermeister von Weimar, Dr. Volkhardt Germer (SED)[92]. Weitere Treffen gab es mit Vertretern der neuen politischen Parteien, der Ost-CDU und mit dem evangelischen Landesbischof von Thüringen, Dr. Werner Leich, sowie dem katholischen Bischof Joachim Wanke.[93] Auch bei diesen Kontakten ging es zunächst darum, im Vorfeld zu eruieren, wie das Land Hessen am effektivsten helfen könnte. Zwei Tage später, am 5. Dezember, beschlossen Landesregierung und Koalition konkrete Schritte für ein Aktionsprogramm Hessen-Thüringen.

An die erste Begegnung mit dem Hessischen Ministerpräsidenten erinnert sich der damalige Landesbischof in Thüringen, Dr. Werner Leich, 2008 in einem Bericht: *Bereits Mitte November hatte Herr Ministerpräsident Dr. Wallmann anfragen lassen, ob er mich während seines Besuches in Thüringen am ersten Wochenende im Dezember sprechen*

88 Christine Lieberknecht und Martin Kirchner gehörten zu den Verfassern des „Weimarer Briefs“ vom 10. 9. 1989, ein Schlüsseldokument zur Erneuerung der Ost-CDU. In ihm forderten vier kirchlich gebundene Mitglieder der Ost-CDU ihre Parteiführung auf, Verantwortung zu übernehmen und sich den aktuellen gesellschaftlichen Problemen in der DDR zu stellen. Vgl. Dornheim, Andreas: Demokratischer Umbruch in Thüringen 1989/90. In: Thüringen. Eine politische Landeskunde, 1996, S. 14. Im August 1990 wurde Kirchner beschuldigt inoffizieller Mitarbeiter der Staatssicherheit (IM Küster) gewesen zu sein; dies war der Grund für die folgende Amtsenthebung Kirchners als Generalsekretär der Ost-CDU.

89 Vgl. „Wallmann will in Thüringen konkrete Hilfe Hessens anbieten“, Hessische Allgemeine, Stadtausgabe, 28. 11. 1989.

90 Vgl. z. B. Dr. Günther (SPD), der in seiner Rede im Hessischen Landtag auf die Begegnung mit einer Reformgruppe aus Gotha am Wochenende des 9./10. 12. 1989 hinwies. Plenarprotokoll 12/95, Hessischer Landtag, 12. Wahlperiode, 95. Sitzung, 13. 12. 1989, S. 5389. Hessischer Landtag. Vgl. auch Schreiben R. Wagner (FDP) vom 12. 12. 1989 bzgl. einer Besprechung mit Dr. Hartmut Krebs vom „Demokratischen Aufbruch“ am 9. 12. 1989. Privatarchiv R. Wagner.

91 In seinem Bericht „Eine bewegte und bewegende Zeit“ erinnert sich der damalige Generalsekretär der hessischen CDU und Parlamentarischer Geschäftsführer der Landtagsfraktion, Dr. Franz Josef Jung, an die gemeinsamen Reisen mit Ministerpräsident Wallmann im November und Dezember 1989 in die DDR. Vgl. Jung, Franz Josef: Eine bewegte und bewegende Zeit. In: Hessen und Thüringen, 2007, S. 103–110.

92 Nachdem der damalige Oberbürgermeister Dr. Gerhard Baumgärtel (CDU) zum Rücktritt gezwungen worden war, übernahm Volkhardt Germer (SED) am 18. 11. 1989 kommissarisch die Amtsgeschäfte bis zur Neuwahl eines Oberbürgermeisters am 22. 6. 1990. In dieser Zeit trat Germer aus der SED aus. Hinweis Stadtarchiv Weimar.

93 Wie einem Zeitungsartikel zu entnehmen ist, wurde von mehreren Gesprächspartnern als dringendes Problem die mangelhafte medizinische Versorgung genannt. Vgl. „Wallmann hörte Sorgen und Nöte“, Hersfelder Zeitung, 4. 12. 1989.

könne. Das Ziel des Besuches sei, wichtige Objekte für eine Nachbarschaftshilfe des Landes Hessen zu erkunden. […] Die gute Nachbarschaft mit der hessischen Nachbarkirche war schon Grund genug, dem Ministerpräsidenten des Nachbarlandes zu begegnen. Noch wichtiger war aber für mich, dass sich das Land Hessen so spontan und selbstlos zur Nachbarschaftshilfe gemeldet hatte. […] Am Samstag den 2. Dezember 1989 trafen wir uns in einem der Gemeinderäume der Kirche von Hermsdorf zu einem ebenso intensiven wie freundschaftlichen Gespräch. Der Ministerpräsident wurde begleitet von dem Minister für Inneres, dem Minister für Soziales und dem Sekretär der CDU-Landtagsfraktion Hessen. Auf unserer Seite nahm neben mir der Chefredakteur unserer Kirchenzeitung, Dr. Gottfried Müller teil, der spätre Präsident des Thüringer Landtages. Die Freude über den Fall der Berliner Mauer und der Grenzen zwischen Thüringen und Hessen bestimmte das in wohltuender Vertrautheit stattfindende Gespräch. Gleich zu Eingang betonte Dr. Wallmann, dass er keineswegs die Menschen in der DDR bevormunden wolle, er habe eine sehr hohe Achtung vor der Haltung der DDR-Bevölkerung. Aber gerade deshalb fühle er sich zusammen mit seiner Regierung, dem Landtag und den Bürgern des Landes Hessen verpflichtet, zu helfen. […] Auch mich forderte der Ministerpräsident auf, im Falle des Bedarfs ganz offen und umkompliziert zu helfen.[94]

Am 8. Dezember 1989 fand ein Gespräch mit dem damaligen Oberkirchenrat der Evangelischen Landeskirche in Thüringen, Martin Kirchner, in Bad Nauheim statt, in dem Wege zur Umsetzung des hessischen Hilfsprogramms erörtert wurden. Dabei legte der Leiter der Staatskanzlei, Dr. Gauland, *Herrn Kirschner [Kirchner] einleitend die Schwerpunkte des Aktionsprogrammes der Landesregierung für Thüringen dar. Er bat um Beratung, in welcher Weise sich die vorgesehene Hilfe am besten umsetzen lasse.*[95] Angesprochen wurde das Gesundheitswesen; hier seien, nach Darstellung Kirchners, die Bezirksärzte die notwendigen Ansprechpartner, diese genössen allerdings nicht das Vertrauen der Reformgruppen, daher hätten sich in den Städten auf Basis der Reformgruppen bereits Ärztevereinigungen gebildet, die bei der Umsetzung des Programms einbezogen werden sollten. Für den kirchlichen Bereich war das Diakonische Amt der Evangelisch-Lutherischen Kirche in Thüringen Ansprechpartner.[96] Im Bereich Verkehrswesen sollte Kontakt zu den Verkehrsräten der jeweiligen Kreise (Erfurt, Suhl, Gera) aufgenommen werden. *Sodann könnten Gespräche organisiert werden zwischen*

94 Zeitzeugenbericht „Nachbarschaftshilfe des Landes Hessen" von Dr. Werner Leich, D. D., Bischof EM., 15. 1. 2008. HHStAW, Projekt Hessen-Thüringen. Wie es in dem Bericht weiter heißt, habe man bei dieser ersten Begegnung zudem spontan vereinbart, die Entschwefelung des Heizkraftwerks auf dem Hainstein, eine kirchliche Einrichtung am Rande der Stadt Eisenach, durch das Land Hessen zu finanzieren.

95 Notiz über ein Gespräch mit Herrn Oberkirchenrat Kirchner von der Evangelischen Landeskirche Thüringen am 8. 12. 1989 in Bad Nauheim, Hessische Staatskanzlei, 11. 12. 1989. HHStAW, Z 502 Nr. 6091.

96 Vgl. Schreiben Hessische Staatskanzlei an das Hessische Sozialministerium, 11. 12. 1989. HHStAW, Z 502 Nr. 6102. Diesem Schreiben war eine Bedarfsliste medizinischer Güter für Krankenhäuser, Feierabendheime und Sozialstationen des Diakonischen Werkes der Ev.-Luth. Kirche in Thüringen vom 1. 12. 1989 beigefügt.

Vertretern des Ministeriums für Wirtschaft und Technik und des Regierungspräsidenten in Kassel einerseits und den Verkehrsräten andererseits. […] Die Einbeziehung der Reformgruppen sei insoweit nicht notwendig.[97] Weitere Bereiche betrafen konkrete Maßnahmen wie die Lieferung eines Heizkessels für eine Häuserzeile am Weimarer Markt und die Beschaffung moderner Werkzeuge für kleine private Betriebe und Produktionsgenossenschaften der Bauwirtschaft. Auch hier wollte Oberkirchenrat Kirchner die entsprechenden Kontakte (Bürgermeister von Weimar, zuständige Handwerkskammer) herstellen, so dass anschließend alle weiteren Schritte von Hessen aus erfolgen könnten.

In den Bezirken Erfurt, Suhl und Gera hatten sich ab November 1989 bereits Bürgerkomitees gegründet, die sich zumeist mit Problemen des Ministeriums für Staatssicherheit (ab November umbenannt in Amt für Nationale Sicherheit) befassten. Das Erfurter Bürgerkomitee erhob darüber hinaus den Anspruch, auch administrativ tätig zu werden, dazu wurde wenig später der Erfurter Bürgerrat ins Leben gerufen. Lokale und regionale Bürgerkomitees gab es in Thüringen in mehreren Städten. Etwas später, ab Dezember 1989, wurden die Runden Tische (nach Vorbild des Zentralen Runden Tischs in Berlin) eingerichtet, die es sowohl auf Kreis- bzw. Stadt- als auch auf Bezirksebene gab. Zwar befassten sich auch diese Runden Tische mit Themen der Staatssicherheit, ihre Hauptaufgabe sahen sie jedoch darin, das Funktionieren des Alltagslebens, den Verwaltungsablauf, in der Phase des massiven Legitimitätsverlusts der alten Staatsorgane sicherzustellen. Zu den jeweiligen Sitzungen der Runden Tische sollten die Vertreter des Kreises oder des Bezirks umfassend Bericht erstatten. Daneben existierten die Kreis- und Bezirkstage sowie die Räte der Kreise und Bezirke nach wie vor weiter.[98] Seit Dezember 1989 gab es einen Runden Tisch für den Bezirk Erfurt, der vierzehntägig im dortigen Augustinerkloster tagte. In ihm hatten sich unter Leitung der evangelischen und katholischen Kirche die verschiedenen neuen politischen Gruppen, Parteien und Bürgerinitiativen zusammengeschlossen.[99]

Diese Phase des politischen und gesellschaftlichen Umbruchs, in der die Bürgerinnen und Bürger der DDR zunehmend die Politik mitbestimmten, war gekennzeichnet von einem Nebeneinander alter und neuer Strukturen. Bei der Umsetzung des Aktionsprogramms Hessen-Thüringen war dies zu berücksichtigen. Daher wurden Gespräche

97 Notiz über ein Gespräch mit Herrn Oberkirchenrat Kirchner von der Evangelischen Landeskirche Thüringen am 8. 12. 1989 in Bad Nauheim, Hessische Staatskanzlei, 11. 12. 1989, S. 2. HHStAW, Z 502 Nr. 6091.

98 Vgl. Dornheim, Andreas: Demokratischer Umbruch in Thüringen 1989/90. In: Thüringen. Eine politische Landeskunde, 1996, S. 3–19.

99 Wie dem Protokoll der Sitzung des „Runden Tischs, Bezirk Erfurt“ vom Januar 1990 zu entnehmen ist, nahmen an der Sitzung insgesamt 27 stimmberechtigte Personen unterschiedlicher politischer Gruppen, Parteien und der Kirchen teil. Als Sachverständige sollten der Vorsitzende des Rats des Bezirks Erfurt, Swatek, und der Sonderbevollmächtigte der Regierung, Schenk, über den Stand der zu bewältigenden Aufgaben (Umwelt, Bildung, Energieversorgung, Wahlvorbereitung etc.) Auskunft geben. Daneben erhielten fünf Vereine bzw. Verbände einen Berater- bzw. Beobachterstatus. Vgl. Protokoll über die Sitzung des Runden Tischs, Bezirk Erfurt, Anwesenheitsliste, 3. 1. 1990. HHStAW, Z 502 Nr. 6091.

mit den Räten der Bezirke, zunehmend jedoch auch mit politischen Vertretern der basisdemokratischen Gruppen, mit Vertretern der Kirchen und den wieder gegründeten Parteien geführt. Denn wie immer wieder betont wurde, sollte mit der hessischen Hilfe keinesfalls ein Beitrag zur Stabilisierung des Systems der DDR geleistet, sondern es sollten vielmehr die neuen politischen Kräfte unterstützt werden. Zwar war die Abwicklung des hessischen Hilfsprogramms nicht ohne die noch bestehende Verwaltung und die Vertreter der Staatsorgane der DDR umsetzbar, die Entscheidung über konkrete Maßnahmen wurde letztlich in Abstimmung mit den Runden Tischen getroffen. Doch war auch hier die Absprache nicht immer leicht, da wegen sich schnell ändernder Verhältnisse auch Strukturen in Thüringen zurzeit unübersichtlich seien, so die Einschätzung des Leiters der Hessischen Staatskanzlei.[100]

Wie dem Protokoll der Sitzung des Runden Tischs, Bezirk Erfurt von Anfang Januar zu entnehmen ist, wurde unter Tagesordungspunkt sieben über eine Anfrage der Hessischen Landesregierung entschieden. *Krech [Vertreter der evangelischen Kirche in Thüringen] übermittelt das Interesse des hessischen Ministerpräsidenten Wallmann, zur nächsten Sitzung des RT den Leiter seiner Staatskanzlei, Staatssekretär Gauland, und zwei weitere Staatssekretäre zu entsenden. Ziel ist, über Hilfsangebote zu informieren und den Bedarf an Hilfen in dem weiten Spektrum der politisch Verantwortlichen zu eruieren. Damit soll vermieden werden, daß die vorgesehenen Projekte den tatsächlichen Bedarf nicht ausreichend berücksichtigen und daß sie wahlstrategischen Gesichtspunkten einer Partei unterliegen. […] Krech wird gebeten, die Einladung zum 17. 1. 1990 an die hessische Landesregierung zu übermitteln.*[101] Zum oben angegebenen Termin fand in Erfurt das erste Treffen mit dem Runden Tisch statt, an dem der Hessische Finanzminister Manfred Kanther und die Staatssekretäre Gauland und Posch teilnahmen, um das Aktionsprogramm vorzustellen.[102] Anwesend war ebenso der rheinland-pfälzische Wirtschaftsminister Rainer Brüderle.[103] In dem Gespräch wurde zum einen vereinbart, dass bis zu den ersten freien Kommunalwahlen in der DDR am 6. Mai 1990 *Maßnahmen in Thüringen aus dem Aktionsprogramm nur dann gefördert werden, wenn ihnen die auf der Ebene der Bezirke Erfurt, Gera und Suhl gebildeten Runden Tische zugestimmt haben.*[104] Zum anderen sollte in Zusammenarbeit mit den Runden Tischen der anderen thüringischen Bezirke ein Regionalausschuss (sowie weitere Un-

100 Vgl. Kurzbericht 2. Sitzung des Beirats „Hessen/Thüringen“, 13. 3. 1990, S. 2, 12. Wahlperiode. Hessischer Landtag.

101 Protokoll über die Sitzung des Runden Tischs, Bezirk Erfurt, 3. 1. 1990, S. 4 f. HHStAW, Z 502 Nr. 6091.

102 Zu diesem Zeitpunkt hatten auf Ressortebene bereits erste Gespräche in der DDR stattgefunden, so z. B. durch das Hessische Sozialministerium am 11. 1. 1990 in Erfurt. Vgl. Protokoll der 123. Vorkonferenz am 22. 1. 1990, Hessische Staatskanzlei. HHStAW, Z 502 Nr. 6091.

103 Wie es in einem Zeitungsbericht über das Erfurter Treffen vom 17. 1. 1990 hieß, wolle das Land Rheinland-Pfalz durch ein eigenes Hilfsprogramm und unter Umgehung des Staatsapparates Handwerksbetriebe oder privates Engagement im Fremdenverkehr unterstützen. Vgl. „Tiefes Mißtrauen gegenüber der SED“, Wiesbadener Tagblatt, 19. 1. 1990.

104 Protokoll der 123. Vorkonferenz am 22. 1. 1990, Hessische Staatskanzlei. HHStAW, Z 502 Nr. 6091.

terausschüsse/Arbeitsgruppen) gebildet werden, um darin sachbezogen über einzelne Maßnahmen der Bundesländer Hessen und Rheinland-Pfalz zu beraten.[105] (Dok. 11) Dadurch sei sichergestellt, so Walter Wallmann, dass nicht irgendwelche staatlichen Instanzen und Verantwortliche, die keine demokratische Legitimation hätten, sondern Oppositionsgruppen und Reformkräfte unmittelbar in die Entscheidungen über das hessische Hilfsprogramm eingebunden seien.[106] Mit dieser ausdrücklichen Position entkräftete Wallmann zugleich die u. a. auch von der hessischen Opposition vorgebrachte Kritik, der Hessische Ministerpräsident habe ausschließlich mit offiziellen Vertretern der DDR gesprochen.[107]

Dass ein deutliches Misstrauen gegenüber der SED-Staatsverwaltung durchaus begründet war, zeigte sich bereits bei diesem ersten Treffen am Runden Tisch in Erfurt. Wie einem Schreiben Staatssekretär Poschs vom 3. Januar 1990 zu entnehmen ist, wurden ihm zuvor bei einem Besuch in Kassel vom stellvertretenden Vorsitzenden des Rats des Bezirks Erfurt, Lang, vier Listen mit Vorschlägen für Maßnahmen zur Verbesserung der Lebensverhältnisse in den drei thüringischen Bezirken Erfurt, Gera und Suhl übergeben. *Die Vorschläge sind*, so heißt es in dem Schreiben weiter, *nicht nur zwischen den drei Bezirken abgestimmt, sondern ebenfalls am „Runden Tisch" in Erfurt erörtert worden, wie mir Herr Lang mitteilte.*[108] Dass dies ganz offensichtlich nicht der Fall war, bestätigt der handschriftliche Vermerk auf dem oben genannten Schreiben, in dem es heißt: *Am „Runden Tisch" in Erfurt am 17. 1. stellte sich heraus, daß dieses Papier [die überreichten Prioritätenlisten] mit den Gruppen des RT nicht abgestimmt, sondern ihnen erst am 17. 1. vorgelegt worden ist.*[109]

105 Vgl. Schreiben des Gesprächsleiters des „Runden Tisches" des Bezirkes Erfurt am 17. 1. 1990, 19. 1. 1990. ThStA Rudolstadt, Persönlicher Bestand Tilo Wetzel Nr. 5. Dem Regionalausschuss gehörten Vertreter der DDR-Verwaltung der Bezirke, der Parteien und der Runden Tische der Bezirke Erfurt, Gera und Suhl an.

106 Vgl. u. a. Plenarprotokoll 12/98, Hessischer Landtag, 12. Wahlperiode, 98. Sitzung, 7. 2. 1990, S. 5591 f. Hessischer Landtag.

107 Auch Fritz Petermann von der Europa-Union Deutschland, Landesverband Hessen, wies in seinem Schreiben vom Januar 1990 darauf hin, dass bei einem Treffen mit oppositionellen Gruppen und Parteien in Eisenach von diesen beklagt worden sei, dass sich der Hessische Ministerpräsident bei seinem Besuch in Thüringen nur mit offiziellen Vertretern getroffen habe. *Indessen bedeutet im Vorfeld des Wahlkampfes für die genannten Gruppen eine offizielle Ansprache etwa durch den Hessischen Ministerpräsidenten eine ganze Menge für deren Selbstverständnis und Aufgabe, und dies ist der Grund für meine Bitte, die vermissten Kontakte gelegentlich nachholen zu wollen.* Schreiben F. Petermann, Europa-Union Deutschland, 16. 1. 1990. HHStAW, Z 502 Nr. 6091.

108 Schreiben D. Posch, Hessisches Ministerium für Wirtschaft und Technik an die Hessische Staatskanzlei, 3. 1. 1990. HHStAW, Z 502 Nr. 6102.

109 Handschriftlicher Vermerk Ministerialdirigent Dr. von der Osten-Sacken (Leiter Abt. B, Hessische Staatskanzlei) vom 19. 1. 1990. HHStAW, Z 502 Nr. 6102. Dass oppositionelle Gruppen gezielt ausgegrenzt werden sollten, belegt ein weiterer Vorgang. Danach wurde eine Einladung des Ministers für Umwelt und Gesundheit des Landes Rheinland-Pfalz, die angeblich nur für Mitglieder des Rats des Bezirks Erfurt ausgesprochen worden war, nicht an den Bezirks-Öko-Tisch weitergereicht. Vgl. Schreiben des Öko-Tischs des Bezirkes Erfurt vom 14. 2. 1990. Privatdokument Dr. H. Falcke.

Die eigentliche Abwicklung des Aktionsprogramms erfolgte in Hessen durch die einzelnen Ressorts in enger Absprache mit dem Regionalausschuss, dem sowohl Vertreter staatlicher Stellen als auch Vertreter oppositioneller Gruppen und Parteien angehörten. In den einzelnen Unterausschüssen (Umweltschutz, Medizin, Verkehr, Stadtsanierung) wurden die von hessischer Seite geplanten Maßnahmen aus Mitteln des Aktionsprogramms Hessen-Thüringen beraten und im Regionalausschuss abgestimmt.[110] (Dok. 12) Insofern war zu jeder Zeit sichergestellt, dass Vertreter der politischen Opposition der DDR an den Entscheidungsprozessen zum hessischen Hilfsprogramm direkt beteiligt waren.[111]

2.6 Koordinierung der Hilfsmaßnahmen

Mit der Verabschiedung des Aktionsprogramms Hessen-Thüringen wurden zugleich die Behörden, Ministerien und Kommissionen benannt, die für die Umsetzung des Programms zuständig sein sollten. Zugleich wurde am 5. Dezember 1989 in der Kabinettssitzung von der Hessischen Landesregierung mit dem Beschluss des Soforthilfeprogramms festgelegt, dass eine Arbeitsgruppe der Landesregierung mit den Entscheidungsträgern in Thüringen (Bezirke Erfurt, Suhl und Gera) unter Einbeziehung von Reformgruppen konkrete Maßnahmen erörtern sollte. *Die Arbeitsgruppe wird von den Staatssekretären Dr. Gauland, Demke und Posch geleitet. Die übrigen Häuser sowie der Regierungspräsident in Kassel werden nach Bedarf in die Arbeitsgruppe einbezogen.*[112]

Mitte Dezember hatte die Hessische Landesregierung bereits eine **„Staatssekretärs-Kommission Hessen-Thüringen"**, bestehend aus den Staatssekretären Dr. Alexander Gauland (Staatskanzlei), Dieter Posch (Ministerium für Wirtschaft und Technik) und Claus Demke (Finanzministerium), eingesetzt, die abschließend über die jeweilige Projektförderung entscheiden sollte. Dabei sah das Verfahren vor, dass die Projekte von den Fachministerien vorbereitet und zur Entscheidung an die Kommission übergeben würden.[113] Die erste Sitzung der Staatssekretärs-Kommission erfolgte am 14. Dezember 1989. Bis zum Ende der Regierung Wallmann im April 1991 fanden zehn Kommissionssitzungen statt. Federführend bei der Koordinierung mit den Ressorts und der

110 Vgl. z. B. Festlegungsprotokoll der 2. Beratung des Regionalausschusses Thüringen, 16. 2. 1990 und Festlegungsprotokoll der 4. Beratung des Regionalausschusses „Thüringen" vom 8. 3. 1990. ThStA Rudolstadt, Persönlicher Bestand Tilo Wetzel Nr. 2.

111 In einem Schreiben des Hessischen Sozialministeriums vom 16. 11. 1990 wurde festgestellt: *Das mit den Vertretern des Regionalausschusses vereinbarte Programm für Verbrauchsmaterial und medizinische Geräte konnte inzwischen wie vereinbart abgewickelt werden.* HHStAW, Z 502 Nr. 6095.

112 Auszug aus dem Beschluss-Protokoll über die 115. Sitzung des Hessischen Kabinetts, 5. 12. 1989. HHStAW, Z 502 Nr. 14199.

113 Vgl. Protokollauszug der 123. Vorkonferenz, Punkt 12 Aktionsprogramm Hessen-Thüringen, 22. 1. 1990. HHStAW, Z 502 Nr. 6091.

Vorbereitung der jeweiligen Sitzungen war die **Hessische Staatskanzlei**, als Geschäftsstelle der Kommission.[114]

Eine Sitzung der Arbeitsgruppe Hessen-Thüringen fand am 20. Dezember 1989 unter Leitung des Chefs der Hessischen Staatskanzlei, Dr. Alexander Gauland, statt. Daran nahmen die Staatssekretäre und Abteilungsleiter der in das Programm eingebundenen Ressorts teil: das Finanzministerium, die Ministerien für Wissenschaft und Kunst, für Wirtschaft und Technik, für Umwelt und Reaktorsicherheit, für Landwirtschaft, Forsten und Naturschutz sowie das Sozialministerium.[115] Anwesend war außerdem Regierungspräsident Dr. Ernst Wilke aus Kassel. Wie der Niederschrift dieser Sitzung zu entnehmen ist, diente die Zusammenkunft einerseits einer ersten Orientierung und der gegenseitigen Unterrichtung über die bisherigen Aktivitäten und Kontakte in die DDR. Andererseits sollten die Ressorts über die zukünftigen Haushaltsrichtlinien und den Verwaltungsablauf informiert werden.

Wie sich zeigte, waren bereits auf Ressortebene Gespräche in Thüringen geführt worden oder waren zeitnah geplant. So hatte sich beispielsweise Staatssekretär Posch (Ministerium für Wirtschaft und Technik) *über die Ständige Vertretung um Kontakte mit Dienststellen in der DDR bemüht. Am 21. 12. 1989 sei in Eschwege ein Gespräch mit den für Verkehrsfragen zuständigen Bezirksräten vorgesehen. Dabei werde es vornehmlich um Fragen des Busverkehrs und des Straßenausbaus gehen.*[116] Auch von Seiten des Regierungspräsidiums Kassel hatte es bereits vielfältige Kontakte u. a. zu Fragen des Verkehrs und des Naturschutzes mit Dienststellen in der DDR gegeben. Staatssekretär Dr. Maurer (Ministerium für Landwirtschaft, Forsten und Naturschutz) nannte Treffen mit Naturschützern in Obersuhl am 28. November und am 18. Dezember 1989 mit offiziellen Vertretern der DDR-Administration. Dr. Kleinstück, Staatssekretär im Ministerium für Wissenschaft und Kunst, berichtete von vielfältigen Kontakten zwischen Hochschulen und Institutionen in der DDR, die Grundlage für weitere Bemühungen sein könnten. Dr. Zickgraf teilte mit, dass dem Sozialministerium umfangreiche Wunschlisten von Krankenhäusern vorlägen, aus denen nun der vordringliche Bedarf zu ermitteln sei. Für das Ressort Umwelt und Reaktorsicherheit ergäben sich nach Einschätzung Prof. Dr. Breuers Schwerpunkte der Zusammenarbeit in der Wasserwirtschaft, im Bergbau und der Sanierung von Weser und Werra.[117] All die genannten Maßnahmen fanden bisher, so wurde deutlich, ohne jegliche Koordination und Absprache der Ministerien untereinander statt.

114 Vgl. Protokollauszug der 118. Vorkonferenz, Punkt 14 Humanitäre Hilfe für die DDR, 4. 12. 1989. HHStAW, Z 502 Nr. 14199. Verantwortlich waren in der Hessischen Staatskanzlei Ministerialdirigent Dr. Klaus von der Osten-Sacken und ab 1991 auch der Leitende Ministerialrat Dr. Jürgen Meinck.

115 Wie dem Protokoll zu entnehmen ist, nahm an dieser Sitzung auch Dr. Maurer vom Hessischen Ministerium für Landwirtschaft, Forsten und Naturschutz teil. Allerdings sind weder der Name noch das Landwirtschaftsministerium in der zum Protokoll gehörenden Teilnehmerliste aufgeführt. Vgl. Niederschrift über die 1. Sitzung der Arbeitsgruppe Hessen-Thüringen am 20. 12. 1989. HHStAW, Z 502 Nr. 6133.

116 Ebd.

117 Ebd.

Um das inzwischen im Landeshaushalt verankerte Aktionsprogramm Hessen-Thüringen auch nach haushaltsrechtlichen Maßstäben umsetzen zu können, waren vom Hessischen Finanzministerium entsprechende Richtlinien in einer ersten Fassung ausgearbeitet worden. In ihnen waren der Förderzweck, die Fördergrundsätze und das Verfahren festgelegt. In der Besprechung der Arbeitsgruppe Hessen-Thüringen wurden den Ressorts diese Richtlinien bekannt gegeben. Die Besprechung zielte insgesamt darauf ab, das anlaufende Aktionsprogramm durch die Festlegung von Zuständigkeiten und klaren Vorgaben zu strukturieren. Weitere Protokolle dieser Arbeitsgruppe finden sich in den einschlägigen Unterlagen der Hessischen Staatskanzlei nicht, die Tätigkeit der Arbeitsgruppe wurde im Folgenden von der Staatssekretärs-Kommission übernommen.

Die Erfassung der Finanzierungswünsche, die sich u. a. aus Gesprächen in Thüringen und Hilfeersuchen von dortigen Bürgerinnen und Bürgern ergaben, die Vorbereitung und Herbeiführung entsprechender Förderentscheidungen sowie die Umsetzung durch die Staatssekretärs-Kommission bewilligter Projekte oblag den jeweils fachlich zuständigen **Ministerien**. Dies waren:

- für den Bereich Gesundheitswesen das Hessische Sozialministerium,
- für den Bereich Umweltschutz das Hessische Ministerium für Umwelt und Reaktorsicherheit und das Hessische Ministerium für Wirtschaft und Technik,
- für den Bereich Denkmalpflege das Hessische Ministerium für Wissenschaft und Kunst und
- für die Bereiche Verkehrswesen und Wirtschaftsförderung (wie die finanzielle Unterstützung privater Kleinunternehmen) das Hessische Ministerium für Wirtschaft und Technik.

Die Mittel des Aktionsprogramms wurden insgesamt vom **Hessischen Finanzministerium** bewirtschaftet. Das Ministerium gab hierfür entsprechende Verwaltungsrichtlinien heraus, um damit den Vorgaben des Haushaltsbeschlusses durch den Hessischen Landtag Rechnung zu tragen. (Dok. 13) Entscheidend war u. a. die Festlegung der Förderbereiche (Gesundheitswesen, Umweltschutz, Verkehrswesen, Denkmalpflege sowie die Förderung privater Kleinunternehmer). *Mit Ausnahme einer geringfügigen Position für „sonstige Zwecke" – einschließlich „Thüringen-Büro" – stellen die genannten Förderbereiche eine abschließende Aufzählung dar, die weitere Förderfelder ausschließt.*[118] Zugleich wurde die Verteilung der Haushaltsmittel für 1990 festgelegt, die den Ressorts zur eigenverantwortlichen Verwendung im Rahmen der Zweckbestimmung zur Verfügung standen. Danach erhielten das Ministerium für Umwelt und Reaktorsicherheit 3 Millionen DM, das Sozialministerium 10 Millionen DM, das Ministerium für Wirtschaft und Technik 14 Millionen DM, das Finanzministerium 2 Millionen DM und der Hessische Ministerpräsident (die Hessische Staatskanzlei) ebenfalls 3 Millionen DM;

118 Schreiben Finanzminister M. Kanther, 1. 2. 1990, Vermerk für die Mitglieder der kleinen Koalitionsrunde, Verwaltungsrichtlinien vom 1. 2. 1990, Aktionsprogramm Hessen-Thüringen (2. Fassung). HHStAW, Z 502 Nr. 6133.

damit sollte der Bereich „für sonstige Zwecke" einschließlich des „Thüringen-Büros" abgedeckt werden. Daneben wurden Richtlinien zur Förderung von Kleinunternehmen und die Aufgabe der Staatssekretärs-Kommission bei der Verteilung restlicher Haushaltsmittel benannt. Andere Regelungen betrafen die vom Hessischen Landtag beschlossenen Schritte, so die Abgabe landeseigener Vermögensgegenstände im Rahmen der Zielsetzung des Aktionsprogramms. Wie es in den Verwaltungsrichtlinien weiter hieß, sollten mit dem Hilfsprogramm insbesondere investive Maßnahmen gefördert werden und *dabei vorrangig solche, bei denen keine volle Finanzierung übernommen werden muß, vielmehr eine merkliche Finanzierungsbeteiligung der Geförderten erhalten bleibt.*[119] Diese Forderung ließ sich bei der Umsetzung der Projekte kaum realisieren, wie sich beispielsweise im Bereich der Denkmalpflege zeigte. Denn die in Thüringen durchgeführten Baumaßnahmen wurden ausschließlich aus dem Aktionsprogramm Hessen-Thüringen finanziert.[120]

Über die Verwaltungsrichtlinien hinausgehend, wurden keine weiteren Vorschriften zur Vergabe der mit dem Programm bereitgestellten Mittel erlassen. Vielmehr sollte ein „offenes Verfahren" beibehalten werden, nach dem sowohl Förderungsersuchen von Institutionen als auch von Privatpersonen berücksichtigt wurden. Festgelegt war lediglich, dass ausschließlich Maßnahmen in den thüringischen Bezirken der DDR Erfurt, Suhl und Gera gefördert werden[121], und dass Mittel des Aktionsprogramms *generell nicht westdeutschen Firmen für Projekte in der DDR zur Verfügung gestellt [werden]. […] Dies schließt aus, Firmen in der Bundesrepublik Deutschland für die Beratung, Planung, Koordination oder Durchführung von Projekten in der DDR aus Mitteln des Aktionsprogramms zu finanzieren.*[122]

Bei kleineren Projekten aus Mitteln für „sonstige Zwecke", die einer Zustimmung durch die Staatssekretärs-Kommission nicht bedurften, blieb die Förderung den jeweiligen Ressorts überlassen. Dadurch sollte es möglich sein, auch außerhalb der festgelegten Förderbereiche schnell und unbürokratisch helfen zu können.

Trotz klarer Verteilung der Aufgaben und Kompetenzen durch die Landesregierung zur Umsetzung des Aktionsprogramms Hessen-Thüringen wurde anfänglich von der Hessischen Staatskanzlei die mangelnde Absprache zwischen den Ressorts und der Staatskanzlei bzw. der Staatssekretärs-Kommission beklagt. Hiernach sei, so die Staatskanzlei am 16. März 1990, teils nicht, teils unzutreffend über bereits erfolgte Maßnahmen unterrichtet worden. Dies habe dazu geführt, dass bei Nachfragen oftmals nur unzureichend Auskunft gegeben werden könne. Da sich das Kabinett jedoch für eine zentrale Steuerung durch eine Staatssekretärs-Kommission entschieden habe, könne diese nur Erfolg haben, *wenn eine enge Kooperation zwischen Ressorts und Kommission*

119 Ebd.
120 Vgl. dazu Kapitel 2.10 dieser Publikation.
121 Vgl. Schreiben Hessische Staatskanzlei an den Landrat des Landkreises Fulda, 17. 1. 1990. HHStAW, Z 502 Nr. 6102.
122 Schreiben Hessische Staatskanzlei an das Ingenieurbüro Vössing, 21. 3. 1990. HHStAW, Z 502 Nr. 6104.

gewahrt bleibt, wenn insbesondere die Kommission laufend, umfassend und zutreffend unterrichtet wird, und zwar auch über die Aktivitäten in Thüringen. Diese Abstimmung ist völlig unzulänglich. Offenbar fühlen sich weder die Amtschefs noch die Arbeitsebene in den Häusern hierfür verantwortlich. [...] Wenn die Staatssekretäre in den Ressorts mit dieser Aufgabe überfordert sind, sollte in jedem Ressort ein für die Umsetzung des Aktionsprogramms verantwortlicher Abteilungsleiter benannt werden, der dort auch präsent sein müßte (derzeit vergehen oft Tage, bis man in den Ressorts eine verbindliche Auskunft zu Fragen des Aktionsprogramms erhält).[123] Und es gäbe bereits Äußerungen, der Vollzug des Aktionsprogramms verlaufe „chaotisch". Dass auf die Beschwerde unverzüglich reagiert wurde, zeigt eine Liste vom 3. April 1990, in der die für den Vollzug des Aktionsprogramms Hessen-Thüringen zuständigen Referenten der einzelnen Ressorts namentlich benannt wurden.[124]

Grundlegende Kritik an der Umsetzung des Thüringen-Hilfsprogramms kam von der politischen Opposition im Hessischen Landtag, u. a. von dem Abgeordneten Klemm (SPD), der ein übergreifendes Konzept anmahnte, *um ein möglichst effektives und schnell greifendes Programm zu erreichen. Nach welchen Kriterien das hessische Geld in Thüringen eingesetzt wird, bleibt unklar. Hier bestimmt mehr der zufällige Reiseplan des Ministerpräsidenten oder einzelner Minister die Geldvergabe als eine strukturelle Analyse der Wirtschaftssituation in Thüringen.*[125] Zugleich wurde die Landesregierung von der Opposition aufgefordert, bei der Abwicklung des Programms strikt auf Neutralität zu achten und das Programm nicht für eigene politische Zwecke zu instrumentalisieren. *Deshalb auch unsere Bitte*, so die Forderung des Fraktionsvorsitzenden der SPD, Ernst Welteke, *den von uns angeregten Ausschuß hier einzurichten.*[126] Gemeint war die Einrichtung eines parlamentarischen (Kontroll-)Gremiums zur Begleitung des Programms. Die Entscheidung für einen **„Beirat Hessen-Thüringen"** fiel gemeinsam mit der endgültigen Festlegung des Aktionsprogramms im Nachtragshaushalt 1990/91 durch den Hessischen Landtag im Februar 1990. Zur Abstimmung wurde dem Plenum vorgeschlagen: *Der Landtag richtet einen Beirat Hessen-Thüringen ein, in dem laufend über die Abwicklung des Aktionsprogramms Hessen-Thüringen berichtet wird. Dem Beirat sollen neun Mitglieder angehören; die Geschäftsführer der Fraktionen sollen einvernehmlich die weiteren Einzelheiten festlegen.*[127] Diesem Vorschlag lagen ein Antrag der Fraktionen der CDU und FDP und zwei Änderungsanträge der Fraktion der SPD sowie

123 Vorlage Dr. von der Osten-Sacken an Staatssekretär Dr. Gauland, 16. 3. 1990. HHStAW, Z 502 Nr. 6133. [Hervorhebung im Original].

124 Vgl. „Aktionsprogramm Hessen-Thüringen", Referentenliste, 3. 4. 1990. HHStAW, Abt. 546 Nr. 209.

125 Plenarprotokoll 12/98, Hessischer Landtag, 12. Wahlperiode, 98. Sitzung, 7. 2. 1989, S. 5597. Hessischer Landtag.

126 Plenarprotokoll 12/99, Hessischer Landtag, 12. Wahlperiode, 99. Sitzung, 8. 2. 1990, S. 5620. Hessischer Landtag.

127 Drucksache 12/6094 vom 8. 2. 1990, Beschlussempfehlung und Bericht des Haushaltsausschusses, Hessischer Landtag, 12. Wahlperiode. Hessischer Landtag.

der Fraktion der GRÜNEN zugrunde.[128] Im Antrag der Regierungsparteien (CDU, FDP) wurde die Landesregierung aufgefordert, einen umfassenden Bericht über den aktuellen Stand der Umsetzung des Aktionsprogramms zu geben; ein parlamentarisches Gremium war nicht vorgesehen. Ganz offensichtlich reichte dies den Oppositionsparteien nicht, da sich die SPD in einem Änderungsantrag für die Einrichtung eines „Ad-hoc-Ausschusses Hessen-Thüringen" einsetzte. Ganz ähnlich lautete der Änderungsantrag der GRÜNEN, in dem diese einen Sonderausschuss gemäß § 15 der Geschäftsordnung des Hessischen Landtags einforderten, *der die Abwicklung des Aktionsprogramms Hessen-Thüringen kontrolliert.*[129]

Im Haushaltsausschuss einigten sich die Vertreter aller Fraktionen des Hessischen Landtags darauf, den oben genannten Beirat Hessen-Thüringen einzurichten; am 8. Februar 1990 wurde diesem Beschluss einstimmig vom Hessischen Parlament zugestimmt.

2.7 Die Staatssekretärs-Kommission als zentrale Instanz zur Entscheidung über Projekte und Finanzen

Anhand der Protokolle (Ergebnisniederschriften) der einzelnen Sitzungen der Staatssekretärs-Kommission, die zwischen Dezember 1989 und April 1991 insgesamt zehn Mal tagte, lässt sich die stufenweise Entwicklung und die damit einhergehende finanzielle Abwicklung des hessischen Hilfsprogramms für Thüringen im Jahr 1990 aufzeigen. Die konkrete Umsetzung des Aktionsprogramms in den einzelnen Förderbereichen durch die Ressorts ist in einem späteren Abschnitt der Publikation dargestellt. Begleitende Dokumente zur Vorbereitung der jeweiligen Sitzungen belegen, dass die Strukturierung des Hilfsprogramms wesentlich durch die Hessische Staatskanzlei erfolgte.[130] Grundsatzentscheidungen zum Programm wurden von der Staatssekretärs-Kommission getroffen.

Die erste Sitzung der Kommission fand am 14. Dezember 1989 mit den Staatssekretären Dr. Gauland, Posch und Demke statt.[131] Wie der sehr knappen Ergebnisnie-

128 Vgl. Drucksache 12/6032 vom 30. 1. 1990, Drucksache 12/6078 vom 6. 2. 1990 und Drucksache 12/6083 vom 7. 2. 1990, Hessischer Landtag, 12. Wahlperiode. Hessischer Landtag.

129 Drucksache 12/6083 vom 7. 2. 1990, Hessischer Landtag, 12. Wahlperiode. Hessischer Landtag. Sowohl im Antrag der SPD als auch im Antrag der GRÜNEN wurde zudem gefordert, *dass bis zur Etablierung demokratisch legitimierter Verwaltungsorgane in Thüringen die örtlichen „Runden Tische" an der Abwicklung des Programmes beteiligt werden.* Diese Forderung sollte später im Ausschuss selbst erörtert werden. Drucksache 12/6078 vom 06. 2. 1990, Hessischer Landtag, 12. Wahlperiode. Hessischer Landtag.

130 Vgl. dazu u. a. Vorlage Hessische Staatskanzlei, Dr. von der Osten-Sacken, 9. 2. 1990. HHStAW, Z 502 Nr. 6133.

131 Wie Ministerialdirigent a. D. Dr. von der Osten-Sacken mitteilte, habe auch der damalige Hessische Finanzminister Manfred Kanther regelmäßig an den Sitzungen der Staatssekretärs-Kommission teilgenommen, da dieser ein ganz besonderes persönliches Interesse am Gelingen des

derschrift zu entnehmen ist, diente diese Sitzung zunächst dazu, grundlegende Absprachen über die Vergabe der im Haushaltsplan 1990 vorgesehenen Investitionsmittel zu treffen. Zur Abwicklung des Aktionsprogramms Hessen-Thüringen wurden dafür entsprechende Verwaltungsrichtlinien (in einer 1. Fassung) beschlossen, in denen auch eine vorläufige Verteilung der Haushaltsmittel an die Ressorts festgelegt war.[132]

In der zweiten Sitzung der Staatssekretärs-Kommission am 24. Januar 1990 wurde vor allem die Änderung der Zweckbestimmung des Aktionsprogramms erörtert und Einvernehmen darüber erzielt, das Programm für die Förderung kleiner privater Unternehmen zu öffnen. Dabei sollte das Hilfsprogramm insgesamt in enger Abstimmung mit dem Land Rheinland-Pfalz umgesetzt werden, insbesondere auch im Hinblick auf einheitliche Vergabekriterien für Kredite an private Kleinunternehmen. Zudem sollten aus dem Aktionsprogramm Mittel für die Einrichtung eines Informationsbüros in Thüringen bereitgestellt werden, während Vorhaben des Innenministeriums (Städtebau) und des Ministeriums für Landwirtschaft, Forsten und Naturschutz nicht aus dem Programm zu fördern waren. Damit erfolgte auch durch die Staatssekretärs-Kommission eine klare Festlegung auf die vier unmittelbar in das Programm eingebundenen Ressorts: Soziales, Umwelt- und Reaktorsicherheit, Wirtschaft und Technik, Wissenschaft und Kunst. Die Entscheidung zur Modifizierung des Aktionsprogramms wurde von der Kommission vorbereitet und mit dem Haushaltsbeschluss im Februar 1990 vom Hessischen Parlament übernommen.

Bereits am 30. Januar 1990 fand eine weitere Sitzung der Staatssekretärs-Kommission statt. In dieser dritten Sitzung wurde erstmals über konkrete Maßnahmen zur Hilfe in Thüringen entschieden. Eine Vorlage des Ministeriums für Wissenschaft und Kunst vom 23. Januar des Jahres wurde im Wesentlichen gebilligt.[133] Zur Umsetzung des Hilfsprogramms wurden entsprechend ergänzte Verwaltungsrichtlinien (Dok. 13) beschlossen. Abgelehnt wurde ein Antrag des Landrats des Kreises Waldeck-Frankenberg, der für einen Hilfsfonds zur Unterstützung des Landkreises Weimar 100.000 DM aus dem Aktionsprogramm erbat.[134]

Die Staatssekretärs-Kommission tagte nach Verabschiedung des Aktionsprogramms durch den Haushaltsgesetzgeber in einer vierten Sitzung am 20. Februar 1990. Wie aus der Ergebnisniederschrift hervorgeht (Dok. 14), erörterte man zunächst einmal den Fortgang einzelner Projekte. So wurde u. a. der Vorschlagsliste des Hessischen Sozialministeriums bis zu einem Finanzvolumen in Höhe von 10 Millionen DM zuge-

Aktionsprogramms gehabt habe. Vgl. auch das Interview mit Dr. von der Osten-Sacken in dieser Publikation. Vgl. ebenso Ergebnisniederschrift über die 4. Sitzung der Staatssekretärs-Kommission Hessen-Thüringen, Hessische Staatskanzlei, 20. 2. 1990. HHStAW, Z 502 Nr. 6133.

132 Vgl. Verwaltungsrichtlinien Aktionsprogramm Hessen-Thüringen, 1. Fassung, ohne Datum [Dezember 1989] und 2. Fassung, 1. 2. 1990. HHStAW, Z 502 Nr. 6133.

133 Eine ausführliche Darstellung der für Thüringen vorgeschlagenen und umgesetzten Projekte im Bereich des Hessischen Ministeriums für Wissenschaft und Kunst findet sich in Kapitel 2.10.4. dieser Publikation.

134 Vgl. Ergebnisniederschrift über die 1., 2. und 3. Sitzung der Staatssekretärs-Kommission Hessen-Thüringen, Hessische Staatskanzlei, 5. 2. 1990. HHStAW, Z 502 Nr. 6133.

stimmt.[135] Weitere Themen betrafen die Errichtung des Thüringen-Büros und die Freigabe von Geldern für „sonstige Zwecke". Der dazu gefasste Beschluss der Staatssekretärs-Kommission sah vor, *von diesen Mitteln jedem Ressort und der Hessischen Landeszentrale für politische Bildung einen Betrag von 75.000 DM zur Förderung der Zusammenarbeit zwischen Hessen und Thüringen nach eigenem Ermessen zur Verfügung zu stellen.*[136] Damit war die Möglichkeit eingeräumt, auch außerhalb der festgelegten Förderbereiche in Thüringen zu helfen und direkt auf Anfragen (Hilfeersuche) zu reagieren. Die Vergabe dieser Mittel lag dabei ganz im Ermessen der einzelnen Ressorts, mit der Einschränkung, dass, sollten daraus Seminare etc. gefördert werden, nur Veranstaltungen in Thüringen finanziert würden. Weitere Beratungen betrafen die Vorbereitung des in das Aktionsprogramm neu aufgenommenen Programmteils „Förderung privater Kleinunternehmer". So wurde beispielsweise festgelegt, dass die Rückzahlung der Kredite in einem Verhältnis von 1 DM West zu 2,40 Mark Ost erfolgen sollte. Wie aus dem Protokoll ferner hervorgeht, nahmen zu einem späteren Zeitpunkt auch Vertreter des Ministeriums für Wissenschaft und Kunst, für Wirtschaft und Technik, für Umwelt und Reaktorsicherheit und des Sozialministeriums an der Besprechung teil. Hierbei ging es vor allem darum, eine einheitliche Berichterstattung über die Umsetzung des Aktionsprogramms Hessen-Thüringen sicherzustellen. Da der vom Hessischen Landtag eingesetzte Beirat Hessen-Thüringen eine laufende Berichterstattung erwarte und auch die Bundesregierung und die anderen Bundesländer um eine diesbezügliche Unterrichtung gebeten hätten[137], wurden die Ressorts aufgefordert, zu vorgegebenen Terminen Berichte über den Vollzug des Aktionsprogramms der Staatskanzlei zu übermitteln und die Staatssekretärs-Kommission über wesentliche Besprechungen in Thüringen zu informieren.[138]

Zum 1. März 1990 lag ein erster Bericht vor, der dem Beirat des Landtags, den Ressorts, der Bundesregierung und den Ländern zugeleitet worden war, worauf Staatssekretär Dr. Gauland gleich zu Beginn der fünften Sitzung der Staatssekretärs-Kommission am 13. März 1990 hinwies.[139] Andere Themen betrafen die Abstimmung mit dem Runden Tisch in Erfurt und den Aufbau des Thüringen-Büros[140] Zudem wurde die bereits im Februar vorgelegte Projektliste des Ministeriums für Umwelt

135 Eine ausführliche Darstellung der für Thüringen vorgeschlagenen und umgesetzten Projekte im Bereich des Hessischen Sozialministeriums findet sich in Kapitel 2.10.1 dieser Publikation.

136 Ergebnisniederschrift über die 4. Sitzung der Staatssekretärs-Kommission Hessen-Thüringen, 20. 2. 1990. HHStAW, Z 502 Nr. 6133.

137 In einem Schreiben zur Vorbereitung der Besprechung wurde explizit darauf verwiesen, dass sowohl das Bundeskanzleramt als auch der Bundesminister für innerdeutsche Beziehungen die Staatskanzlei um einen Bericht zum gegenwärtigen Stand des Aktionsprogramms gebeten hätten. Vgl. Hessische Staatskanzlei, Dr. von der Osten-Sacken, 9. 2. 1990. HHStAW, Z 502 Nr. 6133.

138 Vgl. Ergebnisniederschrift über die 4. Sitzung der „Staatssekretärs-Kommission Hessen-Thüringen", Hessische Staatskanzlei, 20. 2. 1990. HHStAW, Z 502 Nr. 6133.

139 Einen sehr guten Einblick in die Umsetzung des Aktionsprogramms Hessen-Thüringen geben die von der Hessischen Staatskanzlei erstellten „Berichte zum Vollzug des Aktionsprogramms im Haushaltsjahr 1990" vom 1. 3. 1990, 1. 5. 1990 und vom 1. 10. 1990. Hessische Staatskanzlei.

140 Eine genauere Darstellung zur Einrichtung, Zielsetzung und Nutzung des „Thüringen-Büros des Landes Hessen" findet sich in Kapitel 2.9 dieser Publikation.

und Reaktorsicherheit beschlossen.[141] Deutliche Bedenken und Vorbehalte wurden von Seiten der Staatssekretärs-Kommission gegen den Vorschlag des Ministers für Wissenschaft und Kunst, Dr. Wolfgang Gerhardt, erhoben. Danach sollte zur organisatorischen Abwicklung der hessischen Hilfsmaßnahmen im Bereich der Denkmalpflege in Thüringen ein Architekturbüro eingerichtet und dieses mit einem freien hessischen Architekten besetzt werden. Dies widersprach den bisherigen Beschlüssen, nach denen derartige Personalausgaben nicht aus Mitteln des Aktionsprogramms finanziert werden sollten. Eine endgültige Entscheidung wurde auf die nächste Sitzung vertagt. Abschließend fand ein Meinungsaustausch mit dem Regierungspräsidenten Dr. Wilke aus Kassel über seine Erfahrungen mit der Umsetzung des Aktionsprogramms statt.[142]

In der sechsten Sitzung der Kommission am 28. März 1990 berichtete Staatssekretär Gauland zunächst über die Eröffnung des „Thüringen-Büros des Landes Hessen" und über den Beginn erster Maßnahmen der Denkmalpflege in Erfurt. Zur Beschlussfassung stand die vom Hessischen Ministerium für Wirtschaft und Technik vorgelegte Projektliste, die im Wesentlichen bewilligt wurde.[143] Nicht genehmigt wurde hingegen die Förderung des Fremdenverkehrs, Betriebsberatungen und berufliche Qualifizierungsmaßnahmen. Eine grundsätzliche Entscheidung der Kommission betraf die Finanzierung von in Hessen anfallenden Beratungskosten bei der Umsetzung des Aktionsprogramms. Auslöser für diese Diskussion war, wie sich schon in der vergangenen Sitzung zeigte, die Einbindung eines Architekten aus Hessen zur Überwachung der Maßnahmen in der Denkmalpflege. Da zu diesem Zeitpunkt vom Ministerium für Wissenschaft und Kunst bereits Vorentscheidungen getroffen waren, fand man innerhalb der Staatssekretärs-Kommission einen Kompromiss, der vorsah, den Auftrag zur Projektbetreuung an ein Erfurter Architekturbüro zu vergeben, in dem ein hessischer Architekt mitwirkte.[144] Generell verständigte man sich darauf, über die Finanzierung von Beratungskosten je nach Projekt zu entscheiden.

Im Anschluss an die Sitzung (28. 3. 1990) fand ein Meinungsaustausch mit Vertretern des Runden Tisches aus Thüringen und des Regionalausschusses Thüringen statt.[145]

141 Eine ausführliche Darstellung der für Thüringen vorgeschlagenen und umgesetzten Projekte im Bereich des Hessischen Ministeriums für Umwelt und Reaktorsicherheit findet sich in Kapitel 2.10.3 dieser Publikation.

142 Vgl. Ergebnisniederschrift über die 5. Sitzung der Staatssekretärs-Kommission Hessen-Thüringen, 20. 3. 1990. HHStAW, Z 502 Nr. 6133.

143 Eine ausführliche Darstellung der für Thüringen vorgeschlagenen und umgesetzten Projekte im Bereich des Hessischen Ministeriums für Wirtschaft und Verkehr findet sich in Kapitel 2.10.2 dieser Publikation.

144 Zum genaueren Verlauf dieser Entwicklung vgl. Kapitel 2.10.4 dieser Publikation.

145 Vgl. Ergebnisniederschrift über die 6. Sitzung der Staatssekretärs-Kommission Hessen-Thüringen, 29. 3. 1990. HHStAW, Z 502 Nr. 6133. Wie einem Protokoll des Regionalausschusses „Thüringen" zu entnehmen ist, wurde während der Sitzung auf die Einladung der Hessischen Landesregierung, eine Beratung des Runden Tisches in Wiesbaden durchzuführen, hingewiesen. Man

Da bereits mehrere Anträge der am Programm beteiligten fünf Ministerien nach Geldern aus dem Aktionsprogramm vorlagen, wurde am 8. Mai in der siebten Sitzung der Staatssekretärs-Kommission über die Vergabe weiterer Mittel entschieden. Von den 50 Millionen DM des Aktionsprogramms Hessen-Thüringen für das Jahr 1990 waren bereits 35 Millionen DM verteilt. *Im Hinblick auf den verbleibenden Betrag von 15 Mio. DM beschließt die Kommission: a) Der Betrag von 3 Mio. DM wird für Maßnahmen der Verwaltungshilfe vorbehalten […]. b) Dem Ministerium für Umwelt und Reaktorsicherheit wird auf seinen Antrag vom April 1990 ein weiterer Betrag von 1 Mio. DM zugewiesen. c) Dem Sozialministerium wird […] ein weiterer Betrag von 5 Mio. DM zugewiesen. Das Ministerium wird der Kommission mitteilen, für welche Projekte dieser Betrag verwandt werden soll.*[146] Damit waren nunmehr insgesamt 44 Millionen DM verteilt.

Zugestimmt wurde auch einer Anfrage des Ministers der Finanzen, Manfred Kanther, aus den zugewiesenen Mitteln die Dacheindeckung der Poliklinik in Suhl mit einem Betrag von bis zu 150.000,– DM zu fördern. Von der Kommission wurde ebenso der Vorschlag Staatssekretärs Posch übernommen, *die Devisenhilfe im Hinblick auf die Währungsunion nunmehr im Verhältnis 1 : 1 abzuwickeln.* Die Rückzahlungen sollten in Mark Ost bis spätestens zum 1. Juli 1990 abgeschlossen sein, *da sie andernfalls in DM-West erfolgen müssten.*[147]

Schon am 15. Mai 1990 fand die nächste Sitzung der Kommission statt. In dieser achten Sitzung wurde zunächst über einen Antrag des Ministeriums für Wirtschaft und Technik entschieden und dem Ministerium für Maßnahmen im Bereich des Umweltschutzes/Energie für den Ausbau der Erdgasversorgung weitere 600.000,– DM bewilligt. Beraten wurde ebenfalls über die Ausgestaltung des Bürgschaftsprogramms (DDR und Polen), wozu vom Ministerium für Wirtschaft und Technik erstmals entsprechende Vergaberichtlinien ausgearbeitet wurden. Allerdings: *Die Frage, ob für Polen ein Förderprogramm aufgelegt werden soll, ist nach Auffassung der Kommission derzeit noch nicht entscheidungsreif. Allenfalls kommt die konkrete Förderung einzelner Projekte in Betracht.*[148]

Über die endgültige Verteilung der Gelder aus dem Aktionsprogramm wurde in der folgenden, neunten Sitzung der Staatssekretärs-Kommission am 21. Juni entschie-

entschied, dass auch Experten des Regionalausschusses (zwei Vertreter je Bezirk) an der Sitzung in Wiesbaden teilnehmen sollten. Vgl. Festlegungsprotokoll der 4. Sitzung des Regionalausschusses „Thüringen", 8. 3. 1990. ThStA Rudolstadt, Persönlicher Bestand Tilo Wetzel Nr. 2.

146 Ergebnisniederschrift über die 7. Sitzung der Staatssekretärs-Kommission Hessen-Thüringen, 9. 5. 1990. HHStAW, Z 502 Nr. 6133. [Hervorhebungen im Original].

147 Ebd. Der entsprechende Staatsvertrag zur Währungs-, Wirtschafts- und Sozialunion zwischen der Bundesrepublik Deutschland und der DDR wurde am 18. 5. 1990 unterzeichnet und trat am 1. 7. 1990 in Kraft, in ihm wurde u. a. der Umtausch der Währung Mark Ost zu DM West geregelt.

148 Ergebnisniederschrift über die 8. Sitzung der Staatssekretärs-Kommission Hessen-Thüringen, Hessische Staatskanzlei, 15. 5. 1990. HHStAW, Z 502 Nr. 6133. Ebenso: Richtlinien für die Übernahme von Garantien für Beteiligungen und Gesellschafterdarlehen an Unternehmen in Thüringen (Bezirke Erfurt, Gera und Suhl). HHStAW, Z 502 Nr. 6133.

den. Zur Verfügung standen 5,4 Millionen DM zuzüglich weiterer ca. 4,0 Millionen DM aus Rückzahlungen des Kleinkreditprogramms zur Unterstützung privater Kleinunternehmer.

Damit waren insgesamt 50,0 Millionen DM im Rahmen des Aktionsprogramms für das Jahr 1990 von der Staatssekretärs-Kommission wie folgt verteilt:

Ministerpräsident/Staatskanzlei	3,0 Mio. DM
Ministerium der Finanzen	2,0 Mio. DM
Ministerium für Wirtschaft und Technik	14,6 Mio. DM
Sozialministerium	18,5 Mio. DM
Ministerium für Umwelt und Reaktorsicherheit	4,8 Mio. DM
Ministerium für Wissenschaft und Kunst	4,1 Mio. DM
Verwaltungshilfe für Thüringen	3,0 Mio. DM

Wie es in dem Protokoll zur Sitzung heißt, betrachtete die Kommission damit ihre Aufgabe für das Haushaltsjahr 1990 als abgeschlossen.[149] (Dok. 15)

Die Mittel des Aktionsprogramms wurden im Haushaltsjahr 1990, wie aufgezeigt, auf der Grundlage von Beschlüssen der Staatssekretärs-Kommission den Ressorts zugewiesen und von diesen im Rahmen ihrer Zuständigkeit eigenverantwortlich verausgabt. Dieses Verfahren änderte sich mit dem Regierungswechsel nach der Landtagswahl in Hessen am 20. Januar 1991. Aufgrund der veränderten Mehrheitsverhältnisse kam es zu einer Koalitionsregierung von SPD und GRÜNEN. Am 5. April wurde Hans Eichel (SPD) als Nachfolger von Walter Wallmann (CDU) zum Ministerpräsidenten von Hessen gewählt. Ausschlaggebend für die folgende Umgestaltung und geänderte Abwicklung des Aktionsprogramms waren allerdings auch die politischen Veränderungen in der DDR selbst und insbesondere die Neubildung des Landes Thüringen. Damit gab es seit Oktober 1990 eine durch Wahlen legitimierte Landesregierung, mit der nun das Aktionsprogramm Hessen-Thüringen abzustimmen war.

Bis zur Bildung einer neuen Landesregierung in Hessen wurden Maßnahmen zur Abwicklung des Aktionsprogramms weiterhin vom Kabinett Wallmann getroffen. In einem Schreiben Manfred Kanthers vom 24. Januar 1991 an den thüringischen Finanzminister Dr. Klaus Zeh wurde dieser daher um Abstimmung des Aktionsprogramms gebeten, da jetzt selbstverständlich die Schwerpunktsetzung durch die thüringische Landesregierung hessischen Entscheidungen vorausgehen müsse. Für das laufende Jahr 1991 stünden, so Kanther weiter, nach Abzug aller Vorbindungen (verbindliche finanzielle Zusagen) und der laufenden Kosten für die Verwaltungshilfe noch ca. 30 Millionen DM zur Verfügung. Darüber hinaus bestehe die Möglichkeit, über Verpflichtungsermächtigungen auch für die Jahre ab 1992 bindende Vereinbarungen zu treffen.

149 Ergebnisniederschrift über die 9. Sitzung der Staatssekretärs-Kommission Hessen-Thüringen, 21. 6. 1990. HHStAW, Z 502 Nr. 6133. Einer Mitteilung des Hessischen Finanzministeriums vom 11. 7. 2007 zufolge, wurden im Haushaltsjahr 1990 37,9 Mio. DM verausgabt, da Projekte z. T. erst in 1991 abgeschlossen werden konnten. Die verbleibenden Mittel wurden in das folgende Haushaltsjahr 1991 übertragen. In dieser Aufstellung bleibt die Abgabe von Fahrzeugen, Bürotechnik, Literatur etc. unberücksichtigt, da es dazu keine systematische Aufstellung gibt.

Anfang Februar sollte in einem persönlichen Gespräch über das weitere Vorgehen beraten werden.[150] (Dok. 16) Im März 1991 wurde vom Thüringer Finanzministerium eine Liste mit Projekten mit einem Fördervolumen von 25 Millionen DM vorgelegt. Am 2. April 1991 fand schließlich die zehnte Sitzung der Staatssekretärs-Kommission Hessen-Thüringen statt, in der die Mittel des Aktionsprogramms (etwa 30 Mio. DM für 1991) im Wesentlichen verteilt wurden. Danach wurde die Projektliste aus Thüringen in vollem Umfang gebilligt, der Staatskanzlei und jedem Ressort sollten auch 1991 zur Förderung der Zusammenarbeit zwischen Hessen und Thüringen Gelder zur Verfügung stehen. Ferner war geplant, den Ministerien für Wissenschaft und Kunst, Kultus, Wirtschaft und Technik und Justiz zusätzliche Gelder zuzuweisen.[151]

Im April 1991 bat die neue Hessische Landesregierung um nähere Informationen zum bisherigen Stand des Aktionsprogramms. In einer Vorlage äußerte sich Ministerialdirigent Dr. von der Osten-Sacken für die Hessische Staatskanzlei: *Mir erscheint der Beschluss der Staatssekretärs-Kommission – abgesehen von der Eile – auch inhaltlich problematisch. Ich habe Zweifel, ob er in jeder Hinsicht von der Zweckbestimmung des Aktionsprogramms gedeckt ist. Ferner wirft auch die haushaltsmäßige Abwicklung Fragen auf. [...] Ich habe deshalb das Ministerium der Finanzen (Ministerialrat Dr. Worms) gebeten, vorerst keine Schritte zur Umsetzung des Beschlusses zu veranlassen, insbesondere nicht der Thüringer Landesregierung den Beschluß mitzuteilen. [...] Ich rege eine Besprechung über den Vollzug des Aktionsprogramms und gegebenenfalls eine Entscheidung des Kabinetts dazu an. Ferner erlaube ich mir die Anregung, daß Herr Ministerpräsident Herrn Ministerpräsidenten Duchač zu einem Gespräch einlädt, und mit ihm grundsätzliche Fragen der Zusammenarbeit zwischen Hessen und Thüringen erörtert. Auch im Hinblick auf ein solches Gespräch wäre es sinnvoll, wenn noch ein Spielraum für die Umsetzung des Aktionsprogramms in diesem Jahre verbliebe.*[152] Am 6. Mai wurde schließlich von den Staatssekretären der neuen Landesregierung in der Vorkonferenz über die Umsetzung des Aktionsprogramms Hessen-Thüringen im Haushaltsjahr 1991 beraten. Dabei wurde der Beschluss gefasst, das Programm schwerpunktmäßig für die Verwaltungshilfe einzusetzen und es damit den aktuellen Entwicklungen anzupassen.[153] Die Entscheidungen der Staatssekretärs-Kommission, die diese in ihrer zehnten Sitzung getroffen hatte, blieben unberücksichtigt.

Zugleich entschied man sich für ein verändertes Verfahren, nach dem die Beratung über die Umsetzung des Aktionsprogramms im Jahre 1991 in der Vorkonferenz (der wöchentlich tagenden Runde der Staatssekretäre) fortgesetzt werden sollte.[154]

150 Vgl. Schreiben Finanzminister M. Kanther an den Thüringer Finanzminister Dr. K. Zeh, 24. 1. 1991. HHStAW, Z 502 Nr. 6095.

151 Vgl. Ergebnisniederschrift über die 10. Sitzung der Staatssekretärs-Kommission Hessen-Thüringen, Hessische Staatskanzlei, 4. 4. 1991. HHStAW, Z 502 Nr. 6134.

152 Vorlage Dr. von der Osten-Sacken, Hessische Staatskanzlei, 11. 4. 1991. HHStAW, Z 502 Nr. 6095.

153 Vgl. Schreiben Leiter der Hessischen Staatskanzlei, H.-J. Suchan, Hessische Staatskanzlei, 1. 5. 1991 sowie Protokoll der 5. Vorkonferenz am 6. 5. 1991, Hessische Staatskanzlei. HHStAW, Z 502 Nr. 6098.

154 Vgl. Protokoll der 5. Vorkonferenz am 6. 5. 1991, Hessische Staatskanzlei. HHStAW, Z 502 Nr. 6098.

Wie die Berichte über die Sitzungen der Staatssekretärs-Kommission erkennen lassen, war diese die zentrale Entscheidungsinstanz für die Ausrichtung und Abwicklung des vom hessischen Parlament beschlossenen Aktionsprogramms. Trotz parlamentarischer Vorgaben bezüglich der Förderbereiche, gab es bei der konkreten Ausgestaltung des Hilfsprogramms offensichtliche Entscheidungsspielräume, so beispielsweise bei der Verteilung der finanziellen Mittel oder der Auswahl zu fördernder Projekte. Die Entscheidungen dieser Kommission bildeten die Grundlage für die zügige und erfolgreiche Abwicklung des Aktionsprogramms im Jahr 1990.

2.8 Parlamentarische Kontrolle: der „Beirat Hessen-Thüringen"

Durch einstimmigen Beschluss des Hessischen Landtags wurde am 8. Februar 1990 der „Beirat Hessen-Thüringen“ eingesetzt. Die erste Sitzung dieses Beirats zur Begleitung des Aktionsprogramms und zur Berichterstattung über den Verlauf des Programms durch die Hessische Landesregierung fand am 28. Februar 1990 statt.[155] Den Vorsitz hatte der Abgeordnete Ernst Welteke (zugleich Vorsitzender der SPD-Landtagsfraktion). An der Sitzung nahmen Abgeordnete der im hessischen Parlament vertretenen Parteien, Mitglieder der Hessischen Landesregierung sowie der Präsident des Hessischen Rechnungshofs teil. Insgesamt tagte der Beirat in der Zeit von Februar 1990 bis März 1991 fünf Mal, anfänglich monatlich, später in größeren Abständen.[156] Von Seiten der Landesregierung war bei allen Sitzungen des Beirats der damalige Hessische Finanzminister Manfred Kanther anwesend und informierte umfassend über die Belange des Programms, da er, nach eigener Aussage, in aller Regel an den Gesprächen der Staatssekretärs-Kommission teilgenommen habe, *weil ihm daran liege, das Programm sehr schnell und in Übereinstimmung mit dem Haushaltsrecht ins Leben zu rufen.*[157] Auch damit, so Kanther weiter, *aus dem Programm so schnell wie möglich Geld für Maßnahmen abfließe, die in Thüringen als Hilfe empfunden würden.*[158]

Die Kurzberichte der Beiratssitzungen geben aufgrund der kontinuierlichen Berichterstattung durch die Landesregierung einen Überblick über die Entwicklung und Durchführung des Aktionsprogramms Hessen-Thüringen im Jahr 1990. Ausführliche Erläuterungen zu einzelnen Maßnahmen des Programms erklären darüber hinaus die

155 Vgl. Kurzbericht, 1. Sitzung des Beirats „Hessen/Thüringen“, 28. 2. 1990. 12. Wahlperiode. Hessischer Landtag.

156 Vgl. ebd. Weitere Kurzberichte: Kurzbericht, 2. Sitzung des Beirats „Hessen/Thüringen“, 13. 3. 1990; Kurzbericht, 3. Sitzung des Beirats „Hessen/Thüringen“, 25. 4. 1990; Kurzbericht, 4. Sitzung des Beirats „Hessen/Thüringen“, 12. 9. 1990; Kurzbericht, 5. Sitzung des Beirats „Hessen/Thüringen“, 19. 3. 1991. 12. Wahlperiode. Hessischer Landtag.

157 Kurzbericht, 1. Sitzung des Beirats „Hessen/Thüringen“, 28. 2. 1990, S. 2, 12. Wahlperiode. Hessischer Landtag.

158 Ebd., S. 9.

jeweiligen Entscheidungsprozesse.[159] Wie die Niederschriften erkennen lassen, war der Beirat vor allem auch ein politisches Gremium, in dem insbesondere von der Opposition kritische Fragen zur Umsetzung des Programms formuliert wurden. Dies betraf beispielsweise die Verteilung der 50 Millionen DM des Hilfsprogramms. Auf eine entsprechende Frage des Vorsitzenden, Welteke, erläuterte Minister Kanther in der 1. Sitzung des Beirats am 28. Februar 1990 die Ausgaben der Finanzmittel. Danach waren die Gelder zunächst schwerpunktmäßig für den Bereich Gesundheitswesen und zur Förderung privater Kleinunternehmen vorgesehen, da hierfür die konkrete Umsetzung von Maßnahmen bereits mit Oppositionsgruppen in Thüringen abgestimmt sei. In den drei anderen Bereichen – Verkehrswesen, Umweltschutz, Denkmalpflege – bedürfe dies noch eines längeren Vorlaufs. Insgesamt wurden zunächst 35 Millionen DM auf die jeweiligen Ressorts verteilt, darunter 2 Millionen DM an das Hessische Finanzministerium.[160] Das führte zu einer weiteren Nachfrage des Vorsitzenden des Ausschusses, auf die Finanzminister Kanther antwortete, *er habe von den 2 Millionen DM noch nichts ausgegeben; er halte sie vorläufig als Reserve für dringende Notfälle fest.*[161] Wie dem Bericht weiter zu entnehmen ist, äußerte sich Welteke insgesamt besorgt darüber, *daß es immer noch dem Zufall unterliege, wo geholfen werde. Die Not sei überall groß, und deshalb halte er die Mitwirkung der Runden Tische für besonders wichtig. Ihm sei berichtet worden, daß der Regionalausschuß in Thüringen ein Programm für investive Maßnahmen zusammengestellt und weitergeleitet habe, und er möchte wissen, ob das hier angekommen sei. Wichtig sei auch, daß die Funktionen von Regierung und Parteien nicht vermischt würden.*[162] Die Kritik, Oppositionsgruppen seien in Thüringen nicht genügend berücksichtigt worden, konnte in der folgenden Diskussion entkräftet werden. Zum Vorwurf der Vereinnahmung des Programms entgegnete Minister Kanther, dass bei den Begegnungen und der Berichterstattung in der Presse kaum zwischen Partei- und Regierungsfunktion unterschieden werde; worauf er allerdings keinen Einfluss habe.[163]

Weitere Nachfragen und Anregungen betrafen das Programm zur Förderung privater Kleinunternehmer, die Einrichtung des Informationsbüros Hessen-Thüringen, die Bereiche Denkmalpflege, Umwelt und Luftmessung sowie Straßenbau. Dabei zielten Fragen auch darauf, ob ein ausreichender Austausch mit Bund und Ländern gewährleistet sei. Dies wurde von Dr. Gauland bejaht, da man sich regelmäßig bei den Treffen der Chefs der Staatskanzleien gegenseitig über die Hilfe der Länder für die DDR informiere.[164]

159 Vgl. dazu auch die entsprechenden Berichte der Hessischen Staatskanzlei über den Vollzug des Aktionsprogramms Hessen-Thüringen vom 1. 3. 1990, 1. 5. 1990 und 1. 10. 1990. Hessische Staatskanzlei.
160 Kurzbericht, 1. Sitzung des Beirats „Hessen/Thüringen“, 28. 2. 1990, S. 3 f., 12. Wahlperiode. Hessischer Landtag.
161 Vgl. ebd., S. 4.
162 Ebd., S. 5.
163 Ebd., S. 5.
164 Ebd., S. 8.

Zur 2. Sitzung des Beirats Hessen-Thüringen am 13. März 1990 lag diesem mit dem Bericht (mit Stand vom 1. 3. 1990) eine erste umfassende, schriftliche Stellungnahme der Landesregierung zur Durchführung des Aktionsprogramms vor. Die anschließende Befragung durch die Abgeordneten, hier insbesondere der SPD-Fraktion, konzentrierte sich zunächst noch einmal auf die Zusammenarbeit mit dem Runden Tisch in Erfurt bzw. dem Regionalausschuss Thüringen, der jetzt für die Abstimmung des Programms mit Hessen zuständig war. Irritiert zeigte sich Welteke darüber, dass die Hessische Staatskanzlei offenbar nicht darüber unterrichtet sei, dass der Regionalausschuss, seinen Informationen zufolge, am 7. März getagt und beabsichtigt habe, Vertreter der Landesregierung einzuladen.[165] Tatsächlich nahmen an der genannten Sitzung in Thüringen Vertreter des Hessischen Ministeriums für Wissenschaft und Kunst teil.[166] Wenn es zutreffe, so Staatssekretär Dr. Gauland, *daß das Ministerium für Wissenschaft und Kunst mit dem Regionalausschuß Kontakt aufgenommen habe, sei diese Frage für die Staatssekretärsrunde auch erledigt. Prioritäten würden von der Landesregierung nicht festgelegt.*[167] Ferner verwies Staatssekretär Gauland darauf, dass die Strukturen in Thüringen zurzeit unübersichtlich seien, und gab nochmals detailliert Auskunft über Kontakte der Hessischen Landesregierung zum „Runden Tisch". Auf weitere Anmerkungen des Vorsitzenden Welteke, in denen dieser bisherige Sitzungstermine des Regionalausschusses Thüringen bekannt gab, bemerkte Dr. Gauland, *die Landesregierung habe keine Einladung bekommen. Er wäre dankbar gewesen, wenn der Vorsitzende ihm diese Termine mitgeteilt hätte.*[168] Resümierend stellte Minister Kanther fest, dass Einvernehmen im Beirat darüber bestehe, *die alten Strukturen in der DDR zu meiden, damit sie nicht gestärkt würden oder gar die hessische Hilfe in falsche Bahnen lenkten. Deshalb sei es schwierig, immer die richtigen Ansprechpartner zu finden, insbesondere wenn sich ständig neue Gremien bildeten [...] Insgesamt könne er sagen, das Programm laufe zügig ab. Er wüßte nicht, wie man den Ablauf im Augenblick durch weitere Kontakte in der DDR beschleunigen könnte.*[169]

Dass es in dieser Auseinandersetzung nicht allein um inhaltliche Fragen zum Aktionsprogramm ging, sondern ebenso um parteipolitische Positionen, wurde auch im

165 Vgl. Kurzbericht, 2. Sitzung des Beirats „Hessen/Thüringen", 13. 3. 1990, S. 2, 12. Wahlperiode. Hessischer Landtag.

166 Im Protokoll der 4. Beratung des Regionalausschusses „Thüringen" findet sich der Hinweis: *Zu Beginn der Beratung begrüßte Herr Schulze Herrn Regierungsdirektor Walter Weiss des Hessischen Ministeriums für Wissenschaft und Kunst sowie seine Begleitung.* Festlegungsprotokoll der 4. Beratung des Regionalausschusses „Thüringen", 8. 3. 1990. ThStA Rudolstadt, Persönlicher Bestand Tilo Wetzel Nr. 2. In einer Vorlage Dr. von der Osten-Sackens an Staatssekretär Dr. Gauland kritisiert dieser entsprechend den ungenügenden Informationsaustausch zwischen Ministerien und Staatskanzlei. Vgl. Vorlage zur Umsetzung des Aktionsprogramms Hessen-Thüringen, 16. 3. 1990. HHStAW, Z 502 Nr. 6133.

167 Vgl. Kurzbericht, 2. Sitzung des Beirats „Hessen/Thüringen", 13. 3. 1990, S. 2, 12. Wahlperiode. Hessischer Landtag.

168 Ebd., S. 3.

169 Ebd., S. 4.

weiteren Verlauf der Sitzung deutlich. Offenbar lagen den Abgeordneten der SPD-Fraktion Ergebnisprotokolle von Sitzungen des Regionalausschusses vor, die der Hessischen Landesregierung durch den Abgeordneten Schleicher (SPD) zugeleitet wurden. Erstaunlich sei nun, so der Vorsitzende des Beirats Welteke, die Zusammensetzung des Ausschusses in Thüringen allein aus Vertretern des Demokratischen Aufbruchs, der CDU, des Neuen Forums und der NDPD (National-Demokratische Partei Deutschlands). Was allerdings keinen Vorwurf gegenüber der Koalition bedeute, da über die Zusammensetzung ja die politischen Kräfte in Thüringen beraten hätten.[170] *Die Zusammensetzung des Regionalausschusses sei wohl eines der vielen derzeitigen Phänomene in der DDR*, so Minister Kanther. *Doch sei es den Betroffenen gleichgültig, wer aus Hessen etwas überbringe. Die Ärzte, die er getroffen habe, hätten ihn kein einziges Mal nach seiner Parteizugehörigkeit gefragt.*[171] Um derartige Auseinandersetzungen zukünftig zu vermeiden, trat der Abgeordnete Koch (CDU) explizit dafür ein, *daß die Abgeordneten sich über Unterlagen und Tatsachen, die ihnen bekannt würden, gegenseitig informierten, statt sich gegenseitig vorzuhalten, wer bereits Aktenvermerke von einem Gremium in der DDR habe […]*, und bat den Vorsitzenden ferner darum, *bei Pressemitteilungen zu versuchen, seine Funktion als Vorsitzender der SPD-Fraktion und als Vorsitzender des Beirats zu trennen.*[172]

Die nachfolgende 3. Sitzung des Beirats fand am 25. April 1990 statt und verlief, wenn man dem Kurzbericht der Sitzung folgt, deutlich sachbezogener. Zu klärende Themen betrafen einmal die Finanzierung von Aufwendungen für Beratungen aus dem Aktionsprogramm, Maßnahmen der Denkmalpflege, Rückzahlungen aus dem Kleinkreditprogramm und erstmals auch die hessische Hilfe beim Aufbau von Verwaltungsstrukturen in Thüringen. Dazu lag ein Antrag von SPD-Abgeordneten und der Fraktion betreffs „Programm zur personellen Hilfe des Landes beim Aufbau einer Staats- und Kommunalverwaltung des künftigen Landes Thüringen“ vor, der vom Parlament an den Beirat überwiesen wurde.[173] In einem weiteren Tagungsordnungspunkt wurde nochmals über die Zusammenarbeit mit dem Regionalausschuss informiert und ein bevorstehendes Treffen mit Vertretern des Ausschusses und des Runden Tischs in Wiesbaden angekündigt. Nachfragen und Anmerkungen zum Stand des Aktionsprogramms Hessen-Thüringen zeigen, dass keine grundsätzlichen Einwände an der Arbeit der Landesregierung bestanden. Deutlich kritisiert wurde vom Vorsitzenden des Beirats allerdings (wie auch in der Staatssekretärs-Kommission) die Vergabe eines Auftrags im Rahmen der denkmalpflegerischen Sanierungsarbeiten in Erfurt an einen hessischen Architekten ohne entsprechende Ausschreibung. Der dafür vom damaligen Hessischen Minister für Wissenschaft und Kunst, Dr. Gerhardt, angegebene Grund, möglichst

170 Vgl. ebd., S. 6.

171 Ebd., S. 7.

172 Ebd., S. 8 f.

173 Vgl. Drucksache 12/6253, 7. 3. 1990, 12. Wahlperiode und Drucksache 12/6954, 29. 6. 1990, 12. Wahlperiode. Hessischer Landtag. Danach war der Antrag dem Ausschuss für Fragen des öffentlichen Dienstes, dem Hauptausschuss sowie dem Beirat „Hessen/Thüringen“ überwiesen worden.

noch vor der Kommunalwahl in der DDR (am 6. Mai 1990) eine für die Bevölkerung sichtbare Maßnahme zu beginnen, sei nicht ausreichend, so der Vorsitzende Welteke.[174]

Die Berichterstattung zum Vollzug des Aktionsprogramms schloss erste Maßnahmen im Bereich der Verwaltungshilfe mit ein. Finanzminister Kanther erläuterte die angelaufenen Schritte zum Aufbau einer Finanzverwaltung in der DDR. Eine Absprache zwischen den Bundesländern Rheinland-Pfalz, Bayern und Hessen sah demnach vor, dass Hessen die Betreuung des Bezirks Erfurt übernehmen sollte, indem u. a. ein Finanzamt in Hessen für ein einzurichtendes Finanzamt im Bezirk Erfurt verantwortlich war.[175] Da die Landesregierung, so Welteke, weitgehend im Sinne des oben genannten Antrags der SPD-Fraktion tätig sei, könne dieser alsbald für erledigt erklärt werden.[176]

Zur 4. Sitzung des Beirats Hessen-Thüringen am 12. September 1990 lag der zweite schriftliche Bericht der Hessischen Staatskanzlei zur Umsetzung des Aktionsprogramms vor.[177] Die Beiratsmitglieder wurden von Staatssekretär Dr. Gauland zunächst noch einmal über den aktuellen Stand des Programms informiert, u. a. auch darüber, dass das Devisenhilfsprogramm zur Förderung privater Kleinunternehmer in Thüringen mit der Währungsumstellung am 1. Juli 1990 abgeschlossen wurde.[178] Nachfragen von Abgeordneten der SPD-Fraktion zielten auf den Einsatz der weiteren Mittel des vom Hessischen Landtag mit 250 Millionen DM ausgestatteten Programms und insgesamt auf die Fortführung des Aktionsprogramms Hessen-Thüringen. Dabei wurde Bezug genommen auf eine Äußerung des Finanzministers, *wonach das Programm mit dem Vollzug der deutschen Einheit nicht mehr weitergeführt werden solle.*[179] Kanther entgegnete, dass sich an dem Aktionsprogramm nichts ändern werde, und dies sei auch nicht angestrebt, allerdings werde im Jahre 1991 die Verwaltungshilfe hinzutreten.[180] Im Folgenden wurde von der Hessischen Landesregierung ausführlich über bisherige und geplante Maßnahmen der Verwaltungshilfe unterrichtet. Wie die anschließende Aussprache zeigt, gab es offensichtlich auch in diesem Bereich Übereinstimmung zwischen den Beiratsmitgliedern. Denn, so der Abgeordnete Schleicher (SPD): *Er teile die Auffassung der Landesregierung, eine Landesverwaltung könne nur am Vorbild eines anderen Landes aufgebaut werden.*[181]

174 Vgl. Kurzbericht, 3. Sitzung des Beirats „Hessen/Thüringen", 25. 4. 1990, S. 6, 12. Wahlperiode. Hessischer Landtag.

175 Vgl. ebd., S. 4. Rheinland-Pfalz übernahm die Betreuung des Bezirks Suhl und Bayern die des Bezirks Gera. Vgl. auch Kapitel 3.6.2 dieser Publikation.

176 Vgl. ebd., S. 9. Der genannte Antrag wurde schließlich am 4. 7. 1990 in der 110. Sitzung des Hessischen Landtags aufgrund der Berichterstattung der Landesregierung einstimmig für erledigt erklärt. Vgl. Plenarprotokoll 12/110, Hessischer Landtag, 12. Wahlperiode, 110. Sitzung, 4. 7. 1990, S. 6436. Hessischer Landtag.

177 Vgl. Aktionsprogramm Hessen-Thüringen, 2. Bericht zur Umsetzung des Programms, Stand 1. 5. 1990. Hessische Staatskanzlei.

178 Vgl. Kurzbericht, 4. Sitzung des Beirats „Hessen/Thüringen", 12. 9. 1990, S. 2, 12. Wahlperiode. Hessischer Landtag.

179 Ebd., S. 3.

180 Vgl. ebd., S. 4.

181 Ebd., S. 7.

Die 5. und letzte Sitzung des Beirats fand am 19. März 1991 statt und war auffallend kurz.[182] Zum einen bestand möglicherweise nach der hessischen Landtagswahl im Januar 1991 und kurz vor der Wahl Hans Eichels zum kommenden Ministerpräsidenten ein geringeres Interesse an einer umfassenden Berichterstattung. Zum anderen war man sich über grundlegende Entscheidungen einig. So wurde bezüglich der Verwaltungshilfe einvernehmlich beschlossen, die von Finanzminister Kanther vorgesehenen Maßnahmen, wie die Zahlung einer Aufwandsentschädigung an abgeordnete Bedienstete oder die Schaffung von zeitlich befristeten Ersatzstellen für nach Thüringen abgeordnete „Aufbauhelfer", aus den Mitteln des Aktionsprogramms zu finanzieren und dies im Rahmen des anstehenden Vierten Nachtragshaushalts 1990/91 haushaltsrechtlich zu verankern.[183]

Wie der Beiratsvorsitzende Weltecke bekannt gab, sollte die Berichterstattung über das Aktionsprogramm Hessen-Thüringen nun in der nächsten Wahlperiode im Haushaltsausschuss erfolgen.[184] Damit war die Arbeit des vom hessischen Parlament eingesetzten Beirats beendet.

Grundlegende Einwände gegen Inhalt und Durchführung des Aktionsprogramms wurden von den Abgeordneten der Oppositionsparteien im Beirat nicht vorgebracht. Missbilligungen zielten eher auf die politische Außenwirkung, nach der das Programm unmittelbar mit der Regierung Wallmann verbunden werde, obgleich das hessische Hilfsprogramm mit den Stimmen aller Fraktionen des Hessischen Landtags verabschiedet wurde. Auch von der Hessischen Staatskanzlei wurde rückblickend festgestellt, dass insbesondere die Projektförderung in Thüringen (in den Bereichen Umweltschutz, Verkehrswesen, Gesundheitswesen und Denkmalpflege) mit einer großen Außenwirkung verbunden gewesen sei.[185]

2.9 Das „Thüringen-Büro des Landes Hessen" in Erfurt

In seiner zweiten Sitzung am 24. Januar 1990 erörterte die Staatssekretärs-Kommission die *Einrichtung eines (Informations-)Büros in Thüringen.*[186] Seit Dezember 1989 gab es

182 Während die vergangenen vier Sitzungen des Beirats Hessen-Thüringen jeweils zwischen einer und eineinhalb Stunden dauerten, war die 5. Beiratssitzung bereits nach 30 Minuten beendet.

183 So heißt es in der Sitzungsniederschrift: *Der Beirat stimmt der vom Finanzminister vorgetragenen Formulierung einstimmig zu, die vom Haushaltsausschuß in seiner nachfolgenden Sitzung beschlossen werden sollte.* Kurzbericht, 5. Sitzung des Beirats „Hessen/Thüringen", 19. 3. 1991, S. 2, 12. Wahlperiode. Hessischer Landtag.

184 Vgl. ebd., S. 1.

185 In der Stellungnahme heißt es dazu: *In dieser Schwerpunktbildung [Verwaltungshilfe] im Haushaltsjahr 1992 liegt aber auch eine der Ursachen für die unbefriedigende Außendarstellung des Programms. Der mit hohen Kosten verbundene Personaltransfer ist naturgemäß weniger spektakulär als die Förderung von Projekten mit großer Außenwirkung.* Stellungnahme der Hessischen Staatskanzlei, Kabinettsvorlage, 13. 4. 1992. HHStAW, Z 502 Nr. 6096.

186 Ergebnisniederschrift über die 1., 2. und 3. Sitzung der Staatssekretärs-Kommission Hessen-Thüringen, 5. 2. 1990. HHStAW, Z 502 Nr. 6133.

bereits ähnliche Überlegungen in anderen Bundesländern.[187] Mit der Verabschiedung des Aktionsprogramms Hessen-Thüringen am 8. Februar 1990 durch alle Fraktionen des Hessischen Landtags fiel schließlich auch die Entscheidung für eine Koordinations- und Kontaktstelle in Erfurt. In seiner Regierungserklärung vom 7. Februar begründete Ministerpräsident Wallmann die Notwendigkeit: *Um unsere Unterstützungsmaßnahmen für und in Thüringen noch besser zu koordinieren und um den Dialog mit unseren thüringischen Gesprächspartnern zu vereinfachen, hat sich die Koalition entschlossen, ein Informationsbüro in Thüringen als direkte Anlaufstelle einzurichten. […] Dieses Büro soll Kontakte zwischen Wirtschaftspartnern, auch zwischen politischen Gruppen, zwischen gesellschaftlichen und kulturellen Organisationen und Vereinen vermitteln. […] Dieses Büro wird entschieden dazu beitragen können, die Umsetzung des Aktionsprogramms Hessen-Thüringen sachgerecht durchzuführen.*[188] Dem lag eine Stellungnahme des späteren Leiters des Thüringen-Büros, Leitender Ministerialrat Wolfgang Egerter, vom 5. Februar 1990 zugrunde. Danach hielt Egerter ein Informationsbüro der Hessischen Landesregierung in Thüringen für dringend geboten. Zugleich sprach er sich dafür aus, die Aufgaben des Büros nicht allein auf wirtschaftliche Kontakte zu beschränken, wie von der FDP-Koalition angedacht.[189] (Dok. 17)

Die Einrichtung eines Büros in Thüringen wurde u. a. auch von Seiten der Gewerkschaft ausdrücklich gefordert. Wie es bereits im Januar 1990 in einer Presseerklärung dazu hieß, begrüße der DGB-Landesbezirk Hessen die Absicht der Hessischen Landesregierung, eine Verbindungs- und Beratungsstelle des Landes Hessen in Thüringen einzurichten. Nach Ansicht des DGB müsse diese unmittelbar dem Runden Tisch in Thüringen, aber auch allen anderen Institutionen und Organisationen wie den Kammern, Arbeitgebern und ebenso den Gewerkschaften für Beratungs- und Unterstützungstätigkeit zur Verfügung stehen.[190]

Wie sich der spätere Leiter des Thüringen-Büros in Erfurt, Egerter, in seinen persönlichen Aufzeichnungen erinnerte, … *lag in der Errichtung eines solchen Büros auch eine innenpolitische Bedeutung. Baden-Württemberg hatte in Sachsen etwas Ähnliches*

187 In einer Besprechung im Dezember 1989 zwischen der Bundesregierung und Vertretern der Bundesländer über „Maßnahmen der Länder zugunsten der DDR“ hatten die Bundesländer Baden-Württemberg und Schleswig-Holstein erklärt, sie planten die Einrichtung von Informationsbüros in Dresden und Schwerin. Vgl. Protokoll über die Besprechung mit den Ländern über Probleme im Verhältnis zur DDR am 18. 12. 1989, 2. 1. 1990, S. 3 f. HHStAW, Z 502 Nr. 14199. Dazu ebenfalls eine Vorlage der Hessischen Staatskanzlei an Staatsminister Manfred Kanther, in dem dieser über die Bemühungen der anderen Bundesländer, in der DDR Kontaktbüros einzurichten, informiert wurde. Vorlage Hessische Staatskanzlei, 5. 2. 1990. HHStAW, Z 502 Nr. 6101.

188 Plenarprotokoll 12/98, 12. Wahlperiode, 98. Sitzung, 7. 2. 1990, S. 5595 f., Hessischer Landtag.

189 Vgl. Vermerk, W. Egerter, Hessisches Informationsbüro in Thüringen, 5. 2. 1990. HHStAW, Z 502 Nr. 6101. Dazu auch: Egerter, W.: Rund um das Hessische Informationsbüro in Erfurt. Aufbau – Gespräche – Begegnungen. In: Hessen und Thüringen, 2007, S. 69–76.

190 Vgl. DGB Hessen fordert: Verbindungs- und Beratungsstelle des Landes Hessen in Thüringen. In: DGB Pressedienst, 10. 1. 1990. HHStAW, Z 502 Nr. 6101.

schon gemacht. Die westdeutschen Länder [...] würden ganz sicher versuchen, Einfluß auf die weitere Entwicklung zu nehmen. Also sollte Hessen nicht zurückstehen.[191]

Auch in Rheinland-Pfalz gab es Überlegungen für ein entsprechendes Büro in Thüringen. Daher waren die Ministerpräsidenten von Rheinland-Pfalz und Hessen im Februar 1990 übereingekommen: *Die von beiden Ländern geplante Einrichtung eines Thüringen-Büros soll unter einem Dach erfolgen; wobei zunächst die Frage eines gemeinsamen hessisch-rheinland-pfälzischen Büros offenbleibt. Als Sofortmaßnahme wird ein mobiles Büro in Thüringen ins Auge gefaßt.*[192]

Das Vorhaben wurde jedoch sehr bald zurückgestellt, da in Rheinland-Pfalz, nach Aussage Staatssekretär Gaulands, bisher weder gesetzliche Maßnahmen noch personelle Vorstellungen vorhanden seien.[193] So wurden alle weiteren Planungen zur Einrichtung eines Informationsbüros in Thüringen nun allein von Hessen aus forciert. Mit der Umsetzung waren die Hessische Staatskanzlei (Leitender Ministerialrat Wolfgang Egerter), das Hessische Ministerium für Wirtschaft und Technik (Dr. Reinhard Cuny) und die Hessische Landesentwicklungs- und Treuhandgesellschaft (HLT) (Heinz Müller) beauftragt worden.[194]

Offensichtlich bestand eine erste Schwierigkeit darin, geeignete Büroräume in Erfurt zu finden. In seiner Stellungnahme vom Februar 1990 hatte sich Egerter bereits für den Standort Erfurt ausgesprochen, da sich die Stadt in jeder Weise als Zentrum für Thüringen herauskristallisiere und bei einer möglichen Neukonstituierung des Landes Thüringen vermutlich Erfurt die „Hauptstadt" werden würde.[195] Wie einem weiteren Vermerk vom 22. Februar 1990 zu entnehmen ist, bot sich in Erfurt vorerst nur die Möglichkeit für ein provisorisches Büro in der Karl-Marx-Allee. In diesem Gebäude war zuvor die Stadtbezirksleitung der SED untergebracht, zwei Etagen davon wurden derzeit vom Demokratischen Aufbruch (DA) genutzt und davon der Hessischen Landesregierung für das geplante Informationsbüro fünf Räume angeboten.[196] Diese Möglichkeit war von der Staatskanzlei lediglich als Übergangslösung gesehen und letztlich nicht in Anspruch genommen worden.[197] Schließlich gelang es durch Vermittlung des

191 Egerter, Ein Wunsch geht in Erfüllung, 1998, S. 50.

192 Notiz über die Besprechung der Ministerpräsidenten von Hessen und Rheinland-Pfalz am 12. Februar 1990, 13. 2. 1990. HHStAW, Z 502 Nr. 6092.

193 Vgl. Kurzbericht, 1. Sitzung des Beirats „Hessen/Thüringen", 28. 2. 1990, S. 9. 12. Wahlperiode. HHStAW, Z 502 Nr. 6092.

194 Vgl. Egerter, W.: Rund um das Hessische Informationsbüro in Erfurt. Aufbau – Gespräche – Begegnungen. In: Hessen und Thüringen, 2007, S. 69.

195 Vgl. Vermerk Egerter, Hessisches Informationsbüro in Thüringen, 5. 2. 1990. HHStAW, Z 502 Nr. 6101.

196 Vgl. Vermerk Egerter, Informationsbüro der Hessischen Landesregierung in Thüringen, 22. 2. 1990. HHStAW, Z 502 Nr. 6101. Dazu ebenfalls: Egerter, Ein Wunsch geht in Erfüllung, 1998, S. 56 f.

197 In seinem jüngsten Erinnerungsbericht verweist Egerter darauf, dass das „Hessenbüro" dadurch zu sehr in die Nähe einer Wahlkampfzentrale gerückt worden wäre. Vgl. Egerter, W.: Rund um das Hessische Informationsbüro. Aufbau – Gespräche – Begegnungen. In: Hessen und Thüringen, 2007, S. 70.

damaligen Erfurter Oberbürgermeisters Dr. Siegfried Hirschfeld (SED), die Räume des ehemaligen Amtes für Wohnungspolitik des Stadtbezirks Erfurt-Mitte in der Lutherstraße 5 zu erhalten. Der entsprechende Mietvertrag wurde am 1. März 1990 zwischen dem Rat der Stadt Erfurt (Abt. Wohnungspolitik) und der Hessischen Landesregierung, vertreten durch die HLT, geschlossen. Damit standen für das Thüringen-Büro des Landes Hessen insgesamt zehn Räume mit 150 m^2 zur Verfügung.[198] Ein eigenes Wirtschaftsbüro, wie es vom damaligen Hessischen Minister für Wirtschaft und Technik, Alfred Schmidt (FDP), offenbar favorisiert war, wurde zugunsten eines gemeinsamen Informationsbüros, das nun allen interessierten Ministerien, Organisationen, Verbänden etc. offenstand, aufgegeben. Für die Unterhaltung und Einrichtung des Büros waren Mittel aus dem Aktionsprogramm Hessen-Thüringen von bis zu 500.000,– DM vorgesehen.[199]

Am 23. März 1990 wurde das Thüringen-Büro des Landes Hessen durch den damaligen Staatssekretär im Hessischen Ministerium für Wirtschaft und Technik, Dieter Posch (FDP), eröffnet. Wie in der Staatssekretärsrunde festgelegt, unterstand das Büro der Staatskanzlei, mit der Leitung wurde der Leitende Ministerialrat Wolfgang Egerter beauftragt. Im ersten Bericht der Hessischen Staatskanzlei zum Vollzug des Aktionsprogramms vom 1. März 1990 wurden die Aufgaben des Büros benannt. Dazu gehörten:

- die Unterstützung der Ressorts bei der Umsetzung des Aktionsprogramms in Thüringen,
- der Aufbau von Kontakten zu allen demokratischen Kräften in Thüringen,
- die Vermittlung kommunaler Partnerschaften,
- die Vermittlung von Bildungsangeboten der Volkshochschulen, der Hessischen Landeszentrale für politische Bildung und der anerkannten Träger der Jugend- und Erwachsenenbildung,
- die Vermittlung von Kontakten zu Schulen, Vereinen und Jugendorganisationen,
- die Mithilfe bei der Vorbereitung hessisch-thüringischer Begegnungen mit überregionalem Charakter und
- die Vermittlung wirtschaftlicher Kontakte.[200]

198 Vgl. Gewerbezuweisung (ohne Nummer), 1. 3. 1990. HHStAW, Z 502 Nr. 6101. Ausführlicher beschreibt Egerter in seinen Erinnerungen die Hindernisse bei der Bürosuche, die nicht zuletzt durch eine sich in Auflösung befindende DDR-Administration entstanden. Vgl. dazu: Egerter, Ein Wunsch geht in Erfüllung, 1998, S. 57–61.

199 Vgl. Schreiben betr. Ausführung des Haushaltsplans des Landes Hessen für die Haushaltsjahre 1990/1991, 20. 3. 1990. HHStAW, Z 502 Nr. 6101. Ebenso: Beschluss der Staatssekretärs-Kommission vom 21. 2. 1990 (Dok. 14). Wie Egerter notiert, übernahm die HLT gemeinsam mit einem Architekten die Renovierung der Räume. *Ich finde Zustimmung mit meinem Vorschlag, am Haus und im Treppenflur nichts zu verändern und nur die Etage zu renovieren. Das Haus soll DDR-Ambiente (Verfall des Sozialismus) vorerst beibehalten. In der Etage aber soll sich der Besucher in Hessen wiederfinden.* Egerter, Ein Wunsch geht in Erfüllung, 1998, S. 61.

200 Vgl. Hessische Staatskanzlei, Aktionsprogramm Hessen-Thüringen, 1. Bericht, Grundlagen und Projekte, 1. 3. 1990, S. 26 f. Hessische Staatskanzlei. Dazu auch: „Hessisches Info-Büro in Thüringen“, Wiesbadener Tagblatt, 24. 3. 1990.

Die eigentliche Arbeit, wie es in einer Meldung Egerters hieß, begann am 26. März. In dieser Woche waren die HLT, Handwerkskammern, die Vereinigung Hessischer Unternehmerverbände und die Hessische Landeszentrale für politische Bildung (HLZ) zur Beratung im Informationsbüro in Erfurt anwesend. Zu diesem Zeitpunkt war das Büro noch nicht vollständig möbliert und auch die Installierung der Telefonanlage nicht abgeschlossen. Allerdings war die Frage der Sekretariatsbesetzung geklärt. Im Rahmen von Werkverträgen[201] wurden zwei Mitarbeiterinnen aus Thüringen zum 1. bzw. 6. April 1990 eingestellt.[202]

Mit dem Thüringen-Büro des Landes Hessen war eine zentrale Kontaktstelle geschaffen, die es Verbänden, Vereinen und anderen gesellschaftlichen Organisationen ermöglichte, in den Räumen des Büros Beratungen durchzuführen und Partnerorganisationen in Thüringen aufzubauen. Dafür standen das Sekretariat und die technischen Einrichtungen (wie die Fernsprechanlage) zur Verfügung. Wie der Niederschrift der 3. Sitzung des Beirats Hessen-Thüringen vom 25. April 1990 zu entnehmen ist, verwies Staatssekretär Dr. Gauland auf die bisherige rege Nutzung: *Zur Zeit seien im Büro die HLT, das Ministerium für Wirtschaft und Technik, die Hessische Landeszentrale für politische Bildung, die Vereinigung der Hessischen Unternehmerverbände, die Arbeitnehmergemeinschaft der Handwerkskammern, der Genossenschaftsverband, das Raiffeisen-Rechenzentrum und der Landesverband der Allgemeinen Ortskrankenkassen tätig. Mit der Beauftragten für Frauenangelegenheiten und mit dem Beauftragten für Schwerbehinderte werde über eine Inanspruchnahme des Büros gesprochen. Auch mit dem Volkshochschulverband habe es Gespräche gegeben. Die DAG habe ebenfalls Interesse geäußert; es stehe noch nicht fest, ob sie ein eigenes Büro eröffnen werde. Dem DGB sei die Nutzung ebenfalls angeboten worden.*[203]

Durch Informationsschreiben, Gespräche, Pressemitteilungen und Rundschreiben einzelner hessischer Ministerien wurde auf das Informationsbüro des Landes Hessen sowohl in Hessen als auch in Thüringen hingewiesen.[204] (Dok. 18) Wie der Belegungsplan zeigt, nutzten im Juli 1990 bereits zahlreiche hessische Organisationen das Angebot der Hessischen Landesregierung, in den Räumen des Büros beratend tätig zu sein[205], (Dok. 19) so beispielsweise die Kassenärztliche Vereinigung Hessen, die zu-

201 Da die Anstellung von DDR-Bürgern juristisch ungeklärt war, wurden zunächst Werkverträge vergeben. Vgl. Schreiben W. Egerter, Informationsbüro der Hessischen Landesregierung in Thüringen, 22. 2. 1990, S. 3. HHStAW, Z 502 Nr. 6101.

202 Vgl. Schreiben Hessische Staatskanzlei, W. Egerter an Dr. R. Cuny, 30. 3. 1990. HHStAW, Z 502 Nr. 14202.

203 Kurzbericht, 3. Sitzung des Beirats „Hessen/Thüringen", 25. 4. 1990, S. 8, 12. Wahlperiode. HHStAW, Z 502 Nr. 6093. Nach Angaben des Vorsitzenden Welteke hatte der DGB bereits ein eigenes Büro in Erfurt eröffnet, und auch die DAG bemühe sich um ein entsprechendes Büro. Ebd., S. 8.

204 Vgl. dazu: Egerter, Ein Wunsch geht in Erfüllung, 1998, S. 70. Ebenso: Rundschreiben Nr. 5, betr. Einrichtung eines Informationsbüros des Landes Hessen, Hessisches Ministerium für Wirtschaft und Technik, 11. 5. 1990. HHStAW, Z 502 Nr. 6101.

205 Vgl. Belegungsplan für die Räume des Informationsbüros in Erfurt, 9. 7. 1990. HHStAW, Z 502 Nr. 6101. In einem Zeitungsartikel vom September 1990 spricht Egerter von 19 Organisationen

nächst in 14-tägigen Abständen Mitarbeiter nach Erfurt entsenden wollte, *um in Thüringen niedergelassene und niederlassungswillige Ärzte zu beraten und bei dem Aufbau einer Kassenärztlichen Vereinigung behilflich zu sein.*[206]

Dass die Einrichtung und das Konzept des Informationsbüros in Thüringen ganz offensichtlich zweckdienlich und erfolgreich waren, belegt ein Schreiben des Präsidenten des Hessischen Rechnungshofes, in dem dieser zu dem Eindruck kam, *daß nicht nur in kürzester Zeit ein leistungsfähiges Büro aufgebaut, sondern auch die beabsichtigte Zwecksetzung der Einrichtung schnell und umfassend erreicht wurde. Das vielfältige Beratungs- und Serviceangebot stellt offenbar für zahlreiche ratsuchende Bürger in der DDR eine sehr wirkungsvolle Hilfe dar.*[207]

Wie vielseitig die Aufgaben des Informationsbüros in Thüringen tatsächlich waren, lässt sich weniger in den Akten als vielmehr durch Schilderungen dort tätiger Mitarbeiterinnen und Mitarbeiter erfahren. Neben den Beratungsangeboten der Verbände und Organisationen diente das Thüringen-Büro des Landes Hessen vielen Thüringer Bürgerinnen und Bürgern auch als Kontaktstelle für politische Informationen. Diese Aufgabe übernahm vor allem die Hessische Landeszentrale für politische Bildung (HLZ), wie die damalige Mitarbeiterin, Hannelore Janßen, in einem Zeitungsinterview erläuterte: *Kommunalwahl, Landtagswahl, Währungsunion und Wirtschaftsunion – das alles war mit den Mitteln politischer Bildung zu begleiten und zu unterstützen. Die Leute sind gekommen, um zu hören: Was ist eine Partei? Was heißt Föderalismus? Was ist eine Gemeinde? Dazu wurden Materialien verteilt, Einzelveranstaltungen und Seminare durchgeführt. Es ging um Orientierungswissen mit aktuellem Gebrauchswert für die Leute.*[208] Zu den Aufgaben gehörte ebenso die Vermittlung von Kontakten[209], worauf auch Wolfgang Egerter in seinen persönlichen Aufzeichnungen hinwies: *Ende April 1990 [...] In den vier Wochen, in denen unser Büro jetzt arbeitet, hat sich seine Existenz in Erfurt und auch darüber hinaus herumgesprochen. So kommen Menschen unterschiedlicher Berufe, vor allem mit völlig unterschiedlichen Erfahrungshorizonten, zu mir und wollen Rat und Hilfe. Ein Tanzlehrer will eine private Tanzschule eröffnen. Ich vermittle ihm die Verbindung zu einem Tanzlehrer in Wiesbaden, der ihm weiterhilft.*[210] *[...]*

und Einrichtungen aus Hessen, die im Informationsbüro beratend tätig waren. Vgl. „19 Verbände und Einrichtungen stehen Partnern zur Verfügung", Erfurter Tagespost, 27. 9. 1990.

206 Schreiben Kassenärztliche Vereinigung Hessen, betr. Hessen-Büro der Landesregierung in Erfurt, 27. 4. 1990. HHStAW, Z 502 Nr. 6101.

207 Schreiben, Präsident des Hessischen Rechnungshofs, betr. Informationsbüro des Landes Hessen in Erfurt (DDR), 28. 5. 1990. HHStAW, Z 502 Nr. 6101.

208 Beier, G.: „Vor allem zuhören! Was Hessen tun können, wenn sie nach Thüringen reisen". In: Unser Nachbar Thüringen. Informationen und Tips für Bürger in Hessen, hrsg. von der Landeszentrale für Politische Bildung Hessen, Wiesbaden [1991]. HHStAW, Abt. 546 Nr. 333.

209 In einem Schreiben an die Hessische Landesregierung bat ein Bürger aus Suhl um die Vermittlung eines Praktikumsplatzes. Aus einem handschriftlichen Vermerk geht hervor, dass das Thüringen-Büro die Angelegenheit übernahm. Vgl. Schreiben E. H. an die Hessische Landesregierung, 3. 4. 1990. HHStAW, Z 502 Nr. 6104.

210 Egerter, Ein Wunsch geht in Erfüllung, 1998, S. 75.

20. Mai 1990 […] Im Büro geben sich die neu gewählten Bürgermeister die Klinke in die Hand. Welche Aufgabe hat ein Hauptamt? Wie entsteht der Haushaltsplan? Wie schaffe ich ein Amt für Wirtschaftsförderung? Das sind die Fragen, die nun im Vordergrund stehen. […] Doch nicht nur Bürgermeister und Landräte sind die häufigsten Kunden; auch Mitarbeiter der Kommunalverwaltungen kommen immer öfter. […] Bei der Vermittlung von Kontakten hilft mir jetzt meine Kenntnis der kommunalpolitischen Szene in Hessen. In den meisten Fällen gelingt es mir, einen Bürgermeister, Landrat oder auch einen Verwaltungsbeamten als Ansprechpartner zu gewinnen.[211]

Spätestens nach der Landtagswahl in Thüringen am 14. Oktober 1990 und durch die sich zunehmend etablierende thüringische Landesregierung sei, so die Bewertung der Hessischen Staatskanzlei, das Informationsbüro von seiner ursprünglichen Aufgabenstellung als Dienstleistungsbetrieb für die Beratungstätigkeit hessischer Organisationen in Thüringen weitgehend überflüssig geworden. Und insbesondere habe auch die Hessische Landesregierung ihre Beratertätigkeit eingestellt.[212] Diese Tendenz zeichnete sich bereits zuvor ab, denn viele Verbände und Organisationen hatten mittlerweile eigene Büros in Thüringen eröffnet, wie etwa die Vereinigung der hessischen Unternehmerverbände, die seit Juli 1990 über ein eigenes Büro in Erfurt verfügte.[213] Dass die Notwendigkeit für ein Informationsbüro zeitlich begrenzt sein würde, wurde bereits in einer frühen Sitzung des Beirats Hessen-Thüringen angesprochen. Wie Staatssekretär Gauland darlegte, sei man bei dem Büro von einem Anfangsangebot ausgegangen, denn je mehr sich die Beziehungen zwischen Hessen und Thüringen ausweiteten, umso mehr werde zu prüfen sein, welche Aufgaben das Büro noch habe.[214]

Bereits im September 1990 erläuterte Egerter in einem Vermerk an Ministerpräsident Wallmann die notwendige Neubewertung der Aufgaben des Thüringen-Büros. Danach sollte das Büro zumindest für die Dauer des Aktionsprogramms Hessen-Thüringen bestehen bleiben. Die bisherige Aufgabenstellung würde sich jedoch ändern, so Egerter: vom vorherrschenden Charakter eines Dienstleistungsbetriebes für hessische Organisationen hin zu einem Verbindungsbüro der Hessischen Landesregierung zur thüringischen Landesregierung.[215] Zu einer Umstrukturierung des Thüringen-Büros kam es jedoch in der Folgezeit nicht mehr, da nun zum einen die laufenden Kontakte unmittelbar zwischen den jeweiligen Partnerministerien in Hessen und Thüringen hergestellt wurden und zum anderen die Vermittlungsdienste des Informationsbüros nur noch selten in An-

211 Ebd., S. 79.

212 Vgl. Schreiben der Hessischen Staatskanzlei, 11. 3. 1991. HHStAW, Z 502 Nr. 6101.

213 Vgl. Schreiben der Vereinigung der hessischen Unternehmerverbände e. V., 12. 7. 1990. HHStAW, Z 502 Nr. 6101.

214 Vgl. Kurzbericht, 3. Sitzung des Beirats „Hessen/Thüringen", 25. 4. 1990, S. 8, 12. Wahlperiode, Hessischer Landtag. HHStAW, Z 502 Nr. 6093.

215 Zudem sollte das Büro als Clearingstelle für die durch Hessen zu leistende Verwaltungshilfe, zur Unterstützung der Thüringer Landesregierung und weiterhin der Koordinierung der Hessen-Thüringen-Hilfe dienen. Vgl. Egerter, Vermerk für Herrn Ministerpräsidenten, 28. 9. 1990. HHStAW, Z 502 Nr. 6125.

spruch genommen wurden.[216] Ab Oktober 1990 stand schließlich auch der bisherige Leiter des Informationsbüros, Wolfgang Egerter, nicht mehr zur Verfügung, da dieser eine neue Aufgabe als Staatssekretär für Bundes- und Europaangelegenheiten für die Thüringer Landesregierung übernahm.

Unter Aufrechterhaltung des Mietvertrages zwischen der Stadt Erfurt [...] und der Hessischen Staatskanzlei [...] übernimmt die HLT zum 1. 1. 1991 im Innenverhältnis weitere Räume in der Lutherstraße 5 in Erfurt und führt dort zunächst bis zum 30. 6. 1991 das „Informationsbüro des Landes Hessen in Thüringen" in eigener Verantwortung und auf eigene Rechnung fort.[217] Laut Vertrag hatte die Hessische Landesentwicklungs- und Treuhandgesellschaft (HLT) die Mietkosten für selbst genutzte Büroräume an die Staatskanzlei zu entrichten, die Nutzung der Einrichtung blieb kostenlos. Die weitere Belegung der Räume sollte von der Staatskanzlei geregelt werden, eine Kostenbeteiligung war nunmehr vorgesehen. Für die Tätigkeit der Hessischen Landeszentrale für politische Bildung stand auch weiterhin im Erfurter Büro ein Raum zur Verfügung. Nur wenige Wochen später, am 21. Januar 1991, wurde der Hessischen Landesentwicklungs- und Treuhandgesellschaft durch die Hessische Staatskanzlei mitgeteilt, dass das Informationsbüro dieser nun uneingeschränkt zur Verfügung stehen würde, da bisherige Drittnutzer ihre Tätigkeit eingestellt bzw. verlagert hätten.[218] Damit war das Thüringen-Büro des Landes Hessen faktisch aufgelöst.[219]

Rückblickend bewertete Wolfgang Egerter das Verdienst des Büros: *Neben dem Rheinland-Pfalz-Büro, das sich auf Wirtschaftskontakte konzentrierte, und dem Büro des Freistaates Bayern, bei dem die Verwaltungshilfe im Zentrum der Arbeit stand, war unsere Einrichtung nicht nur die erste eines alten Bundeslandes in der künftigen Thüringer Landeshauptstadt, sondern auch die mit der umfangreichsten Aufgabenstellung. Zahlreiche hessische Organisationen und Institutionen haben von diesem Büro aus geholfen, Partnerorganisationen in Thüringen aufzubauen.*[220]

216 Vgl. Schreiben Hessische Staatskanzlei, betr. Informationsbüro des Landes Erfurt, 15. 4. 1992. HHStAW, Z 502 Nr. 6101.

217 Vertrag zwischen dem Land Hessen und der Wirtschaftsförderung Hessen Investitionsbank AG (HLT) bzgl. Informationsbüro des Landes Hessen in Thüringen, 30. 1. 1991. HHStAW, Z 502 Nr. 6101.

218 Vgl. Vermerk, Hessische Staatskanzlei, betr. Informationsbüro des Landes Hessen in Thüringen, Erfurt, 21. 1. 1991. HHStAW, Z 502 Nr. 14203.

219 Zum 30. 6. 1992 endete schließlich auch der Nutzungsvertrag zwischen der Hessischen Staatskanzlei und der HLT, da diese die Räume nicht mehr benötigte. Nachmieter wurde auf Bitten des Thüringer Ministers für Soziales und Gesundheit das „Aufbauwerk Thüringen", ein gemeinnütziges Gemeinschaftswerk des Landes Thüringen, der Arbeitgeberverbände, der Gewerkschaften etc. Vgl. Schreiben Minister Dr. H.-H. Axthelm, betr. Aufbauwerk Thüringen, 16. 3. 1992. HHStAW, Z 502 Nr. 14203.

220 Egerter, W.: Rund um das Hessische Informationsbüro. Aufbau – Gespräche – Begegnungen. In: Hessen und Thüringen, 2007. S. 71.

2.10 Die Umsetzung des Aktionsprogramms im Jahr 1990

Im Jahr 1990 wurden die Weichen für die Umsetzung des Aktionsprogramms Hessen-Thüringen gestellt. Wie bereits dargelegt, war mit dem Programm zunächst die Finanzierung von Investitionen und Ausstattungsmaßnahmen in den DDR-Bezirken Erfurt, Gera und Suhl beabsichtigt, da zum Zeitpunkt der Bewilligung des Aktionsprogramms durch den Hessischen Landtag am 8. Februar 1990 weder die Einführung einer Wirtschafts-, Währungs- und Sozialunion am 1. Juli 1990 noch die Verwirklichung der staatlichen Einheit Deutschlands am 3. Oktober 1990 absehbar waren. Gleichwohl wurde auf die sich schnell verändernden Entwicklungen in der DDR auch im Zweiten Nachtragshaushalt (26. 6. 1990) mit einer erneuten Erweiterung der Förderzwecke reagiert. Durch diesen Haushaltsbeschluss war es nunmehr möglich, aus Mitteln des Aktionsprogramms auch *Hilfsmaßnahmen zum Aufbau einer Landesverwaltung in Thüringen*[221] zu unterstützen.[222] Dennoch lag der Schwerpunkt der hessischen Hilfe für Thüringen 1990 bei der Finanzierung von Maßnahmen, die kurzfristig spürbar eine Verbesserung der Lebensverhältnisse für die Menschen in der DDR bewirken sollten. So wurde die Förderung hauptsächlich auf die Bereiche Gesundheitswesen (flächendeckende Versorgung mit medizinischen Verbrauchsgütern und Kleingeräten), Umweltschutz (Verbesserung der Messtechnik und Wasserversorgung, Umstellung von Heizanlagen von Braunkohle auf Erdgas), Verkehrswesen (Öffnung weiterer Grenzübergänge, Einrichtung grenzüberschreitender Buslinien, Maßnahmen im grenznahen Straßenbau), Denkmalpflege (Sicherungsmaßnahmen an Gebäuden in Erfurt, Mühlhausen, Schmalkalden, modellhafte Dorferneuerung in Großburschla) sowie auf die Förderung privater Kleinunternehmen durch die Vergabe von Krediten konzentriert. Die Verteilung der Mittel durch die für die Koordination und Abwicklung des Hilfsprogramms zuständige Staatssekretärs-Kommission folgte dieser Schwerpunktsetzung. Mit Beschluss vom 21. Juni 1990[223] entschied die Kommission abschließend über die Verteilung der Mittel aus dem Aktionsprogramm. Wie das folgende Diagramm[224] zeigt, erhielt das Hessische Sozialministerium (HSM) mit 18,5 Mio. DM für Maßnahmen im Gesundheitswesen den höchsten Anteil und gehörte damit neben dem Hessischen Ministerium für Wirtschaft und Technik (HMWT) zu den Hauptförderbereichen. Dem HMWT wurden 14,6 Mio. DM zugeteilt, wovon 10 Mio. DM für die Kreditvergabe an thüringische Kleinunternehmer vorgesehen waren. Weitaus weniger Geld stand für

221 Kabinettvorlage, 30. 4. 1990, Hessisches Ministerium der Finanzen. HHStAW, Z 502 Nr. 17540. Vgl. ebenso: Gesetz zur Änderung des Gesetzes über die Feststellung des Haushaltsplans des Landes Hessen für die Haushaltsjahre 1990 und 1991 (Zweites Nachtragshaushaltsgesetz 1990/91), GVBl. I S. 185.

222 Eine genauere Darstellung der hessischen Verwaltungshilfe zum Aufbau demokratischer Strukturen in Thüringen findet sich in Kapitel 3. dieser Publikation.

223 Vgl. Ergebnisniederschrift über die 9. Sitzung der Staatssekretärs-Kommission Hessen-Thüringen, 21. 6. 1990. (Dok. 15). HHStAW, Z 502 Nr. 6133.

224 Vgl. Aktionsprogramm Hessen-Thüringen. 3. Bericht zum Vollzug des Aktionsprogramms im Haushaltsjahr 1990, 1. 10. 1990, S. 3. Hessische Staatskanzlei.

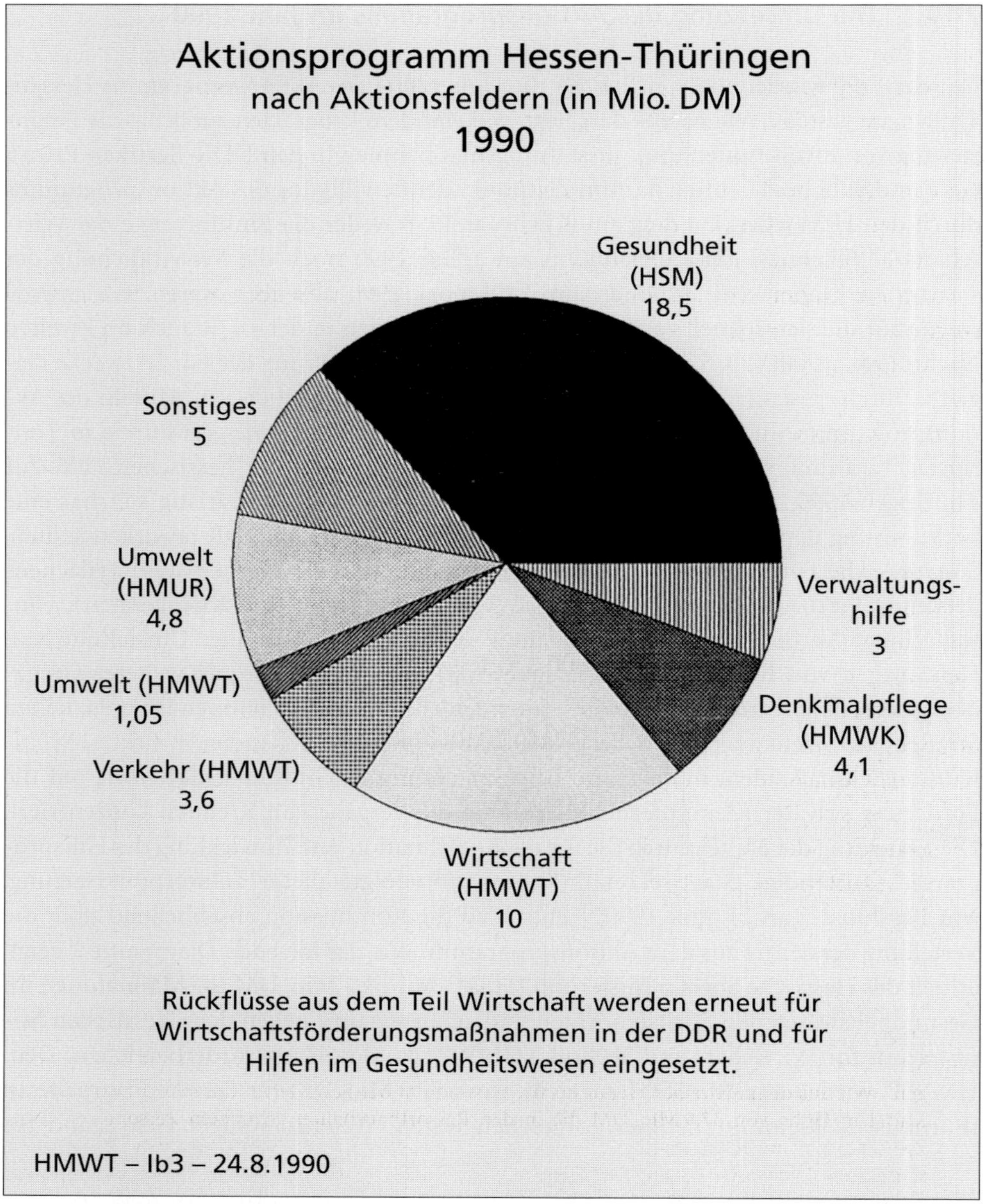

Zusammengestellt vom Hessischen Ministerium für Wirtschaft und Technik mit Stand vom 24. August 1990

Maßnahmen der weiteren Ressorts zur Verfügung. Das Hessische Ministerium für Umwelt und Reaktorsicherheit (HMUR) erhielt 4,8 Mio. DM und das Hessische Ministerium für Wissenschaft und Kunst (HMWK) 4,1 Mio. DM. Für Maßnahmen der Verwaltungshilfe waren insgesamt 3 Mio. DM vorgesehen und schließlich standen

5 Mio. DM für sonstige Zwecke zur Verfügung. Davon wurden, wie bereits an anderer Stelle dargelegt, dem Hessischen Ministerpräsidenten bzw. der Hessischen Staatskanzlei 3 Mio. DM[225] und dem Hessischen Ministerium der Finanzen 2 Mio. DM zugewiesen.

Die tatsächlichen Ausgaben beliefen sich 1990 auf 37,9 Mio. DM[226], da nicht alle angelaufenen Projekte bis zum Jahresende abgeschlossen werden konnten oder zugewiesene Gelder nicht in vollem Umfang in Anspruch genommen wurden. Die verbliebenen Mittel wurden in das Jahr 1991 übertragen und standen damit auch weiterhin für Maßnahmen des Aktionsprogramms zur Verfügung.

Im Folgenden wird die konkrete Umsetzung des Aktionsprogramms Hessen-Thüringen in den einzelnen Bereichen dargestellt.[227]

2.10.1 Gesundheitswesen

Der Schwerpunkt des Aktionsprogramms Hessen-Thüringen lag im Bereich Gesundheitswesen, wie Ministerpräsident Wallmann in seiner Regierungserklärung zur Verabschiedung des Hilfsprogramms im Februar 1990 ausdrücklich hervorhob: *Nach unserer Erfahrung ist in diesem Sektor unsere Hilfe um der Menschen willen am dringlichsten. Wer die heutige Ausstattung des Gesundheitswesens, etwa in Thüringen, einmal selbst gesehen hat, der weiß, daß gerade in diesem Bereich Hilfe besonders dringlich und nötig ist. Die Wahrheit ist: Selbst Kleinigkeiten fehlen. Deshalb hat die Koalition hier einen besonderen Schwerpunkt gesetzt.*[228] Zugleich erhoffte man, dass von einer schnellen Hilfe Impulse für eine Veränderung in der DDR ausgehen könnten.

225 Aus diesen Mitteln erfolgte die Finanzierung des Thüringen-Büros des Landes Hessen, hierfür waren bis zum 1. 10. 1990 ca. 273.000,00 DM in Anspruch genommen worden. Vgl. Aktionsprogramm Hessen-Thüringen, 3. Bericht zum Vollzug des Aktionsprogramms im Haushaltsjahr 1990, 1. 10. 1990, S. 9. Hessische Staatskanzlei. Zum anderen wurden aus den Mitteln der Staatskanzlei jedem Ressort sowie der Hessischen Landeszentrale für politische Bildung ein Betrag von jeweils 75.000,00 DM zur Verwendung nach eigenem Ermessen zugewiesen. Vgl. Schreiben des Vorsitzenden der Staatssekretärs-Kommission Hessen-Thüringen an die Ministerien, 21. 2. 1990. HHStAW, Z 502 Nr. 6133.

226 Schreiben des Hessischen Finanzministeriums, 11. 7. 2007. HHStAW, Projekt „Hessen-Thüringen". Wie aus dem Schreiben weiter hervorgeht, sind in der Summe der tatsächlich verausgabten Mittel in Höhe von 37,9 Mio. DM die in den Ressorthaushalten gebuchten Personalkosten zu Zwecken der Verwaltungshilfe in Thüringen nicht eingerechnet. Nach einer Auflistung der Hessischen Staatskanzlei vom August 1991 wurden im Haushaltsjahr 1990 für Zwecke des Aktionsprogramms insgesamt 38,06 Mio. DM verausgabt, wovon 7,28 Mio. DM in 1991 für bestimmte Maßnahmen bereits gebunden waren. Für 1991 standen danach insgesamt 54,66 Mio. DM zur Verfügung. Vgl. Hessische Staatskanzlei, Kabinettsvorlage, 7. 8. 1991. HHStAW, Z 502 Nr. 6097.

227 Aufgrund der unterschiedlich umfangreichen Aktenlage wird die Umsetzung des Hilfsprogramms nicht für alle Ressorts ausführlich dargestellt werden können. Sehr gut ist die Überlieferung z. B. für den Bereich Denkmalpflege mit den Überlieferungen der Hessischen Staatskanzlei (HHStAW, Z 502), den Akten des Hessischen Ministeriums für Wissenschaft und Kunst sowie den Unterlagen des Architekturbüros Rittmannsperger + Partner, Darmstadt.

228 Plenarprotokoll 12/98, Hessischer Landtag, 12. Wahlperiode, 98. Sitzung, 7. 2. 1990, S. 5593. Hessischer Landtag. Wie Ministerpräsident Wallmann weiter ausführte, sahen die Planungen der

Von den desolaten und besorgniserregenden Zuständen in Krankenhäusern, Polikliniken, Ambulatorien, Altenpflege- und Behindertenheimen und speziell in psychiatrischen Einrichtungen der DDR konnten sich auch Abgeordnete der FDP-Landtagsfraktion anlässlich einer Reise in die DDR im Januar 1990 einen Eindruck verschaffen. Wie aus einem Vermerk hervorgeht, wurden während des Aufenthalts verschiedene Krankenhäuser und Kliniken in den Bezirken Erfurt, Gera und Suhl besucht und auf den kritischen Zustand im Gesundheitswesen hingewiesen: *Städtische Kliniken: Labor besichtigt und Psychiatrische Klinik unter einem Dach. 6 Patienten in einem kleinen Zimmer. Wie überall überheizt, kleine Fenster, Dachschräge. Wer nicht schon krank ist, wird es!*[229] (Dok. 20) Verschärft wurde die schwierige Situation in diesem Bereich zusätzlich durch den verstärkten Weggang von medizinischem Fachpersonal (Ärztinnen, Ärzte, Krankenschwestern, Pfleger) und dieser Trend halte, so die Einschätzung des Hessischen Sozialministeriums, vor allem beim Krankenpflegepersonal unvermindert an, da in der Bundesrepublik eine besonders große Nachfrage bestehe.[230] Eine Hilfeleistung von außen, hieß es in der Stellungnahme des Ministeriums weiter, könne die Mängel des Gesundheitswesens allerdings nicht schlagartig beseitigen, jedoch könne bei gut geplantem und gezieltem Einsatz der Mittel in vielen Bereichen eine spürbare Verbesserung der medizinischen Versorgung der Bevölkerung erreicht werden. Zudem habe eine rasche und tatkräftige Hilfe einen hohen Symbolwert und trage sicher dazu bei, ein weiteres personelles Ausbluten des Gesundheitswesens der DDR zu verhindern.[231]

Zuständig für die Umsetzung des Aktionsprogramms Hessen-Thüringen im Bereich Gesundheitswesen war das Hessische Sozialministerium, dem für entsprechende Maßnahmen durch Beschluss der Staatssekretärs-Kommission aus Mitteln des Pro-

Hessischen Landesregierung vor, die Fördermaßnahmen schwerpunktmäßig für das Gesundheitswesen einzusetzen und in einem Gesamtzeitraum von drei Jahren abzuwickeln. Dafür sollten bis 1992 rund 70 Mio. DM zur Verfügung stehen.

229 Vgl. Vermerk, DDR-Fahrt vom 16. 1. bis 18. 1. 1990, Einzelprogramm „Soziales", Dr. Gisela Babel und Dr. Ulrike Scholtz, 21. 1. 1990. FDP-Fraktion im Hessischen Landtag. Katastrophal war offenbar auch die Situation in der Universitätsfrauenklinik in Jena, denn dort sei der Operationstisch unter einer Patientin mit offener Bauchwunde zusammengebrochen. Und der aus dem Jahre 1928 stammende OP-Tisch (Fotos des Tisches sind dem Vorgang beigefügt) sei nicht reparabel. Wie einem handschriftlichen Vermerk Dr. von der Osten-Sackens zu entnehmen ist, sollte noch im Januar 1990 ein in Darmstadt ausgesonderter OP-Tisch nach Jena geliefert werden. Vgl. Schreiben Hessische Staatskanzlei an das Hessische Sozialministerium, 4. 1. 1990. HHStAW, Z 502 Nr. 6102.

230 In einem Schreiben des Direktors der Klinik und Poliklinik für Chirurgie der Medizinischen Akademie Erfurt wies auch dieser darauf hin, dass durch den Wegzug vieler junger Leute, darunter insbesondere Schwestern, die Operationssäle der Klinik nicht mehr ausreichend mit Fachpersonal besetzt werden könnten. Vgl. Schreiben, Medizinische Akademie Erfurt an Ministerpräsident Dr. W. Wallmann, 5. 3. 1990. Hessisches Sozialministerium, Aktionsprogramm Hessen-Thüringen, Ordner 9.

231 Vgl. Hessisches Sozialministerium, Vorlage für die Kommission Thüringen-Hilfe, betr. Zusammenarbeit Hessen-Thüringen – Soforthilfeprogramm für das Gesundheitswesen, [13. 12. 1989]. HHStAW, Z 502 Nr. 6091.

gramms insgesamt 18,5 Mio. DM für das Jahr 1990 zugewiesen wurden.[232] Die Hilfe war für die DDR-Bezirke Erfurt, Gera und Suhl vorgesehen, in denen es 85 größere Einrichtungen des Gesundheitswesens gab, *darunter 2 Universitätskrankenhäuser und 18 konfessionelle Einrichtungen, sowie 4 Fachkrankenhäuser für Psychiatrie und Neurologie und ein Fachkrankenhaus für Kinderneuropsychiatrie.*[233] Einbezogen in die Hilfsmaßnahmen waren insbesondere auch Behinderten- und Pflegeeinrichtungen.

Mit den Planungen wurde noch im Dezember 1989 begonnen. Eine hausinterne Besprechung auf Abteilungsleiterebene am 8. Dezember diente dem Informationsaustausch und der Absprache über das weitere Vorgehen.[234] Ebenfalls im Dezember wurde über den damaligen Sachstand berichtet und dabei in einem Vermerk auf die Schwierigkeit hingewiesen, geeignete Ansprechpartner in der DDR zu finden: *Für das Gesundheitswesen der Bezirke zuständig sind die sogenannten Bezirksärzte und diese Institution ist im Augenblick diskreditiert. Es handelt sich um hohe SED-Funktionäre, denen von seiten der Reformer Inkompetenz und Selbstherrlichkeit vorgeworfen wird. Diese Institution ist als Ansprechpartner also nur bedingt geeignet. Als Ansprechpartner bieten sich an, die Kirchen, die eigene Krankenhäuser in der DDR unterhalten. Außerdem leitende Ärzte aus Krankenhäusern und aus anderen Bereichen des Gesundheitswesens.*[235] Dass die Bezirksärzte nicht das Vertrauen der Reformgruppen hatten, war bereits von Oberkirchenrat Kirchner (Evangelische Landeskirche Thüringen) in einem Gespräch hervorgehoben worden.[236] Dennoch war die Umsetzung des Aktionsprogramms im Bereich Gesundheitswesen nur in Absprache mit den sachlich und fachlich zuständigen Bezirksärzten der DDR-Bezirke möglich. Daher sollte zumindest in jedem Fall sichergestellt werden, dass Vertreter der politischen Opposition in die weitere Planung einbezogen würden.

Dem Hessischen Sozialministerium lagen im Dezember bereits unterschiedliche Bedarfslisten für medizinische Artikel vor, darunter eine offizielle Liste des Gesund-

232 Zunächst wurden dem Hessischen Sozialministerium 10 Mio. DM zur Verfügung gestellt (Dok. 13) und diese Summe am 8. 5. und am 21. 6. 1990 bis auf 18,5 Mio. DM aufgestockt. Vgl. Staatssekretärs-Kommission Hessen-Thüringen, Ergebnisniederschriften der 4., 7. und 9. Sitzungen der Staatssekretärs-Kommission. HHStAW, Z 502 Nr. 6133.

233 Vermerk des Hessischen Sozialministeriums, betr. Humanitäre Hilfe für Thüringen/Gesundheitswesen, hier: Konzept für das Hilfsprogramm Gesundheitswesen, Februar 1990. HHStAW, Z 502 Nr. 6091.

234 Vgl. Ergebnisvermerk: Verbesserung der Kontaktmöglichkeiten zwischen den Bürgern der Deutschen Demokratischen Republik und der Bundesrepublik Deutschland – insbesondere: Ausbau der Beziehungen zwischen Hessen und Thüringen. Hessisches Sozialministerium, Aktionsprogramm Hessen-Thüringen/Gesundheitswesen, Hessen hilft Thüringen.

235 Vermerk für Herrn Staatssekretär, Hessisches Sozialministerium, [Dr. Zickgraf, Abt. III], Dezember 1989. Hessisches Sozialministerium, Aktionsprogramm Hessen-Thüringen/Gesundheitswesen, Humanitäre Hilfe DDR.

236 Vgl. Notiz über ein Gespräch mit Herrn Oberkirchenrat Kirchner von der Evangelischen Landeskirche Thüringen am 8. 12. 1989 in Bad Nauheim, 11. 12. 1989. HHStAW, Z 502 Nr. 6091. Anlässlich dieses Gesprächs übergab Oberkirchenrat Kirchner eine Bedarfsliste für Krankenhäuser, Feierabendheime (Altenheime) und Sozialstationen des Diakonischen Werkes in Thüringen an die Hessische Landesregierung.

heitsministeriums der DDR, in der vor allem die Ausstattung der Krankenhäuser mit Großgeräten vorgeschlagen wurde. Zwei Listen kamen von Chefärzten thüringischer Krankenhäuser, eine weitere von kirchlichen Krankenhäusern.[237] Darüber hinaus erreichten das Hessische Sozialministerium zahlreiche Einzelanfragen aus Krankenhäusern, Polikliniken, Ambulatorien und staatlichen Arztpraxen, in denen detailliert um Lieferung von Verbrauchsgütern und medizinischen Geräten gebeten wurde. All diese Wünsche konkret umzusetzen, übersteige allerdings die Möglichkeiten, so die Bewertung des Sozialministeriums, da dies sehr arbeits- und zeitaufwändig sei und überdies den verfügbaren Finanzrahmen sprengen würde.[238] In Folge fanden zur Erarbeitung einer umsetzbaren Konzeption für den Bereich Gesundheitswesen zwischen Dezember 1989 und März 1990 zahlreiche Sondierungsgespräche sowohl in Hessen als auch vor allem in Thüringen statt: Am 11. Dezember trafen sich Vertreter des Deutschen Roten Kreuzes (DRK), der Landesärztekammer, der Hessischen Krankenhausgesellschaft, der Gesundheitsämter Wiesbaden und Frankfurt und der Firma Philipps, die seit Jahren über gute Kontakte in die DDR verfüge und über die dortigen Beschaffungspläne orientiert sei, um eine Strukturierung des Programms zu beraten, da zunächst daran gedacht war, die genannten Organisationen in die Programmabwicklung unmittelbar einzubeziehen. Insgesamt wurde von allen Beteiligten Unterstützung und Mitarbeit zugesagt. So bestehe bei den Gesundheitsämtern die Bereitschaft, vor Ort Kontakte aufzunehmen, und das DRK sei bereit auch für hessische Lieferungen die Transporte zu übernehmen, wie dies bereits auf Bundesebene geschehe. Bevor jedoch Entscheidungen über die Vergabe der Mittel getroffen würden, sollte, nach Ansicht des Sozialministeriums, in Absprache mit kompetenten Personen in Thüringen eine Prioritätenliste festgelegt werden.[239]

Zur Erörterung konkreter Maßnahmen fand am 11. Januar 1990 eine erste offizielle Besprechung mit den drei thüringischen Bezirksärzten und Vertretern des Runden Tisches in Erfurt statt. Von Seiten der hessischen Landesregierung nahmen daran Staatssekretär Dr. Gauland, Dr. von der Osten-Sacken (Hessische Staatskanzlei) sowie Staatssekretär Weiß, Dr. Wabnitz und Dr. Zickgraf (Hessisches Sozialministerium) teil. Schon bei diesem Gespräch verständigten sich die Teilnehmer auf wesentliche Grundsätze der hessischen Hilfe:

237 Vgl. Vermerk, Hessisches Sozialministerium, betr. Humanitäre Hilfe für Thüringen, Dezember 1989. Hessisches Sozialministerium, Aktionsprogramm Hessen-Thüringen/Gesundheitswesen, Humanitäre Hilfe DDR. Ebenso: Bedarfsliste für Krankenhäuser, Feierabendheime und Sozialstationen des Diakonischen Werkes der Ev.-Luth. Kirche in Thüringen, 1. 12. 1989. HHStAW, Z 502 Nr. 6102.

238 Vgl. Vermerk, Hessisches Sozialministerium, betr. Humanitäre Hilfe für Thüringen/Gesundheitswesen, 17. 1. 1990. Hessisches Sozialministerium, Aktionsprogramm Hessen-Thüringen/Gesundheitswesen, Sitzungen, Ordner 8. Dazu auch: Schreiben Staatssekretär G. Weiß (Hessisches Sozialministerium) an die FDP-Fraktion im Hessischen Landtag, 2. 3. 1990. Privatarchiv R. Wagner.

239 Vgl. Vermerk, Hessisches Sozialministerium, betr. Humanitäre Hilfe für Thüringen, Dezember 1989. Hessisches Sozialministerium, Aktionsprogramm Hessen-Thüringen/Gesundheitswesen, Humanitäre Hilfe DDR.

- Schwerpunkt der Hilfsmaßnahmen sollte demnach eine möglichst flächendeckende Versorgung mit dringend benötigten Gütern der medizinischen Grundversorgung sein und vorrangig Artikel, die nicht in der DDR hergestellt und deshalb gegen Devisen aus dem Westen bezogen werden müssten. Ausdrücklich wurde festgelegt, dass die hessische Hilfe allen Einrichtungen des Gesundheitswesens nach Bedarf in gleicher Weise zugutekommen müsse, also auch konfessionellen und universitären Einrichtungen.
- Zudem sollten die Empfänger von medizinischem Gerät einvernehmlich, also in Absprache mit Vertretern des Runden Tisches festgelegt werden. Einmalartikel und Verbrauchsmaterialien sollten über die Versorgungsdepots der Bezirke an die jeweiligen Einrichtungen abgegeben werden. Das Land Hessen behielt sich dabei ausdrücklich eine stichprobenartige Überprüfung vor.
- Für die benötigten Verbrauchsgüter und medizinischen Gerätschaften sollten einvernehmlich Bedarfslisten erarbeitet werden. Einig war man sich darüber, die Hilfeleistung auf eine begrenzte Auswahl an Artikeln, die mit hoher Priorität benötigt wurden, zu beschränken, um mit den eingesetzten Mitteln ein Höchstmaß an Hilfe leisten zu können. Durch umfangreiche Aufträge waren zudem günstige Preisangebote möglich.
- Ferner sollten nach Möglichkeit nur Firmen beteiligt werden, die bereits Handelsbeziehungen zur DDR unterhielten, und Geräte ausgewählt werden, die in der DDR bekannt waren, so dass sowohl für den Reparaturbedarf in der DDR als auch für die Einführung in die Gerätenutzung durch die jeweiligen Firmen die Voraussetzungen gegeben waren. Entsprechende Angebote sollten vom Land Hessen eingeholt werden.
- Ausdrücklich wurde festgehalten, die hessischen Hilfsmaßnahmen auf Sachleistungen zu beschränken. Der Kauf von Arzneimitteln, die Finanzierung von Baumaßnahmen sowie die Anschaffung von Großgeräten (Hightech) wurden aus dem Maßnahmenkatalog ausgeschlossen.[240]
- Die Maßnahmen für das Gesundheitswesen sollten degressiv abgewickelt und schwerpunktmäßig auf drei Jahre beschränkt werden mit einem möglichst hohen Volumen im ersten Jahr.

Die Beratungen am 11. Januar führten auch zu der Entscheidung, das Programm zentral durch das Hessische Sozialministerium und einen zu gründenden Regionalausschuss Thüringen, dem sowohl Vertreter der Räte (Bezirksärzte) als auch Mitglieder der Runden

240 Anfang 1990 wurde von der Bundesregierung auf Gesuch des Ministeriums für Gesundheit und Soziales der DDR ein Medikamentenset entwickelt, in welchem bestimmte nur gegen Devisen erhältliche Medikamente enthalten waren. Eine entsprechende flächendeckende Versorgung wurde für das Jahr 1990 sichergestellt. Vgl. Bundesministerium des Innern, Bericht über das 1990 vom Bundesminister für innerdeutsche Beziehungen durchgeführte Soforthilfeprogramm der Bundesregierung zur Verbesserung der medizinischen Versorgung der Bevölkerung in der DDR (Stand Februar 1991), 28. 2. 1991. Hessisches Sozialministerium, Aktionsprogramm Hessen-Thüringen/Gesundheitswesen, Gesundheitsabkommen, Ordner 1.

Tische (Erfurt, Gera, Suhl) angehören sollten, zu steuern. So sollte der Bedarf an Medizingeräten, Verbrauchsmaterialien und Einmal-Artikeln in Thüringen ermittelt und in gemeinsamen Beratungen hinsichtlich der finanziellen Möglichkeiten und der Verteilung auf die einzelnen Krankenhäuser und anderen Gesundheitseinrichtungen abgestimmt werden. Doch schließlich wurden gleich während dieses ersten Gesprächs, nicht zuletzt wegen der katastrophalen medizinischen Versorgungslage in der DDR, Bedarfslisten erörtert, die zuvor von den Bezirken im Einvernehmen mit dem Runden Tisch in Erfurt erarbeitet worden waren, und in gemeinsamer Absprache die Anschaffung von Einmal-Artikeln, Verbrauchsgütern und Geräten vereinbart. Die größten Einzelposten waren neben den Verbrauchsgütern diagnostische Geräte wie Ultraschall- und Endoskopiegeräte, chirurgische Röntgenbildverstärker und Geräte für die Intensivpflege wie Beatmungs- und Infusionsgeräte und Inkubatoren. Für andere medizinische Bereiche (Labor, Dentalbereich, Elektrochirurgie) sollte der Bedarf zu einem späteren Zeitpunkt ermittelt werden. Beide Seiten sprachen sich zudem explizit für den Aufbau von Partnerschaften zwischen einzelnen hessischen und thüringischen Krankenhäusern aus, da in diesem Rahmen dringende Einzelwünsche abgewickelt werden könnten, die in der Förderung durch das Land Hessen keinen Platz fänden.[241] (Dok. 21)

Parallel zum Treffen in Erfurt fanden ebenfalls am 10. und 11. Januar weitere Gespräche in Thüringen statt, in denen über mögliche Hilfsmaßnahmen im Behindertenbereich beraten wurde. Daran nahmen Vertreter der Diakonie und des Caritasverbandes aus Hessen und Thüringen, der Liga der Freien Wohlfahrtspflege in Hessen, des Kommissariats der Katholischen Bischöfe im Lande Hessen und des Hessischen Sozialministeriums teil. Neben der schwierigen personellen Situation wurde vor allem die mangelhafte Ausstattung der Behinderteneinrichtungen beanstandet. Um hier Abhilfe zu schaffen, war die Finanzierung pflegerischer Hilfsmittel (Krankenbetten, Rollstühle, Transportfahrzeuge) und Wirtschaftstechnik (Spül- und Waschmaschinen etc.) vorgesehen. Die Umsetzung der Maßnahmen sollte in enger Absprache mit den kirchlichen Organisationen in Hessen und Thüringen geschehen. Neben der materiellen Hilfe wurde auch in diesem Bereich eine intensive Förderung von Partnerschaften zwischen Behinderteneinrichtungen in Hessen und Thüringen angestrebt.[242]

241 Vgl. Vermerk des Hessischen Sozialministeriums, betr. Humanitäre Hilfe für Thüringen/Gesundheitswesen, Bezug: Besprechung mit den drei Bezirksärzten der thüringischen Bezirke und Vertretern des Runden Tisches am 11. 1. 1990 in Erfurt, [Januar 1990]. Hessisches Sozialministerium, Aktionsprogramm Hessen-Thüringen/Gesundheitswesen, Sitzungen, Ordner 8. Ebenso: Vermerk des Hessischen Sozialministeriums, betr. Humanitäre Hilfe für Thüringen/Gesundheitswesen, Februar 1990. HHStAW, Z 502 Nr. 6091.

242 Vgl. Vermerk des Hessischen Sozialministeriums, betr. Verbesserung der Kontaktmöglichkeiten zwischen den Bürgern der Deutschen Demokratischen Republik und der Bundesrepublik Deutschland; hier: Ausbau der Beziehungen zwischen Hessen und Thüringen im Behindertenbereich, [Januar 1990]. Hessisches Sozialministerium, Aktionsprogramm Hessen-Thüringen, Sitzungen, Ordner 8. Vgl. ebenso: Anfragen aus Thüringer Kliniken nach Vermittlung von Kontakten zu hessischen Krankenhäusern etc. Hessisches Sozialministerium, Aktionsprogramm Hessen-Thüringen/Gesundheitswesen, Krankenhäuser etc., Bd. 4.

Am 16. Januar trafen Vertreter der Landesärztekammer Hessen, der Ärztlichen Stellen Hessen, der Gesellschaft Technologietransfer Marburg (TTM) und des Sozialministeriums zu einem Erörterungstermin in Wiesbaden zusammen, da auch diese Organisationen über die bisherigen Maßnahmen des Aktionsprogramms informiert und in die Abwicklung mit einbezogen werden sollten. Die Kassenärztliche Vereinigung und die Landesärztekammer Hessen wurden um Mithilfe bei der Durchführung von Fortbildungsmaßnahmen und bei der Vermittlung von Patenschaften gebeten. Über den Weg der Patenschaften sollte die Abgabe nicht benötigter Ausstattungsgegenstände und medizinischen Geräts hessischer Krankenhäuser an thüringische Einrichtungen koordiniert und abgewickelt werden. Die Überprüfung und Instandsetzung der Geräte erfolgte durch die Gesellschaft Technologietransfer Marburg. Die Mittel dafür stellte das Land Hessen zur Verfügung.[243]

In Thüringen konstituierte sich Ende Januar 1990 der Regionalausschuss Thüringen, Unterausschuss Gesundheitswesen, um die von den Bezirksärzten erarbeiteten Prioritätenlisten als Vorschlag zur Hessenhilfe mit den Vorstellungen der Runden Tische in Erfurt, Gera und Suhl in Übereinstimmung zu bringen, da bisher allein Vertreter des Runden Tisches Erfurt an den Planungen beteiligt waren.[244] Am 6. Februar 1990 trafen sich in Erfurt zu einer weiteren Beratung leitende Mediziner staatlicher und konfessioneller Krankenhäuser, Vertreter des Neuen Forums, Mitglieder des Rates, Bezirksärzte sowie Mitarbeiter des Hessischen Gesundheitsministeriums, um aufgrund der erarbeiteten Bedarfslisten nun die Lieferungen an Medizinaltechnik und medizinischem Verbrauchsmaterial für die jeweiligen Einrichtungen des Gesundheits- und Sozialwesens in den Bezirken Erfurt, Gera und Suhl festzulegen.[245] In seiner zweiten Sitzung am 15. Februar bestätigte der Regionalausschuss Thüringen nachträglich die bisher eingereichten Prioritätenlisten,[246] so dass Finanzminister Kanther rechtzeitig zur ersten Sitzung des Beirats Hessen-Thüringen am 28. Februar 1990 feststellen konnte, dass es zwar zunächst Kritik an nicht hinreichender Absprache gegeben habe, doch *habe der Runde Tisch mit Befriedigung zur Kenntnis genommen, daß an der Erarbeitung*

243 Hessisches Sozialministerium, Vermerk, betr. Aktionsprogramm Hessen/Thüringen, hier: Sachstand zur humanitären Hilfe im Gesundheitswesen, 23. 1. 1990. Hessisches Sozialministerium, Aktionsprogramm Hessen-Thüringen/Gesundheitswesen, Sitzungen, Ordner 8. Vgl. auch: Schreiben des Hessischen Sozialministeriums an die Hessische Krankenhausgesellschaft, Hessische Landesärztekammer, Kassenärztliche Vereinigung Hessen, betr. Hessenhilfe für das Gesundheitswesen in Thüringen, 13. 2. 1990. Hessisches Sozialministerium, Aktionsprogramm Hessen-Thüringen/Gesundheitswesen, Verschiedenes.

244 Vgl. Festlegungsprotokoll der 1. Beratung des Regionalausschusses Thüringen, 29. 1. 1990. Hessisches Sozialministerium, Aktionsprogramm Hessen-Thüringen/Gesundheitswesen, Humanitäre Hilfe DDR.

245 Vgl. Rat des Bezirkes Erfurt, Abt. Gesundheits- und Sozialwesen, Protokoll über die Beratung mit Vertretern des Sozialministeriums der Hessischen Landesregierung, 7. 2. 1990. Hessisches Sozialministerium, Aktionsprogramm Hessen-Thüringen/Gesundheitswesen, Humanitäre Hilfe DDR.

246 Vgl. Festlegungsprotokoll der 2. Beratung des Regionalausschusses Thüringen, 16. 2. 1990. Hessisches Sozialministerium, Aktionsprogramm Hessen-Thüringen/Gesundheitswesen, Humanitäre Hilfe DDR.

der Verteilungslisten Ärzte der Oppositionsgruppen mitgewirkt hätten. An den Listen, den vorgesehenen Hilfsgütern und dem Zeitplan gebe es ausdrücklich keine Kritik mehr.[247] Und auch in der folgenden Sitzung des Beirats im März wurde nochmals bekräftigt, dass im Bereich Gesundheitswesen die Zustimmung der Runden Tische (Regionalausschuss Thüringen) vorläge und insofern keine weiteren Absprachen mehr nötig seien.[248]

Zur Klärung fachlicher Fragen fanden im Februar, März und April Gespräche z. B. über die Beschaffung von Dentalmaterial (am 23. 2. 1990 mit Zahnärzten in Erfurt) oder zu Fragen der Laboratoriumsmedizin (am 22. 3. 1990 mit Laborfachleuten in Erfurt) statt, da diese Bereiche ab 1991 in die hessische Hilfe einbezogen werden sollten.[249]

Auch zwischen Bund und Ländern kam es zur Abstimmung der Hilfsmaßnahmen für das Gesundheitswesen der DDR, da die Bundesregierung ebenfalls Ende 1989 ein medizinisches Soforthilfeprogramm für das Jahr 1990 von insgesamt 520 Mio. DM zur Verfügung gestellt hatte.[250] Während eines Bund-Länder-Gesprächs am 14. März 1990 zeigte sich, nach Einschätzung des Hessischen Sozialministeriums, *daß außer Hessen alle anderen Bundesländer nur sehr geringe Mittel zur Förderung des Gesundheitswesens in der DDR unmittelbar zur Verfügung stellen. Somit liegt das Schwergewicht bei den meisten Ländern auf Beratung, Information und der ideellen sowie materiellen Förderung von Partnerschaften zwischen Institutionen des Gesundheitswesens in der DDR und der Bundesrepublik.*[251]

Mit der Auslieferung von Hilfsgütern im Rahmen des Aktionsprogramms Hessen-Thüringen in die DDR wurde noch im Dezember 1989 begonnen. Dies war möglich geworden, weil gleich nach Öffnung der deutsch-deutschen Grenze bereits Kontakte zu kirchlichen Einrichtungen bestanden. Daher ging die erste Lieferung medizinischen Materials (ein Ultraschallgerät, zwei LKW-Ladungen medizinischer Verbrauchsartikel im Wert von zusammen 225.000,– DM) an das Diakonische Amt der Evangelisch-Lutherischen Kirche Thüringen in Eisenach. Mit Blick auf die erste freie Volkskammerwahl in der DDR am 18. März 1990 sollten konkrete Fördermaßnahmen nicht über die

247 Kurzbericht, 1. Sitzung des Beirats „Hessen/Thürigen", 28. 2. 1990, S. 2, 12. Wahlperiode. Hessischer Landtag.

248 Vgl. Kurzbericht, 2. Sitzung des Beirats „Hessen/Thüringen", 13. 3. 1990, S. 4, 12. Wahlperiode. Hessischer Landtag.

249 In einem umfassenden Vermerk des Hessischen Sozialministeriums vom April 1990 wurden die geführten Besprechungen sowie die jeweiligen Ergebnisse der Gespräche zusammengetragen. Vgl. Vermerk, betr. Programm Hessen-Thüringen/Gesundheitswesen; hier: Bericht und Antrag an die Staatssekretärs-Kommission zur Sitzung am 8. Mai 1990, April 1990. Hessisches Sozialministerium, Aktionsprogramm Hessen-Thüringen/Gesundheitswesen, Verschiedenes.

250 Vgl. Bundesministerium des Innern, Bericht über das 1990 vom Bundesminister für innerdeutsche Beziehungen durchgeführte Soforthilfeprogramm der Bundesregierung zur Verbesserung der medizinischen Versorgung der Bevölkerung in der DDR, 28. 2. 1991. Hessisches Sozialministerium, Aktionsprogramm Hessen-Thüringen/Gesundheitswesen, Gesundheitsabkommen, Ordner 1.

251 Vermerk, betr. Programm Hessen-Thüringen/Gesundheitswesen, April 1990. Hessisches Sozialministerium, Aktionsprogramm Hessen-Thüringen/Gesundheitswesen, Verschiedenes.

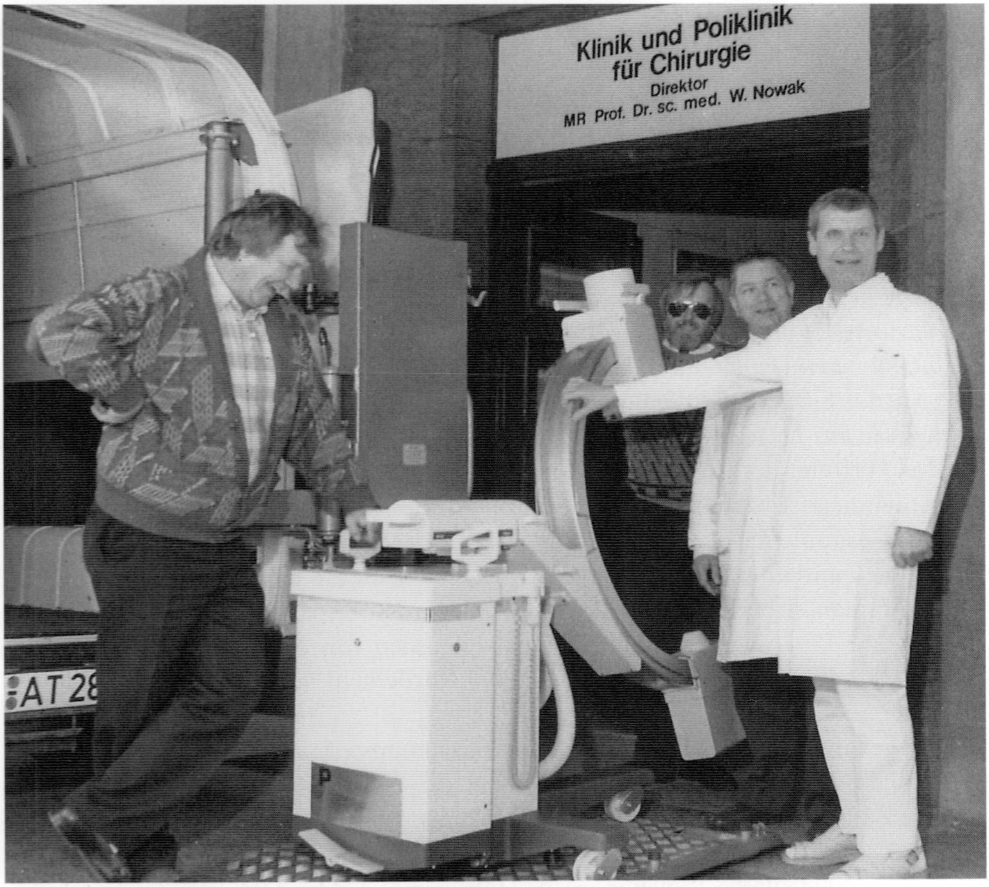

Übergabe medizinischer Geräte an die Klinik und Poliklinik für Chirurgie der Medizinischen Akademie Erfurt am 2. März 1990, 2.03.1999

Bezirksärzte und die SED laufen, wie es in einem hausinternen Schreiben des Hessischen Sozialministeriums hieß: *Es muß auf jeden Fall vermieden werden, daß die SED Hilfen aus Hessen für Thüringen für eigene Zwecke öffentlichkeitswirksam als eigene Leistungen und Verdienste darstellen könnte.*[252] Wie einer entsprechenden Liste und Zeitungsartikeln zu entnehmen ist, fand die erste Übergabe von medizinischen Hilfsgütern in Eisenach durch den damaligen Hessischen Ministerpräsidenten Dr. Walter Wallmann statt.[253] Weitere Lieferungen folgten. Vom 18. Januar bis zum 16. März 1990 gab es 39 Auslieferungen an Krankenhäuser, Polikliniken und Behinderteneinrichtun-

252 Hausinternes Schreiben Hessisches Sozialministerium, 2. 2. 1990. Hessisches Sozialministerium, Aktionsprogramm Hessen-Thüringen/Gesundheitswesen, Grundsatzfragen, Ordner 2.

253 Vgl. Liste, Besuche in der DDR, [März 1990]. HHStAW, Z 502 Nr. 6092. Ebenso: „Spritzen für kranke Thüringer. Ministerpräsident Wallmann übergibt in Eisenach hessische Hilfssendungen." Frankfurter Rundschau, 29. 12. 1989.

gen in Thüringen, die von Ministern der Hessischen Landesregierung, Staatssekretären und Abgeordneten des Hessischen Landtags übergeben wurden.[254] Auch dies war ein Grund dafür, dass die hessische Hilfe im Bereich Gesundheitswesen vor allem als Verdienst der hessischen CDU-Landesregierung gesehen wurde. Zahlreiche Dankesschreiben weisen darauf hin, so auch das Schreiben einer Ärztin des Kreiskrankenhauses Eisenach: *Herr Kultusminister Ch. Wagner hat noch am 14. 3. 90 den von Ihnen angekündigten Röntgen-Bildverstärker an unser Haus übergeben können. Noch heißt – noch vor unserer ersten freien Wahl. Ich denke, auch dieses Gerät war ein Stück Wahlkampfhilfe für die CDU in Eisenach. Haben Sie ganz herzlichen Dank für Ihre damit verbundene überreichliche Arbeit. Im Namen aller Patienten und Ärzte möchte ich mich bedanken. Geben Sie bitte unseren Dank an Ihre Landesregierung weiter.*[255]

An der Sitzung des Regionalausschusses Thüringen, Unterausschuss Gesundheitswesen am 12. Juni 1990 in Erfurt nahmen neben den Mitgliedern des Ausschusses drei Vertreter des Hessischen Sozialministeriums teil. Wie dem Sitzungsprotokoll zu entnehmen ist, waren zu diesem Zeitpunkt die Mittel des Aktionsprogramms im Bereich Gesundheitswesen für das laufende Jahr 1990 bis auf einen Rest verplant bzw. ausgegeben und über die Verteilung zusätzlicher Gelder in Höhe von 3 Mio. DM verständigte man sich einvernehmlich. Zudem wurden erste Planungen für das kommende Jahr 1991 angestellt, die ein Finanzvolumen von 20,5 Mio. DM für den Bereich Gesundheitswesen vorsahen. Für 1990 wurde kein neues Arbeitstreffen in der DDR vereinbart.[256]

Insgesamt standen dem Hessischen Sozialministerium für den Förderbereich Gesundheitswesen 18,5 Mio. DM aus Mitteln des Aktionsprogramms zur Verfügung. Weitere Zuwendungen für einzelne Projekte kamen vom Hessischen Finanzministerium (400.000,– DM für die Dacheindeckung der Poliklinik Suhl) und vom Bundesministerium für innerdeutsche Beziehungen in Höhe von 3,27 Mio. DM u. a. zur Errichtung eines OP-Containers für das Bezirkskrankenhaus Meiningen.[257] Andere Maßnahmen

254 Von den insgesamt 40 Terminen zur Übergabe hessischer Hilfsgüter erfolgten lediglich drei durch Abgeordnete der SPD-Fraktion (2. 3. 1990: Kreiskrankenhaus Nordhausen, 11. 3. 1990: Bezirkskrankenhaus Suhl, 12. 3. 1990: Kreiskrankenhaus Apolda). Vgl. Liste, Besuche in der DDR, [März 1990]. HHStAW, Z 502 Nr. 6092.

255 Schreiben Dr. K. K. an Dr. Zickgraf, Hessisches Sozialministerium, 25. 3. 1990. Hessisches Sozialministerium, Aktionsprogramm Hessen-Thüringen/Gesundheitswesen, (Schuber). Vgl. auch: Schreiben Klinik und Poliklinik für Radiologie der Friedrich-Schiller-Universität Jena an Ministerpräsident Wallmann, 23. 3. 1990. HHStAW, Z 502 Nr. 6093.

256 Vgl. Protokoll der Sitzung des Regionalausschusses Thüringen, Unterausschuss Gesundheitswesen am 12. 6. 1990 in Erfurt, 25. 6. 1990. Hessisches Sozialministerium, Aktionsprogramm Hessen-Thüringen/Gesundheitswesen.

257 Vgl. 3. Bericht zum Vollzug des Aktionsprogramms im Haushaltsjahr 1990, 1. 10. 1990. Hessische Staatskanzlei. Dazu auch: Zuwendungsbescheid des Bundesministers für innerdeutsche Beziehungen vom 30. 5. 1990 über 2,699 Mio. DM. Hessisches Sozialministerium, Aktionsprogramm Hessen-Thüringen/Gesundheitswesen, Ausstattungslieferungen etc., Bd. 6. Weitere 570.000,– DM wurden zur Komplettierung des Ultraschallprogramms zur Verfügung gestellt. Vgl. Schreiben, Dr. Zickgraf, Hessisches Finanzministerium, betr. Hessen-Thüringen Programm/Gesundheits-

beispielsweise im Rahmen der Behindertenhilfe wurden durch die Hessische Staatskanzlei mitfinanziert.[258] Durch Mehrwertsteuerrückerstattungen konnte der finanzielle Rahmen um weitere 1,184 Mio. DM erhöht werden.[259]

Aus diesen Mitteln wurden in Thüringen Gesundheits-, Behinderten- und Pflegeeinrichtungen durch Investitions- und Ausstattungsmaßnahmen von mehr als 20 Mio. DM gefördert, wie die folgende Aufstellung zeigt:[260]

A. **Gesundheitseinrichtungen** (Krankenhäuser, Polikliniken, Ambulatorien etc.)

Medizinisches Verbrauchsmaterial	3,71 Mio. DM
62 Ultraschallgeräte und Zubehör	3,70 Mio. DM
18 chirurgische Röntgen-Bildverstärker	3,34 Mio. DM
200 Infusionspumpen	0,80 Mio. DM
12 Beatmungsgeräte	0,57 Mio. DM
47 Elektrochirurgiegeräte	0,50 Mio. DM
10 Rettungsscheren für die Feuerwehr	0,14 Mio. DM
26 Fahrzeuge	0,50 Mio. DM
150 Arztkoffer, 2 Notfallkoffer, 140 Blutdruckmessgeräte und anderes medizinisches Gerät	0,90 Mio. DM
1 Transport-Inkubator	0,50 Mio. DM
Endoskopiegeräte	3,00 Mio. DM
Der medizinischen Akademie Erfurt und der Universität Jena wurden jeweils 150.000,– DM zur freien Verfügung zugewiesen	0,30 Mio. DM
Zuschuss für die Errichtung einer Dialysestation in Mühlhausen[261]	0,60 Mio. DM
Unterstützung der medizinischen Untersuchungsämter	0,10 Mio. DM

wesen, 16. 11. 1990. HHStAW, Z 502 Nr. 6095. Insgesamt wurden in dem 3. Bericht der Hessischen Staatskanzlei zum Vollzug des Aktionsprogramms die Ausgaben im Gesundheitswesen mit über 25 Mio. DM beziffert.

258 Vgl. u. a. Schreiben der Hessischen Staatskanzlei an das Sankt Johannesstift in Ershausen, 5. 12. 1990. HHStAW, Z 502 Nr. 6136.

259 Vgl. 3. Bericht zum Vollzug des Aktionsprogramms im Haushaltsjahr 1990, 1. 10. 1990, S. 4. Hessische Staatskanzlei. Bis zum Inkrafttreten der Wirtschafts-, Währungs- und Sozialunion am 1. 7. 1990 wurde auf in die DDR gelieferte Waren nachträglich ein verminderter Mehrwertsteuersatz erhoben. Die daraus entstandenen Rückflüsse kamen dem Aktionsprogramm Hessen-Thüringen wieder zugute. Vgl. Protokoll der Sitzung des Regionalausschusses Thüringen, Unterausschuss Gesundheitswesen am 12. 6. 1990 in Erfurt, 25. 6. 1990. Hessisches Sozialministerium, Aktionsprogramm Hessen-Thüringen/Gesundheitswesen.

260 Vgl. Vermerk des Hessischen Sozialministeriums vom 9. 10. 1990 mit handschriftlichen Ergänzungen mit Datum vom 24. 1. 1991. Wie dem Vermerk weiterhin zu entnehmen ist, wurden aus Haushaltsmitteln des Hessischen Sozialministeriums zusätzlich 3,8 Mio. DM für Investitionsmaßnahmen in Thüringen bereitgestellt. Die Mittel wurden überwiegend zur Beschaffung von Einrichtungs- und Ausstattungsgegenständen für Tagesstätten, Heime etc. verwendet. Hessisches Sozialministerium Aktionsprogramm Hessen-Thüringen/Gesundheitswesen, Verschiedenes.

261 Wie aus einem Schreiben von Staatssekretär Weiß hervorgeht, war mit der Förderung eines Dialysezentrums in Mühlhausen auch die Überlegung verbunden, dass, soweit Dialyseeinrichtungen

B.	**Behinderten- und Pflegeeinrichtungen**	
	Behinderten- und Pflegeeinrichtungen, Feierabendheime der Diakonie und der Caritas (zur Beschaffung von med.-technischen Ausstattungsgegenständen und haustechnischen Geräten)	2, 71 Mio. DM
	Behinderten- und Pflegeeinrichtungen, Sozialstationen der Diakonie und der Caritas (zur Beschaffung von PKWs und Kleinbussen)	1,52 Mio. DM
	Pflegeheim Großvargula (kommunale Einrichtung) (zur Beschaffung von Betten und Nachttischen)	0,02 Mio. DM
	Reha-Zentrum Erfurt – Heilpädagogisches Heim für Schwerst- und mehrfach behinderte Kinder und Jugendliche der Stadt Erfurt (zur Beschaffung von medizinischen und therapeutischen Ausstattungsgegenständen)	0,09 Mio. DM

Darüber hinaus wurden aus Mitteln des Aktionsprogramms Hessen-Thüringen, die jedem Ressort „für sonstige Zwecke" in Höhe von 75.000,– DM zugewiesen wurden, weitere Projekte finanziert. Bis Ende 1990 waren davon 61.377,84 DM zumeist für die Förderung von Informations- und Fortbildungsveranstaltungen ausgegeben. So wurde z. B. die Durchführung von Sprechtagen und Beratungsterminen durch die Behindertenhilfe Marburg in verschiedenen thüringischen Städten unterstützt.[262]

Andere geplante Maßnahmen wie die Lieferung von Dentalmaterial an Zahnärzte in Thüringen wurden zurückgenommen, obgleich eine entsprechende Ausschreibung mit einem Gesamtwert von rd. 3 Mio. DM bereits vorlag. Aufgrund der gegenwärtigen Situation in der ehemaligen DDR sei dieser Programmteil in der ursprünglich geplanten Form nicht mehr sinnvoll, hieß es in einem Schreiben des Hessischen Sozialministeriums vom November 1990.[263] Hier wurde auf die Auflösungen der Polikliniken und die damit verbundenen Praxisgründungen hingewiesen, die aus dem Hessen-Thüringen-Programm nicht zu finanzieren waren.[264]

nicht in der DDR geschaffen würden, es zu befürchten stehe, *daß die Patienten sich dazu nach Fulda, Hersfeld oder Kassel begeben und damit diesen Kommunen zur Last fallen.* Schreiben StS Weiß, Hessisches Sozialministerium an die Hessische Staatskanzlei, Februar 1990, HHStAW, Z 502 Nr. 6133.

262 Vgl. Schreiben Hessisches Sozialministerium, betr. Aktionsprogramm Hessen-Thüringen, hier: 75.000,– DM für sonstige Zwecke, Stand 31. 8. 1990 und 1. 11. 1990 bis 31. 12. 1990. HHStAW, Z 502 Nr. 6094, 6095.

263 Vgl. Schreiben Dr. Zickgraf an das Hessische Finanzministerium, betr. Hessen-Thüringen-Programm/Gesundheitswesen, 16. 11. 1990. HHStAW, Z 502 Nr. 6095.

264 Wie einem Schreiben der Hessischen Staatskanzlei zu entnehmen ist, sollte im Fall der Poliklinik Leinefelde sichergestellt werden, dass im Falle der Auflösung ein von Hessen zur Verfügung gestelltes Sonographiegerät einem Krankenhaus übergeben werde. Vgl. Schreiben der Hessischen Staatskanzlei an das Hessische Sozialministerium, 19. 11. 1990. HHStAW, Z 502 Nr. 6135.

Mit dem Beitritt der DDR zur Bundesrepublik Deutschland wurde das Gesundheitswesen in den ostdeutschen Bundesländern durch die Übernahme des gegliederten Systems der Krankenversicherung und nach bundesdeutscher Gesetzgebung neu organisiert. Auch dies hatte Einfluss auf die weitere Ausgestaltung des Aktionsprogramms im Bereich Gesundheitswesen. *Das Programm ist, was den Programmteil Gesundheit betrifft, in diesem Jahr deutlich schlechter ausgestattet als im vergangenen Jahr,* wie es in einem Schreiben vom 16. Mai 1991 hieß, *so daß wir nur noch ganz vereinzelt Medizingeräte liefern. Die Krankenhäuser sind ja jetzt mit den Förderpauschalen von 8000,– bis 15.000,– DM pro Bett und Jahr sehr gut ausgestattet, so daß hier eine Hilfe ohnehin nicht angebracht wäre.*[265] Ein weiterer Grund für die Reduzierung der Mittel lag in der Umstrukturierung des Aktionsprogramms Hessen-Thüringen. In Absprache mit der neuen Thüringer Landesregierung einigten sich die Ministerpräsidenten Duchač und Eichel im Mai 1991 darauf, die Mittel aus dem hessischen Hilfsprogramm zukünftig verstärkt zugunsten der Förderung von Verwaltungshilfe einzusetzen.[266] Die Maßnahmen im Bereich Gesundheitswesen für das Jahr 1991 wurden nun von der Thüringer Landesregierung vorgeschlagen und umfassten ein Finanzvolumen von 8.189.000,– DM.[267] Diese Gelder sollten insbesondere zur Verbesserung der Situation in Altenpflegeheimen und der Psychiatrie, ferner zum Aufbau der Arbeitsschutzbehörden, zur gerätetechnischen Ausstattung der Untersuchungsämter und weiterer Pflegeeinrichtungen eingesetzt werden.

Das eigentliche Aktionsprogramm Hessen-Thüringen mit dem Schwerpunkt einer schnellen Hilfe in akuten Notsituationen, wie es vom Hessischen Landtag im Februar 1990 beschlossen wurde, war damit auch für den Bereich Gesundheitswesen im Wesentlichen vollzogen. Zahlreiche Briefe belegen den außerordentlich großen Erfolg des Programms, das zu einer spürbaren Verbesserung der medizinischen Versorgung in Thüringen entscheidend beitragen konnte.[268] (Dok. 22) Zugleich wurden durch die hessische Hilfe der mangelhafte Zustand des Gesundheitssystems und damit die desaströse ökonomische Lage der DDR nochmals offenkundig.

265 Schreiben Dr. Zickgraf, Hessisches Sozialministerium, an das Bezirkskrankenhaus Meiningen, 16. 5. 1991. Hessisches Sozialministerium, Aktionsprogramm Hessen-Thüringen/Gesundheitswesen, Ordner M-S.

266 Vgl. Schreiben des Thüringer Ministerpräsidenten J. Duchač, an den Hessischen Ministerpräsidenten H. Eichel, betr. Aktionsprogramm Hessen/Thüringen, 12. 7. 1991. HHStAW, Z 502 Nr. 6097. Vgl. auch: Vereinbarung zwischen den Ministerpräsidenten beider Landesregierungen, Duchač und Eichel am 21. 5. 1991. HHStAW, Z 502 Nr. 6128.

267 Vgl. Schreiben des Thüringer Ministerpräsidenten J. Duchač, an den Hessischen Ministerpräsidenten H. Eichel, betr. Aktionsprogramm Hessen/Thüringen, 12. 7. 1991. HHStAW, Z 502 Nr. 6097.

268 Vgl. z. B. Schreiben Prof. Dr. W. N., Medizinische Akademie Erfurt an Ministerpräsident Dr. W. Wallmann, 5. 3. 1990. Hessisches Sozialministerium Aktionsprogramm Hessen-Thüringen/Gesundheitswesen, Band 9. Ebenso: Schreiben Prof. Dr. D. K., Friedrich-Schiller-Universität Jena an Ministerpräsident Dr. Wallmann, 23. 3. 1990. HHStAW, Z 502 Nr. 6093.

2.10.2 Verkehrswesen

Massenfluchten von DDR-Bürgerinnen und -Bürgern über Ungarn und die Tschechoslowakei in die Bundesrepublik sowie Proteste und Demonstrationen in der DDR setzten die dortige Regierung massiv unter Druck. Sie reagierte darauf mit einer Reformierung des Reisegesetzes. Am 9. November 1989 teilte Günter Schabowski, Mitglied des SED-Politbüros, auf einer Pressekonferenz überraschend mit, dass ab sofort Privatreisen nach dem Ausland ohne Vorliegen von Voraussetzungen (Reiseanlässe, Verwandtschaftsverhältnisse) beantragt werden könnten. Die Genehmigungen würden kurzfristig erteilt, ständige Ausreisen seien über alle Grenzübergangsstellen der DDR und der Bundesrepublik Deutschland bzw. Berlin (West) möglich.[269] Damit war allen DDR-Bürgerinnen und -Bürgern die Aus- und Einreise in die Bundesrepublik gestattet. Und wie sich später zeigte, war damit zugleich die endgültige Öffnung der deutsch-deutschen Grenze eingeleitet. Noch im November wurde mit dem Abbau der Grenzbefestigungsanlagen begonnen.

Schon in den folgenden drei Tagen nach Öffnung der innerdeutschen Grenze wurden 13 neue Übergangsstellen eingerichtet, darunter vier zwischen Hessen und dem späteren Thüringen. Im Dezember gab es an der hessisch-thüringischen Grenze bereits 26 Kontrollpunkte, viele nur für Fußgänger[270], und bis zu den Weihnachtstagen waren es 32.[271] Erste Maßnahmen zur Verbesserung der Verkehrsinfrastruktur zwischen Hessen und Thüringen wurden unmittelbar mit Öffnung der innerdeutschen Grenze im November eingeleitet.[272]

Eine am 22. Dezember vom Hessischen Wirtschaftsminister Alfred Schmidt (FDP) vorgestellte Verkehrskarte zeigt die bis dahin eingerichteten Grenzübergangsstellen. Wie es in einem Zeitungsbericht hieß, sollte die mit einer Stückzahl von zunächst 20.000 Exemplaren aufgelegte Karte durch den Bundesgrenzschutz an Reisende aus der DDR und der Bundesrepublik verteilt werden.[273]

Mit Öffnung der Grenzübergänge setzte auch ein Ansturm der DDR-Bevölkerung auf Hessen ein, täglich kamen zwischen 100.000 und 500.000 Besucher.[274] Fahrzeugschlangen waren nicht nur an Grenzübergängen die Regel, sondern führten besonders

269 Vgl. u. a. Hertle, Hans-Hermann: Chronik des Mauerfalls. Die dramatischen Ereignisse um den 9. November 1989, ^{5}1997.

270 Vgl. Karte: Verkehrswege-Grenzübergänge Hessen-Thüringen, 1 : 250.000. Hessisches Landesvermessungsamt, ^{2}1990.

271 Vgl. Schneider: Hessen und Thüringen, ^{2}1990, S. 49–60, hier S. 58. Bis zum 9. 11. 1989 gab es zwischen Hessen und Thüringen lediglich zwei Grenzübergangsstellen: Herleshausen-Wartha (Straße) und Bebra-Gerstungen (Bahn).

272 Zur Darstellung des Bereichs Verkehrswesen konnte auf die Überlieferungen der Hessischen Staatskanzlei sowie auf Akten des Hessischen Landesamtes für Straßen- und Verkehrsverwaltung, Wiesbaden, zurückgegriffen werden. Weitere einschlägige Unterlagen zu konkreten Straßenbaumaßnahmen im grenznahen Bereich finden sich möglicherweise bei den zuständigen Hessischen Straßenbauämtern Bad Hersfeld, Fulda und Eschwege.

273 Vgl. „Neue Verkehrskarte vorgestellt", Hessische Allgemeine – Stadtausgabe, 22. 12. 1989.

274 Vgl. Schneider: Hessen und Thüringen, ^{2}1990, S. 60.

Ausschnitt aus der Karte „Verkehrswege-Grenzübergänge Hessen-Thüringen", 1 : 250.000, Hessisches Landesvermessungsamt, [2]1990

in den grenznahen Gebieten zu einer enormen Verkehrs- und Umweltbelastung. Die wenigen noch vorhandenen grenzüberschreitenden Straßenverbindungen zwischen Hessen und Thüringen waren hoffnungslos überlastet. Ein Ausweichen der Besucher auf den öffentlichen Personennahverkehr war nicht möglich, da keine Verkehrslinien von der DDR in die Bundesrepublik bzw. umgekehrt bestanden. Dies war die Sachlage, auf die das Hessische Ministerium für Wirtschaft und Technik (HMWT) reagierten musste. Zur Bewältigung dieser Aufgabe wurden dem Wirtschaftsministerium insgesamt 3,6 Mio. DM aus Mitteln des Aktionsprogramms Hessen-Thüringen für Infrastrukturmaßnahmen im Verkehrswesen zur Verfügung gestellt.[275]

Vorrangiges Ziel der Hessischen Landesregierung sowie der grenznahen hessischen Städte, Gemeinden und Landkreise war die zügige Öffnung weiterer Grenzübergänge zwischen Hessen und Thüringen und damit verbunden die Wiederherstellung von seit Jahrzehnten unterbrochenen Straßenverbindungen. Um mit dem Um- und Ausbau des Straßennetzes unverzüglich beginnen zu können, erklärte die Hessische Landesregierung ihre grundsätzliche Bereitschaft, die Kosten für den Bau von Fahrbahnen auf DDR-Gebiet zu übernehmen.[276] Diese verkehrspolitischen Maßnahmen zielten insbesondere darauf, die endgültige Öffnung der innerdeutschen Grenze zu beschleunigen und damit zugleich den eingeleiteten Reformprozess in der DDR unumkehrbar zu machen.

In den zuständigen Hessischen Straßenbauämtern wurde noch in der Nacht der Grenzöffnung am 9. November auf die neue Situation reagiert, wie sich der damalige Leiter des Autobahnamtes Frankfurt, Außenstelle Alsfeld, Gerhard Ruhl, erinnerte. Gemeinsam mit einem Kollegen sei er in dieser Nacht nach Gerstungen gefahren, um Vorkehrungen für die mögliche Öffnung eines Grenzübergangs zu prüfen. *Wir hatten bis zum Mittag des 10. 11. 1989 einen Plan aufgestellt, wie und mit welchen Mitteln eine solche Grenzöffnung mit all den Gefahren (Minen, Starkstrom u. a. m.) operativ und sehr schnell zu schaffen wäre. […] Ich habe zögerlich – nach Freischneiden des Buschwerkes Blickkontakt mit einem Grenzpolizisten von Drüben aufgenommen und diesen gebeten, dass man miteinander reden müsse. Der Widerstand war zunächst unüberwindbar, da es vermutlich keine offizielle DDR-Stelle gab, die eine solche Vorgehensweise – nämlich Öffnung der Grenze nach Westen duldete. […] Ich denke so am 2. und 3. Tag nach dem 9. 11. 89 konnte sich die erste Raupe gen Osten bewegen und den Weg nach „Drüben“ freischieben.*[277]

275 Insgesamt wurden dem HMWT aus Mitteln des Aktionsprogramms 14,65 Mio. DM zugeteilt, davon waren 10 Mio. DM zur Finanzierung des Kleinkreditprogramms und 1,05 Mio. DM für Umweltschutzmaßnahmen vorgesehen. Vgl. 3. Bericht zum Vollzug des Aktionsprogramms im Haushaltsjahr 1990, 1. 10. 1990. Hessische Staatskanzlei. Ebenso: Staatssekretärskommission Hessen-Thüringen, Ergebnisniederschrift über die 9. Sitzung am 21. 6. 1990. HHStAW, Z 502 Nr. 6133.

276 Vgl. „Neuer Grenzübergang zur DDR. Landesregierung will Zusammenarbeit mit Thüringen vertiefen“, FAZ, 24. 11. 1989. *Hessen sei auch bereit „einige Kilometer in DDR-Gebiet hineinzubauen“, sagte Ministerpräsident Walter Wallmann (CDU) am Dienstag in Wiesbaden.* „Millionen für Straßenbau im Grenzgebiet“, Darmstädter Echo, 23. 11. 1989.

277 Ruhl, Gerhard: Autobahnbau in Thüringen – ein persönliches Resümee. In: Info/Vereinigung der Straßenbau- und Verkehrsingenieure Thüringens e. V., 2002, S. 43–45, hier S. 44. HHStAW, Projekt Hessen-Thüringen.

Grenzanlagen versperren die Gemeindestraße „Am Weidenhain" in Philippsthal, Februar 1990

Die geöffnete Gemeindestraße „Am Weidenhain" in Philippsthal, März 1990

Am 21. November, noch vor Verabschiedung des Aktionsprogramms durch die Hessische Landesregierung Anfang Dezember, reiste der Hessische Wirtschaftsminister Alfred Schmidt in des Grenzgebiet zur DDR, um sich vor Ort über nötige und kurzfristig realisierbare Maßnahmen zur Verbesserung der Infrastruktur zu informieren.[278] Schon bei diesem Besuch wurden konkrete Straßenbaumaßnahmen festgelegt; u. a. sollte die B 278 zwischen DDR-Grenze und Motzlar (Thüringen) im Zuge der Grenzöffnung ausgebaut werden, da die Straße nicht breit genug und im grenznahen Raum gar nicht mehr vorhanden war. Um möglichst sofort mit den Bauarbeiten beginnen zu können, verständigte man sich darauf, *die Arbeiten auf der Grundlage bestehender Verträge, deren Arbeiten öffentlich ausgeschrieben waren und ähnliche Leistungen beinhalten, zu vergeben.*[279] Auch von den grenznahen Landkreisen Hersfeld-Rotenburg, Fulda und dem Werra-Meißner-Kreis wurden Vorschlagslisten mit dringenden Verkehrsprojekten (Ausbau von Schienen- und Straßenverbindungen) ausgearbeitet und dem Hessischen Wirtschaftsministerium vorgelegt.[280] In seiner Prioritätenliste benannte der Kreisausschuss des Landkreises Hersfeld-Rotenburg als eine vordringliche Verkehrswegebaumaßnahme den Ausbau der Gemeindestraße in Philippsthal, da auf der 5 m breiten Straße zurzeit der gesamte grenzüberschreitende Verkehr aus dem Raum Vacha–Philippsthal abgewickelt werde. Vor allem jedoch wurde der Ausbau der Bundesautobahn A 4 zwischen Wildeck-Obersuhl und Herleshausen-Wommen (sog. Thüringer Zipfel) gefordert.[281] (Dok. 23)

278 Vgl. „Neuer Grenzübergang zur DDR. Landesregierung will Zusammenarbeit mit Thüringen vertiefen“, FAZ, 24. 11. 1989. In seinen persönlichen Aufzeichnungen erinnert sich Hans-Otto Kurz, ehem. Büroleiter der Kreisverwaltung Hersfeld-Rotenburg: *Dienstag, 21. 11. 89 Aufstellung gefertigt mit möglichen Forderungen, die vom ersten Kreisbeigeordneten Holzhauer Herrn Wirtschaftsminister Schmidt bei seinem Besuch am gleichen Tag gegen 13:00 Uhr beim BGS mit anschließendem Flug im Grenzraum und Landung bei Leimbach/Dippach vorgetragen wurden.* Privatunterlagen H.-O. Kurz.

279 Hessisches Straßenbauamt Fulda, Vermerk, betr. Ausbau der B 278 zwischen Grenze DDR nach Motzlar im Zuge der Öffnung von Grenzübergängen, 28. 11. 1989. Hessisches Landesamt für Straßen- und Verkehrsverwaltung, Ordner Hessen-Thüringen. Beim Besuch Staatsministers Schmidt wurde am 21. 11. 1989 abschließend entschieden, die geplante Öffnung des Grenzübergangs im Zuge der L 3172 zwischen Heringen-Leimbach und Dippach (DDR) durch entsprechende Straßenbaumaßnahmen zu unterstützen. In diesem Fall sollte eine Preisanfrage bei mindestens drei Firmen erfolgen und danach der Auftrag kurzfristig vergeben werden. Vgl. Schreiben, Hessisches Straßenbauamt Bad Hersfeld an das Hessische Landesamt für Straßenbau, Wiesbaden, 27. 11. 1989. Hessisches Landesamt für Straßen- und Verkehrsverwaltung, Ordner Hessen-Thüringen.

280 Maßnahmen zur Sanierung bzw. zum Ausbau eines länderübergreifenden Schienenverkehrs wurden aus Mitteln des Aktionsprogramms nicht finanziert. In einem Parlamentsantrag forderten die GRÜNEN die Hessische Landesregierung im Januar 1990 auf, ein umfassendes Ost-West-Verkehrskonzept vorzulegen. Ein entsprechendes Gutachten wurde vom Hessischen Wirtschaftsministerium in Auftrag gegeben und schließlich im November 1990 Maßnahmen im Schienenfernverkehr beschlossen. Vgl. Hessischer Landtag, 12. Wahlperiode, Drucksache 12/6002, 25. 1. 1990 und Drucksache 12/7622, 9. 11. 1990. Hessischer Landtag.

281 Vgl. Schreiben des Kreisausschuss des Landkreises Hersfeld-Rotenburg an den Hessischen Minister für Wirtschaft und Technik, betr. Ausbau neuer Verkehrswege von Hessen nach Thüringen, 24. 11. 1989. Privatunterlagen H.-O. Kurz. Am 8. 2. 1990 fand eine Besprechung mit Ortsbesichti-

Ebenfalls noch am 21. November 1989 fand ein erstes Treffen zwischen Wirtschaftsminister Schmidt und Vertretern der DDR-Bezirke Erfurt, Suhl und Gera in Eschwege statt, bei dem die Einrichtung gemeinsamer Fachkommissionen und Arbeitsgruppen vereinbart wurde. Diesen Kommissionen sollten, so die Forderung der Hessischen Landesregierung, ebenso Vertreter der Oppositionsgruppen angehören.[282]

Die konkreten Planungen zur Öffnung neuer Grenzübergänge erfolgten in Abstimmung mit den zuständigen DDR-Behörden. *Von seiten der DDR sei die Bereitschaft dazu erklärt worden*, hieß es in einem Schreiben des Hessischen Straßenbauamtes Bad Hersfeld vom 14. Dezember 1989, *unter der Bedingung, daß die baulichen Voraussetzungen von hiesiger Seite geschaffen werden.*[283] Wie es in dem Schreiben weiter hieß, sollten die Vorarbeiten zur Öffnung der Grenzübergänge Philippsthal-Röhrigshof/Unterbreizbach und Heringen-Kleinensee/Großensee unverzüglich beginnen. Beauftragt wurde eine ortsansässige Baufirma, die zugesagt hatte, die Arbeiten innerhalb einer Woche zum Abschluss zu bringen.[284] (Dok. 24) Entsprechend verfuhren die Straßenbauämter jeweils mit Zustimmung des Hessischen Wirtschaftsministeriums bei der Öffnung anderer Grenzübergänge. Auch bei diesen Projekten wurde der notwendige Straßenausbau auf DDR-Gebiet von westdeutschen Firmen ohne langwieriges Ausschreibungsverfahren ausgeführt. *Nur so war es möglich, den Grenzübergang [Rasdorf/Buttlar] in der kurzen Zeit herzurichten, um eine Öffnung der Grenze vorzunehmen. Die Erwartungshorizonte auf beiden Seiten der Grenze waren so hoch, daß ein Hinausschieben der Grenzöffnung unvertretbar gewesen wäre.*[285]

Auch in den folgenden Monaten fanden Besprechungen statt, in denen über Maßnahmen zur Verbesserung der Verkehrsinfrastruktur im Grenzgebiet zwischen Hessen und Thüringen beraten wurde. Unter anderem erarbeitete der Regionalausschuss Thüringen, Unterausschuss Verkehr im Februar 1990 eine Prioritätenliste, die der Hessischen Landesregierung zugeleitet werden sollte.[286] Inwiefern die Liste bei der weiteren

gung statt, bei der die zunächst provisorische Wiederherstellung der Autobahn A 4 zwischen den Anschlussstellen Obersuhl und Wommen („Thüringer Zipfel") vereinbart wurde. Da eine Finanzierung durch die DDR in absehbarer Zeit nicht möglich sein werde und das überwiegende Interesse an der Maßnahme bei der Bundesrepublik liege (Entlastung hessischer Ortschaften vom starken LKW-Verkehr, Beschleunigung des Transitverkehrs zwischen Frankfurt und Berlin), sollte die Finanzierung des Vorhabens aus Bundesmitteln erfolgen. Vgl. Besprechungsniederschrift, betr. Wiederinbetriebnahme der A 4 zwischen den Anschlussstellen Obersuhl und Wommen, 8. 2. 1990. Hessisches Landesamt für Straßen- und Verkehrsverwaltung, Ordner Hessen-Thüringen.

282 Vgl. „Hessen und Thüringen bilden gemeinsame Arbeitsgruppen. Schmidt traf sich mit DDR-Vertretern", Hessische Allgemeine, Stadtausgabe, 22. 12. 1989.

283 Schreiben Hessisches Straßenbauamt Bad Hersfeld an das Hessische Landesamt für Straßenbau, Wiesbaden, 14. 12. 1989. Hessisches Landesamt für Straßen- und Verkehrsverwaltung, Ordner Hessen-Thüringen.

284 Vgl. ebd.

285 Vermerk des Hessischen Straßenbauamtes Fulda, betr. Öffnung des Grenzüberganges an der B 84 zwischen Rasdorf und Buttlar, 21. 12. 1989. Hessisches Landesamt für Straßen- und Verkehrsverwaltung, Ordner Hessen-Thüringen.

286 Vgl. Festlegungsprotokoll der 2. Beratung des Regionalausschusses Thüringen, 16. 2. 1990. ThStA Rudolstadt, Persönlicher Bestand Tilo Wetzel Nr. 2.

Fahrzeugschlangen und Besucher aus der DDR auf der Bundesstraße 62 in der Ortslage Philippsthal, 12. 11. 1989

Planung Berücksichtigung fand, lässt sich nicht feststellen. Absprachen zur Umsetzung konkreter Straßenbaumaßnahmen im Rahmen der Grenzöffnungen erfolgten in den eigens dafür eingerichteten gemeinsamen Kommissionen „Straßenwesen Thüringen/ Hessen“. Teilnehmer waren, wie einem Ergebnisprotokoll über die 3. Sitzung am 5. April 1990 zu entnehmen ist, Vertreter des Hessischen Landesamtes für Straßenbau und des Regierungspräsidiums Kassel sowie Vertreter der Bezirke Erfurt und Suhl.[287] (Dok. 25) Nach den Kommunalwahlen in der DDR am 6. Mai 1990 fanden Verhand-

287 Vgl. Ergebnisprotokoll über die 3. Sitzung der gemeinsamen Kommission „Straßenwesen Thüringen/Hessen“ am 5. 4. 1990 in Oberhof, 18. 4. 1990. Hessisches Landesamt für Straßen- und Verkehrsverwaltung, Privatunterlagen Eckhardt.

lungen und Absprachen mit den nun demokratisch gewählten Vertretern (Bürgermeister, Landräte) und den Mitarbeitern der Straßenbaubehörden in Thüringen statt.[288]

Kritik an der schnellen und unbürokratischen Abwicklung einzelner Verkehrsprojekte kam im März 1990 von Naturschutzverbänden, die darauf hinwiesen, dass Straßenbaumaßnahmen im Landschaftsschutzgebiet Thüringische Rhön nur mit Zustimmung des Instituts für Landschaftsforschung und Naturschutz in Jena vorgenommen werden dürften.[289] *Läßt also der Landkreis Fulda bzw. das Land Hessen auf DDR-Gebiet Straßen ohne diese Genehmigung bauen, wird gegen DDR-Recht verstoßen. […] So wichtig und wünschenswert die rasche Herstellung von Straßenverbindungen für die deutsch-deutsche Entwicklung sind, sollte jedoch nicht planlos jede alte Straßenverbindung in die DDR, noch dazu ohne Genehmigung, wiederhergestellt werden.*[290] In einer Stellungnahme der Hessischen Landesregierung hieß es dazu, dass die Bemühungen der Landesregierung tatsächlich darauf zielten, das früher bestehende Straßennetz zwischen Hessen und Thüringen so weit als möglich wiederherzustellen. Allerdings hätten auch die Räte von Kreisen und Gemeinden der DDR in ganz besonderer Weise darauf gedrängt, möglichst viele Übergänge zu schaffen. Zudem liege für jede Straßenbaumaßnahme die Zustimmung der zuständigen DDR-Körperschaften vor.[291] Im Juli 1990 wurden die Hessischen Straßenbauämter in Eschwege, Bad Hersfeld und Fulda in einem Schreiben aus Wiesbaden schließlich darauf hingewiesen, vor Baubeginn auf die nötige naturschutzrechtliche Zustimmung zu achten, zumal das Bundesnaturschutzgesetz seit dem 1. Juli 1990 nun auch auf dem Gebiet der DDR gelte.[292]

Soweit Straßenbaumaßnahmen auf hessischem Gebiet erforderlich waren, wurden diese durch Umschichtung vorhandener Haushaltsmittel finanziert. Maßnahmen an Grenzübergängen und der notwendige Aus- und Umbau von Straßen auf ehemaligem

288 Anlässlich der Eröffnung einer neuen Verkehrsverbindung zwischen Hessen und Thüringen wurde darauf hingewiesen, dass die Planungen auch deshalb langwierig und schwierig gewesen seien, weil Abstimmungen sowohl mit der neuen Kreisleitung als auch mit der alten SED-Bezirksverwaltung getroffen werden mussten. Vgl. „Wieder verbunden. Neue Wegetrasse zwischen Setzelbach und Wiesenfeld in Betrieb genommen“, Hünfelder Zeitung, 25. 7. 1991.

289 Dieses Problem wurde auch im Beirat Hessen-Thüringen angesprochen, da dem Beirat zwei Petitionen, die vom Petitionsausschuss behandelt wurden, vorlagen. *In beiden werde ein nachlässiger Umgang mit Belangen des Umweltschutzes bei Straßenbaumaßnahmen in Fulda bemängelt.* Hessischer Landtag, Kurzbericht, 4. Sitzung des Beirats „Hessen/Thüringen“, 12. 9. 1990, S. 16, 12. Wahlperiode. Hessischer Landtag.

290 Schreiben, Gesellschaft für Ornithologie und Naturschutz e. V. an das Hessische Ministerium für Wirtschaft und Technik, betr. Ausbau der Verbindungsstraßen zur DDR im Kreis Fulda bzw. im ehemaligen Grenzgebiet zur DDR, 24. 3. 1990. Hessisches Landesamt für Straßen- und Verkehrsverwaltung, Schriftverkehr mit dem Landesamt für Straßenbau in Thüringen.

291 Vgl. Stellungnahme, betr. Petition Nr. 3559/12, 18. 4. 1990. Hessisches Landesamt für Straßen- und Verkehrsverwaltung, Ordner Hessen-Thüringen.

292 Vgl. Schreiben des Hessischen Ministeriums für Wirtschaft und Technik an die Hessischen Straßenbauämter Eschwege, Bad Hersfeld, Fulda, betr. Straßenbaumaßnahmen im Grenzgebiet Hessen/Thüringen, 24. 7. 1990. Hessisches Landesamt für Straßen- und Verkehrsverwaltung, Ordner Hessen-Thüringen.

DDR-Gebiet erfolgte 1990 aus Mitteln des Aktionsprogramms mit rd. 2,4 Mio. DM. Die Straßenbauprojekte auf Thüringer Gebiet waren zum großen Teil bis Ende 1990 abgeschlossen:[293]

Straßenverbindungen	**zwischen Hessen**	**und Thüringen**
L 3466	Bad Sooden-Allendorf	Wahlhausen
L 3239	Bad Sooden-Allendorf	Asbach
L 3467	Frieda	Großtöpfer
L 3244	Heldra	Wendehausen
L 3241	Herleshausen	Lauschröden
L 3251	Wommen	Neustädt
L 3251 B	Hönebach	Großensee
L 3251 A	Kleinensee	Großensee
L 3170	Rasdorf	Geisa
L 3175	Theobaldshof	Andenhausen
L 3245	Weißenborn	Großburschla
L 3176	Hilders	Frankenheim
L 3476	Seiferts	Brix

Eine weitere Maßnahme zur Verbesserung der Verkehrsinfrastruktur, die vom Hessischen Ministerium für Wirtschaft und Technik mitinitiiert und aus Mitteln des Aktionsprogramms finanziell unterstützt wurde, war der Aufbau grenzüberschreitender Buslinien. Durch Änderung der haushaltsrechtlichen Vorgabe im Februar 1990 durch den Hessischen Landtag wurde der Begriff „Verkehrswege" durch den Begriff „Verkehrswesen" ersetzt; dadurch war die Finanzierung von Busverbindungen zwischen Hessen und Thüringen im Rahmen des Aktionsprogramms möglich.[294] Der enorme Anstieg der Besucherzahlen aus der DDR unmittelbar nach Grenzöffnung

293 Vgl. Bericht der HLT, Aktionsprogramm Hessen-Thüringen. Fördermaßnahmen des Hessischen Ministeriums für Wirtschaft und Technik – 1990 –, 21. 2. 1991, S. 4. HHStAW, Z 502 Nr. 6098. Einer Presseinformation des HMWT vom Oktober zur Folge sollten bis zum Winter alle überörtlichen Straßenverbindungen befahrbar sein, so dass sämtliche elf Bundes-, Landes- und Kreisstraßenverbindungen vom Landkreis Fulda nach Thüringen für Kraftfahrzeuge zur Verfügung stünden. Vgl. HMWT, Presseinformation, Verkehrsfreigabe für neue Straße zwischen Hessen und Thüringen in der Rhön durch Staatssekretär Posch, 1. 10. 1990. Hessisches Landesamt für Straßen- und Verkehrsverwaltung, Ordner Hessen-Thüringen.

294 Vgl. Nachtrag zum Landeshaushaltsplan für die Haushaltsjahre 1990 und 1991, Einzelplan 17, Allgemeine Finanzverwaltung (Auszug). HHStAW, Z 502 Nr. 6091.

führte insgesamt zu einer hohen Verkehrs- und Umweltbelastung. Um ein Angebot öffentlichen Personenverkehrs vorzuhalten, wurden bereits 1989 entsprechende Busverbindungen eingerichtet. Zur Verbilligung der Beförderungspreise für DDR-Bürger und -Bürgerinnen zahlte das Hessische Ministerium für Wirtschaft und Technik aus Mitteln des Aktionsprogramms Hessen-Thüringen 1990 insgesamt 357.000,– DM Zuschüsse für die folgenden grenzüberschreitenden Buslinien:[295]

Ehrenberg	Geisa
Ehrenberg	Eisenach
Bad Hersfeld	Eisenach
Witzenhausen	Heiligenstadt
Eschwege	Mühlhausen
Eschwege	Eisenach
Sontra-Obersuhl	Gerstungen
Fulda	Geisa
Fulda	Eisenach
Philippsthal	Bad Hersfeld
Herleshausen	Kassel[296]

Bis Ende des Jahres 1989 sei der Busverkehr sehr gut angenommen worden, hieß es im Prüfbericht des Hessischen Rechnungshofs. Ab Januar 1990 gingen die Fahrgastzahlen – abgesehen von einem kurzfristigen Wiederanstieg – ständig zurück. Infolgedessen seien ab Mitte 1990 sechs Omnibuslinien eingestellt worden. Die Förderung dieser Maßnahme wurde zum Jahresende 1990 insgesamt beendet.[297]

Zur Verbesserung der Verkehrsinfrastruktur wurden darüber hinaus vom Hessischen Ministerium für Wirtschaft und Technik aus den zugewiesenen Mitteln des Aktionsprogramms private Fuhrunternehmen in Thüringen unterstützt. Zur Deckung des dringlichen Bedarfs an Omnibussen für den öffentlichen Personenverkehr erhielten diese zur Anschaffung gebrauchter Linienbusse Zuschüsse in Höhe von bis zu

295 Vgl. Bericht der HLT, Aktionsprogramm Hessen-Thüringen. Fördermaßnahmen des Hessischen Ministeriums für Wirtschaft und Technik – 1990 –, 21. 2. 1991, S. 4. HHStAW, Z 502 Nr. 6098.

296 Vgl. ebd., S. 5.

297 Vgl. Schreiben des Präsidenten des Hessischen Rechnungshofs an den Hessischen Ministerpräsidenten, betr. Bemerkungen 1991 des Hessischen Rechnungshofs zur Haushalts- und Wirtschaftsführung mit Bemerkungen zu der Landeshaushaltsrechnung 1990, 14. 12. 1991, S. 157 f. HHStAW, Z 502 Nr. 6097.

20.000,– DM je Bus. Insgesamt wurden für diese Maßnahme im Jahr 1990 425.000,– DM ausgegeben.[298]

Bis Ende des Jahres 1990 konnten nicht alle bewilligten Straßenbaumaßnahmen abgeschlossen werden; sie wurden durch eine Restfinanzierung von 515.000,– DM im Rahmen einer Verpflichtungsermächtigung im folgenden Jahr fertig gestellt. Darüber hinaus waren für 1991, auch wegen der finanziellen Selbstständigkeit des Bundeslandes Thüringen, keine weiteren Mittel aus dem Aktionsprogramm Hessen-Thüringen für neue Projekte im Bereich Verkehrswesen vorgesehen.[299]

2.10.3 Umweltschutz

Ein weiterer Bereich des Aktionsprogramms Hessen-Thüringen betraf den Umweltschutz[300], in dem 1990, wie in den anderen Programmteilen auch, schwerpunktmäßig Investitions- und Ausstattungsmaßnahmen gefördert wurden. Angesichts katastrophaler Umweltschäden in der DDR sahen es die Hessische Landesregierung und der Hessische Landtag als dringend erforderlich, möglichst schnell eine spürbare Besserung der Umweltbedingungen herbeizuführen. Wie Ministerpräsident Wallmann in seiner Regierungserklärung Anfang Februar 1990 darlegte, ging es allerdings nicht darum, Großprojekte wie beispielsweise Rauchgasentschwefelungsanlagen aufzubauen, da dies den Finanzrahmen sprengen würde.[301] Vielmehr sollten aus den Mitteln des Aktionsprogramms im Bereich Umwelt kleinere Projekte wie die dringend notwendige Sanierung von Abwasseranlagen und Maßnahmen zur Verbesserung der Luftqualität finanziert werden. Denn insbesondere die Verwendung der heimischen, stark schwefelhaltigen Braunkohle als Hauptenergieträger in der DDR führte zu einer

298 Vgl. Bericht der HLT, Aktionsprogramm Hessen-Thüringen. Fördermaßnahmen des Hessischen Ministeriums für Wirtschaft und Technik – 1990 –, 21. 2. 1991, S. 2. HHStAW, Z 502 Nr. 6098. Zudem wurden im Juni 1990 durch Wirtschaftsminister Schmidt etwa 60 Straßenbaufahrzeuge und -geräte im Wert von mehr als 500.000,– DM zur Ausstattung der neu einzurichtenden Thüringer Straßenbauämter übergeben. Vgl. „Hessische Hilfe für Thüringer Straßenbauverwaltung", Hessische Allgemeine, Stadtausgabe, 19. 6. 1990.

299 Vgl. Schreiben des Hessischen Landesamtes für Straßenbau an das HMWT, betr. Aktionsprogramm Hessen-Thüringen, 28. 3. 1991. HHStAW, Z 502 Nr. 6098.

300 Wie eine Anfrage beim Hessischen Ministerium für Umwelt, ländlicher Raum und Verbraucherschutz im Oktober 2007 ergab, wurden die für die Umsetzung des Aktionsprogramms Hessen-Thüringen relevanten Unterlagen in Absprache mit dem Hessischen Hauptstaatsarchiv Wiesbaden bereits vernichtet. Daher konnte bei der vorliegenden Darstellung allein auf die Überlieferung der Hessischen Staatskanzlei zurückgegriffen werden. Vgl. E-Mail, I. Rosenbusch (HMULV), 31. 10. 2007. HHStAW, Projekt Hessen-Thüringen.

301 Vgl. Hessischer Landtag, 12. Wahlperiode, Plenarprotokoll 12/98, 7. 2. 1990, S. 5594. Hessischer Landtag. Wie einem Schreiben der Hessischen Staatskanzlei an den Vorstand der Kali und Salz AG zu entnehmen ist, war ebenfalls nicht beabsichtigt, *in das Programm auch Umweltprojekte in den Kaliwerken der DDR aufzunehmen, da bereits diese Maßnahmen die für den Umweltschutz bereitgestellten Mittel erschöpfen würden.* Schreiben, Hessische Staatskanzlei an den Vorstand der Kali und Salz AG, Kassel, 30. 1. 1990. HHStAW, Z 502 Nr. 6091.

enormen Belastung mit Schwefeldioxid und Staub; die Emissionen erreichten pro Kopf den 15-fachen Wert der Bundesrepublik.[302] Weitere erhebliche Umweltbelastungen zeigten sich in den Bezirken Erfurt, Suhl und Gera bei der Wasserqualität, da Kalisalze und Abwässer zum überwiegenden Teil ungefiltert in die Werra und andere Gewässer abgegeben wurden.[303]

Für die Abwicklung entsprechender Maßnahmen im Umweltbereich war im Wesentlichen das Hessische Ministerium für Umwelt und Reaktorsicherheit (HMUR) und in geringerem Umfang (für die Teilbereiche Energie und Umweltschutz) das Hessische Ministerium für Wirtschaft und Technik (HMWT) verantwortlich. Nicht zuletzt aufgrund seiner geografischen Lage – die hessische Grenze zur DDR verlief ausschließlich im Regierungsbezirk Kassel – wurde auch das Regierungspräsidium in Kassel in die weitere Planung des Aktionsprogramms eingebunden. Zum einen war der Kasseler Regierungsbezirk unmittelbar von den Folgen der katastrophalen Umweltsituation in der DDR betroffen, zum anderen hatte das Regierungspräsidium Kassel seit den 1970er Jahren eine wichtige Rolle bei den Verhandlungen mit der DDR im Bereich Umwelt.[304] Zur Abwicklung konkreter Projekte wurden daher sowohl im Hessischen Umweltministerium als auch beim Regierungspräsidenten in Kassel Koordinierungsgruppen gebildet, und auch in Thüringen gäbe es bereits eine entsprechende Koordinierungsgruppe für Umweltvorhaben, hieß es in einem Schreiben der Hessischen Staatskanzlei vom 15. Februar 1990.[305]

Aus Mitteln des Aktionsprogramms Hessen-Thüringen wurden dem Hessischen Ministerium für Umwelt und Reaktorsicherheit für das Jahr 1990 insgesamt 4,8 Mio. DM und dem Hessischen Wirtschaftsministerium 1,05 Mio. DM für Maßnahmen im Rahmen des Umweltschutzes in Thüringen bewilligt.[306]

302 Vgl. Hillenbrand, Olaf: Umwelt. In: Handbuch zur deutschen Einheit, 1999, S. 752–765, hier S. 754.

303 Eine Bilanz über die Umweltzerstörung in der DDR findet sich in einer 1990 erschienenen Studie des Instituts für ökologische Wirtschaftsforschung, Berlin. Vgl. Petschow, Ulrich; Meyerhoff, Jürgen; Thomasberger, Claus: Umweltreport DDR – Bilanz der Zerstörung, Kosten der Sanierung, Strategien für den ökologischen Umbau, 1990.

304 So war das Regierungspräsidium Kassel von der Hessischen Landesregierung damit beauftragt worden, im Rahmen des Grundlagenvertrags zwischen der Bundesrepublik Deutschland und der DDR (abgeschlossen am 21. 12. 1972) einen Maßnahmenkatalog reglungsbedürftiger Probleme im Bereich der hessischen Grenze zur DDR zusammenzustellen. Herausragend waren dabei Fragen der Wasserwirtschaft und der Luftverschmutzung einschließlich des Umweltschutzes. Vgl. Dittrich, Marcus: Gestaltende Dienstleistungsbehörde für die Region – das Regierungspräsidium Kassel im Wandel, (Magisterarbeit, Univ. Kassel, Fachbereich 5), 2007, S. 305–307. Siehe dazu auch Kapitel 1. dieser Publikation.

305 Vgl. Stellungnahme der Hessischen Staatskanzlei, betr. Dringlicher Antrag der Fraktion der CDU und der FDP betr. Hessen und Thüringen (Landtags-Drucks. 12/5834), 15. 2. 1990. HHStAW, Z 502 Nr. 6093.

306 Dem HMUR wurden von der Staatssekretärs-Kommission zunächst 3 Mio. DM für Projekte zugewiesen und diese Summe bis Juni 1990 auf 4,8 Mio. erhöht. Vgl. Staatssekretärs-Kommission Hessen-Thüringen, Sitzungsprotokolle der 7. und 9. Sitzung. HHStAW, Z 502 Nr. 6133. Vgl. zudem: 3. Bericht zum Vollzug des Aktionsprogramms im Haushaltsjahr 1990, 1. 10. 1990. Hessische Staatskanzlei.

Wenige Tage nach Verabschiedung des Aktionsprogramms durch die Hessische Landesregierung wurden im Hessischen Ministerium für Umwelt und Reaktorsicherheit erste Schritte zur Umsetzung des Programms eingeleitet. Wie eine Bestandsaufnahme des Ministeriums im Dezember 1989 ergab, habe sich bei der Überprüfung bereits bestehender Kontakte nach Thüringen herausgestellt, *daß diese lediglich auf Ministerialebene, gegebenenfalls unter Einbeziehung von Industrievertretern, bestehen. Zwar existieren [...] sowohl Bezirksregierungen in Erfurt, Suhl und Gera als auch Wasserwirtschaftsämter und Bergämter, diese sind jedoch in den mir bekannten Gesprächen und Kommissionen bisher nicht in Erscheinung getreten. Es sollte daher dringend die Frage behandelt werden, in welchem Rahmen direkte Fachgespräche mit regionalen Behörden möglich sein können. Dazu müßten die Verwaltungsstrukturen in dem für uns relevanten Bereich in der DDR geklärt werden.*[307] Wie die Stellungnahme verdeutlicht, wurden alle bisherigen Entscheidungen und daraus folgenden Vereinbarungen im Umweltbereich mit der DDR auf Bundesebene ausgehandelt. Erst durch die Öffnung der innerdeutschen Grenze im November 1989 war eine unmittelbare grenzüberschreitende Zusammenarbeit mit der östlichen Nachbarregion möglich geworden.

Erste Kontakte zum Rat des Bezirks Erfurt kamen noch im Dezember 1989 durch den damaligen Regierungspräsidenten von Kassel, Dr. Ernst Wilke, und einen Mitarbeiter, Rudolf Cerny, der die Koordinierungsgruppe im RP Kassel leitete, zustande.[308] Am 8. und 9. Januar 1990 fand ein weiterer Besuch, diesmal von Vertretern des Hessischen Ministeriums für Umwelt und Reaktorsicherheit, beim Rat der Bezirke Erfurt, Suhl und Gera, Abteilung für Umweltschutz und Wasserwirtschaft, mit dem Ziel statt, sich zunächst über die dortige Umweltsituation und die bestehenden Organisationsstrukturen der DDR-Umweltverwaltung zu informieren. Zugleich sollte ein Informationsaustausch eingeleitet werden.[309] (Dok. 26)

Ebenfalls im Januar (16.–19. 1. 1990) reisten Abgeordnete der FDP-Fraktion des Hessischen Landtags zu Sondierungsgesprächen in die DDR-Bezirke Erfurt, Gera und Suhl. In einem abschließenden Vermerk wies Hans-Jürgen Hielscher (FDP) auf die schwierige Umweltsituation in Weimar hin: *Die Stadt Weimar ist kanalisiert und verfügt über eine mechanische Kläranlage, die biologische Stufe ist installiert und befindet sich im Probebetrieb, wobei es große Probleme mit der Lüftungstechnik gibt. Bisher sind im Schnitt 22.000 bis 25.000 cbm täglich lediglich mechanisch gereinigt und in die Ilm geleitet worden. In den Dörfern fehlen sowohl Kläranlagen als auch die Kanalisation. [...] In Weimar sind nur Messungen von SO_2 möglich. Bei einem EG-Richtwert von 150 Milligramm pro*

307 Schreiben des HMUR an die Hessische Staatskanzlei, betr. Probleme im Verhältnis zur DDR, 11. 12. 1989. HHStAW, Z 502 Nr. 6091. Im Originaltext wurde fälschlicherweise als Sitz der Bezirksregierung Gotha statt Gera angegeben.

308 Vgl. Schreiben Dipl.-Ing. H. Sieckmann, Thüringer Umweltminister a. D., betr. Aufbauhilfe in Thüringen, 11. 4. 2007. HHStAW, Projekt Hessen-Thüringen.

309 Vgl. HMUR, Ergebnisniederschrift über den Besuch beim Rat für Umweltschutz und Wasserwirtschaft in den Bezirken Gera, Erfurt und Suhl durch Vertreter des Hessischen Ministeriums für Umwelt und Reaktorsicherheit am 8. und 9. Januar 1990, 15. 1. 1990. HHStAW, Z 502 Nr. 6135.

Kubikmeter für Smoglagen sind in Weimar bis zu 3000 Milligramm pro Kubikmeter gemessen worden. Über andere Luftschadstoffe liegen keine Werte vor. Sie lassen sich nur aus dem relativen Anteil am Gesamtschadstoffausstoß und der Belastung aus SO_2 *schätzen. Daher wird um Unterstützung bei der Bereitstellung von Meßtechnik gebeten, insbesondere für* CO_2 *[...] In Weimar sind jetzt noch 13.000 Wohnungen, vornehmlich im Innenstadtbereich, nicht an Fernwärmeversorgung angekoppelt, sondern verbrennen ebenfalls Rohbraunkohle. Wünschenswert wäre eine Versorgung mit Erdgas.*[310]

Derartige Missstände wurden von Thüringer Seite immer wieder vorgebracht. Aufgrund von Vorschlagslisten der Bezirke, Gemeinden und volkseigener Betriebe zeichnete sich schließlich ab, dass der Schwerpunkt der hessischen Hilfe in den Bereichen Abwasserbeseitigung, Wasserversorgung, Abfallwirtschaft und Förderung von Maßnahmen zur Luftreinhaltung (Immissions- und Emissionsschutz, Luftüberwachung) liegen würde. In der zweiten Beratung des Regionalausschusses Thüringen wurde am 15. Februar 1990 vom Unterausschuss Umweltschutz eine Prioritätenliste mit möglichen Projekten zur Finanzierung aus Mitteln des Aktionsprogramms vorgelegt. Wie sich zeigte, gab es zwischen Vertretern oppositioneller Gruppen und der DDR-Administration Unstimmigkeiten, da in dem Protokoll zur oben genannten Sitzung explizit darauf hingewiesen wurde, dass bei allen Aktivitäten, die von den staatlichen Stellen der DDR zu den Ländern der Bundesrepublik durchgeführt würden, Vertreter des Runden Tisches einzubeziehen seien.[311] Dass erfolgte Absprachen von den betreffenden Staatsorganen der DDR nicht eingehalten wurden, belegt ein Antrag des Bezirks-Öko-Tisches an den Runden Tisch des Bezirks Erfurt vom 14. Februar 1990. Danach habe der Beauftragte des Bezirks-Öko-Tischs, Dr. Schwinkowski, keine Freistellung erhalten, *um an der Abstimmung der 3 Thüringer Bezirke über die Hilfe des Landes Hessen auf dem Gebiet des Umweltschutzes teilzunehmen.*[312] (Dok. 27) Der Runde Tisch des Bezirks Erfurt wurde daher aufgefordert, dafür Sorge zu tragen, dass Vertreter demokratischer Parteien und oppositioneller Gruppen ohne Behinderungen mitarbeiten könnten und an allen Absprachen mit Vertretern der Bundesrepublik Deutschland beteiligt würden.[313] Hierdurch wird erneut deutlich, wie problematisch es in der Phase des politischen Umbruchs in der DDR war, die Abwicklung des Aktionsprogramms Hessen-Thüringen durch die Einbindung der politischen Opposition in jedem Fall sicherzustellen.

Vom Hessischen Ministerium für Umwelt und Reaktorsicherheit wurde noch im Februar 1990 eine Liste mit geplanten Einzelmaßnahmen und Projekten zusammengestellt, die auf den Vorschlägen des Regionalausschusses Hessen-Thüringen basierte und

310 Hielscher, Hans-Jürgen: Vermerk über Gespräche mit Umwelt- und Energiefachleuten während des Besuchs in der DDR vom 16. bis 19. 1. 1990, 31. 1. 1990, S. 1–5. FDP-Fraktion im Hessischen Landtag.

311 Vgl. Festlegungsprotokoll der 2. Beratung des Regionalausschusses Thüringen, 16. 2. 1990. ThStA Rudolstadt, Persönlicher Bestand Tilo Wetzel Nr. 2.

312 Information und Antrag des Bezirks-Öko-Tischs an den Runden Tisch des Bezirks Erfurt, 14. 2. 1990. Privatunterlagen Dr. H. Falcke.

313 Vgl. ebd.

auch hinsichtlich der Prioritätensetzung mit diesem abgesprochen war.[314] Im März 1990 wurde die Liste von der Staatssekretärs-Kommission gebilligt.[315]

Zur Durchführung größerer Maßnahmen wie die Modernisierung von Abwasser- oder Kläranlagen waren vorab umfangreiche Planungen, die Erstellung von Machbarkeitsstudien und weitere Absprachen mit den zuständigen DDR-Behörden notwendig. So wurde beispielsweise für die vorgesehene Sanierung und den Ausbau des Kanalnetzes und der mechanischen Kläranlage in Eisenach zunächst das Angebot eines hessischen Planungsbüros eingeholt. Nach Angabe des Hessischen Ministeriums für Umwelt und Reaktorsicherheit war die Kooperation mit hessischen Ingenieurbüros von Thüringer Seite ausdrücklich erwünscht, da dadurch eine wesentliche Einstiegshilfe in das westdeutsche *Ingenieur-Know-how und den derzeitigen Stand der Abwassertechnik* möglich werde.[316] Bei anderen Planungen (z. B. Wasserversorgung in Dröswein) wurde das Regierungspräsidium in Kassel zur fachlichen Stellungnahme aufgefordert. Weitere Maßnahmen wie die Bereitstellung von Messfahrzeugen durch das Hessische Landesamt für Umwelt sollten zunächst mit Rheinland-Pfalz abgestimmt werden, da von dort ebenfalls Messfahrzeuge zur Luftüberwachung nach Thüringen abgegeben werden sollten.[317] (Dok. 28)

Wie dem 3. Bericht zum Vollzug des Aktionsprogramms Hessen-Thüringen im Haushaltsjahr 1990 mit Stand vom 1. Oktober zu entnehmen ist, wurden vom Hessischen Ministerium für Umwelt und Reaktorsicherheit Projekte und Einzelmaßnahmen mit einem Finanzvolumen von insgesamt 4.811.155,78 DM durchgeführt. Ein Großteil der Mittel wurde für Planungskosten sowie für die Anschaffung von Messgeräten und Probeentnahmeeinrichtungen zur Kontrolle der Luft- und Wasserqualität eingesetzt, wie die nachfolgende Verteilung der Gelder zeigt:

Probeentnahmeeinrichtungen, Software etc. für ein Messprogramm Werra/Ulster	45.055,78 DM
Planungskosten für die Kläranlagen Eisenach, Saalfeld und Schmalkalden, Planungskosten für Anschlusssammler Vacha/Philippsthal	1.900.000,00 DM
Fachliteratur für die Umweltinspektionen Erfurt, Gera, Suhl	47.100,00 DM
Instandsetzung eines Luftmesswagens	40.000,00 DM

314 Vgl. Schreiben HMUR an die Hessische Staatskanzlei, betr. Berichterstattung im Rahmen des Aktionsprogramms Hessen-Thüringen, 17. 5. 1990. HHStAW, Z 502 Nr. 6093.

315 Vgl. Staatssekretärs-Kommission Hessen-Thüringen, Ergebnisniederschrift über die 5. Sitzung am 13. 3. 1990, 20. 3. 1990, S. 2. HHStAW, Z 502 Nr. 6133.

316 Schreiben des HMUR an die Hessische Staatskanzlei, betr. Aufnahme von wasserwirtschaftlichen Maßnahmen in das Aktionsprogramm Hessen-Thüringen, April 1990. HHStAW, Z 502 Nr. 6133.

317 Vgl. Schreiben des HMUR an die Hessische Staatskanzlei, betr. Aktionsprogramm Hessen-Thüringen, hier: Bericht über den derzeitigen Stand von Einzelmaßnahmen und Projekten, 2. 3. 1990. HHStAW, Z 502 Nr. 6135. Vgl. ferner: Kurzbericht, 1. Sitzung des Beirats „Hessen-Thüringen“, 28. 2. 1990, S. 8, 12. Wahlperiode. Hessischer Landtag.

Luftmessstationen für die Hygieneinstitute in Erfurt, Gera, Suhl	450.000,00 DM
Immissionsgeräte einschließlich Messfahrzeug	345.000,00 DM
Mobile Schlammentwässerung, Erfurt	1.000.000,00 DM
Neutralisationsanlage, Gemeinde Fambach	220.000,00 DM
Schmutzwasserpumpe, Gemeinde Tabart	5.000,00 DM
Probeentnahme- und Analysegeräte etc. zur Überwachung der Luft- und Wasserqualität	759.000,00 DM

Weitere Projekte im Umweltschutz, vor allem Maßnahmen zur Luftreinhaltung, wurden vom Ministerium für Wirtschaft und Technik finanziert (teilweise mit Mitteln der Hessischen Staatskanzlei) und durchgeführt:

Umrüstung der Heizanlage Markt Nordseite in Weimar (Hessische Staatskanzlei)	38.500,00 DM
Gasstichleitung Bad Sooden-Allendorf/Wahlhausen	200.000,00 DM
Umrüstung braunkohlebefeuerter Heizanlagen auf Erdgas (Heizwerk Osthausen, Sophienhaus Weimar, Schulzentrum in Meiningen etc.)	625.200,00 DM
Gastrasse für das Bildungszentrum Hainstein, Eisenach (Hessische Staatskanzlei)	220.000,00 DM
Trinkwasserversorgung Langenbruch-Dröswein (Hessische Staatskanzlei)	150.000,00 DM

Die Kosten dafür beliefen sich auf 1.333.700,00 DM.[318] Aus Rückflüssen des Devisenhilfsprogramms[319] standen für energietechnische Maßnahmen zusätzliche 563.200,00 DM zur Verfügung. Größere Projekte wie etwa die Umrüstung der Heizanlage im Sophienhaus in Weimar wurden durch das Land Hessen mit einer Teilförderung (hier 49,5 v. H.) unterstützt.[320] (Dok. 29)

318 Wie hoch der finanzielle Anteil der Hessischen Staatskanzlei an den aufgeführten Maßnahmen war und auf welche Summe sich die tatsächlichen Ausgaben des Hessischen Ministeriums für Wirtschaft und Technik im Bereich Umwelt bis Ende 1990 bezifferten, lässt sich anhand der vorliegenden Unterlagen nicht feststellen. Im Oktober 1990 wurden für diesen Bereich 1,05 Mio. DM angegeben. Vgl. Grafik Aktionsprogramm Hessen-Thüringen nach Aktionsfeldern (in Mio. DM), 1990, Kapitel 2.10 in dieser Publikation. Zusätzliche Gelder aus Haushaltsmitteln des HMWT „Förderprogramm zur betrieblichen Energieberatung“ standen auch für Energieberatungen kleinerer und mittlerer Thüringer Unternehmen zur Verfügung. Vgl. Schreiben HMWT an das St.-Josef-Krankenhaus, Knüllstedt, betr. Energieberatung für kleinere und mittlere Unternehmen in Thüringen, Bezirk Erfurt, 6. 9. 1990. HHStAW, Z 502 Nr. 6105.

319 Siehe Kapitel 2.10.5 in dieser Publikation.

320 Vgl. Zuwendungsvertrag zwischen dem Kreis Heiligenstadt und dem Land Hessen, vertreten durch das HMWT, Wiesbaden, September 1990. HHStAW, Z 502 Nr. 6105.

Für das Jahr 1991 waren von der Thüringer Landesregierung für Projekte im Umweltbereich (Kanalanschluss und Hauptsammler Eisenach und Schmalkalden) 8.5 Mio. DM veranschlagt und damit deutlich mehr als im Jahr 1990. Die weitere Planung sah allerdings vor, wie es der damalige Thüringer Ministerpräsident Josef Duchač ausführte, *die 1991 begonnenen Investitionsmaßnahmen im Umweltbereich im Jahr 1992 aus dem Aktionsprogramm herauszunehmen und mit Mitteln des Thüringer Haushalts zu finanzieren.*[321]

2.10.4 Denkmalpflege

Ein wichtiger und äußerst öffentlichkeitswirksamer Bereich, der aus Mitteln des Aktionsprogramms Hessen-Thüringen finanziert wurde, waren Maßnahmen der Denkmalpflege zur Rettung akut gefährdeter historischer Bauten. Dafür standen etwa 10 % der für das Jahr 1990 bereitgestellten Gelder (= 5 Mio. DM) zur Verfügung.[322] Zuständig für die Planung und Umsetzung von Projekten im Rahmen der Denkmalpflege waren das Hessische Ministerium für Wissenschaft und Kunst und insbesondere das Landesamt für Denkmalpflege Hessen mit dem damaligen Präsidenten und Landeskonservator Prof. Dr. Gottfried Kiesow.

Noch vor dem Beschluss des Aktionsprogramms durch die Hessische Landesregierung am 5. Dezember 1989 fanden bereits erste Gespräche mit Vertretern der DDR-Regierung statt, um Möglichkeiten für eine künftige Zusammenarbeit zu beraten, wie es seit Jahren von den jeweiligen Hessischen Landesregierungen für den Bereich der Denkmalpflege angestrebt wurde. *Eine wesentliche Intensivierung der Kontakte zur DDR ist durch das Gespräch zwischen dem DDR-Kultusminister Keller und Herrn Staatsminister Dr. Gerhardt am 26. November 1989 in Ost-Berlin eingeleitet worden.*[323] Danach sollte eine Intensivierung der Zusammenarbeit im Rahmen der Denkmalpflege erfolgen, insbesondere auf den Gebieten:

321 Schreiben des Thüringer Ministerpräsidenten, Josef Duchač, an den Ministerpräsidenten des Landes Hessen, Hans Eichel, betr. Aktionsprogramm Hessen/Thüringen, 12. 7. 1991. HHStAW, Z 502 Nr. 6097. Angesichts der enormen Bundesfördermittel von 40 Mrd. DM im Bereich Umwelt für die Jahre 1990 bis 1994 war eine eher symbolische hessische Förderung von Umweltmaßnahmen in Thüringen nicht mehr nötig. Angaben zur Bundesförderung finden sich bei: Hillenbrand, Olaf: Umwelt: In: Handbuch zur deutschen Einheit, 1999, S. 759.

322 In einem Interview erinnerte sich Prof. Kiesow daran, dass zunächst einmal keine Mittel aus dem Aktionsprogramm Hessen-Thüringen für den Denkmalschutz vorgesehen waren, er sich jedoch nachdrücklich dafür eingesetzt habe und den zuständigen Staatsminister Dr. Wolfgang Gerhardt von der Notwendigkeit überzeugen konnte. Vgl. „Erste Hilfe im Denkmalschutz". Interview mit Prof. Dr. Gottfried Kiesow. In: Stadtland Thüringen – Wege des Städtebaus, hrsg. von der Bauhaus-Universität Weimar und dem Thüringer Ministerium für Bau und Verkehr, 2007, S. 42.

323 Schreiben des Hessischen Ministeriums für Wissenschaft und Kunst an die Hessische Staatskanzlei, 8. 12. 1989. HHStAW, Z 502 Nr. 6091. Vgl. auch: „Denkmalpflege: Zusammenarbeit nimmt schon konkrete Formen an", Hessische Allgemeine, Stadtausgabe, 28. 11. 1989.

- Altstadtsanierung,
- Dorferneuerung,
- Fortbildung der Handwerker,
- Schlosskomplexe und
- Gartendenkmalpflege.[324]

Wie sich der spätere Leiter des Thüringer Landesamtes für Denkmalpflege, Prof. Rudolf Zießler, erinnert, fand noch im November ein erstes Sondierungsgespräch zwischen Vertretern der Denkmalschutzbehörden in Hessen und Thüringen auf nachgeordneter Ebene statt, in dem die Unterstützung besonders gefährdeter Denkmäler und Möglichkeiten eines weiteren fachlichen Austauschs erörtert wurden.[325]

In einem Grundsatzpapier entwickelte der hessische Landeskonservator, Prof. Kiesow, ein umfassendes Konzept für die hessische Hilfe in Thüringen im Bereich der Denkmalpflege, in dem explizit auf die politische Bedeutung dieser Hilfe verwiesen wurde. Denn der Verfall der ostdeutschen Innenstädte wurde sehr bald auch zum Sinnbild für das Scheitern der DDR. Nach Darstellung Kiesows war eine Rettung der akut bedrohten historischen Stadtkerne in der DDR, besonders in Erfurt, nur mit Hilfe privater Bauherren und privater Handwerksbetriebe möglich, wie dies die Entwicklung der Städtebauförderung in der Bundesrepublik seit 1960 bewiesen habe. *Auch bei uns verstand man unter Altstadtsanierung zunächst das Abräumen ganzer Wohnquartiere und deren Neubebauung in serienhaft produziertem Geschoßwohnungsbau. Die Argumente gegen eine Erhaltung und Modernisierung der denkmalwerten Altbauten waren dieselben, die heute noch von staatlichen Planungsorganisationen der DDR hervorgebracht werden. […] Vor allem aber hat die Unterdrückung jeglicher Privatinitiative und völlige Entrechtung bzw. Enteignung der privaten Hausbesitzer [der DDR] zum Verfall der Städte beigetragen. […] Ohne Privatinitiative der Hauseigentümer und private Handwerksbetriebe wie auch Privatarchitekten sind auch die Städte der DDR nicht zu retten. […] Der Verfall der historischen Stadtzentren war in der DDR sicher nicht allein wirtschaftliches Unvermögen, sondern ideologische Zielsetzung.*[326] Wie Kiesow weiter ausführte, entzündete sich Protest in der DDR gerade auch am beabsichtigten Abriss ganzer Stadtquartiere wie des Erfurter Andreasviertels. *Wenn es mit der hessischen Hilfe gelingt, gerade dieses Viertel zu erhalten und für die Bürger als Lebensraum zu sanieren, verhelfen wir der Reformbewegung in der DDR zu einem entscheidenden Sieg. Das SED-Regime wird immer wieder versuchen, unsere Hilfe*

324 Schreiben des Hessischen Ministeriums für Wissenschaft und Kunst an die Hessische Staatskanzlei, 8. 12. 1989, S. 2. HHStAW, Z 502 Nr. 6091. Weitere vom HMWK in diesem Schreiben formulierte Vorschläge für eine mögliche Zusammenarbeit betrafen u. a. das Institut für Steinkonservierung und Ausstellungsvorhaben sowie die für 1992 geplante Landesausstellung „Hessen-Thüringen“.

325 Vgl. Zießler, Rudolf: Hessenhilfe Thüringen. Ein Programm für die Denkmalpflege. In: Denkmalpflege in Hessen, hrsg. vom Landesamt für Denkmalpflege Hessen, Heft 2, 1991, S. 6. Prof. Dr. Rudolf Zießler war Stellvertretender Chefkonservator des Instituts für Denkmalpflege in Erfurt und von 1991 bis 1999 Leiter des Thüringer Landesamtes für Denkmalpflege.

326 Kiesow, Gottfried: Hilfsprogramm Hessen für Thüringen auf dem Gebiet der Denkmalpflege, o. J. [zwischen Dezember 1989 und 15. 1. 1990], S. 1 ff. HHStAW, Z 502 Nr. 6135.

mehr auf repräsentative Einzelobjekte zu lenken, weil es die Reform nicht will. [...] Wir sollten uns deshalb in diesem Jahr auf Sicherungsarbeiten konzentrieren und damit rechnen, den Innenausbau erst ab 1991 vornehmen zu können.[327] Im Folgenden wurden konkrete Projekte für eine mögliche Förderung genannt, darunter Altstadtsanierungen in Erfurt, Mühlhausen, Jena oder Rudolstadt, Schmalkalden und Eisenach sowie Maßnahen im Rahmen der Dorferneuerung in Großburschla. Zugleich sah Kiesow Gelder für die Förderung privater Handwerksbetriebe und die Fortbildung von Handwerkern und Architekten vor, da, so der hessische Landeskonservator in seiner Begründung, die Rettung bedeutender Einzeldenkmäler, insbesondere aber der Altstädte nicht ohne darauf spezialisierte Handwerker und Architekten durchführbar sei. Hier herrsche zurzeit ein gravierender Mangel.[328] Kiesow wies zudem darauf hin, dass der Erfolg der hessischen Hilfe auf dem Gebiet der Denkmalpflege nur bei einer ständigen Koordinierung und Überprüfung gewährleistet sei, *da sonst die Gefahr besteht, daß die Materialien und Geräte an die falschen Stellen weitergeleitet werden. Die fachliche Überwachung sollte beim Institut für Denkmalpflege in Erfurt und dem Landesamt für Denkmalpflege Hessen liegen. Für die finanzielle Abwicklung des Austauschprogramms von Architekten und Handwerkern könnte man auf das Fortbildungszentrum in Fulda-Johannesberg zurückgreifen.*[329] Mit Nachdruck sprach sich Kiesow für eine hessische Projektsteuerung vor Ort durch einen freien Architekten aus. Hier nannte er das Darmstädter Architekturbüro Rittmannsperger, das dazu bereit sei, mit einem Architekten aus Erfurt zusammenzuarbeiten. *Wir wollen Denkmäler sanieren und nicht staatliche Denkmalbetriebe. Man kann die VEB Denkmalpflege in Einzelfällen einsetzen, soweit noch keine privaten Betriebe bestehen. Interessanter für uns sind die Denkmalpflege-Werkstätten bei den Bezirken, z. B. der in Gera, die selbständiger arbeiten und zur Zeit überlegen, sich ganz vom Staat zu lösen ...*[330]

Mit diesem Konzept war die Zielrichtung des hessischen Hilfsprogramms im Bereich der Denkmalpflege umfassend dargelegt. Es richtete sich auch gegen die große Anzahl von Anträgen zur Sanierung meist repräsentativer Gebäude wie Burgen, Kirchen und Schlösser, mit denen das Hessische Ministerium für Wissenschaft und Kunst nach Bekanntgabe des Aktionsprogramms Hessen-Thüringen überschwemmt worden war.[331] Daher sollte der Schwerpunkt der hessischen Hilfe bei der Altstadtsanierung und hier insbesondere bei der Bestandssicherung historischer Bausubstanz für Wohnzwecke (Profanarchitektur) liegen. Angesichts des großen Umfangs sanierungsbedürftiger denkmalgeschützter Gebäude sollten die Hilfsmaßnahmen auf einige wenige Projekte konzentriert werden. Zudem zielten die Maßnahmen des Programms auf eine Stärkung der Privatinitiative bei Eigentümer und Handwerk etwa durch die Auftrags-

327 Ebd., S. 3 f.

328 Vgl. ebd., S. 7.

329 Ebd., S. 7 f.

330 Ebd., S. 8.

331 Vgl. Berichterstattung Regierungsdirektor Weiss (HMWK) vor dem Beirat Hessen-Thüringen. Kurzbericht, 3. Sitzung des Beirats „Hessen/Thüringen", 25. 4. 1990, S. 5, 12. Wahlperiode. Hessischer Landtag.

vergabe an private Handwerksbetriebe in Thüringen. Und nicht zuletzt sollte mit der Wahl des Andreasviertels in Erfurt als vordringlichste Baumaßnahme auch politisch ein Zeichen gesetzt werden.

Das Andreasviertel in Erfurt war seit langem zum Symbol für den politischen Widerstand in der DDR geworden. Innerhalb der Bevölkerung kam es zu Protesten gegen den geplanten Abriss dieses ehemaligen Handwerkerviertels, das zu den ältesten Teilen der Erfurter Altstadt zählt. Die städtebaulichen Planungen der SED sahen hier vor, einen um die Altstadt Erfurts führenden mehrspurigen Straßenring zu schließen, was die endgültige Zerstörung dieses kulturgeschichtlich wertvollen Viertels bedeutet hätte.[332] Um diesen Planungen entgegenzuwirken, gründete sich unter dem Dach der evangelischen Kirche die Arbeitsgemeinschaft „Stadt- und Wohnumwelt", die sich vor allem seit 1987 für die Rettung des Andreasviertels einsetzte und durch entsprechende Aktionen eine öffentliche Diskussion über die Abrisspläne initiierte. Am 7. Mai 1987 eröffnete diese Initiative in der Michaeliskirche in Erfurt eine erste Ausstellung zum Thema. Wie sich Helmut Hartmann, Pfarrer und Mitglied der Bürgerinitiative, in seinen Aufzeichnungen erinnert, war die Ausstellung von Fachleuten aus dem Bausektor und dem Bereich Denkmalpflege unter dem Thema „Stadtgerechter Verkehr – Verkehrsgerechte Stadt" vorbereitet worden.[333] *Die Ausstellung fand sofort größte Aufmerksamkeit, weit über Thüringens Grenzen hinaus. Sie wurde in den nächsten Wochen von etwa 12.000 Interessierten besucht. Der Rat der Stadt reagierte gleich in den ersten Tagen mit Verboten und Drohungen gegenüber den Verantwortlichen. [...] Wir ließen uns nicht einschüchtern. Wir betonten, daß wir mit dieser Ausstellung eine öffentliche Diskussion anregen möchten über Fragen der Stadtentwicklung, die die ganze Bevölkerung interessiert. [...] In ausgelegte Gästebücher trugen Besucher offenherzig und mutig ihre Meinungen ein. Und sie ließen sich auch nicht davon zurückschrecken, als bekannt wurde, daß ein Gästebuch nach dem anderen verschwand und im Ministerium für Staatssicherheit ausgewertet wurde. [...] Die Verantwortlichen der Stadt pochten auf ihre Machtposition, sprachen uns jede Sachkompetenz ab und bedrohten uns mit harten Konsequenzen, wenn wir auf diesem Gebiet weiter aktiv bleiben würden. Die Gruppe blieb aktiv bis zur Wende. Die „Offene Arbeit" hat einige Monate nach der Ausstellung mit einer zweiten unter dem Thema „Eine Stadt am Kreuzweg" den Protest gegen die geplanten Straßenbaumaßnahmen verschärft. Durch die beiden Ausstellungen gewannen wir unerwartet viele neue Freunde und Sympathisanten, die sich mehr oder weniger öffentlich zu unseren Anliegen bekannten, z. B. bei der Denkmalpflege ...*[334]

Trotz aller Proteste hielt der Rat der Stadt Erfurt auch weiterhin an den Abbruchplänen des Andreasviertels fest und fasste alle Gegenvorschläge als unzulässige Ein-

332 Dieses Innenstadtviertel sollte entsprechend der Wohnraumpolitik der SED später in „zeitgemäßer" Plattenbauweise wieder aufgebaut werden. Vgl. Dornheim, Andreas: Demokratischer Umbruch in Thüringen 1989/90. In: Thüringen. Eine politische Landeskunde, 1996, S. 4 f.

333 Vgl. Hartmann, Helmut: Erinnerungen eines Stadtmissionspfarrers. Die immer neuen Herausforderungen an eine kleine Kirche in einer großen Stadt, o. J. [1998], S. 10. Privatunterlagen Dr. H. Falcke.

334 Ebd. Vgl. dazu auch das Interview mit Propst Dr. H. Falcke in dieser Publikation.

mischung in die Stadtplanung auf.[335] Der Verfall der historischen Bausubstanz schien nicht mehr aufhaltbar zu sein. Als die Pläne für den weiträumigen Abriss immer akuter wurden, versuchten Erfurter Bürgerinnen und Bürger im Dezember 1989 dieses durch eine Menschenkette um das Viertel zu verhindern. Dennoch war nicht abzuwenden, dass noch im Januar 1990 Häuser des Viertels abgerissen wurden. Zahlreiche andere Gebäude waren bereits durch mangelnde Instandhaltung stark verfallen.[336] Wie einem Sachstandsbericht des Hessischen Ministeriums für Wissenschaft und Kunst zu entnehmen ist, verwies Frau Dr. Blassy (DA), die gemeinsam mit Herrn Schade, Mitarbeiter des Stadtplanungsamts Erfurt und Vertreter der Bürgerinitiative zur Rettung der Erfurter Altstadt, noch am 13. Februar 1990 bei einer Besprechung mit dem damaligen Minister für Wissenschaft und Kunst, Dr. Wolfgang Gerhardt, in Wiesbaden auf die schwierige Situation in Erfurt. So sei bereits viel zu viel Zeit verloren gegangen, da *mittlerweile durch die Verwaltung des Rates der Stadt Erfurt vollendete Tatsachen geschaffen würden und immer mehr Häuser abgerissen oder durch das Bau- und Maschinenkombinat in üblicher Plattenbauweise verunstaltet würden. Außerdem sei es ungeheuer wichtig, daß möglichst rasch mit einer Beispielsmaßnahme begonnen werde, um den Menschen Hoffnung zu machen.*[337]

Dies war auch Ziel der Hessischen Landesregierung, die schnell ein Signal in Thüringen gegen den weiteren Abbruch und Verfall wertvoller Bausubstanz setzen wollte. So wurden am 3. und 4. Januar 1990 vor Ort konkrete Maßnahmen für das Aktionsprogramm erörtert. Gemeinsam mit dem Chefkonservator des Instituts für Denkmalpflege in Erfurt, Dipl.-Phil. Schoder, besichtigten Prof. Kiesow, Prof. Steinmetz vom Ministerium für Landwirtschaft, Forsten und Naturschutz und der für Denkmalpflege zuständige Referatsgruppenleiter des Hessischen Ministeriums für Wissenschaft und Kunst, Dr. Lettmann, dringend sanierungsbedürftige Objekte in Großburschla, Mühlhausen, Erfurt und Eisenach und verständigten sich dabei auf Gebäude, *die vorrangig in den Genuß der hessischen Hilfeleistung kommen sollten.*[338] Ein daraufhin vom Hessischen Ministerium für Wissenschaft und Kunst erarbeiteter Maßnahmenkatalog wurde der Staatssekretärs-Kommission zur Entscheidung vorgelegt und am 30. Januar 1990 im Wesentlichen gebilligt.[339] (Dok. 30)

335 Für die SED besaß die Wohnraumpolitik mit dem Ideal der „modernen sozialistischen Großstadt" einen außerordentlich hohen politischen Stellenwert. Vgl. Dornheim, Andreas: Demokratischer Umbruch in Thüringen 1989/90. In: Thüringen. Eine politische Landeskunde, 1996, S. 4 f.

336 Vgl. Rittmannsperger + Partner (Hrsg.): Hessenhilfe Thüringen. Die Rettung bedrohter Denkmäler. Landesprogramm Hessenhilfe für Thüringen, (= Dokumentation Stadtsanierung, 4), 1994.

337 Sachstandsbericht des HMWK zur Sitzung der Staatssekretärs-Kommission am 28. 3. 1990, 23. 3. 1990, S. 1 f. HHStAW, Z 502 Nr. 6093.

338 Vorlage des HMWK für die StS-Arbeitsgruppe am 24. 1. 1990, 23. 1. 1990. HHStAW, Z 502 Nr. 6133. Dazu auch: Kiesow, Gottfried: Die Hessenhilfe für die Denkmalpflege in Thüringen. In: Denkmalpflege in Hessen, hrsg. vom Landesamt für Denkmalpflege Hessen, Heft 2, 1991, S. 3. Kiesow nennt hier als Termin für die Reise nach Thüringen den 2. und 3. 1. 1990.

339 Vgl. Staatssekretärs-Kommission Hessen-Thüringen, Ergebnisniederschrift über die 1., 2. und 3. Sitzung, 5. 2. 1990. HHStAW, Z 502 Nr. 6133.

In einem Gespräch am 31. Januar 1990 in Wiesbaden verständigten sich Generalkonservator der DDR, Dipl.-Ing. Peter Goralczyk, und der Hessische Minister für Wissenschaft und Kunst, Dr. Wolfgang Gerhardt, abschließend auf Maßnahmen der Hessenhilfe. *Einvernehmlich wird der Schwerpunkt auf die Sanierung und Sicherung historischer Bausubstanz für Wohnzwecke gelegt. Mit Projekten in Erfurt (Andreasviertel) und Großburschla könnte kurzfristig begonnen werden. Vorhaben in Eisenach, Mühlhausen und Schmalkalden sollten folgen.*[340] (Dok. 31) Den Vorgaben der Hessischen Landesregierung entsprechend, einigte man sich auch darauf, Häuser im Privateigentum bevorzugt zu berücksichtigen und vorhandene oder sich gründende privatwirtschaftliche Handwerksbetriebe entsprechend zu unterstützen. Die fachliche Überwachung sollte bei den zuständigen Denkmalbehörden in Erfurt und Wiesbaden liegen. Zur Umsetzung der Vorhaben stellte Minister Gerhardt für die nächsten fünf Jahre zwischen 3 und 5 Mio. DM pro Jahr in Aussicht. Über das materielle Förderprogramm hinaus vereinbarten die Gesprächsteilnehmer einen gegenseitigen fachlichen Austausch zu aktuellen Fragen der Denkmalpflege.[341]

Damit waren nötige Entscheidungen getroffen, um mit den denkmalpflegerischen Maßnahmen in Thüringen beginnen zu können. Dennoch sollte zuvor die Zustimmung der Runden Tische in Erfurt, Suhl und Gera eingeholt werden.[342] Hier gab es bei der Abstimmung der geplanten Projekte allerdings erhebliche Schwierigkeiten, da die politischen Strukturen in Thüringen offenbar sehr unübersichtlich waren.[343] Um dennoch zu einer schnellen Lösung zu kommen, fand am 13. Februar 1990 ein weiterer Austausch, diesmal mit Vertretern oppositioneller Parteien statt. Dabei wurde übereinstimmend als Start für das Pilotprojekt die Häuserzeile am Domplatz in Erfurt in der Andreasstraße 32–37 sowie das Haus Michaelisstraße 22 ausgewählt. Ausdrücklich sollte sichtbar für die Erfurter Bevölkerung der Beginn der hessischen Hilfsmaßnahmen im Bereich der Denkmalpflege noch vor der Volkskammerwahl am 18. März 1990 erfolgen. Dazu *müsse umgehend die Zustimmung des „Runden Tisches" in Erfurt herbeigeführt werden ...*[344]

In einem Schreiben vom 15. Februar 1990 an den Vorsitzenden des Runden Tisches in Erfurt, Dr. Heino Falcke, wurde dieser über das Konzept, den bisherigen Stand

340 Ergebnisprotokoll des Gesprächs des Generalkonservators der Deutschen Demokratischen Republik, Dipl.-Ing. Peter Goralczyk, mit dem Hessischen Minister für Wissenschaft und Kunst, Dr. Wolfgang Gerhardt, am 31. 1. 1990, 31. 1. 1990. HMWK, Hessen-Thüringen, KA 12/6104.

341 Vgl. ebd.

342 In der Berichterstattung des Hessischen Ministeriums für Wissenschaft und Kunst vor dem Beirat Hessen-Thüringen wurde ausdrücklich darauf hingewiesen, dass das Institut für Denkmalpflege in Erfurt *nach Aussage vieler Leute im Hinblick auf die SED-Vergangenheit als unverdächtig gelte.* Kurzbericht, 3. Sitzung des Beirats „Hessen/Thüringen", 25. 4. 1990, S. 5, 12. Wahlperiode. Hessischer Landtag.

343 Vgl. dazu auch: Kurzbericht, 2. Sitzung des Beirats „Hessen/Thüringen", 13. 3. 1990, S. 2 ff., 12. Wahlperiode. Hessischer Landtag. Ebenso: Schreiben Dr. W. Gerhardt an Staatssekretär Dr. Gauland (Hessische Staatskanzlei), 26. 2. 1990. HHStAW, Z 502 Nr. 6133.

344 Bericht des Hessischen Ministeriums für Wissenschaft und Kunst anlässlich der Sitzung der Staatssekretärs-Kommission am 28. 3. 1990, 23. 3. 1990, S. 2. HHStAW, Z 502 Nr. 6093.

der Vorbereitungen und die geplanten Fördermaßnahmen der Denkmalpflege im Jahr 1990 in Erfurt, Eisenach, Großburschla und Mühlhausen informiert. Erbeten wurde eine möglichst kurzfristige Stellungnahme bzw. Billigung, da mit den beabsichtigten Maßnahmen im Andreasviertel so bald wie möglich begonnen werden sollte.[345] Bereits sieben Tage später, am 22. Februar 1990, erfolgte die grundsätzliche Zustimmung durch den Runden Tisch in Erfurt. Mit konkreten Fragen des Denkmalschutzes und der Altstadtsanierung wurde die Bürgerinitiative zur Rettung der Erfurter Altstadt beauftragt.[346]

Das entscheidende Organisationsgespräch fand am 1. März 1990 in Erfurt statt, zu dem die Bürgerinitiative neben Vertretern des Rates der Stadt Erfurt und des Instituts für Denkmalpflege in Erfurt auch Vertreter des Hessischen Ministeriums für Wissenschaft und Kunst eingeladen hatte. Wie im Beirat Hessen-Thüringen dazu berichtet wurde, hätte dieses Gespräch beinahe mit einem Eklat geendet, *weil die alte Ratsverwaltung die Sanierung eines Teils der Häuser einem Kombinat übergeben habe, das für seine Platten-Bauweise bekannt sei.*[347] *Nach ausgesprochen zähen und schwierigen Verhandlungen*, hieß es in einem weiteren Bericht zur Sitzung, *konnten für die Dachsanierungsarbeiten an den Gebäuden in der Andreasstraße 32–37 und für das Haus Michaelisgasse 22 die Zustimmung der Bürgerinitiative und des Rates der Stadt Erfurt erreicht werden. Eine bereits erfolgte Beauftragung des Bau- und Maschinenkombinats Erfurt für diese Maßnahme wurde durch Erklärung des Stadtbaudirektors in der Sitzung zurückgenommen …*[348]

Schließlich befasste sich auch der Regionalausschuss Hessen-Thüringen in seiner Sitzung am 7. März 1990 mit der Vorschlagsliste der Hessischen Landesregierung. Dem Ausschuss gehörten sowohl Mitarbeiter der Bezirksverwaltungen Erfurt, Suhl und Gera als auch Vertreter der drei Runden Tische an. Die Leitung dieser Sitzung lag beim stellvertretenden Vorsitzenden des Rats des Bezirks Erfurt. Anwesend war im Auftrag des Hessischen Ministeriums für Wissenschaft und Kunst Regierungsdirektor Walter Weiss, die ebenfalls eingeladene rheinland-pfälzische Landesregierung war nicht vertreten.[349] Wie dem Bericht zur Sitzung zu entnehmen ist, hatte der Ausschuss eine eigene Vorschlagsliste für mögliche denkmalpflegerische Maßnahmen in Thüringen erarbeitet und war dabei von einer wesentlich höheren Fördersumme (10 Mio. DM) ausgegangen. Diese Liste wurde besprochen und vom Vertreter des Hessischen Minis-

345 Vgl. Schreiben der Hessischen Staatskanzlei an den Vorsitzenden des Runden Tisches in Erfurt, 15. 2. 1990. HMWK, DDR-Sofortprogramm, Bd. II.

346 Vgl. Bericht des Hessischen Ministeriums für Wissenschaft und Kunst anlässlich der Sitzung der Staatssekretärs-Kommission am 28. 3. 1990, 23. 3. 1990, S. 2. HHStAW, Z 502 Nr. 6093.

347 Kurzbericht, 3. Sitzung des Beirats „Hessen-Thüringen“, 25. 4. 1990, S. 5, 12. Wahlperiode. Hessischer Landtag.

348 Vgl. Bericht des Hessischen Ministeriums für Wissenschaft und Kunst anlässlich der Sitzung der Staatssekretärs-Kommission am 28. 3. 1990, 23. 3. 1990, S. 3. HHStAW, Z 502 Nr. 6093.

349 Vgl. Bericht Regierungsdirektor W. Weiss zur Sitzung des „Regionalausschusses Thüringen“ am 7. 3. 1990, 14. 3. 1990. HHStAW, Z 502 Nr. 6133.

teriums für Wissenschaft und Kunst die Prüfung einzelner Projekte zugesagt. Als vordringlich galt jedoch die Zustimmung des Regionalausschusses zu den geplanten hessischen Maßnahmen, insbesondere dem Pilotprojekt in Erfurt (Andreasviertel). Alle anderen Vorhaben sollten nach Aussage Weiss' erst nach der Kommunalwahl am 6. Mai 1990 mit den dann gewählten und demokratisch legitimierten Vertretern der thüringischen Städte und Gemeinden besprochen werden. Man einigte sich schließlich darauf, dass die Hessische Landesregierung die von ihr beabsichtigten denkmalpflegerischen Maßnahmen durchführen könne. Insofern, so Weiss, gäbe es keinen Dissens mehr zwischen den Auffassungen der thüringischen und der hessischen Seite.[350]

Parallel zu den Verhandlungen in Thüringen wurde die Umsetzung des Aktionsprogramms im Bereich der Denkmalpflege auch in Hessen weiter abgestimmt. Durch Beschluss der Staatssekretärs-Kommission wurden dem Hessischen Ministerium für Wissenschaft und Kunst für das Haushaltsjahr 1990 insgesamt 4,1 Mio. DM zugewiesen und dem ersten Maßnahmenkatalog (Dok. 30) am 30. Januar 1990 im Wesentlichen zugestimmt.[351] Nicht bewilligt wurde zunächst der Austausch von Handwerkern und Architekten und die Finanzierung von Weiterbildungsmaßnahmen im Fortbildungszentrum Institut für Handwerk und Denkmalpflege Propstei Johannesberg bei Fulda, mit der Begründung, dass Mittel aus dem Aktionsprogramm ausschließlich für Investitionsmaßnahmen in Thüringen vorgesehen seien.[352] Da der Umgang mit denkmalgeschützter Bausubstanz entsprechende Kenntnisse voraussetzt, wurde auch dieser Teil des Antrags nachträglich befürwortet. Dadurch war es möglich, die gesamten Sanierungsarbeiten mit qualifizierten Handwerksbetrieben aus der DDR durchzuführen. In einer ersten Zwischenbilanz bewertete Kiesow im April 1990 die Förderung des einheimischen Handwerks äußerst positiv. *Mit den bisher durch das Land finanzierten Maßnahmen war bereits eine Erfurter Handwerksfirma in der Lage, ihre auf Denkmalpflegemaßnahmen spezialisierte Belegschaft von 9 auf 25 Mitarbeiter zu verstärken. Zwei Produktionsgenossenschaften bildeten sich auf Grund der Aufträge des Landes Hessen in private Handwerksbetriebe um. Der beabsichtigte Anreiz als Hilfe zur Selbsthilfe bei der Bildung eigener privater Spezialbetriebe für die Denkmalpflege in Thüringen hat also schon zu ersten Erfolgen geführt.*[353]

350 Vgl. ebd. Ebenso: Festlegungsprotokoll der 4. Sitzung des Regionalausschusses „Thüringen", 8. 3. 1990. ThStA Rudolstadt, Persönlicher Bestand Tilo Wetzel, Nr. 2. Aus diesem ansonsten wenig aussagekräftigen Protokoll geht hervor, dass der Hessischen Landesregierung eine überarbeitete Prioritätenliste (Vorschlagsliste des Regionalausschusses) überreicht wurde.

351 Vgl. Staatssekretärs-Kommission Hessen-Thüringen, Ergebnisniederschrift über die 1., 2. und 3. Sitzung, 5. 2. 1990 und Staatssekretärs-Kommission Hessen-Thüringen, Ergebnisniederschrift über die 9. Sitzung, 21. 6. 1990. HHStAW, Z 502 Nr. 6133. Vgl. dazu auch Antrag des HMWK, Prof. Kiesow, auf Bereitstellung weiterer Mittel im Haushaltsjahr 1990, 25. 4. 1990. Hessisches Sozialministerium, Hessen hilft Thüringen.

352 Vgl. Schreiben Dr. A. Gauland an Staatssekretär Dr. H. Kleinstück (HMWK), 2. 2. 1990. HHStAW, Z 502 Nr. 6133.

353 Antrag des HMWK, Prof. Kiesow, auf Bereitstellung weiterer Mittel im Haushaltsjahr 1990, 25. 4. 1990. Hessisches Sozialministerium, Hessen hilft Thüringen.

Weitaus kritischer wurde von der Staatssekretärs-Kommission und von Mitgliedern des Beirats Hessen-Thüringen die Projektsteuerung durch ein hessisches Architekturbüro gesehen und dagegen noch am 13. März 1990 erhebliche Bedenken geäußert.[354] Wenige Tage später, am 28. März, wurde allerdings der *Hinzuziehung beratender Fachkräfte aus Hessen*[355] unter bestimmten Voraussetzungen zugestimmt. Dieser Entscheidung ging ein Schreiben Minister Gerhardts vom 26. Februar voraus, in dem dieser nachdrücklich auf die Notwendigkeit hingewiesen hatte, mit der organisatorischen Abwicklung der hessischen Hilfsmaßnahmen im Bereich der Denkmalpflege in Thüringen einen freien hessischen Architekten zu beauftragen, der gemeinsam mit einem Architekten aus Thüringen die Projektsteuerung übernehmen solle.[356] (Dok. 32) Angesichts des drängenden Zeitproblems, der Sanierungsbeginn sollte vor der Volkskammerwahl im März 1990 liegen, entschied sich das Hessische Ministerium für Wissenschaft und Kunst, entsprechende Maßnahmen im Rahmen einer Projektförderung durch das Architekturbüro Rittmannsperger ausführen zu lassen. Ein entsprechender Bewilligungsbescheid wurde am 14. März 1990 von Minister Gerhardt unterzeichnet.[357] In einem offiziellen Schreiben des Hessischen Ministeriums für Wissenschaft und Kunst, ebenfalls vom 14. März, wurde auch der Rat der Stadt Erfurt über den Umfang und die Bedingungen der hessischen Hilfe informiert.[358] (Dok. 33) Zu diesem Zeitpunkt liefen die Vorbereitungen für das Pilotprojekt „Andreasviertel" in Erfurt bereits, die Zustimmung der Ortspolizeibehörde Erfurt zu den Sanierungsmaßnahmen lag vor und die ersten Baugerüste waren aufgestellt.

Das offizielle Startsignal für den Beginn der Denkmalschutzmaßnahmen im Rahmen des Aktionsprogramms Hessen-Thüringen wurde rechtzeitig am 15. März 1990 durch Staatsminister Dr. Wolfgang Gerhardt in Erfurt gegeben. Das Pilotprojekt im Andreasviertel umfasste sechs akut gefährdete Gebäude an der Andreasstraße 32 bis 37 sowie das Haus Michaelisstraße 22 (siehe Grundriss S. 125).

Mit der Auswahl dieser Häuser sollte der von der DDR-Regierung geplante Straßendurchbruch an dieser Stelle endgültig ausgeschlossen werden. Zum offiziellen Bau-

354 Vgl. Staatssekretärs-Kommission Hessen-Thüringen, Ergebnisniederschrift über die 5. Sitzung am 13. 3. 1990, 20. 3. 1990. HHStAW, Z 502 Nr. 6133.

355 Staatssekretärs-Kommission Hessen-Thüringen, Ergebnisniederschrift über die 6. Sitzung am 28. 3. 1990, 29. 3. 1990. HHStAW, Z 502 Nr. 6133.

356 Schreiben Dr. Wolfgang Gerhardt an Dr. Alexander Gauland (Hessische Staatskanzlei), 26. 2. 1990. HHStAW, Z 502 Nr. 6133.

357 Vgl. Förderungsbescheid des HMWK Rittmannsperger Kleebank & Partner GmbH, 14. 3. 1990. HHStAW, Z 502 Nr. 6093. Der ungewöhnliche Weg der Auftragsvergabe wurde bei der Prüfung durch den Hessischen Rechnungshof beanstandet. Allerdings sei es anzuerkennen und nicht zuletzt ein Verdienst des Architekturbüros, dass trotz der Schwierigkeiten vor Ort alle Arbeiten ausnahmslos ordnungsgemäß ausgeführt worden seien. Vgl. Schreiben des Präsidenten des Hessischen Rechnungshofs an den Hessischen Ministerpräsidenten, 19. 12. 1991. Hier: Bemerkungen zu der Landeshaushaltsrechung 1990, S. 160. HHStAW, Z 502 Nr. 6097.

358 Vgl. Schreiben des HMWK, Staatssekretär Dr. Kleinstück, an den Rat der Stadt Erfurt, 14. 3. 1990. HHStAW, Z 502 Nr. 6093.

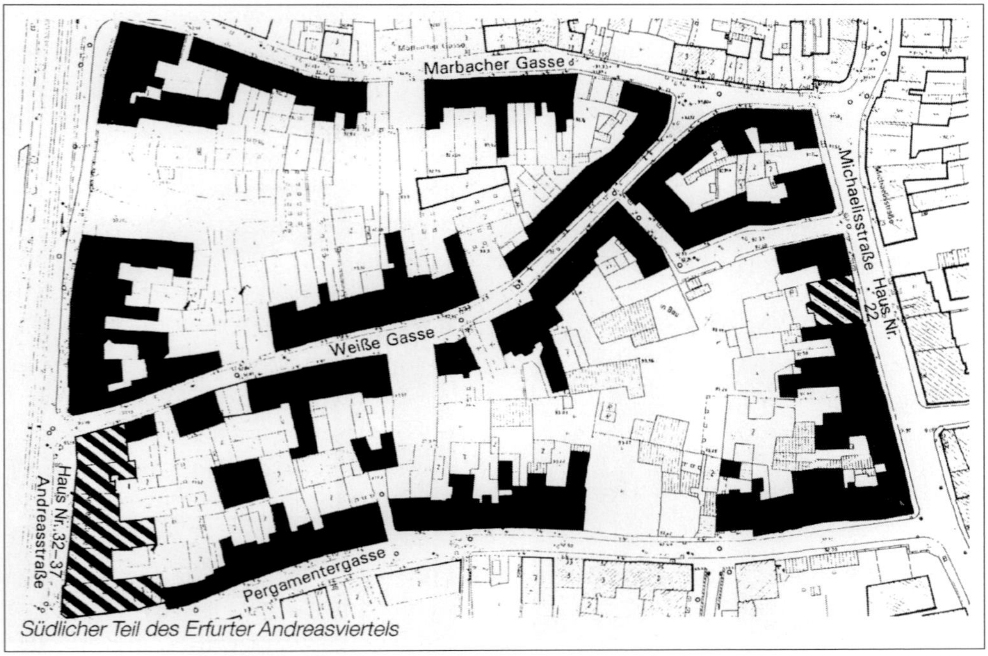

Grundriss Andreasviertel (Plan: Rittmannsperger + Partner)

beginn war die Erfurter Bevölkerung eingeladen.[359] Die Aktion wurde, wie sich Prof. Kiesow erinnert, mit großer Begeisterung aufgenommen, *weil wir nicht mit der Sanierung der Stardenkmäler begonnen, sondern den Erfurtern Bürgerrecht verschafft haben.*[360]

Primäres Ziel der denkmalpflegerischen Maßnahmen war, die von Abbruch oder Zerfall bedrohten Gebäude in ihrer Grundsubstanz zu sichern. Dazu gehörte eine komplette neue Dachdeckung, wenn nötig Reparaturen an tragenden Teilen, die Erneuerung aller Regenrinnen und Fallrohre, der Abbau alter Kamine und die Sicherung von Fenstern und Türen. Die komplette Sanierung der Gebäude sollte in einem zweiten Schritt erfolgen. Der hessische Landeskonservator Prof. Kiesow erläutert die notwendigen Schritte: *Es war der Wettkampf mit dem Verfall. Die Dächer waren undicht, der Schwamm wütete. […] Wir haben anfangs sämtliche Mittel für Sicherungen verwendet – aber nicht nur oberflächlich, wie man das beispielsweise in Brandenburg gemacht hat. Es wurden zuerst die Dachstühle repariert, damit sie überhaupt tragfähig blieben, dann die Schalung und Lattung erneuert und mit Schiefer, Biberschwänzen oder*

359 Vgl. HMWK, Presseinformation 67/90, Hessen hilft Thüringen, Startschuß für Denkmalschutzmaßnahmen in Erfurt, 9. 3. 1990. HHStAW, Z 502 Nr. 6092. Vgl. auch: „Gerüste im Andreasviertel", FAZ, 17. 3. 1990.

360 „Erste Hilfe im Denkmalschutz", Interview mit Prof. Dr. Gottfried Kiesow. In: Stadtland Thüringen – Wege des Städtebaus, hrsg. von der Bauhaus-Universität Weimar und dem Thüringer Ministerium für Bau und Verkehr, 2007, S. 43.

Startsignal für den Beginn der Baumaßnahmen im Andreasviertel durch Minister Gerhardt, 15. 3. 1990

Gerüst mit Schildern, darauf der Hinweis auf die Hessenhilfe, 15. 3. 1990

Ziegeln, eingedeckt, sodass das Dach nicht nur provisorisch gesichert, sondern richtig saniert war. So wurde Nachhaltigkeit erreicht.[361] Weil das für die Baumaßnahmen benötigte Material und Gerät (Gerüste, Bohrmaschinen, Schrägaufzüge, Schuttrutschen, Dachlatten, Holzbalken etc.) in der DDR nicht bezogen werden konnte, kamen alle Lieferungen aus der Bundesrepublik. Die handwerklichen Arbeiten wurden dagegen von örtlichen Handwerkern ausgeführt. Auch dies bedeutete zunächst eine besondere Herausforderung, da es schwierig war, geeignete kleinere Betriebe zu finden. Auch die Koordination mit der örtlichen Verwaltung in Thüringen war, wie einem Sachstandsbericht des Hessischen Ministeriums für Wissenschaft und Kunst zu entnehmen ist, gerade in der Anfangsphase bisweilen schwierig, weil kompetente Ansprechpartner fehlten.[362]

Am 3. April 1990 fand das erste Richtfest im Andreasviertel am Haus Michaelisstraße 22 statt. Diesem Wohnhaus war noch im Dezember 1989 das Obergeschoss komplett entfernt worden. Am 9. Oktober 1990 konnte mit der Übergabe von Urkunden und Hausakten durch Minister Dr. Gerhardt an die Stadt Erfurt bzw. an die Eigen-

361 Ebd.
362 Vgl. Sachstandsbericht Thüringenhilfe, HMWK, Anlage zum Bericht vom 27. 11. 1990. HHStAW, Z 502 Nr. 6095.

Baumaßnahmen Andreasstraße 32–37, 1990

tümer der inzwischen wieder privatisierten Häuser[363] die Pilotphase im Andreasviertel abgeschlossen und zugleich die zweite Phase der hessischen Denkmalschutzmaßnahmen in Erfurt eingeleitet werden.[364]

Auch der Start der zweiten Bauphase wurde mit einer öffentlichen Veranstaltung begangen, da diese Festlichkeiten erfahrungsgemäß auf große Resonanz in der Bevölkerung stießen, wie schon der Festakt am 15. März dieses Jahres auf dem Domplatz in Erfurt gezeigt habe.[365]

363 Bezug nehmend auf einen Bericht im Nachrichtenmagazin „Der Spiegel“ (Nr. 21/1990) wurde am 18. 6. 1990 ein Berichtsantrag betreffend „Einsatz von Fördermitteln des Landes in der Stadt Erfurt“ vom Abgeordneten Weist (GRÜNE) und Fraktion eingereicht. Die Landesregierung wurde darin u. a. aufgefordert, darzulegen inwiefern sichergestellt sei, dass Gebäude, die aus Mitteln des Aktionsprogramms instand gesetzt wurden, nicht zu Spekulationsobjekten würden. Wie einer Stellungnahme der Hessischen Staatskanzlei zu entnehmen ist, sei mit der Vergabe der Mittel aus dem Aktionsprogramm bereits vertraglich festgelegt worden, dass bei einer Reprivatisierung der Häuser entsprechend Vorsorge getragen werde. Dazu ausführlicher: Stellungnahme der Hessischen Staatskanzlei, September 1990. HHStAW, Z 502 Nr. 6095.

364 Vgl. HMWK, Presseinformation 246/90, Startschuß für zweite Phase der Denkmalschutzmaßnahmen im Erfurter Andreasviertel, 8. 10. 1990. Vgl. auch: „Für das ‚Haus zum güldenen Krönbacken‘ wieder goldene Zeiten“, Thüringer Allgemeine, 10. 10. 1990.

365 Vgl. Schreiben Architekturbüro Rittmannsperger an HMWK, 11. 9. 1990. Privatarchiv Rittmannsperger, Ordner Nr. 4.

Haus Michaelisstraße 22 vor der Sanierung, 1990

Die zweite Phase umfasste ein Gebäudeensemble in Erfurt bestehend aus drei kunst- und kulturhistorisch bedeutenden mittelalterlichen Fachwerkhäusern: dem „Güldenen Krönbacken", einem daran angebauten Gebäude, dem früheren Gasthof „Zum Goldenen Schwan" und der Waidscheuer, einer für die Wirtschaftsgeschichte der Stadt wichtigen Anlage. Für die Bestandssicherung dieses Komplexes waren 1,3 Mio. DM aus Mitteln des Aktionsprogramms Hessen-Thüringen vorgesehen.[366] Damit sollte, wie es Minister Gerhardt in seiner Ansprache ausdrückte, *ein weiterer Beitrag Hessens dafür geleistet werden, die großen Schäden beheben zu helfen, die die jahrzehntelange Vernachlässigung der thüringischen Denkmäler durch das Regime hervorgerufen hat.*[367]

Nach dem Beispiel des Andreasviertels in Erfurt wurden auch in anderen thüringischen Städten und Gemeinden im Rahmen des Aktionsprogramms Hessen-Thüringen

366 Da sich die Baukosten für die Maßnahmen der ersten Phase (Andreasviertel) gegenüber der ursprünglichen Kalkulation vor allem aufgrund steigender Stundenlöhne für Handwerker (Währungsumstellung auf DM) erhöht hatten, wurden die Mittel für das zweite Projekt „Zum güldenen Krönbacken" entsprechend um 280.000 DM reduziert. Vgl. Schreiben Büro Rittmannsperger + Partner an den Oberbürgermeister der Stadt Erfurt, 26. 10. 1990. Privatarchiv Rittmannsperger, Ordner Nr. 4.

367 HMWK, Presseinformation 246/90, Startschuß für zweite Phase der Denkmalschutzmaßnahmen im Erfurter Andreasviertel, 8. 10. 1990. Privatarchiv Rittmannsperger, Ordner Nr. 4.

Haus Michaelisstraße 22 nach Abschluss der Sicherungsarbeiten, 1990

Haus Michaelisstraße 22 im Jahr 2007

Bestandsicherungsmaßnahmen durchgeführt: Die Arbeiten in Mühlhausen konzentrierten sich zunächst auf die Gebäude Pfortenstraße 1 bis 3 und Obermarkt 18 und 19. Diese Gebäude formten und formen ein wichtiges städtebauliches Element innerhalb des mittelalterlich geprägten Stadtkerns Mühlhausens. Auch sie sollten einer Straßenerweiterung zum Opfer fallen und waren bereits seit Jahren aufgegeben worden, dementsprechend kritisch war der Bauzustand. Wie einer Aktennotiz zu entnehmen ist, sei allerdings noch am Tag des Besuches von Prof. Kiesow und Herrn Herrel (Rittmannsperger + Partner) am 15. Juni 1990 in Mühlhausen ein Ratsbeschluss gefasst worden, durch den *die Abrißverfügung zu dem Komplex Obermarkt/Pfortenstraße nunmehr endgültig aufgehoben wäre. Der Rat der Stadt hätte sich für die Erhaltung dieses städtebaulich wichtigen Ensembles in unmittelbarer Nachbarschaft der Marienkirche ausgesprochen und der Durchführung von Sicherungsarbeiten durch die Hessenhilfe zugestimmt.*[368] Der „Startschuss“ für die Denkmalschutzmaßnahmen in Mühlhausen erfolgte am 11. Oktober 1990 durch Minister Gerhardt.[369]

368 Aktennotiz, Hessenhilfe für Thüringen, 18. 8. 1990. Privatarchiv Rittmannsperger, Ordner Nr. 4.

369 Eine genauere Darstellung der Baumaßnahmen findet sich in dem Aufsatz: Herrel, Eckhard; Wionski, Heinz: Mühlhausen. Von der „Hessenhilfe“ zur Stadterneuerung. In: Denkmalpflege in Hessen, hrsg. vom Landesamt für Denkmalpflege Hessen, Heft 2, 1991, S. 8–15.

Mühlhausen: Obermarkt 18,
Straßenansicht, 1990

Mühlhausen: Obermarkt 18,
Hofansicht, 1990

In Schmalkalden wurde die städtebaulich und kunsthistorisch bedeutende und vom Verfall bedrohte Häusergruppe Markt 7 und 8 am Neumarkt in die hessischen Maßnahmen einbezogen. Im Zusammenhang mit dem Modellvorhaben Altenburschla (Hessen) wurde auch das Projekt Großburschla (Thüringen) im Rahmen der Dorferneuerung in die Hessenhilfe aufgenommen. Hier konzentrierten sich die Sicherungsmaßnahmen auf ein ehemaliges Stiftsgebäude (heute Rathaus und Gemeinde) und die Dorfschenke. Bei der Umsetzung dieser Maßnahmen konnten die Absprachen bereits mit den durch die Kommunalwahl am 6. Mai 1990 legitimierten Bürgermeistern, Baudezernenten und den Planungsämtern sowie den zuständigen Denkmalpflegeämtern abgestimmt und umgesetzt werden.

Aus Mitteln des Aktionsprogramms wurde in Eisenach der Ausbau der „Alten Residenz“, einem Fachwerkbau, zu einem Begegnungszentrum für hessische und thüringische Jugendliche mitgefördert.[370] Weitere Gelder wurden für Fortbildungsmaßnahmen thüringischer Handwerker und zur Unterstützung privater Baumaßnahmen (z. B. Dachreparaturen, Fensterausstattung) eingesetzt.

370 Träger der Maßnahme war der Aus- und Fortbildungsverbund im Landkreis Kassel e. V., der das Gebäude in Pacht übernommen und sich verpflichtet hatte, die „Alte Residenz“ zu sanieren. Vgl. Sachstandsbericht Thüringenhilfe des HMWK für den Ausschuss für Wissenschaft und Kunst des Hessischen Landtags, 27. 11. 1990. HHStAW, Z 502 Nr. 6095.

Verteilung der bewilligten Mittel von 4,1 Mio. DM für Maßnahmen im Bereich der Denkmalpflege in Thüringen im Jahr 1990:

Erfurt	
Pilotphase in Erfurt Andreasstraße 32–37, Michaelisstraße 22 und Anschlussphase Anlage „Güldener Krönbacken"	2.200.000,– DM
Großburschla	
Dorferneuerung	500.000,– DM
Schmalkalden	
2 gotische Fachwerkhäuser	160.000,– DM
Mühlhausen	
Obermarkt und Pfortenstraße	675.000,– DM
Weimar	
Fassadenrenovierung der Klassiker-Bibliothek	15.000,– DM
Eisenach	
„Alte Residenz"	50.000,– DM
Unterstützung privater Bauherren	100.000,– DM
Fortbildung thüringischer Handwerker	
(Deutsches Zentrum für Handwerk und Denkmalpflege, Propstei Johannesberg, Fulda)	340.000,– DM
Sonstiges	
(Zuwendung zur Errichtung eines Architekturbüros für die hessischen Hilfsmaßnahmen in Erfurt)	60.000,– DM
Summe insgesamt:	*4.100.000,– DM*[371]

Mit der Wahl der Landesregierung traten in Thüringen im Bereich der Denkmalpflege wesentliche Veränderungen ein, die Einfluss auf die weitere Umsetzung des Aktionsprogramms Hessen-Thüringen hatten. Zum einen wurde das bisherige Institut für Denkmalpflege in Erfurt zum Thüringischen Landesamt für Denkmalpflege – Bau- und Kunstdenkmale und erhielt damit einen eigenen Haushalt mit einem Finanzvolumen von 130 Mio. DM für das Jahr 1991; damit war es möglich, die begonnenen Sicherungsarbeiten in größerem Umfang fortzusetzen. Zum anderen stellte der Bund als

371 Vgl. Aktionsprogramm Hessen-Thüringen, 3. Bericht zum Vollzug des Aktionsprogramms im Haushaltsjahr 1990, 1. 10. 1990, S. 19. Hessische Staatskanzlei. Vgl. auch: Bericht Architekturbüro Rittmannsperger + Partner, Hessenhilfe für Thüringen. Stand der Hessenhilfe zum Jahresende 1990, 7. 1. 1991. Privatarchiv Rittmannsperger, Ordner Nr. 2 und Verwendungsnachweis, 30. 1. 1997. Privatarchiv Rittmannsperger, Ordner Nr. 3. Weitere Maßnahmen im Bereich der Denkmalpflege wurden aus Mitteln der Hessischen Staatskanzlei (Sanierung der Kirche in Wahlhausen, 19.510,– DM) und des Hessischen Ministeriums der Finanzen (Erhaltungsmaßnahmen an der Kirche in Crawinkel, 50.000,– DM) finanziert. Privatarchiv Rittmannsperger, Ordner Nr. 3.

Sofortprogramm bereits im April 1990 insgesamt eine Milliarde DM für Maßnahmen der Stadt- und Dorfsanierung in der DDR bereit; auch Weimar wurde als Modellstadt aus Mitteln der Bundesregierung gefördert.[372] Darüber hinaus standen ab 1991 weitere Finanzhilfen aus den Bundesprogrammen „Denkmalschutz“ und „Städtebaulicher Denkmalschutz“ zur Verfügung, die auch von thüringischen Städten und Gemeinden zur Erhaltung und Restaurierung von Kulturdenkmälern eingesetzt wurden.[373] So wurde im August 1991 über die Städtebauförderung und den Denkmalschutz ein Notsicherungsprogramm für 177 Erfurter Häuser (davon gehören 48 Häuser zum Andreasviertel) aufgelegt.[374] Vorbild für dieses Programm waren die wirkungsvollen und erfolgreichen hessischen Maßnahmen im Andreasviertel. Weitere Gelder für die Denkmalpflege in Thüringen kamen von der Deutschen Stiftung Denkmalschutz, der deutschen Bundesstiftung Umwelt und von den Partnerländern Bayern, Rheinland-Pfalz und Hessen.[375]

Zwar lief die hessische Hilfe für Thüringen im Bereich der Denkmalpflege auch 1991 weiter, doch wurden angesichts der umfangreichen Förderprogramme durch Bund und Land die hessischen Mittel zugunsten der Verwaltungshilfe auf nunmehr 2,74 Mio. DM reduziert. Die Fördergelder aus dem Aktionsprogramm Hessen-Thüringen für Maßnahmen der Denkmalpflege wurden ab 1991 dem Landesamt für Denkmalpflege in Thüringen direkt zur Verfügung gestellt, die Projektsteuerung durch ein privates Architekturbüro war nunmehr nicht mehr erforderlich. Finanziert wurden in den Jahren 1991 und 1992 Projekte, die, wie auch in anderen Bereichen, von der Thüringer Landesregierung vorgeschlagen wurden. Ab 1993 wurden die Mittel des Aktionsprogramms Hessen-Thüringen ausschließlich für Fortbildungsmaßnahmen und für Maßnahmen der Verwaltungs- und Justizhilfe eingesetzt.

Wie nachhaltig und öffentlichkeitswirksam die hessische Hilfe gerade im Bereich der Denkmalpflege in dem ersten Jahr 1990 war, belegen Zeitungsberichte und Aussagen von Zeitzeugen.[376] In einem Schreiben an den Hessischen Ministerpräsidenten vom Juli 1990 wies auch der damalige Oberbürgermeister der Stadt Erfurt, Manfred Ruge, auf den großen Erfolg hin: ... *im Rahmen der Hessenhilfe hat Ihr Land die Stadt Erfurt dankenswerterweise und in sehr großzügiger Form bei der Sicherung von Baudenkmalen finanziell und materiell unterstützt. Diese Hilfe, dessen kann ich Sie versichern, hat*

372 Vgl. Schreiben Minister Gerhardt an Ruth Wagner, Vizepräsidentin des Hessischen Landtags, 3. 5. 1990. Privatarchiv R. Wagner. Aus dem Schreiben geht hervor, dass Weimar gemeinsam mit anderen ausgewählten ostdeutschen Städten in ein Sanierungsprogramm der Bundesregierung (20 Mio. DM) aufgenommen wurde.

373 Vgl. Stadtland Thüringen – Wege des Städtebaus, hrsg. von der Bauhaus-Universität Weimar und dem Thüringer Ministerium für Bau und Verkehr, 2007, S. 47–50. Dazu auch: Aktennotiz J. Rittmannsperger, 24. 1. 1991, betr. Städtebauförderung und Hilfen der Denkmalpflege in den fünf neuen Bundesländern. Privatarchiv Rittmannsperger, Ordner Nr. 2.

374 Vgl. „Ein Notprogramm für 177 Erfurter Häuser“, Thüringer Allgemeine, 7. 8. 1990.

375 Vgl. Zießler, Rudolf: Hessenhilfe Thüringen. Ein Programm für die Denkmalpflege, S. 7. In: Denkmalpflege in Hessen, hrsg. vom Landesamt für Denkmalpflege Hessen, Heft 2, 1991.

376 Vgl. Interview mit Dr. Heino Falcke in dieser Publikation.

bei der Erfurter Bevölkerung große Zustimmung gefunden und zugleich Anstöße zur Selbsthilfe ausgelöst.[377]

2.10.5 Förderung privater Kleinunternehmen

Erste Erfahrungen mit dem [Aktions-]Programm zeigen, daß die ausgewählten Förderbereiche mit den Bedürfnissen und Erwartungen der Menschen in Thüringen weitgehend in Einklang stehen. Zusätzlich ist aber auch sichtbar geworden, daß mit einigen ergänzenden Aspekten das Programm noch wirkungsvoller gestaltet werden kann. So habe, hieß es im Januar 1990 in der Begründung zur Erweiterung des Aktionsprogramms Hessen-Thüringen um den Bereich „Förderung privater Kleinunternehmer", die bisherige Programmentwicklung gezeigt, *daß eine große Zahl von Förderwünschen privater Kleinunternehmer vorliegt. Angesichts dieser Situation sowie im Hinblick darauf, daß mit der Förderung solcher Kleinunternehmer spürbare ökonomische Wirkungen erzielt werden können, erscheint es angezeigt, die bisherigen Förderbereiche auch um diesen Punkt zu ergänzen.*[378] Die gezielte Förderung des Mittelstandes in der DDR durch die Hessische Landesregierung bot nicht nur eine mögliche wirtschaftliche Perspektive für die Antragsteller, sondern es sollte zugleich auch politisch ein Zeichen für die Umgestaltung der ostdeutschen Wirtschaftsstruktur gesetzt werden.[379]

Tatsächlich bestand in Thüringen ein großes Interesse an (Klein-)Krediten. Zahlreiche private klein- und mittelständische Unternehmen sowie Existenzgründer baten die Hessische Landesregierung um finanzielle Unterstützung.[380] Für sie stellte eine unzureichende Versorgung mit Investitionsgütern und anderen Materialien aller Art aus der Produktion der DDR ein zentrales Problem dar, das durch die fehlende Konvertibilität der DDR-Mark noch verschärft wurde. Im Januar 1990 erhielt das Hessische Ministerium für Wirtschaft und Technik von der Landesregierung den Auftrag, ein Konzept für ein entsprechendes Kreditprogramm auszuarbeiten. Wie einem Schreiben der Hessischen Staatskanzlei zu entnehmen ist, sollte dies in Absprache mit Rheinland-

377 Schreiben, Oberbürgermeister der Stadt Erfurt, M. Ruge, an Ministerpräsident Dr. W. Wallmann, 31. 7. 1990. HHStAW, Z 502 Nr. 6105.

378 Schreiben des Hessischen Ministerpräsidenten an den Präsidenten des Hessischen Landtags, betr. Entwurf eines Gesetzes zur Änderung des Gesetzes über die Feststellung des Haushaltsplans des Landes Hessen für die Haushaltsjahre 1990 und 1991 (Nachtragshaushaltsgesetz 1990/91, 30. 1. 1990. HHStAW, Z 502 Nr. 6091.

379 In seinen Aufzeichnungen bewertete Wolfgang Egerter, Leiter des Thüringen-Büros des Landes Hessen das Devisenhilfsprogramm zur Förderung privater Kleinunternehmen der Hessischen Landesregierung: *Ich bin überzeugt, dieses Programm wird seine nachhaltige Wirkung nicht verfehlen. Für die Kommunisten war der Mittelstand störend, ja gefährlich. Deshalb haben sie ihn weitgehend zerschlagen. In einer demokratischen Gesellschaft aber gehört der Mittelstand zu den tragenden Säulen. So ist diese Hilfe, die Hessen hier bietet, über die wirtschaftliche Perspektive hinaus von größter politischer Bedeutung.* Egerter: Ein Wunsch geht in Erfüllung, 1998, S. 76.

380 Vgl. hierzu Kapitel 2.4 (Dok. 8 und 9) in dieser Publikation.

Pfalz geschehen, da auch Rheinland-Pfalz beabsichtigte, schwerpunktmäßig Hilfen in diesem Bereich zu leisten. *Anläßlich der Teilnahme an der Sitzung des Runden Tisches in Erfurt am 17. ds. M. haben Herr Staatsminister Kanther, Herr Staatsminister Brüderle und Herr Staatssekretär Posch bereits einen ersten Meinungsaustausch zu der Frage geführt, ob und in welcher Weise kleinen Handwerksbetrieben in Thüringen geholfen werden könnte.*[381] So sollte im Vorfeld die Förderung nach gleichen Kriterien sichergestellt und mögliche Doppelförderungen ausgeschlossen werden. Zugleich wurde der Runde Tisch über das geplante Förderprogramm für private Kleinunternehmer informiert und dort sei dem Programm zugestimmt und bestätigt worden, dass es keiner weiteren lokalen Absprachen bedürfe, so Finanzminister Kanther. In den Organisationen der DDR gäbe es für diese Art der Hilfe keine Ansprechpartner und eine Zusammenarbeit mit der DDR-Bürokratie sollte überdies vermieden werden.[382]

Am 24. Januar lagen bereits erste Vorschläge des Hessischen Ministeriums für Wirtschaft und Technik zur Ergänzung des Aktionsprogramms vor[383] und im Februar waren entsprechende Richtlinien für die Kreditvergabe ausgearbeitet:

- Danach waren alle selbstständigen privaten Kleinunternehmen und Existenzgründer im Bereich der gewerblichen Wirtschaft und der freien Berufe mit Sitz in den drei thüringischen Bezirken Erfurt, Gera und Suhl antragsberechtigt.
- Die Devisenhilfen standen zur Anschaffung von gebrauchten oder neuen Investitionsgütern sowie von Fahrzeugen für betriebliche Zwecke zur Verfügung.
- Die Förderung erfolgte in Form von Devisenhilfe, indem Zahlungen in DM zur direkten Begleichung von Rechnungen für gelieferte Wirtschaftsgüter eingesetzt wurden. Eine Auszahlung an die Antragsteller war nicht vorgesehen.
- Die Rückzahlung der Finanzhilfe erfolgte – vermindert um die Umsatzsteuer – auf ein Konto des Landes Hessen bei der Staatsbank der DDR in DDR-Mark zu einem festen Umrechnungskurs von 1 DM zu 2,4 DDR-Mark.[384]
- Pro Antragsteller konnten Devisenhilfen bis zu einer Gesamtsumme von höchstens 20.000,– DM gewährt werden.

Weitere Punkte der Richtlinie regelten das Antrags- und Bewilligungsverfahren.[385] (Dok. 34) Vom Hessischen Ministerium für Wirtschaft und Technik wurde die Hessische Landesentwicklungs- und Treuhandgesellschaft (HLT)[386] mit der Durchführung

381 Vgl. Schreiben der Hessischen Staatskanzlei an das HMWT, betr. Aktionsprogramm Hessen-Thüringen, 19. 1. 1990. HHStAW, Z 502 Nr. 6102.

382 Vgl. Kurzbericht, 1. Sitzung des Beirats „Hessen/Thüringen", 28. 2. 1990, S. 2, 12. Wahlperiode. Hessischer Landtag.

383 Vgl. HMWT, Hessen-Thüringen – Vorschläge zur Ergänzung des Aktionsprogramms, 24. 1. 1990. HHStAW, Z 502 Nr. 6133.

384 Zunächst war ein Umtauschkurs von 1 DM zu 3 DDR-Mark vorgesehen, mit der endgültigen Festlegung des Förderprogramms (15. 2. 1990) wurde der Umtauschkurs auf 1 DM zu 2,4 DDR-Mark vermindert.

385 Vgl. Erlass vom 15. 2. 1990, Staatsanzeiger für das Land Hessen, 13/1990, S. 554 f.

386 Die Hessische Landesentwicklungs- und Treuhandgesellschaft mbH (HLT) war eine Wirtschaftsförderungsgesellschaft des Landes Hessen. Im Juli 1990 wurde die HLT in eine Aktiengesellschaft

dieses Programms beauftragt, die auch über die Anträge zu entscheiden hatte. Zur Finanzierung der Devisenhilfe wurden dem Hessischen Ministerium für Wirtschaft und Technik (HMWT) von der „Staatssekretärs-Kommission" 10 Mio. DM aus Mitteln des Aktionsprogramms Hessen-Thüringen zur Verfügung gestellt.[387]

Zur zügigen Umsetzung des *Förderprogramms des Landes Hessen für private Kleinunternehmen in Thüringen* hatte die HLT in den drei Thüringer Bezirken Erfurt, Suhl und Gera vorübergehend Antragsannahmestellen eingerichtet. Die Orte und Öffnungszeiten dieser Stellen wurden über Kammern, Verbände und Medien allgemein bekannt gegeben.[388] In seinen Aufzeichnungen erinnerte sich Wolfgang Egerter als Leiter des Thüringen-Büros des Landes Hessen in Erfurt an die Tätigkeit der HLT, die das dortige Informationsbüro u. a. für die Antragsannahme nutzte. *Ganz schnell hat sich das Programm herumgesprochen. Viele erhofften sich dadurch einen Start in ein besseres Leben, und so stehen an mehreren Tagen die Antragsteller bis auf die Straße hinunter Schlange.*[389] Innerhalb von nur vier Tagen waren weit über 1000 Anträge eingegangen.[390]

Am 28. Februar 1990 wurde von Staatssekretär Posch in der Sitzung des Beirats Hessen-Thüringen über den bisherigen Stand des Devisenhilfsprogramms berichtet. Wie Posch darlegte, würden die Anträge zurzeit geprüft und mit ersten Zuwendungsbescheiden sei in der folgenden Woche zu rechnen. Zudem habe sich bei Gesprächen über Anträge gezeigt, dass ein großer Beratungsbedarf bestehe.[391] Auch diese Aufgabe wurde von der HLT übernommen.[392] Nach jetzigen Schätzungen hätten in Thüringen ungefähr 10.000 Handwerker und 4000 Kaufleute Interesse an der Gründung einer selbstständigen Existenz. Ein Problem liege darin, so Posch weiter, *daß das hessische*

umgewandelt und in Wirtschaftsförderung Hessen Investitionsbank AG Hessische Landesentwicklungs- und Treuhandgesellschaft – HLT – Wiesbaden umbenannt. Bis 2000 blieb das Land Alleinaktionär, seitdem ist die Landesbank Hessen-Thüringen Mitaktionärin.

387 Vgl. Hessisches Finanzministerium, Vergaberichtlinien, Aktionsprogramm Hessen-Thüringen (2. Fassung), Stand: 1. 2. 1990. HHStAW, Z 502 Nr. 6133.

388 Vgl. Hessisches Ministerium für Wirtschaft und Technik, Förderprogramm des Landes Hessen für private Kleinunternehmer in Thüringen, 9. 2. 1990, S. 2. HHStAW, Z 502 Nr. 6092. Vgl. auch: „DDR-Kleinunternehmer können jetzt im Westen 3:1 einkaufen. Wirtschaftsminister Schmidt (FDP) legte Ausführungsbestimmungen vor", Hersfelder Zeitung, 14. 2. 1990. Im Anschluss an den Artikel wurde das Förderprogramm im Wortlaut abgedruckt.

389 Egerter, Wolfgang: Ein Wunsch geht in Erfüllung, 1998, S. 76.

390 Vgl. HLT, Bericht zum Aktionsprogramm Hessen-Thüringen. Fördermaßnahmen des Hessischen Ministeriums für Wirtschaft und Technik – 1990 –, 21. 2. 1991. Die genauen Antragszahlen schwanken zwischen 1250 (HLT an anderer Stelle) und 1350 (Prüfbericht des Hessischen Rechnungshofs).

391 Vgl. Kurzbericht, 1. Sitzung des Beirats „Hessen-Thüringen", 28. 2. 1990, S. 6, 12. Wahlperiode. Hessischer Landtag.

392 Vgl. Vermerk für den Herrn Ministerpräsidenten von W. Egerter, Anlage Konzept HLT, 24. 8. 1990. HHStAW, Z 502 Nr. 6094. Darin findet sich der Hinweis, dass in den Monaten März bis Mitte Juli 1990 Beratungen von Unternehmen im Hessen-Informationsbüro in Erfurt stattfanden. So seien in dieser Zeit neben den ständigen Sonderberatungen rd. 2500 Beratungen von Personen sich neu gründender Unternehmen geleistet worden.

Programm bei einer Fördersumme von höchstens 20.000 DM nicht primär für Existenzgründungen gedacht sei.[393] Das Programm war für private Kleinunternehmer vor allem als kurzfristige und unmittelbare Devisenhilfe ausgelegt, um dadurch rasch die Durchführung notwendiger Investitionen zu ermöglichen.[394] Kritik an den Richtlinien des Förderprogramms kam von Abgeordneten der SPD, die sich auf den Umtauschkurs von 1 : 2,4 (DM zu DDR-Mark) bezog: Man rechne damit, dass die Sparkonten im Verhältnis 1 : 1 umgetauscht würden und dann das Land Hessen einen Gewinn erzielen werde.[395] Bis zum Mai 1990 wurde an dem Umtauschkurs allerdings nichts geändert.

Auch in der folgenden Sitzung des Beirats am 13. März 1990 berichtete ein Vertreter des Hessischen Wirtschaftsministeriums ausführlich über die Abwicklung des hessischen Devisenhilfsprogramms. So seien an den drei Tagen, an denen die Annahmestellen geöffnet waren, 1300 Anträge eingegangen und auch nachträglich abgegebene Anträge seien angenommen und durch die HLT geprüft worden. Unberücksichtigt blieben die Anträge, in denen die Betriebsgründung frühestens für Ende 1990 oder 1991 vorgesehen war, da mit dem Förderprogramm kurzfristig geholfen werden sollte. Wie es weiter hieß, habe dies die Zahl der Anträge erheblich reduziert.[396] Erneut wurde die Höhe des Umtauschkurses erörtert, da sich im Zusammenhang mit einer kommenden Wirtschafts- und Währungsunion die Frage stelle, so Finanzminister Kanther, was aus dem Devisenhilfsprogramm bzw. aus den Rückzahlungsverpflichtungen der Geförderten werde, wenn die Ostmark als offizielles Zahlungsmittel nicht mehr bestehe. Hingewiesen wurde in diesem Zusammenhang auf Antragsteller, die überlegten ihren Antrag wieder zurückzuziehen, da bei einer Währungsumstellung von einem Umtausch im Verhältnis 1 : 1 ausgegangen werde.[397]

In der Beiratssitzung am 25. April wurde die Frage des Umtauschkurses nochmals diskutiert, da der Termin zur Schaffung einer Währungs-, Wirtschafts- und Sozialunion (1. 7. 1990) und damit der Zeitpunkt für die Einführung der D-Mark in Ostdeutschland nunmehr feststand.[398] Vom Vorsitzenden des Beirats Ernst Welteke (SPD) wurden daher

393 Vgl. Kurzbericht, 1. Sitzung des Beirats „Hessen-Thüringen“, 28. 2. 1990, S. 6, 12. Wahlperiode. Hessischer Landtag.

394 Für umfangreiche Kredite stand mit Einführung der DM in der DDR zum 1. 7. 1990 u. a. das ERP-Programm (European Recovery Program) zur Verfügung, ein Schwerpunkt der Kreditvergabe waren hier Investitionshilfen für den Mittelstand. Vgl. ebd.

395 Vgl. ebd., S. 5. Grundlegender war die Kritik der Deutschen Angestellten-Gewerkschaft an dem Finanzpaket der Hessischen Landesregierung, da dieses zwar in erheblichem Umfang Gelder für Existenzgründungen enthalte, aber keine Mittel für berufliche Fort- und Weiterbildung der Arbeitnehmer in der DDR sowie für Umschulungsmaßnahmen zur Verfügung gestellt würden. Vgl. Schreiben, K. E. Becker, Deutsche Angestellten-Gewerkschaft, Landesverband Hessen an Ministerpräsident Dr. W. Wallmann, 4. 5. 1990. HHStAW, Z 502 Nr. 6093.

396 Vgl. Kurzbericht, 2. Sitzung des Beirats „Hessen/Thüringen“, 13. 3. 1990, S. 8, 12. Wahlperiode. Hessischer Landtag.

397 Vgl. ebd., S. 7 f.

398 Im März 1990 kam es zu ersten Gesprächen über einen Vertrag einer Währungsunion mit Wirtschaftsreform mit der DDR. Doch erst nach der Volkskammerwahl am 18. 3. 1990 wurden kon-

unverzüglich Maßnahmen gefordert, damit den Antragstellern aus dem künftigen Umtausch von 1 : 1 kein Nachteil erwachsen werde. Insgesamt sah Welteke nach Einführung der D-Mark in der DDR für das Förderprogramm keinen Bedarf mehr.[399] Bis zum Tag der Beiratssitzung hatten 540 Antragsteller einen Zuwendungsvertrag mit einem Volumen von 5,2 Mio. DM gegengezeichnet. Hiervon waren an westdeutsche Händler für gekaufte Investitionsgüter bereits 2,5 Mio. DM ausgezahlt worden.[400]

In der Sitzung der Staatssekretärs-Kommission am 8. Mai kündigte Staatssekretär Posch schließlich die Änderung der Richtlinien für das Förderprogramm des Landes Hessen für private Kleinunternehmen an, die Devisenhilfe mit einem Umtauschkurs von 1 : 1 abzuwickeln.[401] Die Änderungen arbeitete das Hessische Ministerium für Wirtschaft und Technik aus. Sie betrafen zum einen den Umtausch, dem nun ein fester Kurs von 1 DM zu 1 Mark der DDR zugrunde gelegt wurde, zum anderen die Rückzahlungskonditionen, für die die folgende Übergangsregelung galt: *Soweit die Devisenhilfen bereits an das Land Hessen ganz oder teilweise in Mark der DDR zurückgezahlt wurden und dabei noch ein Umrechnungskurs von 1 DM zu 2,40 Mark der DDR zugrunde gelegt wurde, wird dem Zuwendungsempfänger der zuviel gezahlte Rückzahlungsbetrag kurzfristig wiedererstattet.*[402] Nach dem 1. Mai 1990 sollten neue Anträge für das oben genannte Programm nicht mehr angenommen werden.

Wie in der Sitzung des Beirats Hessen-Thüringen am 12. September 1990 abschließend berichtet wurde, waren bis zur Währungsumstellung am 1. Juli Zuwendungsverträge über 600.000,– DM nicht mehr in Anspruch genommen worden. Das Förderprogramm für private Kleinunternehmer war damit abgeschlossen und aus den Rückflüssen der Devisenhilfe und den nicht benötigten Mitteln hätten, so Staatssekretär Dr. Gauland, das Sozialministerium und das Hessische Wirtschaftsministerium jeweils 2 Mio. DM für weitere Maßnahmen im Rahmen des Aktionsprogramms

krete Vertragsinhalte zur Schaffung einer Währungs-, Wirtschafts- und Sozialunion mit der nun frei gewählten Regierung Lothar de Maizières verhandelt. Der Vertrag wurde schließlich am 18. 5. 1990 unterzeichnet und trat am 1. 7. 1990 in Kraft. Mit der Übertragung großer Teile der westdeutschen Wirtschafts- und Sozialordnung auf die DDR sowie die Einführung der D-Mark in Ostdeutschland war zugleich der Weg zur staatlichen Einheit Deutschlands fundamentiert. Vgl. dazu: Gros, Jürgen; Wagner, Peter M.: Verträge zur deutschen Einheit. In: Handbuch zur deutschen Einheit, 1996, S. 698–712.

399 Vgl. Kurzbericht, 3. Sitzung des Beirats „Hessen-Thüringen“, 25. 4. 1990, S. 2, 12. Wahlperiode. Hessischer Landtag.

400 Vgl. ebd., S. 3. Auf den Nutzen des Programms auch für die westdeutsche, insbesondere hessische Wirtschaft wurde schon früh vom HMWT hingewiesen. Vgl. HMWT, Hessen-Thüringen – Vorschläge zur Ergänzung des Aktionsprogramms, 24. 1. 1990. HHStAW, Z 502 Nr. 6133.

401 Vgl. Staatssekretärs-Kommission Hessen-Thüringen, Ergebnisniederschrift über die 7. Sitzung am 8. 5. 1990, 9. 5. 1990. HHStAW, Z 502 Nr. 6133.

402 HMWT, Förderprogramm des Landes Hessen für private Kleinunternehmen in Thüringen, hier: Änderung, 10. 5. 1990. HHStAW, Z 502 Nr. 6093. Vgl. auch: HMWT, Förderprogramm des Landes Hessen für private Kleinunternehmen in Thüringen, hier: Richtlinienänderung, 3. 5. 1990. HHStAW, Z 502 Nr. 6093. Dies hatte zur Folge, dass die „überzahlten“ Beträge in DDR-Mark an die Antragsteller bis zum 4. 7. 1990 zurücküberwiesen wurden.

Hessen-Thüringen erhalten.[403] Davon wurden 1990 1,06 Mio. DM für Qualifizierungs- und Beratungshilfen zugunsten thüringischer Betriebe eingesetzt.[404]

Insgesamt erhielten mehr als 700 Betriebe[405] aus Handel, Handwerk, Gewerbe und den freien Berufen Devisenhilfen von 9,4 Mio. DM.[406] (Dok. 35) Angeschafft wurden davon beispielsweise Säge- und Metallverarbeitungsmaschinen, Ladeneinrichtungen, kleinere Baugeräte, gebrauchte Nutzfahrzeuge, Gastronomieeinrichtungen, Personalcomputer usw. Etwa die Hälfte der geförderten Betriebe hatte ihren Sitz im Bezirk Erfurt, ca. 30 % im Bezirk Suhl und 20 % im Bezirk Gera.[407] Wie die folgende Verteilung der Devisenhilfe zeigt, erhielten Thüringer Handwerksbetriebe mit 56,4 % (5,3 Mio. DM) den weitaus größten Anteil an Fördergeldern.

Mit der Verabschiedung des Aktionsprogramms Hessen-Thüringen im Dezember 1989 sprach sich die Hessische Landesregierung zugleich für ein Bürgschaftsprogramm zugunsten der DDR und Polen in Höhe von 500 Mio. DM aus.[408] Damit sollte die Zusammenarbeit von hessischen Firmen mit kleinen und mittleren Betrieben in Thüringen und Polen unterstützt werden. Konkrete Maßnahmen in diesem Bereich wurden allerdings zunächst zurückgestellt, sie sollten erst erfolgen, sobald die wirtschaftliche Entwicklung in der DDR eine solche Zusammenarbeit möglich mache. Wie Finanzminister Kanther im Februar 1990 darlegte, war die Frage der Bürgschaften und Garantien noch nicht entschieden worden, auch weil der Bund inzwischen ein breit gefächertes Angebot für die DDR und Polen aufgelegt habe. ... *Hessen müßte noch nach einer sinnvollen Einsatzmöglichkeit suchen. Denn das Land sollte nicht für den gleichen Zweck ein kleines Programm neben Milliardenbeträge des Bundes stellen.*[409] Zur Ausgestaltung

403 Vgl. Kurzbericht, 4. Sitzung des Beirats „Hessen/Thüringen", 12. 9. 1990, 12. Wahlperiode. Hessischer Landtag.

404 Aus diesen Mitteln wurden beispielsweise die thüringischen Kammern und Verbände bei der technischen Ausstattung ihrer Schulungsräume unterstützt oder Reise- und Übernachtungszuschüsse für thüringische Praktikanten in hessischen Betrieben gewährt. Vgl. HLT, Bericht zum Aktionsprogramm Hessen-Thüringen. Fördermaßnahmen des Hessischen Ministeriums für Wirtschaft und Technik – 1990 –, 21. 2. 1991. HHStAW, Z 502 Nr. 6098.

405 Auch hierzu finden sich unterschiedliche Zahlen. Während der Hessische Rechnungshof in seinem Prüfbericht 752 bewilligte Anträge nennt (Stand 15. 3. 1990), zählt die HLT 746 Bewilligungsbescheide (Stand 16. 8. 1990). Vgl. Hessischer Rechnungshof, betr. Bemerkungen 1991 des Hessischen Rechnungshofs zur Haushalts- und Wirtschaftsführung mit Bemerkungen zu der Landeshaushaltsrechnung 1990, Anhang, 19. 12. 1991. HHStAW, Z 502 Nr. 6097 sowie Vermerk für den Herrn Ministerpräsidenten von W. Egerter, Anlage Konzept HLT, 24. 8. 1990. HHStAW, Z 502 Nr. 6094.

406 Vgl. HLT, Förderprogramm des Landes Hessen für private Kleinunternehmen in Thüringen, hier: Abrechnung des Devisenhilfsprogramms, Schlussbericht, 14. 5. 1993. HMWVL, Archiv Nr. 16.775 (69c–38–19–10).

407 Vgl. Aktionsprogramm Hessen-Thüringen, 2. Bericht zur Umsetzung des Programms, 1. 5. 1990, S. 17. Hessische Staatskanzlei.

408 Vgl. Auszug aus dem Beschluss-Protokoll über die 115. Sitzung des Kabinetts am 5. 12. 1989, betr. Aktionsprogramm Hessen-Thüringen. HHStAW, Z 502 Nr. 14199.

409 Kurzbericht, 1. Sitzung des Beirats „Hessen/Thüringen", 28. 2. 1990, S. 3, 12. Wahlperiode. Hessischer Landtag.

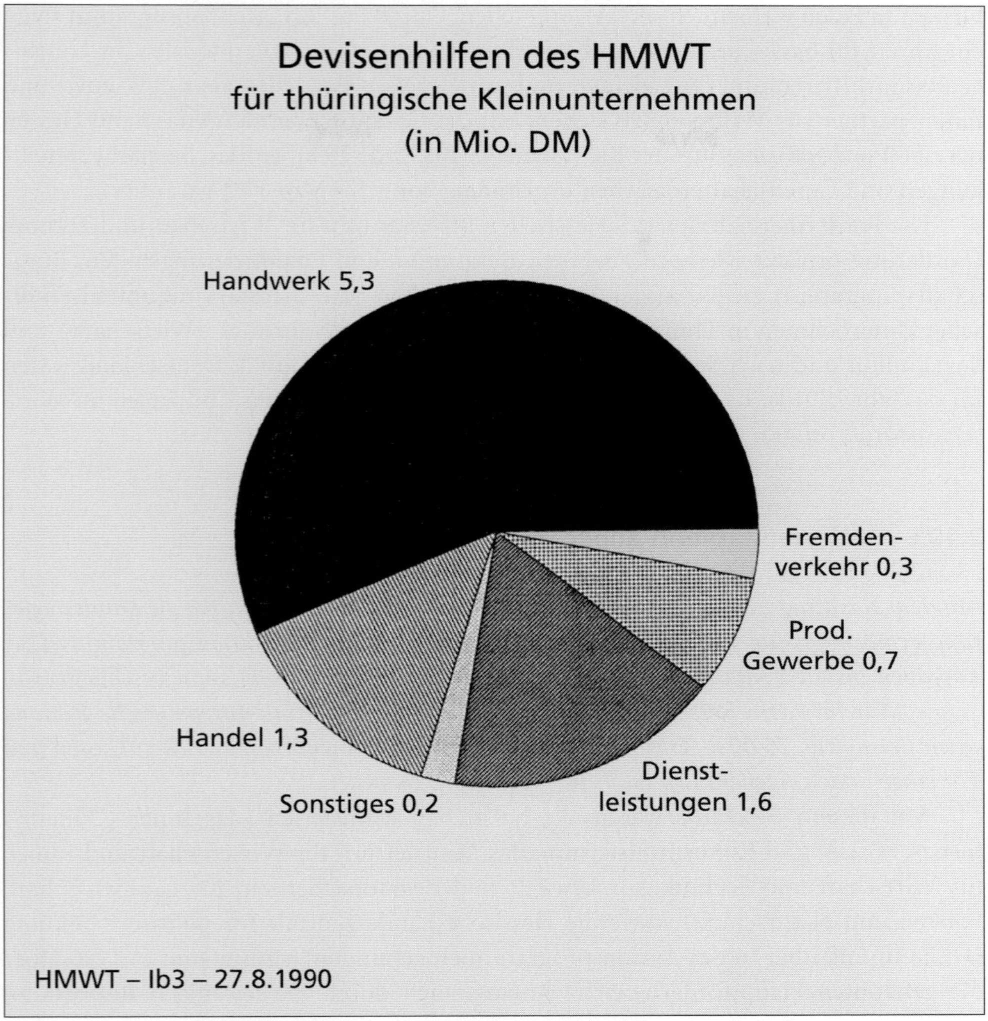

Zusammengestellt vom Hessischen Ministerium für Wirtschaft und Technik mit Stand vom 27. August 1990

eines hessischen Bürgschaftsprogramms wurden vom Hessischen Ministerium für Wirtschaft und Technik schließlich im Mai 1990 Richtlinien für die Übernahme von Garantien für Beteiligungen und Gesellschaftsdarlehen an Unternehmen in Thüringen (Bezirke Erfurt, Gera und Suhl) ausgearbeitet und durch die Staatssekretärs-Kommission beschlossen.[410] Bürgschafts- und Garantieangebote für Investitionen hessischer

410 Vgl. Staatssekretäts-Kommission Hessen-Thüringen, Ergebnisniederschrift über die 8. Sitzung am 15. 5. 1990, 15. 5. 1990, Anlage: Richtlinien für die Übernahme von Garantien für Beteiligungen und Gesellschafterdarlehen an Unternehmen in Thüringen (Bezirke Erfurt, Gera und Suhl). HHStAW, Z 502 Nr. 6133.

Firmen in Polen waren nicht mehr vorgesehen. Durch das Bürgschaftsprogramm sollte ein Anreiz für hessische Klein- und Mittelunternehmen geschaffen werden, in Thüringen zu investieren und dort kleinen und mittelgroßen Betrieben als Know-how- und Finanzpartner zur Verfügung zu stehen. Mit der Garantie übernahm das Land Hessen bis zu 60 % des Risikos aus der Kapitalanlage. Bis Ende 1990 wurden hessische Beteiligungen und Gesellschafterdarlehen im Umfang von rd. 4 Mio. DM garantiert.[411]

Die Fördermaßnahmen des Hessischen Ministeriums für Wirtschaft und Technik (Förderung privater Kleinunternehmer, Beratungs- und Qualifizierungshilfen, Bürgschaftsprogramm) zielten insgesamt auf den Aufbau bzw. die Stärkung mittelständischer Unternehmen in Thüringen. Mit Inkrafttreten der Währungs-, Wirtschafts- und Sozialunion und nach dem Beitritt der DDR zur Bundesrepublik Deutschland waren für das Jahr 1991 keine Mittel aus dem Aktionsprogramm Hessen-Thüringen für Wirtschaftsförderprogramme in Thüringen mehr vorgesehen.[412]

2.10.6 Hilfsmaßnahmen anderer Ressorts

Mit dem Nachtrag zum Landeshaushaltsplan 1990/1991 hat der Landtag die Landesregierung ermächtigt, für sonstige Zwecke [...] zur Umsetzung des Aktionsprogramms [...] Ausgaben bis zu 2 Mio. DM zu leisten. Die Staatssekretärs-Kommission beschließt, von diesen Mitteln jedem Ressort und der Hessischen Landeszentrale für politische Bildung einen Betrag von 75.000,– DM zur Förderung der Zusammenarbeit zwischen Hessen und Thüringen nach eigenem Ermessen zur Verfügung zu stellen.[413]

Mit diesem Beschluss waren alle hessischen Ministerien (das Innen-, Finanz-, Justiz-, Sozial- und Kultusministerium, das Ministerium für Wissenschaft und Kunst, für Wirtschaft und Technik, für Umwelt und Reaktorsicherheit, für Landwirtschaft, Forsten und Naturschutz) sowie die Hessische Landeszentrale für politische Bildung (HLZ) unmittelbar in das Aktionsprogramm eingebunden. Mithin kam es 1990, über die genannten Hauptförderbereiche hinaus, auch durch die jeweiligen Ressorts zu

411 Vgl. HMWT, Aktionsprogramm Hessen-Thüringen. Fördermaßnahmen des Hessischen Ministeriums für Wirtschaft und Technik – 1990 –, 21. 2. 1991. HHStAW, Z 502 Nr. 6098.

412 Dazu hieß es in einer Stellungnahme des HMWT im März 1994, dass das Aktionsprogramm, welches anfangs auch die Förderung wirtschaftsbezogener Kooperationsvorhaben in Thüringen umfasste, seit 1991 ganz auf die Verwaltungshilfe konzentriert sei und daher wirtschaftliche Kooperationen keine Rolle mehr spielten. Vgl. HMWT, Schreiben, betr. Wirtschaftskontakte Hessen-Thüringen, 8. 3. 1994. HMWVL, Archiv Nr. 16.776 (69c–38–41). Zudem standen neben Bundesmitteln auch Europamittel für entsprechende Fördermaßnahmen zur Verfügung. Für die Jahre 1991–1993 standen aus Fördertöpfen der EG für die neuen Länder 6,1 Milliarden DM zur Verfügung, davon für Thüringen 886 Mio. DM. Vgl. Auszug aus EG-Informationen, „Sechs Milliarden DM für die neuen Länder", [ohne Jahr], S. 4. HHStAW, Z 502 Nr. 6132.

413 Staatssekretärs-Kommission Hessen-Thüringen, Ergebnisniederschrift über die 4. Sitzung am 20. 2. 1990, 20. 2. 1990. HHStAW, Z 502 Nr. 6133. (Dok. 14) Vgl. ebenso: Schreiben des Chefs der Hessischen Staatskanzlei als Vorsitzender der Staatssekretärs-Kommission Hessen-Thüringen an die einzelnen Ministerien und die HLZ, 21. 2. 1990. HHStAW, Z 502 Nr. 6133.

Initiativen für Thüringen. Der Auftrag dazu lautete, *die im November 1989 in der ehemaligen DDR einsetzende Entwicklung unumkehrbar zu machen und den Menschen zu helfen.*[414] Abrechnungen und Berichte geben Hinweise auf die vielfältigen Maßnahmen und Projekte der Ressorts, die aus Mitteln des Aktionsprogramms in Thüringen durchgeführt wurden. Vom Kultusministerium und vom Ministerium für Landwirtschaft, Forsten und Naturschutz liegen, als Nachweis für den Beirat Hessen-Thüringen, ausführliche Abschlussberichte über geleistete „Hilfen für Thüringen“ vor. Wie es im 2. Bericht der Hessischen Staatskanzlei zur Umsetzung des Aktionsprogramms hieß, zeigten diese *exemplarisch das Bestreben der Landesregierung, auch außerhalb der Schwerpunkte des Aktionsprogramms in Thüringen zu helfen, um die Lebensverhältnisse der Menschen dort zu verbessern.*[415]

Die zugewiesenen Mittel wurden von den jeweiligen Ministerien auf unterschiedliche, dem Aufgabengebiet entsprechende Weise eingesetzt. So finanzierte das Hessische Ministerium der Justiz u. a. Praktika von DDR-Richtern in Hessen und in einem größeren Umfang Personal-, Reise- und Übernachtungskosten für Angehörige der hessischen Justiz in Thüringen. Neben diesen Maßnahmen der Verwaltungshilfe wurden zudem Investitionen gefördert wie die Anschaffung von Fachliteratur und die Übernahme der Renovierungskosten für das Gästehaus der Staatsanwaltschaft in Erfurt. Insgesamt wurden vom Hessischen Justizministerium 1990 60.365,– DM aus Mitteln des Aktionsprogramms für diese Zwecke verausgabt.[416] (Dok. 36)

Da im Folgenden nicht alle im Rahmen des Aktionsprogramms Hessen-Thüringen durchgeführten Maßnahmen und Projekte im Einzelnen aufgezeigt werden können, wird an dieser Stelle der Fokus auf den Bildungsbereich gelegt. Hier waren es neben dem Hessischen Kultusministerium und den nachgeordneten Behörden (Schulverwaltungen der Regierungspräsidien) insbesondere hessische Hochschulen, die sich nach Öffnung der innerdeutschen Grenze mit Unterstützung des Hessischen Ministeriums für Wissenschaft und Kunst umfangreich in „Thüringen“ engagierten.

414 Schreiben des Hessischen Ministeriums für Landwirtschaft, Forsten und Naturschutz an die Hessische Staatskanzlei, betr. Hilfen für Thüringen, Abschlussbericht mit Stand vom 14. 10. 1990, 20. 12. 1990, S. 19. Hessischer Landtag. Der umfangreiche Abschlussbericht gibt zudem einen Einblick in die ressortinterne Organisation (Einrichtung einer Arbeitsgruppe „Gesamtdeutsche Beziehungen“ und Aufbau einer Koordinierungsstelle beim Hessischen Landesamt für Ernährung, Landwirtschaft und Landentwicklung in Kassel) zur Umsetzung der entsprechenden Maßnahmen für Thüringen.

415 Aktionsprogramm Hessen-Thüringen, 2. Bericht zur Umsetzung des Programms, 1. 5. 1990, S. 17. Hessische Staatskanzlei. Die ausführlichen Berichte des Kultusministeriums und des Ministeriums für Landwirtschaft, Forsten und Naturschutz finden sich als Anlage zum Kurzbericht der 4. Beiratssitzung. Vgl. Aktionsprogramm Hessen-Thüringen, Kurzbericht, 4. Sitzung des Beirats „Hessen/Thüringen“, 12. 9. 1990. Hessischer Landtag. Auch für die HLZ liegt ein entsprechender Bericht vor. Vgl. HLZ, Maßnahmen der HLZ im Jahre 1990 im Arbeitsbereich „Hessen-Thüringen“, 3. 1. 1991. HHStAW, Z 502 Nr. 6128.

416 Vgl. Schreiben des Hessischen Ministeriums der Justiz an die Staatssekretärs-Kommission Hessen-Thüringen, betr. Aktionsprogramm Hessen-Thüringen, 16. 1. 1991. HHStAW, Z 502 Nr. 6134.

Ein viel beachtetes Projekt des Hessischen Kultusministeriums war die „hessisch-thüringische Schulkonferenz". Sie war das Ergebnis eines seit Dezember 1989 geführten Dialogs zwischen Vertretern der hessischen Schulverwaltung beim Regierungspräsidium (RP) Gießen und Mitgliedern des Rats des Bezirks Erfurt, Bereich Schul- und Bildungswesen. Der Wunsch nach Informations- und Erfahrungsaustausch wurde vom damaligen Regierungsdirektor beim Regierungspräsidium Gießen, Klaus Tümmler, in einem Schreiben an den Rat des Bezirks Erfurt geäußert: *Zusammen mit meinen Mitarbeiterinnen und Mitarbeitern bin ich davon überzeugt, daß auch die Schulverwaltungen bei dem sich wechselseitig entfaltenden Prozeß einen Beitrag zu leisten haben. Wir erlauben uns daher, an Sie mit der Bitte und Frage heranzutreten, ob auch aus Ihrer Sicht ein Dialog gewünscht wird und eingeleitet werden sollte. Ein solcher Dialog zwischen Schulverwaltungen könnte dem Erfahrungsaustausch dienen, die Basis schaffen, voneinander zu lernen und sich gegenseitig zu unterstützen.*[417] In dem Antwortschreiben vom Januar 1990 wurde großes Interesse an Kontakten und Gedankenaustausch zu Fragen des Bildungs- und Erziehungswesens und dessen Verwaltung bekundet.[418] (Dok. 37) Erste persönliche Begegnungen mit den Bezirksschulräten der Bezirke Erfurt, Gera und Suhl fanden im Februar in Erfurt statt. In Absprache mit dem Hessischen Kultusministerium und im Auftrag der Regierungspräsidenten in Darmstadt, Gießen und Kassel nahmen von hessischer Seite Vertreter des Regierungspräsidiums Gießen und des Staatlichen Schulamtes für den Lahn-Dill-Kreis daran teil. Man verständigte sich auf den Ausbau von Schulpartnerschaften, auf Schüler- und Lehrerbegegnungen, auf eine Zusammenarbeit auf verschiedenen Ebenen der Schulverwaltung, auf Hospitationsprogramme und auf die Bereitstellung von Schulbüchern und pädagogischer Fachliteratur.[419] Im Rahmen einer zentralen Planungs- und Koordinierungsgruppe beim Hessischen Kultusministerium wurde schließlich die Entwicklung konkreter Vorhaben, darunter die Durchführung gemeinsamer Tagungen, beraten und ein entsprechendes Sofortprogramm zur Zusammenarbeit im Bereich des Schulwesens Hessen-Thüringen ausgearbeitet.[420] Dieses Programm fasste in zehn Punkten die dringendsten Maßnah-

417 Schreiben Klaus Tümmler an den Rat des Bezirks Erfurt, Verwaltung und Aufsicht für das Schul- und Bildungswesen, 6. 12. 1989. ThHStA Weimar, Bezirkstag und Rat des Bezirkes Erfurt 047653, Bl. 197a.

418 Vgl. Schreiben des Rats des Bezirks Erfurt an Abteilungsdirektor Klaus Tümmler, 2. 1. 1990. ThHStA Weimar, Bezirkstag und Rat des Bezirkes Erfurt 47653, Bl. 200a, 201a.

419 Vgl. Klaus Tümmler, Informations- und Erfahrungsaustausch, Dialog und Zusammenarbeit/Unterstützung im Bereich des Schulwesens Thüringen-Hessen, 15. 2. 1990 und 20. 2. 1990. ThHStA Weimar, Bezirkstag und Rat des Bezirkes Erfurt 047653, Bl. 220a, 221a, 240a, 241a, 242a.

420 Vgl. Klaus Tümmler, RP Gießen, Zusammenarbeit im Bereich des Schulwesens Thüringen-Hessen (Vorlage für die Besprechung der Zentralen Planungs- und Koordinierungskommission am 2. 3. 1990), 21. 2. 1990. ThHStA Weimar, Bezirkstag und Rat des Bezirkes Erfurt 047653. Wie aus der Vorlage hervorgeht, bestanden auch im Bildungsbereich über Vertreter der Kirchen Verbindungen zum Runden Tisch in Erfurt. Am 7. 3. 1990 fand, weiteren Angaben zufolge, ein entsprechendes Gespräch in Erfurt statt. Welchen Einfluss diese Begegnungen auf die konkrete Ausgestaltung des Sofortprogramms im Bereich Bildungswesen hatte, geht aus den vorliegenden Unterlagen nicht hervor.

men auf den genannten Gebieten (Austausch, Begegnung, Fortbildung, Unterrichtsmaterial etc.) zusammen.

Nach Beratungen auf Ebene der Regierungspräsidien einerseits und der Bezirksschulräte andererseits fand schließlich vom 28. Mai bis zum 1. Juni 1990 (nach der ersten freien Volkskammerwahl in der DDR am 18. März 1990) die vom Hessischen Kultusministerium veranstaltete Schulkonferenz in Fulda statt. Dazu waren Experten aus der DDR eingeladen, *von denen erwartet werden kann, daß sie beim Aufbau des neuen Schulwesens eine besondere Rolle spielen werden.*[421] Schwerpunkte der Konferenz bildeten die Darstellung des hessischen Schulwesens (auch praktisch anhand von Schulbesuchen), die Diskussion von Reformüberlegungen und Planungen zur Weiterentwicklung der Zusammenarbeit. Eröffnet wurde die erste hessisch-thüringische Schulkonferenz durch Staatsminister Dr. Christean Wagner (CDU). Mit der Konferenz sollte, so Minister Wagner in seiner Begrüßungsrede, über das hessische Schulwesen informiert werden, um mögliche Anregungen für die bevorstehende Erneuerung des Bildungswesens in der DDR bzw. in Thüringen geben zu können.[422]

Die Gelder aus dem Aktionsprogramm wurden vom Hessischen Kultusministerium für den Informations- und Erfahrungsaustausch zwischen hessischen und thüringischen Lehrern, Schulleitern und Mitarbeitern der Schulverwaltungen eingesetzt. Allen Schulen in Thüringen wurden Schulbücher in den Bereichen Englisch und Geschichte (für die Klasse 5 bzw. 9/10) zur Verfügung gestellt[423] und Präsenzbibliotheken in Erfurt, Gera und Suhl mit pädagogischer und schulrechtlicher Literatur eingerichtet. Neben Fortbildungsmaßnahmen für thüringische Lehrer förderte das Kultusministerium Kontakte zwischen Schulen in Hessen und Thüringen mit dem Ziel von Schulpartnerschaften.[424] Insgesamt wurden 1990 74.999,– DM aus Mitteln des Ak-

421 Vgl. Hessisches Kultusministerium, Zusammenarbeit zwischen Hessen und Thüringen, 25. 4. 1990, S. 2. Hessisches Sozialministerium, Aktionsprogramm Hessen-Thüringen.

422 Vgl. Rede von Herrn Staatsminister Dr. Christean Wagner zur Eröffnung der hessisch-thüringischen Schulkonferenz am 28. 5. 1990 in Fulda. ThHStA Weimar, Bezirkstag und Rat des Bezirkes Erfurt 47653.

423 Mit Erlass vom 6. 3. 1990 (VII A 4 – 674/200) wurden die hessischen Schulen zudem ermächtigt, entbehrliche Schulbuchbestände an Schulen in Thüringen bzw. an andere Schulen in Ostdeutschland abzugeben. Vgl. Schreiben Staatssekretärin Ch. Böck, Hessisches Kultusministerium an die Hessische Staatskanzlei, betr. Aktionsprogramm Hessen/Thüringen, 31. 5. 1991, Anlage, S. 4 f. HHStAW, Z 502 Nr. 6098.

424 Von den hessischen Staatlichen Schulämtern wurden die jeweiligen Kontakte zu Schulen in der DDR in Übersichten zusammengestellt und vermerkt, in welcher Form Kontakte bestanden (Hospitationen von Kollegen/-innen aus der DDR, Gegenbesuch geplant etc.) bzw. ob Partnerschaften zwischen den Schulen angestrebt wurden. Vgl. u. a. Liste, Staatliches Schulamt für den Landkreis Hersfeld-Rotenburg. ThHStA Weimar, Bezirkstag und Rat des Bezirkes Erfurt 047653. Vgl. dazu auch Erlass vom 16. 7. 1990, VII A2-660/031-14 – betr. Schulpatenschaften mit Schulen in der DDR, besonders in Thüringen. HHStAW, Z 502 Nr. 6132. Bis zum 10. 9. 1990 bestanden rd. 450 Schulpartnerschaften mit unterschiedlicher Intensität. Vgl. Klaus Tümmler, RP Gießen, Hessisch-thüringische Schulkonferenz (Hinweise auf die Zusammenarbeit zwischen Hessen und Thüringen im Bereich des Schulwesens), 10. 9. 1990. HHStAW, Z 502 Nr. 6127.

tionsprogramms aufwendet.[425] (Dok. 38) Auch im kommenden Jahr standen dem Kultusministerium Gelder für Maßnahmen der Verwaltungshilfe, insbesondere für die Lehreraus- und -fortbildung, für Hospitationen im Rahmen von Schulpartnerschaften sowie für Projekte der Schulentwicklung und Bildungsplanung aus dem Aktionsprogramm zur Verfügung.[426] Die Planung und Durchführung sollte in Absprache mit dem Land Rheinland-Pfalz erfolgen, da dieses Bundesland nunmehr die Federführung für die Umgestaltung des Schulwesens in Thüringen übernommen hatte.[427]

Neben dem schulischen Bildungswesen war insbesondere der Umbau der thüringischen Hochschulen auf den Gebieten der Rechts-, Wirtschafts- und Gesellschaftswissenschaften von hohem (bildungs)politischem Interesse, da diese Wissenschaftsbereiche in der DDR durch starke ideologische Vorgaben in besonderer Weise geprägt waren. Sehr früh engagierten sich hessische Hochschulen – unterstützt vom Hessischen Ministerium für Wissenschaft und Kunst – bei der Entwicklung neuer Inhalte und Strukturen, die den Anforderungen einer freiheitlichen, rechtsstaatlichen und demokratischen Staats- und Gesellschaftsordnung entsprachen. Anlässlich eines Thüringen-Besuchs Mitte Februar 1990 äußerte sich der damalige Staatssekretär im Hessischen Ministerium für Wissenschaft und Kunst, Dr. Kleinstück, äußerst kritisch zur Situation an DDR-Hochschulen: *Der Besuch an der Universität Jena, wo uns drei Professoren empfingen [...] zeigte ganz deutlich, mit welcher Zurückhaltung die Universitäten uns gegenüberstehen, verbunden mit einem jedenfalls derzeit feststellbaren ausgeprägten Attentismus. [...] Auf die Frage, wie man in Zukunft die marxistisch-leninistische Grundausbildung abschaffen wolle, kam nicht ohne Stolz, das habe man bereits getan. Es werde jetzt Studium generale betrieben. Auf meine Frage, von den gleichen Professoren, wurde dies als selbstverständlich bejaht, denn man sei ja vorzüglich ausgebildet und könne alles. Auch hier der Versuch, die Probleme auf technische Ausrüstungsfragen, auf Nachholbedarf in wesentlichen Hochleistungsfächern wie der Informatik, und auf mehr Hochschulautonomie gegenüber dem bisher zentralistischen Berlin zu beschränken. In Wirklichkeit, so hatte ich den Eindruck, waren die Gesprächspartner nur an Systemreparaturen und Missbrauchsabstellung interessiert. Sicherlich verständliche und wichtige Schritte, die aber bei einer rasch nahenden deutschen Einheit wohl kaum ausreichen werden, um die Hochschulen wettbewerbsfähig zu machen. [...] Die Unwissenheit und geradezu ängstliche Ablehnung von Risiken bei einer vollplanwirtschaftlich vorbereiteten Wissenschafts- und Kulturgesellschaft ist ein mindestens genauso wichtiges Ziel, wie den Mittelständler, der nur schnell die D-Mark will, zu überzeugen.*[428]

425 Vgl. Schreiben des Hessischen Kultusministeriums an den Vorsitzenden der Staatssekretärs-Kommission, betr. Aktionsprogramm Hessen-Thüringen; Verwendungsnachweis zum 31. 12. 1990. HHStAW, Z 502 Nr. 6134.

426 Vgl. Hessische Staatskanzlei, Kabinettsvorlage, betr. Aktionsprogramm Hessen-Thüringen, 7. 8. 1991. HHStAW, Z 502 Nr. 6097.

427 Vgl. Zusammenarbeit Hessen-Thüringen (Stand: Dezember 1990), Erlaß vom 19. 12. 1990 VII A 5 – 660/034–31, Teil I, Schulwesen, ABl. 1/91. HHStAW, Z 502 Nr. 6098.

428 Dr. Hermann Kleinstück, Staatssekretär im HMWK, Bemerkungen zu dem Thüringen-Besuch vom 14. bis 17. Februar 1990, S. 3 und 6 f. HHStAW, Z 502 Nr. 6092.

Ähnlich beschrieb der damalige Hessische Finanzminister, Manfred Kanther, in einer persönlichen Nachricht an Minister Gerhardt (HMWK) die problematische Situation und Perspektive an thüringischen Hochschulen. *Im Bereich der Wirtschafts- und Rechtswissenschaften erscheint ganz offensichtlich allen Beteiligten – von Professor bis Student – die eigene Situation nahezu ausweglos. Die bisherigen Glaubenssätze sind bankrott, die Autorität der Lehrenden geht gegen null, die Studierenden sehen überhaupt keine Perspektive, die vorhandenen Bücher sind unbrauchbar, die notwendigen Bücher nicht vorhanden usw. Deshalb beschäftigt mich die Frage sehr, ob wir einen Ansatz zum Helfen bei den Rechts- und Wirtschaftswissenschaften finden können; andernfalls besteht m. E. die Gefahr, daß viele Studenten drüben abbrechen und zu uns kommen.*[429] Als mögliche Hilfsmaßnahmen wurden von Staatsminister Kanther die Erstausstattung mit Fachliteratur und ein „Senior-Programm" zur Behebung des Mangels an Lehrpersonal vorgeschlagen. (Dok. 39)

Dass im Hessischen Ministerium für Wissenschaft und Kunst die schwierige Lage an den thüringischen Hochschulen bereits bekannt war, belegt ein internes Schreiben vom 14. Dezember 1989. Hierin wurde ausdrücklich darauf verwiesen, dass *aus der Sicht des Wissenschaftsministeriums Hilfsmaßnahmen auch im Bereich der Wissenschaft und Forschung, insbesondere in Zusammenarbeit mit der thüringischen Universität in Jena, von erheblicher Bedeutung wären …*[430] Daher sollten Mittel des Aktionsprogramms Hessen-Thüringen ebenso im Bereich der Universitäten eingesetzt werden können. In einem Schreiben Dr. Gerhardts an den Chef der Hessischen Staatskanzlei, Dr. Alexander Gauland, bat dieser um zusätzliche finanzielle Unterstützung (200.000,– DM) für Maßnahmen im Hochschulbereich.[431] (Dok. 40) Dieser Bitte wurde nicht entsprochen, wie alle anderen Ministerien erhielt auch das HMWK eine Zuweisung in Höhe von 75.000,– DM aus Mitteln des Aktionsprogramms.[432]

Parallel zu den Aktivitäten auf Landesebene wurden unmittelbar nach Öffnung der Grenze zur DDR zwischen hessischen und thüringischen Hochschulen direkte Kontakte aufgebaut, dabei konnte zum Teil an bereits bestehende wissenschaftliche Verbindungen angeknüpft werden.[433] Zur Koordinierung konkreter Hilfsmaßnahmen

429 Schreiben Minister Manfred Kanther an Minister Dr. Wolfgang Gerhardt (HMWK), 22. 2. 1990. HMWK, Bd. III DDR-Sofortprogramm.

430 Vorlage Dr. Paravicini (HMWK) an Abteilungsleiter Z im Hause, 14. 12. 1989. HMWK, Bd. I DDR-Sofortprogramm.

431 Vgl. Schreiben Dr. W. Gerhardt an den Chef der Staatskanzlei, Dr. A. Gauland, 13. 2. 1990. HHStAW, Z 502 Nr. 6133.

432 In dem Entwurf eines Antwortschreibens an Finanzminister Kanther wurde zunächst bestätigt, beim Aufbau der Grundlagen für ein neues Staats- und Wirtschaftssystem Hilfestellung geben zu wollen, und dies sei in besonderer Weise durch den Aufbau der Rechts- und Wirtschaftswissenschaften möglich. Doch reichten die zur Verfügung stehenden Mittel (75.000,– DM) nicht für Abordnungen von Wissenschaftlern und für eine umfängliche Ausstattung der Universitäten mit Fachliteratur. Vgl. HMWK, Entwurf eines Schreibens an Staatsminister M. Kanther, März 1990. HMWK, Bd. I DDR-Sofortprogramm.

433 Vgl. Schreiben Prof. Gerhard Haney (Univ. Jena) an Prof. Dr. Eibe Riedel (Univ. Marburg), 20. 3. 1990. HMWK, Bd. III DDR-Sofortprogramm. Vgl. dazu den Zeitzeugenbericht von Prof. Dr.

wurden die hessischen Hochschulen schon im Dezember 1989 vom HMWK gebeten, *Kooperationsfelder und Vorschläge für Maßnahmen investiver und anderer Art für eine vertiefte Zusammenarbeit zwischen hessischen und thüringischen Hochschulen aufzugeben.*[434] Wie es in dem Vermerk weiter hieß, sei die Bereitschaft zur Kooperation bei allen Hochschulen ausgeprägt und eine Reihe von Hochschulen könne auf erste Kontakte zu thüringischen Lehranstalten verweisen.

Ein herausragendes Beispiel war dabei die Neustrukturierung der Juristischen und der Wirtschaftswissenschaftlichen Fakultäten der Friedrich-Schiller-Universität Jena durch Professoren der Philipps-Universität Marburg (Jura) und der Johann Wolfgang Goethe-Universität Frankfurt (Wirtschaftswissenschaften).[435] Die Schwerpunktförderung dieser zwei Projekte wurde durch den Hessischen Minister für Wissenschaft und Kunst, Dr. Gerhardt, am 2. April 1990 entschieden.[436] Da die umfassenden Vorhaben aus den dafür zur Verfügung stehenden Mitteln des Aktionsprogramms nicht allein finanzierbar waren, wurden vom HMWK zusätzliche Bundesmittel zur Förderung der Zusammenarbeit im Hochschulbereich beantragt.[437] In einer Pressemitteilung des Hessischen Wissenschaftsministeriums vom 23. Mai 1990 verwies dieses auf das hervorragende Abschneiden Hessens bei der Verteilung von Bundesmitteln für Hochschulkooperationen mit der DDR, danach erhielt das HMWK über 900.000,– DM von insgesamt 8 Mio. DM Bundesmitteln.[438] In einem Sachstandsbericht vom 11. November 1990 hieß es resümierend dazu: *Zwischen hessischen und thüringischen Hochschulen laufen im Rahmen des ‚Bundes'-Programms fünf Vorhaben mit einem Volumen von 710.000 DM (von insgesamt 946.000,– DM). Neben den beiden großen Vorhaben zur Stützung der Fakultäten Rechtswissenschaften und Wirtschaftswissenschaften der FSU Jena mit je 300.000,– DM*[439]*, die vom Wissenschaftsministerium koordinierend begleitet*

Olaf Werner in dieser Publikation. Ebenso: Werner, Olaf: Rechtswissenschaft in Thüringen – Neugründung nach der Wende (Beilage 67. DJT, Erfurt). In: Redaktionsbeilage zu NJW ..., 208, S. 62–69.

434 HMWK, Vermerk, betr. Aktionsprogramm Hessen-Thüringen, hier: Einbeziehung von Wissenschaft und Forschung, 19. 12. 1989. HMWK, Bd. I.

435 In den Unterlagen des Hessischen Ministeriums für Wissenschaft und Kunst finden sich zahlreiche Projektanträge und Abrechnungen auch anderer hessischer Hochschulen zu entsprechenden Förder- und Kooperationsmaßnahmen in Thüringen.

436 *Die Entscheidung von Herrn Minister vom 2. April 1990 beinhaltete außer der inhaltlichen Schwerpunktsetzung auch die Festlegung, diese Schwerpunktsetzung Richtung Jena unabhängig davon durchzuführen, ob eine zusätzliche Hilfe an Finanzmitteln von seiten des Bundes zu erreichen wäre.* HMWK, Vermerk, Wissenschaftliche Zusammenarbeit zwischen Hessen und Thüringen im Rahmen des Aktionsprogramms der Landesregierung, 16. 5. 1990. HMWK, Bd. VI.

437 Vgl. Schreiben HMWK an die Ständige Konferenz der Kultusminister der Länder in der Bundesrepublik Deutschland, Zusammenarbeit mit der DDR, 30. 4. 1990. HMWK, Bd. IV.

438 Vgl. HMWK, Presseinformation 122/90, 23. 5. 1990: „926 000 Mark für Kooperationen mit DDR-Hochschulen. Großer Hessenanteil an Projektmitteln des Bundes". HMWK, Bd. IV. Zu einem späteren Zeitpunkt wurde die Fördersumme des Bundes mit 946.000,– DM beziffert.

439 Wie der Abschlussrechnung der Philipps-Universität Marburg (Fachbereich Rechtswissenschaften) für das Jahr 1990 zu entnehmen ist, standen für den Umbau der Juristischen Fakultät in Jena neben den 300.000,– DM an Bundesmitteln weitere 13.700,– DM aus Mitteln des Aktionspro-

werden, richten sich die Vorhaben auf die Hochschule für Architektur und Bauwesen in Weimar mit 10.500,– DM seitens der Gh Kassel, die Musikhochschule in Weimar mit 20.000,– DM seitens der Hochschule für Musik und Darstellenden Kunst in Frankfurt und die Agraringenieursschule in Weimar mit 80.000,– DM seitens der FH Fulda.[440]

Von den 75.000,– DM, die das HMWK aus Mitteln des Aktionsprogramms Hessen-Thüringen für „sonstige Zwecke" erhalten hatte, wurden u. a. Vorlaufkosten zur Vorbereitung des Jenaer Projekts finanziert.

Bis Ende 1990 waren erste Maßnahmen zur Erneuerung der Rechtswissenschaften an der Universität Jena durchgeführt. *Dabei konnten für insgesamt 180.000,– DM Bücher und Geräte angeschafft werden. Zur Aufrechterhaltung des Lehrbetriebs haben insgesamt 13 Hochschullehrer von Hessischen Fakultäten (Marburg 10, Frankfurt 2, Gießen 1) den Lehrbetrieb in Jena aufrechterhalten können und mit Hilfe der großzügigen Hessen-Spende und des Bundesprogramms eine arbeitsfähige Elementarausstattung der Jenaer Fakultät nach bundesdeutschem Standard sichergestellt. Die ganze Anstrengung hat sich aber nur gelohnt*, hieß es im Schreiben des Jena-Beauftragten des Hessen-Thüringen-Programms zum Aufbau der Juristischen Fakultät, Prof. Dr. Eibe Riedel weiter, *wenn dieses wichtige Kooperationsvorhaben der „Hilfe zur Selbsthilfe" nunmehr weitergeführt wird. […] Es würde mich sehr treffen, wenn die 12 Monate intensivster Arbeit für dieses Programm letztendlich umsonst gewesen wären, nachdem uns im Bonner Bildungsministerium, vom Juristen-Fakultätentag, von Ihrem Wissenschaftsministerium und durch die Thüringer Landesregierung immer wieder Mut gemacht worden ist.*[441] In einem Schreiben bat auch der Thüringer Minister für Wissenschaft und Kunst, Dr. Fickel, seinen hessischen Kollegen, Dr. Gerhardt, um weitere personelle Unterstützung, da viele der DDR-Wissenschaftler bei einer Neustrukturierung nicht übernommen werden könnten und daher Berufungsverfahren notwendig würden, die sich bis 1992 hinzögen.[442] Zur Aufrechterhaltung des Grundlehrbetriebs im Sommer- und Winter-

gramms (Verwaltungshilfe) und 10.000,– DM aus Fachbereichsmitteln der Marburger Universität zur Verfügung. Vgl. Institut für Öffentliches Recht der Philipps-Universität Marburg, Abschlussrechnung des Hessen-Thüringen-Programms, Stand: 23. 1. 1991. HHStAW, Z 502 Nr. 6136.

440 HMWK, Vermerk, Sachstand der Kooperationen Hessen-Thüringen (Hochschulbereich), 26. 11. 1990. HMWK, Bd. II. Die restlichen bewilligten Bundesmittel in Höhe von 236.000,– DM erhielten hessische Hochschulen für Kooperationsprojekte mit DDR-Hochschulen außerhalb Thüringens. Im Rahmen einer kleinen Anfrage des Abg. Prof. Breithaupt (SPD), betreffend Zusammenarbeit zwischen hessischen Hochschulen und der Universität Jena, erläuterte der Hessische Minister für Wissenschaft und Kunst umfassend den damaligen Stand sowie die Umsetzung der Hochschulkooperationen. Vgl. Hessischer Landtag. 12. Wahlperiode, Drucksache 12/7371, 20. 9. 1990. Hessischer Landtag. Ebenso: Hessischer Landtag, 12. Wahlperiode, Drucksache 12/7388, 21. 9. 1990. Hessischer Landtag.

441 Schreiben Prof. Dr. E. Riedel, Institut für Öffentliches Recht der Philipps-Universität Marburg an Ministerpräsident W. Wallmann, 28. 2. 1991. HHStAW, Z 502 Nr. 6136.

442 Vgl. Schreiben des Thüringer Ministers für Wissenschaft und Kunst an den Hessischen Minister für Wissenschaft und Kunst, betr. Unterstützung des Landes Hessen bei der Erneuerung der Thüringer Hochschulen, hier: Finanzierung von Gastprofessoren im Jahr 1991, 27. 2. 1991. HHStAW, Z 502 Nr. 6134.

semester 1991 hatten sich zehn Marburger Professoren dazu bereit erklärt. Dafür war eine Fördersumme von 350.000,– DM veranschlagt worden.[443] Am 11. März 1991 wurde schließlich von der Hessischen Landesregierung zugesagt, *den Einsatz von Hochschullehrern hessischer Fakultäten in Thüringen aus dem Aktionsprogramm Hessen-Thüringen zu fördern.*[444]

Wie anhand des Bildungsbereichs exemplarisch gezeigt werden konnte, bestand bei allen hessischen Ministerien, nachgeordneten Behörden und Einrichtungen eine große Bereitschaft, in Thüringen zu helfen und die sich dort bietende Chance der politischen Veränderung aktiv zu unterstützen.

2.11 Resümee

Mit dem Aktionsprogramm Hessen-Thüringen hatte die Hessische Landesregierung ein Instrument verabschiedet, mit dem eine schnelle und unbürokratische Hilfe für Thüringen – in begrenztem Umfang – möglich war. Die Absicht, durch das hessische Hilfsprogramm die Lebensverhältnisse in den DDR-Bezirken Erfurt, Gera und Suhl in überschaubarer Zeit zu verbessern, war auch als Signal an die Bevölkerung gedacht, in ihrem Land zu bleiben. Das von der Regierung Wallmann konzipierte Aktionsprogramm mit den Schwerpunktbereichen Gesundheits- und Verkehrswesen, Umweltschutz, Denkmalpflege und der Förderung privater Kleinunternehmen (Devisenhilfe) wurde von allen Parteien des Hessischen Landtags im Februar 1990 einstimmig verabschiedet und im Beirat Hessen-Thüringen des Landtags kritisch und konstruktiv begleitet. Bis zur Mitte des Jahres 1990 waren bereits zahlreiche Projekte und Maßnahmen im Rahmen des Aktionsprogramms angelaufen und die Resonanz darauf war ausnehmend positiv.

Dazu trug eine gezielte öffentlichkeitswirksame Darstellung des Hilfsprogramms bei, indem beispielsweise der Hessische Ministerpräsident, Minister und Staatssekretäre der Hessischen Landesregierung in Thüringen medizinisches Gerät übergaben, wiederhergestellte Straßenverbindungen zur Benutzung eröffneten, das Startsignal zur Sanierung historischer Bausubstanz erteilten oder in vielen anderen Bereichen ganz individuelle Hilfeleistungen veranlassten. Diese Hilfe wurde daher zumeist als alleiniges Verdienst der Hessischen Landesregierung bzw. der Regierungsparteien von CDU und FDP gesehen, die sich durch das Aktionsprogramm in Thüringen auch parteipolitisch profilieren konnten. Ein Aspekt, der von der hessischen Opposition des Landtags immer wieder angemahnt und kritisiert wurde. Dass mit dem Aktionsprogramm

443 Vgl. Schreiben des Jena-Beauftragten des Hessen-Thüringen-Programms an das HMWK, betr. Antrag auf Förderung der wissenschaftlichen Kooperation mit der Rechtswissenschaftlichen Fakultät der Friedrich-Schiller-Universität Jena im Haushaltsjahr 1991, 19. 2. 1991. HHStAW, Z 502 Nr. 6136.

444 Schreiben der Hessischen Staatskanzlei an Prof. Dr. E. Riedel, Institut für Öffentliches Recht der Philipps-Universität Marburg, 11. 3. 1991. HHStAW, Z 502 Nr. 6136.

neben humanitären auch politische Ziele verfolgt wurden, zeigte sich ebenso bei der konkreten Umsetzung. Durch Absprachen mit den neuen basisdemokratischen Gruppen, Vertretern der Kirche und den wieder gegründeten Parteien wurde die Unterstützung der oppositionellen Kräfte in der DDR gezielt verfolgt. In welchem Umfang Vorschläge der Gruppen in das Aktionsprogramm einbezogen wurden, lässt sich derzeit allerdings nicht abschließend feststellen.

Das Aktionsprogramm trug zudem erkennbar dazu bei, die desolate Lage der DDR (katastrophale medizinische Versorgung, Zerstörung der Umwelt, Vernachlässigung der historischen Bausubstanz, Mangelwirtschaft) der Öffentlichkeit vor Augen zu führen. Andere Maßnahmen des Programms, wie die schnelle Einrichtung neuer Grenzübergänge, zielten darauf, den einmal eingeschlagenen Weg der politischen Veränderung in der DDR und die Öffnung der innerdeutschen Grenze unumkehrbar zu machen. Auch mit dem Devisenhilfsprogramm für thüringische Kleinunternehmer wurde politisch Position bezogen, gezielt Privatinitiative gefördert und zugleich die Umgestaltung der Wirtschaftsstruktur forciert.

Die große und positive Resonanz innerhalb der Thüringer Bevölkerung auf das Aktionsprogramm zeigt, wie wichtig die hessische Unterstützung war. Die besondere Leistung der damaligen Hessischen Landesregierung und des Parlaments bestand gerade auch darin, unmittelbar nach Öffnung der innerdeutschen Grenze schnell auf die politischen Veränderungen in der DDR mit einem engagierten Hilfsprogramm reagiert zu haben. Die Konzentration der Hilfe auf das Gebiet „Thüringens", auf die DDR-Bezirke Erfurt, Gera und Suhl, ermöglichte zudem eine effektive Umsetzung des Programms und begründete eine Partnerschaft mit dem späteren Land Thüringen.

Bis Ende 1990 konnten zahlreiche Projekte und Hilfsmaßnahmen aus Mitteln des Aktionsprogramms gefördert und wirksam umgesetzt werden. Insgesamt waren dafür 37,9 Mio. DM (von den vorgesehenen 50 Mio. DM) verausgabt worden und der Haushaltsrest in das folgende Jahr übertragen.[445]

Trotz des offensichtlichen Erfolgs des Aktionsprogramms gab es Überlegungen, dieses nicht weiterzuführen. Einen darauf abzielenden Vorstoß wagte der Hessische Finanzminister Kanther, der sich in einem Papier an die Mitglieder der Koalitionsrunde bereits im Juni 1990 entsprechend äußerte. Nach Darstellung Kanthers hätten die schnellen und tief greifenden politischen Veränderungen in der DDR, die Einführung der DMark zum 1. Juli 1990 sowie die bevorstehende Vereinigung beider deutscher Staaten zum 3. Oktober des Jahres auch Folgen für den staatlichen Haushalt Hessens. Da bei Verabschiedung des Aktionsprogramms die Entwicklung der inner-

445 Unberücksichtigt bleiben hierbei die Ausgaben der einzelnen Ressorts zu Zwecken der Verwaltungshilfe für Thüringen, die für 1990 mit rd. 25 Mio. DM geschätzt wurden. Vgl. Schreiben des Hessischen Ministeriums der Finanzen, 11. 7. 2007. HHStAW, Projekt Hessen-Thüringen. Von den Haushaltsresten 1990, die in das folgende Jahr übertragen wurden, gingen 7,3 Mio. DM als gebundene Reste und Verpflichtungsermächtigungen u. a. zur Beendigung bereits begonnener Maßnahmen ab. Vgl. Hessische Staatskanzlei, Kabinettsvorlage, betr. Aktionsprogramm Hessen-Thüringen, 7. 8. 1991, S. 4. HHStAW, Z 502 Nr. 6097.

deutschen Beziehungen in allgemein-politischer und ökonomischer Hinsicht nicht vorhersehbar gewesen sei, und folglich auch nicht die Beteiligung der Länder am Fonds „Deutsche Einheit“[446], sprach sich Kanther dafür aus, die Weiterführung des Aktionsprogramms in 1991 grundsätzlich zu überdenken. Die finanzielle Abwicklung des Fonds „Deutsche Einheit“ werde ca. 30 Jahre dauern und bedeute für das Land Hessen Finanzbeträge in erheblichem Umfang. *Aus finanzpolitischen Gründen ist m. E. die Aufrechterhaltung des Landesprogramms neben den beträchtlichen Belastungen aus der Mitfinanzierung am Fonds „Deutsche Einheit“ nicht vertretbar. Andere Länder werden auch keine dem Aktionsprogramm Hessen-Thüringen entsprechenden Lasten auf sich nehmen.*[447] In einer Vorlage der Hessischen Staatskanzlei zum Vorstoß Kanthers, das Hilfsprogramm mit Ende 1990 einzustellen, wurde diesem Vorschlag nicht entsprochen. Zwar sei die Forderung des Finanzministers aus Gründen der Finanzlogik nachvollziehbar, doch müsse politisch beurteilt werden, inwieweit sie mit der Philosophie der Beziehungen Hessen-Thüringen vereinbar sei, da die Einstellung des Aktionsprogramms als grundlegender Sinneswandel der Landesregierung verstanden werden könnte und weitere Bemühungen um partnerschaftliche Beziehungen zu Thüringen „ohne Mittel“, so die Argumentation, nicht sehr überzeugend wirken dürften.[448] Zugleich wurde die Möglichkeit und Notwendigkeit angesprochen, das Aktionsprogramm in seinem Schwerpunkt zu verlagern. *Insbesondere sollten nochmals die Aspekte einer Verwaltungshilfe diskutiert werden. Die Landesregierung sollte sich zumindest die Option offenhalten, auch über den bisher vorgesehenen Betrag von 5 Mio. DM für 1991 hinaus noch einen Teil der Mittel des Aktionsprogramms für die Verwaltungshilfe einzusetzen. Es läßt sich derzeit nicht beurteilen, welcher Bedarf hierfür in Thüringen entstehen wird. Da jedoch die komplexe Rechtsordnung der Bundesrepublik sehr zügig in die DDR übertragen werden soll, kann dieser Bedarf alsbald spürbar werden.*[449] (Dok. 41) Die weitere Diskussion darüber wurde entsprechend in der Presse kommentiert. Dort hieß es, dass der Vorschlag des Hessischen Finanzministers bereits in der Koalitionsrunde ge-

446 Der Fonds „Deutsche Einheit“ war eines der Finanzierungspakete, mit deren Hilfe die ostdeutschen Länder nach der Vereinigung beider deutscher Staaten saniert werden sollten. Im Rahmen des Einigungsvertrags wurde festgelegt, die Finanzverfassung des Bundes grundsätzlich auf die neuen Länder zu übertragen. Aufgrund der damals erheblichen Finanzkraftunterschiede zwischen den alten und neuen Ländern sah der Einigungsvertrag zunächst jedoch Übergangsregelungen im Bereich des Finanzausgleichs vor, um dadurch unkalkulierbare Mehrbelastungen für die Haushalte der westdeutschen Bundesländer zu vermeiden. Anstelle eines gesamtdeutschen Finanzausgleichs wurde für die Zeit bis Ende 1994 der Fonds „Deutsche Einheit“ eingerichtet. Ab 1995 trat schließlich eine Neuordnung des Länderfinanzausgleichs für alle Bundesländer in Kraft. Vgl. Andersen, Uwe: Finanzierung der Einheit. In: Handbuch zur deutschen Einheit, 1999, 368–383.

447 M. Kanther, Staatsminister, Anschreiben und Kabinettsvorlage an die Mitglieder der Koalitionsrunde, betr. Landesprogramm Hessen-Thüringen, [Juni 1990], S. 2. HHStAW, Z 502 Nr. 6094. Allein für die Jahre 1991 bis 1994 berechnete Finanzminister Kanther einen Fonds-Beitrag von voraussichtlich 564 Mio. DM.

448 Hessische Staatskanzlei, Vorlage Dr. von der Osten-Sacken, betr. Aktionsprogramm Hessen-Thüringen, 28. 6. 1990. HHStAW, Z 502 Nr. 6094.

449 Ebd., S. 2.

scheitert und daher auch nicht mehr zur Beratung ins Kabinett gelangt sei.[450] Damit blieb das Aktionsprogramm Hessen-Thüringen in seinem geplanten Umfang von 250 Mio. DM für die Jahre 1990 bis 1994 bestehen. Die politischen Veränderungen in der DDR und die damit einhergehende grundlegende Umwandlung der gesellschaftlichen Ordnung führten im Folgenden allerdings zu einer veränderten Schwerpunktsetzung des hessischen Hilfsprogramms.

Mit dem Beitritt der DDR zur Bundesrepublik waren die neuen Bundesländer automatisch in das Geflecht des Föderalismus einbezogen und folglich waren vor allem die alten Bundesländer gefordert, Hilfen beim Aufbau einer demokratischen Verwaltungs- und Rechtsordnung zu leisten. Diese veränderte Aufgabenstellung führte schließlich zur Umstrukturierung des Aktionsprogramms Hessen-Thüringen von einem Investitionsprogramm (Nothilfeprogramm) hin zu einem Verwaltungshilfeprogramm.

450 Vgl. „Fraktionen von CDU und FDP versichern: ‚Thüringen-Hilfe bleibt'", Hessische Allgemeine, Stadtausgabe, 19. 7. 1990. In einem Artikel der FAZ sprach sich auch der Fraktionsvorsitzende der SPD im Landtag, Ernst Welteke, gegen eine Kürzung der Hilfen für Thüringen aus: *Schon aus moralischen Gründen, aber auch wegen des anhaltenden Selbstlobs der christlich-liberalen Landesregierung über hessische Hilfsmaßnahmen für Thüringen dürfe das Programm nicht reduziert werden.* „SPD gegen Kürzung der Hilfen für Thüringen", FAZ, 20. 7. 1990. In einem Gespräch mit der Wetzlarer Neuen Zeitung stellte Ministerpräsident Wallmann klar, dass er in dieser Angelegenheit das letzte Wort habe und er den Fortbestand des Aktionsprogramms garantiere. Vgl. „Finanzminister Kanther möchte den Geldhahn für Thüringen zudrehen", Wetzlarer Neue Zeitung, 28. 7. 1990.

3. Die hessische Verwaltungshilfe in Thüringen 1990 bis 1994

Die Entwicklung ab dem Frühjahr 1990 mit den Volkskammerwahlen und Kommunalwahlen in der DDR und der Einführung der Wirtschafts-, Währungs- und Sozialunion haben die Ausrichtung und Abwicklung des Aktionsprogramms Hessen-Thüringen beeinflusst und qualitativ verändert. Denn auch die Verhandlungen zur Einheit Deutschlands zielten alsbald darauf ab, das Rechts-, Verwaltungs- und Wirtschaftssystem der Bundesrepublik weitgehend auf die neuen Länder zu übertragen. Dieses Ziel war ohne Verwaltungshilfe der alten Länder nicht erreichbar. Dafür schaffte der am 31. August 1990 unterzeichnete Vertrag über die Herstellung der Einheit Deutschlands[1] die wesentlichen Rahmenbedingungen. Der Einigungsvertrag sah die Überleitung der zentralen staatlichen Einhaltsverwaltung der DDR auf den Bund und die Länder und die Grundzüge der Verwaltungshilfe von Bund und Ländern entsprechend Artikel 14 und 15 vor. Danach sollten die alten Bundesländer und der Bund Verwaltungshilfe bei der Durchführung bestimmter Fachaufgaben leisten, und zwar längstens bis zum 30. Juli 1991.[2] Neben der umfangreichen direkten Verwaltungshilfe durch die Abordnung von westdeutschen Mitarbeiterinnen und Mitarbeitern in die neuen Länder waren Qualifizierungsmaßnahmen sowie weitere Sach- und Finanzhilfen von besonderer Bedeutung. Im September 1990 verständigten sich die Länder in der Bund-Länder-Clearingstelle[3] u. a. auf Zuordnungen zwischen den ost- und westdeutschen Ländern (Partnerländer) für Hilfen beim Aufbau von Verwaltung und Justiz, nicht zuletzt, um dadurch Doppelplanungen in organisatorischer wie in finanzieller Hinsicht zu vermei-

1 Der Vertrag zwischen der Bundesrepublik Deutschland und der Deutschen Demokratischen Republik über die Herstellung der Einheit Deutschlands (Einigungsvertrag) wurde 1990 zwischen beiden deutschen Staaten ausgehandelt. Der Einigungsvertrag regelte den Beitritt der DDR zum Geltungsbereich des Grundgesetzes der Bundesrepublik Deutschland zum 3. 10. 1990 (Tag der Deutschen Einheit). Mit dem Wirksamwerden des Beitritts wurden zugleich die Länder Ostdeutschlands Länder der Bundesrepublik Deutschland. Zum Wortlaut des Einigungsvertrags vgl. Bundesministerium der Justiz: http://bundesrecht.juris.de/einigvtr/.

2 Vgl. Artikel 14 „Gemeinsame Einrichtungen der Länder" und Artikel 15 „Übergangsregelungen für die Landesverwaltung". Artikel 15 (2) enthält eine Verpflichtung des Bundes und der Länder zur Verwaltungshilfe. Diese Verpflichtung ist allerdings nicht näher konkretisiert. Vgl. ebd. Erstaunlich ist die Befristung der Verwaltungshilfe bis zum 31. 7. 1991. Wie sich heute zeigt, war dies eine gravierende Fehleinschätzung des Zeitbedarfs, der für den Auf- bzw. Umbau von Verwaltung und Justiz in Ostdeutschland für erforderlich gehalten wurde.

3 Näheres zur Bund-Länder-Clearingstelle findet sich in Kapitel 3.2. dieser Publikation.

den. Wie bereits mit der Verabschiedung des Aktionsprogramms Hessen-Thüringen im Februar 1990 durch den Hessischen Landtag festgelegt wurde, konzentrierte sich die hessische Aufbauhilfe weiterhin auf das zukünftige Land Thüringen.

Parallel zur humanitären Hilfe, die darauf zielte, den Menschen in der damaligen DDR eine Verbesserung der Lebensverhältnisse zu ermöglichen und die begonnene demokratische Entwicklung zu unterstützen, liefen ab Frühjahr 1990 bereits erste Planungen zur Verwaltungshilfe für Thüringen an. Mit dem Zweiten Nachtragshaushaltsgesetz eröffnete der Hessische Landtag am 21. Juni 1990 schließlich die Möglichkeit, Mittel des Aktionsprogramms auch für Maßnahmen der Verwaltungshilfe einzusetzen. *Zur Deckung eventuell anfallender Mehrausgaben bei den Ressorts im Zusammenhang mit Hilfsmaßnahmen zum Aufbau einer Landesverwaltung in Thüringen (u. a. auch Aufwandsentschädigungen) können aus dem Aktionsprogramm im Haushaltsjahr 1990 bis zu 3 Mio. DM und im Haushaltsjahr 1991 bis zu 5 Mio. DM verwendet werden.*[4] In weiteren Nachtragshaushalten wurden in den Jahren 1990 und 1991 die Weichen für die Erhöhung der finanziellen Mittel für die Verwaltungshilfe gestellt, die zunehmend an Bedeutung gewann. Schließlich änderte sich ab Mai 1991 in Absprache mit der Thüringer Landesregierung sukzessive die Schwerpunktsetzung des Aktionsprogramms Hessen-Thüringen von einem Investitionsprogramm zu einem Finanzierungsprogramm für die Verwaltungs- und Justizhilfe. Zwar wurden 1991 zunächst noch Gelder zur Fertigstellung begonnener Projekte und zur Finanzierung eines von der Thüringer Landesregierung vorgeschlagenen Maßnahmenkatalogs (Projektförderung in den Bereichen Soziales und Gesundheit, Wissenschaft und Kunst, Umwelt) eingesetzt, doch Vorrang sollte nunmehr die Verwaltungshilfe für Thüringen haben. 1992 wurden bereits etwa 80 % der verausgabten Mittel dafür in Anspruch genommen und in den Jahren 1993 und 1994 wurden ausschließlich Maßnahmen zum Aufbau rechtsstaatlicher Verwaltungs- und Justizstrukturen sowie entsprechende Fortbildungsmaßnahmen aus dem Programm finanziert.

Neben der Verwaltungshilfe auf Landesebene waren es insbesondere die hessischen Städte, Gemeinden und Landkreise und deren Verbände (Hessischer Städtetag, Hessischer Städte- und Gemeindebund, Hessischer Landkreistag), die maßgeblich den Aufbau von Verwaltungen auf der nachgeordneten Ebene gewährleisteten. Für die kommunale Beratungshilfe in Thüringen stellte die Hessische Landesregierung ab Herbst 1990 entsprechende Mittel aus dem Aktionsprogramm zur Verfügung.

Im Folgenden wird die Umsetzung des Aktionsprogramms Hessen-Thüringen in den Jahren 1991 bis 1994 aufgezeigt und dabei die veränderte Schwerpunktsetzung hin zu einem Finanzierungsprogramm für die Verwaltungs- und Justizhilfe nachgezeichnet. Entscheidende Beschlüsse zur Verwaltungshilfe in Thüringen wurden bereits 1990 gefasst. Die Durchführung der Verwaltungshilfe, die in Thüringen auf allen Ebenen

4 Vgl. Haushaltsplan für die Jahre 1990/91, Titelgruppe 80, 21. 6. 1990. HHStAW, Z 502 Nr. 17540. Vgl. ebenso: Gesetz zur Änderung des Gesetztes über die Feststellung des Haushaltsplans des Landes Hessen für die Haushaltsjahre 1990 und 1991 (Zweites Nachtragshaushaltsgesetz 1990/91), GVBl. I S. 185.

erfolgte (Hilfe beim Aufbau der Landesverwaltungen, Durchführung bestimmter Fachaufgaben etc.), und die Einbindung dieser Maßnahmen in die Koordination durch den Bund werden dabei exemplarisch dargestellt.

3.1 Erste Beschlüsse und Maßnahmen zur Verwaltungshilfe, 1990 – Regierung Walter Wallmann

Im Mai 1990 beschloss die Staatssekretärs-Kommission Hessen-Thüringen in ihrer 7. Sitzung neben der Finanzierung weiterer humanitärer Projekte erstmals auch für Maßnahmen der Verwaltungshilfe noch für das laufende Jahr 3 Mio. DM aus den Mitteln des Aktionsprogramms Hessen-Thüringen vorzuhalten.[5] Gleichwohl bestand bereits zuvor die Möglichkeit für die einzelnen Ressorts, aus ihren jeweiligen Haushalten und den ihnen zugewiesenen Geldern aus dem Aktionsprogramm (je Ressort 75.000,– DM) Informations- und Beratungsmaßnahmen in Thüringen zu finanzieren. Entsprechende Anfragen nach Unterstützung erreichten die Hessische Staatskanzlei und die Ressorts schon Anfang 1990. So wurde in einem Schreiben der Abteilung Handel und Versorgung des Rats des Bezirks Erfurt vom 22. Februar um Unterstützung gebeten: *Mit den sich in unserem Lande vollziehenden gesellschaftspolitischen und ökonomischen Veränderungen (Länderbildung, Marktwirtschaft usw.) ergeben sich auch für die Mitarbeiter des Fachorgans für Handel und Versorgung des Rates des Bezirkes Erfurt in ihrem Leben wesentlich veränderte Bedingungen. […] Deshalb erlaube ich mir, Sie höflichst zu bitten, ob uns durch Ihre Landesregierung mit schriftlichen Informationen oder auch Konsultationen geholfen werden kann …*[6] Ein vergleichbares Schreiben erreichte auch das Hessische Ministerium für Wissenschaft und Kunst, in dem dieses u. a. um kulturpolitische und juristische Beratung bei der künftigen Zuordnung und Finanzierung der Kultureinrichtungen gebeten wurde.[7] Im Antwortschreiben erklärte sich die Landesregierung zum Erfahrungsaustausch bereit, allerdings werde sie dies *in enger Abstimmung mit den derzeit noch bestehenden „Runden Tischen" sowie dem Regionalausschuß Thüringen bewerkstelligen.* Und anschließend werde *der Kontakt mit den nach den Kommunalwahlen am 6. Mai 1990 demokratisch legitimierten Vertretern der kommunalen Gebietskörperschaften* besonders wichtig sein.[8]

5 Vgl. Staatssekretärs-Kommission Hessen-Thüringen, Ergebnisniederschrift über die 7. Sitzung am 8. 5. 1990, 9. 5. 1990. HHStAW, Z 502 Nr. 6133.

6 Schreiben des Rats des Bezirks Erfurt, Abteilung Handel und Versorgung an die Hessische Staatskanzlei, 22. 2. 1990. HHStAW, Z 502 Nr. 17540.

7 Vgl. Schreiben des Rats des Bezirks Erfurt, Dr. Ose, Mitglied des Rats für Kultur an Staatsminister Dr. W. Gerhardt, Hessisches Ministerium für Wissenschaft und Kunst, 3. 4. 1990. HHStAW, Z 502 Nr. 17540.

8 Schreiben des Hessischen Ministeriums für Wissenschaft und Kunst an den Rat des Bezirks Erfurt, betr. Zusammenarbeit und Beratung durch die Hessische Landesregierung bei der Neugründung des Landes Thüringen im Kunst- und Kulturbereich, 30. 4. 1990. HHStAW, Z 502 Nr. 17540.

Unterlagen einzelner Ministerien, der Hessischen Landeszentrale für politische Bildung und des Regierungspräsidiums Kassel belegen, dass Beratungen durch Mitarbeiter hessischer Verwaltungen schon bald nach Öffnung der innerdeutschen Grenze stattfanden. Doch war dies keine koordinierte Verwaltungshilfe[9], da Anfang 1990 der grundlegende Umbau der Verwaltungs- und Rechtsstrukturen in der DDR aufgrund der folgenden politischen Entwicklung noch nicht feststand und die DDR als souveräner Staat nach wie vor existierte. Daher konzentrierte sich das Interesse in der Anfangsphase zunächst auf einen allgemeinen Informationsaustausch über die jeweiligen Verwaltungsstrukturen in Hessen und den DDR-Bezirken Erfurt, Gera und Suhl, auf Beratungsgespräche und auf kurze Einsätze von Mitarbeiterinnen und Mitarbeitern der hessischen Landes- und Kommunalverwaltung. In einem Bericht des damaligen Kasseler Regierungspräsidenten Dr. Ernst Wilke vom 25. Mai 1990 wies dieser darauf hin, dass sich in der Zeit seit November 1989 zwischen dem Raum Thüringen und dem Regierungsbezirk Kassel *eine fast unüberschaubare Zahl von Kontakten zwischen Verwaltungsbediensteten beider Bereiche entwickelt hat, die durch Besuche, dienstliche Kontakte und wechselseitiges Informationsbedürfnis gefördert und intensiviert wurden. [...] Im Rahmen dieser sich entwickelnden Verwaltungsbeziehungen findet bereits „Verwaltungshilfe“ statt, die aber davon geprägt ist, daß sie sich wegen der fehlenden Rahmenbedingungen im Wesentlichen ungeplant vollzieht.*[10]

Nach der ersten freien Volkskammerwahl in der DDR am 18. März 1990, aus der die nun demokratisch legitimierte Regierung Lothar de Maizières (CDU) hervorging[11],

9 Nach Grunow bezeichnet Verwaltungshilfe dabei umfassende Unterstützungsleistungen personeller, organisatorischer, materieller und technischer Art an die im Aufbau befindlichen Verwaltungen in den ostdeutschen Ländern. Das Spektrum der Unterstützungen reiche dabei von der Abordnung von Verwaltungspersonal für unterschiedlich lange Dauer über die Bereitstellung von Geräten und anderer Sachleistungen (Material, Gesetzestexte etc.) bis hin zu den bekannten Formen des Informations- und Erfahrungsaustauschs wie Hospitationen, spezielle Verwaltungsausbildung oder Fortbildung. Vgl. Grunow, Dieter: Verwaltungshilfe des Westens: Unterstützung oder Flop? In: Benzler, Susanne u. a.: Deutschland-Ost vor Ort. Anfänge der lokalen Politik in den neuen Bundesländern, 1995, S. 289–310, hier S. 290 f.

10 Schreiben Regierungspräsident Dr. E. Wilke, RP Kassel an das Hessische Ministerium des Innern, betr. Verwaltungshilfe für Thüringen, 25. 5. 1990. HHStAW, Z 502 Nr. 6123.

11 Der Übergangsregierung Hans Modrows (SED), von November 1989 bis März 1990, fehlte trotz der teilweisen Einbindung oppositioneller Gruppen eine demokratische Legitimation; dieser unhaltbare Zustand sollte durch demokratische Wahlen beendet werden. Am 18. 3. 1990 fand die erste freie Volkskammerwahl der DDR statt, zu der sich insgesamt 24 Parteien, Bündnisse und Gruppen zur Wahl stellten. Entgegen allen Prognosen ging nicht die SPD, sondern die „Allianz für Deutschland“, bestehend aus CDU, DSU und Demokratischem Aufbruch (DA), als klare Wahlsiegerin daraus hervor. Dabei erhielt die CDU mit 40,8 % den höchsten Stimmenanteil, während die SPD lediglich 21,9 % der Stimmen erreichte. Die PDS konnte als drittstärkste Partei 16,4 % der Stimmen verbuchen. Am 12. 4. 1990 wurde Lothar de Maizière von der nun demokratisch gebildeten Volkskammer zum Ministerpräsidenten der DDR mit einer Koalitionsregierung aus Allianz, SPD und Liberalen (CDU, DSU, DA, SPD, LDP, FDP und DFP) gewählt. Vgl. Thomas, Rüdiger: DDR: Politisches System. In: Handbuch zur deutschen Einheit, 1999, S. 176–191. Eine genaue Analyse der Wahlergebnisse für Thüringen findet sich bei: Schmitt, Karl: Wahlergebnisse: Kontinuität und Umbruch. In: Thüringen. Eine politische Landeskunde, 1996, S. 68–84.

wurde Verwaltungshilfe zunehmend dringender. Die Verschiebung der politischen Kräfteverhältnisse in der DDR führten zu einer grundsätzlichen Neubestimmung der politischen Ausrichtung, die von dem Ziel einer baldigen Vereinigung beider deutscher Staaten geprägt war.[12] Ein erster Schritt dahin war die sukzessive Auflösung der zentralistischen Verwaltungsstruktur der DDR, die mit der Verabschiedung einer neuen Kommunalverfassung am 17. Mai 1990 begann.[13] Dadurch war die Grundlage für die Selbstverwaltung der Städte und Gemeinden geschaffen, was zugleich den Umbau der kommunalen Verwaltung in der DDR bedeutete. Ein weiterer Schritt war die Beendigung der Legislaturperiode der Bezirkstage zum 31. Mai 1990 und damit die Auflösung der Räte der Bezirke. Ministerpräsident de Maizière wurde beauftragt bis zur Wiedereinführung der Länder *zur Sicherung der Regierbarkeit des Landes bis zur Länderbildung in den Bezirken Regierungsbevollmächtigte einzusetzen [...] Es werden beratende Gremien gebildet, die sich aus den Abgeordneten der Volkskammer des jeweiligen Bezirkes zusammensetzen.*[14] Als Regierungsbevollmächtigte der Bezirke im Bereich des späteren Landes Thüringen wurden Werner Ulbrich (Suhl), Peter Lindlau (Gera) und Josef Duchač (Erfurt) benannt, die als Bindeglied zwischen der Regierung der DDR und den Kreisverwaltungen fungieren sollten. Am 22. Juli 1990 verabschiedete die Volkskammer das Ländereinführungsgesetz, mit dem sie die 1952 aufgelösten Länder Brandenburg, Mecklenburg-Vorpommern, Sachsen, Sachsen-Anhalt und Thüringen wiederherstellte.[15] Mit der Anpassung an die föderative Ordnung der Bundesrepublik Deutschland war ein weiterer Schritt auf dem Weg zur Herstellung der deutschen Einheit vollzogen, und mit der Einführung der Währungs-, Wirtschafts- und Sozialunion zum 1. Juli 1990, die schon im April zwischen der Bundesrepublik und der DDR vereinbart und am 21. Juni verabschiedet wurde, war die Vereinigung beider deutscher Staaten bereits faktisch vorweggenommen. In einer Dienstbesprechung der Bezirksverwaltungsbehörde Erfurt am 28. Juni 1990 berichtete der Regierungsbevollmächtigte für den Be-

12 Der Ausarbeitung einer neuen Verfassung für die DDR und damit zugleich der Eigenständigkeit der DDR wurde spätestens im Mai 1990 keine reale Chance mehr eingeräumt. Vgl. Thomas, Rüdiger: DDR: Politisches System. In: Handbuch zur deutschen Einheit, 1999, S. 190.

13 Vgl. Gesetz über die Selbstverwaltung der Gemeinden und Landkreise in der DDR (Kommunalverfassung). In: Gesetzblatt der Deutschen Demokratischen Republik, Teil I, Nr. 28, 1990, S. 255–269.

14 Beschluss der Volkskammer der Deutschen Demokratischen Republik zur Beendigung der Legislaturperiode der Bezirkstage vom 17. Mai 1990. In: Gesetzblatt der Deutschen Demokratischen Republik, Teil I Nr. 28, 1990, S. 269. In einem erläuternden Schreiben hieß es allerdings, dass im Interesse des Funktionierens des bezirklichen Verwaltungsorgans auch der Einsatz des ehemaligen Vorsitzenden des Rates des Bezirkes bzw. der Mitglieder des Rates in Erwägung gezogen werden sollte. Vgl. Entwurf eines Schreibens an die Bezirksgeschäftsstellenleiter der Parteien, Mai 1990. ArThüLT, Nr. /31, Az. 0416 28/06.

15 Vgl. Verfassungsgesetz zur Bildung von Ländern in der Deutschen Demokratischen Republik – Ländereinführungsgesetz – vom 22. Juli 1990. Als Termin für die Wiedereinführung der Länder war der 14. 10. 1990 festgelegt worden. Vgl. Gesetzblatt der Deutschen Demokratischen Republik, Teil I, Nr. 51, 1990, S. 955–959. Thüringen wurde demzufolge gebildet: *durch Zusammenlegung der Bezirksterritorien Erfurt, Gera und Suhl, zuzüglich der Kreise Altenburg, Artern und Schmölln.* Ebd., S. 955.

zirk Erfurt, Josef Duchač, über eine Unterredung beim Ministerrat der DDR, in der u. a. die künftigen *Aufgaben zur Vorbereitung der Wahlen zu den Landtagen sowie der gesamtdeutschen Wahlen im IV. Quartal 1990* und *Fragen des Steuerrechts ab 1. 7. 1990 und die sich daraus ergebenden Aufgaben für die Finanzämter* behandelt wurden.[16]

Die politischen Veränderungen in der DDR hatten unweigerlich Auswirkungen auf die Ausrichtung des Aktionsprogramms, was in der 3. Sitzung des Beirats Hessen-Thüringen am 25. April 1990 Gegenstand einer ausführlichen Diskussion war. Dem lag ein Antrag von SPD-Abgeordneten und -Fraktion vom 7. März 1990 zugrunde, in dem die Hessische Landesregierung aufgefordert wurde, *unverzüglich Vorbereitungen für ein Programm zur personellen Hilfe des Landes Hessen beim Aufbau einer demokratisch und rechtsstaatlich geprägten Staats- und Kommunalverwaltung des künftigen Landes Thüringen einzuleiten.*[17] Ziel des Programms sollte es nunmehr sein, *schnellstmöglich Mitarbeiter und Mitarbeiterinnen des öffentlichen Dienstes in der DDR auf mittlerer, gehobener und höherer Verwaltungsebene mit den Grundsätzen eines rechtsstaatlichen Verwaltungshandelns im föderativen System und den Prinzipien kommunaler Selbstverwaltung vertraut zu machen.*[18] Zur Umsetzung wurden zugleich konkrete Vorschläge unterbreitet, die u. a. einen befristeten gegenseitigen Austausch von Mitarbeitern und Mitarbeiterinnen aus Hessen und Thüringen und die Einrichtung von Ausbildungslehrgängen an hessischen Verwaltungsfachschulen vorsahen. (Dok. 42) Der Antrag wurde am 29. März vom Parlament an den Beirat Hessen-Thüringen zur weiteren Beratung überwiesen[19] und am 25. April dort behandelt. In der Sitzung berichtete vor allem der Hessische Finanzminister Manfred Kanther zur Verwaltungshilfe in Thüringen. Wie Kanther darlegte, bestehe der größte Beratungsbedarf derzeit beim Aufbau einer Finanzverwaltung, die zum 1. Juli (Einführung der DM in der DDR) arbeitsfähig sein sollte. Um diese Aufgabe zu bewältigen, hätten sich die Finanzminister des Bundes und der Länder darauf geeinigt, dass den Bundesländern DDR-Bezirke zur Betreuung zugewiesen würden. In Absprache mit Bayern und Rheinland-Pfalz erhielt Hessen den Bezirk Erfurt.[20]

16 Festlegungen aus der Dienstbesprechung der Bezirksverwaltungsbehörde Erfurt am 28. 6. 1990 mit den Leitern der Ressorts, 28. 6. 1990, S. 2. ThHStA Weimar, Bezirkstag und Rat des Bezirkes Erfurt 047225, Bl. 140a.

17 Hessischer Landtag, 12. Wahlperiode, Drucksache 12/6253, 7. 3. 1990. Hessischer Landtag und HHStAW, Z 502 Nr. 6093.

18 Ebd.

19 In seiner 102. Plenarsitzung am 29. 3. 1990 wurde der Antrag der SPD (Drucksache 12/6954) dem Ausschuss für Fragen des öffentlichen Dienstes (federführend) und dem Hauptausschuss (beteiligt) sowie dem Beirat Hessen-Thüringen überwiesen. Aufgrund der erfolgten Berichterstattung im Beirat Hessen-Thüringen sowie weiterer Beratungen im Ausschuss für Fragen des öffentlichen Dienstes im Mai und Juni 1990 wurde der Antrag Ende Juni für erledigt erklärt. Vgl. Hessischer Landtag, 12. Wahlperiode, Drucksache 12/6954, 29. 6. 1990. Hessischer Landtag.

20 Bayern sollte die Betreuung des Bezirks Gera und Rheinland-Pfalz die des Bezirks Suhl übernehmen. Vgl. Kurzbericht, 3. Sitzung des Beirats „Hessen/Thüringen“, 25. 4. 1990, S. 4, 12. Wahlperiode. Hessischer Landtag. Die hessische Unterstützung beim Aufbau der Thüringer Finanzverwaltung wird in Kapitel 3.6.2 genauer dargestellt.

Inzwischen lagen weitere Anfragen aus den Bezirken Erfurt, Gera und Suhl mit der Bitte um Beratung vor. Wie einem Schreiben der Staatskanzlei vom 19. März 1990 zu entnehmen ist, sei es daher dringend geboten, die vom Land Hessen erwartete Verwaltungshilfe zu erörtern.[21] Dies sollte in einer ersten Sitzung auf Abteilungsleiterebene am 21. März geschehen. Auf der Tagesordnung standen die gegenseitige Unterrichtung über entsprechende Ergebnisse der Fachministerkonferenzen und die Einbeziehung anderer Institutionen (wie nachgeordnete Behörden, Einrichtungen der Aus- und Fortbildung) in die Verwaltungshilfe des Landes Hessen sowie die Abstimmung der Verwaltungshilfe mit den Ländern Bayern und Rheinland-Pfalz. Wie dem ausführlichen Protokoll der Ressortbesprechung zu entnehmen ist, gab es zwar erste Kontakte zu den Bezirksverwaltungen, in denen über die Möglichkeit einer umfassenden Verwaltungshilfe beraten wurde, doch seien noch keine formellen Ersuche eingegangen. Hierauf müsse man jedoch vorbereitet sein, da die Regierungschefs der Länder der Bundesrepublik in ihrer Sitzung am 15. März 1990 den wieder entstehenden Ländern und Gemeinden in der DDR Unterstützung beim Aufbau einer rechtsstaatlichen und leistungsfähigen Verwaltung und Gerichtsbarkeit angeboten hätten.[22] Übereinstimmung bestand in der Ressortbesprechung auch darüber, dass bereits jetzt die Ziele und Inhalte einer Verwaltungshilfe in Thüringen vorgeklärt werden müssten. *Dabei wird in der Diskussion mehrfach vor einer schematischen Übertragung der Verwaltungsstrukturen in Hessen auf Thüringen gewarnt. […] Einvernehmen herrscht darüber, daß die Tätigkeit hessischer Beamter und Angestellter in Thüringen im Rahmen einer Verwaltungshilfe grundsätzlich als beförderungsrelevant angesehen und durch materielle Anreize gefördert werden soll. Auch Mittel des Aktionsprogramms Hessen-Thüringen kommen – vorbehaltlich einer Entscheidung des Landes – in Frage.*[23] Ausdrücklich wurde darauf hingewiesen, dass die Verwaltungshilfe auch die Qualifizierung thüringischen Verwaltungspersonals umfassen müsse und in die Vorbereitung der Verwaltungshilfe die kommunalen Gebietskörperschaften des Landes über die kommunalen Spitzenverbände (Hessischer Städte- und Gemeindebund, Hessischer Städtetag, Hessischer Landkreistag) mit einzubeziehen seien. In der Sitzung wurde die Einrichtung eines Arbeitskreises „Verwaltungshilfe für Thüringen" unter Vorsitz und Federführung des Hessischen Ministeriums des Innern beschlossen, dem die Staatskanzlei, das Ministerium der Finanzen und das Ministerium der Justiz angehörten. Die Arbeitsgruppe hatte die Aufgabe, zunächst eine Problemskizze zur Vorbereitung eines Kabinettsbeschlusses zur Verwaltungshilfe des Lan-

21 Vgl. Schreiben der Hessischen Staatskanzlei an die hessischen Ministerien und die HLZ, betr. Verwaltungshilfe des Landes Hessen in Thüringen, 19. 3. 1990. HMWK, Bd. I.

22 Vgl. Protokoll der Ressortbesprechung über die Verwaltungshilfe des Landes Hessen in Thüringen am 21. 3. 1990, S. 3. HHStAW, Z 502 Nr. 17540. Bereits zuvor, am 16. 3. 1990, hatten die Innenminister und -senatoren der Länder ihre Bereitschaft erklärt, im Rahmen ihrer Zuständigkeit die DDR zu unterstützen und den deutschen Einigungsprozess zu fördern. Als Maßnahmen wurden genannt: Fach- und Rechtsberatung, Entsendung und Austausch von Verwaltungsfachleuten, Aus- und Fortbildungshilfe etc. Vgl. Beschlussniederschrift über die Sitzung der Ständigen Konferenz der Innenminister und -senatoren der Länder am 16. 3. 1990. HHStAW, Z 502 Nr. 17540.

23 Vgl. ebd., S. 6 f.

des Hessen für Thüringen zu erstellen.[24] Ein entsprechendes Papier zur „Verwaltungshilfe für Thüringen" wurde dem Kabinett im Mai 1990 vorgelegt.[25]

Offenbar entsprach das Arbeitspapier nicht den Erwartungen, wie es ein handschriftlicher Vermerk vermuten lässt. Daher erhielt das Hessische Innenministerium nochmals den Auftrag, *in der Kabinettssitzung am 12. 6. eine neue Vorlage vorzulegen, die den Bedenken der VK [Vorkonferenz = Staatssekretärsrunde] Rechnung trägt.*[26] Insbesondere sollte in der veränderten Fassung zur „Verwaltungshilfe für Thüringen" verstärkt auf die Frage der Konzeption und Koordination eingegangen werden. In einer späteren Stellungnahme der Staatskanzlei hieß es kritisch dazu: *Die Staatskanzlei hat die Ressorts bereits im März darauf hingewiesen, daß Verwaltungshilfe in Thüringen notwendig sein wird. Sie hat insbesondere versucht, das insoweit zuständige Innenministerium dafür zu gewinnen, ein ressortübergreifendes Konzept der Verwaltungshilfe zu entwickeln. Das Ministerium hat jedoch mehr den Status hessischer Beamter im Falle einer Entsendung nach Thüringen geklärt und die bisher punktuell geleistete Verwaltungshilfe der Ressorts aufgelistet. Auch das Bemühen der Staatskanzlei, die Ressorts unter Federführung des Landespersonalamtes für ein ressortübergreifendes Konzept eines Aus- und Fortbildungsangebotes für Bedienstete in Thüringen zu gewinnen, ist gescheitert.*[27]

Dass Verwaltungshilfe zum Aufbau neuer Staats- und Kommunalverwaltungen in den DDR-Bezirken dringender wurde, entsprach der ausdrücklichen Einschätzung der Hessischen Staatskanzlei. In einer ausführlichen Stellungnahme „Überlegungen zur Verwaltungshilfe in der DDR" vom 11. Mai 1990 wies Ministerialdirigent Dr. von der Osten-Sacken auf die Möglichkeit hin, dass andernfalls *in der DDR in nicht vertretbarer Weise aufgeblähte Bürokratien geschaffen werden.*[28] Grundlage dieser Einschätzung war ein Gespräch zum Verwaltungsaufbau in Thüringen am 2. Mai mit den Abteilungsleitern Organisation der Bezirke Erfurt, Gera und Suhl. In diesem Gespräch, so hieß es in der Stellungnahme, hätten die Bezirksvertreter mitgeteilt, dass die bisherigen Verwaltungsstrukturen so weit wie möglich beibehalten würden: *Auf Landesebene sollten 12 (!) Ministerien vorgesehen werden, u. a. ein ausschließlich für den Tourismus und ein für die Landesplanung zuständiges Ministerium. […] Das Gespräch hat mir den persönlichen Eindruck vermittelt, daß die nahezu unveränderte Bürokratie auf der Bezirksebene (der Bezirk Erfurt hat über 1000 Bedienstete) bemüht ist, die bisherigen Verwaltungsstrukturen beizubehalten und möglichst noch neue Strukturen (Ministerien, Regionalebene) zu schaf-*

24 Vgl. ebd. sowie Hessische Staatskanzlei, Auszug aus der 131. Sitzung der Vorkonferenz, betr. Berichte der Ressorts über den Vollzug des Hessen-Thüringen-Programms, 26. 3. 1990, S. 8. HHStAW, Z 502 Nr. 6093.

25 Vgl. Arbeitspapier Verwaltungshilfe für Thüringen vom 25. 4. 1990, S. 1–13. HHStAW, Z 502 Nr. 6123.

26 Vgl. Schreiben des Hessischen Ministeriums des Innern, betr. Verwaltungshilfe für Thüringen, handschriftlicher Vermerk, 02. 5. 1990. HHStAW, Z 502 Nr. 6123.

27 Bericht sowie Empfehlungen zur Verwaltungshilfe des Landes für Thüringen, Regierungsdirektor Dr. J. Meinck, Hessische Staatskanzlei, 22. 8. 1990. HHStAW, Z 502 Nr. 6125.

28 Vorlage „Überlegungen zur Verwaltungshilfe in der DDR", Ministerialdirigent Dr. von der Osten-Sacken, Hessische Staatskanzlei, 11. 5. 1990, S. 1–5, hier S. 5. HHStAW, Z 502 Nr. 6123.

fen, um das Unterkommen der bisherigen Bediensteten zu sichern. [...] Bestätigt wurde dieser Eindruck in einem „Vier-Augen-Gespräch“: Dabei wurde mir erklärt, daß die Ankündigung aus der Bundesrepublik, man wolle Verwaltungsbeamte in die DDR entsenden, zu ganz erheblicher Unruhe geführt habe. [...] Es war auch erkennbar, daß die Bezirksvertreter an einer Hilfe von Beamten vor Ort nicht interessiert waren. Ihr Interesse zielt eher dahin, sich punktuell – insbesondere bei Besuchen in den Ländern – beraten zu lassen.[29] Jedoch werde eine derart aufgeblähte Verwaltung nach Einschätzung Dr. von der Osten-Sackens zwangsläufig nach dem Beitritt der DDR dazu führen, *dass die Kosten für diese Verwaltung in den Finanzausgleich eingehen und damit letztendlich von den Ländern in der Bundesrepublik Deutschland mitzuzahlen sind.*[30] Um dem entgegenzuwirken, sei insgesamt eine koordinierte Verwaltungshilfe – auch auf kommunaler Ebene – nötig, die es derzeit allerdings nicht gäbe. *Die Beratung unter Fachverwaltungen beiderseits der Grenze ist gewiß nützlich und notwendig. Es erscheint mir jedoch dringlich, daß in den künftigen Ländern auf dem Gebiet der DDR jeweils ein kompetenter Arbeitsstab für den Aufbau der Verwaltung gebildet wird. Dieser Arbeitsstab sollte dem künftigen Ministerpräsidenten, bis dahin den Beauftragten der Bezirke zugeordnet werden ...*[31] (Dok. 43)

Eine entsprechende Beurteilung der Staatskanzlei wurde dem Ministerium des Innern übermittelt.[32] Ende Mai 1990 war schließlich ein weiteres Konzept „Verwaltungshilfe für Thüringen – Überblick über bisherige und gegenwärtig beabsichtigte Maßnahmen“ vom Innenministerium ausgearbeitet. Dem Papier lagen Meldungen der einzelnen Ressorts, der HLZ und der Regierungspräsidien in Gießen, Kassel und Darmstadt zugrunde.[33] Zusammenfassend wurde darin festgehalten, *daß von Seiten der*

29 Ebd., S. 1 ff.

30 Ebd., S. 3. In der Haushaltsdebatte zur Verabschiedung des zweiten Nachtragshaushalts am 16. 5. 1990 äußerte Finanzminister Kanther eine vergleichbare Einschätzung der Situation in der DDR: *Es gibt eine ersichtliche Neigung vieler in der DDR, üppigst Verwaltungen zu gründen, wobei die zukünftige Effizienz nach meinem Eindruck gelegentlich eine deutlich geringere Rolle spielt als der Wunsch, jedermann, der heute ein öffentliches Amt hat, auch in Zukunft mit demselben zu versorgen.* Hessischer Landtag, Plenarprotokoll 12/104, 12. Wahlperiode, 104. Sitzung, 16. 5. 1990, S. 6025. Hessischer Landtag.

31 Vorlage „Überlegungen zur Verwaltungshilfe in der DDR“, Ministerialdirigent Dr. von der Osten-Sacken, Hessische Staatskanzlei, 11. 5. 1990, S. 4. HHStAW, Z 502 Nr. 6123.

32 Vgl. Schreiben Hessische Staatskanzlei, Dr. von der Osten-Sacken, an das Hessische Ministerium des Innern, Dr. Pittermann, betr. Verwaltungshilfe für Thüringen, 21. 5. 1990. HHStAW, Abt. 546 Nr. 214. In diesem Schreiben fasste Dr. von der Osten-Sacken seine in Thüringen gewonnenen Eindrücke im Hinblick auf eine Koordinierung der hessischen Verwaltungshilfe nochmals zusammen.

33 Darin wies das Regierungspräsidium Gießen beispielsweise auf die vielfältigen Maßnahmen der Schulverwaltungsbehörde hin, die im Rahmen der „hessisch-thüringischen Schulkonferenz“ durchgeführt wurden, sowie auf die zahlreichen Kontakte im Bereich des Veterinärwesens und der Forstverwaltung. Durch das Regierungspräsidium Kassel fanden hingegen Erfahrungsaustausch und Beratung vor allem in den Aufgabenbereichen Brandschutz, Abfallwirtschaft, Regionalplanung, Vollzugspolizei etc. statt. Vgl. Verwaltungshilfe für Thüringen. Überblick über bisherige und gegenwärtig beabsichtigte Maßnahmen, 31. 5. 1990. HHStAW, Abt. 546 Nr. 214. Ein ausführlicher Bericht wurde auch vom Hessischen Ministerium für Umwelt und Reaktorsicherheit vorgelegt. Ein Schwerpunkt lag hier bei der Fach- und Rechtsberatung. Doch sei absehbar, dass die

DDR konkrete Wünsche nach einem längerfristigen Einsatz von Landesbediensteten in Thüringen bisher nicht geäußert worden sind. [...] Schwerpunkte bilden neben der allgemeinen Beratung gegenwärtig die Aus- und Fortbildungshilfe sowie die Ausstattungshilfe. Die Frage der Koordinierung mit Bund und Ländern wird vor allem über Fachministerkonferenzen, aber auch im direkten Kontakt zu Rheinland-Pfalz und Bayern beantwortet. Dabei kommt z. B. eine regionale Zuordnung wie im Bereich der Steuerverwaltung in Betracht ...[34] Zusätzliche Koordinierungsinstrumente seien nicht erforderlich, hieß es weiter, jedoch solle die Abstimmung über kommunale Verwaltungshilfe in Thüringen zwischen den kommunalen Spitzenverbänden und dem Innenministerium durchgeführt werden.[35] (Dok. 44) Der Bericht wurde von der Landesregierung am 21. Juni 1990 zur Kenntnis genommen.[36]

Um auf die sich abzeichnenden höheren Ausgaben im Bereich der Verwaltungshilfe reagieren zu können, wurden im Zweiten Nachtragshaushalt 3 Mio. DM für das Jahr 1990 und weitere 5 Mio. DM für das folgende Jahr eingestellt und mit dem Haushaltsbeschluss am 21. Juni 1990 (Gesetzesentwurf der Landesregierung vom 8. Mai 1990) verabschiedet. Damit war es den Ressorts möglich zur Deckung außerplanmäßiger Kosten auf Mittel des Aktionsprogramms Hessen-Thüringen zurückzugreifen. Allerdings sollten wesentliche Maßnahmen der Verwaltungshilfe sowie Qualifizierungsmaßnahmen zur Aus- und Fortbildung zunächst wie bisher von den Ressorts finanziert werden.[37] Darüber hinaus war die Schaffung zeitlich befristeter Stellen mit dem Vermerk kw (künftig wegfallend) als Ersatz für zehn nach Thüringen zu entsendende hessische Richter zum Aufbau einer rechtsstaatlichen Justiz vorgesehen.[38]

In weiteren Stellungnahmen der Hessischen Staatskanzlei wies diese gleichwohl immer wieder darauf hin, dass die bisherigen Vorbereitungen zur Planung der Verwaltungshilfe für Thüringen sowohl inhaltlich als auch finanziell nicht ausreichend seien,

Notwendigkeit von Verwaltungshilfe zunehme, wenn in Thüringen ein Umweltministerium aufgebaut werde und sich die nachgeordneten Dienststellen neu strukturieren müssten. Vgl. Schreiben des HMUR an das Hessische Ministerium des Innern, betr. Verwaltungshilfe für Thüringen, 29. 5. 1990. HHStAW, Abt. 546 Nr. 214.

34 Ebd.

35 Vgl. Bericht des Ministeriums des Innern an den Hessischen Landtag, Verwaltungshilfe für Thüringen, 31. 5. 1990. HHStAW, Z 502 Nr. 6124.

36 Vgl. Schreiben der Hessischen Staatskanzlei an den Hessischen Landtag, betr. Verwaltungshilfe für Thüringen, 25. 6. 1990. HHStAW, Z 502 Nr. 6124.

37 In der Begründung zum Zweiten Nachtragshaushalt hieß es dazu: *Nach dem derzeitigen Stand der Dinge wird davon ausgegangen, daß die Ressorts im Rahmen ihrer planmäßigen Mittel jedenfalls wesentliche Teile dieser Anforderungen zu bewältigen in der Lage sind.* Vgl. Hessischer Landtag, Drucksache 12/6585, Zweites Haushaltsänderungsgesetz 1990/91, 8. 5. 1990. HHStAW, Z 502 Nr. 6123.

38 Vgl. Hessischer Landtag, 12. Wahlperiode, Drucksache 12/6796, 12. 6. 1990. Hessischer Landtag. Kw verweist dabei auf zeitlich befristete Stellen, die als Ersatzstellen für die Dauer der Abordnungen hessischer Verwaltungshelferinnen und -helfer eingerichtet wurden. Eine genauere Darstellung zur hessischen Aufbauhilfe im Bereich der Justiz findet sich in Kapitel 3.6.1 dieser Publikation.

da sich in zunehmendem Maße zeige, dass die staatliche und kommunale Verwaltung in der DDR nicht in der Lage sei, aus eigener Kraft die sich aus dem Staatsvertrag und dem beabsichtigten Beitritt ergebenden Aufgaben zu erfüllen. Die Kritik der Staatskanzlei an der bisherigen Planung fiel daher deutlich aus: *Mangel an Einfühlungsvermögen und Initiativlosigkeit des für die Verwaltungshilfe federführenden Innenministeriums auf der einen Seite und eine zu restriktive Haushaltspolitik des Finanzministeriums auf der anderen Seite haben über Monate jeden Versuch blockiert, sachlich angemessene Lösungen der Probleme vorzubereiten.*[39]

Ähnlich beurteilte der damalige Bevollmächtigte des Landes Hessen beim Bund, Dr. Rebhan, in einem Schreiben vom 13. August 1990 die Situation in Thüringen. Darin zeigte auch dieser die Notwendigkeit einer umfangreichen Verwaltungshilfe auf, da die Regierungen in den neuen Ländern nach der Wahl der Landtage ohne jeglichen administrativen Unterbau ihre Arbeit beginnen müssten und die Möglichkeit, in kurzer Zeit verlässliche und fachlich geeignete Mitarbeiter einstellen zu können, in allen Bereichen begrenzt und im politisch-administrativen Leistungsbereich praktisch gleich null sein werde. *Auch wenn insoweit konkrete Hilfeersuchen aus Thüringen derzeit notwendigerweise noch gar nicht vorliegen können, sollte deshalb nach meinem Dafürhalten rasch geklärt werden, ob in den Häusern nicht auf der in Betracht kommenden oberen Fach- und Leitungsebene erfahrene Mitarbeiter bereit sind, Aufgaben der Regierungshilfe zu übernehmen. Ich rechne damit, daß dieses Problem bei der nächsten Besprechung des Bundes mit den Chefs der Staatskanzleien vom Bund zur Sprache gebracht wird. Es stünde den Ländern schlecht zu Gesicht, wenn sie in diesem Fall mit leeren Händen und ohne Konzept dem Bund gegenübertreten müssten.*[40]

Zur Vorbereitung weiterer Entscheidungen lag im August eine von der Staatskanzlei aufgestellte Übersicht zum Stand der Verwaltungshilfe anderer Bundesländer vor. Als Ergebnis wurde darin festgestellt, dass auch die Verwaltungshilfe dieser Länder bisher vorwiegend in Form von Ausstattungshilfen für Dienststellen in der DDR, Beratungsgesprächen und kurzfristigen Einsätzen von Bediensteten der Landes- und Kommunalverwaltungen geleistet wurde. Ebenso wie in Hessen wurden die Maßnahmen sowie Aus- und Fortbildungslehrgänge zumeist in ressorteigener Verantwortung durchgeführt. Erhebliche Unterschiede gab es zwischen den einzelnen Ländern jedoch im Hinblick auf die Entsendung von Verwaltungspersonal zu längerfristigen Einsätzen in der DDR. Vorreiter waren hier Baden-Württemberg und Nordrhein-Westfalen, die bereits über die Entsendung von Personal in größerem Umfang entschieden hatten. Baden-Württemberg plante den Einsatz von 151 Landes- und 150 Kommunalbediensteten, Nordrhein-Westfalen hatte den Entwurf eines Nachtragshaushalts verabschiedet, der 373 kw-Stellen für die personelle Verwaltungshilfe zugunsten der DDR vorsah. Und

39 Hessische Staatskanzlei, Stellungnahme, Regierungsdirektor Dr. J. Meinck, betr. Verwaltungshilfe für Thüringen, [ohne Datum, August 1990], S. 1–11, hier S. 1. HHStAW, Z 502 Nr. 6124.

40 Schreiben des Bevollmächtigten des Landes beim Bund an die Hessischen Ministerien, betr. Verwaltungshilfe für Thüringen, 13. 8. 1990. HHStAW, Z 502 Nr. 14201.

beide Bundesländer erstatteten den Kommunen Kosten für die Entsendung von Bediensteten in diesem Bereich.[41]

Schließlich wurden im August im Rahmen der Vorkonferenz Fragen der Verwaltungshilfe für das künftige Land Thüringen auch mit den Regierungsbeauftragten der drei thüringischen Bezirke erörtert.[42] Zur Vorbereitung des Gesprächs erarbeitete die Hessische Staatskanzlei einen entsprechenden Maßnahmenkatalog:

- Dringend war danach zunächst die Ermittlung von Verwaltungsdefiziten in Thüringen, um genauere Ansatzpunkte für die Verwaltungshilfe zu erhalten.
- Zur kurzfristigen Umsetzung von Bundesrecht in der DDR sollte möglichst rasch mit der Schulung und Fortbildung der Bediensteten begonnen werden.
- Im Hinblick auf den Aufbau der Regierungsstruktur des neuen Landes Thüringen sollten hessische Beamte zugewiesen werden, die zunächst den Landessprecher[43] und später den Ministerpräsidenten beim Aufbau der Landesverwaltung beraten.
- Parallel dazu war vorgesehen, sowohl die neuen Ministerien als auch die Fachverwaltungen auf allen Ebenen durch hessische Bedienstete zu unterstützen.
- Zur Sicherung der Funktionsfähigkeit der Kommunalverwaltung in Thüringen, sollte den hessischen Kommunen eine finanzielle Unterstützung des Landes angeboten werden, wie dies bereits von Baden-Württemberg und Nordrhein-Westfalen geleistet werde.

Zur Umsetzung der vorgesehenen Maßnahmen zur Verwaltungshilfe wurde die Bereitstellung weiterer Mittel aus dem Aktionsprogramm Hessen-Thüringen gefordert. Zugleich sollte die Landesregierung über zusätzliche kw-Stellen entscheiden.[44]

Eine Woche später, am 28. August 1990, beschloss die Landesregierung in einem ersten Schritt, erfahrene Mitarbeiter (Beraterstab) zum Regierungsbeauftragten des Bezirks Erfurt zu entsenden, die den Aufbau der Verwaltungen und der geplanten Ministerien einschließlich der Staatskanzlei im wieder einzurichtenden Land Thüringen unterstützen sollten.[45] Zugleich wurde der Minister des Innern beauftragt, Möglichkeiten der kommunalen Verwaltungshilfe mit den kommunalen Spitzenverbänden zu er-

41 Vgl. Schreiben der Hessischen Staatskanzlei an die Hessischen Ministerien, betr. Verwaltungshilfe für Thüringen, Stand der Verwaltungshilfe in den Bundesländern, 16. 8. 1990. HHStAW, Z 502 Nr. 6126.

42 Vgl. Einladung der Hessischen Staatskanzlei an die Regierungsbeauftragten für die Bezirke Erfurt, Gera und Suhl, 9. 8. 1990. HHStAW, Z 502 Nr. 6124.

43 Durch den Ministerpräsidenten der DDR, Lothar de Maizière, wurden bis zur Wahl der Ministerpräsidenten der Länder Landessprecher ernannt. In Abstimmung mit den beiden Regierungsbevollmächtigten der Bezirke Gera und Suhl wurde Josef Duchač die Aufgabe des Landessprechers für Thüringen übertragen. Vgl. u. a. Protokoll der Dienstberatung der Bezirksverwaltungsbehörde mit den Leitern der Ressorts am 10. 9. 1990, S. 2. ThHStA Weimar, Bezirkstag und Rat des Bezirkes Erfurt 044695.

44 Vgl. Hessische Staatskanzlei, Dr. J. Meinck, an den Hessischen Ministerpräsidenten, betr. Verwaltungshilfe für Thüringen, 22. 8. 1990. HHStAW, Z 502 Nr. 6125.

45 Näheres zur Zusammensetzung und den Aufgaben des Beraterstabs findet sich in Kapitel 3.3.

örtern.[46] Am 3. September fand ein Gespräch mit den kommunalen Spitzenverbänden im Hessischen Innenministerium statt, in dem den Verbänden für den Aufbau der kommunalen Selbstverwaltung in Thüringen finanzielle Hilfe in Höhe von 4 Mio. DM (davon 2 Mio. DM aus dem Aktionsprogramm, weitere 2 Mio. DM aus Mitteln des Kommunalen Finanzausgleichs) zugesichert wurde.[47]

Mit der Unterzeichnung des Einigungsvertrages am 31. August 1990, der zum 3. Oktober in Kraft trat, änderten sich die Anforderungen an die Verwaltungshilfe[48], da nunmehr der Aufbau öffentlicher, rechtsstaatlicher Verwaltungen und die Übertragung des Bundesrechts auf die neuen Länder[49] vertraglich festgeschrieben war. Damit waren die ostdeutschen Länder sofort für die Durchführung öffentlicher Aufgaben verantwortlich und mussten zugleich organisatorisch und personell einen völligen Neuaufbau ihrer Verwaltungen leisten. Den alten Bundesländern und damit auch Hessen fiel die Aufgabe zu, diesen Umbildungsprozess u. a. durch die Abordnung von Bediensteten aktiv zu unterstützen. Die wesentliche Aufgabe der Verwaltungshelferinnen und Verwaltungshelfer bestand in der Folge darin, westdeutsche Verwaltungsstrukturen und -prozesse zum Aufbau leistungsfähiger Verwaltungen in die neuen Ländern zu überführen, womit gleichzeitig der schnelle Abbau bzw. Umbau staatssozialistischer Verwaltungsstrukturen der DDR verbunden war. Zur Koordinierung der Verwaltungshilfe zwischen dem Bund und den Ländern wurde eine Bund-Länder-Clearingstelle eingerichtet.[50]

Um den veränderten Anforderungen – der Abordnung weiterer hessischer Bediensteter – entsprechen zu können, war die Einrichtung zusätzlicher kw-Stellen nötig. Die rechtliche Voraussetzung, weitere Mittel des Aktionsprogramms Hessen-Thüringen für Maßnahmen der Verwaltungshilfe einsetzen zu können, wurde mit dem Dritten Nachtragshaushalt 1990/91 geschaffen.[51] Am 26. September 1990 beschloss das Kabinett

46 Vgl. Hessische Staatskanzlei, Auszug aus dem Protokoll der 153. Vorkonferenz am 28. 8. 1990, S. 5. HHStAW, Z 502 Nr. 14 201 und Scheiben der Hessischen Staatskanzlei an die Ministerien, betr. Verwaltungshilfe für Thüringen, 6. 9. 1990. HHStAW, Z 502 Nr. 6124.

47 Vgl. Hessisches Innenministerium, Ergebnisniederschrift über das Gespräch mit den kommunalen Spitzenverbänden am 3. 9. 1990. HHStAW, Abt. 503 zug. 56/2006 Nr. 554. Siehe hierzu auch Kapitel 3.7 dieser Publikation.

48 Grunow stellt dazu fest, dass sich die Verwendung des Begriffs „Verwaltungshilfe" im Zusammenhang mit der Aufgabenstellung in den neuen Bundesländern von der bisher üblichen Verwendung in zweierlei Hinsicht unterscheidet: Zum einen würden keine neuen Verwaltungsstrukturen entwickelt, zum anderen gehe es hierbei nicht um einen (erstmaligen) Aufbau leistungsfähiger Verwaltungsstrukturen. Vgl. Grunow, Dieter: Verwaltungshilfe des Westens: Unterstützung oder Flop? In: Benzler, Susanne u. a.: Deutschland-Ost vor Ort. Anfänge der lokalen Politik in den neuen Bundesländern, 1995, S. 289–310, hier S. 290.

49 Das Ländereinführungsgesetz der DDR vom 22. 7. 1990 sah in § 1 Abs. 1 die Bildung der neuen Länder, darunter auch Thüringens, zum 14. 10. 1990 vor. Dieser Termin wurde jedoch durch Art. 1 des Einigungsvertrages vom 23. 9. 1990 zeitlich überholt. Mit dem Beitritt der DDR zur Bundesrepublik Deutschland am 3. 10. 1990 konstituierte sich auch der Freistaat Thüringen.

50 Die Bund-Länder-Clearingstelle wurde entsprechend Artikel 15 Abs. 2 und 3 des Einigungsvertrages eingerichtet. Näheres dazu findet sich in Kapitel 3.2 dieser Publikation.

51 Über die Verstärkung der hessischen Verwaltungshilfe berichteten Finanzminister Kanther und Staatssekretär Gauland ausführlich in der 4. Sitzung des Beirats Hessen-Thüringen im September

einen entsprechenden Gesetzentwurf, der dem Hessischen Parlament am 11. Oktober vorlag. Darin war festgelegt, *für Landesbedienstete, die im Rahmen der hessischen Verwaltungshilfe für Thüringen länger als sechs Monate eingesetzt werden, bis zu 90 Planstellen oder andere Stellen für Ersatzkräfte mit dem Vermerk „künftig wegfallend" auszubringen …*[52] Gleichzeitig sollten die hessischen Kommunen als Beitrag zu den Kosten ihrer Verwaltungshilfe 4 Mio. DM erhalten. In einem Änderungsantrag der Fraktionen von CDU und FDP waren zusätzliche 5 Mio. DM für 1991 und 1992 aus dem Aktionsprogramm vorgesehen, *um Thüringen die Gewinnung qualifizierten Personals aus den Westländern zu erleichtern. Erstattet werden soll Thüringen die Differenz zwischen östlichem und westlichem Gehaltsniveau für bis zu 100 Bedienstete.*[53] (Dok. 45) Schon zu diesem Zeitpunkt war bereits absehbar, dass der Umbau der Verwaltungs- und insbesondere der Rechtsstrukturen allein durch Abordnungen nicht zu leisten sein würde. Am 19. Dezember wurde der Dritte Nachtragshaushalt und damit die Bereitstellung weiterer Mittel aus dem Aktionsprogramm zu Zwecken der Verwaltungshilfe vom Hessischen Landtag beschlossen. Damit war die haushaltsrechtliche Voraussetzung für die Verwaltungshilfe der kommenden Jahre geschaffen.

Bereits zuvor hatte sich Bundeskanzler Kohl in einem Schreiben am 9. November 1990 an den Hessischen Ministerpräsidenten Walter Wallmann gewandt und darin die dringende Bitte nach Unterstützung beim Aufbau der Verwaltungen der neuen Länder geäußert: *… die neuen Bundesländer und ihre Gemeinden brauchen beim Aufbau ihrer Verwaltungen dringend qualifiziertes Personal aus den alten Bundesländern. Dieser Bedarf geht über die dankenswerterweise von allen Ebenen und Institutionen in diesem Jahr praktizierte Entsendung von Beratern hinaus. […] Die Hilfe beim Aufbau der Landesverwaltungen muß in erster Linie von den alten Bundesländern kommen. Dort ist das spezifisch qualifizierte Personal vorhanden.*[54] Da die Länder von Anfang an die Hilfe beim Aufbau der Länderverwaltungen als ihre Aufgabe beansprucht hätten, seien sie, nach Darstellung des Bundeskanzlers, gefordert durch die Bereitstellung weiterer finanzieller Mittel (Personalkostenzuschüsse) und eine großzügige Handhabung von Abordnungen zu helfen.[55] (Dok. 46) Mit der Verabschiedung des Dritten Nachtragshaushalts im

1990. Wie dem Sitzungsprotokoll zu entnehmen ist, gab es zu den Vorschlägen der Landesregierung von den Beiratsmitgliedern keine Einwände. Vgl. Kurzbericht, 4. Sitzung des Beirats „Hessen/Thüringen", 12. 9. 1990, S. 4–9, 12. Wahlperiode. Hessischer Landtag.

52 Diese Maßnahme war bis längstens zum 31. 12. 1992 vorgesehen. Hessischer Landtag, 12. Wahlperiode, Drucksache 12/7470 Vorlage der Landesregierung zur Änderung des Gesetzes über die Feststellung des Haushaltsplans des Landes Hessen für die Haushaltsjahre 1990 und 1991 (Drittes Nachtragshaushaltsgesetz)…, 11. 10. 1990. Hessischer Landtag.

53 Hessischer Landtag, 12. Wahlperiode, Drucksache 12/7790, Änderungsantrag der Fraktionen der CDU und der FDP zum Entwurf des Dritten Nachtragshaushaltsgesetzes 1990/91, 5. 12. 1990. Hessischer Landtag.

54 Schreiben Bundeskanzler Dr. Helmut Kohl an den Ministerpräsidenten des Landes Hessen Dr. Walter Wallmann vom 9. 11. 1990. HHStAW, Z 502 Nr. 6127.

55 Vgl. ebd. Des Weiteren wurde die Einrichtung eines gemeinsamen Länderfonds für Personalkostenzuschüsse angeregt.

Dezember 1990 standen für das Jahr 1991 aus Mitteln des Aktionsprogramms Hessen-Thüringen nunmehr Gelder in Höhe von 18,4 Mio. DM für entsprechende Maßnahmen der Verwaltungshilfe (Abordnung von Verwaltungspersonal, Personalkostenzuschüsse, Sachleistungen, Hospitationen, Fortbildung etc.) zur Verfügung. Über eine grundsätzliche Neuwidmung des Aktionsprogramms im Jahr 1991 hatte die Landesregierung noch nicht entschieden, so sollten auch weiterhin verstärkt Investitionsmaßnahmen im Rahmen des Aktionsprogramms gefördert werden. Zur Absprache des Programms fand am 13. Februar 1991 eine Unterredung zwischen dem thüringischen und dem Hessischen Finanzminister statt. Danach seien aus thüringischer Sicht die Bereiche Denkmalpflege, Gesundheitswesen, Umweltschutz und Verwaltungshilfe für das laufende Jahr die richtigen Ansatzpunkte für das Programm. Unstrittig war, dass das Aktionsprogramm auch künftig den veränderten Anforderungen angepasst werden sollte, wozu explizit Maßnahmen der Verwaltungshilfe zählten.[56]

Im März 1991 wurde im Beirat Hessen-Thüringen von Finanzminister Kanther eine weitere Modifizierung vorgeschlagen und von allen Beiratsmitgliedern befürwortet. Wie es dazu im Protokoll hieß, sei die bisherige Verwaltungshilfe durch den Haushaltsgesetzgeber auf Thüringen begrenzt worden, um eine Konzentration der Hilfe zu ermöglichen. *Inzwischen habe sich das Problem ergeben, daß in einzelnen Fällen bestimmte Spezialisten in irgendeines der anderen ostdeutschen Länder gehen sollten. Dann gäbe es für die Landesregierung keine Möglichkeit, eine Abordnung vorzunehmen.*[57] Im Rahmen des anstehenden Vierten Nachtragshaushalts 1990/91 sollte diese Beschränkung in Ausnahmefällen und nach vorheriger Zustimmung des Ministers der Finanzen aufgehoben werden.[58] Aus der hessischen Landtagswahl am 20. Januar 1991 war eine neue Regierung aus SPD und GRÜNEN hervorgegangen, daher konnte der oben einstimmig gefasste Beschluss erst im Juni 1991 mit Verabschiedung des Vierten Nachtragshaushalts wirksam werden.

Trotz der eingeleiteten Maßnahmen im Bereich der Verwaltungshilfe, mit denen die Landesregierung auf die rasanten politischen Veränderungen in der DDR – zwischen der Volkskammerwahl im März und der Unterzeichnung des Einigungsvertrags Ende August lagen gerade einmal sechs Monate – reagierte, war das Aktionsprogramm Hessen-Thüringen 1990 vor allem ein Investitionsprogramm. Mehr als 90 % der Gelder des Programms wurden für Investitionsmaßnahmen verausgabt.

56 Wie aus dem beigefügten Vermerk betr. Hessen-Thüringen-Programm hervorgeht, wollte die thüringische Landesregierung eine auf die Investitionsbereiche bezogene Projektliste erarbeiten. *Es steht ihr auch frei, die Aufstockung der Verwaltungshilfe vorzuschlagen, falls dafür überhaupt weiteres geeignetes Personal zwecks Einsatzes in Thüringen gewonnen werden kann.* Hessisches Ministerium der Finanzen, Kabinettsvorlage, 7. 3. 1991. HHStAW, Z 502 Nr. 6098

57 Kurzbericht, 5. Sitzung des Beirats „Hessen/Thüringen", 19. 3. 1991, S. 2, 12. Wahlperiode. Hessischer Landtag.

58 In der anschließenden Sitzung des Haushaltsausschusses wurde der Beschluss des Beirats bestätigt. Vgl. Auszug aus dem Protokoll des Haushaltsausschusses, Punkt 5: Aktionsprogramm Hessen/Thüringen, 19. 3. 1991, S. 4. HHStAW, Z 502 Nr. 6128.

3.2 Zusammenarbeit mit den Bundesländern Rheinland-Pfalz und Bayern: Arbeitsteilung und Konkurrenzen und die Koordinierung durch die Clearingstelle des Bundes

Die Bewältigung der Aufgaben, die sich aus dem Beitritt der DDR zur Bundesrepublik Deutschland ergaben – der Aufbau neuer Landesverwaltungen und die vollständige Übertragung des Verwaltungs- und Rechtssystems der Bundesrepublik auf die neuen Länder –, war nur durch eine koordinierte Zusammenarbeit zwischen Bund und Ländern zu leisten.[59] Zur Abstimmung der damit verbundenen Maßnahmen vereinbarten die Regierungschefs der Länder am 30. August 1990 mit dem Bundesminister des Innern, Wolfgang Schäuble (CDU), die Einrichtung einer Bund-Länder-Clearingstelle: *Sie soll sich auf Seiten der Länder aus je einem Vertreter der Länder der Bundesrepublik Deutschland, den Landesbevollmächtigten aller Länder der DDR bis zur Wahl der Ministerpräsidenten und – danach – den Vertretern der neuen Bundesländer zusammensetzen. Auf Seiten des Bundes gehören ihr an: der Chef des Bundeskanzleramtes, der Bundesminister des Innern, der Bundesminister der Finanzen, der Bundesminister für Wirtschaft und der Bundesminister für Arbeit und Sozialordnung. Den Vorsitz führt der Bundesminister des Innern. Vertreter der kommunalen Spitzenverbände sollen zu den Beratungen hinzugezogen werden.*[60] Aufgabe der Clearingstelle sollte u. a. die Entwicklung von Musterstellenplänen und Personalabbauplänen für die Verwaltung der neuen Länder, die Abstimmung der Qualifizierungs- und Weitervermittlungsmaßnahmen mit der Arbeitsverwaltung, die Unterstützung der Landesbevollmächtigten bzw. Ministerpräsidenten der neuen Länder bei der Umsetzung der Musterstellenpläne und Personalabbaupläne mit Mitteln der Verwaltungshilfe und insgesamt die Abstimmung der Verwaltungshilfe zwischen Bund und Ländern beim Aufbau der Landesverwaltung (einschließlich der Bereitstellung von Beraterstäben) sowie bei der Durchführung bestimmter Fachaufgaben sein. Dazu wurde beim Bundesinnenministerium eine Geschäftsstelle eingerichtet, in die Bund und Länder zunächst je 20 Mitarbeiter (je Land zwei Mitarbeiter) entsenden sollten.[61] Als hessische Mitarbeiter der Geschäftsstelle wurden im September Ministerialrat Dr. Karl-Reinhard Hinkel (Innenministerium) und Regierungsdirektor Hans-Joachim Soll (Finanzministerium) benannt.[62] Die konstituierende Sitzung der Bund-Länder-Clearingstelle fand am 11. September und die der Geschäftsstelle am 24. September 1990 statt. Zur inhaltlichen Vorbereitung einzelner Sachverhalte wurden die folgenden Arbeitsgruppen gebildet, deren Beratungser-

59 Vgl. Schreiben des Bundeskanzlers der Bundesrepublik Deutschland an Ministerpräsident Dr. W. Wallmann, 9. 11. 1990. HHStAW, Z 502 Nr. 6127. (Dok. 46) In Artikel 15 des Einigungsvertrages waren Bund und Länder gemeinsam zur Verwaltungshilfe in den neuen Ländern aufgefordert.

60 Schreiben der Hessischen Staatskanzlei an die Staatssekretäre des Hessischen Innen- und Finanzministeriums, betr. Verwaltungshilfe für die neuen Länder, 13. 9. 1990. HHStAW, Z 502 Nr. 6141.

61 Vgl. ebd.

62 Vgl. Schreiben Hessische Staatskanzlei an den Bundesminister des Innern, betr. Bund-Länder-Clearingstelle zur Durchführung der Artikel 14 und 15 des Einigungsvertrages, 19. 9. 1990. HHStAW, Z 502 Nr. 6141.

gebnisse und Empfehlungen in den Sitzungen der Clearingstelle abschließend erörtert wurden:

1. Arbeitsgruppe Überführung und Abwicklung von Landeseinrichtungen
2. Arbeitsgruppe Qualifizierungs- und Weitervermittlungsmaßnahmen
3. Arbeitsgruppe Beseitigung von Investitionshemmnissen
4. Arbeitsgruppe Musterstellenpläne
5. Vermittlung von Liegenschaften für Zwecke der Landesregierungen.[63]

Wie der Ergebnisniederschrift einer Besprechung zwischen Vertretern der Innenministerien und Staatskanzleien der unionsgeführten Bundesländer Baden-Württemberg, Bayern, Hessen und Rheinland-Pfalz am 6. September 1990 zu entnehmen ist, gab es zwischen dem Bund und den genannten Ländern durchaus unterschiedliche Auffassungen über die Aufgaben der Clearingstelle. Als unproblematisch wurde die Funktion der Clearingstelle als Planungsinstanz für den Personalabbau und die Umschulungs- und Weiterbildungsmaßnahmen gesehen. *Die ihr vom Bund über die Vereinbarung hinaus offenbar auch zugedachte Aufgabe, Mustergeschäftspläne für die Dienststellen in der DDR zu entwickeln sowie Art und Umfang der Verwaltungshilfe festzulegen, stieß bei den anwesenden Ländervertretern auf Widerspruch. Die Wahrnehmung dieser Aufgabe durch die Bund/Länder-Dienststelle entspricht nach einhelliger Auffassung weder dem Selbstverständnis der Länder noch dem Aufbauwillen, der in der DDR herrscht.*[64] Unbestritten war ebenso die Aufgabe der Clearingstelle als Instanz zur Abstimmung der Verwaltungshilfe zwischen Bund und Ländern, allerdings war nicht entschieden, wie diese Aufgabe in Zukunft wahrgenommen werden sollte. Während der Bund die Clearingstelle weniger als Koordinations-, sondern vielmehr als Steuerungsinstanz[65] sah, die den Einsatz von Verwaltungspersonal zentral erfasst und die Kosten der Verwaltungshilfe auf die Bundesländer umlegt, sollte nach Ansicht der Vertreter der Länder das bisherige Verfahren (Bedarfsermittlung, Absprache mit dem jeweiligen Partnerland in der DDR, unmittelbare Entsendung von Beamten von Land zu Land) beibehalten werden. *Die Ver-*

63 Vgl. Schreiben des Hessischen Ministeriums des Innern an die Hessische Staatskanzlei, betr. Unterstützung von Bund und Ländern beim Verwaltungsaufbau und Verwaltungsvollzug der künftigen neuen Bundesländer in der heutigen DDR, 21. 9. 1990. HHStAW, Z 502 Nr. 6141. Die fünfte Arbeitsgruppe war spätestens zum 18. 10. 1990 eingerichtet. Vgl. Schreiben des Hessischen Ministeriums des Innern an die Hessische Staatskanzlei, betr. Unterstützung von Bund und Ländern beim Verwaltungsaufbau und Verwaltungsvollzug der neuen Bundesländer, 18. 10. 1990. HHStAW, Z 502 Nr. 6142. Im Mai 1991 wurde eine weitere Arbeitsgruppe „Fortbildung" eingerichtet, in der Konzepte erarbeitet und Absprachen über Fort- und Weiterbildungsmaßnahmen getroffen wurden. Vgl. Ergebnisniederschrift über die 10. Sitzung der Bund-Länder-Clearingstelle für die Verwaltungshilfe am 17. 5. 1991, S. 5. HHStAW, Z 502 Nr. 6143.

64 Ergebnisse der Arbeitsbesprechung der Innenministerien und Staatskanzleien der Länder Baden-Württemberg, Bayern, Hessen und Rheinland-Pfalz am 6. 9. 1990, 7. 9. 1990, S. 1. HHStAW, Z 502 Nr. 6141.

65 Nach Darlegung des Vertreters des Bayerischen Innenministeriums gründe die Aufgabe der Clearingstelle als zentrale Steuerungsinstanz auf der Befürchtung des Bundeskanzlers und des Bundesinnenministers *über die fehlende Präsenz der Länder Baden-Württemberg, Bayern, Hessen und Rheinland Pfalz bei der Verwaltungshilfe für die nördlichen Länder in der DDR.* Ebd., S. 2.

treter der anwesenden Länder einigten sich schließlich darauf, die Verwaltungshilfe ihrer Länder untereinander vorher abzustimmen und das Ergebnis ihrer Abstimmungen in die Clearingstelle lediglich einzubringen.[66]

Kontrovers wurde in der Besprechung am 6. September indessen eine sektorale Aufteilung der Verwaltungshilfe für Thüringen durch die drei Partnerländer Hessen, Rheinland-Pfalz und Bayern beurteilt.[67] Nach Angabe des Vertreters des Bayerischen Innenministeriums sei vom Landessprecher für Thüringen, Josef Duchač, der Wunsch geäußert worden, *die Verwaltungshilfe für Thüringen durch die Länder Hessen, Bayern und Rheinland-Pfalz auf der Ministerialebene sektoral aufzuteilen [...] Dabei sei daran gedacht, jedem der fördernden Bundesländer die Federführung bei der Verwaltungshilfe für bestimmte Ressorts der thüringischen Landesverwaltung zu übertragen.*[68] Auf Bayern sollte danach das Innen- und Wirtschaftsministerium, auf Rheinland-Pfalz das Landwirtschaftsministerium und das Ministerium der Justiz und auf Hessen das Verkehrs- und das Umweltministerium entfallen. Für die übrigen Ressorts bestanden noch keine Zuordnungen.

Während der Vertreter des Hessischen Ministeriums des Innern eine sektorale Aufteilung grundsätzlich für sinnvoll hielt, äußerte der Vertreter der Hessischen Staatskanzlei Bedenken, da man aufgrund vorheriger Erklärungen der Regierungsbevollmächtigten der Thüringer Bezirke von einem anderen Ansatz der Verwaltungshilfe ausgegangen sei. Danach plane die Hessische Landesregierung eine umfassende Hilfe beim Neubau der Verwaltung in Thüringen. In der Besprechung plädierten die Vertreter von Bayern und Rheinland-Pfalz dennoch für eine sektorale Aufteilung der Verwaltungshilfe für Thüringen. Sie sei notwendig und verhindere die Konkurrenz zwischen den Förderländern und die Überforderung eines Bundeslandes. *Im übrigen*, so die weitere Argumentation, *handle es sich um ein „offenes Modell", das den Wünschen der künftigen Minister in Thüringen anzupassen wäre. [...] Das jeweils federführende Land bleibe darauf angewiesen, daß die beiden anderen Förderländer auch Beamte in „sein" Ministerium entsende.*[69] Eine endgültige Entscheidung wurde jedoch nicht getroffen; die Vertreter der Bundesländer einigten sich darauf, dieses Problem auf höherer politischer Ebene nochmals anzusprechen.[70]

66 Ebd., S. 2.

67 Ende 1989 entschieden die drei Bundesländer Hessen, Rheinland-Pfalz und Bayern, sich durch Hilfsmaßnahmen in unterschiedlichem Umfang in „Thüringen" als Partnerland zu engagieren. Vgl. dazu Kapitel 2.3 in dieser Publikation.

68 Ergebnisse der Arbeitsbesprechung der Innenministerien und Staatskanzleien der Länder Baden-Württemberg, Bayern, Hessen und Rheinland-Pfalz am 6. 9. 1990, 7. 9. 1990, S. 2. HHStAW, Z 502 Nr. 6141.

69 Ebd., S. 3 f.

70 In einer Stellungnahme gab der Vertreter der Hessischen Staatskanzlei, Regierungsdirektor Dr. J. Meinck, jedoch zu bedenken, eine sektorale Aufteilung der Verwaltungshilfe auf der Ministerialebene nicht von vornherein abzulehnen, denn die Landesregierung habe ohnehin nicht die Möglichkeit, *Absprachen zwischen Bayern, Rheinland-Pfalz einerseits und dem thüringischen Landessprecher andererseits zu verhindern und [man] sollte sich nicht schon jetzt in eine Konkurrenzsituation zu Bayern und Rheinland-Pfalz begeben.* Ebd., S. 4.

Dass die Zuordnung der Verantwortungsbereiche und damit eine mögliche Einflussnahme beim Aufbau der Thüringer Ministerien für die beteiligten Partnerländer eine besondere Relevanz besaß, belegen weitere Unterlagen der Hessischen Staatskanzlei:

In einem Schreiben der Staatskanzlei vom 14. September 1990 an das Hessische Finanzministerium und das Innenministerium wurde dieses offensichtliche Problem angesprochen. Man nahm dabei Bezug auf eine Anfrage des Regierungsbevollmächtigten Josef Duchač, die dieser zwei Tage zuvor an den rheinland-pfälzischen Ministerpräsidenten Dr. Wagner gerichtet hatte. Darin äußerte Duchač die Bitte, den Aufbau der Staatskanzlei und des Landtags[71] sowie der Ministerien für Justiz, Landwirtschaft und Kultur zu unterstützen.[72] Darüber hinaus, so die Hessische Staatskanzlei weiter, habe Bayern bereits mitgeteilt, dass es das künftige thüringische Innen- und Wirtschaftsministerium betreuen wolle und bereits entsprechende Zusagen aus Thüringen habe. Danach *käme für das Land Hessen nur die Betreuung des Umwelt-, Verkehrs- und Finanzministeriums in Betracht. Der Bereich „Wissenschaft" und „Kunst" soll auch durch das künftige thüringische Kultusministerium betreut werden. Die hessische Gesamtkoordination der Verwaltungshilfe ist sinnvoll nur dann möglich, wenn auf der Stabsebene die Betreuung wichtiger Ministerien des Landes Thüringen durch Hessen gewährleistet ist.*[73]

Möglicherweise fand als Reaktion darauf und zur Klärung des Sachverhalts schließlich am 17. September von hessischer Seite initiiert ein Gespräch mit Landessprecher Josef Duchač über die Verwaltungshilfe für Thüringen statt. Das Ergebnis der Besprechung wurde den Chefs der Staatskanzleien in Mainz und München am 19. September mitgeteilt. Danach sollte die Verwaltungshilfe auf der Ebene der Landesverwaltung zwar nach zusammenhängenden Geschäftsbereichen der Ministerien gegliedert werden, doch sollte Hessen nun die Geschäftsbereiche Staatskanzlei, Finanzen, Inneres, Arbeit und Soziales, Wirtschaft und Verkehr, Umwelt sowie Wissenschaft und Kunst betreuen, während Rheinland-Pfalz für die Bereiche Justiz, Landwirtschaft, Landesvertretung beim Bund und Landtagsverwaltung Verantwortung tragen sollte. Eine Entscheidung über die Zuordnung des Geschäftsbereichs „Schulwesen" sollte nach weiteren Abstimmungen in Thüringen getroffen werden. Bayern, als Partnerland Thüringens, blieb bei der Verteilung unberücksichtigt.[74] Entsprechend heftig fiel die Kritik aus

71 Nach Angabe der rheinland-pfälzischen Staatskanzlei hätte Herr Duchač in seinem Schreiben unter „Landtag" allerdings die Vertretung des künftigen Landes Thüringen beim Bund gemeint. Vgl. Schreiben der Hessischen Staatskanzlei an die Hessischen Ministerien des Innern und der Finanzen, betr. Verwaltungshilfe für Thüringen, 14. 9. 1990. HHStAW, Z 502 Nr. 6124. Letztendlich förderte Rheinland-Pfalz den Aufbau des Thüringer Landtags. Vgl. Linck, Joachim: Haus demokratischer Willensbildung. In: Der Thüringer Landtag, hrsg. vom Thüringer Landtag, 1994, S. 97–111, hier S. 104.

72 Vgl. Schreiben des Regierungsbevollmächtigten an den Ministerpräsidenten des Landes Rheinland-Pfalz, 12. 9. 1990. HHStAW, Z 502 Nr. 6124.

73 Vgl. Schreiben der Hessischen Staatskanzlei an das Hessische Ministerium des Innern und der Finanzen, betr. Verwaltungshilfe für Thüringen, 14. 9. 1990. HHStAW, Z 502 Nr. 6124.

74 Vgl. Schreiben der Hessischen Staatskanzlei an die Chefs der Staatskanzleien Rheinland-Pfalz und Bayern, betr. Verwaltungshilfe für Thüringen, 19. 9. 1990. HHStAW, Z 502 Nr. 6141. Vgl. ebenso:

Bayern an dieser Vorgehensweise aus, die in einem Schreiben des Amtsleiters der Bayerischen Staatskanzlei an seinen Kollegen in Hessen am 20. September vorgebracht wurde. Bayern beanstandete, dass die neue Zuordnung der Geschäftsbereiche allen bisherigen Abmachungen und der schon praktizierten Aufgabenverteilung zwischen den Ländern Hessen, Rheinland-Pfalz und Bayern widerspräche: *Derart einseitigen Festlegungen trete ich mit Nachdruck entgegen*[75], hieß es in dem Schreiben des Chefs der Staatskanzlei. Die Angelegenheit sollte daher vor Beginn der Sitzung der Clearingstelle am 24. September gemeinsam mit allen Beteiligten erörtert werden. Man einigte sich schließlich, offenbar nach zum Teil heftigen Auseinandersetzungen auch zwischen Rheinland-Pfalz und Hessen[76], auf die folgende Verteilung, die im Wesentlichen den hessischen Vorgaben entsprach:

- Staatskanzlei (Hessen)
- Finanzen (Hessen)
- Inneres (Hessen/Bayern)
- Arbeit und Soziales (Hessen)
- Wirtschaft und Verkehr (Hessen/Bayern)
- Umwelt (Hessen)
- Wissenschaft und Kunst (Hessen)
- Justizverwaltung (Rheinland-Pfalz)
- Kultus und Schulwesen (Rheinland-Pfalz)
- Landesvertretung beim Bund (Rheinland-Pfalz)
- Landtagsverwaltung (Rheinland-Pfalz).[77]

Damit waren ab Ende September 1990 die Zuständigkeiten zwischen den Partnerländern offiziell geklärt[78] und über die Entsendung von Beraterstäben nach Thüringen

Auszug aus dem Protokoll der 149. Kabinetts-Sitzung am 18. 9. 1990, Punkt 12. Verwaltungshilfe für Thüringen. HHStAW, Z 502 Nr. 6124.

75 Schreiben des Amtschefs der Bayerischen Staatskanzlei an den Chef der Hessischen Staatskanzlei, 20. 9. 1990. HHStAW, Z 502 Nr. 6141.

76 Vgl. dazu die Ausführungen von Prof. Linck, der Ende September 1990 von Rheinland-Pfalz zum Aufbau des Thüringer Landtags abgeordnet wurde. Linck, Joachim: Haus demokratischer Willensbildung. In: Der Thüringer Landtag, hrsg. vom Thüringer Landtag, 1994, S. 97–111, hier S. 104.

77 Vgl. Schreiben der Hessischen Staatskanzlei an Bundesminister Dr. W. Schäuble, betr. Verwaltungshilfe für Thüringen, 26. 9. 1990. HHStAW, Z 502 Nr. 6125. In einem Artikel des Gießener Anzeigers vom 26. 9. 1990 wurde auf den schwierigen Weg zum Kompromiss verwiesen: *Bevor diese Aufteilung unter Dach und Fach war, gab es einen Riesenkrach zwischen den beiden Nachbarländern Rheinland-Pfalz und Hessen. Dem Leiter der Hessischen Staatskanzlei, Gauland, riß in Bonn der Geduldsfaden. [...] Die Rheinland-Pfälzer wollten danach fast alles besetzen. Vor dem Hintergrund, daß Hessen immerhin in den kommenden vier Jahren 250 Millionen Mark als Unterstützung nach Thüringen fließen lassen will, war es Gauland nun grad zu viel.* Rost, Marie: „Schützenhilfe für den Nachbarn", Gießener Anzeiger, 26. 9. 1990. In einem Schreiben des Hessischen Landwirtschaftsministeriums wurde darauf verwiesen, dass die Federführung beim Aufbau des Agrarbereichs bei Rheinland-Pfalz lag. Vgl. Schreiben des Hessischen Ministeriums für Landwirtschaft, Forsten und Naturschutz an das Hessische Landespersonalamt, Oktober 1990. HHStAW, Z 502 Nr. 6140.

78 Dass es in der Folgezeit dennoch immer wieder zu Konkurrenzen zwischen den einzelnen Bundesländern respektive zwischen Mitarbeitern der Bundesländer kam, wird am ehesten in Arbeits-

konnte entschieden werden. Die Einrichtung von Beraterstäben, die sowohl beim Verwaltungsaufbau als auch beim Verwaltungsvollzug in den neuen Ländern helfen sollten, wurde schon in der 1. Sitzung der Clearingstelle am 11. September als eine vordringliche Maßnahme genannt. Anfang Oktober war der hessische Beraterstab für Thüringen zusammengestellt.[79]

In den folgenden Sitzungen der Bund-Länder-Clearingstelle – bis Ende Dezember 1990 waren es insgesamt sechs[80] – wurden zunächst grundsätzliche Fragen zur Einrichtung der neuen Länder (Entwicklung von Stellenplänen, Überführung und Abwicklung von Landeseinrichtungen etc.) erörtert. Die Koordinierung der Verwaltungshilfe war dabei eine der zentralen Aufgaben, bei der es zunehmend darum ging, für die zu leistende personelle Verwaltungshilfe einen für alle Länder einheitlichen Rahmen festzulegen (Gewährung von Personalkostenzuschüssen, Dauer der Verwaltungshilfe etc.).[81]

Deutliche Auffassungsunterschiede zwischen dem Bund und den alten Ländern zeigten sich zunächst allerdings bei der Frage nach einem gemeinsamen Bund-Länder-Fonds für Personalkostenzuschüsse. In mehreren Vorstößen hatte sich die Bundesregierung für einen solchen Fonds eingesetzt, aus dem die Kosten für Abordnungen und Versetzungen von Bediensteten in die neuen Länder und Gehaltsdifferenzen (Ost und West) bei Einstellungen westlicher Beamter und Angestellter im Kommunal- und Staatsdienst für eine Übergangszeit ausgeglichen werden sollten. In seinem Schreiben vom November (Dok. 46) bat auch Bundeskanzler Kohl Ministerpräsident Wallmann um diesbezügliche Unterstützung. In ihren Sitzungen hatten allerdings sowohl die Finanzminister der Länder als auch die Chefs der Staats- und Senatskanzleien die Einrichtung eines Fonds mehrheitlich – mit den Stimmen Hessens – abgelehnt. In seinem Antwortschreiben an Helmut Kohl begründete Wallmann die hessische Entscheidung damit, dass viele Bundesländer bereits beim Neubau der Landesverwaltungen in den neuen Ländern tatkräftig Hilfe leisteten. *Diese Unterstützung wird dabei unbürokratisch und je nach den Erfordernissen an Ort und Stelle zwischen den jeweiligen Partnerländern gewährt. Eine zentrale, länderübergreifende Steuerung der Verwaltungshilfe durch einen*

berichten, aber auch in den vorliegenden Interviews deutlich. Ende 1991 sollte in einer Umfrage innerhalb der hessischen Ressorts geklärt werden, ob Probleme in der Zusammenarbeit der Partnerländer entstanden seien. Die Umfrage ergab, dass Probleme, *sofern sie überhaupt auftauchen, situationsbedingt und stark personenabhängig sind.* Ein Abstimmungsbedarf auf politischer Ebene sei daher nicht erforderlich. Internes Schreiben der Hessischen Staatskanzlei, betr. Verwaltungshilfe für Thüringen, 29. 11. 1991. HHStAW, Z 502 Nr. 6130.

79 Vgl. dazu das folgende Kapitel 3.3.

80 In Ordnern der Hessischen Staatskanzlei finden sich umfangreiche Unterlagen zur Bund-Länder-Clearingstelle, darunter Sitzungsprotokolle, Ergebnisniederschriften der einzelnen Arbeitsgruppen etc. Zwischen dem 11. 9. 1990 und dem 12. 2. 1993 fanden insgesamt 13 Sitzungen der Clearingstelle statt. Vgl. HHStAW, Z 502 Nr. 6141, 6142, 6143.

81 In der Antwort der Bundesregierung auf eine große Anfrage von Abgeordneten der SPD und der SPD-Fraktion erläuterte diese im Juli 1991 u. a. die Aufgaben der Clearingstelle und bekräftigte, dass zu den künftigen Aufgaben der Clearingstelle in erster Linie die Koordinierung der personellen Verwaltungshilfe sowie die Hilfe bei der Aus- und Fortbildung gehören würden. Vgl. Deutscher Bundestag, 12. Wahlperiode, Drucksache 12/916, 10. 7. 1991. HHStAW, Z 502 Nr. 6104.

gemeinsamen Fonds für Personalkostenzuschüsse erscheint mir nicht erforderlich zu sein. Ich halte es vielmehr für sinnvoller, im Rahmen der bestehenden partnerschaftlichen Beziehungen zwischen den alten und den neuen Bundesländern – ohne Zwischenschaltung einer zentralen Stelle – rasch und wirksam Hilfe zu gewähren.[82] (Dok. 47)

Zum einen wollten die Bundesländer, die in großem Umfang Verwaltungshilfe zu leisten hatten, ihre Zuständigkeit bewahren und über finanzielle Mittel selbst entscheiden, zum anderen war die Verwaltungshilfe zwischen den Partnerländern offensichtlich wirksamer zu organisieren als durch einen zentralen und bürokratischen Bund-Länder-Fonds.

3.3 Hessische Hilfe beim Aufbau Thüringer Ministerien und der Politisch-beratende Ausschuss zur Bildung des Landes Thüringen

Spätestens ab August 1990 begann, wie bereits aufgezeigt, eine verstärkte Koordinierung der Verwaltungshilfe insgesamt – und damit auch der hessischen Verwaltungshilfe für Thüringen –, da mit der bevorstehenden deutschen Vereinigung zugleich die Anforderungen an die alten Bundesländer bei der Übertragung des politisch-administrativen Systems der Bundesrepublik Deutschland auf die DDR im Grundsatz feststanden.[83] So waren neben dem Bund gerade die alten Länder in besonderer Weise gefordert, den Aufbau rechtsstaatlicher Verwaltungs- und Rechtsstrukturen in den neuen Ländern zu unterstützen und zu gewährleisten. Ab September 1990 wurde in der Bund-Länder-Clearingstelle die Aufteilung der Hilfe der alten Bundesländer (Partnerländer) beraten; neben Hessen beteiligten sich Rheinland-Pfalz und Bayern am Aufbau Thüringens.

Die hessische Verwaltungshilfe sollte dabei auf allen Verwaltungsebenen des sich neu konstituierenden Landes Thüringen erfolgen:

- bei der Konzeption und dem Aufbau der Ministerien (u. a. durch die Entsendung eines Beraterstabs),
- bei der Um- und Neubildung der Landesverwaltung, der Fachministerien und Sonderbehörden (durch die jeweiligen hessischen Ministerien und nachgeordneter Behörden),
- beim Aufbau einer neuen Justizverwaltung und Gerichtsstruktur (durch die hessische Justiz) und
- beim Auf- und Ausbau der Kommunalverwaltungen (in Absprache zwischen dem Hessischen Innenministerium und den kommunalen Spitzenverbänden in Hessen).

Direkte Gespräche zwischen den Regierungsbeauftragten für die Bezirke Erfurt, Suhl und Gera und Vertretern der Hessischen Landesregierung zu Fragen der Verwaltungs-

82 Schreiben Ministerpräsident Dr. Walter Wallmann an Bundeskanzler Dr. Helmut Kohl, 18. 12. 1990. HHStAW, Z 502 Nr. 6127.

83 Der Beitritt der DDR zum Geltungsbereich des Grundgesetzes der Bundesrepublik nach Artikel 23 Grundgesetz wurde am 23. 8. 1990 von der Volkskammer der DDR beschlossen.

hilfe fanden verstärkt ab Juli 1990 statt. Zwar leiste, hieß es resümierend in einem Schreiben der Hessischen Staatskanzlei, das Land Hessen bereits in verschiedener Weise Verwaltungshilfe, doch bestehe Einvernehmen zwischen den Vertretern aus Thüringen und Hessen darüber, *daß diese Verwaltungshilfe noch stärker gebündelt und auf die Interessen der Dienststellen in Thüringen ausgerichtet werden sollte.*[84] Als sofortige Maßnahme beschloss die Hessische Landesregierung in der Kabinettssitzung am 28. August 1990 umgehend und für eine längere Dauer zunächst vier ausgewiesene Verwaltungsbeamte zur politisch-administrativen Beratung zum Regierungsbeauftragten des Bezirks Erfurt, Josef Duchač, zu delegieren. Dieser war zuvor zum Landessprecher für Thüringen berufen und mit der Bildung des Landes Thüringen beauftragt worden.[85] Zudem wurde das Angebot unterbreitet, *zur längerfristigen Beratung beim Aufbau der geplanten Ministerien in Thüringen für jedes der geplanten Ministerien – einschließlich der Staatskanzlei – einen Mitarbeiter nach Erfurt zu entsenden.*[86] Die bisher geleistete Verwaltungshilfe in der Verantwortung der einzelnen hessischen Ressorts sollte auch weiterhin fortgesetzt werden. (Dok. 48) Am 14. September 1990 war ein „Dreierstab" zur Beratung des Landessprechers für Thüringen benannt. Für das Hessische Ministerium der Finanzen wurde Ministerialdirigent Peter Schaad, für das Ministerium des Innern der Leitende Ministerialrat Siegbert Seitz und für das Hessische Ministerium für Umwelt und Reaktorsicherheit Ministerialdirigent Prof. Dr. Helmut-Günther Breuers entsandt. Über die Zusammensetzung des „Achterstabs", der zur Beratung des Landessprechers in Thüringen im Geschäftsbereich der künftigen Ministerien gebildet werden sollte, war Mitte September noch nicht abschließend entschieden[87], da zu diesem Zeitpunkt die Diskussion über die sektorale Aufteilung der Hilfe durch die jeweiligen Partnerländer noch nicht beendet war.

Immerhin lag am 19. September 1990 eine Absprache zwischen den Ländern Bayern, Rheinland-Pfalz und Hessen vor, wonach das Land Hessen für den Beraterstab

84 Schreiben des Chefs der Hessischen Staatskanzlei an die Regierungsbeauftragten für die Bezirke Erfurt, Gera und Suhl, 9. 8. 1990. HHStAW, Z 502 Nr. 6124.

85 Im Vorgriff auf den Einigungsvertrag, der in Art. 15 (1) vorsah, Landesbevollmächtigte der Bundesregierung in den künftigen Ländern einzusetzen, wurden bereits am 8. 8. 1990 durch den Ministerpräsidenten der DDR, Lothar de Maizière, Landessprecher berufen. Der Verantwortungsbereich der Landessprecher erstreckte sich auf alle mit der Länderbildung zusammenhängenden Aufgaben: u. a. die Koordinierung der Tätigkeit der Bezirksverwaltungsbehörden und die Vorbereitung zur Bildung einer funktionsfähigen Landesverwaltung. In einem Protokoll der Dienstberatung der Bezirksverwaltungsbehörde Erfurt mit den Leitern der Ressorts im September 1990 hieß es dazu: *In Abstimmung mit den beiden Regierungsbevollmächtigten der Bezirke Gera und Suhl wurde Herr Duchač als Landessprecher vorgeschlagen. Es ist vorgesehen, daß die Landessprecher als Bevollmächtigte der Bundesregierung eingesetzt werden.* Protokoll der Dienstberatung der Bezirksverwaltungsbehörde mit den Leitern der Ressorts am 10. 9. 1990, 11. 9. 1990, S. 2. ThHStA Weimar, Bezirkstag und Rat des Bezirkes Erfurt 044695, Bl. 3a.

86 Schreiben des Chefs der Hessischen Staatskanzlei an den Regierungsbeauftragten für den Bezirk Erfurt, 29. 8. 1990. HHStAW, Z 502 Nr. 6124.

87 Vgl. Stellungnahme der Hessischen Staatskanzlei, betr. Verwaltungshilfe für Thüringen, 14. 9. 1990. HHStAW, Z 502 Nr. 6124.

beim Landessprecher für Thüringen den Koordinator für die beteiligten Länder stellen sollte. Mit der Koordination der Verwaltungshilfe wurde Staatssekretär a. D. Dr. Helmut Lenz beauftragt.[88] Für den 25. September war ein Koordinierungsgespräch in der Bezirksverwaltung in Erfurt vorgesehen, an dem die für den Aufbau der Ressorts vom Landessprecher benannten Aufbaubeauftragten einerseits und die von Hessen und Rheinland-Pfalz benannten Berater für die einzelnen Ressorts andererseits teilnehmen sollten. Zur Vorbereitung auf dieses Gespräch war vom Hessischen Ministerium der Finanzen (Ministerialdirigent Schaad) ein Kurzbericht zur Verwaltungshilfe in Thüringen erstellt worden, in dem u. a. auf bereits aufgetretene Schwierigkeiten bei der Durchführung des Beratungsauftrags hingewiesen wurde. So stünden der Landesbevollmächtigte und sein Vertreter den Beratern nur in sehr beschränktem Maß zur Verfügung, daher fehle den Beratern noch ein geeigneter Ansprechpartner für die Erörterung ressortübergreifender Grundsatzfragen auf organisatorischem und personellem Gebiet. Zudem habe der Landesbevollmächtigte schon vor geraumer Zeit Bevollmächtigte zur Bildung der Ministerien eingesetzt und diese hätten bereits umfangreiche Konzepte ausgearbeitet, die zum Teil außerordentlich große Verwaltungsapparate vorsähen und untereinander nicht abgestimmt seien. Auf der Grundlage dieser Konzepte werde, so hieß es im Bericht weiter, schon Personal für konkrete Aufgabenbereiche bis zur Referentenebene vorgeschlagen. Und das Beratergremium (Beraterstab) treffe auf eine fortgeschrittene Situation, in der es schwierig sei, die eigentlich am Anfang zu stellenden Fragen noch einmal aufzuwerfen. Die Aufgabe des Beraterstabs sollte es daher nunmehr sein, die organisatorischen Grundsätze zu klären und die Aufgabenbereiche der Ministerien untereinander und zu den nachgeordneten Bereichen zu koordinieren.[89]

Tatsächlich liefen bereits seit Mai 1990 Vorbereitungen zur Landesbildung: Auf Initiative des damaligen Vorsitzenden der Thüringer CDU, Uwe Ehrich, wurde ein „Politisch-beratender Ausschuss zur Gründung des Landes Thüringen“ (PbA) eingerichtet. Die Aufgabe dieses Ausschusses sollte es sein, *die strukturelle und technisch-organisatorische Vorbereitung der Bildung des Landes Thüringen zu sichern. Seine Beschlüsse tragen Empfehlungscharakter, ihr Adressat ist der künftige Landtag bzw. die Landesregierung. […] Der PBA übt seine Tätigkeit bis zur Wahl des Thüringischen Landtages aus.*[90] Der PbA war proportional den Ergebnissen der Volkskammer- und Kommunalwahl zusammenge-

88 Vgl. Schreiben des Chefs der Hessischen Staatskanzlei an Bundesminister Dr. Wolfgang Schäuble, betr. Bund-Länder-Clearingstelle zur Durchführung der Art. 14, 15 des Einigungsvertrags, 19. 9. 1990. HHStAW, Z 502 Nr. 6141.

89 Kurzbericht zur Verwaltungshilfe Thüringen, P. Schaad im Hessischen Ministerium der Finanzen, 22. 9. 1990. HHStAW, Z 502 Nr. 6125. Der Bericht war Ergebnis einer Vorabbesprechung in Erfurt zu Fragen der Verwaltungsstruktur der künftigen Landesverwaltung. Am 17. und 18. 9. 1990 sollten die Vorstellungen Thüringens gemeinsam mit Vertretern der Partnerländer in Erfurt erörtert werden. Vgl. Hessisches Ministerium des Innern, Schreiben an die Ressorts, betr. Verwaltungshilfe für Thüringen, 5. 9. 1990. HHStAW, Z 502 Nr. 14201.

90 Geschäftsordnung für den Politisch-Beratenden Ausschuß (PBA) in Vorbereitung der Gründung des Landes Thüringen, 30. 5. 1990. ArThüLT Nr. /11 Az. 0416.8/06.

setzt, danach stellte die CDU 13 der insgesamt 33 Sitze.[91] Zur inhaltlichen Vorbereitung der Aufgaben wurden 17 Arbeitsgruppen eingesetzt, die im Gegensatz zum PbA paritätisch zusammengesetzt und gegenüber dem Ausschuss berichts- und rechenschaftspflichtig waren.[92] Diese Arbeitsgruppen befassten sich beispielsweise mit dem strukturellen Aufbau der zukünftigen Ministerien, des Landtags und mit der Ausarbeitung einer Thüringer Landesverfassung. In der ersten Sitzung des PbA am 16. Mai 1990 wurde festgelegt, dass die Regierungsbeauftragten der Bezirke in die Arbeit des Ausschusses einbezogen werden sollten und, wenn es zweckmäßig erschien, Mitarbeiter der Räte der Bezirke sowie kompetente Vertreter aus den Bundesländern und wissenschaftlichen Einrichtungen: ... *besonders sollten Berater für die Arbeitsgruppen aus den Bundesländern herangezogen werden.*[93] Zur vierten Sitzung am 29. Juni waren Vertreter der Bundesländer Bayern, Hessen, Rheinland-Pfalz und der Friedrich-Schiller-Universität Jena anwesend, die Vorschläge zum Aufbau möglicher Mittelbehörden unterbreiten sollten.[94] Zugleich waren in einigen Arbeitsgruppen des PbA Mitarbeiter aus den Partnerländern beratend tätig, oder Mitglieder der Unterausschüsse reisten zum Zweck des Informationsaustauschs nach Bayern, Hessen oder Rheinland-Pfalz. Unter anderem nahmen an der Sitzung der Arbeitsgruppe „Justiz" des PbA am 14. September der damalige Staatssekretär im Hessischen Justizministerium, Volker Bouffier, zwei weitere Beamte des Justizministeriums sowie der Präsident des Oberlandesgerichts Frankfurt teil.[95]

Bis zur letzten Sitzung des PbA am 21. September 1990 lagen von den Arbeitsgruppen erstellte Organisations- und Geschäftsverteilungspläne, z. T. Gesetzesvorlagen

91 Die SPD erhielt sechs Sitze, die PDS drei und die übrigen acht Parteien bzw. Bündnisse erhielten je zwei bzw. einen Sitz. Vgl. ebd.

92 Umfangreiche Unterlagen wie Protokolle über die insgesamt zehn Sitzungen des Ausschusses (vom 16.05. bis 21. 9. 1990) sowie Beratungs- und Arbeitsergebnisse der Unterausschüsse finden sich im Archiv des Thüringer Landtags (ArThüLT, Aktenbestand 0). Zum PbA vgl. auch: Rommelfanger, Ulrich: Das Werden des Freistaates Thüringen. In: Schmitt, Karl (Hrsg.): Thüringen. Eine politische Landeskunde, 1996, S. 20–36, hier S. 25 f. Ebenso: Linck, Joachim: Haus demokratischer Willensbildung. In: Der Thüringer Landtag, hrsg. vom Thüringer Landtag, 1994, S. 97–111.

93 Protokoll, Konstituierende Tagung des Politisch-beratenden Ausschusses zur Bildung des Landes Thüringen am 16. 5. 1990, S. 5. ArThüLT Nr. /31 Az. 0416.18/06.

94 Wie dem Protokoll zu entnehmen ist, wurde in der anschließenden Diskussion bereits die Schaffung eines zentralen Landesverwaltungsamtes zur Sicherung der Aufgaben einer staatlichen Mittelinstanz angesprochen. Doch gab es in der anschließenden Abstimmung eine deutliche Mehrheit für ein dreistufiges Modell. Vgl. PbA, Festlegungsprotokoll über die 4. Beratung des Politisch-beratenden Ausschusses, 29. 6. 1990, S. 6. ArThüLT Nr. /11 Az. 0416.8/06. Eine endgültige Entscheidung über die Einrichtung eines Landesverwaltungsamtes als zentrale Mittelbehörde erfolgte erst durch die Thüringer Landesregierung. Die Mittelbehörde wurde 1991 mit Sitz in Weimar errichtet. Zu Aufbau und Aufgabe des Thüringer Landesverwaltungsamtes vgl. Drapatz, Bernhard; Oppelland, Torsten: Regierung und Verwaltung. In: Schmitt, Karl (Hrsg.): Thüringen. Eine politische Landeskunde, 1996, S. 138–142.

95 Vgl. Schreiben des Hessischen Ministeriums der Justiz an die Vorsitzende der Arbeitsgruppe „Justiz" des PbA, 15. 8. 1990. ArThüLT, Nr. /32 Az. 0416.29/06. Wie einer kurzen Mitteilung der Hessischen Allgemeinen zu entnehmen ist, wurde der hessische Datenschutzbeauftragte, Prof. Dr. Spiros Simitis, zum Fachberater beim Politisch-beratenden Ausschuss zur Bildung des Landes Thüringen berufen. Vgl. „Simitis berät in Thüringen", Hessische Allgemeine, Stadtausgabe, 31. 8. 1990.

etc. zum Aufbau der jeweiligen Thüringer Ministerien vor. *Den Unterausschüssen des PBA wurde empfohlen, den Aufbaustäben der künftigen Ministerien in Thüringen weiterhin als Konsultationspartner zur Verfügung zu stehen.*[96] Zugleich waren auch die Ressortleiter der Erfurter Bezirksverwaltungsbehörde beauftragt, *gemeinsam mit den Arbeitsgruppenleitern des politisch-beratenden Ausschusses und unter Einbeziehung der Mitarbeiter der Bezirksverwaltungsbehörde die Arbeit der Ministerien des künftigen Landes Thüringen vorzubereiten.*[97]

Dies war die Ausgangslage, der sich die Beraterstäbe gegenübersahen, als diese im September ihre Tätigkeit in Thüringen aufnahmen. Anlässlich einer Dienstbesprechung informierte Josef Duchač die Regierungsbevollmächtigten der Bezirke Gera und Suhl sowie die Ressortleiter der Bezirksverwaltungsbehörde Erfurt darüber, *daß seit dem 25. 9. 1990 zwei große Beratergruppen ihre Tätigkeit im Hause aufgenommen haben, und zwar eine Beratergruppe vom Bund und eine Beratergruppe, die sich aus Vertretern der Bundesländer Bayern, Rheinland-Pfalz und Hessen zusammensetzt.*[98] Denn es sei notwendig, so die Einschätzung des Landessprechers, die Arbeiten zur Bildung des Landes Thüringen zu forcieren, da Thüringen gegenüber anderen Ländern der Noch-DDR einen Rückstand habe.[99]

Eine erste Erörterung der Situation in Thüringen durch die Mitglieder des Beraterstabs (Dr. Lenz, Schaad, Prof. Breuers, Seitz) fand am 1. Oktober im Rahmen der Vorkonferenz in Wiesbaden statt. Dabei wurde erneut auf den dringenden Bedarf und die nötige Intensivierung einer qualifizierten personellen Hilfe in Thüringen hingewiesen.[100] Am 2. Oktober war der erweiterte Beraterstab komplett und konnte seine Tätigkeit beim Landessprecher für Thüringen aufnehmen. Ihm gehörten 15 hessische Verwaltungsexperten an:

	Koordinator	Staatssekretär a. D. Dr. Helmut Lenz
1.	Ministerium der Finanzen	MinDir. Peter Schaad
		MinDirig. a. D. Joachim Köhn
		RegDir. Hans-Joachim Soll
2.	Ministerium des Innern	Ltd. MinRat Siegbert Seitz
		ROR Andreas Seese

96 PBA, Fernschreiben an den Allgemeinen Deutschen Nachrichtendienst, Pressemitteilung des PBA über seine 10. Sitzung am 21. 9. 1990, o. J. ArThüLT Nr. /12 Az. 0416.9/06.

97 Protokoll der Dienstberatung der Bezirksverwaltungsbehörde mit den Leitern der Ressorts am 10. 9. 1990, 11. 9. 1990, S. 2. ThHStA Weimar, Bezirkstag und Rat des Bezirkes Erfurt 044695, Bl. 3a.

98 Protokoll der Beratung mit den Regierungsbevollmächtigten der Bezirke Gera und Suhl, den Leitern der Ressorts der Bezirksverwaltungsbehörde Erfurt sowie mit Beratern der Bundesregierung am 26. 9. 1990, 26. 9. 1990, S. 2. ThHStA Weimar, Bezirkstag und Rat des Bezirkes Erfurt 047225, Bl. 6a.

99 Vgl. ebd.

100 Vgl. Auszug aus dem Protokoll der 158. Vorkonferenz am 1. 10. 1990, Tagesordnungspunkt 15. Verwaltungshilfe für Thüringen. HHStAW, Z 502 Nr. 14200.

3.	Ministerium für Umwelt und Reaktorsicherheit	MinDirig. Prof. Dr. Helmut-Günther Breuers[101]
4.	Ministerium für Wissenschaft und Kunst	Staatssekretär a. D. Dr. Werner Brans MinRat Dietrich Blankenburg
5.	Ministerium für Landwirtschaft, Forsten und Naturschutz	MinDirig. a. D. Dr. Johannes Janetzkowski MinRat a. D. Dr. Walter Kolt MinRat Heinz Heckenthaler
6.	Sozialministerium	MinDirig. a. D. Ludwig Crößmann
7.	Ministerium für Wirtschaft und Technik	MinDirig. Dr. Rolf Groß (vorläufig beauftragt)
8.	Kommunale Spitzenverbände	Landrat a. D. Eitel O. Höhne[102]

Parallel zu den Beratungen in Thüringen fanden Besprechungen in Wiesbaden statt: so beispielsweise am 12. Oktober 1990, zwei Tage vor der Landtagswahl in Thüringen, in der organisatorische und personelle Maßnahmen im Zusammenhang mit dem Aufbau der Thüringer Staatskanzlei erörtert wurden. Anwesend waren leitende Mitarbeiter der Staatskanzleien von Rheinland-Pfalz und Hessen. Wie der Ergebnisniederschrift zu entnehmen ist, verständigte man sich in dieser Beratung über den Personalbedarf (75 Mitarbeiter) der künftigen Thüringer Staatskanzlei sowie über den Entwurf eines Organisationsplans, der zunächst drei Abteilungen vorsah (Grundsatzfragen/Ressortkoordinierung, Bundesstaatsabteilung/Medien, Zentralabteilung). Wie aus dem Protokoll weiter hervorgeht, bestand Übereinstimmung auch darüber, *daß zunächst wesentliche Funktionen auf Abteilungsleiter- und Referatsverwaltungsebene kommissarisch von Beamten aus den Ländern Rheinland-Pfalz und Hessen wahrgenommen werden müssen.*[103] Inwiefern thüringische Vorschläge (Ergebnisse der Arbeitsgruppen des PbA) Berücksichtigung fanden, lässt sich nicht abschließend klären. Ulrich Rommelfanger geht allerdings davon aus, dass die Festlegungen des PbA für den Aufbau der Landesverwaltung vielfach nicht von entscheidender Bedeutung gewesen seien. Größeres Gewicht sei demgegenüber einer am 2. Oktober 1990 eingerichteten „Clearing-Stelle“ (Arbeitsgruppe) zugekommen, die sich unter Leitung von

101 Vgl. dazu den Bericht bzw. die Interviews von Prof. Dr. Breuers, Herrn Blankenburg und Herrn Crößmann in dieser Publikation, in denen diese ausführlich über ihre Tätigkeit in Thüringen berichten.

102 Vgl. Liste: Verwaltungshilfe für Thüringen – Beraterstab beim Landesbeauftragten –, Stand: 2. 10. 1990. HHStAW, Z 502 Nr. 6126. Landrat a. D. Eitel O. Höhne wurde vom Hessischen Landkreistag für die Mitarbeit im Beraterstab benannt. Vgl. Schreiben des Hessischen Landkreistags an den Chef der Hessischen Staatskanzlei, betr. Kommunaler Vertreter im Beraterstab des Landessprechers für das künftige Land Thüringen, 24. 9. 1990. HHStAW, Z 502 Nr. 6138.

103 Hessische Staatskanzlei, Ergebnisniederschrift über eine Besprechung in der Hessischen Staatskanzlei am 12. 10. 1990, betr. Organisatorische und personelle Maßnahmen im Zusammenhang mit dem Aufbau einer Staatskanzlei für das Land Thüringen, 15. 10. 1990. HHStAW, Z 502 Nr. 6126.

Duchač aus den Aufbaubeauftragten für die künftigen Ministerien und aus Beratern zusammensetzte.[104]

Am 14. Oktober 1990 fanden die Wahlen zum Thüringer Landtag statt, aus der eine Koalitionsregierung von CDU und FDP hervorging. Zum Ministerpräsidenten wurde am 8. November 1990 der vorherige Landessprecher für Thüringen, Josef Duchač (CDU), gewählt; der Thüringer Landtag bestätigte anschließend die aus zehn Ministern bestehende Regierung Duchač. Zwei Minister der ersten Thüringer Landesregierung kamen aus Hessen: Dr. Hans-Joachim Jentsch (CDU) wurde Minister für Justiz-, Bundes- und Europaangelegenheiten und Jochen Lengemann (CDU) Minister für besondere Aufgaben in der Thüringer Staatskanzlei. Mit der Verabschiedung einer Landessatzung (die Landesverfassung war noch nicht fertig gestellt) durch den Thüringer Landtag am 7. November 1990 waren auch die rechtlichen Voraussetzungen für den Aufbau der Landesverwaltung gegeben.

Zum 31. Dezember endete die erste Phase der Aufbauhilfe, wie der Koordinator der hessischen Verwaltungshilfe für Thüringen, Lenz, erläuterte, *in der es darum ging, die Organisation der Regierung und des nachgeordneten Behördenbereichs für das Land Thüringen zu konzipieren, geeignete Verfahren der Personalgewinnung zu entwickeln und die Bewältigung der vielfältigen Übergangsprobleme in Angriff zu nehmen. Zugleich galt es mit den beteiligten Ländern Rheinland-Pfalz und Bayern unsere Verwaltungshilfe möglichst effizient in die vorgegebenen transitorischen Organisationsstrukturen einzufügen.*[105] Und dies sei im Rahmen des Möglichen auch gelungen, so die weitere Einschätzung. Doch mangele es noch an geeignetem einheimischem Personal, da auch die Verwaltungshilfe nur ein Transitorium sein könne. All dies gehöre nun allerdings zu den Problemen, denen die neue Landesregierung des Bundeslandes Thüringen ausgesetzt sei.[106] (Dok. 49)

104 Vgl. Rommelfanger, Ulrich: Das Werden des Freistaates Thüringen. In: Schmitt, Karl (Hrsg.): Thüringen. Eine politische Landeskunde, 1996, S. 28 f. Prof. Dr. Ulrich Rommelfanger war Ministerialrat der Länder Rheinland-Pfalz und Thüringen und Mitautor der Thüringer Verfassung. Deutliche Unterschiede zwischen Positionen im PbA und Vertretern der alten Bundesländer zeigten sich insbesondere bei der Ausarbeitung der Thüringer Landessatzung. Vgl. dazu Mai, Gunther: Die Vorläufer der Landesverfassung unter besonderer Berücksichtigung der Arbeiten des „Politisch beratenden Ausschusses zur Bildung des Landes Thüringen". In: Zehn Jahre Thüringer Landesverfassung, hrsg. vom Thüringer Landtag, 2004, S. 25–41. Ähnlich bewertet Linck den Einfluss des PbA, wenn er feststellt, dass weder die Entwürfe des PbA zur Geschäftsordnung des Thüringer Landtags noch die zur Vorläufigen Landessatzung die heutigen Grundlagen bilden. *Die parlamentarischen Beratungen orientierten sich vielmehr an den Entwürfen des rheinland-pfälzischen Beraters beim Thüringer Landtag.* Linck, Joachim: Haus demokratischer Willensbildung: Wiedergeburt der parlamentarischen Demokratie. In: Der Thüringer Landtag, hrsg. vom Thüringer Landtag, 1994, S. 109. Prof. Dr. Joachim Linck war zunächst abgeordneter Berater des rheinland-pfälzischen Landtags und ab 1992 Direktor des Thüringer Landtags. Vgl. auch: „Der schwierige Weg zum eigenen Land" von J. M. Möller, FAZ, 24. 9. 1990.

105 Schreiben Dr. H. Lenz an den Chef der Staatskanzlei des Landes Thüringen, 12. 12. 1990. HHStAW, Z 502 Nr. 6127.

106 Vgl. ebd. Auch in einem Schreiben an die Hessische Staatskanzlei bekräftigte Lenz seine Einschätzung, nach der es aufgrund der zwischenzeitlichen Entwicklungen und Erfahrungen ratsam er-

Übergangslos begann damit eine weitere Phase der hessischen Verwaltungshilfe, in der hunderte Aufbauhelferinnen und Aufbauhelfer auf allen Ebenen den Aufbau leistungsfähiger öffentlicher Verwaltungen in Thüringen unterstützten. Im Februar 1991 waren 137 hessische Landesbedienstete (davon 46 aus den Ministerien und 91 aus dem nachgeordneten Bereich) nach Thüringen entsandt.[107] Und im Mai 1991 waren bereits 349 hessische Bedienstete in Thüringen im Einsatz, davon 257 länger als drei Monate.[108]

3.4 Veränderte Ausrichtung des Aktionsprogramms Hessen-Thüringen seit 1991 – Regierung Hans Eichel

Nach dem Regierungswechsel in Hessen und der Wahl Hans Eichels (SPD) zum neuen Hessischen Ministerpräsidenten am 5. April 1991 änderte sich sukzessive die Ausrichtung des Aktionsprogramms, nicht zuletzt weil die Anforderungen an die personelle Verwaltungshilfe 1991 und insbesondere im darauf folgenden Jahr stetig stiegen. Die grundsätzliche Weiterführung des Programms stand dagegen auch bei der neuen Regierung von SPD und GRÜNEN nicht zur Disposition. In der Regierungsvereinbarung der Koalitionsparteien vom 8. März 1991 nahmen beide Parteien ausdrücklich auf das Aktionsprogramm Bezug: *Die Landesregierung wird das Hessen-Thüringen-Programm weiterführen. Die Inhalte werden entsprechend den politischen Zielen der Landesregierung unter besonderer Berücksichtigung der Beschäftigungswirksamkeit einzelner Maßnahmen in Absprache mit der Landesregierung in Thüringen neu formuliert.*[109] Zudem bekräftigte Eichel in seiner ersten Regierungserklärung am 16. April die besondere Partnerschaft zu Thüringen und die sich daraus ergebende Verantwortung, den Aufbau einer rechtsstaatlichen Verwaltung und Justiz zu unterstützen: *Daß bei der Kooperationsbereitschaft Hessens mit den neuen Bundesländern die Zusammenarbeit mit Thüringen eine besondere Bedeutung hat, versteht sich von selbst. […] Eine reiche Tradition verbindet uns;*

scheine, seine Funktion als Koordinator der hessischen Verwaltungshilfe für Thüringen zu beenden. *Meine Tätigkeit in Thüringen war ungewöhnlich interessant und anregend, wenn auch zeitweilig frustrierend. Ich freue mich, dazu beigetragen zu haben, daß gerade die hessische Verwaltungshilfe von seiten der Landesregierung in Erfurt als effizient angesehen wird.* Schreiben Dr. Lenz an den Chef der Hessischen Staatskanzlei, 12. 12. 1990. HHStAW, Z 502 Nr. 6127.

107 Vgl. Hessische Staatskanzlei, Schreiben an das Niedersächsische Ministerium für Bundes- und Europaangelegenheiten, betr. Personelle Verwaltungshilfe für die neuen Länder, 18. 2. 1991. HHStAW, Z 502 Nr. 6128.

108 Vgl. Hessisches Ministerium des Innern, Schreiben an den Bundesminister des Innern, betr. Verwaltungshilfe in den neuen Bundesländern, 14. 5. 1991. HHStAW, Z 502 Nr. 6128.

109 Vereinbarung zur Zusammenarbeit in einer Regierungskoalition für die 13. Wahlperiode des Hessischen Landtags 1991–1995. Die GRÜNEN Landesverband Hessen, Sozialdemokratische Partei Deutschlands Landesverband Hessen, 8. 3. 1991, S. 88. SPD-Landesverband Hessen. Konkret angesprochen wurden in der Vereinbarung Maßnahmen der Verkehrsinfrastruktur. So wurde beispielsweise der bereits geplante Neubau der A 44 Kassel–Eisenach abgelehnt und stattdessen der Ausbau der B 7 favorisiert. Vgl. ebd. S. 81 ff. SPD-Landesverband Hessen.

historische Bindungen prägen eine tiefe Freundschaft. Hessen und Thüringen werden ihre Nachbarschaft pflegen, die Gemeinsamkeiten ausbauen, die Zusammenarbeit stärken. Wir wollen helfen, die neue Demokratie und den Rechtsstaat zu sichern, Justiz und Landesverwaltung dort [...] zügig aufzubauen. [...] Die Unterstützung der neuen Länder durch personelle Hilfen und eine angemessene Finanzausstattung ist eine gesamtstaatliche Aufgabe, zu der jede Ebene – also auch die Länder – ihren Beitrag leisten muß.[110]

Allerdings wurde, wenn man Zeitungsberichten folgt, der hessische Regierungswechsel in Thüringen zunächst eher mit Skepsis betrachtet. Offenbar bestand die Befürchtung, dass für das hessische Hilfsprogramm unter der neuen Regierung die Unterstützung geringer sein würde. *Selbst die offizielle Erklärung des thüringischen Ministerpräsidenten Josef Duchač (CDU) ist nicht gerade ein Vertrauensbeweis,* lautete ein Kommentar in der Frankfurter Rundschau, *wonach man dort nur „davon ausgeht", daß die hessischen Zusatz-Hilfen auch bei einer rot-grünen Koalition „nicht nachlassen" werden – bei gleichzeitig großem Lob für die „thüringisch-freundliche Politik der Regierung Wallmann". Bei den künftigen Partnern SPD und Grüne in Wiesbaden hat das inzwischen die Vermutung noch verstärkt, daß die hessischen Hilfen in Erfurt offenbar doch allein mit der CDU in Verbindung gebracht werden.*[111]

Mit der Begründung, man wolle eine mögliche Verzögerung bei der Umsetzung des Aktionsprogramms infolge des Regierungswechsels vermeiden, wurde noch im Februar von Finanzminister Kanther ein Gespräch in Thüringen über die Fortführung des Programms im Jahr 1991 geführt.[112] Offenbar wollte die alte Landesregierung noch die Weichen für die künftige Abwicklung des Aktionsprogramms stellen. Am 20. März lag eine Projektliste mit einem Finanzvolumen in Höhe von 25 Mio. DM vor, die nach einem Beschluss der Thüringer Landesregierung 1991 im Rahmen des Aktionsprogramms gefördert werden sollte. In einer kurzfristig anberaumten Sitzung der Staatssekretärs-Kommission am 2. April 1991 wurde diese Liste in vollem Umfang gebilligt und weitere Mittel des Aktionsprogramms an hessische Ministerien (Wissenschaft und Kunst, Kultusministerium, Wirtschaft und Technik, Justiz) verteilt.[113] Die Entscheidungen der Staatssekretärs-Kommission wurden von der drei Tage später gebildeten neuen Landesregierung unter Hans Eichel jedoch zunächst zurückgestellt und im Anschluss an die Vorkonferenz am 6. Mai von den Staatssekretären der neuen Landesregierung beraten. Die Mittel des Aktionsprogramms sollten im Jahre 1991 schwerpunktmäßig auf die Verwaltungshilfe verlagert werden – über den im Dritten Nachtragshaushalt vorgesehenen Betrag von 18,4 Mio. DM hinaus. Die veränderte Zweckbestimmung sollte in einem Vierten Nachtragshaushalt entsprechend gefasst und vorab mit der

110 Hessischer Landtag, 13. Wahlperiode, Plenarprotokoll, 16. 4. 1991, S. 18 f. Hessischer Landtag.

111 Meng, Richard: „Die hessische Hilfe ist kein CDU-Programm", Frankfurter Rundschau, 24. 1. 1991. Vgl. ebenso „Thüringens SPD setzt jetzt auf Hans Eichel. Hessenhilfe: Koalition fürchtet fehlende Unterstützung", Oberhessische Presse, 29. 1. 1991.

112 Vgl. Hessisches Ministerium der Finanzen, Kabinettsvorlage, 7. 3. 1991. HHStAW, Z 502 Nr. 6128.

113 Vgl. Staatssekretärs-Kommission Hessen-Thüringen, Ergebnisniederschrift über die 10. Sitzung am 2. 4. 1991, 4. 4. 1991. HHStAW, Z 502 Nr. 6134. Vgl. ebenso Kapitel 2.7 in dieser Publikation.

Thüringer Regierung abgestimmt werden.[114] In einer Vorlage der Hessischen Staatskanzlei zur Vorbereitung des Gesprächs unterbereitete diese entsprechende Vorschläge: *Sie sollten mit Herrn Ministerpräsidenten Duchač erörtern, ob es sinnvoll ist, 25 Mio. DM für diese Projekte einzusetzen. Es erscheint sinnvoller, einen weiteren Betrag für die Verwaltungshilfe vorzusehen. In Thüringen wird jetzt die Mittelinstanz (Landesverwaltungsamt) aufgebaut, die Kommunalverwaltungen bedürfen dringend der Hilfe. Es ist mit entsprechenden weiteren Anforderungen der Verwaltungshilfe zu rechnen. Nachdem der Bund umfassende Programme für Investitionsmaßnahmen aufgelegt hat und die Länder vorrangig für die Verwaltungshilfe verantwortlich sein sollen, erscheint es zwingend, daß die neuen Länder Investitionsmaßnahmen aus den Bundesmitteln finanzieren und die alten Länder ihre Mittel für die Verwaltungshilfe einsetzen. Alle alten Länder haben sich daher entschlossen, ihre Hilfe auf die Verwaltungshilfe zu konzentrieren.*[115]

Das Gespräch zwischen den Ministerpräsidenten Josef Duchač und Hans Eichel fand am 21. Mai 1991 in Erfurt statt. Neben Fragen zum Aktionsprogramm standen Themen wie die verstärkte Zusammenarbeit durch den Aufbau gemeinsamer Einrichtungen (Sparkassenorganisation, Oberbergamt), die Verbesserung der Verkehrsinfrastruktur und der Aufbau der Justiz auf der Tagesordnung. Bezüglich des Aktionsprogramms bestand zwischen den Ministerpräsidenten Einvernehmen darüber, die Verwaltungshilfe erheblich zu verstärken und Gelder für Investitionsmaßnahmen entsprechend zu reduzieren. Die Abwicklung der investiven Maßnahmen sollte zukünftig durch Thüringen erfolgen, ohne eine weitere Prüfung in hessischen Behörden.[116] (Dok. 50)

Im Verlauf des Jahres 1991 stieg der Bedarf an qualifiziertem Verwaltungspersonal zum Aufbau der Thüringer Landesverwaltung, zur Durchführung von Fachaufgaben, zum Aufbau der Justiz und der Kommunalverwaltungen stetig an. Im Mai 1991 waren bereits 349 hessische Landesbedienstete in nahezu allen Verwaltungsbereichen im Einsatz. Zugleich fanden Lehrgänge zur Aus- und Fortbildung statt, allein im Justizbereich waren bis zum Mai 1991 über 100 Dozenten tätig.[117] Und schon längst war deutlich geworden, dass die Verwaltungshilfe über den 30. Juni 1991 (Festlegung im Einigungsvertrag Art. 15, Abs. 3) hinaus gewährt werden musste. In der 10. Sitzung der Bund-Länder-Clearingstelle am 17. Mai wurde eine entsprechende Regelung getroffen und für die Durchführung der Verwaltungshilfe aufeinander abgestimmte Rahmenbedingun-

114 Vgl. Vorlage der Hessischen Staatskanzlei an die Staatssekretäre der einzelnen Ressorts, betr. Aktionsprogramm Hessen-Thüringen, 1. 5. 1991 und Auszug aus dem Protokoll der 5. Vorkonferenz, 7. Tagesordnungspunkt: Aktionsprogramm Hessen-Thüringen, 6. 5. 1991, S. 5 f. HHStAW, Z 502 Nr. 6098.

115 Vgl. Vorlage der Hessischen Staatskanzlei, MinDir. Dr. von der Osten-Sacken, betr. Aktionsprogramm Hessen-Thüringen, 11. 4. 1991, S. 1 f. HHStAW, Z 502 Nr. 6128.

116 Vgl. Vermerk über das Gespräch zwischen Ministerpräsident Josef Duchač mit Ministerpräsident Hans Eichel am 21. 5. 1991, Juni 1991. HHStAW, Z 502 Nr. 6098. Vgl. auch: „Schwerpunkt Verwaltungshilfe. Hessens Hilfsprogramm für Thüringen wird ‚umstrukturiert'", FAZ, 22. 5. 1991.

117 Vgl. Schreiben des Hessischen Ministeriums des Innern an den Bundesminister des Innern, betr. Verwaltungsaufbau in den neuen Bundesländern, 31. 5. 1991. HHStAW, Z 502 Nr. 6128.

gen sowohl zwischen den Ländern als auch zwischen Bund und Ländern geschaffen. Vereinbart wurde u. a., dass bei Abordnungen das entsendende Land die Entsendekosten (Besoldung, Vergütung oder Lohn, Reisekostenvergütungen, Trennungsgeld und eine Aufwandsentschädigung) zu tragen hatte.[118] Bund und Länder erklärten sich bereit, Verwaltungshilfe über den im Einigungsvertrag genannten Termin hinaus bis Ende 1992 zu leisten.

Um dem wachsenden Bedarf nach intensiver Verwaltungshilfe entsprechen zu können, waren Ergänzungen am Aktionsprogramm Hessen-Thüringen notwendig, dies sollte im Rahmen eines Vierten Nachtragshaushalts geschehen. Absprachen darüber wurden im Mai mit allen Fraktionen des Hessischen Landtags geführt, da auch die bisherigen Entscheidungen zum Aktionsprogramm in überfraktionellem Einvernehmen verabschiedet wurden. Bereits von der Vorgängerregierung war in der letzten Sitzung des Beirats Hessen-Thüringen ein Vorschlag eingebracht und einvernehmlich beschlossen, nachdem die Abordnung von Bediensteten in Ausnahmefällen auch in die übrigen ostdeutschen Länder möglich sein sollte.[119] Nach Ansicht der neuen Landesregierung waren aufgrund der Absprache mit Thüringen allerdings noch weitere Ergänzungen nötig, die durch Umschichtung der Mittel und damit ohne finanzielle Mehrbelastungen für den Landeshaushalt erfolgen sollten. Diese wurden im Gesetzentwurf zur Änderung des Vierten Nachtragshaushalts entsprechend gefasst:

- Erhöhung der Zahl der kw-Stellen (künftig wegfallend) für nach Thüringen abgeordnete Bedienstete von 90 auf 120.
- Aufstockung des Verstärkungsansatzes für Personalmehrausgaben für weitere abgeordnete Bedienstete um 5 Mio. DM.
- Möglichkeit zur Abordnung hessischer Bediensteter in die übrigen ostdeutschen Länder.
- Personalkostenerstattung an Thüringen zur Gewinnung von West-Personal bis zu max. 5 Mio. DM, jedoch ohne Beschränkung auf 100 Bedienstete.[120]
- Finanzierung des Landesanteils (50 v. H.) an der Justizhilfe („Kinkel-Programm") für Personalkosten zum Einsatz von bis zu 150 weiteren Richtern und Rechtspfle-

118 Grundlage dieser Entscheidung war ein Beschluss der Ministerpräsidenten der alten Bundesländer vom 28. 2. 1991, in dem diese die Verlängerung der Verwaltungshilfe für die neuen Länder bis Ende 1992 und die finanzielle Übernahme der Kosten durch die alten Länder festgelegt hatten. Die Bedeutung dieses Beschlusses lag darin, Voraussetzungen für eine gleichmäßige Verwaltungshilfe in allen neuen Bundesländern zu schaffen, und war damit zugleich ein Gegenvorschlag zum vom Bund favorisierten Bund-Länder-Fonds. Vgl. Ministerpräsidentenkonferenz am 28. 2. 1991, Ergebnisprotokoll. HHStAW, Z 502 Nr. 6128.

119 Vgl. Kurzbericht, 5. Sitzung des Beirats „Hessen/Thüringen", 19. 3. 1991, S. 2, 12. Wahlperiode. Hessischer Landtag.

120 Bereits im Dritten Nachtragshaushalt wurden zur Gewinnung von West-Personal Personalkostenerstattungen an Thüringen in Höhe von 5 Mio. DM für 100 Bedienstete eingestellt. Im Hinblick auf die Anpassung des Ost-Gehalts auf 60 % des West-Gehalts verringerte sich entsprechend der hessische Erstattungsbetrag auf 40 %. Daher war es nun möglich, aus den bereitgestellten Mitteln in Höhe von 5 Mio. DM die Gehaltsdifferenz für mehr als 100 Bedienstete zu finanzieren.

gern zum Aufbau einer rechtsstaatlichen Justiz in den neuen Ländern in Höhe von 2,6 Mio. DM.[121]

Über die aufgelisteten Punkte hinaus blieb das Aktionsprogramm in seinen Grundstrukturen jedoch zunächst unverändert. *Inwieweit die fortschreitenden Verhältnisse und die Erfahrungen in den neuen Bundesländern für 1992 hier grundlegende Veränderungen des Programms erwägenswert erscheinen lassen, ist*, so der Hinweis von Finanzministerin Dr. Fugmann-Heesing (SPD), *derzeit noch nicht abschließend überschaubar.*[122] Die oben genannten Ergänzungen wurden mit der Verabschiedung des Vierten Nachtragshaushalts 1990/91 am 26. Juni 1991 im Parlament beschlossen. Für die Verwaltungshilfe waren nunmehr etwa 26 Mio. DM veranschlagt. Über die endgültige Verwendung der übrigen Mittel des Aktionsprogramms war infolge des Wechsels der Landesregierung bis zum Herbst 1991 noch nicht abschließend entschieden. Doch waren der Staatskanzlei und den Ressorts durch Kabinettsbeschluss vom 2. Juli aus dem für „sonstige Zwecke" vorgesehenen Programmteil je 100.000,– DM zur freien Verfügung zugewiesen.[123] Wie bereits 1990 wurden aus diesen Mitteln unterschiedliche Maßnahmen wie beispielsweise die Restaurierung von Musikinstrumenten aus der Sammlung der Staatlichen Museen Meiningen oder die erste Schubertiade in Weimar finanziert.[124]

Anfang Juli 1991 lag eine überarbeitete und im Vorfeld zwischen den Staatskanzleien abgestimmte Liste der Thüringer Landesregierung vor, die Investitionsmaßnahmen in den Bereichen Soziales und Gesundheit, Wissenschaft und Kunst sowie Umwelt in Höhe von insgesamt 19,4 Mio. DM vorsah. In einem Schreiben des thüringischen Ministerpräsidenten an seinen hessischen Amtskollegen hieß es erläuternd: *Gegenüber dem ursprünglichen Vorschlag vom 20. 3. 1991 wird das Investitionsvolumen damit um 5.571.000,– DM reduziert. Dieser Betrag steht zur Erweiterung des Verwaltungshilfeprogramms zur Verfügung […] Ich hoffe, daß das Programm für 1991 nunmehr bald anlaufen kann und bedanke mich noch einmal für die Bereitschaft des Landes Hessen, das Land Thüringen über die im bundesstaatlichen Rahmen gewährte Hilfe hinaus finanziell zu unterstützen.*[125]

121 Vgl. Hessischer Landtag, 13. Wahlperiode, Drucksache 13/134, 29. 5. 1991, betr. Gesetzentwurf der Landesregierung für ein Viertes Gesetz zur Änderung des Gesetzes über die Feststellung des Haushaltsplans des Landes Hessen für die Haushaltsjahre 1990 und 1991 (Viertes Nachtragshaushaltsgesetz 1990/91)… HHStAW, Z 502 Nr. 6098. Zum Aufbau der Justiz in Thüringen vgl. Kapitel 3.6.1 in dieser Publikation.

122 Schreiben des Hessischen Ministeriums der Finanzen, betr. Ergänzung des Aktionsprogramms Hessen-Thüringen im Rahmen des Vierten Nachtragshaushalts, Mai 1991. HHStAW, Z 502 Nr. 6128.

123 Vgl. Hessische Staatskanzlei, Kabinettsvorlage, 27. 6. 1991. HHStAW, Z 502 Nr. 14199. Dazu: Schreiben des Hessischen Ministeriums der Finanzen an die Ressorts, betr. Ausführung des Haushaltsplans des Landes für das Haushaltsjahr 1991, Aktionsprogramm Hessen-Thüringen, 16. 7. 1991. HHStAW, Z 502 Nr. 6098.

124 Vgl. Schreiben der Hessischen Staatskanzlei an die Staatlichen Museen Meiningen, 22. 10. 1991. HHStAW, Z 502 Nr. 6136. Und: Hessisches Ministerium für Wissenschaft und Kunst, Bericht an den Ausschuß für Wissenschaft und Kunst des Hessischen Landtags, 16. 10. 1991, S. 4. HHStAW, Z 502 Nr. 6097.

125 Schreiben des Thüringer Ministerpräsidenten an den Ministerpräsidenten des Landes Hessen, betr. Aktionsprogramm Hessen/Thüringen, 12. 7. 1991. HHStAW, Z 502 Nr. 6129.

- 5,028 Mio. DM für Justizhilfe im Rahmen des so genannten „Kinkel-Programms“[146] und
- 2 Mio. DM zur Unterstützung der kommunalen Verwaltungshilfe.

Über die Verteilung weiterer Gelder entschied das Kabinett in seiner Sitzung am 28. Januar 1992. In einer Stellungnahme der Hessischen Staatskanzlei zur Kabinettsvorlage hieß es erklärend: *Zunächst sollen den Ressorts zur freien Verfügung und unabhängig von bestehenden Planungen Mittel zur Verfügung gestellt werden [...]. Damit soll die Motivation gestärkt werden, Hilfsmaßnahmen für die Thüringer Verwaltung so frühzeitig wie möglich zu planen und durchzuführen. Anders als nach den bisherigen Verfahren erfolgt die Mittelzuweisung, bevor konkrete Planungen vorliegen.*[147] Entsprechend erhielten der Hessische Landtag 200.000,– DM, die Staatskanzlei 300.000,– DM, die Ministerien je 400.000,– DM, das Landespersonalamt 150.000,– DM und der Rechnungshof 200.000,– DM zur freien Verfügung. Weitere Gelder aus dem Aktionsprogramm wurden den einzelnen Ressorts für konkrete Vorhaben in Höhe von insgesamt 4,42 Mio. DM zugewiesen. Unter anderem erhielten die Hessische Staatskanzlei zur Ausstattung der Thüringer Staatskanzlei 100.000,– DM, das Ministerium für Frauen, Arbeit und Sozialordnung zur Unterstützung der Thüringer Versorgungsverwaltung 700.000,– DM, das Ministerium der Finanzen für den Aufbau der Finanzämter in Thüringen 568.000,– DM und das Ministerium für Wissenschaft und Kunst 450.000,– DM zur Präsentation der Ausstellung „Hessen und Thüringen von den Anfängen bis zur Reformation“ über die gemeinsame Geschichte beider Länder sowohl in Marburg als auch in Eisenach.[148] (Dok. 53)

Zugleich erging an die Ressorts der Auftrag, der Staatskanzlei bis Ende März weitere Maßnahmen der Verwaltungshilfe sowie den voraussichtlichen Mittelbedarf für das Jahr 1992 mitzuteilen. Aufgrund dieser Meldungen ergaben genauere Prognosen einen Mehrbedarf an Verstärkungsmitteln für Personalausgaben um weitere 2 Mio. DM, so dass für die Verwaltungshilfe nunmehr insgesamt 29,028 Mio. DM veranschlagt wurden. Am 5. Mai 1992 entschied das Kabinett über die Verteilung der noch verbliebenen Gelder in Höhe von 11,704 Mio. DM.[149] Die mit dem Landtag und den Ressorts in einer Koordinierungsbesprechung am 9. April 1992 einvernehmlich abge-

146 Das „Kinkel-Programm“ war eine vom damaligen Bundesjustizminister Klaus Kinkel initiierte Justizhilfe zum Aufbau einer rechtsstaatlichen Justiz in den neuen Ländern, die hälftig vom Bund und den alten Ländern finanziert wurde. Näheres dazu in Kapitel 3.6.1. dieser Publikation.

147 Hessische Staatskanzlei, Vorlage, betr. Kabinettssitzung am 28. 1. 1992, 24. 1. 1992. HHStAW, Z 502 Nr. 6096.

148 Vgl. Hessisches Ministerium der Finanzen, Vollzug des Aktionsprogramms Hessen-Thüringen im Haushaltsjahr 1992, 31. 1. 1992. HHStAW, Z 502 Nr. 6096.

149 Ausgehend von den für 1992 vorgesehenen 50 Mio. DM aus Mitteln des Aktionsprogramms waren für „Verstärkungsmittel für Personalausgaben“ (für Aufwandsentschädigungen, Verwendungszulagen, Finanzierung von bis zu 120 kw-Stellen) nunmehr 17 Mio. DM veranschlagt. Die anderen Posten „Erstattung von Personalausgaben“ (Hilfen für Neueinstellungen) 5 Mio. DM und die Finanzierung der Justizhilfe und kommunalen Verwaltungshilfe 7,028 Mio. DM blieben auch in der neuen Finanzkalkulation unverändert.

stimmten Zuweisungen für die Verwaltungshilfe umfassten die Finanzierung von Trennungsgeld, Reisekosten, Aus- und Fortbildungsmaßnahmen sowie von Honoraren.[150] Hierfür erhielten die Ressorts zusätzliche 8,697 Mio. DM, davon allein das Ministerium der Finanzen und das Justizministerium jeweils über 3 Mio. DM. Die Restmittel wurden zur Finanzierung weiterer Projekte eingesetzt, die allerdings insgesamt einen erheblich geringeren Umfang als in den vergangenen Jahren einnahmen (etwa 20 %). Die Schwerpunkte der Projektförderungen lagen in den Bereichen Naturschutz und Sozialwesen. Finanziert wurden beispielsweise die Sanierung der Behinderteneinrichtung Bodelschwingh-Hof in Mechterstädt mit 1,145 Mio. DM, Maßnahmen im Altenpflegebereich in Höhe von 800.000,– DM oder Landschaftspflegemaßnahmen im Biosphärenreservat Rhön mit 250.000,– DM. Weitere Gelder standen zur Finanzierung eines Modellversuchs zur gemeinsamen Entwicklung einer reformierten Pädagogik (50.000,– DM) und für die Übernahme des Thüringer Anteils an der Finanzierung der Stiftung Preußischer Kulturbesitz (555.000,– DM) bereit.[151] Damit war der finanzielle Rahmen des Aktionsprogramms für 1992 in Höhe von 50 Mio. DM vollständig ausgeschöpft. Über den Einsatz der nicht gebundenen Haushaltsreste aus 1991 in Höhe von 10,07 Mio. DM sollte zu einem späteren Zeitpunkt entschieden werden. Nach Rücksprache mit Thüringen lag es dabei im Ermessen der Hessischen Landesregierung, *ob diese Mittel im Rahmen des Aktionsprogramms Hessen-Thüringen oder – nach einer entsprechenden Änderung des Haushalts – auch für andere Projekte verwendet oder eingespart werden sollten.*[152]

Wie das Hessische Finanzministerium im Mai mitteilte, belief sich die tatsächliche Unterstützung für das Land Thüringen im Haushaltsjahr 1992 jedoch auf rd. 102 Mio. DM. In diese Kalkulation waren nun erstmals auch die Dienstbezüge der für bzw. in Thüringen tätigen Landesbediensteten in einer Größenordnung von

150 Hessische Staatskanzlei, Kabinettsvorlage, betr. Aktionsprogramm Hessen-Thüringen, 13. 4. 1992, S. 5. HHStAW, Z 502 Nr. 6096.

151 Vgl. Hessische Staatskanzlei, Kabinettsvorlage, betr. Aktionsprogramm Hessen-Thüringen, 13. 4. 1992, S. 6. HHStAW, Z 502 Nr. 6096. Die Übernahme des Thüringer Anteils an der Finanzierung der Stiftung Preußischer Kulturbesitz im Jahr 1992 wurde zwischen den Ministerpräsidenten von Thüringen und Hessen auf der Ministerpräsidentenkonferenz am 23. 3. 1992 vereinbart. Zur Begründung hieß es in der Kabinettsvorlage: *Die Einigung über die Beteiligung der neuen Länder an der Finanzierung der Stiftung Preußischer Kulturbesitz drohte auf der letzten Ministerpräsidentenkonferenz daran zu scheitern, daß Thüringen die Kosten seines Finanzierungsanteils in Höhe von 566.000,– DM [der Anteil betrug letztendlich 555.000,– DM] nicht übernehmen konnte. Die Stiftung wäre dann weiterhin in der bisherigen Form in der Trägerschaft des Bundes und der (alten) Länder fortgeführt worden.* Ebd., S. 6. Ebenso: Auszug aus dem Protokoll der 44. Vorkonferenz am 4. 5. 1992, Punkt 6. Aktionsprogramm Hessen-Thüringen. HHStAW, Z 502 Nr. 6096.

152 Ebd., S. 8. Insgesamt wurden aus dem Haushaltsjahr 1991 aus Mitteln des Aktionsprogramms Hessen-Thüringen Haushaltsreste in Höhe von 18.960.338,41 DM übertragen. Davon waren 8.895.085,11 DM für Projekte gebunden, die 1991 nicht fertig gestellt werden konnten. Für 1992 standen daher „freie Reste“ in Höhe von 10.065.253,30 DM zur Verfügung. Vgl. Schreiben des Hessischen Ministeriums der Finanzen an die Hessische Staatskanzlei, betr. Aktionsprogramm Hessen-Thüringen, 6. 4. 1992. HHStAW, Z 502 Nr. 6096.

41,5 Mio. DM berücksichtigt.[153] (Dok. 54) Im Gegensatz zu der erheblichen finanziellen Unterstützung Thüringens durch Hessen war, nach Ansicht der Hessischen Staatskanzlei, die Außendarstellung des Programms allerdings unbefriedigend: *Der mit hohen Kosten verbundene Personaltransfer ist naturgemäß weniger spektakulär als die Förderung von Projekten mit großer Außenwirkung.*[154] Trotz des Hinweises änderte sich die Ausrichtung des Programms nicht.

Letztendlich wurden im Haushaltsjahr 1992 nach Angaben des Finanzministeriums im Rahmen des Aktionsprogramms Hessen-Thüringen für Investitionen und Verwaltungshilfe 50,16 Mio. DM zuzüglich der direkt in den Ressorthaushalten gebuchten Personalkosten der Verwaltungshelferinnen und -helfer in Höhe von weiteren geschätzten rd. 40 Mio. DM verausgabt.[155]

Nach dem Rücktritt Josef Duchačs (CDU) wurde Dr. Bernhard Vogel (CDU) am 11. Februar 1992 zum neuen Ministerpräsidenten des Landes Thüringen gewählt.[156] Eine erste Unterredung zwischen den Ministerpräsidenten aus Thüringen und Hessen fand am 10. März in Frankfurt statt. Neben Fragen der Verkehrsführung und des Umweltschutzes stand der Vollzug des Aktionsprogramms im Jahr 1993 auf der Tagesordnung. Auf Anregung der Hessischen Staatskanzlei sollte in der Unterredung auf eine mögliche Reduzierung des Programms und auf die Konzentration der hessischen Verwaltungshilfe im nachgeordneten Bereich der Landesverwaltung hingewirkt werden.[157] In dem Gespräch verwies Ministerpräsident Eichel auf frühere Absprachen mit der Thüringer Landesregierung, *wonach im Programm die Investitionshilfen auslaufen sollten und das Programm ganz und gar auf die Verwaltungshilfe umgebaut werden soll. Im Zusammenhang mit den Erklärungen anderer westlicher Bundesländer regt der Unter-*

153 Vgl. Schreiben Dr. A. Fugmann-Heesing an Ministerpräsident H. Eichel, 22. 5. 1992. HHStAW, Z 502 Nr. 6130.

154 Hessische Staatskanzlei, Dr. Meinck: Vorlage zur Kabinettsvorlage vom 13. 4. 1992, S. 3. HHStAW, Z 502 Nr. 6096.

155 Hessisches Ministerium der Finanzen, betr. Ausgaben des Landes Hessen im Hessen-Thüringen-Programm, 4. 5. 1994. HHStAW, Z 502 Nr. 16130. Auch für 1992 differiert die Höhe der Istausgaben mit 33,1 Mio. DM zuzüglich weiterer Gelder für Personalkosten aus den Ressorthaushalten (für 1990–1992 rd. 100 Mio. DM) deutlich von der oben angegebenen Zahl. Vgl. Schreiben des Hessischen Ministeriums der Finanzen, betr. Projekt Aufbauhilfe Hessen-Thüringen, 11. 7. 2007. HHStAW, Projekt Hessen-Thüringen.

156 Mit der Wahl Vogels zum neuen Ministerpräsidenten gingen personelle Veränderungen einher. An der neuen Regierung waren die aus Hessen stammenden Staatssekretäre Peter Schaad und Wolfgang Egerter und Dr. Jochen Lengemann (Thüringer Minister für besondere Aufgaben) nicht mehr beteiligt. Vgl. dazu auch: Meng, Richard: „Die kurzen Ost-Karrieren einiger Hessen", Frankfurter Rundschau, 12. 2. 1992.

157 In der Stellungnahme wurde u. a. darauf verwiesen, dass Thüringen inzwischen über eine weitgehend funktionierende Ministerialverwaltung verfüge und nach der Regierungsbildung durch ein Ministerium für Bundes- und Europaangelegenheiten sowie durch ein bei der Staatskanzlei angesiedeltes Presse- und Informationsamt erweitert worden sei. Mit der hessischen Verwaltungshilfe sollte daher nicht etwa der weitere Ausbau der Ministerialverwaltung, sondern der Aufbau der nachgeordneten Behörden der Landesverwaltung unterstützt werden. Vgl. Hessische Staatskanzlei, Stellungnahme Dr. J. Meinck, betr. Ihr Gespräch mit Herrn Ministerpräsidenten Dr. Vogel am 10. 3. 1992, 9. 3. 1992. HHStAW, Z 502 Nr. 6096.

zeichner [Eichel] außerdem eine Beteiligung der thüringischen Seite an den Kosten der Verwaltungshilfe ab 1993 an.[158]

Bereits im März 1992 wurde die Fortführung der Verwaltungshilfe für die neuen Länder über den 31. Dezember 1992 hinaus in der Konferenz der Regierungschefs der Länder erörtert und am 25. Juni 1992 beschlossen. Neben der Fortführung der personellen Verwaltungshilfe der alten Länder zunächst bis zum 31. Dezember 1994 bestand Einigkeit auch darüber, dass sich die neuen Länder an den Gesamtkosten der Entsendung beteiligen sollten, im Jahr 1993 mit mindestens einem Drittel.[159] Zur Umsetzung dieser Beschlüsse fanden zwischen Hessen und Thüringen im Juni 1992 auf Finanzministerebene erste Gespräche statt. *Thüringen äußert zunächst Verständnis dafür,* hieß es zum Ergebnis der Besprechung, *daß der investive Teil innerhalb des Aktionsprogramms zurückgefahren werden soll, zumal es in Thüringen inzwischen erhebliche Kapazitätsprobleme bei der Umsetzung (Stichwort: Aufbau Ost) gäbe. Aus thüringischer Sicht ist eine Beteiligung an der künftigen Finanzierung nicht das entscheidende Thema [...], sondern sehr viel wichtiger ist es, daß die hessische Verwaltungshilfe auch künftig aufrechterhalten bleibt.*[160] Im Juli 1992 verständigten sich die Hessische Finanzministerin, Dr. Fugmann-Heesing (SPD), und ihr Thüringer Kollege, Dr. Zeh (CDU), erneut über die künftige Struktur des Aktionsprogramms. Übereinstimmung bestand darin, aus dem Programm ab 1993 keine Investitionen mehr zu finanzieren, sondern die Mittel ausschließlich für die Verwaltungshilfe zu nutzen. Ebenso einig war man sich über eine Kostenbeteiligung Thüringens an der Verwaltungshilfe, über die Quote bestand nach wie vor kein Konsens. *Die Hessische Finanzministerin strebt eine Übernahme der Hälfte der Kosten der Verwaltungshilfe durch Thüringen an, und zwar nicht ausgehend von den 50 Mio. DM das Aktionsprogramms, sondern von ca. 100 Mio. DM. In die Summe von 100 Mio. DM fließen auch die Kosten insbesondere für die Gehälter der abgeordneten Bediensteten ein, die derzeit nicht auf das Aktionsprogramm umgelegt werden. Der Thüringer Finanzminister möchte die Kostenbeteiligung auf ein Drittel beschränken. Noch unklar ist, ob er dabei von einem Ansatz von 50 Mio. DM oder von 100 Mio. DM ausgeht.*[161]

Eine abschließende Klärung der Fragen bezüglich des Rahmens und der Gesamtfinanzierung der hessischen Verwaltungshilfe in 1993 sollte zwischen den Ministerpräsidenten Vogel und Eichel erfolgen. Im Anschluss an die Eröffnung der Ausstellung

158 Schreiben Hans Eichel an Dr. B. Vogel, Protokoll über ein Gespräch der Ministerpräsidenten am 10. 3. 1992 in Frankfurt, 31. 3. 1992. HHStAW, Z 502 Nr. 6096.

159 Zudem erging die Empfehlung der Regierungschefs der Länder an die Kommunen, die personelle Verwaltungshilfe weiter fortzusetzen. Befürwortet wurde zudem, dass Abordnungen möglichst mindestens drei Monate dauern und stärker mit dem Ziel der Versetzung in die neuen Bundesländer erfolgen sollten. Die Einzelheiten der Verwaltungshilfe waren zwischen den jeweiligen Partnerländern bilateral zu regeln. Vgl. Ergebnisprotokoll der Ministerpräsidentenkonferenz am 25. 6. 1992, Top 4: Verwaltungshilfe für die neuen Länder. HHStAW, Z 502 Nr. 6130.

160 Hessisches Finanzministerium, Ergebnis des Hessen-Thüringen-Gesprächs am 12./13. 6. 1992, betr. Hessen-Thüringen-Programm/künftige Verwaltungshilfe Hessen-Thüringen, 15. 6. 1992, S. 2. HHStAW, Z 502 Nr. 6130.

161 Hessische Staatskanzlei, betr. Verwaltungshilfe für Thüringen, 7. 7. 1992. HHStAW, Z 502 Nr. 6130.

„Hessen und Thüringen“ in Eisenach fand am 26. August 1992 ein Gespräch darüber statt. Das hessische Konzept sah vor:

– Das Aktionsprogramm Hessen-Thüringen 1993 ausschließlich als Verwaltungshilfeprogramm fortzuführen, da den neuen Ländern Investitionsmittel aus den Bundesprogrammen in großem Umfang zur Verfügung stehen würden.
– Die vorab ermittelten Gesamtkosten der Verwaltungshilfe in Höhe von 76,5 Mio. DM zu berücksichtigen. Die Summe beinhaltete zum einen die schon bisher aus dem Programm finanzierten Kosten der Verwaltungshilfe (Aufwandsentschädigungen, Reisekosten, Justizhilfe, Fortbildung etc.) mit einer Gesamtsumme von 38,2 Mio. DM, zum anderen die bisher nicht berücksichtigten Personalkosten für Gehälter der nach Thüringen abgeordneten Landesbediensteten in Höhe von 38,3 Mio. DM.[162]
– Eine Kostenbeteiligung Thüringens an den Gesamtkosten der Verwaltungshilfe zu 50 %. Diese Forderung sei sachgerecht, da die Steuergesetzgebung des Bundes die finanziellen Möglichkeiten der alten Länder zugunsten von Hilfen für die neuen Länder spürbar verengt habe und der Transfer öffentlicher Mittel von West nach Ost auch die Hessische Landesregierung zu erheblichen Einsparungsmaßnahmen zwinge.[163]

Nach längeren Verhandlungen konnte im August eine abschließende Regelung über die Höhe der finanziellen Beteiligung Thüringens an der Verwaltungshilfe gefunden werden. Die Kostenbeteiligung Thüringens war lange umstritten, da Ministerpräsident Vogel zunächst darauf verwies, dass die Bayerische Staatsregierung bereit sei sich mit 60 % (Thüringer Anteil 40 %) an den Kosten zu beteiligen und Rheinland-Pfalz Verwaltungshilfe zu noch wesentlich günstigeren Konditionen leisten werde. Entsprechende Erwartungen wurden an Hessen gerichtet. Vor einer abschließenden Entscheidung sollte allerdings, nach Vorgabe der Hessischen Staatskanzlei, ein Gespräch mit Rheinland-Pfalz abgewartet werden.[164] Am 27. August 1993 unterzeichnete schließlich auch

162 In einer Vorlage der Hessischen Staatskanzlei wurde zudem darauf verwiesen, dass nur bei Berücksichtigung aller Kosten Hessen auf die Erfüllung des Aktionsprogramms mit 250 Mio. DM komme. Da Hessen insgesamt Kosten für Thüringen in dieser Höhe aufwenden werde, sollten diese Kosten auch berücksichtigt werden, auch *um dem Vorhalt vorzubeugen, Hessen würde das von der vorigen Regierung aufgelegte Programm nicht erfüllen.* Hessische Staatskanzlei, Vorlage zur Vorbereitung des Gesprächs mit Ministerpräsident Dr. Vogel am 26. 8. 1992, Dr. von der Osten-Sacken, 25. 8. 1992, S. 3. HHStAW, Z 502 Nr. 6130.

163 Vgl. Schreiben der Hessischen Staatskanzlei an das Hessische Ministerium für Landesentwicklung, Wohnen, Landwirtschaft, Forsten und Naturschutz, betr. Aktionsprogramm Hessen-Thüringen, 1. 10. 1992, Anlage (Mai 1992). HHStAW, Z 502 Nr. 6096.

164 Eine Rücksprache mit der Staatskanzlei Rheinland-Pfalz führte zu dem Ergebnis, dass noch vor Amtsantritt Vogels zwischen den Ländern Rheinland-Pfalz und Thüringen eine Verwaltungsvereinbarung über die Verwaltungshilfe ausgehandelt werden sollte, die eine völlige Kostenübernahme durch das Land Thüringen ab 1993 vorsah. Die Vereinbarung sei jedoch von Ministerpräsident Vogel nicht gegengezeichnet worden, sondern es sollten vielmehr neue Verhandlungen geführt werden. Vgl. Hessische Staatskanzlei, Informationsvermerk zur Verwaltungshilfe für Thüringen, Dr. von der Osten-Sacken, 8. 9. 1992, S. 2. HHStAW, Z 502 Nr. 6130.

der thüringische Finanzminister die Verwaltungsvereinbarung über die Beteiligung Thüringens an den Kosten der Verwaltungshilfe für das Jahr 1993 – Hessen hatte dem Abkommen bereits am 25. Mai 1993 zugestimmt. Als Gesamtkosten für die personelle Verwaltungshilfe (einschließlich der laufenden Bezüge der abgeordneten Bediensteten, der Entsendungskosten und der Kosten für kurzfristige Dienstreisen) wurden etwa 70 Mio. DM angesetzt; von den dann tatsächlich 1993 anfallenden Kosten sollte Thüringen 50 % zurückerstatten. Personalkostenzuschüsse durch das Land Hessen für nach Thüringen versetzte Bedienstete waren ab 1993 nicht mehr vorgesehen.[165]

Im März 1993 lagen konkrete Meldungen der hessischen Ministerien über die Höhe der benötigten Mittel zur Zahlung von Trennungsgeld, Aufwandsentschädigungen, Reisekosten, für Maßnahmen der Aus-, Fort- und Weiterbildung etc. vor. Von den insgesamt beantragten 12,65 Mio. DM erhielten das Hessische Ministerium des Innern 1,4 Mio. DM, das Ministerium der Finanzen 3,62 Mio. DM und das Hessische Justizministerium 3,9 Mio. DM, da auch 1993 der größte Bedarf an personeller Unterstützung in diesen Bereichen bestand.[166] (Dok. 55) Darüber hinaus waren im Haushalt Personalkosten in Höhe von ca. 35 Mio. DM, 2 Mio. DM zur Unterstützung der kommunalen Verwaltungshilfe und die Beteiligung an der Justizhilfe („Kinkel-Programm") in Höhe von 5,3 Mio. DM veranschlagt. Das Ministerium der Finanzen war zudem ermächtigt, für Landesbedienstete, die im Rahmen der hessischen Verwaltungshilfe für Thüringen länger als sechs Monate eingesetzt werden, insgesamt bis zu 120 kw-Stellen („künftig wegfallend") einzurichten.[167] Im Rahmen der hessischen Verwaltungshilfe wurden 1993 u. a. finanziert:

- Die Betreuung von zehn Thüringer Finanzämtern durch hessische Partnerämter.
- Zahlreiche Fort- und Ausbildungsmaßnahmen im Bereich der Thüringer Bereitschaftspolizei.
- Die Beratung staatlicher Schulämter in Thüringen.
- Fortbildungsmaßnahmen für Thüringer Handwerker im Zentrum für Handwerk und Denkmalpflege Johannisberg bei Fulda.
- Die Übernahme von Lastenausgleichsverfahren für Thüringen durch das Lastenausgleichsamt Frankfurt am Main.[168]

165 Vgl. Verwaltungsvereinbarung zwischen dem Land Hessen und dem Land Thüringen über die Verwaltungshilfe in dem Jahr 1993. Hessisches Ministerium der Finanzen. Die alten Bundesländer hatten mit ihren jeweiligen Partnerländern unterschiedliche Regelungen getroffen. Während Bayern eine 40 %-Beteiligung Thüringens an der personellen Verwaltungshilfe vorsah, hatte Rheinland-Pfalz ebenfalls eine 50 %-Beteiligung mit Thüringen vereinbart. Vgl. Kostenregelungen über personelle Verwaltungshilfe, Zahlen nach Statistik des BMI vom 1. 6. 1993. HHStAW, Z 502 Nr. 16130.

166 Vgl. Hessisches Ministerium der Finanzen, betr. Vollzug des Aktionsprogramms Hessen-Thüringen im Haushaltsjahr 1993, 11. 3. 1993. HHStAW, Z 502 Nr. 17541.

167 Vgl. Landeshaushaltsplan für das Haushaltsjahr 1993, Entwurf, Kap. 17 16-ATG 80. HHStAW, Z 502 Nr. 6096. Wie viele kw-Stellen tatsächlich in Anspruch genommen wurden, lässt sich aus den zur Verfügung stehenden Unterlagen ebenso wenig ermitteln wie der finanzielle Kostenrahmen dafür.

168 Das Lastenausgleichsamt der Stadt Frankfurt war 1991 vom Präsidenten des Bundesausgleichsamtes zum sonderzuständigen Ausgleichsamt für Thüringen bestimmt worden. Vgl. Schreiben

Weitere Anmeldungen der Ressorts belegten sehr bald, dass der haushaltsrechtlich gesetzte Rahmen für die Verwaltungshilfe 1993 (über 70 Mio. DM) nicht ausgeschöpft werden würde, da, wie die Anzahl der Abordnungen zeigt, die personelle Verwaltungshilfe ab Herbst 1993 stark rückläufig war: Im Juni 1993 waren noch 546 hessische Verwaltungshelferinnen und -helfer in Thüringen tätig, zwei Monate später 223, und davon allein 209 Bedienstete im Bereich der Finanzverwaltung und der Justiz. (Dok. 52) Der schrittweise Aufbau der Thüringer Landesverwaltung, die Ausbildung eigenen Personals sowie die zwischenzeitlich erfolgten Versetzungen hessischer Landesbediensteter nach Thüringen führten schließlich dazu, dass die Anzahl der Abordnungen auch in den folgenden Monaten stetig zurückging. Zunehmend konzentrierte sich die personelle Hilfe auf spezielle Fachaufgaben im Bereich der Finanzen und Justiz. In der Bund-Länder-Clearingstelle wurde darauf hingewiesen, *daß in einigen Bereichen, die für den wirtschaftlichen Aufschwung besondere Bedeutung haben, immer noch große Engpässe bestehen. Das gilt vor allem für die Grundbuchämter sowie für die Kataster- und Finanzverwaltung der neuen Länder.*[169]

Die Ausgaben für 1993 beliefen sich, nach Angaben des Hessischen Finanzministeriums vom Mai 1994, auf 38,9 Mio. DM, von denen Thüringen entsprechend der Verwaltungsvereinbarung 50 % zurückerstattete.[170]

Wie bereits 1993 waren die Mittel des Aktionsprogramms Hessen-Thüringen auch 1994 ausschließlich für Maßnahmen der Verwaltungshilfe vorgesehen. Die finanzielle Beteiligung Thüringens an den Kosten sollte wie im Vorjahr durch eine Verwaltungsvereinbarung geregelt werden. Der Haushaltsansatz für 1994 belief sich dabei auf 39,6 Mio. DM. Gespräche über eine finanzielle Beteiligung Thüringens an der Verwaltungshilfe wurden seit Oktober 1993 durchaus kontrovers geführt. *Eine Einigung scheiterte bisher an den noch weit auseinanderliegenden Vorstellungen beider Seiten über die Höhe des Thüringer Kostenanteils.*[171] Während das Hessische Finanzministerium für 1994 eine Beteiligungsquote von mindestens 80 % forderte, sprach sich das Thüringer Finanzministerium für die Beibehaltung der bestehenden Quote von 50 % aus. Die weiteren Verhandlungen wurden schließlich von den Staatskanzleien beider Länder

des Hessischen Ministeriums für Jugend, Familie und Gesundheit an die Hessische Staatskanzlei, betr. Aktionsprogramm Hessen-Thüringen, 12. 12. 1991. HHStAW, Z 502 Nr. 6097.

169 Schreiben des Bundesministers des Innern, betr. Personelle Verwaltungshilfe für die neuen Bundesländer, 16. 3. 1993. HHStAW, Z 502 Nr. 6143. Ebenso: Ergebnisniederschrift über die 13. Sitzung der Bund-Länder-Clearingstelle für die Verwaltungshilfe am 12. 2. 1993, S. 3. HHStAW, Z 502 Nr. 6143. Und: Beschlußniederschrift über die Sitzung der Ständigen Konferenz der Innenminister und -senatoren der Länder am 14. 5. 1993. HHStAW, Z 502 Nr. 6146.

170 Vgl. Hessisches Ministerium der Finanzen, betr. Ausgaben des Landes Hessen im Hessen-Thüringen-Programm, 4. 5. 1994. HHStAW, Z 502 Nr. 16130. 2007 wurden die Istausgaben für 1993 vom Hessischen Ministerium der Finanzen mit 53,0 Mio. DM angegeben, wovon Thüringen 19,9 Mio. DM zurückerstattete. Vgl. Schreiben des Hessischen Ministeriums der Finanzen, betr. Projekt Aufbauhilfe Hessen-Thüringen, 11. 7. 2007. HHStAW, Projekt Hessen-Thüringen.

171 Schreiben des Chefs der Hessischen Staatskanzlei, Hans-Joachim Suchan, an das Hessische Ministerium der Finanzen, 24. 2. 1994. HHStAW, Z 502 Nr. 16130.

fortgeführt. In einer Stellungnahme der Hessischen Staatskanzlei plädierte allerdings auch diese für eine deutliche Absenkung der Beteiligungsquote Thüringens auf 50 %–60 %, da insbesondere die Partnerländer Rheinland-Pfalz und Bayern bereits eine 50 %ige Kostenbeteiligung vereinbart hätten. Vor allem sollte das Aktionsprogramm ohne größere Konflikte mit der Thüringer Landesregierung beendet werden, *ohne daß die faktische Reduzierung des Programms zu einer Verstimmung zwischen Hessen und Thüringen oder zur Kritik an der Landesregierung im Landtag führt. Der Streit über die Höhe des Thüringer Kostenanteils droht das* ***Ansehen des Programms*** *überhaupt in Frage zu stellen.*[172]

Am 17. Mai 1994 stimmten die thüringische und die Hessische Landesregierung der von den Staatskanzleien beider Länder erarbeiteten Vereinbarung über die Fortführung der Verwaltungs- und Justizhilfe des Landes Hessen für Thüringen zu. Danach würde Thüringen 60 % der tatsächlichen Personalkosten und – bedingt durch den Ausfall der Bundeszuschüsse für das „Kinkel-Programm" zum Aufbau der Justiz – etwa 80 % der Justizhilfe übernehmen. Auch die Beteiligung Thüringens am „Kinkel-Programm" war anfangs umstritten. Hier setzte sich Hessen mit seiner Forderung durch, da, so die hessische Argumentation, sich die Thüringer Landesregierung nicht ausdrücklich für die Fortführung des „Kinkel-Programms" gegenüber der Bundesregierung eingesetzt habe. Die Kosten dieser politischen Entscheidung sollte daher Thüringen tragen.[173] Die geschlossene Vereinbarung regelte die Finanzierung der Verwaltungs- und Justizhilfe für das Jahr 1994 (die finanzielle Beteiligung Hessens endete mit dem Haushaltsjahr 1994) und enthielt zugleich eine Verpflichtung des Landes Hessen, den Aufbau der Verwaltung und Justiz in Thüringen über das Jahr 1994 hinaus auch weiterhin durch die Abordnung von Verwaltungspersonal zu unterstützen. Die Kosten dafür sollten ab 1995 vollständig von Thüringen getragen werden.[174]

Das Verwaltungshilfeabkommen wurde durch die Regierungschefs beider Bundesländer, Dr. Bernhard Vogel und Hans Eichel, am 25. Juli 1994 offiziell in Wiesbaden unterzeichnet. In seiner Ansprache verwies Ministerpräsident Eichel darauf, dass das Abkommen in einem Jahr geschlossen werde, *in dem das im Dezember 1989 vom Hessi-*

172 Hessische Staatskanzlei, Vorlage, Dr. Meinck, betr. Verwaltungshilfe für Thüringen, 18. 2. 1994, S. 6. [Hervorhebung im Original]. HHStAW, Z 502 Nr. 16130.

173 Vgl. Hessische Staatskanzlei, Dr. Meinck, Vorlage zur Kabinettssitzung am 17. 5. 1994, betr. Vereinbarung zwischen dem Land Hessen und dem Freistaat Thüringen über die Fortführung der Verwaltungs- und Justizhilfe des Landes Hessen für Thüringen, 11. 5. 1994. HHStAW, Z 502 Nr. 16130. Vgl. ebenso: Vereinbarung zwischen dem Land Hessen und dem Freistaat Thüringen über die Fortführung der Verwaltungs- und Justizhilfe des Landes Hessen für Thüringen, § 5 Finanzierung der Verwaltungs- und Justizhilfe, 25. 7. 1994. HHStAW, Z 502 Nr. 16130.

174 Die Regierungschefs der Länder hatten sich am 30. 6. 1994 bereits über die Fortführung der Verwaltungshilfe für die neuen Länder verständigt und die Notwendigkeit anerkannt, diese über den 31. 12. 1994 fortzuführen und im Rahmen der personellen Möglichkeiten entsprechenden Wünschen der neuen Länder Rechnung zu tragen. Mit der Neuregelung des Bund-Länder-Finanzausgleichs zum 1. 1. 1995 sollten Entsendungskosten nun grundsätzlich von den neuen Ländern getragen werden. Vgl. Konferenz der Ministerpräsidenten der Länder am 30. 6. 1994, Ergebnisprotokoll. HHStAW, Z 502 Nr. 16130. Ebenso: Staatsanzeiger für das Land Hessen 44/1994, S. 3066.

schen Landtag beschlossene und auf fünf Jahre begrenzte Aktionsprogramm Hessen-Thüringen ausläuft. Die Vereinbarung ist ohne das frühere Aktionsprogramm Hessen-Thüringen undenkbar, so Eichel weiter, *aber die Voraussetzungen und die Inhalte der hessischen Hilfe für Thüringen unterscheiden sich grundlegend von denen, die im Jahre 1989 bestanden haben. [...] Das Aktionsprogramm Hessen-Thüringen war ein von Hessen einseitig beschlossenes Hilfsprogramm. Heute wird ein Vertrag als Zeichen beidseitigen Einvernehmens unterzeichnet, in dem auch keineswegs Rechte und Pflichten einseitig verteilt sind. Längst ist Thüringen für Hessen zu einem gleichwertigen Partnerland geworden.*[175] (Dok. 56)

Auch 1994 wurde die im Haushalt eingebrachte Summe von 39,6 Mio. DM für Maßnahmen der Verwaltungshilfe in Thüringen nicht völlig in Anspruch genommen, insgesamt betrugen die Ausgaben für das Haushaltsjahr 1994 26,3 Mio. DM; Thüringen beteiligte sich an diesen Kosten mit 10,9 Mio. DM.[176] Im September 1994 waren noch 130 hessische Bedienstete in Thüringen tätig, davon 67 im Justizbereich und weitere 49 Personen in der Finanzverwaltung. Auch in den folgenden Jahren konzentrierte sich die personelle Hilfe sowie die Unterstützung der Aus- und Fortbildung auf diese Teilbereiche.[177] Mit dem Jahr 1997 endete die hessische Verwaltungshilfe für Thüringen (die Haushaltsstelle wurde geschlossen), da das Land nunmehr die anfallenden Aufgaben in allen Bereichen der Landesverwaltung ohne Hilfe der Partnerländer wahrnahm. Mit dem Ende des Aktionsprogramms Hessen-Thüringen hatte Hessen zwischen 1990 und 1994 die vorgesehenen 250 Mio. DM an direkter Hilfe für Thüringen ausgegeben.[178]

175 Ansprache des Hessischen Ministerpräsidenten Hans Eichel anlässlich der Unterzeichnung der Vereinbarung zwischen dem Land Hessen und dem Freistaat Thüringen über die Fortführung der Verwaltungs- und Justizhilfe vom 25. 7. 1994. HHStAW, Z 502 Nr. 16130. In einem Artikel der Frankfurter Rundschau anlässlich der Vertragsunterzeichnung hieß es zudem, dass das Verhältnis beider Länder ungeachtet aller nach außen gezeigten Freundlichkeit nicht frei von Spannungen sei und sich das Verhältnis der Länder zueinander ein wenig abgekühlt habe. Grund dafür sei u. a. das Hin und Her um den Ausbau der A 44 und die Verzögerung des Genehmigungsverfahrens zum Bau einer Stromtrasse Mecklar-Vieselbach. Vgl. Börnecke, Stephan: „Hessen schickt weiterhin Beamte nach Thüringen“, Frankfurter Rundschau, 26. 7. 1994.

176 Vgl. Schreiben des Hessischen Ministeriums der Finanzen, betr. Projekt Aufbauhilfe Hessen-Thüringen, 11. 7. 2007. HHStAW, Projekt Hessen-Thüringen.

177 In der Kabinettssitzung am 19. 12. 1995 wurde nochmals über die Höhe der Aufwandsentschädigung für nach Thüringen abgeordnete Bedienstete entschieden, um den dringenden Bedarf an Verwaltungshelferinnen und -helfern speziell für die Prüfung von Großbetrieben und die Steuerfahndung decken zu können. Vgl. Kabinettsvorlage zur Kabinettssitzung am 19. 12. 1995, betr. Punkt 9 der Tagesordnung: Entwurf einer ergänzenden Richtlinie über Aufwandsentschädigungen an Landesbedienstete bei einem Einsatz zur Verwaltungshilfe im Beitrittsgebiet, 15. 12. 1995. HHStAW, Z 502 Nr. 16130. Vgl. auch: Kabinettsvorlage zur gemeinsamen Kabinettssitzung der hessischen und thüringischen Landesregierungen am 12. 3. 1996, 7. 3. 1996. HHStAW, Z 502 Nr. 17541.

178 Vgl. Hessisches Finanzministerium, Ausgaben des Landes Hessen im „Hessen-Thüringen-Programm“, 4. 5. 1994. HHStAW, Z 502 Nr. 16130. Ebenso: Schreiben des Hessischen Ministeriums der Finanzen, betr. Projekt Aufbauhilfe Hessen-Thüringen, 11. 7. 2007. HHStAW, Projekt Hessen-Thüringen.

3.6 Verwaltungshilfe zum Aufbau demokratischer Verwaltungs- und Rechtsstrukturen anhand von Beispielen

Die bisher aufgezeigten politischen Entscheidungen zur Umsetzung des Aktionsprogramms Hessen-Thüringen lieferten den notwendigen Rahmen für die Verwaltungshilfe. Diese oftmals nüchternen Fakten und Zahlen zeichnen allerdings nur ein unvollständiges Bild der vielfältigen Aufgaben und Leistungen, die im Rahmen der Verwaltungshilfe tatsächlich erbracht wurden. Die hessische Verwaltungshilfe für Thüringen umfasste neben der in großem Umfang geleisteten materiellen Hilfe zahllose Maßnahmen der Aus-, Fort- und Weiterbildung sowie die personelle Unterstützung durch hunderte hessische Verwaltungshelferinnen und Verwaltungshelfer, die tageweise, für mehrere Monate oder auch Jahre in Thüringen tätig waren. In welchem Umfang bürotechnische Ausstattung, Fahrzeuge, Gesetzestexte, Formulare etc. nach Thüringen abgegeben wurden, lässt sich heute ebenso wenig beziffern wie das exakte Ausmaß der personellen Verwaltungshilfe. Unbestritten ist, dass die hessische Hilfe nahezu alle Bereiche der Landesverwaltung (Ministerien, nachgeordnete Behörden, Landeseinrichtungen etc.) sowie der Kommunalverwaltung umfasste. So fanden, um nur einige Beispiele zu nennen, im Rahmen der Verwaltungshilfe Schulungslehrgänge in Thüringen durch hessische Polizeikräfte statt[179], Informations- und Fortbildungsseminare für Thüringer Feuerwehren an der Hessischen Landesfeuerwehrschule[180], und das Hessische Landesarbeitsamt unterstützte den Aufbau der Thüringer Arbeitsverwaltung.[181] Umfangreich war das hessische Engagement (in Zusammenarbeit mit Rheinland-Pfalz und Bayern) beim Neuaufbau der Thüringer Kataster-, Grundbuch- und Vermessungsverwaltung[182], wodurch eine wesentliche Voraussetzung für den

179 Vgl. Bericht (22. 3. 2006) und Unterlagen von Alfred Hornung, Erster Kriminalhauptkommissar i. R. Herr Hornung war im Rahmen der hessischen Verwaltungshilfe in Thüringen im Bereich Aus- und Fortbildung der Polizei der ehemaligen DDR tätig. HHStAW, Projekt Hessen-Thüringen.

180 Vgl. Schreiben Gottfried Milde (Hessischer Innenminister) an den Vorsitzenden der Ständigen Konferenz der Innenminister/-senatoren der Länder, betr. Zusammenarbeit zwischen den Ländern der Bundesrepublik Deutschland und der Deutschen Demokratischen Republik, 11. 6. 1990. HHStAW, Z 502 Nr. 6123.

181 Das Landesarbeitsamt Hessen betreute die Arbeitsämter in Erfurt, Gotha und Nordhausen. Im Juli 1990 hatten bereits die ersten 40 Mitarbeiterinnen und Mitarbeiter aus hessischen Arbeitsämtern ihre Tätigkeit in den drei Betreuungsarbeitsämtern aufgenommen. Darüber hinaus wurden den Thüringer Arbeitsämtern Büroeinrichtungen, Schreibmaschinen, Büromaterialien etc. zur Verfügung gestellt. Vgl. Pressemitteilung des Landesarbeitsamtes Hessen, Mitarbeiter der hessischen Arbeitsämter helfen DDR-Kollegen, Nr. 36/1990, 9. 7. 1990. HHStAW, Z 502 Nr. 6124.

182 Zum Umbau des Thüringer Kataster- und Vermessungswesens und dessen Bedeutung für die weitere Entwicklung des Landes Thüringen liegen inzwischen ausführliche Berichte vor. Im November 1990 wurde der Bereich des Katasterwesens dem Thüringer Innenministerium zugeordnet und die Leitung der Abteilung dem aus Hessen abgeordneten Experten, Ministerialdirigent Prof. Dr. Gerhard Brüggemann, übertragen. Die Betreuung der aufzubauenden Katasterämter wurde durch Bayern und Hessen gewährleistet. Darüber hinaus wurde durch Sachmittelhilfe (Abgabe von Dienstwagen, Instrumenten, Datenverarbeitungsgeräten, Mobiliar etc.) sowie durch Maßnahmen im Bereich der Aus- und Fortbildung erhebliche Unterstützung geleistet. Vgl. u. a. Brügge-

reibungslosen Grundstücksverkehr und damit für die wirtschaftliche Entwicklung Thüringens geschaffen wurde. Ebenso umfassend war die hessische Hilfe (in Zusammenarbeit mit Rheinland-Pfalz) bei der Errichtung der Thüringer Versorgungsverwaltung. Hier hatten bereits im Spätsommer 1990 hessische Fachleute mit dem Aufbau der Ämter für Soziales und Familie in Thüringen begonnen.[183] Hinzu kamen, wie in vielen anderen Verwaltungsbereichen, intensive Qualifizierungsmaßnahmen thüringischer Mitarbeiterinnen und Mitarbeiter (mehrwöchige Schulungen, Praktika, Hospitationen etc.), die abschließende Bearbeitung von Anträgen in hessischen Ämtern im Wege der Organleihe sowie die Ausstattung mit Computertechnik und entsprechenden EDV-Programmen.[184]

Und auch die Gründung des neu einzurichtenden Thüringer Rechnungshofs – einer unabhängigen Finanzkontrolle – erfolgte ab Mai 1991 maßgeblich durch hessische Verwaltungshelferinnen und Verwaltungshelfer.[185]

Wohl eine der größten Herausforderungen, die es im Rahmen der Verwaltungshilfe zu bewältigen galt, stellte der Aufbau einer rechtsstaatlichen, dem Grundgesetz verpflichteten Justiz in den neuen Ländern dar. Bis zur Beendigung des Aktionsprogramms Hessen-Thüringen 1994 war infolgedessen ein Großteil aller nach Thüringen abgeordneter Bediensteter am Aufbau der Thüringer Justiz beteiligt, ab 1993 annähernd die Hälfte.[186] Ein weiterer Schwerpunkt der hessischen Verwaltungshilfe betraf den Aufbau der Thüringer Finanzverwaltung; ab 1993 konzentrierte sich die personelle Verwaltungshilfe für Thüringen fast ausschließlich auf die Bereiche Finanzen und Justiz.

mann, Gerhard: Der Neubau der Thüringer Kataster- und Vermessungsverwaltung. In: Zeitschrift für Vermessungswesen, 2/1992, S. 77–84. Vgl. auch: Persönliche Unterlagen von Prof. Dr. G. Brüggemann. HHStAW, Projekt Hessen-Thüringen.

183 Zum Aufbau des Thüringer Sozialministeriums und insgesamt der Versorgungsverwaltung vgl. das Interview mit Herrn Ludwig Crößmann in dieser Publikation. Ebenso die Ausführungen von Regierungsdirektor a. D. Dietrich Schoch, der als hessischer Verwaltungshelfer 1992 sieben Monate den Aufbau des Landessozialamtes in Thüringen verantwortlich unterstützte. HHStAW, Projekt Hessen-Thüringen.

184 Ein Tagungsprotokoll vom September 1991 gibt Auskunft über den Stand des Aufbaus der Thüringer Versorgungsverwaltung, der mit der Errichtung des Landesamts für Familie und Soziales und den drei Ämtern für Familie und Soziales in Erfurt, Gera und Suhl abgeschlossen war. Ende 1991 waren 13 hessische Beamte des gehobenen Dienstes nach Thüringen entsandt und drei Ämter wurden zu dem Zeitpunkt noch von hessischen Bediensteten geleitet. Zur Bewältigung der Aufgaben (einer geringen Zahl an Mitarbeitern stand eine große Anzahl an Anträgen gegenüber) sollte auch weiterhin Verwaltungshilfe durch Hessen geleistet werden. Vgl. Ergebnisprotokoll zur Tagung der Leiter der Versorgungsverwaltung der Länder in Frankfurt/Main vom 25. 9. bis 27. 9. 1991, betr. Thüringen (Partnerländer Hessen und Rheinland-Pfalz), S. 10–12. ThHStA Weimar, Thüringer Landesamt für Soziales und Familie Nr. 98, Bl. 184a–198a.

185 Vgl. dazu den Bericht von Wolfgang Ibel (von 1970 bis 1991 Mitglied des Hessischen Landtags). Wolfgang Ibel erhielt im Mai 1991 von der Thüringer Staatskanzlei den Auftrag, die Gründung des Thüringer Rechnungshofs vorzubereiten. Ibel wurde schließlich im Oktober 1991 vom Thüringer Landtag zum Präsidenten des Thüringer Rechnungshofs gewählt. HHStAW, Projekt Hessen-Thüringen.

186 Im August 1993 waren von insgesamt 223 nach Thüringen abgeordneten Bediensteten allein 120 im Bereich der Justiz eingesetzt, im September 1994 waren es 67 von 130 Bediensteten. (Dok. 52)

Im Folgenden wird die hessische Verwaltungshilfe in Thüringen zum Aufbau demokratischer Verwaltungs- und Rechtsstrukturen an drei Beispielen (Justiz, Finanzen, Inneres) näher beleuchtet. Anhand der Quellen lassen sich die Anforderungen an die Verwaltungshilfe ebenso aufzeigen wie die entsprechenden Entscheidungen und Maßnahmen der Hessischen Landesregierung. Über die Hilfe vor Ort, über konkrete Aufgaben und mögliche Problemlagen geben vor allem die Aussagen der Zeitzeugen in Kapitel 5. dieser Publikation Auskunft.

3.6.1 Justiz

Mit dem Beitritt der DDR zur Bundesrepublik Deutschland am 3. Oktober 1990 wurde die Rechtsordnung der Bundesrepublik auf die neuen Länder übertragen, da die tief greifenden Unterschiede zwischen beiden Rechtssystemen eine Verschmelzung unmöglich machten. Das DDR-Rechtssystem war insgesamt von einem anderen Grundverständnis geprägt: *In der sozialistischen Rechtsordnung gab es weder Gewaltenteilung, Gesetzmäßigkeit der Verwaltung oder effektiven Grundrechtsschutz, ebenso wenig die Kontrolle der Gesetzgebung durch Verfassungsgerichtsbarkeit.*[187] Entsprechend unterschied sich auch die DDR-Juristenausbildung von der westdeutschen Juristenausbildung in Inhalt, Struktur und Dauer grundlegend, da die Ausbildung in der DDR vor allem politisch-ideologisch im Sinne einer sozialistischen Gesetzlichkeit/Parteilichkeit ausgerichtet war.

Ein wichtiger Faktor und Ausdruck der politischen Veränderung in der DDR war die Demokratisierung des Rechtssystems. Schon vor dem Beitritt zur Bundesrepublik unternahm die DDR unter Ministerpräsident de Maizière umfangreiche Anstrengungen zur Angleichung und Liberalisierung des Rechtssystems und zur rechtsstaatlichen Reorganisation der Rechtspflege[188], zum Teil bereits mit Unterstützung aus den alten Bundesländern. Der endgültige Aufbau des Rechtswesens vollzog sich nach der Länderneubildung ab Oktober 1990 von oben nach unten: Zunächst wurden bei den Landesregierungen die Justizministerien eingerichtet, dann die Gerichtsstruktur umorganisiert. Durch die sukzessive Umbildung des Gerichtsaufbaus sollte eine geordnete Rechtspflege gewährleistet und ein möglicher Stillstand vermieden werden. Nach einer kurzen Übergangsregelung wurden bei den Kreis- bzw. Bezirksgerichten zur Rechtsprechung in der Fachgerichtsbarkeit entsprechende Senate angeschlossen. Von 1991 bis 1993 fand schließlich die vollständige Angleichung des Gerichtsaufbaus der neuen Länder an jenen der alten Länder statt. *Die bestehenden Kreisgerichte wurden in Amtsgerichte umgewandelt. Landgerichte wurden neu errichtet, und jedes Land erhielt ein Oberlandesgericht (Brandenburg: Potsdam, Meck-*

187 Wassermann, Rudolf: Rechtssystem. In: Handbuch zur deutschen Einheit, 1999, S. 650–660, hier S. 652.

188 Die Gesetzesänderungen betrafen im Rechtswesen u. a. die Gerichtsverfassung, die Stellung der Staatsanwaltschaft, das Strafgesetzbuch und das Treuhandgesetz zur Privatisierung der volkseigenen Betriebe. Vgl. ebd., S. 653 f.

lenburg-Vorpommern: Rostock, Sachsen: Dresden, Sachsen-Anhalt: Naumburg, Thüringen: Jena). Entsprechend der bundesdeutschen Gerichtsstruktur wurde aus der ordentlichen Gerichtsbarkeit die Arbeitsgerichtsbarkeit ausgegliedert. Neu geschaffen wurden die Verwaltungs-, Finanz- und Sozialgerichtsbarkeit.[189]

Zum Aufbau einer rechtsstaatlichen, dem Grundgesetz verpflichteten Justiz in den neuen Ländern war die Abordnung einer Vielzahl von Richtern, Staatsanwälten und Verwaltungsangehörigen aus den alten Ländern unerlässlich. Abordnungen erfolgten unmittelbar und in großem Umfang nach dem Beitritt der DDR zur Bundesrepublik. Doch schon zuvor kam es in Folge der Volkskammerwahl im März 1990 zu ersten Maßnahmen durch die alten Länder und den Bund. Auch das Hessische Ministerium der Justiz hatte bereits im März 1990 zur Vorbereitung der anstehenden Aufgaben damit begonnen, einen Arbeitsstab „Rechtsentwicklung in der DDR" einzurichten. In einem Schreiben vom 19. März an alle Justizbehörden in Hessen wurden diese zur Mitarbeit aufgefordert, da beim Aufbau einer unabhängigen und rechtsstaatlichen Rechtspflege gerade auch Hilfsangebote der hessischen Justiz gefragt seien. *Es geht in diesem Zusammenhang um Wünsche nach Information, Aus- und Fortbildung und technischen Hilfsmitteln. Um solchen Wünschen ggf. möglichst rasch und effektiv entsprechen zu können, soll ein Arbeitsstab aus ca. 30 Mitarbeitern der hessischen Justiz gebildet werden, die bereit und geeignet sind, im Bedarfsfall bei der Neugestaltung der Justiz in der DDR mitzuarbeiten und im Vorgriff hierauf Konzeptionen für Hilfsangebote mitzugestalten.*[190] Im Mai 1990 war ein entsprechender Arbeitsstab gegründet, dem 48 Bedienstete (Richter, Staatsanwälte, Justizbeamte) des Landes Hessen angehörten.[191] Die Aufgabe des Arbeitsstabs bestand darin, den Aufbau des Justizwesens nach bundesdeutschem Vorbild im Hinblick auf die Länderneubildung im Oktober 1990 u. a. durch Qualifizierungsmaßnahmen für Thüringer Justizbedienstete vorzubereiten. Für folgende Justizbereiche wurden entsprechende Arbeitsgruppen eingerichtet: Zivilgerichtsbarkeit, Staatsanwaltschaften und Strafgerichtsbarkeit, Jugendstrafrecht und Vormundschaftssachen, Freiwillige Gerichtsbarkeit einschließlich Zwangsvollstreckung, Besondere Gerichtsbarkeiten (Verwaltungs-, Finanz- und Sozialgerichtsbarkeit) einschließlich Arbeitsgerichtsbarkeit, Justizvollzug und Justizverwaltung im technischen Sinne. Den Einsatz

189 Ebd., S. 655. Diese Phase des Justizumbaus fand in Thüringen am 1. 9. 1993 mit dem Inkrafttreten des Gerichtsorganisationsgesetzes und der Wiedererrichtung des Thüringer Oberlandesgerichts in Jena ihren Abschluss. Vgl. Bauer, Hans Joachim; Werner, Olaf (Hrsg.): Festschrift zur Wiedererrichtung des Oberlandesgerichts in Jena, 1994. Bis September 1993 bestand die Gerichtsorganisation, wie sie sich seit 1952 in der DDR mit Kreis- und Bezirksgerichten herausgebildet hatte, weiter fort. Das Oberste Gericht der DDR in Berlin und die Generalstaatsanwaltschaft der DDR wurden bereits mit dem Beitritt der DDR zur Bundesrepublik 1990 aufgehoben.

190 Schreiben des Hessischen Ministeriums der Justiz an alle Justizbehörden in Hessen (Amtsgerichte: nur Präsidialamtsgerichte), betr. Arbeitsstab „Rechtsentwicklung in der DDR", 19. 3. 1990. HHStAW, Abt. 634 Zug. 39/2007 Nr. 23.

191 Vgl. Stoepler, Werner: „Wenn die Richter Angst um ihre eigene Zukunft haben", Wiesbadener Kurier, 8. 6. 1990. Ebenso: Hessisches Ministerium der Justiz, Zusammenarbeit zwischen Hessen und Thüringen, Bericht mit Stand vom 9. 7. 1990, S. 1. HHStAW, Z 502 Nr. 6144.

der Arbeitsgruppen sowie die Koordination mit den anderen Bundesländern übernahm das Hessische Ministerium der Justiz.[192]

Ein erster offizieller Besuch des damaligen Hessischen Justizministers Karl-Heinz Koch (CDU) fand am 6. und 7. Juni 1990 in Thüringen statt. Zur Delegation gehörten Volker Bouffier (damaliger Staatssekretär im Hessischen Justizministerium), Ministerialdirigent Dieter Schmidt (Präsident des Justizprüfungsamtes), Dr. Alfred Pentz (Vorsitzender Richter a. D. am Oberlandesgericht), der Leitende Ministerialrat Lieber, Dr. Martin Stoll (Richter am Landessozialgericht) sowie Dr. Herbert Landau (Richter am Oberlandesgericht und persönlicher Referent Karl-Heinz Kochs). In Informationsgesprächen mit den Direktoren der Bezirksgerichte in Erfurt, Gera und Suhl, den Direktoren der Kreisgerichte und Vertretern von Anwalts- und Notarsvereinigungen sowie des Vorstands des thüringischen Richterbundes wurden mögliche hessische Hilfen erörtert. Entsprechend den Beschlüssen der Justizministerkonferenz sollten die Länder Bayern, Rheinland-Pfalz und Hessen in gemeinsamer Absprache Fortbildungskurse vor allem im Bürgerlichen Recht, Handels-, Wirtschafts- und Gesellschaftsrecht für von der DDR zu benennende Richter durchführen.[193] Des Weiteren wurden der thüringischen Justiz, wie von ihr gewünscht, im Rahmen des Fortbildungsprogramms Praktika angeboten. Eine konkrete Abmachung sah vor, *daß noch vor der Sommerpause 12 Arbeitsrichter und 3 Mietrichter zu einem ersten einwöchigen Praktikum nach Hessen reisen werden. […] Bei den Praktika sollen die thüringischen Richter vor allem Einzelrichtern der hessischen Justiz und der Arbeitsgerichtsbarkeit zugewiesen werden.*[194] Als Soforthilfe sollte zunächst juristische Fachliteratur (Kommentare, Handbücher etc.) zur Verfügung gestellt werden.

Hessen reagierte schnell. Bereits in der Zeit vom 2. bis 6. Juli hatten insgesamt 15 thüringische Richterinnen und Richter an einem einwöchigen Praktikum an Gerichten in Kassel, Wiesbaden und Frankfurt im Bereich Arbeits- und Mietrecht teilgenommen. Und in einer ersten Aktion war in größerem Umfang juristische Fachliteratur nach

192 Vgl. ebd. Der Arbeitsstab stellte seine Tätigkeit mit der Bildung eines eigenen Justizministeriums in Thüringen nach der Landtagswahl im Oktober 1990 ein und nachdem von den Partnerländern festgelegt worden war, dass die Federführung im Rahmen der gemeinsamen Hilfe im Bereich der Justiz bei Rheinland-Pfalz liegen sollte.

193 In einem gemeinsamen Beschluss der Justizminister und -senatoren bekundeten diese Ende Mai 1990 bereits ihre Bereitschaft, unmittelbar umfassende Hilfe bei der Fortbildung zu leisten und *die DDR im Zusammenhang mit der Bildung von Ländern beim Aufbau von Landesjustizverwaltungen und bei der Neuordnung und Verbesserung der Justiz zu unterstützen. Sie erklären, sich dafür einzusetzen, daß etwa 100 Richter für die Verwaltungs-, Finanz- und Sozialgerichtsbarkeit unter Kostenbeteiligung zwischen Bund und Ländern in die DDR entsandt werden, wobei regionale Gesichtspunkte zu berücksichtigen sind. […] und bitten den Bundesminister der Justiz, die Ergebnisse dem Ministerium der Justiz der DDR zu übermitteln.* 61. Konferenz der Justizminister und -senatoren, 28.5. bis 31. 5. 1990 in München, Punkt 1 der Tagesordnung: Entwicklung in der DDR, Mai 1990. HHStAW, Z 502 Nr. 6145.

194 Vgl. Hessisches Ministerium der Justiz, Informationsvermerk, betr. Besuch von Herrn Staatsminister Karl-Heinz Koch am 6. und 7. 6. 1990 in Thüringen, 11. 6. 1990. HHStAW, Abt. 634 Zug. 39/2007 Nr. 23.

Thüringen abgegeben worden.[195] Ab dem 1. Juli 1990 gab es mit Dr. Alfred Pentz zudem eine ständige Repräsentanz der hessischen Justiz in Erfurt.[196]

In einem Schreiben vom 19. Juli 1990 an die Präsidenten und Direktoren der Hessischen Gerichte, Leiter der Justizvollzugsanstalten und den Vorsitzenden des Hauptpersonalrates äußerte sich Justizminister Koch bezüglich seines Thüringenbesuchs allerdings kritisch über die Situation der dortigen Justiz: *Ich habe den Eindruck gewonnen, daß die thüringische Justiz ohne breit angelegte Hilfestellungen nicht in der Lage sein wird, den auf sie zukommenden Anforderungen gerecht zu werden. Neben der überall festzustellenden Verunsicherung der Richterschaft zeichnen sich in der DDR kaum Lösungsmöglichkeiten ab, wie mit den steigenden Eingangszahlen etwa in den Bereichen Arbeitsrechtssachen, der Mietstreitigkeiten und auf den Gebieten des Handels- und Wirtschaftsrechts umgegangen werden soll.*[197] Koch wies damit auf ein drängendes Problem hin, das sich mit der Überprüfung der DDR-Richter und Staatsanwälte ergab. Eine politisch unabhängige Justiz mit unabhängigen Richtern als Teil eines demokratischen Systems der Gewaltenteilung existierte in der DDR nicht, die Weiterbeschäftigung der Richter und Staatsanwälte wurde daher von einer individuellen Eignungsprüfung abhängig gemacht. Am 5. Juli 1990 hatte die Regierung de Maizière ein DDR-Richtergesetz erlassen, das die Überprüfung der Richter und Staatsanwälte durch entsprechende Ausschüsse vorsah.[198] Daher war einerseits nicht absehbar, wie viele Richter und Staatsanwälte letztendlich in den Dienst des neu zu bildenden Landes Thüringen übernommen werden würden – andere Richter und Staatsanwälte hatten ihr Amt bereits vor einer Überprüfung niedergelegt –, andererseits bestanden kaum Kenntnisse über das anzuwendende bundesdeutsche Recht. So war offenbar, dass der Aufbau einer rechtsstaatlichen Justiz in den neuen Ländern und damit auch in Thüringen nur durch umfangreiche personelle Verwaltungshilfe aus den alten Bundesländern möglich sein würde.

Die Koordination und eine regelmäßige Abstimmung der Justizhilfe fanden zwischen dem Bund und den alten Ländern statt. Vordringlichstes Ziel der Hilfe sollte zunächst die Aus- und Fortbildung der Richter, Staatsanwälte und Justizbediensteten der DDR im Recht der Bundesrepublik sein. Ein erstes, umfangreiches Qualifizierungskon-

195 Inwiefern die abgegebene juristische Fachliteratur den thüringischen Richterinnen und Richtern tatsächlich zur Verfügung stand, lässt sich anhand der Aktenlage nicht feststellen. Aussagen von Zeitzeugen lassen vielmehr erkennen, dass zur Verfügung gestellte Gesetzestexte und Kommentare von den Gerichtspräsidenten Thüringer Gerichte nicht weitergegeben wurden und ungelesen in Kellerräumen verschwanden. Vgl. u. a. Interview mit Dr. Rolf Faber in dieser Publikation.

196 Hessisches Ministerium der Justiz, Zusammenarbeit zwischen Hessen und Thüringen, Bericht mit Stand vom 9. 7. 1990, S. 1. HHStAW, Z 502 Nr. 6144. Über die genauen Aufgaben, die mit dieser Position verbunden waren, gibt es keine weiteren Hinweise.

197 Schreiben Justizminister Karl-Heinz Koch an die Präsidenten und Direktoren hessischer Gerichte etc., 19. 7. 1990. HHStAW, Abt. 634 Zug. 39/2007 Nr. 23.

198 Vgl. Beschluss der Volkskammer der Deutschen Demokratischen Republik zum Richtergesetz. Ordnung über die Bildung und Arbeitsweise der Richterwahlausschüsse, 22. 7. 1990. GBl. DDR 1990 I, S. 904. Eine systematische Überprüfung der Richter- und Staatsanwälte erfolgte jedoch erst nach der Neubildung des Landes Thüringen ab Oktober 1990.

zept sah für alle Richterinnen und Richter der DDR allgemeine Fortbildungskurse im Umfang von 360 Stunden vor. Von den insgesamt 60 geplanten Fortbildungskursen sollte das Bundesland Hessen (entsprechend der Länderquote) vier Kurse übernehmen.[199] (Dok. 57) Als Lehrkräfte waren praxiserfahrene hessische Richterinnen und Richter in Gera, Erfurt und in der Fortbildungsstätte in Wustrau bei Neuruppin im Einsatz.[200]

Bund und Länder verständigten sich zudem darauf, 130 bundesdeutsche Richterinnen und Richter aus der Verwaltungs-, Sozial-, Finanz- und Arbeitsgerichtsbarkeit zum Einsatz in die DDR zu entsenden. Dem lagen entsprechende Anfragen des Justizministeriums der DDR zugrunde. Genauere Absprachen darüber wurden am 28. Juni 1990 zwischen dem Minister der Justiz der DDR, den Bundesministern für Justiz sowie für Arbeit und Sozialordnung und Vertretern der Bundesländer getroffen. Wie es im Sitzungsprotokoll hieß, gehe die DDR vorerst von 130 Richtern aus, die ab dem 1. September 1990 ihre Tätigkeit aufnehmen würden. Dabei sei der DDR *mit kurzfristigen Abordnungen von wenigen Monaten, etwa bis Jahresende 1990, nicht geholfen. Selbst Ende 1992 werde noch nicht genügend eigener Juristennachwuchs ausgebildet sein. Deshalb sei die DDR an Richtern interessiert, die zu einer möglichst langfristigen Zuweisung oder vielleicht sogar zu einer Übersiedlung in die heutige DDR bereit seien.*[201] Vom Justizminister der DDR wurde zugesichert, dass die Richterinnen und Richter die gleiche Amtsstellung erhalten würden wie in der Bundesrepublik. *Insbesondere werde die sachliche Unabhängigkeit garantiert. [...] im übrigen gebe es in der DDR auch keine Stellen mehr, die die Rechtsprechung beeinflussen könnten und wollten.*[202] Zwar war der Umbau der DDR-Justiz hin zu einer rechtsstaatlichen Justiz politisch von der Regierung de Maizière gewollt und konsequent verfolgt, doch wurde diese Entscheidung offenbar nicht von allen DDR-Justizbediensteten unterstützt, wie Zeitzeugen berichten.[203] Die Verteilung

199 Vgl. Schreiben des Hessischen Ministeriums der Justiz an die Präsidentin, Präsidenten, Direktorinnen und Direktoren der hessischen Gerichte, betr. Fortbildungskurse für Richterinnen und Richter in der DDR, 4. 7. 1990. HHStAW, Abt. 634 Zug. 39/2007 Nr. 23. Eine Verwaltungsvereinbarung zwischen Bund und Ländern regelte vor allem die Kosten für die Fortbildung der DDR-Richter. Hessen übernahm Sofortlehrgänge im Verwaltungs-, Arbeits- und Sozialrecht. Vgl. Verwaltungsvereinbarung über die Beteiligung an den Kosten für die Fortbildung der Richter in der (bisherigen) DDR, 1990/1991. Vgl. HHStAW, Abt. 634 Zug. 39/2007 Nr. 22.

200 Hessische Dozentinnen und Dozenten waren im September 1990 in Wustrau und ab Oktober 1990 in Gera und Erfurt tätig. Über den Verlauf dieser Fortbildungsveranstaltungen liegen Protokolle der hessischen Dozentinnen und Dozenten vor, in denen diese u. a. auf die mangelnde Reflexion der Teilnehmerinnen und Teilnehmer bezüglich der Rolle der Richter als auch bezüglich der Rolle des Rechts in der DDR hinwiesen. Vgl. Berichte hessischer Richterinnen und Richter über die Fortbildungsveranstaltungen für Richterinnen und Richter der DDR. HHStAW, Abt. 634 Zug. 39/2007 Nr. 68. Vgl. ferner: Hessisches Ministerium der Justiz, Fortbildung von Richterinnen und Richtern in der DDR, Dozentenliste, 11. 9. 1990. HHStAW, Abt. 634 Zug. 39/2007 Nr. 68.

201 Bayerisches Staatsministerium der Justiz, Ergebnisprotokoll der Besprechung am 28. 6. 1990, 3. 7. 1990, S. 4. HHStAW, Abt. 634 Zug. 39/2007 Nr. 23.

202 Ebd., S. 5.

203 Vgl. u. a. die Interviews mit Dr. Peter Wickler und Dr. Hartmut Schwan in dieser Publikation. Vgl. ebenso: „Der letzte Schrott. West-Richter, die in den neuen Bundesländern beim Aufbau der Justiz helfen sollen, sind dort oft nicht willkommen", Der Spiegel, 19/1991, S. 100 ff.

der insgesamt 130 Stellen erfolgte in Absprache der Bundesländer. Danach sollte Bayern zehn, Hessen neun (fünf Verwaltungs- und drei Arbeitsrichter sowie eine Sozialrichterin) und Rheinland-Pfalz sieben Richter nach Thüringen entsenden.[204] Die Finanzierung der Justizhilfe wurde anteilig zu je 50 % vom Bund und den Ländern getragen.

Die Beteiligung des Bundes am „Sonderprogramm Justiz" war zunächst bis Ende 1990 vorgesehen, doch war bald offenkundig, dass der Aufbau der Justizverwaltungen in den neuen Ländern nicht ohne längerfristige Unterstützung durch den Bund und die alten Länder möglich sein würde. Vom damaligen Justizstaatssekretär und späteren Justizminister Dr. Klaus Kinkel (FDP) wurde im Februar 1991 ein umfangreiches Programm (sog. „Kinkel-Programm") zum Aufbau der Justizverwaltung in den fünf neuen Ländern eingeführt.[205]

Schon mit Beginn der Wirtschafts-, Währungs- und Sozialunion am 1. Juli 1990 erlangten große Teile der Wirtschafts- und Rechtsordnung der Bundesrepublik Gültigkeit in der DDR[206], da, so Minister Koch in einem Zeitungsinterview, die soziale Marktwirtschaft, um wirksam und erfolgreich werden zu können, die Formen des Rechtsstaates brauche: *... sie braucht einklagbare, auch gegen die öffentliche Gewalt und den Staat in seiner exekutiven Form durchsetzbare, materielle und effektive Rechte der Bürger. Eine unabhängige Richterschaft, die persönlich wie sachlich von der Exekutive und der Legislative gelöst und nur Recht und Gesetz verpflichtet ist, eine streng an Gesetz und Recht orientierte Staatsanwaltschaft und eine gut funktionierende freiwillige Gerichtsbarkeit in den Bereichen des Handelsregisters und des Grundbuches ...*[207] Zur neuen Gesetzgebung gehörte ab dem 1. Juli die Übernahme wesentlicher Teile des materiellen Arbeitsrechts der Bundesrepublik auf das Gebiet der DDR und damit verbunden der Aufbau einer unabhängigen, wirksamen – und in einem weiteren Schritt eigenständigen – Arbeitsgerichtsbarkeit.[208] Arbeitsrechtsprechung wurde in

204 Insgesamt sollte Thüringen zunächst 26 Richter erhalten. Zu den 130 Richterstellen kamen zwei weitere Finanzrichter hinzu, die für das Oberste Gericht der DDR vorgesehen waren. Vgl. Bayerisches Staatsministerium der Justiz, Ergebnisprotokoll der Besprechung am 28. 6. 1990, Anlage: Verteilung der in die DDR zu entsendenden Richter, 3. 7. 1990. HHStAW, Abt. 634 Zug. 39/2007 Nr. 23.

205 Für das Jahr 1990 waren insgesamt 5,2 Mio. DM Bundesmittel für die Justizhilfe vorgesehen, für die folgenden drei Jahre standen jährlich 120,5 Mio. DM (für die Abordnung von Richterinnen, Richtern, Staatsanwältinnen, Staatsanwälten, Entsendung von Ruhestandsbeamten, Mitfinanzierung von Neueinstellungen etc.) zur Verfügung. Entsprechend der Länderquote beteiligte sich Hessen mit 5,3 Mio. DM aus Mitteln des Aktionsprogramms daran. Zum Justizhilfeprogramm des Bundes vgl. Besprechung des Bundeskanzlers mit den Regierungschefs der Länder am 28. 2. 1991, Ergebnisprotokoll, Top 2: Verwaltungshilfe für die neuen Länder und deren Finanzierung, S. 2. HHStAW, Z 502 Nr. 6128.

206 Der Vertrag über die Schaffung einer Währungs-, Wirtschafts- und Sozialunion wurde bereits am 18. 5. 1990 von den Finanzministern der beiden deutschen Staaten unterzeichnet.

207 Maahs, Manfred: „Juristen-Praktika im Hessischen. Interview mit dem Justizminister dieses Bundeslandes, Karl-Heinz Koch, über Fortbildungskurse", Thüringer Allgemeine, 14. 6. 1990.

208 In einem Schreiben des Bundesministers für Arbeit und Sozialordnung wurde darauf verwiesen, dass bereits in der Koalitionsvereinbarung der Parteien, die die Regierung der DDR stellen, der

der DDR an den jeweiligen Kreis- und Bezirksgerichten durch Richter ausgeübt, die auch Rechtsprechung in anderen Rechtsgebieten wahrnahmen, Kenntnisse im bundesdeutschen Arbeitsrecht bestanden kaum.[209]

Am 1. September 1990 begann der offizielle Einsatz von neun hessischen Richterinnen und Richtern, die in der DDR (im zukünftigen Thüringen) die Verbesserung und Neuordnung der Justiz unterstützen sollten. Im Bereich der Verwaltungsgerichtsbarkeit waren die Richter Erwin Bretthauer (Vizepräsident des Verwaltungsgerichts Kassel), Harald Graef (Hessischer Verwaltungsgerichtshof), Manfred Kremer (Hessischer Verwaltungsgerichtshof), Dr. Hartmut Schwan (Verwaltungsgericht Kassel), Klaus Friedrich (Verwaltungsgericht Wiesbaden) eingesetzt, im Bereich der Sozialgerichtsbarkeit die Richterin Christa Wagner (Sozialgericht Kassel) und zur Unterstützung der Arbeitsgerichtsbarkeit die Richter Günter Brummer (Arbeitsgericht Darmstadt), Klaus Feser (Arbeitsgericht Frankfurt/Main) und Dr. Peter Wickler (Arbeitsgericht Gießen).[210] Um Richterinnen und Richter mit ihrem Einverständnis und unter Fortzahlung ihrer Bezüge auf Zeit in die DDR entsenden zu können, wurde vom Bund mit der „Zuweisung“ ein neu entwickeltes Rechtsinstitut geschaffen, das weitgehend der „Abordnung“ entsprach. Die „Abordnung“ bundesdeutscher Richterinnen und Richter war rechtlich ausschließlich innerhalb des Bundesgebiets möglich, nicht aber in die DDR, die bis zum 3. Oktober 1990 als souveräner Staat existierte.[211]

Zu den ersten Entsendungen nach Thüringen gehörten, wie bereits angeführt, drei Arbeitsrichter, deren Zuweisung zunächst bis zum 31. Dezember 1991 vorgesehen war.[212] Wie es in einem Schreiben des Hessischen Sozialministeriums an das Ministe-

Aufbau einer eigenständigen Arbeitsgerichtsbarkeit vorgesehen sei. Vgl. Bundesminister für Arbeit und Sozialordnung an die Minister und Senatoren der Länder, betr. Personelle Hilfen für den Aufbau einer eigenständigen Arbeitsgerichtsbarkeit in der DDR, 26. 4. 1990. HHStAW, Z 502 Nr. 6144. Vgl. dazu insbesondere das Interview mit Dr. Peter Wickler in dieser Publikation.

209 Ein Schreiben des Direktors des Kreisgerichts Leipzig verdeutlicht die schwierige Situation für DDR-Richterinnen und Richter: *Auf Grund der rasanten politischen Entwicklung in der DDR ergeben sich immer mehr Rechtsfragen betreffs arbeitsrechtlicher Regelungen in der BRD. Leider sind die momentanen Möglichkeiten eines Arbeitsrichters in der DDR zur Qualifizierung im BRD-Arbeitsrecht sehr bescheiden.* Schreiben des Kreisgerichts Leipzig, Stadtbezirk Südost an den Direktor des Amtsgerichts Wetzlar, 2. 4. 1990. HHStAW, Abt. 634 Zug. 39/2007 Nr. 23.

210 Vgl. Schreiben des Hessischen Ministeriums der Justiz an die Vorsitzende des Politisch-beratenden Ausschusses, Arbeitsgruppe Justiz, betr. Personelle Unterstützung der DDR im richterlichen Dienst, 15. 8. 1990. ArTHüLT, Archiv Nr. /32 Az. 0416.29/06.

211 In einem Schreiben der Hessischen Staatskanzlei wurde auf die unterschiedlichen „Fallgruppen“ wie „Zuweisung“ (§ 123a BRRG), „Abordnung“ (§§ 28 HBG, 17), „Versetzung“ (§§ 29 HBG, 18 BRRG) hingewiesen. Vgl. Schreiben der Hessischen Staatskanzlei an den Hessischen Finanzminister, betr. Verwaltungshilfe für Thüringen, 6. 11. 1990. HHStAW, Z 502 Nr. 6126.

212 Ein umfassender Aktenbestand im Hessischen Hauptstaatsarchiv Wiesbaden dokumentiert die hessische Verwaltungshilfe für Thüringen beim Aufbau einer eigenständigen Arbeitsgerichtsbarkeit. Die Laufzeit des Bestandes umfasst den Zeitraum von 1990 bis 1994, in ihm finden sich, neben allgemeinem Schriftverkehr, Organisationskonzepte für eine eigenständige Arbeitsgerichtsbarkeit in Thüringen, Unterlagen zu Aus- und Fortbildungsveranstaltungen für DDR-Juristen, auch Arbeitsberichte der in Thüringen tätigen hessischen Arbeitsrichter aus der Zeit von September bis Oktober 1990. HHStAW, Abt. 634 Zug. 39/2007.

M I N I S T E R R A T
D E R D E U T S C H E N D E M O K R A T I S C H E N R E P U B L I K
MINISTERIUM DER JUSTIZ
DER MINISTER

U R K U N D E

Der Minister der Justiz der Deutschen Demokratischen Republik erteilt gemäß § 46 des Richtergesetzes vom 5. Juli 1990 sowie der Durchführungsbestimmung zum Richtergesetz vom 14. August 1990

~~Frau~~/Herrn
Richter am Arbeitsgericht

Dr. Peter W i c k l e r

die Befugnis zur Ausübung der Rechtsprechung als

Richter für
Arbeitsrecht

am Kreisgericht/~~Bezirksgericht~~ Erfurt

Berlin, den 1. 9. 1990

amtierender Minister

Urkunde zur Erteilung der Befugnis zur Ausübung der Rechtsprechung in der DDR als Richter für Arbeitsrecht für Dr. Peter Wickler (Dr. P. Wickler)

Bezirksgericht Erfurt mit Blick auf den Innenhof, 1990/1991

rium der Justiz der Deutschen Demokratischen Republik hieß, machten die genannten Richter ihre Bereitschaft zur Tätigkeit in der DDR allerdings davon abhängig, dass die *richterliche Unabhängigkeit nach den in der Bundesrepublik Deutschland geltenden Maßstäben sichergestellt wird. Insbesondere müsse die Unversetzbarkeit und die allgemeine Weisungsfreiheit gewährleistet sein.*[213] (Dok. 58) Offensichtlich wurde dies zugesichert, da die hessischen Richter ihre Dienstgeschäfte am 3. September 1990 in der DDR an den Kreisgerichten von Erfurt (Dr. Wickler) und Gotha (Herr Brummer) sowie am Bezirksgericht Erfurt (Herr Feser) begannen. Die Aufnahme der Arbeitsrichter in Thüringen durch den zuständigen Präsidenten des Bezirksgerichts Erfurt sei, wie es in einem Bericht hieß, allerdings ablehnend gewesen. *Der Präsident hat allen dreien empfohlen, zunächst wieder an ihre hessischen Gerichte zurückzukehren und mit der Dienstaufnahme an den thüringischen Gerichten auf seinen Telefonanruf zu warten.*[214] Trotz Zusage standen weder Büroräume zur Verfügung noch war die Wohnungsfrage geklärt. Ein Problem, dass sich mit der Abordnung weiterer Verwaltungshelferinnen und -helfer noch verschärfte, wie viele Zeitzeugen schildern.[215]

Berichte der hessischen Arbeitsrichter vom August und Oktober 1990 vermitteln einen Eindruck des desolaten Zustands der DDR-Justiz, die stark vom politischen Umbruch gekennzeichnet war. Nach Angaben Fesers sei eine funktionierende Gerichtsver-

213 Schreiben des Hessischen Sozialministeriums an das Ministerium der Justiz der Deutschen Demokratischen Republik, betr. Entsendung von bundesdeutschen Arbeitsrichtern in die DDR, 14. 8. 1990. HHStAW, Abt. 634 Zug. 39/2007 Nr. 23.

214 Schreiben des Präsidenten des Landesarbeitsgerichts Keil an das Hessische Sozialministerium, betr. Abordnung von drei Richtern der hessischen Arbeitsgerichtsbarkeit an Gerichte in Thüringen, Erfahrungsbericht, 15. 10. 1990, S. 1. HHStAW, Abt. 634 Zug. 39/2007 Nr. 23.

215 Auch in einem Vermerk der Hessischen Staatskanzlei wurde ausdrücklich auf dieses Problem hingewiesen. Vgl. Hessische Staatskanzlei, Vermerk, betr. Unterbringung der im Rahmen der Verwaltungshilfe Thüringen nach Erfurt abgeordneten Bediensteten, 26. 10. 1990. HHStAW, Z 502 Nr. 14201.

waltung augenscheinlich nicht mehr vorhanden. Als Ursache dafür wurden u. a. das Fehlen klarer Führungszuständigkeiten und das freiwillige Ausscheiden vieler DDR-Richter aus dem Dienst genannt. Unzureichend war danach auch die Situation im nichtrichterlichen Bereich: Hier fehlten insbesondere Rechtspfleger, Geschäftsstellenverwalter und Protokollführer. Insgesamt seien die Arbeitsbedingungen dadurch erschwert, dass eine Aktenführung nach geläufigen Anforderungen mit Geschäftsverteilungsplänen, Prozessregistern und Verhandlungskalendern nicht existierten. Zum Aufbau der erforderlichen Infrastruktur sei daher die Schulung nichtrichterlichen Personals dringend erforderlich.[216] Entsprechende Hospitationen wurden an vielen hessischen Gerichten durchgeführt und juristische Fachliteratur sowie umfangreiche Arbeitsmittel (Kopier- und Diktiergeräte, Büromaterialien etc.) im Rahmen der hessischen Verwaltungshilfe nach Thüringen abgegeben.

Problematisch war in der Anfangsphase, wie Tätigkeitsberichten zu entnehmen ist, auch die Berufung ehrenamtlicher Richter, ohne die nach dem Arbeitsgerichtsgesetz Arbeitsrechtsprozesse nicht stattfinden konnten. Die Besetzung dieser Stellen hatte je zur Hälfte auf Vorschlag der Gewerkschaften und der Arbeitgeberverbände zu erfolgen, die sich jedoch zur damaligen Zeit in Thüringen selbst noch im Aufbau befanden.[217] Dennoch erklärten sich die Verbände bereit, so Arbeitsrichter Feser, *zunächst eine so ausreichende Zahl an ehrenamtlichen Richtern vorzuschlagen, daß für die erste Zeit zumindest nach einer vorläufigen Beisitzerliste (Notliste) vorgegangen werden kann. Mit einer zügigen Unterstützung der Verbände in dieser Angelegenheit ist auch deshalb zu rechnen, weil deren Vertreter klar zum Ausdruck gebracht haben, daß sie ein Weitermachen der bisherigen Schöffen in Arbeitssachen nicht akzeptieren können.*[218]

Zu den allgemein schwierigen Arbeitsbedingungen kam ab Oktober 1990 ein rapider Anstieg an Arbeitsrechtsverfahren wegen Beendigung von Arbeitsverhältnissen hinzu; der Verfahrensbestand hatte sich gegenüber 1989 um das Vierzehnfache erhöht.[219] Grund dafür waren massenhafte Entlassungen, die im Zuge der Privatisierung

216 Vgl. Bericht Klaus Feser, betr. Zuweisung von Richtern der hessischen Arbeitsgerichtsbarkeit in die DDR/Thüringen, 28. 8. 1990, S. 2. HHStAW, Abt. 634 Zug. 39/2007 Nr. 23. In seinem Sachstandsbericht verwies Günter Brummer beispielsweise darauf, dass allein am Kreisgericht Gotha vier Richterstellen nicht besetzt seien. Vgl. Günter Brummer, Sachstandsbericht, 15. 10. 1990, S. 1. HHStAW, Abt. 634 Zug. 39/2007 Nr. 23. Vgl. ebenso: Arbeitsbericht Klaus Feser, betr. Zuweisung von Richtern der hessischen Arbeitsgerichtsbarkeit in die DDR/Thüringen, Bericht über die Dienstreise am 22. 8. 1990, 28. 8. 1990. HHStAW, Abt. 634 Zug. 39/2007 Nr. 23.

217 Zum Aufbau der Gewerkschaften in Thüringen vgl. Schiller, Theo; Weinbach, Kerstin: Die Gewerkschaften. In: Thüringen. Eine politische Landeskunde, 1996, S. 227–241.

218 Klaus Feser, Erfahrungsbericht über die Tätigkeit von Richtern der hessischen Arbeitsgerichtsbarkeit im Bundesland Thüringen, 15. 10. 1990, S. 5 f. HHStAW, Abt. 634 Zug. 39/2007 Nr. 23.

219 Wie weitere Statistiken zeigen, stiegen die Verfahrenseingänge bei den Arbeitsgerichten in den Monaten April und September 1991 nochmals geradezu explosionsartig an. Ursache dafür waren Kündigungsschutzklagen, die im Zusammenhang mit dem Auslaufen der „Kurzarbeit-Null-Regelung“ standen. Vgl. Carlé, Egon; Wickler, Peter: Der Aufbau einer Arbeitsgerichtsbarkeit in Thüringen, Februar 1991. HHStAW, Abt. 634 Zug. 39/2007 Nr. 25. Ebenso: Info/Mai 1992. Thüringer Arbeitsgerichtsbarkeit. HHStAW, Abt. 634 Zug. 39/2007 Nr. 25.

und Abwicklung ehemaliger DDR-Betriebe und Einrichtungen erfolgten. Ganz anders stellte sich die Situation in den übrigen Gerichtszweigen dar, in denen die Verfahren nach dem Beitritt der DDR zur Bundesrepublik zunächst zurückgingen. Durch die Konzentration der Arbeitsrechtsprechung an sieben Kreisgerichten, weitere Qualifizierungsmaßnahmen und die Entsendung zusätzlicher Justizbediensteter durch die Partnerländer Bayern, Rheinland-Pfalz und Hessen wurde den dramatischen Verhältnissen in der Arbeitsgerichtsbarkeit entgegengearbeitet. Dennoch könne, so die allgemeine Einschätzung, der Aufbau einer selbstständigen Arbeitsgerichtsbarkeit in Thüringen nur durch weitere Unterstützung der Partnerländer und durch Verlängerung der Abordnungen bis 1994 gelingen.[220]

Im Zuge der Länderneubildung in der DDR konstituierte sich mit dem Politisch-beratenden Ausschuss zur Bildung des Landes Thüringen und der Arbeitsgruppe „Justiz" ein Gremium, das sich seit Juni 1990 intensiv mit dem Neuaufbau der Rechtspflege und der Rechtsprechung sowie dem Aufbau des Ministeriums der Justiz im künftigen Thüringen befasste. Den Vorsitz der Arbeitsgruppe Justiz übernahm die spätere Thüringer Justizministerin (seit 8. 5. 2008) Marion Walsmann (CDU).[221] Der Arbeitsgruppe gehörten acht Vertreterinnen und Vertreter der Parteien (paritätisch besetzt) und beratende Mitglieder aus dem Justizbereich (Vertreterinnen und Vertreter der Thüringer Staatsanwaltschaft, der staatlichen Notariate etc.) an.[222] In einer ersten Arbeitsrichtlinie wurden zunächst allgemeine Grundsätze festgelegt, nach denen die Neuorganisation der Rechtspflege erfolgen sollte. Dabei werde dem in der Bundesrepublik Deutschland entstandenen Recht der Vorrang zukommen. *Denn alle diejenigen Bestimmungen des Rechts der DDR, vor allem des Staats-, Verwaltungs- und Wirtschaftsrechts, die auf die bisherige sozialistische Staats- und Gesellschaftsordnung zugeschnitten waren, werden künftig keinen Bestand mehr haben. Das Recht wird nicht mehr Instrument des Staates zur Durchsetzung der sozialistischen Ordnung sein.*[223] Bis Mitte September sollte ein entsprechendes Konzept zur strukturellen Organisation des Justizbereichs als Arbeitsgrundlage für die künftige Thüringer Landesregierung vorliegen. Da es abgesehen vom zentralen Ministerium der Justiz in Ost-Berlin, wie es in einem Schreiben der Vor-

220 Vgl. Info/Mai 1992, Thüringer Arbeitsgerichtsbarkeit, S. 11 f. HHStAW, Abt. 634 Zug. 39/2007 Nr. 25. Im November 1991 waren bereits sieben hessische Richter an Thüringer Arbeitsgerichte abgeordnet. Vgl. Schreiben des Präsidenten des Landesarbeitsgerichts Frankfurt/Main an das Hessische Ministerium der Justiz, betr. Aufbauhilfe für die Justiz in Thüringen, 13. 11. 1991. HHStAW, Abt. 634 Zug. 39/2007 Nr. 23.

221 Vgl. dazu das Interview mit Marion Walsmann in der vorliegenden Publikation.

222 Vgl. Schreiben des Politisch-beratenden Ausschusses zur Bildung des Landes Thüringen an Frau M. Walsmann, 4. 7. 1990. Wie es in dem Schreiben hieß, wurde in der 3. Sitzung des PbA am 19. 6. 1990 über den Einsatz und die personelle Besetzung von Arbeitsgruppen beraten und die Leiter der jeweiligen Arbeitsgruppen gewählt. ArThüLT, Achiv Nr./32 Az. 0416.29/06.

223 Politisch-beratender Ausschuß zur Bildung des Landes Thüringen, Arbeitsgruppe Justiz, Arbeitsrichtlinie für den Neuaufbau der Rechtspflege und der Rechtsprechung sowie die Schaffung eines Ministeriums der Justiz als Teil der Landesregierung im Lande Thüringen, 24. 7. 1990. ArThüLT, Archiv Nr. /32 Az. 0416.29/06.

sitzenden der Arbeitsgruppe hieß, gerade auf diesem Gebiet keinerlei vergleichbare Strukturen gäbe, wurden die Partnerländer, insbesondere Hessen und Rheinland-Pfalz, um fachlichen Austausch und Unterstützung gebeten.[224] So fand am 14. September eine Sitzung der Arbeitsgruppe Justiz statt, an der Justizstaatssekretär Volker Bouffier, Ministerialdirigent Dr. Groß, Dr. Landau, Richter am Oberlandesgericht Frankfurt, und Dietrich Backhaus, Referent für Grundsatzangelegenheiten im Hessischen Ministerium der Justiz teilnahmen.[225] Als ständiger Berater stand der Arbeitsgruppe Justiz Dr. Heinz Georg Bamberger (Referent im Ministerium der Justiz Rheinland-Pfalz) zur Verfügung, da aufgrund gemeinsamer Absprachen zwischen den Partnerländern Bayern, Hessen und Rheinland-Pfalz der Aufbau der Thüringer Justiz, wie bereits an anderer Stelle dargelegt, Rheinland-Pfalz zugeordnet worden war. Während die Arbeitsgruppe Justiz des Politisch-beratenden Ausschusses vor allem Information und Beratung von den Partnerländern wünschte, war dies offenbar zumindest für den damaligen rheinland-pfälzischen Justizminister Peter Caesar (FDP) nicht ausreichend, wie ein Schreiben vom 14. September 1990 an Josef Duchač vermuten lässt. Wie es in dem Schreiben hieß, sollten in der Anfangsphase etwa zehn Beamte bzw. Richter – Verstärkung aus Hessen sei ggf. gewünscht – nach Thüringen abgeordnet werden. *Sie bilden das möglichst von Beginn an arbeitsfähige Korsett des neuen Ministeriums, das die hier bewährten Strukturen überträgt. [...] Ich möchte klar betonen, daß eine ausschließlich beratende Tätigkeit unserer Mitarbeiter das angestrebte Ziel einer schnellen und wirksamen Aufbauarbeit verfehlen und den enormen Aufwand nicht rechtfertigen würde.*[226] In welcher Weise die Zusammenarbeit zwischen den Mitgliedern der Arbeitsgruppe Justiz und den Beratern aus den alten Ländern und insbesondere dem rheinland-pfälzischen Berater konkret verlief, lässt sich dem vorliegenden Schriftgut nicht entnehmen. Am 21. September 1990 lag allerdings eine Ausarbeitung der Arbeitsgruppe Justiz zur Neuorganisation der Rechtspflege in Thüringen vor, in der Arbeitsinhalte und Strukturen für das künftige Ministerium der Justiz, die Organisation der Gerichtsbarkeiten und der Staatsanwaltschaft, der Aufbau einer Strafvollzugsverwaltung im Lande Thüringen sowie Gesetzgebungs- und Verordnungsvorschriften im Geschäftsbereich des Ministers der Justiz und anderen Bereichen der Ministerien aufgezeigt wurden.[227] Ob die Arbeits-

224 Vgl. Schreiben der Vorsitzenden des Politisch-beratenden Ausschusses zur Bildung des Landes Thüringen, Arbeitsgruppe Justiz an das Hessische Ministerium der Justiz, betr. Zusammenarbeit beim Aufbau der Justiz im Lande Thüringen zwischen dem Land Hessen und dem Land Thüringen, 3. 8. 1990. ArThüLT, Archiv Nr. /32 Az. 0416.29/06. Dieser Anfrage war ein mehrtägiger Informationsbesuch der Vorsitzenden der Arbeitsgruppe vom 31.7. bis zum 3. 8. 1990 im Hessischen Justizministerium vorausgegangen.

225 Vgl. Schreiben des Hessischen Ministeriums der Justiz an die Vorsitzende der Arbeitsgruppe Justiz des PbA, betr. Sitzung der Arbeitsgruppe Justiz des PbA am 14. 9. 1990 in Erfurt. ArThüLT, Archiv Nr. /32 Az. 0416.29/06.

226 Schreiben des Ministers der Justiz Rheinland-Pfalz an den Regierungsbevollmächtigten Josef Duchač, 14. 9. 1990. ArThüLT, Archiv Nr. /32 Az. 0416.29/06.

227 Vgl. Arbeitsgruppe Justiz, Marion Walsmann (Leiterin der Arbeitsgruppe), Vorlage an den Politisch-beratenden Ausschuss zur Bildung des Landes Thüringen, „Justiz in Thüringen“, 21. 9. 1990. ArThüLT, Archiv Nr. /19 Az. 0416.16/06.

ergebnisse der Arbeitsgruppe Justiz des Politisch-beratenden Ausschusses zur Bildung des Landes Thüringen die spätere Struktur nachhaltig beeinflusst haben, wird von den Beteiligten kontrovers beurteilt.

Am 8. November 1990 wurde Dr. Hans-Joachim Jentsch (CDU)[228] zum ersten Justizminister des Landes Thüringen ernannt. Dem Ministerium der Justiz, Bundes- und Europaangelegenheiten zugeordnet waren die ebenfalls aus Hessen stammenden Staatssekretäre Dr. Karl Heinz Gasser (CDU)[229] und Wolfgang Egerter (CDU).[230] Zu diesem Zeitpunkt bestand das Ministerium aus acht Personen: dem Minister, zwei Staatssekretären, zwei Juristen aus Thüringen (darunter die Vorsitzende der Arbeitsgruppe Justiz, Marion Walsmann), zwei abgeordneten Richtern aus Rheinland-Pfalz, einer Sekretärin und einem Fahrer.[231] Damit waren maßgebliche Positionen von „Hessen" besetzt, eine Tatsache, die im Partnerland Rheinland-Pfalz offenbar Irritationen auslöste.[232] Im November 1990 verständigten sich die Partnerländer abschließend darauf, dass für Verwaltungshilfe aus dem Bereich der Justiz in erster Linie Rheinland-Pfalz zuständig sei und Hessen vor allem die Bereiche der Strafrechtspflege und der Aus- und Fortbildung betreuen solle: *Insbesondere liegt die Federführung für den Aufbau der Behörde des Generalstaatsanwalts, der Staatsanwaltschaften und der Strafrechtsabteilung des Ministeriums in Thüringen bei Hessen.*[233] In Übereinstimmung mit Thüringen wurden daher zahlreiche Führungs- und Dienstaufsichtsfunktionen mit erfahrenen Justizangehörigen aus Hessen besetzt wie etwa die Thüringer Staatsanwaltschaft, u. a. durch Thomas Hutt als kommissarischer Leiter der Generalstaatsanwaltschaft von 1990 bis 1993.[234]

228 Prof. Dr. Dr. h. c. Hans-Joachim Jentsch: von 1976 bis 1982 hessischer Abgeordneter des Deutschen Bundestags, von 1982 bis 1985 Oberbürgermeister von Wiesbaden, zwischen 1987 und 1990 hessischer Landtagsabgeordneter und von 1990 bis 1994 Justizminister des Landes Thüringen, 1994/1995 Mitglied des Thüringer Verfassungsgerichtshofs und von 1996 bis zum altersbedingten Ausscheiden 2005 Richter am Bundesverfassungsgericht.

229 Dr. Karl Heinz Gasser: von 1973 bis 1977 wissenschaftlicher Mitarbeiter der Justus-Liebig-Universität Gießen und ab 1977 Richter an Gerichten in Frankfurt, Gießen und Kassel, von 1990 bis 1994 Staatssekretär im Thüringer Justizministerium, 1994/1995 Staatssekretär im Thüringer Ministerium für Wirtschaft und Infrastruktur und von 2002 bis 2008 Thüringer Justizminister.

230 Wolfgang Egerter: von 1961 bis 1971 in der Erwachsenenbildung tätig, von 1971 bis 1988 wissenschaftlicher Mitarbeiter der CDU-Landtagsfraktion im Hessischen Landtag, 1989 persönlicher Referent des Hessischen Ministerpräsidenten Dr. W. Wallmann. 1990 Leiter des „Thüringen-Büros des Landes Hessen" in Erfurt und von 1990 bis 1992 Staatssekretär für Bundes- und Europaangelegenheiten, zwischen 1992 und 2003 Berater des Thüringer Ministerpräsidenten Dr. Bernhard Vogel.

231 Vgl. Jentsch, Hans-Joachim: Aufbauhelfer mit Kabinettsrang. In: Hessen und Thüringen, 2007, S. 85–92, hier S. 87.

232 Vgl. „Leben in einem ‚Chaos von Stimmungen'. Der Wiesbadener CDU-Politiker Hans-Joachim Jentsch als ministerieller Pionier im Justizministerium von Thüringen", Wiesbadener Kurier, 27. 11. 1990.

233 Vgl. Schreiben Staatssekretär V. Bouffier an Staatssekretär Dr. A. Gauland, 6. 11. 1990. HHStAW, Z 502 Nr. 6126. Vgl. auch: Übersicht über die hessischen Hilfsmaßnahmen zum Aufbau einer rechtsstaatlichen Justiz in Thüringen, Stand: 15. 4. 1991, [S. 8].

234 Thomas Hutt war zuvor stellvertretender Leiter der Abteilung Strafrecht im Wiesbadener Justizministerium. Zum Aufbau der Thüringer Generalstaatsanwaltschaft vgl. Hutt, Thomas: Strafver-

Insgesamt war die personelle Neuorganisation der Thüringer Justiz eines der Hauptprobleme. Eine wichtige und zugleich schwierige Aufgabe war dabei die Überprüfung des Personals im Hinblick auf die frühere Tätigkeit in der DDR. *Die Aufgabe war also eine ganz handfeste*, wie es der damalige Justizminister Dr. Jentsch ausdrückte: *Richter und Staatsanwälte aus dem alten System daraufhin zu überprüfen, ob sie geeignet sind, in einem Rechtsstaat Recht zu sprechen, Richter und Staatsanwälte aus dem Westen für Thüringen zu gewinnen, eine Verwaltungsgerichtsbarkeit völlig neu aufzubauen, denn so etwas gab es nicht, eine Arbeits- und Sozialgerichtsbarkeit aus den Einheitsgerichten auszugliedern und zu verselbständigen – das waren die Hauptprobleme.*[235] Der Einigungsvertrag hatte mit der Einrichtung von Richterwahlausschüssen und Staatsanwaltsuntersuchungsausschüssen die Weiterbeschäftigung der DDR-Richter und -Staatsanwälte von einer individuellen Eignungsprüfung abhängig gemacht.[236] Obgleich die DDR-Justiz ein Hauptinstrument des SED-Regimes zur Unterdrückung der Bevölkerung war, zielten die Festlegungen im Einigungsvertrag auf eine mögliche Integration von DDR-Juristen. Auch um einen Rechtsstillstand zu vermeiden, behielten die DDR-Richter und -Staatsanwälte zunächst ihre Ämter bei, da die Justiz allein mit Abordnungen aus den alten Bundesländern nicht funktionsfähig gewesen wäre. Die Überprüfung der Thüringer Richter und Staatsanwälte fand zwischen 1991 und 1992 statt. Von den ursprünglich ca. 180 Staatsanwälten waren bis zum Oktober 1990 bereits mehr als 40 ausgeschieden, weil sie sich einer Überprüfung nicht stellen wollten und offenbar keine Chance für eine Weiterbeschäftigung in einer rechtsstaatlichen Strafjustiz für sich sahen. Nach Überprüfung der übrigen Staatsanwälte konnten schließlich 60 ihre Ämter behalten – ein Drittel der ursprünglichen Anzahl.[237]

folgung im Rechtsstaat. Der Aufbau staatsanwaltschaftlicher Ermittlungsbehörden in Thüringen. In: Bauer, Hans Joachim; Werner, Olaf (Hrsg.): Festschrift zur Wiedererrichtung des Oberlandesgerichts in Jena, 1994, S. 207–212. Mit Otto Kretschmar (SPD, von 1994 bis 1999 Thüringer Justizminister) und Hansjürgen Karge (Oberstaatsanwalt beim Landgericht Darmstadt) waren zwei weitere hessische Justizbedienstete am Aufbau der Thüringer Staatsanwaltschaft beteiligt.

235 Jentsch, Hans-Joachim: Festvortrag: 10 Jahre Hessen-Thüringen. In: Polis, Heft 29, 2000 (= Schriftenreihe der HLZ), S. 9–21, hier S. 13.

236 Die Prüfungskriterien waren von Land zu Land unterschiedlich, ein wichtiger Grund für eine Nichtübernahme war der Verstoß gegen die Grundsätze der Menschlichkeit oder Rechtsstaatlichkeit oder die Mitarbeit für das Ministerium für Staatsicherheit (Stasi/Amt für nationale Sicherheit). Für eine Weiterbeschäftigung war ein prognostisches Urteil darüber zu fällen, *ob sich der Bewerber im Falle seiner Weiterbeschäftigung von der Wert- und Rechtsordnung der Bundesrepublik werde leiten lassen und von den Bürgern als glaubhafter Repräsentant einer rechtsstaatlichen Justiz akzeptiert werden könne.* Wassermann, Rudolf: Rechtssystem. In: Handbuch zur deutschen Einheit, 1999, S. 650–660, hier S. 655.

237 Vgl. Hutt, Thomas: Strafverfolgung im Rechtsstaat. Der Aufbau staatsanwaltschaftlicher Ermittlungsbehörden in Thüringen. In: Bauer, Hans Joachim; Werner, Olaf (Hrsg.): Festschrift zur Wiedererrichtung des Oberlandesgerichts in Jena, 1994, S. 207–212, hier S. 208. Vgl. dazu ebenso das Interview mit Rudolf Rainer in dieser Publikation.
Von insgesamt 2150 DDR-Richtern und Staatsanwälten wurden 1083 in den Justizdienst übernommen. Dabei schwankte die Akzeptanzquote innerhalb der neuen Bundesländer erheblich, nämlich zwischen 15 Prozent in Berlin und 65 Prozent in Sachsen. Bundesrat, Ausschuß Deutsche Einheit, Niederschrift der 25. Sitzung des Ausschusses Deutsche Einheit des Bundesrates am 25. 11. 1993,

Anders sah das Verhältnis bei den Richtern aus: Von den ursprünglich ca. 160 Richtern schieden etwa 50 vor ihrer Überprüfung aus und von den ca. 100 auf Probe übernommenen Richterinnen und Richtern wurden schließlich 99 in ihrem Amt bestätigt.[238] Die Überprüfungsausschüsse wurden von erfahrenen Richtern aus Hessen, Bayern und Rheinland-Pfalz geleitet, die mit ihrer Arbeit einen außerordentlich wichtigen Beitrag zur Aufarbeitung der DDR-Justiz leisteten.

Wie groß das personelle Problem beim Aufbau einer rechtsstaatlichen Justiz in den neuen Bundesländern und somit auch in Thüringen war, zeigte ein Schnellbrief des Hessischen Justizministeriums vom 4. März 1991, in dem um Unterstützung beim Aufbau der Justiz geworben wurde. *Zur Erfüllung dieser Aufgaben fehlen dringend Richter, Staatsanwälte und Rechtspfleger. Wie schwierig sich die Situation inzwischen in den neuen Bundesländern gestaltet, können Sie täglich den Presseberichten entnehmen. Der Bundesminister der Justiz, Herr Dr. Kinkel, ist inzwischen mit einem eindringlichen Appell an die Öffentlichkeit getreten und hat dazu aufgerufen, daß sich westdeutsche Juristen für eine Tätigkeit in den neuen Ländern zur Verfügung stellen. Dieser Aufruf wird ausdrücklich unterstützt. Er richtet sich sowohl an pensionierte wie auch aktive Richter, Staatsanwälte und Rechtspfleger.*[239] In einer weiteren Absprache im Mai 1991 zwischen der hessischen Justizministerin Dr. Hohmann-Dennhardt (SPD) und ihrem Thüringer Kollegen Dr. Hans-Joachim Jentsch (CDU) wurden die Anforderungen an Hessen nochmals konkretisiert. So sollte Hessen nun federführend u. a. beim Aufbau der Arbeitsgerichtsbarkeit sein sowie den Aufbau der Bewährungshilfe unterstützen. Insgesamt vereinbarte man die Partnerschaften zwischen Gerichten und Staatsanwaltschaften in Hessen und Thüringen zu verstärken und zu fördern.[240] (Dok. 59).

Äußerst problematisch war die Situation bei den Grundbuchämtern, da in der DDR Grundbücher nicht mehr geführt wurden. Ende 1990 befanden sich in den Thüringer Grundbuchämtern über 100.000 Akten mit nicht erledigten Grundbucheinträgen, denn: *Der Besitz war wichtig, nicht das Eigentum.*[241] Eine Voraussetzung für die wirtschaftliche Entwicklung, für Investitionen und zur dafür notwendigen Klärung von Eigentumsverhältnissen waren allerdings gut funktionierende Grundbuchämter.

22. 12. 1993, S. 3. HHStAW, Z 502 Nr. 6144. Zulassungsüberprüfungen gab es 1993 auch für Thüringer Rechtsanwälte. Hier zeigte sich letztendlich, dass von knapp 1000 Überprüfungen etwa ein Drittel der Betroffenen unter dem Gesichtpunkt von Menschenrechtsverletzungen „belastet" war. Vgl. dazu den Bericht von Dr. Martin Stoll. Dr. Stoll war ab dem 22. 12. 1993 Vizepräsident des Thüringer Landessozialgerichts und ist seit 2007 dessen Präsident. HHStAW, Projekt Hessen-Thüringen.

238 Für diese Angaben danken wir Dr. Rolf Faber vom Thüringer Justizministerium.

239 Schnellbrief des Hessischen Ministeriums der Justiz betr. Unterstützung der neuen Bundesländer beim Aufbau der Justiz an die Präsidenten der hessischen Gerichte und Leiter der Staatsanwaltschaften in Hessen, 4. 3. 1991. HHStAW, Abt. 634 Zug. 39/2007 Nr. 22.

240 Vgl. Vermerk bei der Besprechung zwischen Ministerin Dr. Hohmann-Dennhardt und Minister Dr. Jentsch am 13. 5. 1991, 15. 5. 1991. HHStAW, Z 502 Nr. 6128.

241 Jentsch, Hans-Joachim: Festvortrag: 10 Jahre Hessen-Thüringen. In: Polis, Heft 29, 2000 (= Schriftenreihe der HLZ), S. 9–21, hier S. 14.

Zudem zeigte sich der Mangel an Rechtspflegern im Bereich der freiwilligen Gerichtsbarkeit (Grundbuchwesen, Zwangsvollstreckung etc.) besonders deutlich, da es diesen Berufszweig in der DDR so nicht gab. Die Folge waren sowohl personell als auch technisch besonders schlecht ausgestattete Grundbuchämter. Die Behebung dieser katastrophalen Zustände gelang nur durch massive Hilfe der Partnerländer Hessen, Rheinland-Pfalz und Bayern. Um die steigende Antragsflut überhaupt abbauen zu können, waren Verwaltungshelferinnen und -helfer in Wochenendeinsätzen in so genannten Grundbuchsonderteams (GST) in den jeweiligen Thüringer Grundbuchämtern tätig. Damit sei ein äußerst wirkungsvoller Weg gegangen worden, so Prof. Jentsch, der als „Thüringer Modell" auch von anderen Bundesländern übernommen worden sei.[242]

Zwei Berichte des Hessischen Ministeriums der Justiz vom April bzw. August 1991 geben einen quantitativen Überblick über die umfassende hessische Verwaltungshilfe beim Aufbau der Thüringer Justiz, die im Rahmen des Aktionsprogramms Hessen-Thüringen erfolgte. Danach waren im August des Jahres im Thüringer Justizministerium sechs Richter, zwei Staatsanwälte und sieben weitere hessische Beamte tätig. Im Bereich der ordentlichen Gerichtsbarkeit erfolgten 28 Abordnungen (15 Rechtspfleger, 13 Beamte des mittleren Justizdienstes) nach Thüringen, bei den Thüringer Staatsanwaltschaften waren 15 Staatsanwälte und weitere 13 hessische Justizangehörige im Einsatz, der Aufbau der Thüringer Fachgerichtsbarkeit (Verwaltungs-, Sozial- und Arbeitsgerichte) wurde durch eine Richterin und acht Richter verstärkt. Damit unterstützten im August 1991 77 hessische Bedienstete den Aufbau der Thüringer Justiz. Zudem erfolgte umfangreiche Sachmittelhilfe (Fachliteratur, Geräte, Büroausstattung, Abgabe von zehn Kraftfahrzeugen etc.) in Höhe von etwa 440.000,– DM. Darüber hinaus betreute und unterstützte Hessen maßgeblich den Bereich der Aus- und Fortbildung: Es fanden zahlreiche Fortbildungsveranstaltungen, Hospitationen für Richterinnen, Richter, Staatsanwältinnen, Staatsanwälte, Intensivkurse für Angehörige der Liegenschaftsämter, Schulungsmaßnahmen für Vollzugsmitarbeiterinnen und -mitarbeiter etc. statt. Seit Herbst 1990 bildete Hessen zudem 20 Diplom-Juristinnen bzw. -Juristen an der Verwaltungsfachhochschule in Rotenburg/Fulda aus.[243] Durch einen Staatsvertrag zwischen dem Land Hessen und

242 Vgl. ebd., S. 13 f.

243 Die alten Bundesländer führten für die Diplom-Juristinnen und -Juristen der Prüfungslehrgänge 1990 bis 1993, die ihre Ausbildung noch in der DDR begonnen hatten, den im Einigungsvertrag vorgesehenen besonderen Vorbereitungsdienst durch. Vgl. Hessisches Ministerium der Justiz, Übersicht der hessischen Hilfsmaßnahmen zum Aufbau einer rechtsstaatlichen Justiz in Thüringen und den anderen neuen Bundesländern, August 1991, S. 1–21, hier S. 9–11. HHStAW, Z 502 Nr. 6144. Ab November 1991 übernahm die Aufgabe der Aus- und Fortbildung die Abteilung 5 im damaligen Thüringer Ministerium für Justiz und Europaangelegenheiten, die vor allem von zunächst abgeordneten hessischen Landesbediensteten aufgebaut wurde. Die Leitung der Abteilung übernahm ab 1991 Dr. Dirck Leimert, der 1992 von Hessen nach Thüringen versetzt und dort zum Präsidenten des Thüringer Justizprüfungsamtes ernannt wurde. In einem Erfahrungsbericht erinnert sich auch Stefan Kaufmann, seit Oktober 2006 Präsident des Thüringer Oberlandesgerichts, an seine Tätigkeit als Leiter der Abteilung 5. Vgl. Erfahrungsbericht von Stefan Kaufmann, Präsident des Oberlandesgerichts, 1. 11. 2007. HHStAW, Projekt Hessen-Thüringen. Vgl. ebenso das Interview mit Dr. Hartmut Schwan in dieser Publikation.

dem Land Thüringen wurde die Ausbildung von Beamtinnen und Beamten (Rechtspflegerlaufbahn) an der hessischen Verwaltungsfachhochschule langfristig sichergestellt.[244] Auch innerhalb eines dichten Netzes von Partnerschaften zwischen hessischen und thüringischen Justizbehörden (Gerichte, Staatsanwaltschaften, Liegenschafts- und Grundbuchämter, Einrichtungen des Strafvollzugs etc.) fand umfassende materielle und praxisnahe personelle Hilfe statt.[245] In ihrem Tätigkeitsbericht verwies die Hessische Landesregierung ausdrücklich auf den Erfolg des Partnerschaftsmodells: *Die Partnerschaften werden von der Hessischen Landesregierung als wichtige Ergänzung der übrigen Hilfen gesehen und sollen daher weiter ausgebaut werden. [...] Dieser Bereich soll aber durch die ministerielle Ebene nicht weiter geregelt werden, sondern der Initiative der Beschäftigten vor Ort überlassen werden.*[246]

1992 waren die im thüringischen Haushalt vorhandenen Planstellen für die Gerichte und Staatsanwaltschaften nahezu besetzt: Die Bediensteten des höheren Dienstes setzten sich dabei zu ca. $^1/_3$ aus erfahrenen, abgeordneten oder versetzten Richterinnen/Richtern und Staatsanwältinnen/Staatsanwälten aus Hessen (96), Rheinland-Pfalz (39) und Bayern (33) sowie 14 Senioren, von der Thüringer Landesverwaltung als Richterinnen und Richter auf Probe eingestellte Berufsanfänger (164 Assessorinnen/Assessoren) und 166 nach Überprüfung übernommenen früheren Angehörigen der Richterschaft und Staatsanwaltschaft der ehemaligen DDR zusammen.[247] Die Übertragung des ausdifferenzierten und gegliederten bundesdeutschen Rechtssystems auf die neuen Länder fand in Thüringen mit der Ausgliederung der Fachgerichtsbarkeiten der Verwaltungs-, Finanz-, Arbeits- und Sozialgerichte und dem Aufbau der ordentlichen Gerichtsbarkeit (Amts-, Land- und Oberlandesgerichte) 1993 gesetzgeberisch und faktisch ihren Abschluss.[248] Dennoch war auch weiterhin personelle Verwaltungshilfe aus den alten Ländern nötig, um den Aufbauerfolg im Justizbereich zu konsolidieren: Im August 1993 waren 120 hessische Bedienstete im Bereich der Thüringer Justiz tätig, im September 1994 67 und im November des folgenden Jahres 35. 1996 erfolgten noch

244 Vgl. Hessischer Landtag, 13. Wahlperiode, Drucksache 13/4105, 16. 4. 1993. Gesetz zum Staatsvertrag zwischen dem Land Hessen und dem Land Thüringen über die Ausbildung von Beamtinnen und Beamten für die Laufbahn des gehobenen Justizdienstes – Rechtspflegerlaufbahn – an der Verwaltungsfachhochschule in Rotenburg an der Fulda. Hessischer Landtag.

245 Im November 1991 hatten 27 hessische Gerichte Patenschaften für thüringische Gerichte übernommen. Vgl. Hessische Staatskanzlei, Besprechung der Chefs der Staats- und Senatskanzleien der Länder mit dem Chef des Bundeskanzleramtes am 7. 11. 1991, 5. 11. 1991, Anlage 3. HHStAW, Z 502 Nr. 6139.

246 Hessisches Ministerium der Justiz, Übersicht der hessischen Hilfsmaßnahmen zum Aufbau einer rechtsstaatlichen Justiz in Thüringen und den anderen neuen Bundesländern, August 1991, S. 1–21, hier S. 21. HHStAW, Z 502 Nr. 6144.

247 Somit kamen fast 68 % der Richterinnen, Richter, Staatsanwältinnen und Staatsanwälte aus den alten Bundesländern. Vgl. Schmidt, Dieter Ph.: Hessische Justizpolitik 1945–1992. In: Das Regierungsgebäude zu Wiesbaden. Ein Beitrag zu seinem 150jährigen Bestehen 1843–1993, hrsg. von Dr. Rolf Faber, Georg Schmidt-von Rhein, 1993, S. 111–135, hier S. 133.

248 Vgl. Bundesrat, Pressemitteilung: Justizwesen in den neuen Ländern auf solider Basis, Nr. 211/93, 1. 12. 1993. HHStAW, Z 502 Nr. 6144.

etwa 11 Abordnungen. (Dok. 52) Verwaltungshilfeabkommen zwischen den Bundesländern Hessen und Thüringen regelten ab 1993 die Fortführung und Finanzierung der hessischen Verwaltungs- und Justizhilfe, die 1997 endgültig auslief.[249]

Ohne die umfangreiche personelle, sachliche und finanzielle Unterstützung der Partnerländer – insbesondere auch Hessens –, ohne die Abordnung einer Vielzahl von Juristinnen und Juristen sowie weiterer Justizbediensteter aus den Partnerländern und deren außerordentlichen Einsatz wäre es nicht möglich gewesen, in so kurzer Zeit eine funktionierende Rechtspflege in Thüringen aufzubauen und rechtsstaatliche Strukturen zu verankern.

3.6.2 Finanzen

Die hessische Hilfe beim Aufbau der Thüringer Finanzverwaltung war in der 3. Sitzung des Beirats Hessen-Thüringen am 25. April 1990 ein wesentliches Thema. Auf die Frage des Abgeordneten Wolfgang Ibel (CDU), inwiefern es überhaupt organisatorisch zu bewältigen sein werde, einen Teil der Steuern in der DDR schon ab dem 1. Juli 1990 zu erheben (dies betraf mit der Einführung der Wirtschafts-, Währungs- und Sozialunion insbesondere die Umsatzsteuer), gab Finanzminister Kanther Auskunft. Danach seien Beratungen inzwischen so weit fortgeschritten, *daß das Verfahren bis zum vereinfachten Formblatt für die Erhebung geklärt sei. Es würden Finanzämter errichtet, deren verwaltungsmäßige Kerne bereits festgelegt seien. Die Umsatzsteuer werde ab 1. Juli erhoben werden können; die vorhandene Datenverarbeitung und Veranlagung sei brauchbar. Die Bediensteten würden im wesentlichen aus der Verwaltung rekrutiert, die heute im wesentlichen für die Preise zuständig sei. Im übrigen gebe es Vereinbarungen über die Ausbildung von Steuersachbearbeitern durch hessische Dozenten.*[250] Zudem seien in einem Gespräch zwischen Vertretern der Räte der drei DDR-Bezirke Erfurt, Gera und Suhl und Vertretern der Finanzministerien Hessen, Bayern und Rheinland-Pfalz diese übereingekommen, die Betreuung je eines Bezirks zu übernehmen: *Hessen den Bezirk Erfurt, Rheinland-Pfalz den Bezirk Suhl und Bayern den Bezirk Gera. Ziel sei, den Aufbau einer Finanzverwaltung in die Wege zu leiten, die zum 1. Juli arbeitsfähig sei.*[251]

Dem vorausgegangen waren ab März 1990 gemeinsame Absprachen zwischen Bund und Ländern, da zu dieser Zeit bereits Gespräche der Expertenkommission zur Vorbereitung einer Währungsunion und Wirtschaftsgemeinschaft zwischen der Bundesrepublik Deutschland und der DDR stattfanden.[252] Eine Bestandsaufnahme infor-

249 Vgl. dazu Kapitel 3.5. dieser Publikation.

250 Kurzbericht 3. Sitzung des Beirats „Hessen/Thüringen“, 25. 4. 1990, S. 4, 12. Wahlperiode. Hessischer Landtag.

251 Ebd.

252 Über konkrete Vertragsinhalte zur Schaffung einer Währungs-, Wirtschafts- und Sozialunion wurde erst mit der Regierung unter Führung von Lothar de Maizière nach den Volkskammerwahlen (18. 3. 1990) verhandelt. Vgl. Gros, Jürgen; Wagner, Peter M.: Verträge zur deutschen Einheit. In: Handbuch zur deutschen Einheit, 1996, S. 698–712, hier S. 699.

mierte über bereits erfolgte Kontakte und Aktivitäten der einzelnen Bundesländer in der DDR im Bereich der Finanzverwaltung. Demzufolge bestanden bis März zwischen Hessen und den DDR-Bezirksverwaltungen in Gera, Suhl und Erfurt keine offiziellen Kontakte, sondern es gab *lediglich informelle, vereinzelte Anfragen nach Gesetzestexten, Vordrucken etc.*[253]

In einem Schreiben Finanzminister Kanthers an seinen rheinland-pfälzischen Amtskollegen vom 19. März 1990 bat dieser um Abstimmung der Hilfe zum Aufbau der Finanzverwaltung im Bereich des künftigen Thüringen. *Wie Sie aus früheren Gesprächen zum allgemeinen Hilfsprogramm wissen, liegt mir besonders an der Nutzung der kurzen Entfernungen im Zonengrenzgebiet, die viele Abläufe erleichtern kann. Eine solche lässt sich zwischen Thüringen und Rheinland-Pfalz ohnehin nicht nutzen.*[254] Daher könnte Hessen, so ein erster Vorschlag Kanthers, die Betreuung der Finanzverwaltung in den Bezirken Erfurt und Suhl übernehmen. Mit welchen Ansprechpartnern und in welcher Weise die Hilfeleistung durch die Partnerländer erfolgen sollte, sei allerdings unklar, da *vermutlich die heutigen Finanzverantwortlichen im Zusammenhang mit der Neubildung staatlicher Organe abgelöst werden oder keinesfalls die Bildung des Landes Thüringen überstehen dürften. Soweit mir bekannt, haben sie alle der SED angehört. Trotzdem sind sie im Augenblick die einzigen Ansprechpartner, wenn praktische Fragen vorankommen sollen. Angesichts der ungeheueren Bedeutung eines funktionierenden Steuerrechts – damit einer Finanzverwaltung – für den wirtschaftlichen Aufbau scheint mir diese Sache besonders wichtig.*[255] Im April war abschließend entschieden, dass Hessen die Betreuung des Bezirks Erfurt übernehmen sollte.[256]

Auf Bund-Länder-Ebene wurden zur Beratung und Unterstützung der DDR beim Aufbau der Finanzverwaltung verschiedene Arbeitskreise eingerichtet, u. a. der Arbeitskreis „Organisation der Steuerverwaltung der DDR“, die ein abgestimmtes Vorgehen sowohl zwischen dem Bund und den Ländern als auch mit der DDR sicherstellen sollte. Aufgabe dieses Arbeitskreises war es zunächst, Rahmenpläne und Organisationskonzepte für eine Grundstruktur der Steuerverwaltung in der DDR (u. a. Aufbau von Finanzämtern: Personalbedarf, Arbeitsabläufe, Sachausstattung etc.) zu erarbeiten. Mitglieder der Arbeitsgruppe waren neben Vertretern des Bundesfinanzministeriums Vertreter der Länder Hessen, Niedersachsen, Nordrhein-Westfalen und

253 Ergebnisvermerk zur Sondersitzung der Referatsleiter Organisation vom 13. bis 15. 3. 1990, 19. 3. 1990. Hessisches Ministerium der Finanzen. Laut Vermerk hatten von den Bundesländern bisher lediglich Baden-Württemberg, Niedersachsen und Schleswig-Holstein bereits offizielle Kontakte zu entsprechenden Verwaltungsstellen der DDR aufgenommen und erste Informationsgespräche u. a. zum bundesdeutschen Steuerrecht durchgeführt.

254 Schreiben Staatsminister Manfred Kanther an Staatsminister Emil Wolfgang Keller, Finanzministerium des Landes Rheinland-Pfalz, betr. Finanzverwaltung in Thüringen, 19. 3. 1990. HHStAW, Z 502 Nr. 17540.

255 Ebd.

256 Vgl. Schreiben Bundesfinanzministerium an die Finanzminister und Senatoren für Finanzen der Länder, betr. Unterstützung beim Aufbau der Finanzverwaltung in der DDR, 26. 4. 1990. Hessisches Ministerium der Finanzen.

Baden-Württemberg.[257] Die erste Sitzung fand vom 4. bis 6. April 1990 in Rotenburg/Fulda statt, an der eine Abordnung des DDR-Ministeriums für Finanzen und Preise teilnahm. Als Ergebnis wurde festgehalten, das Steuerrecht der Bundesrepublik Deutschland einschließlich des Organisationsrechts, unter Berücksichtigung bestimmter Übergangsregelungen, in der DDR einzuführen. Von den 106 geplanten Finanzämtern mit rund 25.000 Arbeitskräften waren 16 Ämter für Thüringen vorgesehen.[258] In einem ersten Schritt sollten 50 Gründungseinheiten als „Keimzelle" künftiger Finanzämter geschaffen werden, deren Aufgabe sich zunächst auf die Durchführung der Umsatzsteuererhebung beschränken sollte. Trotz gewisser Problemfelder (umstrittene Kompetenz der Zentralgewalt, mangelnde Ausbildung des Personals etc.) ging man davon aus, die Umsatzsteuer ab Mitte 1990 in der DDR erheben zu können. Bezüglich der Anwendung des übrigen bundesdeutschen Steuerrechts ab Anfang 1991 wurden im April allerdings noch erhebliche Zweifel geäußert.[259]

In der zweiten Sitzung des Arbeitskreises Organisation, die Ende April 1990 in Göttingen stattfand, legte die DDR-Delegation eine neue Konzeption vor, nach der auf die Errichtung von 50 Gründungseinheiten verzichtet und insgesamt 135 Finanzämter eingerichtet werden sollten. In einem Vermerk des Hessischen Finanzministeriums wurde daran nachdrücklich Kritik geübt, da bei den Erörterungen mit den Vertretern der DDR deutlich geworden sei, *daß es in den Kreisen sehr starke Autonomiebestrebungen gibt. Dies sollte aber auf keinen Fall dazu führen, daß fast jeder Kreis ein eigenes Finanzamt oder eine Außenstelle erhält, nur um das gesamte vorhandene Personal „zumutbar", d. h. wohnortnah einsetzen zu können. Im Interesse des Aufbaus einer effizienten Steuerverwaltung in der DDR muß derartigen personalwirtschaftlichen Überlegungen von vorneherein entgegengetreten werden, zumal noch völlig offen ist, in welcher Höhe Haushaltsmittel für Personal- und Sachkosten zur Verfügung stehen. Erfahrungsgemäß läßt sich auch eine derartige kleinteilige Organisation später kaum noch verändern; die Länder müßten auf Dauer mit außergewöhnlich hohen Personalkosten rechnen.*[260] (Dok. 60) Mit

257 Vgl. Hessisches Ministerium der Finanzen, Vermerk, betr. Maßnahmen zur Unterstützung der DDR beim Aufbau einer Steuerverwaltung, März 1990. Hessisches Ministerium der Finanzen. Bis zum Juli 1991 fanden acht Sitzungen dieser Arbeitsgruppe statt. Vgl. dazu die umfassenden Unterlagen des Hessischen Ministeriums der Finanzen.

258 Vgl. Ergebnisvermerk der 1. Sitzung des Arbeitskreises „Aufbau einer Steuerverwaltung in der DDR" vom 4. bis 6. 4. 1990, 9. 4. 1990. Hessisches Ministerium der Finanzen. In weiteren Anlagen zum Ergebnisvermerk finden sich Personalbedarfsschätzungen, Angaben zur Sachmittelausstattung der einzelnen Finanzämter etc. Ausdrücklich sollten effiziente Verwaltungsstrukturen entstehen, d. h. Finanzämter mit optimaler Betriebsgröße von 200–300 Arbeitskräften. In der DDR gab es seit der Einführung der Bezirksstruktur 1952 keine Finanzämter im Sinne der Abgabenordnung mehr. Diese Aufgaben wurden vom Rat der Stadt/des Kreises/des Bezirks in der Abteilung Finanzen und Preise wahrgenommen.

259 Vgl. Vermerk betr. Einigungsprozeß mit der DDR und seine Auswirkung auf die Haushalte von Bund und Ländern; hier: Maßnahmen zur Unterstützung der DDR beim Aufbau einer Steuerverwaltung, April 1990. Hessisches Ministerium der Finanzen.

260 Hessisches Finanzministerium, Vermerk, a) Aufbau der Steuerverwaltung in der DDR, b) Hessische Verwaltungshilfe für den Bezirk Erfurt, 11. 5. 1990. Hessisches Ministerium der Finanzen.

Wirkung zum 1. Juli 1990 wurden schließlich als Kompromiss 121 Finanzämter in der DDR errichtet, davon zehn im Bezirk Erfurt (insgesamt 20 in Thüringen).[261]

Erste konkrete Überlegungen zur Umsetzung des Betreuungskonzepts zum Aufbau von DDR-Finanzämtern durch hessische Finanzämter wurden in gemeinsamer Absprache zwischen Vertretern der Oberfinanzdirektion Frankfurt/Main und dem Hessischen Finanzministerium am 23. Mai 1990 erörtert und die folgenden hessischen Partnerfinanzämter ausgewählt. Dabei wurden bereits bestehende Beziehungen, Finanzamts- und Ortsgröße sowie eine grenznahe Lage berücksichtigt:

	Betreuungsfinanzamt	DDR-Finanzamt
1.	Alsfeld	Sondershausen
2.	Bad Hersfeld	Gotha
3.	Eschwege	Mühlhausen
4.	Fritzlar	Erfurt II
5.	Fulda	Weimar
6.	Hofgeismar	Nordhausen
7.	Kassel-Goethestraße	Erfurt I
8.	Kassel-Spohrstraße	Eisenach
9.	Rotenburg a. d. Fulda	Arnstadt
10.	Witzenhausen	Worbis

Die Betreuung sollte in direktem Kontakt durch die zugeordneten Finanzämter erfolgen, während der Oberfinanzdirektion Frankfurt (OFD) eine koordinierende und überwachende Funktion zugeteilt war. Vorgesehen waren zunächst telefonische oder ggf. auch persönliche Beratungen (Dienstreisen) durch Bedienstete des jeweiligen hessischen Finanzamtes. Dauerarbeitsplätze für die DDR-Hilfe sollten nicht entstehen.[262] Anlässlich eines gemeinsamen Treffens zwischen den Finanzämtern des Bezirks Erfurt und den hessischen Finanzämtern am 18./19. Juni 1990 in der Verwaltungsfachhochschule Rotenburg/Fulda sollten die Patenschaften offiziell begründet werden.[263]

In der dritten Sitzung des Arbeitskreises Organisation Ende Mai wurden die Beratungsaufgaben schließlich konkretisiert. Ausgehend von den Anforderungen der DDR hielt es der Arbeitskreis für zweckmäßig, auf den Gebieten: Leitung/Geschäftsstelle, Steuerfestsetzung, Steuererhebung einschließlich Beitreibung, Außenprüfung

261 Vgl. Anordnung über die Errichtung von Finanzämtern in der Deutschen Demokratischen Republik, 20. 7. 1990. BGBl. I, 1990, S. 373 ff. Zugleich wurde mit Wirkung vom 30. 6. 1990 die Zuständigkeit der Kreisverwaltungen der DDR für die Verwaltung von Steuern aufgehoben.

262 Hessisches Ministerium der Finanzen, Vermerk über die Dienstreise am 22. 5. 1990 zum HMdF, betr. Betreuung von DDR-Finanzämtern durch hessische Finanzämter, 23. 5. 1990. Hessisches Ministerium der Finanzen. Die Betreuung der anderen zehn Thüringer Finanzämter erfolgte durch Bayern und Rheinland-Pfalz. Von den insgesamt 20 Thüringer Finanzämtern wurden acht (darunter Weimar und Worbis) im Zuge der Behördenstrukturreform vom 1. 3. 2005 wieder aufgelöst.

263 Vgl. Schreiben des Hessischen Ministeriums der Finanzen an den Rat des Bezirkes Erfurt, Abteilung Finanzen, 25. 5. 1990. Hessisches Ministerium der Finanzen.

einschließlich Steuerfahndung und Steuerstrafsachen und automatisierte Verfahren (Bereiche Steuerfestsetzung und Steuererhebung) entsprechende Beratung zu gewährleisten. Damit war die personelle Hilfe sehr viel umfangreicher, als zunächst vorgesehen. Die Umsetzung (Zahl der Berater, Zeitpunkt und Dauer der Entsendung, Fragen der Unterbringung etc.) sollte unmittelbar zwischen den Bezirken und den jeweils zuständigen Partnerländern (zwischen Hessen und dem Bezirk Erfurt) abgestimmt werden.[264] Parallel zu den Vorbereitungen fanden, wie in allen anderen Verwaltungsbereichen, intensive Schulungsmaßnahmen für Mitarbeiter der DDR-Steuerverwaltung statt, so beispielsweise vom 18. bis 22. Juni 1990 Hospitationen für künftige Umsatzsteuer-Fachprüfer der DDR in den Finanzämtern in Bad Homburg, Darmstadt, Frankfurt, Gießen, Kassel und Wiesbaden.[265] Ein erster Lehrgang zur „Einführung in das Umsatzsteuerrecht" für Angehörige der Steuerverwaltung in der DDR wurde vom 2. bis 6. Juli in der Verwaltungsfachhochschule in Rotenburg/Fulda durchgeführt.[266] Insgesamt hat Hessen im Jahr 1990 rund 440 Angestellte der Finanzverwaltung aus Thüringen geschult.[267] Neben dem umfangreichen Engagement im Bereich der Qualifizierung (u. a. auch durch Mitarbeit bei der Erarbeitung von Schulungskonzepten und Lehrplänen für die Gebiete Körperschaftssteuer und Vollstreckung) übernahm Hessen die Federführung im Unterarbeitskreis „Aufbau- und Ablauforganisation der Finanzkasse" und war an der Unterarbeitsgruppe „Umsatzsteuer-Vordrucke" beteiligt.[268]

Während eines Besuchs vom 18. bis 20. Juli 1990 im Bezirk Erfurt, an dem Vertreter der Oberfinanzdirektion Frankfurt und des Hessischen Finanzministeriums

264 Vgl. Bundesministerium der Finanzen, Ergebnisvermerk zur 3. Sitzung des Arbeitskreises Organisation „Aufbau einer Steuerverwaltung in der DDR" vom 30. 5. bis 1. 6. 1990, 5. 6. 1990, S. 3. Hessisches Ministerium der Finanzen. In einem Schreiben des Ministerrats der DDR wurden zuvor Vorschläge für die vorgesehene Hilfe geäußert. Danach sollten jedem DDR-Finanzamt drei bis sechs Beraterinnen bzw. Berater zugeordnet werden, zudem wurden konkrete Aufgabengebiete aufgeführt und der Beratungsbeginn auf den 11. 6. 1990 festgelegt. Vgl. Schreiben des Ministerrats der DDR an das Bundesministerium der Finanzen, 29. 5. 1990. Hessisches Ministerium der Finanzen.

265 Vgl. Schreiben der Oberfinanzdirektion Frankfurt/Main an die beteiligten hessischen Finanzämter, betr. Schulungsmaßnahmen für Mitarbeiter der DDR-Steuerverwaltung, 11. 6. 1990. Hessisches Ministerium der Finanzen.

266 Vgl. Schreiben der Oberfinanzdirektion Frankfurt/Main an die Bezirksverwaltungsbehörde Erfurt, betr. Einführung in das Umsatzsteuerrecht für zukünftige Angehörige der Steuerverwaltung in der DDR, 25. 6. 1990. Hessisches Ministerium der Finanzen. In einem Merkblatt des Hessischen Ministeriums der Finanzen wurde auch die hessische Bevölkerung über die neuen steuerrechtlichen Bestimmungen in der DDR informiert. So bestehe etwa hinsichtlich der Umsatzsteuer zwischen der Bundesrepublik Deutschland und der DDR keine Steuergrenze mehr. Vgl. Hessisches Ministerium der Finanzen, Nachrichten Nr. 63, betr. Deutsche Wirtschafts-, Währungs- und Sozialunion. Finanzminister Kanther gibt Merkblatt für steuerrechtliche Bestimmungen heraus, 17. 7. 1990. Hessisches Ministerium der Finanzen.

267 Vgl. Hessisches Ministerium der Finanzen, Verwaltungshilfe für den Aufbau der Steuerverwaltung in den neuen Ländern, hier: Hessen-Thüringen, Sachstands- und Erfahrungsbericht, 6. 6. 1991, S. 5. Hessisches Ministerium der Finanzen.

268 Hessisches Ministerium der Finanzen, Aktenvermerk: Schulungsmaßnahmen für Bezirk Erfurt, Juli 1990. Hessisches Ministerium der Finanzen.

teilnahmen, wurden u. a. sechs der von Hessen betreuten Finanzämter aufgesucht, um sich vor Ort einen Eindruck vom Stand des Aufbaus zu verschaffen. In einem Vermerk wurde dazu abschließend festgehalten, *daß die Betreuung der DDR-Finanzämter des Bezirks Erfurt durch die Finanzämter Hessens in allen besuchten Ämtern als sehr gut geschildert wurde.*[269] Notwendig sei allerdings eine bessere und häufigere Absprache zwischen den Betreuungsfinanzämtern, damit in allen Finanzämtern des Bezirks Erfurt einheitliche Information gewährleistet sei. Darüber hinaus sollte auch auf übergeordneter Ebene ein ständiger Austausch mit den anderen für Thüringen zuständigen Ländern Bayern und Rheinland-Pfalz erfolgen, um in den einzelnen Bezirken des künftigen Landes Thüringen einheitliche Organisationsstrukturen sicherzustellen.[270] Die Betreuung der zehn Thüringer Finanzämter fand zunächst tageweise im Rahmen von Dienstreisen und telefonisch durch Mitarbeiterinnen und Mitarbeiter der Partnerfinanzämter statt.

Im Juli war die Anzahl der zu bildenden Finanzämter (121) endgültig festgelegt und über die Personalausstattung sowie über die Vorsteherinnen bzw. Vorsteher der einzelnen Finanzämter in der DDR entschieden.[271] Im Oktober 1990 wurde jedoch deutliche Kritik an der bisherigen Stellenbesetzung laut, wonach *unter der Verantwortung des ehemaligen Ministeriums der Finanzen und der damaligen Bezirksbevollmächtigten „SED-Kadern" wiederum herausragende Positionen übertragen wurden.*[272] Dies führe in großem Umfang zu Unverständnis bei Steuerbürgern, Verbänden etc. und beeinträchtige die Akzeptanz der Steuerverwaltung, hieß es in einem Schreiben des Bundesministers der Finanzen. Die Empfehlung lautete daher alle Führungskräfte mit

269 Hessisches Ministerium der Finanzen, Vermerk: Vom 18. bis zum 20. 7. 1990 wurde ein Kontaktbesuch im Bezirk Erfurt durchgeführt, 25. 7. 1990, S. 8. Hessisches Ministerium der Finanzen. Wie Fragebögen zum Aufbaustand der DDR-Finanzämter zu entnehmen ist, war die Situation in Mühlhausen allerdings kritisch. Zum einen hatten bisher kaum Beratungen und Schulungen durch Mitarbeiter des Finanzamtes Eschwege stattgefunden, zum anderen gab es offensichtlich Verständigungsprobleme zwischen dem Berater und den Mitarbeitern. Nach Einschätzung des hessischen Beraters sei mit dem in Mühlhausen vorhandenen Personal der Aufbau einer funktionierenden Steuerverwaltung so gut wie ausgeschlossen, da das vorhandene Personal nicht das Rechtsempfinden der freien Marktwirtschaft besitze (!). Vgl. Fragebögen: DDR-Finanzämter, 2. 8. 1990. Hessisches Ministerium der Finanzen.

270 Vgl. Hessisches Ministerium der Finanzen, Vermerk: Kontaktbesuch vom 18. bis zum 20. 7. 1990 im Bezirk Erfurt, 25. 7. 1990, S. 8. Hessisches Ministerium der Finanzen. Der Besuch der übrigen Finanzämter erfolgte am 6. und 7. 9. 1990. Vgl. Hessisches Ministerium der Finanzen, betr. Aufbau DDR-Steuerverwaltung, hier: Besuch der Finanzämter des Bezirkes Erfurt am 6. und 7. 9. 1990, 24. 9. 1990. Hessisches Ministerium der Finanzen.

271 Vgl. Ergebnisvermerk über die 5. Sitzung des Arbeitskreises Organisation „Aufbau einer Steuerverwaltung in der DDR" vom 8. 8. bis 10. 8. 1990, 13. 8. 1990. Hessisches Ministerium der Finanzen. Neben Themen der Personal- und Sachausstattung wurden weitere inhaltliche Themen wie das Finanzverwaltungsgesetz oder das Lohnsteuerverfahren (Kontrolle bei der nachträglichen Ausstellung von Lohnsteuerkarten etc.) erörtert.

272 Schreiben des Bundesministers der Finanzen an die Landesbevollmächtigte der neuen Länder, betr. Aufbau einer Steuerverwaltung in den neuen Ländern; hier: Bestellung der Vorsteher der neuen Finanzämter, 23. 10. 1990. Hessisches Ministerium der Finanzen.

herausgehobenen Funktionen (Finanzamtsvorsteher, deren Vertreter etc.), *die bis zur Wende Funktionsträger der SED waren, sofort zu überprüfen und ggf. vorläufig von ihren Funktionen zu entbinden.*[273] Ähnlich äußerte sich auch Finanzminister Kanther im Rahmen der Sitzung des Beirats Hessen-Thüringen am 12. September 1990. Ein Problem beim Aufbau der Thüringer Finanzverwaltung sei, dass das Land Hessen keine Weisungsbefugnis habe und zusätzlich ein großer Druck der bisherigen Ministerien und Bezirksverwaltungen der DDR auf die neu entstehenden Finanzämter herrsche und *daß die Mitarbeiter in höheren Positionen noch unter dem alten System ausgebildet worden seien und daß gerade diejenigen in das Finanzwesen drängten, die sich zuvor mit der Festsetzung von Preisen befaßt hätten und nun arbeitslos geworden seien. Hieraus erklärten sich die Schwierigkeiten des Landes Hessen gegenüber Thüringen, die Einrichtung weniger, aber großer Finanzämter, die eine interne Spezialisierung zuließen, durchzusetzen.*[274] Ab Mai 1991 waren die Führungsposten neu bzw. endgültig oder auf Zeit zum Teil mit hessischen Bediensteten besetzt: *12 Vorsteher-Dienstposten wurden auf Dauer (von 5 thüringer, 3 bayerischen und 4 hessischen Bediensteten) und 5 Dienstposten für 2 Jahre besetzt. In 7 Finanzämtern leisten hessische und rheinland-pfälzische Bedienstete Verwaltungshilfe für ½ Jahr (z. T. neben dem endgültigen thüringer Vorsteher).*[275]

In dieser Zeit wurde auch der Aufbau der Finanzministerien und damit verbunden der Aufbau von Mittelbehörden der Landesfinanzverwaltung wie der Oberfinanzdirektionen in den jeweiligen neuen Ländern vorbereitet. Eine erste Sitzung der Arbeitsgruppe „Aufbau von Oberfinanzdirektionen in der DDR" fand am 28. August 1990 statt. Der Aufbau der Thüringer Oberfinanzdirektion (OFD) sollte durch die OFD Frankfurt mit Unterstützung durch die Oberfinanzdirektionen Koblenz und Nürnberg erfolgen. Allerdings gab es dazu offenbar zunächst Einwände von bayerischer Seite: *Trotz des Wunsches des Landes Hessen strebt FM [Finanzministerium] Bayern die federführende Unterstützung durch die Oberfinanzdirektion Nürnberg für den Fall an, daß Gera Sitz der Oberfinanzdirektion würde.*[276] Bis zur Errichtung funktionsfähiger Zollabteilungen in den neuen Ländern sollten die zuständigen Oberfinanzdirektionen (für Thüringen war dies Frankfurt) deren Funktion wahrnehmen.

Auch der Aufbau des Thüringer Finanzministeriums wurde maßgeblich durch hessische Verwaltungsexperten unterstützt. Die Beratung und Koordination hierfür übernahm zunächst Ministerialdirigent Peter Schaad vom Hessischen Finanzministe-

273 Ebd.

274 Kurzbericht zur 4. Sitzung des Beirats „Hessen/Thüringen", 12. 9. 1990, 12. Wahlperiode. Hessischer Landtag.

275 Vermerk der Oberfinanzdirektion Frankfurt, Situation der Thüringer Steuerverwaltung, 31. 5. 1991. Hessisches Ministerium der Finanzen. Vgl. hierzu den Zeitzeugenbericht von Gerd Blazyczek. Herr Blazyczek war u. a. im Personalreferat des Thüringer Finanzministeriums für die Überprüfung belasteter DDR-Bediensteter zur Weiterbeschäftigung in einer nun demokratisch strukturierten Finanzverwaltung tätig. Vgl. G. Blazyczek, Zeitzeugenbericht, 9. 10. 2007. HHStAW, Projekt Hessen-Thüringen.

276 Ergebnisvermerk über die erste Sitzung der Arbeitsgruppe „Aufbau von Oberfinanzdirektionen in der DDR" am 28. 8. 1990, 30. 8. 1990, S. 3. Hessisches Ministerium der Finanzen.

rium. Wie an anderer Stelle bereits dargelegt[277], gehörte Ministerialdirigent Schaad dem hessischen Beraterstab an, der dem Landesbevollmächtigten Josef Duchač ab September 1990 zur Verfügung stand. In einem ersten Informationsgespräch, das einen Monat zuvor stattfand, zwischen Vertretern des Hessischen Finanzministeriums und der OFD Frankfurt einerseits und Vertretern des Unterausschusses Finanzen des Politisch-beratenden Ausschusses zur Bildung des Landes Thüringen sowie der Bezirksverwaltung Erfurt andererseits wurde der Aufbau der Thüringer Finanzverwaltung erörtert. Auch hierbei wurden unterschiedliche Vorstellungen vor allem über den Personalbedarf der künftigen Behörden deutlich. Daher bat Schaad ausdrücklich darum, *alle Zahlen zur Größenordnung der künftigen Organisationen zu vermeiden, da diese nach Aufgabenumfang aufgebaut werden sollte.*[278] Aufgrund der inhaltlichen Aufgabenstellung sollten, so der Hinweis Schaads, ein Großteil der Referenten- und Sachbearbeiterstellen mit westdeutschen Fachleuten besetzt werden. Laut Aktenvermerk erzielte man darüber sogar Einvernehmen. Im Oktober wurde die hessische Hilfe beim Aufbau des Thüringer Finanzministeriums und der Oberfinanzdirektion Erfurt konkretisiert und ein Arbeitsstab zur organisatorischen und fachlichen Betreuung, bestehend aus vier Mitarbeiterinnen und Mitarbeitern des hessischen Finanzministeriums, benannt.[279] (Dok. 61) Bis Anfang April 1991 sollten schließlich zwei Aufbaustäbe in Thüringen einsatzfähig sein (1. „Besitz- und Verkehrssteuerabteilung“ und 2. „Landesvermögens- und Bauabteilung“), die sich aus Mitarbeiterinnen und Mitarbeitern der rheinland-pfälzischen und hessischen Finanzverwaltung zusammensetzten. Zunehmend zeigte sich, dass der Bedarf an personeller Verwaltungshilfe (Berater, kurz- und längerfristige Abordnungen an Thüringer Finanzämter) insgesamt stetig stieg. Neue Konzepte waren nötig, da die bisher schon intensive Verwaltungshilfe auf Ämterebene noch verstärkt werden müsse.[280] Bis zum September 1991 waren schließlich 35 weitere hessische Finanzämter zu den ursprünglichen zehn Ämtern als so genannte Unterstützungsämter

277 Vgl. dazu Kapitel 3.3 dieser Publikation. Peter Schaad (SPD) wurde am 20. 9. 1990 nach Thüringen abgeordnet und zum 12. 11. 1991 dorthin versetzt. Von November 1990 bis Februar 1992 war Schaad Staatssekretär im Thüringer Finanzministerium. Wie es in einem Kommentar der Frankfurter Rundschau vom Februar 1992 hieß, sei die Entscheidung des neuen Ministerpräsidenten Vogel, Finanz-Staatssekretär Schaad zu entlassen, nicht unumstritten. Schaad sei vom damaligen Hessischen Finanzminister Manfred Kanther (CDU) persönlich empfohlen worden und auch der Thüringer Finanzminister Klaus Zeh (CDU) könne an der SPD-Mitgliedschaft seines Staatssekretärs bislang nichts Sachwidriges entdecken. Nun habe Vogel allerdings *die Gefahr des „Loyalitätskonflikts“ erkannt. Um davor bewahrt zu werden, muß Schaad die Koffer packen.* Meng, Richard: „Die kurzen Ost-Karrieren einiger Hessen“, Frankfurter Rundschau, 12. 2. 1992.

278 Oberfinanzdirektion, Aktenvermerk betr. DDR, hier: Aufbau des Finanzministeriums und der OFD, 31. 8. 1990. Hessisches Ministerium der Finanzen.

279 Vgl. Interne Rundmitteilung der Oberfinanzdirektion Frankfurt am Main, betr. Aufbau einer Steuerverwaltung in Thüringen, hier: Aufbau Finanzministerium/Oberfinanzdirektion, 9. 10. 1990. Hessisches Ministerium der Finanzen.

280 Vgl. Vorlage der Oberfinanzdirektion Frankfurt an das Hessische Ministerium der Finanzen, betr. Hilfe beim Aufbau der Thüringer Steuerverwaltung, hier: Vorschlag zur Erweiterung der Betreuungsarbeit, 4. 6. 1991. Hessisches Ministerium der Finanzen.

in die Betreuung der Thüringer Finanzämter eingebunden.[281] Im Durchschnitt waren pro Finanzamt in den folgenden zwei Jahren ca. zehn Verwaltungshelferinnen bzw. Verwaltungshelfer eingesetzt.

Auch der Organisationsaufbau weiterer nachgeordneter Bereiche, wie beispielsweise der Thüringer Staatsbauverwaltung, wurde durch die Oberfinanzdirektion Frankfurt organisatorisch und personell vorbereitet. Nach dem Prinzip der direkten Hilfe auf Ämterebene erhielt jedes der drei Thüringer Staatsbauämter (Erfurt, Gera, Suhl) ein hessisches Partneramt (Kassel, Schwalmstadt, Fulda) zugeteilt. Zur Unterstützung der Bauabteilung der OFD Erfurt und der Staatsbauämter waren hessische und rheinland-pfälzische Aufbauhelfer tätig. Zudem hatten acht hessische Staatsbauämter die Durchführung von Baumaßnahmen in eigener Verantwortung übernommen. *Der Überfluß an Geld (in Thüringen für 1991 rd. 300 Millionen DM Bund und Land) bringt im Augenblick den gezielten Aufbau, das Lernen der Verwaltungsregeln und das Einüben der Verwaltungsabläufe ins Stocken. Priorität haben z. Zt.: die Vergabe von Aufträgen, möglichst an Thüringer Büros und Betriebe, und das Umsetzen von möglichst viel Geld.* Da man, wie es im Bericht weiter hieß, davon ausgehen könne, dass der Bauhaushalt in den nächsten Jahren ähnlich hoch sein werde, müsse die direkte Verwaltungshilfe intensiviert werden. *Ohne personell verstärkte und qualifizierte Verwaltungshilfen vor Ort kann die doppelte Aufgabe, nämlich die immensen Geldbeträge wirkungsvoll umzusetzen und dabei die Thüringer Kollegen möglichst schnell in die Lage zu versetzen, die anstehenden Aufgaben selbständig und gut alleine zu erledigen, nicht geleistet werden.*[282]

Der Thüringer Finanzminister Dr. Klaus Zeh (CDU) bat daher seine hessische Kollegin Dr. Annette Fugmann-Heesing (SPD) im Herbst 1991 um weiter gehende Verwaltungshilfe.[283] In einer Vorlage des Hessischen Finanzministeriums hieß es dazu, dass der Ausbau der Verwaltungshilfe unzweifelhaft notwendig sei, *weil 1992 in Thüringen erstmals die Ausgleichs-(Loja) [Lohnsteuerjahresausgleich] und Veranlagungsarbeiten anlaufen (Kampagne 1991) und damit u. a. auch das automatisierte Besteuerungsverfahren einzusetzen ist. […] Die durchschnittliche Zahl der mit o. a. Maßnahme zusätzlich von Hessen erbetenen Verwaltungshelferinnen und -helfer liegt bis Ende 1993 bei rd. 77 Beschäftigten.*[284] Wie es in der Vorlage weiter hieß, bedeute dies einen zusätzlichen Kostenaufwand von rd. 1,8 Mio. DM für die erbetenen Langzeitabordnungen aus Mitteln des Aktionsprogramms Hessen-Thüringen. Insgesamt wurde von einem Jahresbedarf von rd.

281 Vgl. Schreiben der Oberfinanzdirektion Frankfurt an die Vorsteher der Finanzämter etc., betr. Verwaltungshilfe für die Finanzämter des Landes Thüringen, 24. 9. 1991. Hessisches Ministerium der Finanzen.

282 Erfahrungsbericht zur Aufbauhilfe in Thüringen (10. 12. 1990 bis 31. 7. 1991) von Leit. Baudirektor Horas, OFD Frankfurt, 26. 8. 1991. Hessisches Ministerium der Finanzen.

283 Vgl. u. a. Schreiben des Thüringer Finanzministers an die Hessische Finanzministerin, betr. Abordnung von Verwaltungshelfern zur Staatshochbauverwaltung Thüringen, 28. 8. 1991. Hessisches Ministerium der Finanzen.

284 Hessisches Finanzministerium, Vorlage, betr. Verwaltungshilfe für die Finanzämter des Landes Thüringen; personelle Unterstützungsmaßnahmen, 25. 9. 1991. Hessisches Ministerium der Finanzen. [Hervorhebung im Original]

4,5 Mio. DM für das Jahr 1992 ausgegangen, wovon bis Mitte März bereits rd. 930.000,– DM für Trennungsgeld und Reisekosten verausgabt waren.[285] Am 30. April 1992 waren 222 hessische Bedienstete (davon 52 bis drei Monate, 55 über drei Monate, 115 über sechs Monate) der Finanzverwaltung nach Thüringen abgeordnet und 27 Bedienstete bereits in die neuen Bundesländer, schwerpunktmäßig nach Thüringen, versetzt.[286]

Während der Aufbau der Finanzämter in Thüringen im Juni 1992 bereits einen erfolgversprechenden Entwicklungsstand erreicht habe, könne, so der Hinweis des Hessischen Finanzministeriums, die Oberfinanzdirektion Erfurt ihre Aufgabe nur unzureichend wahrnehmen. *Eine positive Entwicklung hängt insbesondere ab von der Gewinnung qualifizierter Beamten bzw. Angestellten auf Dauer für alle Ebenen, also Sachbearbeiter, Referenten und weitere Führungskräfte. Bisher konnten nur wenige Referenten- und Sachbearbeiterposten endgültig besetzt werden. Im Führungsbereich (Gruppenleiter und Abteilungsleiter) gestaltet sich die Besetzung besonders schwierig.*[287] Zusammenfassend wurde daher festgestellt, dass Verwaltungshilfe auch langfristig erforderlich sei, sie könne allerdings zahlenmäßig auf Schwerpunktbereiche beschränkt werden. Wie aus einer dem Vermerk beigefügten Aufstellung hervorgeht, waren im Juni 1992 insgesamt 342 Verwaltungshelferinnen und -helfer im Thüringer Finanzministerium und nachgeordneten Dienststellen im Einsatz, wovon allein 225 (65,8 %) aus Hessen kamen. (Dok. 62) Bis Herbst 1993 fand auch weiterhin in größerem Umfang personelle Verwaltungshilfe durch Hessen statt. Doch zeichnete sich, wie in anderen Bereichen der Thüringer Verwaltung, auch im Finanzbereich ein Rückgang personeller Hilfe ab. Im Oktober 1994 unterstützten noch 128 hessische Bedienstete den Aufbau der Thüringer Finanzverwaltung, davon waren 82 Personen bereits dauerhaft nach Thüringen versetzt. Wie sich zeige, so eine Vorlage der OFD Frankfurt zum Stand der Verwaltungshilfe in Thüringen vom Oktober 1993, habe sich das hessische Betreuungskonzept gut bewährt. *Trotz der schwierigen Personallage in Hessen konnte die Verwaltungshilfe auf quantitativ und qualitativ hohem Niveau umgesetzt werden […]. Im Jahr 1994 soll die Verwaltungshilfe fortgeführt werden mit dem Ziel, besonders qualifizierte Helfer zu gewinnen, um die Thüringer Stammbeleg-*

285 Wie es in dem Schreiben weiter hieß, sei die ursprüngliche Schätzung von Anfang 1992 über einen Gesamtbedarf für 1992 von rd. 2,9 Mio. DM durch die Ausgabenentwicklung sowie durch eine Ausweitung der Unterstützungsmaßnahmen aufgrund aktuellen Bedarfs überholt. Nach dieser Aufstellung waren nun allein 3,2 Mio. DM zum Aufbau der Thüringer Finanzämter vorgesehen. Vgl. Hessisches Ministerium der Finanzen, Schreiben betr. Vollzug des Aktionsprogramms Hessen-Thüringen: Mittelbedarf im Bereich des HMdF, 7. 4. 1992. HHStAW, Z 502 Nr. 6096.

286 Vgl. Schreiben des Hessischen Ministeriums der Finanzen an das Hessische Ministerium des Innern und für Europaangelegenheiten, betr.: personelle Verwaltungshilfe der alten Bundesländer für die neuen Bundesländer, 29. 4. 1992. Hessisches Ministerium der Finanzen. Damit kamen aus dem Bereich des Hessischen Finanzministeriums etwa 1/3 der Gesamtabordnungen. Vgl. Dok. 52 sowie den Zeitzeugenbericht „Aufbauhilfe Hessen-Thüringen" von Thomas Kubesch. Herr Kubesch war ab Mai 1992 als hessischer Verwaltungshelfer im Grundsatzreferat für Vermögensfragen im Thüringer Finanzministerium tätig. Im August 1992 erfolgte seine Versetzung nach Thüringen. Vgl. Zeitzeugenbericht Th. Kubesch, 24. 9. 2007. HHStAW, Projekt Hessen-Thüringen.

287 Hessisches Ministerium der Finanzen, Aktenvermerk, betr.: Perspektiven der Verwaltungshilfe, 4. 6. 1992. Hessisches Ministerium der Finanzen.

schaft durch entsprechende Hilfen weiter zu befähigen, künftig die Arbeit allein zu bewältigen (Hilfe zur Selbsthilfe). [...] Die Verwaltungshilfe im steuerlichen Bereich kann nach Erreichen eines befriedigenden Niveaus der Thüringer FÄ [Finanzämter] weiter zurückgefahren werden. [...] In der Steuerverwaltung ist es im übrigen gelungen mit früh initiierten Versetzungen einen nachhaltigen Beitrag zur Stabilität der Personalstruktur an den FÄ, der OFD Erfurt und dem Bildungszentrum Gotha zu leisten (ca. 80 Personen ...).[288] Zudem bestand Einvernehmen zwischen den Oberfinanzdirektionen Frankfurt und Erfurt darüber, dass ein wichtiger Schwerpunkt der Verwaltungshilfe im Jahr 1994 beim Aufbau der Prüfdienste bei Thüringer Finanzämtern liegen sollte. Das Betreuungskonzept sah dabei vor: Einsätze von Westbeamten als Aufbauhelfer (Sachgebietsleiter und Prüfer), Hospitation der Thüringer Prüfer in hessischen Finanzämtern sowie Fachschulungen durch hessische Kräfte im Juni/Juli 1994 in Thüringen.[289]

Jedoch stieß die Fortführung der Verwaltungshilfe, vor allem die Gewinnung geeigneter Verwaltungshelferinnen und -helfer zunehmend auf Schwierigkeiten, und dies galt insbesondere für den Betriebsprüfungsbereich, in dem hochqualifiziertes Personal für längerfristig angelegte Betreuungsmaßnahmen benötigt wurde. Ungeachtet dieser Situation sollte die Verwaltungshilfe für Thüringen 1995 fortgesetzt werden und sich, wie im Jahr zuvor, auf die Bereiche Betriebsprüfung und Steuerfahndung konzentrieren. *Für die anstehenden Prüfungen von Großbetrieben in Thüringen wird für den von Hessen betreuten Bereich von einem Bedarf von 15 bis 20 hessischen Prüfer/innen bei einer Gesamtdauer von etwa 2 Jahren ausgegangen. Die entsprechenden Prüferinnen und Prüfer werden für die jeweilige Prüfungsdauer der Betriebe nach Thüringen abgeordnet.*[290] Wie es in einem Schreiben vom Dezember 1996 hieß, sei der Freistaat Thüringen auch für das Jahr 1997 an Unterstützung durch das Partnerland Hessen interessiert, da in speziellen Bereichen weiterhin Hilfe erforderlich sei.[291] Und auch im Jahr 1998 waren 12 hessische Bedienstete an 517 Tagen für die Thüringer Finanzverwaltung im Einsatz.[292]

288 Vorlage der Oberfinanzdirektion Frankfurt an das Hessische Ministerium der Finanzen, betr. Verwaltungshilfe Thüringen, 25. 10. 1993. Hessisches Ministerium der Finanzen. Bis Februar 1995 waren 107 hessische Bedienstete in die Thüringer Finanzverwaltung versetzt.

289 Vgl. Vorlage der Oberfinanzdirektion Frankfurt an das Hessische Ministerium der Finanzen, betr. Verwaltungshilfe Thüringen, 8. 3. 1994. Hessisches Ministerium der Finanzen.

290 Vorlage des Hessischen Ministerium der Justiz an das Bundesministerium der Finanzen, betr. 4. Bericht des BMF an den Haushaltsauschuß des Deutschen Bundestages über den weiteren Aufbau der Steuerverwaltung in den neuen Ländern und in Berlin (Ost), 8. 2. 1995. Hessisches Ministerium der Finanzen. Das nachlassende Interesse am Einsatz in Thüringen sei dabei auch auf den (voraussichtlich) deutlich abgesenkten Satz der Aufwandsentschädigung zurückzuführen. Vgl. Vorlage der Oberfinanzdirektion Frankfurt an das Hessische Ministerium der Finanzen, betr. Verwaltungshilfe Thüringen, 8. 3. 1994. Hessisches Ministerium der Finanzen.

291 Vgl. Schreiben des Thüringer Finanzministeriums an das Hessische Ministerium der Finanzen, betr. Verwaltungshilfe des Landes Hessen im Freistaat Thüringen; Fortführung der Verwaltungshilfe im Jahr 1997, 10. 12. 1996. Hessisches Ministerium der Finanzen. Mit Ende des Jahres 1996 lief auch die Finanzstelle zur Abwicklung des Aktionsprogramms Hessen-Thüringen im Hessischen Haushalt aus.

292 Vgl. Vorlage der Oberfinanzdirektion Frankfurt an das Hessische Ministerium der Finanzen, betr. Meldung der Verwaltungshelfertage 1998, 4. 11. 1998. Hessisches Ministerium der Finanzen.

Einen erheblichen Anteil am zügigen Aufbau einer leistungsfähigen, dem Bundesstandard entsprechenden Finanzverwaltung in Thüringen hatten neben der oben dargestellten direkten Verwaltungshilfe zumeist auf Ämterebene (der praktischen Hilfestellung vor Ort) umfangreiche Qualifizierungsmaßnahmen. Schon zwischen September und November 1990 fanden Schulungen für Angehörige der Thüringer Steuerverwaltung durch hessische Dozententeams und durch Hospitationen in hessischen Finanzämtern statt. Dazu gehörten u. a. Fortbildungsveranstaltungen, die mangels entsprechender Kapazitäten in Thüringen in den Bildungsstätten in Rotenburg/Fulda (Verwaltungsfachhochschule und Landesfinanzschule) durchgeführt wurden.[293] Ein systematisches und umfassendes Schulungsprogramm für die Beschäftigten der Steuerverwaltung in den neuen Ländern lief schließlich mit Beginn 1991 an. Die Schulungen waren zeitlich und inhaltlich in Absprache zwischen Bund und Ländern nach bundeseinheitlichen Lehrplänen festgelegt und umfassten eine achtwöchige Grundschulung für alle Bediensteten sowie funktionsbezogene Aufbauschulungen von unterschiedlicher Dauer. Nach Angaben der OFD Frankfurt hatten zum 1. März 1992 rund 93 % der im Veranlagungsbereich der Thüringer Finanzämter eingesetzten Bediensteten das achtwöchige Grundschulungsprogramm bereits absolviert und insgesamt betrage die Schulungsquote etwa 68 % aller Thüringer Beschäftigten der Finanzverwaltung. *Die OFD Erfurt hat der OFD Ffm mitgeteilt, daß kurzfristig ca. 250 Beschäftigte neu eingestellt werden und die Grund- und Aufbauschulung durchlaufen sollen. Dadurch müßten die Schulungsmaßnahmen bis zum Jahresende ausgedehnt werden.*[294]

Um möglichst sofort eigenes Personal für die Thüringer Finanzverwaltung ausbilden zu können, erfolgte parallel der Aufbau entsprechender Bildungseinrichtungen der Thüringer Steuerverwaltung im Bildungszentrum Gotha. Auch hieran waren hessische Dozentinnen und Dozenten u. a. der hessischen Verwaltungsfachhochschule Rotenburg/Fulda maßgeblich beteiligt.[295] In Thüringen waren die ersten Absolventinnen und Absolventen ab Ende 1994 voll nach den neuen Verwaltungsrichtlinien ausgebildet. Die hessische Hilfe im Finanzbereich konnte schließlich 1998 erfolgreich abgeschlossen werden.

3.6.3 Inneres

Hilfe beim Aufbau des Thüringer Innenministeriums fand nach Absprache zwischen den Partnerländern durch Hessen und Bayern statt. In einem Bericht *6 Monate Aufbau*

293 Vgl. z. B. Schreiben des Hessischen Ministeriums der Finanzen an das Landespersonalamt Hessen, betr. Fortbildungshilfe für Thüringen, 18. 10. 1990. HHStAW, Z 502 Nr. 6140.

294 Hessisches Ministerium der Finanzen, Entwurf: Gemeinsame Kabinettsitzung der Länder Rheinland-Pfalz und Hessen, 30. 4. 1992. Hessisches Ministerium der Finanzen. Wie aus dem Entwurf hervorgeht, wollte Hessen für diese Aufgabe eine gleichmäßigere Lastenverteilung zwischen den Partnerländern Hessen, Rheinland-Pfalz und Bayern erreichen.

295 Vgl. dazu den ausführlichen Zeitzeugenbericht von Harald Schulz, in dieser Publikation.

Thüringer Innenministerium – was haben wir eigentlich getan? – Notizen zu einem Arbeitsbericht für die Zeit vom 25. 10. 1990 bis 30. 4. 1991 vom April 1991 informierte die damalige Dezernentin im Regierungspräsidium Kassel, Regierungsdirektorin Christiane Geisler, über ihre Tätigkeit als hessische Verwaltungshelferin in Thüringen.

Wie bereits an anderer Stelle angeführt, waren auch zahlreiche Bedienstete des Regierungspräsidiums Kassel, nicht zuletzt wegen der unmittelbaren Grenzlage zu Thüringen, intensiv an der Verwaltungshilfe beteiligt. So seien bereits ab Oktober/November 1990 16 Mitarbeiterinnen und Mitarbeiter des Regierungspräsidiums Kassel für sechs Monate zum Aufbau der Landesministerien in Erfurt abgeordnet worden.[296] Wie aus einem Schreiben des Landesbevollmächtigten für Thüringen, Josef Duchač, an das Hessische Ministerium des Innern vom Oktober 1990 hervorgeht, bat dieser um die *Abordnung hessischer Beamter zum „Aufbauleiter Thüringisches Innenministerium"*[297]. Neben Frau Geisler (RP Kassel), deren vorgesehener Einsatz mit „Zentralabteilung, Personalangelegenheiten" angegeben war, sollten vier weitere namentlich genannte hessische Beamte den Aufbau des Innenministeriums in Erfurt in den Bereichen Organisation (Regierungsoberrat Seese), Verwaltungsrecht/Kommunalrecht (Regierungsdirektor Justi), Recht des Brand- und Katastrophenschutzes (Regierungsdirektor Böttcher) und Brandschutz (Brandoberrat Zachertz) unterstützen. Weitere Verwaltungshelferinnen bzw. Verwaltungshelfer waren für die Bereiche Baurecht, Bautechnik, Wohnungsbauförderung, Städtebauförderung sowie Förderung des Brandschutzes vorgesehen.[298] Mit Schreiben des Hessischen Innenministeriums vom 22. Oktober erfolgte die Abordnung Frau Geislers nach Thüringen: ... *mit Ihrer Zustimmung und dem Einverständnis des Landesbevollmächtigten für das Land Thüringen ordne ich Sie für die Zeit vom 24. Oktober 1990 bis 30. April 1991 zu dem Aufbauleiter des Thüringischen Innenministeriums in Erfurt ab.*[299] Die offizielle Berufung zur kommissarischen Leitung der Zentralabteilung des Ministeriums für Inneres im Aufbau fand durch Josef Duchač am Tag des Dienstantritts mit sofortiger Wirkung statt.[300]

Der nachfolgend leicht gekürzt abgedruckte Arbeitsbericht zeigt anschaulich, wie umfassend die Tätigkeit der Aufbauhelferinnen und -helfer war, und gibt zugleich Hin-

296 Vgl. Geisler, Christiane: Verwaltungshilfe für Thüringen – Bericht eines Rückkehrers. In: Information Nr. 17/1991 (wichtige Ereignisse, Band III). Zitiert nach: Dittrich, Marcus: Gestaltende Dienstleistungsbehörde für die Region – das Regierungspräsidium Kassel im Wandel (= Magisterarbeit, Fachbereich 05, Universität Kassel), Kassel 2007, S. 310 f.

297 Schreiben des Landesbevollmächtigten des Landes Thüringen an das Hessische Ministerium des Innern, betr. Abordnung hessischer Beamter zum „Aufbauleiter Thüringisches Innenministerium", Oktober 1990. Privatunterlagen Ch. Geisler.

298 Ebd.

299 Hessisches Ministerium des Innern an Regierungsdirektorin Christiane Geisler; Schreiben, betr. Abordnung im Rahmen der Verwaltungshilfe für Thüringen, 22. 10. 1990. Privatunterlagen Ch. Geisler.

300 Landesbevollmächtigter des Landes Thüringen, Berufungsurkunde für Frau Geisler, 24. 10. 1990. Privatunterlagen Ch. Geisler.

weise auf die vielfältigen Problemstellungen, die es speziell beim Aufbau des Thüringer Innenministeriums zu bewältigen galt: Diese betrafen Fragen des Verwaltungsaufbaus mit der Einrichtung einer Mittelbehörde[301], die Abwicklung bzw. das Fortführen von DDR-Einrichtungen[302] und damit unmittelbar verbunden grundsätzliche Personalentscheidungen, um nur einige der wichtigsten Aufgaben zu nennen. Zudem verweisen auch in diesem Bericht Bemerkungen auf anfängliche Konkurrenzen zwischen den Partnerländern.[303]

Ein weiterer Grund, den vorliegenden Arbeitsbericht in nahezu vollem Umfang in die Publikation aufzunehmen, liegt im zeitnahen Erscheinen des Berichts, der unmittelbar nach Abschluss der Tätigkeit in Thüringen, Ende April 1991 verfasst und als offizieller Tätigkeitsbericht an das Hessische und thüringische Innenministerium weitergeleitet wurde.[304]

301 Zu den Aufgaben des Ende 1991 mit Sitz in Weimar errichteten Thüringer Landesverwaltungsamtes als Bündelungsbehörde der mittleren Ebene vgl. Drapatz, Bernhard; Oppelland, Torsten: Regierung und Verwaltung. In: Thüringen. Eine politische Landeskunde, 1996, S. 126–179. Ein Bericht des ersten Präsidenten des Thüringer Landesverwaltungsamtes Dr. Ernst Wilke (von 1987 bis 1991 Regierungspräsident in Kassel) findet sich in dieser Publikation. Vgl. aus bayerischer Sicht zum Thema: Bauer, Thomas: Aufbau der Verwaltung in den fünf neuen Ländern. Erfahrungen eines bayerischen Beamten im Thüringer Innenministerium. In: Staatswissenschaften und Staatspraxis 2/1991, S. 378–388.

302 Überführung und Abwicklung waren dabei Schlüsselbegriffe der Neuorganisation. *Die sogenannte Abwicklung – insbesondere dort, wo der Staat und seine Bediensteten im planwirtschaftlichen System der DDR Aufgaben wahrnahmen, die in der Bundesrepublik außerhalb des öffentlichen Sektors wahrgenommen werden – führte zum Ruhen des Arbeitsverhältnisses, der grundsätzliche Anspruch auf Weiterbeschäftigung erlosch. Diese Möglichkeit bestand allerdings auf der Ebene der Kommunen nicht.* Jann, Werner: Öffentliche Verwaltung. In: Handbuch zur deutschen Einheit, 1996, S. 526–539, hier S. 530.

303 Deutlicher äußerte sich Jörg Doering (damaliger Dezernent für Bauaufsicht und Bauleitplanung beim RP Kassel), seit dem 22. 11. 1990 zum Thüringer Innenministerium abgeordnet. Er war dort als Berater für die Referate Bauaufsicht/Bautechnik und Städtebau/Bauleitplanung tätig. Doering kritisierte die bayerische Dominanz: Zwar sei vereinbart worden, dass Hessen die Federführung beim Aufbau der Bauverwaltung in Thüringen übernehmen solle, doch sei diese *fest in bayerischer Hand. Der Staatssekretär (Dr. Lippert) und die Abteilungsleiter – bis auf Frau Geisler (RP Kassel): Zentral-/Organisationsabteilung und Herrn Dr. Brüggemann (hess. Min. f. Wirtschaft und Technik): Kataster- und Vermessungswesen – sind Bayern. Anfang Februar waren im Thüringer Innenministerium 50 Berater aus Bayern, 20 aus Hessen, 1 aus Rheinland-Pfalz und 7 vom Bund tätig […]. Die Bauabteilung wird von einem bayrischen Abteilungsleiter geführt […] Soweit wir Hessen hessische oder nicht-bayrische Gedanken vortragen, insbesondere hessische Muster vorlegen, werden diese vom Abteilungsleiter zurückgewiesen und die Übernahme der entsprechenden bayrischen Muster verlangt.* Schreiben Jörg Doering an Hans Eichel, 24. 3. 1991. HHStAW, Z 502 Nr. 6128. In einer Pressemitteilung des Thüringer Innenministeriums wurde folgerichtig ausdrücklich auf die intensive Beziehung und das große Engagement Bayerns beim Aufbau der Thüringer Innenverwaltung verwiesen. Vgl. Pressemitteilung, Thüringer Innenministerium, Bayern – ein wichtiger Partner Thüringens beim Aufbau der Innenverwaltung und Polizei, 27/91, 1. 3. 1991. HHStAW, Abt. 503 Zug. 56/2006 Nr. 553.

304 Vgl. Schreiben RP Kassel an das Hessische Ministerium des Innern, betr. Personelle Verwaltungshilfe für Thüringen, 19. 6. 1991. Privatunterlagen Ch. Geisler. Auslassungszeichen […] im Text verweisen hierbei auf Kürzungen.

Christiane Geisler
im
REGIERUNGSPRÄSIDIUM
KASSEL

28. 4. 1991

6 Monate Aufbau Thüringer Innenministerium
– Was haben wir eigentlich getan?

– Notizen zu einem Arbeitsbericht für die Zeit vom
25. 10. 1990 bis 30. 4. 1991 – AL 2 –

Ende Oktober 1990 gab es im Innenministerium in Erfurt (dessen Name damals noch nicht feststand) ca. 10 „Berater“ im Bereich der allgemeinen inneren Verwaltung, daneben eine energische Beratergruppe für den Bereich der Polizei aus Bayern. Es gab aber fast niemanden, den die Berater beraten konnten: keinen Minister, keinen Staatssekretär. Es gab lediglich einen Thüringer Kollegen, der die Funktion eines Aufbauleiters für das künftige Innenministerium hatte. Seine künftige Verwendung im Ministerium war jedoch unklar. Es war auch ungewiß, ob er wirklich das politische Vertrauen der Landesregierung hatte; jedenfalls war er gleichzeitig Leiter des Ressorts Inneres der damals noch existierenden Verwaltungsbehörde. Als Thüringer Bedienstete gab es Schreibkräfte, zunächst nur zwei, die vorher nie mit Diktiergeräten gearbeitet hatten. Es gab natürlich auch keine Diktiergeräte, allerdings hatten manche Berater entsprechende Einheiten mitgebracht.

Ein Botendienst gab es nicht. [...] Post kam relativ selten und stoßweise. Die meisten Einladungen, insbesondere zu Konferenzen der Clearingstelle in Berlin, kamen zu spät, auch Fernschreiben, weil sie hausintern irgendwo versandeten. Schaden hieraus ist nicht ersichtlich entstanden.
Natürlich gab es auch noch keine Registratur. [...]

Fest stand schon Ende Oktober 1990, daß von den in Thüringen arbeitenden 3 Betreuungsländern (Bayern, Hessen, Rheinland-Pfalz) der Aufbau des Innenministeriums von Bayern und Hessen betreut werden sollte (was einen zwar interessanten, aber nicht immer ganz spannungsfreien Arbeitsablauf garantierte).

Entschieden war auch bereits ein erstes Aufbauschema sowie ein Gerüst eines Aufgabenverteilungsplanes.

In der allgemeinen inneren Verwaltung stellten sich folgende Schwerpunkte:
- Struktur der Landesverwaltung,
- Abwicklung,
- Personalgewinnung,
- Haushalt,
- Aufbau des Innenministeriums und der nachgeordneten Behörden.

1. Schwerpunkt bei der Struktur der Landesverwaltung war:
Sollte es eine allgemeine Mittelbehörde geben oder einen zweistufigen Aufbau?

Die Frage war schon vor Beginn der Beratertätigkeit in Thüringen heftig diskutiert worden. Die schlechten Erfahrungen mit den (damals noch existierenden) Bezirksverwaltungsbehörden begünstigten ein Meinungsklima gegen eine Mittelbehörde. In dieselbe Richtung gingen die Bestrebungen der schon seit März 1990 durch die Kommunalwahlen neu legitimierten Landkreise.

Die hessischen Berater gingen ebenfalls mit der Marschrichtung „keine Mittelbehörde" an die Arbeit. Hauptgrund war das Bemühen um eine möglichst wenig personalintensive Verwaltung in einem Land von nur 2,6 Millionen Einwohnern.

Bayern strebte eine Bündelungsbehörde an, weil die entsprechenden Funktionen ohnehin zu erledigen seien und am günstigsten in einer solchen Mittelbehörde unterzubringen wären.

So entstand schon ganz am Anfang modellhaft die Situation, daß die beiden Beraterländer uneinig waren. Diese Situation sollte sich auch in späteren Einzelfragen noch wiederholen. Geht man davon aus, daß die Auseinandersetzung zwischen verschiedenen Gedankenmodellen, egal über welches Thema, eine Verbesserung der jeweiligen Lösung herbeiführen kann, war dies keine schlechte Situation. Freilich kosteten die Auseinandersetzungen Zeit und Kraft. Sie nerven auch die Thüringer, denen es (zu Recht) egal ist, ob sie nach einem hessischen Vorbild leben oder nach einem bayerischen.

Jedenfalls setzte sich etwa zu Mitte Dezember 1990 ein Modell „Bündelungsbehörde, aber nur eine davon, zuständig für das ganze Land" durch. Neben der Bündelungsbehörde sollten einzelne Spezial-Mittelbehörden gebildet werden. Es begannen die Verhandlungen mit den anderen, sich ebenfalls langsam etablierenden Häusern darüber, welche Mittelbehörden in die Bündelungsbehörde eingebracht werden sollten und welche selbständige Mittelbehörden bleiben würden. Außerdem war die sonstige Behördenstruktur abzustimmen (z. B.: welche Funktionen würden Teil des staatlichen Landrates werden, welche selbständigen staatlichen Erstbehörden sollte es daneben geben, wie würde man ein vernünftiges regionales Prinzip – Prinzip der Deckungsgleichheit, d. h. keine Durchschneidungen von Kreisgrenzen – durchsetzen können.).

Ergebnis war ein Errichtungserlaß, der am 19. 3. 1991 vom Kabinett beschlossen werden konnte und am 17. 4. 1991 in den Landtag eingebracht wurde.

2. Das Problem der aufzubauenden Verwaltungsstrukturen wurde im ersten Vierteljahr massiv überlagert von dem anderen Problem: Wie bauen wir übernommene DDR-Strukturen ab. Dies war überhaupt ein generelles Phänomen der ersten Aufbauphase: Die wenigen Bediensteten der ersten Stunde konnten sich zu keiner Zeit nur dem Aufbau der neuen Landesverwaltung widmen – was an sich schon eine

voll ausfüllende Aufgabe gewesen wäre –, sondern sie mußten parallel dazu noch andere, regelmäßig zeitlich drängende Probleme lösen (so mußte z. B. gemäß Einigungsvertrag spätestens zum 31. 12. 1990 die Abwicklungsentscheidung getroffen werden; zum 31. 3. 1991 kam dann das Problem auf uns zu, was mit den zunächst bis zum Ende März befristeten Überleitungsverträgen der Bediensteten geschehen sollte; zum 1. 7. wird massiv die Frage der Eingruppierung der Bediensteten nach dem Bundesangestelltentarif bzw. von deren Ernennung zu Beamten auf uns zukommen).

Zum 31. 12. 1990 lief die Sonderregelung des Einigungsvertrages zur Abwicklung von Einrichtungen aus, so daß bis dahin eine Abwicklungs-/Fortführungsentscheidung zu treffen war. Wegen der Weihnachtspause einerseits, der erst am 8. 11. 1990 erfolgten Konstituierung der Landesregierung andererseits (8. 11. Vereidigung, am selben Tag erste Kabinettssitzung) blieb dafür faktisch nur ein Zeitraum von gut 6 Wochen.

Diese Zeit war im Grunde unsinnig kurz, zumal die noch bestehende DDR-Verwaltung nicht in der Lage war, eine verläßliche Übersicht derjenigen Organisationseinheiten zu liefern, die nach Bundesrecht als Verwaltungseinrichtungen anzusehen waren. Einen einigermaßen zuverlässigen Anhaltspunkt konnten wir nur über die Gehaltslisten bzw. die Dienststellennummern der Zentralen Gehaltsstellen der Bezirksverwaltungsbehörden bekommen. Öffentlicher Dienst waren für praktische Zwecke demnach alle Einrichtungen, deren Personal durch die Zentralen Gehaltsstellen bezahlt wurde. [...]

Es blieb keine Zeit, diese Fragen dogmatisch sauber zu klären. Es blieb keine Zeit, eine komplette Liste derjenigen Einrichtungen zu erhalten, die auf ihre Eigenschaft als öffentlich-rechtlich zu überprüfen wären, denn das Fallbeil zum 31. 12. stand fest. So entwickelte Thüringen die „Idee“ der Positiv-Liste: Aus den uns durch die Gehaltsstellen bekannten vorhandenen Einrichtungen wurden diejenigen herausgegriffen und positiv in einem Kabinettsbeschluß bestimmt, die weitergeführt werden sollten. Für alle anderen wurde die Abwicklung beschlossen.

Der Reiz dieser Lösung lag in der relativen Sicherheit: Es war klar, welche Einrichtungen wir fortführen würden. Alle anderen gerieten in die Abwicklung, das Personal in die Warteschlange. Dies mußte dazu führen, daß die Bediensteten von Einrichtungen, an deren Nützlichkeit wir womöglich nicht gedacht haben würden, sich bei uns schon melden würden. Denn sie würden ja merken, daß ihre Bezüge auf 70 % reduziert würden. Was wir Mitte Dezember nicht bedachten: Natürlich kam die Zentrale Gehaltsstelle mit der faktischen Absenkung der Bezüge der in die Warteschleife gefallenen Bediensteten auf 70 % nicht zurecht. [...]

Die politische Grundentscheidung im Abwicklungsbeschluß lag darin, die Bezirksverwaltungsbehörden in die Abwicklung zu schicken. Die weiter wahrzunehmenden Aufgaben wurden grundsätzlich auf die Ministerien verlagert, sofern nicht ausnahmsweise schon gleich Mittelbehörden (Obere Bauaufsicht) oder Erstbehörden (Kreisverwaltungsbehörden) gebildet oder weitergeführt werden konnten. Diese Abwicklung geschah erstaunlich geräuschlos. […]

Die Strukturentscheidungen wurden im Innenministerium von einem dafür weitgehend freigestellten Juristen und einem erfahrenen Organisationsreferenten erledigt.

Mit den Grundentscheidungen (Positivliste, im übrigen Abwicklung) waren jedoch arbeitsintensive Personal-Folgemaßnahmen verbunden. Zwar war grundsätzlich bezüglich der Bediensteten, die in die Warteschleife geraten waren, nichts zu veranlassen (ein Informationsschreiben an die Mitarbeiter der Bezirksverwaltungsbehörden wurde trotzdem erstellt und versendet). Jedoch mußten diejenigen aus der Warteschleife mit Hilfe von Arbeitsverträgen herausgeholt werden, die weiterarbeiten sollten (sei es wegen notwendiger Abwicklungsmaßnahmen, sei es aber auch, um das Betreiben von Liegenschaften zu sichern oder um bis zur Klärung der künftigen Aufgabenstruktur zwischenzeitlich doch noch Aufgaben wahrzunehmen). Es erwies sich in diesem Zusammenhang als hilfreich, daß die Personalverwaltung schon sehr früh einen auf die Sonderregelung des Einigungsvertrages abgestellten Standardarbeitsvertrag nach BAT-Muster entwickelt hatte sowie einen Personalbogen und, ganz wichtig, einen Fragebogen zur Ergänzung des Personalbogens, der sich mit dem persönlichen Verhalten in der Vergangenheit beschäftigte. […]

Freilich konnten hier in der Regel keine Dauer-Arbeitsverhältnisse beschlossen werden (zum Teil, weil die Aufgaben nur vorübergehend waren, zum anderen, weil insbesondere Personen aus dem früheren Staatsapparat generell nur für ¼ Jahr übernommen werden sollten, um in der Zwischenzeit ihre persönliche Eignung mit der erforderlichen Sorgfalt prüfen zu können).

Und so produzierten wir das nächste Verwaltungs-Stoßgeschäft, indem wir vor Weihnachten 1990 regelmäßig Arbeitsverträge nur für 3 Monate abschlossen und deswegen bis zum März 1991 insoweit erneut entscheiden mußten.

3. Bei der Beurteilung von Personalentscheidungen überlagerten sich von Anfang an zwei Meinungsstrukturen, und zwar in erster Linie bei unseren Thüringer Partnern. Die einen strebten an, so viele der im alten Staatsapparat noch Beschäftigten wie möglich in neue Arbeitsverhältnisse zu übernehmen. Motive waren dabei eine Art Fürsorgepflicht; das Argument, die schlimmsten Funktionäre von einst seien ohnehin schon nicht mehr vorhanden, die Überlegung, daß die noch vorhandenen Mitarbeiter immerhin die Wende seit Herbst 1989 begleitet hatten; auch wurde auf die vorhandene Fachkunde der Mitarbeiter verwiesen.

   Folge dieser Grundeinstellung war z. B., daß schon vor Bildung des Landes Thüringen in bestehenden Verwaltungen die Mitarbeiter aufgefordert wurden, sich um Stellen in der neuen Landesverwaltung zu bewerben. So lagen, als ich selbst am 25. 10. 1990 meine Tätigkeit in Thüringen begann, im Innenministerium bereits an die 100 solcher Bewerbungen vor. Darüber hinaus gab es in der Bauverwaltung bereits eine vorsortierte Liste von künftigen Mitarbeitern.

Dies führte dazu, daß ich praktisch mit dem ersten Tag meiner Tätigkeit beginnen mußte, konkrete Einzel-Einstellungsverfahren zu führen.

Eine andere Grundlinie Thüringer Auffassung ging dahin, eine von „roten Socken" saubere neue Verwaltung aufzubauen. Den Bürgern Thüringens sollte nicht zugemutet werden, denselben Gesichtern in der neuen Verwaltung gegenübertreten zu müssen, die sie in alter Zeit womöglich hassen gelernt hatten. Vertreter dieser Grundlinie sahen auch dann keine Gewähr für persönliche Eignung gegeben, wenn ein Mitarbeiter erst nach der Wende in den öffentlichen Dienst übernommen worden war: Denn gerade nach der Wende seien belastete Personen aus offensichtlich „verdächtigen" Bereichen in die allgemeine Verwaltung übernommen worden, um sie unauffällig unterbringen zu können. [...]

Die Entscheidung zwischen diesen Grundlinien, die Entscheidung über Neueinstellung überhaupt, wurde sofort westlichen Mitarbeitern übertragen, die deswegen im Grunde keine Berater waren, weil es keinen Thüringer Partner gab. Kein Thüringer hat im ersten Halbjahr Arbeitsverträge unterschrieben. Vielmehr wurden die westlichen kommissarischen Abteilungsleiter der Zentralabteilungen aller Ministerien in Personalunion zu Personalreferenten bestellt. Intern war geregelt, daß bei politisch heiklen Fragen die Thüringer Seite eingeschaltet werden sollte.

Ursprünglich war dies im Innenministerium ein „Nach-Wende-Mitarbeiter" der Bezirksverwaltungsbehörde Erfurt, später die Thüringer Mitarbeiter des Ministerbüros, ggf. bis zum Minister.

Diese relative Abstinenz der Thüringer von den eigentlichen brisanten personalpolitischen Entscheidungen war riskant, fehlte doch den Westlern ein sicheres Wissen über die früheren Strukturen und mögliche Verstrickungen. Wir mußten uns dies erst aneignen. Hier half jedoch eine vom Bund bereits vorliegende Analyse.* [...]

Das Risiko der politischen Fehlentscheidungen war damit nach außen auf die Westler verlagert, was man akzeptieren muß, wenn man darin eine vernünftige Entlastungsfunktion zugunsten der neuen Thüringer Amtsträger sieht.

Fast ebenso schwierig wie die Beurteilung der politischen Eignung von Bewerbern ist die der fachlichen. Es gab in der alten DDR keine wirkliche Schulung für Verwaltungstätigkeit. Man lernte zunächst einen anderen Beruf und wurde, wenn

* Battis/Weihrauch: „Erhebung zu den personellen Ressourcen einer Reorganisation des öffentlichen Dienstes in den fünf neuen Bundesländern", April 1991, Bundesministerium des Innern. [Anm. im Original].

man ins Bild paßte, in den Staatsapparat delegiert. Eine Verwaltungsausbildung konnte man entweder vor Aufnahme der Tätigkeit im Staatsapparat oder, was sehr häufig war, daneben in einer Art Fernstudium machen. Es gab zwei Einrichtungen dafür zentral in der ganzen DDR: Das eine war die Fachschule für Staat und Recht „Edwin Hoernle“ (später Fachschule für Verwaltung und Rechtspflege) in Weimar für Mitarbeiter, die man in etwa dem mittleren Dienst vergleichbar einordnen könnte, das andere war die Akademie für Staats- und Rechtswissenschaften, später Hochschule für Recht und Verwaltung in Potsdam-Babelsberg, an der Diplom-Staatswissenschaftler ausgebildet wurden. [...]

Beide Einrichtungen entsprechen mit ihren Unterrichtsprogrammen – häufig im Fernstudium absolviert – weitgehend nicht den für die neue Verwaltung nötigen Anforderungen (ca. 46 % völlig ungeeigneter Fächer wie Marxismus/Leninismus, Russisch, Kulturtheorie/Ästhetik, Wirtschaftsplanung). [...]

Freilich wäre dann an sich unverzüglich eine intensive Aus-/Fortbildung nötig. Da wir aber auch unsere Verwaltungsschuleinrichtungen erst aufbauen, ist dies nicht einfach zu organisieren. Angebote der Partnerländer und des Bundes geben erste Hilfen. Wir lassen Thüringer Mitarbeiter auch in geeigneten Fällen in Partnerverwaltungen hospitieren. Dies geschieht vermutlich nicht in dem Umfang, den die Partner erwarten würden. Dies liegt u. a. daran, daß wir unsere Mitarbeiter schwer entbehren können. Hier liegt auch einer der Gründe dafür, daß es nach meiner Auffassung in den neuen Ländern keine schlanken Verwaltungen geben wird. Wenn man nämlich, notgedrungen, in der ersten Zeit aus den örtlichen Bewerbern relativ schmal Qualifizierte einstellen muß, muß man wahrscheinlich Funktionen aufteilen, um eine vernünftige Arbeit sicherzustellen.

Wegen der nach unseren Maßstäben unzulänglichen Ausbildung zum Verwaltungsbediensteten gibt es in Thüringen auch, jedenfalls im Bereich der allgemeinen inneren Verwaltung, kaum qualifizierte Sachbearbeiter. Insbesondere: Will man diejenigen Bewerber nicht nehmen, die im alten System Verwaltungserfahrung erwerben konnten, kann man praktisch auf niemanden zurückgreifen. Denn auch erfahrene Leute in der Wirtschaft sind häufig nicht ohne Verstrickung in das alte System ausgekommen.

So brachte die im Dezember 1990 gestartete landesweite Ausschreibung aller Sachbearbeiter- und Referentenstellen in den Ministerien zwar an die 7000 Bewerbungen für Thüringer Stellen, aber keineswegs das Ergebnis, daß alle Stellen in allen Ministerien besetzt werden konnten.

Insbesondere im Innenministerium, in dem bis heute etwa 1500 Bewerbungen eingingen, konnte bisher nur etwa die Hälfte der Stellen an Thüringer Bewerber vergeben werden. Von den höher eingestuften Stellen ist die Quote noch sehr viel geringer. Andererseits band die Fülle der Bewerbungen einen erheblichen Teil der ohnehin noch bescheidenen Verwaltungskraft. [...]

Von vornherein war klar, daß Thüringer Bedienstete für Eignung im Hinblick auf ihre Stellung und ihr Verhalten in der alten DDR besonders überprüft werden müßten. Aus den besonderen Kündigungsgründen des Einigungsvertrages folgt, daß niemand eingestellt werden soll, der die Kündigungsgründe erfüllt. Um dies zu erfragen, wurde ein Fragebogen entwickelt, der die von der Clearingstelle vorgesehenen Fragen enthielt und einige mehr, die den Thüringern zur Klärung der persönlichen Eignung sinnvoll erschienen. [...]

Andere Personengruppen sind zunächst „unbesehen" in die Verwaltung übernommen worden, nämlich die aus Bereichen, die entweder nicht abgewickelt wurden oder die in großer Zahl aus der Warteschleife herausgeholt werden mußten, z. B. Mitarbeiter der neuzubildenden Katasterverwaltung (aus Liegenschaftsdienst und der Einrichtung für Kartographie und Geodäsie) oder der höheren Bauaufsichtsbehörde (aus der Staatlichen Bauaufsicht). Insofern wird angestrebt, spätestens bis zur Eingruppierung nach dem BAT bzw. Verbeamtung eine endgültige Überprüfung mit den der Verwaltung unmittelbar zugänglichen Möglichkeiten vorzunehmen.

Alle Personen sollen außerdem durch die Dienststelle Gauck überprüft werden; diese Dienststelle kann z. Zt. allerdings nicht in einem vernünftigen zeitlichen Rahmen auf Anfragen antworten. [...]

Personalgewinnung setzt voraus, daß Organisationsstrukturen geregelt sind. Man kann, auch in einer hektischen Aufbauphase, Menschen immer nur für ein bestimmtes, konkret-funktionelles Amt einsetzen. Schon die ersten Aufbauhelfer hatten daher zu Recht bereits Anfang Oktober 1990 einen vorläufigen Aufgabengliederungsplan erarbeitet, der sich am Aufbau des Hessischen Innenministeriums orientierte, allerdings bei der Zahl der Organisationseinheiten deutlich schlanker war. Bei der Zahl der Mitarbeiter orientierte sich der Aufbaustab an dem Modell der Clearingstelle für ein mittleres neues Land. Davon sollten für das Jahr 1991 75 % erreicht sein. Dazu müßten noch im Jahre 1991 insgesamt 224 Personen eingestellt werden. Wir werden dies nur schaffen, wenn wir auch weiter Berater beschäftigen. Dies wird mindestens bis Ende 1992 nötig sein.

Wir haben z. Zt. noch ein ziemlich einfach aufgebautes Ministerium ohne Gruppenbildung, also nur mit den Ebenen Abteilungsleiter – Referent – Sachbearbeiter. Die Abteilungsleiter vertreten sich gegenseitig. Ob diese Struktur angesichts der Begehrlichkeit für Besoldungsdifferenzierungen lange Bestand haben wird, ist fraglich. Jedenfalls expandiert schon heute der Ministerbereich nicht unerheblich über das ursprünglich Gedachte hinaus.

4. Aus dem Nichts, insbesondere ohne Vorjahreshaushalt mußte der Beitrag des Innenministeriums zum Landeshaushalt erstellt werden, dies gelang mit Hilfe eines sehr selbständig arbeitenden Referenten, der auch die Gespräche mit dem Finanzministerium führte und die Chefgespräche vorbereitete. Ende April 1991

lag der Entwurf des Landeshaushaltes vor, der den Entwurf des Einzelplanes für das Innenministerium enthielt.

5. Beim Aufbau der nachgeordneten Behörden sind mehrere Fallgruppen zu unterscheiden:

a) **Übernommene bzw. quasi übernommene Strukturen**

Die Polizeiverwaltung wurde zunächst einmal in den alten Strukturen weitergeführt. Hier ist inzwischen ein neues Polizeiorganisationsgesetz vom Landtag verabschiedet, das nach Veröffentlichung, voraussichtlich noch im Mai, in Kraft treten wird. Die Umorganisation der etwa noch 5000 bis 6000 Bediensteten umfassenden Polizei wird noch eine sehr schwierige Aufgabe werden.

Der alte, nur in sehr bescheidenem Umfang existierende Liegenschaftsdienst der DDR wurde mit der Einrichtung für Geodäsie und Kartographie zusammengeführt. Der Aufbau einer funktionierenden Liegenschaftsverwaltung, die für die wirtschaftliche Entwicklung in Thüringen außerordentlich wichtig sein wird, wird durch eine Arbeitsgemeinschaft der drei Thüringer Partnerländer koordiniert. Auch hier ist eine sehr große Zahl von Mitarbeitern übernommen worden. [...]

Wichtig ist es auch, in diesem Bereich die Grundbuchämter wieder von der Liegenschaftsverwaltung zu trennen und neu im Bereich des Justizministeriums aufzubauen.

Der Bereich der Berufsfeuerwehren gehörte in der alten DDR zum Polizeibereich. Hier werden im Zusammenhang mit der neuen Polizeiorganisationsstruktur die Feuerwehren aus dem Polizeibereich herausgelöst. Zuständig werden die Kommunen sein.

Im Bereich der Bauverwaltung ist die staatliche Bauaufsicht als höhere Bauaufsichtsverwaltung weitergeführt worden. Die Ortsplanungsstellen sind über eine im Einigungsvertrag verankerte Sondervorschrift des Bundesbaugesetzes neu gebildet worden. [...]

Auch die bisherige Zentralverwaltung für Statistik wird weitergeführt, allerdings z. Zt. noch als gemeinsame Einrichtung aller neuen Bundesländer. Diese gemeinsame Einrichtung soll zu Ende des Jahres 1991 aufgelöst werden. Dann wird das Problem auf Thüringen zukommen, welche der Mitarbeiter in den in Thüringen gelegenen Außenstellen der Zentralverwaltung übernommen werden sollen.

b) **Neue Strukturen**

Hier war zeitlich ein erster Schwerpunkt der Aufbau der staatlichen Verwaltung in den Landkreisen.

Ein von außen her nicht ohne weiteres vorstellbar schwieriges Problem wurde mit der politischen Grundentscheidung geschaffen, Kreisverwaltungsbehörden nach bayerischem Modell (nach hessischem Sprachgebrauch: staatlicher Landrat) als allgemeine untere staatliche Verwaltungsbehörden zu errichten, und zwar als selbständige staatliche Verwaltungsbehörden bei den Landräten, als Aufgabenbündel im übertragenen Wirkungskreis bei den kreisfreien Städten. Diese Differenzierungen, auch in den Altländern eigentlich nur den unmittelbar betroffenen Personen einsichtig, waren in Thüringen nur für die Berater klar, notfalls für evtl. Westjuristen in den Landkreisen. Im übrigen stieß die Differenzierung auf große Verständnisschwierigkeiten, die bis heute anhalten.

Die politisch sicher aus Thüringer Sicht richtige Grundentscheidung, möglichst rasch das Melde- und Erlaubniswesen aus der Zuständigkeit der Polizei herauszunehmen, führte dazu, daß wir zum 1. 1. 1991 ohne ausreichende Vorbereitung diese Aufgaben auf den staatlichen Landrat übertragen mußten. [...]

Dies verlangte aber, daß aus dem Stand sozusagen 35 staatliche Landräte mit Personal ausgestattet würden. Diese Aufgabe wurde erschwert dadurch,

daß viele Landräte in Verkennung der Rechtslage das entsprechende Personal schon als Selbstverwaltungskörperschaft eingestellt hatten (aber nicht bezahlt, weil sie auf staatliche Mittel warteten, oder doppelt bezahlt, weil sie dem bisherigen Arbeitgeber – meist dem Land – von dem neuen Vertrag nicht Mitteilung machten);

daß die ehemals mit diesen Aufgaben betrauten Polizeibediensteten – also Landesbediensteten – den staatlichen Landräten wenigstens „angeboten" werden sollten. Das Land Thüringen wollte diesem Personenkreis nicht ohne weiteres kündigen, ihn aber auch nicht ohne Rückkopplung mit dem jeweiligen Landrat den staatlichen Landratsämtern zuweisen. Auch diese Anfrage, welche der bisherigen Bediensteten man dem jeweiligen Landrat zuweisen könne, führte zu Mißverständnissen.

Natürlich verstanden auch die kreisfreien Städte nicht, warum bei den Landräten das entsprechende Personal staatlich wäre, bei den kreisfreien Städten aber von der Kommune zu bezahlen.

Jedenfalls mußte das ohnehin überbelastete Personalbüro ab 1. 1. 1991 auch noch für 35 Landräte ca. 1000 Personen einstellen. Dies gelang natürlich nur nach und nach und dadurch, daß zunächst einmal das Personalbüro expandierte.

Wie eine interministerielle Besprechung am 25. 4. 1991 zeigte, waren die anderen Ressorts bis dahin nicht in der Lage, die Frage zu beantworten, welche Aufgaben auf unterster staatlicher Ebene auf die Behörde des Landrates übertragen werden sollten und welche staatlichen Aufgaben ggf. als Weisungsaufgaben den Kommunen zuzuweisen wären. Deshalb kann bis heute die von den Landräten häufig und zu Recht gestellte Frage nicht beantwortet werden, welche Aufgaben die Kreisverwaltung haben wird und wieviel Personal demzufolge erforderlich sein wird.

Der Aufbau der Mittelbehörde, also des Landesverwaltungsamtes, als allgemeiner innerer Behörde auf mittlerer Stufe wird Mitte Mai beginnen, wenn der Landtag den Errichtungserlaß gebilligt haben wird (die Beschlußfassung des Landrates ist gemäß § 14 Abs. 2 der vorläufigen Landessatzung des Landes Thüringen erforderlich). Der endgültige Umfang der Bündelung wird erst durch den Landtagsbeschluß feststehen. Nach dem heutigen Stand dürften zum Landesverwaltungsamt auf jeden Fall die Bereiche allgemeine innere Verwaltung; Straßenbau; Umwelt; Landesplanung; Gesundheitswesen; Forsten; Kataster und Vermessung; Schulwesen gehören. Es wird angestrebt, auch die Bereiche Denkmalpflege und Veterinärwesen in die Bündelungsbehörde einzubeziehen. [...]

Aus- und Fortbildung

Die Ausbildungseinrichtung für Verwaltungsbedienstete der alten DDR in Weimar (Fachschule für Staat und Recht) verfiel nach dem klaren Willen der Thüringer Landesregierung der Abwicklung. Allerdings waren dort zum Jahreswechsel noch zahlreiche „Studierende" aus dem gesamten Gebiet der ehemaligen DDR vorhanden, weil die Einrichtung bis zuletzt neue „Studierende" aufgenommen hatte.

Thüringen entschied sich dafür, den vorhandenen Thüringer Landeskindern mit Hilfe der Partnerländer eine konzentrierte Ausbildung mit einem Abschluß für den mittleren Dienst im Frühherbst 1991 zu organisieren. Die Studierenden aus anderen neuen Ländern mußten dort „versorgt" werden. Ein Fachschulgesetz liegt dem Kabinett zur Beschlußfassung vor, für ein Fachhochschulgesetz gibt es erste Entwürfe.

Natürlich hatten wir auch den ganz normalen Betrieb eines Innenministeriums zu bewältigen, z. B. Zuarbeit zu leisten für: Regierungserklärung, Grundsatzerklärung des Innenministers vor dem Innenausschuß, Zeugenvernehmung des Innenministers vor dem Untersuchungsausschuß „Verhinderung von Seilschaften", große und kleine parlamentarische Anfragen, Fragen zur Fragestunde, Petitionen, Grundsatzrede des Innenministers zur Landesorganisation und Polizeiorganisation, Vorbereitungen zu zwei Innenministerkonferenzen, Vorbereitungen zu Gesprächen mit Gewerkschaften, kommunalen Spitzenverbänden, Journalisten u. ä., Vorbereitungen zu Kabinettsitzungen, Vorkonferenzen und Sitzungen des Koalitionsausschusses [...].

Unstreitig ist inzwischen wohl bei allen Alt- und Neuländern, daß personelle Verwaltungshilfe weiter geleistet werden muß. [...]

Diese Auffassung kann ich aus meiner Erfahrung nur unterstreichen. Im ersten Halbjahr ist der Aufbau in den neuen Ländern zwar einigermaßen zurechtgekommen, bei schöpferischer Handhabung der geltenden Regeln. Aber die Verwaltung ist bei weitem noch nicht in einem Aufbaustadium, das Verwaltungshilfe entbehrlich machen würde. Es werden insbesondere noch Sachbearbeiter aus den Altländern gesucht, und zwar als abgeordnete Bedienstete, aber auch auf Dauer.

Daher muß ein vernünftiges System von Anreizen weiter praktiziert werden (Stichworte: Verbesserung der Trennungsgeldregelungen; Überwinden von Versetzungshindernissen; Versorgungslastenausgleich). Ich warne vor jeder Formalisierung des Beförderungs-Gesichtspunktes als Anreiz, weil dann unweigerlich Probleme einer ermessensfehlerfreien Auswahl der abzuordnenden Bediensteten aufträten.

Weitere Verwaltungshilfe durch Altländer und Bund ist nicht Hilfe für „die da drüben", sondern für uns alle. Wenn der Aufbau in den neuen Ländern nicht gelänge, würde das auf das gesamte Bundesgebiet durchschlagen. Die Hilfe ist also nicht nur eine historische Anstandspflicht – dies ist sie freilich immer noch –, sondern auch ein Handeln im wohlverstandenen gemeinsamen Interesse.

(Geisler)

3.7 Kommunale Verwaltungshilfe

Mit der Kommunalwahl in der DDR am 6. Mai 1990 konnten nun wieder demokratisch legitimierte Verwaltungen auf lokaler Ebene entstehen.[305] Die rechtlichen Voraussetzungen für die Neustrukturierung der kommunalen Selbstverwaltung wurden am 17. Mai 1990 von der Volkskammer der DDR mit der Verabschiedung des Gesetzes über die Selbstverwaltung der Gemeinden und Landkreise in der DDR geschaffen. Das Gesetz orientierte sich dabei an der durch das Grundgesetz für die Bundesrepublik geprägten Struktur der kommunalen Selbstverwaltung in den westlichen Bundesländern.[306]

Bereits vor diesen politischen Maßnahmen hatten zahlreiche hessische Städte, Gemeinden und Landkreise unmittelbare Kontakte in die DDR aufgenommen, da

305 Auch im Staatsaufbau der DDR gab es eine lokale Verwaltung, diese wurde allerdings als nachgeordnete weisungsabhängige Ebene im Verwaltungsapparat begriffen – ohne eigene Rechtsform und ohne Selbstverwaltung.

306 Vgl. Gesetz über die Selbstverwaltung der Gemeinden und Landkreise in der DDR (Kommunalverfassung vom Mai 1990, GBl. I S. 255). Geringfügig modifiziert, wurde das Gesetz in Thüringen am 24. 7. 1992 als „Vorläufige Kommunalordnung für das Land Thüringen" bekannt gemacht. Zum Thüringer Kommunalrecht vergleiche den Aufsatz von Huber, Peter M.: Das Kommunalrecht. In: Thüringen. Eine politische Landeskunde, 1996, S. 152–179.

sich mit der Öffnung der innerdeutschen Grenze dazu nun die Möglichkeit bot, wie beispielsweise der damalige Präsident des Hessischen Landkreistags, Landrat Willi Eiermann (SPD) in einem Schreiben vom 2. Januar 1990 an den Hessischen Ministerpräsidenten Walter Wallmann ausführte: *… der Hessische Landkreistag hat die Kreise in Hessen immer wieder darin bestärkt, ihre Bemühungen um kommunale Partnerschaften mit Gebietskörperschaften der DDR nicht aufzugeben, auch wenn Partnerschaftswünsche der Landkreise bis in jüngere Zeit von der DDR-Seite abschlägig behandelt wurden. […] Dieser Aufbruch zu demokratischen Strukturen und die Öffnung der Grenzen für den Reiseverkehr hat – soweit ich in der Kürze der Zeit übersehe – nahezu alle 21 hessischen Kreistage bewogen, Gespräche zur Anbahnung von kommunalen Partnerschaften aufzunehmen. Dies gilt insbesondere für die hessischen Landkreise in Nachbarschaft zu Thüringen […] Gerade die Begegnung, das Gespräch und der Erfahrungsaustausch auf kommunaler Ebene können wertvolle Hilfestellungen und Orientierungen bei dem Aufbau eines demokratischen Gemeinwesens bieten und der nun auch in der DDR aufkeimenden Forderung nach kommunaler Selbstverwaltungsgarantie förderlich sein.*[307] Wie dem Antwortschreiben zu entnehmen ist, begrüßte die Hessische Landesregierung nachdrücklich das Engagement und bat zugleich darum, die Hilfe für die DDR auf Thüringen zu konzentrieren. Gleiches galt für Partnerschaften zwischen Städten und Gemeinden.[308] Auf der anderen Seite bekundeten auch Städte und Gemeinden der DDR unmittelbar nach Grenzöffnung den Wunsch, Partnerschaften mit hessischen Kommunen einzugehen. Entsprechend lautete eine Anfrage des Rats der Gemeinde Georgenthal (nahe Gotha) vom Dezember 1989 an Ministerpräsident Wallmann, in dem dieser um Hilfe bei der Suche nach einer hessischen Partnergemeinde gebeten wurde.[309]

Auch der Hessische Städtetag äußerte sich im Februar 1990 zu den deutsch-deutschen Kontakten und Partnerschaften in einem Schreiben an den Hessischen Ministerpräsidenten. So seien unmittelbar nach Grenzöffnung zwischen hessischen Städten, Gemeinden und Kommunen in der DDR zahlreiche Kontakte entstanden[310], die in vielfältige Hilfsmaßnahmen finanzieller, materieller und ideeller Art gemündet seien. Zugleich wies der damalige Präsident des Hessischen Städtetages, Hans Eichel, aus-

307 Schreiben des Präsidenten des Hessischen Landkreistag an den Hessischen Ministerpräsidenten, 2. 1. 1990. HHStAW, Z 502 Nr. 6099.

308 Vgl. Schreiben der Hessischen Staatskanzlei an den Präsidenten des Hessischen Landkreistages, 16. 1. 1990. HHStAW, Z 502 Nr. 14199.

309 Vgl. Schreiben des Rats der Gemeinde Georgenthal an Ministerpräsident Dr. W. Wallmann, 13. 12. 1989. HHStAW, Z 502 Nr. 6099. Vgl. auch: Schreiben des Rats der Stadt Königsee an die Hessische Staatskanzlei, 17. 1. 1990. HHStAW, Z 502 Nr. 6099.

310 In dem Beschluss des Präsidiums des Hessischen Städtetages vom 9. 2. 1990 wurde den Kommunen in der DDR Hilfe zum demokratischen Aufbau, insbesondere zum Aufbau der kommunalen Selbstverwaltung angeboten. Jedoch wurde angeregt, *offizielle Partnerschaften mit DDR-Kommunen erst nach der voraussichtlich am 6. Mai 1990 stattfindenden Kommunalwahl einzugehen und bei Verhandlungen auf eine Beteiligung von Vertretern des runden Tisches zu achten.* Schreiben des Hessischen Städtetages an die Magistrate der Mitgliedstädte, betr. Deutsch-deutsche Kontakte und Partnerschaften, 12. 2. 1990, S. 1. HHStAW, Z 502 Nr. 6092.

drücklich darauf hin, dass der Aufbau der kommunalen Selbstverwaltung in der DDR der entscheidende Schritt einer Demokratisierung „von unten“ sein werde. Doch zeigten alle Kontakte und Informationen in bzw. aus der DDR, *daß hier praktisch bei Null begonnen werden muß. Ein erster Erfahrungsaustausch mit nordhessischen Bürgermeistern und ihren Kollegen aus größeren grenznahen Städten in Thüringen am 6. 2. 1990 in Eschwege hat dies gerade bestätigt.*[311] Eichel wies ferner darauf hin, dass die kommunalen Spitzenverbände Baden-Württembergs von der dortigen Landesregierung in ihren diesbezüglichen Aktivitäten nachhaltig unterstützt würden. Daher erging das Gesuch an den Hessischen Ministerpräsidenten, *ebenfalls Maßnahmen zum Aufbau einer kommunalen Selbstverwaltung in der DDR in die Förderung durch das Aktionsprogramm Hessen/Thüringen aufzunehmen.*[312] In die Förderung sollten auch Partnerstädte außerhalb Thüringens einbezogen werden.

Ein erstes Gespräch zwischen Vertretern der kommunalen Spitzenverbände und der Hessischen Landesregierung fand am 16. Februar 1990 in Wiesbaden statt. Zentrales Thema war dabei die Zusammenarbeit mit der DDR und insbesondere das Aktionsprogramm Hessen-Thüringen sowie Fragen der kommunalen Partnerschaften. Erneut äußerten die kommunalen Spitzenverbände den dringenden Wunsch, an der Umsetzung des Landesprogramms Hessen-Thüringen beteiligt zu werden. *Sie sehen sich,* wie es in der Ergebnisniederschrift heißt, *aufgrund ihrer „vor Ort“ gewonnenen Erfahrungen und ihrer laufenden unmittelbaren Kontakte mit offiziellen Repräsentanten und Vertretern des „sog. Runden Tisches“ auf der kommunalen Ebene als die geeigneten Vermittler und Abwickler bei der Förderung konkreter Projekte an und wünschen eine Mitwirkung bei der Bewilligungspraxis und der Festlegung von Prioritäten.*[313] Darüber hinaus erging erneut die Forderung an die Hessische Landesregierung, Maßnahmen der Städte, Gemeinden und Landkreise finanziell zu unterstützen. Einigkeit bestand darüber, dass es nötig sei, Informationsveranstaltungen zu bestimmten Fachthemen wie beispielsweise Fragen der Kommunalverfassung und der Kommunalverwaltung anzubieten. *Eine systematische Unterrichtung kommunaler Mandatsträger und das Bereitstellen von Aus- und Fortbildungsmöglichkeiten für kommunale Bedienstete aus der DDR sowie der Austausch von kommunalen Bediensteten zwischen Hessen und der DDR erscheint jedoch erst nach den bevorstehenden Wahlen in der DDR möglich und angezeigt.*[314] Zwar wurde den Kommunalen Spitzenverbänden vom Hessischen Innenminister Gottfried Milde in Aussicht

311 Schreiben des Hessischen Städtetages an den Hessischen Ministerpräsidenten, betr. Deutsch-deutsche Kontakte und Partnerschaften, 15. 2. 1990. HHStAW, Z 502 Nr. 6099. Nach telefonischer Auskunft des Landkreises Hersfeld-Rotenburg am 23. 11. 2007 habe zwischen den Bürgermeisterinnen und Bürgermeistern des Landkreises Bad Salzungen und des Kreises Hersfeld-Rotenburg am 28. 2. 1990 in Hersfeld-Rotenburg eine gemeinsame Veranstaltung stattgefunden.

312 Schreiben des Hessischen Städtetages an den Hessischen Ministerpräsidenten, betr. Deutsch-deutsche Kontakte und Partnerschaften, 15. 2. 1990. HHStAW, Z 502 Nr. 6099.

313 Hessisches Ministerium des Innern, Ergebnisniederschrift über das Gespräch mit den Kommunalen Spitzenverbänden am 16. Februar 1990 in Wiesbaden, Februar 1990. HHStAW, Z 502 Nr. 6099. [Hervorhebung im Original].

314 Ebd. [Hervorhebung im Original].

gestellt, im Beirat zur Umsetzung des Aktionsprogramms Hessen-Thüringen mitzuwirken, doch wurde dies letztlich nicht umgesetzt.

Am 30. März 1990 richtete der Hessische Ministerpräsident Wallmann ein Schreiben an den Präsidenten des Hessischen Städtetages, Eichel. Wie es darin hieß, begrüße die Landesregierung nachdrücklich die vielfältigen Hilfsmaßnahmen der hessischen Städte und Gemeinden in der DDR, die, gemeinsam mit den Hilfen des Landes Hessen, schnell sichtbare Zeichen der Verbundenheit über die Grenzen hinweg gesetzt hätten. Allerdings habe es sich als richtig erwiesen, *daß das Land und die Städte auf die ihnen mögliche Weise geholfen haben. Abstimmungsprozeduren hätten diese Hilfe eher verzögert.*[315] Daher sollte diese Vorgehensweise, so Wallmann weiter, auch künftig beibehalten werden. Der Anregung, hessische Partnerstädte außerhalb Thüringens in das Förderprogramm einzubeziehen, wurde von der Landesregierung nicht entsprochen, da sich das Land Hessen entschieden habe, in Thüringen zu helfen.[316] Zudem wies Wallmann eigens darauf hin, dass neben der Hilfe für Investitionen zukünftig Verwaltungshilfe jeder Art für Thüringen an Bedeutung gewinnen werde. *Das Land und die kommunalen Körperschaften werden gefordert sein, bei dem Neuaufbau der Verwaltung in Thüringen und bei der Ausbildung der Bediensteten zu helfen. Ich begrüße es daher, daß der Hessische Städtetag auch zu dieser Hilfe bereit ist. Ich habe mit Interesse zur Kenntnis genommen, daß die Städte in Hessen beabsichtigen, Seminare zu Fachthemen in Thüringen anzubieten. Die Landesregierung ihrerseits erarbeitet ein Konzept für die Verwaltungshilfe, um vorbereitet zu sein, sobald ein neugebildetes Land Thüringen um eine solche Hilfe bittet.*[317]

Im Juli 1990 wies der Hessische Landkreistag in einem Schreiben an den Hessischen Ministerpräsidenten abermals eindringlich auf die äußerst schwierige Situation im Bereich der Kommunalverwaltungen in Thüringen hin und forderte Unterstützung durch die Landesregierung: … *die neugewählten kommunalen Mandatsträger und die demokratischen Reformkräfte in den Kommunalverwaltungen Thüringens und der übrigen DDR bedürfen intensiver Unterstützung beim Aufbau einer funktionierenden kommunalen Selbstverwaltung. […] Hessische Landkreise erfahren nahezu täglich durch die Partnerschaften mit thüringischen Kreisen, daß die Hilflosigkeit bei der Neuordnung der Kreisverwaltungen geradezu unvorstellbar ist; gleiches gilt für nahezu alle Gemeinde- und Stadtverwaltungen in Thüringen. Der außerordentliche Bedarf an kommunaler Hilfe in Thüringen macht es erforderlich, daß unabhängig von gezielter Hilfe im Rahmen bestehender Partnerschaften Beratungstätigkeit in einer Vielzahl von thüringischen Kommu-*

315 Schreiben des Hessischen Ministerpräsidenten an den Präsidenten des Hessischen Städtetages, 30. 3. 1990, S. 1. HHStAW, Z 502 Nr. 6099.

316 Ebd., S. 2. Die Möglichkeit einer Hilfe außerhalb Thüringens war schließlich mit der Verabschiedung des Vierten Nachtragshaushalts 1990/1991 ab Juni 1991 gegeben.

317 Ebd., S. 3. Hier war es vor allem die Hessische Landeszentrale für politische Bildung, die entsprechende Informationsveranstaltungen der Hessischen Landesregierung in Thüringen organisierte. Vgl. z. B. Eilbrief des Rat des Kreises Apolda an das Hessische Innenministerium, 5. 4. 1990. HHStAW, Abt. 546 Nr. 209.

nen angeboten wird. [...] Wir müssen jedoch inzwischen erkennen, daß die Kommunen allein dem Ausmaß der notwendigen Hilfe nicht gewachsen sind und sie dringend der Unterstützung des Landes Hessen bedürfen.[318] Entsprechend erging die Bitte an den Hessischen Ministerpräsidenten, *sich in der Landesregierung und unter den Landtagsfraktionen dafür zu verwenden, daß das Land Hessen seine bisherigen finanziellen Hilfeleistungen für Thüringen auch für eine den Kommunalverwaltungen in Thüringen zugute kommende Beratungstätigkeit öffnet.*[319] (Dok. 63) In einem Vermerk der Hessischen Staatskanzlei wurde die Darstellung des Hessischen Landkreistags bestätigt und darauf verwiesen, dass die Hilflosigkeit in der Kommunalverwaltung in Thüringen durch die drei Regierungsbevollmächtigten von Erfurt, Gera und Suhl bestätigt worden seien. Angesichts dieser Entwicklung, so die Einschätzung Dr. von der Osten-Sackens (Hessische Staatskanzlei), bedürfe es einer politischen Entscheidung, *ob die bisherige Zurückhaltung der Landesregierung im Hinblick auf die Verwaltungshilfe, auch der Kommunen, aufrechterhalten werden soll. [...] Nordrhein-Westfalen hat die kommunalen Gebietskörperschaften finanziell in die Lage versetzt, zu jedem Landkreis und jeder kreisfreien Stadt in den betreuten Bezirken bis zu vier Bedienstete zu Zwecken der Verwaltungshilfe zu entsenden.*[320]

Die oppositionelle SPD-Fraktion im Hessischen Landtag unterstützte nachdrücklich die Appelle der kommunalen Spitzenverbände und forderte die Landesregierung daher im Juli 1990 erneut auf, die Errichtung von Beratungsstellen in Kommunen des zukünftigen Landes Thüringen durch hessische Landkreise finanziell zu unterstützen.[321] Am 22. August lag eine Stellungnahme der Hessischen Staatskanzlei zu dieser Problematik vor. Auch die Staatskanzlei verwies nochmals darauf, dass die kommunalen Spitzenverbände die Landesregierung bereits seit Anfang 1990 darum ersucht hätten, ihr Engagement beim Aufbau einer kommunalen Selbstverwaltung in Thüringen finanziell zu fördern. Demgegenüber hätten andere Bundesländer bereits entsprechende Maßnahmen getroffen; hierbei wurde erneut auf Nordrhein-Westfalen verwiesen, das ein beispielhaftes Beratungskonzept entwickelt habe. Danach war vorgesehen, dass das Land den Kommunen Personal- und Sachkosten für die Entsendung von Bediensteten erstatten würde. Und ein ähnlich flächendeckendes Beratungskonzept habe auch Baden-Württemberg erarbeitet. *Angesichts der Bedeutung einer kommunalen Selbstverwaltung für das Funktionieren der künftigen Länder auf dem Gebiet der DDR,* so

318 Schreiben des Hessischen Landkreistages an den Hessischen Ministerpräsidenten, betr. Beratungstätigkeit in DDR-Kommunen, 6. 7. 1990, S. 1 f. HHStAW, Z 502 Nr. 6138.

319 Ebd., S. 2 f.

320 Hessische Staatskanzlei, Vorlage Dr. von der Osten-Sacken, 12. 7. 1990. HHStAW, Z 502 Nr. 6138.

321 Vgl. Schreiben des Fraktionsvorsitzenden der SPD-Fraktion des Hessischen Landtags an den Hessischen Ministerpräsidenten, betr. Aufbau einer funktionierenden kommunalen Selbstverwaltung in Thüringen, 23. 7. 1990. HHStAW, Z 502 Nr. 6138. Bereits im März 1990 hatte die SPD-Landtagsfraktion an die Landesregierung appelliert, unverzüglich Maßnahmen zur personellen Hilfe des Landes Hessen beim Aufbau einer demokratischen und rechtsstaatlich geprägten Staats- und Kommunalverwaltung des künftigen Landes Thüringen einzuleiten. Vgl. dazu Kapitel 3.1 dieser Publikation sowie Dok. 42.

die eindeutige Empfehlung der Hessischen Staatskanzlei, *wird das Anliegen der hessischen kommunalen Spitzenverbände grundsätzlich befürwortet.*[322] (Dok. 64) In ihrer Sitzung am 28. August baten die hessischen Staatssekretäre schließlich Innenminister Milde darum, *im Gespräch mit den kommunalen Spitzenverbänden Hessens Möglichkeiten der Verwaltungshilfe für Gemeinden und Landkreise zu prüfen und der Vorkonferenz hierüber baldmöglichst zu berichten.*[323]

Dass die kommunalen Spitzenverbände die enorme Aufgabe des Aufbaus der kommunalen Selbstverwaltung in der DDR nicht ohne finanzielle Hilfe der jeweiligen alten Länder gewährleisten konnten, hob auch der damalige Bundesminister des Innern, Dr. Wolfgang Schäuble (CDU), in einem Schreiben an seinen hessischen Amtskollegen vom 6. September 1990 ausdrücklich hervor. Darin forderte dieser die Landesregierung auf entsprechend tätig zu werden: *Besondere Anerkennung finden die Beratungsprogramme von Nordrhein-Westfalen und Baden-Württemberg. Beide Länder fördern in Zusammenarbeit mit den Kommunen und Kommunalverbänden flächendeckend in dem zur Betreuung übernommenen Anteil der DDR kommunale Beratungsstellen. […] Denn auch nach meiner Auffassung ist umfassende personelle Hilfe für die Kommunen der DDR das wirksamste Mittel, schnell kommunale Verwaltung handlungsfähig zu machen. […] Ich wäre Ihnen daher dankbar, wenn Sie sich im Rahmen Ihrer Möglichkeiten für eine weitere Verbesserung und Intensivierung der Hilfsmaßnahmen zum Aufbau einer starken kommunalen Selbstverwaltung in der DDR verwenden könnten.*[324] (Dok. 65)

Ein weiteres Koordinierungsgespräch in dieser Sache fand am 3. September 1990 zwischen der Hessischen Landesregierung (Hessisches Ministerium des Innern) und den kommunalen Spitzenverbänden statt. Man einigte sich in dem Gespräch nun

322 Hessische Staatskanzlei, Vermerk, betr. Verwaltungshilfe für Thüringen, hier: Unterstützung der kommunalen Spitzenverbände beim Aufbau einer kommunalen Selbstverwaltung in Thüringen, 22. 8. 1990. HHStAW, Abt. 503 Zug. 56/2006 Nr. 553. Das nordrhein-westfälische Konzept sah vor, für jeden entsandten Bediensteten pro Monat Aufenthaltsdauer in einer Beratungsstelle einen Festbetrag (inklusive Reise- und Sachkosten) von 9000,– DM zu zahlen. Der Pauschalbetrag sollte höchstens für vier Bedienstete pro Beratungsstelle gewährt und zunächst für die Zeit vom 1. 7. bis zum 31. 12. 1990 gezahlt werden.

323 Protokoll der 153. Vorkonferenz am 28. 8. 1990, Punkt 6. Außerhalb der Tagesordnung: Verwaltungshilfe Thüringen. HHStAW, Abt. 503 Zug. 56/2006 Nr. 553.

324 Schreiben des Bundesministers des Innern an seinen hessischen Kollegen, betr. Aufbau der kommunalen Selbstverwaltung in der DDR, 6. 9. 1990. HHStAW, Z 502 Nr. 6138. Bereits im August 1990 erreichte Ministerpräsident Wallmann ein Schreiben seines baden-württembergischen Amtskollegen Lothar Späth (CDU). Darin wies Späth ausdrücklich auf die Bedeutung der kommunalen Selbstverwaltung für das Wirtschaftswachstum in den neuen Ländern hin: *Entsprechend müssen jetzt die Voraussetzungen dafür geschaffen werden, daß auf kommunaler Ebene das Engagement für die nötigen Investitionen und die Schaffung der Arbeitsplätze entwickelt wird. […] Die DDR braucht kommunale Entscheidungsbefugnis und kommunales Engagement. Der Aufbau der Länderebene allein genügt nicht. Vorrangig muß die kommunale Ebene gestärkt werden.* Schreiben des Ministerpräsidenten des Landes Baden-Württemberg an den Hessischen Ministerpräsidenten, betr. Überlegungen zur Lösung der Wirtschaftsprobleme in der DDR, 22. 8. 1990, S. 2. HHStAW, Abt. 503 Zug. 56/2006 Nr. 554.

grundsätzlich darauf, die Aktivitäten der hessischen Kommunen in Thüringen durch finanzielle Hilfe des Landes Hessen zu unterstützen, die je zur Hälfte aus dem Aktionsprogramm Hessen-Thüringen und aus dem Landesausgleichsstock[325] geleistet werden sollte. Insgesamt waren 4 Mio. DM vorgesehen, *die mit je 100.000,– DM für 40 Verwaltungseinheiten (35 Landkreise, 5 kreisfreie Städte) bereitgestellt werden sollten.*[326] Einvernehmen bestand auch darüber, dass: die Gemeinden, die Bedienstete entsenden, Empfänger der Zuweisungen wären, ein Pauschalbetrag von 9000,– DM pro Bediensteten und Monat erstattet werden sollte, inklusive aller anfallenden Personal- und Sachkosten, und eine Förderung möglicherweise ab dem 1. 10. 1990 rückwirkend erfolgen könne. Darüber hinaus wurden die kommunalen Spitzenverbände aufgefordert, in Anlehnung an Nordrhein-Westfalen gemeinsam ein Konzept zu entwickeln und dieses dem Hessischen Innenministerium bis Mitte September vorzulegen. Eine entsprechende Abstimmung mit den anderen Partnerländern Bayern und Rheinland-Pfalz sollte auf übergeordneter Ebene erfolgen.[327]

Wie dringend nötig Beratungshilfe gerade auch zum Aufbau kommunaler Verwaltungen in der DDR war, wurde nicht nur von Vertretern des Ministeriums für Regionale und Kommunale Angelegenheiten der DDR vorgebracht. Die Hessische Staatskanzlei erreichten ebenso Schreiben von DDR-Bürgermeistern, in denen diese um *Unterstützung in der Kommunalverwaltung* baten, wie es z. B. in einem Schreiben des Rats der Stadt Arnstadt (Bezirk Erfurt) im September 1990 formuliert wurde. Danach hätten nach den Kommunalwahlen engagierte Idealisten Verantwortung in der Stadtverwaltung übernommen. *Aufgrund der vielfältigen Probleme der Stadt ist ein schnelles Handeln erforderlich. Bei manchen Entscheidungen wäre jedoch eine Beratung mit erfahrenen Verwaltungsfachleuten sehr nützlich. Ich möchte Sie daher bitten, zu überprüfen, ob ein Verwaltungsbeamter befristet – z. B. für einige Wochen – zur Beratung meiner Dezernenten und Amtsleiter sowie für meine persönliche Beratung zur Verfügung stünde.*[328]

325 Der Landesausgleichsstock ist ein nachrangiges Finanzinstrument. Auf der Grundlage von § 28 Finanzausgleichsgesetz (FAG) richtet das Land Hessen jährlich aus Mitteln des Finanzausgleichs einen Finanzausgleichsstock ein. Diese Mittel sind insbesondere zur Unterstützung finanzschwacher Kommunen vorgesehen. Vgl. dazu: Hessisches Ministerium des Innern und für Sport, http://www.hmdi.hessen.de/ Kommunales >Kommunale Finanzen >Landesausgleichsstock.

326 Hessisches Innenministerium, Ergebnisniederschrift über das Gespräch mit den kommunalen Spitzenverbänden am 3. September 1990, 5. 9. 1990. HHStAW, Abt. 503 Zug. 56/2006 Nr. 553.

327 Vgl. ebd. In der Sitzung des Unterausschusses „Kommunalverfassungsrecht" wurden am 6./7. September 1990 in Beisein eines Vertreters des Ministeriums für Regionale und Kommunale Angelegenheiten der DDR Fragen der Verwaltungshilfe beim Aufbau einer kommunalen Selbstverwaltung erörtert. Dabei wurde die regionale Aufteilung festgelegt, nach der für Thüringen die Bundesländer Hessen, Bayern und Rheinland-Pfalz zuständig waren. Ein laufender Informationsaustausch sollte auf Staatskanzleiebene erfolgen. Vgl. Vermerk des Hessischen Ministeriums des Innern, betr. Verwaltungshilfe für Thüringen, 10. 9. 1990. HHStAW, Abt. 503 Zug. 56/2006 Nr. 554.

328 Schreiben des Rats der Stadt Arnstadt an die Hessische Staatskanzlei, betr. Unterstützung in der Kommunalverwaltung, 19. 9. 1990. HHStAW, Z 502 Nr. 6138.

In einem Schreiben begrüßte der Gemeinde- und Städtebund Thüringen das Vorhaben der Hessischen Landesregierung, Fördermittel in Höhe von 4 Mio. DM zum Aufbau von Kommunalverwaltungen für die 1699 Thüringer Städte und Gemeinden zur Verfügung zu stellen. Im Hinblick auf die Entscheidung über das Programm zur kommunalen Hilfe der Landesregierung, schlug der Gemeinde- und Städtebund Thüringen allerdings vor, einen „Pool" zu bilden. *Aus dem seitens des Landes für den kommunalen Bereich zur Verfügung zu stellenden Stellenkontingent sollen die Städte, Gemeinden und Kreise in Thüringen über die kommunalen Spitzenverbände selbst Berater dort anfordern können, die dann zu den Verwaltungen vor Ort entsandt werden. Wir werden gemeinsam mit dem Landkreistag Thüringen eine flächendeckende Versorgung sicherstellen …*[329] Diese Position entsprach jedoch weder den Vorstellungen der hessischen kommunalen Spitzenverbände noch denen der Hessischen Landesregierung.

Am 30. Oktober 1990 entschied die Hessische Landesregierung über die Unterstützung der kommunalen Spitzenverbände beim Aufbau der kommunalen Selbstverwaltung in Thüringen. Dem vorausgegangen war ein weiteres Treffen zwischen Vertretern des Hessischen Innenministeriums und Vertretern des Hessischen Landkreistags, dem Hessischen Städte- und Gemeindebund und dem Hessischen Städtetag am 11. Oktober, bei dem das Beratungskonzept abschließend erörtert wurde.[330] Der Beschluss der Landesregierung entsprach den vorab getroffenen Vereinbarungen und sah vor:

- im Haushaltsjahr 1991 insgesamt 4 Mio. DM (je 2 Mio. DM aus Mitteln des Aktionsprogramms Hessen-Thüringen und dem Landesausgleichsstock) zum Aufbau der kommunalen Selbstverwaltung in Thüringen zur Verfügung zu stellen mit Förderbeginn ab dem 1. November 1990,
- das Unterstützungsprogramm zunächst ein halbes Jahr laufen zu lassen, mit Option auf Weiterführung,
- dass kreisfreie Städte (fünf) und Landkreise (35) in Thüringen zusammen 40 Beratungsgebiete bilden, in denen mindestens je eine Beratungsstelle eingerichtet werden sollte,
- dass die Bereitstellung und Vermittlung der Berater durch die beteiligten hessischen Kommunen erfolgen sollte unter Einschaltung der kommunalen Spitzenverbände in Hessen und Thüringen; dabei sollten bestehende kommunale Kontakte wie etwa Städtepartnerschaften berücksichtigt werden,
- für die Abordnung von Beratern im Rahmen der Verwaltungshilfe der entsendenden Kommune eine Pauschale in Höhe von nun 7500,– DM (einschließlich aller

329 Schreiben des Gemeinde- und Städtebundes Thüringen an den Hessischen Ministerpräsidenten, betr. DDR-Hilfsprogramm, 8. 10. 1990. HHStAW, Abt. 503 Zug. 56/2006 Nr. 554. Dazu auch das Interview mit Erwin Henkel in dieser Publikation, der darauf verweist, dass der Gemeinde- und Städtebund Thüringen in der frühen Phase überwiegend mit Funktionsträgern der DDR-Verwaltung besetzt war.

330 Vgl. Hessisches Ministerium des Innern, Vermerk, betr. Gespräch mit den Spitzenverbänden am 11. 10. 1990, 15. 10. 1990. HHStAW, Abt. 503 Zug. 56/2006 Nr. 553.

Aufwendungen und etwaiger Sachleistungen) für eine Mindestzeit von vier Wochen zu gewähren. Für daran anschließende Beratungszeiten sollte eine Pauschale in Höhe von 1875,– DM für jede Woche gewährt werden.[331] (Dok. 66)

Vereinbarungsgemäß sollte in regelmäßigen Gesprächen über die Durchführung der kommunalen Hilfe berichtet werden. Ein solches Treffen der Landesregierung und der Kommunalvertretungen am 10. Januar 1991 führte zur Ergänzung des Konzepts: Nunmehr wurden auch kürzlich in den Ruhestand versetzte Beamte in die Landesförderung einbezogen, da diese ein großes Potenzial darstellten.[332] Wie darüber hinaus berichtet wurde, zeige die bisherige Praxis, dass eine Abstimmung zwischen Beratern aus anderen Bundesländern kaum möglich sei. Und es bestehe keine Aussicht, *daß die Interessen der in Thüringen Beratungshilfe leistenden Länder (Bayern, Hessen und Rheinland-Pfalz) koordiniert werden können. Wenn Berater aus mehreren Bundesländern in einer Gemeinde tätig sind, sollten sie Kontakt miteinander aufnehmen und die Beratung absprechen.*[333] Ein nächster Erfahrungsaustausch über den Fortgang der Verwaltungshilfe im kommunalen Bereich fand am 15. März 1991 mit über 60 hessischen Verwaltungsbediensteten statt. Die vielfältigen Erfahrungen der Berater sollten zu einer möglichen Verbesserung und Intensivierung der Verwaltungshilfe genutzt werden. Wie es hieß, habe sich das hessische Konzept (Beratungsstellen in allen Thüringer Kreisen) im Wesentlichen bewährt; *allerdings sollten die Berater nicht nur in der Beratungsstelle zur Verfügung stehen, sondern den Kontakt auch vor Ort in den einzelnen Kommunen suchen.*[334] Daher müsse die Beratertätigkeit vor Ort in den Kommunen forciert werden. Vom Hessischen Städte- und Gemeindebund wurde berichtet, dass bis März 1991 zu 250 thüringischen Städten und Gemeinden Beraterkontakte aus 350 hessischen Kommunen bestünden. Übereinstimmend wurde festgestellt, dass Verwaltungshilfe im Rahmen

331 Vgl. Schreiben des Hessischen Ministeriums des Innern an den Hessischen Städtetag, den Hessischen Städte- und Gemeindebund und den Hessischen Landkreistag, betr. Verwaltungshilfe für Thüringen, 5. 11. 1990. HHStAW, Abt. 503 Zug. 56/2006 Nr. 553. Zur Stärkung der kommunalen Selbstverwaltung auf dem Gebiet der DDR hatte auch der Bund 1990 bereits Personalkostenzuschüsse in Höhe von 10 Mio. DM zur Verfügung gestellt. Vgl. Deutscher Bundestag, 11. Wahlperiode, Drucksache 11/8515, 3 112.1990. HHStAW, Z 502 Nr. 6138.

332 Dazu sollten Verträge zwischen den Beratern und den entsendenden Kommunen abgeschlossen und die Beratungen durch eine Landeszuweisung in Höhe von zunächst 3750,– DM pro Person und Monat finanziell unterstützt werden. Vgl. Hessisches Ministerium des Innern, Ergebnisprotokoll über das Gespräch mit den kommunalen Spitzenverbänden am 10. 1. 1990, 23. 1. 1991. HHStAW, Abt. 503 Zug. 56/2006 Nr. 553. Die Landeszuweisung wurde schließlich im März 1991 auf 5000,– DM festgelegt. Vgl. Hessisches Ministerium des Innern, Vermerk, betr. Verwaltungshilfe für Thüringen, 13. 3. 1991. HHStAW, Z 502 Nr. 6138.

333 Hessisches Ministerium des Innern, Ergebnisprotokoll über das Gespräch mit den kommunalen Spitzenverbänden am 10. 1. 1990, 23. 1. 1991. HHStAW, Abt. 503 Zug. 56/2006 Nr. 553. Weitere Themen betrafen ein vereinfachtes Verfahren zur finanziellen Abwicklung sowie die Unterstützung kommunaler Beratungshilfe außerhalb Thüringens, die von der Landesregierung nach wie vor mit der Begründung abgelehnt wurde, das Landesprogramm sei auf Thüringen beschränkt.

334 Hessisches Ministerium des Innern, Vermerk, betr. Erfahrungsaustausch über die Leistung der Verwaltungshilfe bei den Kommunen in Thüringen, Gespräch am 15. 3. 1991, 19. 3. 1991. HHStAW, Abt. 503 Zug. 56/2006 Nr. 554.

von Städtepartnerschaften besonders wirkungsvoll sei, da sich das bestehende Vertrauensverhältnis und eine dauerhafte Zusammenarbeit fördernd auswirke. Andererseits erschwere eine mangelnde Verwaltungsvorbildung der kommunalen Amtsträger und Bediensteten in Thüringen jedoch häufig die Arbeit. Insgesamt werde ein mehrjähriger Zeitraum für die kommunale Verwaltungshilfe anvisiert.[335]

Die positive Resonanz und die bestehende Notwendigkeit der weiteren kommunalen Verwaltungshilfe bewog die neue Landesregierung von SPD und GRÜNEN dazu, die bisherige Förderung über den 30. Juni 1991 hinaus fortzuführen. Wie es in einem Bericht des Hessischen Innenministeriums dazu hieß, seien inzwischen 21 Beratungsstellen in Thüringen eingerichtet worden, an deren Besetzung sich 121 hessische Kommunen durch Abordnung von Bediensteten beteiligten; zwischen November 1990 und März 1991 hätten Gemeinden und Kreise in Hessen bereits einen Gesamtförderbetrag von 531 250,– DM erhalten. Nach schleppendem Beginn sei die Beratungshilfe insbesondere in der ersten Hälfte des Jahres 1991 erheblich intensiviert worden und das hessische Angebot werde von den Kommunen der neuen Bundesländer zunehmend in Anspruch genommen und positiv beurteilt.[336] Durch Kabinettsbeschluss der hessischen Landesregierung vom 2. Juli 1991 wurde die Fortführung des Förderprogramms wegen der wachsenden Nachfrage nach kommunaler Beratungshilfe bewilligt und in Teilen ergänzt. Nunmehr war vorgesehen:

- das Förderprogramm bis Ende des Jahres 1991 fortzuführen[337] und für das folgende Jahr die Fortsetzung des Programms auf der Grundlage des bestehenden Beratungsbedarfs zu überprüfen,

335 Vgl. ebd. Bis Mitte 1991 lagen zudem zahlreiche Berichte von Verwaltungshelferinnen und -helfern über deren beratende Tätigkeit beim Aufbau der Thüringer Kommunalverwaltung vor. Sie zeigen die Bandbreite des Beratungsbedarfs, so beispielsweise bei der Erarbeitung von Grundlagen für die Haushaltsplanung (Aufstellung von Haushaltsplänen), im Rahmen der Personalverwaltung (Führung von Personalakten, Arbeitszeitregelungen, Arbeitsverträge etc.), bei der Planung sozialer Einrichtungen (Kindergärten, öffentlicher Gesundheitsdienst etc.), bei der Ausarbeitung von Satzungen und Gebührenordnungen (z. B. für die Wasser- und Abfallwirtschaft) oder bei der Entwicklung eines gegliederten Schulwesens. Entsprechende Berichte aus den Jahren 1990, 1991 und 1993 finden sich in den Unterlagen des Hessischen Ministeriums des Innern. Vgl. HHStAW, Abt. 503 Zug. 56/2006 Nr. 554, 555, 559 und 561.

336 Vgl. Hessisches Ministerium des Innern und für Europaangelegenheiten, Bericht über die Förderung der Verwaltungshilfe hessischer Kommunen in Thüringen, 20. 6. 1991. HHStAW, Z 502 Nr. 6129. In einem Artikel der Frankfurter Rundschau wurden die anfänglichen Anlaufschwierigkeiten vom ehemaligen Hofheimer Hauptamtsleiter bestätigt. Vgl. Spiewak, Martin: „Als wäre plötzlich Chinesisch Amtssprache. Stippvisiten sind oft nur wohlgemeinter Tourismus", Frankfurter Rundschau (Regionalausgabe Nordwest), 2./3. 10. 1991.

337 In dem Beschluss der Ministerpräsidentenkonferenz vom 28. 2. 1991 wurde zur Weiterführung der kommunalen Verwaltungshilfe geraten: *Die Regierungschefs der Länder sind der Auffassung, daß eine Verstärkung der personellen Verwaltungshilfe auf der Ebene der Kommunen erforderlich ist. […] Die Regierungschefs der Länder appellieren an die Kommunen in den alten Ländern, über Partnerschaften mit Kommunen in den neuen Ländern personelle Verwaltungshilfe verstärkt zur Verfügung zu stellen.* Beschluß der Ministerpräsidentenkonferenz am 28. 2. 1991, Verwaltungshilfe für die neuen Länder und deren Finanzierung. HHStAW, Abt. 503 Zug. 56/2006 Nr. 555.

- Beratungshilfen der hessischen Kommunen, die das bestehende Programm sinnvoll ergänzen, wie beispielsweise die Durchführung von generellen Ausbildungsveranstaltungen in den neuen Bundesländern, durch die hessischen kommunalen Spitzenverbände in die Förderung einzubeziehen,
- auch Beratungshilfen hessischer Kommunen mit Kommunen in den neuen Bundesländern außerhalb Thüringens unter bestimmten Voraussetzungen (z. B. bei bereits vor Einführung der Förderung bestehenden Kreis- und Gemeindepartnerschaften) ab Juli 1991 finanziell zu fördern.[338]

Die Verwaltungshilfe für Thüringer Städte, Kreise und Gemeinden wurde von den kommunalen Spitzenverbänden in Hessen koordiniert. Federführend war dabei der Hessische Städte- und Gemeindebund.[339] Aus Unterlagen des Hessischen Innenministeriums ließ sich ermitteln, dass zwischen April und Ende 1991 etwa 200 Kommunalbedienstete (inklusive Ruhestandsbeamte) in Thüringen im Einsatz waren, die über das Förderprogramm der Landesregierung finanziert wurden. 1992 waren es noch durchschnittlich etwa 70 und 1993 und 1994 etwa 30 Bedienstete hessischer Städte, Kreise und Gemeinden.[340] Die tatsächliche Anzahl der Aufbauhelferinnen und Aufbauhelfer und der genaue Umfang der Beratungshilfe durch hessische Kommunen lassen sich nicht ermitteln. Jedoch sei davon auszugehen, so die Hessische Staatskanzlei, dass über tausend hessische Bedienstete in Thüringen Beratungshilfe geleistet haben und vor allem im Rahmen von Partnerschaften den Aufbau einer leistungsfähigen kommunalen Selbstverwaltung in Thüringen entscheidend unterstützten.[341] Listen des Hessischen Innenministeriums belegen, dass es bereits im Januar 1992 97 engere Kontakte in Form schriftlicher Vereinbarungen oder Partnerschaftsverträgen zwischen Kommunen in Hessen und Thüringen gab.[342]

338 Die Voraussetzung zur Förderung der kommunalen Verwaltungshilfe außerhalb Thüringens wurde im Vierten Nachtragshaushalt 1990/91 geschaffen. Vgl. Kapitel 3.4 dieser Publikation. Dieser Entscheidung gingen zahlreiche Anfragen hessischer Kreise, Städte und Gemeinden voraus. Wie es beispielsweise in einem Schreiben des Landrats des Landkreises Darmstadt-Dieburg, Dr. Klein, formuliert wurde: *Wir wenden uns an die neue Landesregierung mit der Bitte, die Förderung der Partnerschaftsarbeit zu überdenken und auch die Landkreise in die Förderung einzubeziehen, die Partnerschaften außerhalb des Landes Thüringen eingegangen sind. [...] Die bisher von uns geleistete intensive Arbeit beim Aufbau der Verwaltung im Partnerkreis sollte ihre Anerkennung dadurch finden, daß uns in gleicher Weise finanzielle Hilfe zuteil wird ...* Schreiben des Vorsitzenden des Kreisausschusses Landkreis Darmstadt-Dieburg an die Hessische Staatskanzlei, betr. Partnerschaft mit dem Landkreis Zwickau/Sachsen, 22. 5. 1991. HHStAW, Z 502 Nr. 6138.

339 Vgl. Vermerk des Hessischen Ministeriums des Innern und für Europaangelegenheiten, betr. Verwaltungshilfe hessischer Städte, Gemeinden und Landkreise für Städte, Gemeinden und Landkreise in den neuen Ländern, 7. 8. 1991. HHStAW, Abt. 503 Zug. 56/2006 Nr. 554.

340 Bei den Unterlagen des Hessischen Innenministeriums handelt es sich u. a. um Abrechnungslisten über Zuwendungen an hessische Kommunen bezüglich geleisteter Verwaltungshilfe in Thüringen für den Zeitraum 1991–1995. HHStAW, Abt. 503 Zug. 56/2006 Nr. 553, Nr. 556–560.

341 Vgl. Hessische Staatskanzlei, Bericht Dr. Meinck, betr. Zusammenarbeit Hessen-Thüringen 1989–2000, 20. 10. 2000, S. 1–12, hier S. 2. Hessische Staatskanzlei.

342 Vgl. dazu die Liste des Hessischen Innenministeriums vom Januar 1992. HHStAW, Abt. 503 Zug. 56/2006 Nr. 555. Neben den Partnerschaften zwischen Hessen und Thüringen gab es 1992 weitere

Wie in anderen Verwaltungsbereichen bestand gerade auch auf kommunaler Ebene ein großer Bedarf an Fort- und Weiterbildungsmaßnahmen zur Qualifizierung eigener Verwaltungsfachkräfte. Diese sollten nicht „im Westen" sondern in Thüringen selbst geschult werden, wie dies u. a. auch von Bürgermeisterinnen und Bürgermeistern aus dem Landkreis Bad Salzungen anlässlich einer Diskussion über Verwaltungsprobleme und -hilfe im September 1991 gefordert wurde. *Die Bereitschaft zur Aus- und Weiterbildung sei groß; besonderen Wert würde auf vorzeigbare Abschlußzeugnisse gelegt.*[343] Am 25. Oktober 1991 wurde ein erster „Angestelltenlehrgang I" in Sondershausen in Anwesenheit von Vertretern der Innenministerien von Hessen und Thüringen eröffnet. *Die Konzeption zu diesem Lehrgang wurde vom Hessischen Städte- und Gemeindebund, dem Hessischen Verwaltungsschulverband, der im Aufbau begriffenen Thüringer Verwaltungsschule, den Städten und Gemeinden des Schwalm-Eder-Kreises und dem Schwalm-Eder-Kreis entwickelt. Mit dieser Konzeption sollen Bedienstete der Gemeinde- und Kreisverwaltungen die Möglichkeit der Qualifizierung zum/zur Verwaltungsfachangestellten erhalten. […] Der Lehrgang umfaßt 480 Stunden theoretischen Unterricht in 14 Fachgebieten. Er soll nach einem Zeitraum von 13 bis 14 Monaten abgeschlossen sein. Der Unterricht findet jeweils freitags (ganztags) und alle 14 Tage samstags (halbtags) statt. Die Dozenten rekrutieren sich aus den Verwaltungen der Gemeinden des Schwalm-Eder-Kreises und der dortigen Kreisverwaltung. Am Lehrgang nehmen 30 Bedienstete aus den Kommunalverwaltungen des Landkreises Sondershausen teil. Der Innenminister des Landes Thüringen hat zugesichert, dass der Lehrgang und das Abschlußzertifikat der Lehrgangsteilnehmer die staatliche Anerkennung erhalten werden.*[344] Die positive Resonanz führte dazu, das Fort- und Ausbildungsprogramm in den folgenden Jahren systematisch auszubauen. Neben den Verwaltungslehrgängen I (mittlerer Dienst) fanden ab November 1993 Verwaltungslehrgänge II mit dem Ausbildungsziel Verwaltungsfachwirt (gehobener Dienst) an unterschiedlichen Orten in Thüringen statt. Die Dozentinnen und Dozenten für diese Veranstaltungen rekrutierten sich vorwiegend aus hessischen Gemeinde-, Stadt- und Kreisverwaltungen. Träger der Lehrgänge waren sowohl

30 Partnerschaften zwischen hessischen und sächsischen Kommunen wie beispielsweise zwischen Darmstadt und Freiberg, Frankfurt/Main und Leipzig sowie Wiesbaden und Görlitz. Weitere 13 kommunale Partnerschaften bestanden zwischen Hessen und Sachsen-Anhalt sowie sechs zwischen Hessen und Brandenburg. Über die genaue Anzahl der Kreis-, Städte- und Gemeindepartnerschaften bis 1994 liegen keine Angaben vor.

343 Hessisches Ministerium des Innern und für Europaangelegenheiten, betr. Sitzung des Unterausschusses „Kommunalverfassungsrecht" des AK III der AGdI vom 4. bis 6. 9. 1991, 12. 9. 1991. HHStAW, Abt. 503 Zug. 56/2006 Nr. 554. Zugleich wurde von den Bürgermeisterinnen und Bürgermeistern darauf hingewiesen, dass nach wie vor ein erheblicher Beratungsbedarf bestehe, dass allerdings die „Westberater" häufig zu wenig mit den rechtlichen und tatsächlichen Verhältnissen in Thüringen vertraut seien und daher versuchten, *ihre (bayerischen, hessischen und rheinland-pfälzischen) Modelle überzustülpen und ihre Methoden anzuwenden.* Ebd.

344 Hessisches Ministerium des Innern und für Europaangelegenheiten, Vermerk, betr. Kommunale Verwaltungshilfe für Thüringen, hier: Durchführung eines Angestelltenlehrganges I für Bedienstete der Kommunen im Landkreis Sondershausen durch den Hessischen Städte- und Gemeindebund, 5. 12. 1991. HHStAW, Abt. 503 Zug. 56/2006 Nr. 562.

hessische Kommunen als auch der Hessische Städte- und Gemeindebund.[345] Insgesamt wurden 31 Verwaltungslehrgänge durchgeführt, die letzten beiden in Jena (Beginn Dezember 1993) konnten 1996 abgeschlossen werden.[346] Die Finanzierung der Verwaltungslehrgänge I und II erfolgte durch die Thüringer Verwaltungsschule, durch die Kommunen der Lehrgangsteilnehmerinnen und -teilnehmer und hauptsächlich durch das Förderprogramm kommunale Verwaltungshilfe der Hessischen Landesregierung und somit auch aus Mitteln des Aktionsprogramms Hessen-Thüringen.[347]

Bis einschließlich 1993 standen jährlich 4 Mio. DM Landesmittel für Maßnahmen der kommunalen Verwaltungshilfe zur Verfügung. 1994 wurden die Mittel auf 2 Mio. DM (aus dem Landesausgleichsstock) reduziert, da bereits in den Jahren zuvor die veranschlagten Gelder nur etwa zur Hälfte ausgegeben wurden.[348]

Die weitaus größte Unterstützung und personelle Hilfe erfolgte jedoch im Rahmen von Partnerschaften durch hessische Städte, Kreise und Gemeinden. Ohne deren vielfältiges Engagement finanzieller, materieller und ideeller Art wäre eine Neustrukturierung der kommunalen Selbstverwaltung in Thüringen innerhalb nur weniger Jahre sicher nicht gelungen. Da es unmöglich ist, das gesamte Spektrum dieser Hilfe aufzuzeigen, soll dies im Folgenden anhand von Beispielen an den Verbindungen der Städte Marburg – Eisenach, Hochheim am Main – Kölleda sowie der Gemeinden Philippsthal – Dorndorf und der Stadt Vacha geschehen.[349]

345 Beteiligt waren die folgenden Kreise, Städte und Gemeinden: Schwalm-Eder-Kreis, Landkreis Marburg-Biedenkopf, Vogelsbergkreis, Werra-Meißner-Kreis, Main-Taunus-Kreis, Wetteraukreis, Wetzlar, Neu-Isenburg-Rodgau, Fritzlar, Witzenhausen, Kassel, Gelnhausen, Rödermark. Vgl. Schreiben des Hessischen Städte- und Gemeindebundes an das Hessische Ministerium des Innern und für Europaangelegenheiten, betr. Verwaltungshilfe hessischer Gemeinden, Städte und Landkreise für Gemeinden, Städte und Landkreise in Thüringen, Anlage, 2. 9. 1993. HHStAW, Abt. 503 Zug. 56/2006 Nr. 562.

346 Die zehn Verwaltungslehrgänge II wurden verantwortlich vom Schwalm-Eder-Kreis und den Verwaltungsseminaren Darmstadt, Kassel, Wiesbaden und Frankfurt durchgeführt. Vgl. ebd. Zum Engagement des Hessischen Städte- und Gemeindebundes vgl. das Interview mit Erwin Henkel in dieser Publikation.

347 Vgl. u. a. Hessisches Ministerium des Innern und für Europaangelegenheiten, Vermerk, betr. Kommunale Verwaltungshilfe für Thüringen, 2. 7. 1992. HHStAW, Abt. 503 Zug. 56/2006 Nr. 562. Die Lehrgänge wurden jeweils mit rund 20.000,– DM (Reise- und Übernachtungskosten der Dozenten) durch das Land Hessen gefördert.

348 1991 und 1992 wurden jeweils rund 2 Mio. DM in Anspruch genommen, 1993 waren es rund 1,2 Mio. DM. Vgl. Hessisches Ministerium des Innern und für Europaangelegenheiten, Vermerk betr. Kommunale Verwaltungshilfe in Thüringen, 2. 11. 1992. HHStAW, Abt. 503 Zug. 56/2006 Nr. 562. Und: Hessisches Ministerium des Innern und für Europaangelegenheiten, Vermerk betr. Kommunale Verwaltungshilfe in den neuen Bundesländern, 13. 10. 1993. HHStAW, Abt. 503 Zug. 56/2006 Nr. 562.

349 In einem gemeinsamen Aufruf des Hessischen Landtagspräsidenten Norbert Kartmann und des Hessischen Ministerpräsidenten Roland Koch baten diese im November 2005 die hessischen Kommunen um Unterstützung bei der Aufarbeitung der hessischen Hilfe für Thüringen. Trotz des großen Engagements vieler hessischer Kommunen war die Resonanz eher verhalten: von 240 angeschriebenen hessischen Gemeinden antworteten 19, von 189 hessischen Städten 43 und von 21 Landkreisen 5. Die von den Kommunen zugesandten Unterlagen und weitere einschlägige Hinweise wie Berichte von Aufbauhelferinnen und -helfern stehen für weitere Forschungen im Hessi-

3.7.1 Marburg und Eisenach: Die erste hessisch-„thüringische" Partnerschaft vor der Grenzöffnung

Bis zur Öffnung der innerdeutschen Grenze im November 1989 bestanden lediglich zwischen zwei hessischen und „thüringischen" Städten Partnerschaften: zwischen Marburg und Eisenach (1988) sowie zwischen Kassel und Arnstadt (1989).[350]

Nach mehrjährigen Bemühungen konnte am 10. Juni 1988 auf der Wartburg in Eisenach die Vereinbarung über eine Städtepartnerschaft zwischen Marburg und Eisenach in Anwesenheit einer Delegation aus Parlamentariern und Magistratsmitgliedern unter Leitung des damaligen Marburger Oberbürgermeisters Dr. Hanno Drechsler (SPD)[351] abschließend ratifiziert werden. Beide Städte lagen günstig im Bereich des grenznahen Tagesverkehrs und hatten zudem mit der Heiligen Elisabeth einen gemeinsamen historischen Anknüpfungspunkt.

Wie einer ausführlichen Dokumentation über die Entwicklung der Städtepartnerschaft zwischen Marburg und Eisenach zu entnehmen ist, war es vor allem der historische Bezug, der noch bis 1961 offizielle Kontakte zwischen beiden Städten ermöglichte: 1956 und 1961 nahmen Delegationen aus Eisenach an den Brunnenfesten in Marburg teil.[352] Dies änderte sich in der Folgezeit. Eine Einladung der Stadt Marburg vom Februar 1972 zum 750-jährigen Stadtjubiläum blieb nun ebenso unbeantwortet wie alle weiteren Versuche Marburgs nach Aufnahme von partnerschaftlichen Verbindungen zwischen beiden Städten. Durch einen einstimmigen Beschluss des Marburger Stadtparlaments wurde der Magistrat im April 1986 schließlich offiziell beauftragt, *seine Bemühungen um eine Wiederherstellung der 800 Jahre alten engen freundschaftlichen Verbindung zwischen den Städten Marburg und Eisenach auch unter dem Gesichtspunkt der Verständigung und Unterstützung einer Friedenspolitik auf kommunaler Ebene fortzusetzen und zu verstärken. Dabei sollen neben der Vorbereitung einer förmlichen Städtepartnerschaft die Verbindung festigende Maßnahmen vom Magistrat durchgeführt bzw. (weiterhin) gefördert werden.*[353] Nach langwierigen und schwierigen Verhandlungen auf diplomatischer Ebene kam es schließlich im März 1987 zu einem ersten Gespräch im Eisenacher Rathaus, an dem der Marburger Oberbürgermeister Dr. Hanno Drechsler, Stadtverordnetenvorsteherin Dr.

schen Hauptstaatsarchiv Wiesbaden zur Verfügung. HHStAW, Projekt Hessen-Thüringen. Vgl. dazu auch: Bökel, Gerhard: Zusammenarbeit von Kreisen dargestellt am Beispiel des Lahn-Dill-Kreises und des Kreises Ilmenau. In: Hessen und Thüringen, 2007, S. 121–129.

350 Bereits seit Anfang der 1970er Jahre hatte es immer wieder Versuche bundesdeutscher Kommunen gegeben, mit Städten und Gemeinden in der DDR direkte Kontakte aufzunehmen. Erst im Frühjahr 1986 konnte schließlich die erste deutsch-deutsche Partnerschaft zwischen der saarländischen Stadt Saarlouis und Eisenhüttenstadt in der DDR paraphiert werden. Bis zur Grenzöffnung am 3. 11. 1989 waren weitere 50 offizielle Städtepartnerschaften abgeschlossen. Vgl. Schneider, Axel: Hessen und Thüringen, 1990, S. 110–113.

351 Dr. Hanno Drechsler (SPD) war von 1970 bis 1992 Oberbürgermeister der Universitätsstadt Marburg.

352 Vgl. Städtepartnerschaft Marburg-Eisenach 1988. Eine historische Verbindung, 1988, S. 6.

353 Beschluss der Stadtverordnetenversammlung Marburg am 18. 4. 1986, zitiert nach: ebd., S. 7.

Christa Czempiel (SPD) und der Leiter des Marburger Presseamtes Erhart Dettmering teilnahmen. Im November 1987 erfolgte der Gegenbesuch einer Delegation aus Eisenach unter Leitung des damaligen Bürgermeisters Joachim Klapczynski (LDP)[354], bei dem u. a. nun auch die Modalitäten für eine Städtepartnerschaft konkretisiert wurden. Am 27. Mai 1988 stimmte die Marburger Stadtverordnetenversammlung der Vereinbarung über die Städtepartnerschaft im Rahmen einer Festveranstaltung und im Beisein einer Delegation aus Eisenach einstimmig zu. Eine entsprechende Veranstaltung fand am 10. Juni 1988 in Eisenach statt.[355] Bis November 1989 kam es im Rahmen eines offiziell vereinbarten Jahresprogramms zu Begegnungen zwischen Marburger und Eisenacher Jugendgruppen, dem Austausch kultureller Veranstaltungen und zu zahlreichen privaten Reisen von Marburgerinnen und Marburgern nach Eisenach (im Rahmen des grenznahen Tagesverkehrs), die wesentlich zur konkreten Ausgestaltung der Städtepartnerschaft beitrugen.[356]

Waren die gegenseitigen Kontakte im Rahmen der Städtepartnerschaft mit Eisenach zunächst auf das festgeschriebene Jahresprogramm begrenzt, änderte sich dies sofort mit der Öffnung der innerdeutschen Grenze am 9. November 1989. So seien bereits am Wochenende nach der Grenzöffnung über 500 Besucher aus der Partnerstadt nach Marburg gekommen.[357] Die Partnerschaft zwischen Marburg und Eisenach und die bereits bestehenden persönlichen Kontakte waren Grund dafür, dass sich die Hilfe der Stadt Marburg auf Eisenach konzentrierte. Als erste größere Maßnahme wurden gleich im Januar 1990 drei Busse der Marburger Stadtwerke, ein Kanalisations-Reinigungsfahrzeug, ein Kleinlastwagen und ein Kopiergerät nach Eisenach abgegeben. Die offizielle Übergabe fand am 22. Januar auf dem Eisenacher Marktplatz durch Oberbürgermeister Dr. Drechsler an Bürgermeister Joachim Klapczynski im Beisein von rund 1000 Eisenachern statt. Anschließend nahm die Marburger Delegation an der ersten Sitzung des Eisenacher Runden Tisches teil, auch um politisch ein Signal zu setzen und die weitere Hilfe mit den Oppositionsgruppen abzustimmen.[358]

Parallel zu den Maßnahmen der Stadt gab es eine Welle der Hilfsbereitschaft in Marburg. Mithin entstanden vielfältige Verbindungen und spontane Spendenaktionen für Eisenach durch Marburger Bürgerinnen und Bürger, durch Vereine, Ver-

354 Joachim Klapczynski (LDP) war von 1974 bis zur ersten freien Kommunalwahl in der DDR im Mai 1990 Bürgermeister der Stadt Eisenach.

355 Vgl. Städtepartnerschaft Marburg-Eisenach 1988. Eine historische Verbindung, 1988, S. 7–10.

356 Vgl. Verwaltungsbericht der Universitätsstadt Marburg 1987–1990, hrsg. vom Magistrat der Stadt Marburg, März 1994, S. 45 f. Archiv Presseamt der Universitätsstadt Marburg.

357 Ebd. Wie es in dem Bereicht weiter heißt, seien zur Auszahlung des Begrüßungsgeldes eigens Bereitschaftsdienste eingerichtet worden und ab dem 16. 12. 1989 sei das Begrüßungsgeld auf 150,– DM aufgestockt worden. Die zusätzlichen Gelder seien im Wesentlichen Spenden der Marburger Bevölkerung gewesen.

358 Der Marburger Delegation gehörten neben Oberbürgermeister Dr. Hanno Drechsler Stadtverordnetenvorsteherin Dr. Christa Czempiel, Stadtrat Alexander Müller, Magistrats-Sprecher Erhart Dettmering sowie Hans-Reiner Mudersbach an, verantwortlich für Betreuung der Städtepartnerschaften. Vgl. z. B. Koch, Günther: „Gewerbegenehmigung gleich als nächstes auf Tagesordnung. In Partnerstadt Eisenach kam erstmals der Runde Tisch zusammen“, Oberhessische Presse (OP), 23. 1. 1990.

Übergabe der Marburger Stadtbusse und weiterer Fahrzeuge durch Oberbürgermeister Hanno Drechsler an die Partnerstadt Eisenach (Bürgermeister Joachim Klapczynski) am 22. 1. 1990

bände und Organisationen wie beispielsweise durch die Bezirksärztekammer Marburg, durch den Marbacher Bürgerverein oder durch den Kreisverband Marburg des Deutschen Roten Kreuzes.[359] Und diese Hilfsbereitschaft hielt auch in den folgenden Monaten an.[360]

Im Zuge der Kommunalwahlen in der DDR am 6. Mai 1990 wurde Dr. Hans-Peter Brodhun (CDU)[361] zum neuen – nun demokratisch legitimierten – Bürgermeister der Stadt Eisenach gewählt. Anfang Juni kam es zu einem ersten Gespräch in Marburg zwischen den neu gewählten Repräsentanten der Stadt Eisenach und Vertretern der Stadt Marburg, in dem insbesondere eine mögliche Hilfe Marburgs für Eisenach erörtert

359 Vgl. dazu diverse Presseartikel, u. a. „Zeichen der Verbundenheit. Marbacher Bürgerverein kam mit Lkw voller Südfrüchte nach Eisenach“, OP, 1. 2. 1990; „Marburger Ärzte unterstützen Kollegen in Thüringen“, OP, 6. 3. 1990; „Rot-Kreuzler aus Marburg und Eisenach wollen enger zusammenarbeiten“, Mittelhessische Anzeigen Zeitung, 14. 3. 1990. Vgl. auch: „Die vielen Kontakte verlangen einen Überblick. OP sammelt und veröffentlicht mit Hilfe der Vereine, Schulen, Gruppen und Initiativen die Verbindungen zur DDR“, OP, 19. 9. 1990.

360 Vgl. z. B. „Lebenshilfe spendet für Eisenach“, OP, 23. 10. 1990. Vgl. ebenso: Franz, Gerhard: „Zwei pralle Kisten reisten mit. Vorstand des Sportkreises Marburg zu Besuch in Eisenach. Zusammenarbeit läuft“, OP, 11. 4. 1992.

361 Dr. Hans-Peter Brodhun (CDU) war von 1990 bis 1994 Bürgermeister und von 1994 bis 2000 Oberbürgermeister der Stadt Eisenach.

wurde.[362] Ebenfalls im Mai wurde auf Anregung des damaligen Marburger Stadtplaners Diethelm Fichtner ein erstes Seminar für Baufachleute aus Eisenach und Umgebung in Marburg durchgeführt, bei dem über Konzepte der Stadtsanierung informiert wurde.[363]

Um Maßnahmen der Hilfe für Eisenach möglichst einvernehmlich und zügig umsetzen zu können, wurde schließlich am 22. August 1990 eine überparteiliche Arbeitsgruppe eingesetzt. Der „Arbeitsgruppe Eisenach" (später Arbeitsgruppe Städtepartnerschaften) gehörten neben Oberbürgermeister Drechsler die vier Fraktionsvorsitzenden des Marburger Stadtparlaments sowie die stellvertretenden Stadtverordnetenvorsteher an. Wie der Marburger Oberbürgermeister in der ersten Sitzung der Arbeitsgruppe resümierend mitteilte, seien die persönlichen Kontakte zwischen Eisenacher und Marburger Institutionen, Vereinen, Zusammenschlüssen und einzelnen Bürgern nach der Grenzöffnung schlagartig außerordentlich intensiv geworden. *Alle Austausche in diesem Bereich sind sogenannte Selbstläufer, um die sich die Stadtverwaltung nicht kümmern braucht. […] Bei dem Besuch des auf Grundlage der Kommunalwahl neu gewählten Magistrats der Stadt Eisenach in Marburg sei dann der Wunsch geäußert worden, daß sich Marburg bei der Sanierung des Hellgrefenhofes engagiere.*[364] Ein weiterer Bereich, in dem Marburger Hilfe erwünscht war, betraf die Unterstützung beim Aufbau der kommunalen Selbstverwaltung der Stadt Eisenach. Grundsätzlich bestand Einigkeit darüber, dass sich Marburg sowohl an den Sanierungsarbeiten zur Rettung des bauhistorisch und städtebaulich bedeutenden Hellgrevenhofs (ein Gebäudekomplex aus der Mitte des 12. Jh.) beteiligen als auch die gewünschte Verwaltungshilfe leisten wolle.[365] Allein für Investitionsmaßnahmen standen im Haushalt 1990 210.000,– DM zur Verfügung.[366]

Vom 23. bis zum 25. Juli 1990 erfolgte ein erster Orientierungsbesuch des damaligen Leiters des Marburger Organisationsamtes, Erwin Schnabel, im Eisenacher Rathaus, bei dem mögliche Aufgaben der Verwaltungshilfe erörtert wurden. Dabei sei deutlich geworden, *daß in Eisenach noch keine echten Vorstellungen über den Umfang*

362 Vgl. z. B. „Marburg hilft Eisenach mit Funktelefon, Geld und Know-how", Hinterländer Anzeiger, 6. 7. 1990.

363 Vgl. z. B. Schreiben des Rats der Stadt Gotha an den Magistrat der Stadt Marburg, Dipl.-Ing. Fichtner, 29. 5. 1990. Stadtarchiv Marburg, H 2393. Ebenso: „Marburger Anregungen für Eisenach. Baufachleute aus der Partnerstadt informierten sich über Konzepte zur Stadtsanierung". OP, 23. 5. 1990.

364 Stadtverwaltung Marburg, Niederschrift über die 1. Sitzung der Arbeitsgruppe Eisenach am 22. 8. 1990, 24. 8. 1990. Stadtarchiv Marburg, D 3967.

365 Vgl. ebd. Wie aus den Unterlagen hervorgeht, fanden zwischen August 1990 und Februar 1991 insgesamt drei Sitzungen dieser Arbeitsgruppe statt, in denen über die Hilfe Marburgs für Eisenach beraten wurde.

366 Der ursprüngliche Haushaltsansatz „Zuwendung Stadt Eisenach" betrug zunächst 10.000,– DM. Durch Beschluss der Marburger Stadtverordnetenversammlung vom Mai 1990 wurde dieser durch eine überplanmäßige Ausgabe um 200.000,– DM aufgestockt. Vgl. Vermerk für Herrn Oberbürgermeister, betr. Partnerstadt Eisenach, 29. 1. 1991. Stadtarchiv Marburg, H 2393.

der kommunalen Selbstverwaltung bestehen.[367] Neben bereits vor Ort erfolgten konkreten Hilfestellungen beispielsweise bei der Ausarbeitung von Magistratsvorlagen zu Personalfragen oder der Erarbeitung von Geschäftsverteilungsplänen wurden Amtsleiterbesuche vereinbart, die im September in Marburg beginnen sollten. *Es bleibt abzuwarten, wie die Kontakte sich entwickeln. Sicherlich wird jedoch in dem einen oder anderen Fall auch ein Amtsleiterbesuch in Eisenach erforderlich werden, ebenso wie ein Hospitieren von Sachbearbeitern aus Eisenach bei Sachbearbeitern in Marburg.*[368]

Auch in der zweiten Sitzung der Arbeitsgruppe Städtepartnerschaften am 29. November 1990 wurden Maßnahmen der Verwaltungshilfe besprochen sowie über die Ausbildung von Verwaltungspersonal für Eisenach in der Marburger Stadtverwaltung und insgesamt über einen Austausch von Mitarbeiterinnen und Mitarbeitern beraten. Ganz konkret war vorgesehen, das Konzept der kommunalen Spitzenverbände in Hessen zu unterstützen und für den Aufbau von Beratungsstellen in den neuen Ländern (Beratungsstelle Eisenach) entsprechend Personal zur Verfügung zu stellen. Dem Vorschlag Drechslers, in den Haushalt 1991 500.000,– DM als Investitionshilfe für Eisenach einzusetzen, wurde in der Sitzung einstimmig entsprochen.[369] Die offizielle Übergabe des Geldes an die Stadt Eisenach erfolgte im März 1991.[370]

In einer Rundverfügung verwies der Marburger Oberbürgermeister auf die schwierige Situation in den neuen Ländern bei der Umstrukturierung der Verwaltung und bat im November 1990 eindringlich um personelles Engagement für Thüringen. Zwar hätten bereits viele hessische Städte – wie auch Marburg – nach Öffnung der Grenzen umfangreiche Hilfen für die Städte und Gemeinden im Osten erbracht. Doch sei inzwischen offenkundig, *daß diese Hilfe nicht ausreicht. Ohne intensive Verwaltungshilfe und massive Unterstützung der Kommunen in den neuen Bundesländern beim Aufbau ihrer Verwaltungen und bei der Einübung in die kommunale Verwaltungspraxis wird der Aufbau der kommunalen Selbstverwaltung in den neuen Bundesländern nicht gelingen. […] Obwohl sicherlich auch in unserer Verwaltung die Spielräume eng sind, müssen jetzt Prioritäten gesetzt werden. Die außergewöhnliche Situation erfordert außergewöhnliche Entscheidungen und außergewöhnlichen Einsatz. […] Für die Beratungsstellen werden in erster Linie Amts-, Abteilungs- und Sachgebietsleiter/-innen und auch erfahrene Sachbearbeiter/-innen, insbesondere aus den Querschnittsbereichen der Verwaltung (wie*

367 Stadt Marburg, Vermerk, betr. Bericht über den Besuch in Eisenach vom 23. bis 25. 7. 1990, 22. 8. 1990. Stadtarchiv Marburg, D 3967.

368 Ebd., S. 2. Vgl. dazu auch: Vermerk Erwin Schnabel, betr. Verwaltungshilfe Eisenach, 1. 7. 1991. Stadt Marburg, Allgemeiner Service Az. 120 509 „Verwaltungshilfe Thüringen".

369 Vgl. Niederschrift über die Sitzung der Arbeitsgruppe Städtepartnerschaften am 29. 11. 1990, 5. 12. 1990. Stadtarchiv Marburg, D 3967. Zum Konzept der hessischen kommunalen Spitzenverbände zur Einrichtung von Beratungsstellen in Thüringen vgl. Kapitel 3.7 in dieser Publikation.

370 Von den 500.000,– DM waren allein 300.000,– DM für die Sanierung des Hellgrevenhofs vorgesehen. Weiterhin sollten nach Angaben aus Eisenach u. a. ein städtischer Kindergarten mit einer neuen Heizungsanlage ausgestattet und eine behindertengerechte Treppe in einem Gebäude der Lebenshilfe e. V. eingebaut werden. Vgl. „500.000 DM für Eisenach. Marburg hilft der Partnerstadt", Thüringer Tageblatt, 29. 1. 1991.

Hauptamt, Personalamt, Organisationsamt, Rechnungsprüfungsamt, Kämmerei, Stadtkasse), ferner aus den Bereichen Bau- und Planung (wie alle Abteilungen des Bauamtes, Stadtentwicklungsplanung, Garten- und Friedhofsamt), Soziales und Wirtschaftsförderung (Sozialamt, Jugendamt, Amt für Wirtschaftsförderung, Fremdenverkehrsamt) benötigt. Juristischer Sachverstand ist ebenfalls besonders gefragt. [...] Da es bei dem Einsatz in der Beratungsstelle auch in erster Linie um die Unterstützung unserer Partnerstadt geht, hoffe ich, daß sich genügend Mitarbeiterinnen und Mitarbeiter aus den Ämtern – insbesondere aus den genannten Ämtern – für einen freiwilligen Einsatz im Rahmen der Verwaltungshilfe Thüringen melden.[371] Ende Januar 1991 nahmen der Leiter des Marburger Liegenschaftsamtes, Klaus-Dieter Eckhardt, und der Leiter des Bauamtes, Elmar Brohl, ihre Tätigkeit in der Eisenacher Beratungsstelle im dortigen Rathaus auf. Aufgabe war es, *Probleme und Fragestellungen der Kommunalverwaltungen in und um Eisenach entgegenzunehmen und zu analysieren, um konkrete Lösungsmöglichkeiten aufzuzeigen. [...] Die endgültigen Entscheidungen sind jedoch nicht von den Mitarbeitern in den Beratungsstellen, sondern von den jeweiligen Kommunen selbst zu treffen.*[372] Vorgesehen war, die Eisenacher Beratungsstelle kontinuierlich mit möglichst fünf hessischen Bediensteten zu besetzen: zwei Personen aus der Stadtverwaltung Marburg, zwei aus den übrigen Gemeinden des Landkreises Marburg-Biedenkopf sowie eine Person aus der Kreisverwaltung.[373] Schon im Februar wurde in der Sitzung der Arbeitsgruppe Städtepartnerschaften über die Beratungsstelle Eisenach berichtet und mitgeteilt, dass diese gut angenommen werde und erfolgreich wirke. Die Ausbildung von Thüringer Verwaltungspersonal in Marburg wurde nicht mehr verfolgt, vielmehr sollten nun in Eisenach Fortbildungsveranstaltungen durchgeführt werden. *Konkret wird für den Sozialamtsbereich (Sachbearbeiterebene) durch den Leiter des hiesigen Sozialamtes Unterricht angeboten. Auch diese Maßnahme ist effektiv,* so die Einschätzung, *weil sie der Verwaltung in Eisenach sofort hilft. [...] Es ist beabsichtigt, in nächster Zeit für alle Verwaltungsbereiche derartige Lehrgänge anzubieten.*[374]

Zwischen Januar und Dezember 1991 wurden 58 Arbeitswochen Beratungstätigkeit in der Beratungsstelle Eisenach von Bediensteten der Marburger Stadtverwaltung geleistet. Insgesamt waren 26 Mitarbeiterinnen und Mitarbeiter in Thüringen im Ein-

371 Rundverfügung Nr. 31/1990, betr. Verwaltungshilfe für Thüringen, November 1990. Stadtarchiv Marburg, D 3967. Ein gleich lautender Text findet sich in einer Presseinformation (29. 11. 1990/142) des Presseamtes des Magistrats der Stadt Marburg vom 29. 11. 1990. Stadtarchiv Marburg, D 3967.

372 Schreiben des Magistrats der Stadt Marburg, betr. Zuweisung zur Beratungsstelle in Eisenach, 9. 1. 1991. Stadtverwaltung Marburg, Allgemeiner Service Az. 120 509 „Verwaltungshilfe Thüringen". In den Unterlagen des Stadtarchivs Marburg finden sich zudem äußerst interessante Tätigkeitsberichte der nach Thüringen abgeordneten Verwaltungshelferinnen und -helfer, in denen die zu bewältigenden Aufgaben und persönliche Eindrücke wiedergegeben sind. Vgl. Stadtarchiv Marburg, H 2392.

373 Vgl. „Verwaltungsarbeit von der Pike auf lernen. Fachleute aus dem Kreis helfen Eisenacher Kollegen", OP, 06. 3. 1991.

374 Niederschrift über die Sitzung der Arbeitsgruppe Städtepartnerschaften am 28. 2. 1991, 4. 3. 1991. Stadtarchiv Marburg, D 3967.

satz, auch außerhalb der Beratungsstelle.[375] Bis zum Februar 1992 fanden mehr als 20 Fortbildungsveranstaltungen zu unterschiedlichen praxisrelevanten Themen der Kommunalverwaltung (Sozialhilfe, Meldewesen, Wohngeldrecht, Lohnsteuerrecht, Baurecht, Arbeitsrecht etc.) statt. Die Veranstaltungen im Rahmen der beruflichen Fort- und Weiterbildung wurden von Mitarbeiterinnen und Mitarbeitern der Marburger Stadtverwaltung durchgeführt und umfassten zwischen acht und 32 Unterrichtsstunden.[376] Die intensive Verwaltungshilfe war im Wesentlichen Ende 1991 abgeschlossen; 1992 erfolgte Amtshilfe nur noch bei speziellen Problemen durch Telefonate, schriftliche Stellungnahmen und vereinzelte Ortsterminen. So wurde beispielsweise im Mai 1992 um Unterstützung bei Fallbesprechungen im Bereich des Sozialamtes gebeten und im Oktober um fachliche Hilfe im Bereich der Bauverwaltung.[377]

Neben der Verwaltungshilfe standen weiterhin Gelder für Investitionsmaßnahmen bereit. Im März 1991 wurde mit Hilfe der Stadt Marburg ein neuer Kinderspielplatz in Eisenach eingerichtet. Das wohl bedeutendste und langwierigste Projekt betraf die Sanierung des bereits genannten Hellgrevenhofs; hierfür stellte Marburg neben einer umfassenden fachlichen Betreuung bis 1992 insgesamt 675.000,– DM zur Verfügung.[378] Wie im Oktober 1992 in der Presse berichtet wurde, sei nach Ansicht des Marburger Bürgermeisters Dr. Gerhard Pätzold (SPD) gerade der Hellgrevenhof ein Symbol für eine lebendige Partnerschaft zwischen Marburg und Eisenach, *die nicht nur aus Worten, sondern auch aus Taten bestehen sollte.*[379]

375 Listen geben Auskunft über Anzahl, Namen, Funktion und Zeitdauer der Abordnungen. Vgl. dazu u. a. Schreiben des Magistrat der Stadt Marburg an das Hessische Ministerium des Innern und für Europaangelegenheiten, betr. Einrichtung der Beratungsstelle in Eisenach im Rahmen der Verwaltungshilfe Thüringen, 6. 8. 1991 und 26. 2. 1992. Stadtverwaltung Marburg, Allgemeiner Service Az. 120 509 „Verwaltungshilfe Thüringen". Für die Abordnung Marburger Bediensteter zur Beratungsstelle Eisenach erhielt die Stadt Marburg, entsprechend der Vereinbarung zwischen den hessischen kommunalen Spitzenverbänden und dem Land Hessen, einen Zuschuss in Höhe von insgesamt 108.750,– DM. Nach Abzug der erstatteten Kosten betrug der Kostenanteil der Stadt Marburg etwa 48.000,– DM für ein halbes Jahr. Vgl. Niederschrift über die Sitzung der Arbeitsgruppe Städtepartnerschaften am 28. 2. 1991, 4. 3. 1991. Stadtarchiv Marburg, D 3967.

376 In den Unterlagen der Marburger Stadtverwaltung finden sich zahlreiche Teilnehmerlisten der veranstalteten Fortbildungslehrgänge sowie entsprechende Teilnahmebescheinigungen. Vgl. Stadtverwaltung Marburg, Allgemeiner Service Az. 120 509 „Verwaltungshilfe Thüringen".

377 Vgl. Schreiben des Magistrats der Wartburgstadt Eisenach an die Stadtverwaltung Marburg, 27. 5. 1992 sowie das entsprechende Antwortschreiben vom 3. 7. 1992. Zudem: Schreiben des Magistrats der Wartburgstadt Eisenach an Bürgermeister Dr. G. Petzold, Marburg, 14. 10. 1992 und das dazugehörige Antwortschreiben vom 3. 11. 1992. Stadtverwaltung Marburg, Allgemeiner Service Az. 120 509 „Verwaltungshilfe Thüringen".

378 1990 standen 125.000,– DM, 1991 300.000,– DM und 1992 nochmals 250.000,– DM hierfür bereit. Vgl. Stadtverwaltung Eisenach, Aktenvermerk zur Finanzierung der Sanierung des Objektes Hellgrevenhof aus Mitteln der Stadt Marburg und Eigenmitteln der Stadt Eisenach, 26. 1. 1994. Stadtarchiv Marburg, H 2393.

379 Zitiert nach: Badouin, Uwe: „Hellgrevenhof: Ein Symbol für Städtepartnerschaft mit Marburg. Marburgs Bürgermeister übergab 250.000 Mark für die Sanierung des Komplexes", Eisenacher Presse, 13. 10. 1992. 1996 beteiligte sich die Stadt Marburg mit 60.000,– DM an den Ausstattungskosten für den Hellgrevenhof in Eisenach. Vgl. Schreiben des Magistrats der Stadt Marburg an den Magistrat der Stadt Eisenach, betr. Hellgrevenhof, 15. 2. 1996. Stadtarchiv Marburg, H 2393.

Ab 1993 stand nicht mehr die Hilfe Marburgs für Eisenach im Zentrum der Partnerschaft, sondern der gegenseitige Austausch und die weitere Vertiefung der Beziehungen. Auf offizieller Ebene werden die Jahrestage der deutschen Einheit als gemeinsame Veranstaltungen abwechselnd in Marburg bzw. Eisenach ausgerichtet. Die Partnerschaft zwischen beiden Städten lebe heute jedoch, wie es im Rahmen einer Festveranstaltung anlässlich einer Feier der Städtepartnerschaft zwischen Marburg und Eisenach 1998 hieß, vor allem von den Beziehungen zwischen Vereinen, Schulen und Gruppen beider Städte sowie von der Vielzahl privater Kontakte.[380]

3.7.2 Hochheim am Main und Kölleda: Eine Städtefreundschaft abseits der ehemaligen deutsch-deutschen Grenze

Wie in vielen anderen hessischen Kommunen wurde auch innerhalb der politischen Gremien der Stadt Hochheim am Main lange vor dem Umbruch in der DDR die Frage einer Partnerschaft mit einer Stadt in der DDR diskutiert und bereits Mitte der 1980er Jahre erste Versuche unternommen, entsprechende Kontakte aufzunehmen. Dieser Wunsch sei, wie sich der damalige Hauptamtsleiter Horst Bornheimer erinnert, von der DDR-Administration ohne Begründung zurückgewiesen worden. Erst im Zuge der Grenzöffnung zwischen der Bundesrepublik Deutschland und der DDR habe sich eine neue Möglichkeit dafür ergeben.[381] Am 14. Dezember 1989 erging daher, auf Antrag der CDU-Fraktion, ein einstimmig gefasster Beschluss der Stadtverordnetenversammlung Hochheim, mit dem der Magistrat beauftragt wurde, *geeignete Schritte zur Vorbereitung unmittelbarer Kontakte und Empfehlungen mit einer ähnlich strukturierten Stadt vorzugsweise in nicht allzu großer Entfernung von der hessisch-thüringischen Grenze – möglicherweise auch Weinbaugemeinde im Bereich Saale-Unstrut – einzuleiten und der Stadtverordnetenversammlung über mögliche Ansätze zu berichten. Neben menschlichen, kulturellen und politischen Kontakten sollen auch die Möglichkeiten wirtschaftlicher Kooperation mit dem heimischen Handel, Handwerk und Gewerbe in die Überlegungen einbezogen werden.*[382]

Schon vor dieser Entscheidung hatten sich erste Kontakte zwischen Hochheim und Kölleda aufgrund parteipolitischer Verbindungen ergeben. Wie Hans Riedel,

380 Vgl. z. B. „Marburgs Städtepartnerschaften gestalten sich recht unterschiedlich. Schwerpunkt der Aktivitäten liegt bei Schulen und Vereinen", Marburger Neue Zeitung, 16. 6. 1998.

381 Vgl. Bornheimer, Horst: Kölleda, Freundschaftsstadt in Thüringen. Aus Hochheimer Sicht ... In: Jubiläumsschrift Hochheim am Main, 2004, S. 174 f. Der folgenden Darstellung liegen Kopien einschlägiger Dokumente wie Magistratsbeschlüsse der Stadt Hochheim am Main, Zeitungsberichte und weiterführende Hinweise von Horst Bornheimer zugrunde, die dem Projekt Hessen-Thüringen freundlicherweise von der Stadt Hochheim am Main zur Verfügung gestellt wurden. Dafür möchten wir an dieser Stelle unseren ganz besonderen Dank aussprechen.

382 Vorlage an die Stadtverordnetenversammlung der Stadt Hochheim am Main, Antrag der CDU-Fraktion, betr. Städtepartnerschaft mit einer Stadt in der DDR, 4. 12. 1989. Stadt Hochheim am Main.

Inhaber des damals einzigen noch privaten Unternehmens in Kölleda (Spedition Axthelm), in einem Aufsatz ausführt, habe er sich darum bemüht, für Kölleda einen Partner im Westen zu finden. Auf zunächst privater Ebene wurden schließlich Kontakte zur hessischen CDU vermittelt, die die Anfrage aus Kölleda an den Bürgermeister in Hochheim, Volker Zintel (CDU), weiterleitete. *Im Dezember 1989 erhielt ich von Herrn Zintel einen Anruf,* berichtet Hans Riedel, *in dem er das grundsätzliche Interesse an einer Partnerschaft zwischen Hochheim und Kölleda bekundete und einen Besuch in Kölleda vorschlug.*[383] Dieser Besuch fand am 14. Dezember 1989 statt.[384] Neben Bürgermeister Volker Zintel nahmen daran Hauptamtsleiter Horst Bornheimer und die Pressebeauftragte Dorothea Rzany teil. Noch am selben Abend informierte Bürgermeister Zintel in der Stadtverordnetenversammlung in Hochheim über die an diesem Tag gewonnenen Eindrücke in der Stadt Kölleda. Wie es im Protokoll hieß, habe es sich um unverbindlich geführte Vorgespräche gehandelt. Zugleich sei bei dieser Gelegenheit eine persönliche Einladung zu einem Gegenbesuch ausgesprochen worden.[385] In Zeitungsartikeln wurde über den Aufenthalt in Kölleda und über die bis dahin eher unbekannte Stadt in der DDR berichtet: *Die Stadt Kölleda liegt rund 30 Kilometer nördlich von Erfurt und 25 Kilometer nördlich von Weimar und hat zirka 7000 Einwohner (sie gehört zum Kreis Sömmerda und zum Bezirk Erfurt).*[386]

Der Gegenbesuch aus Kölleda fand am 19. und 20. Januar 1990 in Hochheim am Main statt. Zu den Besuchern gehörten der damalige Bürgermeister Helmut Zirnik (parteilos, vormals SED) und Hans Riedel, der in seinem Aufsatz Eindrücke dazu wiedergibt: *Besonders beeindruckt hat mich, ich glaube auch meine Mitreisenden, daß seitens Hochheim jedem von uns [...] ein persönlicher Betreuer an die Seite gegeben wurde, das war Volker Zintel für den Kölledaer Bürgermeister Zirnik, Sigurd Bender für den Kölledaer Schulleiter Spalk, Dr. Joachim Edinge für den Chirurgen Dr. Schorcht und Helmut Weilbächer für mich, den Spediteur Riedel aus Kölleda.*[387] Wie in der Presse be-

383 Riedel, Hans: Kölleda, Freundschaftsstadt in Thüringen. Die Wende und die Städtefreundschaft mit Kölleda. In: Jubiläumsschrift Hochheim am Main, 2004, S. 173 f.

384 Abweichend von den Angaben in der Festschrift fand der erste persönliche Kontakt in Kölleda nicht am 8. 12. 1989 sondern am 14. 12. 1989 statt, wie eine Zoll- und Devisenerklärung zeigt. Vgl. Zoll- und Devisenerklärung, Horst Bornheimer, 14. 12. 1989. Stadt Hochheim am Main.

385 Vorlage an die Stadtverordnetenversammlung der Stadt Hochheim am Main, Antrag der CDU-Fraktion, betr. Städtepartnerschaft mit einer Stadt in der DDR, 4. 12. 1989, Erweitertes Beschlussprotokoll, Drucksache Nr. 101, Blatt 2. Stadt Hochheim am Main.

386 „Menschlich näher kommen. Zintel in Kölleda/Künftige Partnerstadt“, Wiesbadener Kurier, 23. 12. 1989. Im Januar und Februar 1990 wurde in der Presse das Verhalten Zintels kritisiert, da dieser ohne vorherige Absprache mit dem Parlament nach Kölleda gereist sei, um dort erste Kontakte zu knüpfen. Vgl. u. a. Reitz, Uwe: „Aus unserer Sicht. Vor den Karren der CDU gespannt“, Mainzer Allgemeine, 27. 1. 1990.

387 Riedel, Hans: Kölleda, Freundschaftsstadt in Thüringen. Die Wende und die Städtefreundschaft mit Kölleda. In: Jubiläumsschrift Hochheim am Main, 2004, S. 174. Tatsächlich besuchte eine sechsköpfige Delegation Hochheim, zu der neben den von Riedel genannten Personen noch Werner Heyne und Dietmar Köhler von der LPG in Kölleda gehörten. Vgl. u. a. „Wieder menschlich näher kommen“, Mainzer Allgemeine, 22. 1. 1990.

richtet wurde, sollte auch dieser Besuch zuallererst dem allgemeinen Aufbau freundschaftlicher Kontakte zwischen Vereinen und den Menschen aus Ost und West dienen; an eine offizielle Städtepartnerschaft sei zunächst nicht gedacht. Die Stadtverwaltung Hochheim wollte dabei lediglich als Ansprechstelle bei der Partnersuche fungieren. Entsprechend lautete der Eintrag im Sitzungsprotokoll der Sitzung des Magistrats am 23. Januar 1990: *In einer Nachbereitung wird der Ablauf des Besuchs von 6 Bürgern der Stadt Kölleda durchgesprochen. Es herrscht Einigkeit, daß jede Gelegenheit zur Hilfe genutzt werden sollte, die offiziellen Kontakte aber erst nach dem 6. Mai 1990 intensiviert werden. [...] In der Presse ist zu veröffentlichen, daß für Interessenten an privaten Kontakten eine Ansprechstelle im Rathaus ist.*[388] So sollten zunächst die Kommunalwahlen in der DDR am 6. Mai abgewartet und anschließend mit den dann demokratisch gewählten Repräsentanten Kölledas über eine mögliche Städtefreundschaft verhandelt werden.

In der Folge intensivierten sich schon im Februar die Kontakte, so beispielsweise im Bereich der Feuerwehr,[389] der Kindergärten, Jugendgruppen und auf privater Ebene. Schließlich war im März eine weitere offizielle Delegation bestehend aus Handwerkern, Gewerbetreibenden und Verwaltungsmitarbeiterinnen und -mitarbeitern aus Kölleda mit Bürgermeister Helmut Zirnik in Hochheim. Die Stadtverordnetenversammlung reagierte mit einer erneuten Entschließung, die ebenso einstimmig von allen Parteien des Stadtparlaments getragen wurde. Wie es darin hieß, begrüße die Stadtverordnetenversammlung *die menschlich und sachlich erfreuliche Entwicklung der Kontakte mit der Stadt Kölleda und deren Bürgern auf der Ebene der Verwaltung, der Vereine, der Feuerwehr, des Gewerbes und spontaner privater Begegnungen. Die Stadtverordnetenversammlung unterstützt alle Initiativen zur Vertiefung der persönlichen Begegnungen und der materiellen Hilfeleistungen. Der Magistrat wird aufgefordert, die städtischen Unterstützungsmaßnahmen fortzusetzen und alle erkennbaren spontanen Aktivitäten zu fördern.*[390]

Ob eine für Ende Mai geplante Reise des Hochheimer Magistrats nach Kölleda stattfand, lässt sich den Akten nicht entnehmen. Festgehalten ist jedoch, dass der nun demokratisch gewählte Bürgermeister der Stadt Kölleda, Bernd Prellberg (FDP), am 11. Juni 1990 mit einer Gruppe von Verwaltungsmitarbeiterinnen und -mitarbeitern

388 Stadt Hochheim am Main, Sitzung des Magistrates am 23. 1. 1990, Top 2, Nr. 9, Januar 1990. Stadt Hochheim am Main.

389 Anfang Februar 1990 war eine Abordnung der Feuerwehr aus Kölleda zu Gast bei der Hochheimer Feuerwehr, um sich vor Ort zu informieren. Vgl. „Zeit für persönliche Gespräche. Feuerwehr aus Kölleda zu Gast ... in der Weinstadt. Alter Feuerwehrtransporter soll in die DDR verschenkt werden", Mainzer Allgemeine, 3. 2. 1990. Anlässlich eines Gegenbesuchs in Kölleda im April 1990 wurde ein in Hochheim ausgemustertes Feuerwehrfahrzeug übergeben.

390 Vorlage an die Stadtverordnetenversammlung der Stadt Hochheim am Main, Entschließungsantrag der Stadtverordnetenversammlung am 8. 3. 1990, betr. Förderung von Kontakten zu Kölleda. Erweitertes Beschlussprotokoll, Drucksache Nr. 131, Blatt 2. Stadt Hochheim am Main. Der ursprüngliche Antrag wurde dahingehend erweitert, dass bei der Förderung von Initiativen und Kontakten auch Hochheim an der Nesse mit einbezogen werden sollte. Eine offizielle Städtepartnerschaft mit dem 600 Einwohner zählenden gleichnamigen Ort war jedoch nicht vorgesehen.

Hochheim einen „Antrittsbesuch“ abstattete.[391] Im August 1990 kamen 13 Stadtverordnete aus Kölleda zu einem dreitägigen Aufenthalt nach Hochheim, u. a., um sich über parlamentarische Abläufe und kommunale Verwaltungsstrukturen zu informieren.[392] Bis zum Oktober 1990 waren bereits zahlreiche Sachspenden wie ein VW-Transporter, eine Lichtpausmaschine, Spielgerät für einen Kinderspielplatz, Radiorecorder und Kassetten für Kindergärten sowie Fachliteratur und Büromaterial etc. nach Kölleda abgegeben. Entscheidend war allerdings die direkte Unterstützung vor Ort durch Ehrenamtliche und Mitarbeiterinnen und Mitarbeiter der Hochheimer Stadtverwaltung. So fand umfangreiche personelle Hilfe zum Aufbau der kommunalen Selbstverwaltung Köllédas vor allem im Rahmen von Dienstreisen, durch telefonische Beratungen und Hospitationen statt.[393]

Im weiteren Verlauf intensivierten sich auch die offiziellen Verbindungen zwischen Hochheim und Kölleda zunehmend: An der Amtseinführung des neuen Hochheimer Bürgermeisters Harald Schindler (SPD) nahm sein Kölledaer Kollege teil. Und zu den Feierlichkeiten anlässlich des Tages der Deutschen Einheit reiste eine Delegation der Hochheimer Stadtverordneten und Stadträte am 3. Oktober 1990 nach Kölleda.[394] Der Schritt hin zu einer langfristigen Städtefreundschaft zwischen beiden Städten wurde noch im Dezember vollzogen. Die Stadtverordnetenversammlung Hochheim stimmte in ihrer Sitzung am 13. Dezember 1990 einem interfraktionellen Antrag zu und nahm das Angebot der Stadtverordnetenversammlung der Stadt Kölleda zum Abschluss einer Vereinbarung der Städtefreundschaft an. Wie es in der Begründung hieß, solle das Angebot *insbesondere aufgrund der bisherigen guten Kontakte auf den verschiedensten Ebenen und der erkennbaren Notwendigkeit, daß die Städte in den neuen Bundesländern Hilfe zur Selbsthilfe benötigen, angenommen werden.*[395] Am 6. September 1991 fand schließlich die gemeinsame offizielle Feier anlässlich der Städtefreundschaft zwischen der thüringischen Stadt Kölleda und der hessischen Stadt Hochheim am Main mit der Unterzeichnung und dem Austausch der Urkunden in Kölleda statt. In ihrer Rede verwies die Hochheimer Stadtverordnetenvorsteherin Liane Schellheimer (SPD) darauf, dass es für die Einheit Deutschlands entscheidend sei, *daß die Menschen aus den ‚alten‘ und den ‚neuen‘ Bundes-*

391 Stadt Hochheim am Main, Sitzung des Magistrates am 12. 6. 1990, Top 2, Nr. 23. Stadt Hochheim am Main.

392 Vgl. „Tipps für Kölledaer Stadtverordnete. Die Verwaltungsstruktur steckt nach der ‚Wende‘ noch in den Kinderschuhen“, Mainzer Allgemeine, 21. 8. 1990.

393 Vgl. Vorlage an die Stadtverordnetenversammlung der Stadt Hochheim am Main, Beantwortung der Anfrage der SPD-Fraktion vom 12. 9. 1990, betr. Hilfe für Kölleda (DDR), Drucksache Nr. 218, 5. 10. 1990. Stadt Hochheim am Main.

394 Vgl. Erlenbach, Hans-Dieter: „Die Einheit bringt für viele unkalkulierbare Risiken. Hochheimer erleben die Wiedervereinigung in ihrer Partnerstadt Kölleda“, Rüsselsheimer Echo, 5. 10. 1990.

395 Vorlage der Stadtverordnetenversammlung der Stadt Hochheim am Main, Interfraktioneller Antrag, betr. Städtefreundschaft mit der Stadt Kölleda in Thüringen, 28. 11. 1990, Begründung, Drucksache Nr. 235 Blatt 2. Stadt Hochheim am Main. Angeboten wurde u. a. Unterstützung beim Aufbau einer bürgerfreundlichen Verwaltung, Hilfe zur Lösung von verfahrens- und finanztechnischen Fragen, praktische Fortbildung etc.

ländern noch mehr ins Gespräch [kommen] und auf diese Weise sich kennen- und verstehen lernen. [...] Vierzig Jahre Trennung und Abschottung waren eine lange Zeit. Was wir brauchen, sind Kontakte von Mensch zu Mensch, auf allen Ebenen, zwischen allen gesellschaftlichen Gruppen, zwischen allen Generationen. [...] Hochheim am Main und Kölleda gehören längst zusammen, das beweisen die vielen Kontakte zwischen Vereinen, der Stadtverwaltung und die Besuche zahlreicher Bürger aus beiden Städten.[396] Am 2. Oktober 1991 veranstaltete Hochheim eine Wohltätigkeitsveranstaltung. Die Spenden in Höhe von 26.400,– DM gingen an Sozialeinrichtungen in Kölleda.

Neben den Kontakten auf politischer, wirtschaftlicher, privater und Vereinsebene war gerade in der Anfangsphase die personelle Amtshilfe von Seiten Kölledas erwünscht, da in nur kurzer Zeit bestehende Verwaltungsstrukturen zu einer rechtsstaatlichen Prinzipien verpflichteten Verwaltung umzubauen waren. So wurde beispielsweise im März 1991 um Unterstützung beim Aufbau des Ordnungsamtes gebeten. Die entsprechende Hilfe erfolgte am 8. und 9. April in Kölleda durch eine Mitarbeiterin und einen Mitarbeiter der Hochheimer Verwaltung. In einem entsprechenden Aktenvermerk wurde auf dringende generelle Probleme hingewiesen wie auf das Fehlen notwendiger gesetzlicher Grundlagen auf Landesebene oder auf unklare Eigentumsverhältnisse bei Grundstücken und Gebäuden. Und insbesondere fehlten für die Verwaltungsmitarbeiter größtenteils konkrete Ausbildungsmöglichkeiten. Daher waren für den 13. und 14. Mai Hospitationen in Hochheim vorgesehen.[397] Verwaltungshilfe erfolgte in den nächsten Monaten auch in anderen Fachabteilungen auf vielfältige Weise, so wurden z. B. Organisations- und Geschäftsverteilungspläne für die Stadtverwaltung Kölleda ausgearbeitet und Schulungen für Mitarbeiterinnen und Mitarbeiter aus Kölleda in Hochheim durchgeführt.[398] In Einzelfällen fand noch bis 1993 Amtshilfe beispielsweise in Rechtsfragen statt.[399] Aus Kölledaer Sicht äußerte sich Hans Riedel zur Hilfe Hochheims: *Die Stadtverwaltung Kölleda hat – besonders in den ersten Jahren – viel kompetente Amtshilfe erhalten. Das Wichtigste aber waren die menschlichen, die persönlichen Kontakte, die dann auch über Jahre gehalten haben und noch halten.*[400]

Am 6. September 2001 wurde die 10-jährige Freundschaft zwischen Hochheim am Main und Kölleda im Rahmen einer „Festlichen Stadtverordnetenversammlung" gemeinsam in Kölleda begangen[401], und schließlich besuchte im Mai 2004 eine offizielle

396 Rede zum Besuch in Kölleda am 6./7. 9. 1991, gehalten anlässlich der Feierlichkeiten zur Unterzeichnung der Freundschaftsurkunden Hochheim/Kölleda, S. 4. Stadt Hochheim am Main.

397 Vgl. Amtshilfe für Kölleda, Aktenvermerk, 10. 4. 1991. Stadt Hochheim am Main.

398 Vgl. Schreiben E. W. Hofmann an die Stadtverwaltung Kölleda, 15. 7. 1992. Stadt Hofheim am Main. Mit diesem Schreiben antwortete der Leiter des Ordnungsamtes Hochheim auf Detailfragen, die zuvor aus Kölleda telefonisch eingegangen waren.

399 Vgl. Schreiben der Stadt Kölleda an den Magistrat der Stadt Hochheim am Main, betr. Amtshilfe, 15. 10. 1993. Stadt Hofheim am Main.

400 Riedel, Hans: Kölleda, Freundschaftsstadt in Thüringen. Die Wende und die Städtefreundschaft mit Kölleda. In: Jubiläumsschrift Hochheim am Main, 2004, S. 174.

401 Vgl. „10 Jahre Städtefreundschaft. Hochheimer Politiker zu Besuch in Kölleda. Riesling-Pfefferminzgelee als originelles Geschenk", Hochheimer Zeitung, 14. 9. 2001.

Delegation Hochheim, um sich vor Ort über die Arbeit des Bürgerbüros zu informieren.[402] Auch nachdem die erste Euphorie abgeklungen war, hat die freundschaftliche Verbindung zwischen Hochheim und Kölleda Bestand, so das heutige Fazit. Wenn auch weniger häufig, finden nach wie vor Treffen von Privatpersonen, Vereinsvertretern, Politikern und Verwaltungsmitarbeitern sowohl bei Festveranstaltungen als auch zum reinen Gedankenaustausch statt.[403]

3.7.3 Philippsthal und die Kommunen Vacha und Dorndorf: Partnerschaften im ehemaligen Grenzgebiet

Eine ganz besondere Grenzsituation bestand zwischen Philippsthal und Vacha. Zwei Kommunen, die über Jahrzehnte nur durch die Werra voneinander getrennt waren – *zusammengehörig wie Ost- und Westberlin. Die Grenze führte hier mitten durch die Straße und kurioserweise mitten durch ein Haus. Dieses Haus im Philippsthaler Ortsteil Weidenhain beherbergte die Druckerei Hoßfeld und lag schon bei seiner Erbauung im Jahre 1890 mitten auf einer Grenzlinie, der hessisch-thüringischen Landesgrenze, zu elf Zwölftel auf hessischem und einem Zwölftel auf thüringischem Boden. […] Wie dieses Haus wurden durch den Grenzverlauf an der Werrabrücke auch menschliche Bindungen zugemauert, Familien und Freunde auseinandergerissen, der natürliche Fluß des Lebens unterbrochen. […] Im Mai 1952 wurde jeglicher Personenverkehr zwischen Philippsthal und Vacha eingestellt. Stacheldrahtzäune, Wachtürme, Sperranlagen prägten immer mehr das Bild an der Zonengrenze, auf ostdeutscher Seite wurde eine 5 km breite Sperrzone geschaffen. Zehn Monate nach dem Mauerbau in Berlin am 13. August 1961 entstand auch am Werraufer von Vacha eine drei Meter hohe Betonmauer. Im Jahr 1974 wurde die Mauer bis zur Druckerei Hoßfeld quer über die Straße weitergebaut.*[404]

Der Versuch, diese Grenzsituation durch einen Fußgängerübergang zwischen Philippsthal und Vacha zu erleichtern, wurde Mitte der 1980er Jahre von DDR-Seite ebenso abgelehnt wie der Wunsch nach einer Partnerschaft zwischen den beiden Kommunen.[405] Mit der Öffnung der innerdeutschen Grenze am 9. November 1989 verband

402 Vgl. Stadt Hochheim am Main, Aktenvermerk, betr. Besuch der Delegation aus Kölleda vom 3. bis 5. Mai 2004: Ablaufplan, 29. 4. 2004. Stadt Hochheim am Main.

403 Vgl. „Seniorinnen aus Kölleda zu Gast", Hochheimer Zeitung, 23. 7. 1999. Ebenso: Steffen, Gottfried: „Exzellentes Wechselspiel. Streicherensemble aus Hochheim und Thüringer Hausmusikkreis begeisterten", Sömmerdaer Allgemeine, 10. 10. 2002.

404 Lippelt, Helga: Trabbi Salz und freies Grün. An der Grenze zu einem Land, das es nicht mehr gibt, 1990, S. 21 f. Vgl. ebenso: „Ein Haus steht auf der Grenze zwischen West und Ost", Das Ufer, 2/1953, S. 14 f.

405 Als unmittelbarer Grenzort lag Vacha in einer von der DDR eingerichteten 5-km-Sperrzone und befand sich damit in einem permanenten Ausnahmezustand. Selbst DDR-Bürger konnten nur mit Passierschein in die Sperrzone gelangen, für Westdeutsche war kein Zugang möglich.
Auch Bestrebungen, auf Kreisebene Partnerschaften aufzubauen, wie beispielsweise zwischen den Kreisen Hersfeld-Rotenburg und Eisenach, wurden von DDR-Seite abgelehnt. Wie es in entsprechenden Schreiben hieß, gestatte es der damalige Stand der Beziehungen nicht, in breitem Rah-

Freudenfest auf der Werra-Brücke anlässlich der Grenzöffnung zwischen Philippsthal und Vacha am 12. November 1989, 12. 11. 1989

sich daher insbesondere für die Grenzgemeinden die Hoffnung auf eine Annährung zwischen Ost und West. Dennoch kam, wie von Zeitzeugen berichtet wurde, die Öffnung der DDR-Grenze zwischen Philippsthal und Vacha am 12. November überraschend: *Wie ein Traum!*[406] Dieses bedeutende Ereignis wurde von den Menschen in Philippsthal, Vacha und den umliegenden Kommunen mit einem spontanen Fest auf der Werra-Brücke gefeiert.

Seit Öffnung des Grenzübergangs Philippsthal am Sonntag morgen bis Dienstag morgen 8 Uhr hat der Bundesgrenzschutz bereits 28.164 Besucher aus der DDR gezählt, die nach Hessen eingereist sind. 5972 Kraftfahrzeuge passierten im selben Zeitraum den neuen

men Städtepartnerschaften und kommunale Kontakte herzustellen und zu pflegen. Die Aufnahme einzelner Partnerschaften sei daher nur als Ausnahmeregelung zu verstehen. Partnerschaften zwischen Gemeinden und territorialen Kreisen seien in absehbarer Zeit nicht vorgesehen. Vgl. Schreiben des Botschaftsrats der Ständigen Vertretung der DDR in Bonn an den Landrat des Landkreises Hersfeld-Rotenburg, 12. 3. 1987 und vom 11. 11. 1988. Privatunterlagen H.-O. Kurz.

406 Winkel, A. zum: „Wiedervereinigung", Hersfelder Zeitung, 13. 11. 1989. Ebenso das Interview mit F. Schäfer (1989 Bürgermeister der Gemeinde Philippsthal) und H.-O. Kurz (1989 Büroleiter der Kreisverwaltung Hersfeld-Rotenburg) in dieser Publikation. Darüber hinaus zeigen private Filmaufnahmen die bewegenden Ereignisse der Grenzöffnung zwischen Philippsthal und Vacha. HHStAW, Projekt Hessen und Thüringen.

Erste Begegnung zwischen politischen Vertretern aus Ost und West auf der Werra-Brücke anlässlich der Grenzöffnung zwischen Philippsthal und Vacha am 12. November 1989. Von links nach rechts: Roland Hühn, Bürgermeister von Heringen; Fritz Schäfer, Bürgermeister von Philippsthal; Werner Bergmann, stellv. Vorsitzender des Rates des Kreises Bad Salzungen; Norbert Kern, Landrat des Kreises Hersfeld-Rotenburg; Hans-Otto Kurz, Büroleiter der Kreisverwaltung Hersfeld-Rotenburg, 12. 11. 1989

Grenzübergang von Ost nach West. […] Die Zahl derjenigen, die sich nach dem Grenzübertritt dazu entschließen, auf Dauer in der Bundesrepublik zu leben, bleibt an den lokalen Übergängen weiterhin minimal: In Philippsthal meldeten sich drei Übersiedler …[407] Die Einreise in die DDR war für Westdeutsche allerdings nach wie vor nur mit Visum und Zwangsumtausch möglich.

In den darauf folgenden Wochen wurden weitere Grenzanlagen abgebaut und neue Übergänge in der Gemeinde Philippsthal geöffnet wie die Grenze nach Unterbreizbach und Oberzella. Eine dringende Aufgabe bestand daher zunächst darin, die auftretenden Verkehrsprobleme u. a. durch den Neubau bzw. Ausbau von Straßen- und

407 „Über Philippsthal kamen schon mehr als 28.000 nach Hessen. Weiterhin lebhafte Einreise über die neuen Grenzübergänge", Hersfelder Zeitung, 15. 11. 1989. Sehr viel höher war die Anzahl der Übersiedler aus der DDR in dem Zeitraum an den Grenzübergängen Herleshausen (2219 bei 122.856 Einreisenden) und Bebra (4692 bei 25.668 Einreisenden). Vgl. ebd.

Abbau der Grenzanlagen im November 1989 gemeinsam durch DDR-Volkspolizei und Bundesgrenzschutz, November 1989

Bahnverbindungen zu lösen. Die Finanzierung dieser Bauvorhaben wurde durch Bundes- und Landesmittel gesichert.[408]

Eine besondere Herausforderung ergab sich für die gesamte Philippsthaler Verwaltung durch die Auszahlung von Begrüßungsgeld: In der Zeit vom 12. November bis zum 31. Dezember 1989 wurden über 4 Mio. DM an DDR-Einreisende ausgegeben.[409] Und unmittelbar nach Grenzöffnung fanden zahlreiche spontane Gespräche zwischen den Bürgermeistern der Gemeinde Philippsthal und der angrenzenden ostdeutschen Städte und Gemeinden statt, in denen zunächst notwendige praktische Fragen zur Verkehrslenkung, zu den Grenzübergangsstellen, zu den Feuerwehren, dem Rettungsdienst, zur Polizei, zum Telefonverkehr, zur Wasserversorgung etc. erörtert wurden, wie sich der damalige Philippsthaler Bürgermeister, Fritz Schäfer (SPD), erinnert.

Neben den offiziellen Maßnahmen der Philippsthaler Verwaltung war vor allem die spontane Hilfsbereitschaft der Bevölkerung groß. Wie fast täglich in der Presse berichtet wurde, kam es zu zahlreichen privaten Kontakten und zu vielfältigen Annäherungen und Aktivitäten auf Vereins- und Verbandsebene, zwischen Feuerwehren,

408 Vgl. dazu auch Kapitel 2.10.2 in dieser Publikation.
409 Vgl. Unterlagen der Gemeinde Philippsthal. HHStAW, Projekt Hessen-Thüringen.

Kartenausschnitt, Freizeitkarte Kreis Hersfeld-Rotenburg, 10. Auflage (Maßstab 1 : 75.000), ohne Jahr

Kirchen und Schulen. So fand beispielsweise bereits Ende November ein Freundschaftsspiel zwischen Fußballvereinen beiderseits der Grenze statt.[410] Sehr viel spektakulärer war eine Großveranstaltung der hessischen CDU am 16. 12. 1989, die anlässlich des Tages der Begegnung zwischen Menschen aus Hessen und Thüringen unter dem Motto „Grenzenlos“ am Werra-Ufer in Philippsthal veranstaltet wurde. Höhepunkte der Festveranstaltung waren eine Ansprache des Hessischen Ministerpräsidenten Walter Wallmann (CDU) und ein ökumenischer Zeltgottesdienst. Schätzungen des Bun-

410 Vgl. „Fußballspieler aus Vacha in Heimboldshausen“, Hersfelder Zeitung (Kreisanzeiger), 30. 11. 1989.

Menschenschlange anlässlich der Auszahlung des Begrüßungsgeldes im alten Philippsthaler Rathaus, 12. 11. 1989

desgrenzschutzes zurfolge nahmen zwischen 15.000 und 20.000 Personen an der Veranstaltung in Philippsthal teil.[411]

Am 15. Dezember 1989 beschloss die Philippsthaler Gemeindevertretung mit der Stadt Vacha sowie der Gemeinde Dorndorf eine Städte- bzw. Gemeindepartnerschaft einzugehen. Die Partnerschaftsverträge wurden am 28. März 1990 offiziell unterzeichnet. Um diese Partnerschaften mit Leben zu erfüllen und um finanzielle Unterstützung zu gewähren, sei, wie es in einer Erklärung hieß, ein Aktionsprogramm von der Gemeinde Philippsthal aufgelegt worden. Diesem kommunalpolitischen Programm stimmte die Gemeindevertretung Philippsthal ebenfalls am 28. März 1990 einstimmig zu. Damit standen zur Unterstützung der Partnergemeinden für das Haushaltsjahr 1990 50.000,– DM zur Verfügung. Darüber hinaus waren für die folgenden Jahre 1991 bis einschließlich 1994 Beträge von jährlich jeweils 25.000,– DM vorgesehen.[412] Die

411 Vgl. u. a. Lenz, Peter; Böthing, Jürgen (Fotos): „Völkerwanderung nach Philippsthal und Bekenntnis zur Einheit und Marktwirtschaft. Großveranstaltung mit Walter Wallmann am Grenzübergang nach Vacha“, Hersfelder Zeitung, 18. 12. 1989.

412 Vgl. Auszug aus dem Sitzungsprotokoll der Gemeindevertretung Philippsthal (Werra) vom 28. 3. 1990. Unterlagen der Gemeinde Philippsthal. HHStAW, Projekt Hessen-Thüringen.

bereitgestellten Mittel sollten für Maßnahmen und Investitionen in den Bereichen Gesundheit, Sport, Erholung, Umweltschutz, Bau- und Wohnungswesen, Verkehr, Kultur- und Denkmalpflege sowie öffentliche Einrichtungen eingesetzt werden. Wie es in einem erläuternden Papier dazu hieß, sei beabsichtigt, den Partnergemeinden dadurch Zukunftsperspektiven zu eröffnen und einen kommunalpolitischen sinnvollen Beitrag zur deutschen Einheit zu leisten.[413] Neben der materiellen Hilfe (Finanzierung von Straßenbaumaßnahmen, Errichtung einer Telefonzelle in Vacha, Einbau von Heizungsanlagen etc.) war es gerade auch die ideelle und fachliche Unterstützung, die immer wieder positiv bewertet wurde. Wie zahlreiche hessische Partnergemeinden leistete Philippsthal umfangreiche Verwaltungshilfe in Thüringen und unterstützte den Umbau der kommunalen Verwaltungen in Vacha und Dorndorf maßgeblich. Und auch in diesen Kommunen waren nur wenige Jahre nach Öffnung der innerdeutschen Grenze selbstständige Verwaltungen entstanden, die ihre eigenen Interessen selbstbewusst verfolgten. In einem Interview erinnerte sich der heutige Vachaer Bürgermeister an die unkonventionell und unbürokratisch geleistete Hilfe und das besondere Engagement des damaligen Philippsthaler Bürgermeisters, Fritz Schäfer. *Doch im Jahre fünf nach der Maueröffnung hat die Vachaer Verwaltung das Laufen gelernt und kommt gut ohne „die freundschaftliche, aber niemals bevormundende Hilfe" der Philippsthaler Verwaltung aus. Gemeinsame Probleme behandelt man, wie unter guten Nachbarn üblich, in enger Zusammenarbeit. […] Dennoch würde*, wie es in der Hersfelder Zeitung weiter hieß, *Frank Pach in Zukunft auch über den Dienstweg hinaus gerne einen engeren menschlichen Kontakt zu den Nachbarn in Philippsthal pflegen.*[414]

Längst ist die anfängliche Euphorie abgeklungen und einem „normalen" Miteinander gewichen. *Die seinerzeit beschlossenen Partnerschaften bestehen zwar nach wie vor. Es ist eben so*, so ein weiteres politisches Fazit vom Dezember 2005, *dass man nunmehr auf engstem Raum wie gute Nachbarn zusammenlebt. Die Kontakte beschränken sich auf den dienstlichen Bereich. Die letzte größere gemeinsame Aktion mit fast 1000 Teilnehmern war anlässlich des 15-jährigen Jahrestages der Grenzöffnung am 12. 11. 2004.*[415]

413 Vgl. Papier des Gemeindevorstands, betr. Kommunalpolitisches Aktionsprogramm der Gemeinde Philippsthal (Werra) für die Partnergemeinden in Thüringen, 28. 3. 1990. Unterlagen der Gemeinde Philippsthal. HHStAW, Projekt Hessen-Thüringen. Damit griff auch eine hessische Gemeinde die Idee eines Aktionsprogramms auf, ähnlich dem im Dezember 1989 von der Hessischen Landesregierung verabschiedeten Aktionsprogramm Hessen-Thüringen.

414 „Von Erfahrungen profitiert. Bürgermeister Frank Pach", Hersfelder Zeitung, [ohne Angabe]/Unterlagen der Gemeindeverwaltung Philippsthal. HHStAW, Projekt Hessen-Thüringen. Frank Pach (SPD) war von 1990 bis 1994 Stellvertreter des ersten Vachaer Bürgermeisters und ist seit 1994 Bürgermeister der Stadt Vacha.

415 Schreiben Bürgermeister Hartwig Klotzbach an die Arbeitsgruppe Projekt Hessen-Thüringen, betr. Aufbauhilfe für Thüringen, 22. 12. 2005. HHStAW, Projekt Hessen-Thüringen.
Hartwig Klotzbach (FWG) war von 2001 bis 2007 Bürgermeister der Gemeinde Philippsthal/Werra.

3.8 Resümee

Die politische Entwicklung in der DDR beeinflusste maßgeblich die Ausrichtung des Aktionsprogramms Hessen-Thüringen, da sich bereits im Vorfeld der Länderneubildung die Anforderungen an die Partnerländer grundlegend änderten. In gemeinsamer Absprache zwischen dem Bund und den alten Ländern galt es nun vor allem, den Aufbau rechtsstaatlicher und leistungsfähiger Verwaltungsstrukturen in den neuen Ländern nachhaltig zu unterstützen. Dementsprechend veränderte sich die hessische Hilfe für Thüringen ab 1991 sukzessive von einer Soforthilfe zur Förderung von Infastruktur- und Ausstattungsmaßnahmen hin zur systematischen Verwaltungshilfe. Das Spektrum der Verwaltungshilfe umfasste dabei die Abordnungen hessischer Bediensteter, kurzfristige Dienstreisen, die Förderung von Versetzungen, Hilfen bei Neueinstellungen qualifizierten Personals in Thüringen, Ausstattungshilfen (Bereitstellung von Geräten, Material, Gesetzestexten etc.), die Übernahme von Aktenbearbeitungen, Hospitationen sowie Fort-, Aus- und Weiterbildungsmaßnahmen. Ab 1993 diente das Aktionsprogramm ausschließlich zur Finanzierung der Verwaltungshilfe.

Von der politischen Opposition wurde die Umstrukturierung des Aktionsprogramms indessen kritisch hinterfragt, obgleich die entscheidenden Haushaltsbeschlüsse dazu von ihr mitgetragen wurden. Am 20. Juli 1993 stand das Hessen-Thüringen-Programm daher auf der Tagesordnung des Hessischen Landtags. Vertreter der Opposition wollten anlässlich einer Fragestunde von der Landesregierung darüber informiert werden, in welcher Art und Weise im laufenden Jahr die 50 Mio. DM des Aktionsprogramms Hessen-Thüringen eingesetzt werden würden. Nach Auskunft der damaligen Finanzministerin Dr. Fugmann-Heesing (SPD) war die Finanzierung von Projekten nicht mehr vorgesehen, die Mittel des Aktionsprogramms sollten im Haushaltsjahr 1993 allein für die Verwaltungshilfe verausgabt werden und diese erfolge *im wesentlichen im Wege von längerfristigen Abordnungen und Dienstreisen von Landesbediensteten sowie durch Aus- und Fortbildungsveranstaltungen. In diesem Rahmen fallen hauptsächlich Ausgaben für Trennungsgelder, Aufwandsentschädigungen, Reisekosten sowie Aus- und Fortbildungsveranstaltungen und Honorare an.*[416] Mit einer durchaus provokanten Rückfrage vergewisserte sich die FDP-Abgeordnete Ruth Wagner, ob sie die Ausführungen der Ministerin dahingehend richtig verstanden habe, *daß die gesamten 50 Millionen DM sozusagen als zusätzliche Entschädigung für hessische Bedienstete des öffentlichen Dienstes benutzt werden, um Verwaltungshilfe in Thüringen zu leisten?*[417] Ähnlich äußerte sich der Abgeordnete Dr. Jung (CDU), der zudem darauf hinwies, dass das Aktionsprogramm, wie es unter CDU/FDP-Verantwortung aufgelegt worden sei, noch in vielen Bereichen (Wirtschaft, Umwelt, Soziales, Kultur, Verwaltung) erfolgreich gewirkt habe. In ihrer Antwort verwies die Finanzministerin auf veränderte Anforde-

416 Hessischer Landtag, 13. Wahlperiode, Plenarprotokoll der 70. Sitzung am 20. 7. 1993, Frage Nr. 591, S. 4030. Hessischer Landtag.

417 Ebd.

rungen und auf Bundesmittel, die es den neuen Ländern ermöglichten, *in erheblichem Umfang Investitionsausgaben zu tätigen, und zwar weit über das hinaus, was den alten Ländern möglich sei. […] Es geht nicht mehr um Finanzierungsfragen, sondern es geht in erster Linie um das Personal, ob diesem Defizit abgeholfen werden soll.*[418] Dieses geschehe, so die Finanzministerin weiter, im Rahmen der Verwaltungshilfe. In die Auseinandersetzung schaltete sich schließlich auch Ministerpräsident Eichel ein und erinnerte daran, *daß die Konzentration auf die Verwaltungshilfe der ausdrückliche Wunsch des Bundeskanzlers gegenüber den Ministerpräsidenten war und die Ministerpräsidenten der Ostländer dies ausdrücklich gegenüber den Ministerpräsidenten der Westländer so gewünscht haben.*[419] Die Kritik der Opposition war damit im Wesentlichen entkräftet, denn tatsächlich war die Hilfe durch das Land Hessen Teil der Absprachen, wie sie zwischen dem Bund und den Ländern getroffen wurden.

Der Beitritt der DDR zur Bundesrepublik Deutschland bedeutete zugleich die Übernahme des institutionellen Gefüges der Bundesrepublik und damit den Aufbau demokratischer Verwaltungs- und Rechtsstrukturen in den neuen Ländern. Bedenkt man, dass ganze Verwaltungszweige wie die Finanz- und Arbeitsverwaltung in der DDR nicht existierten und neu geschaffen werden mussten – und damit für diese Bereiche zunächst kein qualifiziertes Personal zur Verfügung stand –, wird verständlich, dass der Verwaltungsaufbau nur durch umfassende personelle Unterstützung der alten Bundesländer erreichbar war. Dabei habe sich, wie immer wieder festgestellt wurde, das Zusammenfinden von Partnerländern und damit die Konzentration der Kräfte in besonderer Weise bewährt. Von den drei Partnerländern Thüringens hat Hessen sowohl personell durch die Abordnung hunderter Verwaltungshelferinnen und Verwaltungshelfer als auch finanziell die umfassendste Hilfe in Thüringen geleistet.[420] Einen entscheidenden Anteil am Entstehen funktionierender Verwaltungsstrukturen hatte ebenso die kommunale Verwaltungshilfe. Im Rahmen zahlreicher Partnerschaften zwischen hessischen und thüringischen Kommunen und Landkreisen wurden durch Abordnungen, Hospitationen, Fortbildungsmaßnahmen etc. wichtige Erfahrungen weitergegeben, die den Umbau der Kommunalverwaltung in Thüringen maßgeblich beförderten. Auch hierfür standen Mittel aus dem Aktionsprogramm zur Verfügung.

Dennoch war es offenbar problematisch, das erfolgreiche hessische Engagement in der Öffentlichkeit entsprechend darzustellen, wie dies noch mit dem Soforthilfeprogramm durch die Finanzierung von Projekten in den Bereichen Gesundheitswesen, Denkmalpflege, Verkehrswesen und Umweltschutz gelungen war. Insbesondere die Hessische Staatskanzlei wies deutlich auf den Mangel an öffentlicher Resonanz hin: *Die Umstellung des Programms ab 1991 auf die Finanzierung der Verwaltungs- und Justizhilfe das Landes Hessen hat dem Land erhebliche personelle und finanzielle Leistungen abgefor-*

418 Ebd., S. 4030 f.
419 Ebd., S. 4031.
420 Um die hessische Unterstützung für Thüringen auch im Vergleich noch umfassender würdigen zu können, müsste ebenso die Hilfe der Partnerländer Bayern und Rheinland-Pfalz einbezogen werden, was allerdings im Rahmen dieses Projekts nicht möglich war.

dert; die Außendarstellung des Programms aber erheblich erschwert.[421] Doch zweifelsfrei hat die hessische Hilfe, wie sie im Rahmen des Aktionsprogramms erfolgte, einen entscheidenden Beitrag zum Um- und Aufbau von Verwaltung und Justiz in den neuen Ländern und hier insbesondere in Thüringen geleistet; so konnte der Prozess des institutionellen Aufbaus auch in Thüringen bereits 1994 weitgehend abgeschlossen werden.

Für das Aktionsprogramm Hessen-Thüringen war eine Gesamtsumme von 250 Mio. DM für die Jahre 1990 bis 1994 veranschlagt worden. Nach Abschluss des Programms war diese Summe im Wesentlichen ausgegeben, davon etwas mehr als die Hälfte für Maßnahmen der Verwaltungshilfe. Hinzu kamen aus Mitteln des kommunalen Finanzausgleichs weitere Gelder in Höhe von 36,5 Mio. DM zur Unterstützung der kommunalen Verwaltungshilfe.[422]

Eine eingehende Antwort auf die Frage, inwiefern gerade die erste Phase der Verwaltungshilfe, in der Entscheidungen über die Errichtung von Behörden und die Verteilung von Zuständigkeiten etc. getroffen wurden, zur möglicherweise unreflektierten Verfestigung von Strukturen beigetragen hat, muss weiteren Forschungen vorbehalten bleiben. Ebenso bleibt offen, ob bzw. in welchem Umfang die Übertragung des westdeutschen Verwaltungssystems auch die bekannten Defizite, wie Überregulierung und Bürokratisierung, auf die Verwaltungen der neuen Länder übertrug. Gleiches gilt für den Aufbau des Rechtssystems. Auch hier hätte sich vielleicht die Möglichkeit zur Vereinfachung des komplizierten Rechts- und Justizsystems der Bundesrepublik – ohne Preisgabe grundlegender rechtsstaatlicher Prinzipien – geboten.[423]

421 Vorlage der Hessischen Staatskanzlei, betr. Plenarsitzung des Landtags am 13./15. 9. 1994, hier: Regierungserklärung zum Abschluß der Verwaltungsvereinbarung Hessen-Thüringen über die Fortführung der Verwaltungs- und Justizhilfe, 25. 7. 1994. HHStAW, Z 502 Nr. 16130. Dass die mangelnde Außendarstellung der Grund dafür war, dass anlässlich einer Veranstaltung im Hessischen Landtag „Zehn Jahre Patenschaft Hessen-Thüringen" 1999 die Leistungen der damaligen Landesregierung von SPD und GRÜNEN von der nun CDU-geführten Landesregierung nicht erwähnt wurden, ist allerdings eher unwahrscheinlich. Vgl. dazu: Bartsch, Matthias: „Gezänk statt Feier. Zehn Jahre Hessen-Thüringen ohne acht Jahre Rot-Grün. Die seltsame Bilanz zweier CDU-Ministerpräsidenten", FAZ, 15. 12. 1999.

422 Eine exakte Aufstellung aller Ausgaben der hessischen Hilfe für Thüringen ließ sich nicht ermitteln, da insbesondere in den Jahren 1990 bis 1992 die direkt in den Ressorthaushalten gebuchten Kosten für Maßnahmen der Verwaltungshilfe nur geschätzt werden konnten. Vgl. dazu die Angaben des Hessischen Ministeriums der Finanzen in einer Berechnung von 2007. Schreiben des Hessischen Ministeriums der Finanzen, betr. Projekt Aufbauhilfe Hessen-Thüringen, 11. 7. 2007. HHStAW, Projekt Hessen-Thüringen. Nicht bezifferbar sind darüber hinaus auch die Kosten für zusätzliche Sachmittel wie die Abgabe von Fahrzeugen, Kopierern, Büromaschinen, Vordrucken, Literatur etc.

423 Vgl. Wassermann, Rudolf: Rechtssystem. In: Handbuch zur deutschen Einheit, 1999, S. 650–660, hier S. 660. Wie Werner Jann in seinem Aufsatz „Öffentliche Verwaltung" darstellt, sei allerdings zumindest die Konsolidierungsphase keineswegs durch sklavisches Kopieren der westlichen Vorbilder und Partnerländer gekennzeichnet. Vielmehr habe der Institutionentransfer zu einer erheblichen Differenzierung zwischen den neuen Ländern geführt. Inzwischen gehe der Reformprozess weiter und überall sei eine Phase der eigenständigen Entwicklung zu beobachten. Vgl. Jann, Werner: Öffentliche Verwaltung. In: Handbuch zur deutschen Einheit, 1996, S. 526–539, hier S. 536 ff. Tatsächlich belegen die durchgeführten Verwaltungsreformen in den neuen Ländern die Reformfähigkeit des Systems.

Entscheidend war jedoch in der frühen Phase der Transformation der enge Zeitrahmen, in dem die zentrale Aufgabe darin bestand, schnell demokratische Verwaltungen aufzubauen, Rechtsstaatlichkeit zu sichern und die Voraussetzung für die wirtschaftliche Entwicklung zu schaffen. Vor diesem Hintergrund muss das Engagement der alten Länder als außerordentliche Leistung angesehen werden, da in nur vier Jahren die Transformation von einer zentralistisch-sozialistischen Bürokratie und Verwaltung zu einer rechtsstaatlichen Landes- und Kommunalverwaltung und Justiz gelang. Ohne die hessische Verwaltungshilfe und den unermesslichen Einsatz hunderter Aufbauhelferinnen und Aufbauhelfer aus Hessen wäre dies auch in Thüringen nicht möglich gewesen. So kann die hessische Unterstützung und damit das von der Regierung Wallmann 1989 initiierte, vom Hessischen Landtag 1990 einstimmig beschlossene und von der Regierung Eichel ab 1991 wirksam fortgeführte Aktionsprogramm Hessen-Thüringen als voller Erfolg gewertet werden.

Nahezu zeitgleich mit dem Auslaufen des Aktionsprogramms zum Ende des Jahres 1994 fand auch der Aufbau des Freistaats Thüringen mit Bestätigung der Thüringer Landesverfassung durch Volksentscheid am 16. Oktober 1994 seinen Abschluss.

Exkurs: Kirchliches und gesellschaftliches Engagement für Thüringen

Obgleich im Zentrum der vorliegenden Untersuchung das Aktionsprogramm des Landes Hessen zum Aufbau des Freistaats Thüringen steht, soll dennoch ein Blick auf das umfassende Engagement außerhalb der staatlichen Hilfe gerichtet werden. Denn unmittelbar nach Öffnung der innerdeutschen Grenze waren es insbesondere auch die hessischen Kirchen, gesellschaftlichen Gruppierungen, Verbände, Vereine und zahllose Privatpersonen, die auf vielfältige Weise spontane Hilfsbereitschaft zeigten. Vereinzelt konnte dabei auf bereits bestehende Kontakte zurückgegriffen werden, wie dies beispielsweise zwischen Kirchengemeinden in Hessen und dem späteren Thüringen möglich war. Auch nach der ersten Phase der Annäherung und spontanen Hilfe waren hessische Organisationen und Verbände maßgeblich am Aufbau verbandlicher Strukturen in Thüringen beteiligt.

In den folgenden Beiträgen der Evangelischen Kirche von Kurhessen-Waldeck (EKKW) und der Katholischen Kirche in Hessen, Bistum Fulda, wird zunächst das umfangreiche Engagement beider Kirchen in Thüringen aufgezeigt.[1] Dafür war nicht allein die unmittelbare Nähe zu Thüringen entscheidend, sondern ebenso die seit Jahrhunderten geschichtlich gewachsenen besonderen kirchlichen Verbindungen. In einem zweiten Teil wird das Engagement hessischer Organisationen, Verbände und Vereine in Thüringen anhand von Beispielen dargestellt.

1 In einem Schreiben des Hessischen Landtagspräsidenten vom 27. 9. 2007 an den Beauftragten der Evangelischen Kirchen in Hessen und den Leiter des Kommissariats der Katholischen Bischöfe im Lande Hessen wurden diese um Unterstützung des Projekts zur historischen Aufarbeitung der Leistungen des Landes Hessen und seiner Bürgerinnen und Bürger beim Aufbau des Freistaats Thüringen gebeten. Kircheninterne Absprachen führten schließlich dazu, dass für die Evangelischen Kirchen in Hessen die Evangelische Kirche von Kurhessen-Waldeck und für die katholische Kirche das Bistum Fulda je einen Beitrag zur Publikation erarbeiteten. Vgl. dazu die einschlägige Korrespondenz. HHStAW, Projekt Hessen-Thüringen. Unser ganz besonderer Dank gilt daher Herrn Kurt Geißler (Kirchenverwaltungsdirektor i. R., im Auftrag des Vizepräsidenten der Ev. Kirche von Kurhessen-Waldeck verantwortlich für den Aufbau von Verwaltung und Organisation im Kirchenkreis Schmalkalden nach der Wiedereingliederung) und Herrn Dr. Edgar Kutzner (Leiter des Bistumsachivs Fulda) für ihre Beiträge zur vorliegenden Publikation.

Politische Wende in der DDR – Öffnung der Grenzen am 11. November 1989 – Wiedereingliederung des Kirchenkreises Schmalkalden in die Evangelische Kirche von Kurhessen-Waldeck

Die sich überschlagenden Ereignisse in der DDR, beginnend mit der Fluchtwelle über Ungarn und Tschechien bis zu den friedlichen Montagsdemonstrationen und Friedensgebeten im Herbst 1989, die die politische Wende in der DDR einläuteten und deren Höhepunkt die Öffnung der Grenze am 11. November 1989 war, eröffneten auch im Bereich der Kirche ungeahnte Wege der Zusammenarbeit.

Vom Kirchenkreis Schmalkalden aus betrachtet kehrte sich der von 1968 bis 1971 vollzogene Prozess der staatlich erzwungenen Ausgliederung aus der EKKW um. Die Initiative zu einer Aufhebung der von Schmalkalden stets provisorisch gesehenen Angliederung an die thüringische Kirche ging vom dortigen Dekanat aus. Schon im Dezember 1989 schrieb Dekan Kirchenrat Alfred Schreiber aus Schmalkalden an den Bischof der EKKW, Dr. Hans-Gernot Jung: *Alle Gründe, die die Verhandlungen in den Jahren 1968 bis 1971 erforderlich machten, sind nicht mehr vorhanden. Ich bin der Meinung, dass die nicht gewachsene und nicht bewährte Angliederung an Thüringen neu zu überdenken ist und geändert werden muss. Eine staatliche Wiedereingliederung ist dafür keine Voraussetzung.* Der Dekan begründete die Rückkehr zur EKKW mit dem unierten Bekenntnisstand des Kirchenkreises und einer *inneren Zusammengehörigkeit* mit Kurhessen-Waldeck. Nicht alle Pfarrer des dortigen Dekanats plädierten für ein so rasantes Vorgehen. Der Pfarrkonvent hätte die Rückgliederung von sich aus nicht so sehr forciert. Die Entwicklung sei schließlich von einer Art „Selbstlauf" geprägt gewesen, wie es einer der Pfarrer darstellte.

So einfach, wie sich der Weg der Rückgliederung des Kirchenkreises aus heutiger Sicht darstellt, war die damalige Situation nicht, denn der Dekan war nicht in der rechtlichen Position, entsprechende Verhandlungen zu führen. Das lag allein in den Händen der beiden betroffenen Landeskirchen. Erich Nothnagel, Schmalkalden, im November 1989 Gast der Landessynode der EKKW, beurteilte die Situation realistisch: *Das Dekanat Schmalkalden gehört ja nicht zu den vertragschließenden Parteien, sondern wir sind nur die Betroffenen. Ich persönlich bin der Auffassung, dass es nicht ungünstig für das Dekanat ist, wenn es wieder der kurhessisch-waldeckschen Kirche angeschlossen werden könnte.*

Bischof i. R. D. Erich Vellmer wies seinerzeit auf die nie unterbrochenen Verbindungen mit Schmalkalden hin. Entscheidend war die Antwort des Altbischofs auf die Frage, wie er zu einer möglichen Wiedereingliederung von Schmalkalden stehe:

Ich meine, wenn die Schmalkaldener wieder nach Kurhessen-Waldeck zurückwollen, sollte man diesem Wunsch Rechnung tragen. Das Vertragswerk mit der Evangelisch-Lutherischen Kirche in Thüringen ist als Notlösung zu verstehen. Wenn sich die politischen Rahmenbedingungen ändern, die zur Ausgliederung Schmalkaldens geführt haben, ist meiner Meinung nach eine Wiederherstellung des alten Zustandes auch rechtlich möglich. Bischof Prof. Dr. Christian Zippert verwies später in diesem Zusammenhang auf den Inhalt des so genannten Geheimdokuments (s. o.) und unterstrich die Ausführungen Bischof D. Vellmers. Auch die Evangelisch-Lutherische Kirche in Thüringen betonte, dass sie den Angliederungsvertrag als ein „Miteinander auf Zeit" verstanden habe.

So wurde folgender Antrag in der Dekanatssynode angenommen: *Die Synode des Evangelischen Dekanats Schmalkalden wendet sich an die Landessynode der EKKW und an die der Evangelisch-Lutherischen Kirche in Thüringen. Auf dem Hintergrund unserer Geschichte bitten wir die Synoden, gemeinsam mit uns Wege in die Zukunft zu suchen, die es uns ermöglichen, wieder ein Dekanat der Evangelischen Landeskirche von Kurhessen-Waldeck zu werden.* Dieser Antrag auf Wiedereingliederung wurde im Frühjahr 1990 auf der Tagung der Landessynode der EKKW in Hofgeismar eingebracht. Die Reaktion der Landessynode ist in einem Beitrag vom Vizepräsidenten der EKKW, Klaus Bielitz, nachzulesen: *Eine für die Evangelische Kirche von Kurhessen-Waldeck besondere und glückliche Situation ergibt sich aus der realen Perspektive, dass unser früherer Kirchenkreis Schmalkalden in absehbarer Zeit wieder in unsere Landeskirche eingegliedert werden kann. Bischof und Rat der Landeskirche begrüßen und bejahen die Möglichkeit der Rückführung mit großer Freude. Dabei muss man auf eine sachgemäße Abfolge der erforderlichen Schritte zu dem Ziel der Rückgliederung achten.*

Der Prozess der Wiedereingliederung begann. Vizepräsident Bielitz referierte in dem schmalkaldischen Pastoralkolleg über den Stand der laufenden Verhandlungen. Nach Meinung der Verantwortlichen der EKKW konnte die Wiedereingliederung nicht schneller erfolgen als die Restitution durch die Evangelische Kirche in Deutschland – eine Einstellung, die in Schmalkalden nicht unbedingt geteilt wurde.

Auf der Landessynode der EKKW im Herbst 1990 berichtete Vizepräsident Bielitz von den erfolgreichen Verhandlungen mit der Thüringer Kirche, so dass ein Vertragskonzept erarbeitet werden konnte. Nach Vorlage bei den Kirchenleitungen wurde das Konzept im Dezember 1990 dem Dekanats-Synodalvorstand Schmalkalden zur Stellungnahme vorgelegt.

In der Thüringer Frühjahrssynode wurde einstimmig das Wiedereingliederungsgesetz angenommen. Im April 1991 erfolgte auch von der Landessynode der EKKW die Zustimmung zu dem „Kirchengesetz zu dem Vertrag über die Wiedereingliederung des Kirchenkreises Schmalkalden in die Evangelische Kirche von Kurhessen-Waldeck". Somit wurde die Wiedereingliederung zum 1. Juni 1991 als achtundzwanzigster Kirchenkreis in die EKKW beschlossen, und zwar noch vor der Restitution der Evangelischen Kirche in Deutschland, die Ende Juni 1991 erfolgte.

Übersicht der Pfarrstellen/Kirchengemeinden sowie Gemeindegliederzahl im Kirchenkreis

Mit dieser Rückgliederung trat im Kirchenkreis Schmalkalden das Recht der EKKW in Kraft. Zum Dekanat gehören bis heute 17 Pfarrstellen in folgenden Gemeinden:

1. Barchfeld
2. Brotterode
3. Fambach
4. Floh – Filiale: Struth-Helmershof
5. Herrenbreitungen
6. Kleinschmalkalden
7. Oberschönau – Filiale: Unterschönau
8. Schmalkalden (1)
9. Schmalkalden (2) – Filiale: Asbach
10. Schmalkalden (3)
11. Schmalkalden (4) – Filiale: Haindorf
12. Schmalkalden (5)
13. Seligenthal – Filiale: Schnellbach
14. Springstille
15. Steinbach-Hallenberg (1)
16. Steinbach-Hallenberg (2)
17. Trusen zu Trusetal

Der Kirchenkreis zählte im Jahr 1991 ca. 32.200 Gemeindeglieder. Im Mai 1991, am Himmelfahrtstag, fand der feierliche Festgottesdienst mit einer Predigt von Bischof Dr. Jung in der Schlosskirche zu Schmalkalden statt. Er betonte neben aller Freude auch die Geduld und den Mut zum Risiko nicht nur für die Rückgliederung in die Landeskirche, sondern auch für den Zusammenschluss des Bundes der Evangelischen Kirchen (BEK) zur Evangelischen Kirche in Deutschland (EKD). Landesbischof Dr. Werner Leich, Eisenach, hob in seinem Grußwort hervor, dass Eisenach die Angliederung an Thüringen stets als vorübergehend betrachtet habe, dass man zugleich aber dankbar sei für das, was man in diesen Jahren habe sein dürfen. Sicher sei mitunter das Dekanat Schmalkalden als eine Art „Fremdkörper" in der thüringischen Kirche wahrgenommen worden, doch habe das nicht die vielfältige gute Zusammenarbeit während der Zeit der Angliederung behindert. Hervorgehoben wurde des Weiteren, dass die gemeinsame Geschichte mit Kurhessen und die Besonderheiten (z. B. der unierte Bekenntnisstand des Kirchenkreises) keine andere Schlussfolgerung zugelassen habe, als dass das Dekanat, sobald die politischen Verhältnisse es zuließen, wieder zu seiner Mutterkirche zurückkehren würde.

Einzelheiten des Vertrages über die Wiedereingliederung des Kirchenkreises Schmalkalden in die Evangelische Kirche von Kurhessen-Waldeck vom März 1991

In der Ausarbeitung des im März 1991 zwischen der EKKW und der Evangelisch-Lutherischen Kirche in Thüringen beschlossenen Vertrages über die Wiedereingliederung des Kirchenkreises wurde dem Umstand der noch divergierenden Lebensverhältnisse in Thüringen und Hessen Rechnung getragen. Wäre z. B. das in der kurhessischen Landeskirche geltende Dienst- und Besoldungsrecht in Schmalkalden zur Anwendung gekommen, so hätte dies zu einer für das Wirken und die Tätigkeit der Pfarrer schädlichen Diskrepanz zwischen ihnen und den Gemeindegliedern führen können. So blieb bei ihnen als Übergangsregelung bis auf weiteres das Dienstverhältnis zur Evangelisch-Lutherischen Kirche in Thüringen bestehen. Für die neu hinzukommenden Pfarrer galten die Regelungen entsprechend. Auch für die Mitarbeiterinnen und Mitarbeiter wurde das Tarifrecht in der Evangelisch-Lutherischen Kirche in Thüringen beibehalten.

Das Kirchensteuerrecht orientierte sich an dem des Landes Thüringen. Der Rückgliederungsvertrag gewährleistete, dass die Übergangsregelungen so lange Gültigkeit behielten, bis sich die Lebensverhältnisse in den östlichen Ländern denen der westlichen angenähert hätten. Somit bedurfte der Vertrag einer ständigen Überprüfung. Er ging von der optimistischen Annahme einer schnellen Annäherung der Verhältnisse in den neuen und alten Bundesländern aus. Nach heutigen Erkenntnissen wissen wir, dass diese Annahme nicht zutreffend war.

Die Entwicklung des Pfarrerdienstverhältnisses

Der Pfarrer war mit der Rückgliederung einerseits wieder hessisches Kirchengemeindeglied, war aber andererseits nicht kurhessischer Pfarrer, obwohl er als solcher ordiniert und angestellt worden war. Im Pfarrkonvent hingegen wurde immer wieder der Wunsch deutlich, nun auch wieder vollständig in die EKKW eingegliedert zu werden. Vor dem Hintergrund dieser Diskussion im Kirchenkreis beschloss die Kreissynode Schmalkalden im November 1994, den Antrag an die Landessynode zu stellen, die personalrechtlichen Bestimmungen zu ändern. Nach vielen Diskussionen wurde dem Antrag Rechnung getragen. Die Landessynode ihrerseits stimmte im November 1995 in Hofgeismar dem „Zweiten Vertrag für die Änderung des Vertrages über die Wiedereingliederung“ zu. Damit wurde die dienstrechtliche Übergangszeit beendet. Die Thüringer Synode hatte dem bereits zugestimmt.

Auch wenn mit dem Vertrag eine notwendige rechtliche Anpassung erfolgte, war der entscheidende Punkt die Umstellung des Dienstrechts und somit die Anstellung der Pfarrer als kurhessische Pfarrer, selbst wenn weiterhin die Besoldung nach dem Thüringer Beamtenrecht gehandhabt wurde.

Ehrenamtliche Gemeindetätigkeit

Vor allem bedingt durch die Insellage des Kirchenkreises Schmalkalden mit seiner volkskirchlichen Struktur hatte sich ein starkes Miteinander von Pfarrern und Gemeindegliedern zum Wohl der Gemeinde entwickelt. So erinnern sich z. B. Pfarrer, dass sie bei manchen durchzuführenden Baumaßnahmen auf die ehrenamtliche, unvergütete Hilfe der Gemeindeglieder angewiesen waren und auf deren Hilfe zählen konnten. Trotz einer nahezu durchgängigen Berufstätigkeit der Frauen in den dortigen Gemeinden übernahmen auch sie ehrenamtliche Aufgaben.

Nach der Wiedereingliederung spielte u. a. der Wandel auf dem Arbeitsmarkt und in der Gesellschaft eine maßgebliche Rolle, da viele Gemeindeglieder, vor allem junge Männer, zu ihren Arbeitsplätzen in die alten Bundesländer pendeln mussten. Dadurch verlagerte sich das Familienleben auf das Wochenende. Für Pendler wurde es zunehmend schwer, den Anschluss an die Gemeinde zu halten. Die ehrenamtliche Arbeit der Kirchenvorstände konnte daher fast nur noch an den Wochenenden stattfinden. Trotz dieser Entwicklung besteht bis heute bei vielen Gemeindegliedern die Bereitschaft zum ehrenamtlichen Engagement. Eine wichtige Rolle für die Koordination von ehrenamtlicher Arbeit spielten die Pfarrfrauen, die zu DDR-Zeiten häufig ihre Erwerbstätigkeit zugunsten der Mitarbeit in der Gemeinde ihres Mannes aufgegeben hatten.

Einführung des Religionsunterrichtes

Nachdem 1956 durch staatlichen Erlass die Christenlehre endgültig in den Schulen der DDR zum Erliegen gekommen war, entwickelte sich innerhalb der Kirche eine mit eigenem Rahmenplan ausgestattete – nicht obligatorische und nicht nur bei christlichen Kindern beliebte – katechetische Unterweisung. Mit der staatlichen Wiedervereinigung im Oktober 1990 stand nach Artikel 7, wonach der Religionsunterricht an öffentlichen Schulen ordentliches Lehrfach ist, der Weg für eine Rückkehr in die Schule wieder offen.

Im Kirchenkreis Schmalkalden war nach den Erinnerungen von ehemaligen Mitverantwortlichen die Resonanz auf die Einführung des Religionsunterrichtes unterschiedlich. Einerseits sahen z. B. die Älteren darin eine berechtigte Fortsetzung nach der erzwungenen Unterbrechung zu Zeiten der DDR, andererseits zweifelte die mittlere Generation an der Durchführbarkeit. Es mangelte zudem an Informationen über Inhalte des Religionsunterrichtes. Am skeptischsten waren Lehrerinnen und Lehrer, die ein grundsätzliches Unverständnis für „Kirche in der Schule“ zeigten. Diese Reaktionen erklärten sich durch die massive marxistisch-leninistische Beeinflussung der Lehrkräfte in der DDR. Pfarrer und Katechetinnen wurden zunächst in den meisten Schulen eher als Fremdköper empfunden und nicht oder nur schwer akzeptiert.

Die Stellung der Katechetinnen

Bei der Umsetzung des Wiedereingliederungsvertrages 1990 wurden Aspekte erkennbar, die eine Erweiterung des Vertrages notwendig erscheinen ließen. Da kirchliche Ausbildungen in der DDR nicht staatlich anerkannt waren und im deutsch-deutschen Einigungsvertrag unerwähnt blieben, soll hier kurz und exemplarisch die berufliche Situation und Stellung der Katechetinnen dargelegt werden. Gerade bei den Diskussionen um die Berechtigung von Katechetinnenstellen zeigten sich die unterschiedlichen Traditionen und gesellschaftlichen Rollenbilder zwischen Ost- und Westdeutschland.

So waren die Aufgaben der ausgebildeten hauptamtlichen Katechetinnen in den Kirchengemeinden der DDR umfangreich, vielschichtig und unverzichtbar. Diese arbeiteten in der christlichen Unterweisung und engagierten sich u. a. im Kinder- und Familiengottesdienst, in der Jugend-, Frauen- und Seniorenarbeit. Dagegen war im Westen die Berufsgruppe der hauptamtlichen Katechetinnen vollends unbekannt. In westdeutschen Kirchengemeinden hatten neben hauptberuflichen Gemeindehelferinnen auch Ehrenamtliche derartige Aufgaben übernommen.

In Schmalkalden wurde der Erhalt dieser speziellen Berufsgruppe stets gefordert. Die langwierigen und schwierigen Verhandlungen über die zukünftige Stellung der Katechetinnen führten letztlich zu einer neuen Regelung: Die so genannte „Thüringer Regelung“ beinhaltete, dass während der Übergangszeit und nach einer Nachqualifizierung die Katechetinnen als Hauptamtliche neben den Pfarrerinnen und Pfarrern zur Erteilung des Religionsunterrichtes eingesetzt werden konnten. Allerdings erhielten die ausgewiesenen Stellen aus finanziellen Gründen einen Vermerk „kw“ – künftig wegfallend.

Mit der Einrichtung einer Arbeitsstelle des Pädagogisch-Theologischen Instituts (PTI) in Schmalkalden in 1994 eröffneten sich Möglichkeiten einer qualifizierten Aus- und Weiterbildung für den Religionsunterricht in den Schulen. Standen zunächst überwiegend Maßnahmen im Vordergrund, bei denen am Ende eine Qualifikation stand, kamen später in Verbindung mit der Gesamthochschule Kassel Universitätsseminare hinzu. Aufgrund der Arbeitsstelle des PTI konnte mit der Ausbildung vor Ort praktisch der Weg bis zum Universitätsexamen geebnet werden.

Finanzwirtschaft und Baumaßnahmen

Das Recht der EKKW trat in Kraft, soweit nicht Ausnahmeregelungen vereinbart wurden. Zum Beispiel galt für die Erhebung und Verwaltung von Landeskirchensteuern das in der Evangelisch-Lutherischen Kirche in Thüringen maßgebende Recht. Das Gleiche galt für die Erhebung der Ortskirchensteuer. Hinsichtlich der zu erhebenden Landeskirchensteuer für den Kirchenkreis Schmalkalden wurde vereinbart, dass die Evangelisch-Lutherische Kirche in Thüringen diese an das Landeskirchenamt in Kassel abführt. Zur Finanzierung der kirchlichen Haushalte des Kirchenkreises wurden von der Evangelischen Landeskirche von Kurhessen-Waldeck – zunächst übergangsweise – nach ihrem Recht und im Rahmen ihres Haushaltes Zuweisungen gewährt.

Aufgrund der Beschlusslage in der Evangelisch-Lutherischen Kirche in Thüringen war von den Gemeindegliedern der Kirchengemeinden, also auch von denen des Kirchenkreises Schmalkalden, ein „freiwilliges“ Kirchgeld zu erbitten, das in voller Höhe in den Kirchengemeinden verblieb und als Teil des ortskirchlichen Haushaltes diente. Diese Grundsatzentscheidung war auch von besonderer Bedeutung im Blick auf die Regelungen für die Kirchenmitglieder der angrenzenden ehemaligen Ortskirchen.

Ausschüttung an die Gemeinden und den Kirchenkreis Schmalkalden

Zuweisung an die Gemeinden

Jahr	Anteil Kirchengemeinde in DM
1991 für 6 Monate	126.540,00
1992	220.635,00
1993	529.750,00
1994	529.750,00
Gesamtsumme	**1.406.675,00**

Zuweisung an den Kirchenkreis

Jahr	Gesamtsumme DM
1991	62.958,16
1992	51.027,82
1993	96.312,81
1994	101.042,87
Gesamtsumme	**311.341,66**

Große Aufmerksamkeit galt den notwendigen Bau- und Instandhaltungsmaßnahmen im Kirchenkreis Schmalkalden. Die vorhandene Bausubstanz machte diese Maßnahmen notwendig – trotz aller Anstrengungen des Dekanats vor der Wende. Es handelte sich vorwiegend um die Restaurierung und Sanierung von Kirchen und Pfarrhäusern sowie um Neubauten von Gemeinderäumen, z. B. das neue Gemeindezentrum in Schmalkalden. Sämtliche Projekte wurden zum größten Teil von der EKKW mit Unterstützung der Städtebauförderung und der Denkmalpflege finanziert.

So konnte sogar der Wunsch des Schmalkaldener Kirchenkreises nach einer eigenen Tagungs- und Freizeitstätte erfüllt werden. Dazu wurde das ehemalige Armeesportklubhaus in Brotterode angekauft, um- und neugebaut und steht heute als Evangelische Familienerholungs- und Bildungsstätte „Haus am Seimberg“ für eine lebendige kirchliche Arbeit zur Verfügung – auch weit über die Grenzen des Kirchenkreises Schmalkalden hinaus. Von den Gesamtkosten in Höhe von 11,5 Mio. DM übernahm die EKKW den Betrag von 8,75 Mio. DM. Des Weiteren haben sich das Sozialministerium Thüringen, der Landkreis Schmalkalden und die Bank für Sozialarbeit an der Finanzierung beteiligt.

Aufbau der Diakonie

Die politische Wende in der ehemaligen DDR forderte die Kirche auch in ihrer diakonischen Arbeit heraus. Während der DDR-Zeit bestand im Kirchenkreis eine „Kreisstelle für Diakonie in Schmalkalden“, die dem Diakonischen Werk der Evangelisch-Lutherischen Kirche in Thüringen angeschlossen war. Zu ihren Aufgaben gehörten die Vermittlung von Aufenthalten in kirchlichen Erholungsheimen, die Betreuung von kirchlichen Angestellten, die Verbindung zu kirchlichen Heimen, die seelsorgerliche Beratung und die Körperbehindertenbetreuung.

Nach 1989 gab es für die Diakonie vielfältige Möglichkeiten zur Übernahme von gesellschaftlichen, sozialen und medizinischen Aufgaben. Zahlreiche Sozial- und Gesundheitseinrichtungen hatten sich in staatlicher Trägerschaft befunden. Geschützte Arbeitsplätze, die viele Behinderte in den Betrieben gefunden hatten, fielen nun dem wirtschaftlichen Niedergang zum Opfer. Arbeits- und Orientierungslosigkeit führten zu bisher nicht gekannten Problemen.

Arbeitsgemeinschaft der öffentlichen und freien Wohlfahrtspflege im Landkreis

Mit Unterstützung des Diakonischen Werkes in der EKKW mit Landespfarrer Jürgen Gohde, Kassel, konnte im Landkreis Schmalkalden zusammen mit dem Schmalkaldener Pfarrer Martin von Frommanshausen im Oktober 1990 die erste Arbeitsgemeinschaft der öffentlichen und freien Wohlfahrtspflege in Thüringen gegründet werden. Ihr gehörten an: Arbeiterwohlfahrt, Diakonie, Deutsches Rotes Kreuz, Wohlfahrtsverband und der Landkreis Schmalkalden. Die Arbeitsgemeinschaft war zuständig für die Koordinierung der sozialen Arbeit im Landkreis.

Behindertenhilfe – Diakoniewerk Schmalkalden

Erste konkrete Maßnahme war im September 1990 die Gründung des Vereins „Diakoniewerk Schmalkalden – Behindertenhilfe e. V." Neben Landespfarrer Gohde und Pfarrer von Frommanshausen zählten Bürgermeister Herbert Johannes und Landrat Ralf Luther sowie Vertreter der Baunataler Werkstätten zu den Gründungsmitgliedern. Die Betreuung und Beschäftigung von geistig Behinderten und psychisch kranken Menschen erwies sich als eine große Herausforderung.

Kranken- und Altenpflege

Die ambulante Kranken- und Altenpflege im Kirchenkreis begann im Januar 1991 mit der Gründung der Diakoniestationen Schmalkalden-Brotterode. Zwanzig staatliche Gemeindeschwestern sowie sechs Haus- und Familienpflegerinnen waren vom Gesundheitsamt des Landkreises übernommen worden.

Die stationäre Altenpflege wurde durch die Einrichtung und den Betrieb zweier Einrichtungen der Evangelischen Altenhilfe Hofgeismar-Gesundbrunnen in Breitungen und Steinbach-Hallenberg sichergestellt.

Diakonisches Werk im Kirchenkreis

Nachdem der Kirchenkreis Schmalkalden im Juni 1991 wieder Mitglied der EKKW und damit auch des Diakonischen Werkes in Kurhessen-Waldeck geworden war, wurden auch die Einrichtungen der Kreisdiakonie an die Regelungen des kurhessischen Diakoniegesetzes angepasst. Bereits im September 1991 wurde eine Mitarbeiterin für die Beratung psychisch Kranker eingestellt; diese Arbeit wurde dann vom Diakoniewerk übernommen. Im Oktober 1991 berief die Kreissynode den ersten Kreisdiakonieausschuss. Im Februar 1992 kam es zur Gründung der Kreisdiakoniestelle, die mit zunächst drei Mitarbeitenden auf ABM-Basis die folgenden Aufgaben übernahm:

- allgemeine soziale Beratung
- Hausbesuchsdienste
- begleitende Betreuung psychisch Kranker
- Vermittlung von Mutter-Kind-Kuren/Müttergenesungskuren

Nach Auslaufen der ABM wurden die Mitarbeitenden übernommen. An verschiedenen Standorten in Schmalkalden werden heute durch die Kirchlichen Allgemeinen Sozial- und Lebensberatungsstellen auch Hospizarbeit und die „Tafel“ angeboten. In 1995 ging die Trägerschaft der Kinder-, Jugend- und Familienberatungsstelle vom Landkreis auf den Kirchenkreis Schmalkalden über.

Eine besondere Herausforderung stellte im Jahre 1994 die politische Kreisreform dar. Mit der Bildung des Landkreises Schmalkalden-Meiningen waren für die Diakonischen Werke in Schmalkalden, im Henneberger Land sowie in Meinigen drei verschiedene Landeskirchen bzw. Landesverbände des Diakonischen Werkes zuständig. Um Abstimmungsprobleme zu lösen, wurde die „Arbeitsgemeinschaft der Diakonischen Werke im Landkreis Schmalkalden-Meiningen“ gegründet.

Jugendhilfe

In nächster Nähe zum Kirchenkreis übernahm die „Stiftung Jugendheime Beiserhaus“ im Juli 1991 in Wernshausen das „Kinder- und Jugendheim Paul Hildebrandt“ aus staatlicher Trägerschaft. Nach umfangreicher Renovierung wurde hier u. a. intensiv betreutes Wohnen für Jugendliche sowie eine Mutter-Kind-Gruppe eingerichtet. Hinzu kamen weitere Wohngruppen, u. a. auch in Schmalkalden.

Aufbau der Kirchlichen Verwaltung nach der Rückgliederung

Der Kirchenkreis Schmalkalden hatte weitgehend die Strukturen bekommen, wie sie in der Grundordnung der EKKW für die Kirchenkreise vorgesehen sind. Der Dekanats-Synodalvorstand hatte sich auch mit der Gründung eines Kirchlichen Rentamtes befasst, einer zentralen Verwaltungs- und Kassenstelle für alle Gemeinden des Kirchenkreises. Im September 1991 hatten Vertreter des Landeskirchenamtes Kassel in der Pfarrkonferenz des Kirchenkreises Schmalkalden Aufgaben eines Kirchlichen Rentamtes und die Rechtsgrundlagen erläutert. Weitere Schwerpunkte und Fragen waren in mancherlei Gesprächen u. a. der künftige Einsatz der Kirchenrechner, die die Aufgaben der örtlichen Kassenverwaltungen in den Gemeinden wahrgenommen hatten. Mit allen Kirchenrechnern wurden Personalgespräche geführt und einvernehmliche Regelungen gefunden. In Übereinstimmung mit den Beteiligten im Kirchenkreis hatten sich alle Kirchengemeinden des Kirchenkreises Schmalkalden entschlossen, die angebotenen Dienste des neuen Amtes in folgenden Bereichen in Anspruch zu nehmen: Finanzwirtschaft und Personalwesen, Bau-, Grundstücks- und Friedhofswesen, elektronische Datenverarbeitung, sonstige Dienstleistungen.

Die nun folgende Aufbauphase zur Gründung des Kirchlichen Rentamtes Schmalkalden war in besonderer Weise gekennzeichnet durch ein praktizierendes Miteinander. Mitarbeiterinnen und Mitarbeiter des Landeskirchenamtes, der Rentämter und Gesamtverbände halfen vor Ort mit, die neuen Strukturen der Verwaltungsarbeit gemeinsam mit den Kollegen und Kolleginnen in Schmalkalden zu entwickeln und umzusetzen. Sie halfen mit z. B. bei steuer- und besoldungsrechtlichen Problemen und bei Anträgen von Fördermitteln.

Als Dekan Ulrich Braner am 7. Februar 1992 in Anwesenheit von Landrat Luther und Bürgermeister Johannes die offizielle Geburtsstunde des Kirchlichen Rentamtes Schmalkalden verkündete, war das 21. Rentamt innerhalb der Landeskirche von Kurhessen-Waldeck gegründet. Der geschäftsführende Beamte des Landeskirchenamtes Kassel legte im Auftrag des Vizepräsidenten anlässlich der Eröffnungsfeier dar, dass die Kirche ohne eine qualifizierte Verwaltungsstelle nicht funktionsfähig sei. Die Einrichtung eines Rentamtes ermögliche eine Bündelung von Aufgaben und den Einsatz fachlich ausgebildeter Mitarbeiterinnen und Mitarbeiter sowie spezielle Technologien. Schließlich trage die Kirche über diesen Weg Verantwortung für die Gelder der Kirchensteuerzahler. Prälat Erhard Giesler blickte zurück in die Geschichte: Die Verwaltung habe einen guten Platz in der Heiligen Schrift und einen hohen Stellenwert in der alten Kirchengeschichte. Um es den Menschen recht zu machen, sei Verwaltung unabdingbar. Gemeindepfarrer Klaus Fischer sprach davon, dass auch die Pfarrer bereit seien zu lernen, dass sie ein Rentamt brauchten, und zwar das beste. Sie wollten dieses Amt und die Zusammenarbeit mit ihm.

Mittlerweile sind etliche Jahre seit der Wiedereingliederung des Kirchenkreises Schmalkalden vergangen. In der Zwischenzeit hat sich manches verändert. Verträge und Vereinbarungen sind geändert und erweitert, neue Konzepte sind aufgrund anderer Gegebenheiten entwickelt und eingebracht worden.

Ein besonderer Höhepunkt, der die Verbundenheit und Einbindung des Kirchenkreises verdeutlicht, war die Durchführung des Landeskirchentages, der vom 1. bis 3. August 1995 in Schmalkalden stattfand und unter großer Beteiligung von Interessierten aus Ost und West gemeinsam gefeiert wurde.

Die Besonderheit des Kirchenkreises Schmalkalden ist bei aller Gemeinsamkeit mit der Kirche von Kurhessen-Waldeck geblieben. Außerdem ist mit Fug und Recht festzustellen, dass die Zusammengehörigkeit in der Landeskirche zwischen all ihren Kirchenkreisen, Kirchengemeinden und Gemeindegliedern sowie allen Dienst-, Einrichtungs- und Verwaltungsstellen gewachsen ist. Sie ist durch den gemeinsamen zukunftsweisenden Weg gekennzeichnet – im Wissen um den gemeinsamen christlichen Glauben.[2]

2 Bei den Ausführungen wurde teilweise Bezug genommen auf die wissenschaftliche Arbeit von Konstanze Lorenz, Schmalkalden – Thema „Die Entwicklung des Kirchenkreises Schmalkalden im Spannungsfeld zweier Landeskirchen von 1970–2001“, (Landeskirchliches Archiv Kassel) sowie ein Beitrag des Öffentlichkeitsreferenten des Diakonischen Werkes der Evangelischen Kirche von Kurhessen-Waldeck, Claus-Dieter Suß.

Die katholische Kirche und ihr Engagement in Thüringen: Bistum Fulda

Von Dr. Edgar Kutzner, Leiter des Bistumsarchiv des Bistums Fulda Bischöfliches Generalvikariat

1. Einleitung: Historische Verbindungen zwischen dem Bistum Fulda und dem Land Thüringen

Die Verbindungen zwischen dem heutigen Bistum Fulda und dem Land Thüringen reichen sehr weit zurück. Das Kloster Fulda verfügte schon in seiner Frühzeit über Besitzungen und Schenkungen im Bereich des Landes Thüringen, wie wir dem Codex Eberhardi entnehmen können.[3]

Mit der Gründung des Bistums Fulda im Jahre 1752 war das Dekanat „An der Ulster" in Thüringen Teil des Bistums. Von Fulda aus wurden die nach dem Wiener Kongress im Großherzogtum Sachsen-Weimar-Eisenach gelegenen katholischen Pfarreien zunächst vorübergehend, ab 1857 dauerhaft vom Bistum Fulda verwaltet.[4]

Die Veränderungen durch das Preußenkonkordat von 1929 brachten für das Bistum Fulda eine starke Erweiterung in den thüringischen Bereich hinein mit gewichtigen Veränderungen seiner Diözesanstruktur. Es musste das territorial kleine, aber wirtschaftlich starke Frankfurter Stadtgebiet an das Bistum Limburg abgeben, erhielt im Gegenzug dafür das Kommissariat Heiligenstadt und die weiten Gebiete des Dekanates Erfurt vom Bistum Paderborn zugesprochen.[5]

Beiden Bistumsteilen blieb insgesamt aber nur wenig Zeit, innerlich zusammenzuwachsen.[6] Das Verhältnis der thüringischen Katholiken zu Fulda war in den ersten Jahren durch Fremdheit und Distanz gekennzeichnet. In den Kriegsjahren überspielte die zunehmend schwierigere Lage der katholischen Kirche im 3. Reich die Frage der Integration.

Nach 1945 verhinderte die Zonengrenze eine engere Verbindung zwischen dem thüringischen Teil des Bistums und Fulda. Zunehmend schlechter wurden die Möglichkeiten, Kontakte zum Ostteil des Bistums aufrechtzuerhalten. Für die sowjetische Militäradministration und die deutschen Kommunisten war der Bischof aus Fulda bald kein Gesprächspartner mehr. Konsequenterweise ernannte Bischof Johannes Dietz den

3 Der Codex Eberhardi des Klosters Fulda, hrsg. von Heinrich Meyer zu Ermgassen, Bd. 2, Marburg 1996, S. 131–153.

4 Vonderau, Dagobert: Die Geschichte der Seelsorge im Bistum Fulda zwischen Säkularisation (1803) und Preußenkonkordat (1929), Frankfurt a. M. 2001, S. 41 und 61.

5 Golombek, Dieter: Die politische Vorgeschichte des Preußenkonkordats (1929), Mainz 1970, S. 120 f.

6 Vgl. im Folgenden: Pilvousek, Josef: Fulda und Erfurt 1929–1994. Marginalien zur Geschichte einer diözesanen Verwandtschaft. In: FdGbll. 79 (2003), S. 193–219.

Erfurter Dompropst Dr. Joseph Freusberg am 24. Oktober 1946 zum Generalvikar für die thüringischen Teile des Bistums Fulda. Als Generalvikar nahm Joseph Freusberg praktisch alle Aufgaben wahr, die der Bischof nicht ausdrücklich für sich reserviert hatte. Angesichts der etwa dreihunderttausend katholischen Flüchtlinge, die nach dem Krieg in das thüringische Gebiet kamen, mussten erhebliche materielle und geistliche Aufgaben gemeistert werden.

Durch die schwieriger werdenden Beziehungen zu den DDR-Machthabern wurde im Sommer 1967 der Generalvikar zum Bischöflichen Kommissar ernannt, der alle Aufgaben übernehmen konnte, die vom Kirchenrecht nicht ausschließlich dem Diözesanbischof vorbehalten sind.

Rechtlich bedeutender waren aber die Veränderungen, die nach der Ratifizierung des Grundlagenvertrages 1972 das Verhältnis der beiden Regionen bestimmte. In der Folge drängten DDR-Diplomaten auf eine Loslösung der östlichen Diözesangebiete von den westlichen Mutterbistümern. Daraufhin ernannte Papst Paul VI. die bisherigen Bischöflichen Kommissare zu Apostolischen Administratoren. Die Jurisdiktion des Bischofs von Fulda wurde dadurch in Thüringen suspendiert.

Während sich auf der Jurisdiktionsseite eine immer stärkere Abkoppelung zwischen Ost und West abzeichnete, gab es insbesondere in der Zeit von 1964 bis 1980 eine deutliche Verbesserung in den Beziehungen. Entscheidenden Anteil daran hatten vor allem Weihbischof Hugo Aufderbeck, Generalvikar Josef Plettenberg, Bischof Adolf Bolte und später auch Weihbischof Johannes Kapp, die sich um die Bindung zwischen den Bistumsteilen verdient gemacht haben.

Als aber nach der Wiedervereinigung die Frage aufkam, wie in Zukunft das Verhältnis des Bischöflichen Amtes Erfurt-Meiningen zum Bistum Fulda gestaltet werden sollte, war relativ schnell klar, dass es ein eigenständiges Bistum Erfurt geben würde.

Nach der Vertragsunterzeichnung mit dem Land Thüringen am 14. Juni 1994 wurde das Bistum Erfurt offiziell am 27. Juni 1994 errichtet.

Diese Entscheidung war sicher für diejenigen schmerzhaft, die sich in den Zeiten der Trennung z. T. unter großen Mühen und auch persönlichen Gefahren um die Aufrechterhaltung des Kontaktes zum Ostteil des Bistums Fulda gemüht hatten. Andererseits hatte sich in den fünfzig Jahren erzwungener Trennung eine eigenständige Kirche mit eigenem Profil in Thüringen entwickelt, und dies hat letztlich den Ausschlag dafür gegeben, ein Bistum für Thüringen zu errichten.

2. Baumaßnahmen in der thüringischen Rhön – Dekanat Geisa

Der Zustand vieler kirchlicher Gebäude im Dekanat Geisa zeigte zur Zeit der Wende einen erheblichen Renovierungsbedarf.[7] Das Bistum Fulda hat sich hier finanziell stark engagiert.

7 BGV Fulda, 910–01 Außerordentlicher Haushaltsplan (Bedarfszuweisungen) – Schleid, 1993–1999.

Da Bauvorhaben notwendigerweise einen größeren zeitlichen Vorlauf benötigen, fallen in die Zeit von 1990 bis 1994 nur wenige Maßnahmen.

Neben einer Reihe dringender, kleinerer Vorhaben sind aber auch zwei aufwändige Außenrenovierungen von Kirchen durchgeführt worden.

Mit der Renovierung der Kirche in Schleid wurde bereits 1992 begonnen. Wegen eines einige Jahre zurückliegenden Bergschlages musste die Kirche zunächst statisch gesichert werden. Daran schloss sich die Sanierung der Außenhaut der Kirche an. Die Gesamtkosten der Außenrenovierung dieser historisch bedeutenden Kirche beliefen sich für die Zeit von 1992 bis 1996 auf 1.495.000,– DM.[8] In den folgenden Jahren wurde zusätzlich eine aufwändige Innenrenovierung nötig.

Auch die Filialkirche St. Valentinus in Motzlar war von dem Gebirgsschlag schwer geschädigt worden. Die Gewölbe wiesen starke Rissbildungen auf, die Dachflächen waren undicht und weite Bereiche des Mauerwerkes durchfeuchtet. Der zuständige Bautechniker schließt seinen Bericht über den Zustand der Kirche mit der Feststellung: *Um weitere Schäden von dem Gebäude abzuwenden, müssen zumindest die äußeren Instandsetzungen durchgeführt werden. Bei der Größe der Kirche wird ein namhafter Betrag erforderlich werden …* Die Schlussabrechnung weist Kosten in Höhe von 906.000,– DM aus.[9] Diese beiden Beispiele zeigen, wie kostenintensiv die Baumaßnahmen zur Renovierung oder Sanierung der vorhandenen Bausubstanz im Geisaer Amt waren.

Das Bistum Fulda hat bis Ende 2007 insgesamt 40 größere Baumaßnahmen im Dekanat Geisa durchgeführt. In dem Zeitraum von 1992 bis 2000 wurden insgesamt ca. 20 Mio. DM investiert, von 2001 bis 2007 noch einmal ca. 4 Mio. €.[10] Darin ist aber eine Vielzahl kleinerer Investitionen noch nicht enthalten. Mit diesen Maßnahmen hat sich das Bistum nicht nur finanziell sehr engagiert, sondern auch Arbeitsplätze in der Region gesichert und somit zur wirtschaftlichen Entwicklung beigetragen.

3. Jugend- und Erwachsenenbildung als gemeinsame Herausforderung: Bonifatiushaus Fulda – Marcel-Callo-Haus Heiligenstadt[11]

In der Zeit nach der Wende ergab sich aus den vielfältig vorhandenen Verbindungen zwischen Fulda und Erfurt eine besondere Motivation, den Aufbau im Bischöflichen Amt Erfurt-Meiningen zu unterstützen.

Das Bonifatiushaus Fulda hatte schon vor der Wende in der DDR langjährige Kontakte zu Gemeinden und zu verschiedenen Ämtern des Bischöflichen Amtes Erfurt-Meiningen gepflegt. Direkt nach der Wende entwickelte das Bonifatiushaus, d. h. die

8 BGV Fulda, 910–04 Baumaßnahmen, Schleid, Maria Schnee, Außenrenovierungen an der Pfarrkirche, 1992–1996.

9 BGV Fulda, 910–04 Baumaßnahmen, Schleid, Maria Schnee, Instandsetzungsarbeiten an der Kirche St. Valentinus in Motzlar, 1994–1998.

10 BGV Fulda, 910–04 Baumaßnahmen.

11 Vgl. im Folgenden die Akte: Bonifatiushaus Fulda, „Marcel-Callo-Haus“, 1990–1995.

„Überregionale Frankfurter Sozialschule, Abt. Fulda", in Zusammenarbeit mit der „Arbeitsgemeinschaft katholisch-sozialer Bildungswerke – AKSB" erste Ansätze zum Aufbau einer politisch-sozialen Jugendbildungsarbeit in katholischer Trägerschaft in Kooperation mit verschiedenen Stellen im Bischöflichen Amt Erfurt-Meiningen.

Bei den ersten Kontakten mit potenziellen Kooperationspartnern (ab dem 31. 1. 1990)[12] wurden zunächst konzeptionelle Fragen sowie Fragen der Finanzierung vor allem bei Renovierungen und Umbauten vorhandener Einrichtungen thematisiert. Im Gespräch waren dabei zunächst das Marcel-Callo-Haus in Heiligenstadt, das Haus St. Sebastian in Erfurt-Hochheim sowie ein eventuell neu zu errichtendes Jugendbildungshaus in Bremen bei Geisa. Allerdings konzentrierten sich die Überlegungen sehr bald auf das Marcel-Callo-Haus in Heiligenstadt. Von den Thüringer Gesprächspartnern wurde nachdringlich darauf hingewiesen, wie wichtig es jetzt für die kirchliche Jugendbildungsarbeit sei, sich stärker in der Öffentlichkeit zu präsentieren und aus der gesellschaftlichen Nische herauszukommen. Als Ziele einer neuen politisch-sozialen Bildungsarbeit wurden beschrieben:[13]

- Befähigung von Jugendlichen zur Übernahme von Verantwortung in Jugendringen und auf lokaler politischer Ebene
- Arbeit mit arbeitslosen Jugendlichen
- Arbeit mit Jugendvertretern auf Betriebsebene
- Fragen des demokratischen Grundverständnisses
- Befähigung in der politischen Rede
- Befähigung in der Versammlungstechnik.

Nach diesen grundlegenden Gesprächen mit den Verantwortlichen des Marcel-Callo-Hauses wurde der Geschäftsführer der Arbeitsgemeinschaft katholisch-sozialer Bildungswerke in die Gespräche mit einbezogen, die dann auch auf die Verantwortlichen des Bischöflichen Amtes Erfurt-Meiningen ausgeweitet wurden.

Am 1. Oktober wurde Norbert Klinger für den Zeitraum von zwei Jahren als Jugendbildungsreferent im Marcel-Callo-Haus in Heiligenstadt eingestellt. Die Stelle wurde zu 100 % aus Mitteln des Bundesjugendplanes gefördert. Er hat bis zum 30. September 1992 die politisch-soziale Bildungsarbeit als Mitarbeiter der „Überregionalen Frankfurter Sozialschule, Abt. Fulda" im Marcel-Callo-Haus (Heiligenstadt) gestaltet. Seine Tätigkeit dort stellte sich insgesamt als schwierig heraus. So schreibt er in seinem Tätigkeitsbericht vom 10. September 1991: *Auch nach einem Jahr ist es für mich schwierig zu beurteilen, welchen Einfluß meine Herkunft aus den alten Bundesländern auf die Akzeptanz meiner Angebote hat.* Und weiter: *Eine kontinuierliche Arbeit ist unter den Bedingungen eines ungemein raschen gesellschaftlichen Wandels sehr erschwert. Die aktuellen Themen und Fragestellungen ändern sich schnell.* Beide Punkte greift er auch in seinem abschließenden Bericht über die Tätigkeit als Jugendbildungsreferent im Marcel-Callo-Haus wieder auf.

12 Die erste Kontaktaufnahme fand am 31. 1. 1990 in Erfurt und Heiligenstadt statt (ebd., Übersicht über Dienstreisen nach Erfurt und Heiligenstadt vom 1. 1. 1990 bis 15. 9. 1990).

13 Ebd., Sachlicher Bericht vom 18. 9. 1990.

Parallel dazu beantragte Dr. Antonius Gescher als Direktor des Bonifatiushauses (Haus der Weiterbildung der Diözese Fulda) Fördermittel für den Umbau und die Renovierung des Marcel-Callo-Hauses bei der „Stiftung Deutsche Jugendmarke" und beim Land Hessen. Die „Stiftung Deutsche Jugendmarke" bewilligte für diesen Zweck 400.000,– DM, das Hessische Ministerium für Jugend, Familie und Gesundheit förderte die Baumaßnahme noch einmal mit 300.000,– DM aus Mitteln des Aktionsprogramms Hessen-Thüringen. Als Zuschussempfänger fungierte das Bonifatiushaus. Vor allem der Leiter des Bonifatiushauses Dr. Antonius Gescher und der Verwaltungsleiter Herr Peter Franzmann haben sich bei diesem Vorhaben in erheblichem Umfang engagiert.

Das Bonifatiushaus hat aber auch in seiner eigenen Bildungsarbeit einen Schwerpunkt im Bereich der deutsch-deutschen Begegnung gelegt. Das Angebot richtete sich an junge Familien, junge Erwachsene und Senioren. Seit 1991 wies der Jahresbericht des Bonifatiushauses den Anteil der Teilnehmer aus den neuen Bundesländern aus. Er lag in den Jahren von 1991 bis 1994 zwischen 3,10 % und 8,48 %.[14] 1994 konnten im Jugendbildungsbereich neue Kontakte zu Schulen und Ausbildungsbetrieben geknüpft werden, die z. T. auch heute noch bestehen. Die Gruppen haben auch jenseits der gemeinsamen Veranstaltungen persönliche Kontakte aufgebaut.[15]

4. Schulische Kooperation – Ausbildung von Religionslehrer/-innen für die „katholische Rhön"

Ein weiteres Feld intensiver Zusammenarbeit zwischen dem Bischöflichen Amt Erfurt-Meiningen und dem Bistum Fulda ergab sich nach der Wende im schulischen Bereich.[16]

Religionsunterricht fand in den staatlichen Schulen der DDR nicht statt. Nach der Wiedervereinigung sollte der Religionsunterricht auch in den Schulen in Thüringen eingeführt werden. In einer weitgehend atheistischen Gesellschaft stieß dies z. T. auf heftigen Widerstand der Eltern. Aber auch in kirchlichen Kreisen war die Einführung des Religionsunterrichtes nicht unumstritten:[17]

– man hatte Vorbehalte wegen des zu DDR-Zeiten stark belasteten Verhältnisses zwischen Schule und Kirche

14 Bonifatiushaus, Jahresberichte 1991–1994.

15 Auskunft Burkhard Kohn, Bildungsreferent des Bonifatiushauses (17. 2. 2009).

16 Vgl. im Folgenden: Akten BGV Fulda, 520–00/4 Schulfragen/Kath. Büro Erfurt, Dekanat Geisa, Bd. 1 (1990–1993) und Bd. 2 (1994–1999).

17 Hildebrandt, Uta: Das Grundrecht auf Religionsunterricht. Eine Untersuchung zum subjektiven Rechtsgehalt des Art. 7 Abs. 3 GG, Tübingen 2000, S. 4.
Ziller, Klaus-Joachim: Gemeinsame Verantwortung der evangelischen und katholischen Kirche für den Religionsunterricht in Ostdeutschland. Eine Untersuchung aus evangelischer Perspektive anhand religionspädagogischer und kirchlicher Stellungnahmen und evangelischer und katholischer Lehrpläne, Berlin, Hamburg, Münster 2004, S. 26.

- man erlebte den schulischen Religionsunterricht als Konkurrenz zur Gemeindekatechese
- die Gemeinde wurde als der authentische Ort der Glaubensvermittlung und -einübung verstanden.

In diesem kirchlichen und gesellschaftlichen Klima kamen die ersten Kontakte zwischen der Schulabteilung des Bischöflichen Generalvikariates und der Referentin für Schulfragen im Bischöflichen Amt Erfurt-Meiningen Helga Mondschein Ende Mai 1990 zustande.

Oberschulrat Dieter Wagner lud Frau Mondschein zu einer ersten Begegnung am 6. August 1990 nach Fulda ein. In der Folge wurden diese Kontakte intensiviert und relativ bald wurden Überlegungen konkretisiert, wie thüringische Lehrer zu Religionslehrern fortgebildet werden könnten. Nachdem zu Beginn des Jahres 1991 ein erster Kurs in Heiligenstadt begonnen hatte, wuchs auch das Interesse an einer solchen Möglichkeit in der thüringischen Rhön, die ebenfalls stark katholisch geprägt ist.

Daraufhin fragte die Referentin Helga Mondschein an, *ob und in welcher Weise seitens des Bistums [Fulda; d. Verf.] die Ausbildung zukünftiger Religionslehrerinnen und Religionslehrer in der „katholischen Rhön" unterstützt werden kann.* Schon am 4. April 1991 hielt Oberschulrat i. K. Dieter Wagner in einem Aktenvermerk ein Konzept zur Ausbildung von Religionslehrern in der „katholischen Rhön" fest.

Er schlug vor, dass die „Abteilung Schule-Hochschule-Medien" des Bischöflichen Generalvikariates in Fulda mit dem Schulreferat des Bischöflichen Amtes Erfurt-Meiningen die Kursleitung übernehmen sollte. Federführend sollte bei diesem Projekt *aus prinzipiellen Erwägungen* das Bischöfliche Amt Erfurt-Meiningen sein.[18]

Am 16. April 1991 wurde der Antrag im Geistlichen Rat der Diözese Fulda beraten und das „Projekt für die Ausbildung von Religionslehrern in Bad Salzungen" genehmigt. Das Bistum Fulda sicherte dabei eine personelle und ggf. auch finanzielle Unterstützung zu. Beauftragt mit der Planung und Durchführung wurde das Bischöfliche Schulamt in Fulda.[19]

Nach den nötigen Vorplanungen konnte der Kurs in Kooperation mit dem „Philosophisch-Theologischen Studium" in Erfurt und dem Schulreferat des Bischöflichen Amtes Erfurt am 25. Oktober 1991 mit 10 Teilnehmer/-innen beginnen, die am „Philosophisch-Theologischen Studium" in Erfurt immatrikuliert wurden. Für die Gruppe wurden 26 zweitägige, 3 eintägige Veranstaltungen und eine Hospitationswoche geplant und durchgeführt.

Der Kurs war so angelegt, dass alle theologischen Disziplinen an die Religionspädagogik rückgekoppelt wurden. Für die Teilnehmer/-innen waren die neuen wissenschaftlichen Inhalte, aber auch die neuen Lehr- und Lernmethoden eine besondere Herausforderung. Dennoch zeigten sich die Teilnehmer/-innen außerordentlich moti-

18 BGV Fulda, 520–00/4 Schulfragen/Kath. Büro Erfurt, Dekanat Geisa, Bd. 1 (1990–1993), Aktenvermerk von Oberschulrat Dieter Wagner vom 4. 4. 1991.

19 BGV Fulda, 520–00/4 Schulfragen/Kath. Büro Erfurt, Dekanat Geisa, Bd. 1 (1990–1993), Auszug aus der Niederschrift über die Sitzung des Geistlichen Rates vom 16. April 1991.

viert und engagiert, was von den Referenten mehrfach positiv zum Ausdruck gebracht wurde. Sie haben den hohen Aufwand dieser Weiterbildung zu Religionslehrerinnen und Religionslehrern neben Beruf und Familie in der schwierigen Zeit des gesellschaftlichen Umbruches auf sich genommen.[20] Dr. Klaus Dorn (Marburg), Pater Peter Hannappel (Eiterfeld) und Oberschulrat Dieter Wagner (Fulda) haben als Referenten den größten Teil der Ausbildung bestritten. Die anschließende Erweiterungsprüfung in Kooperation mit dem „Philosophisch-Theologischen Studium" in Erfurt wurde auf der Grundlage der Anforderungen an die Erste Staatsprüfung im Fach „Katholische Theologie" schulartbezogen durchgeführt. Der Kurs konnte von allen Teilnehmer/-innen mit Erfolg beendet werden. Diese Weiterbildungsmöglichkeit zu Religionslehrern wurde von der Gruppe außerordentlich positiv bewertet. Oberschulrat Wagner führte sein Engagement für den Religionsunterricht in Thüringen durch die beratende Mitarbeit bei der Lehrplankommission „Katholische Religionslehre für die Grundschule" in den folgenden Jahren fort.

5. Altenzentrum St. Luise in Jena – Barmherzige Schwestern vom heiligen Vinzenz von Paul[21]

Die Barmherzigen Schwestern vom heiligen Vinzenz von Paul hatten 1891 eine erste Niederlassung in Jena gegründet. Sie engagierten sich zunächst in der ambulanten Krankenpflege, später arbeiteten sie auch in den verschiedenen Kliniken der Stadt. 1936 kauften die Schwestern das Haus in der Semmelweisstraße 14 von dem Augenarzt Prof. Dr. Meyer-Steineck, der durch die NS-Diktatur gezwungen war, seine Praxis aufzugeben. Die Schwestern richteten in diesem Haus ein Altenheim ein. Ein zweites Haus in der Botzstraße wurde 1938 erworben und ebenfalls als Altenheim eingerichtet.

Erste Überlegungen, diese beiden Häuser und ein weiteres Altenheim der katholischen Kirchengemeinde St. Johannes Baptist, das Elisabethheim, durch einen zeitgemäßen Neubau zu ersetzen, wurden 1991 in Gesprächen zwischen dem Mutterhaus der Barmherzigen Schwestern vom heiligen Vinzenz von Paul (Fulda) und dem Caritasverband für das Bistum Erfurt angestellt. Um für die drei Altenheime einen Ersatzneubau in entsprechender Größe erstellen zu können, musste zusätzlich an der Lassallestraße ein Grundstück erworben werden. 1992 wurde mit dem Bau des neuen Hauses begonnen, der infolge der Insolvenz des Generalunternehmers erst 2001 fertig gestellt werden konnte. Finanziert wurde der Bau aus Mitteln des Mutterhauses der Barmherzigen Schwestern in Fulda, durch Zuschüsse des Landes Thüringen, der Stadt Jena, des Deut-

20 „Wer soll es denn tun – wenn nicht wir. In der hessischen Rhön werden Lehrerinnen aus Thüringen im Fach Religion ausgebildet", Bonifatiusbote 108 (1993), Nr. 4, S. 14.

21 Gespräch mit Herrn Schwarz vom Mutterhaus der Barmherzigen Schwestern vom heiligen Vinzenz von Paul am 12. 1. 2009; Das Luisenblatt, hrsg. vom Altenzentrum Luisenhaus, Semmelweisstraße 14–16, 7743 Jena, 8 (2008), Ausgabe 78, S. [2–4]; http://www.seniorendienste.de/24460.html 14. 1. 2009.

schen Hilfswerkes, des Deutsch-Ordens-Wohnstifts Konrad Adenauer e. V. und des Caritasverbandes für das Bistum Erfurt e. V. Heute befindet sich die Einrichtung in der Trägerschaft der Altenzentrum Luisenhaus gGmbH mit den Gesellschaftern Deutsch-Ordens-Wohnstift Konrad Adenauer e. V. und des Caritasverbandes für das Bistum Erfurt e. V.

Die Barmherzigen Schwestern vom heiligen Vinzenz von Paul haben ihre Arbeit in der Betreuung – in den letzten Jahren vor allem in der Seelsorge – in dem neuen Haus fortgeführt.

Das Altenzentrum St. Luise in der Semmelweisstraße 14–16 in Jena leistet mit seinen 97 Plätzen für die Langzeitpflege, dem Angebot der Kurzzeitpflege und der angegliederten Sozialstation für die ambulante Pflege einen wichtigen Beitrag zur Versorgung der älteren Mitbürger. Durch die günstige Lage des Hauses am Altstadtrand von Jena sind die Bewohner räumlich nicht isoliert, sondern eingebunden in das städtische Leben.

6. Partnerschaften zwischen katholischen Verbänden

6.1 Aufbauinitiativen der KAB – Katholische Arbeitnehmerbewegung

Die Katholische Arbeitnehmerbewegung (KAB) hat sich schon früh intensiv um Kontakte und Aufbauhilfen in Thüringen bemüht. So wurde die KAB in Heiligenstadt auf den Tag genau nach 100 Jahren am 3. Juni 1990 wieder begründet. Die Nationalsozialisten hatten die katholischen Vereine und Verbände 1939 verboten und das änderte sich auch unter dem SED-Regime nicht. Für den Wiederaufbau des katholischen Verbandes im Eichsfeld sagte der Bezirkssekretär aus Kassel Hilfe durch die KAB-Vereine aus Nordhessen und die hauptamtlichen Sekretäre aus dem Diözesanverband Fulda zu. Im Vorfeld der Gründungsveranstaltung waren bereits durch die KAB aus der Diözese Fulda Seminare und Versammlungen abgehalten worden.[22]

Die Kontakte zwischen den Ortsvereinen der KAB Geisa und Bronnzell-Kohlhaus zeigen exemplarisch, wie Partnerschaften zwischen Hessen und Thüringern zustande kamen. Vorbereitet wurde diese Partnerschaft durch eine Seminarreihe „Deutschland nach der Wiedervereinigung" im Winterprogramm 1990/91 der KAB Bronnzell-Kohlhaus. Folgende Themen wurden behandelt:[23]

- Die katholische Soziallehre als Alternative zum real existierenden Sozialismus
- Natur- und Umweltschutz in der thüringischen Rhön und angrenzenden Gebieten
- Ist die STASI noch aktiv?
- Vergangenheitsbewältigung im wiedervereinten Deutschland

22 „Verboten von Nazis und SED. KAB wird in Heiligenstadt wiederbegründet – Festgottesdienst in St. Gerhard", Bonifatiusbote 106 (1990), Nr. 21, S. 16.

23 100 Jahre Katholische Arbeitnehmer-Bewegung (KAB) Bronnzell-Kohlhaus 1906–2006, hrsg. von der KAB Bronnzell-Kohlhaus, Fulda 2006, S. 86.

– Situation der Kirchen im wiedervereinten Deutschland.

Anlässlich des Bezirkstages des KAB-Bezirksverbandes Rhön-Vogelsberg gab es eine überregional beachtete Podiumsdiskussion zum Thema „Sozialer Brennpunkt: Neue Bundesländer". In den sich daran anschließenden Feierlichkeiten zum 85-jährigen Bestehen der KAB Bronnzell-Kohlhaus wurde die Patenschaftsurkunde zwischen den KAB-Vereinen Geisa und Bronnzell-Kohlhaus unterzeichnet. In gemeinsamen Aktivitäten im Laufe der letzten eineinhalb Jahrzehnte wurden diese Kontakte intensiviert.[24] Dass derartige Kontakte kein Einzelfall blieben, zeigt ein kleiner Artikel im Bonifatiusboten. Am 2. Juni 1991 meldet er, dass es zur *achten Begegnung seit Öffnung der Grenze [...] zwischen Mitgliedern der Horbacher KAB und Familien des Familienkreises in Geisa*[25] kam.

6.2 Bildungszentrum der KAB in Menteroda

Im Jahr 1991 eröffnete das Gemeinnützige Sozialwerk der KAB Westdeutschlands e. V. eine Ausbildungsstätte für Jugendliche, die wegen der wirtschaftlichen Umbrüche ihren Ausbildungsplatz verloren hatten oder die wegen ihrer schulischen Laufbahn keinen Ausbildungsplatz bekommen konnten. Die KAB entschied sich für den Standort Menteroda in Thüringen, der von dem Strukturwandel besonders hart betroffen war, um ein Zeichen der Verbundenheit und Solidarität mit den jungen Menschen zu setzen. Ziel war es, diesen jungen Menschen durch einen Berufsabschluss bessere Chancen auf dem Arbeitsmarkt zu geben. Mit Zuschüssen der Bundesanstalt für Arbeit, des Freistaates Thüringen, der Stiftung Deutsche Jugendmarke und durch Spenden von KAB-Mitgliedern konnten 120 Jugendliche eine Ausbildung in den Bereichen Metall, Maler/Lackierer, Holz und Hauswirtschaft erhalten. Zunächst waren die Werkstätten und das Internat für die Jugendlichen in Gebäuden der stillgelegten Kali-Zeche untergebracht, 1994 konnte dann ein moderner Ausbildungskomplex bezogen werden. Heute befinden sich 130 Personen in Berufsvorbereitungsmaßnahmen und 170 in einer Ausbildung.

Beate Benzing von der KAB-Horbach warb schon 1992 vor den Verantwortlichen der Freigerichter KAB für die Unterstützung dieses Projektes. Dem Engagement einzelner Mitglieder aus dem KAB-Bezirksverband Main-Kinzig war es zu verdanken, dass ein im Main-Kinzig-Kreis ansässiges Unternehmen einen Ausbildungsplatz in Menteroda finanzierte.[26] Darüber hinaus wurde die Arbeit in Menteroda intensiv von verschiedenen Ortsvereinen der KAB unterstützt. So sammelte z. B. der Diözesanverband Fulda der Jungen KAB einen größeren Betrag zur Einrichtung einer Groß- und Ausbildungsküche. Der KAB-Ortsverein Bronnzell-Kohlhaus spendete in dem Zeitraum von

24 100 Jahre Katholische Arbeitnehmer-Bewegung (KAB) Bronnzell-Kohlhaus 1906–2006, hrsg. von der KAB Bronnzell-Kohlhaus, Fulda 2006, S. 46 f. und 82 f.

25 „Erneuter Besuch in Geisa", Bonifatiusbote 107 (1991), Nr. 22, S. 12.

26 Schmitt, Michael: KAB-Berufsbildungswerk Menteroda – Wir bauen Brücken ins Leben –. In: Katholische Arbeitnehmer Bewegung. Eine starke Gemeinschaft. 1908–2008, 100 Jahre Bezirksverband Main-Kinzig, hrsg. vom KAB-Bezirksverband Main-Kinzig, o. O. [2008], S. 31.

KAB-Bezirksverband Main-Kinzig zu Besuch im Bildungszentrum der KAB in Menteroda, 1990er Jahre

1994–1999 insgesamt 4345,– €[27] und die KAB der Pfarrei St. Elisabeth in Hanau-Kesselstadt überwies den Erlös eines Grillfestes.[28]

6.3 Kolpingwerk – Partnerschaften zwischen Kolpingfamilien in Thüringen und Hessen

Unter der Überschrift „Anfang ist gemacht. Kolpingwerk Fulda hilft Kolpingfamilien in der DDR" berichtete der Bonifatiusbote im März 1990 über Aktivitäten des Kolpingwerkes der Diözese Fulda, um im Ostteil der Diözese den Aufbau von Kolpingfamilien zu fördern. Der Vorsitzende des Kolpingwerkes in der Diözese Fulda sicherte den Kolpingfamilien im Bischöflichen Amt Erfurt-Meiningen die Hilfe seines Verbandes zu. So sollten bei Neugründungen von Kolpingfamilien dauerhafte Partnerschaften mit Kolpingfamilien aus der Diözese Fulda begründet werden. Weiterhin versprach er, Hilfe bei der Suche und Einrichtung einer zentralen Anlaufstelle in Form eines Sekretariates zu leisten. Schon einige Jahre vor der Wende hat das Kolpingwerk Fulda einen Fonds zur Unterstützung der Kolpingfamilien im Bischöflichen Amt Erfurt-Meiningen ins Leben gerufen. Dieser Fonds sollte durch Solidaritätsbeiträge weiter aufgestockt werden, so dass gemeinsame Veranstaltungen daraus finanziert werden könnten.[29]

27 100 Jahre KAB. Katholische Arbeitnehmer-Bewegung Bronnzell-Kohlhaus 1906–2006, hrsg. von der KAB Bronnzell-Kohlhaus, o. O. [2006], S. 92.
28 „Kesselstädter hielten ein Grillfest für Menteroda", Bonifatiusbote 108 (1994), Nr. 23, S. 12.
29 „Anfang ist gemacht. Kolpingwerk Fulda hilft Kolpingfamilien in der DDR", Bonifatiusbote 106 (1990), Nr. 11, S. 13.

7. Partnerschaften zwischen Pfarreien bzw. Dekanaten in Thüringen und Hessen

7.1 Bleicherode – Grebenstein[30]

Noch vor der Öffnung der innerdeutschen Grenze beschloss der Pfarrgemeinderat von „Heilig Geist" in Grebenstein, Kontakt mit einer Pfarrgemeinde in der DDR aufzunehmen, um dem Vorurteil von den „armen Brüdern und Schwestern im Osten" durch eine lebendige Partnerschaft zu begegnen. Dechant Rudolf Montag (Witzenhausen) vermittelte den Kontakt zu der Pfarrei Bleicherode im Eichsfeld, die damals noch in dem besonders schwer zugänglichen Sperrgebiet lag. Am 29. Oktober 1988 fuhr eine erste Gruppe aus der nordhessischen Pfarrei nach Thüringen. Schon bei dieser ersten Begegnung zeigte sich ein großes Interesse der Pfarrei „Herz-Jesu" in Bleicherode an der Partnerschaft mit den Gästen aus Grebenstein. Bei der zweiten Begegnung im Januar 1989 wurden bereits konkrete Überlegungen angestellt, wie diese Partnerschaft mit Leben erfüllt werden könnte. Ein erster Gegenbesuch in Grebenstein fand am Palmsonntag 1989 statt, an dem aber wegen der noch geschlossenen Grenze nur Rentner teilnehmen konnten.

Für die Fronleichnamsprozession in Bleicherode versprachen die Partner aus Hessen, die Gestaltung des Prozessionsaltares zu übernehmen, der dann auch im Auto über die Grenze gebracht wurde. Die Grenzer interpretierten den ungewöhnlichen Gegenstand als „Rednerpult" und ließen die Fahrzeuge aus Grebenstein ungehindert passieren. In der folgenden Zeit gab es immer wieder Kontakte zwischen Gemeindemitgliedern aus Ost und West. Nach dem Fall der Mauer wurde im November 1989 endlich eine west-östliche Jugendbegegnung möglich. Im Mai 1990 war dann der Kirchenchor aus Bleicherode in Grebenstein zu Gast.

Diese Kontakte haben sich weiterentwickelt. Anfang 1993 trafen sich die Pfarrgemeinderäte zu einer gemeinsamen Arbeitstagung im Konrad-Martin-Haus in Heiligenstadt, um einen Veranstaltungskalender für das Jahr 1993 zu erstellen. Es wurde eine Reihe gegenseitiger Besuche bei Pfarrfesten und an kirchlichen Feiertagen geplant. Für den 26. Juni wurde eine gemeinsame Wallfahrt zum Hülfensberg vereinbart, die zu Ehren des Hl. Bonifatius durchgeführt werden sollte. Bei dieser Wallfahrt besuchten etwa 80 Katholiken aus Grebenstein und Mitglieder der Pfarrgemeinde aus Bleicherode die Wallfahrtsstätte, die über vierzig Jahre für Pilger nicht zugänglich war, da sie mitten im DDR-Sperrgebiet lag. Die Wallfahrt stand ganz im Zeichen des Miteinanders der beiden thüringischen und hessischen Gemeinden.[31] Weiterhin wurden ein Seniorentreffen und eine gemeinsame Tagung unter dem Thema: „Die Zukunft unserer Ge-

30 „Mit einem Altar im Kofferraum. Grebenstein – Bleicherode: Kontakte vor Grenzöffnung", Bonifatiusbote 106 (1990), Nr. 24, S. 17.

31 „Die Zahl der Pilger steigt ständig. Gläubige aus Grebenstein und Bleicherode auf dem Hülfensberg", Bonifatiusbote 108 (1993), Nr. 28, S. 13.

meinden“ ins Auge gefasst.[32] Diese gemeinsame Arbeit der Pfarrgemeinderäte wurde fortgeführt mit einem weiteren Planungsgespräch im März 1994.[33]

7.2 Uder – Kaufungen

Ähnliche Kontakte wie zwischen Bleicherode und Grebenstein entstanden auch zwischen einer ganzen Reihe weiterer Pfarreien. So trafen sich im Mai 1990 die Pfarrgemeinderäte aus Kaufungen und Uder zu einer gemeinsamen Sitzung in Uder. Es wurde bekräftigt, dass die bestehenden guten Kontakte zwischen beiden Pfarrgemeinden ausgebaut werden sollten. Als weitere gemeinsame Schritte wurde eine Begegnung in Kaufungen vereinbart, und es wurden Einladungen zu weiteren kirchlichen Veranstaltungen in beiden Pfarreien ausgesprochen.[34]

7.3 Arnstadt – Kassel

Im Januar 1990 reisten Jugendliche aus der Pfarrei St. Maria in Kassel in die Partnergemeinde St. Elisabeth nach Arnstadt. Kaplan Stephan Röder hatte zur Vorbereitung Kontakt mit Pfarrer Wolfgang Teichert in Arnstadt aufgenommen. Bei diesem ersten Treffen kam es zu einem intensiven Erfahrungsaustausch zwischen den Jugendlichen, bei dem die Unterschiede in den bisherigen Lebensbedingungen deutlich zum Vorschein kamen.[35] Die Kontakte zwischen beiden Gemeinden entwickelten sich sehr lebhaft. Anlässlich des Sommerfestes der St.-Elisabeth-Gemeinde besuchten Katholiken aus Kassel die Gemeinde in Arnstadt im Juli 1991.[36]

7.4 Dekanate Arnstein und Johannesberg

Schon lange vor der Grenzöffnung gab es Kontakte zwischen den Priestern der Dekanate Arnstein und Johannesberg. Solange die Grenze noch geschlossen war, fuhren die Geistlichen aus dem Dekanat Johannesberg zweimal im Jahr in die DDR und besuchten die Mitbrüder in Arnstadt. Nach der Wende konnte man sich auch im Westen zu gemeinsamen Gesprächen zusammenfinden. Im April 1991 trafen sich die Mitarbeiter in der Seelsorge und die Geistlichen beider Dekanate zum zweiten Mal nach der Öffnung der Mauer in Künzell zu einem Erfahrungsaustausch, bei dem vor allem die Probleme und Sorgen der Bevölkerung in Thüringen im Mittelpunkt der Gespräche standen.[37]

32 „Zum Abschied laut gesungen. Grebenstein und Bleicherode verstärken Kontakte“, Bonifatiusbote 108 (1993), Nr. 14, S. 14.
33 „Räte tagten in Heiligenstadt“, Bonifatiusbote 109 (1994), Nr. 13, S. 17.
34 „Glaubenstreue vom Einzelnen gefordert“, Bonifatiusbote 106 (1990), Nr. 21, S. 17.
35 „Roter Boskop soll an friedvolle Einheit erinnern“, Bonifatiusbote 106 (1990), Nr. 7, S. 11.
36 „Jetzt wird aus der Talsohle aufgestiegen“, Bonifatiusbote 107 (1991), Nr. 29, S. 16.
37 „Wohin sollen sie sich wenden?“, Bonifatiusbote 107 (1991), Nr. 16, S. 15.

7.5 Dingelstädt – Künzell

Das Bischöfliche Jugendamt hatte in den 60er Jahren Kontakte zwischen Jugendlichen aus dem Osten und dem Westen des geteilten Bistums geknüpft.[38] Diese Kontakte rissen seit dieser Zeit nicht mehr ab. Nach der Wende entwickelte sich daraus die offizielle Städtepartnerschaft zwischen Dingelstädt und Künzell. So trafen im Mai 1991 über 60 Mitglieder der Pfarrei St. Gertrud in Dingelstädt zu einem Besuch in der Pfarrei St. Antonius (Künzell) ein, nachdem bereits ein Jahr zuvor die KAB aus Künzell in Dingelstädt weilte. Auch diese Kontakte wurden in der Folge fortgeführt.[39]

7.6 Ruhla – Ahnatal

Während eines Besuches in Kassel im November 1989 knüpfte eine Familie aus dem thüringischen Ruhla Beziehungen zu einem Familienkreis aus dem hessischen Ahnatal. Ende März 1990 trafen sich daraufhin Familienkreise aus Ruhla und Ahnatal zum ersten Mal in dem nordhessischen Ort zu einem gemeinsamen Wochenende. Seither organisierten die Familien zweimal im Jahr gemeinsame Veranstaltungen, die zu vielen Freundschaften zwischen den Familien führten. Über gemeinsame Aktivitäten kam es auch zum Austausch über Fragen des Glaubens und seiner Vermittlung unter den heutigen gesellschaftlichen Bedingungen.[40]

8. Spontane Aktionen

8.1 Bücherspenden

Eine besondere Form der Aufbauhilfe wurde von der Pfarrei St. Theresia in Maintal/Bischofsheim praktiziert. Pfarrer Hans-Hermann Klüh hatte durch den Bonifatiusboten erfahren, dass Pfarrer Winfried Stitz in Sondershausen den Aufbau einer Pfarrbücherei plante, und gab kurz entschlossen einige hundert Bücher an den Kollegen in Thüringen ab.[41] Ein Jahr später gab die Pfarrei aus ihrer inzwischen aufgelösten Pfarrbücherei noch einmal Bücher an Pfarrer Oskar Schollmeyer aus Dermbach ab, der ebenfalls eine Pfarrbücherei für seine 3000 Gemeindemitglieder aufbauen wollte. Nach Aussortierung der veralteten und unbrauchbaren Bücher in Maintal/Bischofsheim blieben immerhin „vier Zentner Bücher“ übrig, die dann den Grundstock für die Pfarrbücherei in Dermbach legten.[42]

38 „40 Jahre wurden überbrückt. Besuche und Briefe ließen Partnerschaft in den Ostteil des Bistums wachsen“, Bonifatiusbote 106 (1990), Nr. 8, S. 11.

39 „Geheime Verbindungen werden nun offen ausgebaut“, Bonifatiusbote 107 (1991), Nr. 22, S. 14.

40 „Wessis und Ossis schließen Freundschaft. Jährliches Treffen von Familienkreisen“, Bonifatiusbote 108 (1993), Nr. 35, S. 17.

41 „Sondershausen: Bücherspenden gern gesehen“, Bonifatiusbote 106 (1990), Nr. 6, S. 11; „Die Bücher aus Maintal-Bischofsheim …“, Bonifatiusbote 106 (1990), Nr. 8, S. 11.

42 „Gute Bücher begehrt. Maintaler brachten vier Zentner Bücher“, Bonifatiusbote 107 (1991), Nr. 35, S. 12.

8.2 Caritas

Im Bereich des Bischöflichen Amtes Erfurt-Meiningen existierte ein eigener Caritas-Verband, der sich um die Belange der Caritas in Thüringen kümmerte. In den Einrichtungen des Erfurter Caritasverbandes gab es einen akuten Mangel an Fortbewegungsmitteln für Gehbehinderte, da es eine Einzelanfertigung von Rollstühlen in der DDR praktisch nicht gegeben hat. Der Fuldaer Caritasverband sammelte daraufhin bei Mitgliedseinrichtungen pflegerische Hilfsmittel wie Rollstühle, Lifter, Gehhilfen etc., die Altenheimen im Bischöflichen Amt Erfurt-Meiningen zur Verfügung gestellt wurden.[43]

9. Zusammenfassung

Das Bistum Fulda hat sich nach der Wende beim Aufbau des Landes Thüringen in vielfältiger Weise nachhaltig eingesetzt: Das Engagement reicht von der Finanzierung zahlreicher Baumaßnahmen über wichtige Projekte im Bildungs- und Sozialwesen bis hin zur Unterstützung auf Pfarrei-, Dekanats- und Verbandsebene. Neben den materiellen Leistungen sind es vor allem die Kontakte und gemeinsamen Aktivitäten zwischen den Menschen aus Thüringen und Hessen, die einen wichtigen Beitrag zum gegenseitigen Verständnis und für das Zusammenwachsen von Ost und West in der Bundesrepublik geleistet haben. Wie die aufgeführten Beispiele zeigen, war es immer wieder auch das persönliche Engagement Einzelner, das Begegnung und gemeinsames Handeln möglich gemacht hat. Sie haben Aufgaben gesehen und diese mit einem auch über das normale Maß hinausgehenden Einsatz in Angriff genommen. Dass dies nicht immer einfach war, liegt sicher z. T. in der Vorgeschichte begründet und in dem bis 1994 noch ungeklärten Verhältnis der beiden Bistumsteile zueinander.

Als Fazit für diese wichtige Phase des deutsch-deutschen Zusammenwachsens könnte gelten, was Josef Pilvousek 2003 gesagt hat: *Auch wenn heute zwei Bistümer Fulda und Erfurt im Metropolitanverband Paderborn bestehen, die engen freundschaftlichen, geschichtlich gewachsenen Kontakte sind nicht zerstört, ja sie könnten ausgebaut werden.*[44]

43 „Einzelanfertigungen von Rollstühlen …", Bonifatiusbote 106 (1990), Nr. 12, S. 17.
44 Pilvousek, Josef: Fulda und Erfurt 1929–1994. Marginalien zur Geschichte einer diözesanen Verwandtschaft. In: FdGbll. 79 (2003), S. 218.

Maßnahmen hessischer Organisationen, Verbände und Vereine in Thüringen

Im Zuge der deutschen Vereinigung und der Länderneubildung wurden auch bundesdeutsche Organisationen, Verbände und Vereine zu Akteuren dieses Prozesses: Sie waren ab 1990 am Aufbau neuer Verbandsstrukturen in den östlichen Ländern beteiligt. Die Grundlage war mit der Übertragung des westdeutschen Rechts- und Verwaltungssystems geschaffen, da nunmehr alle auch in Westdeutschland geltenden Regelungen für die Entstehung und Tätigkeit von Organisationen und Vereinen in den neuen Ländern Gültigkeit besaßen.

Auch in der DDR gab es gesellschaftliche Organisationen, die jedoch unmittelbarer Bestandteil des Staats- und Parteiapparats waren: Das SED-Regime lizensierte, unterstützte und kontrollierte die Errichtung und Tätigkeit von Organisationen. Diese quasistaatlichen Massenorganisationen verfolgten daher weniger die genuinen Interessen ihrer Mitglieder, sondern waren vielmehr in die staatliche Politik eingebunden und ordneten sich der Führungsrolle der SED unter.[45] Umfangreiche Umstrukturierungen und massive Veränderungen waren daher in diesem Bereich nötig, und auch hier orientierte man sich sehr bald am westdeutschen „Modell".[46] Dementsprechend kam es entweder zu Fusionen mit bestehenden DDR-Organisationen oder zur Ausdehnung westdeutscher Organisationen bzw. -strukturen in die neuen Länder. Die definitiven Entscheidungen über den organisatorischen Aufbau und die Entwicklung der jeweiligen größeren gesellschaftlichen Organisationen wurde auf übergeordneter, zumeist bundesweiter Ebene festgelegt, während die konkrete Unterstützung zum Aufbau neuer Verbandsstrukturen vor allem auf landes- bzw. regionaler Ebene erfolgte.[47] In der Aufbauphase erhielt Thüringen hierbei entscheidende Unterstützung aus Hessen.

Eine Anfrage des Hessischen Landtagspräsidenten vom September 2007 an 18 hessische Organisationen, Verbände und Vereine war mit der Bitte verbunden, die geleistete Hilfe in Thüringen durch Berichte, Dokumente oder Gespräche darzustellen. Angeschrieben wurden all jene gesellschaftlichen Gruppierungen, die im Thüringen-Büro des Landes Hessen 1990 beratend tätig waren.[48] Die eingereichten Dokumentationen

45 Vgl. Kleinfeld, Ralf: Verbände. In: Handbuch zur deutschen Einheit, 1999, S. 765–780, hier: S. 767. Wie Kleinfeld feststellt, seien allerdings in den Grundeinheiten dieser Organisationen Freiräume (wie kirchliche „Nischen-Organisationen"), die den Systemrahmen nicht sprengten, durchaus möglich gewesen. Vgl. ebd.

46 Zum Prozess der Umstrukturierung (Zusammenbruch bzw. Umbau bestehender DDR-Organisationen, Neugründungen) in der ersten Phase zwischen Grenzöffnung und Vereinigung vgl. Kleinfeld, Ralf: Verbände. In: Handbuch zur deutschen Einheit 1999, S. 767–770.

47 Die Anpassung an westdeutsche Strukturen habe, so Kleinfeld, im Kultur-/Freizeitbereich allerdings sehr viel differenzierter und weniger ausgeprägt stattgefunden, da die westdeutsche Organisationslandschaft in diesem Bereich zu heterogen und fragmentiert sei. Vgl. Kleinfeld, Ralf: Verbände. In: Handbuch zur deutschen Einheit, 1999, S. 768.

48 Vgl. Schreiben des Hessischen Landtagspräsidenten, Norbert Kartmann, vom 27. 9. 2007 an hessische Verbände und Organisationen. HHStAW, Projekt Hessen-Thüringen. Die eingereichten Unterlagen stehen im Hessischen Hauptstaatsarchiv Wiesbaden für weitere Forschungen zur Ver-

geben Hinweise auf vielfältige Maßnahmen zum Aufbau von Verbandsstrukturen in Thüringen und belegen darüber hinaus die gleich nach Öffnung der innerdeutschen Grenze einsetzende spontane Hilfe vor allem im Rahmen von Partnerschaften. So war beispielsweise der zahnärztliche Standesverband, die Kassenzahnärztliche Vereinigung Hessen (KZV) entscheidend am Aufbau der entsprechenden Vereinigung in Thüringen (KZV Thüringen) beteiligt, wie dies in einem Bericht des damaligen Gebietsreferenten der KZV Hessen für Nordhessen, Dr. Joachim Geissler, dargelegt wird. Mit den eingeleiteten Maßnahmen reagierte die KZV Hessen auf den Veränderungsprozess in der DDR, der auch in Thüringen zur Umorganisation der gesundheitlichen Versorgungsstrukturen durch Privatisierung und Auflösung von Kliniken sowie dem Aufbau eines Systems der gegliederten gesetzlichen und privaten Krankenversicherung führte. Dabei habe die Aufbauhilfe durch die KZV Hessen in Thüringen sowohl auf Kreisstellenebene (regionale Ebene) als auch auf Landesebene stattgefunden.[49] Ausgehend von persönlichen Kontakten seien zunächst verstärkt Patenschaften zwischen Zahnärzten in West und Ost aufgebaut worden, um den Thüringer Zahnärztinnen und -ärzten den Wechsel von den staatlichen Ambulatorien in die freie Niederlassung zu ermöglichen. In zahlreichen Informations- und Fortbildungsveranstaltungen wurde beispielsweise über Themen der Praxisorganisation, über Heil- und Kostenpläne und über zeitgemäße Behandlungsmethoden referiert.[50] V*on Kassel aus wurden Großveranstaltungen in Erfurt, Jena, Suhl und Meiningen organisiert, bei denen in Hörsälen, Turnhallen oder NVA-Kasernen Vorlesungen über unser Gesundheitswesen und das Krankenkassensystem gehalten wurden. […] Da zur Zulassung zur kassenärztlichen Tätigkeit der Nachweis über die Teilnahme an einem Einführungslehrgang gehörte, organisierte die KZV Hessen derartige Veranstaltungen. Allein zum Lehrgang in Erfurt am 5. 12. 1990 kamen von den 2200 Thüringer Zahnärzten 1200 Teilnehmer.*[51] In einem weiteren Schritt wurden, mit hessischer Unterstützung, in Thüringen wie in allen neuen Bundesländern Verbandsstrukturen aufgebaut, wie dies durch den Einigungsvertrag vorgegeben war.[52] Dabei habe Einigkeit

fügung. HHStAW, Projekt Hessen-Thüringen. Auch der Deutsche Gewerkschaftsbund (DGB) Landesverband Hessen wurde – allerdings ergebnislos – um Dokumente, Berichte etc. gebeten, da auch dieser zunächst beabsichtigte, das Informationsbüro mitzunutzen. Bei Eröffnung des Thüringen-Büros des Landes Hessen hatte der DGB-Hessen jedoch bereits eine eigene Geschäftsstelle in Erfurt bezogen. Vgl. dazu Kurzbericht, 3. Sitzung des Beirats „Hessen/Thüringen", 25. 4. 1990, S. 8, 12. Wahlperiode. Hessischer Landtag. Siehe auch Kapitel 2.9 dieser Publikation.

49 Vgl. Geissler, Joachim: Hilfe der KZV Hessen beim Aufbau der KZV Thüringen. Bericht eines Zeitzeugen, ohne Datum, [2008]. HHStAW, Projekt Hessen-Thüringen.

50 Vgl. ebd. Wie es in dem Bericht weiter hieß, sei zunächst auch die gesamte kassenärztliche Abrechnung von Frankfurt aus vorgenommen worden.

51 Ebd. Über die große Resonanz, die die KZV-Einführungskurse in Thüringen erlangten, wurde auch im verbandseigenen Publikationsorgan berichtet. Vgl. „Das organisierte Chaos. Gut 1800 Thüringer Zahnärzte drängten zu KZV-Einführungskursen. Lehrgänge im November und Dezember 1990 in Gera und Erfurt". In: Der hessische Zahnarzt, 1/1991, S. 40.

52 Laut Einigungsvertrag sollten KZV-Körperschaftswahlen (Vertreterversammlung, Vorstand) in den neuen Bundesländern bis zum 1. 7. 1991 vollzogen sein. Vgl. „KZV Thüringen. Zahnärzte in eigener Praxis sichern zahnärztliche Versorgung". In: Der hessische Zahnarzt, 5/1991, S. 242.

darüber bestanden, *dass man das in Hessen funktionierende System im Verhältnis 1 : 1 auf Thüringen übertragen wollte – mit allen Ecken und Kanten.*[53] Zum 29. Juni 1991 hatte die KZV Thüringen den Status einer Körperschaft des öffentlichen Rechts erworben. Sie arbeitete zunächst, wie es in den Verbandsnachrichten der KZV Hessen hieß, nach einer Übergangssatzung sowie nach Bestimmungen, die weitgehend an die hessische Regelung angelehnt waren.[54] Vergleichbar gestaltete sich die Unterstützung durch die Landesärztekammer Hessen in Thüringen: Paten- und Partnerschaften wurden aufgebaut, Informationsmaterial zur Verfügung gestellt und Diskussions- und Informationsveranstaltungen in Thüringen durchgeführt. Ebenso wurden die Wahlen zur und der Aufbau der Ärztekammer Thüringen (einschließlich der Geschäftsstelle in Jena) durch die Landesärztekammer Hessen unterstützt, *die gesetzlichen und satzungsrechtlichen Maßnahmen gemeinsam mit dem hessischen und thüringischen Sozialministerium auf den Weg gebracht.*[55]

In einem ganz anderen Bereich, in der Jugend-, Sozial- und Bildungsarbeit engagierte sich der Internationale Bund, Landesgeschäftsführung Hessen (IB Hessen).[56] Wie einem Bericht zu entnehmen ist, wurde das Berufsbildungszentrum in Frankfurt/Main (BBZ Frankfurt/Main) vom IB Hessen beauftragt, ein entsprechendes Zentrum in Erfurt aufzubauen, das Ausgangspunkt für weitere Aktivitäten im Bereich der Aus- und Fortbildung in ganz Thüringen sein sollte. Am 16. September 1990 begannen bereits die ersten Umschulungsmaßnahmen des IB in Erfurt, die von Mitarbeiterinnen und Mitarbeitern des BBZ Frankfurt/Main auf der Grundlage fachlich und pädagogisch bewährter Konzepte konzipiert wurden.[57] Außenstellen wurden in Arnstadt und Apolda eingerichtet, in denen weitere Umschulungen stattfanden. *Das BBZ Erfurt bildete 1991 279 Jugendliche überbetrieblich aus; 365 Erwachsene wurden umgeschult. Es waren zu diesem Zeitpunkt 74 Mitarbeiter, davon 16 aus den alten Bundesländern beschäftigt. Bis Ende 1991 stand das BBZ Erfurt unter direkter Anleitung des BBZ Frankfurt am Main. Am 01. 01. 1992 wurde das BBZ Erfurt eine eigenverantwortliche Einrichtung.*[58]

53 Geissler, Joachim: Hilfe der KZV Hessen beim Aufbau der KZV Thüringen. Bericht eines Zeitzeugen, ohne Datum, [2008]. HHStAW, Projekt Hessen-Thüringen.

54 Vgl. „KZV Thüringen – jetzt Körperschaft des öffentlichen Rechts“. In: Der hessische Zahnarzt, 7/ 1991, S. 360.

55 Schreiben der Landesärztekammer Hessen, Dr. M. Popović, an den Präsidenten des Hessischen Landtags, 16. 10. 2007. HHStAW, Projekt Hessen-Thüringen. Weitere Unterlagen der Landesärztekammer Hessen standen dem Projekt nicht zur Verfügung.

56 Der Internationale Bund (IB e. V.) ist ein freier Träger der Jugend-, Sozial- und Bildungsarbeit. Der Verband ist als gemeinnütziger Verein eingetragen. Näheres zum IB findet sich unter www.internationaler-bund.de >Home >IBGruppe >Der Verein.

57 Wie es in dem Bereicht weiter heißt, habe sich gerade die Aufbauphase kompliziert gestaltet, insbesondere da sich die zuständigen Kammern und das Arbeitsamt selbst noch im Aufbau befanden. Dennoch konnten im September 30 Frauen und Männer für die Berufe Koch/Köchin und Restaurantfachfrau/-mann umgeschult werden. Vgl. Bericht des IB Verbund Thüringen, 11. 12. 2007. HHStAW, Projekt Hessen-Thüringen.

58 Ebd. In dem genannten Bericht finden sich zudem nähere Angaben über die weitere Entwicklung des BBZ, Erfurt.

Wichtige Organisationsentwicklungen standen im wirtschaftlichen Bereich an, wo sowohl freie Gewerkschaften als auch Unternehmer- bzw. Arbeitgeberverbände und damit die Akteure der Tarifpolitik neu aufgebaut werden mussten. Der Freie Deutsche Gewerkschaftsbund (FDGB) der DDR und seine Fachverbände lösten sich 1990 relativ rasch auf und wurden von den westdeutschen Einzelgewerkschaften und dem Deutschen Gewerkschaftsbund (DGB) als Dachverband in zentral gesteuerten Ausdehnungsstrategien ersetzt, anfänglich teils unter Übernahme, teils unter Umgehung der alten Strukturen. Hessische Gewerkschaften leisteten dabei umfangreiche Aufbauarbeit, zum Teil auch Verbände aus Bayern (Südthüringen) und Rheinland-Pfalz (Ostthüringen). Schon um die Jahreswende 1989/90 entsandte die Gewerkschaft Handel, Banken und Versicherungen einen Beratungssekretär nach Thüringen, der schon im Februar 1990 die ersten Betriebsratswahlen nach westdeutschem Vorbild organisierte. Besonders nachhaltig betrieb die IG Metall im Verlauf des Jahres 1990 ihre Ausdehnung nach Thüringen, wurden doch die dortigen zunächst acht, später sechs Verwaltungsstellen seit 1. Januar 1991 mit Hessen, Rheinland-Pfalz und Saarland im Bezirk Frankfurt/M. zusammengeführt. Andere Gewerkschaften wie die IG Chemie, Papier, Keramik gründeten zwar zunächst einen Landesbezirk Thüringen, legten diesen jedoch 1992 mit Sachsen-Anhalt zusammen (ähnlich die Deutsche Angestellten-Gewerkschaft). Die besondere Verbindung mit Hessen kommt schließlich darin zum Ausdruck, dass 2002 ein gemeinsamer DGB-Bezirk Hessen-Thüringen als Dach der beiden Landesverbände Thüringen und Hessen mit Sitz in Frankfurt/M. errichtet wurde.[59]

Maßgebliche Unterstützung beim Aufbau von Unternehmerverbänden in Thüringen leistete die Vereinigung der hessischen Unternehmerverbände (VhU). Gleich mit Öffnung des Thüringen-Büros des Landes Hessen in Erfurt nahm die VhU ab dem 26. März 1990 ihre Beratungs- und Informationstätigkeit in den Räumen des Büros auf. *Dieses war bis zur Schließung des Kontaktbüros kontinuierlich mit hessischen Verbandsmitarbeitern besetzt. Von dort aus wurden Informationen an alle Thüringer Bürger gegeben, die das Büro in Anspruch nahmen.*[60] Themenschwerpunkte betrafen insbesondere Kooperationsmöglichkeiten mit westdeutschen Firmen, die Vergabe von Krediten, das soziale Sicherungssystem in der Bundesrepublik und mögliche Unternehmensformen.[61]

Der Aufbau von Unternehmer- bzw. Arbeitgeberverbänden (als Verhandlungspartner der Gewerkschaften) war insbesondere im Bezug auf die Tarifpolitik in den

59 Vgl. dazu den Aufsatz von: Schiller, Theo; Weinbach, Kerstin: Die Gewerkschaften. In: Thüringen. Eine politische Landeskunde, 1996, S. 227–241. Ein besonderer Dokumentenbestand zur Gewerkschaftsentwicklung stand dem Projekt nicht zur Verfügung.

60 Schreiben der VhU an den Hessischen Ministerpräsidenten, betr. Verleihung des Großen Verdienstordens der Bundesrepublik Deutschland für Hauptgeschäftsführer Dr. Hubert Stadler, 20. 7. 1994. HHStAW, Projekt Hessen-Thüringen.

61 Für die Zeit zwischen dem 29. 3. 1990 und dem 15. 5. 1990 liegen vereinzelte Berichte über die Tätigkeit und Erfahrungen im Informationsbüro der VhU in Erfurt vor. Vgl. z. B. Schunck, Stefan: Kurzer Erfahrungsbericht über die Betreuung des Informationsbüros Hessen am 26. und 27. 3. 1990, 29. 3. 1990. HHStAW, Projekt Hessen-Thüringen.

neuen Ländern besonders dringend, da entsprechende Verbände in der DDR naturgemäß nicht existierten. Schon im März 1990 erfolgten Absprachen zwischen dem Deutschen Gewerkschaftsbund (DGB) und der Bundesvereinigung der Deutschen Arbeitgeberverbände (BDA), die die Übertragung des Systems der Tarifautonomie nach westdeutschem Vorbild für die DDR vorsahen.[62] Um die Voraussetzungen für die Entstehung lokaler Arbeitgeber- und Wirtschaftsverbände sowie einer künftigen Landesdachorganisation in Thüringen zu schaffen, seien erste Kontakte bereits 1989 aufgenommen worden. Und im März 1990 sei die Gründung des Arbeitgeberverbandes der thüringischen Metall- und Elektroindustrie so weit vorbereitet gewesen, dass dieser am 6. April 1990 gegründet werden konnte.[63] Die Initiative zur Verbandsgründung ging dabei auch von Vertretern aus DDR-Betrieben und kleineren Privatunternehmern aus und wurde durch HESSEN METALL (Verband der Metall- und Elektro-Unternehmen Hessen e. V.) forciert und unterstützt. Ein Strategiepapier vom 14. März 1990 konkretisierte die hessischen Ziele: *Unser Interesse, in der DDR beim Aufbau zu helfen und insbesondere darauf einzuwirken, daß die tarifpolitischen Strukturen in einem künftigen gesamtdeutschen Rahmen mit unseren Vorstellungen harmonieren, gebieten eine tatkräftige Unterstützung beim Aufbau adäquater Verbandsstrukturen auf dem Gebiet der DDR. Nachdem die hessische Landesregierung ein spezielles Thüringen-Programm aufgelegt hat, Hessen mit Thüringen eine gemeinsame Grenze bildet und die Betreuung Thüringens auf BDA- und Gesamtmetallebene abgestimmt Hessen zugewiesen ist, sind unsere Aktivitäten auf das Gebiet des ehemaligen (und künftigen) Landes Thüringen zu konzentrieren […] Dort, wie in der ganzen DDR, sind die Betriebe, die wir zur Metallindustrie zählen können, in der Regel noch volkseigen und gehören zu den (sich auflösenden) Kombinaten. […] Wie und wann genau neue bzw. endgültige Eigentumsverhältnisse hergestellt werden, ist derzeit unklar. Andererseits stellt sich die Notwendigkeit, mit Arbeitgeberverbänden präsent zu sein, im Hinblick auf die Tarifpolitik ebenso wie den immensen Beratungsbedarf ab sofort. Es ist daher zumindest eine vorläufige Verbandsstruktur von uns zu gewährleisten.*[64] Die Gründungsversammlung des Verbands der Metall- und Elektro-Industrie in Thüringen fand in Anwesenheit zahlreicher Vertreter von HESSEN METALL als „Partnerverband" am 6. April 1990 statt. Über die Grundsätze des Verbandswesens referierte

62 Vgl. Kleinfeld, Ralf: Verbände. In: Handbuch zur deutschen Einheit, 1999, S. 772 f. Mit der staatlichen Vereinigung von Bundesrepublik und DDR wurde durch die Übernahme der Verfassung der Bundesrepublik auch in den neuen Ländern Tarifautonomie gewährt. Daher bestand und besteht eine der wichtigsten Aufgaben der Arbeitgeberverbände und der Gewerkschaften darin, die Gestaltung der Arbeits- und Sozialbeziehung zwischen den Betrieben und den in ihnen Beschäftigten durch Tarifverträge zu regeln.

63 Schreiben der VhU an den Hessischen Ministerpräsidenten, betr. Verleihung des Großen Verdienstordens der Bundesrepublik Deutschland für Hauptgeschäftsführer Dr. Hubert Stadler, 20. 7. 1994. HHStAW, Projekt Hessen-Thüringen. Dazu auch: Vereinigung hessischer Unternehmerverbände, Bericht über ein Informationsseminar für „Ökonomische Kader" auf der Veste Wachsenburg, 23. 2. 1990. HHStAW, Projekt Hessen-Thüringen.

64 [HESSEN METALL], Konzept: Arbeitgeberverband der thüringischen Metall- und Elektroindustrie, 14. 3. 1990. HHStAW, Projekt Hessen-Thüringen.

der damalige hessische Hauptgeschäftsführer von HESSEN METALL und VhU Hubert Stadler. 17 Betriebe (mit insgesamt 23.755 Beschäftigten) erklärten ihren Beitritt. Die kommissarische Hauptgeschäftsführung des Thüringer Verbandes übernahm auf Vorschlag Dr. Stadlers und durch einstimmigen Beschluss der Verbandsmitglieder der Geschäftsführer der Bezirksgruppe Osthessen, Wilfried Stolle.[65] Die Zahl der Mitgliedsbetriebe stieg beständig und lag Anfang Mai 1990 bereits bei 120 mit insgesamt 233.364 Beschäftigten.[66] Wie sich der nachfolgende (und heutige) Hauptgeschäftsführer der Vereinigung der hessischen Unternehmerverbände, Volker Fasbender, später erinnerte, sei die Mitgliedschaft der planwirtschaftlichen volkseigenen Betriebe in einem marktwirtschaftlichen Arbeitgeberverband ein Notkonstrukt gewesen, *um die sich überschlagenden Entwicklungen bei der Auflösung der DDR-Strukturen überhaupt steuern zu können. Die Zeit drängte, wir hatten inzwischen die Kündigung der Tarifverträge durch die Ost-IG-Metall zum 30. Juni 1990 im Genick.*[67]

HESSEN METALL unterstützte den thüringischen Partnerverband darüber hinaus auch finanziell, so seien nahezu die gesamten Anlaufkosten in den ersten zwei Jahren von Hessen übernommen worden, einschließlich der Weiterbezahlung der Bezüge des Hauptgeschäftsführers des Thüringer Verbandes.[68] Neben einer Vielzahl von Beratungsgesprächen durch Mitglieder der VhU wurden ab Mitte 1990 verstärkt Qualifizierungs- und Fortbildungsmaßnahmen sowie der Aufbau von Bildungseinrichtungen der Wirtschaft in Thüringen gefördert.[69] Auch bei der Gründung des Verbandes der Wirtschaft Thüringens (VWT) im März 1990 als Dachorganisation der Thüringer Arbeitgeber- und Wirtschaftsverbände konnte auf personelle und finanzielle Unterstützung aus Hessen (VhU) zurückgegriffen werden.[70]

65 Vgl. Protokoll der Gründungsversammlung des Verbandes der Metall- und Elektroindustrie Thüringen am 6. 4. 1990, 6. 4. 1990. HHStAW, Projekt Hessen-Thüringen.

66 Zum Vorsitzenden des Verbands der Metall- und Elektro-Industrie in Thüringen wurde für den Zeitraum eines Jahres Helmut Kunau, Betriebsdirektor des VEB Kühlmotorenwerk in Erfurt gewählt. Zum Zeitpunkt der Mitgliederversammlung am 21. 4. 1990 lag die Mitgliedszahl des Verbandes bei 115 Betrieben (185.784 Beschäftigte). Vgl. Schreiben des Landesverbandes HESSEN METALL, betr. Verbandsgründung in Thüringen, 3. 5. 1990. HHStAW, Projekt Hessen-Thüringen. Die einzelnen Bezirksgruppen von HESSEN METALL übernahmen wiederum die Patenschaft für eine der drei Thüringer Landesverbände.

67 Fasbender, Volker: Grußwort zur Jubiläumsveranstaltung VMET, 6. 4. 2000. HHStAW, Projekt Hessen-Thüringen.

68 Vgl. Schreiben der VhU an den Hessischen Ministerpräsidenten, betr. Verleihung des Großen Verdienstordens der Bundesrepublik Deutschland für Hauptgeschäftsführer Dr. Hubert Stadler, 20. 7. 1994. HHStAW, Projekt Hessen-Thüringen.

69 Vgl. u. a. Schreiben der HESSEN METALL, Bezirksgruppe Darmstadt und Südhessen an das Bildungswerk der Hessischen Wirtschaft e. V., betr. Informationsveranstaltung des Bildungswerks in der DDR, 10. 7. 1990. HHStAW, Projekt Hessen-Thüringen. Qualifizierungsmaßnahmen u. a. für Werkstattführungskräfte der DDR fanden durch das Bildungswerk der Hessischen Wirtschaft auch in Hessen statt. Vgl. Bildungswerk der Hessischen Wirtschaft e. V., betr. Gesamtmetall-Projekt. Qualifizierung 1000 DDR-Meister, 7. 5. 1990. HHStAW, Projekt Hessen-Thüringen.

70 Vgl. Schreiben der VhU an den Hessischen Ministerpräsidenten, betr. Verleihung des Großen Verdienstordens der Bundesrepublik Deutschland für Hauptgeschäftsführer Dr. Hubert Stadler, 20. 7. 1994. HHStAW, Projekt Hessen-Thüringen.

Umfassende hessische Förderung fand auch beim Aufbau eines leistungsfähigen Krankenversicherungssystems in Thüringen statt, wie dies am Beispiel der AOK Hessen gezeigt werden kann.[71] *Infolge der Initiative des Verbandsvorstandes, im Rahmen des Aktionsprogramms Hessen-Thüringen mit der Hessischen Landesregierung zusammenzuarbeiten, hat der AOK-Landesverband Hessen in Erfurt am 2. April 1990 im Hause des Landes Hessen eine Beratungsstelle eröffnet. Dort besteht für Personen der Politik, Gesundheits- und Sozialwesen, ferner für Vertreter der Medien, aber auch für interessierte Bürger die Möglichkeit, sich über das bundesdeutsche gesundheitliche Versorgungssystem und die soziale Krankenversicherung, insbesondere über die AOK, zu informieren.*[72] Ab März 1990 fanden bereits erste Informationsgespräche zwischen Mitarbeitern der AOK Hessen und den Bezirksdirektoren der Verwaltung der Sozialversicherung in Erfurt, Gera und Suhl statt, in denen über mögliche Hilfen durch die hessischen AOKs beim Aufbau der Krankenversicherung beraten wurde. Unter der Federführung des AOK-Landesverbandes Hessen engagierten sich in Thüringen auch die rheinland-pfälzischen und nordbayerischen AOKs.[73] Bereits im Juni 1990 wurden vom AOK-Bundesverband organisatorische Vorbereitungen zum Aufbau von Verbandsstrukturen nach bundesdeutschem Vorbild sowie zur Aufnahme der Geschäftstätigkeit der AOK in der DDR getroffen. Unter anderem war der Einsatz von Expertenteams ab September 1990 geplant.[74] Die Einführung der gegliederten Krankenversicherung war zum 1. Januar vorgesehen. *Für das von der hessischen AOK-Gemeinschaft zu betreuende Thüringen bedeutet dies, daß es voraussichtlich eine AOK Thüringen mit Sitz in Erfurt – bzw. drei AOKs in den Bezirken Erfurt, Gera und Suhl – geben wird. Hierfür muß ein großes Netz von Geschäftsstellen auch mit Außendienstfunktionen für Versicherte und Betriebe geschaffen werden.*[75] Zum Aufbau einer funktionstüchtigen und wettbewerbsfähigen AOK in Thüringen wurden vom hessischen Verbandsvorstand entsprechende Projektgruppen (Errichtungsteams) eingesetzt, insgesamt ging man von 70 bis 100 hessischen Aufbauhelfern aus.[76]

71 Die folgenden Ausführungen basieren im Wesentlichen auf Protokollen des Vorstands des AOK-Landesverbands Hessen sowie auf Privatunterlagen (Bericht) eines ehemaligen Mitarbeiters der AOK Hessen, in dem der Aufbau der AOK Südthüringen detailliert aufgezeigt wird. Die Unterlagen wurden dem Projekt Hessen-Thüringen von der AOK Hessen zur Einsicht überlassen. Die AOKs sind selbstständige Körperschaften des öffentlichen Rechts mit eigener Selbstverwaltung. Sie sind Teil des Gesundheitssystems und der Sozialversicherung und unterliegen damit der Aufsicht der für die Gesundheitspolitik zuständigen Landesgesundheitsministerien.

72 Protokoll der Sitzung am 17. 4. 1990 des Vorstands des AOK-Landesverbandes Hessen, betr. Deutsch-deutsche Entwicklung – Auswirkungen auf das Gesundheitswesen und die Krankenversicherung, S. 14. AOK Hessen.

73 Protokoll der Sitzung am 15. 5. 1990 des Vorstands des AOK-Landesverbandes Hessen, betr. Deutsch-deutsche Entwicklung – Auswirkungen auf das Gesundheitswesen und die Krankenversicherung, S. 13 f. AOK Hessen.

74 Protokoll der Sitzung am 19. 6. 1990 des Vorstands des AOK-Landesverbandes Hessen, betr. Deutsch-deutsche Entwicklung – Auswirkungen auf das Gesundheitswesen und die Krankenversicherung, S. 20–30. AOK Hessen.

75 Ebd., S. 27.

76 Vgl. Protokoll der Sitzung am 20. 11. 1990 des Vorstands des AOK-Landesverbandes Hessen, betr. Aufbau der AOK in Thüringen, S. 19. AOK Hessen.

Vorbereitungen zum Aufbau einer AOK für den Bezirk Suhl sowie für die Bezirke Erfurt und Gera liefen zwischen September und Dezember 1990; am 2. Januar 1990 nahm die AOK Südthüringen ihren Betrieb auf. Neben einer Hauptgeschäftsstelle wurden dort acht weitere Geschäftsstellen, drei Beratungsstellen und 51 Servicestellen eingerichtet. Auch hierfür fand das Partnerschaftsprinzip Anwendung. So unterstützten vor allem hessische aber auch rheinland-pfälzische und bayerische AOKs zum Teil gemeinsam die jeweiligen Geschäftsstellen im Bezirk Suhl. Die Aufgabe des Errichtungsteams bestand insgesamt darin alle Maßnahmen zu ergreifen, *die geeignet und erforderlich sind, um zum 1. Januar 1991 eine funktionsfähige AOK zu gewährleisten.*[77] Konkret bedeutete dies u. a. die technische Einrichtung von Beratungszentren, den Aufbau der Informations- und Datenverarbeitung, Absprachen mit Vertragspartnern[78] sowie die Gewinnung und Qualifizierung von Mitarbeiterinnen und Mitarbeitern. Als Arbeitsgrundsatz des Errichtungsteams und der Westberater gelte dabei die „Hilfe zur Selbsthilfe", um eine möglichst schnelle Selbstständigkeit der AOK Südthüringen zu erreichen. Bis zum November 1990 waren 89,9 % der vorgesehenen Arbeitsplätze besetzt.[79]

Die Selbstverwaltungsfunktionen für die AOK in Thüringen übernahm, wie im Einigungsvertrag festgelegt, für eine Übergangszeit (bis zur Durchführung allgemeiner Sozialwahlen) als zuständige Aufsichtsbehörde das Ministerium für Soziales und Gesundheit des Landes Thüringen. Im Dezember 1990 wurde vom Ministerium eine vorläufige Satzung der AOK Südthüringen erlassen, die zum 1. Januar 1991 in Kraft trat.[80] Ebenfalls noch im Dezember stimmte das Thüringer Ministerium zu, die vom AOK-Landesverband Hessen vorgeschlagenen Führungskräfte zu kommissarischen Geschäftsführern der AOKs in Thüringen zu bestellen und den hessischen Landesverband mit der vorläufigen Wahrnehmung der Verbandsaufgaben in Thüringen zu beauftragen.[81] Zugleich wurde die personelle Hilfe durch Hessen, Rheinland-Pfalz und Bayern kurz vor und nach Öffnung der AOK-Geschäftsstellen in Thüringen nochmals intensiviert und im Folgenden der Aufbau eines AOK-Landesverbandes Thüringen durch

77 Bericht eines ehemaligen Mitarbeiters der AOK Hessen, [ohne Jahr], S. 12. AOK Hessen. [Hervorhebung im Original]. Entsprechende Errichtungsteams gab es auch für Nord- und Ostthüringen (in den Bezirken Erfurt und Gera).

78 Wie dem Bericht zu entnehmen ist, gestalteten sich gerade Absprachen mit Vertragspartnern schwierig, da Standesorganisationen der Ärzte, Zahnärzte, Krankenhäuser etc. nicht oder nur unzureichend informierten. Auch hier war der Aufbau von Verbandsstrukturen noch nicht abgeschlossen. Ab dem 12. 11. 1990 sei daher ein „Vertragspartner-Telefon" eingerichtet worden. Vgl. Bericht eines ehemaligen Mitarbeiters der AOK Hessen, [ohne Jahr], S. 73. AOK Hessen.

79 Vg. ebd., S. 35. Wie es weiter heißt, seien alle Arbeitsplätze – ausgenommen Geschäftsführer und stellvertretender Geschäftsführer – mit Mitarbeiterinnen und Mitarbeitern aus der Region besetzt worden. Ab Juni 1990 fanden erste Hospitationen Thüringer AOK-Mitarbeiterinnen und -Mitarbeiter in hessischen AOKs statt, ab November 1990 wurden Schulungsmaßnahmen sowohl in Hessen als auch vermehrt in den neu eingerichteten Geschäftsstellen in Thüringen durchgeführt.

80 Schreiben des Thüringer Ministerium für Soziales und Gesundheit an die AOK Südthüringen, betr. Erlaß Ihrer vorläufigen Satzung, 20. 12. 1990. AOK-Hessen.

81 Vgl. Protokoll der Sitzung am 18. 12. 1990 des Vorstands des AOK-Landesverbandes Hessen, betr. Aufbau der AOK in Thüringen, S. 16. AOK Hessen.

Hessen unterstützt. Perspektivisch waren Kooperationen zwischen den AOK-Systemen in Hessen und Thüringen vorgesehen.[82]

Zahlreiche Hilfsaktionen, Beratungen und Projekte erfolgten im Bereich des Sports, denn auch die Sportorganisation der DDR stand im Zuge der deutschen Vereinigung zur Disposition und musste auf eine neue Grundlage gestellt werden, da die bisherigen Formen der Sportgemeinschaften (Anbindung an Betriebe, LPG, staatliche Einrichtungen etc.) sehr bald nicht mehr existierten. 1990 kam es zur Selbstauflösung der zentralen Sportorganisation der DDR, des Deutschen Turn- und Sportbundes (DTSB) und zum Beitritt der bis dahin neu gegründeten Landessportbünde zum Deutschen Sportbund (DSB).[83] Der Landessportbund Hessen (lsb h) unterstützte diesen Prozess durch eine Vielzahl von Maßnahmen hessischer Sportkreise und Fachverbände durch Zuschüsse, ermöglichte Kontakte, Absprachen und Ideenaustausch.[84] So fand am 1. Dezember 1990 eine gemeinsame Sitzung der Landessportbünde Hessen, Rheinland-Pfalz und Thüringen statt, in der u. a. weitere Unterstützung beim Aufbau verbandlicher Strukturen in Thüringen, bei der Übungsleiterausbildung, bei der Ausstattung mit Sportgerät etc. vereinbart wurden.[85] Im Februar 1991 informierte der Landessportbund die Vorsitzenden der hessischen Sportkreise über die Förderung von Unterstützungsmaßnahmen für Thüringen und forderte diese zugleich zur Beteiligung auf.[86] Doch stehen im Folgenden nicht die Maßnahmen des hessischen Landessportbundes in Thüringen und damit verbundene sportpolitische Entscheidungen im Vordergrund als vielmehr konkrete Aktionen durch hessische Verbände, Vereine und deren Mitglieder.[87]

Ein Beispiel für das hessische Engagement im Bereich des Sports ist die Partnerschaft zwischen dem Sportkreis Offenbach und dem Kreissportbund Sömmerda, die

82 Beispielsweise sollten in sämtlichen AOK-Geschäftsstellen zum Zeitpunkt der Öffnung (1. 1. 1991) mindestens drei Mitarbeiterinnen bzw. Mitarbeiter von AOKs aus Hessen, Rheinland-Pfalz und Bayern zur Verfügung stehen. Vgl. Protokoll der Sitzung am 20. 11. 1990 des Vorstands des AOK-Landesverbandes Hessen, betr. Aufbau der AOK in Thüringen, S. 21–24. AOK Hessen. Ebenso: Protokoll der Sitzung am 20. 8. 1991 des Vorstands des AOK-Landesverbandes Hessen, betr. Aufbau der AOK in Thüringen, S. 18 f. AOK Hessen.

83 Vgl. Kleinfeld, Ralf: Verbände. In: Handbuch zur deutschen Einheit, 1999, S. 768.

84 Vgl. dazu: Schreiben Dr. D. G. Backhaus, Landessportbund Hessen e. V., AK Sport und Geschichte an die Arbeitsgruppe zur historischen Aufarbeitung der Leistungen des Landes Hessen und seiner Bürgerinnen und Bürger beim Aufbau des Freistaates Thüringen, 22. 11. 2007. HHStAW, Projekt Hessen-Thüringen. An dieser Stelle sei Dr. Backhaus für die engagierte Unterstützung unseres Projekts vielmals gedankt.

85 Vgl. Landessportbund Hessen e. V., Protokoll über die gemeinsame Sitzung der Landessportbünde Hessen, Rheinland-Pfalz und Thüringen am 1. 12. 1990 in der Sportschule des Landessportbundes Hessen, 3. 12. 1990. HHStAW, Projekt Hessen-Thüringen. Seither fanden und finden regelmäßig gemeinsame Sitzungen der drei Sportbünde statt, 1994 wurde eine gemeinsame Öffentlichkeitsarbeit vereinbart.

86 Vgl. Schreiben des Landessportbund Hessen e. V. an die Vorsitzenden der Sportkreise, betr. Verbindungen Hessen-Thüringen, 12. 2. 1991. HHStAW, Projekt Hessen-Thüringen.

87 Grundlage der Ausführungen sind die vom Landessportbund Hessen e. V. übermittelten Unterlagen. Nach Aussage von R. Lutz, Leiter des AK Sport und Geschichte, befinden sich im Archiv des hessischen Landessportbundes noch weitere umfangreiche einschlägige Unterlagen, die jedoch aus zeitlichen Gründen für die vorliegende Publikation nicht eingesehen werden konnten.

am 14. Dezember 1990 geschlossen wurde. Die gemeinsame Vereinbarung sah vor, den Informationsaustausch in allen Fragen der Sportorganisation (Aus- und Weiterbildung von Übungsleitern, gemeinsame Veranstaltungen in den Bereichen Sport und Freizeit etc.) zu befördern und die bestehenden Kontakte zu intensivieren.[88] Ein erster Informationsbesuch fand im August 1990 in Sömmerda statt, an dem u. a. der Vorsitzende des Sportkreises Offenbach, Karl May, teilnahm. Wie den Unterlagen zu entnehmen ist, war es vor allem der persönliche Einsatz des Vorsitzenden, der die Grundlage für die Partnerschaft legte.

Der Sportkreis Offenbach hatte bereits seit Januar 1990 damit begonnen, im späteren Thüringen allgemeine Beratungsgespräche zu Organisationsformen des Sports durchzuführen und den Aufbau demokratischer Verbandsstrukturen z. B. durch Umwandlung von Betriebssportgemeinschaften in Sportkreise oder Vereine zu fördern. Bis zum Oktober 1990 waren diesem für Beratungstätigkeit in Thüringen für Fahrten, Informationsmaterial etc. Kosten von insgesamt 6980,– DM entstanden.[89] Im September 1990 sei schließlich der Vorsitzende des Sportkreises Offenbach, Karl May, vom Präsidium des Landessportbunds Hessen offiziell damit beauftragt worden, in Thüringen Vereine, Verbände und Kommunen in allen den Sport tangierenden Bereichen zu beraten.[90] Wie ein umfangreicher Schriftverkehr zeigt, konzentrierte sich diese Tätigkeit zunehmend auf Sömmerda, weil sich hier mit der Übereignung ehemaliger Betriebssportstätten der Robotron-Büromaschinenwerk AG Sömmerda (ehemals VEB Kombinat Robotron) an die Stadt Sömmerda offenbar ein besonderes Problemfeld ergab. Die Überführung von Sportanlagen im Bereich der neuen Bundesländer in kommunales Eigentum oblag dabei im Wesentlichen der Treuhandanstalt. Diese hatte auf der Grundlage des Einigungsvertrags am 21. Dezember 1990 festgelegt: *Einrichtungen des Sports dürfen von den Kapitalgesellschaften nicht veräußert werden. Sie sind vielmehr*

88 Vgl. Partnerschaftsvereinbarung zwischen dem Sportkreis Sömmerda in Thüringen und dem Sportkreis Offenbach in Hessen, 14. 12. 1990. HHStAW, Projekt Hessen-Thüringen. Der Sportkreis (Sportbund) Sömmerda war Interessenvertreter der Sportvereine der Stadt und des Kreises Sömmerda. Vgl. dazu auch: Lahnor, R.: „Partnerschaft zwischen Sportkreisen", Thüringer Allgemeine, 21. 12. 1990. Zuvor war bereits am 14. 9. 1990 zwischen den politischen Kreisen Sömmerda und Offenbach eine Kreispartnerschaft geschlossen worden.

89 Einer Abrechnung zufolge fand eine erste Besprechung im Amtsgericht Gera und im Kreishaus zu Fragen der Sportorganisation statt. Im April erhielt die Geschäftsstelle des Sportkreises Gera Schreib- und Rechenmaschinen, die teils von Offenbacher Firmen gespendet wurden. Vgl. Landessportbund Hessen e. V., Sportkreis Offenbach, Kontakte zu Thüringen, 25. 10. 1990. HHStAW, Projekt Hessen-Thüringen. Vgl. dazu auch: Schmidt, H.-G.: „Kernstück für die Zukunft des DDR-Sports ist der Verein. Der Sportkreis eröffnet schon im Sommer eine Sportberatungsstelle in Gera. FR-Interview mit dem Vorsitzenden Karl May", Frankfurter Rundschau, 15. 5. 1990.

90 Vgl. u. a. Schreiben Landessportbund Hessen e. V., Sportkreis Offenbach, K. May an den Kreisbeigeordneten W. Oelschlegel, Sömmerda, betr. Übertragung von Betriebssportstätten an Kommunen, 3. 12. 1991. HHStAW, Projekt Hessen-Thüringen. Karl May übernahm zunächst im Vorstand des Sportkreises Frankfurt/Main die Aufgabe des Rechtswarts bevor er ab 1979 Vorsitzender des Sportkreises Offenbach wurde. Zwischen September 1990 und Dezember 1992 war Karl May, nach eigener Angabe, Beauftragter des Landessportbundes Hessen für Thüringen.

verband der Arbeiterwohlfahrt Thüringen. Maßgebliche Unterstützung kam dabei von der Arbeiterwohlfahrt Landesverband Hessen.[101] Entscheidende Aufbauhilfe bei der Entstehung und organisatorischen Entwicklung Thüringer Umweltverbände erfolgte, um ein weiteres Beispiel zu nennen, durch entsprechende hessische Organisationen, wie dies für Thüringen bereits detailliert untersucht wurde.[102]

Insgesamt bestand ein Ziel bei der Umbildung von DDR-Verbandsstrukturen darin, möglichst länderübergreifende Organisationsstrukturen zu schaffen. Gelungen ist dies beispielsweise durch den Aufbau einer gemeinsamen Sparkassenorganisation Hessen-Thüringen 1992.[103]

101 Vgl. Schreiben der Arbeiterwohlfahrt Landesverband Hessen an den Hessischen Ministerpräsidenten, betr. Aufbau und Neustrukturierung des Sozial- und Gesundheitswesens der DDR – Thüringenhilfsprogramm des Landes Hessen, 24. 7. 1990. HHStAW, Z 502 Nr. 6104.

102 Vgl. dazu: Weinbach, Kerstin: Umweltpolitisches Engagement im Vereinigungsprozess. Bedingungen seiner Entstehung und organisatorischen Entwicklungen am Beispiel Thüringen, 1998.

103 Vgl. dazu Kapitel 5. dieser Publikation sowie das Interview mit Dr. W. Hamberger.

4. Partnerschaftliche Beziehungen zwischen den Ländern Hessen und Thüringen bis 1994

Nach der Neugründung des Freistaats Thüringen – die konstituierende Sitzung des Landtags wurde im Rahmen einer Festveranstaltung am 25. Oktober 1990 im Weimarer Nationaltheater begangen – und der Verabschiedung der Thüringer Landesverfassung 1993 sowie zuvor Bestätigung durch einen Volksentscheid anlässlich der Neuwahl des Thüringer Landtags am 16. Oktober 1994 fand die Phase des institutionellen Aufbaus des Freistaats Thüringen ihren Abschluss. Diese politische Entwicklung beeinflusste, wie zuvor dargelegt, auch den Vollzug des Aktionsprogramms Hessen-Thüringen und veränderte insgesamt die Beziehung zwischen beiden Bundesländern: Vertiefte längerfristige Kooperationen zwischen zwei gleichberechtigten Ländern der Bundesrepublik Deutschland traten an die Stelle von zeitlich befristeter Investitions- und Verwaltungshilfe. Und erste auf Dauer angelegte Kooperationen wurden bereits während des Aktionsprogramms Hessen-Thüringen geschlossen.

Dass trotz aller eintretenden „Normalität“ zwischen Hessen und Thüringen dennoch eine besondere Beziehung bestand und besteht, sollte auch mit der ersten großen hessischen Landesausstellung zur Geschichte beider Länder unter dem Titel „Hessen und Thüringen – Von den Anfängen bis zur Reformation“ 1992 gezeigt werden. Dabei ist nicht allein die wissenschaftlich fundierte Darstellung der eng miteinander verknüpften Historie, sondern ebenso die Entstehungsgeschichte der Ausstellung selbst bemerkenswert. Wie es im Vorwort des Ausstellungskatalogs heißt, sei das Unternehmen vom damaligen Hessischen Ministerpräsidenten Dr. Walter Wallmann Ende 1987 angeregt worden. Ein erstes Ausstellungskonzept lag bereits im Frühjahr 1988 vor. Nach Beschluss des Kabinetts bewilligte auch der Hessische Landtag Gelder zur Realisierung des Vorhabens.[1] Als Termin wurde das Jahr 1992 gewählt, weil 700 Jahre zuvor Landgraf Heinrich I. von Hessen zum Reichsfürsten erhoben wurde; dies bedeutete die Los-

1 Vgl. Moraw, Peter: Vorwort, in: Katalog zur Ausstellung Hessen und Thüringen – Von den Anfängen bis zur Reformation. Eine Ausstellung des Landes Hessen, 1992, S. 13. Im Januar 1992 wurden zur Präsentation der Ausstellung auf der Wartburg bei Eisenach zusätzliche 450.000,– DM aus Mitteln des Aktionsprogramms bewilligt. Vgl. Hessisches Ministerium der Finanzen, betr. Vollzug des Aktionsprogramms Hessen-Thüringen im Haushaltsjahr 1992, 31. 1. 1992. (Dok. 53) Träger der Ausstellung war das Land Hessen vertreten durch das Hessische Ministerium für Wissenschaft und Kunst. Die wissenschaftliche Leitung lag bei Prof. Dr. Peter Moraw, Historisches Institut der Justus-Liebig-Universität Gießen in enger Zusammenarbeit mit der Historischen Kommission für Hessen in Marburg unter dem Vorsitz von Prof. Dr. Walter Heinemeyer.

lösung vom Mutterland Thüringen und die rechtliche Gleichstellung beider Länder im Deutschen Reich.[2]

Als die Landesausstellung 1988 geplant und das Grundkonzept entwickelt wurde, war Deutschland noch geteilt und nichts deutete auf eine baldige Veränderung dieser Situation hin. Der Ausstellung fiel somit auch eine symbolische Bedeutung zu: Mit ihr sollte sowohl an die früheren Epochen der Gemeinsamkeit zwischen Hessen und Thüringen als auch an die enge kulturelle Verbundenheit erinnert werden. Alle Versuche einer möglichen Kooperation mit der DDR scheiterten. Erst die politischen Ereignisse und die Öffnung der innerdeutschen Grenze im November 1989 ermöglichten nun eine Zusammenarbeit mit Wissenschaftlerinnen und Wissenschaftlern jenseits der ehemaligen Grenze. *Es war aufregend bei der Vorbereitung einer Ausstellung, die als ein damals fast unzeitgemäßes Signal der Hoffnung auf das ganze Deutschland erdacht worden war, wie die politische Gegenwart seit 1989 die Arbeit an der Vergangenheit begleitete oder gar zu überholen schien*, heißt es im Vorwort des Ausstellungskatalogs. *Die Grenze fiel, das Land Thüringen entstand neu. Der bis dahin undenkbare Gedanke, die Ausstellung auch in Thüringen zu zeigen, nahm Gestalt an. Die Zahl der Exponate, zuerst auf ungefähr 400 – als kleine Ausstellung zu einem großen Thema – veranschlagt, verdoppelte sich. Nun durfte man Dinge von überall her zwischen Elbe und Oder anfassen, die man nur vom Hörensagen oder überhaupt nicht kannte. Kollegen aus Thüringen und seinen historischen Nachbarräumen konnten mitwirken. Ohne daß die Gesamtanlage radikal verändert wurde, was weder möglich war noch nötig schien, trat eine außerordentliche Bereicherung des Unternehmens ein. Nun konnte das Motiv gutnachbarlicher Begegnung nach vorn treten.*[3] Die Ausstellung wurde 1992, als ein erstes großes grenzüberschreitendes Projekt, zunächst im Landgrafenschloss Marburg (27.5.–26. 7. 1992) und anschließend auf der Wartburg bei Eisenach (26.8.–25. 10. 1992) gezeigt. Damit war auch durch die Architektur der gewählten Ausstellungsorte selbst ein unmittelbarer historischer Bezug zu den Exponaten gegeben.

In seinem Grußwort verwies der damalige Hessische Ministerpräsident Hans Eichel 1992 darauf, dass die Ausstellung „Hessen und Thüringen" für beide Länder von großer kulturhistorischer Bedeutung sei und die Beschäftigung mit den Wurzeln der über weite Strecken gemeinsamen Geschichte hilfreich sein könne, *wenn es gilt, den Blick für die künftigen Aufgaben zu schärfen. Heute sind Hessen und Thüringen Teil des föderal strukturierten Deutschland, zwei Regionen im Herzen Europas.*[4]

2 Zur Geschichte der Länder Hessen und Thüringen finden sich grundlegende Aufsätze im Katalog. Vgl. Katalog zur Ausstellung Hessen und Thüringen – Von den Anfängen bis zur Reformation. Eine Ausstellung des Landes Hessen, 1992.

3 Moraw, Peter: Vorwort, in: Katalog zur Ausstellung Hessen und Thüringen – Von den Anfängen bis zur Reformation. Eine Ausstellung des Landes Hessen, 1992, S. 13. Zur Finanzierung der nunmehr erweiterten Ausstellung standen zusätzliche Mittel aus dem Aktionsprogramm Hessen-Thüringen zur Verfügung.

4 Eichel, Hans: Grußwort, in: Katalog zur Ausstellung Hessen und Thüringen – Von den Anfängen bis zur Reformation. Eine Ausstellung des Landes Hessen, 1992, S. 9.

Mit der Bildung des Freistaats Thüringen war ein eigenständiges Bundesland entstanden; offene Fragen wurden wie zwischen allen Bundesländern so auch zwischen Hessen und Thüringen auf gleicher Ebene verhandelt. Ein anschauliches Beispiel dafür waren Bestrebungen thüringischer Gemeinden nach Eingliederung in hessische Gemeinden. Wie einem Aktenvorgang zu entnehmen ist, gab es derartige Bestrebungen seit Frühjahr 1990. Der Wunsch nach Umgliederung wurde von acht thüringischen Gemeinden auf Grundlage entsprechender Bürgervoten vorgebracht. Fünf dieser Gemeinden (Asbach, Sickenberg, Hennigerode, Vatterode, Weidenbach) gehörten bis zum September 1945 zu Hessen und wurden aufgrund des „Wanfrieder Abkommens“ vom 17. September 1945 zwischen den Alliierten USA und Sowjetunion unter sowjetische Besatzungsmacht gestellt. Im Austausch dazu kamen zwei Thüringer Gemeinden (Neuseesen, Werleshausen) zur amerikanischen Besatzungszone. Die drei anderen stets Thüringer Gemeinden (Wahlhausen, Lindewerra, Dietzenrode) begründeten ihre Umgliederung nach Hessen mit historisch gewachsenen Verflechtungen und ihrer infrastrukturellen Ausrichtung nach Hessen.[5] Rückgliederungsanträge der hessischen Gemeinden lagen nicht vor. In einem Schreiben vom Juli 1991 bat der Chef der Hessischen Staatskanzlei, Hans Joachim Suchan, seinen Thüringer Amtskollegen Dr. Michael Krapp um Klärung der Angelegenheit. Dabei habe die Landesregierung, wie es in dem Schreiben hieß, gegenüber den Kommunen bisher dargelegt, *daß sie zu Grenzänderungen im Rahmen des Art. 29 Abs. 7 GG grundsätzlich bereit sei, für entsprechende Verhandlungen jedoch der Wille der Thüringer Landesregierung für sie entscheidend sei.*[6] (Dok. 67) Die offenen Fragen sollten im Rahmen einer Grenzbereisung in einem gemeinsamen Gespräch erörtert werden. Diese Besichtigung fand am 2. Oktober 1991 – wie es hieß ohne Öffentlichkeitswirkung – statt. Vorbehaltlich der Entscheidungen der jeweiligen Regierungen verständigte man sich, um dem Anliegen der Gemeinden Rechnung zu tragen, auf erste Lösungsansätze. Danach sahen die Chefs der Staatskanzleien keine Notwendigkeit, historisch gewachsene Grenzen zu ändern, dies betraf die Umgliederung der drei stets thüringischen Grenzgemeinden. Vielmehr war man sich darüber einig, dass die Länder Hessen und Thüringen einen Staatsvertrag über die grenzüberschreitende Zusammenarbeit zwischen kommunalen Gebietskörperschaften

5 Vgl. Thüringer Staatskanzlei, Vermerk, betr. Umgliederung Thüringer Gemeinden nach Hessen, 3. 3. 1992. ThHStA Weimar, Thüringer Staatskanzlei Nr. 3484.0/94 Bd. 1, Bl. 68a–70a. Grund für die Abtretung der ehemals Thüringer Gemeinden an die sowjetische Militärregierung war das Bestreben der USA, eine durchgehende Eisenbahnverbindung zwischen Hessen und Bremen zu schaffen, die zuvor von den sowjetisch besetzten Gemeinden Neuseen und Werleshausen unterbrochen war.

6 Schreiben des Chefs der Hessischen Staatskanzlei an den Chef der Staatskanzlei des Landes Thüringen, 16. 7. 1991. ThHStA Weimar, Thüringer Staatskanzlei Nr. 3484.0/94 Bd. 2, Bl. 81a. Vgl. dazu auch das Schreiben der Interessenvertretung der Thüringer Grenzgemeinden Asbach/Sickenberg, Dietzenrode, Henningerode, Lindewerra, Vatterode, Wahlhausen und Weidenbach an das Thüringer Innenministerium, betr. Eingliederung Thüringer Grenzgemeinden zum Bundesland Hessen, 18. 7. 1991. ThHStA Weimar, Thüringer Staatskanzlei Nr. 3484.0/94 Bd. 1, Bl. 30a, 31a.

abschließen sollten, wie dies bereits zwischen vielen anderen Bundesländern geschehen sei. Ein entsprechender Staatsvertrag wurde schließlich 2000 geschlossen.[7] Für die ehemals hessischen Gemeinden sollte die Rückgliederung aufgeschlossen erwogen werden und letztendlich der Wille der dortigen Einwohner entscheidend sein.[8]

Eine abschließende Stellungnahme in dieser Sache war auch im Dezember 1992 noch nicht ergangen. In einem Vermerk des Hessischen Innenministeriums an Ministerpräsident Eichel vom 3. Dezember 1992 wurde allerdings darauf hingewiesen, dass Thüringen nicht bereit sei, eine Rückgliederung der ehemals hessischen Gemeinden in Betracht zu ziehen.[9] Entsprechend hieß es in Thüringen dazu: *In dieser Sache drängt übrigens die Hessische Landesregierung inzwischen stark, und die kürzlichen Bemerkungen von Ministerpräsident Eichel in der Presse über die schleppende Zusammenarbeit mit Thüringen beziehen sich nach meiner telefonischen Rückfrage auch u. a. auf dieses Problem.*[10] Im Februar 1993 begründete der Chef der Thüringer Staatskanzlei die Verzögerung mit der anstehenden Gebietsreform in Thüringen. Sobald ein entsprechender Kabinettsbeschluss ergangen sei, werde Hessen darüber unterrichtet.[11] Am 20. Juli 1993 entschied die Thüringer Landesregierung abschließend, den Umgliederungswünschen Thüringer Gemeinden nicht stattzugeben.[12] Ein Vorstoß des Landkreises Schmalkalden 1993 nach Angliederung an den Regierungsbezirk Kassel wurde von hessischer Seite ohne Rücksprache sofort zurückgewiesen, da, so die Begründung des Hessischen Ministerpräsidenten Eichel, durch historische Entwicklungen geschaffene Grenzen, von kleineren Grenzänderungen auf gemeindlicher Ebene abgesehen, hingenommen werden sollten. *In einem zusammenwachsenden „Europa ohne Grenzen" sollten Grenzfragen ihre frühere Bedeutung verlieren.*[13]

Die Zusammenarbeit zwischen Hessen und Thüringen nahm, entsprechend den politischen Vorgaben beider Landesregierungen, insgesamt den Charakter geregelter

7 Das entsprechende „Gesetz zu dem Staatsvertrag zwischen dem Freistaat Thüringen und dem Land Hessen über die grenzüberschreitende kommunale Zusammenarbeit in Zweckverbänden, durch öffentlich-rechtliche Vereinbarungen (Zweckvereinbarungen) und in kommunalen Arbeitsgemeinschaften sowie in Wasser- und Bodenverbänden" wurde am 9. 11. 2000 von Hessen ratifiziert. Vgl. GVBl. I S. 506.

8 Vgl. Protokoll über die Grenzbereisung der östlich von Bad Sooden-Allendorf gelegenen Gemeinden des Landes Thüringen durch die Chefs der Staatskanzleien der Länder Hessen und Thüringen am 2. 10. 1991. ThHStA Weimar, Thüringer Staatskanzlei Nr. 3484.0/94 Bd. 1, Bl. 14a–17a.

9 Vgl. Vermerk des Hessischen Ministeriums des Innern und für Europaangelegenheiten an den Hessischen Ministerpräsidenten, betr. Rückgliederung der ehemals hessischen Gemeinden Asbach, Sickenberg, Vatterode und Weidenbach/Hennigrode nach Hessen, 3. 12. 1992. ThHStA Weimar, Thüringer Staatskanzlei Nr. 3484.0/94 Bd. 1, Bl. 59a.

10 Vermerk des Chefs der Thüringer Staatskanzlei an den Thüringer Ministerpräsidenten Dr. B. Vogel, 16. 2. 1993. ThHStA Weimar, Thüringer Staatskanzlei Nr. 3484.0/94 Bd. 2, Bl. 175a.

11 Vgl. Schreiben des Chefs der Thüringer Staatskanzlei an die Hessische Staatskanzlei, 23. 2. 1993. ThHStA Weimar, Thüringer Staatskanzlei Nr. 3484.0/94 Bd. 2, Bl. 118a.

12 Vgl. Thüringer Staatskanzlei, Vermerk, betr. Umgliederung von Thüringer Gemeinden zum Bundesland Hessen, 31. 8. 1993. ThHStA Weimar, Thüringer Staatskanzlei Nr. 03484.2/94, Bl. 28a, 29a.

13 Schreiben des Hessischen Ministerpräsidenten an den Landkreis Schmalkalden, 27. 7. 1993. ThHStA Weimar, Thüringer Staatskanzlei Nr. 3484.0/93, Bl. 19a.

Beziehungen zwischen Ländern der Bundesrepublik Deutschland an. Vertiefte längerfristige Kooperationen wurden durch Staatsverträge und Verwaltungsabkommen dauerhaft geregelt.[14] Neben den staatsvertraglich festgelegten Formen der Zusammenarbeit gab und gibt es weitere, ebenfalls auf Dauer angelegte Projekte beider Länder. Nicht alle geplanten Vorhaben konnten realisiert werden, jedoch zeigt sich nicht zuletzt auch hierin die „Normalität" der Beziehungen.

Der erste Staatsvertrag zwischen den Bundesländern Hessen und Thüringen, „Staatsvertrag über die Bildung einer gemeinsamen Sparkassenorganisation Hessen-Thüringen", wurde am 10. März 1992 unterzeichnet und das entsprechende Gesetz in zweiter Lesung am 13. Mai 1992 durch den Hessischen Landtag mit den Stimmen aller Fraktionen ratifiziert.[15] Ausdrücklich wurde vom damaligen Hessischen Minister für Wirtschaft, Verkehr und Technologie, Ernst Welteke (SPD), in der Parlamentsdebatte darauf verwiesen, dass das vorliegende Vertragswerk über eine reine Hilfeleistung hinausgehe. *Es errichtet innerhalb der Sparkassenorganisation eine Partnerschaft mit gleichen Rechten und Pflichten. [...] Die Hessische Landesregierung ist mit der Landesregierung in Thüringen der Ansicht, daß dieser Staatsvertrag den Interessen beider Länder im gleichen Umfang gerecht wird.*[16] In seinen weiteren Ausführungen erinnerte Welteke u. a. daran, dass die ersten Gespräche zum Abschluss des Staatsvertrags zwischen Thüringen und Hessen bereits vor Übernahme der Regierungsverantwortung durch die Sozialdemokraten und GRÜNEN stattgefunden hätten.[17] Auch die Hessische Landesbank und die hessischen Sparkassen begannen bereits Anfang 1990, den Aufbau eines leistungsfähigen Sparkassensystems in Thüringen durch ein umfassendes Unterstützungsprogramm zu fördern.[18]

Mit dem Staatsvertrag wurde ab 1992 eine länderübergreifende Sparkassenorganisation zwischen einem alten und einem neuen Bundesland geschaffen. Damit entstand

14 Vgl. Hessische Staatskanzlei, Dr. Meinck, Vermerk, betr. Zusammenarbeit Hessen-Thüringen 1989–2000, 20. 10. 2000, S. 1–12. Hessische Staatskanzlei. Hierin findet sich ein umfassender Überblick über die Zusammenarbeit zwischen Hessen und Thüringen auf Länderebene in den Jahren 1989 bis 2000.

15 Vgl. Hessischer Landtag, 13. Wahlperiode, Drucksache 13/1810, 17. 3. 1992, S. 3. Hessischer Landtag. Die Zustimmung durch den Hessischen Landtag erfolgte mit der Verabschiedung des „Gesetzes zu dem Staatsvertrag zwischen den Ländern Hessen und Thüringen über die Bildung einer gemeinsamen Sparkassenorganisation Hessen-Thüringen und zur Änderung des Hessischen Sparkassengesetzes". Veröffentlicht: 20. 5. 1992. GVBl. I S. 189.

16 Hessischer Landtag, 13. Wahlperiode, Plenarprotokoll der 33. Sitzung, 24. 3. 1992, S. 1857 f. Hessischer Landtag.

17 Vgl. ebd., S. 1857.

18 Vgl. Schreiben des geschäftsführenden Präsidenten des Hessischen Sparkassen- und Giroverbandes an den Hessischen Minister für Wirtschaft und Technik, 12. 1. 1990. HHStAW, Z 502 Nr. 6107. Ebenso: „Aufbau eines kommunalen Sparkassenwesens in Thüringen. Helaba und Hessische Sparkassen beschließen Unterstützungsprogramm", Hanauer Anzeiger, 10. 2. 1990. Dazu auch: Mühlfriedel, Wolfgang: Die thüringische Wirtschaft im Wandel. In: Thüringen. Eine politische Landeskunde, 1996, S. 242–266, hier S. 245 ff. Vgl. dazu auch das Interview mit Dr. Wolfgang Hamberger in dieser Publikation. Ebenso: Bökel, Gerhard: Zusammenarbeit von Kreisen dargestellt am Beispiel des Lahn-Dill-Kreises und des Kreises Ilmenau. In: Hessen und Thüringen, 2007, S. 121–129.

ein gemeinsamer Sparkassen- und Giroverband Hessen-Thüringen mit angeschlossenen gemeinsamen Verbundunternehmen (öffentlich-rechtlichen Versicherungen) und einer gemeinsamen Landesbank mit Sitz in Frankfurt und Erfurt, denen die Länder Hessen und Thüringen als Geschäftsgebiete zugewiesen wurden. Ziel des Staatsvertrags war es nicht nur, die Entwicklungschancen der Sparkassen und der mit ihnen verbundenen Unternehmen in beiden Ländern zu erhöhen, sondern auch mittelfristig zur Entwicklung eines gemeinsamen Wirtschaftraumes beizutragen.[19]

Am 1. März 1993 wurde zwischen Hessen und Thüringen ein weiterer auf Dauer angelegter Vertrag geschlossen. Nach Maßgabe des „Staatsvertrags über die Ausbildung von Beamtinnen und Beamten für die Laufbahn des gehobenen Justizdienstes – Rechtspflegelaufbahn – an der Verwaltungsfachhochschule in Rotenburg an der Fulda“ wurden und werden Thüringer Bedienstete auf der Grundlage der hessischen Ausbildungs- und Prüfungsordnung für die Rechtspflegerlaufbahn ausgebildet.[20] Da das Land Thüringen 1993 und auf absehbare Zeit nicht über die Möglichkeit verfüge, die Ausbildung des gehobenen Justizdienstes im eigenen Land zu verwirklichen, sei Hessen um Unterstützung bei der Ausbildung gebeten worden.[21] Angesichts des immensen Bedarfs des Landes Thüringen an Rechtspflegerinnen und Rechtspflegern trat der Vertrag bereits rückwirkend zum 1. September 1992 in Kraft. Zu diesem Termin hatten auch die ersten Thüringer Beamtinnen und Beamten ihre Ausbildung in Rotenburg aufgenommen. An der Verwaltungsfachhochschule Rotenburg sollten etwa 35 Rechtspflegeranwärter pro Jahr ausgebildet werden, die Ausbildungskosten erstattet das Land Thüringen.[22] Nach Einschätzung der Hessischen Staatskanzlei trug der Staatsvertrag entscheidend dazu bei, *dass der Freistaat Thüringen in relativ kurzer Zeit über eigene Beamte des gehobenen Justizdienstes verfügen [konnte,] um die bestehenden Defizite, insbesondere in den Bereichen des Vollzugsdienstes, der Regelung offener Vermögensfragen und des Grundbuchwesens, abbauen zu können.*[23]

Neben Staatsverträgen schlossen die Länder Hessen und Thüringen verschiedene Verwaltungsabkommen ab[24], wodurch weitere längerfristige gemeinsame Kooperationen vertraglich festgeschrieben wurden. So unterzeichneten die Ministerpräsidenten

19 Vgl. Schreiben des Hessischen Ministerpräsidenten H. Eichel an den Bundestagsabgeordneten W. Sorge, 2. 7. 1993, 5. HHStAW, Z 502 Nr. 17542.

20 Vgl. Hessischer Landtag, 13. Wahlperiode, Drucksache 13/4105, 16. 4. 1993. Hessischer Landtag. Das entsprechende Gesetz wurde am 28. 10. 1993 verkündet. Vgl. GVBl. I S. 481.

21 Vgl. Hessischer Landtag, 13. Wahlperiode, Drucksache 13/4105, 16. 4. 1993, S. 7. Hessischer Landtag.

22 Vgl. ebd.

23 Hessische Staatskanzlei, Dr. Meinck, Vermerk, betr. Zusammenarbeit Hessen-Thüringen 1989–2000, 20. 10. 2000, S. 1–12, hier S. 4. Hessische Staatskanzlei.

24 Verwaltungsabkommen sind vertragsähnliche Vereinbarungen u. a. auch zwischen Bundesländern, die von den jeweiligen Regierungen ohne Einbeziehung des Parlaments geschlossen werden können, sie regeln nur Gegenstände der Exekutive. Staatsverträge zwischen zwei oder mehreren Bundesländern müssen hingegen durch die jeweiligen Länderparlamente durch ein sog. Zustimmungsgesetz in ein Landesgesetz übernommen werden. Erst nach Ratifizierung durch alle beteiligten Landtage kann der Staatsvertrag in Kraft treten.

von Hessen und Thüringen am 25. Juli 1994 nach dem Auslaufen des Aktionsprogramms Hessen-Thüringen eine „Vereinbarung über die Fortführung der hessischen Verwaltungs- und Justizhilfe für Thüringen". Wie der Hessische Ministerpräsident Hans Eichel anlässlich der Vertragsunterzeichnung betonte, sei dieses Abkommen nun eine Vereinbarung zwischen gleichberechtigten Partnern, während das im Dezember 1989 verabschiedete Aktionsprogramm noch eine einseitige hessische Entscheidung gewesen sei.[25]

Im Mai 1992 gründeten die Länder Hessen und Thüringen in Verbindung mit dem Land Rheinland-Pfalz und dem Saarland das Institut für Steinkonservierung mit Sitz in Mainz als gemeinsame Einrichtung der staatlichen Denkmalpflege.[26] Ein weiterer Ausdruck für die inzwischen eingetretene „Normalität" der Beziehungen beider Länder zueinander ist die bereits 1990 begonnene Planung zur Errichtung eines gemeinsamen Oberbergamtes der Länder Hessen und Thüringen. Ein Vorhaben, das 1993 an den sich ändernden politischen Interessen beider Bundesländer scheiterte, wie die folgenden Ausführungen darlegen.

Der damalige Hessische Umweltminister Karlheinz Weimar (CDU) und sein thüringischer Amtskollege Hartmut Sieckmann (FDP) verständigten sich im November 1990 darauf, *die Aufgaben der oberen Bergbehörde durch ein gemeinsames Oberbergamt für die Länder Hessen und Thüringen wahrnehmen zu lassen.*[27] Dieser Entscheidung waren zahlreiche Gespräche auf nachgeordneter Ebene vorausgegangen und auch eine intensive Verwaltungshilfe der hessischen Bergbehörde beim Aufbau einer Bergbehörde für das Land Thüringen.[28] Dabei habe sich herausgestellt, dass eine wirksame Bergaufsicht insbesondere angesichts der zu lösenden grenzüberschreitenden Probleme beim Kalibergbau an der Werra zweckmäßig sei und eine dauerhafte Verbindung der Bergbehörden in Hessen und Thüringen verlange. Entsprechend abgestimmte Entwürfe für einen Staatsvertrag lagen Anfang 1991 vor.[29] (Dok. 68) Mit dem Regierungs-

25 Vgl. Ansprache des Hessischen Ministerpräsidenten anläßlich der Unterzeichnung der Vereinbarung zwischen dem Land Hessen und dem Freistaat Thüringen über die Fortführung der Verwaltungs- und Justizhilfe, 25. 7. 1994. HHStAW, Nr. 16130. (Dok. 56). Vgl. dazu auch Kapitel 3.5. dieser Publikation.

26 Vgl. Hessische Staatskanzlei, Dr. Meinck, Vermerk, betr. Zusammenarbeit Hessen-Thüringen 1989–2000, 20. 10. 2000, S. 1–12, hier S. 5. Hessische Staatskanzlei.

27 Schreiben des Ministeriums für Umwelt und Reaktorsicherheit an die Hessische Staatskanzlei und weitere Ministerien, betr. Gemeinsames Oberbergamt für die Länder Hessen und Thüringen, 22. 2. 1991. HHStAW, Abt. 545 Nr. 2657. Der gesamte Vorgang zu den Planungen eines gemeinsamen Oberbergamtes Hessen-Thüringen ist ausführlich dokumentiert und findet sich im Hessischen Hauptstaatsarchiv in Wiesbaden unter der Signatur Abt. 545 Nr. 2654, 2656, 2657.

28 Eine vom Hessischen Oberbergamt erstellte Liste gibt einen chronologischen Überblick über die Abfolge von Besprechungen und Verhandlungen zwischen Mai 1990 und März 1992 in dieser Sache. Vgl. Hessisches Oberbergamt, Entwicklung der Bemühungen um ein gemeinsames Oberbergamt Hessen/Thüringen, 24. 3. 1992. HHStAW, Abt. 545 Nr. 2656.

29 Schreiben des Ministeriums für Umwelt und Reaktorsicherheit an die Hessische Staatskanzlei und weitere Ministerien, betr. Gemeinsames Oberbergamt für die Länder Hessen und Thüringen, 22. 2. 1991. HHStAW, Abt. 545 Nr. 2657.

wechsel in Hessen wurden die bisherigen Absprachen bezüglich eines gemeinsamen Oberbergamtes zunächst in Frage gestellt. Sowohl Thüringen als auch die hessische Bergbaubehörde reagierte mit Erstaunen, da bisher kein Zweifel daran bestanden habe, dass auch durch den Regierungswechsel der noch von der alten Regierung vorbereitete Staatsvertrag mit Thüringen verwirklicht werden würde.[30] In weiteren Schreiben sprachen sich Wirtschaftsverbände, die Industrie- und Handelskammer Kassel und die Industriegewerkschaft Bergbau und Energie für ein gemeinsames Oberbergamt aus.[31]

Bei einem ersten Arbeitsgespräch zwischen dem Hessischen Umweltminister Joschka Fischer (GRÜNE) und seinem Thüringer Amtskollegen Hartmut Sieckmann (FDP) am 8. Juli 1991 wurde von hessischer Seite der veränderte Standpunkt dargelegt und lediglich für eine befristete Übergangszeit (zwei bis vier Jahre) ein gemeinsames Oberbergamt in Aussicht gestellt. Grund dafür sei, dass auf Dauer möglicherweise kein eigenständiges Oberbergamt in Hessen mehr benötigt werde. Dieses nun neue Angebot wurde vom Thüringer Umweltminister abgelehnt.[32] (Dok 69) Im April 1992 griff Thüringen das Angebot Fischers jedoch wieder auf. *Nachdem ich mittlerweile erfahren habe,* so der Thüringer Umweltminister, *daß eine von Ihnen veranlaßte Organisationsprüfung des Hessischen Oberbergamtes ergeben hat, daß dieses auch in Zukunft als wichtiger Bestandteil der Ihrem Ministerium unterstellten Bergverwaltung benötigt wird, erlaube ich mir heute, mit der nochmaligen Anfrage und Bitte an Sie heranzutreten, ob sich ein gemeinsames Oberbergamt unserer beiden Länder nicht doch noch herbeiführen läßt.*[33] Am 1. Juli 1992 fand ein Gespräch zwischen beiden Umweltministern statt, in dem nun abermals über ein gemeinsames Oberbergamt verhandelt wurde. *Minister Fischer erklärte, daß Hessen sich einem gemeinsamen Oberbergamt nicht verschließt, wenn eine klare Verantwortungsteilung erfolgt. Er forderte eine Regelung mit zeitlicher Rücktrittsklausel zum 31. 12. 1995. Minister Sieckmann stimmte zu.*[34] Die Ratifizierung des Staatsvertrages sollte noch 1992 durch die jeweiligen Länderparlamente erfolgen und das gemeinsame Oberbergamt für Hessen und Thüringen seine Tätigkeit zum 1. Januar 1993 aufnehmen.[35] Das endgültige Aus für dieses Projekt kam mit der Ernennung Dr. Bern-

30 Vgl. Vermerk des Hessischen Oberbergamts an Ministerpräsident H. Eichel und Staatsminister J. Fischer, betr. Gemeinsames Oberbergamt für die Länder Hessen und Thüringen, 10. 6. 1991. HHStAW, Abt. 545 Nr. 2657.

31 Vgl. Hessisches Oberbergamt, Entwicklung der Bemühungen um ein gemeinsames Oberbergamt Hessen/Thüringen, 24. 3. 1992. HHStAW, Abt. 545 Nr. 2656.

32 Vgl. Schreiben J. Fischer, Hessischer Minister für Umwelt, Energie und Bundesangelegenheiten an Minister Hartmut Sieckmann, Thüringer Umweltministerium, betr. Gemeinsames Oberbergamt der Länder Hessen und Thüringen., 8. 8. 1991. HHStAW, Abt. 545 Nr. 2657.

33 Schreiben Thüringer Ministerium für Umwelt und Landesplanung an Minister J. Fischer, Hessisches Ministerium für Umwelt, Energie und Bundesangelegenheiten, betr. Gemeinsames Oberbergamt der Länder Hessen und Thüringen, 30. 4. 1992. HHStAW, Abt. 545 Nr. 2656.

34 Hessisches Ministerium für Umwelt, Energie und Bundesangelegenheiten, Vermerk, betr. Gemeinsames Oberbergamt für die Länder Hessen und Thüringen, 9. 7. 1992. HHStAW, Abt. 545 Nr. 2656.

35 Vgl. Hessisches Oberbergamt, Ergebnisvermerk, 5. 8. 1992. HHStAW, Abt. 545 Nr. 2654. Vorgesehen war die Ausdehnung der Zuständigkeit des Hessischen Oberbergamtes auf Thüringen sowie die personelle und finanzielle Beteiligung Thüringens an der Behörde.

hard Vogels zum neuen Thüringer Ministerpräsidenten und der Neustrukturierung der Thüringer Landesregierung. In einem Schreiben vom 25. Januar 1993 an Umweltminister Fischer erläuterte die Thüringer Seite die nun veränderte Situation: ... *unsere gemeinsamen Überlegungen zur Bildung eines Oberbergamtes Hessen-Thüringen, die im Jahr 1991 aufgenommen, dann zeitweilig ausgesetzt und 1992 fortgesetzt wurden, sind in den letzten Monaten in ein neues Stadium getreten. [...] Letztendlich haben wir uns dann für ein eigenständiges Oberbergamt Thüringen entschieden. Dieses soll sich neben den Problemen der Kaliregion, die uns und Hessen gemeinsam betreffen, vor allem mit den Aufgaben in Ostthüringen im Braunkohlen-, Teer- und Wismutbereich befassen. Vor diesem Hintergrund bitte ich um Verständnis, daß ein gemeinsames Oberbergamt mit Hessen nicht gebildet werden kann.*[36] (Dok. 70)

Neben den vertraglich festgelegten Formen der Zusammenarbeit gab und gibt es weitere gemeinsame Projekte beider Länder. Dazu gehört das grenzübergreifende Biosphärenreservat Rhön. Die UNESCO sprach bereits im März 1991 der Region im Grenzgebiet zwischen Hessen, Thüringen und Bayern die Anerkennung als Biosphärenreservat aus. Konkret wurde damit das Ziel verbunden, neben dem Schutz und der Pflege bestimmter Ökosysteme gemeinsam mit den in der Region lebenden und wirtschaftenden Menschen eine nachhaltige Landnutzung aufzubauen. Im Mittelpunkt der Fördermaßnahmen standen und stehen insbesondere Schutz, Pflege und Entwicklung der von Menschen geprägten Kulturlandschaft.[37] Um das Biosphärenreservat dem Ziel entsprechend zu einem in ökonomischer und ökologischer Hinsicht einheitlichen Kulturraum im Grenzgebiet von Bayern, Hessen und Thüringen zu entwickeln, waren Abstimmungen zwischen den drei Bundesländern insbesondere über Maßnahmen der Wirtschaftsförderung und des Naturschutzes nötig. Ein von der Hessischen und Thüringer Landesregierung befürworteter Vertrag, der Regelungen zur Verwaltung und gemeinschaftlichen Entwicklung des Biosphärenreservats beinhalten sollte, scheiterte 1994 an der Bayerischen Staatsregierung.[38] Durch die länderübergreifende Zusammenarbeit wird das Ziel einer ökologisch und ökonomisch orientierten Regionalentwicklung mit dem Biosphärenreservat Rhön dennoch auch weiterhin gemeinsam verfolgt.

Wie zwischen allen benachbarten Bundesländern, erfolgten und erfolgen zwischen Hessen und Thüringen auf vielen Gebieten bilaterale Absprachen wie beispielsweise zu

36 Schreiben des Thüringer Ministeriums für Umwelt und Landesplanung an das Hessische Ministerium für Umwelt, Energie und Bundesangelegenheiten, 20. 1. 1993. HHStAW, Abt. 545 Nr. 2654.

37 In einer umfassenden Stellungnahme äußerte sich der Hessische Minister für Landesentwicklung, Wohnen, Landwirtschaft, Forsten und Naturschutz, Jörg Jordan (SPD), 1994 zum Biosphärenreservat Rhön. Vgl. Hessischer Landtag, 13. Wahlperiode, Drucksache 13/5956, 17. 3. 1994. Hessischer Landtag.

38 Wie es in der Stellungnahme der Hessischen Landesregierung hieß, sei der Abschluss eines Staatsvertrags ohne Beteiligung Bayerns jedoch nicht sinnvoll. Vgl. Hessischer Landtag, 13. Wahlperiode, Drucksache 13/5956, 17. 3. 1994, S. 3. Hessischer Landtag. Dem Land Thüringen wurden zur Förderung des Biosphärenreservats Rhön aus dem Aktionsprogramm Hessen-Thüringen zwischen 1990 und 1992 Mittel in Höhe von insgesamt 0,81 Mio. DM zur Verfügung gestellt. Vgl. ebd., S. 6.

grenzüberschreitenden Verkehrsprojekten oder zur Wirtschaftsförderung im grenznahen Raum. Und auch in den Jahren nach 1994 wurden Staatsverträge und Vereinbarungen über längerfristige Kooperationen in unterschiedlichen Bereichen der Länderpolitik abgeschlossen, so u. a. 1996 der „Staatsvertrag zum grenzüberschreitenden Abbau von Salzen im Werra-Kalirevier“[39] oder 2000 ein Staatsvertrag, der es Kommunen ermöglicht, gemeinsame Zweckverbände zu gründen.[40] 1996 unterzeichneten die Ministerpräsidenten beider Länder das „Verwaltungsabkommen zwischen dem Land Hessen und dem Land Thüringen über die Fortbildung und den Einsatz von thüringischen Grundschullehrerinnen und -lehrern in Hessen“.[41] Schließlich führt der Freistaat Thüringen seit Oktober 2000 aufgrund einer Vereinbarung die überbetriebliche Ausbildung bei der Gärtnerausbildung in der Fachrichtung Garten- und Landschaftsbau für beide Länder gemeinsam durch.[42]

Im kulturellen Bereich gehört zu den dauerhaften Kooperationen beider Länder das „Junge Literaturforum Hessen-Thüringen“, ein Literaturwettbewerb für junge Schreibende aus Hessen und Thüringen. Seit 1991 wird dieser Wettbewerb vom Hessischen Ministerium für Wissenschaft und Kunst und dem Thüringer Kultusministerium gemeinsam veranstaltet. Ein für die Aufarbeitung der deutschen Teilung bedeutendes Projekt findet in der beiderseitigen Förderung der Gedenkstätte Point Alpha durch die Länder Hessen und Thüringen seinen Ausdruck. An diesem authentischen Ort der Ost-West-Konfrontation, an dem sich amerikanische Soldaten denen des Warschauer Paktes in Sichtweite gegenüberstanden, soll an die historischen Zusammenhänge der deutschen Teilung ebenso erinnert werden wie an den Weg zur Deutschen Einheit. Zum 1. Januar 2008 wurde die länderübergreifende Point Alpha-Stiftung gegründet. Als Ziel der Stiftung wird neben dem Erhalt und der Pflege der Gedenkstätte vor allem die Erschließung dieses einmaligen Erinnerungsortes als Lernort für heutige und nächste Generationen genannt.[43]

39 Vgl. Gesetz zu dem Staatsvertrag zum grenzüberschreitenden Abbau von Salzen im Werra-Kalirevier. GVBl. I S. 177.

40 Vgl. Gesetz zu dem Staatsvertrag zwischen dem Freistaat Thüringen und dem Land Hessen über die grenzüberschreitende kommunale Zusammenarbeit in Zweckverbänden, durch öffentlich-rechtliche Vereinbarungen (Zweckvereinbarungen) und in kommunalen Arbeitsgemeinschaften sowie in Wasser- und Bodenverbänden. GVBl. I S. 506.

41 Die Vereinbarung sah vor, Grundschullehrerinnen und -lehrer aus Thüringen in Hessen fortzubilden und zugleich im hessischen Schuldienst einzusetzen. Vgl. Hessische Staatskanzlei, Niederschrift über die gemeinsame Kabinettssitzung Hessen und Thüringen am 12. 3. 1996, 12. 3. 1996. HHStAW, Z 502 Nr. 17544. Zusätzlich findet sich an anderer Stelle der Hinweis auf eine gleich lautende Vereinbarung, die am 3. 2. 1998 von den Kultusministern beider Länder unterzeichnet wurde. Vgl. Hessische Staatskanzlei, Dr. Meinck, Vermerk, betr. Zusammenarbeit Hessen-Thüringen 1989–2000, 20. 10. 2000, S. 1–12, hier S. 5. Hessische Staatskanzlei.

42 Vgl. Hessische Staatskanzlei, Dr. Meinck, Vermerk, betr. Zusammenarbeit Hessen-Thüringen 1989–2000, 20. 10. 2000, S. 6 f. Hessische Staatskanzlei.

43 Vgl. www.pointalpha.com/stiftung. Ebenso: Grasreiner, Sylvia; Ruske, Wolfgang: Hessische Grenzmuseen: Point Alpha. Schiffersgrund (= Blickpunkt Hessen), hrsg. von der Hessischen Landeszentrale für politische Bildung, 6/2006.

Hessen und Thüringen sind seit 1990 zwei benachbarte Länder im föderalen Gefüge der Bundesrepublik Deutschland. Sie verbinden historisch begründete Gemeinsamkeiten und eine Partnerschaft, die sich wesentlich durch die Hilfen des Landes Hessen zum Aufbau des Freistaats Thüringen entwickelte; eine Partnerschaft, die auch heute noch eine wichtige Grundlage für eine dauerhafte Kooperation beider Länder darstellt. Erfolgreiche Beziehungen sind allerdings weder statisch noch selbstverständlich, sondern bedürfen weiterer gemeinsamer Anstrengungen. Dazu gehören auf Landesebene regelmäßige Konsultationen und in zeitlichen Abständen gemeinsame Kabinettssitzungen beider Landesregierungen.[44]

44 Die erste gemeinsame Kabinettssitzung der Länder Hessen (Regierung Eichel SPD/GRÜNE) und Thüringen (Regierung Dr. Bernhard Vogel CDU/SPD) fand am 12. 3. 1996 auf der Wartburg bei Eisenach statt. Erörtert wurden u. a. Vorhaben im Bereich Verkehr, Wirtschaft, Infrastruktur und Naturschutz sowie Ausbildung und Kultur. Darüber hinaus wurde im Rahmen der Sitzung ein Verwaltungsabkommen unterzeichnet und einem Staatsvertrag zugestimmt. Vgl. Hessische Staatskanzlei, Niederschrift über die gemeinsame Kabinettssitzung Hessen und Thüringen am 12. 3. 1996, 12. 3. 1996. HHStAW, Z 502 Nr. 17544. Weitere gemeinsame Kabinettssitzungen folgten am 2. 5. 2000 in Kassel, am 5. 3. 2002 in Weimar und am 20. 3. 2007 in Friedewald an der hessisch-thüringischen Landesgrenze.

5. Erinnerungen von Zeitzeugen: Berichte und Interviews

Neben dem überlieferten Schriftgut sind es insbesondere die Erinnerungen von Zeitzeugen, die wertvolle Aufschlüsse über die Phase des politischen Umbruchs in der DDR und des Neuaufbaus des Landes Thüringen geben.[1] Dementsprechend hat der Hessische Landtag als ein wichtiges Zeitdokument 2007 ein Buch herausgegeben, *in dem einige der Protagonisten der ersten Wochen und Monate der Wende sowohl in Hessen wie auch in Thüringen aus ihrer Sicht diese Zeit schildern.*[2] Es sind eindrückliche Berichte hessischer und thüringischer Politikerinnen und Politiker, die ebenso für diese Publikation von besonderem Interesse sind.

Von Beginn an stand fest, dass auch für die vorliegende Dokumentation Personen zu Wort kommen sollten, die in unterschiedlicher Funktion und Weise an dem Aktionsprogramm Hessen-Thüringen (Investitionsmaßnahmen, Verwaltungshilfe) beteiligt waren und insgesamt über die bedeutende zeithistorische Phase zwischen 1989 und 1994 berichten konnten. Denn trotz des großen Umfangs einschlägiger Überlieferungen beispielsweise der Hessischen Staatskanzlei und einzelner Ressorts sind es die vorliegenden Berichte und Interviews der Zeitzeugen, die eine Ergänzung und Verdichtung der vorhandenen Materialgrundlage schaffen. Die Darstellungen und Bewertungen der Befragten zeugen erwartungsgemäß von großer Kenntnis und erweitern den Blick auf und das Wissen um die damalige Zeit.

In einem gemeinsamen Schreiben des Hessischen Landtagspräsidenten Norbert Kartmann und des Hessischen Ministerpräsidenten Roland Koch wurde seit 2004 eine Vielzahl von Personen darum gebeten, sich an der Dokumentation dieser denkwürdigen Zeit des politischen Wandels zu beteiligen.[3] Inzwischen liegen mehr als hundert Antworten vor, in denen die angeschriebenen Zeitzeugen auf unterschiedliche Weise ihre Bereitschaft zur Mitarbeit bekunden, sei es durch die Zusendung persönlicher Unterlagen, Erinnerungs- und/oder Arbeitsberichte, Fotos, Veröffentlichungen, oder

1 Vgl. z. B. Dornheim, Andreas; Schnitzler, Stephan (Hrsg.): Thüringen 1989/90. Akteure des Umbruchs berichten, 1995.

2 Kartmann, Norbert: „Wendezeit". Hessen und Thüringen – eine notwendige Erinnerung. In: Hessen und Thüringen, 2007, S. 7–14, hier S. 7.

3 Vgl. ebd. Zudem: Schreiben des Hessischen Landtagspräsidenten und des Hessischen Ministerpräsidenten an die hessischen Aufbauhelferinnen und Aufbauhelfer, die beim Aufbau des Landes Thüringen mitgewirkt haben, September 2004. Hessische Staatskanzlei.

sei es durch die Nennung weiterer Zeitzeugen.[4] Leider war es aus Platz- und Zeitgründen nicht möglich, alle Unterlagen und Zeitzeugenberichte in gebotenem Umfang in die Publikation aufzunehmen oder mit allen Interessierten ein Interview zu führen. Doch werden die zugesandten Zeitdokumente und Selbstzeugnisse im Hessischen Hauptstaatsarchiv Wiesbaden archiviert und stehen damit der weiteren Forschung uneingeschränkt zur Verfügung. An dieser Stelle sei allen Zeitzeugen für ihre engagierte Unterstützung des Projekts vielmals gedankt.

Für die vorliegende Publikation ergab sich die Auswahl der Zeitzeugen zum einen durch ihre aus den Aktenbeständen ersichtliche Rolle, zum anderen sollte ein möglichst breites Spektrum der Verwaltungshilfe aufgezeigt werden. Ausgewählt wurden Personen, die maßgeblich an der Gestaltung und Umsetzung des Soforthilfeprogramms und/oder an entscheidender Position am Aufbau rechtsstaatlicher Verwaltungs- und Rechtsstrukturen in Thüringen beteiligt waren. Zur Durchführung der Interviews wurde ein jeweils individuell ausgearbeiteter Fragenkatalog erstellt, der auf die bereits vorliegenden Informationen der zu befragenden Gesprächspartner abgestimmt war.[5]

Die nachfolgenden Zeitzeugeninterviews und Erinnerungsberichte geben einen Einblick in die Vielfalt der Aufgaben und Maßnahmen, die es im Rahmen des Aktionsprogramms Hessen-Thüringen bis 1994 zu bewältigen galt. Sie beleuchten und beurteilen das hessische Engagement in Thüringen aus unterschiedlichen Blickwinkeln, doch mit wenigen Ausnahmen (Dr. Heino Falcke, Marion Walsmann) zumeist aus Sicht der hessischen Akteure. Die Zeitzeugnisse erlauben weiterführende Erkenntnisse über die konkreten Arbeitsbedingungen vor Ort, über den Prozess der politischen Veränderung und über Kontakte zwischen Menschen in Hessen und Thüringen. Und sie bestätigen die aus den Unterlagen gewonnene Erkenntnis, dass sich die Anforderungen an die Verwaltungshilfe im Zeitverlauf verlagert haben: vom spontanen Krisenmanagement zum systematischen Aufbau von Organisationsstrukturen.

Den folgenden Interviews und Berichten sind zum besseren Verständnis jeweils kurze biografische Angaben zur Person vorangestellt. Da viele Aussagen der Zeitzeugen zu mehreren Aspekten der vorliegenden Publikation ergänzende Hinweise liefern, erschien eine alphabetische Reihenfolge sinnvoll. Verweise auf die zugehörigen Interviews finden sich entsprechend im Text. Die Interviews wurden von Karin Brandes (im Folgenden mit I. bezeichnet) geführt.

4 Eine besonders große Resonanz zur Mitarbeit ist aus dem Bereich der Justizverwaltung erkennbar. Zum Aufbau der Justizverwaltung in Thüringen liegen zudem bereits mehrere Publikationen vor. Vgl. u. a. Bauer, Hans Joachim; Werner, Olaf (Hrsg.): Festschrift zur Wiedererrichtung des Oberlandesgerichts in Jena, 1994.

5 Ein anderes Ziel verfolgte beispielsweise ein breit angelegtes Forschungsprojekt (1992–1996), in dem die Funktion und die Wirkung personeller Verwaltungshilfe in Ostdeutschland (hier Brandenburg) untersucht wurde. Grundlage der Studie sind etwa 1800 Fragebögen und Interviews, in denen Verwaltungshelferinnen und Verwaltungshelfer aus Nordrhein-Westfalen über ihre Tätigkeit in Brandenburg befragt wurden. Vgl. Grunow, Dieter und Mitarbeiter: Verwaltungstransformation zwischen politischer Opportunität und administrativer Rationalität: Eine empirische Untersuchung der Verwaltungshilfe für Brandenburg, (= Sozialplanung und Sozialverwaltung, Bd. 19), 1996.

Berichte und Interviews von bzw. mit:
Dietrich Blankenburg ▪ Prof. Dr. Helmut-Günther Breuers ▪ Ludwig Crößmann ▪ Wolfgang Emmenthal/Karlheinz Zahn ▪ Dr. Rolf Faber ▪ Dr. Heino Falcke ▪ Dr. Wolfgang Hamberger ▪ Erwin Henkel ▪ Hans-Otto Kurz/Fritz Schäfer ▪ Dr. Rolf Lettmann ▪ Dr. Klaus Frhr. von der Osten-Sacken und von Rhein ▪ Dieter Posch ▪ Rudolf Rainer ▪ Jürgen Rittmannsperger ▪ Harald Schulz ▪ Dr. Hartmut Schwan ▪ Marion Walsmann ▪ Prof. Dr. Olaf Werner ▪ Dr. Peter Wickler ▪ Dr. Ernst Wilke ▪ Dr. Thomas Zickgraf

Dietrich Blankenburg

Leitender Ministerialrat a. D.

Geboren 1938 in Göttingen. Jurastudium in Marburg und Kiel, 1. jur. Staatsexamen 1963 in Marburg, anschließend wissenschaftlicher Assistent im Institut für Zivilrecht der TH Darmstadt, 1968 2. jur. Staatsexamen in Wiesbaden. Von 1969 TH Darmstadt, ab 1971 Mitarbeiter des Präsidenten der TH Darmstadt mit den Zuständigkeiten u. a. Hochschulorganisation, Hochschulprüfungsrecht, internationale Zusammenarbeit, Hochschulrektorenkonferenz. 1987 Wechsel in die Hochschulabteilung des Hessischen Ministeriums für Wissenschaft und Kunst (HMWK) mit den Zuständigkeiten Hochschulaufsicht, Angelegenheiten von Prüfungs- und Studienordnungen, ausländischen Hochschulzugangsberechtigungen.
Von September 1990 bis September 1991 Abordnung nach Thüringen zum Aufbau des dortigen Ministeriums für Wissenschaft und Kunst. Ab 2000 Stellvertretender Abteilungsleiter der Hochschulabteilung des HMWK, 2003 Pensionierung. Danach bis Sommer 2005 Berater des HMWK in Angelegenheiten von ausländischen akademischen Graden und ausländischen Hochschulzugangsberechtigungen.

Interview mit Herrn Dietrich Blankenburg (B.) am 17. 10. 2007

I.: *Herr Blankenburg, wie und wann begann Ihre Aufbauarbeit in Thüringen? Was war dort Ihre Aufgabe?*

B.: Im Sommer 1990 begann die Ministerpräsidentenkonferenz, die Aufbauhilfe für die neuen Bundesländer zu koordinieren. Dabei ging es auch darum, festzulegen, welches Bundesland West beim Aufbau welchem Bundesland Ost hilft. Hessen war danach für Thüringen zuständig, zum Teil mit Rheinland-Pfalz und mit Bayern. Am 26. 9. 1990 wurde ich zum ersten Mal nach Thüringen geschickt. Minister Gerhardt hatte entschieden, dass ich dorthin gehen sollte, und zwar für den Hochschulbereich. In Erfurt traf ich dann Dr. Brans, früherer Staatssekretär im Hessischen Kultusministerium, später im Umweltbereich. In Erfurt trafen wir uns zunächst in zentraler Runde, in der eine Einführung gegeben und unsere zukünftigen Aufgaben erläutert wurden. Zu dieser Runde gehörten die an dem Tag anwesenden Vertreter aus den anderen Bundesländern sowie einige Personen aus dem Bereich von Herrn Duchač. Viel haben wir dort allerdings nicht erfahren können, im Grunde wollte man deutlich machen, dass wir alle wichtigen Entscheidungen mit den Vertretern von Herrn Duchač abstimmen sollten. Nach dieser Besprechung waren wir mehr oder weniger auf uns allein gestellt. Es gab weder Räume noch Akten, noch gab es Ansprechpartner. Erfahren haben wir aber, dass die Denkmalschutzbehörde in Erfurt ihren Sitz hat, und wir sind gleich am Nachmittag des ersten Tages zu dem Leiter der Denkmalbehörde gegangen. Diese Behörde bestand noch für ganz Thüringen und war nie auf die einzelnen Bezirksverwaltungen aufgeteilt worden, so dass wir praktisch für den ganzen Bereich Denkmalschutz und Denkmalpflege für ganz Thüringen einen Ansprechpartner hatten. Von Dr. Brans kam dann die Vorgabe, dass innerhalb kürzester Zeit Projektanträge in einer Größenordnung von 150 Millionen DM vorzulegen seien, die er mit dem Bundesinnenminister besprechen wollte, um dafür Projektfördermittel zu bekommen. Dazu gehörte zum Beispiel die Oper Meiningen, die in einem schlechten Zustand war, wie auch viele andere Bauten im Bereich der Weimarer Klassik, die einer dringenden Förderung bedurften, ferner Burgen, Schlösser etc. Diese Maßnahmen wurden dann vom Bundesinnenministerium mitfinanziert, zu Beginn bis 100 %. Aus dem Programm Hessen-Thüringen wurden in erster Linie Personaleinsätze und gewisse sachliche Unterstützungen wie Dienstwagen und Ähnliches finanziert.

Wir hatten zwischenzeitig erfahren, dass es in Erfurt Arbeitsgruppen gegeben hatte, die sich mit der künftigen Organisation Thüringer Ministerien befasst hatten.

Herr Brans und ich sind dann am nächsten Tag erst einmal nach Weimar gefahren, um uns kundig zu machen bei der Musikhochschule, bei der Hochschule für Bauwesen und bei der Stiftung Weimarer Klassik. Am Nachmittag trafen wir Herrn Prof. Dr. Preu, den Sprecher der zuständigen Arbeitsgruppe, der uns ein Organigramm für ein geplantes Wissenschaftsministerium übergab, mit Stellenplan und Zuständigkeiten. Erst daran haben wir sehen können, welche Institutionen es in Thüringen gab, denn zunächst ging es auch darum, abzustimmen, welche Einrichtungen sinnvollerweise zum Wissenschaftsministerium kommen sollten oder welche zu anderen Ministerien oder zu anderen Institutionen. Das betraf zum Beispiel die Forschungsinstitute, die zum Teil in Jena bestanden und in der DDR zentral von Berlin verwaltet wurden. Sie sollten auch jetzt nicht vom Land übernommen werden. Das war eine Frage der Finanzierung, da die Übernahme das Land zu sehr belastet hätte. Im Gespräch mit Herrn Preu erfuhren wir auch, dass praktisch keinerlei Hochschulakten in Erfurt vorhanden waren. Die Musikhochschule gehörte zum Kultusministerium in Berlin, die anderen Hochschulen zum dortigen Hochschulministerium und die Kunst war aufgeteilt auf die drei Bezirksverwaltungen in Erfurt, Suhl und Gera. Dann gab es noch Stiftungen, an die wir zunächst nicht gedacht hatten, zum Beispiel die Wartburg-Stiftung und die Carl-Zeiss-Stiftung.

Zur Wartburg-Stiftung ist noch eine Anekdote einzuflechten: Eines Tages klopfte es an meiner Tür, und der Direktor der Wartburg kam herein. Er sagte, er gehöre jetzt auch zu diesem Ministerium und bräuchte dringend zwei Unterschriften, zum einen für eine neue Satzung und zweitens wolle er im Wald hinter der Wartburg Hotels bauen. Wir haben dann eine ältere Satzung so umgedeutet, dass die Stiftungsaufsicht nicht mehr in Berlin, sondern beim Land Thüringen lag, und diese Satzung haben wir einvernehmlich wieder in Kraft gesetzt. Schwieriger war es bei der Frage des Hotelbaus. Hier gab es bereits Investoren, die oben im Wald zwei Hotels bauen wollten. Auf meine Frage, was der Bürgermeister von Eisenach dazu sage, bekam ich die Antwort, dass das den Bürgermeister von Eisenach nichts angehe, da es sich um Wartburg-Gelände handele. Daraufhin habe ich am nächsten Morgen den Bürgermeister von Eisenach angerufen und ihn nach dem Vorgang befragt und darauf hingewiesen, dass Naturschutz im Außenbereich als Argumentationshilfe genutzt werden könnte. Jedenfalls sind die Hotels bis heute nicht gebaut worden.

In der folgenden Woche haben wir uns darangemacht Arbeitsräume und wenigstens Papier und Bleistift zu bekommen. Dann mussten wir Personal finden. Am wichtigsten war es, Registratoren und Haushaltsexperten zu bekommen. Die Registratoren habe ich mit Hilfe des Goethe-Archivs in Weimar gefunden, die uns Archivarinnen, die eine Anstellung suchten, geschickt haben. Das Wichtigste war dann aber, es war bereits Oktober, einen Haushalt für 1991 aufzustellen. Zur Unterstützung hat das Ministerium in Wiesbaden den früheren Leiter des Haushaltsreferats des Kultusministeriums, Herrn Selzer, und den früheren Kanzler der TU Darmstadt, Herrn Wilke, geschickt. Sie kamen mit 40 Exemplaren der Hessischen Hochschulhaushaltspläne. Dann wurden Vertreter der Hochschulen eingeladen und bekamen Teile dieser Pläne in die Hand gedrückt mit der Vorgabe, innerhalb von 14 Tagen die entsprechenden Zahlen für ihre Hochschulen einzutragen und dem Ministerium vorzulegen.

I.: *War zu diesem Zeitpunkt schon deutlich, welche Hochschulen bestehen bleiben bzw. welche Einrichtungen neu entstehen sollten?*

B.: Nein, das war noch nicht deutlich. Es gab einmal die Universität in Jena, die größte Hochschule in Thüringen. Es gab die Technische Hochschule in Ilmenau, das war die einzige Technische Hochschule, es gab die Bauhochschule und die Musikhochschule in Weimar und in Erfurt bestand die Medizinische Akademie, die Mediziner ab dem Physikum ausbildete. Und die Pädagogische Hochschule Erfurt-Mühlhausen sowie eine Katholisch-Theologische Hochschule in Erfurt. Seit Öffnung der Mauer bis zu unserem Eintreffen in Thüringen hatten die Hochschulen etwa 25 neue Studiengänge eingerichtet. Es war jedoch geplant, dass der Wissenschaftsrat alle Hochschulen evaluieren sollte, auch auf die Frage hin, ob sie künftig bestehen bleiben sollten. Ich habe daher zunächst einmal alle neu eingerichteten Studiengänge gestoppt, bis auf den Studiengang Wirtschaftsingenieurwesen in Ilmenau, und deutlich gemacht, dass die Weiterführung dieser Studiengänge abhängig sein werde von den Empfehlungen des Wissenschaftsrats. Letztendlich wurde meine Entscheidung vom Wissenschaftsrat später übernommen und diese Studiengänge nicht weitergeführt. Alle weiteren Hochschulen wurden zunächst beibehalten.

Wichtig war auch, schnellstmöglich Fachhochschulen in Thüringen zu gründen.

In der DDR gab es die Ingenieurschulen, die aufbauten auf der 10. Klasse. In Thüringen existierten mehr als 10 dieser Einrichtungen und jede dachte, sie könne Fachhochschule werden. Die Gründung der Fachhochschulen war zwar auf der einen Seite einfach, weil großer Bedarf und auch Bereitschaft dazu bestand, aber die Standorte waren nicht unproblematisch. Nach meinem Dafürhalten wäre es gut gewesen, die Fachhochschulen in industrieschwachen Gebieten anzusiedeln, wie zum Beispiel in Gera, Nordthüringen und eine in Südthüringen. In Meiningen ist eine Fachhochschule entstanden, die anderen beiden wurden aufgrund politischer Vorgaben in Jena und Erfurt errichtet. Es ist gelungen, innerhalb von zehn Monaten die drei Fachhochschulen so weit aufzubauen, dass sie zum Wintersemester 1991/92 den Studienbetrieb aufnehmen konnten. Die anderen Ingenieurakademien, die übrig blieben, fielen dann automatisch in die Zuständigkeit des Kultusministeriums, das für Fachschulen und Berufsfachschulen zuständig war. Diese Ingenieurakademien wurden dann leider fast alle geschlossen und auch nicht als Berufsfachschulen weitergeführt.

Ich hätte gerne gehabt, dass man bei den Fachhochschulen in Thüringen einiges anbietet, das sie besonders attraktiv macht. Das wären die Studiengänge gewesen, die anderswo in verwaltungsinternen Fachhochschulen angesiedelt sind, wie Verwaltungsmanagement, Haushaltswesen, Finanzen und Steuern. Das war aber gegen die anderen Ministerien und insbesondere gegen Bayern nicht durchzusetzen. Meines Erachtens wurde dadurch eine große Chance vertan und der nur langsame Anstieg der Studentenzahlen in Thüringen beruht auch darauf, dass es keine besonders attraktiven neuen Angebote gab.

Die Zahl der Studenten in Thüringen war sehr niedrig, insgesamt lag sie bei etwa 15.000 Studenten. Im Verhältnis zu Hessen hätte Thüringen jedoch 75.000 Studierende haben müssen. Aber solche Zahlen waren für Thüringen für lange Zeit nicht zu erwarten. Andererseits war der Personalbestand in Thüringen außerordentlich hoch, und es war klar, dass dieser Bestand nicht würde gehalten werden können. Daher haben wir die Hochschulen darum gebeten, Funktionspläne aufzustellen, um entscheiden zu können, welche Stellen benötigt würden. Die Hochschulen haben das sehr schnell kapiert und die Pläne haben gezeigt, dass über 8000 Stellen hätten nach und nach abgebaut werden müssen. Leider wurde von späteren Ministern nicht nach diesen Funktionsplänen verfahren, obwohl sie sich insgesamt bewährt haben.

Die Funktionspläne wurden bei den Universitäten ausgearbeitet. Natürlich war man darüber nicht immer begeistert, aber die Notwendigkeit war klar. Die Frage, wie schnell die Funktionspläne umgesetzt werden würden, konnten wir damals nicht entscheiden; das war letztlich auch eine Entscheidung des Thüringer Landtags. Bei den Fachhochschulen sind wir umgekehrt vorgegangen. Die Fachhochschulen wurden neu eingerichtet, so dass wir praktisch eine neue Struktur vorgeben konnten und auch keine automatischen Personalüberleitungen in die Fachhochschulen stattfanden. Das Fachhochschulpersonal wurde im Wege von Ausschreibungen und mit Hilfe von Berufungskommissionen, bestehend aus zumeist hessischen Fachhochschuldozenten, gefunden. Bei den Universitäten war es so, dass die Marxismus/Leninismus-Lehrer (M+L-Lehrer) bereits die Hochschulen verlassen hatten, ebenso die Inhaber von Professuren, die politische Aufträge hatten wie etwa Geschichte der Kommunistischen Partei. Die anderen Dozenten blieben erst einmal in ihrer Funktion, denn ich sah keine Möglichkeit, einen Professor ohne weiteres an die „Luft" zu setzen mit der Begründung, es gibt bessere. Das gab es bei uns in den alten Bundesländern auch nicht.

Dann haben wir zunächst einmal darauf gedrungen, dass die Studien- und Prüfungsordnungen überarbeitet werden, und bis Ende meiner Tätigkeit hatten die Hochschulen weitgehend neue Studien- und Prüfungsordnungen, die sich an den Vorgaben der Kultusministerkonferenz orientierten.

Als ich zum ersten Mal nach Erfurt fuhr, las ich in der FAZ, dass Thüringen, was den Aufbau der Hochschulen anbelangte, Schlusslicht bei den neuen Bundesländern war, was natürlich unseren Ehrgeiz angestachelt hat. Schnell zu sein war besonders wichtig für Berufungen in Fächern, in denen der Markt insgesamt eng war. Das betraf die Rechtswissenschaften, die Wirtschaftswissenschaften, die Psychologie, die Soziologie und die Politologie, und da mussten wir handeln, wenn wir auf dem knappen Markt auch Erfolg haben wollten. Mit Hilfe der Universität Marburg, Professor Werner, und der Universität Bayreuth, Professor Oberender, haben wir sehr schnell Berufungskommissionen installiert für die Bereiche Jura und Wirtschaftswissenschaften und haben es geschafft, dass bis zum Sommer 1991 für beide Fakultäten ausreichend Berufungslisten vorlagen. Innerhalb weniger Tage wurden die Rufe erteilt und Berufungsverhandlungen geführt, so dass wir im Wintersemester 1991/1992 in beiden Fakultäten den vollen Lehrbetrieb aufnehmen konnten.

Wie gesagt, politisch motivierte Professuren waren bereits freigemacht worden, das war vor unserer Zeit. Und ob weitere Professoren belastet waren, konnten wir nicht feststellen. Es gab zwar in Thüringen vom Parlament eine Evaluationsverordnung, nach der die Professoren überprüft werden sollten. Doch diese Verordnung hat meines Erachtens zu nichts geführt. Erst die späteren Unterlagen der Gauck-Behörde führten dazu, dass weitere Personen aus dem Hochschulbereich ihre Posten verlassen mussten.

Ganz wichtig war, dass wir zunächst gleichzeitig neben dem Aufbau, der Aufsicht und der Betreuung der Hochschulen auch das Ministerium aufbauen mussten. Und als Ministerium sollten wir für die Bevölkerung da sein, die nach so viel Jahren der DDR-Herrschaft ein Ministerium zum Anfassen haben wollte. Diese vielen Funktionen mit ganz wenig Personal auszufüllen, war nicht einfach. Wir haben häufig von morgens acht bis abends acht gearbeitet und dann spät abends noch Termine für Leute gehabt, die von außen kamen. Zunächst haben wir mit zwei Personen angefangen, dann kamen zwei Registratoren und Sekretärinnen, zum Teil aus dem Kunstbereich der Erfurter Verwaltung, hinzu. Später haben wir uns aus den Thüringer Hochschulen sehr gute Mitarbeiter – zwar ohne Verwaltungserfahrung – gesucht, die sich sehr schnell und engagiert eingearbeitet haben. Diese Mitarbeiter haben alle unheimlich angepackt und schließlich waren wir eine schlagkräftige Truppe. Das Problem bestand eher darin, dass später zu viel Personal aus den alten Bundesländern kam, die, sagen wir mal, mittelmäßig qualifiziert waren und die sich Beförderungsmöglichkeiten in den neuen Bundesländern versprachen, die sie in den alten nicht gehabt hätten. Ein zweites Problem war die Größe des aufzubauenden Ministeriums. Für das Thüringer Ministerium für Wissenschaft und Kunst waren damals in etwa 110 Stellen vorgesehen. Als ich Thüringen Ende September 1991 verließ, arbeiteten im Ministerium so etwa 70, und zwei Jahre später war diese Zahl auf 170 Mitarbeiter angewachsen, eine Zahl, die deutlich zu hoch war. Das hat der Sache sicherlich nicht genutzt.

Ziemlich am Anfang seiner Tätigkeit beauftragte mich der damalige Minister, Dr. Ulrich Fickel damit, eine Investitionsplanung für die Thüringer Hochschulen zu erstellen. Ich hatte so etwas noch nie erstellt und habe daher zunächst in Wiesbaden bei einem Kollegen nachgefragt, der mir ein paar Richtwerte gab, und ich habe daraufhin eine Kostenschätzung für die Bereiche Bau und Investitionen erstellt. Danach waren für die nächsten 12 Jahre, wenn man die Vorstellungen des Ministers zugrunde legte, etwa 6 Milliarden DM nötig. Bei einer Beteiligung des Bundes blieben 3 Milliarden DM Landesmittel übrig. Das wären pro Jahr etwa 250 Millionen DM gewesen. Das konnte Thüringen nicht leisten, nicht einmal das doppelt so große Hessen. Der Minister hat diese Berechnung schlichtweg nicht geglaubt und einen anderen Mitarbeiter mit der gleichen Aufgabe beauftragt. Dieser Mitarbeiter kam auf 5,8 Milliarden DM, also nahezu auf die gleiche Summe. Schließlich wurde auf meine Bitte hin vom Wissenschaftsrat noch ein Gutachten finanziert, und das Gutachten kam auf die ursprünglich vorgesehenen 6 Milliarden DM. Der Wissenschaftsrat geht bei seinen Planungen auch heute noch von diesen Zahlen aus.

Noch im ersten Jahr, 1991, wurde von Herrn Jahn aus dem HMWK der Entwurf eines Hochschulgesetzes erarbeitet. Ein anderer Mitarbeiter aus Hessen fertigte das Studentenwerksgesetz.

I.: *Welche weiteren Bereiche gehörten zu Ihren Aufgaben?*

B.: Anfänglich war ich auch für die Orchester zuständig. Allein in Thüringen gab es 16 Orchester. Ein Konzertmeister in einem Sinfonieorchester bekam vor der Wende 1000 DM Ost. Nach der Wende bekam er von einem zum anderen Tag etwa das Vierfache, und zwar in DM West. Dadurch wurden die Kosten der Orchester immens. So haben Herr Brans und ich gleich in den ersten Tagen entschieden, dass wir die Orchester nicht in den Landeshaushalt übernehmen, sondern bei den Kommunen ansiedeln, die sich zunächst auch sehr darüber gefreut haben – aber nur zunächst. Bis auf Meiningen und Suhl sind alle anderen Orchester zu den kommunalen Haushalten gekommen. Dr. Lettmann, der später die Kunstabteilung übernommen hat und sich mit dem weiteren Problem der Orchester befassen musste, hatte durch unsere Entscheidung jedenfalls schon das erste große Problem gelöst bekommen, was ihm die weitere Arbeit zwar nicht leicht gemacht hat, aber sicher leichter.

I.: *Wie verlief insgesamt die Zusammenarbeit innerhalb des Ministeriums, mit den Hochschuleinrichtungen und weiteren Gremien?*

B.: Die Zusammenarbeit mit den Mitarbeitern in dem Ministerium war sehr gut, auch wenn viele wieder in bessere Positionen wechselten. Ich habe allerdings, auch aufgrund der Berichte in den Zeitungen, darauf gedrungen, dass die Zahl der Mitarbeiter aus Thüringen immer deutlich über der Anzahl der Mitarbeiter aus den alten Bundesländern lag. Das hat mir zum Teil Vorwürfe vom Minister eingebracht, weil ich dadurch insgesamt nicht genügend Mitarbeiter hatte. Aber die Arbeit hat dadurch nicht gelitten. Meines Erachtens wäre die Stimmung später nicht umgeschlagen, wenn diese Politik fortgeführt worden wäre.

In dieser Zeit musste man Ideen haben und die Kooperation mit Staatssekretär Brans war blendend. Mit ihm konnte man sich beim Abendessen innerhalb weniger Minuten über Entscheidungen verständigen. Sonst wäre vieles nicht möglich gewesen, denn der Job war sehr anstrengend. Die Zusammenarbeit mit dem Landtagsausschuss und vor allem mit dem Minister gestaltete sich von Anfang an schwierig. Dem Minister behagte es nicht, dass wir, Brans und ich, Probleme, die anstanden, zuvor mit den Hochschulen diskutieren wollten, um gemeinsam nach Lösungswegen zu suchen. Das hat der Minister uns schlichtweg untersagt. Er hat anstehende Probleme innerhalb seiner Parteigrenzen besprochen und am nächsten Morgen Entscheidungen vorgegeben. Es war dann schwierig, mit ihm Fragen neu zu diskutieren. Das zweite Problem war der Landtagsausschuss, der sich mit Fragen befasste, die noch gar nicht entschieden waren und die noch gar nicht offiziell an ihn herangetragen worden waren. Zum Beispiel betraf das den Studiengang Stadtplanung an der Hochschule für Bauwesen in Weimar, den wir gesperrt hatten. Stadtplanung ist ein sehr teurer Studiengang und Thüringen hätte praktisch selbst pro Jahr höchstens einen Absolventen abnehmen können. Und bei dieser Arbeitsmarktsituation erschien es uns nicht gerechtfertigt, ohne ein positives Votum des Wissenschaftsrats diesen Studiengang fortzuführen. Der Landtagsausschuss war bereits mit dieser Problematik befasst, bevor wir eine Entscheidung erarbeitet hatten, und er war missgelaunt, als wir dem Landtagsausschuss sagten, er solle erst einmal abwarten und von uns eine Stellungnahme einholen.

Was ich ein bisschen vermisst habe, ist, dass sich die Abgeordneten Rat oder Hilfestellung bei Kollegen in den alten Bundesländern erbaten, um zu erfahren, wie ein solches Amt als Abgeordneter oder als Mitglied oder Ausschussvorsitzender zu gestalten sei. Sie haben alles, was auf den Tisch kam, behandelt. Auch ohne Auftrag des Landtags. Die meisten Strukturentscheidungen hatten wir allerdings bereits getroffen, bevor das Parlament oder der Minister mit voller Kraft selbst handelten.

Wir waren auch der Meinung, dass eine zweite Medizinische Fakultät für Thüringen zu teuer sei. Denn Thüringen bekam mit Jena eine gut ausgebaute Fakultät, und die würde reichen. Diese Entscheidung hat uns böse Stimmen eingebracht, denn damit war der Ausbau zur Vollmedizin in Erfurt zunächst verhindert. Und es war nicht immer einfach, das in der Öffentlichkeit darzustellen, denn wir konnten unser Hauptaugenmerk nicht auf die Presse richten und vor allem konnten wir auch nicht so viel Zeit darauf verwenden, Presseerklärungen zu schreiben, zumal der Minister oft nicht hinter uns stand. Denn zu all der Arbeit kamen pro Tag mindestens 10 bis 15 Besucher zu mir, die ich selbst betreuen musste. Ihre Anliegen waren sehr verschieden: So fühlte sich jemand zu DDR-Zeiten zu Unrecht belastet und wollte eine Entschädigung haben. Ein anderer suchte eine Stelle, der Nächste hatte ein neues Projekt für ein Forschungsinstitut. Es war von morgens bis abends Betrieb und zu Anfang konnte man das nicht an die anderen Mitarbeiter delegieren, denn die Besucher wollten zunächst einmal mit dem Leiter der Hochschulabteilung sprechen oder mit dem Staatssekretär oder dem Minister.

Natürlich gab es am Anfang gelegentlich auch Probleme mit den Hochschulen. Zum Beispiel hatte der Rektor der Hochschule in Ilmenau ein Haus, das auf dem Hochschulgelände stand, an einen Professor verkauft. Daraufhin war eine meiner ersten Amtshandlungen, zu verfügen, dass weder Beförderungen, Grundstücksverkäufe noch Grundstückbelastungen ohne Zustimmung des Ministeriums getätigt werden dürften. Es gab aber auch große Probleme mit Leuten aus dem Westen, die den Hochschulen alles Mögliche versprachen. Da hat ein Sponsor in Jena auf das Universitätsklinikumsgrundstück einen Bau gesetzt und wollte dann diesen Bau übereignet haben. Ich habe das abgelehnt mit der Begründung, dass es damals noch zu DDR-Zeit nach DDR-Recht einer Zustimmung der damaligen Regierung bedurft hätte, die aber nicht vorlag. Das hat mir eine Dienstaufsichtsbeschwerde eingetragen, die noch lange nach meinem Ausscheiden aus Thüringen bearbeitet wurde. Die Beschwerde ist zurückgewiesen worden. Wie die Sache selbst entschieden wurde, weiß ich nicht. Es gab auch den Fall, dass der Rektor von Ilmenau mit einer Rechnung über 80.000,– DM zu uns kam. Ein Mann aus dem Westen wollte der Hochschule beim Einwerben von Geldern der Deutschen Forschungsgemeinschaft behilflich sein. Anstelle eines Honorars wollte er „nur" die Stunden bezahlt haben. Der Rektor wusste nun nicht, wie er diese völlig überhöhte Rechnung bezahlen sollte. Zunächst einmal haben wir ihn darauf hingewiesen, dass man DFG-Gelder nicht über Vermittler bekommen kann, sondern nur durch direkte Bewerbung der Forschungsprojekte bei der Deutschen Forschungsgemeinschaft selbst. Und dass zweitens auch dieser Vertrag noch unter DDR-Recht fiel und der Genehmigung bedurft hätte und er solle das Geld nicht bezahlen.

Insgesamt verlief die Zusammenarbeit mit den Hochschulen und den Hochschulleitern sehr gut. Die Hochschulen haben sehr viel schneller als der Minister begriffen, dass es erst mal durch ein Tal gehen würde, bevor es wieder bergauf gehen könnte. Wichtig war uns, dass der Abbau von Stellen möglichst personalverträglich ablief. Nach Möglichkeit sollten Stelleneinsparungen dadurch erfolgen, dass Stellen von Mitarbeitern, die an der Pensionsgrenze waren und ausschieden, nicht wieder besetzt wurden. Es gab natürlich auch Fälle, bei denen das nicht möglich war. Zum Beispiel beschäftigte die Universität Jena 70 Heizer, die im Winter von morgens bis abends die einzelnen Räume heizten. Und da praktisch innerhalb von 1½ Jahren überall Zentralheizungen eingebaut wurden, wurden diese Heizer nicht mehr benötigt. Nicht alle konnten weiterbeschäftigt werden. Denn man muss auch sehen, dass die Hochschulen im Vergleich zu hiesigen Hochschulen etwa drei- bis vierfach stärker besetzt waren, und das war einfach finanziell nicht zu leisten.

I.: *Hat sich durch die intensive und schnelle hessische Hilfe eine besondere Beziehung zu Thüringen entwickelt hin zu einer andauernden Partnerschaft?*

B.: Ich würde diese Frage mit „Nein" beantworten. Thüringen ist selbstständig und Hessen ist es auch und es gibt, abgesehen von den damaligen Hilfestellungen, keine Gründe, warum jetzt die Beziehung zwischen Thüringen und Hessen sehr viel enger sein sollte als zwischen Thüringen und Sachsen-Anhalt oder zwischen Hessen und Rheinland-Pfalz. Man muss auch sehen, dass nicht alles, was von Hessen kam, erwünscht war. Denn die Hessenhilfe wurde im Vorfeld nicht immer mit Thüringen abgestimmt: Zum Teil sind dort Leute hingekommen, die Thüringen sich möglicherweise später nicht ausgesucht hätte. Besonders nach Regierungswechseln in Bonn wurden Mitarbeiter empfohlen, nicht immer zum Wohl des Staates Thüringen, aber jedenfalls zur Entlastung der Ministerien in Bonn. Auch dadurch hat die ursprüngliche Offenheit gegenüber den alten Bundesländern gelitten. Allerdings muss man den Thüringer Ministern den Vorwurf machen, dass sie solche Leute eingestellt haben, ohne darauf zu achten, dass die Zahl der qualifizierten Thüringer Mitarbeiter überwiegt. Auch im Bereich Wissenschaft und Kunst sehe ich im Augenblick keine besondere Partnerschaft zwischen Hessen und Thüringen. Eine intensivere Partnerschaft könnte sich zwischen einzelnen Institutionen ergeben. Zum Beispiel hat sich Frau Ministerin a. D. Ruth Wagner immer sehr für die Belange der Weimarer Klassik eingesetzt, und so etwas halte ich für sehr viel ergiebiger als eine Zusammenarbeit zwischen zwei Ministerien, deren personelle Zusammensetzung sich regelmäßig ändert.

I.: *Was war Ihre persönliche Motivation, nach Thüringen zu gehen? Und wie waren Ihre ersten Eindrücke?*

B.: Mein Vater ist in Thüringen geboren und hat bis zum Beginn seines Studiums dort gelebt. Und meine Großeltern väterlicherseits haben ihr gesamtes Leben dort verbracht. Mein Großvater war Pfarrer in Emleben bei Gotha und später in Altenburg. Bis zum Tode meiner Großmutter 1963 waren wir regelmäßig in Thüringen. Das war für mich natürlich Antrieb, dort tätig zu werden. Ich weiß noch, über dem Schreibtisch meines Vaters hing ein Bild von der Klosterruine Paulinzella. Am ersten Wochenende bin ich dann natürlich nach Paulinzella gefahren, um mir die Ruine anzuschauen.

Die Unterbringung in Erfurt war am Anfang schwierig. Es gab nicht viele Hotels, aber es gab Wohnheime. Allerdings wussten wir nicht, wenn wir dienstags ankamen – wir blieben zunächst dienstags bis donnerstags, später von montags bis donnerstags –, wo wir schlafen konnten. Erst nach einigen Monaten fand sich in der Nähe vom Ministerium, das in einem Gebäude neben der Thüringen-Halle notdürftig untergebracht war, die „Rote Herberge" für uns. Das war ein Schulungszentrum der SED, in dem wahrscheinlich noch Abhöranlagen installiert waren, dort konnten wir Zimmer mit Frühstück bekommen. Schwierig war das Abendessen, weil abends nur wenige Gastwirtschaften und Restaurants geöffnet hatten. Die meisten Restaurants schlossen abends um sechs und hatten zudem noch zwei Tage in der Woche Ruhetag. Wir mussten sehen, wo wir abends etwas zu essen bekamen, und haben uns dann fast alle immer in den gleichen überfüllten Restaurants wieder getroffen. In den letzten vier Monaten war ich dann die ganze Woche über in Thüringen.

I.: *Gab es während Ihrer Zeit in Thüringen Entscheidungen, die Sie auch heute noch besonders positiv sehen bzw. kritisch beurteilen?*

B.: Ja, es gibt in Weimar das berühmte Musikgymnasium Belvedere, dieses Gymnasium war Teil der Musikhochschule Weimar. Vom Kultusministerium wurde mir damals eröffnet, dass das Musikgymnasium geschlossen werden würde. Meiner Ansicht nach war gerade das Musikgymnasium eine einmalige Institution in Deutschland, die man unbedingt erhalten müsse. Ich bin dabei auch von Frau Wagner sehr unterstützt worden und habe mich dann mit der damaligen Kultusministerin Lieberknecht und ihrem Staatssekretär zusammengegesetzt und ihnen den folgenden Vorschlag unterbreitet: Danach sollte den normalen Schulunterricht des Musikgymnasiums das Kultusministerium finanzieren, während die Kosten für die zusätzliche Musikausbildung vom Hochschulministerium übernommen werden sollte. Das Ganze haben wir in einem Haushaltsvermerk im Haushaltsplan Thüringen für das nächste Jahr festgelegt. Da war innerhalb von 10 Minuten Einigkeit zu erzielen und es hat auch so funktioniert. Das Musikgymnasium ist so erhalten geblieben und hat sich weiterentwickelt. Heute gehen ungefähr 60 bis 70 % der Preise bei „Jugend musiziert" an Schülerinnen und Schüler dieser Einrichtung.

Kritisch sehe ich hingegen die Gründung der Universität in Erfurt. Ich war der Meinung, dass vorrangig die Sanierung und der Ausbau der vorhandenen Hochschulen sowie der Aufbau von Fachhochschulen erforderlich sei, statt eine weitere Universität zu gründen. Jena hatte relativ wenig Studenten und selbst eine Verdoppelung der Zahl der Studierenden in Jena würde sie immer noch als relativ kleine Universität darstellen. Nun gab es zahlreiche Befürworter für eine Universität in Erfurt, selbst der damalige Bundespräsident von Weizsäcker hatte sich dafür starkgemacht, obwohl er die Details der Probleme vor Ort gar nicht kannte. Zwar war Erfurt früher Universität gewesen, aber seit mehreren hundert Jahren eben nicht mehr. Der Oberbürgermeister von Erfurt hatte bereits zu einer Gründungsversammlung der Universität Erfurt eingeladen, bei der ich sprechen sollte. Ich bin nicht hingegangen, wofür ich kräftig beschimpft wurde. Die Gründung der Universität Erfurt hat sich meines Erachtens im Nachhinein nicht als richtig erwiesen, denn damit ist eine Universität entstanden, die nicht leben und nicht sterben kann. Sie hat relativ wenig Studierende und auch im Forschungsbereich ist die Universität Erfurt noch nicht besonders hervorgetreten.

Wenn es gilt, heute, nach 17 Jahren die damalige Tätigkeit zu bewerten, dann bin ich der Meinung, dass sich das Jahr Aufbauarbeit mit seinen vielen Anstrengungen, aber auch manchen Enttäuschungen gelohnt hat. Persönlich habe ich dabei viele Erfahrungen sammeln können, aber auch Thüringen hat von der Aufbauarbeit profitiert, denn vieles von dem, was wir damals vorbereitet und umgesetzt haben, brauchte bis heute nicht verändert zu werden. Es muss aber auch festgestellt werden, dass manches hätte besser laufen können. Dabei soll nicht verschwiegen werden, dass wir damals vor einer unvorhergesehenen Situation standen, auf die wir uns nicht hatten vorbereiten können und für die es auch kein Vorbild gab.

Prof. Dr. Helmut-Günther Breuers

Ministerialdirigent a. D.

Geboren 1925 in Bonn, verstorben am 3. März 2009.
Studium der Agrarwissenschaften in Berlin und Gießen (1949–1954) sowie der Rechts- und Staatswissenschaften in Frankfurt und Mainz (1966–1971). Nach Tätigkeit als Leiter der Siedlungsabteilung der Nassauischen Siedlungsgesellschaft Frankfurt/Main 1962 Eintritt in den Höheren Verwaltungsdienst des Landes Hessen, ab 1968 im Hessischen Ministerium für Landwirtschaft und Forsten als u. a. Leiter des Referats Staatsdomänen- und Weingüterverwaltung, ab 1981 Abteilungsleiter „Umwelttechnik“, 1986 Versetzung ins Ministerium für Umwelt und Energie dort ab 1987 bis zur Pensionierung Leiter der Zentralabteilung. Daneben Lehrbeauftragter an der Justus-Liebig-Universität, Gießen, 1988 Honorarprofessor.
Von September 1990 bis Juni 1991 Abordnung nach Thüringen zum Aufbau des dortigen Umweltministeriums.

Erinnerungsbericht über die Tätigkeit als Verwaltungshelfer in Thüringen, Oktober 2007

Erste Kontakte

Bereits ab Frühjahr 1990 fanden in Wiesbaden, Erfurt und vor allem in Tabarz, in einer Erholungseinrichtung der DDR-Zollverwaltung, mehrere Besprechungen statt. Sprecher der Thüringer war Herr Henkel aus Dingelstädt/Eichsfeld, der Minister werden wollte, mich als Konkurrenten ansah und – um das zu verhindern – in Mainz und Wiesbaden vorstellig wurde. Seine Befürchtungen waren leicht zu entkräften.

Herr Henkel wurde in Tabarz bei mehrtägigen Besprechungen von dem Leiter der Abteilung Naturschutz, Umweltschutz und Wasserwirtschaft des Rates des Bezirkes Erfurt, Herrn Zänker, und dessen Vertreter, Herrn Dr. Kilz, begleitet. Weiter nahmen Beamte aus Bayern, Hessen und Rheinland-Pfalz an den Gesprächen teil. Im Wesentlichen ging es um die Einrichtung einer Umweltverwaltung in Thüringen (Umweltministerium mit nachgeordneten Behörden). Es wurden Entwürfe von Organigrammen und Geschäftsverteilungsplänen erstellt und diskutiert.

Schwieriger als die Abstimmung mit den Thüringern war, die unterschiedlichen Vorstellungen der westdeutschen Vertreter zu harmonisieren. Die Thüringer brachten wenig eigene Überlegungen ein, waren äußerst zurückhaltend und stark mit ihrer beruflichen Zukunft beschäftigt.

Wiedergeburt des Landes Thüringen

Der Prozess der deutschen Wiedervereinigung vollzog sich zwischen November 1989 und Oktober 1990. Am 22. Juli 1990 nahm die Volkskammer der DDR ein Ländereinführungsgesetz an. Damit wurde die staatsrechtliche Grundlage für die Bildung des Landes Thüringen geschaffen. Nach dem am 3. Oktober 1990 erfolgten Beitritt der DDR zum Geltungsbereich des Grundgesetzes für die Bundesrepublik Deutschland

zung oder Ausscheiden nicht mehr zur Verfügung steht, erhielt ich die Antwort, dass die Sache dann keinen mehr interessieren würde.

7. Es ist schade, dass die sich kaum wiederholende Chance bei der ersten Einrichtung von Behörden neue Wege zu gehen, wegen des engen Zeitrahmens nicht genutzt werden konnte. Die Verwaltung des Landes hätte nach modernen Vorstellungen eingerichtet werden können, auch unter Einbeziehung bewährter Einrichtungen der früheren DDR, deren relative Vorzüglichkeit nicht oder nur selten geprüft wurde. Alles, was aus dem Westen kam, war gut, das Vorhandene erneuerungsbedürftig.

Welche Gestalt die Verwaltung in den einzelnen Bereichen annahm, hing weitgehend davon ab, welches westliche Bundesland Verwaltungshilfe leistete und woher sich die Führungskräfte rekrutierten.

8. Wie bereits ausgeführt, war das Fachpersonal gut ausgebildet, sachkundig und arbeitete – wenn zum Teil auch mit völlig veralteten und unzureichenden Hilfsmitteln – zielorientiert. Das Verwaltungspersonal entsprach den zu stellenden Anforderungen nicht.

Die Mitarbeiter waren insgesamt sehr zurückhaltend, äußerten nur selten Bedenken und wollten durch zügige Erledigung der übertragenen Aufgaben positiv auffallen bzw. auf sich aufmerksam machen. Angestellte in höheren Positionen waren bereit, wesentlich geringer bewertete Aufgaben mit niedrigerer Vergütung zu übernehmen. Die Furcht, den Arbeitsplatz zu verlieren, war groß.

Meine Aufgaben

1. Zunächst habe ich mich in der Stadt und im Land umgesehen sowie in der Behörde, vor allem mit den 29 Mitarbeitern der Abteilung Naturschutz, Umweltschutz und Wasserwirtschaft, der ich zugewiesen war, bekannt gemacht. Meine Aufgabe bestand darin, den Abteilungsleiter, Herrn Zänker, zu beraten und mit Unterlagen über die hessische Umweltverwaltung zu versorgen. Herr Zänker war Mitglied der LDPD. Er hatte aber weder Rückhalt in der Behörde noch in seiner Partei. Die Leitung des Aufbaustabes für die Thüringer Umweltverwaltung wurde ihm Anfang Oktober 1990 entzogen und mir übertragen. Ich habe daraufhin die bereits in den Vorbesprechungen in Tabarz erarbeiteten Entwürfe weiterentwickelt und der Behördenleitung vorgelegt. Die Unterlagen sind dann – nach Einrichtung des Umweltministeriums – mit Herrn Staatsminister Sieckmann, dem inzwischen vom Regierungspräsidenten in Kassel abgeordneten Kollegen und den leitenden Angestellten des Ressorts abgestimmt worden.

2. Es bestand die Schwierigkeit, die vorhandene Behördenstruktur, u. a. 32 (35) Landkreise und 4 (5) Stadtkreise bei einer abnehmenden Bevölkerung und die dringend notwendige Gebiets- und Funktionalreform, bei der weder Zeitpunkt noch Ziele absehbar waren, zu berücksichtigen.

Ohne konkrete Anhaltspunkte musste unter anderem geprüft werden:

- welche Aufgaben können entfallen,
- welche Aufgabenerledigung kann vereinfacht werden,
- welche Aufgaben können verlagert werden,

- welche Aufgaben können gemeinsam erledigt werden, ressortübergreifend oder auch länderübergreifend,
- welche Aufgaben eignen sich für die Privatisierung.

Eine Reihe von Fragen wurde innerhalb der Landesregierung sehr unterschiedlich diskutiert, z. B.:

- Regierungspräsidien oder Landesverwaltungsamt?
- Anzahl der Fachverwaltungen?
- wie ist die Einräumigkeit der Verwaltung bei noch ausstehender Gebietsreform vorläufig zu erreichen?

3. Schwierig war auch die Personalauswahl. Die Frage nach der Grenze zwischen politischer Anpassung und schuldhafter Verstrickung wurde aus meiner Sicht teilweise zu subjektiv behandelt. Mir ist der Fall eines pensionierten Offiziers gegenwärtig, der in der Bezirksverwaltungsbehörde für die Materialausgabe zuständig war. Seine Weiterbeschäftigung wurde mit dem Hinweis auf seine militärische Vergangenheit abgelehnt.

4. Die Zusammenarbeit der hessischen Verwaltungshelfer war ausgezeichnet. Die Kasseler und Wiesbadener Kollegen kannten sich, was die Arbeit sehr erleichterte. Der als Staatssekretär amtierende Ministerialdirigent a.D. Dr. Ing. Sauerbrey, Wasserwirtschaftler aus dem Mainzer Landwirtschaftsministerium, tat sich zu Beginn mit den Verwaltungsaufgaben schwer, ließ aber den hessischen Verwaltungshelfern weitgehend freie Hand und nahm wenig Einfluss auf die organisatorischen Arbeiten.

5. Jeder Verwaltungshelfer hatte in der Regel bestimmte Bereiche zu betreuen. Meine Federführung betraf, neben der Vertretung des Staatssekretärs, folgende Aufgaben:

5.1 Zunächst ging es um die Beschaffung eines Gebäudes für das Ministerium, in dem die übernommenen Angestellten der Bezirksverwaltungsbehörde, die neu eingestellten Bediensteten, u. a. junge Juristen aus den alten Bundesländern, und die Verwaltungshelfer untergebracht werden konnten. In Verhandlungen mit der Treuhandanstalt in Berlin und mit der Firma Prowa, Erfurt (Projektierung Wasserwirtschaft) konnte ein annähernd fertig gestelltes Bürogebäude in Erfurt an der Hochheimer Straße übernommen werden.

5.2 Die Bergbehörden in Hessen und Thüringen haben allein schon durch den Kaliabbau im Grenzgebiet viele Berührungspunkte. Es lag deshalb nahe, ein Oberbergamt für die beiden Länder einzurichten, das länderübergreifend tätig wird. Dieser Überlegung schlossen sich die Thüringer und die Hessen gleichermaßen an. Ich habe deshalb nach der generellen Zustimmung der beiden Landesregierungen den Entwurf des dafür notwendigen Staatsvertrages und die Kabinettsvorlage vorbereitet. Das Vorhaben scheiterte, da der 1991 erneut ins Amt berufene Hessische Umweltminister Fischer seine Bedenken, Hessen würde Verantwortung für die Rückstände des Uranabbaus übernehmen, nicht aufgab.

5.3 Der jahrhundertelange Bergbau in Thüringen und der nach dem letzten Krieg einsetzende Uranabbau haben erhebliche Schäden verursacht und hinterlassen. Deshalb sind während der DDR-Zeit in Thüringen drei Bergbausicherungsbetriebe eingerichtet worden, die die Schäden erfasst, die Schadensgebiete gesichert und – soweit möglich – beseitigt haben. Die Betriebe befanden sich in Ronneburg, Ilfeld und Neuhaus am Rennweg. Es war vorgesehen, die drei Betriebe in Gesellschaften mit beschränkter Haftung zu überführen. Dafür sind die Gesellschaftsverträge, mit dem Land als alleinigem Gesellschafter, ausgearbeitet, die Aufgaben zwischen den Bergbaubehörden und den Betrieben abgegrenzt sowie die Verträge innerhalb der Ministerien und mit den Betriebsleitern abgestimmt worden.

5.4 Die vorhandenen Altlasten sowie die bisher nicht entsorgten und die zukünftig anfallenden Sonderabfälle erforderten die Gründung einer Sonderabfallgesellschaft, nachdem die Verhandlungen nicht erfolgreich abgeschlossen werden konnten. Haupthindernis war der frühere Hessische Wirtschaftsminister Steger, der als Aufsichtsratsvorsitzender der Thüringer Kalibetriebe den Einfluss des Landes verhinderte. Deshalb wurde mit der Hessischen Industriemüll GmbH und der Bayerischen Sondermüllabfall GmbH verhandelt mit dem Ziel, eine Sonderabfallgesellschaft für Thüringen zu gründen (Gesellschafter HIM, bayerische Sonderabfallgesellschaft, Land Thüringen). Den Gesellschaftsvertrag haben die Beteiligten in mehreren Besprechungen einvernehmlich ausgearbeitet.

5.5 Die Thüringer Landesanstalt für Umwelt wurde in Anlehnung an die Organisations- und Geschäftsverteilungspläne der Hessischen Landesanstalt für Umwelt mit den Aufgaben fachwissenschaftliche Datenbeschaffung und Beratung auf den Gebieten Naturschutz und Landespflege, Landesplanung, Immissions- und Strahlenschutz, Wasserwirtschaft, Abfallwirtschaft und Altlasten konzipiert.

5.6 Im Anschluss an einen Besuch bei der Geologischen Landesuntersuchung in Jena kurz vor Weihnachten 1990 wurde eine Arbeitsgruppe eingerichtet, die die Aufgaben und die Organisation einer zu gründenden Landesanstalt für Bodenforschung festlegen sollte. Die Geologische Landesuntersuchung war in Jena in einem früheren studentischen Verbindungshaus untergebracht, dessen Rückgabe abzusehen war. Die Standortfindung war sehr schwierig. Die Bediensteten wohnten in Jena und Umgebung und wären gerne dort geblieben; schließlich wurden wir in Weimar fündig.

5.7 Weiter stand die Einrichtung von Umweltämtern an. Voraus gingen eingehende Diskussionen, ob es zweckmäßig ist, für die einzelnen Fachgebiete wie Wasserwirtschaft, Talsperren, Abfallwirtschaft, Naturschutz usw. Spezialbehörden vorzusehen oder diese in Umweltämtern zu organisieren. Die Frage, inwieweit eine Mittelinstanz benötigt wird oder ein zweistufiger Behördenaufbau zu überlegen ist, wurde während meiner Dienstzeit abschließend nicht entschieden. Das Ergebnis war, die untere Ebene mit Ausnahme der Talsperren-Verwaltung zusammenzufassen. Daraufhin wurde unter Verwendung meiner nicht zur Durchführung gekommenen hessischen Planungen, in enger Abstimmung mit Herrn Staatsminister Sieckmann, den hessischen und thüringischen Kollegen sowie dem Innenminister, ein Konzept für die Einrichtung von vier Umweltämtern erarbeitet, und zwar Mitte in Erfurt, Ost in Gera, Nord in Sondershausen und Süd in Meiningen, Schleusingen oder Suhl. Die Standortsuche für das Amt Süd war schwierig, schließlich konnten nur in Suhl geeignete Räume gefunden werden.

In drei Betriebsversammlungen (Erfurt, Gera und Suhl) wurden den Bediensteten der Oberflussmeistereien und der übrigen betroffenen Einrichtungen die Pläne im Einzelnen erläutert. Kernstück der Planung war die Vernetzung der Fachbereiche und die Trennung in Vollzugs- und Fachbehörden.

5.8 Zu meinen Aufgaben gehörte auch, das zum Umweltressort gehörende Grundvermögen zu erfassen, die Nutzung zu überprüfen und entbehrliche Grundstücke, insbesondere mit aufstehenden Gebäuden, zum Verkauf vorzubereiten.

Im Juni 1991 habe ich meine Tätigkeit in Thüringen aufgegeben, weil meine hiesige Behörde die Ausgaben für die Verpflegung im Einzelnen nachgewiesen haben wollte und ich auf dem Standpunkt stand, dass die Pauschalierung gerade deshalb gewählt wurde, um Verwaltungsarbeit einzusparen. Da die Behörde davon nicht abgegangen ist, habe ich um Entpflichtung gebeten. Ich wäre sonst noch gerne in Thüringen geblieben – es war eine sehr interessante Tätigkeit.

Ludwig Crößmann

Ministerialdirigent a. D.

Geboren 1925 in Seeheim/Bergstr. Jurastudium an den Universitäten Mainz und Frankfurt, 1954 2. Staatsexamen und Tätigkeiten bei einem Rechtsanwalt und der Staatsanwaltschaft, 1956 Eintritt in den Höheren Verwaltungsdienst des Landes Hessen (Versorgungsabteilung), ab 1964 stellvertretender Präsident der Versorgungsabteilung und ab 1972 Präsident des Landesversorgungsamtes Hessen mit ca. 1600 Mitarbeitern. Ab 1985 Leitung der Abteilung Soziales und Jugend im Hessischen Sozialministerium, 1989 Pensionierung.
Von 1990 bis 1991 Aufbau des thüringischen Sozialministeriums in Erfurt und der nachgeordneten Behörden in Suhl.

Interview mit Herrn Ludwig Crößmann (C.) am 14. 11. 2007

I.: *Herr Crößmann, Sie waren bereits pensioniert, als man Sie um Mithilfe bat. Auf welche langjährigen beruflichen Erfahrungen konnten Sie bei Ihrer Tätigkeit als Aufbauhelfer in Thüringen zurückgreifen und worin bestand konkret Ihre Aufgabe?*

C.: Ich war von 1972 bis 1985 Präsident des Landesversorgungsamtes Hessen. Dieses Amt hatte die Aufgabe und hat auch heute noch die Aufgabe – nur besteht es nicht mehr als Amt –, die Kriegsopfer zu versorgen, und es kamen dann im Laufe der Jahre weitere Aufgaben dazu, beispielsweise die Durchführung das Schwerbehindertengesetzes. Wir haben das Erziehungsgeld in Hessen ausgezahlt und noch weitere Aufgaben wahrgenommen. Gleichzeitig war ich Leiter des Landesprüfungsamtes für Heilberufe, das dem Landesverwaltungsamt angegliedert war. Wir waren die Behörde, die unmittelbar dem Sozialministerium in Hessen unterstellt war. Diese Verwaltungskenntnisse, die über Jahrzehnte bei mir gewachsen sind, gaben mir die Möglichkeit, mich auch im Ministerialbereich zurechtzufinden, denn die letzten drei Jahre meines beruflichen Lebens, das heißt von 1985 bis Ende 1988 war ich Abteilungsleiter der Abteilung II im Hessischen Sozialministerium. Diese Abteilung war mit die größte Abteilung des Ministeriums und war unter anderem zuständig für den Bereich der Jugend mit dem Landesjugendamt, dazu der Sozialbereich, die Sozialhilfe und die Versorgungsverwaltung. Ende 1988 bin ich in Pension gegangen, und dann kam Gott sei Dank die Wiedervereinigung und im September 1990 wurde ich zunächst telefonisch angefragt vom Ministerium, ob ich bereit wäre, Aufbauhilfe zu leisten. Es ging um den Aufbau einer eigenständigen Sozialverwaltung in Thüringen.

In der damaligen DDR gab es keine Länder. Die Länder wurden erst 1990 wieder als neue Länder der Bundesrepublik geschaffen. Dazu gehörte auch Thüringen mit seinen etwa 2,6 Millionen Einwohnern. Eine Verwaltungsorganisation, wie wir sie in der Bundesrepublik alt kennen, gab es dort nicht. Das waren Bezirksverwaltungen, und zwar gab es die drei Bezirke Erfurt, Suhl und Gera. Diese drei Bezirke, die natürlich ausschließlich mit politischen Leuten besetzt waren, wurden nach der Wende aufgelöst. Ich bin Ende September 1990 nach Erfurt gegangen, denn Erfurt hat mich auch deshalb gereizt, weil ich als Rekrut meine ersten Exerzierübungen in Erfurt in der Kaserne gemacht habe, und so war ich durchaus interessiert, wieder nach Erfurt zu kommen.

I.: *Ein Sozialministerium gab es noch nicht, was haben Sie in Erfurt vorgefunden?*

C.: Da war überhaupt nichts. Als ich nach Erfurt kam, habe ich mich in der ehemaligen Bezirksverwaltung gemeldet. Dort war der Thüringische Landtag untergebracht, wenn man von dem schon sprechen konnte, und es waren noch Verwaltungsräume da. Unter anderem saßen in einigen Räumen Ärzte, die für mich zunächst die Ansprechpartner waren, weil diese Ärzte in der Gesundheitsverwaltung in den Bezirken tätig waren, und die Gesundheitsverwaltung ist ein Bereich des Gesundheitsministeriums. Und jetzt hieß es: „Sieh mal zu, was du da machen kannst“. Ich war zunächst nicht allein dort, sondern es war auch ein Kollege aus dem Bonner Arbeitsministerium abgeordnet, der aber keinerlei Erfahrungen hatte im Hinblick auf den Aufbau eines solchen Ministeriums. Ansonsten war außer den paar Ärzten, die aus der alten Gesundheitsverwaltung der DDR kamen, und Schreibkräften niemand da. Ein paar Büroräume, das war alles. Einen Minister gab es allerdings schon, das war Dr. Axthelm, ein Mediziner, der erste CDU-Sozialminister des Landes Thüringen. Und es gab auch einen Stellvertreter, der später Staatssekretär wurde, das war jemand aus Bonn. Ich habe dann angefangen mit der Organisation des Ministeriums. Zunächst habe ich mir Unterlagen von den Kollegen aus dem Wiesbadener Ministerium beschafft, um zu sehen, wie das Hessische Sozialministerium organisiert war, und habe entsprechend dieser Organisationsform das Sozialministerium in Thüringen aufzubauen begonnen. Das war zwischen September und Dezember 1990. Zunächst einmal mussten Strukturen für das Sozialministerium geschaffen werden. Meine Vorschläge habe ich dann mit dem Minister verhandelt. Ich war ja nur Berater, das heißt, ich habe dem Minister Vorschläge unterbreitet aus den Erfahrungen, die ich gesammelt habe, und er hat sie gerne angenommen. So dass schon eine gewisse Struktur bestand, als weitere Kollegen, insbesondere der Kollege Dr. Acker aus der Personalabteilung des Hessischen Sozialministeriums dazukam.

Natürlich konnten Stellen nicht von heute auf morgen besetzt werden, denn es war ja kein Personal da. Es waren Ärzte da, deren Vergangenheit habe ich nicht überprüfen können. Ich musste davon ausgehen, dass sie sich vernünftig verhalten haben. Einer von ihnen war Sanitätsoffizier bei den Grenztruppen. Was er dort gemacht hat, konnte und wollte ich auch nicht eruieren, denn sonst hätte ich nichts zustande gebracht. Das sah ich nicht als meine Aufgabe an. Ich hatte die Aufgabe, aus dem Nichts ein Ministerium aufzubauen.

Ich bin immer montags nach Erfurt hin- und freitagabends zurückgefahren. Samstag und Sonntag war der Familie gewidmet. Meine Frau war nicht begeistert davon, weil ich die langen Autobahnfahrten hatte. Aber mich hat es gereizt, dort etwas zu gestalten …

Etwas ganz Neues aufzubauen. Und es gab niemand – außer dem Minister, der Mediziner war und von Verwaltung sehr wenig verstand –, der in meine Arbeit hineinredete. Grundlegend anders war die Mentalität der Mitarbeiter aus Thüringen – einschließlich der Ärzte. Sie warteten immer auf Anweisung, denn in der DDR war ja alles zentral über Berlin gesteuert. Auch die Bezirke waren nicht selbstständig. Es hieß dann immer, wir müssen warten, welche Anweisung kommt, und da musste ich immer wieder sagen, Leute, wir haben niemand mehr in Berlin, wir müssen etwas auf die Beine stellen. Wir können niemanden fragen. Selbst Bonn hat uns nichts zu sagen, wir sind selbstständig in der Errichtung der Behörde. Das war schwierig, aber schön!

I.: *Wie haben Sie schließlich Personal für das aufzubauende Thüringer Sozialministerium gefunden?*

C.: Das habe ich gar nicht alles in der Zeit, in der ich das Ministerium aufgebaut habe, besorgen können. Ich war von September bis Ende Dezember dort. Nur das Vierteljahr. Ab Januar kam dann der Kollege Dr. Acker und noch einige andere aus dem Westen, die dann auf dem aufbauen konnten, was ich als Grundlage geschaffen hatte. Und, wie gesagt, es war nicht ganz einfach, manche Stellen waren noch nicht besetzt, aber es war der Rahmen dafür geschaffen worden.

Natürlich ist auch schon während der Zeit begonnen worden, im nachgeordneten Bereich, insbesondere in der Kriegsopferversorgung, zu helfen. Dazu gibt es ein Schreiben vom damaligen Bundesarbeitsminister Norbert Blüm an die Länder im Osten, ob nicht die westlichen Kriegsopferverwaltungsbehörden zur schnelleren Abwicklung Bescheide erteilen können, weil die Kriegsschwerbeschädigten und Hinterbliebenen bereits sehr alt seien.

Also, ab Januar, das ist dann die Fortsetzung meiner Tätigkeit, habe ich die nachgeordneten Behörden in Thüringen, soweit sie das Sozialministerium betrafen, weiter aufgebaut. Allerdings nicht allein, sondern mit Hilfe von Mitarbeitern, die ich aus der Versorgungsverwaltung in Hessen kannte. Zum Teil waren das auch Pensionäre, aber auch aktive Beamte, die abgeordnet wurden. So beispielsweise Herr Lommel aus Wiesbaden. Er war später Chef des Versorgungsamtes Erfurt.

Über die Einrichtung nachgeordneter Behörden habe ich schon im Dezember mit Herrn Dr. Axthelm gesprochen. So sollte es als Verwaltungseinheit unterhalb des Ministeriums das Landesamt für Soziales und Familie, wie es in Thüringen heißt, geben. Die Frage war, wo es entstehen sollte. Erfurt war bereits Regierungssitz, und alle Behörden in Erfurt anzusiedeln, ging nicht. Gera war zu weit entfernt, und da blieb nur Suhl. Suhl wollte aber der Minister nicht, weil er aus Meiningen kam und in Suhl zudem die frühere DDR-Bezirksverwaltung war. Dort standen allerdings geeignete Räume zur Verfügung. Denn die größten Schwierigkeiten bestanden immer wieder darin, Räumlichkeiten zu finden. Besonders in Erfurt war es schwer. Das Ministerium war zwar gut versorgt, aber nicht die nachgeordneten Behörden, wie beispielsweise das Versorgungsamt, das sich ja zunächst einmal mit den Kriegsopfern zu befassen hatte. Der Bereich Jugend war bei der Stadt Erfurt untergebracht, das war nicht so dramatisch.

Nur mal als Beispiel: Wir haben nach langem Suchen in einem Kindergarten Räumlichkeiten für das Versorgungsamt gefunden, weil viele arbeitslose Frauen ihre Kinder daheim behielten. Und dort haben wir zunächst mit drei Mitarbeiterinnen aus Erfurt und zwei aus dem Westen und mit Hilfe von Schreibkräften angefangen, die Anträge entgegenzunehmen. Die Anträge wurden von den Westlern bearbeitet, die dorthin abgeordnet waren. Unter anderem war auch der frühere Leiter des Versorgungsamtes Gießen, auch ein Pensionär, dabei. Den habe ich montagmorgens in Gießen abgeholt und mit nach Erfurt genommen. Er hat dann das Versorgungsamt Erfurt aufgebaut in diesem Kindergarten. Allerdings konnte das Amt dort nicht bleiben und es mussten wieder neue Räume gefunden werden. Eine Kaserne stand leer, in die wir dann später einzogen, zunächst ohne Telefonanschluss.

I.: *Gab es für Thüringer Mitarbeiterinnen und Mitarbeiter berufliche Qualifizierungen?*

C.: Ja, die wurden geschult. Zum Teil einfach durch „learning by doing" aber es wurden auch Lehrgänge eingerichtet. Sie wurden von Mitarbeitern des gehobenen und des höheren Dienstes, die als Aufbauhelfer aus Rheinlad-Pfalz oder Hessen kamen, durchgeführt. Neben den fachlichen Themen wurde auch Staatsrechtskunde unterrichtet. Unsere Konzeption war im Wesentlichen auf dem Grundsatz Hilfe zur Selbsthilfe aufgebaut und es wurden auch Mitarbeiter zur Schulung in die Versorgungsämter Frankfurt, Fulda und Kassel geschickt.

I.: *Entstand auch in Thüringen ein Landeswohlfahrtsverband bzw. wurden vergleichbare Strukturen aufgebaut?*

C.: Ich war zwei Legislaturperioden Abgeordneter des Landeswohlfahrtsverbandes Hessen und kenne deshalb die Aufgabenstellung dieses Verbandes gut. Der Landeswohlfahrtsverband ist eine selbstständige Organisation, die von den Landkreisen und kreisfreien Städten getragen wird. Der Landeswohlfahrtsverband ist unter anderem Träger der psychiatrischen Kliniken, aber auch zuständig für die Kriegsopferhilfe. Das sind ergänzende Maßnahmen, beispielsweise Erholungsmaßnahmen oder sonstige Betreuung für Schwerbehinderte. Und diese Aufgabe, die Kriegsopfer zu versorgen, war geteilt: Die Rentengewährung und die gesundheitliche Versorgung war Aufgabe der Versorgungsverwaltung. Die ergänzende Hilfe zum Lebensunterhalt und ergänzende Betreuung war beim Landeswohlfahrtsverband angesiedelt.

Bei der Größenordnung von Thüringen ist es wenig sinnvoll, aus den Kreisen einen solchen Sozialverband zu schaffen. Sinnvoller erschien es, die Versorgungs-, Gesundheits- und Sozialverwaltung, dies sind alles Aufgaben, die auch vom Landeswohlfahrtsverband wahrgenommen werden, in das Landesamt für Soziales und Familie aufzunehmen. Das wurde dann in Thüringen auch organisatorisch umgesetzt. Und ich wurde, wie bereits gesagt, vom Minister beauftragt, den Aufbau dieser nachgeordneten Behörde durchzuführen. Zu dieser Mittelbehörde gehörten das Landesversorgungsamt, der Landeswohlfahrtsverband und die Gesundheitsverwaltung des Landes. Das war in der Zeit von Ende Dezember 1990 bis Anfang Januar 1991. Später bin ich dann nicht mehr ständig in Thüringen gewesen, sondern ich bin bis in den Juli hinein nur noch einige Tage im Monat nach Suhl gefahren. Denn das Landesamt für Soziales und Familie hatte seinen Sitz in Suhl in dem Gebäude der ehemaligen Bezirksverwaltung. Auch zum Aufbau dieser Behörde kamen wieder Helfer aus dem Westen. Meine Aufgabe war es, sicherzustellen, dass die Strukturen – wie mit dem Minister abgesprochen – umgesetzt wurden. Deshalb habe ich noch bis in den Sommer 1991 hinein gewirkt und habe die Entwicklung begleitet und dann jeweils entschieden, wo ich helfen muss und wo nicht.

I.: *Wie würden Sie insgesamt die Situation in Thüringen während Ihrer Zeit als Aufbauhelfer beschreiben?*

C.: Die Menschen waren sehr zurückhaltend. Sie wussten nicht, was alles Neues auf sie zukam. Sie waren froh, nicht mehr unter Druck leben zu müssen. Ich habe große Bereitwilligkeit gespürt, mitzumachen, zu helfen, etwas zu tun. Das war also die Grundstimmung, die habe ich sowohl in Erfurt als auch in Suhl kennen gelernt.

I.: *Wie erfolgte schließlich die Auswahl der Mitarbeiter?*

C.: Die wurde vor Ort von den Amtsleitern vorgenommen. In Gesprächen wurden die fachlichen Kenntnisse nachgefragt. Eine politische Überprüfung fand bei uns nicht statt. Das konnten wir nicht leisten. Wir hatten keine Unterlagen und wollten es auch nicht. Unsere Aufgabe war es, etwas aufzubauen und nicht jeden zu durchleuchten. Denn im Großen und Ganzen waren es einfach normale Menschen, die ihre Arbeit geleistet haben.

Es gab aber schon Besonderheiten, die für uns neu waren, wenn beispielsweise Mitarbeiterinnen während der Arbeitszeit gingen, um Lebensmittel einzukaufen. Sie hatten Angst, dass es nach Dienstschluss nichts mehr geben würde. Da mussten wir natürlich eingreifen.

I.: *Waren Sie auch an der Vorbereitung von Gesetzen beteiligt?*

C.: Das war nicht unser Bereich. Unser Bereich war die Ausführung des Bundesversorgungsgesetzes, also die Ausführung der Bundesgesetze. Denn die Organisation der Verwaltung war Landessache. Landesgesetze wurden mehr vom Innenministerium bzw. Finanzministerium vorbereitet. Es musste höchstens einmal eine Verordnung zur Ausführung des Bundesrechtes erstellt werden, dann haben wir natürlich die hessische übernommen und sie für Thüringen umgestaltet. Das kam aber höchstens zwei Mal vor.

I.: *War nicht vor allem Rheinland-Pfalz für den Aufbau der Versorgungsverwaltung zuständig?*

C.: Nein, der Präsident des Landesversorgungsamtes Rheinland-Pfalz und weitere Mitarbeiter waren zwar auch zur Aufbauhilfe in Thüringen, aber der überwiegende Teil des Verwaltungsaufbaus wurde von Hessen geschafft. Was meinen Bereich anging, das Sozialministerium und die nachgeordneten Versorgungsabteilungen wurden von Hessen aufgebaut.

Präsident der Mittelbehörde ist dann ein Kollege aus dem Regierungspräsidium Gießen geworden. Und es sind auch einige aus der hessischen Versorgungsverwaltung in Thüringen geblieben. Aber im Wesentlichen wurde der Aufbau von den hessischen Pensionären und den Abgeordneten geleistet, die nachher wieder nach Hessen zurückgingen.

I.: *Glauben Sie, dass es eine besondere Beziehung zwischen Thüringen und Hessen gibt, vielleicht auch aufgrund der geleisteten Hilfe?*

C.: Das ist vorbei, denn in Thüringen gibt es mittlerweile eine nächste Generation.

Es hat aber im Bereich der Sozialverbände, zum Beispiel beim Volksbund deutscher Kriegsgräberfürsorge (VdK), dem Verband der Kriegsbeschädigten und Hinterbliebenen, einen Zusammenschluss gegeben. Und dieser Verband heißt heute VdK Hessen-Thüringen.

Wolfgang Emmenthal

Diplom-Ingenieur

Geboren 1936 in Königsberg/Preußen. Bauingenieurstudium. Seit 1959 Tätigkeit in der freien Wirtschaft, dort u. a. Planungen im allgemeinen Tiefbau zur Erschließung der Nordweststadt in Frankfurt am Main sowie Flughafenplanung in Hannover. Nach selbstständiger Tätigkeit 1976 Eintritt in die HLT Gesellschaft für Forschung Planung und Entwicklung mbH, Wiesbaden. Aufgabenschwerpunkte waren die Beratung hessischer Kommunen sowie ansiedlungswilliger Unternehmen auf dem Gebiet der gewerblichen Entwicklung, Durchführung von städtebaulichen Entwicklungsmaßnahmen für Industrie- und Gewerbeparks in hessischen Ober- und Entwicklungszentren, ab 1989 verantwortlich für die Umsetzung des Grenzraumprogramms in Thüringen mit den Schwerpunkten Weiterbildung und gewerbliche Entwicklung.

Mitwirkung am ExWoSt-Forschungsprojekt „Industriegebiet Kindel/Eisenach". Gewinner des Ideenwettbewerbs Stadt 2030 mit anschließendem Forschungsauftrag durch das Bundesministerium der Finanzen. Ab 1995 Lehrauftrag Ökonomische Grundlagen des Siedlungswesens an der Universität Kaiserslautern, Fachbereich Architektur, Raum- und Umweltplanung.

Karlheinz Zahn

Diplom-Volkswirt

Geboren 1939 in Warnsdorf. Von 1962 bis 1967 Studium der Ökonomie, Betriebswirtschaft und des Öffentlichen Rechts in Mainz, Diplom-Volkswirt. Von 1967 bis 1973 Bundesministerium für Wirtschaft, Verkehr und Technologie, Abteilung für Wirtschaftspolitik, seit 1969 Arbeitsgruppenleiter „Regionalwirtschaft".

Von 1973 bis 2003 Vorstandsmitglied der Investitions-Bank Hessen AG, Frankfurt am Main (Hessische Entwicklungs-Bank) zuvor Hessische Landesentwicklungs- und Treuhandgesellschaft (HLT), von 1974 bis 2003 zugleich am Aufbau der Forschungs- und Entwicklungsgesellschaft Hessen mbH (FEH), Wiesbaden (Forschungs- und Entwicklungsgesellschaft Hessen) beteiligt, Geschäftsführer der Gesellschaft. Von 1976 bis 2003 zudem Geschäftsführer der Mittelständischen Beteiligungsgesellschaft Hessen mbH (MBG), Frankfurt am Main, 2003 pensioniert.

Seit 1973 umfangreiche Schulungs- und Beratertätigkeit u. a. im Auftrag der Gesellschaft für Technische Zusammenarbeit (GTZ), Eschborn und der Kreditanstalt für Wiederaufbau (KfW), Frankfurt/Main in zahlreichen europäischen und außereuropäischen Ländern zur Organisation von Entwicklungs-Institutionen, zur Entwicklung von Industriegebieten u. a. m.

Interview mit Herrn Wolfgang Emmenthal (E.) und Herrn Karlheinz Zahn (Z.) am 15. 11. 2007

I.: *Herr Zahn, Sie waren, als das Aktionsprogramm Hessen-Thüringen 1990 durch den Hessischen Landtag verabschiedet wurde, Geschäftsführer der Hessischen Landesentwicklungs- und Treuhandgesellschaft (HLT) und in dieser Funktion für die Abwicklung des Kleinkreditprogramms zur Förderung Thüringer Kleinunternehmer zuständig. Worin bestand Ihre Aufgabe?*

Z.: Ja, dafür standen aus dem Programm 10 Millionen DM für eine so genannte Soforthilfe bereit, das hieß, wir haben Personen in der DDR, Kleinunternehmen, Gewerbetreibenden usw. bis zu 20.000 DM als Darlehen zur Verfügung gestellt. Denn Geld hatten die Menschen da drüben, sie konnten es nur nicht anwenden, denn es gab keine entsprechenden Güter. Das Geld wurde im Verhältnis 1 : 1 (Mark Ost zu D-Mark West) umgetauscht. Der Kredit war auf 20.000 DM pro Unternehmen begrenzt und der Trick dabei war zudem, dass die Leute nur den Nettobetrag zurückzahlen mussten. Wir hatten uns die Mehrwertsteuer für das Land Hessen abtreten lassen, dadurch ergab sich ein weiterer Vorteil für die Kunden.

Ein Problem bei diesem Programm war, dass es – nach Vorgabe der Landesregierung – sehr kurzfristig durchgeführt werden sollte. Wir hatten eine Antragszeit von nur vier oder fünf Tagen und in dieser Zeit erreichte uns eine ungeheure Menge von Anträgen. Wenn ich mich nicht irre, waren das um die 1400 Anträge, und die sollten schnell bearbeitet werden.

In Thüringen haben wir die Mitarbeiter der Banken, über die die finanzielle Abwicklung lief, darauf vorbereitet. Wir haben Ausstattungen wie PCs mitgebracht, um überhaupt eine Grundlage für das gesamte Bearbeitungsprogramm zu haben, das einigermaßen unseren Standards entsprach. Denn die HLT musste permanent die Kredite etc. mit dem Land abrechnen. Und wenn dann noch die Mehrwertsteuer gesondert abzurechnen ist und der Umtauschkurs verändert wird, war es keine einfache Sache, das alles in kurzer Zeit durchzuführen. Denn auch die Bankstrukturen in der DDR waren anders. Die Bankmitarbeiter waren teilweise überfordert, wenn sie ein Formular bekamen oder zur Sache gefragt wurden. Wir mussten mit hohem Personalaufwand vor Ort Hilfestellung geben, den Bankangestellten und den Antragstellern.

Von den Anträgen, die wir bekommen haben, sind mehr als 700 genehmigt worden.

I.: *Mit der Einführung der Währungs-, Wirtschafts- und Sozialunion zum 1. Juli 1990 war auch das Kleinkreditprogramm im Wesentlichen abgeschlossen, inwiefern änderte sich Ihre Tätigkeit in Thüringen?*

Z.: Der zweite Schritt unserer Tätigkeit in Thüringen setzte dann vor allem nach der Wiedervereinigung ein. Es gab die so genannte Gemeinschaftsaufgabe zur Verbesserung der regionalen Wirtschaftsstruktur – das war ein Bund-Länder-Programm, das in Thüringen vom Bund und dem Land Thüringen umgesetzt werden musste. Ab dem Frühjahr 1991 haben wir vier bis fünf Mitarbeiter der HLT nach Thüringen abgeordnet, die dort für Monate viele Schulungen in der Thüringer Verwaltung und im Wirtschaftsministerium durchgeführt haben. Ich selbst habe x Vorträge gehalten, um die dortigen Mitarbeiter in das neue Wirtschafts- und Verwaltungssystem einzuführen. Und wir haben dann, weil sie mit ihrem Antragsvolumen nicht fertig wurden, unsere Mitarbeiter in der Außenstelle in Kassel beauftragt, Anträge aus Thüringen zu bearbeiten und abzuwickeln. Das war Verwaltungshilfe zum Aufbau der Wirtschaftsförderung im Wirtschaftsministerium in Thüringen.

Mit der Grenzöffnung kam es zu einer sehr schnellen Verschiebung der Förderprioritäten. Das heißt, zwischen den Problemstandorten in Hessen wie Eschwege oder Witzenhausen, die ja nicht gerade die am meisten entwickelten Standorte waren, gab es dann plötzlich ein Fördergefälle zu den nahen thüringischen Gebieten, das enorm war. Mit der Gemeinschaftsaufgabe stand ein besonderes Programm zur Förderung der regionalen Wirtschaft zur Verfügung. Daraus konnten Infrastrukturmaßnahmen bezahlt und es konnten Programme für mittelständische Unternehmen, wobei der Begriff Mittelstand ziemlich weit gefasst war, aufgelegt werden. Aus diesem Programm wurden auch Gutachten von unserer Forschungsabteilung, der HLT Gesellschaft für Forschung, Planung und Entwicklung, erstellt. Diese Gutachten sollten die Grundlage für die wirtschaftliche Entwicklung in Thüringen bieten. Wir haben dann allerdings auch gleichzeitig untersucht, wie die Auswirkungen jeweils für Hessen sind. Denn wenn man beispielsweise die Streuung der gewerblichen Standorte in Thüringen betrachtet, waren das doch wesentlich mehr als zum Beispiel in der Region Kassel, da die DDR viel kleingliedriger gestaltet war, als es in der Bundesrepublik der Fall war. In der DDR gab es Bürgermeister mit Orten bis 400 Einwohnern. Dazu wurden unterschiedliche Bereiche untersucht, wie beispielsweise die zentralörtlichen Verflechtungsbereiche. Wir haben Standortprofile erarbeitet, sozialökonomische Strukturen, den Arbeitsmarkt und die Arbeitsmarktregionen, die Technologie- und Innovationspotenziale und regionale Dienstleistungspotenziale untersucht, wobei wir sofort feststellten, dass der Begriff Dienstleistung in dem Sinne, wie wir ihn verstehen, in der DDR nicht existent war. Und es gab Untersuchungen zur Unternehmensentwicklung und Verkehrsuntersuchungen. Die Ergebnisse wurden während einer eigens dafür veranstalteten Konferenz in Bad Hersfeld Ende 1991 vorgestellt und dazu ein großer Tagungsband erarbeitet.

I.: *Vollzog sich Ihr Engagement in Thüringen in Absprache mit dem dortigen Wirtschaftsministerium und welche konkreten Aufgaben haben Sie in Thüringen durchgeführt?*

Z.: Das lässt sich nicht so einfach beantworten. Eigentlich waren wir in drei Bereichen tätig, aus denen sich später die Einzeltätigkeiten, die praktische Umsetzung entwickelte, in die Herr Emmenthal sehr stark involviert war. Als Beispiel: Die Stadt Erfurt gab uns den Auftrag, einen Plan für die Wirtschaftsentwicklung in der Zukunft zu erarbeiten. Denn in der Zwischenzeit war ein Bundesprogramm entstanden – Grenzraumprogramm hieß das – und aus diesem Grenzraumprogramm wurden Maßnahmen zur wirtschaftlichen Entwicklung finanziert. Wir waren in zwei großen Regionen tätig, das war der westliche Teil des Thüringer Grenzraums und wir betreuten noch zusätzlich den Raum Ilmenau. Eine ganz konkrete Maßnahme war beispielsweise in Eisenach die Ansiedlung von Opel. Hierfür haben wir das Gelände erschlossen.

Aber ich möchte jetzt zunächst die drei verschiedenen Gebiete aufzeigen, die zu unserer Tätigkeit gehörten: Zum einen gab es die finanziellen Mittel für die kleinen Unternehmen, mit dem Anhängsel nach der Vereinigung Aufbau einer Verwaltungsstruktur zum „handling“ aller Programme aus der Gemeinschaftsaufgabe zur Verbesserung der regionalen Wirtschaftsstruktur. Zweitens erarbeitete unsere Tochter Gesellschaft für Forschung Planung Entwicklung (HLT-FPE) Stärken-Schwächen-Analysen usw. und als Block drei gab es dann konkrete Aufträge der Kommunen wie Erschließungsmaßnahmen in einzelnen Regionen und Orten. Und wir haben den Bund beraten bei der Ausarbeitung von vertraglichen Voraussetzungen.

E.: Wir haben also die Vertragsunterlagen erarbeitet für das Bundesprogramm und damit Basisarbeit geleistet vom ersten Planungsschritt bis hin zum Spatenstich.

Z.: In einem weiteren Schritt haben wir Verwaltungshilfe geleistet und gezeigt, wie Wirtschaftsförderung aufgebaut werden kann. Wo z. B. eigene Zusatzprogramme nötig sind. Das war schon eine äußerst intensive Beratungstätigkeit und wenn ich zusammenrechne, waren über 1½ Jahre praktisch immer etwa insgesamt 10 Mitarbeiter der beiden Firmen, der HLT-Bank und der HLT-FPE, voll in Thüringen engagiert.

E.: Und nun zur praktischen Umsetzung: Die Hessische Landesentwicklungs- und Treuhandgesellschaft hatte den Status eines Treuhänders gemäß Baugesetzbuch, daher konnten wir städtebauliche Entwicklungsmaßnahmen, die einen Sonderstatus hatten, betreuen. Diese privilegierten Bauvorhaben, die ursprünglich noch vom Kabinett zustimmungspflichtigen Verfahren wurden später etwas entschärft, was die Genehmigungshierarchie betraf. Da waren es dann die Kommunen, die durch einen Satzungsbeschluss zur Entwicklungsmaßnahme die gesetzliche Grundlage herbeiführen konnten. Dieses Verfahren hatte den Vorteil, dass Spekulationen unterbunden wurden, es bedeutete die Abschöpfung des Planungsvorteils und sorgte für Planungssicherheit bei der Erschließung von Gewerbegebieten. Gleiches galt auch für Wohnvorhaben und soziale sowie technische Infrastrukturmaßnahmen. Konkret bedeutet dies: Für die Durchsetzung gab es zwei kritische Wege: Planungsrecht zu schaffen und die Bodenordnung zu sichern. Also, wenn kein Planungsrecht besteht, kann nichts entwickelt werden, und wenn man nicht an den Grund und Boden kommt, natürlich auch nicht. In vielen Fällen erwies sich der Weg über die Bodenordnung als der schwierigere. Über die Entwicklungssatzung war es möglich, vorläufig in den Besitz eingewiesen zu werden, wobei es letztendlich auch zu einer Enteignung kommen konnte, dem schärfsten Instrument im Rahmen dieser Entwicklungsmaßnahmen. Wir haben in Thüringen bei allen unseren Projekten diesen Vorteil genutzt, um eine optimale Planungssicherheit für die Ansiedler zu schaffen. Natürlich war es erforderlich, die Beteiligten vor Ort auf den Stand zu bringen, bis sie das Planungsrecht praktisch umsetzen konnten. Bei der Umsetzung erwies sich die Bodenordnung als besonders schwierig, da vielfach nur Katasterunterlagen existierten, die nicht eindeutig oder geschwärzt waren. Viele Eigentümer waren zu DDR-Zeiten enteignet worden. Im Vergleich zu Hessen gab es in Thüringen viel großflächigeres Eigentum, die LPGs mit ihren landwirtschaftlich genutzten Flächen. Diese wiederum wurden von der Treuhand in Berlin verwaltet, so dass wir uns mit dieser auseinandersetzen und Verträge abschließen mussten, was die Eigentumsübertragung von Grund und Boden betraf.

Das war schon eine besondere Zeit, in der oft Entscheidungen vorweggenommen wurden, noch bevor die gesetzliche Grundlage zu 100 % erfüllt war.

Das Grenzraumprogramm, auf das Herr Zahn hingewiesen hat, hatte drei Ziele:

die Weiterbildung, Tourismus und die gewerbliche Entwicklung. Den Bildungsteil haben wir so interpretiert, dass wir nicht nur die Bürgermeister zur Schulung eingeladen haben, mit denen wir Verträge hatten, sondern alle aus dem thüringischen Grenzgebiet. Alle diese Bürgermeister einschließlich der Mitarbeiter übergeordneter Verwaltungen bis hin zur Landesverwaltung haben wir geschult, in erster Linie zum Planungs- und Bodenrecht. Diese Arbeit war sehr fruchtbar und wir waren gern gesehene „Entwicklungshelfer". Denn wir haben aufgrund unserer Erfahrungen im Zusammenhang mit großen städtebaulichen Entwicklungsmaßnahmen keine „beleuchteten Weiden", wie man nachher so schön gesagt hat, zurückgelassen. Die Mittel flossen ja damals reichlich und so wurde stellenweise über das Ziel hinausgeschossen und es kam vielfach zu Fehlinvestitionen. Es entstanden „beleuchtete Weiden", also Industriegebiete, die voll erschlossen, aber ungenutzt blieben. Solche Investitionen sind in den von uns betreuten Projekten nicht passiert. Wir haben die Mittel bedarfsorientiert verwandt und sind sehr verantwortlich damit umgegangen. Unsere Klientel haben wir so weit geschult, dass die Maßnahmen später in diesem Sinne in eigener Regie weitergeführt werden konnten.

Wir haben unsere Aufgabe vor Ort immer als Gesamtentwicklung gesehen, dabei aber auch die wohnliche Entwicklung verbunden mit den neu geschaffenen Arbeitsplätzen berücksichtigt. Gleiches galt für die Anpassung der sozialen und technischen Infrastruktur. Da es in der Anfangsphase nur eine rudimentäre und keine übergeordnete Planung gab, bestand eine weitere Aufgabe darin, übergeordnete Flächennutzungspläne zu erstellen. Da man gar nicht dazu kam, sie so schnell nachzuschieben, wie es erforderlich wurde, haben wir Masterpläne und Entwicklungskonzepte für den gesamten regionalen Raum erarbeitet. Wir haben damit Grundlagen geschaffen für die folgenden Flächennutzungspläne: Landesentwicklungspläne und Regionalpläne. Wir haben diese gesamtplanerisch vorbereitet, das war ein Stück Pionierarbeit.

Z.: Zur Entwicklung der Generalplanungen brauchten wir vorab Informationen und haben dann zur Hochschule für Architektur und Gestaltung in Weimar gute Beziehungen aufgebaut. Und da wir die Aufgaben in Thüringen nicht ewig durchführen konnten, haben wir sehr schnell Assistenten der Hochschule bei der HLT für eine längere Zeit durch eine Art „Training on the Job" geschult. Später wurden sie in einzelne Projekte von uns eingegliedert, sozusagen als „Insider-Mitarbeiter", die zudem die DDR-Strukturen kannten.

E.: Ein Problem bestand allerdings darin, dass wir mit dem bestehenden Mitarbeiterstab nicht alle Aufgaben übernehmen konnten, die uns angeboten wurden. Wir konnten den Mitarbeiterstab aber auch nicht kurzfristig ausdehnen, denn bevor neue Mitarbeiter mit unserer Firmenphilosophie vertraut gewesen wären, wäre zu viel Zeit vergangen. Daher wurden unvorstellbar viele Überstunden geleistet.

I.: *Waren Sie, und wenn ja, in welcher Weise waren Sie am Aufbau einer Thüringer Wirtschaftsförderungsgesellschaft beteiligt?*

Z.: Ja, wir haben in Ostthüringen eine Wirtschaftsförderungsgesellschaft mit ins Leben gerufen. Darüber hinaus haben wir in Thüringen in den Anfangsjahren vor allem die Landesregierung, also das Wirtschaftsministerium beraten und haben die Grundlagen, wie macht man heute Wirtschaftsförderung etc., vermittelt. Wir waren auf diesem Gebiet überall in irgendeiner Form engagiert.

E.: Zirka 1993 ist dann die Landesentwicklungsgesellschaft in Thüringen entstanden, und die war in etwa vergleichbar mit unserem Status eines Treuhänders. Diese Entwicklung hatte einen Vorlauf, denn zunächst musste erst einmal durch die Arbeit von unten nach oben bewerkstelligt werden, dass die Leute handlungsfähig wurden. Daher sind in den einzelnen Kommunen und Städten kleine Wirtschaftsförderungsgruppen entstanden, die auch erst geschult werden mussten.

Z.: Das ist eine Sache, die oftmals vergessen wird bei der Darstellung von Programmen, weil diese Arbeit keine unmittelbaren finanziellen Auswirkungen hat. Sowohl die HLT-Bank hat enorme Aufbauleistungen durch die Schulung von Mitarbeitern erbracht, aber auch unsere Tochtergesellschaft, die Forschung und Planung, hat mit vielen Seminaren und Schulungsprogrammen versucht, Mitarbeiter zu qualifizieren.

Insgesamt sind enorme Schulungsleistungen erbracht worden, würde ich sagen. Und dann kommt das, was Herr Emmenthal bereits angemerkt hat, dass wir auch in den Regionalverwaltungen, die ja in der DDR völlig anders aufgebaut waren, für dortige Mitarbeiter Schulungen durchgeführt haben, denn nur so konnten sie überhaupt ihre eigenen Entwicklungskonzeptionen verstehen. Diesen Teil der Aufgabe sollte man keinesfalls vergessen. Was gerade in diesem Bereich an Aufbauleistung geschehen ist, der zudem relativ arbeitsintensiv vom Einsatz der Mitarbeiter war, war enorm. Auch wenn dabei kein finanzielles Ergebnis, bei dem man sagen kann, so viele Betriebe wurden angesiedelt, so viele Investitionen wurden getätigt, zu verzeichnen ist.

I.: *Sie haben mit Ihrer Arbeit, so kann man es vielleicht festhalten, Grundlagen geschaffen. Inwiefern wurde Ihre Arbeit in Thüringen angenommen oder sind mit Gründung des Landes Thüringen auch Konkurrenzen entstanden?*

E.: Wir haben mit unserer Arbeit begonnen, als es die DDR noch gab, zwangsläufig im Rahmen eines Staatsvertrags. Im wirtschaftlichen Bereich beschränkte sich unsere Arbeit auf den kommunalen Bereich. Hier wurden unsere Vorschläge angenommen und dann auch durchgesetzt.

Z.: Mit dem Entstehen der neuen Verwaltungen wurde es schon etwas schwieriger, weil dann auch – hier kann ich mich an das Gebiet Suhl erinnern – die Bayern sehr stark engagiert waren. Dann gab es eher Konkurrenzen mit Bayern, die ein anderes System hatten, als wir es in Thüringern eingeführt hatten. In Bezug auf Wirtschaftsförderung und vor allem auf die Bearbeitung der Anträge.

E.: Die Niedersächsische Landesentwicklungsgesellschaft wurde dann zur Hilfe in grenznahen Räumen ebenfalls eingesetzt. Es spielte also nicht nur die Koordination der

Wirtschaftsförderung in einem anderen Staat mit einem ganz anderen politischen System eine Rolle, sondern auch die föderalen Strukturen der Bundesrepublik waren untereinander abzustimmen.

Z.: Wir hatten ja in der Bundesrepublik Ende der 60er Jahre die Gemeinschaftsaufgabe entwickelt, wozu eigens das Grundgesetz geändert wurde. In dieser Gemeinschaftsaufgabe „Verbesserung der regionalen Wirtschaftsstruktur" ging es erstmals um eine räumlich und punktuell geordnete Wirtschaftsförderung, und das war ein Fortschritt. Wir waren immer für eine Förderung der Konzentration und waren strikt dagegen, mit der Gießkanne über das ganze Land Thüringen zu gehen. Wenn man jedoch heute von Berlin nach Frankfurt an der Oder fährt und sieht, was dort rechts und links an Gewerbegebieten gebaut worden ist, dann kann man nur sagen, dass dort unverzinsliches Geld ganz wunderbar in der Erde vergraben liegt. Unser Ziel war die Bündelung der Wirtschaftsförderung auf geeignete zentrale Orte. Als dann die Wiedervereinigung kam, hat man die Verwaltungsstrukturen in Ostdeutschland erst einmal alle so belassen, wie sie waren, und die waren ja viel kleingliedriger als unsere. Und im Grunde genommen wurde dementsprechend die Gießkanne angewandt, was die Förderung anbetraf.

Und es kamen noch mehrere Probleme bei dem Entwicklungsprozess dazu. Ein wesentliches war das Grundstücksproblem, oftmals auch wegen ungeklärter Eigentumsverhältnisse, beispielsweise die Probleme mit den LPGs. Dann hatten wir in vielen Gebieten das Problem mit der Treuhand, insbesondere dort, wo es um Rekultivierung von Flächen ging. Denn man hat gesagt, dort gibt es eine Brache und daneben kann ein neues Industriegelände entstehen. Unsere Auffassung war allerdings immer, das alte wieder in irgendeine Funktion zu bringen. Schwierig war es auch mit den Militärgeländen …

Zusammengefasst: Zu Beginn unserer Tätigkeit gab es noch die alten Verwaltungsstrukturen der DDR, dann wurde das Land aufgebaut und die Bürgermeisterwahlen fanden statt, immer noch mit den kleingliedrigen Verwaltungseinheiten, dann wurde eine Landesentwicklungsgesellschaft in Thüringen durch das dortige Wirtschaftsministerium aufgebaut, insbesondere zum Handling der Gemeinschaftsaufgabe. Es gab in Thüringen eine zentrale Wirtschaftsförderungsgesellschaft, aber auch regionale Wirtschaftsförderungsgesellschaften auf der kommunalen und auf der Landkreisebene. Und für beide Ebenen mussten Mitarbeiter für die neue Entwicklungsstrategie, die neu zu kreieren war, überhaupt erst einmal geschult werden.

E.: Sie mussten dialogfähig werden und dafür waren die Schulungen unerlässlich. Denn parallel zu den ersten Ansätzen demokratischer Reformen liefen immer noch die alten in der DDR geprägten Verwaltungsstrukturen und in dieser Zeit hatten wir es unglaublich schwer. Zunächst waren unsere Ansprechpartner noch die Vertreter des Rates, der Kreise, Kommunen und Bezirke. Es waren noch die alten Kader und die haben versucht sich mit uns auseinanderzusetzen. Das ging zunächst einmal nur sehr behutsam, da hat man sich langsam vorgetastet.

Ein kleiner Einschub am Rande: Mich wollte man, als es die DDR noch gab, an der

Grenzübergangsstation Eisenach verhaften, weil ich mit dem Dienstwagen angeblich nicht korrekt gefahren bin. Der Wachhabende hielt mir gleich einen Vortrag darüber, gegen welche Gesetze ich verstoßen hätte. Als ich ihm dann erläutert habe, dass ich im Rahmen eines Staatsvertrages einreise und einen Dienstausweis gezeigt habe, haben sie „strammgestanden". Das war dieses Hierarchiedenken, und das hatte sich auch in der Arbeit und im Umgang mit Vertretern der alten DDR immer wieder gezeigt. Wenn man plötzlich – wie sie das gewohnt waren – auch autoritär wurde, erhielt man die nötige Unterstützung bei der Arbeit. Für uns bedeutete es Pionierarbeit, mit diesen Strukturen umzugehen und gleichzeitig das zarte Pflänzchen der Demokratie zu pflegen und die Vertreter des Runden Tisches zu stärken. Und als es dann das vereinte Deutschland gab, waren die nun demokratischen Verwaltungsverantwortlichen am besten beraten, sich der alten bestehenden Strukturen doch noch zu bedienen – im positiven Sinne. Denn es waren auch gute Leute mit großer Erfahrung darunter. Auch wir haben mit den alten Vertretern der DDR noch zusammenarbeiten müssen, aber es waren Gratwanderungen …

I.: *Welche Auswirkungen hatten die umfassenden Förderprogramme auf Hessen bzw. auf das unmittelbare Grenzgebiet, ist dort tatsächlich ein gemeinsamer Wirtschaftsraum entstanden?*

Z.: Die westlichen Grenzgebiete waren teilweise mit niedrigeren Subventionswerten als im Osten in dem Förderprogramm Gemeinschaftsaufgabe berücksichtigt. Wir haben uns zunächst erst einmal in Untersuchungen klargemacht, welche Veränderungen sich für Nordhessen durch eine Wiedervereinigung ergeben.

E.: Vielleicht dazu zwei Aspekte. Zunächst war es die grenzüberschreitende Infrastruktur, die ergänzt werden musste. Beispielsweise der Autobahnausbau von Kassel nach Eisenach, der heute noch in der Diskussion ist. Zum anderen der Aufbau eines Energieverbundes, der hat für uns damals eine entscheidende Rolle gespielt bei der Neuansiedlung von Opel und BMW, als diese gesichert werden musste. Das waren politische Entscheidungen, ein Kuhhandel, denn der Energieverbund stand bei den GRÜNEN ebenso zur Diskussion wie der Autobahnausbau. Die Energieversorgung wurde gesichert, doch der Autobahnausbau kam dann nicht weiter.

Später zeigten sich dann für den schwach strukturierten Grenzraum auf westlicher Seite die Auswirkungen. Die Förderung der Unternehmen war jetzt im östlichen Teil Deutschlands viel höher als im westlichen Teil, und das hatte zur Folge, dass viele grenznahe Betriebe Niederlassungen praktisch ein paar Kilometer hinter der ehemaligen Grenze gründeten. Außerdem fanden sie dort auch Arbeitskräfte. Das bedeutete natürlich eine weitere Schwächung der hessischen Region.

Z.: Wenn man heute die Autobahn von Hersfeld nach Dresden fährt, wird man feststellen, dass an dieser Autobahn die Städte praktisch wie eine Perlenkette – wie ein Infrastrukturband – aufgereiht sind. Einerseits ist den hessischen Gemeinden dadurch eine große Konkurrenz entstanden, andererseits ist natürlich der gesamte nordhessische Raum in eine wesentlich zentralere Lage in der Bundesrepublik gerückt. Und zumindest in den Anfangsjahren haben alle, die irgendetwas verkauft haben, enorm gewonnen, weil sehr viele Leute aus dem Osten Deutschlands rüberkamen und hier Kaufkraft gelassen haben. Man muss also zwischen den kurzfristigen und den längerfristigen Entwicklungen sehr klar unterscheiden. Vielleicht gab es kurzfristige Nachteile, aber insgesamt gesehen kann man sagen, dass durch die Wiedervereinigung für Nordhessen keine Nachteile entstanden sind.

E.: Wir hatten ja in Hessen vor der Wende auch einen Grenzraum und die Infrastruktur, die wurde dort stark verbessert, um eben den Standort im Osten unseres Landes Hessen zu stärken. Dies hatte unter anderem auch negative Auswirkungen. Pendlerströme wurden damit gefördert, das heißt, aus diesen Bereichen sind die jungen Arbeitskräfte entweder ganz in die prosperierenden Gebiete, in den Frankfurter Raum und in den nordrhein-westfälischen, aber mindestens mal bis Kassel abgewandert oder wurden eben zu Pendlern. Dies führte aufgrund der isolierten Grenzlage zu einer weiteren wirtschaftlichen Schwächung und, wie Herr Zahn bereits ausführte, ist durch die Wiedervereinigung dieses Gebiet zu einem Durchgangsraum geworden, die Standorte auf der hessischen Seite und auf der thüringischen haben, abgesehen von deren besseren Förderung, die gleiche Bedeutung bekommen und haben keine isolierte Lage mehr, wie es vor der Wende der Fall war.

Thüringen hat ein Selbstbewusstsein gewonnen und es tritt den Hessen heute auf gleicher Ebene gegenüber, sie vertreten ihre Interessen, wie die Hessen ihre auch. Das ist inzwischen ein ganz normaler Prozess: Es kam zu gegenseitigen Ergänzungen, aber auch zu förderaler Konkurrenz.

Dr. Rolf Faber

Leitender Ministerialrat a. D.

Geboren 1946, Studium der Rechtswissenschaften, Philosophie und Geschichte in Mainz, 1. jur. Staatsexamen 1974, 2. jur. Staatsexamen 1976. 1977 Eintritt in den Justizdienst des Landes Hessen, Richter in Limburg, Wetzlar, Hochheim und Wiesbaden. 1990 Promotion zum Dr. jur.
Seit 2. 4. 1991 als Aufbauhelfer nach Thüringen abgeordnet, seit dem 22. 2. 1993 Beamter des Freistaats Thüringen, zuletzt bis zur Pensionierung 2009 Leitender Ministerialrat und stellvertretender Leiter der Abteilung Zivilrecht und öffentliches Recht im Thüringer Justizministerium Erfurt.
Zahlreiche Veröffentlichungen zu rechtshistorischen und landesgeschichtlichen Themen.

Interview mit Dr. Rolf Faber (F.) am 24. 10. 2007

I.: *Herr Dr. Faber, wie kam es im Rahmen der Zusammenarbeit zwischen Hessen und Thüringen zu Ihrer Tätigkeit in Thüringen?*

F.: Ich war im Jahre 1990 Richter am Landgericht in Wiesbaden. Als sich im Laufe des Jahres 1990 die Frage der Wiedervereinigung abzeichnete, fragte das Hessische Justizministerium alle Richter und Staatsanwälte, wer bereit sei, beim Aufbau einer rechtsstaatlichen Justiz in der damals noch existierenden DDR zu helfen. Ich erklärte sogleich schriftlich meine Bereitschaft für einen Einsatz. Ich erhielt allerdings danach keine Reaktion, so dass ich davon ausging, ich würde nicht benötigt.

Im Frühjahr 1991 kam dann plötzlich ein Anruf aus der Personalabteilung des Hessischen Justizministeriums. Der zuständige Personalreferent teilte mir mit, es sei vorgesehen, dass ich das Bezirksgericht in Meiningen übernehmen und neu organisieren solle. Ich muss Ihnen gestehen, dass ich im Hinblick auf diese große Herausforderung zunächst einmal geschluckt habe. Ich habe dann auch erst einmal auf einer Straßenkarte nachgeschaut, wo Meiningen überhaupt liegt und wie man am besten von Wiesbaden nach Meiningen kommt. Die Übernahme dieser Aufgabe ist dann allerdings nicht zur Verwirklichung gekommen, weil Bayern, das mit Franken an das südliche Thüringen grenzt, diese Stelle für sich beansprucht hat.

Ich dachte nun, damit hätte mein Engagement für Thüringen ein Ende gefunden. Das war aber nicht der Fall. Im März 1991 erhielt ich einen weiteren Anruf des Personalreferenten des Hessischen Justizministeriums. Dieser erklärte mir, dass ich nun doch als Aufbauhelfer nach Thüringen gehen müsste, um im Thüringer Justizministerium in Erfurt kurzfristig eine von Hessen zu besetzende Stelle zu übernehmen. Auf mein Zögern wies er darauf hin, dass ich mich ja 1990 zu einer Tätigkeit in den neuen Ländern bereit erklärt hätte, daran müsse ich mich jetzt halten. Auf meine Frage, wie lange der Einsatz geplant sei, antwortete er mir: ein Vierteljahr.

Nachdem auch meine Frau mit einer vorübergehenden Tätigkeit in Thüringen einverstanden war und mich hierzu ermutigt hatte, sagte ich zu. Ich fuhr im März 1991 zunächst einmal nach Erfurt, um mich im Justizministerium bei Staatssekretär Dr. Karl-Heinz Gasser vorzustellen. Das ganze Ministerium bestand damals aus einer Etage eines Bürogebäudes, das mit anderen Thüringer Ministerien geteilt wurde. Die räumlichen Verhältnisse waren äußerst beengt. Die dort bereits tätigen Beamten teilten sich meist zu dritt ein Zimmer. Am Ende unseres kurzen Gesprächs, das immer wieder durch Anrufe und Rückfragen von Mitarbeitern unterbrochen wurde, erklärte mir Dr. Gasser, dass ich sofort anfangen könne. Ich versprach ihm zu kommen. Als ich im Zug saß und nach Wiesbaden zurückfuhr, ahnte ich nicht, auf welches Abenteuer ich mich mit dieser Zusage eingelassen hatte. So habe ich dann am 2. April 1991 meinen Dienst in Erfurt angetreten. Aus dem Vierteljahr sind jetzt insgesamt über 17 Jahre geworden.

I.: *Wissen Sie etwas darüber, wie die ersten Kontakte im Justizbereich zwischen Hessen und Thüringen entstanden sind?*

F.: Die ersten Kontakte aus Hessen zu Justizbehörden in der DDR sind unmittelbar nach Öffnung der Grenze am 9. November 1989 zustande gekommen. Es handelte sich um private Initiativen. In erster Linie ist hier der damalige Präsident des Amtsgerichts Kassel, Rainer Bohnen, zu nennen. Er war es, der sich als erster Vertreter der hessischen

Justiz in Thüringen engagierte. Ohne zu zögern, fuhr er über die offene Grenze nach Thüringen und nahm mit den Direktoren bzw. Präsidenten der DDR-Gerichte im grenznahen Bereich, und zwar in Mühlhausen und in Erfurt, Verbindung auf.

In Erfurt bestanden ein Bezirksgericht und Kreisgerichte. Bei den Richtern stieß sein Erscheinen auf große Überraschung, da den Richtern und Staatsanwälten jeglicher Kontakt in die „BRD“ und zu Westdeutschen verboten war. Insbesondere bestand bei ihnen Interesse an einschlägiger Literatur zu den in der Bundesrepublik existierenden Rechtsgebieten. Nach seiner Rückkehr aus Thüringen begann Rainer Bohnen bei seinen Kollegen der Kasseler Gerichte Lehrbücher und Kommentare zu sammeln, die er anlässlich einer neuen Fahrt nach Erfurt brachte und sie dem Präsidenten des Bezirksgerichts zur Verteilung übergab. Das stellte sich allerdings als großer Fehler heraus. Denn wie man später herausfand, hatte der damalige Präsident des Bezirksgerichts Erfurt Harry Werner diese Aktion dadurch boykottiert, dass er die ihm übergebene Literatur zwar entgegennahm, sie jedoch nicht an seine Richterkollegen weitergab, sondern sie im Keller verschloss, wo die Bücher später aufgefunden wurden.

So aufgeschlossen wie Herr Bohnen in Kassel waren nicht alle Präsidenten an den hessischen Gerichten. Ich kann mich noch gut daran erinnern, dass wir am Landgericht Wiesbaden darüber diskutiert hatten, auf welche Weise wir ein Schreiben behandeln sollten, das der Präsident des Kreisgerichts Görlitz – Görlitz war Partnerstadt von Wiesbaden – an den Präsidenten des Landgerichts Wiesbaden gerichtet hatte und in dem er die Aufnahme von Verbindungen zwischen den beiden Gerichten vorschlug. Obwohl ich mich für eine Beantwortung aussprach, lehnte der damalige Landgerichtspräsident jegliche Kontaktaufnahme mit einem „Kommunisten“ ab. Das Schreiben blieb unbeantwortet und verschwand in den Generalakten.

In Thüringen war die politische Entwicklung inzwischen fortgeschritten. Im Sommer 1990 hatte sich ein Politisch-beratender Ausschuss gebildet, der die Vorbereitungen für die politische und organisatorische Bildung des Landes Thüringen übernommen hatte. Der Ausschuss setzte sich aus Vertretern aller gesellschaftspolitischen Kräfte zusammen. Es wurde auch ein Unterausschuss Justiz gebildet, dem die Juristin Marion Walsmann – seit 2008 Justizministerin – und Staatsanwalt Dr. Udo Wedekind angehörten. Zur Unterstützung des Politisch-beratenden Ausschusses hatte der rheinland-pfälzische Justizminister Peter Caesar bereits im August 1990 den Richter am Oberlandesgericht Koblenz, Dr. Georg Bamberger, nach Erfurt abgeordnet. Dieser leistete in diesem frühen Stadium entscheidende Arbeit vor Ort beim Aufbau der Justiz in Thüringen.

In Hessen setzte sich ganz besonders der damalige Justizminister Karl-Heinz Koch für den Aufbau der Justiz in Thüringen ein.

Mit der Wiedervereinigung Deutschlands am 3. Oktober 1990 wurde auch das Land Thüringen gebildet. Die ersten Landtagswahlen in Thüringen fanden am 14. Oktober 1990 statt und führten zu einer CDU/FDP-Koalitionsregierung. In der Regierung Josef Duchač übernahm der damalige hessische Landtagsabgeordnete Dr. Hans-Joachim Jentsch das Ministerium für Justiz-, Bundes- und Europaangelegenheiten. Dem neuen Justizminister fehlte allerdings jeglicher personeller und sachlicher Unterbau für die Errichtung eines funktionsfähigen Ministeriums. Unterstützung fand er durch Staatssekretär Dr. Karl-Heinz Gasser, der zuvor persönlicher Referent von Justizminister Karl-Heinz Koch war. Als weiterer Staatssekretär kam aus der Hessischen Staatskanzlei Wolfgang Egerter, der im Justizministerium die fachliche Zuständigkeit für die Bundes- und Europaangelegenheiten übernahm. Damit war das Justizministerium in der Spitze zunächst einmal hessisch ausgerichtet.

Dr. Gasser, früher Richter in der hessischen Verwaltungsgerichtsbarkeit, suchte zunächst dort geeignetes Personal für den Aufbau des Ministeriums. Parallel dazu lief im Hessischen Justizministerium die Aktion weiter, mit der Aufbauhelfer für den Einsatz in Thüringen gesucht wurden. Im Rahmen dieser Aktion bin ich ja selbst nach Thüringen gekommen. Allerdings muss man sich vorstellen, dass nicht nur in Hessen Aufbauhelfer für Thüringen gesucht wurden, sondern auch in Rheinland-Pfalz und in Bayern. Im Übrigen meldeten sich auch Richter und Staatsanwälte sowie Rechtspfleger aus den alten Ländern, die bereit waren für eine Tätigkeit im Justizbereich, unmittelbar im Thüringer Justizministerium.

I.: *Aufgrund der personellen Besetzung wurde das Thüringer Justizministerium von hessischen Beamten aufgebaut. Wurde damit zugleich die hessische Verwaltungsstruktur übernommen oder gab es auch andere Einflüsse?*

F.: Beim Aufbau der Struktur des Thüringer Justizministeriums kamen sowohl hessische als auch rheinland-pfälzische als auch bayerische Strukturen zum Tragen, und zwar entsprechend der Herkunft der jeweiligen Abteilungsleiter.

Der Leiter des Ministerbüros war ein erfahrener Beamter aus der Verwaltung des Hessischen Landtags. In der Abteilung 1 (Zentralabteilung) waren zunächst nur rheinland-pfälzische Beamte tätig, so u. a. der Personalreferent, der Haushaltsreferent und der Geschäftsleiter. Leiter der Abteilung 2 (Zivilrecht und öffentliches Recht) wurde ein Vorsitzender Richter am OLG Zweibrücken, der diese Abteilung nach Strukturen aufbaute, die er selbst im rheinland-pfälzischen Justizministerium kennen gelernt hatte. In der Abteilung 3 (Strafrecht) kam der Abteilungsleiter zunächst aus Hessen, dann aber aus Bayern, so dass er auch bayerische Beamte nachzog, die ihre eigenen Erfahrungen mitbrachten. In der Abteilung 4 (Strafvollzug) waren wieder rheinland-pfälzische Beamte tätig. Dadurch wurden enge Verbindungen zu den Justizvollzugsanstalten in Rheinland-Pfalz geknüpft. Die Justizvollzugsbediensteten sind dementsprechend zur Hospitation nach Rheinland-Pfalz geschickt worden. Insoweit sind die dortigen Vollzugsstrukturen auf die Strukturen der Justizvollzugsanstalten in Thüringen übertragen worden. Es gab aber auch Hospitationen in Hessen, so waren u. a. Bedienstete aus der Jugendhaftanstalt Ichtershausen mehrere Wochen in der Wiesbadener Jugendhaftanstalt tätig.

Die Aus- und Fortbildungsabteilung wiederum war ganz in hessischer Hand. Hier waren der damalige Leiter des hessischen Justizprüfungsamtes Dieter Schmidt und sein Stellvertreter Rüdiger Derwort tätig. Diese wurden schon bald von dem Vorsitzenden Richter am LG Frankfurt Dirck Leimert abgelöst.

Im Nachhinein möchte ich die Feststellung treffen, dass der hessische Einfluss auf den personellen Einsatz nicht ganz so groß war. Auf längere Sicht gesehen hatte Rheinland-Pfalz mehr Personal als Aufbauhelfer im Justizministerium eingesetzt. Das lag sicher daran, dass es in Hessen 1991 zu einem Regierungswechsel kam. Das dortige Justizministerium stand nun unter der Leitung von Christine Homann-Dennhardt (SPD). Aus meiner Sicht bestand von Seiten des neuen Personalreferenten im Hessischen Justizministerium nur noch ein geringes Interesse an einem weiteren personellen Einsatz hessischer Richter und Beamter in Thüringen. Zwar wurden die finanziellen Unterstützungsmaßnahmen Hessens für Thüringen fortgesetzt, aber der personelle Einsatz wurde zurückgefahren. Demgegenüber bekundete Justizminister Peter Caesar aus Rheinland-Pfalz größeres Interesse, den personellen Aufbau mit Hilfe rheinland-pfälzischer Beamter fortzusetzen.

Als ich am 2. April 1991 meinen Dienst im Thüringer Justizministerium antrat, war dort organisatorisch schon einiges geschehen. So war bereits die Struktur des Ministeriums mit fünf Abteilungen und den entsprechenden Referaten festgelegt.

Hinsichtlich der Gerichtsbarkeit bestanden allerdings noch die alten DDR-Strukturen. Eine der ersten Taten von Staatssekretär Dr. Gasser nach seinem Dienstantritt war es, im Lande herumzufahren und die Bezirksgerichtspräsidenten in Erfurt, Gera und Suhl-Meiningen zu entlassen, weil sie mit dem Ministerium für Staatssicherheit eng zusammengearbeitet hatten. Die frei gewordenen Positionen wurden mit Richtern aus dem Westen besetzt, die dann ihrerseits weitere Kollegen aus ihren Ländern mitbrachten. So übernahmen beispielsweise die Gerichte in Erfurt Hans-Joachim Bauer, der spätere erste Präsident des Thüringer Oberlandesgerichts, sowie Manfred Scherer, der spätere Innenminister von Thüringen, übrigens beide aus Rheinland-Pfalz stammend. In Meiningen übernahm die Direktorin des Amtsgerichts München Gertrud Neuwirth das dortige Bezirksgericht. Sie wurde später Präsidentin des Oberlandesgerichts in Naumburg in Sachsen-Anhalt.

Die Staatsanwaltschaften wurden zunächst mit hessischen Beamten besetzt. Erster Leiter der Generalstaatsanwaltschaft in Erfurt wurde Thomas Hutt. Otto Kretschmer, Referatsleiter im Hessischen Justizministerium, wurde Leiter der Staatsanwaltschaft Erfurt – er war von 1994 bis 1999 Justizminister. Er wurde von dem Leitenden Oberstaatsanwalt Raimund Sauter, einem Kollegen aus Fulda, unterstützt. Die Staatsanwaltschaft bei dem Bezirksgericht Gera übernahm Arndt Köppen, später Justizstaatssekretär.

I.: *Mit welchen Aufgaben waren Sie im Thüringer Justizministerium befasst?*

F.: Ich persönlich war im Justizministerium zunächst für die Erarbeitung des Thüringer Richtergesetzes zuständig. Zwar gibt es ein deutsches Richtergesetz, das gewissermaßen den gesetzlichen Rahmen bildet, aber für jedes Land muss ein eigenes Richtergesetz erlassen werden, das die Stellung der Richter im Land regelt. Diese Aufgabe zog sich längere Zeit hin, so dass meine Abordnung immer wieder verlängert werden musste.

Ich begann meinen Dienst in einem ganz bescheidenen Zimmer in einem Gebäude der ehemaligen Medizinischen Akademie Erfurt in der Kartäuserstraße. In dem

Haus war vorher die Abteilung für Marxismus-Leninismus untergebracht. Sie betreute die Mediziner, die ihren Dr. med. mit einer Dissertation über Marxismus-Leninismus erhalten wollten. Die Büroausstattung der Akademie war übernommen worden. Es gab zwar elektrische Schreibmaschinen, aber noch keine Computer. Da das Richtergesetz mehrfach geändert wurde, musste ich die Schreibkräfte bitten, immer wieder den ganzen Text abzuschreiben. Das stieß natürlich auf wenig Begeisterung, so dass ich mich in einer schwierigen Situation befand. Daher habe ich mir persönlich einen Schreibcomputer gekauft, damit ich wenigstens die Gesetzestexte abspeichern und auch wieder abändern konnte. Das bedeutete für mich eine große Hilfe und brachte mir bei den Schreibdamen große Sympathie ein.

Weil ich ja selbst Richter war und außerdem in den Richtervertretungen tätig war, habe ich in den Gesetzentwurf wirklich alle Rechte, die ein Richter haben konnte, aufgenommen. Das Thüringer Richtergesetz sollte nach meinen Vorstellungen das fortschrittlichste Richtergesetz in der Bundesrepublik werden. Als ich meinen Entwurf dann Herrn Staatssekretär Dr. Gasser vorlegte, kam es zu einem ernsten Zusammenstoß, denn ein derart fortschrittliches Richtergesetz war weder in seinem Sinne noch im Interesse der Politik des Hauses. Ich konnte mich also mit meinen Vorstellungen nicht durchsetzen und musste wieder ganz von vorne anfangen. So habe ich schließlich ein Richtergesetz erarbeitet, das nach seiner Verabschiedung durch den Thüringer Landtag in der Deutschen Richterzeitung als das konservativste der Republik bezeichnet wurde.

Die Erarbeitung zog sich nicht nur wegen der politischen Vorgaben seitens des Justizministeriums in die Länge, sondern auch deshalb, weil es immer wieder zu Änderungen im Land gekommen war. Mein erster Entwurf nahm noch Bezug auf die Gerichtsstrukturen der DDR mit Bezirksgerichten und Kreisgerichten, da diese ja zunächst beibehalten wurden. Doch dann wurden die ordentliche Gerichtsbarkeit gebildet und die Fachgerichte ausgegliedert und so musste ich das Gesetz entsprechend anpassen. Dann kam es in Thüringen zur Erarbeitung der Landesverfassung. Natürlich hatte dies auch wieder Auswirkungen auf die Fassung des Richtergesetzes. Dies betraf u. a. die Einrichtung und Ausgestaltung des Richterwahlausschusses. So zog sich die Erarbeitung des Gesetzes immer weiter hin. Die Folge war für mich, dass, wenn ich erklärte, nunmehr meine Tätigkeit beenden zu wollen, mir entgegengehalten wurde, dies sei gerade jetzt nicht möglich, da ich der Einzige sei, der sich mit dem Gesetz und seiner Begründung auskenne. Deshalb müsse ich unbedingt noch bleiben. Ich habe dann schließlich das Gesetz auch im Justizausschuss des Thüringer Landtags vorgestellt und gegenüber Änderungsvorschlägen der PDS verteidigt.

I.: *Was waren Ihre ersten Eindrücke und Erfahrungen in Thüringen?*

F.: Ich habe gute und schlechte Erfahrungen gemacht. Es ging bereits mit der Unterkunft los, denn es war im April 1991 ganz schwierig eine geeignete Unterkunft zu finden. Letztendlich konnte ich im Priesterseminar unterkommen. In Erfurt befand sich das einzige Priesterseminar der DDR und in einem der Gebäude konnte ich ein Zimmer bekommen.

Bereits als ich mich im März in Thüringen vorstellte, war das Zimmer für mich reserviert. Mir wurde gleich gesagt, dass ich es nehmen müsse, denn es gäbe sonst nichts. Die Möglichkeit, im Hotel unterzukommen, gab es tatsächlich nicht, weil die wenigen Hotels von Bankangestellten aus dem Westen und von Mitarbeitern der Treuhand belegt waren. Das traf insbesondere auch auf den Erfurter Hof zu, das repräsentativste Hotel am Erfurter Bahnhof. Dort wurden die Zimmer nur monatlich oder sogar nur vierteljährlich vermietet, auch wenn die Zimmer am Wochenende nicht belegt waren.

Also bin ich in das Priesterseminar eingezogen. Ich hatte mir das Leben dort vorgestellt mit morgens einem schönen Frühstück und abends einem guten Essen, daran anschließend einem gepflegten Bier bei ernsthaften Gesprächen mit den Priesteramtskandidaten. Das war allerdings nicht der Fall. Es bestanden keine Kontakte zu den dort wohnenden Priestern und Priesteramtskandidaten. Die im Seminar untergebrachten „Wessis" waren von den „Ossis" völlig getrennt. Auch musste ich mich selbst versorgen und mein Frühstück ganz allein auf meinem Zimmerchen einnehmen. Das Haus lag zwar zentral in der Stadt, aber das Zimmer war sehr laut, da das Gebäude an einer verkehrsreichen Straße mit Kopfsteinpflaster lag. So kam ich erst nach Mitternacht zur Ruhe, wurde allerdings bereits um kurz vor fünf Uhr durch den Straßenverkehr wieder aufgeweckt. Schließlich entsprachen auch die sanitären Einrichtungen nicht ganz meinen Vorstellungen. Ich bin dann sehr schnell umgezogen und habe zwei kleine Zimmer unter dem Dach in einem Einfamilienhaus außerhalb der Innenstadt gefunden. Später habe ich dann eine Drei-Raum-Wohnung in einem Plattenbau in der Trabantensiedlung „Roter Berg" bezogen, in der ich mich allerdings zum Entsetzen meiner West-Kollegen – eine Kollegin erklärte mir einmal, ich würde „in der Bronx von Erfurt" wohnen – sehr wohl fühlte.

Kontakte hatte ich eigentlich nur zu den Personen, mit denen ich im Ministerium zusammenarbeitete. Wir waren eine zusammengewürfelte Mannschaft bestehend aus Hessen, Rheinland-Pfälzern und Bayern, darunter waren auch ganz junge Richter, die gerade neu eingestellt waren. Das war insgesamt eine sehr nette Truppe, mit der ich nach Dienstende zu einem Bier losgezogen bin. Diese Gemeinsamkeiten sind jedoch im Laufe zurückgegangen. Sehr bedauert habe ich, dass ich in den ersten Jahren keinen Kontakt zu den Bediensteten aus Erfurt außerhalb des Dienstes gefunden habe.

Gestatten Sie mir noch von einer besonderen Begegnung mit einer Ost-Kollegin zu berichten: In den Anfängen meiner Tätigkeit im Justizministerium war es äußerst schwierig, eine telefonische Verbindung nach außen zu bekommen. Da es keine direkten Leitungen gab, musste man über die Telefonzentrale gehen. In der Zentrale saß eine Dame, deren Gunst man sich gewissermaßen „erkaufen" musste, denn sie beherrschte die Telefonleitungen. Wenn man sich also einmal zu Hause melden oder im Ministerium in Wiesbaden anrufen wollte oder irgendwo anders im Lande, musste man das Gespräch bei ihr anmelden. Sie allein hatte die Möglichkeit, eine freie Leitung zu schalten, und das konnte – je nach Sympathie – ganz schnell gehen oder auch sehr lange dauern. Das ging allerdings schließlich so weit, dass sich die Telefonistin das Recht nahm, sich in die Gespräche einzuschalten. Wenn man zum Beispiel gerade mit einem

Gericht telefonierte und dann vielleicht die Ehefrau anrief, konnte es sein, dass sie das Gespräch unterbrach und auf den anderen Anruf hinwies. Einige Kollegen meinten sogar, sie würde bei den Gesprächen mithören. Als man dann schließlich auch noch auf ihre Stasi-Akte stieß und sich dabei herausstellte, dass sie schon vor der Wende für die Stasi mitgehört hatte, wurde sie von einem Augenblick auf den anderen entlassen. Allerdings ließ sie keine Schuldgefühle hinsichtlich ihres früheren Verhaltens erkennen. Sie habe doch niemandem geschadet, so ihr Kommentar.

I.: *Kommen wir vielleicht noch einmal auf Ihre Tätigkeit zurück. Welche weiteren Aufgaben kamen für Sie im Thüringer Justizministerium hinzu?*

F.: Eine besonders interessante Tätigkeit war meine Teilnahme an der Konferenz für Sicherheit und Zusammenarbeit in Europa in Oslo im November 1991. Eigentlich ist die Außenpolitik Sache des Bundes. Damals wollten die Länder aber an dem KSZE-Prozess beteiligt werden, weil er auch Auswirkungen auf die Länder hatte. Diesem Anliegen hat der Bund „zähneknirschend" zugestimmt. So wurden ein altes und ein junges Bundesland ausgewählt, das jeweils einen Vertreter zu den Konferenzen hinschicken konnte. An der Konferenz in Oslo nahm ich im Rahmen der deutschen Delegation für Thüringen teil. Ich hatte sogar damals Gelegenheit, vor dem großen Plenum über den Transformationsprozess in Thüringen und unsere Bemühungen der Errichtung eines Rechtsstaats zu berichten. Die Konferenz war allerdings von heftigen Auseinandersetzungen zwischen Vertretern der damals noch bestehenden Sowjetunion und Vertretern der gerade unabhängig gewordenen baltischen Staaten Estland, Lettland und Litauen bestimmt. Die Beschäftigung mit dem Transformationsprozess in Thüringen ging dabei etwas unter.

Die vielleicht interessanteste Aufgabe, die ich während meiner Tätigkeit im Thüringer Justizministerium zu erledigen hatte, betraf die Verhandlungen zum Abschluss eines Staatskirchenvertrages. Die Verhandlungen darüber begannen im April 1992. Federführend war das Kultusministerium; das Justizministerium sollte die Verhandlungen beratend begleiten. Diese Aufgabe ist mir übertragen worden. Mit den Staatskirchenverträgen werden insbesondere die Zuschüsse an die Kirchen geregelt, aber auch Mitspracherechte bei Rundfunksachen, beim Denkmalschutz, bei Fragen der Baulasten usw. Kernpunkt war, dass die Kirchen bei den Verhandlungen sehr darauf bedacht waren, ihre einstigen Rechte in den neu abzuschließenden Vertrag aufzunehmen. Ich vertrat demgegenüber die Ansicht, dass es durch den Zeitablauf keine Kontinuität gäbe, sondern dass dem neuen Vertrag neue Regelungen zwischen Staat und Kirchen zugrunde gelegt werden müssten. Darüber wurden dann sehr, sehr schwierige Verhandlungen geführt, die letztendlich erst fünf Jahre später auf höchster Ebene – in Rom – gelöst wurden.

Unser Bestreben war es, als neu entstandenes Bundesland mit allen in Thüringen vorhandenen Kirchen gemeinsam zu verhandeln. Als ich das erste Mal zu einer Verhandlung kam, das war im Kirchenamt der Evangelisch-Lutherischen Kirche in Eisenach, saßen wir drei Vertreter des Freistaats dort einer Vielzahl von Personen gegenüber: Es handelte sich um die Vertreter der Evangelischen Kirche in Kurhessen-Waldeck, die für Schmalkalden zuständig ist, der Evangelisch-Lutherischen Kirche in Thüringen, mit Sitz in Eisenach, der Evangelischen Kirchenprovinz Sachsen, die in Magdeburg sitzt und für Erfurt verantwortlich ist – weil Erfurt früher zu Preußen gehörte –, der Evangelischen Kirche in Sachsen, mit Sitz in Dresden, und den Bistümern Fulda und Würzburg, die von der Bischöflichen Administration in Erfurt vertreten wurde. Wir Vertreter des Freistaats saßen also einer gewaltigen Truppe von erfahrenen Kirchenrechtlern gegenüber, und wir fühlten uns von dieser geballten Macht völlig „an die Wand" gedrückt. Ich bin dann, weil mir in Erfurt keine entsprechende Literatur zur Verfügung stand, wegen unserer Ohnmacht nach Mainz ins Juristische Seminar der Universität gefahren und habe mich in dem dortigen Kirchenrechtsbereich informiert. Und dann kam der „Knalleffekt", denn in einem Buch über die Verhandlungen zum Hessischen Kirchenvertrag befand sich eine Liste der damaligen Teilnehmer. Es stellte sich heraus, dass diejenigen, die damals in Hessen die Vertragsverhandlungen erfolgreich geführt hatten, uns hier in Thüringen gegenübersaßen – und wir schlauen West-Juristen dachten, wir spielen die Kirchenleute aus dem Osten an die Wand –, dass wir auf einmal ganz erfahrenen Spezialisten aus dem Westen gegenübersaßen, die solche Staats-Kirchen-Verhandlungen schon geführt hatten, während wir „blauäugig" an die Sache herangegangen waren. Ich habe mich sofort an meine Schreibmaschine gesetzt und einen großen Vermerk für den Staatssekretär geschrieben und angeregt, dass auch wir uns um fachliche Unterstützung durch einen erfahrenen Kirchenrechtler bemühen sollten. Dies wurde dann auch veranlasst, so dass wir den Kirchenleuten schließlich fachlich „Paroli" bieten konnten.

I.: *Wurden neue Ideen beim Aufbau der Verwaltung in Thüringen eingebracht, war es überhaupt möglich, lange zu experimentieren, oder ging es vor allem darum, möglichst schnell eine funktionierende Rechtsverwaltung zu installieren?*

F.: Das Rechtssystem ist inzwischen so kompliziert geworden und so vielfältig und so ziseliert ausgestaltet, dass man gar nicht viel Neues einbringen kann. Im Nachhinein könnte man vielleicht sagen, wir hätten auch von der DDR lernen können, weil die Verwaltung in verschiedenen Dingen einfacher und klarer war.

In den vergangenen 17 Jahren durfte ich einen kleinen Blick in die große Politik werfen, da ich auch an vielen Besprechungen im Bundesjustizministerium in Berlin teilgenommen habe. Dort ging es immer darum, eine Vereinfachung der Justizverwaltung sowie eine Kostenreduzierung der Justiz zu erreichen. Und bei dem komplizierten Aufbau unsere Gerichtsbarkeit mit Amtsgericht, Landgericht, Oberlandesgericht, Bundesgerichtshof und Bundesverfassungsgericht denkt man manchmal daran, wie unkompliziert das in der DDR war mit dem dreistufigen Gerichtsaufbau mit Kreisgericht, Bezirksgericht und Oberstem Gericht. Selbstverständlich will niemand die Fachgerichte aufheben, aber man könnte beispielsweise die Gerichtsbarkeiten zusammenlegen. Ansätze, die möglicherweise zu einer Reform geführt hätten, konnten sich nicht durchsetzen, sondern sind immer wieder gescheitert. Immerhin haben wir jetzt in Thüringen ein gemeinsames elektronisches Mahngericht mit Sachsen-Anhalt und Sachsen.

I.: *Wie bewerten Sie aus heutiger Sicht das Engagement Hessens in Thüringen und Ihre Tätigkeit als Aufbauhelfer?*

F.: Die Partnerschaft zwischen Hessen und Thüringen ist entscheidend von der jeweiligen Regierungspartei geprägt worden. Dies sehe ich so von meinem Standpunkt aus. Ich bin von einer CDU-Regierung nach Thüringen geschickt worden. Dann kam in Hessen der Wechsel zu einer SPD-Regierung. Das politische Interesse an Thüringen nahm auf einmal ab, weil in Thüringen eine CDU/FDP-Regierung bestand. Ich hatte in dieser Zeit die Absicht, nach Hessen zurückzukehren. Das war auf einmal nicht mehr möglich. Der Personalreferent im Hessischen Justizministerium hatte kein Interesse mehr an mir als Rückkehrer. Ich habe dies auch an einem anderen Phänomen festmachen können: Wenn Justizminister Caesar von Rheinland-Pfalz oder Justizministerin Berghofer-Weichner aus Bayern zu einem Besuch nach Thüringen kamen, dann haben sie sich mit ihren nach Thüringen abgeordneten Beamten zu einem Meinungsaustausch getroffen. Das war beispielsweise von Hessen aus nicht der Fall.

Doch auch in Thüringen fing es bereits unter dem zweiten Justizminister an, sehr politisch zu werden, wohingegen unter dem ersten Justizminister Dr. Jentsch (CDU) Parteipolitik keine Rolle spielte. Der zweite Justizminister Otto Kretschmer (SPD) war durch seine frühere Tätigkeit im Hessischen Justizministerium geprägt. Man konnte auf einmal bemerken, dass er für das Ministerbüro SPD-Leute suchte. Besonders bemerkenswert war, dass er sehr misstrauisch war und selbst bei Gesprächen über fachliche Fragen oftmals die „Loyalitätskarte“ gezogen hat und dabei meinte, man wolle ihn „über den Tisch ziehen“ – das fand ich sehr störend.

Ich hatte damals zu Minister Dr. Jentsch und Staatssekretär Dr. Gasser einen sehr guten, auch sehr persönlichen Kontakt. Es gelang mir, auch zu Otto Kretschmer diesen Kontakt zu finden, obwohl er mich für einen „Schwarzen“ hielt. Unter dem dritten Justizminister Dr. Andreas Birkmann (CDU), ab 1999, war dies allerdings nicht mehr der Fall. Er begann damit, das Ministerium noch mehr politisch auszurichten. Ich habe diese Erfahrung hinsichtlich des Richtergesetzes machen müssen, für das ich noch immer zuständig war. Wie ich schon ausgeführt habe, handelte es sich nun um das konservativste Richtergesetz in der Republik. So waren darin fast keine Mitbestimmungsrechte verankert. Ich war der Meinung, dass dies geändert werden müsse. In der zweiten Legislaturperiode hatte mir Justizminister Otto Kretschmer dazu den Auftrag erteilt. Die Bemühungen um die Novellierung zogen sich allerdings über zwei Jahre hin, weil immer wieder neue Ideen vorgebracht wurden, die berücksichtigt werden mussten. Als ich den Entwurf endlich fertig gestellt hatte, war die Legislaturperiode vorbei. Es war nicht gelungen, den Entwurf rechtzeitig in den Landtag zur Beratung und Beschlussfassung einzubringen.

Nach den Landtagswahlen 1999, die der CDU die absolute Mehrheit gebracht hatte, kam mit Dr. Birkmann erneut ein CDU-Minister. Auf einmal war mein Gesetzentwurf politisch untragbar geworden. Nicht wahrgenommen wurde von Minister Birkmann, dass der Gesetzentwurf bereits mit allen Ressorts abgesprochen war. Nur weil der Entwurf unter einem SPD-Minister erarbeitet worden war, wurde er auf einmal abgelehnt. Ich selbst wurde fortan als der „Rote Faber“ abgestempelt. Die Folge war, dass mir nach und nach wichtige Funktionen entzogen wurden, so u. a. auch die Zuständigkeit für das Thüringer Richtergesetz. Das Gesetz haben dann andere fertig stellen müssen. Doch alles, was ich in meinem ursprünglichen Entwurf vorgeschlagen hatte und was von Dr. Birkmann herausgestrichen wurde, ist nachher im Parlament wieder eingefügt worden. Das war sicher eine der schlechteren Erfahrungen, die ich im Verlauf meiner Zeit in Thüringen gemacht habe.

Rückblickend kann ich sagen, dass die Anfangsjahre wirklich Aufbruchsjahre waren und diese Aufbruchstimmung war überall in Thüringen vorhanden. Dies ist heute nicht mehr der Fall; es ist überall eine gewisse Routine eingetreten. Dies wird heute auch von vielen, die damals im Justizministerium tätig waren, in Gesprächen bedauert.

Die Veränderungen konnte ich z. B. auch in der Stadt Erfurt erleben. Als ich im März 1991 zum ersten Mal nach Thüringen kam, lag wirklich noch eine Dunstglocke über Erfurt mit dem Gestank nach Braunkohle und Trabbiabgasen. Das hat natürlich nach und nach alles aufgehört. Aber proportional zu dem Ende der Industriewerke und der wachsenden Arbeitslosigkeit tauchte eine gewisse Unzufriedenheit bei den Menschen auf. Selbstverständlich, es sind im Großen und Ganzen blühende Landschaften entstanden, aber da ist natürlich auch die Arbeitslosigkeit, die die Einstellung der Menschen entscheidend prägt.

Die Arbeitslosigkeit ist sogar für die jungen Juristen ein Problem. Auch wenn sie ein noch so gutes Examen gemacht haben – es wird z. B. heute fast niemand beim Freistaat eingestellt.

Dennoch muss ich feststellen, was hier in den vergangenen Jahren geleistet wurde, das ist insgesamt als ein großartiges Werk zu bezeichnen. Ich bin in verschiedenen Bund-Länder-Arbeitsgruppen und komme daher auch viel in die anderen Bundesländer – mit Thüringen kein Vergleich. Großartige Leistung! Es wäre nur sehr wichtig, wenn noch mehr neue Arbeitsplätze entstanden wären.

Dr. Heino Falcke

Propst i. R.

Geboren 1929 in Riesenburg (Westpreußen). Studium der Evangelischen Theologie in der Bundesrepublik (Berlin, Göttingen) und der Schweiz (Basel). 1952 Eintritt in den Dienst der evangelischen Kirchen in der DDR, dort zunächst als Pfarrer tätig. 1958 Promotion, 1961 Habilitation an der Theologischen Fakultät der Universität Rostock. 1963 bis 1973 Direktor des Predigerseminars Gnadau, von 1973 bis 1994 evangelischer Propst des Propstsprengels Erfurt und in verschiedenen Funktionen beim Bund der Evangelischen Kirchen in der DDR tätig. Von 1987 bis 1989 stellvertretender Vorsitzender der Ökumenischen Versammlung der Kirchen in der DDR für Gerechtigkeit, Frieden und Bewahrung der Schöpfung. 1990 Moderation des Runden Tischs in Erfurt.
1984 Verleihung der theologischen Ehrendoktorwürde durch die Universität Bern. Seit 1994 im Ruhestand.

Interview mit Dr. Heino Falcke (F.) am 26. 10. 2007

F.: Was ich zunächst erzähle, ist ein wenig auch die Vorgeschichte des Runden Tischs in Erfurt: Der zentrale Runde Tisch war in Berlin gegründet worden, das brauchen wir im Einzelnen jetzt nicht zu erörtern, jedenfalls war auch diese Initiative von der evangelischen Kirche ausgegangen, also von Theologen wie Wolfgang Ullmann. Die Moderation des Runden Tisches wurde vom Leiter des Sekretariats der Evangelischen Kirchen in Berlin, Martin Ziegler, übernommen. Dann hat die evangelische Kirche in ökumenischer Fairness sofort der katholischen Kirche und den Freikirchen eine Mitwirkung angeboten. Das ging von der evangelischen Kirche aus und die evangelische Kirche hat die beiden anderen Kirchen beteiligt. Das hat wiederum einen Grund darin, dass wir in der Endphase der DDR eine ökumenische Versammlung hatten, an der sich alle Kirchen beteiligt haben. Die evangelische Kirche wollte diese ökumenische Zusammenarbeit natürlich fortsetzen und lud die anderen Kirchen zum zentralen Runden Tisch ein. Dann kam von Berlin der Impuls, auch auf Bezirksebene Runde Tische einzusetzen. Bischof Leich, der thüringische Bischof, brachte diese Idee mit aus Berlin und rief mich an, ich möchte das doch hier in Gang setzen. Ich habe daraufhin den Visitator von Weimar und den Generalvikar der katholischen Kirche angesprochen und wir drei haben dann abwechselnd, immer von jeder Sitzung zur nächsten, den Runden Tisch in Erfurt moderiert. Und es ging eigentlich nach meinem Verständnis um die Frage, wie kommt diese revolutionierte Gesellschaft über den Winter? Es war ja eine Fülle von Fragen zu klären, für die jetzt keine Entscheidungsträger mehr vorhanden waren. Die SED hatte sich aufgelöst, es bestanden aber noch die alten Strukturen. So war eine der ersten Aufgaben, die Waffen der Kampfgruppen zu entsorgen. Uns gingen die Augen über, was da zu Tage kam, riesige Waffenarsenale, und die mussten abgebaut werden. Meiner Erinnerung nach wurden diese der Nationalen Volksarmee (NVA) übergeben, und das wurde in Berlin geregelt. Eine weitere Aufgabe war ab Anfang Dezember, noch vor Bildung des Runden Tisches, die Auflösung der Stasi. Wir hatten hier in Erfurt sowohl die Bezirksbehörde der Stasi als auch die Kreisbehörde. Und es war zu organisieren, dass die vorhandenen Akten dieser Behörden sichergestellt wurden. Dann kam der Runde Tisch und es war für mich schon eine etwas peinliche Situation, als diejenigen, die mich vorher zitiert hatten, wie Herr Swatek vom Rat des Bezirks, nun als Vollzugsvertreter der Vollzugsbehörden in der 2. Reihe saßen und, wenn sie aufgerufen wurden, dann stillgestanden Rede und Antwort gaben.

I.: *Wie setzte sich der Runde Tisch in Erfurt zusammen?*

F.: Es waren Vertreter der Institutionen, die für das öffentliche Leben wichtig waren, also einmal natürlich die ganzen Verwaltungsbehörden, der Rat des Bezirkes, dann die Energieversorgung, die Armee, der Standortälteste der Armee war dabei und dann natürlich die Vertreter der Parteien, der alten und der neuen, und es war ein neuer Mann von der SED anwesend. Wir hatten zuvor einen ganz scharfen SED-Chef, der berühmt war, Müller hieß der, Sägemüller war sein Spitzname, weil er alle absägte, die nicht genehm waren, die sich nicht konform verhielten. Der war abserviert und sein Nachfolger war dabei, dann, wie gesagt, die Vertreter der neuen Parteien, Neues Forum, Demokratischer Aufbruch, SPD, die GRÜNEN.

Das war alles ein bisschen informell und hing davon ab, wer mitarbeiten wollte und wer als Mitarbeiter akzeptiert wurde. Aber wer mitarbeiten wollte, der durfte das auch. Also wir waren eine ziemlich große Tischrunde und dann wurde beraten, was jetzt zur Regelung anstand: zum Beispiel die Energieversorgung, wie steht es damit? Wie ist es mit der öffentlichen Sicherheit? Die Stasi war aufgelöst, und es gab – das habe ich jetzt gerade wieder zu meinem Erschrecken wahrgenommen – sofort neofaschistische rechtsradikale Gruppen, die auftraten. Dass es solche Gruppen gab, wurde in der DDR bis 1989 unterdrückt, und die witterten nun Morgenluft, sie traten öffentlich auf und veranstalteten ihre Aktivitäten. Also die öffentliche Sicherheit war ein Problem und dann kam eben auch – ich weiß eigentlich nicht wie und an wen eigentlich – dieses Angebot der Hessen. Und die Hessen waren wohl zunächst etwas ratlos, weil sie nicht wussten, wer nun eigentlich ihr Partner war. Ja, den Eindruck hatten wir und dann kam dieses erste Treffen im Januar 1990 zustande. Stimmt meine Erinnerung, dass ein Rettungsprogramm für Häuser der Erfurter Altstadt von Hessen initiiert wurde?

I.: *Ja, es ging dabei um die bauliche Sicherung von Häusern des Andreasviertels, das offenbar kurz vor dem Abriss stand. In Hessen gab es das Aktionsprogramm, mit dem 250 Millionen DM für Hilfsmaßnahmen in Thüringen zur Verfügung gestellt wurden. Aus diesen Mitteln wurden die baulichen Sicherungsmaßnahmen finanziert.*

F.: Es hatte ja in Erfurt in den Jahren 1988/89 bereits Initiativen zur Rettung des Andreasviertels gegeben und auch da war die evangelische Kirche maßgebend beteiligt. In Zusammenarbeit mit der Denkmalpflege wurde gegen den Plan gekämpft, eine Schnellstraße durch das Viertel zu legen. Es war eine erstaunliche Initiative, die führte zu einer Ausstellung in der Michaeliskirche, die großartig gemacht war. Sie zeigte den jetzigen Stand, was die Stadt plant – die Schnellstraße – und wie es sein könnte, wenn das Andreasviertel wiederhergestellt würde. Das wurde in drei Reihen übereinander dokumentiert. Es war unglaublich eindrucksvoll und wirksam und es gab eine Altstadtinitiative, einen Verein oder eine Gruppe, muss man sagen, denn Vereine konnten noch gar nicht gebildet werden, die sich um die Rettung der Erfurter Altstadt gekümmert hatte. Also das Andreasviertel war bereits im öffentlichen Bewusstsein durch diese kirchlichen Aktivitäten.

Und dann kam also diese hessische Delegation. Ich entsinne mich nur, dass Manfred Kanther dabei war. Die Atmosphäre war ganz merkwürdig. Man spürte, wie unsicher sie waren, weil sie nicht wussten, mit wem sie es hier eigentlich zu tun hatten. Das war eine merkwürdige Situation, aber das Angebot war großartig. Ich finde es einen genialen Einfall, zum Beispiel mit diesem Dächerprogramm. Der Erfolg war dann auch sehr schnell sichtbar.

I.: *Genau das war auch beabsichtigt.*

F.: Ja, natürlich auch von Hessen. Aber es war auch wichtig für die Bevölkerung, dass die sahen, es passiert etwas. Und die Idee, auch bei ungeklärten Eigentumsverhältnissen erst einmal die Dächer draufzusetzen, damit der Verfall gebremst ist, die hat sehr viel Beifall gefunden und hat in Erfurt, glaube ich, auch für die Stimmung insgesamt eine gute Wirkung gehabt. Und zwar nicht nur für das eigene parteipolitische Prestige, sondern die Maßnahme hatte wirklich auch für die politische Mentalität in Erfurt eine positive Bedeutung. Das muss ich sagen.

I.: *Ein anderer Teil des Programms war im sozialen Bereich angesiedelt. Hier ging es vor allem um die Versorgung der Krankenhäuser mit Geräten und Verbrauchsgütern. Geschah die Verteilung in Absprache mit dem Runden Tisch?*

F.: Da habe ich überhaupt keine Erinnerung, ob das den Runden Tisch auch beschäftigt hat, ich glaube eigentlich nicht.

I.: *Wurde am Runden Tisch bereits über eine mögliche Vereinigung beider deutscher Staaten gesprochen?*

F.: Nein, das war nicht unser Thema. Die Vereinigung, das war das Thema in Berlin, und natürlich auch die Gestaltung der Volkskammer und die Regierungsbildung. Nein, hier waren die Themen wirklich mehr lokalpolitisch und landespolitisch.

Wie gesagt, der Vorsitz wechselte immer und wichtig war eben – das habe ich immer als das Wichtigste empfunden –, dass diese neuen politischen Gruppierungen und Initiativen hier ihre Vorstellungen und ihren politischen Willen artikulieren und einbringen konnten. Es gab zum Beispiel eine Gruppe „Frauen für Veränderung". Die saßen mit am Runden Tisch und haben dort durchgesetzt, dass sie ein Frauenhaus bekommen, eine Zufluchtsstätte für Frauen.

I.: *Zudem bildete sich ein Regionalausschuss Erfurt. Was war die Aufgabe dieses Ausschusses und wie setzte er sich zusammen?*

F.: An einen Regionalausschuss erinnere ich mich nicht. Ja, aber es gab ziemliche Aktivitäten hier auf Erfurter Lokalebene. Auch im Zusammenhang mit der Besetzung der Stasi-Behörde. Da gab es eine Bürgerinitiative. Das war der Pfarrer Hartmann, der in der Herbstrevolution hier lokalpolitisch eine große Rolle gespielt hat. Meine Zuständigkeit war weiträumiger.

I.: *Kam es zwischen der SED-Verwaltung, die ja immer noch existierte, und den Vertretern der oppositionellen Gruppen am Runden Tisch zu Konflikten?*

F.: Ja, aber vor allem kam es zu Konflikten zwischen den Vertretern der neuen Parteien und den Vertretern der alten Blockpartei CDU. Die Blockparteien waren ja auch dabei, und das waren die so genannten Blockflöten. Da gab es sehr häufig Spannungen, und dabei war die Aufgabe der Moderation natürlich sehr wichtig. Das war eigentlich die Grundspannung des Runden Tisches zwischen den neuen Kräften und den Vertretern der alten Ordnung, die sich nun, tief verunsichert natürlich, aber doch auch nicht ohne Cleverness, versuchten, über die Runden zu bringen. Und da zu moderieren, dass nicht Wischiwaschi herauskam und gerade die Neuen auch zum Zuge kamen und ihre Anliegen auch wirklich umgesetzt wurden, das war schon eine wichtige Aufgabe der Moderation. Ganz am Rande bemerkt, es hat mich sehr getroffen, dass der Vorsitzende des Rates des Bezirkes Erfurt, Herr Swatek, kurze Zeit danach schwer krank wurde und starb. Man kann, glaube ich, sagen, der ist an dem politischen Umbruch gestorben. Und ich habe das erst erfahren, als er tot war. Den hätte ich gerne noch einmal besucht. Für den war der politische Wandel sehr, sehr bitter.

I.: *Wie lange bestand der Runde Tisch in Erfurt und was änderte sich nach dessen Auflösung?*

F.: Der Runde Tisch löste sich nach den ersten freien Wahlen zur Volkskammer im März 1990 auf. Wir kamen zusammen, als das Wahlergebnis bekannt gegeben war. In dieser Sitzung sagte Frau Lieberknecht von der CDU, dass ja jetzt die Mehrheitsverhältnisse im Land klar seien und damit auch, wie sich der politische Wille nun im Land strukturieren und artikulieren müsse. Und damit sei die Konstruktion des Runden Tisches erledigt, diese paritätische Konstruktion, bei der jede Gruppe eine Stimme habe, sei jetzt Geschichte. Ich habe dann abstimmen lassen und der Runde Tisch hat sich aufgelöst. Das war das Ende.

I.: *Hatten Sie vor 1989 bereits Kontakte zu der West-Kirche?*

F.: Ja, wir hatten intensive Kontakte. Die hessische Kirche, und zwar Hessen-Darmstadt und Hessen-Kassel, waren Partnerkirchen. Das war in der Evangelischen Kirche in Deutschland (EKD) so aufgeteilt, dass jede Ostkirche einen westlichen Partner hatte: Berlin-Brandenburg hatte Rheinland, Sachsen hatte Hannover, Thüringen hatte Württemberg und die Kirchen-Provinz Sachsen, zu der wir ja absurderweise in Erfurt gehörten, hatte als Partner die Hessen und von daher hatten wir intensive Beziehungen. Also Erfurt gehört zur Kirchenprovinz Sachsen, deren Bischof in Magdeburg sitzt.

Diese Aufteilung hat ihren Ursprung in der napoleonischen Zeit, als nach dem Wiener Kongress der Norden von Thüringen in weit überwiegendem Maße zu Preußen kam, und es blieben nur ein paar kleine thüringische Enklaven. Und die Stadt Erfurt hatte aus alter Tradition natürlich auch eine Partnerbeziehung mit Mainz. Diese kirchliche Aufteilung bedeutete zugleich auch eine politische Differenz, weil die thüringische Kirche einen berüchtigten Anpassungskurs verfolgt hatte, den so genannten „Thüringer Weg". Das war ein kirchenpolitischer Kurs, von dem man ganz grob sagen kann, politische Anpassung, um möglichst viel Eigenleben der Kirche zu retten. Sich nach außen anpassen, damit die Bewegungsmöglichkeiten der Kirche möglichst weitgehend erhalten bleiben.

I.: *Wie sah die Anpassung aus, wie weit ging sie?*

F.: Die war sehr problematisch. Das war eine Art Akklamation, und leider gab es eben auch eine starke Durchsetzung mit Staatssicherheit. Inoffizielle Mitarbeiter gab es in der Thüringischen Landeskirche in sehr hohen Positionen, übrigens wurde auch der damalige Oberkirchenrat in Weimar, der am Runden Tisch mitmoderiert hat, als ein Mitarbeiter der Stasi enttarnt. Insofern gab es eine Differenz in der Kirchenpolitik zwischen Erfurt und Eisenach, kann man sagen. Das hat sich am Runden Tisch jedoch nicht ausgewirkt. Nur war es meistens so, dass die, die sich in der DDR politisch angepasst haben, sich dann auch sehr schnell an die Bundesrepublik angepasst haben und sehr unkritisch waren gegenüber diesem Beitrittsprozess. Das konnte man auch von dem Oberkirchenrat in Weimar sagen.

I.: *Es gab also unterschiedliche Strategien innerhalb der evangelischen Kirche in der DDR?*

F.: Die gesellschaftskritischen kirchlichen Gruppen, die unter dem Dach der Kirche eine oppositionelle politische Rolle lebten und spielten, wurden in der thüringischen Kirche sehr stark ausgegrenzt und bei denen ging der Slogan um: „Erfurt ist unsere Freistadt". Das war eben die andere Kirche.

I.: *Darf ich noch einmal auf die Hilfe zurückkommen? Wie beurteilen Sie heute die Hilfe westlicher Bundesländer und insbesondere die Hilfe durch das Land Hessen?*

F.: Ich rede jetzt niemandem nach dem Munde, sondern sage es wirklich so, wie ich es empfunden habe: Diese Hessenhilfe habe ich als sehr positiv empfunden. Die Begegnung mit den Hessen habe ich als Indiz dafür genommen, wie fremd wir uns doch eigentlich sind und wie wir da überhaupt erst einmal eine Vertrauensbeziehung aufbauen müssen, und vor allem als ein Indiz dafür, dass die Westdeutschen eigentlich nicht wissen, womit sie es hier zu tun haben: Was sind das für Leute, diese neuen politischen Mandatsträger dort? Die Durchsetzung der bundesrepublikanischen Ordnungen in der DDR und die mangelnde Eigenaktivität der DDR-Bürger und der DDR-Verantwortlichen, die eigenen Traditionen doch wenigstens mal zu sichten – was sollten wir behalten, was sollten wir aufgeben –, das war zu schwach. Also, das ist doch sehr unglücklich gelaufen. Ich habe das sehr kritisch gesehen in den 1990er Jahren, ich sehe es jetzt ein bisschen differenzierter. Es ist deutlich geworden, erstens außenpolitisch: Es musste so schnell gehen, das wussten wir damals nicht. Und innenpolitisch: Es war eben nicht nur die Übermacht der Bundesrepublik, es war auch eine politische Inkompetenz und Schwäche in der DDR-Bevölkerung, eine Ratlosigkeit.

Verfolgen kann man es hier auch im ganzen Gesundheitswesen. Da gab es in der DDR wirklich vorzügliche Dinge, die einfach abgeschafft worden sind, zugunsten des Prinzips „niedergelassene Ärzte und Krankenhäuser getrennt". Und das war in der DDR anders, das hat das Gesundheitswesen heute unglaublich verteuert. In der DDR gab es die Polikliniken, die jetzt praktisch wieder entstehen durch die Ärztehäuser, die praktisch Polikliniken sind. Und es gab in den Krankenhäusern gleichzeitig auch einen ambulanten Betrieb. Also die Krankenhausärzte hatten auch Sprechstunden, sie hatten ambulante Patienten und konnten für beide Sparten, Krankenhaus und Ambulanz, dieselben Geräte benutzen. Jetzt wurde das alles auseinanderdividiert. Die Ärzte mussten sich neu einrichten usw. Es ist vieles überfahren worden.

Es gibt einen sehr schönen kleinen Band – von dem ehemaligen Hamburger Bürgermeister Klaus von Dohnanyi – „Brief an die Deutschen Demokratischen Revolutionäre", in dem er in einer ganz frühen Phase aus intimer Kenntnis der DDR noch Vorschläge gemacht hat, die wirklich partnerschaftlich waren, aber das ist alles nicht zum Zuge gekommen. Also, das wurde dann fatal und in der Kirche war es nicht viel anders. Es gab einen Anpassungsprozess, der für die demokratische Bildung der DDR-Bevölkerung ungünstig war. Man hat die Verfassungsdiskussion faktisch abgewürgt. Das wurde in Bonn in einem Ausschuss verhandelt. Hätte es eine öffentliche Diskussion in den ostdeutschen Ländern über das Grundgesetz, die Übernahme des Grundgesetzes gegeben, dann hätte man die Chance gehabt, die DDR-Bürger sozusagen bei ihrem politischen Willen zu behaften: Ihr wolltet Bundesrepublik werden, und jetzt entscheidet mit, wie soll das Grundgesetz diesen neuen Verhältnissen angepasst werden? Man hätte sie, statt sie als Objekte der Umerziehung und der Versorgung zu behandeln, als politische Subjekte ernst nehmen müssen.

I.: *Denken Sie, dass die Zeit dazu ausgereicht hätte?*

F.: Nein, die hätte nicht gereicht. Das wäre ein längerer Prozess gewesen. Ein Prozess, der die politische Vereinigung nicht hätte hinausschieben dürfen. Aber es ist überhaupt nicht einzusehen, warum nicht nach der Vereinigung eine politische Meinungsbildung in Deutschland erfolgt, wie machen wir das jetzt mit dem Grundgesetz? Und es gab einen Verfassungsentwurf des Runden Tisches, ein beachtliches Dokument, der wurde einfach vom Tisch gefegt. Er war also so bestimmt nicht zu übernehmen, aber das empfinde ich als einen starken Mangel, wenn man jetzt immer noch von einem Demokratiedefizit im Osten spricht, von der Politikerschelte und der mangelnden Wahlbeteiligung usw. Das sind Spätfolgen dieses Prozesses.

Doch diese schnelle Aktion mit der Hessenhilfe war gut!

Dr. Wolfgang Hamberger

Oberbürgermeister von Fulda a. D.

Geboren 1930 in Bensheim/Bergstraße. Studium der Volkswirtschaft, Politikwissenschaft und des Völkerrechts in Frankfurt, Heidelberg und Cleveland/USA (Fulbright-Stipendium), Abschluss zum Diplomvolkswirt, Promotion an der Ruprecht-Karls-Universität Heidelberg. Zunächst leitende Funktionen in der Bank- und Versicherungswirtschaft, 1968 persönlicher Referent des damaligen Oberbürgermeisters Dr. Alfred Dregger in Fulda, 1969 zum Bürgermeister und 1970 zum Oberbürgermeister der Stadt Fulda gewählt; bis 1998 Oberbürgermeister von Fulda und damit zur Zeit der Grenzöffnung und der deutschen Vereinigung. Nach Ende seiner Amtszeit bis 2001 in beratender Funktion für den Deutschen Sparkassen- und Giroverband in Berlin tätig.
Bis heute ehrenamtliches Engagement für historische und kulturelle Projekte, auf Vorschlag der Länder Hessen und Thüringen. Anfang 2008 zum Vorsitzenden des Stiftungsrates der neu gegründeten Point Alpha Stiftung gewählt, zahlreiche Publikationen.

Interview mit Dr. Wolfgang Hamberger (H.) am 7. 2. 2008

I.: *Herr Dr. Hamberger, wie erlebten Sie in Ihrer Funktion als Oberbürgermeister der grenznahen Stadt Fulda die Zeit der politischen Veränderung in der DDR und die daraus folgende Öffnung der innerdeutschen Grenze am 9. November 1989? Wie reagierten Sie darauf?*

H.: Dazu zwei Vorbemerkungen. Zum einen war die relativ kurze Entfernung zwischen Fulda und dem Eisernen Vorhang für das Bewusstsein der Menschen, in einem problematischen Grenzgebiet zu leben, von fundamentaler Bedeutung. Deshalb haben wir die Öffnung der Grenze hier auch völlig anders erlebt als etwa die Bürgerschaft von Marburg, nämlich sehr emotional, fast dramatisch. Zum anderen hatte dieses Ereignis einen langen Vorlauf. Während des Kalten Krieges waren in Fulda das 14. und dann das 11. US-Panzer-Aufklärungsregiment stationiert. Das waren Eliteeinheiten, sozusagen die Speerspitze der Nato-Verteidigung am Point Alpha, dem heißesten Punkt im Kalten Krieg. Man war sich darüber im Klaren, dass, wenn es zur Konfrontation zwischen Ost und West käme, es hier losgehen würde. Denn im Ernstfall hätten die sowjetischen Panzerarmeen den topographischen Korridor, der sich bei Eisenach beginnend durch die Rhön zieht, als Aufmarschgebiet genutzt. Das muss man wissen, um zu verstehen, dass die Menschen hier eine besondere Einstellung zur Grenze hatten und daher auch die Grenzöffnung in besonderer Weise erlebt haben. Man könnte jetzt fragen, ob die Bevölkerung Angst hatte, im Schatten des Eisernen Vorhangs zu leben. Im Unterbewusstsein war das sicher der Fall, aber gleichzeitig fühlte man sich unter dem Schutzschild der Amerikaner sicher. Doch von Ausnahmen abgesehen wurde die Gefahr wohl mehr oder weniger verdrängt. Dies war die Ausgangslage.

Als Oberbürgermeister wusste ich manches Mal durch Informationen seitens der Regierung oder vom Regimentskommandeur mehr als das, was ich in der Öffentlichkeit sagen durfte, und das empfand ich schon als belastend. Es gab Phasen, in denen

Alarmbereitschaft bestand, und darüber durfte nicht geredet werden. Es hätte die Menschen ja auch nur verunsichert, nachdem Sicherheitsvorkehrungen praktisch unmöglich waren. Die Situation war schwierig für alle. Ich glaube, die Menschen in Fulda und im Fuldaer Land fühlten sich mehr von den persönlichen und wirtschaftlichen Nachteilen der Grenze belastet. Sie haben darunter gelitten, dass die verwandtschaftlichen und freundschaftlichen Bindungen nach Thüringen und insbesondere ins nahe Eichsfeld abgeschnitten waren, und sie spürten, dass der lange, breite Schlagschatten, den die Grenze ins Land warf, entwicklungspolitisch von Nachteil war.

Als dann 1989 die DDR ihren 40. Jahrestag beging – es war makaber, wie die Betonköpfe des DDR-Regimes im Palast der Republik in Berlin feierten, während draußen auf den Straßen und Plätzen die Menschen skandierten: „Wir wollen Freiheit! Gorbi hilf!" –, war mir klar, dass jetzt etwas passieren könnte. Nur wann und was? Zwar hatte mich die Gorbatschow'sche Politik, die ja nicht unwesentlich zu diesem Prozess beigetragen hat, schon vorher ziemlich nachdenklich gemacht, so dass man sich fragte, was aus alledem werden könnte, aber erst mit den Montagsdemos wurde klar, dass die Entwicklung so oder so auf eine Entscheidung zulief. Es kam der große Tag in Leipzig, als um die Nikolaikirche Tausende auf die Straße gingen. Diese Bilder sind mir unvergesslich. Ich habe mit Leuten gesprochen, die dabei waren und mir sagten, sie hätten Todesangst gehabt, weil niemand wusste, wie die Stasi reagieren würde. Schließlich war doch vor Ort ein riesiges Aufgebot an Militär und Polizei! Aber gottlob, der Schießbefehl wurde nicht gegeben. So haben die Menschen mutig, jedoch friedlich demonstriert, sind untergehakt und in Achterreihen wie in einem festen Block marschiert. Dennoch, die Angst marschierte bei jedem Schritt mit, denn es war ja auch wirklich mehr als unwahrscheinlich, dass die Staatsmacht nur zusehen würde. Das alles habe ich in den Nachrichten genau mitverfolgt oder ließ mich informieren. Wir alle, die wir das genau beobachteten, fragten uns, wie dieser Prozess weitergehen könnte. Da betrat Günter Schabowski die Bühne der Weltgeschichte.

Ich saß an diesem Abend noch an meinem Schreibtisch im Stadtschloss, als mich ein Anruf über die Grenzöffnung informierte. Es war klar, dass wir darauf reagieren und Vorkehrungen treffen müssten, denn es gab die Regelung, Besuchern aus der DDR ein Begrüßungsgeld in Höhe von 100,– DM auszuzahlen, und es stand das Wochenende bevor. So habe ich einen Notdienst mit acht Mitarbeitern organisiert, die ab 9.00 Uhr die Kasse besetzen sollten, und ich sprach mit der Sparkasse und der Landeszentralbank ab, es möglich zu machen, dass wir gegebenenfalls auch am Samstag und Sonntag ausreichend 100-DM-Scheine nachordern könnten; bei nahezu vollständig bargeldlosem Zahlungsverkehr wäre das für die Stadtkasse sonst gar nicht zu machen gewesen. Am nächsten Tag musste ich im Schulungszentrum der Lufthansa in Seeheim/Bergstraße ein Referat halten. An diesem Tag wäre ich lieber in Fulda geblieben. Als ich nachmittags zurückkam, war die Stadt total verstopft. Hunderte von Trabbis blockierten die Straßen; es waren unglaublich viele Menschen unterwegs. Inzwischen hatte das Team meiner Mitarbeiter weitere Hilfe angefordert und 30 Auszahlungsstellen eröffnet. Dennoch bildeten sich lange Schlagen. Es war unglaublich. Ich nahm Kontakt mit den

Kaufhäusern auf, um zu erreichen, dass die Öffnungszeiten verlängert und die Geschäfte auch am Sonntag geöffnet würden. Das war schwierig, aber es klappte, wobei auch viele freiwillige Helferinnen und Helfer zum Einsatz kamen. Was hätten denn sonst die DDR-Besucher mit ihren 100,– DM machen sollen? Es war ein Riesenbetrieb in der Stadt, und es war höchst erfreulich, zu beobachten, wie viele Fuldaer Familien spontan DDR-Gäste zu sich nach Hause einluden. Noch waren wir geteilt, aber die Freude war in diesen Stunden ungeteilt.

Angesichts des historischen Ereignisses wollten wir unbedingt etwas Besonderes tun, und so wurde von eben auf jetzt die Idee einer ökumenischen Andacht auf dem Domplatz geboren. Alle, die ich anrief, waren angetan und zur Mitwirkung bereit: Domdechant Monsignore Hans Rumpf, der evangelische Dekan Reinhold Kalden, Dr. Alfred Dregger MdB und viele andere. Es wurde eine sehr bewegende Feier mit kurzen Ansprachen und Gebeten. Der Domplatz war im weiten Rund gefüllt mit Hunderten von DDR-Besuchern und sehr vielen Fuldaern. Am Schluss ergriff ich das Wort, und nach meiner Rede geschah etwas, was alle, die dabei waren, nie vergessen werden. Aus der Menge kam ein Mann auf mich zu und eröffnete mir, er möchte auch etwas sagen. Das war eine heikle Situation. Kann man einem Unbekannten bei einer solchen Gelegenheit das Mikrophon überlassen? Ich schaute mir den Mann genau an und dachte, wenn dich deine Menschenkenntnis nicht ganz im Stich lässt, führt dieser Mann – wie sich später herausstellte, der Kieferchirurg Dr. Johannes Bock aus Weimar – nichts Böses im Schild, und so war es auch. Dr. Bock bedankte sich für die herzliche Aufnahme und vielfältige Hilfen, und er beendete seine wenigen Sätze mit einer wunderbaren Geste. Er übergab mir einen graublauen Pappkarton mit Kerzen, auf den eine Schachtel Streichhölzer geklebt war, mit folgenden Worten: „Zur Erinnerung an diesen Tag übergebe ich Ihnen ein Demo-Set. So ‚bewaffnet' sind wir Montag für Montag zu den Demonstrationen gezogen!" Jemand zog eine Kerze aus dem Karton, ein anderer zündete sie an, und so stand ich mit brennender Kerze auf dem oberen Absatz der Domtreppe vor den vielen Menschen, und wir alle, tief bewegt und den Tränen nahe, kamen uns vor, als hätten wir gerade symbolisch die Fackel der Freiheit entzündet! Was für ein Augenblick! Unvergesslich!

Auch in den nächsten Tagen lief das so weiter. Das Geld, das wir auszahlten, hatten wir eigentlich gar nicht, wussten aber, dass wir es vom Bund zurückerstattet bekämen. Aber es musste das ja alles erst einmal organisiert und geleistet werden. Da hat sich die Kommunale Selbstverwaltung einmal mehr großartig bewährt. Denn welcher staatliche Apparat wäre in der Lage gewesen, so etwas von Freitagabend über ein ganzes Wochenende und die nächste Woche perfekt zu organisieren? Ich glaube, wir haben damals in gut einer Woche etwa 8 Millionen DM ausgezahlt. Es war in jeder Hinsicht faszinierend.

Am Sonntag, dem 19. November dachte ich mir, man müsse sich einmal ein genaueres Bild von den Vorgängen an der Grenze verschaffen. Ich rief daher Colonel John N. Abrams, den amerikanischen Regimentskommandeur an und schlug ihm vor, gemeinsam mit dem Hubschrauber einen Flug entlang der Grenze zu machen. Er war sofort einverstanden. Erst in diesem Augenblick wurde mir bewusst, dass ich mich in diesen hektischen Tagen noch gar nicht so recht um die Amerikaner gekümmert hatte, für die die Grenzöffnung ja auch völlig überraschend gekommen war. Ich nahm mir vor, sie gerade jetzt unserer Dankbarkeit und Freundschaft zu versichern und ihnen zu sagen, dass wir möglicherweise kurz vor ihrem großen Sieg, dem Sieg der Freiheit über den Totalitarismus stünden.

Wir trafen uns auf dem Hubschrauberlandeplatz im Stadtteil Sickels, flogen zunächst nach Norden bis Philippsthal und von dort in niedriger Höhe der Grenze entlang zurück. Was sich unter uns abspielte, war unglaublich. Wir sahen die provisorischen Grenzöffnungen, und als wir die B 84 bei Rasdorf erreichten, unmittelbar in der Nähe von Point Alpha, fragte mich Colonel Abrams: „Wollen wir landen?" „Wenn das geht", sagte ich, und es ging. Kurz zuvor war der Eiserne Vorhang auch an dieser Stelle geöffnet worden, und die Menschen strömten in einer langen Autokolonne und zu Fuß aus den nahe gelegenen Orten Borsch und Butlar, vielleicht auch aus der Stadt Geisa, von Ost nach West. Es war aufregend! Als die Menge gewahr wurde, dass wir landen wollten, sorgten Beamte des deutschen Bundesgrenzschutzes und Volkspolizisten der DDR gemeinsam für Ordnung. Dann geschah etwas Unerwartetes. Ein Volkspolizist sprach mich an und fragte, ob er einmal in den Hubschrauber steigen dürfe, er kenne die Silhouette dieses „Fluggeräts" genau, erkenne es auch am Geräusch der Rotoren, doch wie es innen aussehe, wisse er nicht. Ich fragte Colonel Abrams, der war einverstanden, und so kletterte der VOPO in den Hubschrauber. Als er wieder herunterkam, sagte er kein Wort; die moderne Technik hatte ihn offensichtlich sprachlos gemacht. Nun war ich an der Reihe, ihn um etwas zu bitten. Etwa 30 m entfernt stand ein Turm der DDR-Grenzanlagen: „Darf ich einmal auf diesen Turm steigen?", fragte ich den Volkspolizisten. Einen Moment lang sah er mich verdutzt an, dann sagte er: „Ich muss den Offizier fragen", und der erlaubte es nicht mit der Begründung, es gäbe keine Treppe, nur Steigeisen, und das sei zu gefährlich. „Was Sie können, kann ich auch", erwiderte ich. Er musterte mich kurz und gab den Weg frei. Wer kann ermessen, was das für ein Gefühl für mich war! Ich sah von „drüben" auf Point Alpha! Ja, das war der Sieg der Freiheit!

In den folgenden Wochen bekam ich viele Einladungen, in Thüringen zu sprechen, und auch das war ein großartiges Erlebnis. Man war sich ja noch immer nicht so ganz klar, wie das alles weitergehen und auslaufen würde. Bei solchen Gelegenheiten habe ich versucht, Solidarität zu bekunden, Freude über die Entwicklung auszudrücken, und wo immer möglich, habe ich auch Hilfe angeboten. So gaben wir z. B. medizinisch-technisches Gerät, das unser Klinikum entbehren konnte, abgegeben, und wir stellten Busse für den öffentlichen Personennahverkehr in Weimar zur Verfügung. Schon einige Zeit vor der Grenzöffnung hatte ich mich bemüht, eine Städtepartnerschaft mit einer Stadt in der DDR zu begründen, doch alle Bemühungen waren vergeblich. Das hing ganz offensichtlich mit unserer grenznahen und militärstrategisch sehr exponierten Lage zusammen. Aber jetzt müsste es doch gelingen, dachte ich. Wunsch-Stadt war Weimar, das jedoch, wenn auch nur per Order von oben, bereits mit Trier verschwistert war. Mein Besuch bei Oberbürgermeister Dr. Volkhardt Germer im Januar 1990 brachte den Durchbruch, so dass sich bald darauf die Gremien beider Städte, so, wie es sein soll, in eigener Verantwortung frei für diese Städtepartnerschaft entschieden. OB Germer, vormals Mitglied der SED, war sich darüber im Klaren, was die Stunde geschlagen hatte, er begegnete mir offen, und so bauten wir mit der Zeit ein Verhältnis gegenseitigen Vertrauens auf. In der Folgezeit konnte Fulda viel für Weimar tun, und das hat den Fuldaern Freude gemacht. Meine Devise war: Wir haben jahrzehntelang ohne eigenes Verdienst im freien Teil Deutschlands gelebt, jetzt ist es an der Zeit, dort etwas gutzumachen, wo die Menschen bei Kriegsende den schlechteren Teil erwischt haben. So habe ich städtisches Fachpersonal nach Weimar beordert, um dort zu helfen, moderne Kommunal-Verwaltungspläne zu entwickeln – etwas später ließ ich sogar einen meiner besten Mitarbeiter, Dr. Norbert Rücker, für den Aufbau des Rechts- und Ordnungsamtes ganz nach Weimar gehen –, wir statteten einen Kinderspielplatz aus, und es gab auch viele Hilfsaktionen aus der Bürgerschaft, die wir als Stadtverwaltung organisatorisch unterstützten. Es ist viel getan worden, bis hin zu so speziellen Dingen wie der Lieferung von Ton-Dachziegeln für ein denkmalgeschütztes Gebäude.

I.: *Wie wurde auf Thüringer Seite auf diese Hilfe reagiert? Gab es auch Skepsis?*

H.: Die Resonanz war durchweg positiv, es gab keine Skepsis, aber viel Sympathie, und das beeindruckte mich. Ich habe damals in Meiningen, Erfurt, Eisenach und Geisa gesprochen, und überall spürte ich es: Die Menschen waren begierig, Neues zu erfahren und aus dem, was die Bundesrepublik groß gemacht hat, nämlich die freie und soziale Marktwirtschaft, zu lernen. Nur ganz selten habe ich so etwas wie individuelle Zurückhaltung erlebt, und da war es dann auch nicht schwer, sich vorzustellen, mit wem man es gerade zu tun hatte. Doch auch in diesen Fällen habe ich mich gehütet, zu urteilen oder gar zu verurteilen. Die menschliche Befindlichkeit ist nun einmal so, sich für das Leben und Überleben anzupassen, und wer kann schon in einer Situation, wie sie 1989/90 für uns gegeben war, immer gleich erkennen, ob und wie viel innerer Widerstand vorhanden, ob und wie viel Opportunität mit im Spiel, ob und wie viel persönliche Schuld aufgelaufen war. Doch die allermeisten Thüringer waren dankbar und glücklich, endlich offen reden zu können und die Chance für Veränderungen zu haben. Ich habe diese Freude mit ihnen geteilt.

I.: *Sie waren lange Jahre Präsident des Hessischen Städtetages und Präsidiumsmitglied des Deutschen Städtetages. In welcher Form waren die kommunalen Spitzenverbände in die Hilfe für Thüringen eingebunden?*

H.: Grundsätzlich beratend. Als alles begann, haben der Hessische und Rheinland-pfälzische Städte- und Gemeindebund, die die kleinen Städte und Gemeinden vertreten, relativ schnell in Thüringen Fuß gefasst, während sich der Hessische Städtetag als Interessenvertreter der Groß- und Mittelstädte etwas schwerer tat. Welches die „richtige“ Gemeindeordnung ist, das wird durchaus unterschiedlich von den beiden Verbänden gesehen, weil die Aufgaben und damit auch die Interessen zwischen großen und kleinen Kommunen verschieden sind und es ungemein schwer ist, einen sachgerechten Finanzausgleich zustande zu bringen. Dennoch, es wurde vielen Kommunen geholfen, auch wenn der Städtetag etwas länger brauchte. Aber seine Zielgruppe war auch schwerer zu erreichen. Dieses ganz normale Spannungsverhältnis zwischen den kommunalen Spitzenverbänden ist natürlich auch von den Thüringern registriert worden, die sich zunächst zwangsläufig schwertaten, die verschiedenen Beratungsangebote fachlich einzuordnen. Doch als sich die kommunalen Spitzenverbände abgestimmt und die westdeutsche Aufgabenteilung auf die neuen Bundesländer grundsätzlich übertragen hatten, normalisierte sich das. Es war auf kommunaler Ebene leider genauso wie in fast allen Bereichen: Am Anfang wurden Fehler gemacht, die letztlich damit zusammenhingen, dass alle von der politischen Entwicklung total überrascht worden waren und einige diese Chance für ihre eigenen Interessen zu nutzen versuchten. Da für wesentliche Grundsatzregelungen die Länder zuständig sind, haben wir natürlich auch die Gespräche auf dieser Ebene gesucht.

Mein spezielles Anliegen war es, als erfahrener und damit natürlich auch leidgeprüfter Kommunalpolitiker darauf hinzuwirken, dass die Fehler vermieden werden, die unseren kommunalen Alltag belasten. Hier zeigte sich schnell, dass die Eifersüchteleien zwischen Großen und Kleinen kein Ost-West-Problem, sondern Ausdruck menschlicher Schwäche sind. Dem Bemühen, aus Fehlern zu lernen, war daher nur mäßiger Erfolg beschieden. Wesentlich erfolgreicher war, was die kommunalen Spitzenverbände unter der Programmbezeichnung „Betreuungsgemeinde“ auf den Weg brachten. Nahezu alle hessischen Städte und Gemeinden waren bereit, Partner für eine thüringische Stadt oder Gemeinde zu werden, das haben sie über längere Zeit sehr engagiert gemacht, und in einigen Fällen wurden daraus dauerhafte Partnerschaften, so wie etwa zwischen Marburg und Eisenach, Fulda und Weimar.

I.: *Wie lange hielt der Andrang der Besucher aus Thüringen an, wann kehrte so etwas wie Normalität ein?*

H.: Was ist hier Normalität? Jahrzehntelang war Nachbarschaft nicht möglich, obwohl es so viele Bezüge und Beziehungen zwischen den beiden Ländern gibt. Der geistig-kulturelle Austausch hält bis zum heutigen Tage an, und ich hoffe, dass das immer so bleibt und noch intensiver wird. Der Kern Ihrer Frage zielt aber auf das, was man vielleicht als die Pionierzeit bezeichnen könnte. Nach der Wende sind auch in Thüringen schnell, manchmal womöglich zu schnell, Handelsbetriebe und Supermärkte aus dem Boden geschossen. Deshalb haben diejenigen, die Konsumgüter des täglichen Bedarfs einkaufen wollten, diese Einkäufe bald zu Hause erledigt. Dass sie nach Fulda zum Einkauf kamen, das hat nicht viel länger als ein Jahr gedauert. Dagegen werden einige Fuldaer Fachgeschäfte bis zum heutigen Tag gerne auch von Thüringern besucht.

Ganz anders verlief die Entwicklung beim produzierenden Gewerbe. Zunächst pendelten viele Arbeitskräfte nach Fulda, aber mit der Zeit entstanden auch neue Betriebe in Thüringen, nicht selten als Zweigbetriebe Fuldaer Firmen. Das war nur ganz normal angesichts der steuerlichen Präferenzen für die neuen Bundesländer. Unter anderen Umständen hätte ich das wie jeder Kommunalpolitiker sehr bedauert, aber ich bedauerte es in diesem Falle nicht. Denn auch dieses wirtschaftspolitische Signal war wichtig: Wir sind jetzt wieder eins, und wir helfen euch! Der bedeutendste Fuldaer Fall betraf die Firma Gustav Stabernack Verpackungen. In Fulda war die neue Halle für eine der modernsten Maschinen schon gebaut, als die Wende kam und sich völlig neue Perspektiven eröffneten. Der Firmeninhaber, Gustav Stabernack, informierte mich und wollte wissen, wie ich seine Entscheidung, die Maschine nicht in Fulda, sondern in Arnstadt aufzustellen, wo er eine DDR-Fabrikationsstätte übernehmen wolle, beurteilen würde. Ich habe nicht einen Augenblick gezögert: „Tun Sie das, und wenn die Maschine in Betrieb genommen wird, dann kommen der thüringische Ministerpräsident Dr. Bernhard Vogel und ich, um mit Ihnen und der Arnstädter Belegschaft zu feiern!" So geschah es dann auch.

I.: *Eine andere Aufgabe, an deren Lösung Sie beteiligt waren, war die Umstrukturierung des Finanzwesens in Thüringen durch den Aufbau eines Sparkassen- und Giroverbandes. Was musste in diesem Bereich verändert werden?*

H.: Das war in der Tat eine spannende Aufgabe. Ich war damals ehrenamtlicher Präsident des Hessischen Sparkassen- und Giroverbandes (HSGV), womit auch gleich gesagt ist, dass die Sparkassen auf Länderebene verbandspolitisch organisiert sind. Als die Wende kam, lief bei uns gerade die Diskussion, ob diese traditionelle Länderstruktur noch zeitgemäß sei, ob u. U. Zusammenschlüsse zu größeren Einheiten Synergieeffekte bringen könnten. Alles, was bis zur Wende diesbezüglich angedacht worden war, ging naturgemäß in Richtung Norden oder Süden, und nun eröffnete sich auch die Perspektive nach Osten. Das war die Chance. Das Problem war, dass auch die Bayern so dachten. Am Schluss hatten die Hessen die Nase vorne, und das nicht nur wegen ebenso konkreter wie konsequenter Angebote – z. B. dem Bau eines Finanz- und Schulungszentrums in Erfurt –, sondern auch, weil die Landesregierungen beider Länder das förderten.

Dabei waren sich alle klar darüber, dass auch an der Basis Entwicklungsarbeit geleistet werden musste, denn die Sparkassen, die es in der DDR gab, hatten nicht viel mehr als den Namen mit den Sparkassen der Bundesrepublik gemein. Im Rahmen dieses Interviews kann ich nur das Ergebnis berichten. Mit anderen, so z. B. dem damaligen geschäftsführenden Präsidenten des Hessischen Sparkassen- und Giroverbandes (HSGV), Dr. Adolf Schmitt-Weigand, habe ich mich im HSGV entschieden für ein Zusammengehen mit Thüringen ausgesprochen, und so lautete schließlich auch der ganz eindeutige Beschluss. Die Thüringer sahen sich freilich in der Idealposition, gleich von zwei Partnern umworben zu werden. Letztendlich gaben die relative Nähe zu Hessen und die hervorragende Aufbauhilfe, die ausnahmslos alle hessischen Sparkassen für die Institute in Thüringen schon vor dem Zusammenschluss und der Gründung des Hessisch-Thüringischen Sparkassen- und Giroverbandes (HTSGV) geleistet hatten, den Ausschlag.

I.: *Mit wem sind Sie in Verhandlungen getreten?*

H.: Zunächst einmal musste man nach den richtigen Gesprächspartnern suchen, denn es war ja alles in Veränderung und überall – in den Städten, Gemeinden und Landkreisen, bei den Sparkassen und auf Landesebene – bildeten sich neue Strukturen mit in dieser Phase noch häufig wechselnden personellen Besetzungen. Eine ganz maßgebliche Rolle spielte in den Verhandlungen auf thüringischer Seite der Gothaer Landrat Dr. Dieter Reinholz. Ihm ist hoch anzurechnen, dass er die Karte „Bayern" zwar spielte, sie aber nicht über Gebühr ausreizte, sondern ziemlich schnell und sehr zielstrebig mit uns Hessen verhandelte. Von Vorteil war es gewiss auch, dass schon bald Dr. Bernhard Vogel, der erfahrene Ministerpräsident a. D. aus Rheinland-Pfalz, Ministerpräsident in Thüringen wurde, denn wir beide sind Studienfreunde aus Heidelberger Zeiten. Aber natürlich gab es auch in den Ministerien und auf kommunaler Ebene gute Partner, die das Zusammengehen von Hessen und Thüringen unterstützten. Man kann sagen, das Ganze wurde zu einer Erfolgsgeschichte, denn parallel dazu entstand ja auch die starke Hessisch-Thüringische Landesbank als Girozentrale der Sparkassen beider Länder.

I.: *Mit den Sparkassen, den Genossenschaftsbanken und den Geschäftsbanken gibt es in Deutschland ein spezielles Bankensystem. Wie haben sich die anderen Banken verhalten? Gab es Interessenskonflikte?*

H.: Damit sprechen Sie ein hochinteressantes Thema an. Denn in letzter Konsequenz geht es um die Frage, wer welchen Beitrag zur Wirtschaftsentwicklung in den neuen Bundesländern nach der Wiedervereinigung geleistet hat. Meine vorläufige Antwort lautet: Ohne die Sparkassen und Genossenschaftsbanken wäre es nicht gelungen, die Handwerksbetriebe in Thüringen aus- und einen leistungsfähigen Mittelstand aufzubauen. Die Geschäftsbanken sind zwar mit enormer Kapazität in alle neuen Bundesländer eingezogen, aber sie haben sich auch genauso schnell wieder zurückgezogen und ihre Niederlassungen deutlich verkleinert, wenn es wirtschaftliche Probleme gab und vor allem der Mittelstand Überbrückungskredite gebraucht hätte oder Umfinanzierungen nötig gewesen wären. Da war einfach die Shareholder-Value-Mentalität dagegen. Ganz anders die Sparkassen. Nicht auf Gewinnmaximierung angelegt, am Gemeinwohl orientiert sowie regional orientiert und verwurzelt, waren sie für den extremen Ausnahmefall, wie er in den neuen Bundesländern gegeben war, die geradezu idealen Partner, weil für sie nicht nur die im Unternehmen vorhandenen Sicherheiten zählen, sondern auch das subjektive Risiko, das Können und die Verlässlichkeit des Unternehmers gewichtet werden. Der Wirtschaft, natürlich auch den Kommunen und dem Vereinsleben ist das sehr zugutegekommen. Ohne Sparkassen wären auch die Probleme in den kommunalen Haushalten noch größer gewesen, und ohne die Spendentätigkeit und das Sponsoring der Sparkassen hätte sich ein so vielfältiges Vereins- und Kulturleben nicht so schnell entwickeln können.

I.: *Was ist aus alledem geworden, wie sieht es heute aus?*

H.: Auf die Sparkassenorganisation bezogen können wir uns über ein absolut intaktes und am Markt und im Verbund außerordentlich erfolgreich arbeitendes Geschäftsmodell freuen, das sich auch in Krisenzeiten bewährt. Wichtig war mir aber auch die menschliche Seite des neuen Miteinanders, und das hieß, alles zu vermeiden, was den Eindruck hätte erwecken können, die hessischen Sparkassen würden ihr System den Thüringern aufzwingen. Wir sind nicht als die Alleskönner oder Besserwisser aufgetreten, sondern haben als Partner zu überzeugen versucht, und wir haben nicht einen bestehenden Verband einfach erweitert, sondern gemeinsam einen neuen gegründet. Wenn heute verbandspolitisch wichtige Themen gelegentlich einmal kontrovers diskutiert werden, dann formieren sich die Meinungsgruppen nach Sachaspekten und nicht etwa nach der Landesgrenze. Die Gemeinsamkeit könnte nicht besser sein. Dazu haben die Hessisch-Thüringische Landesbank, die hervorragend aufgestellt ist und im Konzert aller Landesbanken zu Recht mit den Ton angibt, und die in Thüringen gewonnenen Mitarbeiterinnen und Mitarbeiter, die hoch motiviert und bestens qualifiziert sind, viel beigetragen. Der HTSGV ist ein gelungenes Beispiel der deutschen Einheit.

Abschließend möchte ich sagen, dass mich auch heute, fast 20 Jahre später, noch immer ein Gefühl großer Freude erfüllt, dass ich bei Öffnung der Grenze hautnah dabei sein konnte. Ich habe zwar nie daran gezweifelt, dass die Teilung Deutschlands keinen Bestand haben würde, weil sich die Menschen nicht auf Dauer der Freiheit berauben lassen. Das habe ich in vielen Reden auch immer wieder gesagt. Aber ich habe nicht zu hoffen gewagt, dass ich das erleben würde, weil ich befürchtete, die Geschichte bräuchte in diesem Falle einen sehr langen Atem. Gottlob kam es anders. Große Dankbarkeit empfinde ich darüber, dass ich, als alles viel schneller ging als gedacht, in meinen Verantwortungsbereichen ein klein wenig zum guten Gelingen beitragen konnte, und auch da sage ich: Gott sei Dank.

Erwin Henkel

Geschäftsführender Direktor des Hessischen Städte- und Gemeindebundes a. D.

Geboren 1936. Studium der Rechts- und Staatswissenschaften in Göttingen und der Wirtschafts- und Sozialwissenschaften in Frankfurt/Main; nach dem Diplomexamen 1964 wissenschaftlicher Assistent an der Akademie für Arbeit in Frankfurt und Referatsleiter im Hessischen Sozialministerium. Von 1969 bis 1983 Bürgermeister der Stadt Dörnigheim und nach der Gebietsreform der Stadt Maintal, von 1983 bis zur Pensionierung 1999 Geschäftsführender Direktor des Hessischen Städte- und Gemeindebundes.

Interview mit Herrn Erwin Henkel (H.) am 5. 12. 2007

I.: *Herr Henkel, inwiefern waren Sie als damaliger Geschäftsführer des Hessischen Städte- und Gemeindebundes am Aufbau der kommunalen Selbstverwaltung in Thüringen beteiligt?*

H.: An das genaue Datum kann ich mich nicht mehr erinnern, aber ich wurde in der zweiten Hälfte des Jahres 1990 Beauftragter des Landes Hessen für die kommunale Verwaltungshilfe. Damit liefen alle kommunalen Verwaltungshilfen über mich bzw. über den Hessischen Städte- und Gemeindebund. Es gibt in Hessen noch zwei weitere kommunale Spitzenverbände: den Städtetag und den Landkreistag. Da der Landkreistag nur die Kreise vertritt, und das sind 21, war die Koordination der Verwaltungshilfe dort nicht so problematisch. Dieser Verband brauchte keine großen Vorbereitungen und Konzepte für Thüringen. Auch der Hessische Städtetag ist deutlich kleiner als der Städte- und Gemeindebund, obwohl dort die hessischen Großstädte vertreten sind. Der Städtetag vertritt etwa 100 von den 426 Städten in Hessen. Bei den kleineren Gemeinden und Städten war das Bedürfnis nach Hilfe viel größer als zum Beispiel bei der Stadt Erfurt. Die Stadt Erfurt hat sich gleich Personal aus dem Westen geholt. Anders war es bei den kleinen Gemeinden, in denen die Verwaltung oft nur aus drei Personen bestand, die hatten kaum Hilfe aus dem Westen. Also waren sie mehr auf die Hilfe durch den Hessischen Städte- und Gemeindebund angewiesen. Und das war der Grund dafür, dass der Städte- und Gemeindebund die Federführung bei der kommunalen Aufbauhilfe bekam. Am Anfang zwischen 1990 und etwa Mitte 1991 stand die unmittelbare Hilfe zwischen Städten, Gemeinden und Landkreisen in Hessen und Städten, Gemeinden und Landkreisen in Thüringen im Vordergrund. Das war in der Regel so, dass entweder Bedienstete aus den hessischen Verwaltungen nach Thüringen gingen oder von Thüringen Bedienstete hierher in die Partnergemeinde bzw. in die Gemeinde, mit der zusammengearbeitet wurde, kamen.

I.: *Wie wurden diese Partnerschaften vermittelt?*

H.: Das schloss sich im Wesentlichen an die Kontakte der Kreise an. Ein Beispiel: Eisenach hatte Verbindung zu Bad Hersfeld und mit dem Kreis Hersfeld-Rotenburg. Und so gingen Bedienstete aus Gemeinden im Kreis Hersfeld-Rotenburg in der Regel in den Kreis Eisenach. Sondershausen hatte Verbindung mit dem Schwalm-Eder-Kreis, Bad Salzungen mit Fulda, Schmalkalden mit dem Vogelsbergkreis, Zella-Mehlis mit Waldeck-Frankenberg und so weiter und die Gemeinden folgten dem. Dadurch ließ sich die Hilfe leichter strukturieren. Im Wesentlichen engagierten sich die hessischen Städte, Gemeinden und Kreise im Bereich von Westthüringen. Gotha war mit dem Main-Kinzig-Kreis verbunden, das gemeinsam mit Sondershausen am entferntesten für die hessische Hilfe gelegen war. Meiningen lag dann schon in der Interessensphäre von Bayern und Heiligenstadt im Eichsfeld hatte Verbindung nach Niedersachsen.

Es gab hessische Kontaktstellen bei den Thüringer Kreisen. Dabei orientierten wir uns noch an den alten Strukturen der DDR, die ja viel zentralistischer waren. Zu DDR-Zeiten übernahm der Kreis die eigentliche Verwaltungsarbeit für die Gemeinden und die Gemeindeverwaltungen waren Außenstellen der Kreise, kann man fast sagen. Einen eigenen Haushaltsplan oder so etwas hatten sie gar nicht, sondern sie bekamen die beantragten Mittel zugewiesen. Deshalb war es nach der Wende sehr schwer für die kleinen Gemeinden, selbst für ihre eigenen Mittel zu sorgen und Haushaltspläne aufzustellen und sich durch Einnahmen aus der Grundsteuer und der Gewerbesteuer oder durch Gebühren für Wasser und Abwasser aus dem Ort zu finanzieren. Es war eine erhebliche Schwierigkeit, dieses den Verantwortlichen in den kleinen Gemeinden beizubringen. Das hing natürlich immer auch davon ab, welche Personen vor Ort auf Thüringer Seite agierten. Vielfach waren es jüngere Leute, die aus Wirtschaftsbetrieben kamen, wenn es nicht Pfarrer oder Naturwissenschaftler waren, die neu in die Verwaltung oder auch an deren Spitze kamen. Sofern noch die alten Kader verantwortlich waren – und dies gab es durchaus noch in der Hälfte der Fälle bis Mitte 1991 –, gab es noch größere Schwierigkeiten. Sie waren natürlich noch in ihrem alten System befangen und wir hatten es schwer, ihnen zu vermitteln, das es ganz anders laufen musste.

Gemeinsam mit Herrn Meyer von der Geschäftsstelle des Hessischen Städte- und Gemeindebundes bin ich zunächst durch das westliche Thüringen gereist. Wir wollten uns einen ersten Überblick verschaffen, um zu sehen, was denn im Einzelnen läuft und wer wo ist und was wo gemacht und gebraucht wird. Dabei haben wir in Sondershausen einen sehr aufgeschlossenen jungen neuen Bürgermeister getroffen, der die Idee hatte, eigenes Verwaltungspersonal systematisch auszubilden. Er hatte festgestellt, dass es nicht ausreichte, wenn für zwei oder drei Tage personelle Hilfe aus Hessen vor Ort war, denn im Anschluss kam es immer wieder zu langen Telefonaten und Nachfragen. Wir haben zugesagt, Lehrgänge zu organisieren, um Personal aus der Thüringer Kommunalverwaltung so auszubilden, wie dies in Hessen durch die Verwaltungsschulen erfolgt, also durch Lehrgänge und Seminare. Hier in Hessen umfasst ein Lehrgang 24 Monate, wir wollten dies in Thüringen auf 18 Monate verkürzen. Ziel war eine Ausbildung, bei der die Teilnehmer am Ende ein Zertifikat als geprüfter Verwaltungsfachangestellter erhalten sollten.

I.: *Wo und wie fand diese Ausbildung statt?*

H.: Schwerpunkte waren Schmalkalden, Eisenach, Mühlhausen und Sondershausen. Wir haben noch im Herbst 1991 in Sondershausen und in Schmalkalden mit ersten Lehrgängen begonnen. Es wurden Stoff- und Lehrpläne erarbeitet, dabei haben wir bei den Verwaltungsschulen in Hessen abgekupfert. Und in Weimar befand sich eine Thüringer Verwaltungsschule im Aufbau, verantwortlich war dort Herr Wolfram, der auch aus Hessen kam. Bei ihm lagen die Koordinierung und zunehmend auch die Federführung.

Die Lehrgänge wurden inhaltlich und zeitlich auf die Verhältnisse der Thüringer Kommunen zugeschnitten. Natürlich konnten wir beim Grundwissen, also beim Kommunalrecht, beim Baurecht, bei den Kommunalabgaben und beim Haushaltsrecht keine Abstriche machen und auch, wie ein Verwaltungsakt abläuft, das muss gelernt und auch beherrscht werden. Dennoch konnte durch die Konzentration auf das Wesentliche die Ausbildungszeit verkürzt werden, weil die Bediensteten neben ihrer Arbeit in den Verwaltungen nicht noch 24 Monate ins Seminar gehen sollten. Später haben wir dann auch Lehrgänge in Zella-Mehlis, in Bad Salzungen und in Bad Langensalza durchgeführt. Aber Schwerpunkte, das hat sich so herausgebildet, blieben Eisenach und

Schmalkalden im südlichen sowie Mühlhausen und Sondershausen im nördlichen Bereich von Westthüringen.

Wir hatten dann zumeist 30 Leute im Seminar, davon drei Viertel Frauen und zum Teil Personen im Alter von über 50 Jahren, die gesagt haben, wir sind die Ersten, die entlassen werden, wenn wir uns nicht qualifizieren. Der Lernwille aller Teilnehmerinnen und Teilnehmer war erstaunlich. Die Leute haben sich reingekniet. Wir haben anfangs am Freitagnachmittag und den ganzen Samstag unterrichtet. Freitags gab es einen Block mit vier Stunden und samstags zwei Blöcke mit jeweils vier Stunden Unterricht. Nachdem die ersten Teilnehmerinnen und Teilnehmer ihre Examen gemacht hatten, sahen viele Verwaltungen ein, was geleistet wurde und was sie durch die ausgebildeten Bediensteten gewonnen hatten. Dadurch kam die Bereitschaft, ihre Mitarbeiter für die Lehrgänge am gesamten Freitag freizustellen. So mussten wir am Samstag nur noch bis Mittag unterrichten. Dies kam besonders den Müttern und Hausfrauen zugute.

Ich würde mal so grob schätzen, dass wir etwa 250 Personen in der Zeit von Herbst 1990 bis Herbst 1994 geschult haben. In der zweiten Jahreshälfte 1992 haben wir in Sondershausen mit einem Lehrgang begonnen, der auf den ersten Lehrgang aufbaute, denn auch in Hessen ist die Ausbildung zweistufig; zunächst der Grundlehrgang, die Ausbildung zum Einfachen und Mittleren Dienst, dann der Aufbaulehrgang für den Gehobenen Dienst. Es folgte noch ein weiterer Aufbaulehrgang in Schmalkalden. Beide Lehrgänge wurden erfolgreich abgeschlossen. Die Prüfungen wurden von der Thüringer Verwaltungsschule nach den vom Land Thüringen erlassenen Prüfungsordnungen durch die Thüringer Verwaltungsschule abgenommen. Nach fünf Jahren haben wir allerdings gesagt, dass die Ausbildung jetzt selbst von der Thüringer Verwaltungsschule allein übernommen werden sollte. In den vorangegangenen Jahren war es nicht immer einfach, das Lehrpersonal in Hessen zu rekrutieren. Denn die Dozenten kamen im Wesentlichen aus dem Bereich Nordhessen und viele von ihnen unterrichteten auch in der Verwaltungsschule in Kassel. Das hat teilweise zu Konflikten geführt, da diese von ihren Verwaltungen bereits für den Unterricht in Kassel freigestellt waren. Und dann kamen wir und beanspruchten sie auch noch für Thüringen. Entsprechend war die Bereitschaft von den Bediensteten größer als die Bereitschaft bei den Chefs. Dabei darf man natürlich nicht vergessen, dass es ja immer auch die Qualifiziertesten waren, die unterrichteten. Und diese Bediensteten fehlten in den hessischen Verwaltungen, wenn sie, sagen wir mal, einen Vormittag nach Kassel zur Verwaltungsschule und Freitag noch den ganzen Tag nach Thüringen gingen, waren sie 1 1/2 Tage fort.

Wir haben uns dann nach fünf Jahren in die Unterrichtung des Verwaltungspersonals und die unmittelbare Verwaltungshilfe kaum noch mit eingeklinkt.

Zu den Schulungen selbst kam noch hinzu, dass die hessischen Dozenten in der Mittagspause oder Freitagabend nach Unterrichtsschluss oftmals mit Teilnehmern Probleme aus der jeweiligen Verwaltung besprachen. Die Leute brachten den einen oder anderen Fall mit, der ihnen auf den Nägeln brannte, und ließen sich den Sachverhalt erklären. Und diese persönlicheren Gespräche sollten auch möglich sein. So etwas sollte durchaus noch parallel zum Unterricht laufen können, das war unsere Vorstellung.

I.: *Sie haben von ungefähr 250 Personen gesprochen, die in Schulungen aus- bzw. fortgebildet wurden. Das war doch für den gesamten kommunalen Verwaltungsbereich ganz sicher nicht ausreichend.*

H.: Nein, das hat für den Bereich nicht gereicht, sicherlich nicht. Es war so, dass manche Verwaltungschefs und Abteilungsleiter, auch hier muss ich wieder Sondershausen, Schmalkalden aber auch Eisenach nennen, sich besonders engagiert haben und die Schulung ihres Personals besonders förderten. Es gab andere Gemeinden, aus denen niemand kam. Denn die Teilnahme an den Schulungen war freiwillig. Aber wir meinen schon, und das wurde uns auch immer wieder bestätigt, dass dieses der richtige Weg war. Wobei es dann auch passierte, dass Absolventen unserer Kurse ihr Wissen herausgekehrt haben, wenn es beispielsweise um Beförderungsstellen ging.

Ein großes Problem war die Koordination der Dozenten für den Unterricht, denn auch die hatten Urlaub oder es fiel jemand wegen Krankheit aus. Und da muss ich sagen, dass das Präsidium des Hessischen Städte- und Gemeindebundes großes Verständnis für diese Arbeit aufgebracht hat. Wenn ich es überschlage, kann ich sagen, dass ich in den Jahren 1991 bis 1994 gut ein Drittel meiner Arbeitszeit für die Verwaltungshilfe in Thüringen aufgewendet habe. Ich habe selbst auch unterrichtet, unter anderem im Fach „Grundzüge der Volkswirtschaftslehre". Das ist ein Bereich, den die Verwaltungsleute zwar im Lehrgang hören und in dem sie in ihrer Prüfung einen Nachweis erbringen müssen, der jedoch in der späteren Verwaltungstätigkeit nicht mehr vorkommt. In dem schwierigen Bereich „Menschenführung", der auch zum Fächerkanon gehörte, unterrichtete Herr Meyer, Diplom-Politologe und Verwaltungsdirektor des Hessischen Städte- und Gemeindebundes. Auch im Bereich Baurecht wurden Mitarbeiter der Geschäftsstelle als Dozenten eingesetzt. Wegen der gesetzlichen Neuregelungen im Bereich des Baurechts, aber auch im Bereich Kommunalfinanzen wurden unter der Beteiligung von Referenten des Hessischen Städte- und Gemeindebundes in vielen thüringischen Kreisen zusätzlich Tages- und Wochenendseminare durchgeführt. Mit diesen Seminaren haben wir vielleicht noch einmal 1000 Bedienstete der Kommunalverwaltungen geschult.

Zu unseren Aufgaben gehörten sowohl die Abrechnungen mit den Dozenten als auch mit dem Hessischen Ministerium des Innern. Denn es gab für die Dozententätigkeit in Thüringen ein Salär, das allerdings geringer war als für eine vergleichbare Tätigkeit bei der Verwaltungsschule in Hessen und ohne „Buschzulage". Es gehörte deshalb schon eine gehörige Portion Idealismus dazu, sich in Thüringen zu engagieren. Gegenüber dem Ministerium haben wir die entstandenen Ausgaben abgerechnet. Wenn ich es richtig im Gedächtnis habe, waren es vielleicht 1,8 oder 2 Millionen DM, die vom Hessischen Landtag bewilligt waren. Nach der Schlussrechnung haben wir dem Land dann 100.000,– DM wieder zurücküberwiesen, weil wir die Gelder nicht verbraucht hatten. Das betraf den Zeitraum zwischen Mitte 1990 und Ende 1994.

I.: *Gehörte der Aufbau übergeordneter Verbandsstrukturen wie der Aufbau eines Thüringer Städte- und Gemeindebundes auch zu Ihren Aufgaben?*

H.: Es gab einen Thüringer Gemeindebund, der sich im Mai 1990 gegründet hatte. In ihm schoben sich die ganzen alten Kader wieder die Posten zu. Das waren keine Partner für uns. Gerade diesen Leuten dazu zu verhelfen, dass sie noch fester in den Sattel kommen, das war nicht das, was wir wollten. Erst Ende 1991 oder Anfang 1992 kam es zu einer Art Neugründung und die Geschäftsstelle wurde nach Erfurt verlegt. Vorher befand sich die Geschäftsstelle in Weimar und wenn man dort hinkam, roch es noch ganz nach SED. Zu dieser Neuorientierung gehörte auch der Aufbau einer eigenen schlagkräftigen Geschäftsstelle, deren Leiter wie auch dessen Stellvertreter aus Rheinland-Pfalz kamen. Präsident wurde der Oberbürgermeister von Erfurt. Der Thüringer Städte- und Gemeindebund wurde dann vom Deutschen Städte- und Gemeindebund, dem Verband auf Bundesebene, mit betreut. Es gibt aber bis heute noch viele Verbindungen zwischen den Gemeinden im westlichen thüringischen Bereich und hessischen Kommunen.

Im Jahr 1994 gab es wie in den alten Bundesländern auch in den neuen Bundesländern und damit auch in Thüringen eine Gebiets- und Verwaltungsreform. Da sind wir als Hessischer Städte- und Gemeindebund in einigen Fällen gebeten worden, Gutachten zu erstellen, obwohl es den Thüringer Gemeindebund gab. Man gestand uns mehr Kompetenz wegen der Erfahrungen mit der Gebiets- und Verwaltungsreform in Hessen, aber auch mehr räumliche und persönliche Distanz zu. Natürlich haben wir die Kollegen vom Thüringer Gemeindebund darüber informiert, in welchen Fällen wir tätig geworden sind. Der Thüringer Landtag hat bei seinen gesetzlichen Neuregelungen unseren Rat allerdings kaum befolgt.

I.: *Wie bewerten Sie aus heutiger Sicht Ihre Tätigkeit in Thüringen?*

H.: Es ist nicht ganz einfach für mich zu sagen, sie war erfolgreich. Da müssten eigentlich die gefragt werden, denen die Hilfe zuteilwurde. Bis heute habe ich noch Verbindung mit Städten und Gemeinden in Thüringen, vor allem mit den Verantwortlichen in Sondershausen, dem damaligen und heutigen Bürgermeister, Herrn Kreyer und dem ausgeschiedenen Hauptamtsleiter, Herrn Dr. Weißenborn. Sie betonen, dass der Stadt durch die frühe systematische Ausbildung ihrer Verwaltungsbediensteten viel bei der Bewältigung der unendlichen Probleme nach der Wende geholfen wurde und dass sie dadurch einen Vorsprung gegenüber anderen Städten und Gemeinden in Thüringen gewonnen haben. Ähnliches berichten mir auch die Bediensteten aus den hessischen Gemeinden, die als Dozenten eingesetzt waren, mit denen ich immer noch Kontakt habe.

Aus meiner Sicht gebührt der Hessischen Landesregierung und dem Hessischen Landtag Dank und Anerkennung für die Bereitstellung der Mittel und vor allem den Dozenten für ihren unermüdlichen Einsatz. Aber auch die Verantwortlichen in den hessischen Städten und Gemeinden, die ihre Mitarbeiterinnen und Mitarbeiter für die Verwaltungshilfe in Thüringen zur Verfügung gestellt haben, müssen in den Dank mit einbezogen werden.

Hans-Otto Kurz

Verwaltungsoberrat a. D.

Geboren 1940 in Schenklengsfeld/Hessen. Diplom-Verwaltungswirt. Zum Zeitpunkt der Grenzöffnung bereits über ein Jahrzehnt Büroleiter beim Landkreis Hersfeld-Rotenburg.
Noch im November 1989 im Auftrag des Kreises Hersfeld-Rotenburg erste Gespräche mit den beiden benachbarten DDR-Kreisen Eisenach und Bad Salzungen. Unmittelbar nach Grenzöffnung Koordinierung zahlreicher Kontakte zwischen Kommunen, Vereinen, Verbänden und sonstigen Organisationen. Organisierte – gemeinsam mit engagierten Mitarbeiterinnen und Mitarbeitern der Hersfelder Kreisverwaltung – im Rahmen nachbarschaftlicher „Aufbauhilfe Thüringen" vielfältige und umfangreiche Unterstützung bei allgemeinen und organisatorischen Verwaltungsangelegenheiten.

Fritz Schäfer

Bürgermeister a. D.

Geboren 1941 in Immichenhain/Hessen. Bürgermeister in Philippsthal vom 1. 1. 1978 bis 31. 12. 2001.

Interview mit Herrn Hans-Otto Kurz (K.) und Herrn Fritz Schäfer (S.) am 5. 11. 2007

I.: *Wie haben Sie, Herr Schäfer, als damaliger Bürgermeister der unmittelbaren Grenzgemeinde Philippsthal die Zeit der Grenzöffnung erlebt?*

S.: Ich war im Oktober 1989 in Südafrika im Urlaub und erfuhr dort aus der Presse vom Rücktritt Honeckers. Ich war mit meiner Frau gleich darüber einig, sofort nach Hause zu reisen, und wir sind gefahren. Zu Hause wurde ich dann sehr bald von der Hersfelder Zeitung angerufen und bekam gesagt: „Orientiere dich mal hinten an der Grenze im Weidenhain, dort ist irgendetwas im Busch, aber was genau, kann ich nicht sagen." Also bin ich Anfang November jeden Nachmittag in Richtung Weidenhain gefahren und habe an der Grenze geschaut. Unter anderem traf ich dort einen Anlieger, der sich darüber wunderte, dass ich jeden Nachmittag hier war. Ich sagte ihm: „Ich will in Vacha im Ratskeller eine Tasse Kaffee trinken und warte nur, dass die Grenze aufgeht." Und am 12. 11. 1989 – ein maßgeblicher Tag für mich –, es überläuft mich jedes Mal eiskalt, wenn ich das erzähle, wurde die Grenze geöffnet.

Am Vorabend hatten unsere Wanderer der Wanderabteilung des Turn- und Sportvereins ihre Abschlusswanderung und mich hatte man zu dem abschließenden Fest in den Tiefenkeller, eine Gaststätte, eingeladen. Gegen 20.30 Uhr kam dort plötzlich der Zoll herein, der bei uns die Bundesgrenzschutz-Aufgaben wahrnahm. Es kamen also zwei Zöllner und baten mich herauszukommen und eröffneten mir dann, dass morgen früh um 6 Uhr die Grenze aufgehen würde. Sie baten mich allerdings darum, dieses nicht zu veröffentlichen, damit es an der Grenze nicht zu tumultartigen Szenen kommen würde. Dieser Aufforderung bin ich nicht gefolgt. Denn wir hatten zwei junge befreundete Ehepaare unter den Wanderern, die den Abend vorher, also am 10.11. von Vacha über Herleshausen mit einem Visum im Rahmen des kleinen Grenzverkehrs eingereist waren. Sie waren bei dieser Veranstaltung dabei, und denen habe ich dann eröffnet – ich durfte ein Grußwort sprechen –, dass, wenn sie morgen am 12. 11. 1989 nach Hause fahren wollen, sie nicht mehr über Herleshausen fahren bräuchten, sondern dass ich davon ausginge, dass wir gegen 9 Uhr oder halb zehn die Grenze offen haben würden und sie von hier aus die Heimreise antreten könnten. Ich habe mich dann entschuldigt und bin gegangen und habe in der Nacht noch einen Krisenstab zusammengetrommelt und alle wichtigen Leute darüber informiert, dass morgen früh die Grenze aufgehen würde. Wir wollten uns gegen halb fünf im Rathaus wieder treffen und um 6 Uhr an der Grenze sein. Um 5.30 Uhr hatten wir dann die Lagebesprechung im alten Rathaus.

K.: Wir haben gegen Mitternacht telefoniert.

S.: Ja, ich habe sofort nach der Krisensitzung auch den Landrat des Kreises Hersfeld-Rotenburg Norbert Kern und Herrn Kurz angerufen, der damals Büroleiter des Landrats war. Und der sagte gleich, dass wir uns auf den morgigen Tag, den Tag der Grenzöffnung, vorbereiten und auch das Begrüßungsgeld auszahlen müssten.

K.: Neben den Fragen über z. B. Verkehrsregelungen, Versorgung, Feuerwehr und Rettungsdienste wurde mit dem Landrat und anderen Fachleuten frühmorgens im Philippsthaler Rathaus auch die Auszahlung des Begrüßungsgeldes besprochen und organisiert. Begrüßungsgeld erhielten Besucher aus der DDR schon seit mehreren Jahren. Die Höhe hat sich mehrfach geändert, zuletzt – bis einschließlich 31. 12. 1989 – waren es 100,– DM. Manche Länder oder Kommunen haben freiwillig noch etwas draufgelegt.

Übrigens: Landrat Kern war zu diesem Zeitpunkt gesundheitlich angeschlagen. Ich wollte ihm die Teilnahme an der Besprechung und an der nachfolgenden Grenzöffnung als gesundheitlich nicht förderlich ersparen und ausreden. Er sagte nur zu mir: „Wenn Sie mich nicht mitnehmen, sterbe ich noch heute Nacht."

S.: In Bebra zum Beispiel gab es Streit zwischen den Bürgermeistern von Bebra und Rotenburg. Der Bebraer Bürgermeister wollte die Besucher aus der DDR nicht nach Rotenburg abwandern lassen und hat sich vor den Bus gestellt, weil das Geld in Bebra ausgegeben werden sollte …

Wir haben ein Begrüßungsgeld von 100,– DM gezahlt. In diesen Wochen vom 12. 11. bis 31. 12. 1989 waren das 6,4 Millionen DM, und das bedeutete, es waren 64.000 Besucher aus der DDR bei uns, an die wir das Begrüßungsgeld gezahlt haben. Vor dem Rathaus standen lange Schlangen. In Dreierreihen standen die Menschen allmorgendlich aufgereiht und es hat sich keiner vorgedrängt, es wurde vernünftig ausgezahlt. Dann kam unser Rechnungsprüfungsamt noch dazwischen. Die wollten für die Auszahlungen Vordrucke eingesetzt wissen, doch wenn wir das alles hätten korrekt machen sollen, dann hätten die Menschen heute vielleicht noch dort gestanden. Und so haben wir eine Liste angelegt und Namen und Ausweisnummer aufgeschrieben. Natürlich waren dadurch die Sicherheit und der Datenschutz nicht gewahrt. Ich sagte: „Das lassen wir unterschreiben. Und wenn ihr das wollt, legen wir einen Zettel oben drüber, immer wenn der Nächste unterschreibt." Und bei diesem Begrüßungsgeld für die 64.000 Personen, die in Philippsthal Geld erhalten haben, sind etwa 7000,– DM wieder zurückgekommen, und zwar von denen, die sich schuldig fühlten, weil sie das Begrüßungsgeld unrechtmäßig erhalten hatten. Personen, die einen Reisepass und einen Personalausweis hatten und darauf zweimal Begrüßungsgeld erhalten haben. Wie gesagt, wir haben in Philippsthal die 100,– DM und nichts weiter daraufgezahlt. Es gab aber Gemeinden im Bayerischen, die mehr bezahlt haben, und das sprach sich natürlich rum. Und so entstand eine unschöne Konkurrenz.

K.: Zunächst gab es Begrüßungsgeld nur aufgrund exakt ausgefüllter Anträge. Bei dem dann mit DDR-Stellen vereinbarten vereinfachten Auszahlungsverfahren wurden auf den Reisepässen Markierungen und Eintragungen angebracht. Bereits vor der Grenzöffnung in Philippsthal hatten wir am Samstag, nach der am Donnerstag, dem 9. 11. proklamierten Grenzöffnung, bei einer spontan eingerichteten Auszahlungsstelle im Eingangsbereich des Hersfelder Landratsamtes an rd. 700 Besucher, die über die herkömmlichen Grenzübergangsstellen angereist waren, rd. 70.000,– DM ausgezahlt.

S.: Zurück zum 12. 11.1989, dem Tag der Grenzöffnung in Philippsthal. Wir sind wie vereinbart um 6 Uhr hinaus an die Grenze gegangen und dort herrschte bereits großer Betrieb. Selbst in der Diskothek hatte sich das bevorstehende Ereignis herumgesprochen und es kamen immer mehr Menschen, halb Philippsthal war auf den Beinen und war an der Grenze, als diese endlich aufging.

I.: *Standen auch auf der anderen Seite der Grenze Menschen aus Vacha und warteten auf die Grenzöffnung?*

S.: Die Menschen an der gegenüberliegenden Seite der Grenze konnten wir nicht wahrnehmen, weil die Brücke dazwischen ist, und darauf befand sich eine Mauer wie die in Berlin.

Gegen 8 Uhr war es dann so weit.

K.: Die Arbeiter an Bagger und sonstigen Baumaschinen waren voller Eifer; unglaubliche Bilder der Zusammenarbeit von Ost und West. Es wurde gefeiert und gesungen, „Großer Gott wir loben dich" und „So ein Tag, so wunderschön wie heute." Neben Speisen, Kaffee und Getränken gab es aber auch reichlich Alkohol. Es herrschte eine gespenstische Atmosphäre, die Stimmung war einfach super euphorisch, mit Worten kaum zu beschreiben. Mit unbeschreiblichem Jubel wurde der erste PKW – ein Trabbi –, der über den notdürftig hergestellten Weg zwischen Philippsthal/Weidenhain und Oberzella rollte, begrüßt und von einem Blitzlichtgewitter begleitet.

S.: Ja und dann gingen wir rüber, wir mussten damals noch „Eintrittsgeld", so habe ich das genannt, bezahlen. Um die Visagebühren von 25,– DM zahlen zu können, wurde eine Visastelle eingerichtet. Wir mussten also unseren Eintritt bezahlen und durften endlich rübergehen.

K.: Das war der übliche Tages-Mindestumtauschbetrag; Westmark in Ostmark, DM in DDR-Mark.

Man muss sich ja auch Folgendes vergegenwärtigen: Als die Grenze offen war, die ersten Fahrzeuge die Straße von Ost nach West befuhren und wir den Fußweg über die Brücke nach Vacha gingen, musste man sich den üblichen DDR-Grenzkontrollen unterwerfen. Diese formellen Ausweis- und Tagesvisa-Kontrollen gab es sogar noch für längere Zeit. Sie wurden – je nach Einstellung des DDR-Diensthabenden – unterschiedlich streng gehandhabt. Keinesfalls konnte man einfach so rübergehen …

S.: Und dann sind wir über die Werra-Brücke gegangen, Hans-Otto Kurz, der Landrat Norbert Kern, der Bundestagsabgeordnete Berthold Wittich und ich. Wir gingen also den Fußweg über die Werra-Brücke und wollten nach Vacha. Dort kamen uns mehrere Männer entgegen, von denen einer der Bürgermeister von Vacha war. Und der sagte uns, dass er seinen Kollegen in Philippsthal besuchen wolle. Ich habe geantwortet: „Sie brauchen nicht so weit zu laufen, ich stehe vor Ihnen." Wir haben uns dann darüber verständigt und sind gemeinsam nach Vacha gegangen, denn wir wollten gerne mal durch Vacha gehen und das schöne Rathaus besichtigen. Wir kamen dort an einem Haus vorbei, da öffnete eine Frau gerade die Fenster – es wird Viertel nach acht gewesen sein. Wir haben ihr sofort viele Grüße aus Philippsthal übermittelt. Sie konnte das gar nicht glauben. Ich sehe das Fenster der Frau noch heute vor mir, wie sie im Nachthemd dort erstaunt herausschaute.

I.: *War die bevorstehende Öffnung der Grenze in Vacha noch nicht bekannt?*

S.: In Vacha wussten es nur wenige Personen, so unter anderem Mitarbeiter der Metallfirma Knoblauch, denn die haben in der Nacht an den Grenzbefestigungen irgendetwas schweißen müssen. Also Werner Mäder, der damalige SED-Bürgermeister von Vacha war eingeweiht, aber die Bevölkerung war nicht informiert. Ich sollte ja auch nichts sagen, weil niemand an der Grenze sein sollte. Ich denke aber, das ist so ein historisches Ereignis, da muss man eine Dienstverletzung begehen, denn die Bürger haben ein Anrecht darauf.

K.: Unvorstellbar, wenn der Philippsthaler Bürgermeister dieses große und einmalige Ereignis seinen Bürgerinnen und Bürgern, die jahrzehntelang unter der Grenze zu leiden hatten und gravierende persönliche Einschnitte hinnehmen mussten, vorenthalten hätte.

S.: Das war also mein erster Gang nach Vacha und dann kommen einem natürlich weitere Gedanken: Ich glaube, es war 1985 oder 1986, als Eisenhüttenstadt seinerzeit mit Saarlouis im Saarland die erste Städtepatenschaft einging, und daraufhin habe ich den Antrag gestellt, einen Grenzübergang für Fußgänger hier an unserer Grenze einzurichten. Vacha war Sperrgebiet, daher mussten die Bürger aus dem grenznahen Hessen nach Dorndorf fahren, um sich dort zu treffen. Und so habe ich mit Erich Honecker Verbindung aufgenommen, der mir natürlich nicht selbst geantwortet hat. Ich habe Antwort vom Ministerium für Innerdeutsche Beziehungen in Bonn erhalten, das mir mitteilte, dass aus den bekannten Gründen so etwas nicht möglich sei. Vacha lag im Sperrgebiet und durfte daher keine Verbindung mit dem Westen aufnehmen. Ich habe das Vorhaben aber nie aufgegeben.

Werner Mäder, Bürgermeister von Vacha, ein interessanter Mann – denn es gab drüben auch gute Bürgermeister, mit denen man etwas anfangen konnte –, zu ihm hatte ich ein gutes Verhältnis. Ich bin dann ab dem 12. 11. 1989 fast jeden Tag in Vacha gewesen oder Vertreter aus Vacha waren bei mir. In der ersten Zeit brauchten wir allerdings noch Visa, um nach Vacha und in die anderen Orte rüberzugehen. Doch war es sehr schwer in dem Polizeikreisamt – ich glaube, so nannte sich das – in Bad Salzungen Visa zu erhalten. Daraufhin habe ich den kleinen Dienstweg genommen und den Fahrer des Landrates gebeten, uns dabei zu helfen. Er kam dann jeden Morgen rübergefahren, holte immer einen Stoß an Reisepässen hier ab, die stempelten das Visa drüben ein und nachmittags hatte ich die Pässe mit Visum zurück. Also, das war eine tolle Verbindung. Selbst die Pfarrerin, und ich weiß nicht wer alles, kamen zu mir und baten mich darum, Visa zu besorgen.

Also wenn ich morgens um 7 Uhr zum Dienst kam, standen meistens schon drei Bürgermeister im Rathaus, die irgendetwas wollten. Und ich habe dann in der Folgezeit auch etliche Ehen gestiftet: Ehen kommunalpolitischer Art. Wie gesagt, wir hatten der Stadt Vacha bereits 1985 eine Partnerschaft angeboten. Da das keinen Erfolg hatte, wollten wir es mit Dorndorf versuchen. Also fuhren wir, ich denke, es war 1986, zur 1200-Jahr-Feier nach Dorndorf, und das waren nette Begegnungen dort. Der Dorndorfer Bürgermeister, Manfred Schmidt – ein SED-Bürgermeister, aber auch Mensch –, der hat mich dort mit unserer Delegation begrüßt. Und so kamen wir ins Gespräch und irgendwann haben wir gemeinsam das Rhön-Lied gesungen, nach dieser Veranstaltung bekam der Dorndorfer Kollege deshalb große Schwierigkeiten. Manfred Schmidt war bei der Grenzöffnung nicht dabei, er lag im Krankenhaus.

K.: Noch einmal zurück zum Tag der Grenzöffnung: Wir sind dann zum Rathaus nach Vacha gegangen. Dem Vorsitzenden des Rates der Stadt Vacha, Werner Mäder, war es recht peinlich, dass vor dem Rathaus ein paar Scherben lagen. Hier hatte in der vergangenen Nacht eine Jugendparty stattgefunden. Der Bundestagsabgeordnete Berthold Wittich, der wie ich in Ludwigsau-Friedlos lebt, hat an dem Morgen gleich versucht, Kontakt mit Verwandten im Raum Vacha aufzunehmen. Er hatte Erfolg.

Anschließend bin ich mit dem Landrat weiter zu der für 10.00 Uhr angekündigten Grenzöffnung bei Wildeck-Obersuhl gefahren. Der Hessische Innenminister Gottfried Milde und Staatssekretär Reinhold Stanitzek kamen per Hubschrauber und landeten auf dem bis dahin stillgelegten Autobahnstück. Nach der Grenzöffnung wälzte sich eine riesige Trabbi-Schlange, verbunden mit dem typischen Zweitaktergeruch, gen Westen. Unbeschreiblicher Jubel, ergreifende Begrüßungsszenen, zwanglose Gespräche zwischen Zoll, Bundesgrenzschutz, Nationaler Volksarmee, Polizei, Bürgern, Politikern u. a.

Ein erstes größeres Treffen, in dem auch über mögliche Verwaltungshilfe gesprochen wurde, fand bereits am nachfolgenden Donnerstag statt. Rolf Brenn aus Bad Salzungen vom Büro des Vorsitzenden des Rates des Kreises kam morgens in das Landratsamt in Bad Hersfeld und sagte zu mir, dass dringend ein Gespräch mit dem Hersfelder Landrat, seinem Vorsitzenden aus Bad Salzungen, mit dem Philippsthaler Bürgermeister und mir stattfinden müsse. Wir haben das Gespräch noch am selben Tag, dem 17. November, nachmittags im Philippsthaler Rathaus geführt. Daran teilgenommen haben vom Kreis Bad Salzungen Werner Bergmann als Stellvertreter des erkrankten Vorsitzenden des Rates und Rolf Brenn, Philippsthals Bürgermeister Fritz Schäfer, Alfred Holzhauer als Vertreter des erkrankten Hersfelder Landrats und ich. Dabei haben wir zahlreiche lokale Probleme der nahen Zukunft angesprochen. Vor allen Dingen auch Fragen zu anstehenden Partnerschaften. Die Vertreter des Kreises Bad Salzungen sahen die Entwicklung hinsichtlich der sich rasch und zahlreich anbahnenden Partnerschaften recht kritisch. Sie traten dafür ein, dass sich sowohl die westlichen als auch die östlichen Kommunen bei neuen Partnerschaften zurückhalten sollten. Partnerschaften sollten nur mit Beteiligung der jeweiligen staatlichen Stellen – nicht wild und ungeordnet – ermöglicht werden. Auch hinsichtlich der Kontakte zwischen Vereinen und sonstigen Organisationen bat Bergmann ausdrücklich um zurückhaltendes Vorgehen. Dass von ihm für diesen Standpunkt keine konkrete Begründung gegeben wurde, der Grund für diese Haltung von uns aber zu spüren war, stimmte uns schon recht nachdenklich.

S.: Es war dann so, dass jeden Morgen mindestens drei Bürgermeister aus der DDR in Philippsthal waren, und zwar immer diese SED-Leute, die verwaltungstechnisch das eine oder andere von uns wissen wollten. Unter anderem auch etwas über Computertechnik usw. Und zugleich wurde von denen die Bitte geäußert, Patenschaften schließen zu wollen. Es ergab sich allerdings zunächst eine verzwickte Situation, denn wir hatten Vacha eine solche Patenschaft ja bereits vor Grenzöffnung angeboten, ebenso wie Dorndorf, und nun wollten beide eine Patenschaft. Es erschien uns allerdings schizophren, dass wir als Philippsthaler mit Dorndorf und mit Vacha eine Partnerschaft abschließen. Doch von den beiden Bürgermeistern wollte keiner zurücktreten, da haben wir beide genommen. Daraufhin kam die Unterbreizbacher Bürgermeisterin und strebte ebenfalls eine Partnerschaft an. Da das nicht mehr möglich war, habe ich eine andere hessische Gemeinde gesucht und diese miteinander verkuppelt. Ich habe dann noch weitere Patenschaften initiiert, so beispielsweise zwischen Völkershausen und Cornberg, zwischen Zella (Thüringen) und Zella in der Schwalm in Hessen und zwischen Oberzella (Thüringen) und Zella in Hessen, das zur Großgemeinde Willingshausen gehört.

K.: So viel zu den neu entstandenen Gemeinde-Partnerschaften.

An dieser Stelle möchte ich aus Sicht des Kreises Hersfeld-Rotenburg noch ergänzen, dass sich unter dem Stichwort Partnerschaft auch bei uns etwas Einmaliges ereignete.

1986 beschloss der Hersfelder Kreistag, sich um eine Partnerschaft zum benachbarten DDR-Kreis Eisenach zu bemühen. Ziel sollte u. a. sein, neue Kontakte zu knüpfen und Begegnungen der Menschen diesseits und jenseits der Zonengrenze zu ermöglichen. Partnerschaften dieser Art zwischen Ost- und West-Kreisen gab es wohl bisher nicht.

Wir trugen den Wunsch unseres Kreises Hersfeld-Rotenburg, auch bezugnehmend auf das 1986 zwischen der DDR und der Bundesrepublik getroffene Abkommen über kulturelle Zusammenarbeit, mehreren DDR-Dienststellen und Ministerien in Bonn und Berlin vor und baten verschiedene Bundes- und Landesbehörden – einschließlich des hessischen Beauftragten für Angelegenheiten des Grenzgebietes zur DDR – um Unterstützung. Auch an den Rat des Kreises Eisenach richteten wir unsere Bitte. Diese Partnerschafts-Aktion sorgte natürlich für einiges Aufsehen bei Ost- und West-Dienststellen, insbesondere auch bei westlichen Medien.

Seitens der DDR-Stellen erhielten wir lediglich von der Ständigen Vertretung der Deutschen Demokratischen Republik eine Antwort. Uns wurde mitgeteilt, dass für eine unmittelbare Anknüpfung kommunaler Kontakte der Gesamtzusammenhang der zwischenstaatlichen Beziehungen berücksichtigt werde müsse. Nach dem gegenwärtigen Stand der Beziehungen der beiden deutschen Staaten werde dafür derzeit jedoch keine Möglichkeit gesehen.

Da wir aus Eisenach keine Antwort erhalten hatten, erhielt ich von Landrat Kern den Auftrag, gemeinsam mit meiner Frau im Rahmen des „kleinen Grenzverkehrs" direkt nach Eisenach zu fahren, den Rat des Kreises aufzusuchen und um ein Gespräch zu bitten. Die Telefonistin im Eisenacher Kreishaus fiel aus allen Wolken, als ich ihr vortrug, dass ich aus Bad Hersfeld komme und den Vorsitzenden des Rates sprechen möchte. Mit einem Vertreter der Abteilung Inneres, das war die Abteilung, die auch für die schrecklichen und kurzfristigen Umsiedlungen im DDR-Grenzbereich zuständig war, hatten wir dann – nach zurückhaltender und vorsichtiger Einführung – etwa eine halbe Stunde lang ein gutes Gespräch. Im Ergebnis hat man uns – wie nicht anders zu erwarten – aber abblitzen lassen.

Diesem Eisenacher Mitarbeiter bin ich später zufällig wiederbegegnet. Er war Anfang 1990 in das Hersfelder Landratsamt angereist. Wir besprachen praktische Fragen zu Organisation und Verwaltungsaufbau, zur Verkehrsführung, zum Rettungsdienst, zur Feuerwehr und dergleichen. Er hatte mich nicht wiedererkannt. Unter vier Augen schilderte er mir dann seine damalige Situation und bat um Verständnis!

I.: *Am 6. Mai 1990 fanden die ersten freien Kommunalwahlen in der DDR statt, was änderte sich dadurch?*

S.: Die ersten beiden Kommunalwahlen in Thüringen haben wir durch unseren SPD-Ortsverein mit unterstützt. Ansonsten war die Hilfe von Seiten der SPD äußerst dürftig. Ganz anders die CDU, da gab es riesige Plakatschlachten und Wahlunterstützung in Vacha, Dorndorf und auch in Unterbreizbach. In Vacha wurde ein SPD-Bürgermeister, Karl-Heinz Grübel, gewählt. Ich führe das darauf zurück, dass wir doch entscheidende

Hilfe geleistet haben. Aber wie gesagt, von der SPD bekamen wir kein Geld für Wahlhilfe.

K.: Dabei muss man aber auch die großpolitische Lage berücksichtigen. Die SPD war damals, ich will nicht sagen zurückhaltend, aber sie war etwas besonnener und nicht so euphorisch bei der Wiedervereinigungsfrage bzw. bei deren Konditionen und dem Termin. Gegner der SPD hatten überspitzend argumentiert, dass die SPD überhaupt gegen die Einheit sei. Das wirkte drüben durchschlagend – auch im Ergebnis der Kommunalwahlen.

S.: Karl-Heinz Grübel, Europameister im Zweierbobfahren. Ein prima Mensch, mit dem man sehr gut zusammenarbeiten konnte. Die Vergangenheit holte ihn dann doch ein, und er musste zurücktreten.

K.: Und etwa das Gleiche ereignete sich bei der Kommunalwahl im Kreis Bad Salzungen. Dort wurde ein Landrat, der der CDU angehörte, gewählt. Auch ihn hat nach einigen Monaten seine Vergangenheit eingeholt; er musste zurücktreten.

Unter dem Stichwort „praktische Hilfe“ ist aus der Zeit der frühen Kontakte m. E. ein Vorgang erwähnenswert. Landrat Kern organisierte gemeinsam mit der Stadt Bad Hersfeld und mit privater Unterstützung den Einbau einer Heizungsanlage für die in einem wunderschönen Fachwerkhaus mitten in Bad Salzungen gelegene Mohren-Apotheke. Hier galt es, kurzfristig den damals öffentlichen Versorgungsauftrag der Apotheke sicherzustellen.

S.: Unsere erste finanzielle Zuwendung an Vacha erfolgte noch im Jahr 1989; wir haben die Heizung im Kindergarten in Vacha erneuert, da diese ausgefallen war und der Kindergarten sonst hätte geschlossen werden müssen. Damals haben wir ein Aktionsprogramm aufgelegt und jährlich 10.000,– oder 20.000,– DM für derartige Maßnahmen zur Verfügung gestellt und haben die Gemeinden gefragt, wie wir unterstützen können. So meldete beispielsweise die Gemeinde Dorndorf an, sie wolle eine Straße in einer Siedlung erneuern, die in einem bösen Zustand war. Wir haben die Straße dann aus Mitteln unseres Aktionsprogramms bezahlt wie auch die Heizung in Vacha. Als der Superintendent nach Oberzella kam, den hat seine Vergangenheit später auch eingeholt, und den Platz vor der Kirche gepflastert haben wollte, haben wir diesen mitgepflastert. Und wenn irgendwo Verwaltungshilfe benötigt wurde, wie die Beschaffung technischer Geräte für die Verwaltung, haben wir auch das aus dem Aktionsprogramm finanziert. Unter anderem haben wir unseren Computer an die Stadt Vacha abgegeben. Ich war damals im Rat des Kommunalen Gebietsrechenzentrums Kassel (KGRZ) und so habe ich mich auch dafür eingesetzt, dass die Stadt Vacha und die Gemeinde Unterbreizbach an das Rechenzentrum in Kassel angeschlossen wurden, zu den gleichen Konditionen wie wir. Danach kamen anfänglich täglich Mitarbeiter aus Vacha hierher ins alte Rathaus und haben die Erfassung des Einwohnermeldewesens, Haushaltspläne und Finanzsachen eingegeben, bis sie einen eigenen PC mit direkter Online-Verbindung zum KGRZ in Kassel bekamen. Das war eine tolle Sache. Das haben sie solange in

Anspruch genommen, bis ein Thüringer Rechenzentrum aufgebaut war. Die Gemeinde Unterbreizbach ist heute noch an Kassel angeschlossen, weil sie dieses System viel überzeugender findet.

Als eine weitere Maßnahme habe ich gemeinsame Bürgermeisterdienstversammlungen angeregt. Ich war der Meinung, wir müssen die Bürgermeister Ost mit unseren Bürgermeistern bekannt machen, um Partnerschaften auszubauen. Zu dieser Zeit, vor der Gebietsreform, gab es dort noch etwa 60 Bürgermeister und davon 30 Bürgermeisterinnen. Und wir Hessen waren absolut bemüht, drüben etwas zu tun, und daher fand ich es nicht gut, dass von Seiten der Hessischen Landesregierung keine Länderpartnerschaft mit dem Land Thüringen angestrebt wurde. Die Rheinland-Pfälzer haben das Rennen gemacht, auf jeden Fall bekam Thüringen die Kommunalverfassung von Rheinland-Pfalz übergestülpt. Ab 1990 war es dann so, dass die Bürgermeister, bis auf die SPD-nahen, nicht mehr zu uns kamen, die fuhren dann nach Fulda und holten sich dort ihre Instruktionen.

I.: *Wie würden Sie die Phase unmittelbar nach der Grenzöffnung beschreiben?*

S.: Die Zeit von 1989 bis 1991 beschreibe ich als die Phase der Euphorie. Euphorie deshalb, weil runde 30 % der Bürger direkte Verwandte im nahen Thüringen haben, und die konnten sich nun gegenseitig besuchen. Der ganze Philippsthaler Ortsteil Lindig ist von Leuten gebaut worden, die 1952 über Nacht über die Grenze kamen und hier ihre Häuser errichteten. Und die hatten natürlich alle Verwandtschaft drüben in Vacha, in Unterbreizbach usw. Zugleich war es die Zeit des „Wilden Westens" und diese Zeit möchte ich nicht missen. Es war meine schönste Zeit in den 24 Jahren als Bürgermeister, es war die Zeit, in der man etwas bewegen konnte. Man konnte schnell handeln und brauchte nicht unbedingt Beschlüsse, die wurden nachgeholt. Und das Geld war da! Und so habe ich alles Mögliche getan. Unter anderem habe ich die Straße nach Unterbreizbach öffnen lassen, da die Straße im Weidenhain an der engsten Stelle nur 3,8 m breit war und dort Busse und LKWs durchfuhren. Diese kamen aber im Gegenverkehr nicht aneinander vorbei. Aus Sicherheitsgründen mussten wir daher etwas für die Fußgänger tun und einen Fußgängerweg anlegen. Wir mussten 5 % der Bausumme zahlen, 95 % waren Bundesmittel. Das war lukrativ und wir wollten noch weitere Straßenbaumaßnahmen durchführen. Ich habe einen alten Lageplan gefunden, auf dem stand drauf: Landstraße zweiter Ordnung nach Oberzella. Also habe ich auch diese Baumaßnahme angemeldet, man brauchte das nur telefonisch durchzusagen und erhielt auch telefonisch die Genehmigung. Der Genehmigungsbescheid wurde nachgeschickt. Auch für diese Maßnahme brauchten wir nur 5 % Eigenanteil zahlen. Natürlich haben wir dann auch die Straße zwischen den Höfen Thalhausen nach Oberzella ausgebaut und den dortigen Grenzübergang, das war gravierend, denn vorher standen die Autos zum Teil im Stau bis Friedewald.

Wir brauchten also dringend noch eine zweite Grenzöffnung und die hatten wir dann in Unterbreizbach.

K.: Gemeindliche Ausbauforderungen wurden seitens des Kreises nachdrücklich unterstützt. Die Anträge wurden mit zusätzlichen Begründungen versehen sowie mit den entsprechenden Zuschussanträgen unter „eilt sehr" an die zuständigen Behörden und Ministerien gerichtet. Bundes- und Landtagsabgeordnete wurden um Unterstützung gebeten.

S.: Dann haben wir die Straßen nach Oberzella ausgebaut und die Straße von der B 62 nach Unterbreizbach. Diesen ersten Abschnitt haben wir damals zusammen mit drei oder vier Landräten und der Bürgermeisterin drüben von Unterbreizbach geplant. Innerhalb kurzer Zeit, noch im Jahr 1990 hatten wir schließlich drei Grenzübergänge geöffnet. Die Minister gaben sich die Klinke in die Hand und jeder Minister hat gefragt, ob es noch etwas gäbe, was gemacht werden müsse …

Darüber hinaus gab es viele weitere Projekte: Am 12. 11. 1989 ging die Grenze bei uns auf und Ende November hatten wir schon eine Telefonzelle auf DDR-Gebiet stehen, wir haben ein Kabel rübergelegt und drüben einen Münzfernsprecher aufgestellt, damit die Vachaer nicht jeden Abend rüberlaufen mussten. Also, das war eine tolle Sache. Und deshalb sage ich, das war die Phase der Euphorie. Auch unsere Lebensmittelhändler haben sich vorzüglich verhalten. Jeder gab Bananen und andere Dinge, und die wurden dann vom Roten Kreuz herausgegeben. Und wenn Sie rüber nach Thüringen kamen, dann stand samstags, sonntags an jeder Straßenecke ein Bratwürstchenstand mit einem Grill, und die Wurst gab es kostenlos.

Dann gab es noch die Sache mit der Kläranlage. Wir wollten Unterbreizbach, ggf. Dorndorf und Vacha an die Kläranlage in Philippsthal anschließen, das bot sich förmlich an. Das musste mit einem Staatsvertrag erledigt werden. Doch dann haben sie drüben den alten Abwasserverband übernommen und keine Gemeinde durfte den Verband verlassen. Heute müssen die Bürger dort hohe Beiträge bezahlen.

Und auch das gehörte zu der Zeit der Euphorie, dass unsere jungen Burschen nach Vacha in die Gaststätten liefen. Zuerst hatten unsere Gaststätten sehr viel Zuspruch von Vachaer Leuten, dann liefen unsere Leute rüber, die dort für den Schoppen nur 5 Pfennig oder so gezahlt haben. Schließlich wurden ganze Schweine- und Hammelherden rübergeschafft, die sie in der DDR gekauft hatten, und wurden hier geschlachtet. Also es wurde geschoben, wie nach 1945. Auch unsere Autohändler haben sich versündigt. Die haben sämtliche Rostlauben, die sie hatten, drüben verkauft.

Noch dazu kam, dass von der westdeutschen Seite Bürgermeister, Landräte etc. rübergeschickt wurden, weil natürlich nur diese „Besserwessis" etwas wussten und kannten. Doch konnte wohl kaum einer dort so richtig Fuß fassen, die meisten sind gescheitert und sind entweder wieder abgewählt worden oder zurückgegangen. Und es kam die Zeit des Stillstands. Das war so zwischen 1992 bis 1995. Ich habe mich einmal mit dem damaligen Sparkassendirektor unterhalten und wir waren uns einig, dass die Einheit Deutschlands nur nach Art „Notopfer Berlin" zu finanzieren ist, zu dem jeder beiträgt. Doch die allgemeine Stimmung war: Wiedervereinigung, ja, natürlich, aber nicht mit meinem Geld. In Philippsthal hätte eine Abstimmung über einen Soli-Zuschlag natürlich eine haushohe Zustimmung gebracht, aber 50 km ins Hessenland rein wohl nicht.

K.: Aber es ist ja nicht alles in Geld messbar. Es hat sich gerade bei den praktischen Hilfen auch viel Menschliches abgespielt. Nicht nur zwischen einzelnen Verwaltungen. Nehmen wir mal die zahlreichen Kontakte zwischen den Vereinen oder beispielsweise die zwischen den Feuerwehren. Hier gab es großen Bedarf, sich auszutauschen, oder den Wunsch, auch praktisch zu helfen. Oder die Arbeitnehmer- und Berufsorganisationen, die Kreishandwerkerschaften, die Industrie- und Handelskammern, die ihre fachliche Hilfe angeboten haben, materielle und ideelle Hilfe leisteten. Mit einem riesigen Stellenwert. Das ist auf fruchtbaren Boden gefallen.

I.: *Wie sah die Hilfe auf der Ebene der Landratsämter aus?*

K.: Am 20. Dezember 1989 habe ich bei einem persönlichen Besuch bei den Vorsitzenden der Räte der unmittelbar unserem Kreis Hersfeld-Rotenburg benachbarten Kreise Eisenach und Bad Salzungen mündlich und schriftlich den Wunsch des Kreises übermittelt, dass wir jederzeit Hilfe leisten und mit Rat und Tat zur Verfügung stehen wollen. Mit finanziellen Zusagen waren wir jedoch – im Hinblick auf die eigene finanzielle Situation – recht zurückhaltend. In den nächsten Monaten wurde dann Hilfe in vielfältiger Form praktiziert. So fanden ab sofort regelmäßig Besprechungen auf Mitarbeiterebene in Eisenach, Bad Salzungen und Bad Hersfeld statt. Auch führten wir gemeinsame Besprechungen und Sitzungen mit Bürgermeistern bzw. den Vorsitzenden der Räte aus den Gemeinden der beiden Ost-Kreise und der Bürgermeister unseres Kreises durch. Sitzungen unseres Kreisausschusses mit den Räten der Kreise Bad Salzungen und Eisenach fanden statt. Dabei trafen sich jeweils rd. 20 Personen – Kommunisten bzw. SED-Leute mit demokratisch gewählten Volksvertretern. Das war schon interessant, da hat es schon geknistert. Sicherlich waren nicht alle – oder nicht mehr – politische Hardliner. Wir konnten nur darüber spekulieren, ob und inwieweit unsere Gesprächspartner möglicherweise an politischen oder schlimmen menschlichen Entscheidungen in der DDR-Zeit mitverantwortlich oder beteiligt waren. Unsere Aufgabe bestand vorwiegend darin, aktuelle Fragen zu besprechen und praktische Verwaltungshilfe zu leisten.

Darüber hinaus wurde auch spontane Verwaltungshilfe praktiziert. Jeden Tag besuchten uns ostdeutsche Mitarbeiter von Kreisen und Gemeinden. Mitarbeiter z. B. aus den Schulverwaltungen, aus dem Gesundheits- und Bauwesen, aus den Jugend- und Sozialbereichen, aus dem Organisations- und Personalwesen. Sie kamen aus Bad Salzungen, aus Eisenach, aber auch aus entfernteren Orten. Mitarbeiter setzten sich morgens einfach in den PKW, fuhren aus der DDR raus, suchten in der ersten Kreisstadt, die sie erreichten, das Landratsamt auf – z. B. in Bad Hersfeld oder Rotenburg –, baten um Auskünfte, Rat und Hilfe. Meist hoch motiviert, wollten sie sich auf die kommenden vielfältigen Veränderungen in den verschiedenen Verwaltungsbereichen vorbereiten. Im Übrigen: Alles, was in der Kreisverwaltung übrig war und abgegeben werden konnte, z. B. elektrische Schreibmaschinen, Computer und Telefontechnik, ging ab in den Osten. Natürlich waren es aber vor allem die Gemeinden, deren praktischer Rat gefragt war und die drüben vor Ort bei der Lösung gemeindlicher Alltagsfragen halfen.

Die Frage von formellen Partnerschaften, bei der sich unser Kreis von Anbeginn zurückhaltend zeigte und sie für nicht vordringlich erachtete, spielte im Laufe der Zeit eine immer geringere Rolle. Vielmehr standen gute Verbindungen und praktische Hilfen und Unterstützung im Vordergrund. Ein Beispiel steht für partnerschaftliche Zusammenarbeit ohne formelle Partnerschaft: Die ostdeutschen Kreise Eisenach und Mühlhausen sowie die westdeutschen Kreise Hersfeld-Rotenburg, Marburg-Biedenkopf und Werra-Meißner organisierten und finanzierten gemeinsam die eindrucksvolle zentrale Feier unserer hessisch-thüringischen Region zur deutschen Einheit am 3. Oktober 1990 im Festsaal der Wartburg.

I.: *Wie hat sich in der Folgezeit das Verhältnis zwischen den ehemaligen Grenzgemeinden weiterentwickelt?*

S.: Anlässlich der Unterzeichnung des Partnerschaftsvertrages wurde ich in Vacha zum Ehrenbürgermeister der Stadt ernannt. Ich bin auch wirklich stolz darauf. Ich habe diese Partnerschaft gepflegt und wir haben uns auf politischer Ebene jedes Jahr einmal getroffen und wenn wir Veranstaltungen hatten, dann haben wir die Partnergemeinden Vacha und Dorndorf eingeladen. Beispielsweise auch jedes Jahr kurz vor Weihnachten zur letzten Sitzung der Gemeindevertretung waren die Bürgermeister und weitere Vertreter der anderen Parteien willkommen. Das politische Geschehen wurde dann in einer halben Stunde abgehandelt und danach setzten wir uns zusammen und haben gemeinsam gesungen und getrunken. Aber von Seiten der Bürgermeister von drüben ist dann nicht mehr das große Engagement gekommen. Ich bin immer noch ganz besonders erfreut darüber, wenn wir heute bei Veranstaltungen die Partnergemeinden aus Vacha und Dorndorf begrüßen können.

Irgendwann wurde es schlimm und dazu hat unsere Bild-Zeitung sicherlich erheblich beigetragen. Bis dahin wusste ich überhaupt nicht, dass die verschiedenen Zeitungen in ihren Ostausgaben eine andere Meinung vertreten als in den Westausgaben. Dabei ging es dann um ein unterschiedliches Rentenniveau, um eine unterschiedliche Vergütung etc. Und das war nun eine Phase, in der ich bei Diskussionen nur verlieren konnte, ganz gleich ob ich mit Philippsthalern diskutierte oder in Vacha irgendwo mit Leuten sprach, ein Thema kam immer auf: Es geht dabei um Konkurrenzen, billigere Löhne … Und so muss eine Gemeinde wie Philippsthal, die früher ihre Zonenrandförderung bekam – für jede Investitionsmaßnahme, die gefördert wurde, bekamen wir den Zonenrandaufschlag von runden 10 % nochmals dazu –, heute mit der veränderten Situation fertig werden.

K.: Ich möchte noch auf etwas Einmaliges im Zusammenhang mit dem Leben diesseits und jenseits der Grenze – vor, während und nach der Grenzöffnung – hinweisen. In einer Zeit, als niemand an eine Grenzöffnung denken konnte, entstand zunächst die

Idee und dann 1988 der formelle Beschluss des Kreistages, einen Grenzschreiber in unserem an der Grenze zur DDR gelegenen Kreis Hersfeld-Rotenburg zu engagieren. Er sollte hier im Kreis 100 Tage leben, über Eindrücke von der DDR-Grenze berichten, im Rahmen des kleinen Grenzverkehrs über die Grenze in die DDR fahren und seine Erlebnisse von der anderen Grenzseite schildern. Es schien ein Glücksfall zu sein, dass der engagierte Grenzschreiber ab September 1989 in unserem Sinne wirken und dann sogar überraschenderweise auch die Grenzöffnung miterleben konnte. Das Ergebnis: zwei Buchausgaben. Gedichte „Grenzgefühle – zerrissen zwischen da und dort“ sowie „Mitten in Deutschland – Menschen an der Grenze, Gespräche und Fotos vor und nach dem 9. November 1989“. Ab Juli 1990 wurde eine weitere Grenzschreiberin für 100 Tage engagiert. Sie hat Ereignisse in Hessen und Thüringen und die praktizierte Annäherung und gegenseitige Hilfe von Mitte 1990 bis zum Tag der Vereinigung am 3. Oktober 1990 eindrucksvoll geschildert und unter dem interessanten Titel „Trabbi, Salz und freies Grün – An der Grenze zu einem Land, das es nicht mehr gibt“ zusammengestellt.

Dr. Rolf Lettmann

Ministerialdirigent a. D.

Geboren 1941. Studium der Slawistik, Germanistik und Politikwissenschaft in Mainz, 1970 Promotion zum Dr. phil., danach einige Jahre wissenschaftlicher Assistent am Slawistischen Seminar der Universität Mainz. 1974 Wechsel in die Wissenschaftsverwaltung, zunächst Referent beim Präsidenten der Universität Frankfurt, ab 1976 im Hessischen Kultusministerium Referatsleiter in der Hochschulplanung. Ab 1984 zuständig für Museen und Bildende Kunst im Hessischen Ministerium für Wissenschaft und Kunst, ab 1988 zugleich Leiter der Referatsgruppe ‚Denkmalpflege, Schlösser und Gärten, allgemeine Kulturförderung, Museen, Bildende Kunst und Ausstellungen‘ und insoweit Stellvertreter des Abteilungsleiters. Ab 1987/88 zuständig für das deutsch-deutsche Kulturabkommen: Verhandlungen zur Rückführung kriegsbedingt nach Dresden verlagerter Darmstädter und Wiesbadener Museumsbestände.
Ende 1990 zunächst Abordnung, später Wechsel an das Thüringer Ministerium für Wissenschaft und Kunst; Aufbau und Leitung der Kulturabteilung, dort bis zur Pensionierung tätig.

Interview mit Dr. Rolf Lettmann (L.) am 14. 1. 2008

I.: *Wie kam es zu Ihrer Tätigkeit in Thüringen? Hatten Sie zuvor bereits Kontakte in die DDR?*

L.: Ausschlaggebend für meinen Übergang nach Thüringen war ganz sicherlich, dass ich als Referatsleiter für die Museen und die Denkmalpflege in Hessen nach Abschluss des deutsch-deutschen Kulturabkommens 1988 mehrfach in der damaligen DDR war.

Zum Beispiel hatte ich dort die Verhandlungen zur Rückführung von im Krieg aus Darmstadt und Wiesbaden nach Dresden ausgelagertem Kulturgut geführt. Das damals öffentlichkeitswirksamste, die DDR-Offiziellen eher beunruhigende Ereignis im Rahmen des Kulturabkommens war zweifellos, die in Darmstadt in Kooperation mit den Weimarer Nationalen Forschungs- und Gedenkstätten (NFG) entwickelte Georg-Büchner-Ausstellung auch in Weimar zu zeigen. Das war insofern spannend, weil Büchner als Vertreter der republikanischen Linie in der jüngeren deutschen Geschichte von beiden Seiten reklamiert wurde.

Es war also naheliegend, dass ich dann 1989/1990 gebeten wurde, bei dem „Aktionsprogramm" und später beim Aufbau des Ministeriums mitzuwirken. Zunächst jedoch reisten Professor Kiesow, damaliger hessischer Landeskonservator, und ich nach der Grenzöffnung durch das Land, um Denkmäler in besonders schlimmem Zustand für das Aktionsprogramm auszuwählen. In die sind dann auch die ersten Mittel aus dieser Hessenhilfe geflossen.

Wenn ich früher zu DDR-Zeiten über die Grenze fuhr, musste ich mir trotz Dauervisum eine hochnotpeinliche Grenzkontrolle gefallen lassen. Dann kam ich nach Weimar, im Grunde in eine Gelehrtenidylle. Spürbar war dort die Gemeinsamkeit, das Einigende der Kultur, während die Grenze das Trennende betonte.

Beim Aufbau der Kunstabteilung hat sich auch erwiesen, dass dieser Kulturbereich so gänzlich anders war als alle anderen Politikfelder. Es gab eben diese gemeinsame Kultur nicht nur in politischen Sonntagsreden, sondern sie existierte tatsächlich. Wir mussten eher überrascht feststellen, dass die Kulturpflege in der DDR doch sehr konservativ war. Sie hatte schon etwas sehr Deutsches, Bildungsbürgerliches im Umgang bewahrt.

I.: *Welche Strukturen fanden Sie vor, als Sie Ende 1990 zum Thüringer Ministerium für Wissenschaft und Kunst abgeordnet wurden, und was waren Ihre Aufgaben?*

L.: Wenig. Als Vorhut hatte Dr. Werner Brans, der spätere Staatssekretär im Thüringer Ministerium für Wissenschaft und Kunst schon Mitte 1990 im Erfurter Aufbaustab mit dem Aufbau eines entsprechenden Ministeriums begonnen.

Ich wurde im November 1990 nach Thüringen mit dem Ziel abgeordnet, überhaupt erst einmal eine Kunstabteilung strukturell und personell zu entwickeln. Bei der Rekrutierung des Personals mussten wir kaum auf westdeutsche Kräfte zurückgreifen. Bei der Besetzung der Referate und der Leitungsfunktionen in den in Landesträgerschaft übergegangenen Einrichtungen, d. h. in den Gedenkstätten Buchenwald und Weimar, in den Denkmalämtern und Archiven, halfen natürlich die Kontakte, die ich von früher hatte. Wir erhielten eine Fülle von spontanen Bewerbungen und haben feststellen müssen, wie unterschiedlich die Biografien waren, aber auch: wie wenig entwickelt die Fähigkeit zur Selbstdarstellung war. Die Zusammenarbeit in der Abteilung war von vorneherein ausgesprochen angenehm, reibungslos und erfolgte in wechselseitiger Wertschätzung, weil jeder in diesem Zusammenspiel einen unentbehrlichen Part einbrachte: einerseits fachliche Kompetenz der dortigen Mitarbeiter, andererseits von mir eingebrachte administrative Kompetenz und Kenntnis darüber, wie bestimmte Ziele strategisch anzusteuern waren. Und das führte zu einer recht erfolgreichen Arbeit. Und das war doch ein deutlicher Unterschied zu anderen Ministerien, in denen es auf der einen Seite den Lernenden gab und auf der anderen Seite den Belehrenden, was häufig zu viel Frustrationen geführt hat. Das gab es in der Kunstabteilung nicht.

I.: *Verlief die Zusammenarbeit in Buchenwald auch so reibungslos, denn die NS-Gedenkstätte Buchenwald hatte zu DDR-Zeiten ja eine deutlich politische Funktion?*

L.: Buchenwald war zunächst einmal das größte, sofort massiv drängende Problem. Ich wurde 1991, nachdem der damalige Leiter abgelöst worden war und seine Vertreterin wegen politischer Kontaminierung als nicht akzeptabel galt, kurzerhand kommissarischer Direktor von Buchenwald. Das war auch politisch ein äußerst kritischer Bereich, weil wir die Gedenkstätte aus ihrer ideologischen Vereinnahmung herauslösen mussten. Denn Buchenwald war Synonym für den DDR-Antifaschismus und war auch zur Befriedung der so genannten Buchenwald-Fraktion in der SED instrumentalisiert worden. Es gab ja bekanntlich auf der einen Seite die nach Moskau emigrierten Kommunisten, die dann anschließend die DDR aufgebaut haben, und auf der anderen Seite diejenigen, die wegen ihrer politischen Überzeugung im KZ waren und später wenig Einfluss hatten. Ihnen wurde – verkürzt gesagt – die Mahn- und Gedenkstätte Buchenwald gegeben. Und sie durften für sich in Anspruch nehmen, die Vertreter und die Personifizierung des sozialistischen Antifaschismus zu sein.

Aus der Befangenheit musste Buchenwald herausgelöst werden, und das ging nur, indem man die Geschichte Buchenwalds neu bewertete. Dafür wurde eine Historikerkommission eingesetzt. Ihr saß der auf diesem Gebiet und im so genannten Historikerstreit ausgewiesene Historiker Eberhard Jäckel vor. Er schien mir deswegen wichtig zu sein, weil es sehr früh bedenkliche Tendenzen gab, DDR-Totalitarismus und NS-Totalitarismus gleichzusetzen, denn Buchenwald war ja sowohl ein KZ des NS-Regimes als auch ein Lager, in dem während der stalinistischen Zeit jahrelang vor allem Mitläufer der NS-Zeit unter sehr schwierigen Bedingungen eingekerkert waren. Wir hatten die Kommission sehr pluralistisch besetzt. Das Interesse namhafter Zeithistoriker an der Aufgabe war sehr groß und sie haben mit enormem Einsatz uneigennützig vorzügliche Arbeit geleistet und vor allem herausgestellt, dass Buchenwald in erster Linie eine KZ-Gedenkstätte ist. Nachrangig war an die stalinistische Nutzung zu erinnern und es muss als Drittes die Geschichte der Gedenkstätte selbst, die politische Instrumentalisierung durch die DDR, aufgearbeitet werden.

Die Leitung der Gedenkstätte Buchenwald ist zwar durchweg von Wissenschaftlern aus dem Westen übernommen worden. Aber wir wollten die vorhandenen Wissenschaftler in der Gedenkstätte so weit wie politisch möglich einbeziehen und deren Sachverstand und Kontakte zu den Opfergruppen nutzen. Die Arbeit fand dann unter Anleitung und im Diskurs mit der Historikerkommission statt. Also auf der einen Seite fanden sich die westdeutschen Professoren und auf der anderen Seite die hochqualifizierten Wissenschaftler, die in der tendenziösen Geschichtswissenschaft der DDR aufgewachsen waren. Das hat dann wirklich eine begeisternde Zusammenarbeitet gegeben. Und Buchenwald ist auch international ein Vorzeigeobjekt geworden.

Auf ein generelles Problem bei der Besetzung von Leitungspositionen ist an dieser Stelle hinzuweisen, nämlich auf das der „DDR-Eliten". Schon zu Zeiten der DDR hat es mehrfache Aderlässe gegeben und die im Geiste Beweglichen sind nach Westen gegangen. Das setzte sich dann direkt in der Wendezeit weiter fort. Und es hat durch die Entfernung der Führungsschicht nach dem Umbruch auch wiederum die Schicht der Hochqualifizierten getroffen. Denn die Vorstellung, dass Spitzenpositionen in Wirtschaft, Kultur etc. nur mit treuen Parteigängern besetzt waren, die sonst nichts im Kopf hatten, ist so nicht richtig. Andererseits: Wenn man aufgrund seiner Fähigkeiten eine gewisse Ebene in der Hierarchie eines Betriebes oder einer Einrichtung erreicht hatte, konnte man der politischen Vereinnahmung kaum entgehen und wurde dadurch nach der Wende oft untragbar. Das hat Hochschulen genauso getroffen wie sonstige Einrichtungen. Und diese Tatsache wirkt sich bis heute aus. Das Gleiche gilt auch auf der politischen Ebene. Dort haben sich vielfach diejenigen, die den Wendeprozess bewegt haben, aus der Politik zurückgezogen. Gerade diejenigen, die man auch weiterhin gebraucht hätte, waren zwar für die basisdemokratischen Experimente der Wendezeit sehr aufgeschlossen, jedoch nicht bereit, im Anschluss an den „Runden Tisch" die Arbeit in Parteien fortzusetzen. ‚Partei' war durch NS-Zeit und DDR-Zeit als Begriff und als Organisationsform desavouiert und präsentierte sich ja auch nach der Wende nicht immer vorteilhaft. Das heißt: Die Parteien hatten und haben ein ganz massives Rekrutierungsproblem bei der Besetzung von Mandaten und Posten, ein Problem der Politik in den neuen Ländern bis heute.

Auch da war ich, wie gesagt, im näheren fachlichen Umfeld in einer ungleich besseren Situation, weil es genügend qualifizierte Leute gab.

I.: *Vielleicht können wir noch einmal auf die anderen Bereiche Ihrer Arbeit zurückkommen. Was waren Ihre weiteren unmittelbaren Aufgaben?*

L.: Die finanziellen Probleme der Kultureinrichtungen waren in dem in Rede stehenden Zeitraum insofern entschärft, als es eine üppige Bundesförderung Kultur gab. Man hat das damals die ‚finanzierte Bedenkzeit' genannt. In den Jahren 1991 bis 1993 hat der Bund beachtliche Summen an Fördergeldern zur Verfügung gestellt. Die großen Einrichtungen haben uns zunächst nicht so sonderlich bedrückt: Es wurde weiterhin Theater gespielt und Geld dafür war ausreichend vorhanden. Ich würde im Nachhinein sogar sagen, zu viel Geld. Es hat keinerlei Not, die bekanntlich erfinderisch macht, gegeben. Insofern wurde gar nicht die Notwendigkeit gesehen, darüber nachzudenken, ob man in einem kleinen Land wie Thüringen acht Theater und acht Sinfonieorchester braucht. Es gab keinen Veränderungsdruck. Von daher ist wertvolle Zeit vertan worden. Natürlich hat es sinnvolle übergeordnete Konzepte gegeben; gescheitert sind sie an der Schwäche der Landespolitik, an der Eitelkeit der Intendanten, am kleinkarierten Kirchturmdenken der Kommunen, unterstützt von lokaler Presse als Sprachrohr der vox populi – auch das Folge der genannten Probleme der Führungsschicht.

Allein für die Denkmalpflege hatte ich in etwa einen Haushalt von 200 bis 250 Millionen DM pro Jahr. Die Denkmalbehörden in der DDR funktionierten vorzüglich und hatten zur Wende bereits Listen der besonders zuwendungsbedürftigen Denkmäler fix und fertig in den Schubladen, so dass wir sofort mit den denkmalpflegerischen Maßnahmen beginnen konnten. Und diese Gelder waren ganz sicherlich auch ein sehr wesentlicher Wirtschaftsfaktor, gerade beim Aufbau mittelständischer Betriebe. Das hat große Impulse gegeben. Auch in der Öffentlichkeit war das immer etwas Vorzeigbares. Das ist ja das Schöne und Interessante am Politikfeld Kultur, dass das, was dort gemacht wird, anschließend sofort zu besichtigen, anzufassen oder zu hören ist. Und dass diese Denkmäler in Ordnung gebracht wurden, war als Ausweis von Aufbruch und Neuanfang wichtig. Und man sah sofort, wohin das Geld geflossen ist.

Die unter den Bedingungen der DDR gepflegte Kulturszene war auch eine Nische gerade für die bürgerlichen Strömungen. Hochkultur funktionierte im Grunde wie im Westen, allerdings mit dem Unterschied des sozial erweiterten Zugangs. Die Betriebe haben ihre Belegschaften ins Theater geführt. Die Theater – keine Exklusivveranstaltung des Bildungsbürgers – waren rappelvoll und deswegen konnten auch acht Theater bestehen. Die Betriebe waren eben nicht nur Arbeitgeber, sondern verstanden sich als Sozialverband mit der ernsthaften Zielsetzung, den Arbeiter an Bildung heranzuführen. Wir haben hier immer so das Bild gehabt, dass die DDR ein einziger Kerker gewesen sei. Nein, es ist auch ein sozial sehr warmes Gebilde gewesen. Staatliche und betriebliche Fürsorge war hoch entwickelt. Dass diese Fürsorge auch die Kehrseite der Bevormundung und Entmündigung hatte, das nahmen nicht alle wahr. Ich meine, insofern war die DDR auch eine sehr kleinbürgerliche Veranstaltung. Und das ist bis heute noch spürbar. Denn es ist ja die systemstabilisierende Eigenart solcher autoritären bis totalitären Systeme, dass sie in erster Linie Erwartungen des Kleinbürgers nach Sicherheit, Ordnung und nach Sauberkeit befriedigen. Und genau diese Fürsorge, zwar auf einem relativ niedrigen materiellen Niveau, hat es in der DDR gegeben. Und das ist auch das, was anschließend so vermisst wurde.

Breitenkultur wurde in der DDR großgeschrieben. Gemeint ist daher vor allen Dingen die Kulturvermittlung am Arbeitsplatz: die Bibliotheken, Lesungen, gemeinsame Aktionen und Projekte mit Schriftstellern etc. Und es gab den Kulturbund, in dem sich vom Briefmarkensammler über den Ornithologen alles im weitesten Sinne kulturelle Schaffen organisierte. Die Kulturbegegnung in allen möglichen Sparten war hoch entwickelt, aber extrem ideologisiert. Das hatte immer einen starken pädagogischen und an das System heranführenden Charakter. Das war also nach der Wende so nicht zu gebrauchen. Da musste etwas Neues her und das war nicht ganz einfach. Etwas aus dem Boden zu stampfen, so etwas wie Sozio-Kultur, Stadtteil-Kultur. Auch in diesem Bereich konnten wir, jedenfalls bis Ende der 90er Jahre, zahlreiche Projekte fördern. Es hat gerade in den Städten sehr interessante Initiativen gegeben. In dem akademischen Milieu von Jena und Weimar entstanden besonders schnell sehr beachtliche und anspruchsvolle Kulturzentren. Aber auch die etablierten Einrichtungen der Breitenkultur, wie z. B. Bibliotheken, haben über das reine Buchausleihen hinaus Veranstaltungen angeboten. Aber diese Entwicklung hing extrem vom Engagement einzelner Personen ab.

I.: *Wie sind Sie mit der DDR-Kunstförderpraxis umgegangen? Ich denke da an die gezielte Förderung regimetreuer Künstlerinnen und Künstler.*

L.: Diese Künstler waren die eigentlichen Wendeverlierer im Kulturbereich. Während die etablierte, institutionalisierte Kunst recht gut überlebt hat und auch immer das nötige Geld an sich gezogen hat, bedeutete es für den einzelnen Künstler einen sehr starken Einschnitt. Gerade auch die bildenden Künstler haben sich sehr schwer getan. Und da konnten wir auch nur im geringen Maße gegensteuern. Natürlich hatten wir Stipendienprogramme aufgelegt oder wir haben Ankäufe getätigt, aber das konnte nie die Totalexistenz absichern. Für die bildenden Künstler war es dabei sicher ein Plus, dass sie eine handwerklich sehr qualifizierte, sehr konservative Ausbildung an den Akademien der DDR erhalten hatten.

In der Literatur haben doch sehr viele reüssiert, die in der DDR nur im Verborgenen arbeiten konnten, denn die Literatur gehört ja zu den Kunstgattungen, die politisch besonders anfällig sind. Die Apologeten der sozialistischen Literatur sind jedoch auf der Strecke geblieben. Musik ist da weniger anfällig. Sie können Mozart entweder gut spielen oder schlecht spielen, aber nicht sozialistisch oder kapitalistisch.

I.: *Zu Ihrem Aufgabenbereich gehörte auch die Strukturierung der Thüringer Museumslandschaft. Wie haben Sie das durchgeführt?*

L.: Bereits im Winter 1990 haben zwei Museumsfachleute aus Hessen fast alle Museen Thüringens besucht und Bestandsaufnahme gemacht und dabei sozusagen ein Ranking erstellt, was sehr hilfreich war. Wir haben uns entschieden, kein einziges Museum in Landesträgerschaft zu übernehmen, denn bei der residentiellen Struktur der Kulturlandschaft in Thüringen hätten mindestens ein Dutzend Museen und weitere Sondereinrichtungen, wie das Tübke-Panorama in Bad Frankenhausen, den Anspruch gehabt. Denn die fürstlichen Sammlungen sind bei allen Unterschieden in ihrem Rang vergleichbar. In jeder Residenz gibt es ein beachtliches Museum. Zudem waren wir auch der Meinung, dass es wichtig sei, die Trägerschaft auch als einen Identifikationspunkt für das kommunale Kulturleben vor Ort zu belassen. Wir unterstützten die Kommunen, indem wir vertraglich mit ihnen jeweils einen Landeszuschuss in der Höhe X vereinbarten. Und dieses Modell ist nach anfänglichen Widerständen – es gab natürlich einige Bürgermeister, die kulturelle Einrichtungen aus Kostengründen loswerden wollten – erfolgreich umgesetzt worden.

Auch die Theater haben wir nicht in Landesträgerschaft übernommen, sondern auch wegen dieser identifikationsstärkenden Kraft in kommunaler Trägerschaft belassen. Aber wir sicherten den Kommunen eine angemessene Unterstützung zu. Denn der Kulturhaushalt Thüringens war zumindest in den 1990er Jahren immer recht gut ausgestattet.

I.: *Kam es auch zur Zusammenarbeit mit der Hessen-Thüringischen Sparkassen-Kulturstiftung?*

L.: Die Stiftung hat sich gerade in der Breitenkultur sehr engagiert. Weil es einfach mehr Wirkung zeigt, wenn man in kleine Projekte investiert, denn die Kulturförderung sollte bei der Klientel der Sparkassen ankommen. Und es bringt ja nichts, 20.000,– DM in eine Theaterproduktion zu stecken; das sieht kein Mensch, aber die örtliche Kulturinitiative mit 5000,– DM zu unterstützen, das ist ein sichtbares Zeichen. Also, die Stiftung hat sehr gut mit uns zusammengearbeitet und wir haben uns wechselseitig unterstützt in der Förderung von geeigneten Projekten und Initiativen.

I.: *Wie wurde die hessische Hilfe in Thüringen gesehen?*

L.: Die materielle Hilfe wie beispielsweise in der Denkmalpflege, und das ist das, was ich wahrnehmen konnte, wurde äußerst positiv empfunden, weil sie sehr sichtbar war. Die personelle Thüringen-Hilfe dagegen ist zwiespältig aufgenommen worden. Jeder, der nachgedacht hat, musste zwar einsehen, dass der Aufbau einer rechtsstaatlichen Verwaltung nicht ohne die Leute mit der Kenntnis des Systems funktionieren konnte. Und es war auch ganz sicherlich unvermeidbar, dass es zeitweise Bevormundung, Belehrung durch den Westen gegeben hat. Die Kehrseite war, dass praktisch die gesamten Leitungsfunktionen fremdbesetzt waren. Man hätte sich bei der Entsendung des Personals überlegen können, sie stärker zeitlich zu determinieren. Ich würde es selbst auch für meine Position sagen, nach vier bis fünf Jahren hätte ich getrost gehen können.

Nach der ersten Generation der Aufbauhelfer sind die neuen Länder vielfach zum Entsorgungspark für Leute geworden, die man in den alten Bundesländern nicht mehr gebrauchen konnte. Das ist ein ganz schlimmes Kapitel. Natürlich haben qualifizierte Leute durchaus auch den Respekt gefunden, den sie verdient haben, und man hat akzeptiert, dass sie Leitungsfunktionen wahrgenommen haben. Aber wenn weniger fähige die maßgeblichen Positionen einnahmen, dann hat das doch zu sehr großer Verstimmung geführt.

I.: *Wie bewerten Sie aus heutiger Sicht die Arbeit, die im Kulturbereich geleistet wurde, führte sie vielleicht zu einer besonderen Partnerschaft zwischen Hessen und Thüringen?*

L.: Ich glaube, es ist gute Arbeit geleistet worden, die auch anerkannt wurde. Das Ackern auf diesem Gebiet war aber auch leichter als auf anderen Politikfeldern. Das bedeutende kulturelle Erbe ist in seiner Struktur bewahrt. Und gäbe es nicht das bis heute unbefriedigend gelöste Theaterproblem, könnte man auch zeitgemäße Entwicklung attestieren.

Die besondere Beziehung zwischen Hessen und Thüringen sehe ich auf kulturellem Gebiet ganz sicherlich. Denn das hat auch und vor allem mit der gemeinsamen Geschichte zu tun. Die Querverbindungen sind doch sehr stark und die Zusammenarbeit funktioniert sehr gut und ist selbstverständlich geworden. Zum Beispiel gibt es bei den Archiven, speziell auch zwischen dem Staatsarchiv Marburg und dem Hauptstaatsarchiv Weimar, eine sehr enge Zusammenarbeit, denn viele Bestände werden hier wie dort gebraucht. Auch das Staatsarchiv Darmstadt hatte zu DDR-Zeiten schon enge Beziehungen. Oder zwischen den Goethe-Städten Wetzlar, Frankfurt, Weimar hat es Verbindungen gegeben, die heute natürlich erhebliche Belebung erfahren haben. Also das hat sicherlich gut geklappt und ist Normalität geworden und geblieben.

Dr. Klaus Frhr. von der Osten-Sacken und von Rhein

Ministerialdirigent a. D.

Geboren 1937. Jurastudium in München, Freiburg und Göttingen. Promotion, Referendariat. Ecole Nationale d'Administration in Paris. Hessischer Landesdienst: Regierungspräsidium Kassel, Landratsamt Hünfeld, Hessische Staatskanzlei, dort von 1980 bis 2001 Leiter der Abteilung Bundesangelegenheiten, ab 1989 für die Koordinierung des Aktionsprogramms Hessen-Thüringen zuständig.
Nebenamtlich: Lehraufträge u. a. an der Hochschule für Verwaltungswissenschaft Speyer, Ausbildung und Prüfung der Rechtsreferendare, Geschäftsführer des Instituts Wohnen und Umwelt in Darmstadt (in der Aufbauphase).

Interview mit Dr. Klaus von der Osten-Sacken (OS.) am 17. 7. 2007

I.: *Herr Dr. von der Osten-Sacken, wie kam es zu dem „Aktionsprogramm Hessen-Thüringen" und in welcher Weise waren Sie daran beteiligt?*

OS.: Ende November 1989 machte Herr Ministerpräsident Wallmann mit Begleitung einen Besuch in Weimar. Unter dem Eindruck des dort Erlebten hat er nach der Rückkehr vorgeschlagen, in Thüringen Hilfe zu leisten und ein humanitäres Hilfsprogramm mit einem Volumen von 250 Millionen DM aufzulegen, das sich über 5 Jahre erstrecken sollte. Nach diesem Beschluss des Landtags bat mich der Chef der Staatskanzlei, Herr Staatssekretär Dr. Gauland, um Vorschläge für die Gestaltung und Umsetzung dieses Programms. Hierbei stellte sich die Frage, in welcher Weise man die ersten Schritte in Richtung Thüringen machen konnte und sollte. Das Problem war, dass die Umsetzung des Programms einerseits nicht ohne jeden Kontakt mit den staatlichen Stellen in der DDR möglich sein würde, dass andererseits jedoch die Reformgruppen in der DDR dabei eine maßgebliche Rolle spielen mussten. Seitens der Staatskanzlei bestanden keine Kontakte zu den Reformgruppen und zu der Verwaltung in Thüringen. Es gab jedoch Kontakte zu kirchlichen Kreisen. Bei dem Besuch eines Kirchenrates aus Thüringen in Wiesbaden sagte dieser zu, Kontakte zu Reformgruppen zu vermitteln.

Wir erhielten dann die Einladung zu einem Gespräch in Erfurt am 11. Januar 1990. In diesem Gespräch sollte zunächst über die als besonders dringlich angesehene Hilfe im Gesundheitswesen beraten werden. Deshalb nahm an dem Gespräch von hessischer Seite außer Herrn Staatssekretär Dr. Gauland und mir auch der Leiter der Gesundheitsabteilung im Hessischen Gesundheitsministerium, Herr Dr. Zickgraf, teil. Wir hatten nahegelegt, außer den Reformgruppen dazu auch die Bezirksräte für Gesundheit in den Bezirken Erfurt, Gera und Suhl einzuladen, um Informationen über das Gesundheitswesen auch von den staatlichen Stellen zu erhalten und die Umsetzung der Hilfe zu ermöglichen. In dem Gespräch sind dann erste Schritte zur Hilfe insbesondere in den Krankenhäusern abgesprochen worden. Man verständigte sich über den dringendsten Bedarf und darüber, die Mittel auf bestimmte Hilfen und Geräte, insbesondere Ultraschallgeräte, zu konzentrieren, um einen günstigeren Einkauf in der Bundesrepublik Deutschland zu ermöglichen.

Weil Herr Dr. Gauland und ich zeitig in Erfurt waren, entschlossen wir uns, vor dem Treffen an dem Runden Tisch Gesundheitswesen dem Vorsitzenden des Rats des Bezirks Erfurt einen Besuch abzustatten. An dem Empfang des Ratsgebäudes versuchte man, uns abzuwimmeln. Wir sind dennoch in das oberste Stockwerk gefahren, in dem uns aufgeregt eine Vorzimmerdame entgegenkam. Sie erklärte, wir seien nicht angemeldet und müssten daher wieder gehen. Wir sind gleichwohl durch das Vorzimmer in das Zimmer des Bezirksratsvorsitzenden gegangen. Er saß hinter einem großen Schreibtisch ohne Papiere, jedoch mit mehreren Telefonen. Der Vorsitzende war völlig überrascht, fast „verdattert", und wusste kein Wort zu sagen. Wir haben ihm erklärt, dass wir seitens der Hessischen Landesregierung das Hilfsprogramm betreuten und dass wir uns ihm vor dem ersten Treffen des Runden Tisches bekannt machen wollten. Auch darauf wusste er nichts zu erwidern. Wir haben uns fast schweigend angeschaut. Er hat mit keinem Wort gefragt, welches Ziel und welchen Inhalt das Programm hatte, wie es umgesetzt werden sollte, welche nächsten Schritte geplant waren, ob wir staatliche Stellen einbeziehen wollten. Ich habe dann gefragt, was es mit den Telefonen auf sich habe. Daraufhin „taute" der Vorsitzende sichtlich „auf" und erklärte, dass er auf diese Weise verschiedene Verbindungsmöglichkeiten habe, in die Parteizentrale, in den Bezirk usw.; er habe auch eine freigeschaltete Leitung in die Bundesrepublik. Diese Leitung ist später für uns bei Aufenthalten in Erfurt hilfreich gewesen. Anfangs waren Gespräche nach Thüringen nur mit einer Anmeldung von bis zu 24 Stunden möglich, Helfer in Erfurt konnten jedoch über diese Leitung jederzeit nach Wiesbaden telefonieren.

I.: *Wie entwickelten sich die Kontakte in die DDR weiter?*

OS.: Wir hatten am 11. Januar noch ein Problem mit nach Erfurt genommen. Bei seinem Besuch in Weimar war Herrn Ministerpräsident Wallmann vorgetragen worden: Die Stadt leide sehr unter der Luftverschmutzung durch die Verbrennung sehr schwefelhaltiger Kohle. Dadurch drohe auch die neu errichtete Häuserzeile am Markt alsbald zu verschmutzen. Dieser Verschmutzung könne man nur mit einer Gasheizung vorbeugen, ein Gaskessel sei jedoch nicht lieferbar. Herr Ministerpräsident Wallmann hatte daraufhin der Stadt einen Gaskessel zugesagt. Die Firma Viessmann war bereit, einen solchen Kessel zu liefern.

Bei dem Gespräch über seine Telefonanlage habe ich den Bezirksvorsitzenden gefragt, ob er darüber auch ein Gespräch mit dem Oberbürgermeister der Stadt Weimar führen könne. Er bejahte dies und hat uns mit dem Oberbürgermeister, Herrn Germer, verbunden. So haben wir mit ihm noch am selben Nachmittag einen Gesprächstermin im Rathaus in Weimar vereinbart.

In Weimar erwarteten Herrn Dr. Gauland und mich außer dem Oberbürgermeister mehrere Mitarbeiter. Wir haben abgesprochen, in welcher Weise die Lieferung des Gaskessels abgewickelt werden sollte. Danach wurde uns dargelegt, dass man noch ein größeres Problem habe, und zwar sei das Weimarer Schloss teilweise baufällig; der Dachstuhl sei reparierungsbedürftig, das Schloss müsse neu verputzt werden und sie seien interessiert, dies aus dem Aktionsprogramm zu finanzieren. Deutlich wurde, dass zur Restaurierung des Schlosses einerseits Materialien wie Ziegel usw. erforderlich waren, andererseits ein erheblicher Arbeitsaufwand. Bei dem Gespräch hatten wir festgestellt, dass es sich bei den Mitarbeitern des Oberbürgermeisters um die Leiter des Bauhofes und anderer Dienststellen handelte. Wir haben verdeutlicht, dass jedenfalls eine Finanzierung des Arbeitsaufwandes schon angesichts eines offenbar gut ausgestatteten Bauhofes nicht in Betracht komme, sondern allenfalls mit Materiallieferungen geholfen werden könne. Später ist Weimar dann in Sanierungsprogramme des Bundes einbezogen worden, so dass wir meines Wissens für das Schloss keine Hilfe aus dem Aktionsprogramm geleistet haben. Angesichts des personell gut ausgestatteten Bauhofes wäre auch eine personelle Hilfe nicht zu rechtfertigen gewesen. Auch später habe ich bei vergleichbaren Hilfeersuchen immer darauf bestanden, dass notwendiger Arbeitsaufwand von Arbeitskräften aus Thüringen zu leisten sei.

Zu den weiteren Kontakten: Schon am 17. Januar 1990 wurde die Landesregierung an den „Runden Tisch" in Erfurt eingeladen, um das Aktionsprogramm vorzustellen. Danach hat es von der Staatskanzlei keine offiziellen Kontakte mit staatlichen Stellen und den Reformgruppen in Thüringen zur Gestaltung des Programms mehr gegeben. Das Programm ist im Wesentlichen in Wiesbaden konzipiert und von den Ressorts umgesetzt worden. Später gab es einen Regionalausschuss in Thüringen, in dem die Reformgruppen vertreten waren. Dieser Ausschuss hat die Projektlisten, die wir erstellt haben, gebilligt.

I.: *Waren diese ersten Kontakte in der DDR ausschlaggebend für die Konzipierung des Aktionsprogramms Hessen-Thüringen?*

OS.: Nein. Vielmehr zeichnete sich sehr bald durch zahlreiche Hilfeersuchen aus Thüringen – von Krankenhäusern, anderen sozialen Einrichtungen, Kommunen und Bürgern – und aufgrund der bei Besuchen in Thüringen gewonnenen Eindrücke ab, dass vorrangig Hilfe in vier Bereichen notwendig war: zum einen im Gesundheitswesen. Dann war es selbstverständlich, nach Öffnung der Grenzen umgehend die Altstraßenverbindungen zwischen Hessen und Thüringen auszubauen. Weiterhin bedurfte es im Umweltschutz dringender Hilfe. Bei jedem Besuch in Thüringen war die Luftverschmutzung spürbar. Bei einem Besuch im Dezember 1989 konnte ich vor dem Herderdenkmal gerade noch Herder erkennen, aber schon das Dach und den Turm der dahinterstehenden Kirche nicht mehr, weil alles von gelblichen Schwaden überzogen war. Auch die Abwasserbeseitigung war vielfach mangels notwendiger Kläranlagen in desolatem Zustand. Viertens war es unabdingbar, zügig Mittel zur Sicherung historischer Gebäude vorzusehen. Wer etwa durch das Andreasviertel in Erfurt ging, das abgerissen werden sollte, konnte sich einen Eindruck davon verschaffen. Im Januar 1990 habe ich Halberstadt besucht. Dort war der bereits begonnene Abriss des alten Fachwerkviertels zu besichtigen. Es gehörte nicht viel Fantasie dazu, sich vorzustellen, wie alte Stadtviertel wie das Andreasviertel ohne unverzügliche Hilfe verloren sein würden.

Schließlich wurde dieses auf vier Schwerpunkte ausgerichtete Programm um die finanzielle Hilfe für Bürger in Thüringen ergänzt, die sich selbstständig machen wollten, insbesondere für Handwerker. Zahlreiche Ersuchen an die Staatskanzlei zielten auf diese Hilfe. Bäcker und Metzger etwa hatten bei Besuchen in Betrieben in Fulda und Bad Hersfeld erlebt, wie man einen Betrieb mit modernen Maschinen ausstatten konnte. Sie verfügten jedoch nicht über Devisen, um sich mit solchen Maschinen selbstständig zu machen. Mit Mitteln aus dem Aktionsprogramm wurde ihnen der Erwerb von Ausrüstungsgegenständen in der Bundesrepublik ermöglicht, zunächst durch einen Umtausch von DDR-Mark in DM.

I.: *Wie ist die Koordination vor Ort in Hessen abgelaufen und wie ist das Programm hier umgesetzt worden?*

OS.: Das Programm ist im Wesentlichen durch die einzelnen Fachressorts umgesetzt worden. Die Staatskanzlei hatte die Aufgabe, das Programm zu strukturieren und zu koordinieren. In einer Kommission sind die Mittel auf die einzelnen Bereiche aufgeteilt und Grundsätze über den Einsatz dieser Mittel festgelegt worden. Der Kommission gehörten der Chef der Staatskanzlei, Herr Staatssekretär Dr. Gauland, Herr Staatssekretär Posch aus dem Wirtschafts- und Herr Staatssekretär Demke aus dem Finanzministerium an. Diese Kommission hat am Anfang in kurzen Abständen getagt. Man erzielte dort auch Einvernehmen, dass die Ressorts über die Mittel des Programms hinaus auch mit eigenen Mitteln in Thüringen Hilfe leisten konnten. Von den Ressorts sind dann Projektlisten erarbeitet und diese Listen sind von der Kommission beraten und verabschiedet worden. Die Projekte haben dann die Ressorts umgesetzt.

Der Hessische Landtag hat die Konzeption und Umsetzung des Programms mit großem Interesse verfolgt. Er hat alsbald einen Beirat eingerichtet, in dem er sich von der Landesregierung regelmäßig über das Programm hat unterrichten lassen.

I.: *Es hat zu dieser Zeit in der Bundesrepublik und auch in Hessen eine große Bereitschaft gegeben, in der DDR zu helfen. Hat sich das auch innerhalb der Staatskanzlei ausgewirkt?*

OS.: In den ersten Monaten nach der Wende bin ich häufig kontaktiert und um Rat gebeten worden, wie man in Thüringen helfen könne. Diese Anfragen kamen von Landkreisen, Städten, Verbänden und einzelnen Personen. Ich habe mich bemüht, entsprechende Kontakte herzustellen, z. B. auch zwischen Kreisen und Städten in Hessen und Thüringen, die eine Partnerschaft wünschten. Für die Verbände war die Frage vordringlich, wie sie in Thüringen vor Ort wirken konnten. Es zeichnete sich alsbald ab, dass es sinnvoll sein würde, in Erfurt ein Büro zu unterhalten, in dem einerseits das Aktionsprogramm begleitend abgewickelt werden und andererseits hessische Institutionen, Verbände etc. tätig werden konnten. Die Staatskanzlei hat deshalb Ende März 1990 in Erfurt in der Lutherstraße ein Informationsbüro eingerichtet. Es ist in vielfältiger Weise genutzt worden.

Es hat auch viel spontane Hilfen gegeben. Zum Beispiel erreichte mich kurz vor Weihnachten 1990 ein „Notruf" aus der Universitätsfrauenklinik in Erfurt, dass im Kreißsaal während der Operation der Operationstisch zusammengebrochen sei. Es ist in kürzester Zeit gelungen, von einem hessischen Krankenhaus einen Operationstisch zu erhalten, den das Rote Kreuz umgehend nach Erfurt gebracht hat. Solche Hilfen waren zahlreich, ohne dass sie irgendwo dokumentiert worden sind. Es hat auch niemand gefragt, was es kostet, es wurde gemacht. Bemerkenswert sind auch die Hilfen der Städte und Kreise. Es sind etwa zahlreiche Feuerwehrautos, Müllwagen und dergleichen nach Thüringen gebracht worden, ohne Bürokratie.

I.: *Wie wurde die hessische Hilfe vor Ort in der DDR gesehen?*

OS.: Von den Bürgern, den sozialen Einrichtungen, von allen, denen die Hilfe zugutekam, ist sie dankbar begrüßt worden. Für das Andreasviertel in Erfurt war sie – für alle Erfurter erkennbar – „Rettung in letzter Minute". Mit staatlichen Stellen habe ich kaum noch Kontakt gehabt, jedenfalls nicht zur Umsetzung des Programms, so dass ich über deren Reaktionen nichts berichten kann. Ich habe nur noch einmal mit führenden Verwaltungsleuten der Bezirke auf deren Wunsch ein Gespräch über Rechtsstaat und Verwaltungsorganisation geführt. Dabei war nur das Interesse erkennbar, alle behördlichen Strukturen zu erhalten, vor allem wohl aus Sorge um die Arbeitsplätze. Im Hinblick auf Reformen war mehr Reserve als Bereitschaft zu erkennen.

I.: *Das ursprünglich als Hilfsprogramm konzipierte Programm ist nach der Neubildung des Bundeslandes Thüringen umgewidmet worden hin zu einem Verwaltungshilfeprogramm zum Aufbau der Justizverwaltung und der Landesverwaltung. Inwiefern waren Sie auch daran beteiligt?*

OS.: Es zeichnete sich im Laufe des Jahres 1990 ab, dass in der ehemaligen DDR neue Länder mit vergleichbaren Strukturen wie in den Ländern der Bundesrepublik entstehen würden. Diese Länder, auch das war gewiss, würden eine entsprechende Finanzausstattung erhalten. Das Aktionsprogramm Hessen-Thüringen war unter ganz anderen Voraussetzungen konzipiert worden, als Hilfsprogramm für Bürger in einem Thüringen der DDR. Die neuen Länder waren vordringlich auf personelle Hilfe aus den alten Ländern angewiesen. In diese Richtung ist das Programm umstrukturiert worden. Mit den Mitteln des Programms hat Hessen zunehmend die Verwaltungshilfe für Thüringen finanziert. Sie ist im Wesentlichen über die Ressorts abgewickelt worden.

Die Hessische Staatskanzlei hat Verwaltungshilfe beim Aufbau der Thüringer Staatskanzlei geleistet.

I.: *Geschah das in Absprache mit den anderen Bundesländern, denen Thüringen auch zugeordnet war?*

OS.: Die alten Länder hatten sich über eine Zuordnung der neuen Länder bei der Verwaltungshilfe verständigt. In Thüringen haben außer dem Land Hessen auch die Länder Bayern und Rheinland-Pfalz Verwaltungshilfe geleistet. Selbstverständlich sind grundsätzliche Fragen der Verwaltungshilfe unter den Ländern ständig abgestimmt worden, etwa von den Chefs der Staats- und Senatskanzleien. Die Verwaltungshilfe in den einzelnen neuen Ländern ist unter den dort „helfenden" Ländern abgestimmt worden. So haben sich die Länder Bayern, Hessen und Rheinland-Pfalz selbstverständlich verständigt, wer in welcher Weise und mit welchen Bediensteten beim Aufbau der Ministerien, der Justiz, der Polizei, der Finanz- und Grundbuchämter usw. helfen würde.

I.: *Wie würden Sie im Nachhinein das Hilfsprogramm bewerten? Hat es vielleicht zu einer besonderen Partnerschaft zwischen Hessen und Thüringen geführt?*

OS.: Das Aktionsprogramm war sehr erfolgreich. Zum einen hat es vielfältige, schnelle Hilfe ermöglicht, zum anderen hat es nach der Wende wichtige Zeichen der Hilfsbereitschaft und Verbundenheit gesetzt. Durch die Verwaltungshilfe haben die neuen Länder zügig föderale, demokratische und rechtsstaatliche Strukturen schaffen können. Und sie haben sich dieser immensen Aufgabe gewachsen gezeigt, das Rechtsgefüge der Bundesrepublik zu übernehmen. Man kann zweifeln, ob es richtig war, unsere Gesetze, Verwaltungsrichtlinien und dergleichen in ihrer in 50 Jahren gewachsenen Komplexität so ohne weiteres auf die neuen Länder zu übertragen. So wurde jedoch verfahren und dass die neuen Länder das bewältigt haben, verdient ebenso Anerkennung wie der Einsatz der Verwaltungshelfer bei diesem Prozess.

Eher verneinen möchte ich die Frage, ob das Aktionsprogramm zu einer besonderen Partnerschaft zwischen Hessen und Thüringen geführt hat. Es gibt zwischen Hessen und Thüringen eine historische Verbundenheit, die sich etwa 2007 in dem vor allem auf der Wartburg und in Marburg gefeierten Elisabethjahr gespiegelt hat. Es gibt eine Zusammenarbeit auf vielen Ebenen, ungeachtet welcher „Couleur" die jeweils Verantwortlichen angehören. Zu dieser Zusammenarbeit mag das Aktionsprogramm beigetragen haben. Es ist jedoch auch Zeichen einer sehr viel älteren Verbundenheit zwischen Hessen und Thüringen.

I.: *Obwohl ja durchaus Bestrebungen bestanden, gemeinsame Verwaltungseinrichtungen für beide Länder zu schaffen.*

OS.: Gemeinsame Verwaltungseinrichtungen zwischen Ländern sehe ich nicht so sehr als Ausdruck einer besonderen Partnerschaft, sondern der Verwaltungsvernunft. Es gibt gemeinsame Einrichtungen zwischen den alten Ländern und zwischen Hessen und Thüringen, soweit sich dies als zweckmäßig erwiesen hat. Die Errichtung gemeinsamer

Behörden stößt jedoch an Grenzen: Es wird der Verlust von Arbeitsplätzen befürchtet, die Sitzfrage hat auch deshalb erhebliche Bedeutung und auch Prestigefragen können eine Rolle spielen. Und so erweist sich die Errichtung gemeinsamer Behörden dann doch wesentlich als eine politische Frage und nicht nur als eine Frage der Verwaltungsvernunft.

Dieter Posch

Hessischer Minister für Wirtschaft, Verkehr und Landesentwicklung

Geboren 1944 in Wien (Österreich). Studium der Rechts- und Staatswissenschaften in Marburg und Wien, erstes und zweites Staatsexamen, Verwaltungsjurist. Seit 1966 Mitglied der FDP. 1974 bis 1987 Dezernent beim Regierungspräsidium Kassel (Schulabteilung, Präsidialabteilung, Pressesprecher, Verkehrsdezernent).

Von September 1989 bis April 1991 Staatssekretär beim Hessischen Minister für Wirtschaft und Technik, in dieser Zeit Mitglied der Staatssekretärs-Kommission zur Umsetzung des Aktionsprogramms Hessen-Thüringen.

Zwischenzeitlich immer wieder als Rechtsanwalt tätig. Von 1994 bis 1999 Mitglied des Hessischen Landtages, 1999 bis 2003 Hessischer Minister für Wirtschaft, Verkehr und Landesentwicklung. Ab April 2003 Mitglied des Hessischen Landtags, seit Februar 2009 Hessischer Minister für Wirtschaft, Verkehr und Landesentwicklung.

Interview mit Minister Dieter Posch (P.) am 21. 11. 2007

P.: Leider weiß ich den Wochentag nicht mehr genau, an dem die Grenze geöffnet wurde, ich weiß nur, es muss wohl ein Donnerstag oder ein Freitag gewesen sein, denn es gab eine Sondersitzung des Kabinetts am darauf folgenden Samstag. Wir wurden telefonisch zu der Kabinettssitzung einberufen. Die Fahrt werde ich mein Lebtag nicht vergessen, weil das die Fahrt war, bei der ich so viele Trabbis auf der A 5 und der A 7 gesehen habe wie später nie wieder, die alle fröhlich Fahnen schwenkend auf der A 7 Richtung Süden unterwegs waren. Sie fuhren bei Herleshausen/Wartha über die Grenze. Dann gab es diese Sondersitzung des Kabinetts, in der ganz unterschiedliche Fragen behandelt wurden. Aber eine der ersten Fragen war: Was können wir als Hessen nach dieser sensationellen Entwicklung in der DDR beitragen und wie können wir den Menschen vor Ort unmittelbar helfen? Dabei wurde auch die Frage diskutiert: Welche Strukturen haben wir und mit welchen Strukturen haben wir es zu tun, wenn wir finanzielle Hilfe gewähren? Dabei kristallisierte sich sehr schnell heraus, dass es doch wahrscheinlich so sei, dass viele beabsichtigten sich selbstständig zu machen. Und daraufhin ist dieses Programm geboren und dann relativ handgestrickt abgewickelt worden.

I.: *Sie sprechen vom Kleinkreditprogramm zur Förderung privater Kleinunternehmer in Thüringen, das Teil des Aktionsprogramms Hessen-Thüringen war?*

P.: Dieses Kleinkreditprogramm wurde beschlossen. Jemand, der sich da sehr engagiert hat, weil er natürlich auch wollte, dass das ordnungsgemäß abgewickelt wird, war der damalige Finanzminister Kanther, der dann auch den etwas despektierlichen Begriff für dieses Programm entwickelte. Er nannte es nämlich ein „Wurstschneidemaschinen-Programm". Aber ich glaube, das ist sehr bezeichnend. Wir hatten Kontakte mit den Runden Tischen und daher wussten wir, dass in dem Bereich Bedarf bestand. Denn viele DDR-Bürger wollten sich selbstständig machen und benötigten dafür einen Kredit, um sich Dinge zu kaufen, die zum Aufbau eines Gewerbebetriebes oder eines Handwerksbetriebes notwendig waren. So ist das Programm entstanden. Und es hat keine großen Diskussionen über Verwendungsnachweise gegeben, das war auch damals gar nicht denkbar. Wir wollten spontane Hilfe geben, und die musste so unbürokratisch wie möglich abgewickelt werden. Natürlich konnten wir nicht ausschließen, dass das eine oder andere nicht unbedingt dem Zweck entsprechend Verwendung gefunden hat, nur wenn man das bürokratisch hätte kontrollieren wollen, dann wäre die finanzielle Hilfe nicht zum Tragen gekommen. Es hätte eine Ewigkeit gedauert. Die Hilfe hatte eher einen symbolischen Charakter, denn es war ja nicht so viel, was an finanziellen Mitteln zur Verfügung gestellt wurde, dennoch war sie zugleich eine materielle Hilfestellung für den einen oder anderen.

In Thüringen gab es ursprünglich drei Räte der Bezirke jeweils in Gera, Erfurt und Suhl und wir hatten zur Umsetzung des Programms Kontakt mit dem Rat des Bezirks in Erfurt aufgenommen. Die Gesprächspartner wechselten allerdings ständig, weil natürlich am Anfang die Amtsinhaber noch im Amt waren. Der Chef des Rats des Bezirks Erfurt hatte zu DDR-Zeiten an die zwölf Stellvertreter und diese Zahl wurde von Sitzung zu Sitzung weniger, weil immer einer nach dem anderen nicht mehr im Amt war. Aber über die Räte haben wir Informationen bekommen.

Das Aktionsprogramm war aufgeteilt in den Bereich Wirtschaftsförderung im weitesten Sinne und es wurden Maßnahmen im sozialen Bereich gefördert. Die Zusammensetzung der „Staatssekretärs-Kommission", die maßgeblich für die Zielsetzung und Mittelvergabe verantwortlich war, bestand aus dem Staatssekretär im Finanzministerium, Claus Demke, dem Leiter der Staatskanzlei Dr. Alexander Gauland und mir als damaligem Staatssekretär im Wirtschaftsministerium. Sehr intensiv darum gekümmert hat sich, wie bereits erwähnt, auch der damalige Hessische Finanzminister, Manfred Kanther.

Es sind auch karitative Organisationen an die Arbeitsgruppe herangetreten. So haben wir gleichzeitig noch Krankenhausbedarf hier in Hessen „eingesammelt". Zum Beispiel hatte Braun in Melsungen waggonweise Material zur Verfügung gestellt, das in Kliniken notwendig war. Und so wurden die Mittel des Aktionsprogramms durch Sachspenden ausgeweitet. Es hat dann Transporte in die Krankenhäuser gegeben. Bei der Übergabe der Hilfsgüter war viel politische Prominenz anwesend, so war beispielsweise Ministerpräsident Wallmann einmal im Krankenhaus in Eisenach dabei. Die hessische Hilfe ist natürlich auch ein bisschen dargestellt worden, um deutlich zu machen: Wir kümmern uns! Auch deshalb war, so glaube ich, die politische Prominenz dabei ganz wichtig. Und das hat natürlich dazu geführt, dass man sehr viele unmittelbare Kontakte hatte.

Aus Sicht des Wirtschaftsministeriums war das Wichtigste die Wiederherstellung von Grenzübergängen: die Öffnung der Grenze zur DDR. Und da haben wir innerhalb kürzester Zeit 38, wenn ich es richtig in Erinnerung habe, Grenzübergänge hergestellt. Denn wir wollten den Menschen helfen, die über die deutsch-deutsche Grenze fahren wollten. Und so sind auch viele kleine Landes- und Kreisstraßen geöffnet worden. Da hat Politik noch richtig Spaß gemacht. Man hat Bauunternehmen beauftragt den Zaun zu durchbrechen. Und es kam das nächste Unternehmen und hat die Straße asphaltiert, die 40 Jahre lang unterbrochen war. Ein halbes Jahr später sah die Welt schon ganz anders aus. Ich musste mich dann eines Tages im Wirtschaftsausschuss dafür befragen lassen, warum wir nicht bei der Wiederherstellung eines Grenzüberganges die zuständige Untere Naturschutzbehörde befragt haben.

Sowohl die Grenzöffnung selbst als auch die Kontakte, die mit der Bevölkerung entstanden, waren sehr emotionale Veranstaltungen und es gab dabei rührende Szenen. In Eisenach brachte mir ein dortiger Einwohner eine Tischdekoration, die er aus Stacheldrahtzaun zusammengebaut hatte. Also, das war sehr, sehr emotional bei sämtlichen Grenzöffnungen oder auch die Einweihungszeremonien bei der Wiederherstellung der Straßen. Dabei spielten Funktionsträger der DDR, soweit sie überhaupt noch vorhanden waren, keine Rolle. Ich glaube, diese symbolische Hilfe zur Wirtschaftsförderung, denn vom Volumen her kann man es ja nur als symbolisch bezeichnen, hat unheimlich viel bewirkt, weil sie sehr spontan, sehr schnell und unbürokratisch abgewickelt worden ist und dazu beigetragen hat, dass Sympathien entstanden sind. Das war eine einmalige Situation. Und ich glaube, dass durch dieses Programm viel bewegt wurde. In dieser Situation waren wir das einzige Bundesland, das so tätig geworden ist.

Parallel dazu hat es bei allen Parteien Kontaktaufnahmen gegeben zu jeweiligen potentiellen Partnern in Thüringen, ob dass das Forum war oder auch die Blockparteien oder die Bürgerinitiativen. Dadurch sind unglaublich viele Partnerschaften, oder besser gesagt, Patenschaften entstanden. Häufig auf Parteiebene oder durch Kommunalpolitiker. Ich glaube, auch das hat zur Sympathiebildung beigetragen.

Gleichzeitig sind Kontakte, die aus früheren Zeiten zwischen Kommunen schon bestanden haben, sehr intensiv gepflegt worden. Vieles geschah auch ganz spontan. Ich komme aus Melsungen und wir hatten Kontakt nach Bad Liebenstein in Thüringen aufgenommen. Das hat sich irgendwie ergeben, denn vielfach sind solche Verbindungen von heute auf morgen passiert.

I.: *Hatten Sie 1989 bereits den Gedanken an eine baldige Vereinigung beider deutscher Staaten?*

P.: Natürlich gab es schon Tendenzen, die darauf hinwiesen. Vor allem die Kommunalpolitiker hatten immer einen Austausch und nahmen bestimmte Veränderungen sehr schnell wahr. Es war mehr als eine Ahnung. Und es gab damals schon die ersten Unternehmen, die sich um Kontakte zur Wirtschaft in „Thüringen“ bemühten, um dort gemeinsam Unternehmen zu gründen. Also das hat sich damals eigentlich schon abgezeichnet. Ich erinnere mich noch, ich war am Buß- und Bettag 1989, damals musste man noch Passierscheine haben, mit dem Ersten Stadtrat von Eschwege in Mühlhausen und dabei wurden schon erste Kontakte aufgenommen und Hilfen organisiert. Die Stadtverwaltung Eschwege hat dann später in Mühlhausen beim Aufbau der Verwaltung geholfen. Gleichzeitig gab es damals bereits Überlegungen der Wirtschaft, sich selbst zu organisieren und sich aus den bisherigen Strukturen zu lösen. Es gab die ersten Diskussionen über die Bildung von Kreishandwerkerschaften. Ich selbst habe eine Diskussion mit Handwerkern erlebt, die ich nie vergessen werde. Denn in dem Diskussionsprozess wurde den Teilnehmern auf einmal deutlich, dass Selbstständigkeit, denn es ging bei vielen Veranstaltungen vor allem um die Frage der Selbstständigkeit, auch Konkurrenz und Wettbewerb zueinander bedeutet. Daran hat man deutlich gemerkt, wie sich ein Systemwechsel im Kopf abspielte. Denn die Teilnehmer mussten sich plötzlich mit völlig neuen Strukturen bei der Selbstverwaltung des Handwerks auseinandersetzen. Das war damals eine einmalige Situation. Die hat sich dann schnell relativiert und es entstand ein eigenes Selbstbewusstsein und eine ganz normale Situation.

Interessant war auch, wie schnell die Funktionsträger der DDR-Kammern, denn es gab ja auch dort Kammern – natürlich mit einer ganz anderen Funktion, sich die neue Terminologie angeeignet hatten. Das waren keine Dummköpfe; sie wollten natürlich ihre Positionen behalten und haben sich scheinbar problemlos an die neuen Verhältnisse angepasst – sie wollten ja auch überleben.

I.: *Wie beurteilen Sie die Zusammenarbeit mit den anderen Partnerländern Bayern und Rheinland-Pfalz?*

P.: Rheinland-Pfalz ist als Bundesland nicht massiv aufgetreten, sondern eher durch die Städtepartnerschaften – wie zwischen Mainz und Erfurt –, und das war zu respektieren. Es gab, wenn Sie so wollen, eine Konkurrenzsituation zwischen Hessen und Bayern. Das hängt natürlich auch mit der geografischen Lage Südthüringens zusammen. Und die Tatsache, dass Thüringen ein Freistaat ist, ist nach meiner Einschätzung auf den Einfluss der Bayerischen Landesregierung zurückzuführen.

Wir waren mit Mainz im Wirtschaftsbereich sehr schnell aktiv. Und da hat es eigentlich keinen Wettbewerb gegeben. Die Bayern sind dann „einmarschiert“ und haben später den gesamten Innenbereich aufgebaut. Damals gab es den Wunsch von Hessen, mit Thüringen gemeinsame Einrichtungen aufzubauen. Das hat dazu geführt, dass es heute den gemeinsamen Hessisch-Thüringischen Sparkassen- und Giroverband gibt, der maßgeblich von der Hessischen Landesregierung mit unterstützt worden ist. Und es gab weiter gehende Überlegungen, beispielsweise im Bereich des Bergbaus, eine gemeinsame Behörde zu schaffen: das Oberbergamt, Stichwort Kali und Salz. Es ist nicht durchgeführt worden.

1991 war das Ende der CDU/FDP-Koalition und damit gab es eine andere politische Mehrheit, das spielte schon eine Rolle. Ich hatte Thüringen damals beispielsweise auch angeboten, eine gemeinsame Straßen- und Verkehrsverwaltung aufzubauen. Es wäre mit Sicherheit hilfreich gewesen. Die A 44 zwischen Kassel und Eisenach wäre dann heute fertig gestellt. Dies hat sich nicht mehr realisieren lassen, und es ist auch offensichtlich von der damaligen politischen Mehrheit nicht mehr vorangetrieben worden. Aber das will ich jetzt niemandem anlasten. Es gab natürlich auch das verstärkte Bedürfnis im Freistaat Thüringen, selber etwas zu machen.

Dennoch, in dem Bereich hätte man mit Sicherheit zusammenarbeiten können, denn wir haben ja in nicht unerheblichem Umfang dabei geholfen, das Thüringer Wirtschaftsministerium aufzubauen. Der damalige Zentralabteilungsleiter im Hessischen Wirtschaftsministerium ist für ein Jahr nach Thüringen gegangen. Zwei weitere Abteilungsleiter aus dem Hessischen Wirtschaftsministerium waren in Folge Staatssekretäre im Thüringer Wirtschaftsministerium. Das heißt, zu diesem Zeitpunkt hätte man noch eine gemeinsame Straßen- und Verkehrsverwaltung aufbauen können. Denn auch das Thüringische Landesamt für Straßenbau wurde lange Jahre von einem Abteilungsleiter aus dem hessischen Landesamt geleitet. Also es gab eine sehr enge Verknüpfung auch auf der administrativen Ebene. Das hat Spuren hinterlassen bezogen auf die Verwaltungsstruktur.

Wie gesagt, das Innenministerium hat sich völlig anders entwickelt, dort gab es den bayerischen Einfluss.

I.: *Es gab auch Überlegungen, einen gemeinsamen Wirtschaftsraum im ehemaligen Grenzbereich zwischen Hessen und Thüringen aufzubauen. Ließ sich das realisieren oder zeigte sich eine Konkurrenz zwischen beiden Bundesländern vielleicht auch aufgrund der Bundesförderung für die neuen Länder?*

P.: Also, da muss man unterscheiden. Das war nicht am Anfang. Zunächst gab es sehr große Hilfestellungen aus Hessen bei der Organisation der Wirtschaftsstruktur. Die HLT, die Hessische Landesentwicklungs- und Treuhandgesellschaft, hat seinerzeit ein Gutachten über diesen Wirtschaftsraum entwickelt. Und es war überlegt worden, wie man den Wegfall der Grenze wirtschaftspolitisch nutzen kann. Diese unmittelbare Hilfe ist positiv aufgenommen worden. Konkret ging es um den Aufbau der Kammern wie der Handwerkskammer und der Industrie- und Handelskammer, des Wirtschaftsministeriums und der Straßenverkehrsverwaltung. Es hat sich erst etwas verändert, nachdem die „richtigen" Hilfsmöglichkeiten der Gemeinschaftsaufgabe durch den Bund gegeben waren, nachdem es also unterschiedliche Förderpräferenzen gab. Das ist die Diskussion, die bis heute anhält! Dadurch ist ein Förderraum, der kraft Gesetz Fördergebiet ist, entstanden, der dann zu einer Verselbstständigung geführt hat, das würde ich bestätigen. Und da hat es den Ehrgeiz gegeben, weil die Förderbedingungen unterschiedlich waren, das in Thüringen selbst zu administrieren. Dies hat aber nicht zu einer Konkurrenzsituation oder einer Neidsituation geführt. Das ist vielleicht in Hessen von dem einen oder anderen Unternehmen, das darunter gelitten hat, bis hin zum

Verlust von Arbeitsplätzen, auch problematisiert worden, aber es hat zu keiner Beeinträchtigung des Verhältnisses zwischen Hessen und Thüringen geführt. Das ist zumindest mein Eindruck. Ich glaube, die nordhessische Wirtschaft, die ja immer auch Zonenrand und Hilfsempfänger war und von Transferleistungen gelebt hat, hat das den Thüringern gegönnt. Problematisch wurde es dann, wenn ein Unternehmen aus Hessen wegen der Fördermöglichkeiten nach Thüringen ging. Dafür sind gemeinsame Kommissionen eingerichtet worden, um so etwas zu relativieren. Also die Zahl der Fälle, in denen wirklich jemand seinen Betrieb in Hessen geschlossen und in Thüringen wieder aufgebaut hat, ist sehr gering.

I.: *Denken Sie, dass es eine besondere Beziehung zwischen Hessen und Thüringen gibt?*

P.: Ich glaube, dass das, was man im politischen Raum häufig propagiert hat: Es gibt eine gemeinsame Wurzel des Freistaats Thüringen und Hessen, was ja im Wappen auch zum Ausdruck kommt, nicht so stark ist, wie man geglaubt hat. Dazu war die Trennung zu lang. Man hätte daran vielleicht etwas ändern können, wenn die Kooperationsansätze weiter intensiviert worden wären, zum Beispiel mit dem Aufbau gemeinsamer Institutionen. Es gab beispielsweise Überlegungen, die ich persönlich sehr gut gefunden habe, weil das dieser Entwicklung geholfen hätte, zum Aufbau einer gemeinsamen Rundfunkanstalt. Aber ansonsten glaube ich, hat sich der Freistaat Thüringen aus eigener Kraft entwickelt. Also, das war Hilfe zur Selbsthilfe. Alles andere wäre überhöht. Und daher glaube ich auch heute nicht, dass zwischen Hessen und Thüringen eine besondere Situation besteht. Mit dem Grenzlandmuseum „Point Alpha" gibt es eine historische Verpflichtung, die Geschichte immer wieder in der Öffentlichkeit darzustellen. Aber es gibt keine Sonderbeziehung zwischen Thüringen und Hessen und auch nicht zwischen Thüringen und Bayern.

Was man vielleicht noch erwähnen sollte: Parallel zu dem Wiedervereinigungsprozess gab es etliche Wahlen in Thüringen. Das fing mit der Wahl zur Volkskammer an, dann gab es die Kommunalwahl und die ersten Landtagswahlen zu den Parlamenten. Und diese administrativen Ereignisse wurden natürlich durch eine Vielzahl von Kontakten der hessischen Parteien, und zwar aller Parteien, zu den sich neu bildenden thüringischen Parteien begleitet. Ich selbst war manchmal drei bis vier Tage die Woche in Thüringen, um entweder bei der Programmarbeit behilflich zu sein oder um Diskussionen mit den „Runden Tischen" oder mit anderen Organisationen zu führen. Parallel dazu gab es natürlich eine Fülle von Veranstaltungen, die man auf parteipolitischer Ebene wahrgenommen hat. Das spielt heute längst nicht mehr die Rolle. Damals war das natürlich unglaublich wichtig, dass Repräsentanten aus Hessen in Thüringen Wahlkampf gemacht haben. Das war manchmal auch ein bisschen wie Institutionenlehre, es gab ein großes Interesse und sehr viel Neugierde. Sie hatten natürlich ein dankbares Publikum. Nie wieder hat ein westdeutscher Politiker so viele Zuhörer in seinen Veranstaltungen gehabt wie damals.

I.: *Wurde die hessische Hilfe in Thüringen vielleicht auch gelegentlich als Bevormundung aufgefasst?*

P.: Das ist eine sehr ambivalente Geschichte. Ich gebe mal ein Beispiel: Es gab finanzielle Hilfen für Busunternehmen, denn der öffentliche Verkehr musste aufrechterhalten werden. Dabei ging es um größere Beträge, allerdings schon aus Bundesmitteln. Und dann passierte es natürlich auch, dass jemand finanzielle Mittel zum Erwerb eines Omnibusses bekommen hatte, dem vorher die Genehmigung zugeschanzt worden war, und das waren dann häufig alte Kader. Und so etwas wurde aufgedeckt und führte zu Dissonanzen. Dann gab es schon auch manchmal den Vorwurf: Das geht euch gar nichts mehr an, wie wir die Fördergelder verteilen. Also insofern gab es auch schon Animositäten, aber das war nicht in der Anfangszeit.

Nach 1991 war ich nicht mehr im Ministerium und ich war auch kein Abgeordneter mehr, sondern ich habe dann ausschließlich anwaltlich in einer Kanzlei, die 43 km von der Grenze entfernt war, gearbeitet. Und da hatten wir natürlich viele Mandanten, die in Thüringen investieren wollten. Oder es gab Unternehmen, die in Thüringen Straßenbaubetriebe aufmachten oder dort von der Treuhand Betriebe kauften und diese dann weiterbetrieben. Dazu habe ich Genehmigungsverfahren begleitet und wusste natürlich viel mehr über die Verfahren als diejenigen, die die Genehmigung zu erteilen hatten. Und es war wichtig, dass es Wessis gab, die so ein bisschen für Recht und Ordnung sorgten, und da spürte man schon häufig Vorbehalte nach dem Motto: „Aha, da kommt wieder einer, der weiß es besser als wir." Was ja objektiv auch stimmte. Also, wir haben ja – ob das ein Fehler war? Hinterher kann man das immer sagen – einfach unser Gesetzeswerk übergestülpt. Das konnte aber nicht so administriert werden, wie es bei uns administriert wird. Es musste schneller gehen, denn es bestand ein gewaltiger Handlungsdruck. Bei solchen Auseinandersetzungen, auch als dann Investoren aus dem Westen kamen, sind Animositäten entstanden. Und nicht unerheblich. Denn so manches Planungsbüro hat so manchen Gemeindevertreter bitter über den Löffel barbiert. Da ist Geld wider besseres Wissen ausgegeben worden.

Ich werde nie vergessen: Ich habe mal als Anwalt ein Investitionsvorhaben der Edeka in einem kleinen Ort in Thüringen mit 1800 Einwohnern mit begleitet. Als ich dort hinkam, sagte mir der Bürgermeister, dass er ein 100 Hektar großes Gewerbegebiet auf Drängen der Westdeutschen Allgemeinen ausweisen wolle. 100 Hektar für die Größe der Gemeinde, das war geradezu abenteuerlich. Ich habe dem Bürgermeister davon abgeraten. Einige Investoren haben sich dermaßen unglaublich benommen gegenüber den kommunalen Vertretern, die häufig gar nicht wussten, worum es ging. Das war schon schlimm. Da sind viele Fehler gemacht worden und auch dadurch sind Vorbehalte entstanden.

Rudolf Rainer

Verwaltungsrichter a. D.

Geboren 1939 in Wiesbaden. Jurastudium in Mainz und Wien. Seit 1980 Richter in der hessischen Verwaltungsgerichtsbarkeit, ab 1988 als Vorsitzender Richter, daneben seit 1994 Mitglied des Hessischen Staatsgerichtshofes.
Ab der deutschen Wiedervereinigung bis zum 30. 6. 1992 mit Unterbrechungen Abordnung zum Thüringer Justizministerium, dort u. a. Vorsitzender eines Staatsanwaltsuntersuchungsausschusses und als Beauftragter für die Überprüfung der Justizbediensteten des Landes Thüringen tätig.
2004 Ausscheiden aus dem Justizdienst wegen Altersgrenze, danach Leiter des Arbeitsstabes Tarifpolitik im Hessischen Innenministerium.

Interview mit Herrn Rudolf Rainer (R.) am 16. 1. 2008

I.: *Herr Rainer, wie kam es zu Ihrer Tätigkeit in Thüringen?*

R.: Relativ bald nach dem Mauerfall wurde im Hessischen Justizministerium von dem damaligen Justizminister Koch eine Arbeitsgruppe einberufen. Denn es war absehbar, dass die Justiz in Ostdeutschland, in der DDR, und die Justiz im Westen in irgendeiner Weise zusammenarbeiten müssen. Minister Koch, den ich in seiner weitsichtigen und klugen Art sehr geschätzt habe, hatte meines Erachtens eine ganze Reihe visionärer Ideen. So hat er sehr früh nach dem Mauerfall angefangen, Brücken zu schlagen zwischen der Justiz im Westen und der Justiz in der DDR, was schwierig war – und unter anderem dazu eine Arbeitsgruppe gebildet, in der aus den einzelnen Gerichtszweigen jeweils eine Person vertreten war. Und ich hatte die Aufgabe, dort das Öffentliche Recht zu vertreten. Man hatte sehr früh erkannt, dass sich in der Juristenausbildung etwas ändern müsse, denn es gab in der DDR eine ganz andere Struktur. Dort wurden Diplom-Juristen ausgebildet und es wurde weitgehend festgelegt, wer überhaupt zum Studium durfte, wer Anwalt, wer Staatsanwalt, wer Richter wurde. Zu allen Lehrplänen gehörten 50 % Marxismus-Leninismus. Und das bei einer relativ kurzen Ausbildung. Es hat absurde Dinge gegeben. So gab es in der DDR z. B. Staatsanwälte, die gar nicht Jura studiert haben, sondern verdiente Arbeitskader waren. Ich habe mit einem zu tun gehabt, der war Rahmenbieger bei der Mitteldeutschen Fahrradindustrie. Das waren halt verdiente Genossen, die natürlich auch die Aufgabe hatten, sozialistisches Strafrecht zu exekutieren. Die hatten später keinerlei Chancen.

Ein Bereich, mit dem sich dieser Ausschuss beschäftigt hat, war die Frage: Wie kann man möglichst schnell den Kollegen aus der DDR zu einer entsprechenden Ausbildung verhelfen? Denn wir waren uns alle einig, dass man die Justiz in der DDR möglichst mit Leuten aus der DDR gestalten muss, dass es keine Siegerjustiz geben sollte. Und es bestand von vornherein das Ziel, die Ausbildung möglichst zu harmonisieren und dadurch die Qualifikation einander anzunähern, und zwar zu einem Zeitpunkt, da man noch gar nicht wusste, dass es zu einer Wiedervereinigung kommt. Man hat am Anfang geglaubt, es würde zwei miteinander kooperierende Rechtssysteme geben. Ich habe einmal einen Beitrag in einer juristischen Zeitung geschrieben, in der sich jemand furchtbar aufgeregt hatte, dass man den Menschen in der DDR das westdeutsche Rechtssystem überstülpen wolle. Ich habe dann aufgrund der Erfahrungen, die ich gemacht habe, gallig erwidert, einem Nichts könne man nichts überstülpen. Wenn Sie hier zur damaligen Zeit in eine Bibliothek gingen, dann haben Sie ganze Säle mit Literatur zum Öffentlichen Recht vorgefunden. In der DDR gab es ein kleines Büchlein, das war vielleicht 300 Seiten stark und fing an mit den Parteitagsbeschlüssen. Das war für uns unvorstellbar. Und dabei spielte natürlich auch eine Rolle, dass es eine unabhängige Justiz gar nicht gab. Ich habe unendlich viele Akten gelesen, in denen am Rand vom Kreisparteisekretär oder anderen Parteifunktionären geschrieben stand, wie der Angeklagte zu verurteilen ist. Das Strafrecht wurde auch als Waffe eingesetzt gegen Personen, die man eliminieren wollte. Unvorstellbar! Ich bin der Allerletzte, der sagt, dass es de jure ein Unrechtssystem war, sonst hätte ich gar niemand von den Staatsanwälten übernehmen können, und letztlich war es ein Drittel, das übernommen wurde. Wenn irgendein Staatsanwalt oder ein Amtsrichter in Mühlhausen einen ordentlichen Job macht, dann ist das erfreulich. Wenn aber in großem Maße Parteiobere über Verfahren entscheiden können, dann ist das ganze System Mist. Das ändert nichts daran, dass ich den Einzelnen dann beurteilen will, wie er seinen Job nach DDR-Recht gemacht hat. Und es gab vorbildliche Leute, da habe ich viel Gutes erlebt. Aber eben auch viel Entsetzliches.

I.: *Was war Ihre erste berufliche Begegnung mit der DDR-Justiz?*

R.: Am Anfang – ich werde es nie vergessen – war ich verschiedentlich beim Obersten Gericht der DDR in Berlin, dort haben wir uns immer darüber unterhalten, wie viel – wenn beide Länder mal zusammengehen – Bundesrichterstellen denn die Kollegen aus der DDR bekommen. Das war das Einzige, was uns da überhaupt beschäftigt hat. Und je näher eine Vereinigung rückte, desto heftiger wurde die Auseinandersetzung. Also ich erinnere, das war dann wohl schon nach der Vereinigung, dass ich dieses berühmte Lehrbüchlein des Öffentlichen Rechtes gerne mal gehabt hätte. Das war nicht mehr auffindbar. Das gab es nicht. Und ich musste recht massiv werden, um dann doch noch unter der Hand eines zu bekommen. Das waren skurrile Dinge.

Irgendwo in Weimar oder in Erfurt am Bezirksgericht gab es eine Kammer für Öffentliches Recht, die wurde damals nach der Konferenz von Helsinki eingeführt, in der gerügt wurde, dass die Justizrechte im Ostblock und somit auch in der DDR nicht gewährleistet sind. Da hat man solche Alibi-Kammern eingeführt. Ich habe verzweifelt nach Entscheidungen gesucht, die dort gefällt wurden, und habe deshalb alle Bezirksgerichte in Thüringen angeschrieben, sie möchten mir entsprechende Entscheidungen vorlegen. Ich habe zwei gekriegt. Der eine Fall war die Rüge eines Querulanten, der nicht zur Wahl zugelassen wurde, in dem anderen Fall ging es um 1,10 DDR-Mark zu wenig gezahlter Reisekosten. Also, Öffentliches Recht gab es nicht.

Wie gesagt, das wichtigste Thema in dieser Arbeitsgruppe war die Ausbildung der DDR-Juristen und eine große Anzahl von Kollegen dieser Arbeitsgruppe haben vor Ort

Fortbildungen durchgeführt. Ich war auch einige Male an der Deutschen Richterakademie in Wustrau. Das war lange vor der Wende, zwischen Mauerfall und Wende. Für mich war das unglaublich belehrend dort in Wustrau. Das war eine andere Welt, die ich aus den 50er Jahren im Spessart kannte. Aber auch die Fortbildung als solche war hochinteressant. Man bereitet sich intensiv darauf vor und dann habe ich ausnahmsweise einmal etwas Kluges gemacht. Ich habe mir nicht nur 50 oder 60 Gesetzestexte, eine Vorauflage vom Beck-Verlag erbettelt, sondern den Rest des Kofferraumes mit Wein gefüllt. Dann haben wir tagsüber unser Lehrprogramm absolviert und abends haben wir zusammengesessen und gezecht. Das hat eine gewisse Öffnung geschaffen. Und in unendlich vielen Gesprächen ging es damals natürlich noch um die Harmonisierung des Rechtssystems. Das war eine spannende Zeit. Wobei ich dann entsetzt war, als ich das nächste Mal nach Wustrau kam. Das war etwa ein Vierteljahr später, ich wollte auf diesen Gesetzestext zurückgreifen, da hatte man die wegen ihrer „Kostbarkeit" grad so, wie ich sie geliefert hatte, original im Karton weggeschlossen. Es hat also die ganze Zeit nie einer reingucken dürfen.

Und am 1. 3. 1991 bin ich dauerhaft bis zum 31. 10. 1991 abgeordnet worden. Eine unglaublich kurze Zeit. In der Rückschau habe ich gedacht, es seien Jahre gewesen. Meine offizielle Aufgabe bestand in der Leitung eines Staatsanwaltsuntersuchungsausschusses. Es gab nach dem Vereinigungsgesetz drei Einrichtungen: den Richterwahlausschuss, den Landtag und den Staatsanwaltsuntersuchungsausschuss. Und die Entscheidungen dieser Ausschüsse wurden von einem Westmitarbeiter, einem Juristen – der jetzige Justizminister von Rheinland-Pfalz, Dr. Bamberger, war ein Kollege – vorbereitet. Ich habe sehr schnell die Strukturierung der Überprüfung ausgearbeitet. Das wurde dann als Modell übernommen. Ja, da bin ich auch noch richtig stolz darauf. Unsere Aufgabe war es, ein Gutachten für den Landtagsausschuss zu entwerfen, das vom Minister unterschrieben wurde oder auch nicht.

Das Gutachten ging dann an den Landtagsausschuss. Diese Ausschusssitzungen wurden von uns wieder fachlich begleitet bzw. geleitet. Dann wurden die überprüften Personen, in meinem Fall die DDR-Staatsanwälte, auch noch einmal angehört und der Landtagsauschuss hat entschieden, ob die jeweilige Person weiterbeschäftigt werden kann oder nicht.

I.: *Wie setzte sich der Landtagsausschuss zusammen?*

R.: Parteiübergreifend. Das war sehr interessant. Wir hatten ja keine vorgegebenen Richtlinien zur Überprüfung. Ich bin dann aus meiner Unsicherheit heraus sehr vorsichtig darangegangen. Ich habe Wochen und Wochen nur Akten von meinen Probanden gelesen, bis zu 300 Stück.

I.: *Welche Unterlagen standen Ihnen für die Überprüfung zur Verfügung?*

R.: Strafakten, in denen die Staatsanwälte tätig waren, also Gerichtsakten. Und unendlich viele andere Dinge. Man hat da auch bestimmte Techniken entwickelt. Das war teilweise richtig fies, was ich da getrieben habe. Als ich ins Gericht kam und eine Akte haben wollte, weil ich wusste, dass damals noch ein Todesurteil ergangen war, ist es mir zweimal passiert, dass man die entscheidende Akte nicht gefunden hat. Und dann habe ich es eben anders versucht: Ich habe beispielsweise nach der Akte 581 gefragt, wollte aber eigentlich die Akte 583 haben. Man zog dann die Akte 581 heraus und ich wusste, dass die gewünschte Akte zwei danebenhängt. Das hat gut geklappt. Ich habe gekriegt, was ich haben wollte.

Und es hat auch unglaubliche Zufallsfunde gegeben: In der DDR gab es das so genannte Arbeitsbuch, das war wie ein Pass, in das alle Beschäftigungsverhältnisse eingetragen waren. Das war auch gleichzeitig der Sozialversicherungsnachweis, denn eine zentrale Erfassung wie bei uns gab es nicht. Wir hatten Personen, die zwei solcher Nachweise hatten. In dem zweiten Buch standen allerdings nur verschlüsselte Angaben. Und keiner wusste, was diese Schlüsselzahlen bedeuten. Dann war ich einmal beim Obersten Gericht der DDR, das es damals noch gab. Dort habe ich mit dem Leiter gesprochen und habe ihn gefragt – ich habe meiner infantilen Sammelwut frönen wollen –, ob er nicht einen Orden für mich hätte. Es gab in der DDR für alles einen Orden: Held der Sozialistischen Arbeit, 50 Jahre Sozialistische Rechtsprechung etc. Diese Orden hatte jede Behörde in großer Anzahl vorrätig. Die Sekretärin ging dann mit mir in den Keller und zog eine Schublade in einem alten Küchenbuffet auf, und da lagen ein paar Bücher drinnen. Sie hatte die falsche Schublade geöffnet. Die Orden lagen nebendran. Ich habe mir die Bücher natürlich angeguckt und es waren die Schlüsselverzeichnisse, mit denen man diese Arbeitsbücher lesen konnte. Gegen heftigen Protest habe ich mir eines mitgenommen und kopiert und habe die Kopien an die entsprechenden Justizministerien der neuen Bundesländer verschickt. Das war ein Riesenschritt nach vorne, weil wir jetzt wussten, was wir nicht wissen sollten.

I.: *Was genau wurde in den Unterlagen verschlüsselt und was haben Sie dennoch erfahren?*

R.: Zusätzliche Einnahmen, die von der Stasi finanziert wurden, zusätzliche Aufgaben bei der Nationalen Volksarmee usw. Das waren eben alles Dinge, die man für verbergenswert hielt, wobei das für mich auch eine der interessanten Erfahrungen ist, denn in der DDR wurde – und das ist für mich sehr bezeichnend – vieles, was im Inneren getan wurde, verborgen. Wenn beispielsweise einer einen Grenzflüchtling verraten hatte, dann gab es vor der Truppe einen Orden, der wurde dann an die Brust geheftet und nach der Feier abgenommen und weggeschlossen. Den bekam der nie mehr wieder, so sollten Spuren verwischt werden. Das sagt doch viel über das Selbstbewusstsein und über die Rechtmäßigkeit aus und darüber, wie man sein eigenes Tun beurteilt. Und so war dieses Heft ein Glücksfund.

In der DDR hat keiner seine Personalakte jemals gesehen. Bei uns haben Sie ein Einsichtsrecht in Ihre Personalakte. Herr Modrow hat dann verfügt, dass allen Mitarbeitern ihre Personalakte – wenn sie das wollen – mit nach Hause gegeben wird, damit die bereinigt wurde. Ich habe Personalakten gesehen mit Inhaltsverzeichnissen mit zehn verschiedenen Handschriften. Mal mit einem blauen Kugelschreiber, mal mit

Tinte, mal mit Blei und anderer Handschrift. Nur der Vordruck unten hatte eine Druckschlüsselnummer aus dem Jahr 1989, das Inhaltsverzeichnis reichte aber zurück bis in die 50er Jahre. Ich habe dann allen gesagt, wenn ich in dieser Weise Lücken in der Akte vorfinde, spricht das gegen Sie. Sie haben die Gelegenheit, fehlende Seiten nachzuliefern. Es ist dann viel geliefert worden. Offensichtlich war ihnen gar nicht immer bewusst, warum sie Seiten herausgenommen haben. Dort standen teilweise Dinge, die in keiner Weise diskriminierend waren, denn wenn einer mit 18 Jahren bei der FDJ Sportfunktionär war, was spielt das 30 Jahre später für eine Rolle?

Das zeigt die Angst und die Verunsicherung, die von den eigenen Leuten gestreut wurde.

I.: *Kam es vor der Erstellung des Gutachtens zu persönlichen Gesprächen mit den zu überprüfenden Staatsanwälten?*

R.: Ich habe mir zunächst einmal ein umfassendes Bild verschafft. Ich halte das nach wie vor für einen Glücksfall, dass ich das gemacht habe. Und habe dann, wenn mir in den Akten etwas unklar erschien – und das waren ganze Stapel von Akten pro Person – gelbe Pappe reingelegt. Dann habe ich diese Punkte mit den jeweiligen Personen besprochen. Nur mal ein Beispiel: Ganz kurz vor dem Mauerfall wurde ein Ehepaar bei versuchter Republikflucht erwischt und sie kamen weit voneinander getrennt in Haftanstalten. Die Frau kam in das Gefängniskrankenhaus, weil sie schwer krebskrank war. Sie hatte den verständlichen Wunsch, noch einmal ihren Mann zu sehen. Das hat einer meiner Probanden ganz rüde abgelehnt.

Oder ein anderes Beispiel: Ein Staatsanwalt hat, als die Züge mit den Botschaftsbesetzern 1989 durch Erfurt fuhren, noch einen Jungen wegen Republikflucht angeklagt, weil der sich im Kaufhaus ein aufblasbares Paddelboot gekauft hatte. Das war der ganze Strafvorwurf. Nur um den Unterschied zu verdeutlichen: Eine Staatsanwältin in Apolda ist an dem Tag, als die Züge durch Erfurt fuhren, in die Haftanstalt gegangen und hat alle Republikflüchtlinge auf eigene Verantwortung entlassen. Und diese Verhaltensweisen waren dann natürlich Grundlagen für eine Entscheidung.

Oder um noch an einem weiteren Beispiel zu zeigen, wie schwierig die Entscheidungen für den Ausschussvorsitzenden waren: In einem anderen Fall wurde jemand denunziert, der als Leutnant in der NVA-Grenztruppe (Nationale Volksarmee), die Republikflucht eines Kollegen verhindert und angezeigt haben soll. Der Fall lag noch nicht lange zurück, deshalb habe ich den Beschuldigten einbestellt und habe ihn mit dieser Aussage konfrontiert und ihm mitgeteilt, wer ihn beschuldigt hat. Er war verzweifelt und erklärte mir, dass der gesamte Hergang mit seinem damaligen Chef und dem Kollegen abgesprochen war. Denn man hätte wieder einmal eine Erfolgsmeldung gebraucht: Grenzdurchbruch von NVA-Soldat verhindert, wertvolle Dokumente gerettet usw. So war das System. Und wenn man so eine Geschichte erzählt bekommt, dann glaubt man sie erst einmal nicht. Also, er hat es verifiziert. Beide Personen wurden ein Jahr später als die besten Leutnants der Truppe beim Ausscheiden mit einem Orden ausgezeichnet. Der Beschuldigte studierte Jura und der andere wurde zum Medizinstudium delegiert. Denn eines war klar, wenn nur ein Hauch von Verdacht bestanden hätte, hätte der „Flüchtige“ alles andere erlebt als ein Medizinstudium in der DDR. Das war ein Beweis. Diese Geschichten verdeutlichen, wie schwierig eine Überprüfung war.

I.: *Aber man muss doch sagen, dass der Beschuldigte bei diesem Spiel mitgemacht hat.*

R.: Wenn Sie in einem Unrechtssystem ein junger Mann sind und Ihr Vorgesetzter kommt und sagt, pass mal auf, Sie und ich und der, wir machen folgendes Spiel. Ich brauche das, damit ich befördert werde und eine Prämie kriege. Es soll euer Schaden nicht sein. Wollen Sie dem dann vorwerfen, dass er für ein ordentliches Leben nicht mehr tauglich ist?

Natürlich bin ich mir auch nicht immer sicher gewesen.

Oder ein anderes Beispiel. Ein Staatsanwalt hat es fertiggebracht Enteignungsverfahren gegen diese Botschaftsflüchtlinge in seinem Heimatkreis anzuregen. Und dieser Typ kam zu mir und berichtete mir, dass der Staatsanwalt sowieso, den ich auch zu überprüfen hatte, ein ganz Linientreuer sei. Auch sein Sohn sei beispielsweise als Student bei Dynamo Berlin, ein Sportverein für Parteikader, gewesen. Dann habe ich diesen Vater damit konfrontiert. Ich kann auch heute noch nicht gut darüber reden. Ich habe noch nie erlebt, dass ein Mensch so zusammenbricht. Denn er sagte mir, dass man seinen Sohn in den letzten Tagen der DDR umgebracht habe. Dieser Mann brachte mir einen Kassiber mit Unterlagen, aus denen hervorging, dass sein Sohn gemeinsam mit einem Freund gegen das System opponiert hatte. Er wurde unter Druck gesetzt und dann rausgeschmissen. Kurze Zeit später erlitten beide mit unterschiedlichen Fahrzeugen auf ganz mysteriöse Weise einen schweren Verkehrsunfall. Der Sohn war tot, der Freund hat es überlebt. Es hat in der DDR Institute gegeben, die sich mit getarnten Selbstmorden oder mit getarnten Tötungen befassten. Das ist keine Spinnerei. So war es auch hier. Es gibt sogar einen prominenten Zeugen bei dem Unfall des jungen Mannes. Und so hat es wirklich viele erschütternde Erlebnisse gegeben.

Mit Otto Kretschmer habe ich sehr gut zusammengearbeitet. Und immer wenn ich menschliche Unterstützung brauchte, ist Otto Kretschmer mit mir gegangen. Er war damals Leiter der Staatsanwaltschaft. Und das waren alles noch seine Mitarbeiter, bevor die überprüft waren. Das betraf auch den Leiter der Militärstaatsanwaltschaft Erfurt, zu dem bin ich hingegangen, denn der wäre nicht in mein Büro gekommen. Wir haben dann sehr vernünftig miteinander geredet und schließlich einen Auflösungsvertrag vereinbart. Der Mann ist kurze Zeit später schwer erkrankt. Etwa eine Woche vor seinem Tod hat er Otto Kretschmer ins Krankenhaus bestellt und ließ mir mitteilen, dass es, wenn es umgekehrt gelaufen wäre, es mir nicht so ergangen wäre. Das hat mich sehr berührt. Wenn man aber auf der anderen Seite sieht, wie viele Menschen unter den Typen leiden mussten, und zwar unendlich leiden mussten, unschuldige Menschen. Ich habe so ein Verfahren mal untersucht und habe mit den Opfern geredet. Das war ein harmloser Friseur, der Antiquitäten sammelte. Das fing damit an, dass er russischen Soldaten, wenn diese kein Geld mehr hatten, die Haare kostenlos schnitt oder ihnen Schnaps oder sonst was gab. Fast alle von ihnen hatten so kleine Taschenikonen, die hat sich der Friseur dann geben lassen. Später hat er ein paar Schränke gekauft usw. Jedenfalls irgendwann wurde die KoKo auf ihn aufmerksam. Das war die Kommerzielle Koordination, diese Verbrecherorganisation des Schalck-Golodkowski, die unter anderem auch Antiquitäten beschlagnahmte und zur Beschaffung von Devisen in den Westen verkaufte. Man hat diesen völlig unschuldigen Mann und seine Frau verurteilt und enteignet. Vorwurf: Devisenvergehen. Die Frau wurde nach einem halben Jahr aus dem Gefängnis entlassen, er nach zwei Jahren. Unglaublich!

Es gab da einen „harmlosen" Staatsanwalt. Wir hatten schnell Vertrauen zueinander gefasst. Und wenn ich etwas überhaupt nicht begriffen habe, dann habe ich ihn gefragt. So war mir zum Beispiel aufgefallen, dass immer mal wieder in so Tante-Emma-Läden nachgefragt wurde, was denn der oder jener eingekauft hätte. Und dann gab es zwei Fälle, da wurden Strümpfe gekauft, Damenstrümpfe. Das scheint ein beliebter Geschenkartikel gewesen zu sein. Nicht Rosensträuße, sondern Damenstrümpfe. Und es wurde immer nach der Größe gefragt, ich konnte mir nicht erklären, warum die Stasi das interessiert. Der alte Herr konnte da weiterhelfen. Denn wenn es die falsche Größe war, wussten die Stasileute, dass der eine Freundin hatte. Und er wurde erpresst. Denn vielfach wurden Personen, und das muss man auch bewerten, durch infame Tricks in die Stasi-Dienste hineingepresst.

Später habe ich noch einen zweiten Job gekriegt. Ab März 1992 wurde ich berufen zur Überprüfung der höheren Mitarbeiter des Strafvollzuges. Das war eine bedrückende Atmosphäre, in die man Einblick gewonnen hat, aber längst nicht so schwierig wie die Überprüfung der Staatsanwälte und Richter.

Jedenfalls behutsames Herangehen, sich über Monate informieren, das war meine Arbeit. Ich habe als Allerletzter in den neuen Bundesländern überhaupt angefangen, den Ausschuss mit Fällen zu bestücken. Vorher hatte ich mich ausschließlich mit den Probanden beschäftigt, worüber ich heute froh und dankbar bin. Und wenn ich mir ein Bild gemacht hatte, angefangen mit den leichteren Fällen, dann habe ich mir die Personen herbestellt und habe sie befragt. Viele Irrtümer konnten so aufgeklärt werden. Ein Drittel von denen, die ich überprüft habe, haben sich gar nicht mehr um eine Weiterbeschäftigung beworben. Ein weiteres Drittel ist im Laufe des Verfahrens ausgeschieden. In aller Regel durch Auflösungsverträge. Da haben zwei Dinge eine Rolle gespielt. Erstens, dass ich mir ein hervorragendes Bild meiner Probanden erarbeitet hatte. Und zum anderen, dass ich mich sehr darum bemüht habe, andere Jobs für sie zu finden. Das waren gute Leute. Und jemand, der für den Beruf des Richters und Staatsanwaltes charakterlich nicht geeignet ist, den muss man deshalb nicht brotlos machen. Also ich denke, dass ich mich bemüht habe, eine für beide Seiten annehmbare Lösung zu finden. Und ein Drittel habe ich dann in den Ausschuss gebracht, wobei der Ausschuss in allen Fällen unserem Votum gefolgt ist. Nur einen Einzigen, nämlich diesen vorerwähnten Staatsanwalt, welcher nach 1989 noch

Republikfluchten konstruiert hat, hat der Ausschuss abgelehnt. Er hat dann durch alle Instanzen über Jahre geklagt und ist doch gescheitert. Das bedeutete, wir hatten in Thüringen bis auf diesen einen Fall alles längst rechtskräftig entschieden und konnten wieder arbeiten, als in den anderen Ländern noch gewaltig prozessiert wurde.

I.: *Warum hat man zunächst nicht alle Staatsanwälte entlassen und je nach Ausgang der Überprüfung wieder eingestellt? Waren nicht alle Staatsanwälte mehr oder weniger in das System verstrickt?*

R.: Man musste die Justiz irgendwie aufrechterhalten. Und dazu hatte man einfach zu wenig Manpower. Und man wollte auch nicht jeden unter einen Generalverdacht stellen. Das waren alles sehr, sehr schwierige Entscheidungen. Und aus dem Westen sind auch nicht nur edle Ritter dort hingegangen. In der ersten Stunde waren das mit Sicherheit zum großen Teil Personen voller Idealismus, überwiegend ältere, die noch unter der deutschen Teilung gelitten haben. Später sind viele so genannte Aufbauhelfer rübergegangen, meistens der zweiten oder dritten Generation, die darin ganz eindeutig eine Chance für ihre Karriere gesehen haben. Das heißt, am Anfang war das eine handverlesene tolle winzigkleine Truppe, aber um in der Fläche die Aufgaben erfüllen zu können, die der Justiz damals gestellt waren, waren viele Helfer nötig. Ein solches Land in diesem Umbruch. Was da allein in den Grundbuchämtern los war. Durch die Kollektivierung der Landwirtschaft in den Landwirtschaftlichen Produktionsgenossenschaften (LPG) hat man ganz bewusst Grundbücher vernichtet oder Eintragungen unlesbar gemacht. Und das musste alles wieder auf solide Füße gestellt werden. Denn wenn ein bestimmtes Grundstück nicht rechtmäßig veräußert werden kann, weil die Eigentumsverhältnisse unklar sind, dann ist der Investor weg und es gehen Arbeitsplätze verloren. Es gab unendlich viele Rechtsstreitigkeiten, im Zivilrecht, im Öffentlichen Recht. Es ging um Subventionen, um Beihilfen usw., die Justiz stand damals rein quantitativ vor einer unvorstellbaren Aufgabe. Und das war mit nur westlichen Kräften nicht zu machen. Ich denke, dass anhand der Beispiele deutlich geworden ist, dass wir auf das Know-how der Leute vor Ort zwingend angewiesen waren. Es war doch für uns eine vollkommen unvorstellbar fremde Welt. Das mag die inhaltliche Antwort sein. Die formale Antwort ist, dass im Einigungsvertrag das Vorgehen festgelegt war.

Jürgen Rittmannsperger

Architekt

Geboren 1940. Studium in Darmstadt. 1970 Gründung eines eigenen Architekturbüros, das seitdem erfolgreich eine Vielzahl von Projekten in den Bereichen Wohnungsbau, Schul- und Universitätsbau, Museen, Bibliotheken, Gemeindezentren realisiert hat und zudem in den Bereichen Stadtsanierung und Sanierungssteuerung tätig ist. Preisrichter- und Gutachtertätigkeit, Mitglied im Vorstand des Bundes Deutscher Architekten BDA Südhessen, Mitglied der Expertenkommission Städtebaulicher Denkmalschutz auf Bundesebene. Zahlreiche Preise für vorbildliche Bauten.
1990 vom Land Hessen mit der Abwicklung des Aktionsprogramms im Bereich Denkmalschutz beauftragt. Am 30. 6. 1990 Eröffnung eines Architekturbüros in Thüringen.

Interview mit Herrn Jürgen Rittmannsperger (R.) am 1. 2. 2008

I.: *Herr Rittmannsperger, wie kam es zu Ihrer Mitarbeit am Aktionsprogramm Hessen-Thüringen?*

R.: Meine Mitarbeit in Thüringen ist eigentlich ein unglaublicher Zufall der Geschichte: Ich war Anfang Januar 1990 im Landesamt für Denkmalpflege in Wiesbaden beim damaligen Präsidenten, Professor Dr. Kiesow, der eigentlich immer ein sehr optimistischer Mensch ist, doch er saß da und machte mir irgendwie einen eigenartig nachdenklichen Eindruck. Ich sagte: „Herr Professor Kiesow, was ist denn los? Sie sind für den Beginn des Jahres gar nicht so optimistisch?" Da sagte er: „Ja, ich habe da so eine Aufgabe selbst angeleiert, indem ich meinen Minister (Dr. Wolfgang Gerhardt) dazu gebracht habe, dass von der vorgesehenen Hessenhilfe für Thüringen mit einer Größenordnung von 50 Millionen DM für fünf Jahre auch ein Anteil für denkmalpflegerische oder Stadtentwicklungs-Aufgaben für das neue Thüringen dringend benötigt wird." Und dass er im Moment keinerlei Ahnung habe, wie man das Ganze angehen könne. Er stelle sich ganz konkrete Hilfen vor, also nicht nur theoretische, sondern materielle Hilfen, denn daran fehle es am meisten. Denn es gebe dort zwar sehr gut ausgebildete Denkmalpfleger, aber die Materialien seien nicht vorhanden und teilweise vielleicht auch das Know-how nicht. Und dass es ihm Schwierigkeiten bereite, wenn er das nur mit der staatlichen hessischen Hochbauverwaltung durchführen solle, weil er dann den Verdacht habe, „die machen sich erst einmal ein halbes Jahr Gedanken, bis sie sich eine eigene Verordnung geben für so eine völlig neue Aufgabe". Ich habe dann vorgeschlagen, dass so etwas durchaus auch ein freies Büro machen könne. Denn wir hätten gerade auf diesem Sektor sehr viel aktuelle Erfahrung: einmal durch direkte Hochbauaufgaben, die wir zu diesem Zeitpunkt durchführten (und auch heute noch in großer Zahl durchführen), zum anderen durch Stadtsanierungsaufgaben, da wir bereits als Sanierungsbeauftragte für Städte tätig waren. Prof. Kiesow hielt das für eine gute Idee, die er mit dem Minister besprechen wollte. Und es dauerte keine 48 Stunden, da kam der Anruf und die Mitteilung: „Der Minister ist einverstanden. Aber wir müssen das in politisches Wollen einbinden, das heißt in die Entwicklung dieses ja noch nicht bestehenden Landes Thüringen. Und das Nächste, was ansteht, sind die Volkskammerwahlen am 18. März 1990: Es wäre schön, wenn man vielleicht bis dahin irgendetwas Sichtbares zustande bekäme.“ So war die Idee, dass man sich jetzt nicht vordergründig um Kirchen, Bürgerhäuser, Rathäuser oder Klöster kümmern muss, denn diese waren eigentlich nicht gefährdet, eher waren Strukturen gefährdet wie profane, städtische Denkmal-Ensembles, bei denen es kurz vor oder sogar schon kurz nach zwölf war. Wir haben dann überlegt, inwieweit in einem städtebaulichen Kontext in verschiedenen Städten Handlungsbedarf besteht, wobei das zunächst der theoretische Ansatz war.

Ich bin daraufhin mit zwei Mitarbeitern nach Thüringen gefahren, denn es war sehr schwierig, überhaupt Kontakte von Hessen aus dorthin zu bekommen. Es gab keine Telefonverbindung und Schreiben war einfach zu umständlich, denn es sollte ja sehr schnell irgendwie ein Diskurs entwickelt werden. Damals musste man noch mit allen formalen Unterlagen versehen in die DDR einreisen, denn die DDR war nach wie vor absolutes Ausland, mit strengsten Kontrollen an den Grenzübergängen. Wir sind Anfang 1990 hingefahren und haben nette Sachen dabeigehabt, weil wir dachten, dadurch ein Entree zu bekommen. Wir hatten also feine Seidenschals und pfundweise Kaffee dabei, alles Mögliche, was so westliche Segnungen waren. Dies waren vielleicht Türöffner, aber vielleicht war es auch nicht nötig. Und so haben wir als Allererstes nicht die politischen Machthaber aufgesucht, sondern das Institut für Denkmalpflege, das damals seinen Sitz auf der altehrwürdigen Krämerbrücke in Erfurt hatte in einem kleinen Gebäude. Das Institut für Denkmalpflege war noch eine der Institutionen, die bezirksübergreifend im Sinne von Thüringen wirkte, denn es gab nur ein Institut für Denkmalpflege mit Sitz in Erfurt, das für alle drei Bezirke, Suhl, Gera und Erfurt, zuständig war. Ich wurde beim dortigen Leiter des Instituts, Konservator Dr. Schoder, ein altgedientes Mitglied der Partei, vorgelassen, weil er Prof. Kiesow von früheren Kontakten kannte. Dr. Schoder war sehr aufgeschlossen, wohl ahnend bzw. wissend, dass die DDR untergeht. Wir hatten ein ausgesprochen gutes Gespräch miteinander und haben darüber diskutiert, wo es dringende strukturelle Probleme gibt, wo Stadtstrukturen oder ganze Stadtviertel unterzugehen drohen, wenn man jetzt nicht aufpasst. Eines davon war das Andreasviertel. Auch deshalb das Andreasviertel, weil sich dort 1989 eine Menschenkette gebildet hatte. Das gab es auch in vielen anderen Städten, dass man sich mit Städtebau und der Rettung von Stadtvierteln beschäftigte und eigentlich etwas Politisches damit meinte. Weil es ein Stück unverfänglicher war. Die großartige mittelalterliche Stadt Erfurt ist gar nicht vorstellbar ohne dieses Handwerkerviertel, das Andreasviertel. Viele Straßennamen wie z. B. Glockengießergasse bezeugen, dass dort die Handwerker zu Hause waren, und ohne Handwerker gibt es keine großartige Baukunst. Besonders interessant ist, dass ein Staat, der sich als Arbeiter- und Bauern-Staat versteht, dieses nicht erkannt hat. Es war also vorgesehen, einen vierspurigen Innenstadt-Ring, der durch den Juri-Gagarin-Ring in Erfurt vorgezeichnet war, über dies Quartier zu schließen, was bedeutete, dass das Andreasviertel durch eine Schneise durchbrochen werden sollte.

Erfurt war eine Stadt mit einem großen Wohnungsbaukombinat – in dem eine ganze Menge Plattenbau- und Wohnungstypen entwickelt wurde. Dieses Kombinat beschäftigte 11.000 Mitarbeiter, wovon allein 1000 so genannte Projektanten waren. Das waren Architekten und Ingenieure, die die Aufgabe hatten, städtebauliche Lösungen für Plattenbauten im Bezirk Erfurt und darüber hinaus zu entwickeln und umzusetzen. Diese Baukombinate waren im Winter nicht völlig ausgelastet und wurden dann mit Sonderaufgaben beschäftigt. Eine Sonderaufgabe bestand darin, in Altstadtgebieten Platz für Neubauten zu schaffen. Das Baukombinat in Erfurt hatte also im Winter den Auftrag, fleißig abzureißen, was auch im Andreasviertel bevorstand beziehungsweise bereits geschah.

I.: *Es ist im Andreasviertel bereits abgerissen worden?*

R.: Ab Dezember 1989 bis zum Januar, Februar 1990 ist sogar in relativ großem Umfang abgerissen worden. Um weitere Abbrüche zu verhindern, haben wir dann gemeinsam mit Dr. Schoder in einer sehr kollegialen und guten Situation festgelegt, dass wir da, wo die Straßenverbindung das Andreasviertel von Nordwesten her durchdringen sollte, alle Gebäude sichern wollten und genauso auf der gegenüberliegenden Seite nach etwa 500 Metern, an der Stelle, an der die geplante Straße wieder herauskommen würde. Diese Handwerkerhäuser waren im Einzelnen keine großartigen Kulturdenkmale, aber es waren Häuserzeilen, die bis auf eine Ausnahme schon entmietet waren. Die Rettung dieser Gebäude haben wir uns dann zur Zielsetzung gemacht und darüber wurde auch der „Runde Tisch" informiert und ebenso der etwas gemäßigte kommunistische Oberbürgermeister Hirschfeld. Dieser hatte bereits seine Vorgängerin, die absolut linientreue „Rote Rosie", wie sie genannt wurde, abgelöst. Auch Oberbürgermeister Hirschfeld unterstützte unser Vorhaben, obwohl er eigentlich nicht mehr viel zu sagen hatte. Es war quasi ein rechtsfreier Raum.

Wir haben dann versucht, Eigentümer ausfindig zu machen und mit ihnen Kontrakte abzuschließen. Es gab in dem Sinne keine Grundbuchämter, wo man so etwas hätte sichern können. Das war alles auch ein bisschen wie ein „Feigenblatt", damit es halbwegs vernünftig aussah.

I.: *Die Eigentumsfrage war demnach nicht in jedem Fall geklärt?*

R.: Nein, zu diesem frühen Zeitpunkt nicht. Aber wir wollten unbedingt zur anstehenden ersten freien Volkskammerwahl am 18. März 1990 Baustellen vorweisen. Und dann gab es auch noch die hessische Ministerial- und Bauverwaltung, die uns eine ganze Reihe von Anliegen mit auf den Weg gegeben hatte: Erstens sollte alles, was wir dort durchführten, den bewährten DIN-Normen, also Deutschen Industrie-Normen entsprechen. Das ist auch in unserem Vertrag schriftlich niedergelegt worden, wobei damals keiner so recht wusste, dass diese in der DDR gar nicht galten. Dort galten ganz andere, russische Normen. Das war die erste Besonderheit. Die zweite Besonderheit bestand darin, dass man uns beauftragte, Handwerker oder mittelständische Betriebe zu finden, die mit den Aufgaben betraut werden sollten, keinesfalls die großen Baukombinate. Was ja durchaus vernünftig ist. Die Suche gestaltete sich jedoch außerordentlich schwierig, da es so gut wie keine Handwerksbetriebe mehr gab. Denn in der DDR durften private Unternehmen nicht mehr als acht Mitarbeiter haben und sie waren dermaßen vielen Schikanen ausgesetzt, auch mit der Materialzuteilung, dass die meisten aufgegeben hatten. Nur ganz wenige waren übrig geblieben und das waren standfeste Leute, die diesem kommunistischen System getrotzt haben. Aber es gab eine Sonderform, das war die Produktionsgenossenschaft des Handwerks, die PGH, in der sich Handwerker in einer Art genossenschaftlichem System zusammengeschlossen hatten. Es war recht kompliziert, sie ausfindig zu machen. Und als Drittes sollten wir unbedingt freie Architekturbüros mit einbinden. Das war der größte Flop. Und zwar deshalb der größte Flop, weil es nur noch eine einzige, über siebzigjährige freie Architektin gab. Alle anderen waren als Projektanten in den Kombinaten oder im Gesellschaftsbau zur Planung von Hotels, Kindergärten etc. tätig. Und es gab noch eine Architektin, die im Rahmen der Denkmalpflege für die evangelische Kirche arbeitete. Schließlich nannte mir Dr. Schoder einen Mitarbeiter des Erfurter Stadtarchitekten, und er empfahl mir dringend, doch mit Herrn Schade zusammenzuarbeiten, obwohl er mit Sicherheit wusste, dass Gerhard Schade kein Kommunist, sondern sehr kirchlich orientiert war. Herr Schade war viele Jahre mit einem kleinen, aber doch wirksamen Denkmalprogramm in der Altstadt von Erfurt (nicht im Andreasviertel, sondern in der bürgerlichen Altstadt) beauftragt, das er mit den sparsamen Mitteln, die überhaupt zur Verfügung standen, sehr erfolgreich umgesetzt hat. Und dann kam Frau Hanske, die im Andreasviertel wohnte und ausgebildete Architektin war, auf mich zu und fragte, ob sie bei uns mitarbeiten könne. Wir haben sie dann auch eingestellt. Und ihr Ehemann, ebenfalls Mitarbeiter im Institut für Denkmalpflege, ist später auch zu uns gestoßen, so dass wir praktisch von vorneherein Einheimische hatten und damit Gott sei Dank davor gefeit waren, primär als Besserwessis aufzutreten.

Unsere Aufgabe bestand in der Sicherung von Denkmalensembles oder Kulturdenkmalen an städtebaulich wichtigen Positionen. Man konnte sehr schnell feststellen, dass dafür die notwendigen Materialien nicht vorhanden waren und dass es auch überhaupt keine Chance gab, irgendwo etwas Vernünftiges in der Kürze der Zeit zu erhalten, was uns dem Ziel, noch vor der Volkskammerwahl Baustellen einzurichten, näher bringen würde. So blieb uns nichts anderes übrig, als alles aus dem Westen in den Osten zu transferieren. Und das Ganze sollte über eine wasserdichte Ausschreibung erfolgen. Das war ein Vorschlag des zuständigen Ministeriums. Was tun in der Eile der Zeit? Denn Ausschreibungen dauern ja manchmal ein Vierteljahr. Wir haben uns auf ein sehr verkürztes Verfahren eingelassen, eine Art Interessensbekundungsverfahren, und haben eine Anzeige in die Frankfurter Allgemeinen Zeitung (FAZ) gesetzt. Darüber haben wir in sehr kurzer Zeit eine große Anzahl an Bewerbern erreicht. Zur rechtlichen Absicherung schalteten wir gleich das Hessische Rechnungsprüfungsamt mit ein. Denn wir betraten mit diesem Verfahren tatsächlich Neuland. Zumal ich vorgeschlagen hatte, auch auf dringenden Wunsch der Beteiligten im Osten, das Geld in Westmark auszuzahlen. Und das führte natürlich zu einem besonderen Anreiz. Anfang März wurden dann sechs oder sieben LKWs beladen mit allem, was man für Sicherungsarbeiten braucht: Gerüste, Schuttrutschen, Kanthölzer,

Balken, Bleche, Dachrinnen, Dachziegel, Farben, Nägel, Aufzüge, also alles Material, um fachgerecht sichern zu können.

Dann gab es die nächste Schwierigkeit, denn leider fand sich im Ministerium niemand, der uns bescheinigte, dass wir im Auftrag des Landes Hessen Lastzüge mit Materialien in die DDR, ja eigentlich ins Ausland, fahren mussten. Ich habe uns daraufhin auf unserem Briefbogen – ich hatte Gott sei Dank so einen runden Stempel von der Architektenkammer – die Genehmigung erteilt. Und so sind die LKWs ohne Beanstandung durchgewunken worden. Wir hatten in der DDR eigentlich einen rechtsfreien Raum, was Genehmigungen anbelangt. Jedenfalls haben wir dort keine Genehmigungen eingeholt.

Die meisten Häuser, die gesichert werden sollten, waren vermüllt und mussten erst einmal völlig leer geräumt werden. Viele hatten bedenkliche statische Verformungen, zum Teil bereits Verwerfungen, die von uns dann – wir haben sofort auch einen Statiker eingesetzt – richtig behandelt worden sind. Wir waren darauf aus, hier keine Notsicherung zu machen, wie das in anderen Städten passiert ist, sondern wir haben uns für eine Komplettsicherung entschieden, die bei einer Neunutzung des Gebäudes vollständig übernommen werden konnte. Das bedeutete eine komplette statische Sicherung des Gebäudes, vom Keller bis zum Dach. Die Dächer wurden völlig überholt, neu eingedeckt, einschließlich aller Dachrinnen, Fallrohre und was dazugehört. Dann wurden alle Öffnungen verschlossen, um Vandalismus und Einbrüchen vorzubeugen. Und das hat auch sehr gut funktioniert.

Es ist uns dann tatsächlich gelungen, zwei oder drei Tage vor der Volkskammerwahl am 18. März 1990 alle Gerüste aufzustellen. Alle Gebäude waren entrümpelt und die ersten Dachdecker arbeiteten schon. Einer der Hauptmatadore war dabei der Zimmermann und Maurermeister Hartung, der auch zu DDR-Zeiten selbstständig geblieben war. Dann kamen die nächsten Schwierigkeiten, denn wir wollten ein großes Plakat aufhängen: „Hessen hilft Thüringen". Ich habe daher den Leiter des Darmstädter Staatsarchivs, Professor Eckhart G. Franz, angerufen und ihn nach dem Aussehen des Thüringer Wappens befragt, aber er konnte keins finden. Wir haben dennoch neben das Hessische Wappen ein Thüringer Wappen gehängt. Das hat Eindruck gemacht, dass dort riesige Fahnen hingen mit der Aufschrift „Hessen hilft Thüringen" und beide Wappen da waren, obwohl es Thüringen ja noch gar nicht gab. Und dann hat ein fröhliches Volksfest auf dem Domplatz begonnen. Es gab Bier und Würstchen.

Der zweite Akt war dann, dass wir kein Büro hatten, denn wir sollten ja, und das war eine weitere Vorgabe der Hessischen Landesregierung, vor Ort ein Büro eröffnen. Die Vorbereitungen waren bisher ohne Büro gelaufen. Das habe ich alles aus dem Kofferraum meines Autos heraus gemacht und übernachtet habe ich im Erfurter Hof. Es war ein kalter Winter und es stank überall nach Braunkohle.

Ich habe dann Oberbürgermeister Hirschfeld die Situation beschrieben und um Büroräume gebeten, doch es war alles belegt und es herrschte überall Wohnungsmangel. Ich machte Herrn Hirschfeld klar, dass wir in diesem Fall unser Büro in Eisenach oder Weimar eröffnen würden. Das wollte er nicht auf sich sitzen lassen und plötzlich hatte er etwas. Die Bezirksbaudirektion Erfurt Mitte – ein hochtrabender Name – wurde aufgelöst und in diesem Gebäude haben wir heute noch unser Büro. Das war so eine Stasi-Burg, dort waren die Wehrerfassung und die Baudirektion drin. Als wir dorthin kamen, saßen noch die Mitarbeiter von der Baudirektion dort und wollten nicht weg. Das Büro war so erbärmlich, die Tapeten hingen runter, es war trostlos. Eine Baudirektion, die sich noch nicht einmal einen Eimer Farbe besorgen kann, das war für mich schon eine Auflösungserscheinung.

Wir richteten dort unser Büro ein. Wir hatten zwar den Auftrag der Hessischen Landesregierung nur für ein Jahr, aber mit der Option auf vier weitere Jahre. Denn man wollte ja in Thüringen auch weiterhin sichtbar helfen und dadurch der Bevölkerung auch Hoffnung geben.

I.: *Gab es eigentlich bereits vor der Hessenhilfe eine Akzeptanz in der Bevölkerung, die Altstadt wieder zu beleben. Oder waren die Plattenbausiedlungen attraktiver?*

R.: Das ist eine typisch westliche Frage, denn zum damaligen Zeitpunkt stellte sie sich in der Form eigentlich überhaupt nicht. In der Altstadt wohnten Leute, die nach allgemeiner Ansicht vielleicht nicht ganz klar im Kopf waren, Künstler, Architekten, Schauspieler … Sanierungen waren zu kompliziert und es hätte echte Handwerkskunst gebraucht, aber man war ja auf Plattenbau spezialisiert. Wer in der Altstadt wohnte, musste sich selbst engagieren und alles in mühseliger Kleinarbeit in Ordnung bringen. Zum Beispiel unser Mitarbeiter, Herr Schade, hat so eine alte Arztvilla aufgetan. Er ist halt gelernter Zimmermann und kann auch mauern. Solche Leute waren fit, die waren wendig, die hatten handwerkliches Geschick und sind auch da und dort mal ans Material gekommen. In der DDR wurde Baumaterial zugeteilt, man konnte es nicht irgendwo kaufen. Das heißt, wichtige Leute in der DDR waren Chauffeure der hohen Funktionäre, die hatten die Chance, durch die ganze DDR zu reisen, und sie hatten Einkaufslisten dabei. Der Handwerker konnte nicht verreisen, der hatte kein Kontingent, der musste Verbindungen haben.

Aber die Akzeptanz war völlig da, weil es eine starke Identifikation mit dieser Altstadt gab. Es ging nicht darum, dass man darin wohnen wollte, aber man wollte sie nicht untergehen sehen. Nun war Erfurt natürlich auch ein recht lohnendes Beispiel, weil die Altstadt in sich eigentlich intakt war. Der damalige Stadtarchitekt, Professor Nitsch, hat es ganz geschickt gemacht, indem er nicht im vorauseilenden Gehorsam alles abgerissen hat. Er wusste, er muss auch Platten bauen, und diese hat er zum großen Teil an den Stadtrand verbannt und als eine städtebauliche Idee verkauft, indem er sagte, wir stärken damit den Rand und halten die Schüssel. Und das ist ja auch gelungen, denn die Einbrüche in die Stadt Erfurt selbst sind nur mäßig erfolgt, im Gegensatz zu den Einbrüchen in Jena beispielsweise, das natürlich auch stärker kriegszerstört war. Und das ist ja das große Ereignis, dass wir mit der Vereinigung wunderbare Stadtbilder erhalten haben.

I.: *Waren Sie vor 1989 schon einmal in der DDR?*

R.: Wir waren mal mit Freunden, ich glaube, es war 1984 oder 1985, auf einer verlängerten Wochenendtour in der DDR. Da waren wir auch in Erfurt und Weimar, aber unser Ziel war Dresden. Zuvor war ich zwei- oder dreimal auf dem Weg nach Polen durchgefahren, ohne in dieser DDR zu halten. Man fuhr einfach lieber nach Italien oder nach Südfrankreich, anstatt sich in der DDR diesen Zwängen auszusetzen. Denn ich hatte auch keine verwandtschaftlichen Bindungen dorthin. Erst in der Zeit von Mitte Januar bis Mitte März 1990 habe ich alle wichtigen Städte im künftigen Thüringen kennen gelernt. Und das, was ich sah, war authentisch. Und es war mir klar, was wir hier machen können: Denkmalpflege, Umgang mit bestehender Substanz, Stadtplanung, vorbereitende Untersuchung, Stadtsanierung, all das stand dort ohne Ende an.

Es war dort eine völlig andere Welt. Aber diesen Reiz der Städte, ob das jetzt Sondershausen, Bad Salzungen, Weimar oder Jena war, das kannten wir nicht mehr. Und andere Orte lagen wie Dornröschen da, die musste man eigentlich nur wach küssen. Auch dieses wunderschöne Mühlhausen. Damals hatte noch jede Stadt, was heute auch völlig weg ist, einen Anfang und ein Ende. Wenn man heute die Bundesstraßen entlangfährt, sieht man, wie stark diese ungeordnete Industrie- oder Einkaufsentwicklung sich breitgemacht hat. Das ist natürlich auch ein Webfehler gewesen, dass man die Landtagswahl erst sehr spät durchgeführt hat. Das heißt, die Länder gab es noch nicht, als am 6. Mai 1990 die Kommunalwahl stattfand. Und diese Kommunalwahl brachte eine Autonomie der Städte, die dann auch die jeweilige Planungshoheit hatten. Es gab noch keine übergeordnete landesplanerische Vorgabe. Jeder Bürgermeister wollte sein Industriegebiet und so entstanden dann die beleuchteten Schafweiden, an denen wir heute noch zum Teil knabbern und abzahlen. Es fehlte ein Landesentwicklungsplan. Jeder macht Fehler!

I.: *Wie ging es dann mit Ihrer Arbeit in Thüringen weiter?*

R.: Das zweite Projekt war Mühlhausen, das war ein relativ kleines Projekt, aber ebenso wichtig. In der Nähe der Marienkirche führt eine Straße auf einen Platz. Diese Straße sollte verbreitert werden und dafür sollte eine wichtige Eckbastion fallen. Da haben wir kurzerhand dieses Eckgebäude nach dem Modell Andreasviertel gesichert. In gewisser Weise haben wir uns einfach über Gesetze hinweggesetzt und haben nicht gewartet, ob jemand zustimmt, sondern wir haben gehandelt. Und es ist ja auch nichts passiert, ganz im Gegenteil.

Ein weiteres Projekt war in Weimar, eine Stadt, die schon immer als Klassikerstadt schonend behandelt wurde. Hier befanden sich die Nationalen Forschungs- und Gedenkstätten der klassischen deutschen Literatur, der Volksmund nannte das VEB Goethe, also Volkseigener Betrieb Goethe. In Weimar hatte die Anna-Amalia-Bibliothek das Problem, dass sie vor einigen Jahren mit qualitativ sehr schlechten Farben gestrichen worden war. Wir haben dann geholfen und geeignete Farben zur Verfügung gestellt. Bei dieser Gelegenheit haben wir mit Schrecken gesehen, dass das Goethe-Haus einen riesigen Kohlenkeller hatte. Dort arbeiteten im Schichtdienst fünf „schwarze Männer“, die den ganzen Komplex feuerten. Das sah dort aus wie die Unterwelt, wie der Vorhof der Hölle. Wie sich herausstellte, gab es zwar einen Gasanschluss, doch nach den Vorgaben des Fünfjahresplans sollte ein Gaskessel erst in vier Jahren geliefert werden. Wir haben dann außerhalb der Hessenhilfe im Rhein-Main-Gebiet Geld gesammelt, denn wir haben ja alle miteinander an Schiller und Goethe einen Haufen Geld verdient, insbesondere unsere Buchhändler und Verleger. Und in der Tat haben wir eine Gruppe engagierter Menschen zusammengebracht, die in der Lage waren, die wichtigsten Buchhändler und Verleger zu bewegen, den notwendigen Gaskessel für 250.000,– DM zu spenden. Besonders hervorzuheben ist hier das Engagement der Landtagsabgeordneten Ruth Wagner und des Darmstädter Buchhändlers Herbert Gebicke.

Wir haben dann parallel auch für die Kommunen und Bezirke gearbeitet. Wir konnten gar nicht so viele Aufträge annehmen, wie möglich gewesen wäre, denn wir fanden auch gar nicht so viele Mitarbeiter. Das war immer noch recht kompliziert und schwierig. Zunächst haben wir wie gesagt unser Büro eröffnet, das mittlerweile einfach schön war: weiße Wände, ordentlicher Fußboden. Und ich schlief mindestens ein Vierteljahr unter den Zeichentischen, weil ich immer noch keinen Wohnraum gefunden hatte, mit der Schwierigkeit, dass die Mitarbeiter aus der DDR alle um Punkt sieben kamen, da war ich teilweise noch gar nicht wach.

Alles Material, was wir zum Schreiben oder zum Zeichnen brauchten, hatten wir aus dem Westen importiert, weil es das in der DDR nicht gab. Wir eröffneten das Büro am Tag der Währungsunion, am 30. 6. 1990. Leider fanden wir niemanden, der bereit war, uns ein kaltes Buffet zu liefern, weil alle erst den Umrechnungskurs abwarten wollten. Also musste ich das kalte Buffet aus Lauterbach in Hessen anliefern lassen. Zur Eröffnung kam auch der erste neu gewählte Oberbürgermeister von Erfurt, Herr Ruge, und der erste vom Parlament bestimmte Baudezernent, Herr Dr. Saitz, ein sehr liebenswerter Ingenieur. Dr. Saitz war allerdings auch ein Mitplaner dieser vierspurigen Straße, die quer durch das Andreasviertel führen sollte. In dieser Frage ist er vom Saulus zum Paulus geworden.

Man muss sagen, dass die Architekten sehr schnell auf dem neuen Stand waren. Wir haben sie hier im Darmstädter Büro geschult, teilweise über vier, sechs, acht Wochen. Auch die wenigen Handwerker hatten sich sehr schnell weitergebildet. Es war eine ungeheure Aufbruchstimmung zu spüren. Und man darf nicht vergessen, dass für den DDR-Bürger alles neu war. Es galt das Zahlungsmittel, es galt die Fahrkarte, es galt die Versicherung und es galt der Arbeitsplatz nicht mehr. Was die Menschen in der kurzen Zeit dazulernen mussten, war enorm. Ob das im Westen möglich gewesen wäre?

Gott sei Dank haben wir uns auch weiterhin engagiert, denn nach Ablauf eines Jahres endete die Hessenhilfe im Bereich der Denkmalpflege, da hier keine Hilfe mehr benötigt wurde. Und das stimmte auch. Denn der neue Landeskonservator, Prof. Rudolf Ziesler, hatte sich sehr schnell Nachbarschaftshilfe aus Hessen geholt und eine eigene Denkmalverwaltung aufgebaut. Dabei hat Professor Kiesow seinem Kollegen Rudolf Ziesler sehr stark strategisch geholfen, vor allem um in die entsprechenden Haushaltspläne reinzukommen und auch bei der Entwicklung eines thüringischen Denkmalschutzgesetzes. Das ist geräuschlos und sehr gut abgelaufen und plötzlich hatte Thüringen einen drei- bis viermal so hohen Denkmaletat, obwohl weniger Einwohner, als Hessen.

Für uns war es ein Glück, dass wir unser Büro in Erfurt hatten, denn ich habe nie gedacht, als wir da so hoffnungsvoll angefangen haben, dass die Hessenhilfe für uns nach einem Jahr abbrechen würde. Wir haben dann unser Büro in Erfurt ausgebaut und den Besonderheiten angepasst, und dies ganz zielgerichtet mit einheimischen Architekten. Das hat uns einen absolut guten Ruf eingetragen, dass wir nicht das „Besserwissende Wessi-Büro" sind, sondern dass wir einfach ein Ost-Büro mit West-Know-how sind. Und das gilt auch heute noch.

I.: *Hatte zu dem Zeitpunkt nicht auch die Bundesregierung bereits entsprechende Denkmalschutzprogramme aufgelegt?*

R.: Der Bund ist mit Förderprogrammen sehr schnell eingestiegen. Und zwar gab es ein ganz frühes Modellstadtprogramm, das bereits im Herbst 1989, also schon vor dem Jahreswechsel, aufgelegt wurde. Die Bundesrepublik musste ja damals an die DDR für den Transitverkehr Gelder zahlen. Die Bundesregierung kam dann mit der bereits gewandelten DDR-Regierung überein, diese Gelder zielgerichtet für ein Förderprogramm im Städtebau zu verwenden. Auf dem Gebiet der DDR sollten in allen Regionen Städte gefördert werden, die vom damaligen Bauministerium in Berlin ausgesucht wurden. Dazu gehörte Weimar und etwas später als zweite Stadt in Thüringen kam Jena hinzu. Es gab dann insgesamt in jedem zukünftigen neuen Bundesland mindestens eine, teilweise auch zwei Modellstädte. Mit der Vereinigung am 3. Oktober 1990 galten natürlich alle Förderprogramme des Bundes auch in den neuen Ländern. Zusätzlich wurde ein weiteres Programm „Städtebaulicher Denkmalschutz" entwickelt. Dieses Programm war sehr gut ausgestattet, der Bund beteiligte sich mit 50 % Anteil, das Land mit 30 %, die Kommunen mit 20 % Anteil. Und dieses Förderprogramm bezog sich auf zusammenhängende Stadtgebiete, also auf ganze Altstädte. Dafür musste eine so genannte Erhaltungssatzung erlassen werden, die den weiteren Abbruch von Bauten verhinderte. Wie man heute sieht, war dieses Programm eine einzige Erfolgsgeschichte. Was in den mittlerweile 150 Förderstädten an Rettung der Stadtbilder gelaufen ist, das ist unglaublich. Und alles in so kurzer Zeit. Das Förderprogramm „Städtebaulicher Denkmalschutz" galt zunächst nur in den neuen Ländern, es wird aber ab 2009 als Förderprogramm auch in den Westen kommen. Also von Ost nach West. Bis heute sind mit Sicherheit etwa 8 bis 10 Milliarden Euro an Städtebauförderung in den Ostteil geflossen. Bestens angelegtes Geld!

Harald Schulz
Leitender Regierungsdirektor i. R.

Geboren 1941 in Ost-Berlin. Vor dem Mauerbau Flucht nach West-Berlin. Ausbildung zum Steuerinspektor in Frankfurt am Main, 1965 bis 1970 Sachbearbeiter im Finanzamt bzw. in der Oberfinanzdirektion in Frankfurt am Main, zudem ab 1968 nebenamtliche Lehrkraft bei der Ausbildung von Steuerbeamten des gehobenen Dienstes. Von 1970 bis 1973 Dozent an der Landesfinanzschule Hessen in Rotenburg/Fulda für die Aus- und Fortbildung von Steuerbeamten des mittleren und des gehobenen Dienstes. Zwischen 1973 und 1980 Dozent an der Aus- und Fortbildungsstätte der Hessischen Landesverwaltung in Rotenburg/Fulda, 1980 bis 1991 Fachhochschullehrer im Fachbereich Steuern der Verwaltungsfachhochschule in Rotenburg/Fulda.
1991 per Abordnung Verwaltungshelfer in Thüringen, 1993 folgte die Versetzung dorthin. 2006 Eintritt in den Ruhestand.

Bericht über die Erfahrungen und Erlebnisse im Rahmen der Tätigkeit als Verwaltungshelfer aus Hessen in Thüringen und der sich unmittelbar daran anschließenden Zeit, speziell beim Auf- und Ausbau der Bildungseinrichtung für die Steuerverwaltung in Gotha, 26. 9. 2007

Vorbemerkungen

Während meiner Zeit in Thüringen habe ich seit dem 3. 6. 1991 bis zum Beginn der Freistellungsphase im Rahmen der Altersteilzeit am 1. 3. 2003 in Gotha die Funktion des Direktors des Bildungszentrums der Thüringer Steuerverwaltung (BZ Gotha) und nach Errichtung der Thüringer Verwaltungsfachhochschule (VFHS) zum 1. 4. 1994 in Personalunion zusätzlich die Funktionen des Fachbereichsleiters des Fachbereichs Steuern sowie die des stellvertretenden Rektors dieser VFHS und die des Leiters der Landesfinanzschule Thüringen (LFS) ausgeübt.

Zu Beginn war das BZ Gotha eine Dachorganisation für die Lehrbereiche „Fachhochschulausbildung“ und „Landesfinanzschulausbildung“ mit einer gemeinsamen Zentralverwaltung für beide Lehrbereiche. Im Laufe der Jahre hat sich dann das BZ Gotha durch die Übertragung zusätzlicher Aufgaben zu einer weiter reichenden Dachorganisation für die zwei in Gotha angesiedelten Fachbereiche der VFHS, für die LFS, für weitere Bildungseinrichtungen des Justizressorts sowie für diverse Fortbildungsbereiche mit einer ebenfalls gemeinsamen Zentralverwaltung für alle diese Einrichtungen entwickelt.

Erste Kontakte und Vorgeschichte

Mein erster persönlicher Kontakt mit den künftigen Kollegen aus der ehemaligen DDR ergab sich durch die Mitwirkung an einer im März 1990 vom Bundesministerium der Finanzen (BMF) in der Bundesfinanzakademie (BFA) organisierten steuerrechtlichen

Seminarveranstaltung. Einer der Seminarteilnehmer gehörte bereits damals und dann auch später als Lehrkraft zum Gothaer Kollegium.

Parallel dazu ergaben sich schon aufgrund der räumlichen Nähe die ersten Kontakte zwischen der ehemaligen Fachschule für Finanzen der DDR (FSF-DDR) in Gotha und dem Fachbereich Steuer der Verwaltungsfachhochschule Rotenburg/Fulda (VFHS-ROF). Dabei ging es zunächst um den Austausch allgemeiner Informationen über den jeweiligen Ist-Zustand beider Bildungseinrichtungen und dann zunehmend um Gespräche über eine Zusammenarbeit und Hilfestellung zur Vorbereitung der FSF-DDR auf ihre künftigen Aufgaben. Außerdem hat die VFHS-ROF die FSF-DDR mit dementsprechenden Unterlagen, insbesondere Lehrmaterialien versorgt und sich vor Ort in Gotha mit ihren Lehrkräften an weiteren steuerrechtlichen Seminarveranstaltungen der BFA beteiligt.

Hintergrund dieser frühen Kontakte war der Vertrag über die Schaffung einer Währungs-, Wirtschafts- und Sozialunion zwischen der Bundesrepublik Deutschland und der Deutschen Demokratischen Republik (Staatsvertrag) vom 18. 5. 1990, der die DDR in Kapitel V, 2. Abschnitt[6] insbesondere wegen der vorgezogenen Einführung der Umsatzsteuer verpflichtete, eine dem Bundesstandard entsprechende funktionsfähige Steuerverwaltung aufzubauen, also auch rechtzeitig mit der Aus- und Fortbildung der dafür benötigten Bediensteten zu beginnen.

Auf dieser Grundlage entwickelte das Ministerium der Finanzen der DDR (MdF-DDR) in einem Schreiben vom 23. 8. 1990 ein Konzept, nach dem die FSF-DDR in Gotha ab 1. 10. 1990 zu einer für alle künftigen neuen Bundesländer (mit Ausnahme Ost-Berlins) zuständigen Fachhochschule für Finanzen zur Ausbildung des gehobenen Steuerverwaltungsdienstes sowie zu einer LFS Thüringen zur Ausbildung des mittleren Steuerverwaltungsdienstes entwickelt werden sollte.

Ergänzend dazu wurden in einem MdF-DDR-Schreiben vom 11. 9. 1990 in Abstimmung mit dem BMF weitere Regelungen zur praktischen Umsetzung dieses Konzepts getroffen. So wurde u. a. der Rektor der VFHS-ROF, Herr Rolf Wolkewitz, als Berater zum Aufbau der Fachhochschule Gotha eingesetzt. Sein Auftrag, der sich ausdrücklich auf die Beratung beschränkte, kam der damaligen Hoffnung des Personals der FSF-DDR, diese Umgestaltung aus naheliegenden Gründen weitgehend mit eigenen Kräften zu gestalten, naturgemäß sehr entgegen. Die weitere Entwicklung hat

6 Vgl. Kapitel V: Bestimmungen über den Staatshaushalt und die Finanzen […]. 2. Abschnitt: Finanzen, ARTIKEL 30 – Zölle und besondere Verbrauchsteuern. (1) Die Deutsche Demokratische Republik übernimmt schrittweise […] die besonderen Verbrauchsteuern nach Maßgabe der Anlage IV. ARTIKEL 31 – Besitz- und Verkehrssteuern (1) Die Deutsche Demokratische Republik regelt die Besitz- und Verkehrssteuern nach Maßgabe der Anlage IV. ARIKTEL 34 – Aufbau der Finanzverwaltung. (1) Die Deutsche Demokratische Republik schafft die Rechtsgrundlagen für eine dreistufige Finanzverwaltung entsprechend dem Gesetz über die Finanzverwaltung der Bundesrepublik Deutschland mit den sich aus diesem Vertrag ergebenden Abweichungen und richtet die Verwaltungen entsprechend ein. (2) Bis zur Errichtung der Währungs-, Wirtschafts- und Sozialunion werden vorrangig funktionsfähige Steuer- und Zollverwaltungen aufgebaut.

jedoch gezeigt, dass sich diese Erwartungshaltung nur teilweise verwirklichen ließ. Insoweit verweise ich auf die anschließenden Schilderungen zur Personalauswahl und zum Personaleinsatz.

Aus heutiger Sicht kann man unabhängig davon nur bedauern, dass eines der Kernstücke des Konzepts vom 23. 8. 1990, die FSF-DDR in Gotha zu einer zentralen Fachhochschule für Finanzen für alle neuen Bundesländer (mit Ausnahme Ost-Berlins) zu entwickeln, nach der Wiedereinrichtung dieser neuen Bundesländer im Frühjahr 1991 – wohl auch unter dem starken Einfluss der jeweiligen Betreuungsländer und ihrer föderal geprägten Bildungstraditionen – rückgängig gemacht wurde. Selbst unsere zwischenzeitlichen Überlegungen, alternativ dazu nur zwei Fachhochschulen dieser Art zu errichten (eine gemeinsam für Berlin, Brandenburg und Mecklenburg-Vorpommern sowie eine zweite gemeinsam mit Sachsen, Sachsen-Anhalt und Thüringen) wurden zu keinem Zeitpunkt ernsthaft erwogen. Alle wollten unbedingt eigene Fachhochschulen und haben dies dann auch umgesetzt. Mittlerweile müssen aber fast alle eine zu geringe Auslastung verkraften. Sachsen-Anhalt und Berlin haben sich daraufhin mit Brandenburg auf eine gemeinsame Bildungseinrichtung in Königs Wusterhausen verständigt und damit eine, an den ursprünglichen Konzepten gemessen, an sich vermeidbare Kehrtwendung vollzogen. Mein Kommentar dazu: Die übermäßige Betonung des Föderalismus kann durchaus Fehlentwicklungen begünstigen.

Personalauswahl und Personaleinsatz

Während alle anderen neuen Bundesländer beim Aufbau ihrer eigenen Bildungseinrichtungen für die Steuerverwaltung zumindest beim Lehrpersonal fast ausschließlich auf die Verwaltungshilfe ihrer Betreuungsländer vertrauten, gab es in Thüringen die politische Vorgabe, den Lehrkräften der ehemaligen FSF-DDR, soweit sie nach ihrer fachlichen Vorbildung dafür in Betracht kamen und nach entsprechenden berufsbegleitenden Fortbildungsmaßnahmen, mit denen bereits im 2. Halbjahr 1990 durch Hospitationen in Rotenburg/Fulda begonnen wurde, die Chance eines Verbleibens in den nach dem Konzept vom 23. 8. 1990 zu entwickelnden Gothaer Bildungseinrichtungen zu geben.[7]

Dieser politischen Vorgabe stand jedoch, und das war den unmittelbar Betroffenen zunächst nicht bewusst, ein rechtliches Hindernis im Wege. Nach dem vorrangigen bundeseinheitlichen Steuerbeamtenausbildungsgesetz (StBAG) und dem darauf beruhenden § 4 Abs. 2 der Ausbildungs- und Prüfungsordnung für die Steuerbeamten (StBAPO) kann zum Lehrenden an einer Bildungseinrichtung für Steuerbeamte nur bestellt werden, *wer hierzu fachlich [...] geeignet ist [...]. Der Nachweis der fachlichen Eignung ist grundsätzlich dann erbracht, wenn der Lehrende eine mindestens vierjährige für die Lehraufgabe förderliche berufliche Tätigkeit ausgeübt hat, davon bei der Lehrtätig-*

7 Im Vorfeld wurden jedoch alle Angestellten der ehemaligen FSF-DDR, die für ein solches dauerhaftes Verbleiben aus fachlichen oder sonstigen Gründen nicht in Betracht kamen und die nicht von sich aus kündigten, entweder vorzeitig in den Ruhestand oder in andere Behörden versetzt.

keit in einem Steuerfach mindestens zwei Jahre in der Steuerverwaltung. [...] Weitergehende landesrechtliche Regelungen für die Berufung von Lehrenden an Fachhochschulen oder gleichstehenden Bildungseinrichtungen [...] bleiben unberührt. So setzen die dementsprechenden Fachhochschulgesetze u. a. eine mindestens fünfjährige einschlägige Berufserfahrung voraus.[8] Darüber hinaus forderte § 34 Abs. 2 StBAPO, dass nur beamtete Lehrkräfte zu Mitgliedern der Prüfungsausschüsse für Steuerbeamte bestellt werden dürfen.

Keiner der in Betracht kommenden Lehrkräfte der FSF-DDR erfüllte diese Voraussetzungen. Sie verfügten weder über eine einschlägige Berufserfahrung in der Steuerverwaltung noch waren sie zu diesem Zeitpunkt Beamte. Zwar wurde in Kenntnis dieses Problems durch den Einigungsvertrag[9] dem § 4 StBAPO folgender Absatz 4 angefügt: *(4) Der Bundesminister der Finanzen regelt durch Rechtsverordnung mit Zustimmung des Bundesrates die Voraussetzungen für die Bestellung zum hauptamtlich Lehrenden in dem in Artikel 3 des Einigungsvertrages genannten Gebiet*, doch hat der BMF auf diese Ermächtigung unter Hinweis auf den fehlenden Bedarf einer allgemeinen Sonderregelung der Bestellungsvoraussetzungen in den neuen Bundesländern verzichtet. Mir wurde auf Rückfrage vom BMF empfohlen, für Thüringen eine „pragmatische Lösung“ anzustreben.

Nach Absprache und im Einvernehmen mit dem Thüringer Finanzministerium (TFM) habe ich daraufhin den Betroffenen im Juni 1991 unabhängig von den erst später anstehenden Fragen zur Verbeamtung folgendes „pragmatisches“ Angebot unterbreitet:

1. Die betroffenen künftigen Fachhochschullehrer werden zunächst auf Zeit (auf Probe) bestellt. Sie müssen in einer insgesamt fünfjährigen Probezeit ein Jahr an der VHFS-ROF hospitieren, werden für mindestens ein Jahr an ein Finanzamt zur praktischen Einweisung abgeordnet, sollen zunächst nur im Studienabschnitt I, später dann im Studienabschnitt II, erst danach im Studienabschnitt III als Lehrkraft eingesetzt werden und sind vom TFM zur hauptamtlichen Lehrkraft zu bestellen, wenn ich zu einer positiven Beurteilung ihrer fünfjährigen Probezeit komme.
2. Die betroffenen künftigen Landesfinanzschullehrer werden zunächst auf Zeit (auf Probe) bestellt. Sie müssen in einer insgesamt vierjährigen Probezeit ein Jahr an der LFS Hessen in Rotenburg/Fulda (LFS-ROF) hospitieren, werden für mindestens ein Jahr an ein Finanzamt zur praktischen Einweisung abgeordnet, sollen ebenfalls schrittweise in die nacheinander aufbauenden Ausbildungsabschnitte als Lehrkräfte integriert werden und sind vom TFM zur hauptamtlichen Lehrkraft zu bestellen, wenn ich zu einer positiven Beurteilung ihrer vierjährigen Probezeit komme.

8 Vgl. auch § 10 Abs. 2 des 1994 verabschiedeten Thüringer Verwaltungsfachhochschulgesetzes (GVBl. 1994, S. 313).

9 Vom 31. 8. 1990 BGBl. 1990 II S. 885, 1055 (Geltung ab 29. 9. 1990): In der Anlage I, Kapitel IV B II Sachgebiet B – Haushalts- und Finanzwesen, Kapitel IX Übergangs- und Schlußbestimmungen, Nr. 38. Ausbildungs- und Prüfungsordnung für die Steuerbeamten in der Fassung der Bekanntmachung vom 6. September 1982 (BGBl. I S. 1257).

Vor dem Hintergrund des ansonsten fälligen Ausscheidens oder Wechsels in andere Funktionen wurden diese Angebote von allen Betroffenen trotz der damit verbundenen persönlichen Erschwernisse und den im Anfang gelegentlich geäußerten Bedenken, nur „Lehrkräfte zweiter Klasse" zu sein, unter fachlichen Gesichtspunkten akzeptiert. Dazu hat sicher auch der Umstand beigetragen, dass der Start der neuen Ausbildung am 1. 10. 1990 mit nahezu ausschließlich Lehrkräften der ehemaligen FSF-DDR schon allein wegen des fehlenden, aber unbedingt notwendigen berufspraktischen Bezugs der Ausbildungsinhalte nicht besonders erfolgreich verlaufen konnte.

Nach Übernahme der Funktion als Leiter des am 5. 6. 1991 zur Nachfolgeeinrichtung der FSF-DDR erklärten BZ Gotha war mir sehr schnell bewusst, dass das Kollegium unbedingt um etwa ein Drittel erfahrener Lehrkräfte aus den alten Bundesländern ergänzt werden musste. Das ist nach entsprechenden Ausschreibungen im Rahmen der Verwaltungshilfe auch gelungen. Dabei war mir in den jeweiligen Auswahlgesprächen sehr wichtig, dass nur Bewerber akzeptiert wurden, die neben ihrer fachlichen und pädagogischen Qualifikation auch von ihrer Persönlichkeitsstruktur den besonderen Anforderungen entsprachen, die sich auf der rein menschlichen Ebene durch das Miteinander von Ost- und Westdeutschen ergaben. So genannte „BesserWessis" ohne erkennbares Verständnis für die künftigen Thüringer Kollegen mit ihren vielschichtigen Anpassungs- und Umstellungsproblemen hatten jedenfalls keine Chance. Rückblickend war das die richtige Strategie, denn abgesehen davon, dass auch unter normalen Umständen nicht jeder mit jedem gleich gut kann, hat sich das unter dem Motto „Jetzt wächst zusammen, was zusammengehört" bekannte Ziel beim Kollegium des BZ Gotha bis hin zu auf Dauer angelegten persönlichen Freundschaften recht gut verwirklichen lassen. Im Übrigen haben sich die meisten dieser Lehrkräfte nach einiger Zeit ebenfalls nach Thüringen versetzen lassen und einige haben sogar ihren Lebensmittelpunkt dorthin verlegt.

Ganz im Anfang hatte ich bei alldem schon die Sorge, dass sich durch die relativ großzügige Übernahmeentscheidung zugunsten der Lehrkräfte von der ehemaligen FSF-DDR (bis hin zu deren Leitungskräften) und durch Aufdeckung negativer Vorgeschichten oder durch weiterbestehende und destruktiv wirkende „Seilschaften" ein Schatten auf unsere rechtsstaatlich orientierten Ausbildungsbemühungen fallen könnte. Es gab schließlich keine „Stunde null", also einen völlig unbelasteten Neuanfang. Zumal die ehemalige FSF-DDR als Kaderschmiede für das mittlere Management im realsozialistischen Gesellschafts- und Planwirtschaftssystem der untergegangenen DDR etabliert war und jemand dort nur dann eine Lehrtätigkeit ausüben durfte, wenn er nach der Überzeugung der zuständigen Staatsorgane eine deutliche Systemnähe hatte. In diesem Zusammenhang ist vielleicht noch erwähnenswert, dass alle Bediensteten der FSF-DDR ganz offiziell und rechtzeitig ihre Personalakten zur „Bereinigung" erhielten, so dass daraufhin überwiegend neue Lebensläufe geschrieben wurden.

Unabhängig davon blieb aber meine Sorge um etwaige negative „Schlagzeilen" glücklicherweise unbegründet, denn alle übernommenen Personen haben sich im Ergebnis völlig korrekt verhalten und wurden nicht durch irgendwelche Erkenntnisse aus der Vergangenheit belastet.

Im Gegensatz zum Lehr- wurde das künftige Verwaltungspersonal, abgesehen vom Verwaltungsleiter, ausschließlich aus dem Personalbestand der ehemaligen FSF-DDR rekrutiert. Nachdem das TFM die an die veränderten Verhältnisse angepasste Organisationsstruktur der neuen Zentralverwaltung des BZ Gotha genehmigt hatte, konnten sich alle Betroffenen auf die dementsprechenden Dienstposten bewerben und wurden dann unter Beteiligung der Personalvertretung dafür ausgewählt. Wer dabei keine Berücksichtigung fand, bekam regelmäßig ein Angebot für die Übernahme bei einer anderen Behörde.

Die Stelle des Verwaltungsleiters, die zunächst ein Kollege von der VFHS-ROF im Rahmen der Verwaltungshilfe wahrgenommen hatte, wurde nach dessen Rückkehr öffentlich ausgeschrieben. Dabei war für mich überraschend, dass die deutliche Mehrheit der verbliebenen ostdeutschen Verwaltungsbediensteten in vertraulichen Gesprächen einen Kandidaten aus den alten Bundesländern mit entsprechender Erfahrung bevorzugte. Herr Helmut Kranz übte diese Funktion dann von 1992 bis Mitte 2007 aus.

Infrastruktur und Baumaßnahmen

Dem BZ Gotha standen von Anfang an insgesamt fünf im Landeseigentum stehende Gebäude(-teile) und eine Sporthalle zur Verfügung. Vier davon mit einer zunächst völlig uneffektiven Mischnutzung zu Lehr-, Internats- und Bürozwecken und eines als zusätzliches Internatsgebäude, aber alle in einem für damalige DDR-Verhältnisse typischen maroden Zustand. Das galt selbst und gerade für die unter Denkmalschutz stehenden ehemaligen Versicherungsgebäude, die von der FSF-DDR seit 1952 genutzt wurden.

Diesem schlechten Zustand entsprach auch die Ausstattung der Lehrbereiche und aller anderen Bereiche. Das betraf insbesondere die Technik und den naturgemäß weitgehend nicht mehr verwendbaren Bibliotheksbestand. Insoweit konnte jedoch im Rahmen der sachlichen Verwaltungshilfe parallel zu den eigenen Investitionen einiges sehr schnell ergänzt oder erneuert werden. Zwei der ersten größeren Investitionen waren die komplette Ausstattung der Internatsräume mit neuen Möbeln sowie die mit Hilfe des Staatsbauamtes Bad Hersfeld in der Sommerpause 1991 realisierte vollständige Erneuerung des Küchen- und Mensatraktes nach dem Vorbild und unter Mitwirkung des Wirtschaftsbetriebs der VFHS-ROF.

Schwieriger und naturgemäß sehr viel langwieriger war die grundhafte Sanierung der Bausubstanz, und das stets bei laufendem Betrieb. Dabei ist oft allen Lehrgangsteilnehmern und auch unseren Bediensteten viel zugemutet worden. Doch wurde dies mit Blick auf die positive Perspektive weitgehend klaglos ertragen. Jedenfalls war es sehr wichtig, schnell zu handeln, plausible Konzepte vorzulegen und die richtigen Leute zum richtigen Zeitpunkt anzusprechen oder einzuschalten. Denn gerade in den ersten zwei bis drei Jahren nach der Wende konnte vieles noch recht unbürokratisch vorangetrieben werden. In diesem Zusammenhang verweise ich auch auf meine abschließenden Anmerkungen.

Inzwischen sind fast alle Bereiche saniert und insbesondere die Lehrbereiche mit neuester Technik ausgestattet. Diese jetzt hervorragende Infrastruktur hat andere Ressorts bewogen, ihre Bildungseinrichtungen ebenfalls nach Gotha zu verlagern, und vor Kurzem hat die Landesregierung dies für alle anderen Bildungseinrichtungen der Verwaltung mit Ausnahme von denen für die Polizei in Meiningen beschlossen. Ein Beleg dafür, dass von uns mit den entsprechenden Aktivitäten die richtigen Weichen für die Zukunft dieser Region gestellt worden sind. Zwischenzeitlich hatte sogar Sachsen-Anhalt in Kenntnis dieser guten Infrastruktur erwogen, sich mit Gotha zu verbünden, ist dann aber, wie schon erwähnt, in Königs Wusterhausen gelandet.

Schlussbemerkung dazu: Der Mensch ist ein „Gewohnheitstier". Soll in diesem Fall heißen, es war erstaunlich, wie schnell die jeweils eingetretenen erheblichen Verbesserungen der Lehr- und Arbeitsbedingungen von (fast) allen nach kurzer Zeit als selbstverständlicher Standard verinnerlicht wurden. So als hätte es das Davor gar nicht gegeben und nur in gelegentlichen nachdenklichen Gesprächen war dies dann noch ein Thema. Aber das ist ganz sicher kein typisch ostdeutsches Phänomen, obwohl hier in relativ kurzer Zeitspanne enorme Veränderungen stattgefunden haben, sondern wohl eher ein Zeichen unserer insgesamt schnelllebigen Welt.

Ausbildung und Fortbildungsmaßnahmen

Auf die anfänglichen Ausbildungsprobleme bei der Umorientierung des Kollegiums der ehemaligen FSF-DDR bin ich vorab schon kurz eingegangen. In diesem Zusammenhang sei aber noch erwähnt, dass man die Ausbildung künftiger Steuerbeamten in 1990 wegen fehlender Rechtsgrundlagen noch nicht wie in den alten Bundesländern mit Beamtenanwärtern (hier: Finanz- bzw. Steueranwärtern) sondern nur auf der Grundlage arbeitsrechtlicher Lehrverträge beginnen konnte.

Auf meinen Vorschlag hin wurden daher vom TFM alle „Lehrlinge" des Lehrgangs Nr. 1, die ihre Ausbildung nach einer entsprechenden Praxisphase im September 1991 fortsetzen konnten, nachträglich verbeamtet und ebenso wie die Teilnehmer der nachfolgenden Lehrgänge zu Finanz- bzw. zu Steueranwärtern im Beamtenstatus auf Zeit ernannt.

Es war in der Folge sehr interessant, wie schnell sich die jugendlichen Beamtenanwärter, insbesondere die, die die DDR nur relativ kurz bewusst erlebt hatten, im Gegensatz zu vielen Älteren, trotz massiver Indoktrination in Kindergärten und Schulen, mit den neuen Verhältnissen vertraut gemacht haben. Aber sie mussten ja schließlich durch die „Gnade ihrer späten Geburt" auch keine „Wendehälse" werden. Abgesehen von einigen Teilnehmern der ersten beiden Lehrgänge, die ihre Ausbildung noch an der FSF-DDR begonnen hatten und sie dann ab 1. 10. 1990 aufgrund einer Übergangsregelung in § 17 des Schreibens vom 21. 8. 1990 am BZ Gotha unter den neuen Rahmenbedingungen fortsetzen konnten, gab es einschließlich eines voll ausgeprägten Anspruchsdenkens keine nennenswerten Unterschiede mehr zu den vergleichbaren Beamtenanwärtern in Hessen oder in anderen alten Bundesländern. Insoweit war also sehr rasch Normalität eingekehrt.

Doch nach Abschluss der ersten Lehrgänge durch erfolgreiche Laufbahnprüfungen und Übernahme in das Beamtenverhältnis auf Probe, das heißt mit dem ersten Einsatz dieser voll ausgebildeten Steuerbeamten in den Finanzämtern, zeichnete sich für die Verwaltung sehr früh ein Problem ab, dem insbesondere im Interesse des Betriebsfriedens, aber auch der Arbeitsqualität möglichst bald begegnet werden musste. Auslöser dieses Problems war: In den Ämtern ergab sich eine ungute Konkurrenzsituation zwischen diesen voll ausgebildeten Beamten ohne langjährige Berufs- und Lebenserfahrung und den meist schon älteren Mitarbeitern im Angestelltenstatus, die von Anfang an ohne eine solch umfassende steuerrechtliche Vorbildung beim Aufbau der Steuerverwaltung mitgewirkt hatten. Subjektiv verständlich, entstand bei diesen älteren Mitarbeitern der im Ergebnis aber unberechtigte Eindruck, es beginne bzw. es drohe mittelfristig zu ihren Lasten ein interner Verdrängungsprozess.

Im Zusammenwirken des Thüringer Finanzministeriums, der Oberfinanzdirektion (OFD) und des Hauptpersonalrats mit uns wurde daher ein sehr umfassendes Fortbildungskonzept für diese Personengruppe entwickelt, das als „Thüringer Modell" später nicht nur von anderen Thüringer Ressorts, sondern sogar von anderen neuen Bundesländern in modifizierter Form kopiert wurde. Bei uns nannte man dieses Modell in Kurzform die A-B-C-Fortbildung.

Die A-Fortbildung betraf alle Bediensteten der Steuerverwaltung ohne Regelausbildung, die Funktionen des gehobenen Dienstes wahrnahmen. Sie umfasste insgesamt 960 Lehrveranstaltungsstunden (LVS), orientierte sich inhaltlich sehr stark an den Studienplänen der Finanzanwärter-Ausbildung und hatte daher durchaus ausbildungsähnlichen Charakter. Es mussten während der üblicherweise 4- bis 6-wöchigen Lehrgangsabschnitte in Gotha insgesamt 12 schriftliche Leistungsnachweise erbracht werden. Es gab dafür zwar keine Noten von eins bis sechs und es fanden keine formellen Zwischen- oder Abschlussprüfungen statt, aber es wurden beurteilungsähnliche Zwischen- und Abschlusstestate in den folgenden vier Abstufungen erstellt: „teilgenommen", „mit Erfolg teilgenommen", „mit gutem Erfolg teilgenommen" oder „mit sehr gutem Erfolg teilgenommen".

Die B-Fortbildung betraf alle Bediensteten der Steuerverwaltung ohne Regelausbildung, die Funktionen des mittleren Dienstes wahrnahmen. Sie umfasste insgesamt 480 LVS und beschränkte sich auf 6 schriftliche Leistungsnachweise, entsprach aber im Übrigen dem Konzept der A-Fortbildung.

Die C-Fortbildung betraf dagegen alle Bediensteten der allgemeinen Finanzverwaltung ohne Regelausbildung, die Funktionen des gehobenen Dienstes wahrnahmen, und entsprach ansonsten mit leicht veränderten, mehr auf diese Arbeitsgebiete abgestellten Lehrinhalten der A-Fortbildung.

Zu Beginn gab es bei den Betroffenen und auch bei den örtlichen Personalvertretungen gegen dieses Konzept, dem aber immerhin der Hauptpersonalrat nach intensiver Diskussion zugestimmt hatte, große Vorbehalte und Vorurteile nach dem Motto: Jetzt zeigen uns die „Wessis", was wir „Ossis" alles nicht wissen. Uns war also klar, dass wir bei der Umsetzung des Konzepts sehr stark gefordert waren, diese

Vorbehalte und Vorurteile durch viel Verständnis für die Belange der Lehrgangsteilnehmer abzubauen. Es galt darüber hinaus, deren Ängste ernst zu nehmen, z. B. bei einem Testat (nur) „teilgenommen" mit beruflichen Nachteilen rechnen zu müssen. So haben wir immer wieder betont, dass hier keine formellen Prüfungen, wie in der Regelausbildung, durchgeführt werden, denn niemand konnte „durchfallen". Unterstützend dazu haben sowohl das TFM als auch die OFD mehrfach ausdrücklich erklärt, dass die Testate im Interesse aller Teilnehmer zwar den individuellen Lehrgangserfolg belegen, aber keineswegs die späteren formellen Beurteilungen durch die Amtsvorsteher aufgrund der praktischen Arbeitsleistung vor Ort vorwegnehmen oder präjudizieren. Es sei allenfalls denkbar, dass bei mehreren an sich gleichwertig beurteilten Bewerbern für einen ausgeschriebenen Dienstposten auch die entsprechenden (zeitnahen) Testate als zusätzliches Entscheidungskriterium herangezogen werden können.

Im Ergebnis ist jedenfalls festzuhalten, dass diese A-B-C-Fortbildung, um die sich alle beteiligten Lehrkräfte und auch viele Verwaltungsbedienstete des BZ Gotha bei der Betreuung der Lehrgangsteilnehmer sehr verdient gemacht haben, ein voller Erfolg geworden ist. Die große Mehrheit der Teilnehmer hat sich hinterher bei entsprechenden anonymen Umfragen sehr lobend ausgesprochen und war froh, dass sie trotz vieler Schwierigkeiten daran teilnehmen konnte.

Ein guter Spruch: „Stellen Sie sich vor, es klappt, und keiner weiß, wieso"

Dieser fast sprichwörtliche Satz, den der erste Thüringer Finanzminister Dr. Klaus Zeh in seinem humorvollen Redebeitrag anlässlich der Festveranstaltung „10 Jahre Thüringer Finanzämter" in Greiz verwendete, illustriert ganz gut die Aufbausituation der ersten Jahre nach der Wende. Ich gebe mal Teilausschnitte dieser Rede als authentischen Beitrag eines Ostdeutschen zum zentralen Thema dieser Niederschrift wieder: *Und wenn ich heute umschreiben soll, wie denn der Anfang war, dann möchte ich einen Verwaltungshelfer zitieren. Er sagte einmal ganz beiläufig auf diese Frage: „Stellen Sie sich vor, es klappt, und keiner weiß, wieso."* Er hatte mein verdutztes Gesicht wohl bemerkt und er beruhigte mich und ergänzte sofort: *Ich erlebe hier, wie mit einem Zehntel der Mannschaft im Vergleich zu den Altbundesländern und ohne Oberfinanzdirektion geschaffen wird und geschafft wird, wir schaffen das Gleiche, was dort bewältigt wird.* Und dass alles klappt, war für eine etablierte Verwaltung aus den Altbundesländern unbegreiflich. Meine uneingeschränkte Zustimmung gilt auch den folgenden Sätzen dieser Rede: *Dass wir damals noch keine Verwaltungsvorschriften hatten, stand der erfolgreichen Arbeit sicher nicht im Wege. Es bleibt dennoch ein Geheimnis dieser Zeit, dass so wenig danebengegangen ist oder, um es positiv zu formulieren, dass so viel zum guten Ende geführt werden konnte!*[10]

10 Thüringer Finanzminister a. D. Dr. Klaus Zeh, MdL, Wortabdruck der Rede anlässlich der Festveranstaltung „10 Jahre Thüringer Finanzämter", 2000. Privatunterlagen H. Schulz.

Umbruchzeiten sind nun einmal, das liegt in der Natur der Sache, mehr oder weniger chaotisch. Aber, wie die Chaosforscher behaupten, besteht unsere Umwelt ohnehin aus mehr oder weniger, uns manchmal völlig unverständlichen chaotischen Strukturen, die aber dennoch glänzend und nicht selten besser als die von uns Menschen künstlich geschaffenen Organisationsgebilde funktionieren. Für mich ist es nach wie vor ein großes Wunder, was und wie viel unmittelbar nach Herstellung der deutschen Einheit in den neuen Bundesländern bewegt und geschaffen worden ist. Sicher ist auch manches falsch gelaufen. Doch, wie sagt ein anderes Sprichwort: „Wer nichts tut, kann keine Fehler machen" … obwohl auch Nichtstun selbstverständlich bereits ein Fehler sein kann. Der Hinweis auf die damals oft noch fehlenden Verwaltungsvorschriften und auf ihre manchmal durchaus hilfreiche Abwesenheit ist zudem ein Beleg für die m. E. zu Recht kritisierte bundesdeutsche Bürokratie, die stets dazu neigt, möglichst alles hundertprozentig zu regeln. Weniger ist dabei jedoch oft mehr! Und nicht nur mein Eindruck war, dass sich der Aufbau Ost mit zunehmender Regelungsdichte nach bundesdeutschem Vorbild eher verlangsamt hat – sicher nicht nur deswegen, aber wohl auch deswegen.

Dabei darf natürlich die Rolle der handelnden Personen, also auch die der Verwaltungshelfer und deren vorgeprägtes Bewusstsein nicht unterschätzt werden. Insoweit hatte Thüringen ein ganz spezielles Problem. Denn es hatte mit Hessen, Bayern und Rheinland-Pfalz drei Betreuungsländer, die zwar vieles gemeinsam haben, die sich aber auch in vielerlei Hinsicht ganz bewusst voneinander abgrenzen. Um es gleich auf den (allzu menschlichen) Punkt zu bringen, nochmals zwei Zitate aus der schon mehrfach erwähnten Rede von Klaus Zeh: *Noch spannender für mich war die babylonische Sprachverwirrung der Verwaltungshelfer aus den unterschiedlichen alten Bundesländern. Wenn z. B. Bayern, Rheinland-Pfälzer und Hessen über „vorläufige Haushaltsführung" diskutierten, war ich mir nicht immer sicher, ob jeder auch den anderen verstand. Eine weitere Erfahrung waren für mich die sprachlichen Irrungen zwischen Ost und West. Es gibt Worte, die es so in den alten Bundesländern nicht gibt, wie z. B. „durchstellen", ein typisches Wort zentralistischer Kommandowirtschaft, bedeutet in etwa so viel wie „es wird nichts erörtert und nichts diskutiert, Berlin hat entschieden und es wird nur noch durchgestellt". […] Viel schwieriger waren die Wörter, die es auf beiden Seiten gab, aber eine unterschiedliche Bedeutung hatten, wie beispielsweise das Wort „grundsätzlich". In der DDR bedeutete dieses Wort so etwas wie das „Amen" in der Kirche. So ist es, der Grundsatz ist unverrückbar, ein Fundament, das keine Änderungen erlaubt. Nicht so in den Altbundesländern. Dort ist der Grundsatz noch lange nicht so grundsätzlich und ich musste mich belehren lassen, juristisch richtig, „der Grundsatz begründet erst die Ausnahme, die allerdings auch zur Regel werden kann, wenn die Umstände entsprechend vorliegen".*[11]

Ja, ganz sicher haben diese so anschaulich geschilderten Situationen und Umstände gelegentlich zu Verunsicherungen bei den Ostdeutschen beigetragen oder

11 Ebd.

ohne böse Absicht manchmal zu nur schwer zu beseitigenden Missverständnissen geführt.

Ein weiteres Beispiel für die sich aus der Dreifaltigkeit der Betreuungsländer ergebende Problematik für unseren Bereich war die fast unendliche Geschichte um die Errichtung der Thüringer VFHS und deren weitere Entwicklung. Da das für die Gesetzesvorlage zuständige Thüringer Innenministerium (TIM) bayerisch dominiert war, wurde entgegen der ursprünglichen Interessenlage des damals noch hessisch dominierten Thüringer Finanzministerium (TFM) nach dem Modell der insoweit aber eher atypischen bayerischen VFHS für das flächenmäßig viel kleinere Thüringen eine VFHS mit 3 Fachbereichen an 3 Standorten – hier: Weimar, Gotha und Meiningen – vorgeschlagen. Nach fast vierjähriger Planungsunsicherheit wurde diese Vorlage dann trotz vieler Widerstände von mehreren Seiten vom Thüringer Landtag verabschiedet. Diese für uns kaum nachvollziehbare Entscheidung konnte erst in 1996 durch eine spätere Gesetzesänderung zum Teil korrigiert werden. Es kam daraufhin u. a. zu einer mit erheblichen Synergieeffekten verbundenen Sitzverlagerung der VFHS und eines zweiten Fachbereichs nach Gotha unter Einbeziehung der Zentralverwaltung des BZ Gotha.

Leider wurden die damit verbundenen Diskussionen und Kontroversen aus meiner Sicht oft nicht nur durch sachliche Argumente bestimmt, sondern zuweilen durch landsmannschaftlich geprägte Mentalitäten oder gar Rivalitäten der handelnden Personen überlagert.

Zu meinen positiven Erfahrungen gehört aber ebenso: Landsmannschaftliche Verbundenheit konnte in diesen Zeiten durchaus von Vorteil sein, wenn man sich von früher her kannte und schon von daher in der zunächst noch „fremden“ Umgebung sehr schnell eine gute Gesprächsbasis hergestellt werden konnte. Vor allem in den ersten Jahren kam es auf diesem „kurzen Dienstweg“ glücklicherweise immer wieder zu schnellen und einvernehmlichen Entscheidungen. Die so oft kritisch beäugten „Seilschaften“ gab es also nicht nur auf einer Seite und sie konnten durchaus Positives befördern, in Einzelfällen, aber das sei nur am Rande erwähnt, sogar ganz außergewöhnliche Karrieren. Außerdem spielte die traditionell starre beamtenrechtliche Hierarchie in den allerersten Anfangsjahren zumeist noch eine eher untergeordnete Rolle: Es war nicht unbedingt so wichtig, wer etwas sagte, sondern ob – von wem auch immer – ein vorwärtsweisender und realisierbarer Vorschlag gemacht wurde. Selbst Personen, die sonst eher als „Bedenkenträger“ bekannt waren, wollten gelegentlich nicht mehr erklären, warum etwas nicht geht, sondern waren eher daran interessiert, zu erfahren, wie es vielleicht doch gehen könnte.

Es war ohnehin erstaunlich, wie sehr in dieser für den Aufbau Ost äußerst wichtigen Phase und unter diesen, bei konventioneller Betrachtungsweise manchmal eher chaotischen Rahmenbedingungen bei vielen Verwaltungshelfern – so auch bei mir selbst – allein die Chance, unmittelbar gestalten oder doch zumindest aktiv mitgestalten zu können, ein hohes Maß an Kreativität begründete und darüber hinaus ungeahnte Energien freigesetzt wurden. Ich vermute sogar, dass sich nahezu alle nicht nur kurzfristig tätigen Verwaltungshelfer durch die Wahrnehmung dieser, in ihrer Art wohl einmaligen Aufgabe und den dabei gemachten Erfahrungen in vielerlei Hinsicht verändert haben.

Einige der Verwaltungshelfer werden sich bei ihrer Rückkehr in das jeweilige Betreuungsland vielleicht sogar gewünscht haben, ein ähnlich die Kreativität förderndes „Chaos“ und weniger Regelungen vorzufinden. Während andere, die in dem betreuten Land geblieben sind, sich gelegentlich wohl gewünscht hätten, dass diese wegen der besonderen Umstände besonders gestaltungsintensive Zeit nicht so schnell nach dem m. E. insoweit durchaus fragwürdigen Modell der Altbundesländer in vermeintlich normale Bahnen gelenkt worden wäre.

Abschließendes Fazit: Wer anderen hilft, hilft sich auch selber

Die Verwaltungshilfe für Thüringen war für Hessen sicher eine erhebliche Belastung, aber davon hat nicht nur dieses neue Bundesland profitiert, sondern, sieht man das nicht nur in materiellen Kategorien oder kurzsichtigen Dimensionen, mit hoher Wahrscheinlichkeit auch das Land Hessen und seine Bürger. Aber, und das möchte ich an dieser Stelle besonders hervorheben, diese gewaltigen Veränderungen ganz hautnah miterleben und sogar aktiv mitgestalten zu dürfen, war vor allem auch für mich selbst ein riesiger Gewinn.

Dr. Hartmut Schwan

Präsident des Thüringer Oberverwaltungsgerichts

Geboren 1951 in Bronnzell/Fulda. Jurastudium an der Philipps-Universität Marburg, 1979 1. juristisches Staatsexamen, 1982 Promotion, 1983 2. juristisches Staatsexamen Marburg/L. Von 1984 bis 1987 Richter auf Probe (Landgericht Kassel, Amtsgericht Fritzlar, Verwaltungsgericht Kassel), 1987 Richter am Verwaltungsgericht Kassel.
Im Rahmen der Verwaltungshilfe 1990 Zuweisung zum Kreisgericht Gera-Stadt, Kammer für Verwaltungssachen, 1991 bis 1993 Mitarbeit beim Aufbau des Thüringer Justizministeriums Erfurt, zwischenzeitlich 1992 Richter am Hessischen Verwaltungsgerichtshof, 1993 bis 2004 Präsident des Verwaltungsgerichts Weimar, zugleich von 1999 bis 2004 Vorsitzender der Schlichtungsstelle der Evangelisch-Lutherischen Kirche in Thüringen. Seit 2004 Präsident des Thüringer Oberverwaltungsgerichts, zudem Lehrbeauftragter der Friedrich-Schiller-Universität Jena und Mitglied des Thüringer Verfassungsgerichtshofs.

Interview mit Dr. Hartmut Schwan (S.) am 21. 2. 2008

I.: *Herr Dr. Schwan, wie kam es zu Ihrer Tätigkeit in Thüringen und was war Ihre Motivation dafür?*

S.: Der Ausgangspunkt meines Thüringen-Aufenthalts, der sich bis heute hinzieht, war ein Aushang am Schwarzen Brett des Verwaltungsgerichts in Kassel, etwa Ende des Jahres 1989, Anfang 1990. Darin wurden Kollegen gesucht, die sich für einen Einsatz in Thüringen interessierten. Dem lag eine Vereinbarung zwischen der Bundesrepublik Deutschland, den Bundesländern alt und der DDR zugrunde, wonach die Verwaltungsgerichtsbarkeit, die Finanzgerichtsbarkeit, die Sozialgerichtsbarkeit und später auch die Arbeitsgerichtsbarkeit, die es in der DDR in dieser Form nicht gab, durch Mithilfe der Richter aus der Bundesrepublik aufgebaut werden sollten. Das war die Grundlage des Aushangs am Schwarzen Brett und der dort erbetenen Interessenbekundungen.

I.: *Im Zuge der Länderneubildung kam es in der DDR zum Neubau der Gerichtsbarkeit, was musste umstrukturiert werden und wie fand dies statt?*

S.: Die DDR hatte in ihren letzten Jahren Rudimente einer Verwaltungsgerichtsbarkeit eingerichtet, und zwar mit einem Gesetz zur Nachprüfung von Verwaltungsentscheidungen aus dem Jahre 1988. Denn seit den fünfziger Jahren gab es keine Verwaltungsgerichtsbarkeit mehr. Die Wiedereinführung dieser Gerichtsbarkeit war gezielt als Ventil für den steigenden Druck auf die staatlichen Organe wegen verweigerter Ausreisegenehmigung eingesetzt worden. Die Überprüfung von Verwaltungsentscheidungen war jedoch zunächst beschränkt auf ganz wenige Rechtsgebiete; unter anderem auf verweigerte Ausreise („Gesetz zur Nachprüfung von Verwaltungsentscheidungen I – GNV I –" beschlossen 1988, in Kraft seit 1. 7. 1989). Das GNV II aus dem Jahr 1990 machte weitere Bereiche überprüfbar. Die politischen Ereignisse und das Verfassungsrecht der DDR haben dieses Gesetz überholt. Denn im Sommer 1990 enthielt die DDR-Verfassung bereits eine Art. 19 Abs. 4 GG entsprechende Überprüfungsmöglichkeit. Danach konnten alle staatlichen Entscheidungen gerichtlich überprüft werden. Das waren die gesetzlichen Grundlagen der Verwaltungsrichtertätigkeit. Nach dem „GNV II" waren Kammern für Verwaltungsrecht zu bilden. Hierfür standen aber in der DDR keine ausgebildeten Richter zur Verfügung. Verwaltungsrecht wurde an den Universitäten nicht gelehrt. Das war der Grund dafür, weshalb man Richter brauchte, und ich habe mich wie einige andere auch daraufhin gemeldet, um mein Interesse zu bekunden. Damit war für mich eigentlich noch keine feste Zusage verbunden, das hat man aber so interpretiert. Und alles, was ich dann hörte, war, dass ich in Gera beim Aufbau dieser Kammern für Verwaltungssachen eingesetzt werden sollte. Wir wollten als Familie nach Thüringen umziehen, um eine Trennung zu vermeiden. Deshalb hatte ich eine „Zuweisung", meinem Wunsch entsprechend, für 2½ Jahre und nicht nur für die üblichen 12 Monate bekommen. Um den völkerrechtlichen Status der DDR zu respektieren, nannte man die Entsendung nicht „Abordnung", sondern „Zuweisung". Das war der Ausgangspunkt. Mein Motiv für die Arbeit in Thüringen ist relativ einfach und ziemlich unspektakulär: Meine Familie stammt väterlicherseits aus der Thüringischen Rhön. Ich bin deshalb hergekommen, weil ich das Land kennen lernen wollte. Wegen der Verwandtschaftsbesuche hatte ich allerdings eine völlig falsche Vorstellung von den Wohn- und Lebensverhältnissen. In der Thüringischen Rhön gab es auf dem

Land keine für mich erkennbare Wohnungsnot. Die Verhältnisse schienen völlig geordnet, so wie man sie auf dem Land in der Hessischen Rhön auch findet. Es war dann für mich, als ich im Sommer 1990 nach Gera fuhr, sehr überraschend, dass dort – das glaubt man heute nicht – 20.000 Menschen eine Wohnung suchten. Es gab dort große Wohnungsnot und die Versorgungslage war keineswegs so, wie mein Eindruck aus der Rhön gewesen ist.

Damit fing dann auch gleich eines der existenziellen Probleme für uns zugewiesene Richter an: nämlich die Suche nach einer Wohnung. Mit mir waren noch zwei weitere Verwaltungsrichter aus Hessen in Gera. Es gab zwar eine Zusicherung, uns Wohnungen zuzuweisen, unterzeichnet vom Minister der Justiz der DDR. Der Lauf der Ereignisse hatte den Einfluss der Zentralgewalt in Berlin aber schon sehr weit geschwächt, so dass die Zusage einer Wohnung, die ich hatte, nämlich eine Vierraumwohnung für die Familie, offensichtlich nichts mehr galt. Es gab keine, entgegen der Zusage. Das hat die Geschäftsgrundlage schon ins Wanken gebracht, weil der Umzug mit der Familie so nicht möglich war. Ich habe schließlich ebenso wie die anderen Kollegen einige Wochen unter dem Dach des Bezirksgerichts in einem Inspektorenzimmer gewohnt. Inspektorenzimmer deshalb, weil die Bezirksgerichte diese Übernachtungsmöglichkeiten, sieben Quadratmeter, möbliert, für die Inspektoren aus Berlin vorhielten, die die Richterkollegen der ehemaligen DDR auf Systemtreue prüften, indem sie Akten lasen und bei den Verhandlungen dabei waren. Den meisten der DDR-Kollegen ausgesprochen verhasste Leute. Für die gab es drei Zimmer, die wir Verwaltungsrichter bekamen. Die sanitären Anlagen des Gerichts konnten mitbenutzt werden, und auch ansonsten war es ein bisschen abenteuerlich. Später bekam ich eine Einraumwohnung in einem der Trabantenvororte von Gera. Für DDR-Verhältnisse eine der begehrtesten Wohnungen – Erstbezug! Die hatte ich allerdings nicht lange, weil ich bereits im Dezember 1990 nach Erfurt ging. Denn alle Versuche, eine Wohnung in Gera für die Familie zu finden, scheiterten. Selbst die städtische Vergabestelle, die eigentlich an Mietpreise gebunden war, setzte sich ohne weiteres darüber hinweg und verlangte von denen, von denen sie glaubte, dass sie es bezahlen konnten, horrende Preise. Ganz offensichtlich dachten die Mitarbeiter, jetzt sei der Kapitalismus pur ausgebrochen.

I.: *Wie ist man Ihnen als Westrichter bei Ihrer Tätigkeit in Gera begegnet?*

S.: Die DDR-Kollegen hatten, soweit sie keine herausragenden Ämter bekleideten, so viel mit ihren eigenen Problemen zu tun, dass sie uns zunächst lediglich als zusätzliche Belastung empfanden. Mit eigenen Problemen meine ich ihre Ungewissheit über ihr persönliches Schicksal. Es stand die Überprüfung auf Übernahme in den neuen öffentlichen Dienst an, und da waren die Anforderungen völlig unklar – uns auch. Diese als existenzielle Bedrohung empfundene Lage hat sich auf die Stimmung ausgewirkt. Die war deshalb sehr schlecht. Der Präsident des Bezirksgerichts und der Direktor des Kreisgerichts mühten sich, ihrer Verantwortung, nämlich Kammern für Verwaltungssachen einzurichten, gerecht zu werden. Wir bekamen Diensträume in einem ehemaligen Junggesellenheim der Staatssicherheit, in einem Zweifamilienhaus in sehr schöner

Wohnlage. Wir erhielten auch eine Büroausstattung, zu der eine moderne Telefonanlage gehörte, die wegen der unzureichenden Amtsleitung aber nach außen nicht richtig funktionierte.

I.: *Wie sah Ihre Tätigkeit in der Noch-DDR konkret aus und welche Erfahrungen waren damit verbunden?*

S.: Wir Westrichter waren einbezogen in die Geschäftsverteilung des Kreisgerichts. Wir bildeten eigenständig Kammern für Verwaltungssachen, übrigens zum ersten Mal, obwohl die Kammern schon seit zwei Jahren hätten eingerichtet sein müssen. Und wir bekamen die Akten, die im Verwaltungsrecht zur Bearbeitung – nach DDR-Recht – anfielen; auch Akten von Ordnungswidrigkeiten, also Geschwindigkeitsübertretungen, die der Sache nach vollkommen logisch zum Öffentlichen Recht gehören, denn es geht dabei um einen Anspruch gegen den Staat, der diese Ordnungswidrigkeit verhängt hat. Kraft spezialgesetzlicher Zuweisung sind diese Verfahren in der alten Bundesrepublik den Strafgerichten zugewiesen. Dann gab es auch Verfahren, die sich auf Rückübertragung von Unternehmen nach DDR-Recht bezogen; und es gab Verfahren, die wir nicht kannten. Das waren Klagen von Verbrechensopfern auf Schadensersatz gegen den Staat, wenn der Verursacher nicht greifbar oder nicht zur Leistung imstande war. Wir hatten einige Fälle, in denen die Hinterbliebenen von Mordopfern gegen den Staat klagten, weil der Mörder lebenslang einsaß. Es gab niemanden, der uns Weisung erteilte, sondern man ließ uns die Verwaltungsstreitsachen organisieren und entscheiden, weil keiner etwas davon verstand. Vorgesehen war, entsprechend der Verabredung, dass DDR-Kollegen in dieses verwaltungsrichterliche Geschäft einbezogen werden („Learning by doing"). Es fand sich eine Kollegin in Gera, die sich das zutraute und mitarbeiten wollte. Sie kam von einem der Vertragsgerichte, in denen keine streitentscheidende Rechtsprechung stattfand, sondern die eher Schlichtungsstellen waren. Sie gab später die Mitarbeit wegen zu großer Belastung wieder auf. Es gab eine große Geschäftsstelle, die von einem bayerischen Sozialrichter und einem bayerischen Arbeitsrichter mitgenutzt wurde. Es stellte sich heraus, dass die Schreibdamen nicht aus der Gerichtsbarkeit kamen, sondern von der Zentrale der Staatssicherheit, bei der offensichtlich jetzt die Arbeit ausgegangen war. Sie schrieben ausgezeichnet.

Die anfänglich vorhandene Bereitschaft der DDR-Richter, sich mit uns auszutauschen, hörte nach einer – wie wir später erfuhren – Weisung des Bezirksgerichtspräsidenten schlagartig auf. Die jüngeren Kollegen, die um Rat gefragt hatten, taten es plötzlich nicht mehr. Man versuchte, uns zum Nachhausegehen zu bewegen. Wir vermuteten, dass man uns für die „Vorhut der Übernahme der DDR-Justiz" durch den Westen hielt. Was vollkommen unbegründet war, da es die Fachgerichtsbarkeit in der DDR nicht gab. Und so konnte folglich auch keine Konkurrenz entstehen.

Es gab auch Methoden, die dazu angetan waren, uns in Hessen zu diskreditieren. Das geschah in Gera nach meiner eigenen Erfahrung noch relativ harmlos – indem man uns einen unmittelbaren Eingriff in die Verhandlungsführung der Ost-Kollegen unterstellte. Wir waren eingeladen, an den Verhandlungen der Kollegen teilzunehmen, um uns mit dem Rechtssystem der DDR vertraut zu machen. Der Einladung folgten auch alle Westrichter, dummerweise aber jeder einzeln. Wir waren nicht zu dritt in einer Sitzung gewesen, sondern jeder war in einer anderen. Und nachher hieß es, dass einer von uns dreien in die Verhandlungsführung eingegriffen habe. Also das „Besserwessi-Syndrom". Das wurde schneller als der Schall über das Bezirksgericht in Erfurt an das Justizministerium in Wiesbaden weitergegeben. Man wollte damit erreichen, dass dieses unsensible Verhalten Anlass sein solle, uns dort abzuziehen. An anderen Gerichten und anderen Standorten gingen die Präsidenten/Direktoren noch sehr viel massiver vor. Das Ministerium in Wiesbaden ließ sich nicht beeindrucken, weil es – Gott sei Dank, muss man sagen – dem alten Grundsatz „audiatur et altera pars", man höre auch die andere Seite, folgend, uns ebenfalls befragte. Erst dadurch erhielten wir überhaupt Kenntnis von der Anschuldigung und konnten aufklären. Alles in allem war die Stimmung in der Grundtendenz schlecht, weil die Ost-Kollegen Entlassungen befürchteten. Leider waren die Meldungen aus dem Westen darüber auch sehr widersprüchlich. Und die Thüringer Richter vermeinten einen Unterschied zu erkennen zwischen einer rheinland-pfälzischen und einer hessischen Richtung. Während Meinungsäußerungen des damaligen Hessischen Justizministers Koch so interpretiert wurden, als würde eine sehr strenge Linie gefahren, hielt man den Rheinland-Pfälzern eine sehr viel moderatere Herangehensweise zugute. Ich denke, die Maßstäbe beim Richterwahlausschuss waren gleich und weder in die eine noch in die andere Richtung übertrieben.

I.: *Wann wurden die Richterwahlausschüsse in Thüringen eingesetzt?*

S.: In Thüringen wurden sie sehr spät eingerichtet, weil Streit darüber entbrannt war, ob die Abgeordneten, die für die Richterwahlausschüsse vorgesehen waren, sich selbst noch einmal einer Überprüfung unterziehen sollten. Das wurde lange und kontrovers diskutiert. Thüringen benötigte für die Überprüfung am längsten. Es war allerdings auch eines der wenigen Länder, in denen die Betroffenen die Ergebnisse weitgehend akzeptierten. Es gab nur sehr wenige Verfahren gegen die Entscheidungen der Ausschüsse.

So waren die Verhältnisse in Gera. Was das Rechtliche angeht, mussten wir kaum Verfahren streitig entscheiden. Ich hatte nach dem Beitritt der DDR zur Bundesrepublik Deutschland noch ca. 40 Verfahren. Denn mit dem Beitritt wurden die Ordnungswidrigkeiten an die Strafjustiz abgegeben und es blieb nur die Kernaufgabe übrig. Das waren die 40 Verfahren, also lächerlich wenig. Und davon habe ich keines unerledigt zurückgelassen. Ich musste aber auch keines mit einem Urteil entscheiden. In den mündlichen Verhandlungen stellte ich die Rechtslage vor. Der, zu dessen Ungunsten sie war, akzeptierte dies, ohne dass ein Urteil gesprochen werden musste. Das ging damals, weil man unserem Sachverstand und unserer Unabhängigkeit offensichtlich vertraute. Unstreitige Erledigungen in diesem Umfang waren für uns eine ganz neue Erfahrung. Insofern war das Richten leicht. Offen gestanden war ab November 1990 nicht mehr viel zu tun. Denn zunächst gab es kaum neue Eingänge und die alten Fälle waren weitgehend abgearbeitet. In diese Zeit fiel die Bitte, nach Erfurt zu gehen, weil dort mit dem Aufbau der Landesverwaltung im Justizministerium personelle Kapazität benötigt wurde.

I.: *Wer war für die Betreuung der nach Thüringen zugewiesenen Richter zuständig?*

S.: Die Betreuung der zugewiesenen Richter geschah durch die jeweiligen Bundesländer. Wir hatten, weil auch zwei bayerische Kollegen in Gera waren, den direkten Vergleich zu Bayern und, was die Erfurter Kollegen anbetraf, auch den Vergleich zu Rheinland-Pfalz. Daher wussten wir, wie die Betreuung vor Ort umgesetzt wurde. Rheinland-Pfalz pflegte einen sehr engen Korpsgeist. Die Richter wurden sehr intensiv betreut. Bayern organisierte auch durch großzügige finanzielle Zuwendungen. Die Kollegen durften bis Leipzig fliegen! Die hessische Betreuung war beim Justizministerium angesiedelt. Herr Britzke arbeitete daran wesentlich mit und ganz zu Beginn auch Herr Gasser. Er begleitete uns auch bei unserem ersten Besuch nach Gera und war beim Vorstellungsgespräch beim Bezirksgerichtspräsidenten dabei. Dieses Gespräch warf ein schlagartig erhellendes Licht auf das Über- und Unterordnungsverhältnis innerhalb der Justiz in der DDR: Der Bezirksgerichtspräsident unterhielt sich mit uns ausgesprochen freundlich, jovial, sachlich. Sein Verhalten schlug jedoch ins Gegenteil um, als er sich mit einem DDR-Richter auseinandersetzte, der irgendetwas zum Gespräch beitragen wollte.

Die Betreuung in Wiesbaden wurde dann, als Thüringen gegründet war und Herr Gasser dort politische Aufgaben übernommen hatte, von Herrn Britzke weitergeführt. Als Frau Hohmann-Dennhardt das Justizministerium von Herrn Koch übernahm, oblag die Koordinationsaufgabe Herrn Peter Becker, der aus der Sozialgerichtsbarkeit kam.

I.: *Sie wechselten, wie Sie sagten, im Dezember 1990 ins thüringische Justizministerium, was war der Grund dafür?*

S.: Da sich, wie schon gesagt, der Umzug mit der Familie nicht realisieren ließ, wollte ich nur noch die üblichen 12 Monate in Thüringen bleiben, was man mir auch zugesagt hatte. Mir war sehr daran gelegen, nicht bis Gera fahren zu müssen. Und wegen offensichtlicher – uns aber nicht bekannter – Absprachen zwischen den Bundesländern fuhren zwei Kollegen aus Regensburg nach Erfurt, um dort als Verwaltungsrichter zu arbeiten, und wir fuhren von Kassel nach Gera. Das war zwar Unsinn, ließ sich aber auch auf Intervention nicht ändern. Ich war also daran interessiert, näher an Kassel zu kommen. Daher nahm ich auf Bitten von Herrn Gasser dessen Angebot an, im Justizministerium in Erfurt mitzuarbeiten. Dort war ich zunächst für alles zuständig, weil sich in dem im Aufbau befindlichen Ministerium einzelne Zuständigkeitsbereiche noch nicht ausdifferenziert hatten.

I.: *Wie groß war zu diesem Zeitpunkt die Arbeitsgruppe? Und welche Aufgaben hatten Sie beim Aufbau des Thüringer Justizministeriums zu bewältigen?*

S.: Als ich im Dezember 1990 das erste Mal ins Ministerium kam, arbeiteten dort vielleicht zehn Leute. Aber das baute sich sehr rasch weiter auf. Am Anfang konnte man nicht auf Nichtzuständigkeit verweisen, sondern musste im Prinzip alles machen. Was mir dabei sehr half, war meine Erfahrung in der ordentlichen Justiz, weil es bei den meisten Fragen in dieser Zeit um Grundbuch, Vollstreckung, Gerichtsvollzieherwesen und Ähnliches ging, also um den Aufbau der ordentlichen Gerichtsbarkeit und weniger um die Verwaltungsgerichtsbarkeit. Die Aufgaben waren nicht so sehr theoretisch, sondern zunächst einmal standen ganz praktische Probleme an. Zum Beispiel hatte das Kreisgericht in Heiligenstadt Hilfe aus Kassel bekommen. Das dortige Grundbuchamt war desolat untergebracht. Wegen schimmeliger Räume drohten die Grundakten Schaden zu nehmen, was zu DDR-Zeiten kein Problem war, weil man den Eigentumsverhältnissen ohnehin keine große Bedeutung zugemessen hatte und Einträge in Grundbüchern vielfach durch Schwärzen vernichtet wurden. Kurzum, es war dort ein tatkräftiger Mensch aus Kassel, der half. Und er hatte die Chance, für die Grundakten Räume zur Verfügung zu haben. Für den Umzug der Akten hatte er bereits einen Transportwagen vom Justizvollzug aus Wehlheiden bei Kassel und Gefangene organisiert. Er rief dann zwecks Genehmigung des Vorhabens im Ministerium an. Ich musste sofort entscheiden, weil kein anderer da war, der hätte gefragt werden können. Und das war deshalb heikel, weil das Grundbuchwesen damals zum Innenministerium gehörte und man damit in die Kompetenz des Innenministers eingegriffen hätte. Wir haben den Umzug dennoch einfach gemacht. Welche Struktur das Justizministerium später haben sollte, war da noch nicht die Frage, sondern zunächst ging es um ganz, ganz handfeste, von heute auf morgen zu entscheidende Dinge.

Die spätere Struktur hat sich erst langsam herausgebildet. Es gab dann eine Abteilung 1, Zentralabteilung, die im ersten halben Jahr in fünf Abteilungen ausdifferenziert wurde. Das bedeutete aber nicht, dass auch personell alle Zuständigkeiten getrennt gewesen wären. Also ich war teilweise mindestens in drei Abteilungen für irgendetwas zuständig, was manchmal auch zu Reibereien wegen der Kompetenzen führte.

I.: *Wie viele Personen dieser Kerngruppe kamen aus Thüringen?*

S.: Ganz wenige. Frau Walsmann gehörte von Anfang an dazu. Sie arbeitete in der Unterabteilung des Ministerbereiches und war unter anderem für Pressearbeit zuständig. Dann hatten wir noch aus dem Bereich der Rechtssekretäre eine Dame, die direkt dem Minister zuarbeitete. Und einige weitere, die aus dem Rechtssekretärs-Bereich stammten. Richter aus Thüringen waren zunächst nicht da. Staatsanwälte, die die Überprüfungsausschüsse z. T. schon durchlaufen hatten, waren in der Strafrechtsabteilung tätig. Und es war in der Zentralabteilung eine Diplom-Juristin teilzeitbeschäftigt, die zugleich auch in der Abteilung V, Ausbildung, mitgearbeitet hat. Ansonsten waren die Abteilungen landsmannschaftlich zugeordnet: Abteilung I, II, IV Rheinland-Pfalz, Abteilung III und V Hessen. Es entstand dann in Thüringen ein voll funktionsfähiges Justizministerium, in dem sich die Aufteilung der einzelnen Abteilungen nach sachlichen Gesichtspunkten richtete – wie in allen anderen Landesjustizministerien auch.

Ich war u. a. auch im Grundsatzreferat tätig und hatte in der Abteilung II, Gesetzgebungsabteilung, den gemeinsamen Ausschuss Verfassungsreform zu betreuen. Das war ein Ausschuss, in dem Thüringen zusammen mit Hessen in Bonn die Berichterstattung zu Art. 24 GG hatte. In der Zentralabteilung I hatte ich die Verwaltungsgerichtsbarkeit und zu Beginn auch die Gerichtsstandortfragen für die ordentliche Gerichtsbarkeit mitzubedienen.

I.: *Sie waren zudem schwerpunktmäßig am Aufbau der Ausbildungsabteilung beteiligt, was war dabei Ihre Aufgabe und womit sind Sie darüber hinaus noch befasst gewesen?*

S.: Ja, die Ausbildung war ein Schwerpunkt meiner Aufgaben. Ich war in diesem Bereich „vor Ort" verantwortlich, bis Herr Leimert als Abteilungsleiter aus Hessen kam. Zu diesem Zeitpunkt, das war Mitte 1991, war die Abteilung jedoch bereits geschäftsverteilungsplanmäßig ausdifferenziert. Bis dahin waren die Positionen des Abteilungsleiters und die des Stellvertreters nominell durch die hierfür im Hessischen Justizministerium zuständigen Beamten in Personalunion auch für Thüringen wahrgenommen worden.

Aber bevor alles in formelle Bahnen kam, waren – wie schon sagt – aktuelle Probleme zu lösen. Ein großes Problem war der Mangel an Gerichtsvollziehern, denn die Vollstreckung war schon von Beginn an ein Nadelöhr. Auch wenn viele Titel erstritten werden, gibt es ein Problem, wenn sie nicht vollstreckt werden können. Wir organisierten Kurse mit Referenten aus den westlichen Bundesländern, um Grundlagen zu vermitteln.

Dann musste der universitäre Betrieb in Jena umstrukturiert werden. Dabei unterstützte die Philipps-Universität Marburg. Das tat Professor Werner für den juristischen Bereich. Mit ihm konnte ich für das Ministerium eine sehr gute Zusammenarbeit pflegen. Hier ging es einerseits darum, das zu bewahren, was durch die übernommene Studienordnung der Philipps-Universität in Jena schon aufgebaut war, andererseits ging es auch darum, sich durch diese Übernahme in der Juristenausbildung nicht gleich festlegen zu lassen. Denn politisch war ein süddeutsches und nicht das hessische Modell gewollt. Dies bedeutete zahlreiche Klausuren und keine Hausarbeit. Dabei entstand ein ganz guter Kompromiss, der sich später in dem Justizausbildungsgesetz niederschlug, das ich zu betreuen hatte. Es wurde entschieden, sowohl eine Hausarbeit als auch viele Klausuren anzubieten, denn es musste sichergestellt sein, dass Semester nicht verloren waren. Zunächst gab es heftigen Widerstand im Parlament dagegen, den Justizminister Jentsch aber abfangen konnte. Retrospektiv betrachtet war die Entscheidung richtig. Im bundesweiten Vergleich werden unsere Absolventen heute überall sehr gerne übernommen, selbst in Bayern.

Es mussten Rechtspfleger ausgebildet werden. Auch hier wurden lange Zeit ganz verschiedene Modelle diskutiert. Schließlich kam es zu einem Staatsvertrag zwischen Hessen und Thüringen. Seither werden unsere Rechtspfleger in Rotenburg ausgebildet. All das war zu begleiten und vorzubereiten, auch haushaltstechnisch musste alles abgewickelt werden.

Wie gesagt, meine Arbeit bestand in einer Fülle von Dingen, für die keine Zuständigkeit im Geschäftsverteilungsplan festgelegt war. Eine weitere Aufgabe war die Koordination der Thüringen-Hilfe bezogen auf die Zusammenarbeit zwischen den Gerichten. Hierfür gab es einen Koordinator in Hessen und einen Koordinator in Thüringen. Ich hatte den Thüringer Part. Diese Aufgabe war deshalb heikel, weil die Zusammenarbeit zu Anfang große Risiken barg, denn wenn durch direkte Kontakte, wie es auch geschehen war, hochbelastete Ost-Kollegen hoffähig gemacht wurden, gab es Proteste der Bürger und der Parlamentarier in Thüringen. Das konnten die Kollegen im Hessischen nicht immer nachvollziehen, weil sie nicht einschätzen konnten, wie die Bevölkerung darauf reagierte. Die Aufgabe erforderte viel Fingerspitzengefühl, denn das Engagement gerade der hessischen Kollegen musste erhalten bleiben und gleichzeitig sollte nicht direkt und ohne Rückkoppelung mit den zuständigen Ministerien agiert werden. Das war nicht ganz einfach. Schwierig war es vor allem in den Landgerichtsbezirken in Hessen, in denen keine persönlichen Kontakte bestanden. Da ich im Landgerichtsbezirk Kassel als Richter angefangen hatte, war es dort relativ leicht, ein offenes Wort zu sagen. Denn gerade auf der nichtoffiziellen Ebene wurde die Hauptunterstützungsarbeit für Thüringen geleistet. Hier gab es eine mehr tolerierte und geduldete und nur vorsichtig geförderte Zusammenarbeit. Herr Koch als Minister war damit – nach außen sichtbar – nicht unmittelbar befasst. Sehr engagiert hatte sich Herr Bouffier, der damals Staatssekretär im Hessischen Justizministerium war und diese direkten Kontakte förderte. Es gab einige „Koordinierungstreffen" im Hessischen, die ohne große Öffentlichkeit stattfanden.

Auf dieser Ebene der Zusammenarbeit wurden Formulare zur Verfügung gestellt, Schreibmaschinen, Diktiergeräte und Bücher abgegeben, Rat erteilt etc. Das war ein Feld, das behutsam angegangen werden musste, um ja niemandem in die Quere zu kommen. Eine „kreative" Unterstützungsaktion war folgende: Im Nordhessischen hatte sich ausgehend vom Amtsgericht in Kassel ein Verein „Pro Thüringen e. V." gegründet. Dessen Ziel war es, die desolate Ausstattung der Gerichte mit Fachliteratur in Thüringen zu verbessern. Dafür warb der Verein mit großem Erfolg Geld ein. So erhielten wir Verwaltungsrichter unter anderem unsere Grundausstattung der Entscheidungssammlung des Bundesverfassungsgerichts. Als Thüringer Haushaltsmittel für Bücher zur Verfügung standen, stellte der Verein selbstverständlich seine Arbeit wieder ein. Denn natürlich konnte es nicht sein, dass ein gemeinnütziger Verein, der auch Bußgelder vereinnahmte, damit die Justiz wieder unterstützte, wenn auch in einem anderen Bundesland. Auch diese Hilfe war zu betreuen und zu koordinieren.

Auf die Frage, was haben Sie im Ministerium gemacht, kann ich also nicht sagen, ich war in der Abteilung X für das und das zuständig, sondern es mussten ständig neue „Brandaufgaben" bewältigt werden. Ein weiteres Beispiel waren die Grundbuchämter, hier waren erhebliche Rückstände aufgelaufen, die irgendwie wegmussten. Denn sie waren ein großes Investitionshemmnis. Auch hier war wieder eine kreative Lösung gefragt. Sie bestand darin, dass Rechtspfleger aus dem Westen über das Wochenende die Rückstände abarbeiteten. Auch das musste juristisch sauber abgewickelt und begleitet werden. Die Rechtspfleger wurden für die Arbeitseinsätze am Wochenende aus Hessen und Rheinland-Pfalz nach Thüringen teilabgeordnet.

Man konnte und musste unkonventionell arbeiten, und das wurde akzeptiert. Es wäre gar nicht gegangen, wenn Herr Gasser oder Herr Jentsch auf Einhaltung des Dienstweges bestanden hätten oder hätten immer rückgefragt werden wollen. Es bestand Vertrauen, sodass man bis zu einem bestimmten Grad selbst entscheiden konnte.

Für mich persönlich hochinteressant war die Aufgabe, an den Untersuchungsausschüssen für die Regierung teilzunehmen. Der Thüringer Landtag hatte einen Untersuchungsausschuss „1.1", der erste, den es gab, eingerichtet, der sich mit der Verstrickung der Stasi in Organisationen im neuen Thüringen befasste. Er war von allen Parteien getragen, auch von der PDS. Die Regierung hatte eine Beobachtungs- und Teilnahmeberechtigung, die ich wahrnahm. Vornehmlich ging es darum, zu überprüfen, wie sich beispielsweise in den Kreisverwaltungen oder in anderen öffentlichen Einrichtungen die Verwaltung zu den dort noch tätigen belasteten Mitarbeitern verhielt und welche Maßnahmen ergriffen wurden. Dazu wurden die Leiter jeweils befragt und Untersuchungen durchgeführt. Durch die Arbeit in dem Ausschuss bekam ich einen Einblick in das, was in Thüringen intern an Aufarbeitung der DDR-Vergangenheit stattfand und wie die Empfindungen und die Einschätzungen der Thüringer selbst waren. Erkennbar war das ganz ernsthafte Bemühen, Wissen aufarbeiten und vor allem sicherstellen zu wollen, dass der Bürger in den Verwaltungen an entscheidender Stelle nicht auf jemanden traf, der in das frühere Unrechtssystem verstrickt war. Diese Aufgabe ist politisch in keinster Weise instrumentalisiert worden. Auch das war eine sehr schöne Erfahrung.

Wie überhaupt die Zusammensetzung des Ersten Thüringer Landtags mit vielen Nichtpolit-Fachleuten eine ausgesprochen angenehme Erfahrung im Umgang mit dem Einzelnen für mich war; auch wenn sich die Vermittlung juristischer Sachverhalte ausgesprochen schwierig gestaltete. Der Thüringer Landtag hat übrigens bis heute, anders als westliche Landtage, keinen Überhang an Juristen.

Dann gab es natürlich auch die ganz normale „Kärrner-Arbeit" in juristischen Dingen. So hatte ich den Aufbau einer selbstständigen Verwaltungsgerichtsbarkeit zu verantworten. Dazu war ein Ausführungsgesetz zur Verwaltungsgerichtsordnung zu entwerfen, was ich auch tat. Die Schwierigkeiten der „Ausgliederung der Verwaltungsgerichtsbarkeit" lagen nicht im Rechtlichen, sondern waren „tatsächlicher" Art.

Wir hatten keine geeigneten Räume für die Verwaltungsgerichte. In Weimar war das Verwaltungsgericht im alten Landgerichtsgebäude an fünf voneinander getrennten Stellen und mit Außenkammern in Erfurt untergebracht. Für das zu bildende Oberverwaltungsgericht gab es gar nichts und in Gera saßen die Richter noch in dem Stasi-Junggesellenheim, dem Zweifamilienhäuschen. In Meiningen konnten wir ein paar Räume in einer alten Kaserne bekommen. Raumfragen waren die vordringlichen Fragen, die zu lösen waren, nicht Rechtsprobleme. Wir entschieden uns, bei der Standortwahl der Gerichte zunächst nach historischen Anknüpfungspunkten zu suchen. Immer waren bei der Standortwahl die Widerstände der jeweiligen Wahlkreisabgeordneten zu überwinden, die selbstverständlich alle ein Gericht haben wollten.

Die Ausgliederung der Verwaltungsgerichte musste haushaltsrechtlich vorbereitet sein. Es mussten Haushaltsanmeldungen aufgestellt und genehmigt werden, und wie man die macht, habe ich natürlich als Richter nicht gelernt. Dafür war Einarbeitung nötig. Letztendlich orientierte ich mich an der Bevölkerungszahl und einem „Betreuungsschlüssel" für einen Verwaltungsrichter, den ich hessischen und rheinland-pfälzischen Mittelwerten entnahm. Der Ansatz: die Hälfte der Haushaltsmittel Hessens für die Verwaltungsgerichtsbarkeit erwies sich als richtig.

Erstaunlich viel des schnell Entschiedenen ist gut gegangen, manches auch nicht. So haben wir aus dieser Anfangszeit heute noch Gesetze, die in sich nicht schlüssig sind. Was übrigens auch mit auf die Betreuung durch drei Bundesländer zurückzuführen ist. Es wird dort schwierig, wo die Brüche inhaltlich nicht zu vertreten sind. Das bedarf dann Gesetzeskorrekturen, wie es etwa beim Denkmalschutzgesetz passiert ist.

I.: *Wie bewerten Sie aus heutiger Sicht Ihre Zeit als Aufbauhelfer und die hessische Hilfe in Thüringen insgesamt?*

S.: Wenn ich die Aufbauphase und meine Tätigkeit retrospektiv betrachte, kann ich nur sagen, so frei gestaltend wirken zu können, kommt sicher nicht wieder. Das war einmalig und ich bin froh, dass ich das machen durfte. Dass sich viele idealistische Vorstellungen beim Neuaufbau der Justiz nicht dauerhaft haben umsetzen lassen, ist hinzunehmen. Die Realität hat die Träume eingeholt. Der Versuch, sie zu verwirklichen, hat sich aber gelohnt. Die beim Aufbau gemachte Erfahrung, dass nicht nur auf der Ebene der Richter, Sachbearbeiter etc., sondern auch im Justizministerium durch die politische Leitung versucht wurde, Justizverwaltung transparenter und vor allen Dingen nicht parteipolitisch zu machen, ist ermutigend. Sowohl Herr Jentsch als auch Herr Gasser haben beide die andernorts vorhandene Fixierung auf parteipolitische Zugehörigkeit beispielsweise bei Entscheidungen über Stellenbesetzungen nicht aufkommen lassen. Das war ein guter Anfang, weil dadurch auch den nicht berücksichtigten Bewerbern vermittelt wurde, dass sachliche Argumente ausschlaggebend waren, und weil es beispielgebend für die neue Justiz in Thüringen gewesen ist. Sie sehen es daran, dass beispielsweise dem nachmaligen Justizminister Kretschmer (SPD) von Beginn an eine leitende Position übertragen worden war. Seine Parteizugehörigkeit zu einer nicht die Regierung tragenden Partei spielte keine Rolle. Auch in der Zeit, in der Herr Kretschmer als Justizminister tätig war, war die Thüringer Justiz ähnlich angenehm von der Parteipolitik gelöst. Das sind schöne Erfahrungen, die ich nicht missen möchte.

Der gute Anfang hat erfreulich lange nachgewirkt. Das ist ein Verdienst der hessischen Aufbauhilfe. Auch das Mühen um das Vermitteln rechtsstaatlicher Grundsätze. Was Letzteres betrifft, ist allerdings die Arbeit in Thüringen noch nicht zu Ende. Der Rechtsstaat ist inzwischen akzeptiert. Wir Richter sind nach wie vor dafür zuständig, dass er auch gelebt wird.

Marion Walsmann

Thüringer Justizministerin

Geboren 1963 in Erfurt. Studium der Rechtswissenschaften an der Universität Leipzig. 1985 Justitiarin im VEB Robotron-Vertrieb Erfurt, 1986 Justitiarin im Stadtbauamt der Stadt Erfurt, 1990 Amtsleiterin des Rechtsamtes der Stadtverwaltung Erfurt.
Zwischen 1986 und 1990 Volkskammerabgeordnete (ehrenamtlich), 1989 bis 1990 Vertreterin der CDU beim „Zentralen Runden Tisch" in Berlin, 1990 Leiterin des Aufbaustabs „Justiz" des Politisch-beratenden Ausschusses zur Bildung des Landes Thüringen.
Ab Dez. 1990 bis 2004 in verschiedenen Funktionen im Thüringer Justizministerium tätig, u. a. Referatsleiterin des Referates Verfassungsrecht, als stellvertretende Abteilungsleiterin und Referatsleiterin Personal in der Abteilung Justizvollzug. Seit 1995 Kreisvorsitzende der CDU Erfurt, ab Juni 2004 Mitglied des Thüringer Landtags, stellvertretende Vorsitzende des Gleichstellungsausschusses, justizpolitische Sprecherin der CDU-Fraktion. Seit Mai 2008 Thüringer Justizministerin.

Interview mit Ministerin Marion Walsmann (W.) am 11. 12. 2007

I.: *Frau Walsmann, wie erlebten Sie die Zeit des politischen Umbruchs in der DDR, insbesondere auf „Landesebene"?*

W.: Im Rückblick beginnt die Veränderung auf Landesebene ab Januar 1990. Damals gab es das Land Thüringen noch nicht. Es gab nur die Räte der drei Bezirke und diese Räte funktionierten noch, sie befanden sich natürlich im Umbruch. Genauso waren die Mitarbeiter verunsichert und keiner wusste, wie es weitergeht. Während auf der kommunalen Ebene die Runden Tische schon Ende 1989 ihre Arbeit aufnahmen. Der Zentrale Runde Tisch in Berlin hatte die obere Staatsebene des Verwaltungsapparates bereits im November/Dezember 1989 entmachtet. Die Bezirksebene war dabei etwas ausgeblendet, weil man erst einmal diese Zentralstaatlichkeit in den Griff bekommen und demokratische Strukturen für eine Neuwahl der Volkskammer schaffen musste. Um mit der Neuwahl der Volkskammer, die im März 1990 stattfand, einen Ausgangspunkt zu setzen, um auch demokratische Neuwahlen auf der kommunalen Ebene durchführen zu können. Dann kam in den Blickpunkt, dass man die Länder auf dem Gebiet der ehemaligen DDR wieder einführen wollte. Es stellte sich die Frage, was bis dahin mit den Räten der Bezirke passiert, denn sie existierten ja noch. Sie hatten in der DDR eine wichtige Funktion, ein bisschen vergleichbar mit den Landesverwaltungsämtern, wie man sie heute kennt, nur nicht demokratisch organisiert. Aber sie hatten natürlich eine hochpolitische Funktion, weil sie alles, was zentralstaatlich angewiesen wurde, in den jeweiligen Bezirken exekutieren mussten. Nachdem die Volkskammerwahl – die erste demokratische freie Volkskammerwahl – im März 1990 stattgefunden hatte, war klar, dass die CDU daraus siegreich hervorgegangen war und welche anderen Parteien im Parlament mit vertreten waren. Dieser Prozess sollte auch auf Landesebene umgesetzt werden. Auf der zukünftigen Landesebene, denn es war schnell klar, dass man das Land Thüringen wieder bilden wollte.

I.: *Die Länderneubildung war von DDR-Seite gewollt?*

W.: Das war von den Bürgern so gewollt. Es gab eine mit einer Eigendynamik befangene Entwicklung, die im März 1990 deutlich spürbar war, dass man sagte, wir wollen unser Land Thüringen wieder haben. Das war die Zeit, in der sich auch die Landesverbände der Parteien neu verfasst haben, demokratisiert haben. Es gab ein kurzes Nachdenken darüber, ob man Thüringen als Land eigenständig wieder neu gründet oder ob es vielleicht ein Zusammengehen geben könnte – ein gemeinsames Land Hessen-Thüringen war damals einen kurzen Moment in Rede, aber es war eigentlich nie wirklich angedacht –, und insofern richtete sich der Blick sofort nach den Volkskammerwahlen im März 1990 darauf, die Voraussetzungen zu schaffen, um wieder ein Land Thüringen zu bilden. Kein Mensch hat das Wort Föderalismus damals gekannt, aber es war klar, dass Thüringen eins der Bundesländer Deutschlands sein sollte. Und die Frage war, wie organisiert man so etwas. Dass es staatlich funktioniert und dass wir die Hoheitsrechte wahrnehmen, die die anderen alten Bundesländer auch wahrnehmen.

I.: *War zu diesem Zeitpunkt bereits deutlich, dass es zu einer Vereinigung beider deutscher Staaten kommen würde?*

W.: Darauf haben wir, also ich spreche jetzt als Vertreterin der CDU, sehr stark hingearbeitet. Das war eine Entwicklung von November über Dezember 1989 von „Wir sind das Volk" über „Wir sind ein Volk" bis hin zu „Aber wir haben auch eine Eigenständigkeit". Und im Mai 1990 war es eigentlich klar, worauf es hinauslief. Nämlich Thüringen wieder als ein eigenes Bundesland zu gründen.

Und es war dann auch klar, dass wir etwas tun müssen, um die Geschäfte in die Hand zu nehmen. Denn wir wollten es nicht denjenigen in den Bezirken überlassen, die früher die Macht hatten. Dann wurden unmittelbar nach der Volkskammerwahl von der Regierung de Maizière die so genannten Landessprecher eingesetzt, das war auch eine Vorentscheidung. Es war eine kurze Zeit, dass man drei Landessprecher eingesetzt hatte, die für jeden Bezirk sprechen – später war es ein gemeinsamer, mit der Überlegung, das Land Thüringen in seiner alten Struktur wieder entstehen zu lassen. Josef Duchač, der spätere Ministerpräsident, wurde als Landessprecher eingesetzt, er hatte seinen Sitz in Erfurt – also auch schon eine gewisse Vorentscheidung für eine spätere Landeshauptstadt. Es gab weitere Bevollmächtigte in Gera und Suhl, die für die Bezirke sprechen sollten, sie haben ihre Kompetenz dann auf Josef Duchač als Landessprecher übertragen. Dies war notwendig, um zu zeigen, von dort aus soll jetzt mit einer einheitlichen Stimme die Vorbereitung zur Bildung des Landes Thüringen geschehen. Keiner wusste, wie das rechtlich umzusetzen war. Es wurde dann aber sehr schnell von der damals gerade gewählten Volkskammer das Länderneubildungsgesetz verabschiedet, das dann zum 14. Oktober 1990 in Kraft getreten ist.

Schnell war auch klar, wenn man einen Landessprecher hat und Bevollmächtigte, dann muss man irgendwas mit den staatlichen Strukturen machen, das heißt, man hat sich entschieden, einen Politisch-beratenden Ausschuss zur Bildung des Landes Thüringen zu gründen. Wir waren Aktive, die sich zusammengefunden haben.

I.: *Waren darunter auch Personen, die zuvor am Runden Tisch beteiligt waren?*

W.: Die zum Teil auf lokaler Ebene in den Runden Tischen integriert waren. Oder die wie ich vom Runden Tisch aus Berlin kamen. Ich habe die Arbeitsgruppe Justiz des Politisch-beratenden Ausschusses übernommen. Es wurde für jedes Ressort einer zukünftigen Landesregierung eine Arbeitsgruppe gebildet. So gab es z. B. die Arbeitsgruppe Landwirtschaft, so gab es die Arbeitsgruppe Umwelt, Finanzen, Justiz, Inneres, Gesundheit. Man hat in den alten Bundesländern geguckt, wie sehen da die Regierungen aus, für welchen Politikbereich muss man Vorsorge treffen, und für diese Bereiche wurde jeweils eine Arbeitsgruppe gebildet. Für die Justiz hat man lange nach einem unbelasteten Juristen gesucht, was in der DDR nicht so einfach war. Man ist auf mich gekommen, weil ich vorher Justitiarin in einem Betrieb war. Das heißt, ich habe weder etwas mit Staatsanwaltschaften noch mit den Gerichten in der DDR zu tun gehabt, die ja überwiegend von der Stasi unterlaufen waren oder Kontakte zur Stasi unterhalten haben. Ganz besonders auch die Staatsanwaltschaften, die im Prinzip politische Rechtsprechung vorbereitet und betrieben haben. Und bei den Gerichten war man mit der Überprüfung noch nicht so weit, dass man sagen konnte, wir nehmen uns da jemanden raus, dem wir vertrauen können. Also ging man auf mich zu und hat mich gebeten, den Vorsitz der Arbeitsgruppe zu übernehmen. Die Aufgabe bestand in der Vorbereitung funktionsfähiger Verwaltungsstrukturen für das neu zu bildende Land Thüringen, die es erlaubten, in dem Ländersystem seinen Platz mit allen Rechten und Pflichten einzunehmen. Das beinhaltete die Vorbereitung erster notwendiger Gesetzesvorhaben wie ein Thüringer Ministergesetz, ein Thüringer Gesetz über die Gerichtsorganisation etc., die Vorbereitung von Verwaltungsstrukturen, von personellen Entscheidungen bis hin zur Auswahl des Sitzes des zukünftigen Ministeriums, damit die Justiz in Thüringen als eigenständige Justiz funktioniert. Dann wurde ein Organigramm erstellt und geklärt, welche Abteilungen ein Justizministerium braucht und wie diese personell besetzt sein müssen. Denn das gab es ja nicht in der Zuständigkeit der Bezirke, der Strafvollzug war in der DDR dem Bereich des Innenministeriums zugeordnet und war zentralisiert, d. h. die Bezirke hatten keinerlei Einflussmöglichkeiten auf den Strafvollzug und die Anstalten unterstanden der Polizei. Entsprechend sah es auch aus – es war ein reiner Verwahrvollzug.

In dieser Arbeitsgruppe Justiz waren Mitglieder von jeder in der neu gewählten Volkskammer vertretenen Partei und Beamte aus den alten Bundesländern, die als Partnerländer zur Verfügung standen. Das war aus Rheinland-Pfalz Herr Bamberger, der jetzige Justizminister, der damals als Sekretär meiner Arbeitsgruppe fungierte und als Aufbauhelfer für den Bereich Justiz entsandt wurde. Das war Herr Groß aus dem Hessischen Justizministerium, der die Strafrechtsabteilung geleitet hat. Das war aus dem Justizprüfungsamt Herr Schmidt, der spätere Staatssekretär im Hessischen Justizministerium, der für das Justizprüfungsamt da war, und noch einige andere, hauptsächlich aus Hessen und Rheinland-Pfalz. Diese Berater wurden zu Tagungen der Arbeitsgruppen mit eingeladen, um uns darüber zu beraten, wie die Justizverwaltung in den Ländern aufgebaut ist. Wir haben uns mehrmals wöchentlich getroffen, wir haben Justizvollzugsanstalten bereist, uns Gerichte angesehen und dort mit den jeweiligen Präsidenten gesprochen. Ich persönlich habe damals die Amtseinführung meines Mannes durchgeführt.[12] Ich habe schlicht und einfach die alten Staatsanwälte, also die Bezirksstaatsanwälte ihrer Funktion ohne einen Rechtsakt enthoben. Es hat überhaupt keinen Widerspruch gegeben, das wäre heute undenkbar. Damals gab es noch die Bezirksgerichte und Kreisgerichte. Und es musste entschieden werden, wie man in dieser Übergangsphase mit der Rechtsprechung umgeht. Es gab keine Verwaltungsgerichtsbarkeit, keine Finanz- und Sozialgerichtsbarkeit. Also keine Fachgerichtsbarkeiten, sondern nur Kreisgerichte und Bezirksgerichte mit den Zuständigkeiten. Und es gab die Bitte an die alten Bundesländer, Richter zu entsenden, die die rechtsstaatliche Neuorientierung und den Neuaufbau der Gerichtsstrukturen vor Ort mit umsetzen helfen und die Fachgerichtsbarkeiten mit etablieren. Das war rechtlich allerdings schwierig, denn die Eigenständigkeit der Länder und das Land Thüringen gab es noch nicht. Für wen sprechen sie also Recht? In welchem Namen? So haben Bundesbürger in Thüringen Recht gesprochen, aber für welches Thüringen, das Land gab es auch noch nicht! Insofern hat man sich mit den alten Stempeln „Bezirksgericht“ beholfen. Vieles verlief sehr abenteuerlich und sehr zügig, man hat nicht viel gefragt. Erst einmal waren die Strukturen vorzubereiten von dem, was neu organisiert werden musste, wie: die Gerichtsorganisation, die Verwaltungsorganisation, die Strafvollzugsorganisation. Wie muss ich das machen? Welche gesetzlichen Neuregelungen brauche ich in Thüringen? Was muss ich bei der Überführung in rechtsstaatliche Strukturen beachten? Wie gehe ich mit den bisherigen Leitern dieser Behörden und Einrichtungen um, die ja fortexistierten? Denn es waren nicht alle hocherfreut über das, was wir taten. Und wie finde ich das notwendige Personal, um diesen Aufbau vorzunehmen?

Damals setzte auch ein gewisses Wettrennen ein zwischen den Partnerländern, Rheinland-Pfalz und Hessen, beide waren fast zeitgleich am Start – ich kann das allerdings nur für den Justizbereich sagen. Der damalige rheinland-pfälzische Justizminister Caesar (FDP) war ein sehr rühriger und sehr unkonventioneller Justizminister, im Gegensatz zum Hessischen Justizminister Koch (CDU), der doch ein sehr bedächtiger, zurückhaltender Mensch war, der seine Grundlinien hatte. Aber er war nicht weniger aktiv, sondern ist anders rangegangen. Minister Caesar hat sich ins Auto gesetzt, ist hier rübergefahren, hat sich bei den Bezirksgerichtspräsidenten angemeldet und hat gesagt, wir wollen mit umgestalten helfen, wen können wir rüberschicken, was braucht ihr? Und dann hat er dem Politisch-beratenden Ausschuss seine Vorschläge unterbreitet. Und als die Hessen das gesehen haben, war der damalige Staatssekretär Bouffier der-

12 Angesprochen ist die Amtseinführung von Thomas Hutt (damals stellvertretender Leiter der Abteilung „Strafrecht“ im Wiesbadener Justizministerium) als kommissarischer Leiter der Generalstaatsanwaltschaft in Thüringen, der dieses Amt von 1990 bis 1993 ausübte.

jenige, der gesagt hat, wir müssen politisch mitgestalten. Ich bin dann damals nach Hessen gefahren – nach Wiesbaden – und habe mir zunächst dort angesehen, wie Justizverwaltung in Hessen funktioniert. Später war ich noch in Rheinland-Pfalz und in Bayern. Wobei mir sehr schnell klar war, dass wir den Justizaufbau mit Bayern am wenigsten schnell hinkriegen, da Bayern sich entschlossen hatte, gemeinsam mit Baden-Württemberg in Sachsen zu helfen. Und so hat sich also der Kontakt in der Justiz zu Hessen und Rheinland-Pfalz entwickelt. Hilfe war nötig, denn es bestand immer noch Gefahr, dass alte Kräfte versuchen könnten, den Umsturz zu proben. Sie waren nicht entmachtet und die Strukturen waren nicht so gefestigt, dass mit der Volkskammerwahl eine gefestigte Demokratie in diesem Teil Deutschlands etabliert war. Es war bei weitem nicht so, sondern viele waren skeptisch, viele hatten Angst ob ihrer Privilegien. Viele waren verunsichert. Es war eine schwierige Umbruchphase. Und in dieser Phase ging es darum, schnell rechtsstaatliche Strukturen zu schaffen für eine funktionierende Justiz in dem zu bildenden Land Thüringen, und dafür braucht man Personal; Menschen, die mittun. Ich bin also nach Wiesbaden gefahren und habe mir erst einmal eine Woche dort das Justizministerium angeschaut und habe mir in jedem Referat aufgeschrieben, was dort gemacht wird und warum es getan wird und warum es notwendig ist so etwas auf Länderebene zu tun. Das war sehr interessant und eindrucksvoll. Während dieser Woche habe ich dann ein ganz interessantes Gespräch mit Justizminister Koch geführt, der einer Entsendung von Personal vor der staatlichen Neubildung des Landes Thüringen sehr skeptisch gegenüberstand, weil er vor allem die rechtliche Dimension betrachtet hat. Koch war ein hervorragender Jurist, aber auch kompliziert in dieser Frage. Er war eine sehr starke Persönlichkeit und alles kuschte, wenn Minister Koch etwas sagte. Mir war das so etwas von fremd, diese Verhaltensweise. Ich war 27 Jahre, vollkommen unbedarft, mit einem Selbstbewusstsein, wenn man das heute betrachtet, das keinerlei Basis einer Funktion hatte.

Ich habe Justizminister Koch einen einstündigen Vortrag gehalten und ihm verdeutlicht, warum es absolut wichtig ist, jetzt demokratische Unterstützung zu bekommen. Da gerade die Justiz in der DDR nach allen Seiten verbogen wurde und wir sie ganz schnell neu orientieren und umbauen und die Richter und Staatsanwälte überprüfen müssen. Dass gerade die Verunsicherung in dem Bereich am größten ist. Und deshalb habe ich Minister Koch gebeten, uns mit Personal zu helfen für eine Übergangszeit von einem halben Jahr. Das war dann also der lächerliche Teil, aber ich habe damals ernsthaft gedacht, eine ordentliche Justiz würde in einem halben Jahr aufgebaut sein. Es gibt dazu einen legendären Vermerk, den mir später der Büroleiter von Minister Koch gezeigt hat. In dem schreibt Herr Koch: „Und diese 27jährige Juristin aus dem Osten bat um personelle Unterstützung." Jedenfalls hat diese Begegnung die Wende gebracht und Minister Koch gab uns die erhoffte Unterstützung. Die hessische Hilfe richtete sich vor allem auf zwei Bereiche: die Strafrechtsabteilung, zum Aufbau einer neuen Strafrechtspflege und auf den Aufbau eines Justizprüfungsamtes, das heißt auf den Aufbau einer eigenen Juristenausbildung. Was uns sehr wichtig war, denn wir wollten ja schon eigenes Personal haben. Dazu kommt, dass für den Bereich der Fachgerichtsbarkeiten im Bereich der Verwaltungsgerichtsbarkeit Hilfe aus Hessen kam und im Bereich der Arbeitsgerichtsbarkeit. Der Aufbau der Sozial- und Arbeitsgerichtsbarkeit wurde auch durch Rheinland-Pfalz unterstützt und die Finanzgerichtsbarkeit durch Bayern.

In der ersten Phase war Spitzenpersonal da, es waren die besten Leute. Und die besten Leute sind nicht immer von den dann offiziell eingesetzten Repräsentanten gut behandelt worden, sonst wären sie auch geblieben. Nach etwa einem dreiviertel Jahr, als die erste Phase der Euphorie vorbei war, kam es auch dazu, dass man Personal loswerden wollte, das muss man leider auch sagen. So etwa: Wir haben da zwei, die uns seit Jahren Ärger machen, die schicken wir euch nach Thüringen rüber. Dafür schicken wir euch aber auch zehn Gute. Also, auch so hat man seine Probleme gelöst. Gut, das haben wir akzeptiert. Summa summarum war die Hilfe aus beiden Ländern überlebenswichtig. Was nicht schön war, war die Konkurrenz zwischen den Landsmannschaften. Es gab von Anfang an eine furchtbare Konkurrenz zwischen Rheinland-Pfalz und Hessen. Die uns als Thüringern das Leben schwer gemacht hat.

I.: *Warum kam es zu dieser Konkurrenz?*

W.: Es ging um Einflusssphären und um die politische Hoheit. Rheinland-Pfalz hatte einen FDP-Justizminister, Hessen hatte einen CDU-Justizminister. Es waren auch politische Überlegungen, die eine Rolle spielten. Man wollte natürlich seine jeweiligen Schwerpunkte übertragen. Vermisst haben wir, dass uns gesagt wurde, was in den alten Ländern falsch gemacht wurde und dass wir diese Fehler nicht auch machen sollten. Das ist aber nicht geschehen. Die Konsequenz war, dass man, um keinem wehzutun, ein Gemisch aus beidem hergestellt hat, was meist natürlich nicht funktioniert hat. Und woran man die nächsten 15 Jahre in Thüringen gelitten hat. So beispielsweise im Innenbereich, wo man sich bei manchen Gesetzen an Rheinland-Pfalz, Bayern und Hessen orientiert hat, um keinem wehzutun.

Ich erzähle dazu einmal eine Anekdote, die vielleicht als Illustration dessen, was sich abgespielt hat, gesehen werden kann. Es ging um die Verfassung des Freistaats Thüringen und um die Frage: Welche Verfassung wollen wir? Wollen wir eine mit Volltext, wollen wir eine mit Kurzfassung? Sehr schnell war klar, dass wir die Verfassung selber ausarbeiten wollten. Sowohl aus Rheinland-Pfalz als auch aus Hessen wurde Hilfe angeboten. Unsere Idee war es aber, dass wir uns gemeinsam an einen Tisch setzen und überlegen, was das Beste für unser Land Thüringen ist. So ist es dann aber nicht gekommen.

Die Differenzen gipfelten darin, dass zu einem von Justizminister Caesar in Eisenach anberaumten Termin den Thüringern ein Exemplar einer Thüringer Verfassung übergeben wurde. Womit Herr Caesar nicht gerechnet hatte, war, dass ich dort anwesend war und gesagt habe: „Moment mal, die Thüringer Justiz repräsentiere ich, nämlich als Vertreterin der Arbeitsgruppe des Politisch-beratenden Ausschusses. Ich danke Ihnen sehr für die Anregung, aber unsere Verfassung machen wir alleine." Und damit war das Tischtuch zwischen Herrn Caesar und mir relativ zerschnitten. Er hat mich dann später, kurz vor seinem Tode angerufen und sich entschuldigt. Das hat ihn also doch noch bewegt. Aber so war das damals und die Hessen haben dann nachgezogen und haben uns einen Entwurf – einen etwas moderateren – für eine Verfassung des Freistaats Thüringen übergeben. Daraufhin haben wir einen Arbeitskreis Verfassung und Geschäftsordnung eingerichtet, der nach Bildung des Parlaments in den Verfassungs- und Geschäftsordnungsausschuss überführt wurde und eine eigene Verfassung ausgearbeitet hat.

I.: *Sind Sie mit der Thüringer Landesverfassung zufrieden?*

W.: Ja, sehr zufrieden, denn sie entspricht meinen Vorstellungen sehr.

I.: *Vielleicht noch einmal zum besseren Verständnis: Wie kam es zu Ihrer Tätigkeit für den Politisch-beratenden Ausschuss?*

W.: Dazu vielleicht kurz zu meiner Person: Ich war in der DDR Betriebs-Justitiar und habe 1989 am Zentralen Runden Tisch in Berlin als Mitglied der alten Volkskammer für die CDU teilgenommen. Dort habe ich das Wahlgesetz für die ersten freien Wahlen mit Lothar de Maizière vorbereitet. Das musste sehr schnell geschrieben werden, damit im März Wahlen stattfinden konnten. Und nach den Wahlen im März 1990 war der Runde Tisch überflüssig, da es inzwischen demokratische Strukturen gab, also engagierte ich mich auf kommunaler Ebene. Der Betrieb, in dem ich tätig war, hatte keine Zukunft mehr und da ich mitgestalten wollte, stellte ich mich zur Verfügung und habe das Rechtsamt der Stadtverwaltung Erfurt aufgebaut. Gleichzeitig wurde der Politisch-beratende Ausschuss zur Bildung des Landes Thüringen installiert und ich wurde zu 50 % – es waren natürlich sehr viel mehr – meiner Arbeitskraft an das zu bildende Land Thüringen abgeordnet. Dort habe ich die Arbeitsgruppe Justiz geleitet. Es gab unzählige Arbeitsbesprechungen und viele, viele Besichtigungen. Wir haben versucht Gesetze vorzubereiten. In der Werner-Seelenbinder-Straße habe ich schließlich ein Gebäude gefunden. Die oberste Etage, die vierte Etage, bezog das Justizministerium. Und dort haben wir vorbereitet, dass der Justizminister von Thüringen am 7. November 1990 dort einziehen konnte und eine Rumpfverwaltung vorfand, nämlich vier Personen: eine Sekretärin, einen Kraftfahrer, den Herrn Bamberger und mich. Und auf diesem ganzen Weg dorthin waren schon viele Vorentscheidungen getroffen. Dass ist das, was mich immer ein wenig ärgert. Den nach dem 3. Oktober 1990 tätig gewordenen sei, Lob und Anerkennung gegönnt, sie haben viel bewegt, aber die Grundstrukturen durften sie aufgrund der Arbeit des Politisch-beratenden Ausschusses übernehmen.

Am 3. Oktober gab es das Land Thüringen und bis zum 7. November war bereits Grundlegendes vorbereitet. Wir haben damals nicht abgewartet, bis Minister in ihr Amt eingezogen sind.

I.: *Können Sie über die Ergebnisse, die Sie im Politisch-beratenden Ausschuss erzielt haben, etwas sagen? Sind sie später umgesetzt worden?*

W.: Ja. Die sind umgesetzt worden im Bereich des Strafvollzuges. Die Überführung des Strafvollzuges in Landeshoheit. Da sind die Leiter der Strafvollzugsanstalten, die im

Ausschuss auserkoren wurden, bestätigt worden. Es sind dort diejenigen vorgeschlagen worden, die Amtsgerichte und zukünftige Landgerichte leiten könnten. Es sind die Personen etabliert worden, die die Fachgerichtsbarkeiten aufbauen sollten. All das ist im Politisch-beratenden Ausschuss erarbeitet worden. Und auch die erste Struktur des Ministeriums ist dort entstanden und ist später so umgesetzt worden, auch mit den personellen Kennzahlen, und ist dann peu à peu weiterentwickelt worden.

I.: *Waren an den Grundsatzentscheidungen auch Berater aus den alten Bundesländern beteiligt?*

W.: Man war natürlich – weil man keine eigene Erfahrung hatte – auch auf die Meinung der Berater angewiesen und auf deren Loyalität und Objektivität. Und das war der eine mehr und der andere weniger. Sie waren auch froh, einmal die Chance zu haben, aus der eigenen engen Verwaltungsbürokratie herauszukommen. Endlich mal gestalten. Und deshalb war das für viele aus Hessen, Bayern und Rheinland-Pfalz ein vollkommen neuer und effektiver Lebensabschnitt, von dem sie heute noch zehren und viele sagen, das waren meine schönsten und effektivsten Jahre. Und das war auch wirklich so, es gab noch keine Regeln. Man konnte agieren, man konnte gestalten. Und man hat Anerkennung für sein Gestalten bekommen. Ich habe noch einen O-Ton von einem ehemaligen Beamten aus Bayern im Ohr: „Das wird niemals ein richtiges Ministerium, weil es wider alle Verwaltungsvorschriften arbeitet." Und ich habe immer gesagt, das ist gut so, dass es nie ein richtiges Ministerium wird.

I.: *Und wie sieht es heute aus?*

W.: Wir sind bürokratischer als so manche andere Verwaltung und hinken eigentlich den alten Ländern im Modernisierungsschub schon wieder hinterher. Aber diese zehn Anfangsjahre, das waren hervorragende Jahre für Thüringen, in denen unglaublich viel geschaffen worden ist. Es sind auch viele Fehler gemacht worden, ohne Frage. Es sind Sackgassen angelaufen und personelle Entscheidungen falsch getroffen worden. Aber unter dem Strich gesehen, waren das die entscheidenden Jahre, die die Strukturen hier geprägt haben und die auch dazu beigetragen haben, dass Thüringen diesen Start so gut genommen hat. Ich glaube mal, dass das auch der Eigendynamik in diesem Politisch-beratenden Ausschuss zur Bildung des Landes Thüringen zu verdanken ist.

I.: *Gab es die Politisch-beratenden Ausschüsse auch in den anderen neu zu bildenden Ländern?*

W.: Nein, den gab es nur in Thüringen. Zum Beispiel bin ich nach Sachsen gefahren und habe dort über den Ausschuss berichtet.

In dem Ausschuss fand in gewisser Weise eine Bürgerbeteiligung statt. Natürlich waren es überwiegend Vertreter der Parteien, aber auch Parteilose, die im Ausschuss mitgearbeitet haben. In meiner Arbeitsgruppe haben wir fantastisch zusammengearbeitet. Es gehörten dazu: Herr Peter Friedrich von der SPD, der spätere Vizepräsident des Thüringer Landtages, Herr Dr. Koch von der PDS, der später im Ersten Landtag war, Matthias Büchner, Bürgerrechtler, Olaf Müller vom BÜNDNIS 90/DIE GRÜNEN, der damalige Landessprecher der GRÜNEN in Thüringen, und von der FDP Herr Kniepert, der spätere Fraktionsvorsitzende im Arbeitskreis Justiz. Und es war ein hervorragendes Miteinander. Es gab Streit in der Sache, das freundschaftliche Ringen um den besten Weg. Und es gab eine fantastische Zusammenarbeit mit den Beratern. Wir haben sie gelöchert. In den Sitzungen wurden anhand einer Tagungsordnung einzelne Bereiche behandelt, so z. B. die Gerichtsstruktur, das nächste Mal die Strafvollzugsstruktur, dann die Juristenausbildung etc. Und es gab immer Arbeitstagungen zu den jeweiligen Themen. Als Ergebnis wurde ein Papier verabschiedet und Herrn Duchač mit den Worten überreicht: „So stellen wir uns eine Thüringer Justizverwaltung vor."

Nicht jede Arbeitsgruppe hat so gut über Parteigrenzen hinaus zusammengearbeitet wie meine in der Justiz. Ich selbst nehme für mich in Anspruch, dass ich ein Mensch bin, der einbinden und vermitteln kann zwischen unterschiedlichen Standpunkten. Letztendlich sind nicht alle Vorschläge aufgegriffen worden. Aber wir hatten eine gemeinsame Zielrichtung und das war der demokratische Aufbau. Es gibt vielleicht einzelne Stimmen, die sagen, wir hatten keine Gelegenheit, uns in der Weise einzubringen. Aber das ist dann auch nicht ganz fair, sondern man müsste sagen, ich konnte mich mit der Meinung in der Arbeitsgruppe nicht durchsetzen. Damit muss ich aber in einer Demokratie leben. Von jeder Arbeitsgruppe liegen zu jedem Politikbereich zur Bildung des Landes Thüringen Arbeitsergebnisse vor, die dem Landessprecher Duchač übergeben wurden. Sehr unterschiedlich in der Qualität, aber es gibt für jedes zu bildende Ressort diese Vorarbeiten. Und das ist eigentlich die Hinterlassenschaft des Politischberatenden Ausschusses zur Bildung des Landes Thüringen. Es sind diese vorbereiteten Strukturen für den Tag X, den 3. Oktober, die dann den zukünftigen Ministern übergeben werden konnten.

I.: *Bedeutet dies, dass in anderen Ländern die Neubildung sehr viel stärker von außen strukturiert wurde, während Sie selbst entwickelt haben?*

W.: Genau. Hier ist von vielen mit entwickelt worden. Im Umweltbereich war es Herr Henkel, der heute Erfurter Stadtrat ist. Er hat den ganzen Umweltbereich mit aufgebaut. Vergleichbar der Arbeitsweise der Justizarbeitsgruppe des Politisch-beratenden Ausschusses gab es weitere Arbeitsgruppen, die sich mit jedem Ressort beschäftigt haben, und das ist einmalig. Weil wir am Anfang diese „Gegeneinander-Phase der Hilfsländer" überbrückt haben, indem wir sie an einen Tisch gebracht haben. Das waren immer diejenigen, die in dem Bereich geholfen haben. Also in der Justiz Rheinland-Pfalz, Hessen und Bayern in kleinen Teilen. Manchmal war es auch nur ein Land, das beim Aufbau geholfen hat wie z. B. Rheinland-Pfalz beim Aufbau der Staatskanzlei. So wie damals die Hilfsstrukturen und die Entsendung war, finden Sie heute das Personal vor. Sie fanden im Thüringer Justizministerium in der Abteilung 1 lange Zeit vor allem Rheinland-Pfälzer, in der Abteilung 3, in der Strafrechtsabteilung, viele Hessen, ebenso wie im Justizprüfungsamt.

I.: *Was war für Sie das Besondere der hessischen Hilfe?*

W.: Die Hessen haben deutlich Position bezogen und wollten mit dem alten DDR-Regime nichts zu tun haben, auch nicht mit seinen Repräsentanten. Sondern sie wollten neue Strukturen aufbauen und dafür waren sie bereit, viel Geld zu geben. Während Rheinland-Pfalz auch mit den alten Repräsentanten verhandelt hat. Das war ein Unterschied zwischen Hessen und Rheinland-Pfalz. Und der Thüringer CDU stand natürlich die hessische Seite näher.

I.: *Hat sich an dem Aktionsprogramm bzw. dessen Umsetzung unter Ministerpräsident Eichel etwas geändert?*

W.: Mit Eichel wurde es schwieriger, weil die Ansprechpartner nicht mehr ganz die gleiche Sprache hatten. Eichel hat verstärkt versucht, die Verbindung zur SPD in Thüringen aufzubauen. Nur die SPD in Thüringen war ja in der ersten Legislaturperiode in der Opposition, man hat versucht, die CDU/FDP-Landesregierung ein wenig zu umgehen, was nicht funktioniert hat. Das hat man allerdings schnell gemerkt, deshalb gab es dann auch weiterhin einen Austausch auf der Regierungsebene. Aber etwas abgekühlt. Es war nicht mehr so einfach und unkompliziert. Das war eigentlich schade.

Unterstützung hat es nach wie vor gegeben. Die Projekte sind aber ganz wesentlich in der ersten Zeit unter Wallmann entstanden. Und es hätte natürlich schlecht ausgesehen, wenn die Hilfe gekürzt worden wäre. Einzelmaßnahmen, die eben auf persönlicher Ministerebene oder dergleichen abgestimmt wurden, die sind ein Stückchen zurückgenommen worden.

I.: *Wie bewerten Sie die hessische Hilfe aus heutiger Sicht?*

W.: Es war eine ganz große Unterstützung. Wir Thüringer waren sicher auch nicht immer so dankbar, wie es notwendig gewesen wäre. Aber wir waren auch in gewissem Maße naiv. Mit dem Wissen, das wir heute haben, hätten wir damals viele Fehler nicht gemacht. Wir hätten vielleicht intensiver nachgefragt, ob man wirklich alles so umsetzen muss, wie man es vorgestellt bekam. Aber es musste schnell gehen. Es gab das Zeitfenster von März 1990 – Volkskammerwahl – bis Oktober 1990. Und in dieser Übergangsphase hat unsere Arbeit, so wie wir sie dort geleistet haben, mit unseren Partnerländern, mit Hessen und Rheinland-Pfalz, in diesem Politisch-beratenden Ausschuss zur Bildung des Landes Thüringen verhindert, dass Strukturen geschaffen wurden, die Thüringen anders vorgeprägt hätten. Und da ist allen Beteiligten zu danken.

Mancher Traum ist vielleicht so nicht in Erfüllung gegangen, z. B. bei der Frage der Wiedervereinigung, wie soll sie stattfinden, als Staatenbund oder als Beitritt, wie es dann vollzogen wurde. Das hat sich in dieser Zeit ganz schnell entwickelt und man hat gemerkt, dass man dieses historische Zeitfenster nur über den Weg des Beitritts nutzen kann. Denn die Phase der Erstarrung, der Angst bei den damaligen Repräsentanten der Macht, die wechselte. Man erkannte, dass man sich in Sicherheit bringen muss. Man erkannte, dass man Vermögen in sichere Strukturen überführen muss. Das Vermögen der SED nicht gleich beschlagnahmt zu haben, das ist ein entscheidender Fehler gewesen. Und das Erstarken der Linken – zum Teil Kommunisten – in den neuen Ländern wird hauptsächlich finanziert mit dem Geld, das damals weggeschafft wurde. Und wenn diese Phase länger gewesen wäre, hätten wir auch die Probleme, die andere Länder bei der Demokratisierung bekommen haben: ein Wiedererstarken der kommunistischen Kräfte. Und eben nicht die radikale Umwälzung auf eine demokratische Struktur. Insofern ist es historisch eine wirklich fantastische Leistung, wobei uns die Partnerländer geholfen haben.

I.: *Finden Sie in den neuen Strukturen Ihre Vorstellungen wieder?*

W.: Eine Kritik von mir ist, dass zu wenig Thüringer die Chance hatten, sich einzubringen und an verantwortlicher Stelle mitzuarbeiten. Und das Übernehmen von Verwaltungsstrukturen hat zum Teil leider auch etwas von Überstülpen gehabt, mit dem Argument, wir müssen jetzt schnell handeln. Das Schnellhandeln führte eben dazu, dass nur noch ganz wenige Thüringer die Chance hatten, in verantwortlicher Position diesen Prozess mitzugestalten, auch später. Das waren die historischen Fehler. Vielleicht damals nicht vermeidbar, aber die haben ihre Nachwirkungen bis heute.

Aber es ändert sich etwas. Heute ist es angeglichen, man kann sagen, die Welt in Thüringen ist vergleichbar mit der anderer Bundesländer. Aber bestimmte personelle Strukturen leben halt fort.

I.: *Würden Sie sagen, dass es eine besondere Partnerschaft zwischen Hessen und Thüringen gibt?*

W.: Damals war es eine besondere Partnerschaft. Und das Besondere hat sich über mindestens 10 Jahre erhalten. Und daraus sind auch Partnerschaften auf kommunaler Ebene erwachsen, insbesondere in den grenznahen Gebieten. Ich denke schon, dass es auch lange Zeit danach immer noch etwas Besonderes war.

Bernhard Vogel war ja nun mit Leib und Seele Rheinland-Pfälzer. Das hat aber das Verhältnis von Thüringen zu Rheinland-Pfalz nicht unbedingt positiv beeinflusst, er ist ja nicht freiwillig als Ministerpräsident aus Rheinland-Pfalz gegangen. Insofern hatte er zu den damaligen Repräsentanten der CDU in Rheinland-Pfalz ein gespanntes Verhältnis. Dass er mit den Hessen nicht so warm geworden ist, gut, das will ich gar nicht leugnen, aber andere Minister wie Volker Sklenar haben zu Hessen natürlich immer gute Verbindungen gehabt. Und Christine Lieberknecht, Fraktionsvorsitzende, Landtagspräsidentin, hat auch heute noch ein ganz inniges Verhältnis zu Hessen. Viele Dinge, die damals geschehen sind, sind nicht objektiv begründbar, vieles ist aus emotionalen, aus subjektiven Einstellungen und Gefühlen erwachsen. Es ist eine Dankbarkeit entstanden, dass Hilfe angeboten wurde in einer Phase der Orientierungslosigkeit, in der keiner wusste, wie eine rechtsstaatliche Verwaltung funktioniert. Es haben sich natürlich Strukturen etabliert, wo man sich wirklich fragen muss, brauche ich das alles? Damals hätte vielleicht – wenn wir Zeit gehabt hätten, das tiefer zu erörtern – die Möglichkeit bestanden, Strukturen zu vereinfachen.

Prof. Dr. Olaf Werner

Direktor des Abbe-Instituts für Stiftungswesen an der Friedrich-Schiller-Universität Jena

Geboren 1939 in Köln. Studium der Rechtswissenschaften an der Universität zu Köln, 1968 bis 1981 Wissenschaftlicher Assistent an den Universitäten Köln und Göttingen, 1982 Professur an der Universität Münster. Von 1982 bis 1992 Professor an der Philipps-Universität Marburg für Zivilrecht und Bürgerliches Recht; Geschäftsführender Direktor des Instituts für Verfahrensrecht. 1991 bis 1994 Gründungsdekan und Dekan der Rechtswissenschaftlichen Fakultät der Friedrich-Schiller-Universität Jena, seit 1992 Professor an der Universität Jena.

1995 bis 1999 Vorsitzender des Deutschen Juristen-Fakultätentages. Von 1996 bis 2004 Richter am Thüringer Oberlandesgericht, 1992 bis 2009 Wissenschaftlicher Studienleiter der Verwaltungs- und Wirtschaftsakademie Thüringen. Vertrauensdozent der Friedrich-Naumann-Stiftung. 1992 bis 2004 u. a. Vorstandsmitglied der Ernst-Abbe-Stiftung Jena, 2004 bis 2007 Beiratsmitglied der Bürgerstiftung Weimar sowie zahlreiche Vorstands- und Beiratsmitgliedschaften in weiteren Stiftungen. 2000 bis 2009 Leiter des Arbeitskreises „Stiftungsprivatrecht" des Bundesverbandes Deutscher Stiftungen, Sachverständiger in der Bund-Länder-Arbeitsgruppe Stiftungsrecht des Bundesministeriums der Justiz. Seit 2005 Direktor des Abbe-Instituts für Stiftungswesen an der Friedrich-Schiller-Universität Jena. Ordentliches Mitglied der Sächsischen Akademie der Wissenschaften zu Leipzig.

Erinnerungsbericht: Als Gründungsdekan der Rechtswissenschaftlichen Fakultät in Jena, September 2005

In den Jahren vor der Wende war ich als geschäftsführender Direktor des Instituts für Verfahrensrechts und Ordinarius für Bürgerliches Recht, Zivilprozessrecht, Handels-, Gesellschafts- und Wirtschaftsrecht an der Philipps-Universität in Marburg tätig.

Zwar in Köln geboren, aber 1944 ausgebombt, habe ich meine Kindheit in Sachsen-Anhalt verbracht. Daher bestand der Wunsch, mit den Studierenden in der DDR und den dortigen Professoren Kontakt aufzunehmen, um aufgrund der langen Rechtstradition Wege aus der Trennung zu finden, die aus den unterschiedlichen gesellschaftspolitischen und juristischen Ansätzen resultierten.

Die Möglichkeit eines Kontaktes ergab sich, als ein Marburger Kollege in Pécs (Fünfkirchen), Ungarn, die Ehrendoktorwürde erhielt. Dies war damals nur möglich, wenn gleichzeitig mit einem westdeutschen auch ein ostdeutscher Professor geehrt wurde. In diesem Fall war das Herr Prof. Dr. Gerhard Haney aus Jena. Den so entstandenen Kontakt zwischen den Universitäten Marburg und Jena nutzte ich anlässlich eines Besuches von Herrn Haney in München, um ihm meine Bitte des Kontaktes zwischen unseren Studierenden vorzutragen. Herr Haney stellte sofort klar, dass derzeit lediglich ein Besuch meiner jungen Studierenden in Jena, nicht aber umgekehrt der Jenenser Studenten in Marburg möglich sei. Hierüber haben wir dann mehrfach korrespondiert. Herr Haney hatte mich bereits ein Jahr vor der Wende darauf hingewiesen, dass nach dem 40. Jahrestag der DDR wohl auch dort Glasnost und Perestrojka eintreten und damit die Besuche unserer Studierenden und Lehrenden möglich werden.

Zwei Tage nach dem Fall der Mauer erhielt ich ein Schreiben von Herrn Haney, in dem er mir mitteilte, dass eine Partnerschaft zwischen Marburg und Jena nunmehr obsolet sei, vielmehr „Entwicklungshilfe“ für Jena erbeten werde, denn es wurde dort sofort erkannt, dass ein Überleben der Fakultät nur durch eine recht baldige Umstellung auf das neue Recht möglich wäre. Sehr schnell wurde deutlich, dass nicht nur eine Wiedervereinigung, sondern vor allen Dingen die rechtliche Angleichung beider deutscher Staaten anstand.

Aufgrund des Schreibens nach dem Mauerfall habe ich sofort mit dem damaligen Marburger Dekan, Herrn Prof. Dr. Riedel, eine Fahrt nach Jena unternommen, wo wir intensive Gespräche und Pläne über eine Partnerschaft und Koordinierung der Lehrveranstaltungen aufgenommen haben. Zwar begegnete dieser Kontakt einerseits in der Universität Marburg Vorbehalten, denn die Juristen der DDR wurden als besonders „linientreu“ eingestuft, andererseits hatte Herr Haney ebenfalls Probleme in Jena, denn auch dort weigerte man sich seitens des Sektionsdirektors und der meisten Professorinnen und Professoren, Kontakt zu den Vertretern eines liberalen Rechtssystems aufzunehmen. Insbesondere bestanden Vorbehalte gegenüber Hilfsangeboten und Unterstützungsplänen.

Mit dem durch die Wende bedingten Wechsel des wirtschaftlichen Systems von der Planwirtschaft zur sozialen Marktwirtschaft war eine Ablösung der bisherigen Rechtsordnung zugunsten einer rechtsstaatlichen, auf Eigenverantwortung und Privatautonomie basierenden Gesetzgebung verbunden. Anstelle des Volkseigentums stand nunmehr ein motivierendes Privateigentum im Vordergrund. Will und muss die Rechtsordnung diesen Anforderungen entsprechen, bedeutet dies für das bestehende Rechtssystem und die juristische Ausbildung einen radikalen Umbruch. Diesem Bedürfnis mussten sich die juristischen Fakultäten in der DDR stellen, um eine bedarfsgerechte Ausbildung zu garantieren. Den bereits vorhandenen und zukünftigen Studierenden galt es daher, in Jena umgehend die Möglichkeit der Einarbeitung in das Recht der Bundesrepublik zu bieten, ein Eindenken in das künftig auch die neuen Bundesländer erfassende Rechtssystem zu gewährleisten. Die ehemals in Jena Lehrenden waren naturgemäß nicht auf das auf der Privatautonomie beruhende bürgerliche Recht vorbereitet. Es bedurfte daher des vollen Einsatzes von Professoren aus den westlichen Bundesländern, hier vornehmlich aus Marburg, aber auch aus Erlangen und im Einzelfall aus Trier.

Mangels eigener Erfahrungen und Kenntnisse waren die in Jena lehrenden Professorinnen und Professoren der bisherigen Fakultät in so kurzer Zeit und ohne die Möglichkeit einer notwendigen zeitraubenden Einarbeitung naturgemäß nicht in der Lage, diese Aufgabe selbst zu übernehmen. Hinzu kommt, dass – wie in allen juristischen Fakultäten in der DDR – keine Ausbildung zum Einheitsjuristen erfolgte; in Jena bildete man vornehmlich zum Staatsanwalt aus. Bei aller Qualität der Lehrenden war die nunmehr erforderliche Breite der Fachrichtung wegen dieser Spezialisierung nicht vorhanden, um eine den alten Bundesländern entsprechende Lehre anbieten zu können. Das zukünftig notwendige Angebot konnte damit von den in Jena vorhandenen Lehrenden allein nicht abgedeckt werden. Die Jenenser Rechtsfakultät ersuchte daher um Unterstützung bei bundesrepublikanischen Rechtsprofessoren und Fakultäten.

Dank der Hilfe und des Engagements der damaligen Jenenser Kollegen Prof. Dr. Gerhard Lingelbach, Prof. Dr. Martina Haedrich und Prof. Dr. Ingo Fritsche sind wir sehr schnell zu der gemeinsamen Erkenntnis gelangt, dass ein Überleben der Fakultät in Jena nur mittels einer solchen Hilfe der Marburger Fakultät und weiterer westlicher Fakultäten möglich wäre. Zwischenzeitlich hatte die Jenenser Fakultät gegen ihre Abwicklung geklagt und daraufhin das eindeutige Signal der Landesregierung erhalten, dass eine Verlegung der Rechtswissenschaftlichen Fakultät von Jena nach Erfurt geplant sei. Noch während des schwebenden Verfahrens haben bereits viele Kollegen aus Marburg Crashkurse in Jena abgehalten. So habe ich selbst insbesondere zusammen mit Herrn Kollegen Prof. Dr. Hans G. Leser und Herrn Kollegen Prof. Dr. Herbert Leßmann aus Marburg nebst weiteren insgesamt 12 Professoren wöchentlich zwei Tage in Jena Vorlesungen abgehalten. Neben unserem vollen Programm in Marburg haben wir so ein volles Vorlesungsprogramm in Jena absolviert.

Als Besonderheit hatten wir in der Zusammenarbeit mit den in Jena Lehrenden das so genannte „Tandem-System“ angegangen, d. h., die Veranstaltungen wurden jeweils von einer bereits an der Jenenser Fakultät lehrenden Professorin und einem Professor zusammen mit einem Kollegen aus Marburg durchgeführt, so dass den Studierenden aufgrund der bisherigen Kenntnisse der Unterschied und auch die neuen Regelungen besser zur Kenntnis gebracht werden konnten. Dabei standen hier die aktuellen Rechtsgebiete des Bürgerlichen Rechts, des Gesellschafts- und Wirtschaftsrechts, des Öffentlichen Rechts und auch des Strafrechts im Raum. Diese Fahrten und Überlast wurden zunächst auf eigene Kosten und zulasten der eigenen Freizeit unternommen. Alleiniger Antrieb und Lohn war unsere Begeisterung für die Wiedervereinigung. Zusammen mit Frau Kollegin Haedrich und Herrn Kollegen Lingelbach aus Jena habe ich dann ein umfassendes Vorlesungskonzept für die kommenden Semester erstellt, so dass den Studierenden in Jena ohne Ortswechsel die Einarbeitung in das anstehende neue Recht möglich wurde. Es war deutlich geworden, dass als Alternative für die Studierenden in Jena nur eine Übersiedlung in westdeutsche Universitätsstädte und ein dortiges Studium in Frage kam. Dies war allerdings wenig aussichtsreich: Zum einen hätten die Studierenden mit ihrer damals noch gültigen DDR-Währung kaum ein Leben in westlichen Universitätsstädten finanzieren können (Miete, Lebensunterhalt). Zum anderen war ihre Ausbildung in der Vergangenheit nicht auf das neue Recht ausgerichtet, so dass spezielle Vorlesungen für die Übergangszeit zur Überleitung angeboten werden mussten.

Dass die letzte Diplomprüfung der in Jena ausgebildeten Diplom-Juristen im Jahre 1991 bereits über die neuen Rechtsgebiete erfolgen konnte, beweist den weitgehenden Erfolg dieser gemeinsamen Arbeit. Ihre Referendarausbildung haben die Jenenser Absolventen anschließend in den westlichen Bundesländern absolviert und erfolgreich abgeschlossen. Auch dies beweist die gelungene Umstellung der Ausbildung in Jena. Den jungen Juristen aus Jena ist es recht schnell gelungen, sich in die neue Rechtsordnung einzuarbeiten, um die Examina im neuen Recht zu bestehen.

Nach kurzer Einarbeitung war es mir gelungen, nicht nur einen Studienplan für die nächsten Semester in Zusammenarbeit mit Herrn Kollegen Lingelbach zu erstellen, sondern wir konnten auch die nötigsten Voraussetzungen für ein akzeptables Studium festlegen und mit dem damaligen Hessischen Wissenschaftsminister, Dr. Wolfgang Gerhardt, wurde ein unterstützender Politiker gewonnen, der zunächst mit einer Soforthilfe von 200.000,– DM eine Erstausstattung der Fakultät mit dem notwendigen technischen und bibliothekarischen Material garantierte. Die Bibliothek zum Zeitpunkt der Wende war völlig indiskutabel, gab es doch in der DDR nur die staatlichen Kommentare und damit keine Diskussion über wissenschaftliche oder praktische Alternativen. Wir haben daher in größerem Umfange Computer, Kopiergeräte, Faxgeräte und insbesondere Bücher angeschafft. Mit Hilfe der Robert-Bosch-Stiftung gelang es mir, für jeden Studierenden einen Betrag von 800,– DM bereitzustellen, für den diese Bücher für ihr Studium erwerben konnten. Leider wurde diese Chance von den jungen Leuten nur zum Teil genutzt, denn das Arbeiten an Büchern und das In-Frage-Stellen von bestimmten Ergebnissen waren ihnen bis dato fremd. Hatte das Land Hessen mit der Ermöglichung der Vorlesung Marburger Professoren in Jena bereits einen großen Beitrag zum so genannten „Marburger Modell", zur Modernisierung der Ausbildung in Thüringen geleistet, so fanden wir insbesondere starke Unterstützung durch das Wissenschaftsministerium, bei dem der ehemalige hessische Staatssekretär Dr. Brans nunmehr ebenfalls als Staatssekretär seine Erfahrungen und seine Hilfe einbringen konnte. In Zusammenarbeit mit ihm und einigen weiteren aus Hessen abgeordneten Beamten (insbesondere Herr Dr. Harald Dörig) gelang es, Jena recht schnell mit einem attraktiven Studienangebot auszustatten und damit Zulauf von jungen Studierenden zu erhalten. Das Wissenschaftsministerium in Hessen hat es dann auch finanziell ermöglicht, dass die Kosten für die Fahrten nach Jena den Dozenten erstattet werden konnten. Es handelte sich insoweit um die Fahrt- und Übernachtungskosten. Inzwischen war auch Herr Dr. Klaus Kübel aus Gießen zum Kanzler der Universität Jena auserkoren; in einem Vorgespräch in Marburg haben wir bereits den Aufbau der juristischen Fakultät näher konzipiert. Es gelang dann mit Hilfe westlicher Unterstützung aus Hessen, auch für die Hörsäle entsprechende Technik einzubauen, so dass wir sehr schnell unsere Vorlesungen in bewährter Qualität abhalten konnten.

Allerdings waren erhebliche Hindernisse weiterhin zu überwinden. So standen grundsätzlich nicht hinreichend große Hörsäle zur Verfügung, denn aufgrund des Marburger Engagements fand in Jena ein ganz erheblicher Zulauf von jungen Studierenden statt, so dass wir nicht mehr mit den kleinen Hörsälen im Universitätshauptgebäude, sondern auf die der Naturwissenschaftler verstreut im gesamten Stadtgebiet zurückgreifen mussten, inklusive Anmietung des Kinos „Capitol". Die Vorlesungen mussten aufgrund der geringen Hörsaalkapazitäten von früh morgens 7 Uhr bis abends 22 Uhr stattfinden. Dies haben sowohl alle Dozenten wie auch die Studierenden gern auf sich genommen. Da die damalige Versorgung durch Hotels usw. noch nicht möglich war, mussten die ersten Vorlesungen durch die Dozenten in der Regel ohne die Möglichkeit vorherigen Frühstücks abgehalten werden, denn weder im Gästehaus noch in sonstigen Restaurationsbetrieben gab es um diese Zeit schon die Möglichkeit eines

Frühstücks. Die Unterbringung erfolgte zumeist im Gästehaus der Universität, in dem weder Heizungen abgestellt (die Ventile funktionierten nicht) noch die Fenster geöffnet werden konnten, da durch den Schwefelgestank der Kohle die Luft ganz erheblich belastet war. Aufgefangen wurden diese Hindernisse jedoch durch das Engagement der wenigen Jenenser Kollegen, die hier zur Mitarbeit offen waren. Dies waren die bereits vorgenannten Kollegen Prof. Dr. Gerhard Haney, Prof. Dr. Martina Haedrich, Prof. Dr. Gerhard Lingelbach und Prof. Dr. Ingo Fritsche, aber auch der Strafrechtler Prof. Dr. Günther Kräupl. Meine Arbeit bestand im Wesentlichen darin, dass ich, neben zahlreichen Vorlesungen im gesamten Zivilrecht, den damaligen Dekan, Herrn Prof. Dr. Gerhard Lingelbach, und die mit ihm für die Erneuerung kämpfenden Frau Prof. Dr. Martina Haedrich, Herrn Prof. Dr. Günther Kräupl und Herrn Prof. Dr. Ingo Fritsche beraten habe und wir gemeinsam Vorlesungsplanung usw. durchgeführt haben.

Eine nochmalige Gefährdung der juristischen Fakultät entstand mit dem Versuch der Landesregierung, die Jenenser Fakultät zu schließen und die Rechtswissenschaft (wohl sehr stark auf Drängen von Mainz) nach Erfurt zu verlagern. Hier hat die Juristische Fakultät der Philipps-Universität Marburg durch den damaligen Dekan, Herrn Prof. Dr. Hans A. Rupprecht, durch Herrn Prof. Dr. Hans G. Leser und mich eine „Bürgschaft" (Garantie) dahingehend abgegeben, dass wir bis zur Neukonstituierung der Jenaer Fakultät die Vorlesungen im neuen Recht garantieren. Es bestand daher kein Anlass mehr, an der Durchführung qualifizierter Lehre und Ausbildung im neuen Recht zu zweifeln. Damit wurde der Verlegungsplan aufgegeben und der Fortbestand der Jenenser Juristenfakultät am bisherigen Ort gewährleistet. Dies war auch einer der wesentlichen Gründe unseres Engagements. Wir wollten in derart schwierigen Zeiten eine so alte traditions- und ruhmreiche Fakultät wie die Juristenfakultät in Jena nicht im Stich lassen, sondern ihr über die schweren Jahre hinweghelfen. Dies ist uns gelungen, indem wir in den kommenden fünf bis sechs Jahren all die Vorlesungen durch die Marburger Kollegen abgedeckt haben, die nicht bereits durch Neubesetzungen (diese begannen eigentlich erst im Jahre 1992/93) oder noch vorhandene Professoren niveauvoll abgedeckt werden konnten. Letztlich sind vom damaligen Professorenstamm lediglich die Kollegen Haedrich, Lingelbach und Kräupl in der Fakultät verblieben. Ansonsten begann eine Neubesetzung der Fakultät, orientiert an den Bedürfnissen des Ausbildungsziels eines Einheitsjuristen und nicht wie vorher zu Zeiten der DDR nur des Staatsanwalts. Es ist mir gelungen, sämtliche Vorlesungen auf diese Weise turnusmäßig und nach Vorlesungsplan in Jena anzubieten, so dass von der Dozentenseite her kein Qualitätsunterschied zu westdeutschen Universitäten mehr bestand. Dies wurde durch den Zulauf von Studierenden bestätigt, was gleichzeitig eine erhebliche Korrekturbelastung usw. nach sich zog.

Problematisch war die Besetzung der Mitarbeiter, insbesondere der wissenschaftlichen Assistenten. Erfreulicherweise waren sehr viele junge Referendare aus Marburg und anderen Universitäten der alten Bundesländer bereit, nach Jena zu kommen und erhebliche Einschränkungen in der Lebensqualität in Kauf zu nehmen. Auch sie waren durch die einmalige Gelegenheit des Aufbaus motiviert. Es konnten schließlich Assistenten gewonnen werden, die in den alten Bundesländern ein Prädikatsexamen im ersten juristischen Staatsexamen erreicht hatten und auch entsprechende Stellen an westdeutschen Universitäten erhalten hatten. Während an westdeutschen Universitäten die große Schwierigkeit bestand, derartig qualifizierte, mit Prädikatsabschluss ausgezeichnete Mitarbeiter zu gewinnen, hat sich dies aufgrund der besonderen Motivation für Jena nicht als Problem gezeigt.

Da ich gleichzeitig mit dem Aufbau in Jena die Parallelausbildung der Verwaltungs- und Wirtschafts-Akademie in Recht und Wirtschaft in Erfurt begleitet und die Vorlesungen sowohl in Erfurt, Gera, Suhl und Schmalkalden (Fachhochschule) zusammen mit meinen Assistenten übernommen hatte, wurden auch diese für die duale Ausbildung wichtigen Bildungsveranstaltungen bereits mit den Anforderungen an das neue Bundesrecht durchgeführt. In Schmalkalden haben wir die dortige Fachhochschule unterstützt, bis eine dortige Stellenbesetzung möglich war. Ebenso haben wir bei dem Aufbau der Fakultäten in Ilmenau (Nebengebiet Recht) mitgewirkt. Auf diese Weise war es dank der Hilfe der Marburger Fakultät und der hier engagierten Kollegen möglich, in Jena eine Besetzung der Stellen vorzunehmen, ohne unter Zeitdruck zu geraten, denn sofern keine geeigneten Bewerber vorhanden waren, wurden diese Stellen offen gelassen und durch Marburger Kollegen ausgefüllt.

Eine wesentliche Hilfe war uns die Unterstützung des Justizministeriums Thüringen, denn hier bestand durch den damaligen Justizminister Dr. Hans-Joachim Jentsch und seinen persönlichen Referenten Dr. Hartmut Schwan nicht nur die Verbindung zu Marburg, sondern die Hilfsbereitschaft eines weiteren Ministeriums für den Aufbau einer Fakultät. Mit Herrn Dr. Werner Brans, dem damaligen Staatssekretär, habe ich weitgehend alle Probleme einvernehmlich angehen und lösen können. Hier hat sich die alte hessische Zusammenarbeit in bester Weise fortgesetzt und bewährt.

Ebenso bedeutsam war die Unterstützung seitens des späteren Präsidenten des Thüringer Oberlandesgerichts, Herrn Dr. h. c. Hans-Joachim Bauer, der damals das Bezirksgericht in Erfurt leitete und sich in einem Gespräch beim Jenaer Gründungsdekan vorstellte. Wir haben bei diesem Gespräch eine Zusammenarbeit und damit die Verzahnung zwischen Wissenschaft und Praxis herausgearbeitet. Herr Dr. Bauer und weitere Kollegen des damaligen Erfurter Bezirksgerichts (allesamt Richter aus dem Westen) haben durch Lehraufträge Defizite in unserer Fakultät mit aufgefangen und für den notwendigen Praxisbezug gesorgt. Dies war auch ein Grund, das Thüringer Oberlandesgericht nach Jena zu verlegen, denn sowohl die Fakultät hat ihre Mitwirkung als Richter im zweiten Hauptamt zugesagt (und auch eingehalten), wie auch die Richter des Thüringer Oberlandesgerichts ihre Mitwirkung in der Lehre durch Lehraufträge zugesagt und übernommen haben.

Während an gestandenen alten Fakultäten der Bundesrepublik Wert auf alte Besitzstände gelegt wurde, war ein Vorteil des Neuaufbaus in Jena, dass nicht derartige Zustände auch wider besseres Wissen erhalten werden mussten. Die Jenenser Fakultät konnte an modernen Bedürfnissen orientiert eine Juristenausbildung gestalten. Da die in der Regel erfolgreichen neu berufenen Kollegen aus ihren bisherigen Universitäten unterschiedliche Aspekte und Erfahrungen mitbrachten, ist es in Jena weitgehend gelungen, eigene neue Wege unter Vermeidung der von den bisherigen Fakultäten erkannten Schwierigkeiten zu gehen.

Neben dem Neubau der juristischen Fakultät wurde „hessische Hilfe“ durch meine Person auch im Neuaufbau der Universität verwirklicht (Satzungen, Gremienarbeit usw.). Zudem nutzte die Landesregeierung die Möglichkeit, zahlreiche Gesetze vor Einbringung und Verabschiedung durch mich überprüfen zu lassen.

Die hessische Hilfe hat sich bei der Fakultät, insbesondere in den Personen der Herren Kollegen Leser und Leßmann über mehrere Jahre fortgesetzt. Als ich selbst gebeten wurde, endgültig nach Jena überzusiedeln, dort eine Professur anzunehmen und nach meiner Ernennung zum Gründungsdekan im Jahre 1992 auch offiziell die Führung der Fakultät zu übernehmen, habe ich keinen Augenblick gezögert, diesem Ruf und dieser Aufgabe zu folgen. Da auch meine Familie diesen Schritt gern mitgegangen ist, war dies die einmalige Chance, hier nach neuen Erkenntnissen eine Fakultät aufzubauen, so wie die Justiz ebenfalls an neuen Erkenntnissen orientiert und modern ausgestaltet werden konnte. Die Zusammenarbeit zwischen Justiz und Universität hat hervorragend funktioniert, ebenso mit der Verwaltung, denn mehrere Mitarbeiter aus den Ministerien haben als Lehrbeauftragte in der Rechtswissenschaftlichen Fakultät zur Ausbildung beigetragen.

Entscheidende Hilfe hat uns das Ministerium im Jahre 1996 durch den Bezug eines für moderne Forschungs- und Bildungszwecke adäquaten Gebäudes in der Carl-Zeiss-Straße gewährt. Zuvor waren wir an verschiedenen Stellen in der Stadt oder des Universitätshauptgebäudes untergebracht. Mehrmalige Umzüge der Lehrstühle waren erforderlich. Eine richtige kontinuierliche Normalisierung der Arbeit hat sich daher erst im Jahre 1996 eingestellt. Trotzdem ist ein Teil der Aufbruchstimmung und der Verbindung zu Hessen insbesondere mit dem Ausdruck der Dankbarkeit für die Hilfe nach wie vor vorhanden.

Bedingt durch die Arbeitsbelastung war ich bis zu meiner Abordnung nach Jena – abgesehen von meinen Vorlesungen und Aufgaben in Marburg – an mehreren Tagen wöchentlich in Thüringen und konnte daher über die Fakultätsarbeit hinaus wesentliche Hilfe bei der Konstituierung und Arbeit der Universitätsgremien leisten. Zudem wurde ich von der Landesregierung bei fast allen Gesetzgebungsvorhaben zu Rate gezogen, so auch bei der Abfassung der Verfassung des Freistaats Thüringen. Es war daher ein bewegendes Gefühl, auch bei deren Verabschiedung im Festsaal der Wartburg diesem Akt beizuwohnen. Dies und die überaus freundliche, engagierte und kooperative Zusammenarbeit sowohl mit den ortsansässigen Kollegen und Mitarbeitern wie auch mit den Helfern aus den westlichen Bundesländern (insbesondere Hessen) erfüllt mich nach wie vor mit Dankbarkeit für die Wiedervereinigung unseres Vaterlandes und für die Möglichkeit, bei der dadurch notwendigen Umgestaltung aktiv mitzuwirken.

Dr. Peter Wickler

Ministerialdirigent im Thüringer Innenministerium

Geboren 1954. Jurastudium in Gießen. Bis August 1990 als Richter an den Arbeitsgerichten Frankfurt, Darmstadt, Offenbach, Limburg und Gießen tätig. Seit 1990 im Zuge der deutschen Vereinigung zunächst am Kreisgericht Erfurt als Richter und im Thüringer Justizministerium als Referatsleiter Arbeitsgerichtsorganisation eingesetzt. Von 1993 bis 2007 Vizepräsident und Pressesprecher des Thüringer Landesarbeitsgerichts, in dieser Zeit bis 1996 zuständig für ein Spezialdezernat für die Sonderkündigungstatbestände des Einigungsvertrages (fehlender Bedarf, politische Vorbelastung, hauptamtliche und inoffizielle Mitarbeiter der Stasi). Seit September 2007 Leiter der Zentralabteilung des Thüringer Innenministeriums.

Interview mit Dr. Peter Wickler (W.) am 11. 12. 2007

I.: *Herr Dr. Wickler, wie und wann kamen Sie als Richter nach Thüringen?*

W.: Ich war zu der Zeit Arbeitsrichter am Arbeitsgericht Gießen. Und irgendwann erreichte mich eine Umfrage des Präsidenten des Hessischen Landesarbeitsgerichts, in der Freiwillige als Aufbauhelfer für den Osten gesucht wurden. Das muss im Frühsommer 1990 gewesen sein. Ich habe mich dazu bereit erklärt und bin mit zwei weiteren Arbeitsrichtern aus Hessen ausgewählt worden. Es war dabei nicht klar, wo wir hinkommen, sondern es hieß einfach nur Thüringen – Einsatzort unbekannt. Im August 1990 fand in der DDR im Erfurter Bezirksgericht eine Begrüßungsveranstaltung statt, bei der auch die Aufgabenzuteilung thematisiert wurde. Wir haben deutlich gemacht, dass wir davon ausgehen, im Bereich Arbeitsrecht eingesetzt zu werden. Der Dienstälteste von uns wurde auf dessen Wunsch dem Bezirksgericht in Erfurt (2. Instanz) zugeteilt. Für den zweiten hessischen Arbeitsrichter und mich kam eine Tätigkeit am Kreisgericht Erfurt oder am Kreisgericht Gotha in Betracht. Da wir nicht einschätzen konnten, was uns da oder dort erwartet, haben wir uns dem Schicksal anvertraut und dann abends in einer Kneipe einfach eine Münze geworfen. So bin ich am 1. September 1990 zum Kreisgericht nach Erfurt gekommen.

I.: *Zu dem Zeitpunkt gab es das Bundesland Thüringen noch nicht, Sie waren demnach Richter in der Noch-DDR, welche Probleme brachte das mit sich?*

W.: Bis zum 3. Oktober 1990 gab es noch die DDR. Daher musste man eine spezielle Rechtsgrundlage schaffen, weil eine Abordnung aus der Bundesrepublik in die DDR im Beamtenrecht nicht vorgesehen war. Das hing mit den verschiedenen rechtlichen Sichtweisen des Status der DDR und der Bundesrepublik Deutschland zusammen. So hatte man den Rechtsbegriff der „Zuweisung" in das Beamtenrecht eingeführt. Wir wurden also zur Aufbauhilfe der ehemaligen DDR zugewiesen. Ich habe dann noch eine vom damaligen DDR-Justizminister für die Befugnis zur Tätigkeit als Richter in Erfurt unterzeichnete Urkunde bekommen und stand damit formal kurzfristig noch in den Diensten der DDR.

Die Justiz in der DDR war ja nicht unabhängig. Wir Westrichter waren von Verfassungs wegen nicht weisungsunterworfen. Eine von politischer und exekutiver Einflussnahme freie und nur an Recht und Gesetz gebundene Rechtsprechung gehört zum unabdingbaren Wesensgehalt eines Rechtsstaates, der die DDR bereits deshalb nicht war. Und um bei der Umwandlung der DDR in einen Rechtsstaat Hilfe zu leisten, waren wir schließlich gekommen. Die Garantie der richterlichen Unabhängigkeit war nicht nur unsere Bedingung, sondern deren Umsetzung in der in Auflösung begriffenen DDR war nach meinem Verständnis auch Gegenstand des Auftrages für unsere dortige Tätigkeit.

I.: *Wie sind Sie in Erfurt aufgenommen worden, waren Westrichter willkommen oder bestand Skepsis Ihnen gegenüber?*

W.: Wir Aufbauhelfer sind im Erfurter Gericht nicht gerade von jedem mit Freude aufgenommen worden. Andererseits gab es auch eine Reihe von JustizmitarbeiterInnen – darunter auch RichterInnen – die unser Kommen begrüßten. Nicht besonders erfreut war jedenfalls die Erfurter Justiznomenklatur. Zunächst einmal kamen wir gar nicht in das Gebäude. Die Gerichtstür war geschlossen und ein älterer Herr saß in der Eingangspforte, der uns trotz höflicher Vorstellung zunächst nicht hereinlassen wollte. Erst nachdem er Rücksprache mit der Hausleitung genommen hatte, erhielten wir Einlass. Der Erfurter Bezirksgerichtsdirektor, ein noch relativ junger Karrierist der SED-Justiznomenklatur, behandelte uns vordergründig zunächst nett, im Hintergrund tat er allerdings alles dafür, uns schnellstens wieder loszuwerden.

Anfangs begrüßte er uns freundlich und gab an, sich um alles Nötige kümmern zu wollen. In Hessen war uns mitgeteilt worden, dass vor Ort Übernachtungs- bzw. Wohnungsmöglichkeiten bereitgestellt würden. Diese der hessischen Justiz gemachten Zusagen waren aber nicht eingehalten worden. Der Direktor stellte uns dann für die ersten Tage unter besonderer Betonung dieses Umstandes seinen persönlichen Dienstwagen samt Fahrer zur Verfügung, um die angeblich organisierten Unterkünfte zu besichtigen. Die Ernüchterung folgte auf dem Fuß. Die erste Fahrt ging zu einer angeblichen Wohnungsvermittlung. Die mit dem Bezirksgerichtsdirektor bekannte Dame hatte für uns auch ein „Sonderangebot“: Wochenendhäuschen (sog. „Datsche“) mit Ziehbrunnen für 70,– DM am Tag. Westfirmen würden dafür 100,– DM pro Tag hinlegen, schob sie nach. Bei Rückkehr in das Bezirksgericht gab sich dessen Direktor empört, diese Abzockerei sei Folge der Westöffnung. Wenig später beschwerte er sich, das Land Hessen habe nur Forderungen an Ost-Berlin gestellt. Das Land Rheinland-Pfalz habe alles durch seinen Justizminister vor Ort mit ihm persönlich abgeklärt. Hessen habe wohl auch nur Leute geschickt, die man dort selbst nicht haben wolle. Im Anschluss besorgte er uns dann nach einem entsprechenden Telefonat für die erste Nacht als einzig verbleibende Möglichkeit eine Unterbringung im Gästehaus des Rats des Bezirks zum Übernachtungspreis von 165,– DM. Alternativen: angeblich keine.

Nachdem wir in der Folge die darauf folgenden Tage mit dem Dienstwagen und dem Fahrer kreuz und quer durch Erfurt unterwegs waren, immer entweder vor verschlossenen Türen standen, weil „der Mann oder die Frau mit dem Schlüssel" nicht kam oder irgendein Schlüssel nicht passte, die Wohnung zufällig noch belegt war, baufällig war, die Fenster eingeschlagen waren oder sonst ein Hindernis dazwischenkam, überlegten wir uns so langsam, ob das nicht alles System hatte. Es gab auch keine Hilfe bei der Identifikation unseres Tätigkeitsbereichs und der dazugehörigen Gerichtsakten. Die ohne Namensschilder versehenen Richterzimmer waren mit einer Art Siegel verschlossen. Man musste sich irgendwie selbst helfen und bei den Justizsekretärinnen und den Protokollführerinnen die entsprechenden Erkundigungen einziehen.

Meine anfängliche Blauäugigkeit hatte ich relativ schnell verloren. Denn es passierten einfach zu viele Merkwürdigkeiten. Und schließlich wurde mehr als deutlich, dass dieser SED-Bezirksgerichtsdirektor uns observieren wollte. Bei einer erneuten Rücksprache über die ungelöste Unterkunftsproblematik schlug er vor, erst einmal wieder nach Hessen zurückzukehren und dortzubleiben, bis eine Unterbringung in Erfurt möglich sei. Auf den Hinweis, dass dies nicht der vereinbarten Aufbauhilfe entsprechen würde, ließ er seine Maske vollends fallen und bellte zurück: „Am besten bleiben Sie gleich ganz drüben. Die Hessen schicken sowieso nur den letzten Schrott." Damit erreichte er aber genau das Gegenteil. Ich gab ihm zu verstehen, dass ich jetzt erst recht bleiben würde. Aus meiner Sicht waren seine Tage in der Justiz ohnehin gezählt. Das war vielleicht eine Schlüsselsituation für meine spätere Verlängerung der Abordnung in den Osten, obwohl diese lange mit einem ziemlichen Verlust an Lebensqualität verbunden war.

Schließlich fanden wir – das heißt in diesem Fall, die in Erfurt eingesetzten hessischen Arbeitsrichter – dann mit Hilfe des städtischen Wohnungsamtes doch noch ein Unterkommen in einer „6-Bett-Wohnung" in einem Bauarbeiterwohnheim. Allerdings mit der Aussicht auf jederzeitigen Zuwachs der Wohnungsinhaber. Im Kreisgericht bekamen der dort mit mir tätige Arbeitsrichter aus Mainz und ich nach anfänglichem Hin und Her durch die Hausleitung dann ein Zimmer im Untergeschoss zugewiesen, das permanent von einem rauchigen Geruch durchdrungen war und Augenbrennen und Halskratzen hervorrief. Wie mir ein einheimischer Richter kurz darauf mitteilte, bestand eine Wand dieses Zimmers praktisch aus einer Seite des Gerichtsschornsteins und diese Schornsteinwand war nicht dicht. Wir haben diese weitere Schikane nach einem entsprechenden Tipp einer uns wohlgesonnenen ostdeutschen Richterkollegin eines Abends dann zum Anlass genommen, kurzerhand deren ehemaliges und nun leerstehendes Dienstzimmer zu besetzen. Der Bezirksgerichtsdirektor hatte dann wohl eingesehen, dass er bei uns mit seinen Methoden auf erbitterten Widerstand stieß und eine weitere Eskalation der Zimmerfrage sich für ihn auch nachteilig auswirken könne. Insofern erwies es sich als sehr hilfreich, dass damals ein außerordentliches Medieninteresse an unserer Tätigkeit und Situation in der Erfurter Justiz bestand und sowohl DER SPIEGEL als auch das ZDF bei den Erfurter Arbeitsrichtern hereinschaute.

Auch außerhalb der Arbeitsstätte gab es nicht nur Interesse oder gar Freude über das Erscheinen und den Aufenthalt der westdeutschen Aufbauhelfer. In meinem Fall äußerte sich das auch in Übergriffen auf mein Auto. Dieses wurde vor meiner Unter-

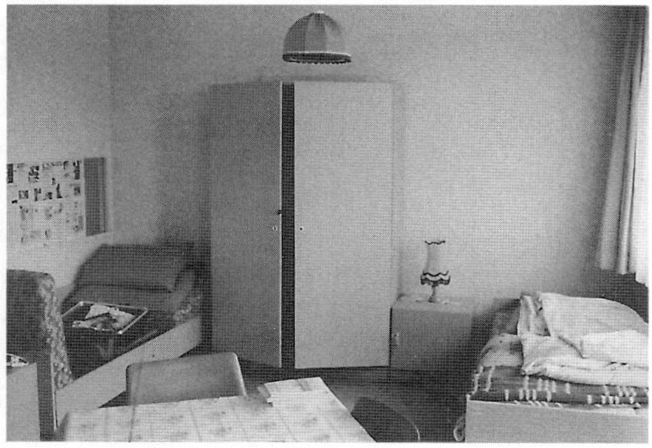

▲ Unterkunft im Bauarbeiterwohnheim, 1990

◀ Unterkunft im Bauarbeiterwohnheim: Zugang zu den Zimmern, 1990

kunft von Unbekannten mit Farbe übergossen, ein anderes Mal wurden die Reifen aufgeschlitzt. Ein auch andere Aufbauhelfer betreffendes Erlebnis war die zuweilen gestellte Frage, ob man auch zu den Wessis gehöre, die man im Westen loswerden wolle. Desinformationspropaganda der Siegelbewahrer der alten DDR und das Schüren von Ost-West-Abneigungen war damals auf der Tagesordnung und ist hier und da leider auch heute noch erkennbar. Viele westdeutsche Aufbauhelfer waren aus Idealismus in diesem Einsatz und fühlten sich dabei weder als „Wessi" noch als „Ossi" – wie es dann zu Hause hieß –, sondern eigentlich als Wanderer zwischen beiden Welten und, um in diesem abgedroschenen Jargon zu bleiben, eher als „Wossi". Ein besonderer und ständiger Aufreger war bis zu der Einstellung der betreffenden Zahlungen an die im Osten tätigen Aufbauhelfer die zusätzliche Aufwandspauschale, die so genannte „Buschzulage". Zum Beispiel brachte die Thüringer Ausgabe der Bild-Zeitung am 28. 3. 1994 unter der Schlagzeile „Spart das Buschgeld, schickt die Wessis heim!" die zynische und für die Einstellung zum Rechtsstaat sehr aufschlussreiche Aussage des als vormaliger SED-Mann und damaliger Fraktionschef von BÜNDNIS 90 im Thüringer Landtag vorgestellten Interviewpartners: „Zugegeben, am Anfang brauchten wir ihren Beistand. Irgendjemand musste uns ja schließlich den Rechtsstaat mit seinen verrückten Vorschriften und Formularen beibringen. Inzwischen haben wir aber gelernt uns selbst durchzubringen, Ossis sind nun mal Weltmeister im Improvisieren. Da wäre es an der Zeit, die Aufbauhelfer wieder heimzuschicken zu ihren Familien in Mainz, Wiesbaden und München". Diese Aufwandsentschädigungen waren bei den Aufbauhelfern, die diesen Job mit vollem persönlichem Einsatz gefahren haben – und davon gab es jede Menge –, aufgrund der nicht nur finanziellen Erschwernisse sachangemessen.

Alles über die an die physische Substanz gehenden Belastungen gesagt ist mit der im „Spiegel" vom 22. 4. 1991 zitierten Bemerkung eines bayerischen Ministerialdirigenten, dass sich bei Besprechungen im Bayerischen Finanzministerium zum Thema neue Bundesländer schon an den Gesichtern ablesen lasse, wer derzeit im Ost-Einsatz sei: „Diejenigen, die blass und ausgezehrt aussehen, arbeiten gerade in Sachsen und Thüringen". Nur wenige Aufbauhelfer waren mit einer Verlängerung ihrer Abordnungen einverstanden. Noch weniger sind am Ende dauerhaft geblieben. Bei vielen sind durch das dauerhafte ständige wöchentliche Hin und Her und die damit verbundenen Dauerbelastungen die Beziehungen zu Ehe- und Lebenspartnern zerbrochen. Es ist auch festzuhalten, dass in der ersten Zeit nahezu flächendeckend Mondpreise für Unterkünfte verlangt wurden. Diese Mietpreise waren zum Teil so überhöht, dass das von den Medien zu DDR-Zeiten angeprangerte westliche „Raubtiersystem" noch weit übertroffen wurde. Da kam es beispielsweise auch vor, dass für ein zur Unterbringung von Wessis in der eigenen Wohnung des Vermieters leer geräumtes Zimmer über 2000,– Mark pro Monat verlangt wurde. Radio ging extra. Solche Auswüchse waren nicht auf Einzelfälle beschränkt. Es waren nicht nur die so genannten Raubritter aus dem Westen, die beispielsweise auf dem Erfurter Domplatz überteuerte Brathähnchen, Gebrauchtwagen und Versicherungen, die kein Mensch unbedingt brauchte, verkauft haben. Auch im Osten gab es manchen, der die vermeintliche Gunst der Stunde zu seinem finanziellen Vorteil ausgenutzt hat. Im völligen Gegensatz zu diesen Erfahrungen stand es allerdings, dass sich immer da, wo man als Aufbauhelfer in der täglichen Zusammenarbeit mit ostdeutschen Arbeitskollegen und -kolleginnen zu tun hatte, sich in vielen Fällen schnell eine gegenseitige Wertschätzung ergab.

I.: *Welcher Arbeitsauftrag war mit Ihrer „Zuweisung" in die DDR verbunden? Ging es bereits um den Aufbau einer eigenständigen Arbeitsgerichtsbarkeit?*

W.: Wir hatten keinen speziellen Auftrag. Es gab hierzu nichts Schriftliches und auch nichts Mündliches. Dies war eigentlich ein Offenbarungseid für die vielzitierte deutsche Gründlichkeit. Wir sind nach Thüringen entsandt worden, um hier Aufbauhilfe zu leisten. Wie das konkret aussehen sollte, das blieb offen. Also keine offiziellen Festlegungen über Inhalt und Reichweite unserer Tätigkeit, weder von der einen noch der anderen Seite. Dies eröffnete – je nach Standpunkt – Spielräume, die über die aus dem Westen gewohnte Richtertätigkeit hinausgingen. Darüber gab es bei den zur Aufbauhilfe entsandten Arbeitsrichtern auch sehr kontroverse Diskussionen. Da gab es die Meinung, wir müssten uns auf die Bearbeitung der im Zuge des in Auflösung befindlichen DDR-Justizsystems liegengebliebenen und durch die Kündigungen der Treuhandanstalt rasant ansteigenden Arbeitsgerichtsfälle beschränken. Zusammen mit einem rheinland-pfälzischen Kollegen vertrat ich allerdings die Auffassung, wir müssten schnellstmöglich strukturell etwas verändern und auch im Hinblick auf die Vorbereitung des Aufbaus einer Gerichtsbarkeit aktiv werden. Zunächst am Kreisgericht Erfurt haben wir das dann auch mit Unterstützung des örtlichen Kreisgerichtsdirektors umgesetzt, der sich auf unsere Seite geschlagen hatte, später aber durch das Raster der Überprüfung der ostdeutschen Richter gefallen ist.

In der DDR gab es keine speziellen Arbeitsgerichte, es gab nur Kreisgerichte mit der Aufteilung in Kammern für Zivil-Familien-Arbeitsrecht (ZFA) und entsprechende Senate an den Bezirksgerichten. In Thüringen gab es 38 Kreisgerichte und demzufolge eine Vielzahl dieser ZFA-Kammern, mehrere davon waren in Erfurt. Zunächst haben wir ein Konzept für eigenständige Arbeitsgerichtskammern am Kreisgericht Erfurt mit ausschließlich diesen Kammern zugewiesenem Personal und Räumen erstellt. Darüber hinaus ging es um die Organisation der für den Betrieb dieser Kammern erforderlichen Sachmittel, wie Schreibmaschinen, Bücher, Formulare u. a., aber auch von Schulungen für die landesweit im Bereich Arbeitsrecht tätigen einheimischen Richterinnen und Richter, Organisation von Patenschaften und Besuchen an westdeutschen Arbeitsgerichten und anderes mehr. Es war klar, dass eine eigenständige Arbeitsgerichtsbarkeit irgendwann kommen würde. Der Mainzer Kollege und ich haben das damals einfach auf eigene Kappe angepackt, weil es notwendig war und damals noch keine handlungsfähige Justizverwaltung bestand. Großen Stellenwert legten wir auch darauf, in persönlichen Gesprächen die Prinzipien und Vorzüge einer rechtsstaatlichen Justiz in den Kreis unserer Mitarbeiterinnen und Mitarbeiter zu transportieren, aber auch auf die Entstehung eines arbeitsgerichtlichen Zusammengehörigkeitsgefühls.

Im weiteren Verlauf sind wir dann von der „Keimzelle des Thüringer Justizministeriums" zum Jahreswechsel 1990/1991 mit der Erstellung eines Gutachtens für den Aufbau einer Arbeitsgerichtsbarkeit in Thüringen betraut worden.

I.: *Können Sie die Kriterien dieses Gutachtens für die Organisation von Arbeitsgerichten näher erläutern?*

W.: Zunächst einmal ging es um die Planung der Neuorganisation. Vorgesehen war eine in zwei Stufen erfolgende Errichtung einer eigenständigen Arbeitsgerichtsbarkeit. Dabei sollten zunächst ausschließlich für Arbeitsrecht zuständige Fachkammern der ordentlichen Gerichtsbarkeiten an den späteren Arbeitsgerichtsstandorten konzentriert werden. Am Ende sollte mit dem Erlass eines die eigenständige Arbeitsgerichtsbarkeit herbeiführenden Gesetzes überspitzt gesagt praktisch nur noch die Anbringung entsprechender Arbeitsgerichtsschilder an den betreffenden Gebäuden, notwendig sein. Natürlich mussten auch diese Arbeitsgerichtsstandorte bestimmt werden. Die Festlegung dieser Standorte erfolgte aufgrund einer Abwägung verschiedener Kriterien. Das waren: die Zahl der Einwohner des möglichen Standorts, die Zahl der Arbeitnehmer und Betriebe im Zuständigkeitsbereich des möglichen Standorts, der bisherige Geschäftsanfall von Arbeitsrechtsstreitigkeiten, die ausreichende Anbindung an das Straßen- und Schienennetz, traditionell bestehende Standorte von Arbeitsgerichten, Standorte von Behörden und Interessenverbänden des Arbeitslebens, Eignung zum flächendeckenden Wirken der Arbeitsgerichtsbarkeit.

Die Ergebnisse beruhten auf einem abgestuften Punktevergabesystem, in dem diese Faktoren in Relation ihrer Bedeutung berücksichtigt wurden. Daneben wurden verschiedene Optionen für den Zuständigkeitsbereich der jeweiligen Arbeitsgerichte festgelegt. Bestimmt werden musste auch die Zahl der pro Arbeitsgerichtsstandort erforderlichen Spruchkörper (Gerichtskammern). Im Ergebnis schlug das Gutachten die Einrichtung von insgesamt 7 Arbeitsgerichten in Erfurt, Gera, Suhl, Jena, Gotha, Nordhausen und Eisenach mit jeweils auswärtigen Kammern in Mühlhausen und Sonneberg, wegen der schlechten Verkehrsanbindung dieses Einzugsbereichs, mit insgesamt 33 Kammern vor. Dazu bestimmten wir auf prognostischer Basis das für den Gerichtsbetrieb erforderliche Geschäftsstellen- bzw. Verwaltungspersonal. Weiterer Gegenstand waren Fragen der Deckung des jeweiligen Raumbedarfs, die institutionelle Einrichtung von Richterfortbildungen, aber auch der Entwurf der für die Verselbstständigung der Arbeitsgerichte erforderlichen Rechtsakte. Ein weiterer Punkt war die Konzipierung einer die Tätigkeit der neuen Arbeitsgerichtsbarkeit begleitenden Anschubunterstützung aus den Partnerländern Bayern, Hessen und Rheinland-Pfalz. Dies betraf im Wesentlichen die Sicherstellung des Weiterlaufens der Abordnung von Westrichtern, aber auch die Möglichkeit der gegenläufigen Abordnung von ostdeutschen ArbeitsrichterInnen bzw. RechtspflegerInnen an Arbeitsgerichte dieser Partnerländer zu Hospitationszwecken.

I.: *Ist das von Ihnen gemeinsam mit dem rheinland-pfälzischen Kollegen entwickelte Konzept in der Folge umgesetzt worden? Haben Sie die Struktur der bundesdeutschen Arbeitsgerichtsbarkeit übernommen?*

W.: Der Kollege aus Rheinland-Pfalz hatte nach einem Jahr genug und ging wieder nach Mainz zurück. Mir selbst wurde dann im Sommer 1991 vom dann schon bestehenden Justizministerium angeboten, das für den Aufbau der Thüringer Arbeitsgerichtsbarkeit von uns in dem Gutachten erstellte Konzept von dort aus umzusetzen. Ich habe dann noch die erforderliche Zeit an meine ursprünglich befristete Zuweisung drangehängt, weil ich die mir im Justizministerium angebotene Aufgabe als eine sehr spannende berufliche Herausforderung angesehen habe, die einem Richter wohl nur in einer derartigen Umbruchsituation begegnen kann. Weil Thüringen dann schon Bundesland der Bundesrepublik war, war ich nun auf Basis einer Abordnung des Landes Hessen in Thüringen tätig.

Der formale Vollzug des Aufbaus der Thüringer Arbeitsgerichte lief dann praktisch auf der Grundlage des erstellten Gutachtens in einer für ein solches Vorhaben relativ kurzen Zeit, d. h. bis zu der zum Jahreswechsel 1992/1993 erfolgenden Verselbstständigung der Thüringer Arbeitsgerichte ab. Das betreffende Organisationsgesetz folgte bei der Standortfestlegung dem Vorschlag des Gutachtens. Die Arbeitsgerichte selbst waren nach dem damaligen bundesdeutschen Vorbild organisiert. Es gab einen Behördenleiter, einen Geschäftsleiter nebst erforderlichem Verwaltungspersonal sowie die für die Besetzung der Kammern erforderlichen BerufsrichterInnen und ehrenamtlichen RichterInnen sowie die entsprechenden Geschäftsstellen mit dem dazugehörigen Personal. Es gab auch mit RechtspflegerInnen besetzte Rechtsantragstellen. Die Zuteilung der Verfahren an die jeweiligen Arbeitsgerichtskammern erfolgte – wie sich das für einen Rechtsstaat gehört – aufgrund von zu Beginn des jeweiligen Geschäftsjahrs vorab festgelegten Geschäftsverteilungsplänen nach so genannten „abstrakt-generellen“ Kriterien.

Es mussten für jedes Gericht entweder im Landesbesitz befindliche Gebäude bereitgestellt oder von anderen Eigentümern angemietet werden. Zudem musste das dazugehörige Material wie Computer, Schreibmaterial, Schreibmaschinen, Diktiergeräte, Bücher etc. beschafft werden. Im Verhältnis zu Hessen waren die Thüringer Arbeitsgerichte am Ende mit modernster EDV ausgerüstet und schließlich über Jahre hinweg in dieser Beziehung viel besser ausgestattet. Für eine langfristige Fortsetzung der Verwaltungshilfe der Partnerländer musste ebenfalls gesorgt werden. Insbesondere aus Hessen gab es in jeder Hinsicht eine sehr großzügige und unkomplizierte Unterstützung, woran insbesondere der damalige Präsident des Landesarbeitsgerichts Frankfurt Keil und der dortige Geschäftsleiter König sowie Herr Ministerialrat Hohmann maßgeblichen Anteil hatten.

Das größte Problem war am Anfang, dass in dieser gesellschaftlichen Umbruchsituation unheimlich viele Klagen eingingen und die Personalplanung sich nicht an diesen als vorübergehend einzuschätzenden Zahlen orientieren konnte. 1991 gab es in Thüringen 78.821 Arbeitsrechtsstreite. Grund für den rapiden Anstieg der Arbeitsrechtsverfahren waren die im Zuge der Privatisierung massenweise erfolgenden Entlassungen der im Besitz der Treuhandanstalt befindlichen Unternehmen der ehemaligen DDR. Wenn man 550 Verfahren pro Jahr und erstinstanzlichem Arbeitsrichter zugrunde legt, was damals die bundesweit anerkannte Norm war, hatten die Thüringer ArbeitsrichterInnen etwa das vierfache Pensum zu bewältigen. Das Verfahrensaufkommen in dem arbeitsgerichtlichen Bereich war in Thüringen zu diesem Zeitpunkt doppelt so hoch wie das aller anderen dortigen Gerichtsbarkeiten zusammen. Heute hat sich die Situation mit jährlich weit unter 20.000 Arbeitsgerichtsverfahren in Thüringen normalisiert.

I.: *Wie haben Sie das nötige Personal gewonnen und war die Weiterbeschäftigung von DDR-Richtern nicht bedenklich?*

W.: Bei dem in Thüringen vorhandenen Justizpersonal haben wir die Mitarbeiterinnen und Mitarbeiter angesprochen, von denen wir aufgrund ihrer von uns miterlebten Einstellung und Leistungen den Eindruck hatten, dass sie geeignet für die Arbeitsgerichtsbarkeit sein können. Für den Geschäftsstellenbereich sind teilweise auch quasi von der Straße weg Leute eingestellt worden. Einige hatten in einem Treuhandbetrieb gerade ihre Kündigung bekommen. Diese Leute sind dann angelernt worden. Besonders hervorzuheben ist, dass fast alle diese Quereinsteiger sehr gut eingeschlagen haben. Der Bedarf an RichterInnen wurde zum einen durch Fortsetzung der Aufbauhilfe mittels erfahrener Arbeitsrichter aus den Partnerländern, teilweise auch durch deren spätere Versetzungsbereitschaft nach Thüringen gedeckt. Zum anderen erfolgten Neueinstellungen. Dies waren ausschließlich Bewerber aus Westdeutschland, da nur so genannte Volljuristen die Neueinstellungskriterien erfüllten.

Der Einigungsvertrag sah vor, dass in der DDR bereits als RichterInnen tätige Justizangehörige übernommen werden können. Die so genannten OstrichterInnen konnten in

Thüringen zwar ihre Richtertätigkeit zunächst fortsetzen, sie mussten sich allerdings vor ihrer Übernahme in ein bundesdeutsches Richterverhältnis auf Lebenszeit einer Überprüfung ihrer Rolle im SED-Staat durch einen Richterüberprüfungsausschuss unterziehen lassen. Einige wollten sich diesem Verfahren nicht stellen und sprangen vorher ab. Viele davon wurden Anwälte. Teilweise wussten die zur Überprüfung anstehenden RichterInnen deshalb bis zu zwei Jahre nicht, ob sie übernommen werden oder nicht. Das war für diese zwar bitter, die beschränkten Kapazitäten der Richterüberprüfung ließen aber kein schnelleres Verfahren zu. Dazu muss gesagt werden, dass die Richter zu DDR-Zeiten politisch linientreu sein mussten und jedenfalls in leitenden Funktionen handverlesen waren. Im Zweifel mussten sie das umsetzen, was die Staatsmacht in der Rechtsprechung erwartete. Zur Sicherstellung einer staatlich gelenkten Justiz gab es an den DDR-Gerichten z. B. Inspektions-RichterInnen, welche eine entsprechende Überwachungsfunktion gegenüber dem Richterpersonal hatten. Bei der so genannten Gerichtskritik konnten beispielsweise richterliche Entscheidungen wie Urteile wegen ihres Ergebnisses oder der Begründung eines Ergebnisses bemängelt werden.

Wer unbeugsam aus der Reihe tanzte, der musste befürchten, dass seine Richterlaufbahn endete. Das Amt der DDR-Richter war nämlich nicht auf Lebenszeit angelegt, sondern musste in regelmäßigen Perioden erneut durch politische Gremien bestätigt werden. Politische Zuverlässigkeit wurde von DDR-Richtern selbst in Arbeitsrechtssachen verlangt. Auch die „schwerwiegende Verletzung sozialistischer Pflichten" konnte den Verlust des Arbeitsplatzes bedeuten. Da gab es nämlich für DDR-Bürger, die einen Ausreiseantrag in die BRD stellten, in der Regel ohne nähere Begründung erfolgende formularmäßige Kündigungen, die auch nach DDR-Gesetzeslage rechtswidrig waren. Die gegen diese Kündigungen bei Gericht erhobenen Einsprüche waren aber aufgrund von internen, ohne Rechtsgrundlage über das Oberste Gericht der DDR erfolgten Orientierungsrichtlinien der DDR-Justiz zurückzuweisen. Wer als Richter oder Richterin bestehen wollte, konnte sich dieser Orientierung an der SED-Politik nicht entziehen, ohne Konsequenzen befürchten zu müssen.

Erstaunlicherweise machte die Leitung des Bezirksgerichts Erfurt keine Anstalten, ihren Platz freiwillig zu räumen und sich eine andere Beschäftigung zu suchen. Hier hielt sich offenbar zunächst die Vorstellung von einer Fortsetzung der Justizkarriere im bundesdeutschen Rechtsstaat.

I.: *Wie lange blieb der Bezirksgerichtsdirektor im Amt?*

W.: Der hat sich vergleichsweise lange gehalten, obwohl im Oktober 1990 nahezu alle DDR-Bezirksgerichtsdirektoren bereits zurückgetreten waren. Man konnte den Eindruck gewinnen, dass er es verstand, einige der von ihm bei der Verfolgung seiner Interessen offenbar als nützlich eingeschätzten Repräsentanten der westdeutschen Justiz für sich einzunehmen. Besonders eindrucksvoll war, wenn der Erfurter Bezirksgerichtsdirektor mit diesen in der Gerichtskantine beim gemeinsamen Mittagstisch herzliches Einvernehmen zelebrierte.

Selbst nachdem der SED-Bezirksgerichtsdirektor unfreiwillig den Sessel des Gerichtschefs räumen musste, blieb er Stellvertreter des Direktors und wurde von dem auch aus Westrichtern bestehenden Kollegium des Bezirksgerichts per Geschäftsverteilung für die Funktion des Vorsitzenden eines Strafsenats eingeteilt. Auch Inspektionsrichter, die vormals die Urteile auf Linientreue zum SED-Staat prüften, wurden in herausgehobenen Richterämtern eingesetzt.

Eine Gruppe von Richtern wollte irgendwann nicht mehr tatenlos zusehen, wie sich immer mehr der Anschein verfestigte, dass führende Repräsentanten der SED-Justiz in Erfurt zukünftig weiter hohe Richterämter bekleiden könnten. Zumal sich bei unverstelltem Blick der Eindruck aufdrängte, dass diese mit subversiven Methoden wie z. B. aufhetzender Desinformation von einheimischen Justizbediensteten, Gegeneinanderausspielen westdeutscher Aufbauhelfer, um nur einiges zu nennen, den Aufbau rechtsstaatlicher Strukturen unterminierten. Dies wurde von dieser Gruppe als eine sehr kritische Situation bewertet, bei der es notwendig schien, diesen Zustand presseöffentlich zu machen. Der „Spiegel" brachte dann auch in seinem am 6. 5. 1991 erschienenen Heft einen entsprechenden Artikel. Nachdem für den Erfurter DDR-Bezirksgerichtspräsidenten und die am Bezirksgericht Erfurt tätig gewesenen Führungskader der DDR-Justiz dann klar wurde, dass sie auch bei dem mittlerweile dem hessischen Verantwortungsbereich zugehörigen Thüringer Justizministerium nicht auf eine Fortsetzung ihrer Richterlaufbahnen hoffen konnten, schieden diese wenig später aus dem Staatsdienst aus.

I.: *Gab es sonstige Missstände?*

W.: Ja, einige und von einer Sache will ich noch berichten. Irgendwann sind bei mir einmal ein paar Akten verschwunden, die auf dem Boden gestapelt waren, weil es keinen Platz mehr auf dem Schreibtisch und in den Schränken gab. Des Rätsels Lösung war, dass die Putzfrau die Akten beiseitegeschafft hatte, weil sie dachte, das sei – weil auf dem Boden befindlich – wegzuräumender Abfall. Bei der unmittelbar auf diese Äußerung eingeleiteten Verfolgung dieser Akten führte sie mich zu einer im Innenhof des Gerichtsgebäudes gelegenen Eintrittsklappe zur Gerichtsheizung. Es ging dann über eine Eisenleiter senkrecht nach unten. Dort befanden sich rußgeschwärzte Männer. An der Wand hingen Pin-up-Plakate. Es war eine gespenstische, unwirkliche Atmosphäre. In einem Raum lag alles, was verbrannt werden sollte: Küchenabfälle der Gerichtskantine, Plastikbecher, Verpackungsmaterial, bündelweise Uniformen der Betriebskampfgruppen der DDR und auch Akten. Leider waren – wie sich schnell herausstellte – die meinigen schon verheizt worden. Nach dieser zufälligen Besichtigung war jedenfalls klar, dass mein Mainzer Kollege und ich durch die Wand unseres ersten Dienstzimmers einen nicht gerade gesunden Chemiecocktail eingeatmet hatten.

Der Heizungschef war ersichtlich begeistert, dass ihn auch einmal ein Richter besuchte und erklärte mir ganz stolz seine Umgebung. Unter anderem gab es dort eine Brikettformmaschine, denn die Braunkohle wurde nicht als Briketts geliefert, sondern als Dreckhaufen. Die Maschine sah aus wie ein Kampf-Roboter aus einem Science-Fiction-Film. In diese Maschine wurde der Dreck reingefüllt und heraus kamen Briketts. Die wurden in den Ofen transportiert. Kurz nachdem sie auf den Rost gelegt wurden, waren sie schon – ohne richtig zu verbrennen – wieder in Dreck zerfallen, was mir der Heizungschef umgehend vorführte. Dabei belehrte er mich voller Stolz, dass er der „Leitung" schon vor Jahren erklärt habe, dass die Energie, die die Brikettformmaschine verbraucht, höher als der Brennwert dieser Kohle sei. Allerdings ohne jeglichen Erfolg. Deshalb wurden auch ausgesonderte Akten und die Uniformen der DDR-Betriebskampfgruppe und alles, was sonst noch an Brennbarem anfiel oder die Müllentsorgung entlastete oder spurenfrei zu beseitigen war, gerne verbrannt. Diese Sachen hielten sich einfach länger auf dem Rost. Die Luft in Erfurt roch unerträglich säuerlich und im Herbst/Winter 1990 war der dem Gerichtsgebäude gegenüberliegende Domplatz abends regelmäßig in bräunlichen Nebel gehüllt. In den Straßen, die nicht an die Fernheizung angebunden waren, kokelten überall in der Stadt die Blechmülltonnen munter vor sich hin. Darin befand sich die noch glutheiße Asche der Privatöfen, die dann den anderen Abfall entzündete und zum Schwelen brachte. So betrieb nicht nur das Gericht in Erfurt eine giftige Müllverbrennungsanlage, giftige Dunstschwaden verpesteten überall die Luft.

I.: *Die Arbeitsgerichtsverfahren werden durch einen Arbeitsrichter und zwei „ehrenamtliche Richter" verhandelt. Auf welche „ehrenamtlichen Richter" konnten Sie zurückgreifen?*

W.: „Ehrenamtliche Richter" im rechtstechnischen Sinne des bundesrepublikanischen Arbeitsrechts gab es in DDR nicht. Es gab in der DDR so genannte Schöffen. Und man wusste nicht, ob einige dieser Schöffen stasimäßig belastet waren. In vertretbarer Zeit ist auch hier eine Überprüfung erfolgt, aber wir brauchten erst mal „ehrenamtliche Richter", um überhaupt arbeitsgerichtlich handlungsfähig zu werden. Die für die Benennung von ehrenamtlichen RichterInnen zuständigen Gewerkschaften und Arbeitgeberverbände waren damals zunächst selbst zu sehr mit ihrer eigenen Neuorganisation beschäftigt, um hier eine Ad-hoc-Hilfe zu leisten. Das Gleiche galt für die zur Bestellung der ehrenamtlichen RichterInnen zuständigen obersten Landesbehörden. In dem Fall wäre dies das Thüringer Justizministerium gewesen, das ja zur Jahreswende 1990/1991 noch in den Kinderschuhen steckte und überhaupt nicht über die erforderlichen personellen Kapazitäten verfügte. Wir, das heißt die in Thüringen eingesetzten Westarbeitsrichter, haben uns daher entschlossen, vorläufig mit den DDR-Schöffen weiterzuarbeiten. Diese wurden auf die bundesdeutsche Rechtsordnung verpflichtet. In Erfurt lief das so ab, dass sämtliche für den Bereich Arbeitsrecht gelisteten Schöffen, die beruflich in Arbeitnehmer- bzw. Arbeitgeberfunktionen tätig waren, zu einer gemeinsamen Informations- und Verpflichtungsveranstaltung in den größten Saal des Gerichts eingeladen wurden. Dort wurden sie über ihre Rechte und Pflichten als im Arbeitsgerichtswesen tätige ehrenamtliche RichterInnen aufgeklärt und darüber belehrt, dass auch für sie die richterliche Unabhängigkeit und Weisungsfreiheit gelte. Sodann erhielten sie nach Feststellung ihrer Personalien eine Art Urkunde, die mit dem damaligen Gerichtsstempel, aus dem vorher Hammer und Zirkel herausgeschnitten wurden, als amtliches Dokument beglaubigt war.

Dies ist also relativ hemdsärmelig abgelaufen. Aber danach hat damals keiner gefragt, weil 1990/1991 an manchen Tagen mehrere Hundert Verfahren neu hinzukamen.

Um sie bearbeiten zu können, mussten wir diese Schöffen schnellstmöglich zunächst einmal als ehrenamtliche Richter einsetzen, sonst hätten wir nach dem Arbeitsgerichtsgesetz keine Urteile fällen können und es wäre ein unglaublicher Verfahrensstau entstanden. Natürlich wurde auch versucht, durch Berufsrichter als Einzelrichter vergleichsweise Verfahren zu erledigen. Das funktioniert aber nur zu einem gewissen Prozentsatz und für alle anderen streitig bleibenden und deshalb durch Urteil zu entscheidenden Verfahren musste eine Kammerverhandlung mit ehrenamtlichen Richtern erfolgen. Ich selbst habe es persönlich für wichtig gehalten, dass die ostdeutschen Bürger und Bürgerinnen bei ihrem ersten Kontakt mit dem bundesdeutschen Justizbetrieb – und dieser Kontakt hat sich wegen der zu Tausenden vorhandenen und weiter absehbaren Massenkündigungen der Treuhandanstalt für viele sehr schnell und gerade bei den Arbeitsgerichtskammern ergeben – nicht gleich durch überlange Verfahrenslaufzeiten oder gar Handlungsunfähigkeit der Gerichtsbarkeit enttäuscht werden. Wir und die Bearbeitung der Arbeitsgerichtsverfahren der Jahre 1990/1991 waren ja für viele ostdeutsche Menschen sozusagen die Visitenkarte des bundesdeutschen Rechtsstaats.

Dr. Ernst Wilke

Staatssekretär a. D.

Geboren 1930 in Berndorf/Hessen. Studium der Landwirtschaft in Gießen, danach zweijährige Tätigkeit als wissenschaftlicher Mitarbeiter am Institut für Landwirtschaftliche Betriebslehre der Justus-Liebig-Universität, 1960 Promotion zum Dr. agr. in der Fachrichtung Betriebswirtschaft, Besuch des landwirtschaftlich-pädagogischen Instituts in Gießen, Referendar in Fritzlar, 1962 Assessor-Examen, anschließend Dozent am Hessischen Landwirtschaftlichen Beraterseminar Rauischholzhausen. 1968 bis 1969 Leitung der Landvolkhochschule Friedrichsdorf/Ts., Wechsel in das Hessische Landwirtschaftsministerium. 1970 stellvertretender Präsident des Hessischen Landesamts für Landwirtschaft in Kassel, 1975 stellvertretender Abteilungsleiter im Landwirtschaftsministerium, 1977 Präsident des neu gegründeten Hessischen Landesamts für Ernährung, Landwirtschaft und Landentwicklung in Kassel, von 1987 bis 1991 Regierungspräsident in Kassel.
Zwischen 1991 und 1992 zugleich Leitung des Landesverwaltungsamts in Weimar, zum 1. 2. 1992 Versetzung zum Freistaat Thüringen. Kurzzeitig Präsident des Landesverwaltungsamtes Weimar, am 25. 2. 1992 zum Staatssekretär in das Thüringer Ministerium für Umwelt und Landesplanung in Erfurt berufen. Seit 1994 im Ruhestand.

Interview mit Dr. Ernst Wilke (W.) am 7. 11. 2007

I.: *Herr Dr. Wilke, hatten Sie bereits vor der Grenzöffnung 1989 Verbindungen in die DDR und wie setzten sich diese gegebenenfalls fort?*

W.: Meine Verbindungen zur ehemaligen DDR bestanden schon vor der Grenzöffnung 1989 aufgrund meiner Promotion über Kooperationen in der Landwirtschaft

1960. Dazu habe ich mich auch mit den Landwirtschaftlichen Produktionsgenossenschaften (LPGs) und den Volkseigenen Gütern (VEG) beschäftigt, um einen Vergleich mit der überbetrieblichen Zusammenarbeit in der Bundesrepublik zu ziehen. Dann gab es eine deutsch-deutsche Kommission, in der das Regierungspräsidium Kassel Mitglied war. Sie befasste sich mit der Wasserqualität der Flüsse; in Hessen und Thüringen beispielsweise mit der Salzbelastung der Werra durch den Kalibergbau. Darüber hinaus bestanden verwandtschaftliche Beziehungen nach Halberstadt. Zudem empfand ich seit 1945 Dankbarkeit gegenüber den Thüringern für erfahrene Hilfe, sie ließen mir vor allem im Thüringer Wald eine große Gastfreundschaft zuteilwerden, als ich auf dem Rückweg aus Österreich in meine Heimat war.

Als einen Glücksfall der Geschichte betrachte ich die Grenzöffnung im Herbst 1989. Das Regierungspräsidium in Kassel war vom ersten Tag an in die neue Situation eingebunden und hat seine Kräfte in der deutsch-deutschen Zusammenarbeit gebündelt.

Die Hessische Landesregierung unter Ministerpräsident Dr. Walter Wallmann stellte für die Aufbauhilfe in Thüringen 250 Mio. DM zur Verfügung. Durch die gemeinsame Grenze mit Thüringen wurde das Regierungspräsidium Kassel mit der Koordinierung der einzelnen Hilfsprogramme betraut, eine nicht ganz leichte Aufgabe. Besonders intensiv war vor allem die Zusammenarbeit mit dem damaligen Wirtschaftsminister Alfred Schmidt zur Verbesserung der Infrastruktur.

Unser Ansprechpartner in Thüringen war der Rat des Bezirkes Erfurt, der auch die Bezirke Suhl und Gera vertrat. Vom stellvertretenden Vorsitzenden des Rates wurde mir bei meinem ersten Besuch im Dezember 1989 gesagt, dass er Sozialist sei und bleibe und deshalb mit uns nicht zusammenarbeiten wolle. Die grenznahen Thüringer Gemeinden, Städte und Kreise wurden gleichberechtigt in unsere Überlegungen zur Weiterentwicklung der Region einbezogen. So hatte das Hessische Wirtschaftsministerium 1988 gemeinsam mit dem Regierungspräsidium eine engere Zusammenarbeit Kurhessens mit Südniedersachsen und Ostwestfalen vereinbart, in die Thüringen ab 1990 eingebunden wurde. Diese Konferenzen wurden leider in den Folgejahren nicht fortgesetzt. Des Weiteren hat eine Reihe von Mitarbeitern des Regierungspräsidiums wertvolle Aufbauhilfe in den neuen Ländern geleistet und unsere Auffassung von einer „gestaltenden Dienstleistungsbehörde" vor allem den Thüringer Beamten und Angestellten nahegebracht.

Persönlich bleibt anzumerken, dass ich der Bitte der Thüringer Landesregierung, die Leitung des noch zu bildenden Landesverwaltungsamtes zu übernehmen, gerne gefolgt bin, weil es mit dieser Behörde etwas vollkommen Neues zu gestalten gab. Am 1. Dezember 1991 wurde ich nach Weimar (Sitz des Landesverwaltungsamtes) abgeordnet und mit der kommissarischen Leitung betraut. Am 31. Januar 1992 versetzte mich der Hessische Innenminister in den Thüringer Landesdienst, wo ich am 1. Februar 1992 zum ersten Präsidenten des Landesverwaltungsamtes bestellt wurde. Doch bereits am 24. Februar 1992 habe ich Weimar wieder verlassen, weil mich Ministerpräsident Dr. Bernhard Vogel zum Staatssekretär ins Thüringer Ministerium für Umwelt, Landesplanung und Naturschutz berief.

I.: *Wie verlief der Aufbau des Landesverwaltungsamtes in Weimar, welche Aufgaben sollte diese Behörde übernehmen und worin bestand Ihre Aufgabe dabei?*

W.: Die Thüringer Landesregierung hat am 18. Juni 1991 die Anordnung über die Errichtung von Behörden und Einrichtungen des Landes erlassen. Dazu gehörte auch die Bildung eines Landesverwaltungsamtes. Zur Vorbereitung wurde beim Thüringer Innenministerium unter dessen Leitung ein Aufbaustab eingerichtet, der seine Ergebnisse im Bericht vom 16. Oktober 1991 vorgelegt hat. An den Sitzungen des Aufbaustabs habe ich seit August 1991 als Gast teilgenommen und meine Vorstellungen eingebracht.

Die zu bildende Mittelbehörde sollte nach dem Willen der Landesregierung für die allgemeine innere Verwaltung, das Bauwesen, für Kataster und Vermessung, Wirtschaft und Verkehr, Soziales, Arbeit, Familie, Gesundheit, Veterinärwesen, Lebensmittelüberwachung, Schule, Landwirtschaft und Forsten, Umwelt und Denkmalschutz zuständig sein.

Sie sollte in sieben Abteilungen mit einigen Unterabteilungen gegliedert sein und ca. 1480 Mitarbeiterinnen und Mitarbeiter umfassen. Weiterhin sollten drei „spiegelbildliche" Außenstellen in Meiningen, Sondershausen und Stadtroda eingerichtet werden.

Nach dem Grundsatzbeschluss der CDU-FDP-Landesregierung unter Ministerpräsident Josef Duchač über die Dreistufigkeit der Verwaltung Thüringens war nach meiner Auffassung die Bildung des Landesverwaltungsamtes in der vorgesehenen Organisation ein überzeugender Lösungsansatz. In dem relativ kleinen Land sollte durch die Bündelung der mittleren Verwaltungsebene in einer Behörde die Voraussetzung für effektives, einheitliches Verwaltungshandeln geschaffen und die Aufgaben der einzelnen Fachbereiche koordiniert werden. Das hatte es bisher in der Bundesrepublik Deutschland noch nicht gegeben und war deshalb einzigartig.

Meine Aufgabe bestand darin, die politischen Vorgaben umzusetzen und das Landesverwaltungsamt zu einer gestaltenden Dienstleistungsbehörde ohne größere Reibungsverluste aufzubauen. Es zeigte sich, dass die vorgesehene Eingliederung der bestehenden oder in Bildung begriffenen Sonderverwaltungen bei einigen Ressorts auf Schwierigkeiten stieß. Hinzu kamen Überlegungen, den Kreisstädten, die durch die anstehende Gebietsreform ihren Status verloren, ein Äquivalent durch die Ansiedlung von Behörden der mittleren Verwaltungsebene zu geben. Neben diesen externen Problemen kam es darauf an, die internen Fragen der Zusammenarbeit zu klären und die Verwaltungsabläufe zu vereinheitlichen; diese waren durch die Aufbauhilfen der Länder Bayern, Hessen und Rheinland-Pfalz recht unterschiedlich. Zudem musste die Kommunikation und die innerbetriebliche „Infrastruktur" aufgebaut werden, die bei meinem Amtsantritt vollkommen fehlte.

Es bleibt festzuhalten, dass meine Tätigkeit in Weimar zu kurz war, um Entscheidendes zu bewegen.

I.: *Ist eine Mittelbehörde in einem Land von der Größe Thüringens Ihrer Meinung nach überhaupt erforderlich?*

W.: Eine sehr gute Frage, die immer wieder kontrovers diskutiert wird. So haben die Flächenländer Brandenburg, Mecklenburg-Vorpommern, Schleswig-Holstein und das Saarland nur einen zweistufigen Verwaltungsaufbau.

Ich halte mittlere Verwaltungsbehörden für sinnvoll und effizient, wenn die Aufgaben so verteilt werden, dass in den Ministerien mit der Legislative zusammen „regiert" wird und die Gesetzgebungsverfahren aktiv begleitet werden. Manche „Nachbesserungen" verabschiedeter Gesetze sollten Anlass sein, in den Ministerien noch sorgfältiger zu arbeiten, nach dem alten Grundsatz: Quidquid agis, prudenter agas et respice finem [Was auch immer du tust, tu es klug und bedenke die Folgen].

Es ist dann sinnvoll, wenn in den Regierungspräsidien und Landesverwaltungsämtern alle Verwaltungsaufgaben gebündelt werden und in den unteren Verwaltungsbehörden die Ausführungskompetenz gestärkt wird.

Leider wird dieser Idealfall des Aufbaus der Exekutive wohl ein Wunschtraum bleiben, weil zu viele unterschiedliche Interessen das Verwaltungshandeln beeinflussen. Beispielsweise werden durch die fortschreitende Einigung Europas immer mehr Verwaltungsaufgaben nach „oben" gezogen, obwohl der umgekehrte Weg der bessere wäre. Die Föderalismuskommission versucht zurzeit, die Aufgaben zwischen Bund und Ländern neu zu ordnen, ohne dass damit eine Neuordnung der Verwaltung einhergeht.

I.: *Welche Stelle war für den Aufbau einer Mittelbehörde zuständig?*

W.: Zuständig für den Aufbau einer Mittelbehörde war das Thüringer Innenministerium, das die einzelnen Fachressorts – soweit fachliche Belange betroffen waren – beteiligte.

I.: *Wie haben Sie Mitarbeiter für die Behörde gewonnen?*

W.: Die Gewinnung von kompetenten Mitarbeitern war in der Anfangsphase eines der schwierigsten Probleme. In den Fachabteilungen wurden die dort tätigen Kräfte weitgehend übernommen, sofern in der „Kaderakte" keine Verstrickungen mit dem Sicherheitssystem der DDR erkennbar waren. In der allgemeinen Verwaltung galt nach der Wiedervereinigung durch den Einigungsvertrag das Recht der Bundesrepublik, in dem die dortigen Mitarbeiter/-innen nicht ausgebildet waren. Durch Abordnung, z. B. zum Regierungspräsidium Kassel, haben wir versucht, den Beschäftigten zumindest einige Grundkenntnisse zu vermitteln, damit sie Vorgänge bearbeiten und zur Entscheidung bringen konnten. Für die Kernaufgaben wurde zunächst auf Aufbauhelfer/-innen aus den westlichen Ländern gebaut, die durch ihre Arbeit die Verwaltungsabläufe steuerten. Diese Helfer/-innen, vor allem aus Bayern, Hessen und Rheinland-Pfalz, haben sich redlich bemüht. Die Schwierigkeiten bestanden darin, dass die meisten dieser Mitarbeiter/-innen aus den unterschiedlichsten Gründen nicht dauerhaft für das Landesverwaltungsamt gewonnen werden konnten und Thüringen wieder verließen. Mit zunehmender Erfahrung der Thüringer Mitarbeiter/-innen waren auch die Personalvertretungen nicht mehr gewillt, dem „Import" von Personal aus dem Westen vorbehaltlos zuzustimmen.

Ab Mitte der 90er Jahre hat sich nach meiner Auffassung die Situation so verbessert, dass die Arbeit reibungslos läuft.

I.: *Sie sprachen von Aufbauhelfern aus den anderen Partnerländern Bayern und Rheinland-Pfalz, trafen damit vielleicht auch unterschiedliche Vorstellungen aufeinander?*

W.: Ja; die Schwierigkeiten ergaben sich am Anfang, weil die Verwaltungsabläufe in den einzelnen Bundesländern unterschiedlich waren und auch die Thüringer Mitarbeiter/-innen ihre Erfahrungen einbrachten. So bestand für einen längren Zeitraum erheblicher Koordinierungsbedarf, bis eine einheitliche Handhabung von Verwaltungsabläufen erreicht war.

I.: *Wie wurde die Hilfe in Thüringen gesehen?*

W.: Im Rückblick meine ich feststellen zu können, dass die Hilfe durch uns als notwendig empfunden wurde, wenn auch gewisse Vorbehalte zu spüren waren. Das lag aber weniger an den Thüringern, sondern mehr an uns, den aus dem Westen kommenden Beratern. Wir waren nach der Wiedervereinigung ohne jegliche Vorbereitung jedweder Art damit beauftragt worden, den Bewohnern der ehemaligen DDR unser Gesellschaftssystem überzustülpen. Dabei sind uns immer wieder Fehler unterlaufen, weil wir nicht wussten und auch nicht erkennen konnten, dass sich nach dem Ende des 2. Weltkrieges zwei deutsche Wirklichkeiten entwickelt hatten mit all ihren Irrungen und Wirrungen, die nach der Wiedervereinigung zu Missverständnissen geführt haben.

I.: *Sie sind im Februar 1992 Staatssekretär im Thüringer Umweltministerium geworden. Welche Überlegungen bildeten die Grundlage für den strukturellen Aufbau des Thüringer Ministeriums für Umwelt, Landesplanung und Naturschutz? Wie waren Sie daran beteiligt?*

W.: Die Organisation des Ministeriums, vor allem die Zusammenfassung von Umwelt und Landesplanung, wurde weitgehend in Anlehnung an die Strukturen in einigen alten Bundesländern aufgebaut. Bei meinem Amtsantritt im Februar 1992 war diese Phase abgeschlossen. Diese gute und erfolgreiche Aufgabenstellung wurde leider in der zweiten Legislaturperiode 1995 von der Großen Koalition aus CDU und SPD aufgegeben und das „Umweltministerium“ aufgelöst. Besonders betroffen davon war die Landesplanung, die zunächst dem Wirtschaftsministerium und später der Staatskanzlei zugeordnet wurde.

Die Landesplanung stand von Beginn an vor einem Dilemma, weil sie von der Umwandlung des zentral gelenkten staatlichen Systems der DDR in ein föderales, demokratisch legitimiertes Handeln der Politik besonders betroffen war. Einerseits mussten Grundsätze der Planung erarbeitet werden, die die Entwicklung des Landes in zukunftssichere Bahnen lenkte; andererseits bestand die Gefahr, durch starke Reglementierung zu sehr in die Planungsmentalität der ehemaligen DDR (Fünfjahresplan) zurückzufallen.

Nach meiner Auffassung hat der Freistaat Thüringen diese Problematik zufrieden stellend gelöst.

I.: *Was waren die vordringlichsten Aufgaben, die im Umweltbereich – Altlasten, Emissionsschutz, Wasserversorgung, Abwasserreinigung, Bodenschutz – sowie in den Bereichen Landesentwicklung und Naturschutz in den Jahren 1992 bis 1994 gelöst werden mussten?*

W.: Bei der Aufnahme meiner Tätigkeit habe ich mich bemüht, die Aussage Carl-Friedrich von Weizsäckers zu beherzigen und danach zu handeln:

„Bei jeder Veränderung des Lebens, bei jeder Veränderung der Welt treten auch Wirkungen ein, die wir nicht gewollt haben, die aber kausal anschließen an das, was wir getan haben, d. h. welche die Folge dessen sind, was wir getan haben. Und ob die gewollten Wirkungen eintreten, hängt wesentlich davon ab, ob die ungewollten Wirkungen gemeistert werden."

Unsere Aufgabe bestand in den ersten Jahren darin, die eingetretenen negativen Wirkungen des DDR-Systems zu beseitigen oder zumindest zu mildern. Neben dieser gewaltigen Mängelbeseitigung blieb naturgemäß wenig Raum und Zeit zur Gestaltung. Es ist gelungen – und die Umweltberichte der 90er Jahre des vorigen Jahrhunderts belegen es – die lebensnotwendigen Elemente Wasser, Luft und Boden in einen Zustand zu versetzen, der eine Gefährdung der Gesundheit der Bevölkerung ausschloss.

Darüber hinaus bestand meine Aufgabe darin, die Bereiche Landesentwicklung und Naturschutz mit den Belangen der Wasserversorgung und -entsorgung, der Beanspruchung von oberflächennahen Lagerstätten (Steine und Erden) und der Altlastensanierung zu einer gemeinsamen Sprachregelung und einheitlichem Handeln unter dem Oberbegriff „Kulturlandschaft Thüringen" voranzubringen. Unsere Vorstellungen zielten dabei in den Diskussionen, vorrangig mit dem Wirtschafts- und dem Landwirtschaftsministerium, darauf ab, Ökonomie und Ökologie gleichgewichtig zu behandeln.

I.: *Es hat den Anschein, dass es durchaus Schwierigkeiten gab, Naturschutz und Umweltbelange in Diskussionen über die wirtschaftliche Entwicklung des Landes durchzusetzen. Wie stellte sich das konkret dar und wie sind Sie mit dem Problem umgegangen?*

W.: Schumpeters ökonomische Theorie „von der schöpferischen Kraft der Zerstörung" der bestehenden Wirtschaftsstruktur, an die viele Wirtschaftswissenschaftler nach der „Wende" geglaubt haben, ist in der Praxis leider nicht eingetreten. Sie braucht wahrscheinlich längere Zeiträume, um ökonomisch wirksam zu werden. Erste erfolgversprechende Ansätze für diese Entwicklung sind 18 Jahre nach der Wiedervereinigung zu erkennen. Im Umkehrschluss heißt das, weil „blühende Landschaften" und neue Arbeitsplätze kurzfristig nicht geschaffen werden konnten, wurde in der Politik der Wirtschaftsentwicklung und der Senkung der hohen Arbeitslosigkeit der Primat eingeräumt. Jeder wurde herzlich begrüßt, wenn er als Investor mit dem Versprechen der Schaffung von Arbeitsplätzen auftrat. Die „Treuhand" in Berlin war an diesem Verhalten nicht ganz schuldlos.

Bei dieser Politik waren Umwelt und Landesplanung oft nur zweiter Sieger, weil manche Investoren in ihren Vorstellungen die Erhaltung und Verbesserung der Umwelt im immer noch schönen Thüringen in ihrer Rangfolge weit nach hinten stellten. Hier seien nur einige Beispiele genannt, die die Thematik verdeutlichen sollen, wie die Bebauung von wertvollen Talauen und damit die Einengung von Retentionsflächen, die Errichtung von Produktionsanlagen trotz Warnung in Überschwemmungsgebieten, starke Vernachlässigung von Naturschutzbelangen (z. B. Landschaftsschutzgebiete), die Ansiedlung in Trinkwasserquellgebieten, eine zögerliche Altlastenbeseitigung und die Ausbeutung von oberflächennahen Lagerstätten für Gips, Steine und Erden in sensiblen Gebieten, nicht zuletzt ermöglicht durch das auch nach dem „Einheitsvertrag" weiter geltende DDR-Berggesetz.

An dieser bei weitem nicht vollständigen Aufzählung wird deutlich, mit welchen Problemen die Arbeit belastet war.

I.: *Gab es Entwicklungen, die Sie aus heutiger Sicht negativ beurteilen?*

W.: Eindeutig ja, dazu nenne ich nur zwei Beispiele: zum einen die Überdimensionierung und Anzahl mancher neu gebauter Kläranlagen, die in der Hoheit von Gemeinden und Zweckverbänden liegen. Durch den Anreiz der Gewährung großzügiger Fördermittel wurden Kapazitäten über den Bedarf hinaus errichtet, wohl in der Erwartung, dass durch Gewerbeansiedlung und Zunahme der Einwohnerzahl diese Kapazitäten benötigt würden. Diese Hoffnung hat sich, wie sich heute herausstellt, in der Realität nicht erfüllt.

Zum anderen die Ausweisung und Erschließung von unzähligen Gewerbegebieten, von denen sich die Kommunen wirtschaftliche Entwicklung und opulente Einnahmen aus Gewerbesteuern versprachen. Diese Erwartungen sind, von Ausnahmen abgesehen, vor allem in ländlichen Gebieten nicht eingetreten.

In diese Entwicklung, die unmittelbar nach der „Wende" begann, konnte das Land Thüringen nicht regulierend eingreifen, weil Kreise und Gemeinden vor der Bildung des Freistaates bestanden. Nach meiner Meinung ist auch die Gewerbesteuer in der jetzigen Form ein Anlass gewesen, großzügig Gewerbegebiete auszuweisen und damit Einnahmen zu erzielen.

Vielleicht sollte zukünftig bei knapper werdenden Ressourcen (Flächen) in der gesamten Republik einmal darüber nachgedacht werden, wie das Steuersystem geändert werden kann, um Ressourcen zu schonen und gleichzeitig den Kommunen eine ausreichende Finanzierung ihrer Aufgaben zu ermöglichen.

Zum Schluss möchte ich aber bei allen Problemen, die wir hatten, positiv herausstellen, dass wir an unseren Plänen zur Sicherung der Wasserversorgung festgehalten haben. Wir haben die Talsperre „Leibis" im Thüringer Schiefergebirge trotz erheblicher Widerstände aus Politik und Verbänden gebaut – nach der chinesischen Volksweisheit: Du musst den Brunnen graben, bevor du Durst hast! Bei den weltweiten Diskussionen um die Klimaveränderung war der Bau der Talsperre eine richtige Entscheidung für die Zukunft, zumal Thüringen in weiten Bereichen niederschlagsarm ist.

I.: *Darf ich noch einmal auf Hessen und Thüringen zurückkommen? Besteht heute eine besondere Partnerschaft zwischen Hessen und Thüringen, vielleicht auch wegen der hessischen Unterstützung?*

W.: In manchen Bereichen, z. B. der Wirtschaft und des Bankenwesens, ist die Zusammenarbeit sehr eng. In den ersten Jahren nach der Wiedervereinigung war sie nach meiner Auffassung auch im öffentlichen Bereich stärker. Durch unterschiedliche Interessenlagen hat sich dieses Verhältnis abgeschwächt, obwohl Thüringen und Hessen seit Jahrhunderten eng miteinander verflochten waren.

I.: *Welches persönliche Fazit ziehen Sie aus Ihrer fast dreijährigen Tätigkeit in Thüringen?*

W.: Es war für mich eine Zeit hoher physischer Belastung, weil vieles sofort und zur gleichen Zeit getan werden musste. Dennoch war diese fast dreijährige Arbeit für mich eine Bereicherung meines beruflichen und persönlichen Lebens, die ich nicht missen möchte. Vor allem auch deshalb nicht, weil viele Thüringer Frauen und Männer, mit denen ich zusammen- und für die ich gearbeitet habe, mir vertrauten und auch trauten. Mehr kann im Leben nicht erreicht werden.

Dr. Thomas Zickgraf

Ministerialdirigent a. D.

Geboren 1936 in Berlin. Medizinstudium in München und Berlin, 1957 Eintritt in den Benediktinerorden in Ettal, bis 1961 Studium der Philosophie und Theologie in Rom und Innsbruck, Austritt aus dem Orden und Abschluss des Medizinstudiums 1964 in München.
Weiterbildung zum Kinderarzt, 1969 bis 1971 Vorsitzender des Assistenten-Konvents der medizinischen Fakultät und der Fachvertretung Medizin der Bundesassistentenkonferenz (BAK), 1972 bis 1976 Geschäftsführender Arzt der Bundesärztekammer in Köln. 1976 Ministerialrat im Hessischen Kultusministerium, 1978 Wechsel ins Sozialministerium, seit 1982 Leiter der Gesundheitsabteilung. Dort 1990 für die Abwicklung des Programmteils Gesundheitswesen des Aktionsprogramms Hessen-Thüringen verantwortlich, 1991 Abordnung nach Thüringen zum Aufbau des dortigen Sozialministeriums.
1996 Geschäftsführender Arzt der Stiftung Organtransplantation in Neu-Isenburg. Seit 1999 im Ruhestand. Ehrenamtlich tätig im Vorstand der Alzheimer-Gesellschaft Wiesbaden.

Interview mit Dr. Thomas Zickgraf (Z.) am 4. 12. 2007

I.: *Herr Dr. Zickgraf, wie verlief Ihre Tätigkeit für das Aktionsprogramm Hessen-Thüringen?*

Z.: Als das Aktionsprogramm beschlossen wurde, war ich Abteilungsleiter der Gesundheitsabteilung, Abteilung 3, im Hessischen Sozialministerium. Da es sich bei dem

Programm um eine Sonderaufgabe handelte, die schnell umgesetzt werden sollte, habe ich mich selber um die Sache gekümmert, die Entscheidungen getroffen und war bei den Besprechungen immer dabei, denn ich musste dafür geradestehen, wenn es nachher nicht gelaufen wäre. Ich habe allerdings Herrn Weber gebeten, die Sachbearbeitung zu übernehmen, und Herr Dr. Nassauer, auch ein Mediziner, hat die Abwicklung des Programms fachlich mitbegleitet. Aber im Wesentlichen habe ich mich darum gekümmert und das ging dann das ganze Jahr 1990. In dieser Zeit war ich sehr häufig drüben und auf diese Weise habe ich Thüringen sehr gut kennen gelernt.

Am 11. Januar 1990 fand das erste Gespräch in Erfurt statt, zu dem ich mit dem damaligen Staatssekretär unseres Ministeriums, Gerald Weiß, und in Begleitung von Herrn Dr. Nassauer und Herrn Weber hingefahren bin. Bei dem Gespräch sollte es um die Durchführung der „Hessenhilfe", wie das Programm in Thüringen genannt wurde, gehen. Von DDR-Seite nahmen als „Runder Tisch" Vertreter aus den Krankenhäusern, aus der Schwesternschaft und die Bezirksärzte daran teil. Diese brauchte man, da sie die Übersicht über die Krankenhäuser hatten und wussten, wo der Bedarf am größten war. Gemeinsam wurde beschlossen einen Ausschuss zu bilden, in dem beraten werden sollte, was an Hilfe zu leisten ist. Und es war dann sehr schnell klar, dass es keine Einzelanträge geben, sondern dass die Hilfsgüter über diesen Ausschuss verteilt werden sollten.

I.: *Wie setzte sich dieser Ausschuss zusammen?*

Z.: Es waren Abgesandte aus den Krankenhäusern, auch aus Krankenhäusern der Diakonie und der Caritas, also aus evangelischen und katholischen Krankenhäusern, und es waren immer auch die Bezirksärzte aus Erfurt, Gera und Suhl dabei, denn die hatten den besten Überblick und sie wussten, wo Hilfe benötigt wurde. Vor allem der Suhler Bezirksarzt war wirklich gut organisiert. Und im Wesentlichen haben die Ärzte selbst über die Verteilung entschieden. Um uns einen eigenen Überblick zu verschaffen, haben wir parallel dazu verschiedene Kliniken ohne den Ausschuss bereist. Und sind dann immer auch wieder zu Besprechungen in Erfurt gewesen. So wurde auch festgelegt, dass es keine Kleckerförderung geben sollte, sondern dass ein paar Bereiche mit einem großen Bedarf gefördert werden sollten, auch um günstige Einkaufspreise zu erhalten.

I.: *Hatten Sie auch Kontakt zu Vertretern oppositioneller Gruppen und inwiefern wurden diese in die Planung der Hilfsmaßnahmen einbezogen?*

Z.: Nein, nicht unmittelbar. Am Runden Tisch bei der ersten Besprechung waren auch Vertreter der Opposition beteiligt; mit Berücksichtigung der konfessionellen Häuser im Ausschuss war dem Anliegen der Opposition ausreichend Rechnung getragen. Alle Entscheidungen wurden im Ausschuss einvernehmlich getroffen.

Aber den Bedarf haben im Großen und Ganzen die Fachleute aus der Verwaltung festgelegt. Wenn dringender Bedarf bestand, wurden natürlich auch kleinere Mengen bestellt. So fehlten in Suhl plötzlich OP-Tücher, die haben wir beschafft. Da gab es keine Probleme. Aber im Wesentlichen wurden größere Maßnahmen gefördert, die allgemein im Ausschuss abgesprochen waren.

Bei der Auswahl der Medizingeräte wurde vom Ausschuss darauf geachtet, dass es Geräte waren, die in der DDR bereits eingeführt waren und von den eigenen Teams der Krankenhäuser oder Bezirke gewartet werden konnten. Es war ja zu Beginn des Jahres 1990 überhaupt nicht klar, wie es mit der DDR weitergehen würde.

I.: *Was wurde ganz konkret beschafft?*

Z.: Zum Beispiel fehlten insbesondere Ultraschall- und mobile Röntgengeräte. Ich habe 30 Ultraschallgeräte und 30 Röntgengeräte gekauft, die dann, wie im Ausschuss festgelegt, verteilt wurden. Es kam auch vor, wie bereits beschrieben, dass einzelne Geräte beschafft wurden. Ein weiteres Beispiel: Die Erfurter Kinderklinik brauchte dringend einen Transportinkubator, auch den haben wir besorgt. Weiterer Bedarf bestand an Narkosegeräten, die in entsprechenden Stückzahlen aus den Mitteln des Aktionsprogramms gekauft wurden. Bis auf wenige Ausnahmen waren alle Firmen bereit, uns deutliche Rabatte einzuräumen, war es für sie doch eine gute Gelegenheit, sich in der DDR Marktanteile zu sichern.

Großer Mangel herrschte in den Krankenhäusern bei Verbandsmaterial. Darüber wurde mit den zuständigen Apothekern, in jedem Bezirk gab es ein entsprechendes Büro, verhandelt, und die Erfurter haben für alle Krankenhäuser den monatlichen Bedarf ausgerechnet und auf den Jahresbedarf hochgerechnet. Wir haben dann die Menge mit der Firma Lohmann ausgehandelt und ein Angebot eingeholt. Das Angebot haben wir in Koblenz im Bundeswehrkrankenhaus prüfen lassen und dort wunderte man sich über die günstigen Preise. Das Verbandsmaterial wurde von der Firma in Portionen angeliefert und zum Teil direkt an die Krankenhäuser verteilt oder es ging in Lager, denn diese Apothekenabteilungen hatten große Kapazitäten. Jedenfalls auch diese Hilfe lief sehr schnell an und hat das ganze Jahr über funktioniert.

Als Nächstes wurden Autos für die Krankenhäuser beschafft. Der Ausschuss bestand dabei darauf, dass diese Fahrzeuge ausschließlich für die Klinik und nicht für die Chefärzte zur Verfügung stünden.

Bei einer unserer „Inspektionen" waren wir in Meiningen und dort sagte man uns, dass dringend ein septischer Operationssaal benötigt werde. Wir konnten mit finanzieller Hilfe des Bundes einen Container aufstellen. Der wurde noch lange genutzt, bis das Krankenhaus in Meiningen privatisiert wurde. Und die nächste große Anschaffung, die Vorbereitungen dafür haben fast das ganze Jahr gedauert, war dann ein Linearbeschleuniger für die Abteilung Strahlentherapie im Suhler Bezirkskrankenhaus. Dort gab es zwar ein solches Gerät, einen polnischen Lizenzbau einer französischen Firma, das allerdings von Anfang an nicht funktionierte. Deshalb wurde dringend ein neues benötigt. Auch darüber haben wir mit dem Bund verhandelt und schließlich einen neuen Linearbeschleuniger finanziert bekommen. Die Auswahl haben wir den Ärzten in Suhl überlassen. Sie musste am Ende nur mit uns abgestimmt werden.

Gleichzeitig haben wir versucht, für thüringische Krankenhäuser in Hessen Patenschaften zu gewinnen. Und auch auf dem Gebiet haben sich sehr schnell spontane Verbindungen ergeben. So haben sich beispielsweise Krankenhäuser in Kassel und Fulda sofort engagiert. Und natürlich wurden auch Fortbildungsveranstaltungen für Ärzte und Krankenhauspersonal aus der DDR organisiert. Diese Veranstaltungen dienten der beruflichen Fortbildung und es gab beispielsweise spezielle Kurse für Ultraschall, in die Firmen mit eingestiegen sind. Das passierte alles noch im ersten Halbjahr 1990 und es lief ziemlich gut an und ging das ganze Jahr bis zum Jahresende. Dann war allerdings klar, dass die Krankenhaus-Finanzierung kommen würde und die hessische Hilfe im Gesundheitsbereich damit eingestellt werden konnte.

Dann wurde 1990 noch eine große Ausschreibung für die Zahnärzte durchgeführt. Es war ja so, dass Zahnärzte in der DDR fast ausschließlich an den Polikliniken tätig waren. Niedergelassene Zahnärzte gab es eigentlich gar nicht. Doch war sehr schnell klar, dass die Polikliniken aufgelöst werden, denn sie waren ja, so die Meinung vieler im Westen, etwas ganz „Böses". Die Ausschreibung hatte zwar ein Ergebnis, sie wurde aber nicht umgesetzt, weil wir niedergelassene Zahnärzte nicht fördern konnten.

I.: *Warum hat man die Auflösung der Polikliniken nicht einmal in Frage gestellt?*

Z.: Weil die Kassenärztliche Vereinigung das nicht wollte. Auch für die CDU stand fest, dass diese Art von ärztlicher Betreuung wirklich „Teufelswerk" sei, weil in den Polikliniken ja „nur" angestellte Ärzte arbeiten, die sich gar nicht so richtig um die Patienten kümmern. Denn nur der niedergelassene Arzt ist der wahre Hüter der Kranken, so die allgemeine Vorstellung. Allerdings muss man sagen, dass die Dienstleistungsmentalität in der DDR auch in anderen Bereichen wie Einzelhandel und Gastronomie nicht sehr ausgeprägt war. Das mag auch bei den Polikliniken teilweise so gewesen sein. Jedenfalls mussten alle Polikliniken aufgelöst werden. Inzwischen hat man den Fehler eingesehen. Jetzt werden auch im Westen Ärztehäuser neu gegründet, denn man hat erkannt, dass die Einzelarztpraxen für chronische Krankheiten völlig ungeeignet sind, um diese optimal zu behandeln.

In Brandenburg hat man sehr darum gekämpft, Polikliniken zu erhalten, und hat auch einige in staatlicher Verantwortung weiterbetrieben. Aber in den anderen neuen Bundesländern mussten sie ganz schnell abgeschafft werden, weil sich alle Ärzte niederlassen wollten. Bei den Zahnärzten war das ebenso, deshalb wäre es sehr problematisch gewesen, diese durch eine staatliche Förderung zu unterstützen, denn das Land Hessen wollte mit dem Hilfsprogramm nur Institutionen von freien gemeinnützigen Trägern oder kommunale und staatliche Einrichtungen fördern. Es wäre daher sehr schwierig gewesen, Einzelpraxen im großen Umfang zu unterstützen. Geplant war, den Zahnärzten eine Grundausstattung an Bohrern, anderen Geräten und Verbrauchsmaterial zu geben, welches sie zunächst in der Poliklinik einsetzen und dann später in die Praxis mitnehmen sollten. Und so wurde es auch ausgeschrieben, wir hatten dann auch ein Ausschreibungsergebnis, aber das Zahnärzte-Programm wurde nicht mehr umgesetzt.

Die nächste Ausschreibung, die wir durchgeführt haben, betraf Endoskopiegeräte für den Hals-, Nasen- und Ohren-Bereich und für den Magen- und Darm-Bereich.

Auch damit haben wir dann viele Kliniken beliefert. Ja, das waren die großen Pakete. Daneben gab es natürlich auch kleinere Hilfsgüter wie beispielsweise Arztkoffer. Unsere Überlegung war dabei, dass die Ärzte ja alle ein Equipment für den Notfall oder für Hausbesuche brauchen. Wir haben dann Arztkoffer bestellt und in diese jeweils ein Blutdruckgerät – denn in der DDR hatten sie keine mit Klebemanschetten, das war ihnen völlig neu –, Spritzen, Verbandszeug, Medikamente und einen Ohrspiegel hineingegeben. Wir haben alles in größeren Mengen bestellt und hier im Hessischen Sozialministerium gepackt. Wenn wir rüberfuhren, wurden so jeweils 20 Arztkoffer mitgenommen und verteilt. Auch Landtagsabgeordnete nahmen bei ihren Besuchen in Thüringen gern Arztkoffer mit.

I.: *Waren nicht gerade in der Anfangsphase des Aktionsprogramms sehr viele Politiker daran interessiert, die Hilfsgüter durchaus medienwirksam zu verteilen?*

Z.: Ja, das stimmt. Wenn irgendwo Geräte übergeben wurden, wurde natürlich immer geschaut, dass ein hochrangiger Vertreter der Landesregierung oder ein Landtagsabgeordneter dabei war. Und die Abgeordneten haben diese Aufgabe auch ganz gerne übernommen. So gab es große „Übergabetage", an denen spezielle Geräte verteilt wurden. So zum Beispiel am 28. Dezember 1989, kurz nach Weihnachten. An diesem Tag bekam das Evangelische Krankenhaus in Eisenach ein Ultraschallgerät. Das war die erste Auslieferung überhaupt. Zu diesem Zweck wurde ein bereits verschicktes Gerät aus Amerika zurückgerufen, damit es termingerecht zur Verfügung stand und von Ministerpräsident Wallmann übergeben werden konnte. Tue Gutes und rede darüber, das ist ja auch okay.

I.: *Wie haben Sie die Situation vor Ort in der DDR erlebt? Wie war die medizinische Versorgung?*

Z.: Zum Teil war sie grauenhaft. Die Krankenhäuser waren in einem schrecklichen Zustand. Zwar waren die Ärzte gut ausgebildet, es fehlte aber an wichtigen Geräten wie Ultraschallgeräten oder die Geräte waren zum Teil marode. So wurden beispielsweise die Röntgengeräte über Aluminiumkabel mit Strom versorgt, weil es in der DDR keine Kupferkabel gab. Das waren daumendicke Leitungen, für die eigene Steckdosen entwickelt werden mussten. Aber da war man sehr erfinderisch.

Hin und wieder gab es auch Ärger. So sollten wir uns dafür einsetzen, kleine Krankenhäuser mit weniger als 50 Betten, die bereits zu DDR-Zeiten geschlossen wurden, wieder zu eröffnen. Das war Unsinn, denn diese Häuser hatten überhaupt keine Zukunft. Und ich riet, davon Abstand zu nehmen. Das führte zu Beschwerden. Auch wegen der Bezirksärzte gab es hin und wieder Ärger. Wir erhielten anonyme Briefe mit der Forderung, doch nicht mehr mit diesen Ärzten zu verhandeln. Sie waren natürlich regimetreu, aber wir brauchten sie und irgendwie musste man ja ans Ziel kommen. Die Bezirksärzte haben gut mit uns kooperiert, das kann man nicht anders sagen.

I.: *Hatten die Bezirksärzte auch später noch höhere Positionen in den Krankenhäusern? Wissen Sie darüber etwas?*

Z.: Die Bezirksärzte wurden dann alle in den Ruhestand versetzt. Nur der Bezirksarzt von Suhl, der jüngste der drei Bezirksärzte, hatte zunächst Probleme. Schließlich kam er aber in der Strahlenklinik des Bezirkskrankenhauses unter, die durch unsere Vermittlung von der Bundesregierung so gut bedacht worden war.

I.: *Gab es Einrichtungen in der DDR, die besondere Hilfe benötigten? Ich denke da beispielsweise an psychiatrische Einrichtungen oder an Behinderteneinrichtungen, die sich ja vor allem in Trägerschaft der Kirchen befanden.*

Z.: Dafür hatten wir ein zweites Programm, das von Herrn Brassel, dem für die Behinderten-Einrichtungen in Hessen zuständigen Referatsleiter, betreut wurde. Dort ging es zum Beispiel um Hilfe für die Altenheime. Die befanden sich ja in noch furchtbareren Zuständen. Das war zum Teil schlimmer als in den Kliniken. Allerdings waren die Kliniken häufig praktisch auch Altenheime, weil dort alte Menschen waren, die über Jahre auf den Stationen lagen. Die gehörten zum Inventar … Sie bekamen ihr Essen und konnten rumlaufen.

Also, die Betreuung der Behinderten- und Altenheime hat Herr Brassel übernommen. Für diese Einrichtungen wurden vor allem Pflegebetten, Küchengeräte und Möbel angeschafft. Dabei konnte er seine guten Kontakte zu konfessionellen Einrichtungen in Hessen nutzen, die spontan bereit waren, in Thüringen mitzuwirken.

I.: *Wie wurde die hessische Hilfe in Thüringen aufgenommen? Haben Sie da Rückmeldungen?*

Z.: Das war immer eine große Freude, wenn Material und Geräte geliefert wurden und sie waren damit sehr zufrieden. Das verlief immer alles ganz freundlich.

I.: *Sie waren ab 1991 auch als „Aufbauhelfer" im Thüringer Sozialministerium tätig. Wie kam es dazu und was war konkret Ihre Aufgabe?*

Z.: Inzwischen hatte im Oktober 1990 die Landtagswahl in Thüringen stattgefunden und eine Regierung musste gebildet werden. Hessen hatte damals gerade den Vorsitz in der Gesundheitskonferenz und deshalb bin ich dann nach Thüringen gefahren, um den neuen Gesundheitsminister Dr. Axthelm auf die bevorstehende Gesundheitsministerkonferenz vorzubereiten. Bei dieser Gelegenheit kam irgendwann die Frage, ob ich beim Aufbau des Ministeriums mithelfen würde. Es waren bereits seit Oktober oder November 1990 drei oder vier Personen aus unserem Ministerium in Erfurt, die vor allem im Personalbereich beim Aufbau halfen. Im Januar 1991 wurde ich dann gefragt, ob ich beim Aufbau der Gesundheitsabteilung mithelfen würde, denn die „Hessenhilfe" war ja im Dezember 1990 abgeschlossen worden. Ich bin dann halt ab dem 1. Januar zunächst für drei Monate nach Thüringen gegangen. Danach war ich noch bis zum Jahresende von Dienstag bis Donnerstag in Erfurt. Denn inzwischen fand in Hessen nach der Landtagswahl im Januar 1991 ein Regierungswechsel statt. In der Folge wurde das Sozialministerium neu organisiert und ich musste mich in Hessen um meine Abteilung kümmern und war daher nur noch tageweise in Thüringen. Das war eine spannende Zeit.

Als ich nach Erfurt kam, fand ich bereits ein Arbeitszimmer und eine Vorzimmerdame vor. Ich war dort, wie auch in Hessen, Abteilungsleiter der Gesundheitsabteilung. Meine Aufgabe bestand vor allem darin, das Krankenhausprogramm ganz neu aufzubauen. Als ein großes Problem erwies sich dabei die Abwicklung der unendlich vielen staatlichen Einrichtungen, die in der DDR zu den Bezirken gehörten. Es gab zum Beispiel viele kleine und große Reha-Krankenhäuser, die alle nicht in öffentlicher Hand bleiben sollten und bis zum September abzuwickeln waren. Ich habe dafür mit einer Beraterfirma zusammengearbeitet, denn sehr bald erschienen irgendwelche Leute aus dem Westen, die günstig Immobilien kaufen wollten. Die Beraterfirma hat dann ein Team rübergeschickt, das sich die Einrichtungen angeschaut hat. Dazu gehörte ein Schloss, eine ehemalige Gesundheitseinrichtung der DDR, das bereits kurz vor dem Verkauf stand. In dem Schloss befanden sich noch wertvolle alte Möbel, die mehr wert waren als der gesamte Kaufpreis. Dieser Verkauf konnte in letzter Minute verhindert werden. Wir haben daraufhin die Beraterfirma beauftragt, die Abwicklung zu übernehmen. Natürlich hat das viel Geld gekostet und es gab später deshalb Ärger, weil wir aus Zeitgründen bei der Wahl der Firma keine öffentliche Ausschreibung durchgeführt hatten. Also, diese Abwicklung war wirklich ein Riesenproblem. Wir waren völlig überfordert damit, denn wir waren ja keine Immobilienfachleute.

Aber das waren die Vorgaben des Finanzministeriums. Dort hieß es „Abwickeln“ und fertig!

Damit war auch festgelegt, dass Krankenhäuser im Kreisbesitz bleiben oder übergehen und dass Reha-Kliniken und Behinderteneinrichtungen an private oder kirchliche Träger übergeben werden sollten.

I.: *War die Struktur des Ministeriums zu dem Zeitpunkt, als Sie nach Erfurt kamen, bereits festgelegt? Gehörte die Personalbeschaffung auch zu Ihren Aufgaben?*

Z.: Um die Auswahl der Mitarbeiter hatte sich die Personalabteilung bereits gekümmert. Denn nach der Landtagswahl in Thüringen war das Sozialministerium mit seinen Abteilungen bereits spiegelbildlich zu dem hessischen Sozialministerium aufgebaut. Zum Teil war es mit Personen aus Thüringen besetzt, die aus nachgeordneten Verwaltungsbehörden kamen. Und dann gab es im Ministerium viele „Leihbeamte“, davon eine ganze Reihe aus den Bundesministerien. Das waren Leute, denen sich hier die Möglichkeit bot, vom Gehobenen in den Höheren Dienst zu kommen. Die haben kräftig zugegriffen, weil das für viele die Karrierechance war, die sind dann in Thüringen im Laufe der Zeit Ministerialräte geworden. Weitere Beamte kamen aus Rheinland-Pfalz, etwa ebenso viele wie aus Hessen und einige wenige aus Bayern. Die Beamten aus den Ländern sind fast alle wieder in ihre heimischen Ministerien zurückgekehrt, die Bundesbeamten dagegen in der Mehrzahl geblieben.

Die Zusammenarbeit verlief eigentlich ganz friedlich. Jeder hatte sein Sachgebiet, da kam man sich nicht in die Quere. Gut, im Haushalt gab es halt die üblichen Streitereien. Aber das Merkwürdige war, dass wir „Westler" eigentlich immer unter uns waren. Wir haben uns abends in irgendwelchen Kneipen getroffen. Es gab kaum persönliche Kontakte zu den Thüringern in dem Ministerium; dass man mal eingeladen worden wäre, kam nur sehr selten vor.

I.: *Gab es – durchaus auch nachvollziehbar – vielleicht eine Skepsis gegenüber den Beamten aus dem Westen, die den Aufbau der einzelnen Ministereien im Wesentlichen bestimmten?*

Z.: Ich habe mich eh gewundert, dass die alte Verwaltung plattgemacht und aus dem Nichts etwas Neues geschaffen wurde. Unser System wurde einem völlig anderen übergestülpt und praktisch neu aufgebaut. Es gab zeitweise keine funktionierende Verwaltung mehr. Das Risiko wäre ich nicht eingegangen. Ich hätte Übergangsregelungen zugelassen, die Zeit hätte ich mir genommen. Ich denke, dass hätte weniger Reibungsverluste gegeben.

Wie gesagt, gerade die Polikliniken hätte man wirklich beibehalten müssen. Darüber haben wir auch mit der Kassenärztlichen Vereinigung (KV) geredet. Aber die haben streng auf die Interessen der niedergelassenen Ärzte geachtet und darauf, dass keine Einrichtungen Zulassungen bekommen. Dabei ging es immer um die Polikliniken an den Universitäten, die Spezialeinrichtungen für Rheumakranke oder für diabeteskranke Kinder waren. Ein Kinderarzt, der in seiner Praxis vielleicht fünf Diabetes-Kinder behandelt, kann das nicht gut leisten. Der kann nicht an der Spitze der Wissenschaft marschieren, das ist völlig unmöglich. Das kann man ihm gar nicht vorwerfen. Aber für Diabetes-Kinder braucht man solche Spezialambulanzen und das waren die Polikliniken. Doch mit der KV war nicht zu reden. Leider wurde dort nicht in Strukturen, sondern nur in Verdiensten gedacht. Auch hochtechnische Dialyse-Praxen arbeiten viel besser im Verbund. Sie können den Einkauf effizienter regeln, haben bessere Standards in der Behandlung und können diese auch überwachen. Das alles hat die KV damals nicht eingesehen. Die Schließung der Polikliniken hätte man schon verhindern können. Es wäre besser gegangen, wenn man eine Übergangsfrist von vielleicht vier Jahren zugelassen hätte.

I.: *Wie bewerten Sie aus heutiger Sicht das Aktionsprogramm Hessen-Thüringen und damit verbunden Ihre Tätigkeit in Thüringen?*

Z.: So wie sich noch im Sommer 1989 niemand vorstellen konnte, dass die Mauer am Jahresende Geschichte sein würde, so hatte auch nach dem Fall der Mauer kaum jemand damit gerechnet, dass wiederum ein Jahr später alle Deutschen einen neuen Bundestag wählen würden. In dieser Situation hat der damalige Ministerpräsident, Walter Wallmann, sich entschlossen, das Hessen-Thüringen-Programm aufzulegen. Ein Zeichen der Freude über das Ende der DDR und der Solidarität mit den Bürgern, die es erkämpft hatten, so habe ich es gesehen und sehe es heute noch so. Und so ist es in Thüringen auch angekommen. In Behinderten- und Altenheimen führte es zu spürbaren Verbesserungen und auch in den Krankenhäusern konnten entscheidende Lücken gestopft werden.

Aus heutiger Sicht waren es minimale Verbesserungen, die von der Wiedervereinigung mit den dann geltenden Finanzierungsprogrammen rasch überholt wurden. Trotzdem war das Hessen-Thüringen-Programm mutig und sinnvoll. Kein anderes der alten Bundesländer hat ein so gut strukturiertes und finanziell ausgestattetes Hilfsprogramm eingesetzt. Nachbarschaftshilfe gab es überall.

Die rasche Wiedervereinigung war sicher die politisch einzige Möglichkeit. Ein Nachteil der raschen Wiedervereinigung war jedoch, dass die Vergangenheit der neuen Länder weitgehend ignoriert und durch die bundesrepublikanische Wirklichkeit ersetzt wurde. Der sicher schmerzhafte, aber auch heilsame Prozess, in dem Länder wie die baltischen Staaten, Polen, Ungarn und all die andern sich „entsozialisiert" haben, ist den neuen Bundesländern erspart geblieben.

Das bedeutete aber auch, dass die eigenen Leistungen der Vergangenheit, mit der man die Probleme des sozialistischen Alltags mit viel Erfindungsgabe und Energie bewältigt hatte, nichts mehr wert waren. Als Beispiel: Die zahnärztliche Poliklinik in Erfurt konnte unter Leitung eines jungen, sehr engagierten zahnärztlichen Leiters eine recht gute Versorgung der Bevölkerung gewährleisten, mit Unterstützung aller möglichen Institutionen außerhalb aller planerischen Vorgaben. Sie wurde einfach aufgelöst. Dabei genoss sie in der Bevölkerung ein hohes Ansehen.

Die Administration oberhalb der kommunalen Ebene, also die Verwaltungen der Bezirke, wurde ebenfalls rasch komplett aufgelöst. In die neuen Landesregierungen kamen neue Leute, viele aus dem Westen, und zeigten den „Ossis", wie eine „westliche Verwaltung" funktioniert. „Abwickeln" war das Gebot des ersten Jahres. Es musste ja alles sehr schnell gehen, also gab es dazu wohl kaum eine Alternative.

Auch die Bevölkerung der neuen Länder wollte plötzlich nur noch westlich sein: Ostlebensmittel blieben in den Regalen liegen. Die Westler in den thüringischen Ministerien beschafften Wartburgs als Dienstfahrzeuge, worüber die ostdeutschen Fahrer sich gewaltig ärgerten; sie hätten lieber Opel oder Audi gefahren.

Inzwischen liegt das alles 20 Jahre zurück. An die Arbeit im Hessen-Thüringen-Programm erinnere ich mich gern. Die Erfahrungen und menschlichen Kontakte waren eine Bereicherung, eine einmalige Sache im Aufgabenspektrum eines Ministeriums.

6. Dokumente 1–70

Verzeichnis der Dokumente

Dokument 1

Antrag der Fraktion der CDU, der SPD und der FDP im Hessischen Landtag wegen einer Regierungserklärung zur aktuellen Entwicklung in Deutschland und ihren Auswirkungen auf Hessen, 14. 11. 1989
(Quelle: Hessischer Landtag, Drucksache 12/5683 NEU)

Dringlicher Antrag der Fraktionen der CDU, der SPD und der F.D.P.

betreffend Regierungserklärung zur aktuellen Entwicklung in Deutschland und ihren Auswirkungen auf Hessen

Der Landtag wolle beschließen:

Der Hessische Landtag begrüßt die Öffnung der Grenzen der DDR zur Bundesrepublik Deutschland, die Öffnung der Mauer in Berlin und die Aufhebung des Schießbefehls.

Der Hessische Landtag verfolgt mit großem Respekt, wie die Ideen der Freiheit, der Menschenrechte und der Selbstbestimmung in friedlichen Demonstrationen und Aktionen durch die Menschen in der DDR von ihrer Regierung eingefordert werden. Er unterstützt die Forderung nach unabhängigen Parteien, nach Aufhebung des Machtmonopols der SED und nach freien, gleichen und geheimen Wahlen. Dies begründet unsere Hoffnung, daß wir dem Ziel unserer Deutschlandpolitik in diesen Tagen näherkommen, nämlich „auf einen Zustand des Friedens in Europa hinzuwirken, in dem das deutsche Volk in freier Selbstbestimmung seine Einheit wiedererlangt", wie es im Brief zur deutschen Einheit in der Anlage zum Warschauer und Moskauer Vertrag, die die Unverletzlichkeit der Grenzen garantieren, heißt.

Eine Nation gründet sich auf ihre gemeinsame Geschichte und Kultur, auf ihre Sprache, ihr Bewußtsein und ihren Willen, als eine Nation zusammenzuleben. Diesen Willen bekennt die Bevölkerung der Bundesrepublik Deutschland in ihrem Grundgesetz. Die Deutschen in der DDR haben nie die Gelegenheit gehabt, in freier, gleicher und geheimer Abstimmung diesen Willen zu bekunden.

Die Schritte zur Freizügigkeit, zu mehr Demokratie und Selbstbestimmung wurden am Wochenende vom ganzen deutschen Volk mit großer Freude und Anteilnahme wahrgenommen. Dabei darf es aber nicht bleiben:

1. Der Hessische Landtag fordert die Führung der DDR auf, alsbald freie, gleiche und geheime Wahlen durchzuführen, Übergriffe staatlicher Organe gegen die Menschen in der DDR aufzuklären und zu ahnden, neue Parteien zuzulassen, Rechtsstaatlichkeit herzustellen und damit den Menschen in der DDR zu ermöglichen, in freier Selbstbestimmung ihre politische, ökonomische und gesellschaftliche Zukunft selbst zu entwickeln.

2. Der Hessische Landtag ist bereit, eine solche demokratische Entwicklung mit konkreten Beiträgen zur Verbesserung der Lebensverhältnisse in der DDR zu unterstützen.

3. Ziel der Deutschlandpolitik in der Bundesrepublik Deutschland muß die umfassende Öffnung der Grenzen und schließlich die Überwindung der Teilung sein.

Dazu zählen vor allem:
- der unverzügliche Bau des Autobahnstücks Obersuhl-Herleshausen durch den sogenannten Thüringer Zipfel,
- die umgehende Wiederaufnahme der Pläne zum Bau einer Autobahn Kassel-Eisenach für eine durchgehende Autobahnverbindung Dortmund-Kassel-Eisenach,
- die Elektrifizierung der Bahnstrecke Bebra-Neudietendorf (Thüringen),
- die Wiederaufnahme von weiterem grenzüberschreitenden Schienenverkehr,
- der Aufbau eines öffentlichen Personennahverkehrs über die Grenze hinweg, um die Grenzregionen miteinander zu verbinden,
- der Ausbau der Kommunikationssysteme,
- volle Informationsfreiheit auch in Thüringen, so daß thüringische Zeitungen in Hessen gekauft werden können und die hessischen Zeitungen auch in Thüringen zu erwerben sind,
- die Eröffnung weiterer Grenzübergänge zusätzlich zu den neuen Grenzübergängen Wanfried, Witzenhausen, Philippsthal, Altenburschla und Obersuhl,
- die Lösung grenzüberschreitender Umweltprobleme,
- ein gemeinsames Programm zur Stadt- und Dorferneuerung hessisch-thüringischer Grenzorte und
- der Ausbau des gegenseitigen Fremdenverkehrs mit einhergehendem Abbau von Visa-Pflicht und Zwangsumtausch.

4. Angesichts der besonderen kulturellen und historischen Beziehungen zwischen Hessen und Thüringen fordert der Hessische Landtag die Landesregierung auf, im Rahmen des deutsch-deutschen Kulturabkommens folgende Maßnahmen zu beschleunigen:
- Partnerschaften von Landkreisen, Städten und Gemeinden,
- Partnerschaften zwischen Vereinen,
- Wissenschaftler- und Studentenaustausch,
- Zusammenarbeit und Erfahrungsaustausch im Denkmalschutz und Archivwesen,
- Theatergastspiele der Bühnen beider Regionen,
- Austauschangebote der Museen und Kunstvereine,
- Begegnung der Musikhochschulen und Akademien sowie der großen Orchester beider Regionen und
- die Entwicklung des Jugendaustausches einschließlich von Auszubildenden und Schülern.

Dokument 2

Auszug aus dem Beschluss-Protokoll über die 115. Sitzung des Kabinetts am 5. 12. 1989: Beschluss des Aktionsprogramms Hessen-Thüringen
(Quelle: HHStAW, Z 502 Nr. 14199)

14.) Außerhalb der Tagesordnung:
Aktionsprogramm Hessen-Thüringen (ohne Vorlage)

1. a) Die Landesregierung stellt nach entsprechender Beschlußfassung durch den Haushaltsgesetzgeber für humanitäre Unterstützung in Thüringen eine Viertel-Milliarde (250 Millionen DM) zur Verfügung. Im Doppelhaushalt 1990/91 werden davon je 50 Mio. DM im Einzelplan 17 ausgebracht. Außerdem werden Verpflichtungsermächtigungen für die Haushaltsjahre 1992, 1993 und 1994 in Höhe von je 50 Mio. DM ausgebracht.

Die Mittel werden für Infrastrukturmaßnahmen im Bereich
- Gesundheitswesen
- Umweltschutz
- Verkehrswege
- Denkmalpflege

eingesetzt.

Eine Arbeitsgruppe der Landesregierung wird mit den Entscheidungsträgern in Thüringen (Bezirke Erfurt, Suhl und Gera) konkrete Maßnahmen erörtern. Dabei sollen auch die Reformgruppen einbezogen werden.

b.) Die Landesregierung wird nach entsprechender Beschlußfassung durch den Haushaltsgesetzgeber einen Bürgschaftsrahmen von 500 Mio. DM für die Zusammenarbeit von hessischen Firmen mit kleinen und mittleren Betrieben in Thüringen und Polen schaffen. Entsprechende Projekte müssen in die wirtschaftsrechtliche Entwicklung in der DDR sowie in die wirtschaftlichen Beziehungen zwischen der Bundesrepublik auf der einen Seite sowie der DDR auf der anderen Seite eingepaßt werden. Die Voraussetzungen für diesen Bürgschaftsrahmen werden zum frühestmöglichen Zeitpunkt in einem Nachtragshaushalt rechtlich normiert.

2. Die Arbeitsgruppe wird von den Staatssekretären Dr. Gauland, Demke und Posch geleitet.

Die übrigen Häuser sowie der Regierungspräsident in Kassel werden nach Bedarf in die Arbeitsgruppe einbezogen.

Dokument 3

Regierungserklärung von Ministerpräsident Dr. Walter Wallmann, Hessischer Landtag, 12. Wahlperiode, 95. Sitzung, 13. 12. 1989:
Aktionsprogramm Hessen-Thüringen
(Quelle: Hessischer Landtag)

a) Regierungserklärung zum „Aktionsprogramm Hessen-Thüringen“

[…]

Dr. Wallmann, Ministerpräsident (vom Redner nicht korrigiert):

Herr Präsident, meine sehr verehrten Damen, meine Herren! Zum drittenmal innerhalb weniger Wochen gebe ich eine Regierungserklärung zu den aktuellen Ereignissen in Deutschland ab. Diese Ereignisse berühren und betreffen auch uns Hessen und unser Hessenland.

Die Verhältnisse in Deutschland haben sich in den zurückliegenden Wochen grundlegend verändert. Was an der innerdeutschen Grenze vor fünf Wochen noch undenkbar erschien, ist Wirklichkeit geworden. Nach Jahrzehnten wird an dieser Grenze nicht mehr geschossen.

(Beifall bei der CDU und der F.D.P. und bei Abgeordneten der SPD und der GRÜNEN)

Menschen aus beiden Teilen Deutschlands begegnen und besuchen sich. Sie hoffen auf eine gemeinsame friedliche Zukunft in Freiheit.

Wir erleben einen Veränderungsprozeß, der andauert. Niemand kann heute voraussagen, zu welchen konkreten Ergebnissen er zu welchem konkreten Zeitpunkt führt. Aber eines ist sicher: Unsere Landsleute in der DDR wollen über ihre Angelegenheiten selbst bestimmen können, und ihr Ruf nach staatlicher Einheit aller Deutschen ist unüberhörbar.

(Beifall bei der CDU und bei Abgeordneten der F.D.P.)

Die Hessische Landesregierung und die sie tragende Koalition von CDU und F.D.P. sind sich bewußt, daß es in dem begonnenen tiefgreifenden Veränderungsprozeß auch Unsicherheiten gibt. Ich habe mehrfach erklärt, meine Damen und Herren, daß die deutsche Frage in die europäische Entwicklung und in eine europäische Friedensordnung eingebunden ist.

Vor allem vermag heute niemand vorauszusagen, wie die weitere Entwicklung in der Sowjetunion verläuft. Trotzdem sind Landesregierung und Koalition der Auffassung, daß wir im Rahmen unserer Möglichkeiten schon jetzt alles tun müssen, unseren Landsleuten in der DDR zu helfen und den Prozeß zu einer rechtsstaatlichen und sozial verpflichtenden Demokratie zu unterstützen.

Seit dem 9. November dieses Jahres haben Mitglieder der Hessischen Landesregierung und Vertreter der Koalitionsparteien eine Fülle von Sondierungsgesprächen geführt.

Wir sind zusammengetroffen mit den Bischöfen Forck, Leich und Wanke sowie mit Konsistorialpräsident Stolpe, Oberkirchenrat Kirschner [Kirchner] und Kirchenrat Dr. Müller.

Wir haben intensive Gespräche mit den Repräsentanten vom Demokratischen Aufbruch, Neuen Forum und der SDP geführt.

Wir haben Fragen des deutsch-deutschen Verhältnisses mit Ministerpräsident Dr. Modrow, dem Kulturminister Keller und dem Vorsitzenden des Rates von Erfurt erörtert. Diese Gesprächspartner gehören der SED an. Auch mit dem der LDPD angehörenden Bürgermeister Klapzynski aus Eisenach haben wir gesprochen. Einen sehr intensiven Meinungsaustausch gab es auch mit dem Vorsitzenden der CDU in der DDR, Herrn de Maizière.

Nach diesen Gesprächen haben Landesregierung und Koalition konkrete Beschlüsse gefaßt. Hessen ist mit Thüringen über Jahrhunderte verbunden. Wir werden uns deswegen für Thüringen mit einem Aktionsprogramm Hessen-Thüringen engagieren.

(Beifall bei der CDU und der F.D.P.)

Es umfaßt unmittelbare Leistungen des Landes Hessen von insgesamt einer Viertelmilliarde DM und ein Bürgschaftsvolumen. Dieser Kreditrahmen von insgesamt einer halben Milliarde DM soll jeweils etwa zur Hälfte Thüringen und Polen zugute kommen. Wir wollen damit private Investitionen für kleine und mittlere Unternehmungen staatlich absichern.

Ich bin den Koalitionsfraktionen von CDU und F.D.P. dankbar, daß sie die für unmittelbare Leistungen vorgesehene Viertelmilliarde DM in dem jetzt in dritter Lesung anstehenden Doppelhaushalt 1990/91 mit insgesamt 100 Millionen DM und als Verpflichtungsermächtigungen mit weiteren 150 Millionen DM für die drei folgenden Haushaltsjahre bereitstellen werden. Damit ist die Verfügungsmöglichkeit für die Gesamtsumme vom kommenden Jahr 1990 an gegeben. Mit diesen Mitteln wollen sich Koalition und Landesregierung in vier Schwerpunkten engagieren: im Gesundheitswesen, im Umweltschutz, in der Denkmalpflege und im Verkehrswesen. Die unmittelbare Anschauung in Thüringen lehrt, daß 400 Jahre Planwirtschaft und Sozialismus dieses schöne Land an den Rand des Ruins geführt haben.

(Beifall bei der CDU und der F.D.P.)

Obwohl die Menschen dort mindestens so hart arbeiten mußten wie wir in Hessen, ist der Zustand der Häuser, der Gewässer, des Bodens und der Luft erschreckend. In den Krankenhäusern fehlen die Grundausstattungen. Kläranlagen sind unzureichend. Die Schadstoffemissionen, auch aus den privaten Haushalten, sind kaum vorstellbar. Die Verkehrsinfrastruktur ist unzulänglich. Die Versorgung der Bevölkerung ist rückläufig, die Auslandsverschuldung steigend. Die Kaufkraft – nominell wie real – liegt erheblich unter dem Niveau in der Bundesrepublik Deutschland und sinkt weiterhin. Angesichts dieser nur kurz skizzierten Lage muß und will sich die Hessische Landesregierung für und in Thüringen so schnell wie möglich engagieren.

(Beifall bei der CDU und der F.D.P.)

Natürlich wollen wir nicht das noch bestehende SED-Regime stützen, sondern unser Engagement geschieht um der Menschen willen.

(Beifall bei der CDU und der F.D.P.)

Sie sind unsere Landsleute. Sie haben 40 Jahre länger als wir für nationalsozialistische Verbrechen und Menschenverachtung bezahlen müssen. Das sozialistische System der SED hat ihnen, wie in den anderen Ländern des Ostblocks, Freiheit und Menschenrechte verweigert. Unsere Landsleute, wie andere in den anderen Ländern des Ostblocks, sind im Namen des Sozialismus ausgebeutet und drangsaliert worden.

(Beifall bei der CDU und der F.D.P.)

Jetzt sind wir gefordert. Es ist empörend, wenn sich die deutschlandpolitische Position des saarländischen Ministerpräsidenten Lafontaine im Schüren von Sozialneid erschöpft.

(Beifall bei der CDU und der F.D.P. – Fischer (Frankfurt) (GRÜNE): Was sagen Sie zu den Äußerungen der Bundestagsfraktion der CDU/CSU? Die befürchten Sozialtourismus und erwägen Gegenmaßnahmen!)

Wer heute, knapp einen Monat nach dem 9. November, nichts Wichtigeres zu tun hat, als darüber nachzudenken, wie man die Bewegungsfreiheit von Übersiedlern wieder beschränken kann, der hat gründlich vergessen, daß auch durch die Übersiedler und Flüchtlinge die Entwicklung in der DDR in Gang kommen konnte.

(Beifall bei der CDU und der F.D.P.)

Ich will ausdrücklich hinzufügen: Wir müssen bereit sein, einen Teil unseres Wohlstands mit anderen zu teilen. Wenn wir dazu nicht bereit sind, dann versagen wir moralisch. Ich wende mich deswegen gegen alle, die jetzt das politische Geschäft mit Neid und Mißgunst betreiben wollen.

(Beifall bei der CDU und der F.D.P.)

Ich appelliere an unsere Mitbürgerinnen und Mitbürger: Geben Sie den Unverbesserlichen, und zwar auf der Rechtsaußen- wie auf der Linksaußenseite, keine Chance!

(Beifall bei der CDU und der F.D.P.)

Wir sind eines der reichsten Länder dieser Erde. Durch Hilfe, die wir jetzt leisten, wird niemandes Lebensstandard bei uns herabgesetzt. Aber selbst wenn unsere Einkommen jetzt nicht so wie in den letzten Jahren, sondern ein wenig geringer ansteigen sollten, ist das für uns zumutbar; für unsere Landsleute wie für die Menschen in anderen Ländern Ost-, Mittel- und Südosteuropas kann dies dagegen von existentieller Bedeutung sein.

(Beifall bei der CDU und F.D.P.)

Die Entscheidungen darüber, wo und wofür wir unsere Leistungen einsetzen, werden wir nach jeweiliger Beratung vor Ort in Thüringen zu treffen haben. Solange keine demokratisch legitimierten Organe vorhanden sind, werden wir die notwendigen Gespräche unter Beteiligung der Reformgruppen führen.

Was den vorgesehenen Bürgschaftsrahmen über eine halbe Milliarde DM angeht, werden wir dafür alsbald einen Nachtragshaushalt vorlegen. Etwa mit der Hälfte werden dafür Investitionen hessischer Unternehmen in Polen, mit der anderen Hälfte in Thüringen abgesichert. Mit der polnischen Regierung haben Staatssekretär Dr. Gauland und danach ich selbst am 9. und 10. November dieses Jahres verhandelt. Inzwischen ist uns eine Vorschlagsliste für Investitionen aus Warschau unterbreitet worden, sie wird zur Zeit geprüft.

Anschließend werden Wirtschaftsminister Schmidt und die Staatssekretäre Dr. Gauland, Posch und Demke mit den hessischen Kammern und den in Frage kommenden hessischen Unternehmen Gespräche führen. Ich gehe davon aus, daß im nächsten Jahr zum sachlich gebotenen und frühestmöglichen Zeitpunkt eine hessische Delegation zu konkreten Vereinbarungen nach Polen reisen und dort Verhandlungen führen wird.

Meine Damen und Herren, ich halte es für dringlich, daß wir auch den Reformprozeß in Polen unterstützen.

(Beifall bei der CDU und der F.D.P. sowie bei Abgeordneten der SPD und der GRÜNEN)

Wir werden die staatliche Einheit Deutschlands nur im Rahmen einer europäischen Entwicklung erreichen; denn die Lösung der deutschen Frage und eine europäische Einigung sind keine Gegensätze, sondern wechselseitige Bedingungen.

(Beifall bei der CDU und der F.D.P.)

Die Zusammenarbeit und die deutsch-polnische Aussöhnung sind daher nicht nur unsere nationale Pflicht, sondern zugleich Voraussetzung für ein europäisches Friedenswerk.

(Beifall bei der CDU und der F.D.P.)

Meine Damen und Herren, unsere Hilfe für die Menschen in Thüringen kann nur Teil einer umfassenden Hilfe der Bundesrepublik Deutschland für unsere Landsleute in der DDR sein. Unsere hessische Politik bleibt eingebettet in eine verantwortungsvolle Deutschlandpolitik, wie sie Bundeskanzler Helmut Kohl in seinem Zehn-Punkte-Katalog formuliert hat.

(Beifall bei der CDU – Fischer (Frankfurt) (GRÜNE): Abenteuerlich!)

Ziel dieser Politik ist es, die Verfassung Deutschlands in Europa so zu verankern, daß die Interessenlage des Kontinents und die Freiheit der Deutschen nicht gegeneinanderstehen, sondern einander Halt geben. Die deutsche Frage ist durch den Willen unserer Landsleute in der DDR auf die Tagesordnung der Weltpolitik gesetzt worden. Die

Veränderungen in Osteuropa und die friedliche Revolution im anderen Teil Deutschlands haben uns dem Selbstbestimmungsrecht der Deutschen nähergebracht.

(Beifall bei der CDU)

Die Demokratisierung der DDR ist der nächste und – ich wage zu sagen – der entscheidende Schritt auf dem Wege zur Lösung der deutschen Frage. Freiheit, Menschenrechte und Selbstbestimmung für alle Deutschen heißt zunächst vor allem: Freiheit, Menschenrechte und Selbstbestimmung für die Deutschen in der DDR.

(Beifall bei der CDU und der F.D.P.)

Sie, unsere Landsleute, müssen entscheiden können, welchen Weg sie gehen wollen. Die Bundesrepublik Deutschland wird sich nicht zum Vormund über die Deutschen in der DDR machen. Unsere Politik muß vielmehr darauf hinwirken, ihr Selbstvertrauen zu stärken und sie bei der Wahrnehmung ihrer völkerrechtlich verbrieften politischen und bürgerlichen Rechte zu unterstützen.

(Beifall bei der CDU)

Wir in der Bundesrepublik Deutschland werden eine freie Entscheidung unserer Landsleute in der DDR respektieren, wie immer sie ausfällt.

(Beifall bei der CDU und der F.D.P.)

Meine Damen und Herren, wir sind uns bewußt, daß wir von der Teilung unseres Vaterlandes – und das heißt, vom Bestehen zweier Staaten in Deutschland – ausgehen müssen. Das Ziel unserer Politik aber bleibt, die Einheit Deutschlands in Freiheit zu erreichen.

(Beifall bei der CDU und der F.D.P.)

Die deutsche Frage bleibt auch dann offen, wenn das Brandenburger Tor nicht mehr geschlossen ist. Denn Reisefreiheit ist erst der Anfang und nicht der Endpunkt des Weges zur gemeinsamen Freiheit aller Deutschen.

(Beifall bei der CDU und bei Abgeordneten der F.D.P.)

Der Wunsch unserer Landsleute im anderen Teil Deutschlands nach friedlicher Überwindung des Status quo war stets vorhanden; aber er durfte nicht offen bekannt werden. Er wurde mit Gewalt unterdrückt. Wer trotzdem aufbegehrte, der mußte mit dem Schlimmsten rechnen. Es ist eine Verharmlosung, den Machthabern von heute und gestern vor allem grenzenlose Privilegien unter dem Zeichen des Sozialismus vorzuwerfen. Viel schlimmer ist der menschenverachtende Zynismus dieses Systems und seiner Machthaber.

(Beifall bei der CDU und der F.D.P.)

Schießbefehl, Einkerkerung, Denunziantentum und Stasi stehen für dieses sozialistische Regime in der DDR wie in anderen Staaten des Ostblocks.

Ich sage deswegen ganz offen und mit aller Klarheit: Es ist für mich nicht nachvollziehbar, daß es in dem gemeinsamen Papier von SPD und SED von 1987 wie folgt heißt – ich zitiere, Herr Präsident –:

Keine Seite darf der anderen die Existenzberechtigung absprechen. Unsere Hoffnung kann sich nicht darauf richten, daß ein System das andere abschafft.

(Dann (SPD): Sagen Sie mal etwas zur Haltung der CDU/CSU-Fraktion zur KSZE-Konferenz! Sagen Sie, wie damals Helmut Schmidt im Bundestag traktiert wurde!)

Meine Damen und Herren, ich kann dazu nur feststellen: Nicht die Bundesrepublik Deutschland, nicht wir haben das SED-Regime abgeschafft, sondern die Menschen in der DDR sind ebenso

(Beifall bei der CDU und der F.D.P.)

wie die Ungarn und Polen, wie die Tschechen und Slowaken gegen Unrecht und Diktatur und für Freiheit und Menschenrechte aufgestanden. Und dieses haben sie unter Lebensgefahr gewagt!

(Beifall bei der CDU und bei Abgeordneten der F.D.P. – Fischer (Frankfurt) (GRÜNE): Wer hat denn Herrn Honecker im Kanzleramt empfangen? Wer hat denn die Kredite mit Schalck-Golodkowski gemacht?)

Sie haben ja schon grundlegende Veränderungen bewirkt. Wir können nur die Disziplin und die Friedlichkeit dieser Demonstrationen unserer Landsleute bewundern. Wir sollten ihnen dafür dankbar sein!

(Beifall bei der CDU und der F.D.P.)

Unsere Landsleute wie die anderen Völker Osteuropas, Mitteleuropas und Südosteuropas haben den Sozialismus gründlich satt. Dauerhafte Sicherheit – so lautet die Schlußfolgerung aus dem Geschehen der letzten Wochen und Monate – läßt sich auf Unfreiheit, auf Fremdbestimmung nicht gründen. Damit ist das Dogma jener politischen Denkschule endgültig widerlegt, deren Kredo lautete – und wir haben es doch in den vergangenen Jahren immer wieder hören müssen –: Um der Sicherheit willen müssen wir Unfreiheit und Fremdbestimmung bis auf weiteres hinnehmen.

(Fischer (Frankfurt) (GRÜNE): Das war doch auch die Politik der Bundesregierung bis zum 9. November!)

Freiheit und Selbstbestimmung bedeuten eben nicht Instabilität und Unsicherheit. Das Gegenteil ist richtig. Wirkliche, tragfähige Stabilität wird in Ostmitteleuropa erst dann herrschen, wenn der Wandel zu Freiheit und Selbstbestimmung endgültig vollzogen ist.

(Beifall bei der CDU und der F.D.P.)

Timothy Garton Ash hat das im „Independent“ auf die sehr prägnante Formel gebracht: „Es geht nicht um Liberalisierung durch Stabilisierung, sondern um Stabilisierung durch Liberalisierung.“

(Beifall bei der CDU und der F.D.P.)

Dies, meine Damen und Herren, heißt natürlich nicht, daß ich einem nationalen Alleingang der Deutschen das Wort rede. Das Selbstbestimmungsrecht der Deutschen existiert natürlich nicht jenseits von Geschichte und Geographie. Die deutsche Frage ist nicht von der europäischen Ordnung zu trennen oder – um ein Wort Theo Sommers zu zitieren –:

Die deutsche Frage gehört den Deutschen nicht allein. Der demokratische Aufbruch von 1848 ist daran gescheitert, daß die Deutsche Nationalversammlung die deutsche Frage nicht in Übereinstimmung mit den Interessen Europas zu bringen vermochte.

Und Bismarcks Politik? Ich zitiere wieder Theo Sommer:

Die Einheit unter dem drohenden Gewehranschlag des übrigen Europa ins Trockene zu bringen, verbietet sich nach den historischen Erfahrungen zweier verlorener Weltkriege.

Aus dieser Situation, aus dieser Erkenntnis und Erfahrung hat der erste Bundeskanzler der Bundesrepublik Deutschland, Konrad Adenauer, die Konsequenz der unauflöslichen Einbindung der deutschen Demokratie in die europäische Staatengemeinschaft und Kultur gezogen.

(Beifall bei Abgeordneten der CDU)

Heute sind die innere und die äußere West-Integration – ich sage es noch einmal: die innere und die äußere West-Integration – die entscheidende Bedingung, unter der die deutsche Politik die Chance hat, Anwalt der Deutschen in der DDR zu sein. Wir können nicht mehr Gewichte in die Waagschale des Ostens werfen, als wir in den Waagschalen des Westens haben. Ziel unserer Politik kann deshalb nicht der Nationalstaat des 19. Jahrhunderts sein, sondern das in Freiheit vereinte Europa.

(Beifall bei der CDU und der F.D.P.)

Meine Damen und Herren, ich weiß, daß trotz dieser Grundentscheidung, die sich in der Präambel und in Art. 24 unseres Grundgesetzes ausdrückt, die revolutionäre Umwälzung im anderen Teil Deutschlands auch Besorgnisse hervorruft. Ob es uns Deutschen nun gefällt oder nicht: Historische Erfahrungen, die unsere Nachbarn mit dem Deutschland Wilhelms II. und mit dem Deutschland Hitlers gemacht haben, werden auch durch 40 Jahre deutscher Demokratie nicht einfach ausgelöscht.

Um so dringender ist es, die Integration Westeuropas voranzubringen und durch gemeinsame Institutionen irreversibel zu machen. Nur dadurch ist die Sorge vor einem vereinigten Deutschland, das sich als zu schwer für Europa erweisen könnte, von unseren Nachbarn zu nehmen. Ziel unserer Politik muß deshalb sein, die Ausübung des Selbstbestimmungsrechts durch alle Deutschen für unsere europäischen Nachbarn verträglich zu gestalten. Dieser Prozeß, meine Damen und Herren, verlangt Klugheit und Augenmaß.

Wer diesen Weg scheut, wer die deutsche Frage als ein lästiges Problem beiseite schieben will, der muß allerdings wissen: Es stehen andere bereit, sich dieses Themas zu bemächtigen, und zwar zu Lasten westlicher Interessen, zu Lasten von Freiheit und Selbstbestimmung.

In einem Artikel vom 12. Dezember – es ist also wenige Tage her – heißt es dazu im „Independent“:
Es ist zwangsläufig, daß Großbritannien und Frankreich bis zu einem gewissen Maße die Sorge der UdSSR über die Aussicht eines vereinten Deutschlands teilen. Aber sie wären schlecht beraten, wenn sie ihre verbliebenen Rechte in Berlin dazu benutzten, eine relativ schnelle und natürliche Entwicklung hin zu irgendeiner Form einer deutschen Vereinigung zu blockieren.

Es gibt keinen Grund zu der Annahme, daß ein demokratisches Deutschland einen zerstörerischen Einfluß auf Westeuropa haben könnte oder eine Bedrohung für die Sowjetunion wäre. Aber ein unzufriedenes deutsches Volk, dessen dringender Wunsch nach Einheit vorsätzlich zunichte gemacht wird, könnte vielleicht eine ernsthaftere Bedrohung darstellen.

(Beifall bei der CDU und der F.D.P.)

Meine Damen und Herren, der Bundeskanzler hat mit seinem Zehn-Punkte-Programm einen Weg aufgezeigt, wie wir unserer historischen Verantwortung gerecht werden können.

(Fischer (Frankfurt) (GRÜNE): Na, na!)

Der Weg zur Einheit der Deutschen ist ein Prozeß, den natürlich die Menschen selbst bestimmen müssen. Aber auch dieses gilt: Es kann keinen minuziös genauen Fahrplan geben, der bereits an einer bestimmten Stelle das Ziel Wiedervereinigung festlegt.

(Dr. Günther (SPD): Sehr gut!)

In diesem Sinne hat auch der Bundeskanzler seinen Zehn-Punkte-Vorschlag verstanden. Wenn die Deutschen in der DDR dies wollen, dann bieten konföderative Strukturen die Möglichkeiten einer institutionellen Zusammenarbeit, ohne die Sicherheitsinteressen der Sowjetunion zu beeinträchtigen.

(Beifall bei der CDU und der F.D.P.)

Altbundeskanzler Willy Brandt hat mit seinem Vorschlag eines Deutschen Bundes diese Gedanken in konstruktiver Weise aufgegriffen. Die staatliche Einheit Deutschlands, meine Damen und Herren, setzt die Überwindung der in Europa bestehenden Militärblöcke durch ein gemeinsames Sicherheitssystem voraus, wie es vom Bundeskanzler und von Bundesaußenminister Genscher bei verschiedenen Gelegenheiten formuliert worden ist. Dies kann nur im Rahmen der KSZE geschehen. Dabei kommt der gemeinsam kontrollierten Abrüstung große Bedeutung zu.

(Beifall bei der CDU und der F.D.P.)

Die Bundesrepublik Deutschland hat durch internationale Verträge, zuletzt durch die

Erklärung des Bundesaußenministers vor der diesjährigen UN-Vollversammlung sowie durch die Resolution des Deutschen Bundestages vom 8. November dieses Jahres, klargestellt, daß Grenzen in Europa nicht durch Gewalt verändert werden dürfen und daß sie keine Gebietsansprüche erhebt.

(Beifall bei der CDU und der F.D.P.)

Sie hat damit eine wichtige Voraussetzung dafür geschaffen, im Rahmen der KSZE zur gemeinsamen Sicherheit zu gelangen. Im übrigen, meine Damen und Herren, bin ich davon überzeugt, daß auch in Moskau die Einsicht vorhanden ist, daß ein sogenanntes Sicherheitsglacis, bestehend aus abhängigen Staaten Osteuropas, nicht im Interesse der UdSSR liegen kann. Das System der Fremdbestimmung in Osteuropa bürdet mehr Lasten auf, als es Nutzen für die Sowjetunion bringt.

Dem legitimen Sicherheitsinteresse der UdSSR dient eine europäische Friedensordnung auf der Grundlage des Selbstbestimmungsrechtes der Völker mehr als ein mit Zwang aufrechterhaltener Cordon Sanitaire, wie er von Stalin mit brutalem Zwang begründet worden ist.

Meine Damen und Herren, wir haben allen Grund, zuversichtlich in die Zukunft zu blicken, auch wenn wir einen Weg vor uns haben, der natürlich nicht ohne Risiken ist. Eine neue europäische Ordnung der Freiheit und damit auch des Friedens läßt sich nur mit Besonnenheit und mit abwägender Vorsicht errichten. Wir wollen diese Chance nutzen. Es geht darum, das letzte Jahrzehnt dieses so tragischen und blutigen Jahrhunderts zu nutzen, um in Europa einen dauerhaften Frieden zu begründen, einen Frieden, der auf Freiheit und Gerechtigkeit ruht.

(Anhaltender Beifall bei der CDU und der F.D.P.)

Dokument 4

Tabelle der Hessischen Staatskanzlei, Stand 20. 4. 1990:
Maßnahmen der Länder der Bundesrepublik Deutschland zur Zusammenarbeit mit der DDR
(Quelle: HHStAW, Z 502 Nr. 6088)

Maßnahmen der Länder der Bundesrepublik Deutschland zur Zusammenarbeit mit der DDR (aktualisierte Fassung nach den bis zum 20. April 1990 eingegangenen Berichten)

	Baden-Württemberg	Bayern	Berlin	Bremen	Hamburg	Hessen	Niedersachsen	Nordrhein-Westfalen	Rheinland-Pfalz	Saarland	Schleswig-Holstein
1. Regionale Konzentration auf …	Sachsen (Bezirke Dresden, Leipzig, Karl-Marx-Stadt)	Thüringen und Sachsen	Berlin (Ost)		Sachsen Mecklenburg	Thüringen (Bezirke Suhl, Erfurt, Gera)	Sachsen-Anhalt, Obereichsfeld, Leipzig		Thüringen (Bezirke Erfurt, Gera, Suhl)	Bezirk Cottbus	Mecklenburg (Bezirk Rostock, Schwerin, Neu-Brandenburg
2. Partnerschaften mit …	Vereinbarung mit Sachsen	Thüringen und Sachsen: zusätzl. Ausbau v. Partnerschaften auf kom. Ebene u. in versch. fachl. Bereichen	Ost-Berliner Stadtbezirken sowie den Nachbarkreisen von Berlin	Rostock	Dresden	div. Städte-, Schul- u. Verbandspartnersch.	div. Städtepartnerschaften, Entwicklung von Schul- und Hochschulpartnersch.	10 bestehende Städtepartnerschaften, 1 Hochschulpartnerschaft, Hochschulkooperationen	div. Städtepartnerschaften, Zusammenarbeit v. Verbänden, Schulen usw.	Landtag Saarland mit Bezirkstag Cottbus, Hochschulpartnerschaft, 8 Städtepartnerschaften	6 bestehende Städtepartnerschaften
3. Sektorale Konzentration auf …	Soforthilfen Gesundheitsbereich, soziale Dienste, Energieversorgung, Kommunale Dienste Strukturhilfe durch Wissenstransfer, techn. Hilfe, Austauschprogramme in Wissenschaft u. Forschung, Gesundheitswesen, Umweltschutz, Verwaltungsaufbau (Kommunen), Schule und Kultur	Soforthilfen Gesundheitsbereich, Straßenverbindungen, Umweltschutz, Landwirtschaft, mittelständ. Strukturen Strukturhilfe Beratungs- und Expertenhilfe f. Verwaltung u. Rechtspflege; Straßenbau und regionale Wirtschaftsstruktur, grenzüberschr. Abwasserentsorgung, Luftreinhaltung sowie Naturschutz; Kooperationen: u. a. Schule, Kultur, Wissenschaft, Gesundheit, Wohlfahrtswesen u. Landwirtschaft	Soforthilfen Gesundheitsbereich, Stadtsanierung, kommunale Versorgung und Verwaltung, Verkehr Intensivierung der Zusammenarbeit sozialer und kultureller Einrichtungen Strukturhilfen Städtebau, Verkehrsentwicklungsplang., tourist. Einrichtungen, Fortbildung, Umweltschutz	Soforthilfen Gesundheitsbereich, Umweltschutz (Abwasser), Städte- und Wohnungsbau, soziale Einrichtungen	Soforthilfen Technische Hilfen und Wissenstransfer im Gesundheitsbereich, Umweltschutz, Städtebau, Verkehr, Häfen, Kultur, Trinkwasservers. Strukturhilfe Aus- u. Weiterbildungsmaßn., Gutachten, Projektstudien u. Symposien, insb. in Bereichen Umstrukturierung v. Häfen, Förderung der logistischen Zusammenarbeit	Sofort- und Strukturhilfen insb. für Investitionen u. Ausrüstungen im Gesundheitswesen, im Umweltschutz, im Verkehrswesen, in der Denkmalpflege (Stadtsanierung) und für private Kleinunternehmen	Soforthilfen Gesundheitsbereich, soziale Einrichtungen, Umweltbereich, Verkehrsverbindungen Strukturhilfen Maßnahmen und Wissenstransfer im Umwelt- und Naturschutz, Gesundheitswesen, Städtebau, Verkehr, Tourismus	Soforthilfen im Gesundheitsbereich, Umweltschutz, kommunale Versorgung und Verwaltung, Verkehr Strukturhilfe Städtebau, Strukturwandel, Unternehmensberatung, Managementausbildung	Soforthilfen im Gesundheitsbereich und im Rettungswesen, Aus- und Weiterbildung, techn. Hilfe in den Bereichen Landwirtschaft, Jugend, Schule Symposien Rechtsangleichung, Rechtsvereinheitlichung	Soforthilfen im Gesundheitswesen: Fahrzeuge u. Geräte f. d. Wasserversorgung Strukturhilfen Fachliche Beratung über alle Ressorts (insbes. Energie- u. Wasserversorgung, Umweltschutz, Abfallbeseitigung, Fremdenverkehr), Infrastrukturkonzepte, Qualifizierungsmaßnahmen	Soforthilfen im Gesundheitsbereich zusätzlich geplant: Maßnahmen in Bereichen Umweltschutz, Landwirtschaft, Aus- und Weiterbildung

	Baden-Württemberg	Bayern	Berlin	Bremen	Hamburg	Hessen	Niedersachsen	Nordrhein-Westfalen	Rheinland-Pfalz	Saarland	Schleswig-Holstein
4. Instrumente zur Förderung wirtschaftlicher Entwicklung in der DDR	Mittelstandsförderprogramm (Handwerk, Gaststätten, Hotels) Förderung betrieblicher Zusammenarbeit Seminare für Führungskräfte Qualifizierungsmaßnahmen für kaufmänn. Ang.	Förderung der Kammeraktivitäten in der DDR; Öffnung des mittelständ. Industrieprogramms u. des Mittelstandskreditprogramms f. DDR; Ergänzungsdarlehen, Bürgsch. f. Investitionen in der DDR; Technologieberatung und Managementausbildung	Bürgschaften f. DDR-Unternehmen Beratung mittelständischer Unternehmen bei Kooperationen Aus- und Weiterbildungsmaßnahmen Prüfung der Einsatzmöglichkeit von EG-Programmen	Zusammenarbeit mit Kammern zur Förderung privaten Handwerks, Handels und Gewerbes in der DDR	Aus- und Weiterbildungsmaßnahmen (Gastgewerbe, Marketing, Handel) Existenzgründungs-Beratung Qualifizierungsmaßnahmen, Förderkurse Messebeteiligungen Investitionshilfe und Ausrüstungsförderprogramme	Förderprogramm für private Kleinunternehmen (Devisenhilfen) geplant: Unternehmensberatung	Bürgschaftsprogramm für mittelständische Unternehmen Öffnung des Darlehensfonds des Landes für DDR-Unternehmen Aus- und Fortbildung Kooperationen, Messebeteiligung Praktikantenprogramm	Bürgschaftsprogramm für Unternehmenskooperationen Info-Börse bei der IHK Management-Training Unternehmensberatung in der DDR (Leipzig, Schwerin), Qualifizierungsmaßnahmen	Wirtschaftsdarlehen für Investitionen Hilfen beim Aufbau von Partnerorganisationen und Verbänden, bei der Veranstaltung von Wirtschaftstagen und Informationsveranstaltungen	Technologie- u. Managementberatung Öffnung der Förderprogramme Kapitalbeteiligungen und Bürgschaftsleistungen der SIKB f. DDR-Maßnahmen	geplant, in der DDR Haushaltsmittel, Darlehen u. Kredite sowie Bürgschaften einzusetzen
5. Verbindungsbüros	Dresden, Leipzig, Chemnitz	Haus d. Bayr. Wirtsch., Leipzig; Kontaktb. geplant in Dresden u. Erfurt	Prov. Regionalausschuß, gem. Leitstellen, Expertengruppen	vorgesehen: Kooperationsbüro i. Rostock u. Leipzig	Wirtschaftsbüro Dresden, Berlin (Ost)	eingerichtet: Erfurt, Lutherstr. 5	eingerichtet: Leipzig, Halle, Magdeburg	eingerichtet: Berlin (Ost), Umweltberatung in Leipzig	Erfurt		Kooperationsbüros in Rostock, Neubrandenburg, Schwerin
6. Haushaltsansätze	1990 und 1991 jeweils 30 Mio. DM	1990–92 insgesamt 150 Mio. DM; 30 Mio. DM Zuschüsse lösen 120 Mio. zusätzl. Kreditvolumen aus; außerhalb Haushalt: 3 × 100 Mio. zinsg. Ergänzungsdarlehen	29,5 Mio. (25 Mio. Stadtsanierung, 2 Mio. Gesundheitswesen)	5 Mio.	20 Mio. davon 12,8 Mio. für Sofortprogramm 1990: 3 Mio. f. Stadterneuerung Dresden und 3,35 Mio. VE f. Umweltschutz ab 1991: 2 Mio./Jahr f. Schadstoffred. Elbe	1990–1994 je 50 Mio.: zusätzl. Einsatz sonstig. Haushaltsmittel 500 Mio. DM Bürgschaftsrahmen f. Unternehmenszus.arbeit m. Polen und Thüringen	53 Mio. Bar 11 Mio. VE Bürgschaftsrahmen 150 Mio.	20 Mio. Soforthilfe, 12 Mio. Städtepartnersch. Bürgschaftsrahmen 3 Mrd. zusätzl. Einsatz sonst. Mittel außerplanmäßige Ausgabe im Rahmen des Notbewilligungsrechts	1990–1992 50 Mio. f. Partnerschaft 150 Mio. für Wirtschaftshilfe zusätzl. Einsatz sonst. Mittel	ca. 1 Mio. Einsatz für Hilfsmaßnahmen, zusätzlich 0,568 Mio. für Kooperationen mit der DDR	2,1 Mio. für Soforthilfe Nachtragshaushalt in Vorbereitung

Dokument 5

Bürgerinitiative Mittelhausen an Ministerpräsident Dr. Walter Wallmann, 12. 12. 1989: Bitte um finanzielle Unterstützung zur Erneuerung der Erfurter Kläranlage (Quelle: HHStAW, Z 502 Nr. 6102)

Werter Herr Ministerpräsident Dr. Wallmann!

Mit großer Freude nahmen wir den Beschluß der Regierung Ihres Bundeslandes auf, in den nächsten Jahren insgesamt 250 Millionen DM insbesondere für Projekte im Gesundheitswesen, Umweltschutz sowie den Ausbau von Verkehrswegen zur Verfügung zu stellen.

Wir wenden uns mit folgender Bitte an Sie:
Wäre es möglich, die zur Verfügung gestellten Beträge objektgebunden zu übergeben und die Realisierung zu überwachen?
Wir haben kein Vertrauen mehr in diejenigen, die von Ihnen die finanziellen Mittel erhalten sollen. Es sind noch immer die gleichen Leute, die über deren Vergabe und Verteilung entscheiden, und wir befürchten, daß wieder nur eine oder zwei Vorzeigegemeinden geschaffen werden oder die Gelder nur in den großen Städten bleiben.

Wir gehen vielleicht wieder leer aus, obwohl wir es doch bitter nötig hätten, annehmbare Lebensverhältnisse zu erhalten.

Wir leben in einer Gemeinde am nördlichen Stadtrand von Erfurt. In unmittelbarer Umgebung von Mittelhausen befindet sich die Kläranlage von Erfurt. Seit 1985 belastet diese Kläranlage durch ihre unvollkommene und mangelhafte Technik die Lebensqualität der Bürger in den umliegenden Gemeinden und führt zur Anreicherung von Schadstoffen im Boden und Grundwasser.

Wir bitten Sie zu prüfen, ob ein Teil dieser finanziellen Mittel für die Verbesserung der Arbeit der Kläranlage eingesetzt werden kann.

Ihre Hilfe wäre ein ganz dringendes Erfordernis, da in unmittelbarer Nähe des Ortes eine Abdeckerei die Luft bereits verpestet und weitere umweltschädigende Vorhaben geplant sind, wie z. B. eine meterhohe Naßaschedeponie des Erfurter Heizkraftwerkes.

Wir würden uns über eine positive Nachricht Ihrerseits sehr freuen.

Mit freundlichen Grüßen
Bürgerinitiative Mittelhausen

Dokument 6

Dr. N. K. an Ministerpräsident Dr. Walter Wallmann, 5. 8. 1990:
Bitte um Unterstützung für das Reha-Zentrum in Erfurt
(Quelle: HHStAW, Z 502 Nr. 6104)

Sehr geehrter Herr Ministerpräsident!

Die Kinderärztin G. D. aus Erfurt, eine Verwandte meiner Frau, schrieb uns kürzlich beiliegenden Brief. Zwischenzeitlich haben wir bei einem Besuch in Erfurt nähere Informationen erhalten, welche die Aussagen des Briefes voll bestätigen.

Unter den Bedingungen, in welchen dort behinderte Kinder leben müssen, dürfte bei uns niemand einen Hund halten! (Dieser Satz ist keine Übertreibung.)

Ich bitte Sie angesichts der Notlage dieser Kinder sehr herzlich, sich persönlich dafür einzusetzen, daß das Reha-Zentrum in Erfurt im Rahmen des hessischen Hilfsprogramms für Thüringen – oder auch aus anderen Mitteln – die erforderliche finanzielle Unterstützung erfährt, um diesen Kindern ein menschenwürdiges Lebens- und Bildungsangebot zu gewährleisten.

Sicherlich wird in der DDR an allen Enden Hilfe benötigt. Aber ich bin überzeugt, daß es kaum vergleichbare Situationen gibt, in denen so direkt das Schicksal der Betroffenen entscheidend verbessert werden kann.

Wir haben natürlich auch schon eine private Hilfsaktion gestartet, die sich – im Vergleich zum Bedarf – allerdings nur wie der Tropfen auf den heißen Stein auswirkt.

Deshalb nochmals unsere Bitte, sich für eine wirksame Hilfe für das Reha-Zentrum in Erfurt einzusetzen.

Für Ihre Bemühungen danke ich Ihnen bereits jetzt recht herzlich!

Mit dem Einverständnis von Frau D. füge ich in der Anlage Auszüge aus dem Brief in Fotokopie bei; private Passagen sind dabei abgedeckt. Zwecks Erleichterung des Lesens füge ich eine maschinengeschriebene Ausfertigung hinzu.

Mit freundlichen Grüßen

[Anlage]

„… Seit zwei Wochen habe ich nun auch noch das Pflegeheim für geistig und körperlich schwerstbehinderte Kinder übernommen. 80 Kinder sind da auf engstem Raum untergebracht, z. T. Tag und Nacht an die Betten fixiert oder vegetieren auf Matratzen in „Ställen“ mit Gittern. Ins Freie kommen die Kinder nicht, nur die Grundbedürfnisse wie Essen, Trinken, Wickeln werden befriedigt; es ist ein Anblick des Grauens, wenn man bedenkt, daß es alles hilflose und bedürftige Kinder sind. Ich weiß vor Arbeit nicht, wie ich mich drehen und wenden soll; in der Schule so viele Kinder, dann in dieser Einrichtung und nebenbei noch die drei großen Kinderkrippen mit den behinderten Kleinkindern. …

Gestern habe ich einen Brief an das ZDF aufgesetzt, und heute soll er in die Post. Ich versuche, die Öffentlichkeit zu gewinnen, denn alleine werden wir es kaum schaffen, diesen Kindern ein lebenswertes Leben bieten zu können.

Es gibt wenig Spielzeug, keine physiotherapeutische Grundausrüstung – es fehlt an allem. Nicht einmal Gruppenräume stehen zur Verfügung. Da haben wir wirklich ein Erbe angetreten!!!

Ohne finanzielle Unterstützung können wir wenig bewegen. Vorerst ist der Direktor der Rehabilitation bemüht, Personal zu gewinnen, doch das alleine hilft leider auch nicht. Selbst ein Bericht wie dieser widerspiegelt nur unzureichend die Wirklichkeit – den Tieren im Zoo geht es sicherlich besser. …“

gez.
G. D.

Dokument 7

Adalbert Bauch, MdL Thüringen, an Ministerpräsident Dr. Walter Wallmann, 9. 11. 1990: Bitte um Unterstützung für die Schule für geistig Behinderte in Meiningen (Quelle: HHStAW, Z 502 Nr. 6135)

Sehr geehrter Herr Ministerpräsident,

die Schule für geistig Behinderte ist an mich mit der Bitte herangetreten, ihnen bei der Beschaffung eines Fahrzeuges für den Transport der Kinder und des täglichen Versorgungstransportes behilflich zu sein.
Ich möchte Ihnen kurz diese Einrichtung vorstellen.

Seit 1974 besteht die Fördereinrichtung für psychisch und physisch geschädigte Kinder und Jugendliche im Kreis Meiningen. In dieser Einrichtung werden Kinder und Jugendliche im Alter von 3 bis 19 Jahre aus dem gesamten Kreis Meiningen betreut. Seit 1. September 1990 hat die Einrichtung den Status einer Schule für geistig Behinderte und untersteht dem Dezernat Bildung beim Landratsamt.
Die finanzielle Unterstellung ist zur Zeit noch beim Dezernat Gesundheitswesen.

In der Schule werden insgesamt bis zu 55 Kinder auf lebenspraktische Tätigkeiten vorbereitet, um eine relative Selbständigkeit zu erlangen. Es werden hygienische Grundgewohnheiten, hauswirtschaftliche Tätigkeiten und soziale Umgangsformen vermittelt.

Als weiteres werden die Kinder bekannt gemacht mit den Dingen der Umwelt, der Gesellschaft und Natur.

Seit 1. September 1990 werden auch die Kinder und Jugendlichen in Kulturtechniken wie Lesen, Schreiben, Mathematik unterrichtet. Durch vielfältige Kontakte zu Schulen für geistig Behinderte in den alten Bundesländern kamen wir zu der Überzeugung, daß auch unsere Kinder schulbildungsfähig sind.
Diese Kulturtechniken durften vorher in unseren Födereinrichtungen nicht unterrichtet werden.

Um die Lebensfunktionen der Schule zu erhalten, müssen täglich zahlreiche Transporte durchgeführt werden, u. a.
- der Transport der Kinder vom Dauerheim zur Schule und zurück
- Transport der Kinder zu sportlichen und kulturellen Veranstaltungen
- Versorgungstransporte wie Frühstück und Mittagessen (Die Einrichtung verfügt über keine eigene Kochküche)

Bis vor kurzem hatte die Schule einen Kleintransporter B 1000, Baujahr 1974, mit dem diese Transporte durchgeführt wurden. Infolge eines unverschuldeten Unfalles entstand Totalschaden am Fahrzeug. Die Schule ist jetzt angewiesen auf ein Leihfahrzeug, und weder das Dezernat Bildung noch das Dezernat Gesundheitswesen sieht sich in der Lage, der Schule ein Fahrzeug für Personen- und Gütertransport zur Verfügung zu stellen.

Ich wende mich an Sie, sehr geehrter Herr Ministerpräsident, mit der Bitte, ob Sie der Schule für geistig Behinderte in 6100 Meiningen, Lindenallee, ein Fahrzeug kostenlos zur Verfügung stellen könnten.

Dieses Fahrzeug müßte 7 bis 8 Kindern Platz bieten und für den Essentransport geeignet sein.

Ich würde mich freuen, wenn Sie eine Möglichkeit sehen, dieser Schule zu helfen.

Hochachtungsvoll

Dokument 8

H.-J. L. an Ministerpräsident Dr. Walter Wallmann, 7. 12. 1989:
Kredit für ein Saug- und Druckspülfahrzeug
(Quelle: HHStAW, Z 502 Nr. 6102)

Werter Herr Wallmann!

Am 6. 12. 1989 war in unserer Regionalpresse „Das Volk" ein Artikel über die Unterstützung bzw. Übernahme von Bürgschaften von Kleinbetrieben im Raum Thüringen. Mit Interesse las ich diesen Artikel und besitze die Dreistigkeit, mich mit einer Problematik an Sie zu wenden.

Ich möchte Sie kurz über meine Person informieren. [...] 15 Jahre war ich in einem Nordhäuser Betrieb als technischer Leiter tätig, bis mich dann meine Arbeit in dieser Art Volkswirtschaft nicht mehr befriedigte. Ich brachte in Erfahrung, daß in unserer Kreisstadt Nordhausen der gesamte Bereich der Oberflächenentwässerung (Straßeneinläufe, Gully und Abflußleitungen) seit vielen Jahren nicht mehr gereinigt wird. Der Zustand in unserer Kreisstadt Nordhausen war katastrophal. Bei Regenwetter kamen die Bürger kaum von einer auf die andere Straßenseite wegen der vielen Pfützen.

Ich stellte also einen Gewerbeantrag, bekam diesen auch prompt, kaufte vom Dienstleistungskombinat der Stadt Nordhausen als außerordentliche und außergewöhnliche Zuweisung ein 20 Jahre altes Ascheauto, das noch 16,0 TM kostete. Da ein deutscher Ingenieur aber Geist und Ideen hat, reparierte ich und rüstete dieses Fahrzeug im Verlaufe von 6 Wochen so um, daß ich mit der Reinigung der Oberflächenentwässerungsanlagen der Stadt Nordhausen beginnen konnte.

Nach 1½ Jahren muß ich einschätzen, daß ich und meine schon 3 Angestellten die Oberflächenentwässerung der Stadt Nordhausen und Bleicherode kontinuierlich reinigen und warten. Im Verlauf meiner Arbeit kaufte ich noch ein 10 Jahre altes Auto und bin dabei, dieses wieder funktionsfähig zu gestalten.

Eine Riesenmarktlücke, so stellte ich fest, ist die Rohrreinigung in Großbetrieben wie Nordbrand, Nobas, Molkerei usw. Ich arbeite bei dieser Rohrreinigung mit Hochdruckspülgeräten.

Nun habe ich ein großes Problem. Ich bin zwar technisch in der Lage, Rohrleitungen sowohl mechanisch als auch mit Wasserhochdruck zu reinigen, bin jedoch nicht in der Lage, bei vollen Gruben an diese Leitungen heranzukommen, da ich über keinen Schlammsaugwagen verfüge. Bei der heutigen Situation in unserer Volkswirtschaft ist es mir auch nicht möglich, ein solches Fahrzeug zu erwerben.

Ich bin also beim Aufbau eines kommunalwirtschaftlichen Betriebes, [...] beschäftige zur Zeit 3 Arbeitskräfte und hoffe auf Ihre Unterstützung, anhand eines positiven Beispiels ein kombiniertes Saug- und Druckspülfahrzeug auf der Basis erschwinglicher Kredite erwerben zu können. Für unsere Situation im Kreis Nordhausen wäre dies eine

Lösung vieler anstehender Probleme und ein positives Beispiel der Zusammenarbeit im neuen Deutschland.

Mit freundlichem Gruß

Dokument 9

W. W. und D. L. an Ministerpräsident Dr. Walter Wallmann, 4. 1. 1990:
Unterstützung beim Aufbau eines Taxiunternehmens
(Quelle: HHStAW, Z 502 Nr. 6102)

Werter Herr Ministerpräsident!

Wir erlauben uns, Ihnen folgendes Anliegen vorzutragen. Da wir durch das Fernsehen erfuhren, daß das Land Hessen Mittel zur Verfügung stellt, um durch Privatinitiative die Infrastruktur in Thüringen zu verbessern, haben wir dazu folgende Idee.

Wir würden uns vorstellen, hier in Suhl ein Taxiunternehmen zu gründen. Da uns hierzu die materiellen Voraussetzungen fehlen und DDR-Fahrzeuge weder vom Komfort noch von der Umweltfreundlichkeit her dazu geeignet sind, denken wir uns folgendes.

Falls es möglich wäre, uns 2 bis 3 Fahrzeuge, mit denen man einen Taxibetrieb durchführen kann, zur Verfügung zu stellen, könnte der Taxiverkehr durch uns unverzüglich aufgenommen werden. Ihnen ist sicher bekannt, in welchem desolaten Zustand der Taxiverkehr in der DDR ist. Diesen Mangel spüren auch die Bürger Ihres Landes, die ja jetzt erfreulicherweise in zunehmendem Maße die DDR, vor allem den grenznahen Raum besuchen. Selbst mit einer Verbesserung des Gütertaxi-Verkehrs würden wir dem Wunsch vieler Bürger in Thüringen und Hessen entgegenkommen.

Wir, die beiden Unterzeichnenden, sind zur Zeit in einer Handelseinrichtung in Suhl beschäftigt, haben den Beruf Handelskaufmann sowie ein abgeschlossenes Studium als Ökonom. Falls sich diese oder eine ähnliche Idee verwirklichen läßt, könnten wir so zu einer Annäherung von Thüringen und Hessen beitragen und für die Bürger eine vielfach noch fehlende Dienstleistung erbringen.

Hochachtungsvoll

Dokument 10

G. H. an Ministerpräsident Dr. Walter Wallmann, 11. 6. 1990:
Hilfe bei der Einrichtung eines Fernsprechanschlusses
(Quelle: HHStAW, Z 502 Nr. 6104)

Betr.: Fernsprechanschluß für meinen Handwerksbetrieb

Mit großem Interesse verfolge ich seit Monaten die Hilfsleistungen in Form von Krediten an Kleinbetriebe und Handwerker in Thüringen.

Ich bin selbständiger Malermeister, und ein Kredit für meinen Betrieb ist nicht erforderlich, aber sehr dringend ein Fernsprechanschluß.

Diesen Anschluß habe ich schon seit mehreren Jahren im Fernsprechamt Nordhausen beantragt, aber immer nur eine Absage erhalten.

Vielleicht ist es möglich, daß Sie mir in dieser Angelegenheit helfen können.

Ich wohne auf dem Dorf, ca. 25 km von der Kreisstadt Nordhausen entfernt. Für den bevorstehenden marktwirtschaftlichen Wettbewerb sehe ich hier auf dem Lande ohne Fernsprechanschluß wenig Chancen für meinen Handwerksbetrieb.

Hochachtungsvoll

Dokument 11

Dr. Heino Falcke für den Runden Tisch des Bezirks Erfurt an den Runden Tisch des Bezirks Gera, 19. 1. 1990:
Bildung einer Koordinierungsgruppe als Gesprächspartner für die Länder Hessen und Rheinland-Pfalz
(Quelle: THStA Rudolstadt, Persönlicher Bestand Tilo Wetzel Nr. 5)

Sehr geehrte Damen und Herren!

Darf ich mich im Auftrag des Runden Tischs für den Bezirk Erfurt an Sie wenden. In seiner Sitzung am 17. 1. hatte der Runde Tisch des Bezirkes Erfurt ein ausführliches Gespräch mit Herrn Finanzminister Kanther vom Land Hessen und Herrn Wirtschaftsminister Brüderle vom Land Rheinland-Pfalz sowie mit vier begleitenden Staatssekretären.

Es ging um Fragen der wirtschaftlichen Zusammenarbeit, die – wie Sie bereits wissen – ebenso die Bezirke Gera und Suhl betreffen.

Im Gespräch wurde deutlich, daß eine Einbeziehung der Runden Tische in die Gespräche, die bisher von den Räten der Bezirke mit den Vertretern von Hessen und Rheinland-Pfalz geführt wurden, unbedingt nötig ist. Dies wurde von Vertretern des Runden Tisches mit Nachdruck geltend gemacht und von den Gästen aus der Bundesrepublik voll aufgenommen.

Der Runde Tisch des Bezirkes Erfurt möchte Ihnen nun vorschlagen, eine Koordinierungsgruppe für alle drei Bezirke zu bilden, die als Gesprächspartner für die Länder Hessen und Rheinland-Pfalz fungieren kann. Dieser Gruppe sollten je ein Vertreter der Räte der Bezirke und je zwei Vertreter der Runden Tische angehören.

Diese Koordinierungsgruppe sollte Arbeitsgruppen von Sachverständigen für verschiedene Bereiche bilden, wie sie vom Rat des Bezirkes Erfurt – wohl in Absprache mit den beiden anderen Räten – bereits vorgeschlagen sind (z. B. für Krankenhaustechnik, für Pharmazie, Verkehr, Straßenbau, Stadtsanierung).

Wir möchten Sie fragen, ob Sie diesem Vorschlag zustimmen können. Da die Sache drängt und die abzusprechenden Projekte schnell anlaufen sollen, bitten wir um möglichst baldige Antwort.

Die Kooperation mit den Bezirken Gera und Suhl im Vorblick auf das wieder zu bildende Land Thüringen, wird unseren Runden Tisch am 14. Februar beschäftigen. Wir meinen jedoch, die Kooperation und Koordinierung in den Kontakten mit den Partnern aus Hessen und Rheinland-Pfalz unverzüglich realisieren zu sollen.

Wenn sich Bayern als drittes angrenzendes Land ebenfalls beteiligen wollte, so wäre dies u. E. ohne weiteres möglich.

Mit guten Wünschen für Ihre Arbeit und freundlichen Grüßen

Dokument 12

Festlegungsprotokoll der 2. Beratung des Regionalausschusses Thüringen, 16. 2. 1990: Weiterleitung der Beratungsergebnisse an die Hessische Landesregierung (Quelle: ThStA Rudolstadt, Persönlicher Bestand Tilo Wetzel Nr. 2)

Die Beratung wurde am 15. 2. 1990 im Rat des Bezirkes Erfurt durchgeführt.

Teilnehmer siehe Anwesenheitsliste.

Entsprechend den Festlegungen der 1. Beratung wurden die Berichte der Unterausschüsse Umweltschutz, Medizin und Verkehr zur Prioritätenliste Hessenprogramm entgegengenommen.

Nach gründlicher Diskussion wurden die in der Anlage beigefügten Programme bestätigt.

Den Unterausschüssen wurde der Dank für ihre Arbeit ausgesprochen und sie wurden gebeten, ihre gemeinsame Arbeit fortzusetzen.

Im weiteren Verlauf der Beratung wurde von Vertretern des „Runden Tisches" darauf aufmerksam gemacht, daß auch bei allen übrigen Aktivitäten, die von den staatlichen Stellen zu den Ländern der Bundesrepublik durchgeführt werden, Vertreter des „Runden Tisches" einzubeziehen sind.

Folgende Festlegungen wurden getroffen:
1. Die bisher bestätigten Programme der Unterausschüsse sind sofort der hessischen Landesregierung zuzuleiten.
2. Weitere Kopien der Programme sind allen Mitgliedern des Regionalausschusses zuzuleiten.
3. Die nächste Beratung des Regionalausschusses wird am 22. 2. 1990, 10.00 Uhr, im Rat des Bezirkes stattfinden und der Bericht des Unterausschusses „Stadtsanierung" entgegengenommen.

Dokument 13

Finanzminister Manfred Kanther an die Mitglieder der kleinen Koalitionsrunde, 1. 2. 1990:
Finanzrahmen des Aktionsprogramms Hessen-Thüringen
(Quelle: HHStAW, Z 502 Nr. 6133)

Stand: 1. 2. 90

Aktionsprogramm Hessen-Thüringen (2. Fassung)

1. Zweck

Die Mittel des Programms sind bestimmt für Infrastruktur- und Ausstattungsmaßnahmen in Thüringen zugunsten der Bereiche
- Gesundheitswesen
- Umweltschutz
- Verkehrswesen
- Denkmalpflege

sowie zur Förderung privater Kleinunternehmen.

Mit Ausnahme einer geringfügigen Position für „sonstige Zwecke" – einschließlich

„Thüringen-Büro“ – stellen die genannten Förderbereiche eine abschließende Aufzählung dar, die weitere Förderfelder ausschließt.

2. Grundsätze

a) Der überwiegende Teil der Haushaltsansätze 1990 – nicht VE* – wird den betroffenen Ressorts zur eigenverantwortlichen Verwendung im Rahmen der Zweckbestimmung zur Verfügung gestellt.

Epl.	Gesamtbetrag	Höchstbetrag im Einzelfall je Empfänger/Maßnahme
02 – MP –	3.000.000,– DM	100.000,– DM
06 – MdF –	2.000.000,– DM	100.000,– DM
07 – MfWuT –	14.000.000,– DM	200.000,– DM
08 – SM –	10.000.000,– DM	200.000,– DM
10 – MfUuR –	3.000.000,– DM	200.000,– DM
15 – MfWuK –	3.000.000,– DM	200.000,– DM
	35.000.000,– DM	

Die Ausgaben für „sonstige Zwecke“ – einschließlich „Thüringen-Büro“ (bis zu 500.000 DM) – werden von der Staatskanzlei geleistet.

b) Darlehen zur Förderung von Kleinunternehmen können bis zu 10 Mio. DM durch den Wirtschaftsminister vergeben werden. Sie sollen im Durchschnitt im Einzelfalle 10.000 DM nicht überschreiten und höchstens 20.000 DM betragen. Soweit die Darlehen zur Rückzahlung in Mark-Ost vereinbart werden, kann der Wirtschaftsminister die Rückflüsse zum gleichen Zweck erneut einsetzen, wenn die St-Kommission sie nicht für andere Förderzwecke zur Verfügung stellt.

Im Jahre 1990 kann der Wirtschaftsminister bis zu 500.000 DM letztmalig zur Finanzierung des grenzüberschreitenden Linienförderungsprogramms einsetzen. Der Wirtschaftsminister organisiert das weitere Verfahren.

c) Über die Verwendung der von Ziffer 2 a nicht erfaßten restlichen Ansätze (15 Mio. DM), Fördermaßnahmen über die vorgenannten Höchstbeträge im Einzelfall hinaus sowie die Inanspruchnahme der Verpflichtungsermächtigungen entscheidet die hierzu berufene St-Kommission. Die Vergabe von Darlehen mit Ausnahme der zur Förderung privater Kleinunternehmen (siehe Ziff. 2 b) bedarf stets der Entscheidung der St-Kommission.

d) Mit dem Programm sollen sichtbare Zeichen humanitärer Hilfe und der Unterstützung für Infrastrukturmaßnahmen sowie zur Förderung von privaten Kleinunternehmen gesetzt werden.

Kostenmäßig begrenzten Einzelmaßnahmen ist der Vorzug zu geben vor kostenintensiven Großprojekten und -programmen.

e) Gefördert werden sollen vorrangig investive Maßnahmen; förderfähig sind dabei vorrangig solche, bei denen keine volle Finanzierung übernommen werden muß, vielmehr eine merkliche Finanzierungsbeteiligung der Geförderten erhalten bleibt.

f) Doppel- bzw. Mehrfachförderungen aus der Bundesrepublik von thüringischen Projekten sind – soweit nicht ausdrücklich bezweckt – zu vermeiden. Jedes Ressort stimmt insbesondere seine Fördermaßnahmen direkt mit den Behörden in Rheinland-Pfalz ab.

g) Über die Ansätze und Verpflichtungsermächtigungen des Aktionsprogramms hinaus ist auch der Einsatz sonstiger Haushaltsmittel einschließlich der den Kabinettsmitgliedern zur Verfügung stehenden Lotto/Toto-Mittel im Rahmen der jeweiligen Zweckbestimmung für thüringische Projekte möglich.

h) Landeseigene Vermögensgegenstände dürfen im Rahmen der konkret beschriebenen Zielsetzungen des Programms unentgeltlich abgegeben werden; die Abgabe für sonstige Zwecke innerhalb sowie für Zwecke außerhalb des Programms bedarf oberhalb eines Abgabewertes von 10.000 DM je Einzelgegenstand gemäß VV 3.1 in Verbindung mit 3.1.2 zu § 63 LHO der Zustimmung des Finanzministers.

i) Verpflichtungsermächtigungen 1990 können bis zum 30. 9. 90 höchstens zu 70 % in Anspruch genommen werden.

j) Zum Monatsende erhält die St-Kommission von allen Ressorts eine Zweck, Empfänger und Beträge umfassende Aufstellung sämtlicher Fördermaßnahmen für Thüringen.

3. Verfahren

Die verfahrenstechnische Umsetzung des Programms erfolgt in 4 Schritten:

Bedarfsermittlung

Die Erfassung der Finanzierungswünsche obliegt den zuständigen Ressorts, die sich der Mitwirkung des RP Kassel bedienen können. Der Finanzierungswunsch erhält die Form einer standardisierten Anmeldung, die mindestens die folgenden Angaben enthalten muß:
- genaue Bezeichnung des Antragstellers
- kurze Projektbeschreibung einschl. zeitlicher Vorstellungen
- Aussage über die projektausführende Stelle (bundesdeutsche Firmen oder Einrichtungen der DDR?)
- Kostenkalkulation und erste kurze Beurteilung der Förderungswürdigkeit.

Vorbereitung

Die erfaßten Finanzierungswünsche werden – soweit nicht gem. Ziff. 2 a Ressortentscheidung möglich ist – an die St-Kommission gerichtet, die die übersandten Anmeldungen sichtet und offensichtlich nicht förderfähige Projekte aussondert. Der Staatskanzlei obliegt die Absprache mit Oppositionsgruppen in der DDR („runder Tisch" etc.), soweit dieses aus politischen Gründen erforderlich erscheint (nicht erforderlich bei Programm-Teil gem. Ziff. 2 b).

Grundsätzlich als förderfähig anerkannte Maßnahmen werden zur weiteren Bearbeitung den jeweiligen Ressorts übergeben. Dabei wird ein Finanzierungsrahmen für die Maßnahme gesetzt.

Anschließend stellt das Ressort einen detaillierten Förderantrag zur abschließenden Entscheidung durch die St-Kommission.

Entscheidung

Die St-Kommission beschließt über die Förderung der ihr von den Ressorts zur Entscheidung gestellten Projekte.

Feinplanung und Bewilligung

Die von der St-Kommission positiv beschiedenen Projekte werden von den Ressorts umgesetzt. Die Ressorts erteilen einen entsprechenden Bewilligungsbescheid.

Hierüber ist die St-Kommission durch Kopie zu unterrichten.

Dokument 14

Staatssekretärs-Kommission Hessen-Thüringen, Ergebnisniederschrift über die 4. Sitzung, 20. 2. 1990:
Aktionsprogramm Hessen-Thüringen
(Quelle: HHStAW, Z 502 Nr. 6133)

Ergebnisniederschrift über die 4. Sitzung am 20. Februar 1990

1. Projekte der Ressorts

a) Die Liste der von dem Ministerium für Wissenschaft und Kunst im Bezirk Erfurt beabsichtigten Projekte ist dem Runden Tisch in Erfurt zur Abstimmung übermittelt worden. Nach der Zustimmung kann mit der Umsetzung der Projekte begonnen werden.

b) Dem von dem Hessischen Sozialministerium mit Schreiben vom Februar 1990 unterbreiteten Gesamtprogramm wird zugestimmt. Dem Sozialministerium sind derzeit Mittel in Höhe von 10 Mio. DM zugewiesen. Nur bis zur Höhe dieses Betrages läßt sich das Gesamtprogramm derzeit umsetzen. Über den Einsatz von Mitteln für das Gesamtprogramm Gesundheitswesen über den Betrag von 10 Mio. DM hinaus wird die Staatssekretärs-Kommission zu gegebener Zeit entscheiden.

2. Thüringen-Büro

Die Errichtung des Büros wird von der Staatskanzlei und dem Ministerium für Wirtschaft und Technik vorbereitet. In das Büro sollen nach Möglichkeit auch Beratungsaktivitäten der Wirtschaftsverbände einbezogen werden.

3. Freigabe sonstiger Mittel

Mit dem Nachtrag zum Landeshaushaltsplan 1990/1991 hat der Landtag die Landesregierung ermächtigt, für sonstige Zwecke – einschließlich Einrichtung und Betrieb eines „Thüringen-Büros" zur Umsetzung des Aktionsprogramms – Ausgaben bis zu 2 Mio. DM zu leisten.

Die Staatssekretärs-Kommission beschließt, von diesen Mitteln jedem Ressort und der Hessischen Landeszentrale für politische Bildung einen Betrag von 75.000 DM zur Förderung der Zusammenarbeit zwischen Hessen und Thüringen nach eigenem Ermessen zur Verfügung zu stellen. Die Ressorts sind mit dem als Anlage 1 beigefügten Schreiben unterrichtet worden.

Soweit mit den Mitteln Seminare und vergleichbare Veranstaltungen gefördert werden sollen, legt die Staatssekretärs-Kommission die grundsätzliche Linie fest, daß nur Veranstaltungen in Thüringen finanziert werden sollen.

4. Förderung privater Kleinunternehmen

a) Staatssekretär Posch unterrichtet, daß die Rückzahlung der Beträge DM-West im Verhältnis 1 DM West: 2,40 DM Ost erfolgen soll.

b) Mit dieser Maßgabe sollen die Richtlinien im Staatsanzeiger veröffentlicht werden.

c) In einem Gespräch mit Vertretern des Rechnungshofes wird Dr. v. der Osten-Sacken die noch offenen Fragen am 22. ds. M. klären.

d) Das Programm für private Kleinunternehmen wird Staatssekretär Posch mit dem Wirtschaftsministerium Rheinland-Pfalz abstimmen.

e) Aus dem Programm sollen auch frei praktizierende Ärzte gefördert werden. Diese Förderung soll zwischen dem Ministerium für Wirtschaft und Technik und dem Sozialministerium abgestimmt werden.

5. Bürgschaftsrahmen

Angesichts noch erforderlicher Abstimmungen wird die Entscheidung über den Bürgschaftsrahmen zurückgestellt. Erforderlichenfalls soll erwogen werden, anstelle des Bürgschaftsrahmens eine Ausweitung der Hilfe für kleine Privatunternehmen vorzusehen.

6. Einsatz der in der DDR verfügbaren Mittel in DM-Ost

Minister Kanther weist darauf hin, daß aus den Rückflüssen in DM-Ost u. a. verwahrloste Kirchen in Thüringen saniert werden könnten.

Nach Beratung dieser Punkte der Tagesordnung nehmen Vertreter des Ministeriums für Wissenschaft und Kunst, für Wirtschaft und Technik, für Umwelt und Reaktorsicherheit und des Sozialministeriums an der Sitzung der Staatssekretärs-Kommission teil.

7. Unterrichtung der Ressorts

Staatssekretär Dr. Gauland unterrichtet die Vertreter der Ressorts über die Beratung der Staatssekretärs-Kommission.

8. Berichterstattung über die Umsetzung des Aktionsprogramms

Der Landtag hat einen Beirat eingesetzt, der eine laufende Berichterstattung über die Umsetzung des Aktionsprogramms Hessen-Thüringen erwartet. Ferner haben die Bundesregierung und die anderen Länder um eine Unterrichtung über die Umsetzung des Aktionsprogramms gebeten.

Die Ressorts unterrichten die Staatskanzlei zum 1. 3., 1. 5., 1. 7., 1. 9., 1. 11. 1990 und 1. 1. 1991 über die Umsetzung des Aktionsprogramms.

Die Berichte sollen in folgende Abschnitte gegliedert werden:

I. Abgeschlossene Maßnahmen.
Hierzu sollen die Maßnahmen aufgeführt werden, die bereits finanziert sind. Maßgebend ist der Mittelabfluß.

II. Projektierte Maßnahmen.
Hierzu sind die Maßnahmen aufzuführen, die von den Ressorts abschließend vorbereitet sind und die

- entweder noch mit Stellen in Thüringen abgestimmt werden (insbesondere mit den Runden Tischen) oder
- die zu einem späteren Zeitpunkt (geliefert und) finanziert werden.

III. Aus den frei verfügbaren Mitteln finanzierte Maßnahmen.
Die Staatssekretärs-Kommission hat jedem Ressort einen Betrag von 75.000 DM zum Einsatz nach freiem Ermessen zur Verfügung gestellt. Über diese Maßnahmen sollte unter III. berichtet werden (vgl. Anlage 1).

9. Unterrichtung der Staatssekretärs-Kommission über Besprechungen in Thüringen

Die Staatssekretärs-Kommission bittet die Ressorts, sie über wesentliche Besprechungen in Thüringen zu unterrichten.

10. Erstattung von Reisekosten aus dem Aktionsprogramm

Die Staatssekretärs-Kommission hält es für vertretbar, daß die Reisekosten von Fachleuten aus der DDR bei Besuchen in Hessen zur Vorbereitung konkreter Projekte aus dem Aktionsprogramm finanziert werden, solange den Fachleuten aus der DDR Beträge in DM-West zur Aufbringung der Kosten nicht zur Verfügung stehen.

Dokument 15

Staatssekretärs-Kommission Hessen-Thüringen, Ergebnisniederschrift über die 9. Sitzung, 21. 6. 1990:
Aktionsprogramm Hessen-Thüringen
(Quelle: HHStAW, Z 502 Nr. 6133)

Ergebnisniederschrift
über die 9. Sitzung am 21. Juni 1990

1. Aus dem Aktionsprogramm stehen für die Zuweisung an die Ressorts noch folgende Mittel zur Verfügung:

Noch nicht zugewiesene Mittel:	5,4 Mio. DM
Rückflüsse aus dem Devisenhilfeprogramm: ca.	4,0 Mio. DM

Diese Mittel werden den Ressorts wie folgt zugewiesen:

Von den Mitteln in Höhe von 5,4 Mio. DM werden zur Verfügung gestellt

dem Ministerium für Wissenschaft und Kunst auf seinen Antrag vom 8. 5. 1990	1,1 Mio. DM
dem Ministerium für Umwelt und Reaktorsicherheit für beantragte, jedoch noch nicht berücksichtigte Projekte	0,8 Mio. DM
dem Sozialministerium für die in seinem Schreiben vom 20. 6. 1990 aufgezeigten Maßnahmen	3,5 Mio. DM
	5,4 Mio. DM

Aus den Rückflüssen der Devisenhilfe für private Kleinunternehmen werden vorbehaltlich des Einverständnisses des Landesrechnungshofs zur Verfügung gestellt

dem Ministerium für Wirtschaft und Technik für die Verwendung im Rahmen der Zweckbestimmung des Aktionsprogramms	2,0 Mio. DM
dem Sozialministerium der verbleibende Betrag der Rückflüsse in Höhe von etwa	2,0 Mio. DM

Damit sind die Mittel aus dem Aktionsprogramm abschließend wie folgt zugeteilt:

Ministerpräsident/Staatskanzlei (Von diesen Mitteln ist jedem Ressort ein Betrag von	3,0 Mio. DM

75.000.–DM zur Verwendung nach eigenem Ermessen
zugewiesen worden)

Ministerium der Finanzen	2,0 Mio. DM
Ministerium für Wirtschaft und Technik	14,6 Mio. DM
Sozialministerium	18,5 Mio. DM
Ministerium für Umwelt und Reaktorsicherheit	4,8 Mio. DM
Ministerium für Wissenschaft und Kunst	4,1 Mio. DM
Verwaltungshilfe für Thüringen	3,0 Mio. DM
	50,0 Mio. DM

2. Die Kommission betrachtet damit ihre Aufgabe für das Haushaltsjahr 1990 als abgeschlossen. Die Ressorts werden gebeten, der Staatskanzlei mitzuteilen, für welche Projekte die in dieser Sitzung zugewiesenen Mittel eingesetzt werden.

Diese Mitteilung soll mit dem Beitrag zu dem 3. (abschließenden) Bericht zur Umsetzung des Aktionsprogramms erfolgen. Dieser Bericht wird nicht, wie zunächst vorgesehen, zum Stichtag 1. Juli 1990, sondern erst zum Stichtag 1. September 1990 erstattet werden.

Die Ressorts werden gebeten, der Staatskanzlei ihre Beiträge zu dem Bericht bis zum 5. September 1990 zu erstatten.

3. Die Kommission hat dem Ministerium für Wirtschaft und Technik am 15. 5. 1990 für Maßnahmen im Bereich Umweltschutz/Energie (Ausbau der Erdgasversorgung) Mittel in Höhe von 600.000,– DM zugewiesen. Die Kommission stimmt zu, daß im Rahmen dieser Mittel auch ein Pilotprojekt zur Umrüstung einer Braunkohlenkesselanlage auf Unterschubfeuerung für Steinkohleneinsatz gefördert wird (Heizwerk Mohlsdorf/Kostenvoranschlag: 175.000,–DM).

4. Soweit den Ressorts die Inanspruchnahme von Verpflichtungsermächtigungen für die Jahre 1991 und 1992 eingeräumt worden ist, werden sie gebeten, hiervon nach Möglichkeit nicht Gebrauch zu machen, um das Aktionsprogramm mit Ablauf des Haushaltsjahres 1990 beenden zu können. Eine Übertragung in diesem Haushaltsjahr nicht verbrauchter Mittel in das Haushaltsjahr 1991 wird voraussichtlich möglich sein.

Dokument 16

Finanzminister Manfred Kanther an den Thüringer Finanzminister Dr. Klaus Zeh, 24. 1. 1991:
Umsetzung des Aktionsprogramms Hessen-Thüringen im Jahr 1991
(Quelle: HHStAW, Z 502 Nr. 6095)

Nachdem in Hessen das neue Haushaltsjahr begonnen hat, erlaube ich mir, auf unser Gespräch über die Abwicklung des „Hessen-Thüringen-Programms" zurückzukommen.

Während im vergangenen Jahr der Einsatz der Mittel noch weitgehend zwischen den Empfängern und uns abgestimmt wurde, muß jetzt selbstverständlich die Schwerpunktsetzung durch die thüringische Landesregierung hessischen Entscheidungen vorausgehen. Rechnet man Vorbindungen aus dem Jahre 1990 und die laufenden Kosten der Verwaltungshilfe ab, so stehen für 1991 ca. 30 Millionen DM zur Verfügung. Gleichbleibende Verhältnisse unterstellt, gilt für die folgenden Jahre etwa dasselbe. Über Verpflichtungsermächtigungen wäre es auch möglich, nicht nur die Mittel des Jahres 1991 zu belegen, sondern für länger laufende Projekte – insbesondere solche mit langem Planungsvorlauf – bindende Vereinbarungen für die Jahre ab 1992 zu treffen.

Derzeit gibt es eine gesetzliche Zweckbindung für die Bereiche Förderung kleinster Wirtschaftsunternehmen, Umweltschutz, Denkmalschutz, Gesundheitswesen und Verwaltungshilfe. Es bleibt selbstverständlich weiterem Gespräch und dem von Ihnen definierten, vorrangigen Bedarf überlassen, ob diese Schwerpunkte beibehalten oder variiert werden sollen. Ich habe keinen Zweifel, daß sich dazu auch erneut im Hessischen Landtag eine überzeugende Mehrheit gewinnen läßt.

Um vor allem das Programm für 1991 möglichst schnell ins Laufen zu bringen, schlage ich Ihnen vor, umgehend ins Gespräch einzutreten. Ich stehe Ihnen dazu jederzeit zur Verfügung. Zunächst habe ich mir einmal Freitag, den 1. Februar und Montag, den 4. Februar, vormittags, freigehalten; wenn Ihnen ein solcher Termin passen sollte, verständigen sich unsere Büros gewiß noch näher.

Mit den besten Grüßen

Dokument 17

Vermerk von Wolfgang Egerter an Ministerpräsident Dr. Walter Wallmann und Staatssekretär Dr. A. Gauland, 5. 2. 1990:
Konzept für ein Hessisches Informationsbüro in Thüringen
(Quelle: HHStAW, Z 502 Nr. 6101)

I.

Nach Initiativen anderer Bundesländer (Baden-Württemberg) und aufgrund zahlreicher Gespräche mit Angehörigen der Demokratiebewegung in Thüringen ist die vorgesehene Einrichtung des Informationsbüros der Hessischen Landesregierung in Thüringen dringend geboten.

Dabei ist es notwendig, daß dieses Büro noch vor den Wahlen zur Volkskammer am 18. März dieses Jahres seine Tätigkeit aufnimmt.

Mit der Beschränkung auf nur wirtschaftliche Kontakte (laut Pressemeldung vom FDP-Koalitionspartner vom 2. 2. 1990 als „Büro der Hessischen Wirtschaft" gedacht) würde die Hessische Landesregierung sich wichtiger Möglichkeiten von vornherein begeben. Die Einrichtung in Thüringen sollte deshalb ein

Informationsbüro der Hessischen Landesregierung in Thüringen sein.

II.

Standort:
Der Standort für das Informationsbüro sollte Erfurt sein.
Erfurt kristallisiert sich in jeder Weise als Zentrum für Thüringen heraus. In Gesprächen ist immer wieder zu erkennen, daß bei einer möglichen Neukonstituierung des Landes Thüringen wohl auch Erfurt die „Hauptstadt" werden würde.

III.

Aufgabe:

Das Informationsbüro der Hessischen Landesregierung für Thüringen hat folgende Aufgaben:

1. Kontakte zu allen demokratischen Kräften in Thüringen und Unterstützung dieser vor und vor allem nach der Wahl.

1.1. Vermittlung von Städtepartnerschaften.

1.2. Vermittlung von Bildungsangeboten der

Volkshochschulen
Hessischen Landeszentrale für politische Bildung, anerkannten Trägern der Jugend- und Erwachsenenbildung für Maßnahmen im Rahmen der politischen Bildung, wofür in Gesprächen ein enormer Bedarf festgestellt werden kann.

1.3. Vermittlung von Kontakten von:

Schulen
Vereinen
Jugendorganisationen

bis hin zur Vermittlung von ganz persönlichen Kontakten zwischen Landsleuten hüben und drüben, worum der Hessische Ministerpräsident in zahlreichen Briefen in den letzten Wochen immer wieder gebeten wurde.

1.4. Mithilfe bei der Vorbereitung und Organisation hessisch-thüringischer Begegnung mit überregionalem Charakter, z. B. hessisch-thüringisches Sängerfest (hierzu liegt eine Anregung aus Kreisen hessischer Gesangsvereine bereits vor) etc.

2. Vermittlung wirtschaftlicher Kontakte

Anlaufstelle für alle Maßnahmen im Rahmen des Programms Hessen-Thüringen, soweit sie sich wirtschaftlich auswirken.

Vor allem Beratung von Klein- und Mittelbetrieben zur Unterstützung eines sich neubildenden und festigenden Mittelstandes, was für die Stärkung demokratischen Bewußtseins dringend geboten ist.

Wenn diese unter 1. und 2. genannte Arbeit gezielt aufgenommen wird, wird sich sehr bald herausstellen, daß das hier umschriebene Arbeitsfeld sich von selbst erweitert und ausweitet.

Unbestritten dürfte sein, daß der geforderte Ausbau der menschlichen Kontakte die demokratischen Kräfte, die in den meisten Fragen sehr idealistisch gesinnte Suchende sind, in ebenso starkem Maße fördern, stärken und schließlich stabilisieren wird, wie dies durch das sich wirtschaftlich auswirkende Hilfsprogramm geschieht.

IV.

Besetzung des Informationsbüros und Ausstattung:

Für die personelle „Grundausstattung" des Büros sollten ab sofort vorgesehen werden:

ein Referent für alle politischen und menschlichen Kontakte,
ein Referent für alle wirtschaftlichen Fragen,
eine Vollzeitsekretärin,
eine Halbtagssekretärin.

Wenn rechtlich möglich, könnten für die Schreibkräfte Bürgerinnen/Bürger aus Thüringen gewonnen werden.

Das Büro muß mit den Mitteln des modernen Bürobedarfs (PC, Telefon, Telefax etc.) ausgestattet sein, soweit dies in Erfurt technisch zu verwirklichen ist.

V.

Leitung des Büros:

Um deutlich zu machen, dass die hessisch-thüringischen Kontakte eine Angelegenheit der gesamten Landesregierung sind und als eine zentrale politische Führungsaufgabe aufgefaßt werden, untersteht das Büro der Staatskanzlei. Die ständigen Mitarbeiter des Büros sind dem Chef der Staatskanzlei deshalb direkt unterstellt und haben bei ihm und dem Ministerpräsidenten direktes und ständiges Vortrags- und Vorlagerecht.

VI.

Arbeitsweise des Büros:

Neben der Mobilität der Mitarbeiter in Thüringen (die Schaffung von Kontakten setzt die Begegnung mit den Menschen im Lande voraus) erscheint es wichtig, daß die direkte und ständige Verbindung zur Staatskanzlei bzw. vorrangig auch zu Wirtschafts- und Finanzministerium so eng als möglich ist.

Deshalb sollten die Büros und eventuell sogar Teilaufgaben der für das Büro in Thüringen vorgesehenen Mitarbeiter am Sitz der Landesregierung erhalten bleiben. Eventuell neu angestellte Mitarbeiter für das Thüringer Büro sollten in den Organisationsplan der Landesregierung (möglichst der Staatskanzlei) eingebaut werden.

VII.

Die Entwicklung im anderen Teil Deutschlands steht vor einer großen Entscheidung, die eine bedeutende Auswirkung auch auf das innenpolitische Klima in der Bundesrepublik Deutschland und damit auch auf Hessen haben wird.

Die Hessische Landesregierung sollte die Chance nicht ungenutzt lassen und mit einem auf diese Aufgaben ausgerichteten Büro das in seiner Bedeutung und seinen Ausmaßen von keinem anderen Bundesland erreichte Hilfsprogramm Hessen-Thüringen unterstreichen und verstärken.

Dokument 18

Rundschreiben des Ministeriums für Wirtschaft und Technik, 11. 5. 1990: Hinweis auf Einrichtung eines Informationsbüros der Landesregierung in Erfurt (Quelle: HHStAW, Z 502 Nr. 6101)

Rundschreiben Nr. 5 / 1990

Betr.: Einrichtung eines Informationsbüros der Landesregierung in Erfurt

Im Rahmen des Aktionsprogramms „Hessen-Thüringen“ hat die Landesregierung in Erfurt ein Informationsbüro des Landes Hessen eingerichtet.

In dem Büro ist für das HMWT ein eigenes Arbeitszimmer reserviert. Ferner können das zentrale, mit zwei Mitarbeiterinnen ständig besetzte Sekretariat sowie ein Besprechungszimmer genutzt werden.

Die Anschrift des Büros lautet:

Informationsbüro des Landes Hessen
Lutherstraße 5
DDR-5020 Erfurt
Tel.: 003761/22702

Die Sekretariatsmitarbeiterinnen heißen Frau Kroll und Frau Wellsow.

Weitere an dem Büro beteiligte hessische Institutionen neben dem HMWT sind u. a.

Hessische Staatskanzlei
Wirtschaftsförderung Hessen (HLT)
Arbeitsgemeinschaft der hessischen Handwerkskammern
Vereinigung hessischer Unternehmerverbände
Genossenschaftsverband Hessen/Rheinland-Pfalz
Raiffeisen-Rechenzentrum Kassel
Hessische Landeszentrale für politische Bildung

Um die Knotenpunkt-Funktion des Büros herzustellen, sollen die Fachabteilungen und Fachreferate des HMWT wie auch die nachgeordneten Behörden das Büro für ihre Kontakte zu Stellen in Thüringen nutzen. So sollten z. B. Gespräche mit Verhandlungspartnern in der DDR künftig soweit wie möglich im Informationsbüro des Landes Hessen geführt werden.

Reservierungen des HMWT-Arbeitszimmers sind bei I b 3 – Tel. 2295/2296 – möglich. Reservierungen des Besprechungszimmers sind direkt beim Sekretariat des Informationsbüros anzumelden. Direkt an das Sekretariat zu richten sind bei Bedarf auch Unterstützungswünsche wie etwa die kurzfristige telefonische Terminabstimmung mit mehreren DDR-Gesprächspartnern, die Ermittlung von Adressen in der DDR etc.

Im Auftrag

Dokument 19

Belegungsplan; Informationsbüro des Landes Hessen in Erfurt, 9. 7. 1990:
Nutzung der Räume des Informationsbüros durch hessische Einrichtungen, Institutionen und Verbände
(Quelle: HHStAW, Z 502 Nr. 6101)

In den Räumen des Informationsbüros sind folgende Einrichtungen, Institutionen und Verbände tätig – Stand: 9. 7. 1990

Raum/Nummer	Einrichtungen, Institutionen, Verbände	Besetzung der Büros
3	Hessische Landesentwicklungs- und Treuhandgesellschaft mbH	Montag – Donnerstag
	Landesfilmdienst	Freitag
4	Hessische Staatskanzlei	Termine wie vereinbart
5	Hessisches Ministerium für Wirtschaft und Technik	
	Handwerksfachverbände	Mittwoch
6	Landesärztekammer	Montag
	Kassenärztliche Vereinigung	Dienstag
	Kassenärztliche Vereinigung	Mittwoch
	Landesverband Betriebskrankenkassen	Donnerstag
	Kassenzahnärztliche Vereinigung	Freitag
7	TÜH Südwest	Montag
	Hessischer Volkshochschulverband	Dienstag
	– Jugendsozialwerk	Mittwoch
	Innungskrankenkassen	Donnerstag
	Hessische Architektenkammer	jeweils am 1. Freitag des Monats
8	Allgemeine Ortskrankenkasse	Montag und Mittwoch
	Handwerkskammer	Dienstag
	Genossenschaftsverband	Donnerstag
	Landessportbund	Freitag
9	Hessische Landeszentrale für politische Bildung	Montag – Freitag

<table>
<tr><td></td><td>Raum 1</td><td>2</td><td>3</td><td>4</td><td>5</td><td>6</td><td>7</td><td>8</td><td>9</td></tr>
<tr><td></td><td>Bespr. Zimmer</td><td>Sekretar.</td><td>H L T</td><td>Hessische Staats-kanzl.</td><td>Minist. W + T</td><td></td><td></td><td></td><td>H L Z</td></tr>
<tr><td>Montag</td><td rowspan="5">steht allen Einrichtungen, Verbänden etc. nach Voranmeldung zur Verfügung.</td><td rowspan="5">Montag bis Freitag</td><td rowspan="4">ab 16. 7. Montag bis Donnerstag</td><td rowspan="5">nach Vereinbarung 3 × wöchentlich</td><td></td><td>Landes-ärztekammer</td><td>T Ü H Südwest</td><td>AOK</td><td rowspan="5">Montag bis Freitag</td></tr>
<tr><td>Dienstag</td><td></td><td>Kassen-ärztl. Vereinig.</td><td>Volks-hoch-schulverband</td><td>Handw.-kammer</td></tr>
<tr><td>Mittwoch</td><td>Handw.-Fachverbände</td><td>Kassen-ärztl. Vereinig.</td><td>Jugendsozialwerk</td><td>AOK</td></tr>
<tr><td>Donnerstag</td><td></td><td>Landes-verband Betriebs-krankenkassen</td><td>Innungs-krankenkassen</td><td>Genossen-schafts-verband</td></tr>
<tr><td>Freitag</td><td>Landes-filmdienst</td><td></td><td>Kassen-zahnärztl. Vereinig.</td><td>Architektenkammer (nur am 1. Freit. im Monat)</td><td>Landes-sportbund</td></tr>
</table>

Dokument 20

Vermerk von Dr. Gisela Babel und Dr. Ulrike Scholtz, FDP-Fraktion, 21. 1. 1990: Einzelprogramm „Soziales"
(Quelle: FDP-Fraktion im Hessischen Landtag)

1.) 16. 1., 14.30–18.00 Uhr

Besichtigung des Kreiskrankenhauses Blankenheim
Abteilung Egendorf, Chefarzt Dr. Zimmer

Das Krankenhaus für cerebral geschädigte Kinder ist weniger ein Krankenhaus als eine Behinderteneinrichtung mit angegliederter Sonderschule sowie einer Abteilung für nicht schulfähige Kinder.

Der Bau liegt außerhalb von Bad Berka, stattlicher Kliniksbau aus dem 19. Jahrhundert, sanierungsbedürftig, aber in vergleichsweise gutem Zustand.

Vor allem als Klinik gedacht und gebaut, daher zweckmäßig.

Wir besichtigten 3 Etagen, Gruppengröße 19 Kinder, Schlafsäle, getrennt von Wohn- und Spielräumen, Küche, Badezimmer, dort Badewanne ohne Hebeeinrichtung.

Gespräch mit älteren erfahrenen Schwestern, Therapeuten in den Gruppen. Eindruck: kompetent, ruhig.

Große Gemeinschaftsräume (Turnhalle), sehr kleine Klassenzimmer. Dr. Zimmer äußert als Wunsch: Bewegungsbecken, aber dieses ist in Bad Berka vorhanden.

Die Kinder werden dort hingefahren. VW-Bus wurde vom Landkreis Waldeck gespendet. Kritik übrigens aus Kreisen des DA: Propaganda für die SED, wie dieser Bus übergeben wurde.

Pflegesituation: einige Schwestern sind weggezogen, Mangel besonders nachts: 1 Schwester für 3 Etagen.

Liste mit Wünschen für das Hessen-Thüringen-Programm wurde übergeben.

2.) 17. 1., 14.30–18.30 Uhr

Besichtigung der Chirurgischen Klinik und städtischen Klinik.

Kreisärztin: Dr. Schröder, Mitglied der CDU, erst seit 6 Wochen im Amt, aufgeschlossen, kritisch, außerordentlich kooperativ und kompetent bei Führung, Erklärungen, Problembeschreibung. Ihre Stellung ist vergleichbar mit der einer Sozialdezernentin, zuständig also auch für Kindergärten, Jugendhilfe, Altenheime.

Kliniksdirektor Professor Dr. Schmechel, ein erst kürzlich ausgetretenes Mitglied der SED nebst einigen Mitarbeitern, Ärzten, technischen Mitarbeitern begleiteten uns. Nach Aussage von Dr. Schröder ist der verheerende Zustand der städtischen Kliniken der Grund, warum fast keine SED-Mitglieder unter dem Personal zu finden sind, da diese in besser ausgerüsteten und bezuschußten Kliniken arbeiten. Daher die fachlich und menschlich gut zusammenhaltende und -arbeitende Crew.

Chirurgische Klinik: Katastrophale Bausubstanz (aus 1832), Sanierung nach meinem Laienauge wahrscheinlich nicht möglich. Neben den unzureichenden sanitären Einrichtungen, zu kleinen Krankenzimmern, völlig unmögliche Zuordnung der Operationsräume, keine Intensivstation, diese 3 km entfernt, frisch Operierte mit dem Auto über Holperpflaster in die städtische Klinik. Wer das überlebt? Das Ding muß neu gebaut werden. Heizung: Braunkohle!

Städtische Kliniken: Labor besichtigt und Psychiatrische Klinik unter dem Dach. 6 Patienten in einem kleinen Zimmer. Wie überall überheizt, kleine Fenster, Dachschräge. Wer nicht schon krank ist, wird es!

Hier Sanierungen eher möglich. Gerätewunsch von Professor Dr. Schmechel vorhanden. Pflegematerial willkommen.

Hinweis von Dr. Schröder, daß ihrer Kenntnis nach die Gelder aus Hessen schon verplant und vergeben seien, stellen sich als unrichtig heraus, da es noch keine Abstimmung der Wünsche zwischen Bezirksrat und rundem Tisch Erfurt gegeben hat.

3.) 18. Januar, 8.45–13.00 Uhr

Besichtigung (begleitet von Dr. Schröder) des Sophien-Krankenhauses. Träger: evangelische Kirche, besserer Zustand, Pflegepersonal (mit konfessioneller Zusatzausbildung) durch eigene Ausbildung einigermaßen gehalten. Ärzte dezimiert, gestreßt. Durch Kooperation mit Partnergemeinde in Baden-Württemberg technische Ausrüstung besser als in der städtischen Klinik. Überlegungen einer engeren Kooperation mit der städtischen Klinik, etwa beim Bereitschaftsdienst, werden angestellt.

Dokument 21

Vermerk des Hessischen Sozialministeriums, Februar 1990:
Humanitäre Hilfe für Thüringen/Gesundheitswesen
(Quelle: HHStAW, Z 502 Nr. 6091)

Konzept für das Hilfsprogramm Gesundheitswesen

1. Voraussetzungen

Die Hessische Landesregierung hat am 5. 12. 1989 beschlossen, nach entsprechender Beschlußfassung durch den Haushaltsgesetzgeber für humanitäre Unterstützung in Thüringen 250 Mio. DM zur Verfügung zu stellen. Die Mittel werden für Infrastrukturmaßnahmen im Bereich
- Gesundheitswesen
- Umweltschutz
- Verkehrswesen
- Denkmalpflege

eingesetzt.

Außerdem sollen kleinen Handwerksbetrieben Produktionsmittel zur Verfügung gestellt werden.

Die Hilfe ist vorgesehen für das ehemalige Land Thüringen, also die heutigen Bezirke Erfurt, Gera und Suhl. Dieses Gebiet hat 2,5 Mio. Einwohner. Es bestehen 85 größere Einrichtungen des Gesundheitswesens, darunter 2 Universitätskrankenhäuser und 18 konfessionelle Einrichtungen, sowie 4 Fachkrankenhäuser für Psychiatrie und Neurologie und ein Fachkrankenhaus für Kinderneuropsychiatrie.

2. Grundsätze für die Hilfsmaßnahmen im Bereich des Gesundheitswesens

Es steht noch nicht fest, wieviel Geld für den Bereich Gesundheitswesen zur Verfügung stehen wird. Es ist mit einem Gesamtbetrag zwischen 60 und 100 Mio. DM zu rechnen.

Mit den Vertretern des Gesundheitswesens der DDR wurden unter Beteiligung von Vertretern des „Runden Tisches“ folgende Grundsätze für die Förderung vereinbart.

2.1. Im Vordergrund steht eine möglichst flächendeckende Versorgung mit Gütern, die für die medizinische Versorgung dringend benötigt werden. Es soll sich vorrangig um Artikel handeln, die nicht in der DDR hergestellt und deshalb gegen Valuta aus dem Westen bezogen werden müssen. Die Hilfeleistung muß allen Einrichtungen des Gesundheitswesen nach dem Bedarf in gleicher Weise zugute kommen, also auch konfessionellen und universitären Einrichtungen.

2.2. Für die benötigten Verbrauchsgüter und medizinischen und sonstigen Gerätschaften werden einvernehmlich Bedarfslisten erarbeitet und nach Stückzahlen festgelegt. Grundsätzlich soll sich die Hilfeleistung auf wenige Artikel, die mit hoher Priorität benötigt werden, beschränken. Dafür soll aber eine möglichst flächendeckende Versorgung mit den ausgewählten Artikeln erreicht werden.

2.3. Für die benötigten Geräte werden vom Land Hessen Angebote eingeholt. Es werden nur Firmen berücksichtigt, die bereits in der DDR vertreten bzw. deren Geräte in der DDR eingeführt sind.

2.4. Die Empfänger von medizinischem Gerät werden einvernehmlich festgelegt.

2.5. Die Leistungen beschränken sich auf Sachleistungen, es findet also kein Geldtransfer statt. Ausgeschlossen von der Förderung werden Baumaßnahmen, medizinische Großgeräte und Arzneimittel.

2.6. Die Fördermaßnahmen für das Gesundheitswesen sollen schwerpunktmäßig in 3 Jahren abgewickelt werden, mit einem großen Volumen im ersten Jahr.

3. Maßnahmen der Förderung

3.1. Einmalartikel und Verbrauchsgüter

Eine Reihe von medizinischen Einmalartikeln und Verbrauchsgütern haben für die DDR hohe Priorität, dennoch soll die Förderung sich hier nur auf das Allernotwendigste beschränken und nach 3 Jahren definitiv beendet werden.

Es wird vereinbart, für eine beschränkte Zahl von Artikeln, den jeweiligen Jahresbedarf festzustellen. Dieser wird dann über 3 Jahre geliefert.

Nicht ganz unproblematisch erscheint die Verteilung. Aus der Bundesrepublik können nur große Einrichtungen direkt beliefert werden. Es wird deshalb erforderlich sein, die vorhandenen Versorgungsdepots einzuschalten. Das Land Hessen möchte über die Verteilung im einzelnen informiert werden und behält sich eine stichprobenartige Überprüfung vor.

3.2. Diagnostische Geräte

Besonderer Bedarf besteht an folgenden Geräten:

– Ultraschallgeräte

– fahrbare Röntgen-Bildverstärker
– Endoskopiegeräte
– Analysenautomaten für das Labor.

29 Ultraschallgeräte der Preisklasse bis 70.000 DM sind bereits fest bestellt. Weitere 30 Geräte sollen in Auftrag gegeben werden. Insgesamt dürfte ein Bedarf von etwa 100 Geräten dieser Größenordnung bestehen.

Der Bedarf für technisch aufwendigere Ultraschallgeräte muß noch festgestellt werden. Weiterhin wird die Lieferung von 17 fahrbaren Röntgen-Bildverstärkern vereinbart.

Der Bedarf für Endoskopie- und Laborgeräte muß erst ermittelt werden.

4. Weitere Medizingeräte

Besonderer Bedarf besteht an:
– Beatmungsgeräten
– Infusionsgeräten
– Inkubatoren
– Elektrochirurgiegeräten.

5. Dentalbereich

Es besteht dringender Bedarf an Verbrauchsmaterialien und Instrumenten. Der Bedarf wird in einer eigenen Runde mit entsprechenden Fachleuten festgestellt.

6. Krankenhaustechnik

Es besteht großer Bedarf an moderner Küchentechnik, Spülmaschinen, Sterilisatoren und anderem. Dieser Bereich soll erst nach Feststellung des medizinischen Bedarfs erörtert werden.

7. Partnerschaften

Im Rahmen der Förderung durch das Land Hessen wird es nur in wenigen Fällen möglich sein, Einzelwünsche einzelner Einrichtungen zu berücksichtigen. Ein weiterer Nachteil der Förderung ist, daß bei der Abwicklung nur wenig persönliche Kontakte entstehen. Beide Seiten halten es deshalb für unbedingt erforderlich, daß Partnerschaften zwischen Einrichtungen in Thüringen und in Hessen entstehen. Dies gilt vor allem für direkte Kontakte zwischen einzelnen Krankenhäusern, aber auch zwischen niederlassungswilligen Ärzten und Zahnärzten in der DDR und den ärztlichen und zahnärztlichen Körperschaften hier. Die Hessische Krankenhausgesellschaft und die hessischen Kammern der Heilberufe, ebenso wie die Kassenärztliche und Kassenzahnärztliche Vereinigung, werden deshalb gebeten, entsprechende Kontakte herzustellen und zu vermitteln.

Das Land wird sich bemühen, einen Teil der Fördermittel für diese Partnerschaften bereitzustellen, um kleinere Hilfsmaßnahmen, wie etwa die Überholung von gebrauchtem Gerät und anderes, zu unterstützen.

Soweit gebrauchtes medizintechnisches Gerät von einzelnen Einrichtungen für die DDR zur Verfügung gestellt werden kann, hat sich die Firma Technologie-Transfer Marburg (TTM), die schon seit längerem solche Geräte für Entwicklungsländer aufarbeitet, bereit erklärt, dies auch für die DDR zu übernehmen.

8. Hilfe für Behinderteneinrichtungen

Es wurde mit karitativen Behinderteneinrichtungen Kontakt aufgenommen. Es besteht großer Bedarf an
- Kraftfahrzeugen für den Transport Behinderter
- Kraftfahrzeugen für Pflegedienste
- Rollstühlen
- Betten
- Kücheneinrichtungen und Kühlaggregaten
- Waschmaschinen und Trocknern.

Die Beschaffung dieser Gegenstände soll ebenfalls im Programm berücksichtigt werden.

Auch hier sind Partnerschaften und nachbarschaftliche Hilfe zwischen Behinderteneinrichtungen in Hessen und Thüringen vorgesehen.

9. Psychiatrie

Die psychiatrischen Einrichtungen befinden sich in einem besonders desolaten Zustand. Es ist noch nicht geklärt, wie weit ihnen im Rahmen des hessischen Programms geholfen werden kann, deshalb sind in der Psychiatrie Partnerschaften besonders wichtig.

Dokument 22

Prof. Dr. D. K., Univ. Jena, an Ministerpräsident Dr. Walter Wallmann, 23. 3. 1990: Dank für die Schenkung eines Ultraschallgeräts
(Quelle: HHStAW, Z 502 Nr. 6093)

Hochverehrter Herr Ministerpräsident!

Gestatten Sie mir, daß ich mich im Namen meiner Patienten und der Mitarbeiter der Radiologischen Klinik der Universität Jena ganz persönlich bei Ihnen und der Regierung des Bundeslandes Hessen für die großzügige Hilfe in Form eines hochwertigen fabrikneuen Ultraschallgerätes bedanke, das mir am 21. März 1990 übergeben wurde.

Das Gerät wird vordergründig unseren Geschwulstpatienten und der Qualifizierung der Schilddrüsendiagnostik zugute kommen.

Langfristig hatten wir bereits mehrere Ärzte auf diesem Gebiet ausbilden lassen, so daß ein sofortiger qualifizierter Einsatz in der medizinischen Versorgung erfolgen wird.

Mit den großzügigen Maßnahmen der Hilfe des Bundeslandes Hessen für das Land Thüringen haben Sie die Hoffnungen unserer Menschen auf eine bessere Lebensperspektive bestärkt und sichtbare Zeichen der Verbundenheit der Landsleute in der Bundesrepublik mit uns gesetzt.

In den vergangenen Jahren habe ich mich intensiv um fachliche Kontakte zu Kollegen der Bundesrepublik bemüht und in vielfältiger Weise Unterstützung durch Professoren aus Essen, Erlangen und Göttingen erhalten.

Wir hoffen, daß wir auch in Zukunft bei der Umgestaltung des Gesundheitswesens unter marktwirtschaftlichen Bedingungen Hilfe und Unterstützung erwarten dürfen.

Mit vorzüglicher Hochachtung
Ihr sehr ergebener

Dokument 23

Kreisausschuss des Landkreises Hersfeld-Rotenburg an das Hessische Ministerium für Wirtschaft und Technik, 24. 11. 1989:
Ausbau neuer Verkehrswege von Hessen nach Thüringen
(Quelle: Privatunterlagen H.-O. Kurz)

Sehr geehrte Damen und Herren,

im Nachgang zu unserem o. a. Bericht möchten wir Ihnen vereinbarungsgemäß die durch die Öffnung zur Grenze zur DDR notwendigen Verkehrswegebaumaßnahmen im Landkreis Hersfeld-Rotenburg mitteilen. Hierbei handelt es sich um folgende Maßnahmen:

Ausbau der Gemeindestraße „Am Weidenhain" in der Ortslage Philippsthal (Werra) bis zur Grenze der DDR und gleichzeitiger Bau eines separaten Gehweges parallel zur Gemeindestraße. Auf der nur ca. 5 m breiten Gemeindestraße wird zur Zeit der gesamte grenzüberschreitende Verkehr aus dem Raum Vacha – Philippsthal (Pkw und Fußgänger) abgewickelt. Die Einführung des Omnibuslinienverkehrs durch den VEB Kraftverkehr Schmalkalden steht an (siehe beiliegender Pressebericht). Diese Maßnahme hat erste Priorität.

Ausbau der Bundesautobahn A 4 zwischen Wildeck-Obersuhl und Herleshausen-Wommen (sogenannter Thüringer Zipfel) einschließlich Ausbau der entsprechenden Straßenanschlüsse (Ausbaustrecke ca. 7 km);

Ausbau der Bundesstraße 62 vom Abzweig der Kreisstraße 7 in der Ortslage Philippsthal (Werra) in Richtung Grenze zur DDR mit gleichzeitiger Anbindung des Raumes Vacha (DDR);

Ausbau der Landesstraße 3172 ab dem Abzweig der Kreisstraße 4 – Leimbach/Dippach (DDR) – (Ausbaustrecke ca. 1,8 km, davon ca. 1,2 km auf dem Gebiet der DDR);

Ausbau der Kreisstraße 3 zwischen Heringen (Werra) – Widdershausen – Dankmarshausen (DDR) – (Kosten ca. 2,6 Mio. DM);

Ausbau der Kreisstraße 4 zwischen Heringen (Werra), Stadtteil Widdershausen und der Landesstraße 3172;

Stärkung des Bahnhofs Bebra, insbesondere Elektrifizierung der Bundesbahnlinie Bebra – Eisenach bzw. Neudietendorf (DDR);

Bau der DB-Strecke Philippsthal (Werra) – Vacha (DDR) – (Gesamtstrecke ca. 2,8 km, davon ca. 1,7 km auf dem Gebiet der DDR).

Der Ausbau der Kreisstraße 3 zwischen Heringen (Werra) und dem Stadtteil Widdershausen wurde bereits bei der Fortschreibung des Programmes des Landes Hessen für Vorhaben des kommunalen Straßenbaues nach dem Gemeindeverkehrsfinanzierungsgesetz (GVFG) für die Jahre 1990 bis 1994 mit einem Kostenaufwand in Höhe von 2,1 Mio. DM in unsere Vorschlagsliste aufgenommen. Hier war vorgesehen, diese Straßenbaumaßnahme in den Jahren 1991 bis 1993 durchzuführen.

Im Rahmen der zur Zeit laufenden Haushaltsplanungen für das Jahr 1990 ist schon heute absehbar, daß die finanziellen Möglichkeiten des Landkreises Hersfeld-Rotenburg im Haushaltsjahr 1990 derart eingeschränkt sein werden, daß kein Spielraum mehr für weitere finanzielle Belastungen besteht. Somit ist eine Verwirklichung der aufgeführten Kreisstraßenbaumaßnahmen nur dann möglich, wenn hier eine Förderung des Bundes bzw. des Landes in Höhe von 100 % erfolgt.

Des weiteren sollte in diesem Zusammenhang die derzeitige Klassifizierung der kommunalen Straßen im Grenzgebiet zur DDR neu überprüft werden. Aufgrund des überörtlichen Charakters dieser Verkehrswege müßte unseres Erachtens eine Aufstufung unserer Kreisstraßen in diesem Bereich zu Bundes- bzw. Landesstraßen erfolgen. Gegebenenfalls könnten dann die anstehenden Maßnahmen auch schneller und problemloser verwirklicht werden.

Für eine wohlwollende Prüfung unseres Antrages, verbunden mit einer positiven Entscheidung, wären wir Ihnen außerordentlich dankbar.

Im übrigen haben wir das hiesige Straßenbauamt gebeten, für den Fall, daß durch weitere Öffnung der Grenze Ausbaumaßnahmen notwendig werden, die Kosten für den verkehrsgerechten Ausbau der Kreisstraßen überschläglich zu ermitteln.

Mit freundlichen Grüßen

Dokument 24

Straßenbauamt Bad Hersfeld an das Hessische Landesamt für Straßenbau, 14. 12. 1989: Eröffnung von Grenzübergängen
(Quelle: Hessisches Landesamt für Straßen- und Verkehrsverwaltung, Ordner Hessen-Thüringen)

Am gestrigen Tage wurde ich von dem Bürgermeister der Gemeinde Philippsthal telefonisch unterrichtet, daß nach seinen Absprachen mit dem stellvertretenden Vorsitzenden des Rates des Kreises Eisenach noch in dieser Woche der Grenzübergang im Zuge der K 8 geöffnet werden soll.

Von seiten der DDR sei die Bereitschaft dazu erklärt worden unter der Bedingung, daß die baulichen Voraussetzungen von hiesiger Seite geschaffen werden.

Bei dem am gleichen Tage von mir durchgeführten Ortstermin mit Vertretern des Kreisausschusses wurde festgestellt, daß im Bereich der Landesgrenze im Zuge der K 8 ca. 150 m der Kreisstraße auf dem Gebiet der BRD und ca. 50 m auf DDR-Gebiet von Grund auf wiederherzustellen sind.

Von seiten der Vertreter des Kreisausschusses wurde die Baumaßnahme bei entsprechender Bezuschussung durch das Land Hessen grundsätzlich anerkannt.

Um die Arbeiten so schnell wie möglich durchzuführen, habe ich nach Absprache mit den Vertretern des Kreisausschusses anschließend Verhandlungen mit der ortsansässigen Firma Wiegand aufgenommen, die vom Bürgermeister bereits angesprochen worden war.

Die Firma Wiegand hat das als Anlage beigefügte Angebot zur Durchführung der Arbeiten eingereicht, das auf Preisen basiert, die aus dem mindestfordernden Angebot der beschränkten Ausschreibung für die Herstellung des Grenzüberganges im Zuge der L 3172 zwischen Heringen-Leimbach und Dippach (DDR) hervorgegangen sind.

Günstigere Preise sind m. E. bei Berücksichtigung der derzeitigen Witterung und Auftragslage nicht zu erreichen.

Nach telefonischer Zustimmung durch Herrn Ltd. BDir. Schwarz am heutigen Tage habe ich daraufhin heute den Auftrag an die Firma Wiegand mit einer Auftragssumme von 78.483,02 DM vergeben.

Die Firma Wiegand hat zugesagt, heute zu beginnen, und wird die Arbeiten bis Anfang nächster Woche zum Abschluß bringen.

Mit den Vertretern des Kreisausschusses Hersfeld-Rotenburg wurde abgesprochen, daß von deren Seite baldmöglichst ein entsprechender Zuschußantrag gestellt wird.

Im übrigen soll noch diese Woche der Grenzübergang im Zuge der L 3251 b zwischen Kleinensee und Großensee eröffnet werden. Nähere Einzelheiten bitte ich, aus dem beigefügten Vermerk vom 12. 12. zu entnehmen.

Nachdem von der Stadt Heringen bereits der Auftrag mündlich erteilt worden war, habe ich dies formell schriftlich nachvollzogen und füge das Auftragsschreiben sowie die von der Stadt Heringen eingeholten 3 Angebote bei.

Dokument 25

Walker für den Rat des Bezirks Erfurt, Ergebnisprotokoll über die 3. Sitzung der gemeinsamen Kommission „Straßenwesen“ Thüringen/Hessen am 5. 4. 1990 in Oberhof, 18. 4. 1990: Straßenbaumaßnahmen
(Quelle: Hessisches Landesamt für Straßen- und Verkehrsverwaltung, Privatunterlagen Eckhardt)

Teilnehmer: Herr Knackstedt, Hess. Landesamt für Straßenbau; Herr Steinmetz, Regierungspräsidium Kassel; Herren Dittmar, Walker, Heine, Müller, Dr. Gallander und Schmidt als Vertreter der Bezirke Erfurt und Suhl

1. Straßenbaumaßnahmen

1.1. Durch Herrn Knackstedt wurde bestätigt, daß der Ausbau der A 4/„Thüringer Zipfel“ in den Nachtragshaushalt des Bundes aufgenommen wurde.

1.2. Im Rahmen des sogenannten Projektfonds sind von Thüringen die Finanzierung und der Ausbau folgender Grenzübergänge vorgesehen:
- Bad Sooden-Allendorf – Wahlhausen
- Frieda – Großtöpfer
- Heldra – Treffurt

1.3. Im Rahmen des Aktionsprogramms Hessen/Thüringen ist entsprechend der im Landesamt für Straßenbau Wiesbaden vorliegenden Information die Finanzierung folgender Maßnahmen vorgesehen:
- Weißenborn – Großburschla
- Werrabrücke Lauchröden
- Wommen – Neustädt
- Bosserode – Großensee
- Theobaldshof – Andenhausen
- Rasdorf – Geiss
- Hilders – Frankenheim
- Seiferts – Birx

1.4. Zu den drei letzten Vorschlägen wird der Rat des Bezirkes Suhl seinen Standpunkt an Herrn Knackstedt übermitteln.

Zu den unter 1.2. und 1.3. aufgeführten Maßnahmen wird Herr Knackstedt Detailabstimmungen mit den Bezirksdirektionen für Straßenwesen Erfurt und Suhl führen.

2. Wirtschaftsverkehr

Für die Aufnahme des Wirtschaftsverkehrs wurden folgende Abstimmungen vorgenommen:

2.1. Hohengandern/Eichenberg (F 80/B 80)

bleibt bis zum Ausbau nur für Pkw zugelassen. Ausnahmegenehmigungen für den regionalen Schwerverkehr werden durch das zuständige Landratsamt und den zuständigen Rat des Kreises in Abstimmung mit der jeweiligen Bezirksdirektion Straßenwesen erteilt.

Vor dem Abschluß des Ausbaus ist endgültig über die Zulassung des Schwerverkehrs bzw. eine Lastbegrenzung zu befinden.

2.2. Bad Sooden-Allendorf/Wahlhausen

Nach Ausbau bis 7,5 t Gesamtgewicht zugelassen.

2.3. Wanfried/Katharinenberg

Wanfried/Treffurt nach Ausbau

Wanfried/Wendehausen nach Ausbau bis 7,5 t Gesamtgewicht zugelassen;

mit den betreffenden Gemeinden sollte geklärt werden, ob auch dem Verkehr mit größeren Lasten zugestimmt wird.

2.4. Rittmannshausen/Ifta

Die Zulassung des Lkw-Verkehrs ist nach dem Ausbau zu entscheiden.

2.5. Leimbach/Dippach

bis 7,5 t zugelassen, Ausnahmegenehmigung wie unter 2.1.

2.6. Philippsthal/Vacha

bedarf weiterer Klärung durch den Rat des Bezirkes Suhl.

2.7. Rasdorf/Buttlar

bis 10 t Gesamtgewicht zulassen.

2.8. Günthers/Motzlar

bis 7,5 t Gesamtgewicht, 3,0 m Höhe, 3,6 m Breite zulassen.

3. Wegweisung vor Grenzübergängen

Nach erneuter Abstimmung ist Übereinstimmung festzustellen.

4. Geschwindigkeitsbegrenzung vor Grenzübergängen

Für die einheitliche Festlegung der Geschwindigkeitsbegrenzung auf 30 km/h an allen Grenzübergängen liegen die Zustimmungen der zuständigen Behörden vor.

5. Bereitstellung von gebrauchter Technik

Auch zum gegenwärtigen Zeitpunkt konnte noch keine definitive Aussage durch Herrn Knackstedt gegeben werden.

6. Verschiedenes

6.1. An der Vorbereitung der Verkehrslösung Vacha/Philippsthal ist weiter zu arbeiten. Von der Bundesrepublik wird die Vorzugsvariante Vacha ohne Brückenbau vorgeschlagen. Über die Bereitstellung der finanziellen Mittel ist weiter zu verhandeln.

6.2. Die Einrichtung eins Radweges von Hann. Münden bis Bad Salzungen wird prinzipiell befürwortet.

6.3. Als Termin für die nächste Sitzung der gemeinsamen Kommission Straßenwesen wurde Mittwoch, der 30. Mai 1990, 10.00 Uhr, in Eschwege vereinbart.
Der Beratungsraum wird rechtzeitig bekanntgegeben.

Dokument 26

Protokoll über den Besuch beim Rat für Umweltschutz und Wasserwirtschaft, 15. 1. 1990: Bildung einer gemeinsamen Koordinierungsgruppe für Umweltfragen
(Quelle: HHStAW, Z 502 Nr. 6135)

Ergebnisniederschrift

über den Besuch beim Rat für Umweltschutz und Wasserwirtschaft in den Bezirken Gera, Erfurt und Suhl durch Vertreter des Hessischen Ministeriums für Umwelt und Reaktorsicherheit am 8. und 9. Januar 1990

Teilnehmer HMUR:

Herr Seif, LMB

Herr Koch, M 3

Herr Roth, M 4.1

Teilnehmer Bezirksrat Gera:

Herr Pickart, Ratsmitglied

Herr Wolf, Direktor des VEB Wasserversorgung und Abwasserbehandlung

Herr Heuschkel, Stellvertreter des Direktors der Wasserwirtschaftsdirektion Saale-Werra, Oberflußmeister und Leiter der Staatlichen Gewässeraufsicht

Frau Herrmann, Leiterin für Grundsatzfragen der Staatlichen Umweltinspektion

Teilnehmer Bezirk Erfurt:

Herr Zänker, stellv. Ratsvorsitzender

Herr Hübner, Investitionsdirektor im VEB Wasserversorgung und Abwasserbehandlung

Herr Körner, Stellvertreter des Direktors der Wasserwirtschaftsdirektorin, Oberflußmeister und Leiter der Staatlichen Gewässeraufsicht

Herr Dr. Kilz, stellv. Abteilungsleiter beim Bezirksamt

Herr Dr. Ponsold, Leiter der Staatlichen Umweltinspektion

Teilnehmer Bezirk Suhl:

Herr Dr. Müller, stellv. Ratsvorsitzender

Herr Katzmann, Sektorenleiter der Wasserwirtschaftsverwaltung

Herr Hablitzel, Oberflußmeister und Leiter der Staatlichen Gewässeraufsicht

Herr Bauersachs, Sektorenleiter Umweltschutz

Herr Dr. Rademacher, Leiter der Staatlichen Umweltinspektion

Nach der Begrüßung durch die Gastgeber erläutert LMB Seif jeweils zu Beginn der Besprechung Sinn und Zweck des Gespräches und betont dessen ausschließlichen Informationscharakter. Er stellt fest, daß es um eine erste Kontaktaufnahme mit dem Ziel des Kennenlernens der jeweils anderen Organisationsstruktur der Umweltverwaltung und um einen Austausch über beide Seiten berührende Umweltprobleme sowie um eventuelle Lösungsansätze geht.

[...]

Zusammenarbeit: Die Bezirke informieren darüber, daß ihrerseits für die Arbeitsgruppen Hessen – Thüringen unter Federführung des Rates des Bezirkes Erfurt eine gemeinsame Koordinierungsgruppe für Umweltfragen, bestehend aus den Untergruppen

– Umweltüberwachung
Leitung Bezirk Erfurt

– Kläranlagen
Leitung Bezirk Suhl

– Abfallbeseitigung
Leitung Bezirk Gera

gebildet wurde (siehe Schreiben von Staatssekretär Posch vom 3. 1. 1990/Anlage 1). Die Besonderheiten und Probleme der Bezirke auf diesen Gebieten sind in den beigefügten Anlagen 2 und 2a aufgelistet und stichwortartig beschrieben.

Die Vertreter aller drei Bezirke betonen übereinstimmend die Bedeutung einer wissenschaftlich-technischen Zusammenarbeit.

Hierunter werden verstanden:
- gegenseitiger Informations- und Personalaustausch der staatlichen Umweltverwaltung auf Fachebene,
- Bewertungshilfen durch Zweitgutachten hessischer Umweltbehörden für Vorhaben in Thüringen
- Transfer von Umwelt-Know-how durch Ingenieurkammer Hessen, hessische Planungsbüros, Umweltinstitute und andere,
- Benennung hessischer Fachfirmen – insbesondere auf den Gebieten „Umwelttechnik“ und „Kläranlagenbau“ – mit dem Ziel eines eventuellen Einsatzes dieser Unternehmen in Thüringen,
- Information über Ausbildung und Aufgabe von Umweltberatern (Naturschutzzentrum Hessen).

An konkreter Zusammenarbeit auf Fachebene werden folgende Maßnahmen avisiert:

1) Eine zweitägige Informationsveranstaltung zum Thema „Umweltüberwachung“, wobei der Schwerpunkt auf der Luftmeß- und Überwachungstechnik liegt. Diese Veranstaltung soll Ende Februar 1990 je einen Tag in Hessen und Thüringen stattfinden; die Federführung seitens der Bezirke wird von Erfurt wahrgenommen.

2) Ein zweitägiger Erfahrungsaustausch über das Problem „Abfallwirtschaft“, wobei schwerpunktmäßig die Bereiche
- Genehmigungsverfahren, Überwachung und Aufsicht von Deponien,
- Getrenntsammlung,
- Deponie-Technik

behandelt werden sollen.

Neben den Fachleuten sollen auch Vertreter thüringischer und hessischer Bürgerinitiativen und politischer Gruppierungen teilnehmen; es ist an einen Gesprächskreis von insgesamt 50 Personen – je 25 aus Thüringen und Hessen – gedacht. Die Veranstaltung soll am 27./28. April 1990 in Gera stattfinden und wird für die thüringische Seite von diesem Bezirk koordiniert.

3) Eine Zwei-Tages-Veranstaltung zum Komplex „Abwasserbehandlung/Abwassertechnik“. Hier besteht seitens der Bezirke großes Interesse an einer Besichtigung hessischer Kläranlagen sowohl durch Fachleute der Wasserwirtschaft als auch durch Vertreter der Baubetriebe und der staatlichen Projektierung.

Die Veranstaltung ist für Juni 1990 in Hessen geplant und soll einen Teilnehmerkreis von 15 Personen – je fünf aus den Bezirken Gera, Erfurt und Suhl – umfassen; Koordinator auf Seite Thüringens ist der Bezirk Suhl.

Hinsichtlich der Kläranlagen-Problematik ist der Bezirk Erfurt vorab an einer Beratung über die Behandlung der in der Anlage Kühnhausen-Erfurt anfallenden Klärschlämme interessiert. Für Ende Februar/Anfang März wird ein entsprechendes Gespräch in Wiesbaden vereinbart; für die endgültige Terminfestlegung ist seitens des HMUR Herr Koch zuständig.

4) Eine zweitägige Veranstaltung zur Frage „Grundwasserüberwachung/Wasserreinhaltung", wobei besonders die Problematik landwirtschaftlicher Tierproduktionsstätten behandelt werden soll.

Die Veranstaltung soll im Oktober 1990 in Fulda unter Beteiligung der Wasserwirtschaftsämter Fulda und Kassel, der HLfU und des RP Kassel durchgeführt werden. Auf seiten Thüringens wird die Koordination wahrscheinlich durch den Bezirk Suhl erfolgen.

Hinsichtlich der Kostenfrage dieser Veranstaltungen herrscht Einvernehmen darüber, daß keine gemeinsame Finanzierung erfolgt, sondern daß jede Seite für die auf ihrem Gebiet stattfindenden Maßnahmen alleine aufkommt.

Alle drei Bezirke erklären übereinstimmend, daß die Lieferung meß- und regeltechnischer Anlagen – insbesondere zur Überwachung von Luftschadstoffen – im Jahre 1990 absolute Priorität vor anderen hessischen Hilfsmaßnahmen haben sollte. Die Überlassung entsprechender Meßtechnik ermöglicht den thüringischen Bezirken nach eigener Aussage künftig die Auslösung von Smog-Alarm – entsprechende Schubladenpläne hierfür liegen vor – und bedeutet somit eine wirksame, grenzüberschreitende Maßnahme zum Schutz der Bevölkerung.

[…]

Dokument 27

Bezirks-Öko-Tisch Erfurt an den Runden Tisch des Bezirks Erfurt, 14. 2. 1990: Behinderung bei der Zusammenarbeit mit Hessen
(Quelle: Privatunterlagen Dr. H. Falcke)

Bei der ersten Zusammenkunft des Bezirks-Öko-Tisches am 17. 1. 1990 wurden die Vertreter der verschiedenen demokratischen Gruppierungen vom stellv. Vorsitzenden des Rates des Bezirkes für Umweltschutz, Wasserwirtschaft und Erholungswesen, Herrn Heimo Zänker, informiert, daß staatliche Vertreter aus dem Bereich Umweltschutz und Gesundheit eine Einladung des Ministers für Umwelt und Gesundheit des Landes Rheinland-Pfalz, Herrn Beth, zum 2. und 3. Februar 1990 nach Mainz erhalten haben.

Die Forderung des Bezirks-Öko-Tisches, daß bei all solchen Zusammenkünften Vertreter des Bezirks-Öko-Tisches mit anwesend sein sollten, wurde prinzipiell akzeptiert.

Da es sich hier aber um eine persönliche Einladung handele, wäre das in diesem Fall nicht möglich – so Herr Zänker –. Die gleiche Auffassung vertrat er noch am Vortage der Reise. Verschwiegen hatte er dabei, daß er zwischenzeitlich Herrn Minister Beth brieflich gebeten hatte, weitere langjährige Verantwortungsträger einzuladen, von den Vertretern der verschiedenen demokratischen Parteien und Gruppierungen ist in diesem Brief nicht die Rede. Damit wurden eindeutig Festlegungen des Runden Tischs des Bezirkes Erfurt und des Erfurter Bezirks-Öko-Tischs ignoriert.

Auf Vermittlung des Bürgerrates für Umweltschutz Erfurt erhielten wir eine direkte Einladung von Herrn Minister Beth zu diesem Treffen. Dafür möchten wir ihm hiermit auch öffentlich danken.

Unmittelbar in diesem Zusammenhang steht, daß der Beauftragte des Bezirks-Öko-Tisches, Dr. Schwinkowski, keine Freistellung von seinem Direktor (Bezirkshygieneinstitut) erhielt, um an der Abstimmung der 3 Thüringer Bezirke über die Hilfe des Landes Hessen auf dem Gebiet des Umweltschutzes teilzunehmen. Dies sei gesellschaftliche Tätigkeit, die er in der Freizeit wahrnehmen muß, so Dr. Ullmann.

Der Bezirks-Öko-Tisch bittet aufgrund dieser Vorfälle den Runden Tisch des Bezirkes Erfurt, dafür Sorge zu tragen, daß

1. die Tätigkeit der Vertreter der demokratischen Parteien und Organisationen auf dem Gebiet des Umweltschutzes ohne weitere Behinderungen stattfinden kann,
2. Vertreter des Bezirks-Öko-Tisches an allen Absprachen der betreffenden Staatsorgane mit Vertretern aus der BRD beteiligt werden,
3. bewußte Verstöße gegen Festlegungen des Runden Tisches des Bezirkes und des Bezirks-Öko-Tisches durch Verantwortungsträger im Staatsapparat disziplinarisch geahndet werden.

Dokument 28

Hessisches Ministerium für Umwelt und Reaktorsicherheit an die Hessische Staatskanzlei, 2. 3. 1990:
Bericht über Einzelmaßnahmen und Projekte mit derzeitigem Sachstand
(Quelle: HHStAW, Z 502 Nr. 6135)

I. Wasserwirtschaft

A) Anschluß der Stadt Vacha/DDR an die Kläranlage Philippsthal:

Hinsichtlich der Erstellung einer notwendigen Studie sowie baureifer Planung durch ein hessisches Ingenieurbüro ist ein Angebot angefordert. Geprüft werden muß ebenfalls noch die Bauausführung auch unter Beteiligung einer hessischen Baufirma. Bei einer Unterstützung durch das Land Hessen werden die Kosten auf 3,5 Millionen DM geschätzt.

B) Planung von Abwasseranlagen im Raum Eisenach:

Es handelt sich um die Sanierung und den Ausbau des Kanalnetzes und der bestehenden mechanischen Kläranlage. Das Angebot eines Planungsbüros ist angefordert.

Die Kosten der Planung werden auf 2,5 Millionen DM geschätzt, wovon 0,6 Millionen DM die Stadt Eisenach bzw. der VEB/WAB Erfurt als Eigenleistung tragen soll. Voraussetzung ist, daß sichergestellt wird, daß dieses Projekt im Jahre 1991 in das Förderprogramm der DDR aufgenommen wird. Die Stadt Eisenach versucht, eine positive Entscheidung in der Untergruppe „Wasserwirtschaft" bis zum 20. 3. 1990 zu erreichen. Bis zu diesem Zeitpunkt soll das Angebot des Planungsbüros beim RP in Kassel vorgelegt werden.

C) Kläranlage Mittelhausen bei Erfurt:

Hier bestehen Probleme bei der Behandlung von Klärschlämmen. Die bestehende Problematik soll am 20. 3. 1990 erörtert werden.

In diesem Zusammenhang wird derzeit die Überlassung von drei mobilen Schlammentwässerungsanlagen, die bei allen Kläranlagen einsetzbar sind, geprüft (vornehmlich für Erfurt, Weimar und Mühlhausen).

D) Kläranlage Gotha:

In Gotha ist lediglich eine mechanische Kläranlage vorhanden. Die damit verbundene Problematik ist entsprechend bereits vorgetragen worden. Eine weitere Erörterung findet am 20. 3. 1990 statt.

E) Wasserversorgung Dröswein:

Hier besteht ein akutes Problem der Trinkwasserversorgung, das einen typischen Fall für eine Soforthilfemaßnahme darstellt (Lieferung von Baumaterialien für 3 km Wasserleitung). Das Regierungspräsidium Kassel ist bis Ende Februar zur fachlichen Stellungnahme aufgefordert.

F) Abwasserbeseitigung von Asbach (Bereich Bad Sooden-Allendorf):

Es wird derzeit vom RP geprüft, ob der Anschluß von Asbach wegen der starken Verschmutzung des im Grenzbereich verlaufenden „Alte Hainsbach“ über einen Sammler an die Kläranlage möglich und zweckmäßig ist.

II. Immissions-/Emissionsschutz, Luftüberwachung

Folgende Materialien und Meßeinrichtungen sollen den Bezirken umgehend zur Verfügung gestellt werden (die dazu erforderlichen Vorlagen werden der Staatskanzlei kurzfristig eingereicht):

A) Beschaffung des VDI-Handbuches „Reinhaltung der Luft“ für die drei Bezirke Erfurt, Suhl und Gera: Kosten: 38.100,– DM. Jährliche Abonnementkosten: ca. 9.000, DM

B) Nachrüstung und Übergabe eines Emissions-Meßwagens der HLFU: Nachrüstkosten: 40.000,– DM (Neuwert: 500.000,– DM).

C) Einrichtung von Immissions-Meßstationen bei den Hygiene-Instituten der Bezirke Erfurt, Suhl und Gera: Kosten: 450.000,– DM.

D) Kauf und Einrichtung von Emissions-Meßwagen: Kosten: 345.000,– DM.

E) Einführung von Entstaubungstechniken im Werk VEB Eisfäller Zementwerke, Deuna, DDR:

Es handelt sich bei dem Projekt um das Ingenieuring und die Lieferung von Spezialteilen für zwei vorhandene Anlagen sowie das neue Ingenieuring und die komplette Lieferung für weitere Anlagen. Kostenschätzung: ca. 7,5 Millionen DM insgesamt. Dieses Projekt befindet sich derzeit in der Bearbeitung.

III. Abfallwirtschaft

Aufgrund mehrerer Gespräche sind Defizite auf allen klassischen Feldern der Abfallentsorgung zu erwarten, wie z. B. Deponietechnik, thermische Behandlung von Abfällen und Konzepte zur Vermeidung, Verwertung und Überwachung von Sonderabfällen, die jedoch noch nicht zu konkreten Projekten geführt haben. Das HMUR bemüht sich jedoch um folgende zwei Bereiche:

A) Rückstandsverbrennungsanlage, insbesondere für lösemittel- und ölhaltige Abprodukte:

Es handelt sich um einen Bereich, der in der Vorschlagsliste, die Herrn Staatssekretär Posch übergeben wurde, enthalten ist. Diesbezüglich wird allgemein geprüft, inwieweit z. B. unter Zuhilfenahme der hessischen Industriemüll GmbH (HIM) eine Konzeption für eine geordnete Sonderabfallentsorgung in der DDR entwickelt werden kann.

B) Technologie für Schrottreifenaufbereitung und -verwertung:

Es handelt sich ebenfalls um eine sinnvolle Maßnahme aufgrund der oben angegebenen Vorschlagsliste. Eine Konkretisierung konnte bisher jedoch nicht erfolgen und ist späteren Gesprächen vorbehalten.

C) Überlassung von Müllfahrzeugen:

Diesbezüglich liegen derzeit mehrere Anfragen vor, die vom RP in Kassel geprüft werden.

IV. Strahlenschutz

Hier bemüht sich das HMUR bei der Universität Frankfurt/Main um meßtechnische Ausrüstungen, die im Rahmen des Aktionsprogrammes den thüringischen Bezirken zur Verfügung gestellt werden könnten. Ein konkretes Ergebnis liegt noch nicht vor.

Dokument 29

Zuwendungsvertrag zwischen dem Kreis Heiligenstadt und dem Land Hessen, September 1990:
Bau einer Erdgasanschlussleitung
(Quelle: HHStAW, Z 502 Nr. 6105)

Zuwendungsvertrag

zwischen

dem Kreis Heiligenstadt
(nachstehend Zuwendungsempfänger genannt)

und

dem Land Hessen, vertreten durch das Hessische Ministerium für Wirtschaft und Technik, Wiesbaden
(nachstehend Land genannt)

wird folgender Zuwendungsvertrag auf der Grundlage des Antrags der Gasversorgung Südhannover-Nordhessen GmbH (SN-Gas) vom 28. 5. 1990 in der Fassung vom 20. 8. 1990 und der Hessischen Landeshaushaltsordnung (LHO) abgeschlossen:

1. Das Land verpflichtet sich gegenüber dem Zuwendungsempfänger, für den Bau der Erdgas-Anschlußleitung von Bad Sooden-Allendorf nach Wahlhausen ab Kreisgrenze Heiligenstadt und der Installation eines Ortsgasnetzes in Wahlhausen dem Zuwendungsempfänger aus Mitteln des Landes Hessen einen Zuwendungsbetrag von bis zu

200.000,– DM
(in Worten: zweihunderttausend Deutsche Mark)
zur Verfügung zu stellen.

2. Die Zuwendung ist zweckgebunden und bestimmt für die Mitfinanzierung der in dem Antrag der SN-Gas aufgeführten Maßnahme des Baus einer ca. 800 m langen Anschlußleitung (DN 180 PN 1) nach Wahlhausen sowie der Installation eines ca. 1000 m langen Ortsgasnetzes in Wahlhausen.

3. Der Zuwendungsempfänger verpflichtet sich, die geförderte Leitung und Ortsgasversorgung über einen Zeitraum von zehn Jahren bestimmungsgemäß zu betreiben. Während dieses Zeitraums bedarf die Veräußerung, die Übertragung, die Stilllegung sowie eine dem Zuwendungszweck nicht mehr entsprechende Verwendung der geförderten Maßnahme der vorherigen Zustimmung des Landes.

4. Bei der Bemessung der Zuwendung ist folgender Ausgabenplan zugrundegelegt worden, der zum Bestandteil dieses Vertrags erklärt wird:

–	Meßstation	47.000 DM
–	Rohrleitungen:	
–	Material	56.100 DM
–	Erdarbeiten	249.000 DM
–	Rohrverlegung	52.200 DM
–	Planung, Bauüberwachung, Grunddienstbarkeiten	29.200 DM
Gesamtausgaben netto		433.500 DM
Mehrwertsteuer		60.690 DM
Gesamtausgaben brutto		494.190 DM.

5. Die zuwendungsfähigen Ausgaben betragen 404.300 DM. Nicht zuwendungsfähig sind die Planungskosten, die Bauüberwachung, die Grunddienstbarkeiten und die Mehrwertsteuer.

6. Die Zuwendung darf nur zur Erfüllung des Zuwendungszwecks im Rahmen des Ausgabenplans verwendet werden. Die einzelnen Ausgabenansätze dürfen um bis zu 20 v. H. überschritten werden, soweit die Überschreitung durch entsprechende Einsparungen bei anderen Einzelansätzen ausgeglichen werden kann. Darüber hinausgehende Abweichungen von den Einzelansätzen sowie Änderungen des Zuwendungszwecks bedürfen der vorherigen schriftlichen Zustimmung des Landes.

7. Für die nach den Bedingungen Nr. 2 bis 6 durchgeführte Maßnahme beträgt der Anteil aus der Gesamtzuwendung höchstens 49,5 v. H. der förderfähigen Investitionsausgaben.

8. Die Auszahlung der Zuwendungsanteile erfolgt nach Vorlage der Lieferrechnungen und eines Zahlungsbeleges über den Zuwendungsanteil hinausgehenden Rechnungsbetrag unmittelbar an den Lieferanten in der Reihenfolge der Vorlagen bis zum Erreichen der Gesamtzuwendung.

9. Die Zuwendungsverpflichtung erlischt in dem Umfang, in dem bis zum 15. 11. 1990 keine zuwendungsfähigen, mit Rechnungen und Zahlungsbeweisen belegten Einzelmaßnahmen vorgenommen wurden.

10. Sofern der Zuwendungsempfänger gegen Bestimmungen dieses Vertrags verstößt, kann die Zuwendung ganz oder teilweise zurückgefordert werden. Ein etwaiger Erstattungsanspruch ist mit seiner Entstehung fällig und von diesem Zeitpunkt an mit 6 v. H. für das Jahr zu verzinsen.

11. Nach Abschluß der Maßnahme ist ein Verwendungsnachweis zu erstellen. Der Verwendungsnachweis besteht aus einem Sachbericht und einem zahlenmäßigen Nachweis. In dem Sachbericht sind die Verwendung der Zuwendung sowie das erzielte Ergebnis kurz darzustellen. Dem Sachbericht sind die Berichte der von dem Zuwendungsempfänger beteiligten technischen Dienststellen beizufügen. In dem zahlenmäßigen Nachweis sind die Ausgaben entsprechend der Gliederung des Ausgabenplans auszuweisen. Der Nachweis muß alle mit dem Zuwendungszweck zusammenhängenden Ausgaben sowie Einnahmen (Zuwendungen, Leistungen Dritter, eigene Mittel) enthalten.

12. Die ordnungsgemäße Errichtung und der ordnungsgemäße Betrieb der Erdgasleitung und des Ortsgasnetzes gemäß den Bestimmungen dieses Vertrags kann seitens des Landes und des Hessischen Rechnungshofes vor Ort geprüft werden.

13. Gerichtsstand ist Wiesbaden.

14. Auf diesen Vertrag findet das Recht der Bundesrepublik Deutschland Anwendung.

Dokument 30

Hessisches Ministerium für Wissenschaft und Kunst an die Staatssekretärs-Kommission, 23. 1. 1990:
Maßnahmen der Denkmalpflege in Thüringen
(Quelle: HHStAW, Z 502 Nr. 6133)

Vorlage für die StS-Arbeitsgruppe am 24. 1. 1990

Aktionsprogramm Hessen-Thüringen;

hier: Denkmalpflege und flankierende Maßnahmen

Am 3. und 4. Januar 1990 haben der Landeskonservator Prof. Dr. Kiesow, Prof. Dr. Steinmetz vom Ministerium für Landwirtschaft, Forsten und Naturschutz sowie Dr. Lettmann vom Hessischen Ministerium für Wissenschaft und Kunst gemeinsam mit dem Chefkonservator des Instituts für Denkmalpflege Erfurt, Herrn Dipl.-Phil. Schoder dringend sanierungsbedürftige Objekte in Großburschla, Mühlhausen, Erfurt und Eisenach besichtigt und sich auf die Gebäude verständigt, die vorrangig in den Genuß der hessischen Hilfeleistung kommen sollten.

Die auf die u. g. Projekte bezogenen Maßnahmen setzen sich im Grundsatz aus drei Komponenten zusammen:

- Material und Gerätehilfe aus Hessen sowie Weiterbildungsangebote im Fortbildungszentrum Johannesberg bei Fulda,
- Arbeitsleistung thüringischer (privatwirtschaftlicher) Handwerksbetriebe,
- Privatinitiative und ggf. -kapital des Eigentümers/Nutzers.

In der Anlaufphase und angesichts der Dringlichkeit einiger Objekte sind gelegentliche Abweichungen unvermeidlich.

Zum Verfahren wird vorgeschlagen:

Den Städten und Gemeinden wird – nach Unterrichtung der oppositionellen Gruppen (Runder Tisch) durch den Vorsitzenden der StS-Arbeitsgruppe – unverzüglich das hessische – deutlich auf Stützung der Privatinitiative bei Eigentümer und Handwerk abgestellte – Angebot unterbreitet, um sie zum – auch politischen – Handeln zu ermuntern. (sh. beil. Musterschreiben an den Rat der Stadt Erfurt)

Zur Projektsteuerung wird vorgeschlagen:

Die Gesamtleitung sollte der HLT übertragen werden; die fachliche Überwachung würden das Institut für Denkmalpflege Erfurt und das Landesamt für Denkmalpflege Hessen einvernehmlich wahrnehmen.

Für die finanzielle Abwicklung des Austauschprogramms von Architekten und Handwerkern kann auf das Fortbildungszentrum Johannesberg zurückgegriffen werden.

Vom Institut für Denkmalpflege müßte in Erfurt ein Büro mit Lagermöglichkeiten für Materialien eingerichtet werden, in dem selbständige Architekten beider Seiten projektleitend zusammenarbeiten. In Abstimmung mit dem Institut für Denkmalpflege wird das Haus Kröhenbacken in der Michaelsstraße vorgeschlagen.

Folgendes Programm sollte 1990 abgewickelt werden:

1. Erfurt 750.000 DM

- Erneuerung der Dachdeckung und Dachrinnen, Abstützung gefährdeter Decken, Sicherung von Fenstern und Türen bei 20 kleineren Wohnhäusern im Andreasviertel.
- Herrichtung des Hauses Kröhenbacken;

Außerdem nach Möglichkeit:

- Erneuerung der Dachdeckung, Dachrinnen, Fenster, evtl. Abstützung der Decken an wertvollen Einzelbauten Fischmarkt 4–6, Michaelsstraße 6–9 und Marktstraße 50 (Zum Güldenen Rat);

- Dacherneuerung bei der Peterskirche, einschl. Bereitstellung eines Gerüstes, das danach an anderer Stelle benutzt werden kann;

2. Eisenach 100.000 DM

- Predigerkirche (Ausstellungshalle – eventuell auch für die Übernahme der Ausstellung Hessen-Thüringen 1992/93);
  Substanzsicherung außen und innen

3. Großburschla 500.000 DM

Substanzsicherungsmaßnahmen an den Gebäuden „Gemeindeschänke“ und „Schuhmacher Haus Kliebisch“ Hessisches Ende/Karl-Marx-Straße im Rahmen der integrierten Dorferneuerung Altenburschla/Großburschla

4. Mühlhausen 450.000 DM

Sicherungsmaßnahmen an folgenden Gebäuden:

- Wilhelm-Pieck-Platz 7
- Kornmarkt 3
- Wahlstraße 46 ff
- Güldene Ecke 4–6
- Eckhaus „An der Burg“ Pfortenstr. 9
- Steinweg 45

5. Schmalkalden 250.000 DM

Objektsanierung der städtebaulichen und kunsthistorisch wichtigen, vom Verfall bedrohten Häuser:

- Lutherplatz 1–3
- Stumpfelgasse 25
- Steinstraße 13
- Altmarkt 7 u. 8
- Kirchhof 11–13

6. Austausch von Handwerkern und Architekten im Zusammenwirken mit dem Fortbildungszentrum Johannesberg und ggf. der Gesamthochschule Kassel
450.000 DM

7. Privatwirtschaftlich arbeitende Handwerksbetriebe sollen die notwendigen Geräte erhalten können, die entweder leihweise überlassen oder nach Ableistung einer wertangemessenen Mitwirkung in den Projekten in das Eigentum des Betriebs übergehen würden.
500.000 DM

Gesamtaufwand: 3.000.000 DM

Dokument 31

Ergebnisprotokoll des Gesprächs zwischen dem Generalkonservator der DDR Peter Goralczyk und Minister Dr. Wolfgang Gerhardt, 31. 1. 1990:
Sanierung und Sicherung historischer Bausubstanz
(Quelle: HMWK, Hessen-Thüringen KA 12/6104)

Ergebnisprotokoll des Gesprächs des Generalkonservators der Deutschen Demokratischen Republik, Herrn Dipl.-Ing. Peter Goralczyk, mit dem Hessischen Minister für Wissenschaft und Kunst, Herrn Dr. Wolfgang Gerhardt,
am 31. 1. 1990 in Wiesbaden

Die Gesprächsteilnehmer stimmen darin überein, daß bei der Sanierung und Sicherung historischer Bauten in thüringischen Dörfern und Städten eine Kooperation zwischen Hessen und Thüringen sinnvoll und kurzfristig realisierbar ist.

Einvernehmlich wird der Schwerpunkt auf die Sanierung und Sicherung historischer Bausubstanz für Wohnzwecke gelegt. Mit Projekten in Erfurt (Andreasviertel) und Großburschla könnte kurzfristig begonnen werden. Vorhaben in Eisenach, Mühlhausen und Schmalkalden sollten folgen.

Der Hessische Minister für Wissenschaft und Kunst erklärt sich bereit, in den nächsten 5 Jahren für diese Vorhaben p. a. zwischen 3 und 5 Mio. DM bereitzustellen, und zwar vorrangig für die Lieferung notwendiger Baumaterialien und Baugeräte, in geringerem Umfange auch für die Abgeltung von Arbeitsleistungen hessischer Handwerksbetriebe. Die Zusammenarbeit zwischen Hessen und Thüringen könnte in folgender Weise geschehen:

- Bei der kostenlosen Bereitstellung notwendiger Baumaterialien würden zunächst Häuser im Privateigentum bevorzugt berücksichtigt.
- Vorhandene oder neu gegründete privatwirtschaftliche Handwerksbetriebe könnten die erforderlichen Geräte erhalten, die nach Ableistung einer wertangemessenen Mitwirkung in den Projekten in das Eigentum des Betriebs übergehen. Dem Handwerk sollten darüber hinaus kostenlose Fachkurse im Fortbildungszentrum des Handwerks in Johannesberg bei Fulda angeboten werden.
- Die fachliche Überwachung soll beim Institut für Denkmalpflege Erfurt und dem Landesamt für Denkmalpflege Hessen liegen.

Über das materielle Förderungsprogramm des Landes Hessen für Kulturdenkmäler in Thüringen hinaus vereinbaren die Gesprächsteilnehmer einen gegenseitigen fachlichen Austausch zwischen dem Institut für Denkmalpflege Erfurt und dem Landesamt für Denkmalpflege Hessen, insbesondere in den folgenden Bereichen und am Beispiel einzelner Objekte:

- Inventarisation und Dokumentation der Kulturdenkmäler

- Methoden der Voruntersuchung und Planung von Arbeiten an Kulturdenkmälern
- Methoden, Materialien und Geräte in den staatlichen Restaurierungswerkstätten
- naturwissenschaftliche Beratung bei Problemen des Steinverfalls und der allgemeinen bauphysikalischen Fragen
- wichtige Fragen zur Objektdenkmalpflege, zunächst am Beispiel des Schlosses Gotha, der Runneburg bei Weißensee und der Johanneskirche in Saalfeld auf thüringischem, des Klosters Heydau in Morschen, des Propsteischlosses in Fulda-Johannesberg und der Marienkirche in Gelnhausen auf hessischem Boden
- städtebauliche Denkmalpflege, insbesondere Ensembleschutz und neues Bauen in historischer Umgebung.

Der Erfahrungsaustausch erfolgt in der Entsendung von Delegationen oder im Austausch von einzelnen Wissenschaftlern und Restauratoren. Die entsendende Seite trägt die Kosten der An- und Abreise, die gastgebende die des Aufenthalts.

Dokument 32

Minister Dr. Wolfgang Gerhardt an Staatssekretär Dr. Alexander Gauland, 26. 2. 1990: Organisation der Hilfsmaßnahmen im Bereich der Denkmalpflege
(Quelle: HMWK, Bd. I; HHStAW, Z 502 Nr. 6133)

Sehr geehrter Herr Staatssekretär Dr. Gauland,

ich habe am 31. 1. 1990 mit dem Generalkonservator der DDR ein ausführliches Gespräch über die beabsichtigten Hilfsmaßnahmen im Bereich der Denkmalpflege unseres Aktionsprogramms „Hessen/Thüringen" geführt. Dabei wurden verschiedene Vorgehensweisen erörtert, die dazu dienen sollen, möglichst rasch vor Ort mit wirksamer hessischer Hilfe präsent zu sein, um auf diese Weise die Bürgerinnen und Bürger in Thüringen bei der Bewältigung ihrer unmittelbaren Lebensbedürfnisse zu unterstützen. Das Ergebnis der Besprechung haben wir in einem Protokoll festgehalten, das ich Ihnen als Anlage zu diesem Schreiben mit der Bitte um Kenntnis übermittle. Um mit der praktischen Arbeit vor Ort möglichst bald beginnen zu können, schlage ich vor, daß in Erfurt ein Architektenbüro eingerichtet wird, das die organisatorische Abwicklung der hessischen Hilfsmaßnahmen im Bereich der Denkmalpflege in Thüringen sicherstellt. Es sollte mit einem freien hessischen Architekten (vorgesehen ist dafür das in Denkmalfragen sehr erfahrene Architektenbüro Rittmannsperger in Darmstadt) und einem freien Architekten aus Thüringen besetzt werden. Die fachliche Zusammenarbeit gewährleisten das Landesamt für Denkmalpflege und das Institut für Denkmalpflege in Erfurt. Bis zur Einrichtung der beabsichtigten Verbindungsstelle der Landesregierung in Thüringen sollte das Büro Rittmannsperger in Darmstadt auch für die finanzielle und materielle Organisation auf hessischer Seite zuständig sein. Dies würde eine relativ reibungslose und schnelle Zusammenarbeit gewährleisten und das Verwaltungsverfahren so einfach und kostengünstig wie möglich gestalten.

Sobald die von Ihnen veranlaßte Abstimmung mit dem „Runden Tisch" in Thüringen über die beabsichtigten Hilfsmaßnahmen der Landesregierung erfolgt ist, sollen an die Räte der Städte und Gemeinden in Erfurt, Großburschla, Eisenach, Mühlhausen und Schmalkalden die Angebote für die geplanten Maßnahmen im Bereich der Denkmalpflege abgesandt werden. Dabei soll auch das Angebot zur Zusammenarbeit der Denkmalpflege mit der jeweiligen Stadt bzw. Gemeindeplanung erfolgen.

Sobald diese Schritte unternommen worden sind, beabsichtige ich die kommunalen Spitzenverbände in Hessen sowie in Rheinland-Pfalz auf die geplanten Maßnahmen im Bereich der Denkmalpflege hinzuweisen, damit nicht noch mehr Koordinationsprobleme entstehen, als sie schon aufgrund der derzeitigen Verhandlungsbasis mit den Vertretern der Bezirke und Kommunen in Thüringen gegeben sind. Als Beispiel führe ich hier die Absicht der Stadt Mainz an, im Andreasviertel in Erfurt genau die Häuser mit städtischen Mitteln der Denkmalpflege zu unterstützen, die auch zwischen der Hessischen Denkmalpflege und dem Institut für Denkmalpflege in Erfurt bereits als erste Maßnahmen besprochen wurden. Es wäre in diesem Zusammenhang zu überlegen, ob nicht für alle vier großen Bereiche des Aktionsprogramms eine gemeinsame Erklärung der Landesregierung an die betroffenen Verbände gegeben wird, um eine entsprechende Information und Koordination sicherzustellen.

Mit freundlichen Grüßen

Dokument 33

Hessisches Ministerium für Wissenschaft und Kunst an den Rat der Stadt Erfurt, 14. 3. 1990:
Sicherungs- und Erneuerungsarbeiten im Andreasviertel in Erfurt
(Quelle: HHStAW, Z 502 Nr. 6093)

Gespräch am 1. 3. 1990 mit Vertretern der Bürgerinitiative der Stadtentwicklung Erfurt, des Instituts für Denkmalpflege Erfurt und des Rats der Stadt Erfurt

Sehr geehrte Damen und Herren,

im Rahmen des Aktionsprogramms Hessen-Thüringen – Bereich Denkmalpflege – ist in Abstimmung mit den Vertretern des „Runden Tisches" und der Bürgerinitiative in Erfurt, dem Landesamt für Denkmalpflege Hessen und dem Institut für Denkmalpflege Erfurt sowie Ihrer am 1. 3. 1990 mündlich erteilten Zustimmung eine Gebäudegruppe am Domplatz, bestehend aus 6 Gebäuden

(Andreasstraße, Nr. 32–36 und 37 zwischen der Pergamentergasse und Weißergasse)

und das Gebäude Michaelisstr. 22

als Pilotprojekt ausgewählt worden, an denen Sicherungs- und Erneuerungsarbeiten am 12. 3. 1990 begonnen werden. Dieses Pilotprojekt dient der Sicherung historischer Bausubstanz insbesondere für Wohnzwecke. Für Materialien und Geräte stehen bis zu

900.000,– DM im Jahr 1990

zur Verfügung; eine – auch verstärkte – Weiterförderung in den Folgejahren wird in Aussicht gestellt. Die Mittel werden dem mit der Projektsteuerung beauftragten Architektenbüro bewilligt. Schwerpunkt der Maßnahmen im Jahre 1990 sind Sicherungsarbeiten, der Innenausbau bliebe im wesentlichen den Folgejahren vorbehalten.

Die fachliche Überwachung obliegt dem Institut für Denkmalpflege Erfurt und dem Landesamt für Denkmalpflege in Hessen.

Die Frage der Schaffung von Büroflächen für die Architekten und die Bereitstellung von Lagerflächen für die anzuliefernden Materialien ist dankenswerterweise von der Bauabteilung des Rates aufgegriffen und durch den Stadtbaudirektor am 1. 3. 1990 zugesagt worden.

Die Zustimmung der Ortspolizeibehörde zu den Sicherungsmaßnahmen liegt bereits vor.

Mit der Durchführung der Sicherungsarbeiten wird in Abstimmung mit Vertretern der Bürgerinitiative und des Rats der Stadt Erfurt die Firma Hartung (Erfurt) beauftragt.

Ich bitte Sie, die Bausicherungsarbeiten unterstützend zu begleiten und dem begonnenen baulichen Verfallprozeß im Andreasviertel der Stadt Erfurt entgegenzuwirken.

Ich bin zuversichtlich, daß sich in einem angemessenen Zeitraum die Altstadt Erfurts regen Zuspruchs durch die Bevölkerung erfreuen wird, wenn keine weiteren Abbrüche erfolgen und dem privaten Handwerk die Chance eingeräumt wird, in traditioneller handwerklicher Arbeitsweise alte Bausubstanz ortsgebunden zu erhalten.

Mit freundlichen Grüßen

Dokument 34

Erlass des Hessischen Ministeriums für Wirtschaft und Technik, 15. 2. 1990: Förderprogramm des Landes Hessen für private Kleinunternehmen in Thüringen (Quelle: Staatsanzeiger für das Land Hessen, 13/1990, S. 554 f.)

Förderprogramm des Landes Hessen für private Kleinunternehmen in Thüringen

1. Allgemeines

Das Land Hessen unterstützt den Reformprozeß in der DDR durch ein Aktionsprogramm „Hessen-Thüringen". Im Rahmen dieses Aktionsprogramms können auch private Kleinunternehmen in Thüringen gefördert werden.

Infolge der fehlenden Konvertierbarkeit der DDR-Mark und gravierender Mängel der bisherigen Planwirtschaft stellt sich die Verfügbarkeit von Maschinen und Material als Hauptproblem für die Unternehmen in der DDR dar.

Das Land Hessen stellt deshalb Devisenhilfen in DM zur Verfügung, die von den Unternehmen zu einem festen Umrechnungskurs in DDR-Mark getilgt werden.

2. Antragsberechtigte

Antragsberechtigt sind selbständige private Kleinunternehmen und Existenzgründer im Bereich der gewerblichen Wirtschaft und der freien Berufe mit Sitz in den drei thüringischen Bezirken Erfurt, Gera und Suhl.

3. Verwendungszweck

Die Devisenhilfen werden zur Finanzierung der Anschaffung von gebrauchten oder neuen Investitionsgütern gewährt mit dem Ziel, die Unternehmen in ihrer Leistungs- und Wettbewerbsfähigkeit zu stärken. In begründeten Ausnahmefällen können die Devisenhilfen auch zur Finanzierung notwendiger Materialeinkäufe gewährt werden.

Bei Existenzgründern und in Zweifelsfällen kann eine vorherige projektbezogene Betriebsberatung zur Voraussetzung einer Förderung gemacht werden.

Die Anschaffung von Fahrzeugen wird nur gefördert, wenn es sich um Fahrzeuge für betriebliche Zwecke handelt.

4. Art und Umfang der Förderung

Die Förderung erfolgt in Form von Zahlungen in DM, die zur direkten Begleichung von Lieferantenrechnungen eingesetzt werden. Die Rückzahlung dieser Hilfen erfolgt in DDR-Mark auf einem Konto des Landes Hessen bei der Staatsbank der DDR. Für die Umrechnung wird ein fester Kurs von 1 DM zu 2,4 DDR-Mark zugrundegelegt.

Pro Antragsteller können Devisenhilfen bis zu einer Gesamtsumme von höchstens DM 20 000,– gewährt werden.

Der Gegenwert in DDR-Mark ist i. d. R. sofort bei Lieferung auf das Konto des Landes Hessen zurückzuzahlen.

Bei der Anschaffung von Investitionsgütern kann in begründeten Fällen auf Antrag eine Rückzahlung in Raten ermöglicht werden. Die Laufzeit beträgt dann bis zu 3 Jahren. Sie richtet sich ebenso wie der Tilgungsplan nach dem Einzelfall. Bei Rückzahlung in Raten ist der umgerechnete Darlehensbetrag mit 6,5 v. H. p. a. in DDR-Mark zu verzinsen.

Ein Rechtsanspruch auf Förderung besteht nicht. Eine gleichzeitige Förderung desselben Vorhabens aus diesem Programm und aus anderen öffentlichen Hilfen ist nicht zulässig.

5. Antrags- und Bewilligungsverfahren

Anträge sind vor verbindlicher Bestellung der zu finanzierenden Wirtschaftsgüter möglichst auf der Grundlage bereits eingeholter Lieferangebote an die

Hessische Landesentwicklungs- und Treuhandgesellschaft mbH (HLT)

zu richten. Die HLT wird zu diesem Zweck spezielle Antragsannahmestellen einrichten. Die Orte und Öffnungszeiten dieser Stellen werden über Kammern, Verbände und Medien allgemein bekanntgegeben.

Dem Antrag sind nach Möglichkeit folgende Unterlagen beizufügen:

1. Gewerbegenehmigung, Zulassung
2. Betriebsbeschreibung und Nachweis der fachlichen Qualifikation des Antragstellers
3. Letzter Steuerbescheid mit Gewinnermittlungsnachweis
4. Beschreibung des mit der Devisenhilfe zu finanzierenden Vorhabens, ggf. den Ergebnisbericht einer vorausgegangenen Betriebsberatung
5. Eigenmittelnachweis
6. Angebot eines Lieferanten
   (bei Bedarf werden geeignete Lieferanten vor Beantragung einer Devisenhilfe durch Kammern und Verbände in Hessen oder durch die HLT vermittelt)
7. Erklärung über beantragte Förderungen aus anderen Programmen.

Auf der Grundlage des Förderantrages und der eingereichten Unterlagen entscheidet die HLT und schließt mit dem Antragsteller einen Zuwendungsvertrag. Erst nach Abschluß des Zuwendungsvertrages dürfen die mit der Devisenhilfe zu finanzierenden Wirtschaftsgüter verbindlich bestellt werden.

Die Auszahlung der Devisenhilfe erfolgt direkt an den Lieferanten gegen Vorlage der Rechnung und der Empfangsbestätigung des Antragstellers für die gelieferten Wirtschaftsgüter. Diese Unterlagen gelten als Verwendungsnachweis. Unabhängig davon wird im Zuwendungsvertrag geregelt, daß die ordnungsgemäße Verwendung der Wirtschaftsgüter örtlich überprüft werden kann.

Der Antragsteller erklärt sich mit dem Förderantrag einverstanden, daß die Antrags- und Förderdaten mit anderen Stellen der öffentlichen Wirtschaftsförderung in der Bundesrepublik Deutschland ausgetauscht werden.

Dokument 35

Schlussbericht der Hessischen Landesentwicklungs- und Treuhandgesellschaft-Bank, 14. 5. 1993:
Abrechnung des Devisenhilfsprogramms
(Quelle: Hessisches Ministerium für Wirtschaft, Verkehr und Landesentwicklung, Archiv Nr. 1677, 69c-38-19-10)

1. Verwendung der Programmittel

Mittelansatz	10.000.000,– DM
Angebotene Zuwendungsverträge	10.652.096,– DM
./. nicht beanspruchte Zuwendungsverträge einschließlich Minderinanspruchnahmen	1.263.131,– DM
Tatsächliches Bewilligungsvolumen	9.388.965,– DM
davon:	
Auszahlung an Lieferanten	9.388.965,– DM

2. Zusammensetzung der Rückflußmittel

Von thüringischen Betrieben zurückgezahlt	
Devisenhilfe	2.770.808,43 DM
Kreditzinsen	1.997,02 DM
MWSt.-Erstattung	1.003.964,21 DM
+ Zinsen	
./. Gebühren lfd. Kontoführung	6.275,38 DM
Rückflüsse insgesamt	3.783.045,04 DM

3. Abführung der Rückflußmittel

An Staatshauptkasse	
Rückzahlung der Devisenhilfe von thüringischen Betrieben	2.770.808,43 DM
Kreditzinsen	1.997,02 DM

+ Zinsen	
./. Gebühren lfd. Kontoführung	6.275,38 DM
Abführung Devisenhilfe	2.779.080,83 DM
Abführung Mehrwertsteuer	1.003.964,21 DM
Abführung insgesamt	3.783.045,04 DM

Dokument 36

Hessisches Ministerium der Justiz an die Staatssekretärs-Kommission Hessen-Thüringen, 16. 1. 1991:
Abrechnung über Mittel des Aktionsprogramms
(Quelle: HHStAW, Z 502 Nr. 6134)

Sehr geehrter Herr Staatssekretär,

aus den Mitteln des Aktionsprogramms Hessen-Thüringen sind bis zum 1. Januar 1991 folgende Maßnahmen durchgeführt worden:

a)	Praktikum von drei DDR-Mietrichtern in Hessen	1.268,80 DM
b)	Personalkosten für den Repräsentanten der hessischen Justiz in Thüringen für die Monate Juli bis Dezember 1990	12.000,– DM
c)	an das Gästehaus Erfurt Unterkunftskosten für den hessischen Repräsentanten in Thüringen	1.700,– DM
d)	Reisekosten von Angehörigen des Justizministeriums	18.021,24 DM
e)	Strafvollzugsausschuß der Länder, Unterausschuß „Deutsche Einheit" Sitzungen in der Zeit vom 31. 7. bis 3. 8. 1990 Verpflegungs- und Übernachtungskosten	791,– DM
f)	Beschaffung von Kommentaren	968,– DM
g)	Bürobedarf	2.130,78 DM
h)	Praktika von Justizsekretären in Hessen	4.395,80 DM
i)	Praktikum von Handelsrichtern in Hessen	3.441,– DM
k)	Praktikum von Strafrichtern und Staatsanwälten in Hessen	3.777,20 DM
l)	Übernachtungskosten Frau Walzmann	230,– DM
m)	Renovierungskosten des Gästehauses der Staatsanwaltschaft Erfurt	11.641,41 DM
		60.365,23 DM

Diese Kosten wurden zu Lasten des Titels 17 16 – 546 80 geleistet.

Dokument 37

Rat des Bezirks Erfurt an Klaus Tümmler [RDir., Regierungspräsidium Gießen], 2. 1. 1990: Interesse an Kontakten und Gedankenaustausch im Bildungsbereich (Quelle: ThHStA Weimar, Bezirkstag und Rat des Bezirkes Erfurt 047653, Bl. 200a, 201a)

Sehr geehrter Herr Tümmler!

Für Ihren Brief und Ihr Dialogangebot möchte ich mich – auch im Namen meiner Mitarbeiter – herzlich bedanken.

Wir sind in den sich gegenwärtig in unserem Land vollziehenden tiefgreifenden Änderungen auch im Bereich der Bildung an vielfältigen Erfahrungen interessiert. So besteht ein großes Interesse an Kontakten und Gedankenaustausch zu den uns gemeinsam bewegenden Fragen des Bildungs- und Erziehungswesens und dessen Verwaltung.

Zu gegenseitigen Besuchen – vielleicht im Januar, Februar 1990 beginnend – sind wir gern bereit.

Wir möchten Ihnen vorschlagen, im Januar unser Gast zu sein, um uns in ersten Gesprächen über Inhalte und Umfang eines solchen Austausches zu verständigen. Ein Termin kann dazu sicher sehr rasch auch telefonisch vereinbart werden.

Abschließend einige Bemerkungen zur Vorstellung unserer Tätigkeit:

Ihnen ist sicher bekannt, daß die oberste Schulbehörde in unserem Land das Ministerium für Bildung in Berlin ist.

Bei den Räten der Bezirke und Kreise gibt es Abteilungen, die für die Verwaltung des Bildungs- und Erziehungswesens zuständig sind.

Der Bezirk Erfurt, gegliedert in 13 Kreise sowie die Städte Erfurt und Weimar, mit 1,2 Millionen Einwohnern, verfügt über 406 allgemeinbildende und 35 Sonderschulen. In ihnen werden 156 000 Schüler von 14 300 Lehrern unterrichtet.

Weiterhin werden von unserer Abteilung auch 1025 Kindergärten und 29 Heime betreut.

Die Abteilung Volksbildung beim Rat des Bezirkes Erfurt besteht aus fünf Bereichen (Personalwesen, Planung/Haushalt/Schulorganisation, Erziehung, Jugendhilfe/Heimerziehung und Schulorganisation). Nachgeordnet ist der Abteilung ein Bezirkskabinett für Unterricht und Weiterbildung.

Mit freundlichen Grüßen und besten
Wünschen für das Neue Jahr

Dokument 38

Hessisches Kultusministerium an die Staatssekretärs-Kommission Hessen-Thüringen, 14. 2. 1991:
Investitionshilfen und Devisenhilfen aus dem Aktionsprogramm Hessen-Thüringen (Quelle: HHStAW, Z 502 Nr. 6134)

Verwendungsnachweis zum 31. 12. 1990

Lfd. Nr.	Projekt	Verausgabte Mittel
1.	Zweitägiger Informationsbesuch des Kreisschulrats Althaus (Heiligenstadt/DDR) im Hessischen Kultusministerium	435,80 DM
2.	Förderung der Schulpartnerschaft der Freiherr-von-Schütz-Schule Bad Camberg, Schule für Hörbehinderte, mit der Schwerhörigenschule Gotha	1.500,– DM
3.	Zuwendung für die Erstellung eines museumspädagogischen Führers	300,– DM
4.	Literaturbeschaffung für die eingerichteten Präsenzbibliotheken in den Bezirken Erfurt, Gera und Suhl	197,46 DM
5.	a) Durchführung der 1. hessisch-thüringischen Schulkonferenz in Fulda vom 28. Mai bis 1. Juni 1990	24.132,49 DM
	b) Nachträgliche Rechnung für Bewirtungskosten im Rahmen der Schulkonferenz	76,61 DM
6.	Literaturbeschaffung für die eingerichteten Präsenzbibliotheken in den Bezirken Erfurt, Gera und Suhl einschließlich der Transportkosten	8.891,92 DM
7.	Reisekosten des „Beauftragten des Hessischen Kultusministers für die Zusammenarbeit mit dem thüringischen Schulwesen“ Herrn Staatssekretär a. D. Heinrich Lauterbach	2.070,84 DM
8.	Zuschuß zum Projekttag „DDR“ der Liebig-Schule, Gymnasium der Stadt Frankfurt am 23. 3. 1990	600,– DM
9.	Zuschuß zu den Kosten der von der Wilhelm-Knapp-Schule, Weilburg durchgeführten zwei Weiterbildungsveranstaltungen mit der Betriebsberufsschule „VEB Funkwerke Kölleda“ und der „Kommunalen Berufsschule Kölleda“	850,– DM

Lfd. Nr.	Projekt	Verausgabte Mittel
10.	Beschaffung von Lehr-, Lern- und Unterrichtsmaterial für die Sprachheilinternatsschule Friedrich-Fröbel, Polytechnische Oberschule (DDR, Keilhaus)	2.000,– DM
11.	Zuschuß zu der Begegnungsfahrt der Studienseminare 5 und 6 nach Rudolstadt/DDR vom 10.–14. 9. 1990	3.000,– DM
12.	Übernahme der Kosten von Frau Dr. Buder – Landesschulamt Thüringen – anläßlich eines Besuches im HKM zur Klärung schul- und verwaltungsorganisatorischer Fragen im Zusammenhang mit der Neugliederung Thüringens	192,– DM
13.	Verpflegungskosten für Herrn RD Kühn (HKM) anläßlich eines Vortrags in Nordhausen/DDR über das gegliederte Schulwesen und die Förderstufe auf Einladung des pädagogischen Kreiskabinetts vom 28. 6. 1990	33,60 DM
14.	Literaturbeschaffung für die eingerichteten Präsenzbibliotheken in den Bezirken Erfurt, Gera und Suhl	9.640,08 DM
15.	Reisekosten anläßlich einiger Besprechungen von Mitarbeitern des HKM in Thüringen	1.562,99 DM
16.	Restbetrag zu Nr. 10	120,63 DM
17.	Zuschuß zur Beschaffung methodisch-didaktischer Literatur über die Früherkennung und Erfassung von Lernbehinderungen	2.000,– DM
18.	Reisekosten anläßlich eines Vortrags über das Schulsystem auf Einladung des Landesschulrates Hirt	315,– DM
19.	Beschaffung von Wandkarten, phys. für alle Schulen Thüringens	17.080,– DM
Gesamtsumme:		74.999,42 DM

Dokument 39

Minister Manfred Kanther an Minister Dr. Wolfgang Gerhardt, 22. 2. 1990:
Bitte um Unterstützung für die Rechts- und Wirtschaftswissenschaften der Universität Jena
(Quelle: HMWK, Bd. III DDR-Sofortprogramm)

Lieber Herr Gerhardt!

In den vergangenen Monaten hat mich der Weg in Thüringen mehrfach ins akademische Umfeld der Universität Jena geführt. Sie werden viel mehr Eindrücke haben als ich.

Gestatten Sie mir, daß ich einen Aspekt herausgreife, der mir besonders am Herzen liegt.

Im Bereich der Wirtschafts- und Rechtswissenschaften erscheint ganz offensichtlich allen Beteiligten – von Professor bis Student – die eigene Situation nahezu ausweglos. Die bisherigen Glaubenssätze sind bankrott, neue sind entweder unbekannt oder häufig persönlich nicht glaubhaft, die Autorität der Lehrenden geht gegen null, die Studierenden sehen überhaupt keine Perspektive, die vorhandenen Bücher sind unbrauchbar, die notwendigen Bücher nicht vorhanden usw. usw.

Der wirtschaftliche Aufbau der DDR wird auf tüchtiges Führungspersonal in Betrieben und Verwaltungen nicht verzichten können. Der Arbeitsmarkt in der Bundesrepublik gibt keinesfalls ein hinreichendes Reservoir ab, von den unerfreulichen Begleitumständen einer solchen „Verdrängung“ ganz abgesehen. Deshalb beschäftigt mich die Frage sehr, ob wir einen Ansatz zum Helfen bei den Rechts- und Wirtschaftswissenschaften finden können; andernfalls besteht m. E. die Gefahr, daß viele Studenten drüben abbrechen und zu uns kommen.

Folgende Einzelaspekte sind in Gesprächen aufgetaucht:

– Wegen des Mangels an Lehrpersonal könnten wir wissenschaftliche Nachwuchskräfte an hessischen Hochschulen für einen dauerhaften oder zeitlich begrenzten Einsatz in der DDR interessieren; mir ist klar, daß solche Abordnungen nicht auf Begeisterung bei uns stoßen,
– wir könnten ein „Senior-Programm“ überlegen, mit dem wir uns an Emeriti wenden und sie für einen Zwei-Jahres-Einsatz in Jena gewinnen,
– wir könnten eine Erstausstattung mit Büchern übernehmen, was ohnehin nur von uns kommen kann, wenn die Fakultäten weiterleben sollen.

Ich wäre Ihnen sehr dankbar, wenn wir über diese Fragen einmal sprechen könnten, da meine Sachkunde über eventuelle Möglichkeiten sehr begrenzt ist, das Problem kompetenter Betriebsführung drüben sich aber noch für Jahre als besonders dringlich erweisen wird.

Mit den besten Grüßen

Dokument 40

Minister Dr. Wolfgang Gerhardt an Staatssekretär Dr. Alexander Gauland, 13. 2. 1990: Bitte um finanzielle Unterstützung von Wissenschaft und Forschung (Quelle: HHStAW, Z 502 Nr. 6133)

Sehr geehrter Herr Dr. Gauland,

im Anschluß an das Koalitionsgespräch am 29. Januar, bei dem das Aktionsprogramm Hessen/Thüringen und der dazu vorgelegte Nachtrag zum Haushalt 1990/91 noch einmal besprochen wurde, hatte ich Herrn Dr. Paravicini gebeten, das von mir angedeutete Interesse an einer Berücksichtigung des Wissenschaftsministeriums bei der Zuteilung der im Nachtrag unter der Zweckbestimmung „Sonstiges" geführten 2 Millionen Mark mit Ihnen zu besprechen.

Dies ist inzwischen geschehen und ich möchte Sie auch auf diesem Wege bitten, für Zwecke der Einbeziehung von Wissenschaft und Forschung in das Aktionsprogramm Hessen/Thüringen einen Betrag von 200.000 Mark vorzusehen. Die Anhebung der Qualitätsstandards in Lehre und Forschung in der DDR ist wesentliche Voraussetzung für eine positive Entwicklung der dortigen Wirtschaftsordnung und der Lebensbedingungen der Bevölkerung. Mir läge sehr daran, in diesem wichtigen Feld zumindest einige Hilfen geben zu können, die zweifellos Signalcharakter hätten, da sie das Klima des Neuanfangs an den Hochschulen und anderen Einrichtungen der Lehre und Forschung nachhaltig verbessern würden.

Mit freundlichen Grüßen
Ihr

Dokument 41

Vorlage von Ministerialdirigent Dr. von der Osten-Sacken, Hessische Staatskanzlei, 28. 6. 1990:
Stellungnahme zur Einstellung des Aktionsprogramms Hessen-Thüringen
(Quelle: HHStAW, Z 502 Nr. 6094)

Sie haben mich um ein Votum zu der beigefügten Vorlage des Ministers der Finanzen an die Koalitionsrunde gebeten.

Über den Fonds „Deutsche Einheit" wird Hessen ab 1991 Beträge in steigender Größenordnung zu leisten haben, die der DDR zufließen. Mit Rücksicht auf diese Leistungen soll das Thüringen-Programm eingestellt werden. Diese Finanzlogik ist nachvollziehbar. Es ist politisch zu beurteilen, inwieweit sie mit der „Philosophie" der Beziehungen Hessen-Thüringen vereinbar ist. Dazu diese Anmerkungen:

1. Nach Öffnung der Grenze hat die Landesregierung – unter historischen Reminiszenzen – eine nachhaltige Unterstützung Thüringens proklamiert. Ihre Bereitschaft hierzu hat sie mit einem Investitionsprogramm von 250 Mio. DM und einem Bürgschaftsprogramm von 500 Mio. DM unterstrichen. Da das Bürgschaftsprogramm noch nicht im Haushalt eingestellt ist, würde sich die Hilfe bei einer Einstellung des Thüringen-Programms von angekündigten 750 Mio. DM auf 50 Mio. DM verkürzen. Die Zahlungen an den Fonds „Deutsche Einheit" lassen sich schwerlich als Thüringen-Hilfe bezeichnen.

Die Einstellung des „Thüringen-Programms" könnte daher als grundlegender Sinneswandel der Landesregierung verstanden werden. Weitere Bemühungen um partnerschaftliche Beziehungen zu Thüringen „ohne Mittel" dürften nicht sehr überzeugend wirken.

Es liegt nahe, daß es nach der Bildung des Landes Thüringen alsbald zu einer grundsätzlichen Begegnung zwischen den Ministerpräsidenten und/oder den Kabinetten kommt, um die mögliche Zusammenarbeit beider Länder zu erörtern. Ich habe Zweifel, ob eine solche Begegnung nicht teilweise ihren Sinn verlieren würde, wenn die Landesregierung zuvor bereits im Haushalt veranschlagte Mittel für Thüringen „streicht".

2. Nicht nachzuvollziehen vermag ich, weshalb die vorgeschlagene Entscheidung jetzt getroffen werden soll. Das Programm 1990 ist weitgehend umgesetzt. Entscheidungen im Hinblick auf die Mittel 1991 sind derzeit und in absehbarer Zeit nicht notwendig. Man könnte also in aller Ruhe einige Monate die weitere Entwicklung abwarten, um sodann etwaige Entscheidungen im Hinblick auf die Fortführung des Programms zu treffen.

3. Wenn jedoch die Entscheidung nicht vertragt, sondern eine Diskussion in der Sache geführt wird, sollte diese Diskussion auch den Aspekt einbeziehen, das Aktionsprogramm nicht zu beenden, sondern in seinen Schwerpunkten zu verlagern. Insbeson-

dere sollten nochmals die Aspekte einer Verwaltungshilfe diskutiert werden. Die Landesregierung sollte sich zumindest die Option offenhalten, auch über den bisher vorgesehenen Betrag von 5 Mio. DM für 1991 hinaus noch einen Teil der Mittel des Aktionsprogramms für die Verwaltungshilfe einzusetzen. Es läßt sich derzeit nicht beurteilen, welcher Bedarf hierfür in Thüringen entstehen wird. Da jedoch die komplexe Rechtsordnung der Bundesrepublik sehr zügig in die DDR übertragen werden soll, kann dieser Bedarf alsbald spürbar werden. Sollte dies diskutiert werden:

Nach den bisherigen Eindrücken sollte sich eine Verwaltungshilfe Hessens dann eher auf die Fachverwaltungen erstrecken. Ich habe zunehmend Zweifel, ob Hessen – wie Baden-Württemberg, Bayern und Nordrhein-Westfalen – in der Lage wäre, politisch-administrative Beratung auf der Ministerialebene zu leisten. Baden-Württemberg, Bayern und Nordrhein-Westfalen betreiben seit Jahren/Jahrzehnten Personalführung nach Auswahl- und Fortbildungskonzepten. Ihnen steht entsprechend ausgebildetes Personal und auch ein entsprechendes Personalpolster zur Verfügung. Von beidem kann in Hessen keine Rede sein. Zudem erscheint die Motivation in der Ministerialverwaltung Hessens, nach Thüringen zu gehen, nur gering. Daher sollte man die politisch-administrative Beratung auf der Ministerialebene wohl eher den drei genannten Ländern überlassen. (Die gezielte Personalführungspolitik dieser Länder schlägt sich auch in der Arbeit des Bundesrates und bei der Vertretung in Brüssel spürbar nieder).

Immerhin: Auch wenn Hessen seine Ansprüche insoweit eher gering ansetzt, sollte es sich einen gewissen Spielraum für die Verwaltungshilfe ab 1991 offenhalten. Es ist betrüblich, daß Hessen – neben Bremen – als einziges Bundesland dem Bund nicht ohne weiteres drei Arbeitsrichter für die DDR zur Verfügung zu stellen vermag, sondern diese Stellen zunächst einmal dem Bundesjustizminister wieder abhandeln muß. Vergleichbares sollte sich nach Möglichkeit nicht wiederholen. Auch deshalb: Wahrung eines finanziellen Spielraums.

4. Sollte die Entscheidung gleichwohl auf eine rasche Beendigung des Aktionsprogramms hinauslaufen, sollte doch zumindest ein Betrag von etwa 10 bis 20 Mio. DM für das Jahr 1991 reserviert bleiben. Die Landesregierung sollte gewappnet sein, falls es in Thüringen – sei es in der Verwaltungshilfe, sei es anderweitig – rascher Hilfe bedarf. Es geht schließlich hier nicht darum, daß die Landesregierung vom Landtag Mittel fordert. Wir haben den gewiß seltenen Fall, daß sie dem Landtag recht frühzeitig „Mittel zurückgibt". Dann sollte es ein leichtes sein, sich jedenfalls einen „Restbetrag" für „Unvorhergesehenes" einzubehalten.

5. So dürfte sich etwa die Frage stellen, ob nicht auch 1991 der Denkmalschutz mit Maßen – schon wegen seiner Breitenwirkung – fortgesetzt werden sollte. Ich teile nicht die Ansicht von Herrn Minister Kanther, daß das Gesundheitsprogramm in Thüringen über die Krankenhäuser hinaus Resonanz gefunden hat. Am breitesten Resonanz dürfte vielmehr die – mit relativ geringen Mitteln betriebene – Restaurierung von Häusern im Andreasviertel finden, allein weil dort plakativ für viele Bürger über Monate auf die

Hessen-Hilfe hingewiesen wird. Aber damit kommt man letztlich auf den Ausgangspunkt zurück: Welches soll der künftige Stellenwert der Beziehungen „Hessen-Thüringen“ für die Landesregierung sein? Soll es eine auf Dauer angelegte vertiefte Zusammenarbeit, eine „Partnerschaft“ geben oder werden diese Überlegungen als mit der Vereinigung erledigt betrachtet?

Dokument 42

Antrag von SPD-Abgeordneten im Hessischen Landtag zur personellen Hilfe des Landes Hessen beim Aufbau einer Staats- und Kommunalverwaltung in Thüringen, 7. 3. 1990 (Quelle: Hessischer Landtag, Drucksache 12/6253)

Antrag
der Abg. Schleicher, Ernst, Becker (Gießen), Dann,
Schneider (Wiesbaden), Schmidt (Waldeck) (SPD)
und Fraktion

betreffend Programm zur personellen Hilfe des Landes beim Aufbau
einer Staats- und Kommunalverwaltung der künftigen Landes Thüringen

Der Landtag wolle beschließen:

Die Landesregierung wird aufgefordert, unverzüglich Vorbereitungen für ein Programm zur personellen Hilfe des Landes Hessen beim Aufbau einer demokratisch und rechtsstaatlich geprägten Staats- und Kommunalverwaltung des künftigen Landes Thüringen einzuleiten.

Ziel des Programmes muß sein, im Rahmen der sich noch in diesem Jahr abzeichnenden Währungs- und Wirtschaftsunion und des sich rasant entwickelnden Vereinigungsprozesses beider deutscher Staaten schnellstmöglich Mitarbeiter und Mitarbeiterinnen des öffentlichen Dienstes in der DDR auf mittlerer, gehobener und höherer Verwaltungsebene mit den Grundsätzen eines rechtsstaatlichen Verwaltungshandelns im föderativen System und den Prinzipien kommunaler Selbstverwaltung vertraut zu machen.

Hierfür kommen unter anderem in Frage:

1. Zeitlich befristeter Austausch von Mitarbeitern und Mitarbeiterinnen gleichartiger Verwaltungsbereiche von Hessen und Thüringen

2. Einrichtung von Ausbildungslehrgängen an den hessischen Verwaltungsfachhochschulen in Rotenburg/Fulda und in Wiesbaden (Abteilungen Kassel und Gießen) und an den Verwaltungsseminaren Kassel und Gießen des Hessischen Verwaltungsschulverbandes.

3. Personelle und sächliche Unterstützung beim Aufbau einer eigenen Aus- und Fortbildungsstätte für Verwaltungsmitarbeiter und -mitarbeiterinnen in Thüringen.

Mit der ressortübergreifenden federführenden Erarbeitung des Programms sollte das Landespersonalamt Hessen beauftragt werden.

Wiesbaden, den 6. März 1990

Dokument 43

Vorlage von Ministerialdirigent Dr. von der Osten-Sacken, Hessische Staatskanzlei, 11. 5. 1990:
Überlegungen zur Verwaltungshilfe in der DDR
(Quelle: HHStAW, Z 502 Nr. 6123)

Die Verwaltungshilfe für die Länder und Kommunen in der DDR dürfte zunehmendes – auch finanzielles – Gewicht gewinnen. Ich darf Ihnen hierzu erste Erfahrungen und Überlegungen skizzieren:

I.

Auf die Bitte des Ratsvorsitzenden des Bezirks Erfurt habe ich kürzlich ein erstes Gespräch zum Verwaltungsaufbau in Thüringen mit den Abteilungsleitern Organisation der Bezirke Erfurt, Gera und Suhl geführt.

1. Hierbei teilten mir die Bezirksvertreter mit, daß sie an der Verwaltungsreform nach Vorgaben der Regierung in Ost-Berlin arbeiteten. Diese Vorgaben hätten insbesondere zum Inhalt:

– Die bisherigen Strukturen sollten soweit wie möglich beibehalten werden.

– Auf Landesebene sollten 12 (!) Ministerien vorgesehen werden, u. a. ein ausschließlich für den Tourismus und ein für die Landesplanung zuständiges Ministerium.

2. In den Gesprächen wurde mit Nachruck dargelegt, daß man beabsichtige, in Thüringen drei Regierungsbezirke einzurichten und die gesamte Zahl der Landkreise (39) und Gemeinden (über 700) beizubehalten.

3. Die Bezirksvertreter hatten sich bereits in Bayern beraten lassen. Sie waren von dort insbesondere mit der Überlegung zurückgekehrt, zwischen den Regierungsbezirken und den Landkreisen noch eine weitere Verwaltungsstufe vorzusehen, und zwar eine Regionalebene als Zusammenfassung von mehreren Landkreisen. Ferner zielten die Überlegungen auch auf die Schaffung von parlamentarischen Staatssekretären.

II.

Ich habe zu verdeutlichen versucht, daß nach allen Verwaltungserfahrungen bei uns die auf der Bezirks- und der kommunalen Ebene beabsichtigten Verwaltungseinheiten für eine leistungsfähige Verwaltung zu klein seien. Es sei völlig unvertretbar, dazu auf der Regionalebene eine weitere Einheit zu schaffen. Auch die Schaffung parlamentarischer Staatssekretäre sei in einem kleinen Land sehr problematisch. Bei einem derartigen Verwaltungsaufbau seien Verwaltungsstrukturen äußerst schwerfällig. Ferner würden sie so kostenintensiv sein, daß für politische Gestaltungen nur wenig Spielraum bleiben dürfte.

Ich hatte den Eindruck, daß jedenfalls die Kritik an einer Regionalebene aufgenommen wurde. Hingegen ließen die Gesprächspartner keinerlei Einsicht erkennen, die Zahl der Verwaltungseinheiten zu reduzieren und ernsthaft zu erwägen, ob in einem Land wie Thüringen auf die Ebene der Regierungsbezirke verzichtet oder die Zahl der Regierungsbezirke reduziert werden kann.

III.

Das Gespräch hat mir den persönlichen Eindruck vermittelt, daß die nahezu unveränderte Bürokratie auf der Bezirksebene (der Bezirk Erfurt hat über 1000 Bedienstete) bemüht ist, die bisherigen Verwaltungsstrukturen beizubehalten und möglichst noch neue Strukturen (Ministerien, Regionalebene) zu schaffen, um das Unterkommen der bisherigen Bediensteten zu sichern. Die insoweit bedenklichen Vorgaben der Zentralregierung könnten sich dadurch erklären, daß auch diese Vorgaben von der Bürokratie in Ost-Berlin gemacht werden, da auch diese Bürokratie an einem Unterkommen in den künftigen Landesverwaltungen interessiert sein dürfte.

Bestätigt wurde dieser Eindruck in einem „Vier-Augen-Gespräch“: Dabei wurde mir erklärt, daß die Ankündigung aus der Bundesrepublik, man wollte Verwaltungsbeamte in die DDR entsenden, zu ganz erheblicher Unruhe unter den Bediensteten geführt habe. Sie befürchteten, daß diese entsandten Beamten ihnen Arbeitsplätze wegnehmen könnten. Dieser Vorschlag habe zu langwierigen Diskussionen in der Bürokratie geführt. Es war auch erkennbar, daß die Bezirksvertreter an einer Hilfe von Beamten vor Ort nicht interessiert waren. Ihr Interesse zielt eher dahin, sich punktuell – insbesondere bei Besuchen in den Ländern – beraten zu lassen.

IV.

Es erscheint mir sehr bedenklich, daß die Regierung in Ost-Berlin den Bezirken zum Verwaltungsaufbau Vorgaben macht, daß eine hohe Zahl von Ministerien geschaffen und im übrigen die bisherigen Strukturen beibehalten werden. Ich bin mir nicht sicher, ob diese Vorgaben so von der politischen Ebene abgedeckt sind. Statt dieser Vorgaben sollten grundsätzliche Erwägungen zur Verwaltungsreform angestellt werden. Nach der Kommunalwahl mögen sich auf der kommunalen Ebene weniger Ansätze für eine Reform finden lassen. Bei dem Aufbau der Landesverwaltung bieten sich jedoch solche Ansätze. Hier sollte eher behutsam und schrittweise vorgegangen werden. Superbürokratien können, zumal in einem kleinen Land, schwerlich etwas zu dem notwendigen Aufbau des Landes leisten. Da die Bediensteten ohnehin kaum an selbständige Entscheidungen gewöhnt sein dürften, ist ohnehin zu erwarten, daß Probleme weitgehend auf die Ministerien durchschlagen dürften.

V.

Sie könnten in dem Gespräch mit dem Herrn Bundeskanzler vielleicht anregen:

1. Die Bundesregierung sollte in Ost-Berlin ihren Einfluß geltend machen, daß den Bezirken nicht Vorgaben zur Verwaltungsreform gemacht werden, die zu großen Bürokratien und zur Beibehaltung der bisherigen Strukturen führen. Vielmehr sollten grundsätzliche Überlegungen zur Verwaltungsreform angestellt werden.

2. Eine aufgeblähte Verwaltung in den Ländern der DDR wird zwangsläufig nach dem Beitritt der DDR dazu führen, daß die Kosten für diese Verwaltung in den Finanzausgleich eingehen und damit letztlich von den Ländern in der Bundesrepublik Deutschland mitzubezahlen sind. Schon jetzt erhalten die kleinen Länder bei uns für „Kosten der politischen Führung" Ausgleichsleistungen im Finanzausgleich. Diese Leistungen dürften erheblich steigen. Auch deshalb müßten die Länder nachdrücklich Einfluß auf den Verwaltungsaufbau der Länder in der DDR nehmen.

3. Derzeit wird Verwaltungshilfe unkoordiniert auf vielen Ebenen geleistet. Die Beratung unter Fachverwaltungen beiderseits der Grenze ist gewiß nützlich und notwendig. Es erscheint mir jedoch dringlich, daß in den künftigen Ländern auf dem Gebiet der DDR jeweils ein kompetenter Arbeitsstab für den Aufbau der Verwaltung gebildet wird. Dieser Arbeitsstab sollte dem künftigen Ministerpräsidenten, bis dahin den Beauftragten der Bezirke zugeordnet werden, die die Regierung in Ost-Berlin in Kürze zu bestellen beabsichtigt. Einem solchen Arbeitsstab könnten etwa drei bis vier Bedienstete aus dem künftigen Land in der DDR und zwei Bedienstete aus dem Partnerland in der Bundesrepublik zugeordnet werden. Dieser Arbeitsstab könnte grundsätzlich Überlegungen zur Verwaltungsreform anstellen und im übrigen die Verwaltungshilfe koordinieren. Es ist durchaus erwägenswert, dabei auch Sachverstand aus der Wirtschaft und Wissenschaft hinzuzuziehen.

4. Es könnte in dem Gespräch auch verdeutlicht werden, daß die Kosten der Verwaltungshilfe keineswegs zwangsläufig Kosten der Länder sind. zwar dürften die Länder aufgrund ihrer Erfahrungen besser als der Bund geeignet sein, Verwaltungshilfe zu leisten. Diese bleibt gleichwohl eine nationale Aufgabe, so daß eine Mitfinanzierung des Bundes geboten erscheint. Ferner sollte verdeutlicht werden, daß die Verwaltungshilfe eine Aufgabe auch aller Länder ist. ich befürchte, daß sie letztlich – zumal wenn sie kostenträchtig wird – bei den wenigen „Partner-Ländern" im Grenzbereich „hängenbleibt". Baden-Württemberg etwa könnte sehr wohl geneigt sein, Mittel eher für die

Förderung von Aktivitäten der heimischen Wirtschaft in der DDR einzusetzen als für eine Verwaltungshilfe im fernen Sachsen.

Es liegt daher nahe, hier rechtzeitig Absprachen über gemeinsame Hilfen und gemeinsame Finanzierungen zu treffen.

5. Noch ein praktischer Vorschlag: Es sollte der Führung der DDR ernsthaft nahegelegt werden, zu überlegen, ob in den kleinen Ländern in der DDR die Ebene der Regierungsbezirke notwendig ist. Regierungspräsidien erscheinen eher in größeren Flächenstaaten sinnvoll. Die künftigen Länder in der DDR dürften etwa die Größe des Landes Schleswig-Holstein haben. Dieses Land kennt keine Regierungspräsidenten. Herrn Ministerpräsidenten Engholm könnte daher nahegelegt werden, den zuständigen Stellen in der DDR eindrücklich darzulegen, daß und weshalb eine leistungsfähige Verwaltung in kleinen Ländern auch ohne die Ebene der Regierungsbezirke möglich ist.

[...]

Zusatz

Soeben erhalte ich den Ihnen von Herrn Staatsminister Kanther übermittelten – dieser Vorlage beigefügten – Vermerk vom 14. d. M. zur Kenntnis.

Seine im Hinblick auf die Finanzverwaltung gewonnenen Eindrücke decken sich mit meinen im Hinblick auf die innere Verwaltung gewonnenen Eindrücken, und ich teile seine Befürchtung, daß in der DDR in nicht vertretbarer Weise aufgeblähte Bürokratien geschaffen werden.

Dokument 44

Bericht des Ministeriums des Innern an den Hessischen Landtag, 31. 5. 1990: Verwaltungshilfe für Thüringen
(Quelle: HHStAW, Z 502 Nr. 6124)

– Überblick über bisherige und gegenwärtig beabsichtigte Maßnahmen –

Im Aktionsprogramm Hessen-Thüringen, insbesondere im Entwurf eines Zweiten Nachtragshaushalts 1990/1991 hat die Landesregierung ihre Bereitschaft zur Verwaltungshilfe für Thüringen zum Ausdruck gebracht. Die folgende Zusammenfassung der Mitteilungen der Ressorts gibt einen Überblick über Schwerpunkte der bisher durchgeführten und zur Zeit ins Auge gefaßten Maßnahmen in den einzelnen Geschäftsbereichen. Dabei ist festzustellen, daß von seiten der DDR konkrete Wünsche nach einem längerfristigen Einsatz von Landesbediensteten in Thüringen bisher nicht geäußert worden sind. Dienstrechtliche Fragen im Zusammenhang mit einem Einsatz von Landesbediensteten in Thüringen sind in dem Arbeitspapier vom 25. April 1990 dargestellt. Zahlenmäßig von größtem Gewicht sind die Kontakte auf den verschiedenen Verwaltungsebenen zum Zwecke der Information und der allgemeinen Beratung, die überwiegend in Hessen, aber auch in nennenswertem Umfang im Rahmen von Dienstreisen in die DDR stattgefunden haben. Die Zahl dieser Gespräche ist so groß, daß sie sich mit vertretbarem Aufwand nicht vollständig darstellen lassen. Schwerpunkte bilden neben der allgemeinen Beratung gegenwärtig die Aus- und Fortbildungshilfe sowie die Ausstattungshilfe.

Die Frage der Koordinierung mit Bund und Ländern wird vor allem über Fachministerkonferenzen, aber auch im direkten Kontakt zu Rheinland-Pfalz und Bayern beantwortet. Dabei kommt z. B. eine regionale Zuordnung wie im Bereich der Steuerverwaltung in Betracht, für die abgesprochen wurde, daß Hessen den Bezirk Erfurt, Rheinland-Pfalz den Bezirk Suhl und Bayern den Bezirk Gera betreut. Eine regionale Aufteilung wird voraussichtlich auch im Umweltbereich bezogen auf bestimmte Bezirke stattfinden. Eine andere Lösung besteht in einer arbeitsteiligen Betreuung aller drei Bezirke des künftigen Landes Thüringen, wie dies z. B. von Hessen und Rheinland-Pfalz für den Bereich der Polizei vorgesehen ist.

Die Frage einer Koordinierung zwischen den hessischen Ministerien stellt sich für die einzelnen Ressorts unterschiedlich. Für die Steuerverwaltung und die Justiz kommt es vor allem auf eine Abstimmung mit dem Bund und den anderen Ländern an. Für die Bereiche Wissenschaft und Kunst und Kultus besteht von vornherein ein geringerer Koordinierungsbedarf mit anderen Ressorts. Zwischen den Ministerien findet im übrigen eine Koordinierung im Rahmen der üblichen ressortübergreifenden Zusammenarbeit statt. Diese ressortübergreifende Zusammenarbeit schließt auch die notwendige Abstimmung in Fortbildungsfragen ein. Insgesamt hat sich eine Notwendigkeit zur Schaffung zusätzlicher Koordinierungsinstrumente nicht ergeben. Die erforderliche Abstimmung mit den Aktivitäten der Kommunen zur Verwaltungshilfe für Thüringen soll zwischen den kommunalen Spitzenverbänden und dem Innenministerium durchgeführt werden.

[...]

[Es folgen die Darstellungen der einzelnen Ressorts und Regierungspräsidien Gießen, Kassel, Darmstadt im Hinblick auf bisherige und geplante Aktivitäten im Rahmen von Verwaltungshilfe für Thüringen.]

Dokument 45

Antrag der Fraktion der CDU und der FDP im Hessischen Landtag, 5. 12. 1990: Änderungen am Entwurf des Dritten Nachtragshaushaltsgesetzes 1990/91 (Quelle: Hessischer Landtag, Drucksache 12/7790)

Änderungsantrag
der Fraktionen der CDU und der F.D.P.

zum Entwurf des Dritten Nachtragshaushaltsgesetzes 1990/91
– Einzelplan 17 –

Der Landtag wolle beschließen:

Zu Kapitel 17 16 Übrige Einnahmen und Ausgaben

1. ATG 80 – Aktionsprogramm Hessen – Thüringen

Es wird folgender zusätzlicher Haushaltsvermerk ausgebracht:

„Abweichend von § 50 Abs. 3 und 4 LHO wird zugelassen, daß die Personalausgaben für nach Thüringen abgeordnete Bedienstete für die Dauer der Abordnung, längstens bis zum 31. Dezember 1992 vom Land Hessen weitergezahlt werden können. Auf eine Erstattung kann verzichtet werden."

2. Titel 648 80 (neu) – Erstattung von Personalausgaben

a) Für 1991 wird ein Ansatz von 5.000.000 DM ausgebracht.

b) Für 1991 wird eine Verpflichtungsermächtigung zu Lasten des Haushaltsjahres 1992 in Höhe von 5.000.000 DM veranschlagt.

c) Die Erläuterungen werden wie folgt gefaßt:

„Hieraus können dem Land Thüringen längstens bis 31. Dezember 1992 Personalausgaben zur Gewinnung von bis zu 100 Bediensteten aus dem außerhalb des in Art. 3 des Einigungsvertrages genannten Gebiet erstattet werden."

3. Titel 898 80 – Zuschüsse für Investitionen

Der Ansatz 1991 von 49.632.000 DM wird um weitere 5.000.000 DM auf 36.632.000 DM vermindert.

Die Erläuterungen werden wie folgt gefaßt:

„Hinweis auf Titel 461 80, 648 80 und 981 80. Die sich dort ergebenden Mehrausgaben werden hier gedeckt."

Wiesbaden, den 4. Dezember 1990

[...]

Erläuterungen zum Antrag „Aktionsprogramm Hessen-Thüringen"

Mit obengenanntem Antrag werden die haushaltsrechtlichen Voraussetzungen für folgende Maßnahmen im Zusammenhang mit der Verwaltungshilfe für Thüringen geschaffen:

1. Es wird die Ermächtigung geschaffen, daß Hessen bis zum 31. Dezember 1992 die Personalausgaben für nach Thüringen abgeordnete Bedienstete weiterzahlen und auf eine Erstattung durch Thüringen verzichten kann. Diese Ermächtigung ist notwendig, weil nach der LHO (§ 50 Abs. 3 und 4) die Weiterzahlung von Personalausgaben durch die abordnende Verwaltung (Hessen) nur bis zur Verkündung des nächsten Haushaltsgesetzes zulässig ist.

Die abgeordneten Bediensteten bleiben solche des Landes Hessen, werden weiter auf ihren (Plan-)Stellen geführt und auch daraus bezahlt. Da sie dem Land als Arbeitskraft nicht mehr zur Verfügung stehen, kann es zu personellem Ersatzbedarf kommen. Hierfür sind die 90 kw-Stellen – ebenfalls befristet bis zum 31. Dezember 1992 – vorgesehen.

2. Von der Abordnung ist der Fall zu unterscheiden, daß ein Landesbediensteter nach Thüringen versetzt wird. Neuer Dienstherr wird das Land Thüringen, das auch für das Gehalt des Versetzten aufzukommen hat. Dessen (Plan-)Stelle in Hessen wird allerdings frei und kann mit einem neuen Bediensteten besetzt werden.

Entsprechend einem Verordnungsentwurf des Bundes (VOE) sind für aus den Westländern kommende Beamte folgende besoldungsrechtliche Übergangsregelungen vorgesehen:
- Neu eingestellte Bedienstete („3 minus-Juristen“) erhalten lediglich die Bezüge, die vergleichbaren Arbeitnehmern im Beitrittsgebiet zustehen (= in der Regel 30 Prozent des westlichen Gehaltsniveaus)
- Versetzten Bediensteten hingegen müssen die Ostländer im Wege der Besitzstandswahrung das bisherige West-Gehalt zahlen.

Hessen stellt hierfür aus dem Aktionsprogramm 1991 und 1992 (VE) je 5 Mio. DM bereit, um Thüringen die Gewinnung qualifizierten Personals aus den Westländern zu erleichtern. Erstattet werden soll Thüringen die Differenz zwischen östlichem und westlichem Gehaltsniveau für bis zu 100 Bedienstete. Der Ansatz von 5 Mio. DM jährlich wurde pauschal aufgrund folgender Annahmen ermittelt:
100 Bedienstete X Bes. A 14 (ca. 70.000 DM) × 70 % = 4,9 Mio. DM

Zur Umsetzung der Erstattungsregeln dürfte eine Verwaltungsvereinbarung mit Thüringen erforderlich sein, für die das Innenministerium die Federführung übernehmen müßte.

Nach dem derzeitigen Stand des Entwurfs der Bundesverordnung können Gehälter auf West-Niveau nur versetzten Beamten gewährt werden. Um dies auch für neu eingestellte Bedienstete zu erreichen, ist eine entsprechende Änderung des Verordnungsentwurfs notwendig, für die sich das federführende Innenministerium beim Bund einsetzen wird.

Demgemäß ist die Zweckbestimmung der Erstattungen haushaltsrechtlich so gehalten, daß – sollte dem Änderungsantrag des Innenministeriums Erfolg beschieden sein – im Rahmen des Gesamtkontingents von 100 Bediensteten Erstattungen an Thüringen auch für neu eingestellte Bedienstete geleistet werden können.

Hessische Hilfsmaßnahmen für Thüringen 1991

Bereich	Verwaltungshilfe					Aktionsprogramm (AP) Hessen-Thüringen
	Kommunalverwaltung	Hilfen zum Aufbau einer Landesverwaltung				
Ansatz	4 Mio. DM (davon 2 Mio. DM aus AP)	ca. 0,4 Mio. DM (aus AP)	6 Mio. DM (aus AP)	5 Mio. DM (aus AP)	5 Mio. DM (aus AP)	50 Mio. DM
Zweckbestimmung	Finanzierungsbeitrag des Landes (2 Mio. DM aus AP, 2 Mio. DM aus Landesausgleichsstock) zur Förderung der Verwaltungshilfe hessischer Kommunen beim Aufbau der kommunalen Selbstverwaltung in Thüringen. (2. Nachtrag)*	Landesanteil an den Personalkosten für den Einsatz 10 hess. Richter im thür. Justizdienst (2. Nachtrag)	Der 3. Nachtrag sieht eine Ermächtigung vor, für Landesbedienstete, die im Rahmen der hess. Verwaltungshilfe für Thüringen länger als 6 Monate eingesetzt werden, bis zu 90 Planstellen oder andere Stellen für Ersatzkräfte mit dem Vermerk „künftig wegfallend" spätestens zum 31. 12. 92 auszubringen.	Aus diesem Ansatz können dem Land Thüringen längstens bis 31. 12. 92 Personalausgaben zur Gewinnung von bis zu 100 Bediensteten von außerhalb des in Art. 3 des Einigungsvertrages genannten Gebietes erstattet werden. Aus etatmäßigen Mitteln können darüber hinaus Personalausgaben für nach Thüringen abgeordnete Bedienstete für die Dauer der Abordnung, längstens bis zum 31. 12. 92 vom Land Hessen weitergezahlt werden. (Änderungsantrag z. 3. Nachtrag)	Deckungsposition für sonstige (üpl.) Ausgaben bei den Ressorts im Rahmen der Verwaltungshilfe des Landes für Thüringen (z. B. Aufwandsentschädigungen, Reisekosten). (2. Nachtrag)	Zweckbestimmung lt. Doppelhaushalt 1990/91. Derzeitige Vorbindungen: – 2,35 Mio. DM Straßenbau – 2,0 Mio. DM Thüringen-Büro und sonst. Zwecke bei den Ressorts – 2,0 Mio. DM lt. Spalte 2 – 0,4 Mio. DM lt. Spalte 3 – 6 Mio. DM lt. Spalte 4 – 5 Mio. DM lt. Spalte 5 – 5 Mio. DM lt. Spalte 6 ——— 22,75 Mio. DM verfügbarer Rest: 27,25 Mio. DM
Spalte 1	Spalte 2	Spalte 3	Spalte 4	Spalte 5	Spalte 6	Spalte 7

[Im 3. Nachtragshaushalt 1990/1991 entschieden]*

Dokument 46

Bundeskanzler Dr. Helmut Kohl an Ministerpräsident Dr. Walter Wallmann, 9. 11. 1990: Bitte um stärkeres Engagement beim Aufbau der Länderverwaltungen (Quelle: HHStAW, Z 502 Nr. 6127)

Lieber Walter,

die neuen Bundesländer und ihre Gemeinden brauchen beim Aufbau ihrer Verwaltungen dringend qualifiziertes Personal aus den alten Bundesländern. Dieser Bedarf geht über die dankenswerterweise von allen Ebenen und Institutionen in diesem Jahr praktizierte Entsendung von Beratern hinaus. Die neuen Länder haben Schwierigkeiten bei der Bezahlung von Personal von außerhalb.

Der Bund gewährt deshalb den Kommunen in den neuen Bundesländern Personalkostenzuschüsse zur Zahlung der Gehaltsdifferenzen. Dafür sind für den Rest des Jahres 1990 10 Mio. DM und für die beiden Folgejahre jeweils 50 Mio. DM vorgesehen. Außerdem ist der Bund generell bereit, durch Abordnung von Bediensteten unter Weiterzahlung der Bezüge zu helfen.

Der Bund hilft auf diese Weise, obwohl er selbst durch den Aufbau der Bundesverwaltung in den neuen Ländern stark beansprucht ist.

Die Hilfe beim Aufbau der Landesverwaltungen muß in erster Linie von den alten Bundesländern kommen. Dort ist das spezifisch qualifizierte Personal vorhanden.

Die Personalkörper von Bund und Ländern stehen im übrigen im Verhältnis 1 : 5. Die Länder haben auch – zu Recht – von Anfang an die Hilfe beim Aufbau der Länderverwaltungen als ihre Aufgabe beansprucht. Sie haben dabei viel geleistet. Jetzt muß aber mehr getan werden, zumal es nicht nur um Personen geht, die bereits im öffentlichen Dienst tätig sind.

Ich bitte Dich daher, im Kreise der Regierungschefs eine Lösung für Personalkostenzuschüsse im Bereich der neuen Länderverwaltungen zu finden. Sie könnte, wie beim Bund für die Kommunalebene, in einem Fonds bestehen.

Daneben geht es darum, den neuen Bundesländern durch eine großzügige Handhabung von Abordnungen zu helfen. Ich würde es begrüßen, wenn die bisherigen Bundesländer weiterhin in diesem Sinne handeln könnten. Auch der Bund wird hier künftig seinen Beitrag leisten.

Deine Kollegen aus den alten Bundesländern haben ein gleichlautendes Schreiben erhalten.

Mit besten Grüßen
Dein

Dokument 47

Ministerpräsident Dr. Walter Wallmann an Bundeskanzler Dr. Helmut Kohl, 18. 12. 1990: Verwaltungshilfe in Thüringen durch die Hessische Landesregierung
(Quelle: HHStAW, Z 502 Nr. 6127)

Lieber Helmut!

Für Dein Schreiben vom 9. November 1990 danke ich Dir. In diesem Schreiben hast Du mich gebeten, gemeinsam mit den Regierungschefs der westlichen Länder den neuen Bundesländern beim Aufbau ihrer Landesverwaltungen durch Personalkostenzuschüsse bei Versetzungen von Bediensteten in die neuen Länder zu helfen. Hierfür hast Du die Errichtung eines gemeinsamen Fonds aller Länder angeregt.

Ich teile Deine Auffassung, daß die Hilfe beim Aufbau der Landesverwaltungen in den fünf neuen Bundesländern eine wichtige Aufgabe für die westlichen Länder ist. Die Bundesregierung kann diese Hilfen wohl unterstützen, nicht aber selbst übernehmen. Erfahrene Bedienstete für die Landesverwaltungen der neuen Bundesländer können nur aus den bisherigen Landesverwaltungen kommen.

Gleichwohl haben die Chefs der Staats- und Senatskanzleien sich auf ihrer letzten Besprechung – ebenso wie die Finanzminister der Länder – nicht auf die Errichtung eines gemeinsamen Länderfonds für Personalkostenzuschüsse einigen können.

Die Landesregierung hat schon vor der Regierungsbildung in Thüringen Hilfe beim Aufbau der Thüringer Landesverwaltung angeboten. Derzeit wird Verwaltungshilfe in größerem Umfang geleistet. Für den Verwaltungsaufbau in Thüringen sollen künftig folgende Mittel bereitgestellt werden:
- sechs Millionen DM zur Finanzierung von bis zu 90 kw-Stellen zum Ausgleich für abgeordnete Bedienstete des Landes,
- fünf Millionen DM zur Unterstützung im Falle von Versetzungen oder zum Einkommensausgleich für neu eingestellte Bedienstete aus den westlichen Bundesländern,
- vier Millionen DM für die kommunale Verwaltungshilfe,
- fünf Millionen DM für Sachleistungen und Personalnebenkosten im Zusammenhang mit dem Aufbau der thüringischen Landesverwaltung,
- in unbestimmter Höhe für die Abgabe von Geräten, Bürohilfsmitteln, Kraftfahrzeugen aus hessischen Beständen an thüringische Dienststellen.

Daneben stehen rund 30 Millionen DM für Investitionen und Ausstattungsmaßnahmen aus dem Aktionsprogramm Hessen-Thüringen zur Verfügung. Ferner werden Haushaltsmittel zur Finanzierung eines Grenzstreifenprogramms mit dem Bund und zum Ausbau von Verbindungsstraßen im ehemaligen Zonenrandgebiet bereitgestellt.

Auch andere Bundesländer leisten beim Neubau der Landesverwaltungen in den neuen

Bundesländern tatkräftig Hilfe. Diese Unterstützung wird dabei unbürokratisch und je nach den Erfordernissen an Ort und Stelle zwischen den jeweiligen Partnerländern gewährt. Eine zentrale, länderübergreifende Steuerung der Verwaltungshilfe durch einen gemeinsamen Fonds für Personalkostenzuschüsse erscheint mir nicht erforderlich zu sein. Ich halte es vielmehr für sinnvoller, im Rahmen der bestehenden partnerschaftlichen Beziehungen zwischen den alten und den neuen Bundesländern – ohne Zwischenschaltung einer zentralen Stelle – rasch und wirksam Hilfe zu gewähren.

Mit freundlichen Grüßen

Dokument 48

Dr. Alexander Gauland, Hessische Staatskanzlei, an den Regierungsbeauftragten für den Bezirk Erfurt, Josef Duchač, 29. 8. 1990:
Sofortige Entsendung von Beratungspersonal für die geplanten Ministerien
(Quelle: HHStAW, Z 502 Nr. 6124)

Sehr geehrter Herr Duchač,

für das interessante Gespräch über die Probleme des Neuaufbaus des Landes Thüringen möchte ich mich auch im Namen meiner Kollegen bei Ihnen nochmals recht herzlich bedanken. Der Gedankenaustausch hat uns wichtige Informationen und viele Einblicke in Ihre Arbeit gegeben, die für die weiteren Überlegungen über die Verwaltungs- und Regierungshilfe des Landes Hessen für Thüringen von großer Bedeutung sind.

Die Landesregierung hat am 28. August 1990 beschlossen, Ihnen weitere Hilfen anzubieten. Da Sie beauftragt worden sind, die Bildung des Landes Thüringen vorzubereiten, möchte ich Ihnen auch auf diesem Wege die Entsendung von Mitarbeitern vorschlagen, die Sie für eine längere Dauer beim Aufbau der Verwaltung in Thüringen unterstützen können. Das Finanzministerium, das Innenministerium, das Justizministerium und das Ministerium für Umwelt und Reaktorsicherheit haben sich bereit erklärt, jeweils einen Mitarbeiter zur sofortigen Entsendung zur Verfügung zu stellen.

Die Landesregierung ist darüber hinaus bereit, zur längerfristigen Beratung beim Aufbau der geplanten Ministerien in Thüringen für jedes der geplanten Ministerien – einschließlich der Staatskanzlei – einen Mitarbeiter nach Erfurt zu entsenden.

Das Ministerium des Innern wird prüfen, in welcher Weise das Land die hessischen Gemeinden und Landkreise bei der Verwaltungshilfe für die Gemeinden und Landkreise in Thüringen unterstützen kann.

Die in den Dienststellen in Thüringen bisher geleistete Verwaltungshilfe in der Verantwortung der einzelnen Ministerien wird auch weiter fortgesetzt. Ich darf Ihnen – auch im Namen meiner Kollegen – versichern, daß jedes Ressort auch weiterhin bemüht sein wird, im Rahmen seiner Möglichkeiten seinen Beitrag für den Aufbau des Landes Thüringen zu leisten.

Mit freundlichen Grüßen

Dokument 49

Dr. Helmut Lenz, Staatssekretär a. D., an den Chef der Staatskanzlei des Landes Thüringen, Dr. Michael Krapp, 12. 12. 1990:
Beendigung der Beratertätigkeit
(Quelle: HHStAW, Z 502 Nr. 6127)

Sehr geehrter Herr Dr. Krapp,

bei unserem letzten Gespräch haben wir kurz die zeitlich absehbare Beendigung meiner Tätigkeit in Erfurt erörtert. In einem längeren Erfahrungsaustausch mit Vertretern aller Ressorts der Hessischen Landesregierung am 10. 12. 1990 hat sich der Eindruck bestätigt, daß die Aufgabe des Koordinators der hessischen Verwaltungshilfe für Thüringen ein „auslaufendes Modell" ist. In dieser Funktion war meine Beratungstätigkeit der ersten Aufbauphase gewidmet, in der es darum ging, die Organisation der Regierung und des nachgeordneten Behördenbereichs für das Land Thüringen zu konzipieren, geeignete Verfahren der Personalgewinnung zu entwickeln und die Bewältigung der vielfältigen Übergangsprobleme in Angriff zu nehmen. Zugleich galt es, mit den beteiligten Ländern Rheinland-Pfalz und Bayern unsere Verwaltungshilfe möglichst effizient in die vorgegebenen transitorischen Organisationsstrukturen einzufügen.

Das ist im Rahmen des Möglichen gelungen. Zwar wächst die tägliche Verwaltungsarbeit. Es mangelt auch weithin noch an geeignetem einheimischem Personal, dem wir beistehen könnten. Auch die Verwaltungshilfe wird nur ein Transitorium sein können. Aber dies alles gehört zu den Problemen, denen die neue Landesregierung des Bundeslandes Thüringen ausgesetzt ist.

Diese hat ihre Tätigkeit aufgenommen und die entsandten „westlichen" Verwaltungshelfer mit ihren jeweiligen Funktionen betraut. Die Koordination der von den Ländern Rheinland-Pfalz, Bayern und Hessen geleisteten Verwaltungshilfe ist nunmehr Aufgabe der neuen Landesregierung. Meine bisherige Funktion läuft damit aus.

Wahrscheinlich werde ich in diesem Monat nicht mehr nach Erfurt kommen können.

Beim Hessischen Staatsgerichtshof ist ein Verfahren anhängig geworden, das auch in den nächsten Wochen arbeitsintensiv sein wird. Deshalb möchte ich mich auf diesem Wege von Ihnen in der Hoffnung verabschieden, daß wir uns gelegentlich wieder begegnen. Zugleich bitte ich Sie, Herrn Ministerpräsidenten Duchač entsprechend zu unterrichten.

Den Chef der Hessischen Staatskanzlei, Ihren Kollegen Dr. Gauland, habe ich mit gleicher Post in Kenntnis gesetzt.

Ihnen möchte ich schon jetzt zu den bevorstehenden Festtagen Glück und weiteren Erfolg bei der Arbeit wünschen.

Mit freundlichen Grüßen
Ihr

Dokument 50

Vermerk über ein Gespräch der Ministerpräsidenten Josef Duchač und Hans Eichel am 21. Mai 1991 in Erfurt:
Verstärkung der Verwaltungshilfe
(Quelle: HHStAW, Z 502 Nr. 6098)

1. Anwesend waren bei dem Gespräch neben
– den Ministerpräsidenten
– der Chef der Staatskanzlei in Thüringen,
– der Regierungssprecher Thüringens,
– die Büroleiterin von Herrn Duchač,
– der Chef der Hessischen Staatskanzlei,
– der Regierungssprecher Hessens,
– der Unterzeichner

2. Die Ministerpräsidenten erörterten zunächst die Tatsache, daß Thüringen partnerschaftliche Beziehungen mit immerhin 3 alten Bundesländern unterhält. Herr Duchač führte aus, daß diese Partnerschaftsbeziehungen problemlos sind. Auch gebe es keine Abgrenzungsschwierigkeiten; diese hätten zwar zu Anfang bestanden. Heute sei dies nicht mehr so.

Das „Aktionsprogramm Hessen-Thüringen" soll nach Meinung beider Ministerpräsidenten umgestaltet werden. Die Verwaltungshilfe soll erheblich verstärkt werden. Nur noch angefangene Projekte und begründete Erwartungen im Zusammenhang mit Projekthilfen sollten über dieses Programm abgewickelt werden; allerdings sollte zugleich geprüft werden, ob solche Projekte nicht vielmehr jetzt über Bundesmittel finanziert werden könnten. Ministerpräsident Hans Eichel stellt dar, daß seines Erachtens nach die noch verfügbaren 33 Mio. DM folgendermaßen aufgeteilt werden sollten:

- Die schon jetzt vorgesehenen 8 Mio. DM Verwaltungshilfe sollten um 10 Mio. DM verstärkt werden.
- 10 Mio. DM für Projekte.
- Über den Rest von 5 Mio. DM soll zu einem späteren Zeitpunkt entschieden werden.

Bei der Finanzierung von investiven Maßnahmen soll es in Zukunft keine Prüfung mehr in hessischen Behörden geben.

Es wird vereinbart, daß die Chefs der Staatskanzleien über Detailfragen sprechen, so daß dann eine entsprechende Vorlage für das Kabinett in Thüringen erarbeitet werden kann.

Über die grundsätzliche Einschätzung dieser Frage besteht Einigkeit.

3. Ministerpräsident Duchač stellt dar, daß er die Idee des gemeinsamen Landes, „Hessingen“, für indiskutabel halte.

Allerdings sollte bei Einzelfragen eine Zusammenarbeit angestrebt werden.

Hier verweist er auf die Vorstellung, ein gemeinsames Oberbergamt zu bilden. Ministerpräsident Eichel stellt die Problematik dar. Er verspricht, mit Staatsminister Fischer über diese Frage zu reden, so daß alsbald eine Entscheidung über das weitere Verfahren getroffen werden kann.

Die Zusammenarbeit der Sparkassen-Verbände solle – so Ministerpräsident Hans Eichel – momentan von seiten der Regierungen nicht gerade forciert werden; Ministerpräsident Eichel verweist allerdings auch darauf, daß es von seiten der Hessischen Landesregierung in dieser Frage keine grundsätzliche Sperre gebe.

Ministerpräsident Duchač führt aus, daß sein Koalitionspartner in dieser Thematik zu einem schnellen Verfahren dränge. Der ostdeutsche Sparkassen- und Giroverband werde ohnehin auseinanderbrechen. Die Thüringische Regierung sei in dieser Frage festgelegt; der OSGV habe keine Chancen – dies werde im übrigen von den meisten Bundesländern der ehemaligen DDR so gesehen, nur hätten die Landesorganisationen der Sparkassen nicht in allen Fällen Partner in den alten Bundesländern gefunden.

Die Zusammenarbeit müsse in einem Staatsvertrag geregelt werden.

Man ist sich einig, daß dieses Thema zwischen Wirtschaftsministern verhandelt werden müsse.

4. Ministerpräsident Duchač erwähnt, daß die vorhandene Zusammenarbeit zu Niedersachsen nach dem Regierungswechsel in diesem Bundesland aufgehört habe.

5. Ministerpräsident Duchač erläutert, daß der Aufbau der Justiz in seinem Land von größter Bedeutung sei. Hier gebe es inzwischen auch eine Reihe von Bewerbungen westdeutscher Juristinnen und Juristen. Allerdings stehe man vor dem Problem, daß eine große Zahl derjenigen, die sich beworben hätten, den Noten-Durchschnitt, der im

Westen erforderlich sei, nicht erreichten. Ministerpräsident Duchač betont, daß man sich für eine Lockerung dieser Bestimmung einsetzen müsse.

6. Der Thüringische Ministerpräsident verweist auf ein Schreiben des Landesbischofs, Dr. Leich, in dem auf einen Behinderten hingewiesen wird, der laut Staatsvertrag zur Deutschen Einheit in eine Blindenstudienanstalt in Königs Wusterhausen gehen müßte. Er wollte allerdings die Blindenstudienanstalt in Marburg besuchen, da diese wesentlich näher sei.

Ministerpräsident Eichel verspricht, diese Frage zu prüfen.

7. Zum Thema der Verbesserung der Verkehrsverbindungen besteht Einigkeit dahingehend, daß die Verbindung auf der Schiene von Köln-Frankfurt über Eisenach-Gotha-Erfurt-Berlin sowie von Dortmund-Kassel in Richtung Thüringen auf der Schiene geschaffen werden muß. Ministerpräsident Duchač erinnert an seinen Vorschlag, die Strecke Frankfurt-Thüringen-Berlin zu einer Transrapid-Verbindung zu machen. Ministerpräsident Eichel betont, daß er grundsätzlich der Auffassung sei, diese Verbindung müsse geschaffen werden; für ihn gebe es allerdings keine Festlegung hinsichtlich der genutzten Technik, zumal die Bundesbahn wie die übrigen europäischen Bahnen das Rad-Schiene-System präferieren.

Hinsichtlich der Straße stellen die Gesprächspartner Übereinstimmung in bezug auf die A 4 wie auch auf die B 62 mit Umfahrungen von Philippsthal und Vacha fest. Ministerpräsident Hans Eichel betont, daß die A 44 – Olpe-Hattenbach – lediglich von der CDU Hessen unterstützt werde. Ansonsten würde diese Strecke von allen politischen Kräften abgelehnt werden.

Des weiteren erläutert Ministerpräsident Hans Eichel, daß es bisher keine Entscheidung der Bundesregierung für eine Bundesautobahn von Kassel nach Eisenach gebe. Im Beschleunigungs- und Maßnahmen-Gesetz-Entwurf stünde diese Strecke völlig unspezifiziert, so daß hier keine Festlegung enthalten sei.

Im übrigen gehe es darum, eine leistungsfähige Straße bei möglichst wenig Landschaftsverbrauch und dies möglichst schnell zu schaffen. Unter diesem Gesichtspunkt spräche alles für den Ausbau der B 7 und die Schaffung von Ortsumfahrungen. Hierzu gäbe es ein großes Maß an Einigkeit bei den Handelnden in Hessen – eben auch bei Umweltverbänden und Gemeinden.

Ministerpräsident Duchač akzeptiert diese Ausführungen von Ministerpräsident Eichel grundsätzlich, betont, daß es grundsätzlich „schnell gehen muß“. Deshalb biete ein Ausbau der B 7 mehr Chancen als die A 44.

Dokument 51

Ministerpräsident Hans Eichel an Ministerpräsident Josef Duchač, 19. 8. 1991: Förderung von Projekten aus Mitteln des Aktionsprogramms Hessen-Thüringen 1991 (Quelle: HHStAW, Z 502 Nr. 6097)

Sehr geehrter Herr Kollege,

für Ihr Schreiben vom 12. Juli 1991 danke ich Ihnen. In diesem Schreiben haben Sie mir eine Aufstellung von Investitionsmaßnahmen übermittelt, die durch das Aktionsprogramm Hessen-Thüringen gefördert werden sollen.

Die Landesregierung stimmt der Förderung der von Ihnen vorgeschlagenen Projekte zu. Sie wird darüber hinaus – entsprechend der zwischenzeitlich erfolgten Abstimmung zwischen den jeweiligen Fachministerien von Thüringen und Hessen – folgende weitere Maßnahmen und Projekte aus Mitteln des Aktionsprogramms Hessen-Thüringen unterstützen:

– im Bereich der Denkmalpflege:
  a) Ausbildung thüringischer Handwerker im Fortbildungswerk Johannesberg in Höhe bis zu 500.000 DM
  b) Förderung der Wiederherstellung des Residenzhauses in Eisenach in Höhe bis zu 450.000 DM

– im Bereich „Umweltschutz“:
  a) Ausbau des Pegels Gerstungen in Höhe bis zu 150.000 DM
  b) Biosphärenreservat Rhön in Höhe bis zu 336.000 DM
  c) Gutachten für grenznahe Naturschutzgebiete in Höhe bis zu 200.000 DM
  d) Renaturierung von drei Werra-Altarmen in Höhe bis zu 600.000 DM

– im Bereich „Jugendbildung“:

  Förderung von Investitions- und Ausstattungsmaßnahmen im Marcel-Callo-Haus in Heiligenstadt in Höhe bis zu 300.000 DM.

  Darüber hinaus stehen Mittel in Höhe von 500.000 DM für Fördermaßnahmen im Bereich der Jugendarbeit und für Maßnahmen der Flüchtlingsbetreuung zur Verfügung.

Die von den Ministerien in Abstimmung mit ihren Thüringer Partnerressorts zusätzlich vorgesehenen Maßnahmen der Aus-, Fort- und Weiterbildung sowie die Förderung von Hospitationen werden insbesondere im Rahmen des für die Verwaltungshilfe vorgesehenen Teils des Aktionsprogramms Hessen-Thüringen abgewickelt. Demgemäß werden folgende Fördermaßnahmen von der Landesregierung befürwortet:

– Ausbildung von Anwärtern des mittleren nichttechnischen Dienstes an der Verwaltungsschule in Weimar in Höhe bis zu 70.000 DM

- Aus- und Fortbildung, Hospitationen im richterlichen und nichtrichterlichen Dienst in Höhe bis zu 308.000 DM
- Lehreraus- und Lehrerfortbildung, Hospitationen, Verwaltungshilfe im Rahmen von Schulpartnerschaften, Schulentwicklung und Bildungsplanung in Höhe bis zu 600.000 DM
- Unterstützung der Lehrtätigkeit an der Universität Jena in Höhe bis zu 250.000 DM
- Ausbildung im Archiv- und Bibliothekswesen in Höhe bis zu 50.000 DM
- Fortbildung und Hospitationen im Bereich des Ministeriums für Umwelt, Energie und Bundesangelegenheiten in Höhe bis zu 20.000 DM
- Hospitationen im Veterinärwesen in Höhe bis zu 60.000 DM
- Ausbau der Versorgungsverwaltung in Höhe bis zu 900.000 DM
- Hospitationen in der Bauaufsicht in Höhe bis zu 120.000 DM
- Fortbildung im Zuständigkeitsbereich der Landwirtschaftsämter in Höhe bis zu 30.000 DM
- Hospitationen im Zuständigkeitsbereich der Landwirtschaftsämter in Höhe bis zu 40.000 DM
- Hospitationen im Zuständigkeitsbereich der Forstämter in Höhe bis zu 47.000 DM
- Fortbildung für Forstbedienstete in Höhe bis zu 3.000 DM
- allgemeine Fortbildungsveranstaltungen in Höhe bis zu 50.000 DM.

Entsprechend dem bisherigen Verfahren geht die Landesregierung davon aus, daß zur Finanzierung der genannten Projekte und Maßnahmen anderweitige Mittel vorrangig in Anspruch genommen werden, wenn sie in ausreichendem Maße zur Verfügung stehen. Dies gilt insbesondere für Projekte im Bereich des Denkmalschutzes, die Sie in Ihrem Schreiben vom 12. Juli 1991 genannt haben. Die dadurch eingesparten Mittel könnten für weitere Projekte in Thüringen eingesetzt werden. Ich denke dabei etwa an die Ausstattung der Grundbuchämter mit EDV-Anlagen, um die die Justizministerien beider Länder mit Nachdruck gebeten haben.

Entsprechend den Ergebnissen unserer Gespräche können nunmehr auch im Jahr 1991 zahlreiche Projekte aus Mitteln des Aktionsprogramms Hessen-Thüringen gefördert werden. Ich freue mich, daß es der Landesregierung möglich ist, Ihnen auch weiterhin in dem gewünschten Umfang Hilfe beim Aufbau des Landes Thüringen zu leisten, und hoffe, daß nunmehr das Aktionsprogramm zügig abgewickelt werden kann.

Die Abwicklung sollte in Zusammenarbeit der jeweiligen Ressorts unserer Länder erfolgen. Die Staatskanzleien und die Ministerien der Finanzen sollten von ihnen über den Vollzug des Programms unterrichtet werden.

Mit freundlichen Grüßen

Dokument 52

Statistik der Abordnungen hessischer Bediensteter nach Thüringen zwischen 1990 und 1996
(Quelle: jeweils in der Liste angegeben)

Hessische Bedienstete (nach Thüringen und in Einzelfällen in andere ostdeutsche Bundesländer)

Abordnungen

Zeitpunkt	Bedienstete insgesamt	davon versetzt*	Abordnungen insgesamt	Abordnungen bis 3 Monate*	Abordnungen über 3 Monate*	Abordnungen über 6 Monate*	Quellenangaben
Dez. 1990	**104**		104				HHStAW Z 502 Nr. 17542, Nr. 14201
Feb. 1991	**137**		137				HHStAW Z 502 Nr. 6128
Mai 1991	**349**		349	92	257		HHStAW Z 502 Nr. 17 542, Nr. 14 201, Nr. 6128
Nov. 1991	**449**	11	438	29	63	346	HHStAW Z 502 Nr. 17542
Jan. 1992	**679**	28	651	105	117	429	HHStAW Z 502 Nr. 17542
Apr. 1992	**681**	69	612	79	92	441	HHStAW Z 502 Nr. 17542
Okt. 1992	**612**	146	466	70	49	347	HHStAW Z 502 Nr. 17542
Jan. 1993	**518**	154	364	50	39	275	HHStAW Z 502 Nr. 17542
Jun. 1993	**546**	191	355	24	35	296	HHStAW Z 502 Nr. 17542
Aug. 1993	**223** davon im Bereich Finanzen 89 davon im Bereich Justiz 120		223				HHStAW Z 502 Nr. 16130
Sep. 1994	**130** davon im Bereich Finanzen 49 davon im Bereich Justiz 67		130				HHStAW Z 502 Nr. 17542
Nov. 1995	**78** davon im Bereich Finanzen 40 davon im Bereich Justiz 35		78				HHStAW Z 502 Nr. 16130
1996 durchschnittlich	**22** davon im Bereich Finanzen 11 davon im Bereich Justiz 11		22				HHStAW Z 502 Nr. 16130

* Soweit hierzu Angaben vorlagen, wurden diese in die Liste aufgenommen.

Anmerkung: Die Anzahl der nach Thüringen oder in die anderen neuen Länder abgeordneten hessischen Bediensteten wurde ab November 1991 durch die Bund-Länder-Clearingstelle statistisch erfasst.

Dokument 53

Hessisches Ministerium der Finanzen, 31. 1. 1992:
Haushaltsmittel des Aktionsprogramms Hessen-Thüringen im Haushalt 1992
(Quelle: HHStAW, Z 502 Nr. 6096)

Auf Grund des Kabinettsbeschlusses vom 28. 1. 1992 stelle ich gemäß § 34 LHO für das Haushaltsjahr 1992 die folgenden Haushaltsmittel bei Kap. 17 16 – ATG 80 Aktionsprogramm Hessen-Thüringen zur Bewirtschaftung zur Verfügung:

1. Zur freien Verfügung erhalten

der Landtag	200.000 DM
die Staatskanzlei	300.000 DM
die Ministerien je	400.000 DM
das Landespersonalamt	150.000 DM
der Rechnungshof	200.000 DM.

2. Zusätzlich erhalten

die Staatskanzlei	
– für die Ausstattung der Thüringer Staatskanzlei	100.000 DM
das Ministerium der Justiz	
– für Reisekosten, Aus- und Fortbildungshilfe sowie für sonstige Maßnahmen der Verwaltungs- und Justizhilfe im 1. Quartal 1992	350.000 DM
das Kultusministerium	
– zur Einrichtung und Ausstattung von Fachräumen für die Lehrerfortbildung	200.000 DM
das Ministerium für Frauen, Arbeit und Sozialordnung	
– zur Unterstützung der Thüringer Versorgungsverwaltung	700.000 DM
das Ministerium für Jugend, Familie und Gesundheit	
– zur Finanzierung der der Stadt Frankfurt am Main entstehenden Kosten bei der Durchführung von Lastenausgleichsverfahren für Thüringen	700.000 DM
– zur Durchführung eines Hospitationsprogramms für Mitarbeiter des thüringischen staatlichen Untersuchungsamtes, der Lebensmittelüberwachung und des Veterinärwesens	100.000 DM
das Ministerium für Wissenschaft und Kunst	
– für die Fortbildung thüringischer Archivare und Bibliothekare	50.000 DM
– für die Fortführung der Kooperationen im Hochschulbereich	600.000 DM
– für die Fortführung der Fortbildungsmaßnahmen von thüringischen Handwerkern im Zentrum für Handwerk und Denkmalpflege (Probstei Johannesberg)	600.000 DM

– um die Präsentation der Ausstellung „Hessen und Thüringen von den Anfängen bis zur Reformation" außer in Marburg auch auf der Wartburg zu ermöglichen 450.000 DM

das Ministerium der Finanzen

– für den Aufbau der Finanzämter in Thüringen 568.000 DM

Dokument 54

Finanzministerin Dr. Annette Fugmann-Heesing an Ministerpräsident Hans Eichel, 22. 5. 1992:
Veranschlagte Gelder zur Umsetzung des Aktionsprogramms Hessen-Thüringen für 1992 (Quelle: HHStAW, Z 502 Nr. 6130)

Sehr geehrter Herr Ministerpräsident,

kürzlich haben Sie mich gebeten, Ihnen einen Vermerk zur tatsächlichen Belastung des hessischen Landeshaushalts durch die Verwaltungshilfe für Thüringen zukommen zu lassen. Ich füge diesen Vermerk als Anlage bei. Als wichtigste Feststellung möchte ich hervorheben, daß zusätzlich zum Hessen-Thüringen-Programm aus dem Landeshaushalt für in Thüringen tätige Landesbedienstete Dienstbezüge in einer Größenordnung von ca. 41,5 Mio. DM gezahlt werden.

Mit freundlichen Grüßen

Anlage

[…]

2. Vermerk:

Die hessische Unterstützung für Thüringen im Jahr 1992 stellt sich wie folgt dar:

a) im Aktionsprogramm Hessen-Thüringen veranschlagte Mittel i. H. v. 50 Mio. DM sind vorwiegend für Verwaltungshilfe bestimmt. Im einzelnen werden die 50 Mio. DM wie folgt verwandt:

– Verstärkungsmittel für Personalmehrausgaben für bis zu 120 kw-Stellen sowie Aufwandsentschädigungen und Verwendungszulagen 16,766 Mio. DM
– Erstattung von Personalmehrausgaben an Thüringen zur Gewinnung von Bediensteten aus den alten Bundesländern gemäß Verwaltungsvereinbarung vom November 1991 5 Mio. DM
– Mitfinanzierung der kommunalen Verwaltungshilfe 2 Mio. DM

– hälftige Finanzierung der Justizhilfe im Rahmen des „Kinkel-Programms“	5,028 Mio. DM
– Trennungsgelder und Reisekosten der Verwaltungshelfer sowie Honorare für reaktivierte Pensionäre	11,87 Mio. DM
– Aus- und Fortbildungshilfe, Hospitationen	1,686 Mio. DM
– zur freien Verfügung der Ressorts	2,1 Mio. DM
– Ausstattung der Thüringer Staatskanzlei	0,1 Mio. DM
– Unterstützung der Thüringer Versorgungsverwaltung	0,7Mio. DM
– Finanzierung der der Stadt Frankfurt/Main entstehenden Kosten bei der Durchführung von Lastenausgleichsverfahren für Thüringen	0,7 Mio. DM
– Kooperationen im Hochschulbereich	0,6 Mio. DM
– Präsentation der Ausstellung „Hessen und Thüringen von den Anfängen bis zur Reformation“	0,45 Mio. DM
– Übernahme des Thüringer Anteils im Jahr 1992 an der Finanzierung der Stiftung Preußischer Kulturbesitz	0,555 Mio. DM
– Anschubhilfen durch investive Hilfen für Sozialstationen	0,25 Mio. DM
– Einrichtungs- und Ausstattungshilfen an Heime für alte Menschen	0,8 Mio. DM
– Sanierung der Behinderteneinrichtung Bodelschwingh-Hof, Mechterstädt	1,145 Mio. DM
– Förderung von Landschaftspflegemaßnahmen (Beweidung)	0,25 Mio. DM
SUMME	50 Mio. DM
b) Darüber hinaus wird aus dem KFA die kommunale Verwaltungshilfe mitfinanziert:	2,0 Mio. DM
c) Zusätzlich ist das Land mit den Dienstbezügen der für bzw. in Thüringen tätigen Landesbediensteten belastet. Die Kosten hierfür können auf rd. 47 Mio. DM geschätzt werden. Hierbei sind freilich die 120 kw-Stellen gegenzurechnen, da die darauf geführten Ersatzkräfte für Hessen tätig sind.	41,5 Mio. DM
d) Weiterhin wurden die aus in 1991 begonnenen Projekten gebundenen Reste ins Haushaltsjahr 1992 übertragen.	8,979 Mio. DM

e) Weitere kleine Positionen wie z. B. die Beihilfen für die Verwaltungshelfer oder die Versorgungsbezüge der reaktivierten Pensionäre können dem Betrag nach nur schwer ermittelt werden und bleiben hier außer Ansatz.

Insgesamt leistet das Land Hessen an Unterstützungen für das Land Thüringen im Haushaltsjahr 1992 rd. 102 Mio. DM.

Dokument 55

Hessisches Ministerium der Finanzen, 11. 3. 1993:
Vollzug des Aktionsprogramms Hessen-Thüringen im Haushaltsjahr 1993
(Quelle: HHStAW, Z 502 Nr. 17541)

Entsprechend dem Schreiben der Hessischen Staatskanzlei vom 2. März 1993, Az.: B 21 k 12/29 –, stelle ich gemäß § 34 LHO für das Haushaltsjahr 1993 die folgenden Haushaltsmittel bei Kap. 17 16 – ATG 80 – Aktionsprogramm Hessen-Thüringen – zur Bewirtschaftung zur Verfügung:

1. Für die Zahlung von Trennungsgeld, Aufwandsentschädigungen (an Pensionäre), Reisekosten, Hilfen bei der Aus-, Fort- und Weiterbildung, Honoraren und anderen Maßnahmen der Verwaltungshilfe erhalten

– der Hessische Landtag	12.000,– DM
– die Hessische Staatskanzlei	55.000,– DM
– das Hessische Ministerium des Innern und für Europaangelegenheiten	1.396.000,– DM
– das Hessische Ministerium der Finanzen	3.620.000,– DM
– das Hessische Ministerium der Justiz	3.895.000,– DM
– das Hessische Kultusministerium	812.000,– DM
– das Hessische Ministerium für Wissenschaft und Kunst	456.000,– DM
– das Hessische Ministerium für Wirtschaft, Verkehr und Technologie	200.000,– DM
– das Hessische Ministerium für Jugend, Familie und Gesundheit	160.000,– DM
– das Hessische Ministerium für Frauen, Arbeit und Sozialordnung	802.000,– DM
– das Hessische Ministerium für Landentwicklung, Wohnen, Landwirtschaft, Forsten und Naturschutz	200.000,– DM
– das Hessische Ministerium für Umwelt, Energie und Bundesangelegenheiten	223.400,– DM
– der Hessische Rechnungshof	120.000,– DM
– das Landespersonalamt Hessen	100.000,– DM
2. Zusätzlich erhält das Ministerium für Jugend, Familie und Gesundheit zur Finanzierung der der Stadt Frankfurt am Main entstehenden Kosten bei der Durchführung von Lastenausgleichsverfahren für Thüringen	600.000,– DM

Dokument 56

Ansprache von Ministerpräsident Hans Eichel, 25. 7. 1994:
Unterzeichnung der Vereinbarung zwischen dem Land Hessen und dem Freistaat Thüringen über die Fortführung der Verwaltungs- und Justizhilfe
(Quelle: HHStAW, Z 502 Nr. 16130)

Einhellig haben die Regierungschefs der Länder auf ihrer Konferenz am 30. Juni 1994 die Notwendigkeit hervorgehoben, die Verwaltungshilfe für die neuen Länder über das Jahr 1994 hinaus fortzuführen. Die Vereinbarung trägt dieser Notwendigkeit Rechnung. Hessen gehört zu den ersten Ländern der Bundesrepublik Deutschland, die die Verpflichtung, den Aufbau der Verwaltung und Justiz in den neuen Ländern auch weiterhin zu unterstützen, rechtlich bindend anerkennt. Ich bin davon überzeugt, daß auch andere Länder unserem Beispiel folgen werden und durch Verwaltungsabkommen oder Staatsverträge den weiteren Aufbau der neuen Länder sichern werden.

Das Abkommen wird zu einem Zeitpunkt geschlossen, in dem das im Dezember 1989 vom Hessischen Landtag beschlossene und auf fünf Jahre begrenzte Aktionsprogramm Hessen-Thüringen ausläuft. Die Vereinbarung ist ohne das frühere Aktionsprogramm Hessen-Thüringen undenkbar, aber die Voraussetzungen und die Inhalte der hessischen Hilfe für Thüringen unterscheiden sich grundlegend von denen, die im Jahre 1989 bestanden haben. Schon äußerlich sind die Unterschiede augenfällig. Das Aktionsprogramm Hessen-Thüringen war ein von Hessen einseitig beschlossenes Hilfsprogramm. Heute wird ein Vertrag als Zeichen beiderseitigen Einvernehmens unterzeichnet, in dem auch keineswegs Rechte und Pflichten einseitig verteilt sind. Längst ist Thüringen für Hessen zu einem gleichwertigen Partnerland geworden. In einigen Bereichen – etwa dem Sparkassenwesen, der Rechtspflegerausbildung, dem Schutz grenzübergreifender Naturschutzgebiete und der Raumordnung – wurden Staatsverträge oder Verwaltungsabkommen geschlossen, die die Beziehungen zwischen Hessen und Thüringen dauerhaft regeln.

Für das Land Hessen hat die Hilfe für Thüringen einen großen Stellenwert. Dies ergibt sich nicht nur aus dem Umfang der Hilfe. Sie hat nach summarischen Schätzungen die Grenze von 300 Mio. DM überschritten. Zeitweilig waren über 1000 Bedienstete des Landes Hessen in Thüringen im Einsatz. Allerdings konnte im Einvernehmen mit Thüringen die Hilfe des Landes beim Aufbau der Justiz und Verwaltung ab 1992 schrittweise reduziert werden. Diese Entwicklung beruht nicht auf einem Nachlassen der generellen Hilfsbereitschaft des Landes, sondern auf der begrüßenswerten Tatsache, daß sich ab 1992 die Thüringer Landesverwaltung und Justiz zunehmend festigte, eigenes Personal ausbilden konnte und auch die Höhe der Abordnungen zum Teil wegen der zwischenzeitlich erfolgten Versetzungen zurückging.

Auf der anderen Seite darf nicht übersehen werden, daß die Hilfsmaßnahmen auch im originären Landesinteresse Hessens liegen. Die wirtschaftliche Entwicklung Nordhessens ist ohne die Thüringens nicht vorstellbar. Der Natur- und Umweltschutz in Osthessen bedarf einer grenzüberschreitenden Kooperation. Und schließlich hat gerade das Land Hessen, das wesentliche Leistungen im Länder-Finanzausgleich erbringt, ein essentielles Interesse daran, daß sich die Lebensverhältnisse in den neuen Ländern rasch verbessern und sich denen im Westen der Bundesrepublik Deutschland angleichen.

Die heutige Vereinbarung enthält daher kein neues einseitiges Hilfsprogramm. Geschlossen wird vielmehr ein Vertrag im eigentlichen Sinne des Wortes: Er beruht auf einem Vergleich und einem Ausgleich der Interessen Thüringens und Hessens.

Mit der Fortführung der Verwaltungs- und Justizhilfe soll das gute und nachbarschaftliche Verhältnis zwischen Hessen und Thüringen fortgeführt werde. Ich freue mich daher, daß Sie, Herr Kollege Dr. Vogel, heute nach Wiesbaden gekommen sind und wir diesen Vertrag als Zeichen einer dauerhaften Zusammenarbeit unterzeichnen können.

Dokument 57

Hessisches Ministerium der Justiz an die Präsidentin, Präsidenten, Direktorinnen und Direktoren der hessischen Gerichte, 4. 7. 1990:
Fortbildungskurse für Richterinnen und Richter in der DDR
(Quelle: HHStAW, Abt. 634 Zug. 39/2007 Nr. 23)

Entsprechend der von den Justizministern und -senatoren anläßlich ihrer 61. Konferenz im Mai 1990 bekundeten Entschlossenheit, ihren Beitrag zum Aufbau einer freiheitlichen, demokratischen, föderativen, rechtsstaatlichen und sozialen Ordnung in der DDR und zur baldigen Herstellung der staatlichen Einheit Deutschlands in einer europäischen Friedensordnung zu leisten und dazu die DDR im Zusammenhang mit der Bildung von Ländern beim Aufbau von Landesjustizverwaltungen und bei der Neuordnung und Verbesserung der Justiz zu unterstützen, ist für die Fortbildung der künftig in der DDR als Richterinnen und Richter tätig werdenden Juristinnen und Juristen ein umfassendes Fortbildungsprogramm aufgestellt worden.

Danach werden ab 1. 10. 1990 für alle Richterinnen und Richter der DDR allgemeine Fortbildungskurse im Umfang von 360 Stunden durchgeführt, die in 12 Wochenkursen mit je 30 Unterrichtsstunden, verteilt auf 12 Monate in der Weise stattfinden, daß jede Richterin und jeder Richter monatlich für eine Woche am Fortbildungslehrgang teilnimmt. Die sich danach ergebenden 60 Fortbildungskurse sind in Anlehnung an den üblichen (Königsteiner) Schlüssel auf die Länder verteilt und jeweils regional zugeordnet worden; die Kurse finden in der DDR, in der Regel am Sitz der Bezirksgerichte statt, die örtliche Organisation wird von der DDR-Justizverwaltung getragen, die Länder stellen die Dozenten und das Lehrmaterial aufgrund eines gemeinsam erarbeiteten Lehrplanes.

Auf Hessen entfallen in diesem Rahmen zunächst vier Kurse, und zwar jeweils zwei in den Bezirken Erfurt und Gera, ein weiterer soll bei zusätzlichem Bedarf im Bezirk Suhl (neben Bayern) eingerichtet werden.

Wegen der Inhalte der Fortbildungslehrgänge nehme ich auf die beigefügte Übersicht über das zwischen den Ländern abgestimmte Kursprogramm Bezug. Ein im einzelnen ausgearbeitetes Curriculum hierzu liegt mit der Zusammenstellung der notwendigen Begleitliteratur ebenfalls bereits vor. Es ist vorgesehen, daß pro Unterrichtswoche zwei bis drei bundesdeutsche Lehrkräfte zum Einsatz kommen, bei denen es sich grundsätzlich um praxiserfahrene Richterinnen und Richter handeln soll. Die Lehrtätigkeit soll nebenamtlich wahrgenommen werden; die Höhe der zu gewährenden Lehrvergütung steht gegenwärtig noch nicht fest. Reisekosten werden nach den üblichen Sätzen erstattet.

Ich bitte, den Richterinnen und Richtern Ihres Gerichts bzw. Ihres Bezirks diesen Erlaß bekanntzugeben und festzustellen, wer zur Übernahme einer Lehrverpflichtung im Rahmen der Förderkurse, ggf. zu welchen Themenbereichen, bereit ist. Interessentinnen und Interessenten bitte ich mir bis spätestens zum

31. Juli 1990 auf dem Dienstweg zu benennen.

Hinsichtlich derjenigen Richterinnen und Richter, die sich auf meinen Erlaß vom 16. Mai 1990 (2220/8 SH – AF 4 – 244/90) zur Mitwirkung bei den Förderkursen für übergesiedelte DDR-Juristen, die hier den Vorbereitungsdienst absolvieren, bereit erklärt haben, gehe ich davon aus, daß sie auch an einem Einsatz als Lehrkräfte bei den Fortbildungslehrgängen für Richterinnen und Richter in der DDR interessiert sind; es bedarf deshalb insoweit keiner nochmaligen Meldung.

Dokument 58

Hessisches Sozialministerium an das Ministerium der Justiz der DDR, 14. 8. 1990: Entsendung von drei hessischen Richtern an Arbeitsgerichten
(Quelle: HHStAW, Abt. 634 Zug. 39/2007 Nr. 23)

Unter Bezugnahme auf die Besprechung im Bayerischen Staatsministerium der Justiz am 28. 6. 1990 in München bestätige ich nochmals, daß ich bereit bin, bereits zum 1. 9. 1990 drei hessische Richter an Arbeitsgerichten gem. § 123a Beamtenrechtsrahmengesetz i. V. m. § 2 HRiG in die DDR zu entsenden.

Es handelt sich hierbei um

1. Herrn Richter am Arbeitsgericht
Darmstadt
Günter Brummer (geb. ... 1954)

2. Herrn Richter am Arbeitsgericht
Frankfurt am Main
Klaus Feser (geb. ... 1940)

3. Herrn Richter am Arbeitsgericht
Gießen
Dr. Peter Wickler (geb. ... 1954)

Die Zuweisung erfolgt zunächst bis zum 31. 12. 1991. Ggf. wird eine Verlängerung der Zuweisung bis zum 31. 12. 1992 möglich sein. Dabei gehe ich davon aus, daß der Einsatz der hessischen Arbeitsrichter Ihrem Schreiben vom 17. Juli 1990 entsprechend bei den Kreisgerichten Erfurt und Gotha sowie beim Bezirksgericht Erfurt erfolgt.

Die drei von mir benannten Richter an Arbeitsgerichten machen ihre Bereitschaft zu einer Tätigkeit in der DDR davon abhängig, daß ihre richterliche Unabhängigkeit nach den in der Bundesrepublik Deutschland geltenden Maßstäben sichergestellt wird. Insbesondere müsse die Unversetzbarkeit und die allgemeine Weisungsfreiheit gewährleistet werden. Schließlich müsse sichergestellt sein, daß sie in der DDR ausschließlich mit Arbeitsrechtsstreitigkeiten befaßt werden. Aufgrund der mit Ihnen am 28. 6. 1990 geführten Gespräche bin ich überzeugt, daß diese Voraussetzungen Ihrerseits erfüllt werden, anderenfalls müßte ich Sie um eine kurzfristige Mitteilung bitten.

Von Ihrem sowohl am 28. 6. 1990 mündlich geäußerten und mit Schreiben vom 2. 8. 1990 wiederholten Angebot, sich um Wohnraum für die entsandten Richter zu bemühen, möchte ich gerne Gebrauch machen. Dabei dürfte es für Sie von Bedeutung sein, daß die genannten hessischen Arbeitsrichter ohne Familie in die DDR kommen werden, jedoch ausnahmslos ein Appartement benötigen.

Ich wäre Ihnen sehr verbunden, wenn Sie mich über den aus Ihrer Sicht erforderlichen weiteren Fortgang des Verfahrens schnellstmöglich unterrichten würden.

Dokument 59

Vermerk über eine Besprechung zwischen Ministerin Dr. Christine Hohmann-Dennhardt und Minister Dr. Hans-Joachim Jentsch am 13. 5. 1991, 15. 5. 1991:
Aufbauhilfe Hessens im Bereich der Justiz
(Quelle: HHStAW, Z 502 Nr. 6128)

Bei der Besprechung zwischen Frau Ministerin Dr. Hohmann-Dennhardt und Herrn Minister Dr. Jentsch am 13. 5. 1991 wurden folgende Punkte vereinbart:

- Hessen wird federführend beim Aufbau der Arbeitsgerichtsbarkeit ab nächsten Monat personelle und organisatorische Hilfe leisten.
- Ebenso wird die federführende Aufbauhilfe Hessens bei weiteren Fachgerichtsbarkeiten (Verwaltungs- und Sozialgerichtsbarkeit) erfolgen.
- Personelle Unterstützung erfolgt bei der Bildung von Senaten für Rehabilitierung (Dafür ist der Einsatz von Pensionären ins Auge gefaßt. 9 Richter und 3 Staatsanwälte im Ruhestand haben sich zur Aufbauhilfe in Thüringen bereit erklärt.)
- Die Hilfeleistung bei der Etablierung der Bewährungshilfe wird in der Form erfolgen, daß ein Bewährungshelfer nach Thüringen abgeordnet wird. Dieser wird im Team mit 5 von Thüringen noch einzustellenden Mitarbeitern arbeiten. Über die Absprache mit Herrn Minister Dr. Jentsch hinaus wird noch ein weiterer Bewährungshelfer zum Thüringischen Justizministerium abgeordnet.
- Die Partnerschaften zwischen Gerichten und Staatsanwaltschaften in Hessen und Thüringen sollen verstärkt und gefördert werden.
- Ferner soll darüber nachgedacht werden, ob im Rahmen eines Staatsvertrages zwischen den Ländern für eine bestimmte Zeit die Aufgaben der Rechtsmittelinstanzen der Fachgerichtsbarkeiten von Hessen übernommen werden können.

Die o. g. Abreden sollen alsbald mit den ebenfalls in Thüringen engagierten Bundesländern Rheinland-Pfalz und Bayern abgestimmt werden.

Dokument 60

Vermerk des Hessischen Ministeriums der Finanzen, 11. 5. 1990:
Aufbau einer Steuerverwaltung in der DDR; Hessische Verwaltungshilfe für den Bezirk Erfurt
(Quelle: Hessisches Ministerium der Finanzen)

Für die Beratung und Unterstützung der DDR beim Aufbau der Steuerverwaltung hat das Bundesministerium der Finanzen verschiedene Arbeitskreise eingerichtet, unter anderem einen Arbeitskreis Organisation, bestehend aus Vertretern der Länder Baden-Württemberg, Hessen, Niedersachsen und Nordrhein-Westfalen.

Die erste Sitzung dieses Arbeitskreises hat in der Zeit vom 4.–6. April 1990 unter Beteiligung von Vertretern der DDR in Rotenburg a. d. Fulda stattgefunden.

Dabei wurden u. a. folgende Festlegungen getroffen:
- Die Errichtung der Finanzämter erfolgt auf der Grundlage eines Stufenplans. Der Vollzug orientiert sich an dem jeweiligen Zeitpunkt der Einführung des materiellen Rechts.
- Es wird von vornherein darauf geachtet, daß effiziente Verwaltungsstrukturen entstehen, d. h. Finanzämter mit optimaler Betriebsgröße von durchschnittlich 250 Arbeitskräften.
- In einem ersten Schritt werden in 50 leistungsstarken Kreisen flächendeckend 50 Organisationseinheiten mit jeweils 12 Arbeitskräften als „Keimzelle" künftiger Finanzämter errichtet. Ihre Aufgabe beschränkt sich zunächst auf die Durchführung der Umsatzbesteuerung.
- Für Serviceleistungen wie z. B. Schreibdienst und Datenerfassung wird zunächst auf vorhandenes Personal in den Abteilungen für Finanzen und Preise zurückgegriffen.
- Im Endausbau, d. h. mittelfristig werden in der DDR insgesamt etwa 106 Finanzämter eingerichtet.

In der zweiten Sitzung des Arbeitskreises Organisation, die in der Zeit vom 25.–27. April 1990 in Göttingen stattfand, hat die DDR-Delegation eine neue Konzeption vorgelegt, die von den geschilderten Festlegungen deutlich abweicht:
- Auf die Einrichtung der 50 „Gründungseinheiten" soll verzichtet werden. Statt dessen ist beabsichtigt, sofort die im Endausbau notwendige Anzahl von Finanzämtern zu errichten.
- Es sollen nicht 106, sondern 135 Finanzämter eingerichtet werden.
- Das für die Besteuerung nach geltendem DDR-Recht (Lohnsteuer, Einkommensteuer etc.) bei den Kreisen vorhandene Personal wird dort abgezogen und vollständig in die Finanzämter umgesetzt. Dementsprechend werden auch Arbeitskräfte für Serviceleistungen wie Schreibdienst und Datenerfassung sofort in die Finanzämter integriert.

– Einzelne Sachgebiete der Finanzämter (z. B. Betriebsprüfung und Steuerfahndung) werden ggf. aus „territorialen, personellen oder materiellen Gründen“ außerhalb des Finanzamtes eingerichtet.

Diese neue Konzeption ist aus verschiedenen Gründen bedenklich:

1. Wenn schon die Beschränkung auf 50 Einheiten nicht durchgesetzt werden kann, sollte doch auf jeden Fall eine Erweiterung über 106 Finanzämter hinaus wegen der damit verbundenen hohen Personal- und Sachkosten nicht akzeptiert werden.

2. Durch die Integration des bisher in den Kreisen mit der Festsetzung und Erhebung der Steuern nach dem bisherigen DDR-Recht befaßten Personals in die Finanzämter erhöht sich der bisher vorgesehene anfängliche Personalbestand von 600 Arbeitskräften (12 Arb. Kr. × 50 Einheiten) auf rd. 4000 Arbeitskräfte (rd. 30 Arb. Kr. je Finanzamt).

Dieser Personalbestand wird mit Sicherheit im ersten Jahr nicht annähernd ausgelastet sein.

3. Die DDR geht davon aus, daß „im Verlaufe des Jahres 1991 ein Bedarf von 26.600 Arbeitskräften in den Finanzämtern der DDR entsteht“.
Dies trifft nicht zu. Der Arbeitskräftebedarf wurde anhand hessischer Fallzahlen und Verhältnisse geschätzt. Der Personalbedarf der Finanzämter der DDR wird die genannte Größenordnung wegen der andersartigen Wirtschaftsstruktur aber vermutlich überhaupt nicht erreichen und im übrigen nur nach und nach entsprechend der wirtschaftlichen Entwicklung in der DDR und dem Ausbau des Steuerrechts langsam wachsen.

4. In den Erörterungen mit den Vertretern der DDR ist deutlich geworden, daß es in den Kreisen sehr starke Autonomiebestrebungen gibt. Dies sollte aber auf keinen Fall dazu führen, daß fast jeder Kreis ein eigenes Finanzamt oder eine Außenstelle erhält, nur um das gesamte vorhandene Personal „zumutbar“, d. h. wohnortnah einsetzen zu können.
Im Interesse des Aufbaus einer effizienten Steuerverwaltung in der DDR muß derartigen personalwirtschaftlichen Überlegungen von vornherein entgegengetreten werden, zumal noch völlig offen ist, in welcher Höhe Haushaltsmittel für Personal- und Sachkosten zur Verfügung stehen.
Erfahrungsgemäß läßt sich auch eine derartige kleinteilige Organisation später kaum noch verändern; die Länder müßten auf Dauer mit außergewöhnlich hohen Personalkosten rechnen.

Die DDR sollte nachdrücklich auf diese Bedenken hingewiesen werden.

Dokument 61

Interne Rundmitteilung der Oberfinanzdirektion Frankfurt am Main, 9. 10. 1990: Aufbau eines Finanzministeriums und einer Oberfinanzdirektion in Thüringen (Quelle: Hessisches Ministerium der Finanzen)

Neben der im Juni 1990 angelaufenen Hilfe beim Aufbau von Finanzämtern in Thüringen (ehemaliger Bezirk Erfurt) durch Betreuungsämter aus Hessen soll nun auch der Aufbau eines Finanzministeriums und einer Oberfinanzdirektion in Thüringen von hessischer Seite betreut werden.

Sitz des Finanzministeriums und der Oberfinanzdirektion Thüringen soll Erfurt sein. Die Unterbringung soll in einem ehemaligen Kasernenkomplex erfolgen. Einzelheiten sind noch nicht geklärt.

Es ist geplant, daß zunächst ein „Aufbaugremium" aus Bediensteten der Bezirksverwaltungsbehörde gebildet wird, das die Aufgaben des Finanzministeriums und der Oberfinanzdirektion wahrnehmen soll. Aus dieser „Keimzelle" sollen Finanzministerium und Oberfinanzdirektion entstehen.

Von hessischer Seite wird dieses Gremium sowohl organisatorisch, als auch fachlich unterstützt. ROR Thessinga und StIin Hummel werden die organisatorische Betreuung – zum Teil vor Ort – wahrnehmen. Die fachliche Betreuung wird von LtRD Scharschmidt und FAV RD Sebald geleistet.

Wöchentlich werden Arbeitskreise (Organisation und Fach AK) tagen, an denen Vertreter der thüringischen Seite, die obengenannten Betreuer sowie Berater aus Bayern und Rheinland-Pfalz (Betreuer der thüringischen Bezirke Suhl und Gera auf Finanzamtsebene) teilnehmen werden.

In diesen Arbeitskreisen wird der Bedarf an Betreuungsmaßnahmen festgestellt und die notwendige Unterstützung durch die betreffenden Referate des Hauses angefordert. Da mit Fragen und Problemen auf vielen Gebieten seitens des thüringischen Finanzministeriums/Oberfinanzdirektion gerechnet werden muß, wird die Unterstützung von mehreren Referaten notwendig werden.

Zur Koordination der Betreuungsarbeit bitte ich, alle Informationen an Herrn Thessinga (St I 1 b) weiterzuleiten.

Dokument 62

Vermerk des Hessischen Ministeriums der Finanzen, 4. 6. 1992:
Aufbau der Steuerverwaltung in Thüringen
(Quelle: Hessisches Ministerium der Finanzen)

Perspektiven der Verwaltungshilfe

Der Umfang und die Art der Verwaltungshilfe sind maßgeblich mitbestimmt vom Stand des Aufbaus der Steuerverwaltung in Thüringen auf allen Ebenen.

1. Die Finanzämter haben m. E. einen bereits erfolgversprechenden Entwicklungsstand erreicht. Die Arbeitnehmerveranlagung – obwohl organisatorisch schwieriges Massenverfahren – wird erfreulich bewältigt. Aufkommenswirksame Bereiche wie Umsatzsteuersonderprüfung, Lohnsteueraußenprüfung, Festsetzung von Vorauszahlungen zur Einkommensteuer und vor allem zur Körperschaftsteuer werden von den Finanzämtern schwerpunktmäßig beachtet.

Weitere Aufgabenstellung:
- organisatorisch: Aufbau der Steuerfahndung und Betriebsprüfung. Dieses erfordert eine umfassende Fortbildung der einzusetzenden Arbeitskräfte, auch wenn diese aus dem Bestand der heutigen Umsatzsteuersonderprüfer rekrutiert werden. Das gleiche gilt, wenn die ersten ausgebildeten Beamten des gehobenen Dienstes hierfür verwendet werden.
- personell: Eine ausreichende Stellenausstattung der Finanzämter ist gesichert, das gleiche gilt auch hinsichtlich der Sachausstattung insbesondere der Unterstützung durch die Automation. Die Schulung insbesondere der Sachgebietsleiter und Hauptsachbearbeiter durch Hospitation in den unterstützenden Ländern ist alsbald vorzusehen. Die Fortbildung in Thüringen durch Dozenten aus dem alten Bundesgebiet steht ebenfalls im Vordergrund. Langfristig ist die Betreuung der Außendienste und die Unterstützung in schwierigen Veranlagungsfällen geboten.

2. Die Oberfinanzdirektion Erfurt kann zur Zeit ihre Aufgabe nur unzureichend wahrnehmen. Eine positive Entwicklung hängt insbesondere ab von der Gewinnung qualifizierter Beamter bzw. Angestellter auf Dauer für alle Ebenen, also Sachbearbeiter, Referenten und weitere Führungskräfte. Bisher konnten nur wenige Referenten- und Sachbearbeiterdienstposten endgültig besetzt werden. Im Führungsbereich (Gruppenleiter und Abteilungsleiter) gestaltet sich die Besetzung besonders schwierig. Wir erwarten über eine bundesweite Ausschreibung hier Erfolg zu haben. Dieser unzureichende Aufbaubestand kann auf steuerfachlichem Gebiet noch begrenzt ertragen werden, solange eine verantwortungsvolle Betreuung auf Finanzamtsebene durch die Unterstützungsfinanzämter möglich ist. Wichtige Koordinierungsaufgaben auf steuerfachlichem/organisatorischem Gebiet können hierdurch naturgemäß nicht

ersetzt werden. Die Steuerung der Personalangelegenheiten bei den Finanzämtern hat noch längst nicht einen wünschenswerten Standard erreicht.

3. Von den Abteilungen Zentral und Steuern des Ministeriums dürfte die Steuerabteilung schon in der Lage sein, schwerpunktmäßig ihre Aufgaben zu erfüllen. Die Zentralabteilung benötigt noch erfahrene Sachbearbeiter insbesondere für Organisation und Haushalt. In der Abteilung fehlt ferner ein Jurist, der ausreichende Erfahrungen im Führungsbereich bei den Finanzämtern und in der Oberfinanzdirektion gesammelt hat. Für die Bereiche Haushalt und Automation müssen die vorhandenen Verwaltungshelfer für einen Verbleib in Thüringen gewonnen werden.

4. Zusammenfassung:
Die Verwaltungshilfe ist langfristig weiter erforderlich. Sie kann zahlenmäßig auf Schwerpunkte beschränkt werden. Eine vertiefende Fortbildung vor Ort durch Praktiker von den unterstützenden Finanzämtern erlangt eine besonders große Bedeutung. Wenn für wichtige Positionen im Führungsbereich nicht qualifizierte Beamte auf Dauer für Thüringen gewonnen werden können, ist für Schlüsselfunktionen auch eine langfristige Abordnung anzustreben.

5. Versetzungen – allgemein
Das Thüringer Finanzministerium ist sehr daran interessiert, Verwaltungshelfer auf allen Ebenen für eine dauerhafte Verwendung im Landesdienst Thüringens zu gewinnen. Nur qualifizierte, ausgebildete Kräfte können als sog. „Korsettstangen" die Gewähr dafür bieten, daß eine kontinuierliche Aufbauarbeit und auch Anleitung der „Thüringer Beschäftigten" weiterhin möglich ist. Dies erlangt auch deshalb besondere Bedeutung, da die im Bildungszentrum der Steuerverwaltung ausgebildeten Beamten des mittleren und gehobenen Dienstes nicht in ausreichender Anzahl und erst zu späteren Zeitpunkten (nach Abschluß der 2- bzw. 3jährigen Ausbildung) zur Verfügung stehen werden. Das gleiche gilt für Juristen in der steuerlichen Ausbildung.

Insofern Versetzungen angestrebt werden, müßte Einvernehmen mit den Betreuungsländern hergestellt werden. Die Anzahl der Versetzungen sollte sich im Rahmen des Verwaltungshilfekonzepts (vgl. Anlage) bewegen.

Anlage
Zahl der Verwaltungshelfer im Thüringer Finanzministerium und nachgeordneten Dienststellen (Stand: 4. 6. 1992)

	gesamt	Hessen	Bayern	Rheinland-Pfalz	Nordrhein-Westfalen	Bund
TFM *[Thüringer Finanzministerium]*	21	12	–	3	–	6
OFD *[Oberfinanzdirektion]*	50	38	1	8	2	1
FÄ *[Finanzämter]*	221	141	29	51	–	–
StBÄ *[Staatsbauämter]*	18	10	–	8	–	–
BZ *[Bildungszentrum]*	17	17	–	–	–	–
STK *[Staatskasse]*	2	1	–	–	–	1
ZG *[Zentrale Gehaltsstelle]*	7	2	–	–	–	5
LA *[Landesamt für Vermögensfragen]*	6	4	–	–	–	2
	342	225	30	70	2	15

Dokument 63

Hessischer Landkreistag an Ministerpräsident Dr. Walter Wallmann, 6. 7. 1990: Beratungstätigkeit in DDR-Kommunen
(Quelle: HHStAW, Z 502 Nr. 6138)

Sehr geehrter Herr Ministerpräsident,

die neugewählten kommunalen Mandatsträger und die demokratischen Reformkräfte in den Kommunalverwaltungen Thüringens und der übrigen DDR bedürfen intensiver Unterstützung beim Aufbau einer funktionierenden kommunalen Selbstverwaltung. Derzeit und auf weitere Sicht sind die kommunalen Körperschaften in Thüringen unter allen Gesichtspunkten unzureichend ausgestattet, um aus eigenen Kräften arbeitsfähige Kommunalverwaltungen aufzubauen.

Hessische Landkreise erfahren nahezu täglich durch ihre Partnerschaften mit thüringischen Kreisen, daß die Hilflosigkeit bei der Neuordnung der Kreisverwaltungen geradezu unvorstellbar ist; gleiches gilt für nahezu alle Gemeinde- und Stadtverwaltungen in Thüringen.

Der außerordentliche Bedarf an kommunaler Hilfe für Thüringen macht es erforderlich, daß unabhängig von gezielter Hilfe im Rahmen bestehender Partnerschaften Beratungstätigkeit in einer Vielzahl von thüringischen Kommunen angeboten wird. Thüringische Kreise, aber auch Gemeinden und Städte bitten dringend um die befristete Entsendung von erfahrenen und juristisch geschulten Verwaltungsmitarbeitern aus Hessen insbesondere für die Bereiche Organisation und Personalwirtschaft, Finanzen, soziale Leistungsverwaltung und Umwelt.

Die kommunale Selbstverwaltung in Hessen ließ sich zunächst von der Vorstellung leiten, daß es allein ihre Sache bleiben könne, Hilfen beim Aufbau der Kommunalverwaltungen in Thüringen anzubieten. Wir müssen jedoch inzwischen erkennen, daß die Kommunen allein dem Ausmaß der notwendigen Hilfe nicht gewachsen sind und sie dringend der Unterstützung des Landes Hessen bedürfen. Wir betrachten die gegenwärtige Entwicklung trotz des unbestreitbaren Engagements und Willens der neugewählten Funktions- und Mandatsträger in Thüringen mit Sorge:

Der notwendige Prozeß der Angleichung an bundesdeutsches Recht stellt die neuen Landräte und Bürgermeister täglich vor schier unüberwindbare Hürden. Rechtsunsicherheiten auf nahezu allen Gebieten kommunalen Verwaltungshandelns, aber insbesondere im Bereich Personalwesen führen dazu, daß sich alte Strukturen in den einzelnen Behörden ungewollt verfestigen.

Da weitere Verwaltungsebenen in der DDR noch fehlen, werden die Kreis- und Stadtverwaltungen in einem Maß auch von der Ost-Berliner Regierung in Anspruch genommen, das weiteres örtliches Verwaltungshandeln lähmt.

Auch die Überführung der DDR-Unternehmen in eine freie Marktwirtschaft, neue Existenzgründungen, aber auch Vorhaben im Bereich Bau- und Umweltschutz laufen ins Leere, wenn nicht funktionsfähige Kommunalverwaltungen als Ansprechpartner und Entscheidungsträger gegenüberstehen.

Vor allem aber darf das Vertrauen der Bevölkerung in den weiteren Reform- und Demokratisierungsprozeß nicht dadurch erschüttert werden, daß die ihnen am nächsten erreichbare Kommunalverwaltung wegen ihrer mangelhaften Ausstattung diesen Prozeß nicht nachhaltig begleiten kann.

Vor diesem Hintergrund bitten wir Sie, Herr Ministerpräsident, sich in der Landesregierung und unter den Landtagsfraktionen dafür zu verwenden, daß das Land Hessen seine bisherigen finanziellen Hilfeleistungen für Thüringen auch für eine den Kommunalverwaltungen in Thüringen zugute kommende Beratungstätigkeit öffnet. Wir betrachten eine in die gleiche Richtung zielende Initiative des Landes Nordrhein-Westfalen für Brandenburg dabei als geeignetes Vorbild auch für Hessen. Das Land Nordrhein-Westfalen hat sowohl die dienstrechtlichen wie finanziellen Voraussetzungen dafür geschaffen, daß pro nordrhein-westfälischer Gebietskörperschaft bis zu 4 Bedienstete befristet zu Kommunalverwaltungen in Brandenburg entsandt werden können. Wir appellieren an Sie, dem Beispiel dieses und anderer Bundesländer zu folgen und ebenfalls Hilfen beim Aufbau der Kommunalverwaltungen in Thüringen zu leisten. Die hessischen Landkreise sind dabei zur Kooperation mit dem Land Hessen gerne bereit.

Mit freundlichen Grüßen

Dokument 64

Vermerk der Hessischen Staatskanzlei, 22. 8. 1990:
Unterstützung der kommunalen Spitzenverbände beim Aufbau einer kommunalen Selbstverwaltung in Thüringen
(Quelle: HHStAW, Abt. 503 Zug. 56/2006 Nr. 553)

Die kommunalen Spitzenverbände in Hessen haben sich seit Anfang dieses Jahres wiederholt an die Landesregierung gewandt mit der Bitte, sie beim Aufbau einer kommunalen Selbstverwaltung in Thüringen finanziell zu unterstützen. Diesem Anliegen ist bisher nicht Rechnung getragen worden.

In letzter Zeit sind einige Bundesländer dazu übergegangen, die Bemühungen ihrer kommunalen Spitzenverbände um den Aufbau einer kommunalen Selbstverwaltung in anderen Bereichen der DDR (Brandenburg, Sachsen u. a.) verstärkt auch finanziell zu unterstützen. Beispielhaft ist das Land Nordrhein-Westfalen. Dieses Land hat für den Bereich des künftigen Landes Brandenburg ein Beratungskonzept entwickelt. Danach werden (bzw. sind bereits ab 1. Juli dieses Jahres) in allen Stadt- und Landkreisen (6 + 39) Brandenburgs Beratungsstellen eingerichtet, die mit Bediensteten aus nordrhein-westfälischen Kommunen zu besetzen sind. Die kommunalen Bediensteten werden jeweils für mindestens 6 Wochen abgestellt. Die Finanzierung des Konzepts ist wie folgt geregelt:

Das Land erstattet den Kommunen Personal- und Sachkosten, die ihnen aus der Entsendung von Bediensteten in die Beratungsstellen entstehen. Die Erstattung wird pauschaliert. Für jeden entsandten Bediensteten wird pro Monat der Aufenthaltsdauer in der Beratungsstelle ein Betrag von 9000 DM als Festbetragsfinanzierung gezahlt. Mit diesem Pauschalbetrag sind alle Aufwendungen einschließlich einer Aufwandsentschädigung und aller entstehenden Reisekosten sowie etwaiger Sachkosten abgegolten. Der Pauschalbetrag wird für höchstens 4 Bedienstete je Beratungsstelle gewährt; die Zahl der Bediensteten, die eine kommunale Körperschaft aus Nordrhein-Westfalen in mehrere Beratungsstellen entsendet, ist nicht begrenzt. Die Regelung gilt für die Zeit vom 1. Juli bis 31. Dezember 1990.

Ein ähnliches flächendeckendes Beratungskonzept hat Baden-Württemberg für den Bereich des künftigen Landes Sachsen entwickelt.

Auch in den anderen Bundesländern werden Überlegungen über eine stärkere Förderung der Bestrebungen ihrer kommunalen Spitzenverbände beim Aufbau einer kommunalen Selbstverwaltung in anderen Bereichen der DDR angestrebt. Dabei sind von besonderem Interesse die Vorstellungen der Länder Bayern und Rheinland-Pfalz, die – wie Hessen – in Thüringen engagiert sind.

Insoweit ist eine Abstimmung mit diesen Ländern geboten. Im Rahmen des AK III der IMK wird sich der Unterausschuß „Kommunales Verfassungsrecht" auf einer Sitzung am 6./7. September 1990 mit der Problematik befassen.

Angesichts der Bedeutung einer kommunalen Selbstverwaltung für das Funktionieren der künftigen Länder auf dem Gebiet der DDR wird das Anliegen der hessischen kommunalen Spitzenverbände grundsätzlich befürwortet.

Dokument 65

Bundesminister Dr. Wolfgang Schäuble an Minister Gottfried Milde, 6. 9. 1990: Bitte um Intensivierung der Hilfsmaßnahmen zum Aufbau der kommunalen Selbstverwaltung in der DDR
(Quelle: HHStAW, Z 502 Nr. 6138)

Sehr geehrter Herr Kollege,

auf den letzten Sitzungen der Innenministerkonferenz sind die Lage in der DDR sowie die Zusammenarbeit mit den künftigen Ländern der DDR einschließlich der Unterstützung der dortigen Kommunen ausführlich erörtert worden. Insbesondere in der Sitzung vom 5. Mai 1990 haben Sie auch Beiträge zum Aufbau der kommunalen Selbstverwaltung in Aussicht gestellt.

Besondere Anerkennung finden die Beratungsprogramme von Nordrhein-Westfalen und Baden-Württemberg. Beide Länder fördern in Zusammenarbeit mit den Kommunen und Kommunalverbänden flächendeckend in dem zur Betreuung übernommenen Anteil der DDR kommunale Beratungsstellen.

Wie der Präsident des Deutschen Städtetages – Herr OB Rommel – schon in seinem Schreiben vom 13. Juli 1990 hervorgehoben hat, wäre es sicherlich eine große Hilfe, wenn diese flächendeckenden Ansätze zur Stärkung der Verwaltungskraft der Kommunen in der DDR für das gesamte Gebiet der DDR realisiert werden könnten.

Denn auch nach meiner Auffassung ist umfassende personelle Hilfe für die Kommunen der DDR das wirksamste Mittel, schnell kommunale Verwaltung handlungsfähig zu machen. Die zur Zeit besonders stark diskutierte Frage der Intensivierung der Investitionen in den Kommunen der DDR zeigt, wie dringend es auf eine auch für diese Aufgabe ausreichend vorbereitete Kommunalverwaltung ankommt.

Wie Sie wissen, unterstützt die Bundesregierung die Bundesvereinigung der Kommunalen Spitzenverbände bei dem Projekt „Hilfen zum Aufbau der kommunalen Selbstverwaltung in der DDR".

Dieses Projekt kann aber selbstverständlich – auch unter Berücksichtigung der verfassungsmäßigen Zuständigkeiten – nur einen zentralen Spitzenbedarf decken und setzt flächendeckende Unterstützungsmaßnahmen der Länder voraus, die eine Intensivierung der Aus- und Fortbildung einschließen sollten.

Ich wäre Ihnen daher dankbar, wenn Sie sich im Rahmen Ihrer Möglichkeiten für eine weitere Verbesserung und Intensivierung der Hilfsmaßnahmen zum Aufbau einer starken kommunalen Selbstverwaltung in der DDR verwenden könnten.

Mit freundlichen Grüßen
Ihr

Dokument 66

Staatsminister Gottfried Milde, Hessisches Ministerium des Innern, an die kommunalen Spitzenverbände in Hessen, 5. 11. 1990:
Unterstützung beim Aufbau der kommunalen Selbstverwaltung in Thüringen
(Quelle: HHStAW, Abt. 503 Zug. 56/2006 Nr. 553)

Sehr geehrte Damen und Herren,

die Frage einer flächendeckenden kommunalen Beratungshilfe für Thüringen war Gegenstand von Gesprächen zwischen Vertretern der kommunalen Spitzenverbände und der Ministerien der Finanzen und des Innern. Die Gespräche hatten folgendes Ergebnis:

– Das Land wird die Bemühungen der kommunalen Spitzenverbände um den Aufbau der kommunalen Selbstverwaltung in Thüringen finanziell unterstützen. Zu diesem Zweck sollen im Haushaltsjahr 1991 insgesamt 4 Mio. DM zur Verfügung gestellt werden. Die eine Hälfte dieses Betrages soll dem Hessen-Thüringen-Programm entnommen, die andere aus dem Kommunalen Finanzausgleich (Landesausgleichsstock) aufgebracht werden. Die Förderung soll ab 1. November 1990 einsetzen. Das Unterstützungsprogramm soll zunächst ein halbes Jahr laufen. Danach soll geprüft werden, ob und in welchem Umfang es weitergeführt wird.

- Kreisfreie Städte und Landkreise in Thüringen bilden zusammen 40 Beratungsgebiete.
- In jedem Beratungsgebiet soll mindestens eine Beratungsstelle eingerichtet werden.
- Bereitstellung und Vermittlung der Berater übernehmen die beteiligten Kommunen unter Einschaltung der kommunalen Spitzenverbände in Hessen und Thüringen; bestehende kommunale Kontakte (Städtepartnerschaften u. a.) sollen berücksichtigt werden.
- Für die Abordnung von Beratern im Rahmen der Verwaltungshilfe soll die entsendende Kommune eine Pauschale erhalten, die 7500,– DM für eine Mindestzeit von 4 Wochen beträgt. Sie schließt alle Aufwendungen der Kommune einschließlich etwaiger Sachleistungen ein. Der Zeitraum von 4 Wochen soll auch als erfüllt gelten, wenn er sich durch die Abordnungszeiten verschiedener Bediensteter errechnet. Ordnet eine Kommune Personal für Zeiten ab, die 4 Wochen überschreiten, sollen auch volle Wochen erstattungsfähig sein. Die Wochenpauschale pro Bediensteter beträgt 1875,– DM. Die abordnenden Kommunen sollen die Pauschale beim Innenministerium unter gleichzeitiger Bescheinigung der Abordnungszeiten anfordern, wobei die Bescheinigungen als Verwendungsnachweis dienen. Die Beträge sollen ab 1991 monatlich bewilligt und ausgezahlt werden. Für Abordnungen in der Zeit vom 1. November bis 31. Dezember 1990 werden die Pauschalen auch erst 1991 zugewiesen, weil die haushaltsrechtlichen Voraussetzungen dafür erst ab dem nächsten Jahr geschaffen werden können.

Die Hessische Landesregierung hat in ihrer Sitzung am 30. Oktober 1990 von dem Vorhaben Kenntnis genommen.

Ich bitte, sich nunmehr intensiv um die Bereitstellung und Vermittlung von Beratern zu bemühen. Anträge auf Gewährung der pauschalen Geldleistungen sind unmittelbar dem Innenministerium vorzulegen. Ich wäre Ihnen dankbar, wenn Sie mir nach meiner Anlaufzeit Erfahrungsberichte über die Tätigkeit der Berater in Thüringen übersenden würden.

Mit freundlichen Grüßen

Dokument 67

Hans Joachim Suchan, Chef der Hessischen Staatskanzlei, an Dr. Michael Krapp, Chef der Thüringer Staatskanzlei, 16. 7. 1991:
Wünsche Thüringer Gemeinden, nach Hessen umgegliedert zu werden
(Quelle: ThHStA Weimar, Thüringer Staatskanzlei Nr. 3484.0/94 Bd. 2, Bl. 80a-82a)

Sehr geehrter Herr Kollege,

die Thüringer Gemeinden Asbach, Sickenberg, Dietzenrode, Henningerode, Lindewerra, Vatterode, Wahlhausen und Weidenbach haben bereits Anfang letzten Jahres auf der Grundlage entsprechender Bürgervoten bei der Stadt Bad Sooden-Allendorf beantragt, von Thüringen nach Hessen umgegliedert und in die Stadt Bad Sooden-Allendorf eingemeindet zu werden.

Es handelt sich dabei um unmittelbare Grenzgemeinden, die vor der Teilung Deutschlands zum Einzugsbereich der Stadt Bad Sooden-Allendorf zählten. Die Gemeinden Asbach, Sickenberg, Henningerode, Vatterode und Weidenbach gehörten zudem ehemals zu dem Land Hessen und sind nur infolge der Grenzänderungen nach dem „Wanfrieder Abkommen" vom 17. 9. 1945 dem Kreis Heiligenstadt zugeordnet worden.

Die Werratal-Gemeinden streben die Umgliederung auf Grund ihrer historisch gewachsenen Verflechtungen mit dem Land Hessen und der Stadt Bad Sooden-Allendorf an. Die Gemeinden Asbach, Sickenbach, Henningerode, Vatterode und Weidenbach möchten darüber hinaus einen nur aus übergeordneten verkehrspolitischen Gesichtspunkten erlassenen Akt der Besatzungsmächte rückgängig gemacht haben.

Die Stadtverordnetenversammlung von Bad Sooden-Allendorf hat den Eingemeindungsanträgen mit Beschluß vom 22./27. März 1990 zugestimmt und bereits vor der Wiedervereinigung über die zuständigen Behörden in Hessen ein Umgliederungsverfahren angeregt.

Die Stadt Bad Sooden-Allendorf hat sich nunmehr erneut mit einer umfangreichen Dokumentation an die Landesregierung gewandt. Ich erlaube mir, Ihnen diese Dokumentation zu Ihrer gefälligen Unterrichtung zu übermitteln.

Die Landesregierung hat gegenüber den Kommunen, die eine Umgliederung anstreben, bisher dargelegt, daß sie zu Grenzänderungen im Rahmen des Art. 29 Abs. 7 GG grundsätzlich bereit sei, für entsprechende Verhandlungen jedoch der Wille der Thüringer Landesregierung für sie entscheidend sei. Ungeachtet dessen bitte ich Sie jedoch um Verständnis, daß die Hessische Landesregierung sich insbesondere für das Anliegen der ehemaligen hessischen Kommunen mitverantwortlich fühlt.

Ich wäre Ihnen daher sehr verbunden, wenn wir die in diesem Zusammenhang aufgeworfenen Fragen möglichst bald in einem persönlichen Gespräch erörtern könnten. Mir ist bekannt, daß Fragen der Grenzänderungen in Thüringen beim Innenministerium ressortieren. Gleichwohl wäre ich Ihnen dankbar, wenn zunächst wir ein informelles Gespräch über diese Fragen führen könnten.

Außer den bei Bad Sooden-Allendorf gelegenen Kommunen sind auch andere Kommunen Thüringens an einer Eingemeindung oder doch zumindest an einer Zusammenarbeit mit hessischen Kommunen interessiert. Es stellen sich insoweit vergleichbare Probleme wie zu anderen Nachbarländern Hessens. Das Land Hessen hat deshalb mit den Ländern Bayern, Baden-Württemberg, Niedersachsen und Nordrhein-Westfalen Staatsverträge abgeschlossen, die den Gemeinden im Grenzgebiet eine kommunale Zusammenarbeit ermöglichen. Ich würde es daher für zweckmäßig halten, auch zwischen dem Land Thüringen und dem Land Hessen einen Staatsvertrag über die grenzüberschreitende Zusammenarbeit zwischen kommunalen Gebietskörperschaften abzuschließen. Wir sollten die Minister des Innern bitten, einen solchen Staatsvertrag vorzubereiten.

Falls Sie mit meinen Vorschlägen einverstanden sind, wäre ich Ihnen sehr verbunden, wenn wir uns möglichst noch in der Sommerpause auf einen Gesprächstermin verständigen könnten.

Mit freundlichen Grüßen

Dokument 68

Rundschreiben des Hessischen Ministeriums für Umwelt und Reaktorsicherheit, 22. 2. 1991: Gemeinsames Oberbergamt der Länder Hessen und Thüringen
(Quelle: HHStAW, Abt. 545 Nr. 2657)

Beiliegend übersende ich den Entwurf einer Kabinettsvorlage betreffend Abschluß eines Staatsvertrages über die Bergbehörden der Länder Hessen und Thüringen. Der Kabinettsvorlage sind beigefügt die Entwürfe

- eines Staatsvertrages über die Bergbehörden der Länder Hessen und Thüringen,
- eines Landesgesetzes über den Abschluß eines Staatsvertrages über die Bergbehörden der Länder Hessen und Thüringen sowie
- einer Vereinbarung zwischen dem Land Hessen und dem Land Thüringen über die Verwaltungskostenerstattung für die durch das Land Thüringen veranlaßten zusätzlichen Aufwendungen des Oberbergamtes für die Länder Hessen und Thüringen.

Dazu liegen ferner ein Aktenvermerk sowie eine Herleitung der zusätzlichen Ausgaben für die Jahre 1991–1993 bei.

Die Begründung der Kabinettsvorlage ist ergänzt um einen Vermerk des Thüringer Umweltministeriums betreffend Neuordnung der Bergverwaltung im Bundesland

Thüringen, der das Ergebnis einer gemeinsamen Befahrung und Besprechung zusammen mit den thüringischen Bergbehörden und dem Oberbergamt ist.

Im Rahmen der von allen Fraktionen des Hessischen Landtages getragenen Thüringen-Hilfe leistet die hessische Bergbehörde bereits seit Monaten Hilfe beim Aufbau einer Bergbehörde für das Land Thüringen und bei der Lösung der zahlreichen dort der Bergaufsicht gestellten Probleme. Dabei hat sich herausgestellt, daß eine wirksame Bergaufsicht auf allen Ebenen der Verwaltung insbesondere angesichts der zu lösenden grenzüberschreitenden Probleme beim Kalibergbau an der Werra eine dauerhafte Verbindung der Bergbehörden in Hessen und Thüringen unter kostensparender Nutzung der in Hessen vorhandenen Organisation, Fachkenntnis und Erfahrung verlangt, die beim Hessischen Oberbergamt vorhanden ist.

Zwischen den Umweltministerien in Hessen und Thüringen besteht daher Einvernehmen, die Aufgaben der oberen Bergbehörde durch ein gemeinsames Oberbergamt für die Länder Hessen und Thüringen wahrnehmen zu lassen.

Da das Bundesberggesetz mit bestimmten Maßgaben bereits jetzt auch in Thüringen gilt, fallen zahlreiche Aufgaben im Bereich der Bergaufsicht laufend an, die nur von einer Oberbehörde erledigt werden können. Ich bitte um Ihre Zustimmung und Mitzeichnung. Das Ministerium der Justiz bitte ich um Rechtsförmlichkeitsprüfung.

Der Beauftragte für den Haushalt wurde beteiligt.

Dokument 69

Minister Joseph Fischer an Minister Hartmut Sieckmann, 8. 8. 1991: Gemeinsames Oberbergamt der Länder Hessen und Thüringen (Quelle: HHStAW, Abt. 545 Nr. 2657)

Sehr geehrter Herr Kollege,

vielen Dank für Ihr Schreiben vom 23. Juli 1991.

Ich nehme Ihre Entscheidung mit Interesse zur Kenntnis, möchte Ihnen aber nochmals den hessischen Standpunkt verdeutlichen:

Der hessische Bergbau ist in seiner Bedeutung und seinem Ausmaß seit Jahren rückläufig. Andererseits unterhält das Land Hessen nach wie vor eine große Bergbauverwaltung, die sich aus drei Bergbauämtern und einem Oberbergamt zusammensetzt. Angesichts der Haushaltslage des Landes Hessen und großer zusätzlicher neuer Aufgaben in der Umweltpolitik unseres Landes ist es aus meiner Sicht weder sachgerecht noch gegenüber den hessischen Steuerzahler/-innen auf Dauer zu vertreten, eine solch große und den praktischen Erfordernissen nicht mehr entsprechende Bergbauverwaltung aufrechtzuerhalten.

Dennoch hielte ich es aus Gründen nachbarschaftlicher Solidarität zwischen Hessen und Thüringen für vertretbar, das Hessische Oberbergamt zu einem gemeinsamen Oberbergamt der beiden Länder zu machen, wenn sich das hessische Engagement dabei zeitlich klar begrenzt und es bei einer klaren Verantwortungs- und Kostenteilung bleibt.

Ihrem Brief entnehme ich ein kleines Mißverständnis:

Es geht nicht darum, daß das gemeinsame Oberbergamt keine Institution auf Dauer würde, sondern es geht lediglich darum, daß sich das Land Hessen entsprechend seinen Interessen nach einem Zeitraum von zwei bis vier Jahren wieder zurückziehen kann. Thüringen hätte bei der Zustimmung zu diesem Angebot die Möglichkeit, eine gut eingeführte, erfahrene Bergverwaltung nach einem längeren Übergangszeitraum voll zu übernehmen.

Verehrter Herr Kollege,

Sie haben sich nun anders entschieden, aber ich möchte nochmals das Angebot des Landes Hessen erneuern, Ihnen auch jenseits der Bildung eines gemeinsamen Oberbergamtes die uns mögliche (auch personelle) Verwaltungshilfe zum Aufbau einer eigenständigen Bergbauverwaltung des Landes Thüringen anzubieten. Sollten Sie personelle und fachliche Hilfe und Rat in der Bergverwaltung benötigen, so bitte ich Sie, mir dies kurzfristig mitzuteilen, damit ich alles Nötige unverzüglich veranlassen kann.

In der Hoffnung auf eine weiterhin gute persönliche Zusammenarbeit verbleibe ich

mit freundlichen Grüßen
Ihr

Dokument 70

Minister Hartmut Sieckmann an Minister Joseph Fischer, 20. 1. 1993:
Kein gemeinsames Oberbergamt mit Hessen
(Quelle: HHStAW, Abt. 545 Nr. 2654)

Sehr geehrter Herr Kollege, lieber Herr Fischer,

unsere gemeinsamen Überlegungen zur Bildung eines Oberbergamtes Hessen-Thüringen, die im Jahr 1991 aufgenommen, dann zeitweilig ausgesetzt und 1992 fortgesetzt wurden, sind in den letzten Monaten in ein neues Stadium getreten.

Ich bitte Sie deshalb um Entschuldigung, daß von Thüringer Seite seit dem Oktober 1992 ein gewisses Informationsdefizit gegenüber Ihnen und Ihrem Hause entstanden ist. Das hängt mit der Neustrukturierung der Landesverwaltung Thüringens im nachgeordneten Bereich zusammen.

Nachdem das Kabinett in seiner Sitzung am 19. 1. 1993 die neue Organisationsstruktur beschlossen hat, möchte ich Sie unverzüglich über das Ergebnis in der Bergbauverwaltung informieren.

Die Landesregierung hatte zur Vorbereitung der Funktionalreform eine Sachverständigenkommission berufen, die in ihrem Abschlußbericht eine Eingliederung der Bergmittelbehörde als ein Referat in das Landesverwaltungsamt Weimar vorsah. Diesem Vorschlag konnte ich nicht folgen, genausowenig wie einer Zusammenfassung der oberen Bergbehörden Sachsens und Thüringens. Letztlich haben wir uns dann für ein eigenständiges Oberbergamt Thüringen entschieden. Dieses soll sich neben den Problemen der Kaliregion, die uns und Hessen gemeinsam betreffen, vor allem mit den Aufgaben in Ostthüringen im Braunkohlen-, Teer- und Wismutbereich befassen.

Vor diesem Hintergrund bitte ich um Verständnis, daß ein gemeinsames Oberbergamt mit Hessen zunächst nicht gebildet werden kann.

Ich möchte mich ganz herzlich bei Ihnen und Ihren Mitarbeitern für die gezeigte Bereitschaft zur Zusammenarbeit, die vielfältigen und auch zeitraubenden Vorbereitungsarbeiten sowie die große Hilfe Ihrer Verwaltung für das Land Thüringen bedanken und hoffe, daß diese Hilfe und die gute Zusammenarbeit trotz der Entscheidung des Kabinetts nicht abreißt, sondern fortgeführt werden kann.

Mit freundlichen Grüßen
Ihr

Abbildungsnachweis

Seite 95: Hessisches Ministerium für Arbeit, Familie und Gesundheit – 103, 106, 270, 271, 272, 274: Gemeinde Philippsthal – 126, 127, 128, 129 (links), 130: Rittmannsperger + Partner, Darmstadt – 129 (rechts): K. Brandes – 211, 488: Dr. P. Wickler – 259: E. Dettmering, Archiv Presseamt der Universitätsstadt Marburg – 303: B. Benzing, Diözesanarchiv, Bischöfliches Generalvikariat Fulda.

Die Fotografien bzw. Rechte-Inhaber konnten nicht in allen Fällen eindeutig ermittelt werden. Wir bitten daher ggf. um Mitteilung an den Verlag.

Verzeichnis der Fund- und Dokumentationsstellen

AOK Hessen

Archiv des Thüringer Landtags. *Sigle*: ArThüLT

Gemeinde Philippsthal

Hessische Staatskanzlei

Hessischer Landtag

Hessisches Hauptstaatsarchiv Wiesbaden. *Sigle*: HHStAW

Hessisches Landesamt für Straßen- und Verkehrsverwaltung

Hessisches Ministerium der Finanzen

Hessisches Ministerium für Wirtschaft und Technik. *Sigle*: HMWT

Hessisches Ministerium für Wirtschaft, Verkehr und Landesentwicklung. *Sigle*: HMWVL

Hessisches Ministerium für Wissenschaft und Kunst. *Sigle*: HMWK

Hessisches Sozialministerium

Stadtarchiv Marburg

Thüringer Hauptstaatsarchiv Weimar. *Sigle*: ThHStA Weimar

Thüringer Staatsarchiv Rudolstadt. *Sigle*: ThStA Rudolstadt

Privatarchiv Rittmannsperger

Privatarchiv R. Wagner

Privatunterlagen Dr. H. Falcke

Privatunterlagen Ch. Geisler

Privatunterlagen H.-O. Kurz

Stadt Hochheim am Main

Literatur

(Die jeweiligen Kurztitel geben die Zitierweise im Text an. In die Literaturliste wurden nur die in der Einleitung und in den Anmerkungen des Textes zitierten Werke aufgenommen.)

Abendroth, Elisabeth: Hessen. Drei Hessen unter einem Hut, in: Die deutschen Länder. Geschichte, Politik, Wirtschaft, hrsg. von Hans-Georg Wehling, Wiesbaden, 3. aktual. Aufl. 2004, S. 145–164.

Andersen, Uwe: Finanzierung der Einheit, in: Handbuch zur deutschen Einheit 1949–1989–1999 (= Schriftenreihe der Bundeszentrale für politische Bildung, Bd. 363), hrsg. von Werner Weidenfeld und Karl-Rudolf Korte, Bonn, aktual. und erw. Neuausgabe, 1999, S. 368–383.
Handbuch zur deutschen Einheit, 1999.

Barz-Malfatti, Hilde, u. a. (Forschungsgruppe): Stadtland Thüringen – Wege des Städtebaus. Katalog zur interaktiven Wanderausstellung, hrsg. von der Bauhaus-Universität Weimar und dem Thüringer Ministerium für Bau und Verkehr, Weimar 2007.

Bauer, Hans Joachim; Werner, Olaf (Hrsg.): Festschrift zur Wiedererrichtung des Oberlandesgerichts in Jena, München 1994.

Bauer, Thomas: Aufbau der Verwaltung in den fünf neuen Ländern. Erfahrungen eines bayerischen Beamten im Thüringer Innenministerium, in: Staatswissenschaften und Staatspraxis 2/1991, S. 378–388.

Beiträge zur Verwaltungshilfe für die Thüringer Kataster- und Vermessungsverwaltung, in: Mitteilungsblatt der Thüringer Kataster- und Vermessungsverwaltung, hrsg. vom Thüringer Innenministerium, Abteilung Kataster- und Vermessungswesen, 7/1999.

Bender, Peter: Die „Neue Ostpolitik“ und ihre Folgen. Vom Mauerbau bis zur Vereinigung (= Deutsche Geschichte der neuesten Zeit vom 19. Jahrhundert bis zur Gegenwart), München, 3. überarbeitete u. erw. Neuausgabe, 1995.

Bökel, Gerhard: Zusammenarbeit von Kreisen dargestellt am Beispiel des Lahn-Dill-Kreises und des Kreises Ilmenau, in: Hessen und Thüringen. Umbruch und Neuanfang 1989/90, hrsg. von Norbert Kartmann und Dagmar Schipanski, Frankfurt am Main 2007, S. 121–129.
Hessen und Thüringen, 2007.

Bornheimer, Horst: Kölleda, Freundschaftsstadt in Thüringen. Aus Hochheimer Sicht …, in: Jubiläumsschrift zur 1250-Jahr-Feier der Stadt Hochheim am Main – Ein Lesebuch zur Hochheimer Geschichte, hrsg. vom Magistrat der Stadt Hochheim am Main, Hochheim am Main 2004, S. 174–175.
Jubiläumsschrift Hochheim am Main, 2004.

Brüggemann, Gerhard: Der Neubau der Thüringer Kataster- und Vermessungsverwaltung, in: Zeitschrift für Vermessungswesen, 2/1992, S. 77–84.

Dittrich, Marcus: Gestaltende Dienstleistungsbehörde für die Region – das Regierungspräsidium Kassel im Wandel (= Magisterarbeit, Fachbereich 05, Universität Kassel), Kassel 2007.

Dornheim, Andreas: Demokratischer Umbruch in Thüringen 1989/90, in: Thüringen. Eine politische Landeskunde (= Jenaer Beiträge zur Politikwissenschaft, Bd. 4), hrsg. von Karl Schmitt, Weimar, Köln, Wien 1996, S. 3–19.
Thüringen. Eine politische Landeskunde, 1996.

Dornheim, Andreas; Schnitzler, Stephan (Hrsg.): Thüringen 1989/90: Akteure des Umbruchs berichten, Erfurt 1995.

Drapatz, Bernhard; Oppelland, Torsten: Regierung und Verwaltung, in: Thüringen. Eine politische Landeskunde (= Jenaer Beiträge zur Politikwissenschaft, Bd. 4), hrsg. von Karl Schmitt, Weimar, Köln, Wien 1996, S. 126–151.
Thüringen. Eine politische Landeskunde, 1996.

Driftmann, Markus: Die Bonner Deutschlandpolitik 1989/90. Eine Analyse der deutschlandpolitischen Entscheidungsprozesse angesichts des Zerfalls der DDR (= Texte zu Politik und Zeitgeschichte, Bd. 8, zugl. Marburg, Univ. Diss.), Münster 2005.

Egerter, Wolfgang: Ein Wunsch geht in Erfüllung. Aufzeichnungen 1989–1997, Eigenverl., Erfurt u. Rosbach, 1. Aufl., 1998.
Egerter, Ein Wunsch geht in Erfüllung, 1998

Egerter, Wolfgang: Rund um das Hessische Informationsbüro in Erfurt. Aufbau – Gespräche – Begegnungen, in: Hessen und Thüringen. Umbruch und Neuanfang 1989/90, hrsg. von Norbert Kartmann und Dagmar Schipanski, Frankfurt am Main 2007, S. 69–76.
Hessen und Thüringen, 2007.

„Erste Hilfe im Denkmalschutz". Interview mit Prof. Dr. Gottfried Kiesow, in: Barz-Malfatti, Hilde, u. a. (Forschungsgruppe): Stadtland Thüringen – Wege des Städtebaus. Katalog zur interaktiven Wanderausstellung, hrsg. von der Bauhaus-Universität Weimar und dem Thüringer Ministerium für Bau und Verkehr, Weimar 2007, S. 42–44.

Friedel, Mathias (Hrsg.): Von der Teilung zur Wiedervereinigung. Dokumente zur Deutschen Frage in der Zeit des Kalten Krieges (1945–1989/90), 2006.
Friedel, Von der Teilung zur Wiedervereinigung, Wiesbaden 2006.

Görtemaker, Manfred: Der Weg zur Einheit (= Informationen zur politischen Einheit, Nr. 250), hrsg. von der Bundeszentrale für politische Bildung, Bonn, überarbeitete Neuauflage, 2005.

Grasreiner, Sylvia; Ruske, Wolfgang: Hessische Grenzmuseen: Point Alpha. Schiffersgrund (Blickpunkt Hessen), hrsg. von der Hessischen Landeszentrale für politische Bildung, 6/2006.

Gros, Jürgen; Wagner, Peter M.: Verträge zur deutschen Einheit, in: Handbuch zur deutschen Einheit, hrsg. von Werner Weidenfeld und Karl-Rudolf Korte, Bonn, aktual. Neuausgabe, 1996, S. 698–712.
Handbuch zur deutschen Einheit, 1996.

Grunow, Dieter: Verwaltungshilfe des Westens: Unterstützung oder Flop?, in: Deutschland-Ost vor Ort. Anfänge der lokalen Politik in den neuen Bundesländern, hrsg. von Susanne Benzler, Udo Bullmann und Dieter Eißel, Opladen 1995, S. 298–310.

Grunow, Dieter u. a.: Verwaltungstransformation zwischen politischer Opportunität und administrativer Rationalität. Eine empirische Untersuchung der Verwaltungshilfe für Brandenburg (= Sozialplanung und Sozialverwaltung, Bd. 19), Bielefeld 1996.

Hartmann, Helmut: Erinnerungen eines Stadtmissionspfarrers. Die immer neuen Herausforderungen an eine kleine Kirche in einer großen Stadt, maschinenschriftl. Ex., Erfurt o. J. [1998].

Heidenreich, Bernd; Böhme, Klaus (Hrsg.): Hessen. Land und Politik (= Schriften zur politischen Landeskunde Hessen, Bd. 6), Stuttgart 2003.

Herrel, Eckhard; Wionski, Heinz: Mühlhausen. Von der „Hessenhilfe" zur Stadterneuerung, in: Denkmalpflege in Hessen, hrsg. vom Landesamt für Denkmalpflege Hessen, 2/1991, S. 8–13.

Hertle, Hans-Hermann: Chronik des Mauerfalls. Die dramatischen Ereignisse um den 9. November 1989, Berlin, 5. Aufl., 1997.

Hessen und Thüringen – Nachbarn und Partner. Begleitheft. Ergänzender Beitrag zur Ausstellung „20 Jahre friedliche Revolution und deutsche Einheit", hrsg. vom Hessischen Hauptstaatsarchiv Wiesbaden, Wiesbaden, 1. Aufl., 2009.

Hillenbrand, Olaf: Umwelt, in: Handbuch zur deutschen Einheit 1949–1989–1999 (= Schriftenreihe der Bundeszentrale für politische Bildung, Bd. 363), hrsg. von Werner Weidenfeld und Karl-Rudolf Korte, Bonn, aktual. und erw. Neuausgabe, 1999, S. 752–765.
Handbuch zur deutschen Einheit, 1999.

Hilmer, Richard: Übersiedler aus der DDR. Tabellen, in: Materialien der Enquete-Kommission „Aufarbeitung von Geschichte und Folgen der SED-Diktatur in Deutschland“ (12. Wahlperiode des Deutschen Bundestages), hrsg. vom Deutschen Bundestag, Bd. VII. 1, Baden-Baden 1995, S. 430–449.
Hilmer, Materialien der Enquete-Kommission, 1995.

Huber, Peter M.: Das Kommunalrecht, in: Thüringen. Eine politische Landeskunde (= Jenaer Beiträge zur Politikwissenschaft, Bd. 4), hrsg. von Karl Schmitt, Weimar, Köln, Wien 1996, S. 152–179.
Thüringen. Eine politische Landeskunde, 1996.

Hutt, Thomas: Strafverfolgung im Rechtsstaat. Der Aufbau staatsanwaltschaftlicher Ermittlungsbehörden in Thüringen, in: Festschrift zur Wiedererrichtung des Oberlandesgerichts in Jena, hrsg. von Hans Joachim Bauer und Olaf Werner, München 1994, S. 207–212.

Jann, Werner: Öffentliche Verwaltung, in: Handbuch zur deutschen Einheit, hrsg. von Werner Weidenfeld und Karl-Rudolf Korte, Bonn, aktual. Neuausgabe, 1996, S. 526–539.
Handbuch zur deutschen Einheit, 1996.

Jentsch, Hans-Joachim: Aufbauhelfer mit Kabinettsrang, in: Hessen und Thüringen. Umbruch und Neuanfang 1989/90, hrsg. von Norbert Kartmann und Dagmar Schipanski, Frankfurt am Main 2007, S. 85–92.
Hessen und Thüringen, 2007.

Jentsch, Hans-Joachim: Festvortrag: 10 Jahre Hessen-Thüringen, in: Polis (Schriftenreihe der Hessischen Landeszentrale für politische Bildung), 29/2000, S. 9–21.

Jung, Franz Josef: Eine bewegte und bewegende Zeit, in: Hessen und Thüringen. Umbruch und Neuanfang 1989/90, hrsg. von Norbert Kartmann und Dagmar Schipanski, Frankfurt am Main 2007, S. 103–110.
Hessen und Thüringen, 2007.

Kartmann, Norbert; Schipanski, Dagmar (Hrsg.): Hessen und Thüringen. Umbruch und Neuanfang 1989/90, Frankfurt am Main 2007.
Hessen und Thüringen, 2007.

Kartmann, Norbert: „Wendezeit“. Hessen und Thüringen – eine notwendige Erinnerung, in: Hessen und Thüringen. Umbruch und Neuanfang 1989/90, hrsg. von Norbert Kartmann, Dagmar Schipanski, Frankfurt am Main 2007, S. 7–14.
Hessen und Thüringen, 2007.

Katalog zur Ausstellung Hessen und Thüringen – Von den Anfängen bis zur Reformation. Eine Ausstellung des Landes Hessen; Landgrafenschloß Marburg 27. 5. 1992–26. 7. 1992, Wartburg Eisenach 26. 8. 1992–25. 10. 1992, hrsg. vom Land Hessen, Marburg u. Wiesbaden 1992.

Kiesow, Gottfried: Die Hessenhilfe für die Denkmalpflege in Thüringen, in: Denkmalpflege in Hessen, hrsg. vom Landesamt für Denkmalpflege Hessen, 2/1991, S. 2–4.

Kleinfeld. Ralf: Verbände, in: Handbuch zur deutschen Einheit 1949–1989–1999 (= Schriftenreihe der Bundeszentrale für politische Bildung, Bd. 363), hrsg. von Werner Weidenfeld und Karl-Rudolf Korte, Bonn, aktual. und erw. Neuausgabe, 1999, S. 765–780.
Handbuch zur deutschen Einheit, 1999.

Leich, Werner: Wechselnde Horizonte. Mein Leben in vier politischen Systemen, Wuppertal u. Zürich 1992.

Lindner, Bernd: Die demokratische Revolution in der DDR 1989/90, hrsg. von der Bundeszentrale für politische Bildung (= Reihe Deutsche ZeitBilder), Bonn, durchgesehener Nachdruck, 1998.

Linck, Joachim: Haus demokratischer Willensbildung: Wiedergeburt der parlamentarischen Demokratie, in: Der Thüringer Landtag. Politisches Zentrum eines neuen Bundeslandes, hrsg. vom Thüringer Landtag, Erfurt 1994, S. 97–111.

Lippelt, Helga: Trabbi Salz und freies Grün. An der Grenze zu einem Land, das es nicht mehr gibt, Buxtehude, Originalausgabe, 1990.

Mai, Gunther: Die Vorläufer der Landesverfassung unter besonderer Berücksichtigung der Arbeiten des „Politisch beratenden Ausschusses zur Bildung des Landes Thüringen“, in: Zehn Jahre Thüringer Landesverfassung (1993–2003) (= Schriften zur Geschichte des Parlamentarismus in Thüringen, Bd. 22), hrsg. vom Thüringer Landtag, Weimar 2004, S. 25–41.

Marek, Dieter: Bezirke statt Länder: Die DDR-Verwaltungsreform 1952, Erfurt 2002.

Materialien der Enquete-Kommission „Aufarbeitung von Geschichte und Folgen der SED-Diktatur in Deutschland" (12. Wahlperiode des Deutschen Bundestages), hrsg. vom Deutschen Bundestag, Bd. VII. 1 und VII. 2, Baden-Baden 1995.
Materialien der Enquete-Kommission, 1995.

Merkblatt: Reisen in die DDR mit Tagesaufenthalten im grenznahen Bereich und Reisen durch die DDR in andere Länder, hrsg. vom Bundesministerium für innerdeutsche Beziehungen, Bonn, 16. Aufl., 1989.

Mühlfriedel, Wolfgang: Die thüringische Wirtschaft im Wandel, in: Thüringen. Eine politische Landeskunde (= Jenaer Beiträge zur Politikwissenschaft, Bd. 4), hrsg. von Karl Schmitt, Weimar, Köln, Wien 1996, S. 242–266.
Thüringen. Eine politische Landeskunde, 1996.

Mühlhausen, Walter: „… die Länder zu Pfeilern machen …" Hessens Weg in die Bundesrepublik Deutschland 1945–1949, hrsg. von der Hessischen Landeszentrale für politische Bildung (= Hessen in Geschichte und Politik, Bd. 1), Wiesbaden 1989.
Mühlhausen, „… die Länder zu Pfeilern machen …", 1989.

Mühlhausen, Walter: Karl Geiler und Christian Stock. Hessische Ministerpräsidenten im Wiederaufbau, Marburg 1999.
Mühlhausen, Karl Geiler und Christian Stock, 1999.

Neuborg, Torsten: Mitten in Deutschland. Menschen an der Grenze. Gespräche und Fotos vor und nach dem 9. November 1989 (= Die Hessen-Bibliothek im Insel Verlag), Frankfurt am Main u. Leipzig, 1. Aufl., 1991.

Overesch, Manfred: Gesamtdeutsche Initiativen. Hessisch-thüringische Beziehungen 1945/46, in: Nassauische Annalen, 91/1980, S. 247–258.
Overesch, Gesamtdeutsche Initiativen, 1980.

Overesch, Manfred: Hermann Brill und die Neuanfänge deutscher Politik in Thüringen 1945, in: Vierteljahreshefte für Zeitgeschichte 27,4/1979, S. 524–569.

Peter, Antonio: Thüringen. Im Herzen Deutschlands, in: Die deutschen Länder. Geschichte, Politik, Wirtschaft, hrsg. von Hans-Georg Wehling, Wiesbaden, 3. aktual. Aufl., 2004, S. 297–309.

Petschow, Ulrich; Meyerhoff, Jürgen; Thomasberger, Claus: Umweltreport DDR – Bilanz der Zerstörung, Kosten der Sanierung, Strategien für den ökologischen Umbau, Frankfurt am Main 1990.

Riedel, Hans: Freundschaftsstadt in Thüringen. Die Wende und die Städtefreundschaft mit Kölleda, in: Jubiläumsschrift zur 1250-Jahr-Feier der Stadt Hochheim am Main – Ein Lesebuch zur Hochheimer Geschichte, hrsg. vom Magistrat der Stadt Hochheim am Main, Hochheim am Main 2004, S. 173–174.
Jubiläumsschrift Hochheim am Main, 2004

Rittmannsperger + Partner (Hrsg.): Hessenhilfe Thüringen. Die Rettung bedrohter Denkmäler. Landesprogramm Hessenhilfe für Thüringen (= Dokumentation Stadtsanierung, Bd. 4), Darmstadt 1994.

Rommelfanger, Ulrich: Das Werden des Freistaates Thüringen, in: Thüringen. Eine politische Landeskunde (= Jenaer Beiträge zur Politikwissenschaft, Bd. 4), hrsg. von Karl Schmitt, Weimar, Köln, Wien 1996, S. 20–36.
Thüringen. Eine politische Landeskunde, 1996.

Ruhl, Gerhard: Autobahnbau in Thüringen – ein persönliches Resümee, in: Info/Vereinigung der Straßenbau- und Verkehrsingenieure Thüringens e. V., 2002, S. 43–45.

Die „Runden" Tische der Bezirke Erfurt, Gera und Suhl als vorparlamentarische Gremien im Prozess der Friedlichen Revolution 1989/90 (= Schriften zur Geschichte des Parlamentarismus in Thüringen, Bd. 28), hrsg. vom Thüringer Landtag, Weimar 2009.

Schiller, Theo; Weinbach, Kerstin: Die Gewerkschaften, in: Thüringen. Eine politische Landeskunde (= Jenaer Beiträge zur Politikwissenschaft, Bd. 4), hrsg. von Karl Schmitt, Weimar, Köln, Wien 1996, S. 227–241.
Thüringen. Eine politische Landeskunde, 1996.

Schmidt, Dieter Ph.: Hessische Justizpolitik 1945–1992, in: Das Regierungsgebäude zu Wiesbaden. Ein Beitrag zu seinem 150jährigen Bestehen 1843–1993, hrsg. von Rolf Faber und Georg Schmidt-von Rhein, Taunusstein 1993, S. 111–135.

Schmitt, Karl (Hrsg.): Thüringen. Eine politische Landeskunde (= Jenaer Beiträge zur Politikwissenschaft, Bd. 4), Weimar, Köln, Wien 1996.
Thüringen. Eine politische Landeskunde, 1996.

Schmitt, Karl: Wahlergebnisse: Kontinuität und Umbruch, in: Thüringen. Eine politische Landeskunde (= Jenaer Beiträge zur Politikwissenschaft, Bd. 4), hrsg. von Karl Schmitt, Weimar, Köln, Wien 1996, S. 68–84.
Thüringen. Eine politische Landeskunde, 1996.

Schneider, Axel: Stichworte einer Nachbarschaft (= Sonderausgabe der Hessischen Landeszentrale für politische Bildung), Frankfurt am Main, 2. Aufl., 1990.
Schneider, Hessen und Thüringen, 1990.

Seibel, Wolfgang; Benz, Arthur; Mäding, Heinrich (Hrsg.): Verwaltungsreform und Verwaltungspolitik im Prozeß der deutschen Einigung, Baden-Baden, 1. Aufl., 1993.

Städtepartnerschaft Marburg – Eisenach 1988. Eine historische Verbindung. Dokumentation in Wort und Bild zur Vorgeschichte und zum Abschluß der ersten deutsch-deutschen Städtepartnerschaft zwischen einer hessischen und einer thüringischen Stadt, zsgst. von Erhart Dettmering und Rainer Kieselbach (= Marburger Stadtschriften zur Geschichte und Kultur, Bd. 25), hrsg. vom Magistrat der Stadt Marburg, Marburg 1988.
Städtepartnerschaft Marburg – Eisenach 1988. Eine historische Verbindung, 1988.

Thomas, Rüdiger: DDR: Politisches System, in: Handbuch zur deutschen Einheit 1949–1989–1999 (= Schriftenreihe der Bundeszentrale für politische Bildung, Bd. 363), hrsg. von Werner Weidenfeld und Karl-Rudolf Korte, Bonn, aktual. und erw. Neuausgabe, 1999, S. 176–191.
Handbuch zur deutschen Einheit, 1999.

Wassermann, Rudolf: Rechtssystem, in: Handbuch zur deutschen Einheit 1949–1989–1999 (= Schriftenreihe der Bundeszentrale für politische Bildung, Bd. 363), hrsg. von Werner Weidenfeld und Karl-Rudolf Korte, Bonn, aktual. und erw. Neuausgabe, 1999, S. 650–660.
Handbuch zur deutschen Einheit, 1999.

Weber, Jürgen (Hrsg.): Die Republik der fünfziger Jahre. Adenauers Deutschlandpolitik auf dem Prüfstand (= Akademiebeiträge zur politischen Bildung, Bd. 22), München 1989.

Weidenfeld, Werner; Korte, Karl-Rudolf (Hrsg.): Handbuch zur deutschen Einheit, Bonn, aktual. Neuausgabe, 1996.
Handbuch zur deutschen Einheit, 1996.

Weidenfeld, Werner; Korte, Karl-Rudolf (Hrsg.): Handbuch zur deutschen Einheit 1949–1989–1999 (= Schriftenreihe der Bundeszentrale für politische Bildung, Bd. 363), Bonn, aktual. und erw. Neuausgabe, 1999.
Handbuch zur deutschen Einheit, 1999.

Weinbach, Kerstin: Umweltpolitisches Engagement im Vereinigungsprozeß. Bedingungen seiner Entstehung und organisatorischen Entwicklungen am Beispiel Thüringen (= Marburg, Univ., Diss.), Koblenz 1998.

Werner, Olaf: Rechtswissenschaft in Thüringen – Neugründung nach der Wende, in: Redaktionsbeilage zu NJW, JuS, NZA, NVwZ, NZS, NZG, FPR, 67. Deutscher Juristentag Erfurt, 2008, S. 62–69.

Zießler, Rudolf: Hessenhilfe Thüringen. Ein Programm für die Denkmalpflege, in: Denkmalpflege in Hessen, hrsg. vom Landesamt für Denkmalpflege Hessen, 2/1991, S. 5–7.